HENSEL | JANY | KLUTH | MAYER | SPÄTH

Das große GU PraxisHandbuch GARTEN

HENSEL | JANY | KLUTH | MAYER | SPÄTH

Das große GU

PraxisHandbuch GARTEN

Guter Rat für ein ganzes Gärtnerleben

Einführung

Was immer man von seinem Garten erwartet, was immer man darin am liebsten tut – er soll vor allem Freude bereiten und den Alltag bereichern. Fundiertes Pflanzen-Know-how und erprobtes Praxiswissen bieten dafür die besten Voraussetzungen.

Gerade in ländlichen Regionen ist es noch gar nicht so lange her, dass Gartenwissen in erster Linie mündlich weitergegeben wurde. Die jüngere Generation lernte von der älteren direkt durch Zusehen und Mithelfen, „wie's geht". So wurde altbewährte praktische Erfahrung auf unschlagbar anschauliche Weise vermittelt.
Doch vielfach haben schon vor Jahrzehnten Gartenbücher und -zeitschriften die mündliche Überlieferung abgelöst, auch wenn sie den konkreten Anschauungsunterricht der gärtnernden Eltern und Großeltern nie ganz ersetzen können. Andererseits stellte man durch die Lektüre manchmal auch fest, dass nicht alles, was „die Alten" gelehrt hatten, unabänderliche Wahrheiten waren. Die Einstellungen, etwa zum Düngen oder zum Unkraut, änderten sich, neue wissenschaftliche Erkenntnisse fanden auch in die Privatgärten Einzug, ebenso technische und pflanzenzüchterische Neuerungen.
Auch die Wünsche an den Garten und die Vorstellungen vom Gärtnern haben sich geändert. Ganz gleich, ob man in seinem grünen Refugium am liebsten in Ruhe entspannt oder mit Freunden feiert, der Freude an schönen Pflanzen frönt, die gesunde körperliche Arbeit schätzt oder schmackhaftes, selbstgezogenes Gemüse liebt – es geht vor allem um Lebensqualität und Spaß, um kreative, selbstbestimmte praktische Tätigkeit, nicht zuletzt auch als Ausgleich zum hektischen Alltag.

Die Autoren und Fotografen

DR. WOLFGANG HENSEL, habilitierter Botaniker, ist seit vielen Jahren als Gartenbuchautor tätig und hält praktische Gartenkurse, aus denen vielfältige Anregungen in seine Bücher einfließen. Er verfasste die Praxis- und Porträtkapitel über Ziergehölze (Bäume, Sträucher, Klettergehölze) und Stauden.

CHRISTOF JANY ist gelernter Gärtner, Bauzeichner und Diplomingenieur für Landespflege. Als Selbständiger führt er zusammen mit seiner Frau ANGELIKA JANY ein Büro zur Planung und Gestaltung von Garten- und Grünanlagen. Er verfasste mit Unterstützung seiner Frau das Hauptkapitel „Planen und gestalten" (mit Ausnahme der Unterkapitel „Wasser im Garten" und „Gestalten mit Pflanzen").

SILKE KLUTH ist Diplomingenieurin für Gartenbau. Als Redakteurin bekannter Gartenzeitschriften konnte sie viele Erfahrungen mit den Wünschen und Problemen von Hobbygärtnern sammeln. Heute vermittelt sie ihr Wissen als selbständige Fachjournalistin. Sie verfasste die Praxis- und Porträtkapitel über Rosen, Sommerblumen, Obst und Kübelpflanzen sowie das Kapitel „Pflanzen vermehren".

JOACHIM MAYER, gelernter Gärtner und Diplom-Agraringenieur, arbeitet seit vielen Jahren als Garten- und Naturjournalist und berät daneben immer wieder Hobbygärtner bei der Gartenanlage und -praxis. Er verfasste das Hauptkapitel „Allgemeine Gartenpraxis" (mit Ausnahme des Unterkapitels „Pflanzen vermehren").

MARTIN SPÄTH ist Diplomingenieur für Landespflege und seit vielen Jahren in der Planung, Anlage und Pflege von Gärten tätig. Er verfasste das Kapitel „Wasser im Garten" sowie die Praxis- und Porträtkapitel über Rasen und Bodendecker, Teichpflanzen, Gemüse und Kräuter; er wurde von CLAUS HEUVEMANN unterstützt, einen erfahrenen Gärtner und Diplomingenieur für Landschaftsarchitektur, der die Kapitel „Gestalten mit Pflanzen" sowie das Praxis- und Porträtkapitel über Zwiebel- und Knollenpflanzen verfasste.

Die Motive stammen von bekannten Fotografen wie CHRISTA BRAND, FRIEDRICH STRAUSS, MODESTE HERWIG, NILS UND HANS REINHARD, WOLFGANG REDELEIT, MANFRED PFORR u. a.

Das „GU PraxisHandbuch Garten" – der Begleiter für den Gartenalltag

Im vorliegenden Gartenhandbuch sind alle eingangs genannten Aspekte vereint: bewährtes, aus der Praxiserfahrung gewonnenes Wissen, dies zugleich ganz auf dem aktuellen Kenntnisstand, so dass es heutigen Erfordernissen gerecht wird. Dabei ist alles anschaulich und praxisnah aufbereitet und zudem so, dass auch das „grüne Lernen" Spaß machen kann. Als Hauptanliegen steht die Freude am Garten im Vordergrund.
Dafür bürgt nicht zuletzt das Team erfahrener Autoren, die hier als gelernte Gärtner, Gartenbauwissenschaftler, Biologen, Landschaftsarchitekten, Landespflege- und Agraringenieure ihre vielfältigen Fachkompetenzen vereinen. Alle verfügen über langjährige Praxiserfahrung, oft auch als Berater für Hobbygärtner, so dass sie mit deren Alltagsproblemen und Wünschen gut vertraut sind. Und alle sind nebenbei auch begeisterte Freizeitgärtner, ganz zum eigenen Vergnügen, soweit es ihr berufliches Engagement zulässt.

Zum Aufbau des Buchs

Das große „GU PraxisHandbuch Garten" begleitet Sie mit fünf Hauptkapiteln durch den Gartenalltag:

› **Planen und gestalten:** Ob Sie Ihren Garten komplett oder nur in Teilen neu gestalten oder umgestalten möchten – hier finden Sie das nötige Grundlagenwissen ebenso wie Gestaltungsideen und praktische Anleitungen. Auch das Anlegen und Ausgestalten von Teichen, Beeten und anderen Gartenelementen ist in diesem Kapitel beschrieben.

› **Allgemeine Gartenpraxis:** Wissenswertes zur Botanik, ausführliche Hinweise zum Pflanzenkauf, zum richtigen Gießen, zum Düngen, zum Gartenboden, zu Pflanzenschutz, Krankheiten und Schädlingen, bis hin zu rechtlichen Fragen: Alles, was rund um den Garten für die Praxis von Belang ist, steht in diesem Kapitel.

› **Pflanzen und pflegen:** Dieses Kapitel ist nach Gartenbereichen und Pflanzengruppen gegliedert. Ob Rasen oder Ziergehölze, Rosen oder Stauden, Teichpflanzen, Sommer- oder Zwiebelblumen, Obst oder Gemüse – hier gibt es spezielle Gestaltungsanregungen, Pflanz- und Pflegeanleitungen, immer abgestimmt auf die Erfordernisse der unterschiedlichen Pflanzengruppen.

› **Gartenpflanzen von A bis Z:** Pflanzenporträts in Hülle und Fülle, mit Kurzbeschreibungen, Pflanz- und Pflegetipps, dazu ergänzende Übersichten mit weiteren kurz vorgestellten Arten: So unterstützt Sie dieses Kapitel bei der Auswahl passender Pflanzen ebenso wie bei der individuellen Hege und Pflege.

› **Quickfinder:** Der Quickfinder bietet Erklärungen aller wichtigen Fachbegriffe, von A bis Z zum schnellen Auffinden. In den ersten drei Kapiteln wird auf im Quickfinder erläuterte Begriffe verwiesen, so z. B. ◆ CONTAINERPFLANZEN (S. 538). Der Quickfinder wiederum bietet Rückverweise auf Textpassagen, in denen der jeweilige Begriff im Zusammenhang erklärt ist. Um jedoch den Lesefluss nicht zu stören, wird nicht jeder Begriff, der im Quickfinder erklärt ist, ständig hervorgehoben. Der Quickfinder ist zugleich ein umfangreiches Glossar, so dass es sich immer lohnt, dort nachzuschauen, falls Sie gern Näheres über einen Begriff nachlesen möchten. Ansonsten hilft auch das Register (→ S. 582–595) weiter.

1

PLANEN UND GESTALTEN

ALLGEMEINE GARTENPRAXIS

2

3

PFLANZEN UND PFLEGEN

GARTENPFLANZEN VON A BIS Z

4

5

QUICKFINDER

ANHANG

1

PLANEN UND GESTALTEN

Auf dem Weg zum eigenen Traumgarten darf das Träumen natürlich nicht zu kurz kommen. Doch beim Verwirklichen Ihrer Ideen ist gründliches Planen unerlässlich. Dieses Kapitel führt Sie daher von den ersten Planungsschritten über vielfältige Gestaltungsideen bis hin zum praktischen Anlegen einzelner Gartenbereiche.

1

Gärten – damals und heute

Die Geschichte der Gärten spiegelt auch die Geschichte der Menschheit wider. Denn die Epochen finden bis heute ihren Ausdruck in der Gartengestaltung. Eines haben alle Gärten jedoch gemeinsam: Sie sind ein von Menschenhand gestalteter, umgrenzter Raum.

Seit der Mensch aus dem Garten Eden vertrieben wurde, lebt die Idee, das Paradies auf Erden zu finden. So erschafft er Gärten, um das Verlorene wieder aufzuspüren. Er schafft sich einen Raum, als Stätte der Ruhe und Einkehr. Einen Ort, wo Blumen gepflückt, Früchte geerntet und die Natur erlebt werden können. Es ist eine fortwährende Suche nach Schönheit und Harmonie, nach Farben und Düften, nach Fülle und Fantasie.

Im Unterschied zur Architektur ist die Gartengestaltung ein niemals endender Prozess. Die ständige Veränderung des Gartens liegt dabei nicht nur in der Hand des Menschen. Vielmehr ist die Natur ein wesentlicher Bestandteil und bestimmt mit ihren ganz ureigenen Gesetzen die Entwicklung.

Ein Blick auf die Geschichte zeigt, in welch vielfältiger Art und Weise die Menschen vergangener Jahrhunderte und Gesellschaftssysteme die Natur geformt haben. Die Gartenkultur liefert damit ein Zeugnis über das Verhältnis des Menschen zur Natur. Gleichzeitig ist sie eng mit den Träumen und Wünschen der jeweiligen Zeitepoche verbunden. Die Gärten erzählen somit Geschichten über die Menschen, die sie angelegt und sich an ihnen erfreut haben. Als Gartenliebhaber der heutigen Zeit stehen wir damit in einer langen Tradition, die Natur ganz nach unserem Willen zu gestalten.

Wie alles begann

Mit der Ansiedlung der Menschen beginnt auch die Geschichte des Gartens. Der Mensch wird sesshaft und fängt an, essbare Pflanzen anzubauen. Als Schutz vor fremden Eindringlingen oder wilden Tieren baut er Zäune und hegt seinen Garten. Dieser ist somit ein abgegrenzter Raum, den der Mensch nach seinen Wünschen gestaltet.

Im Lauf der Zeit haben sich die Anforderungen an einen Garten stets verändert. Anfangs noch reiner Nutzgarten, wird der Garten mehr und mehr zum Ausdruck politischer und religiöser Anschauungen. Noch heute lässt jeder Garten die Lebenseinstellungen und Vorlieben seines Besitzers erkennen. So gibt es ein weites Feld zwischen formaler und freier Gestaltung, zwischen traditionellen und modernen Gärten.

In diesem Kapitel:

Geschichte der Gärten

DIE GARTENGESCHICHTE EUROPAS geht auf die Antike zurück. Im Lauf der Jahrtausende brachten die verschiedenen Zeitepochen und Länder ihre ganz eigene Gartenkunst hervor, geprägt von der jeweiligen klimatischen und politischen Lage. Heute bilden diese historischen Gartenanlagen eine wichtige Grundlage bei der Gestaltung unserer Hausgärten.

Gartenkunst im Wandel der Zeit

Begeben Sie sich nun auf eine Reise durch die Geschichte der Gärten und lernen Sie ihre Ursprünge kennen.

Die Gärten des Altertums

Die ersten Gärten entstanden in **Ägypten.** Sie waren meist von hohen Mauern umgeben und mit Bäumen bepflanzt. Für ihre Bewässerung mussten ausgeklügelte Kanalsysteme angelegt werden, die den Gärten eine strenge Form gaben. Sie dienten der Verehrung der Götter.

Die Gärten in den fruchtbaren Flusslandschaften **Kleinasiens** umfassten waldreiche Parks und ausgedehnte Plantagen. Im Gegensatz zu Ägypten waren hier die natürlichen Grundlagen günstiger, so dass riesige Anlagen entstanden. Ein besonderes Zeugnis dieser Gartenkunst sind die hängenden Gärten von Babylon, die ihre Einzigartigkeit der besonderen Architektur verdanken. Bei diesen Terrassengärten wurde das hängige Gelände mit Hilfe von Säulenreihen abgefangen, auf denen Dächer aufgebracht wurden. Die so entstandenen Terrassen waren mit einer Erdschicht bedeckt und bepflanzt.

In **Griechenland** gab es durch die demokratische Gesellschaftsstruktur keine mächtigen Herrscher, die sich ihr Gartenparadies errichten wollten. Doch unter dem Eindruck der prachtvollen Parks in Kleinasien prägten die Griechen ihren eigenen Stil. Sie liebten die öffentlichen Gärten, in denen Wettkämpfe gehalten oder die Jugend unterrichtet wurde. So geht die Verwendung von Blumen ebenso auf sie zurück wie das Aufstellen von Kunstobjekten im Garten.

Die **Römer** nahmen die griechischen Gärten als Vorbild. Statuen und Kunstwerke waren ebenso vertreten wie Wasseranlagen und Lauben. Und den Pflanzschnitt entwickelten sie geradezu zur Perfektion. Die römischen Villengärten waren Gärten der Sinneslust und sollten die Macht und den Einfluss ihrer mächtigen Herren demonstrieren. Im Zuge der Eroberungen wurde die römische Gartenkultur in viele Länder getragen.

Der Nutzgarten im Mittelalter

Der Garten im Mittelalter diente vorzugsweise der Versorgung der Menschen mit Nahrung. Als sogenannter hortus conclusus weist er eine nach außen mit Mauern abgeschlossene Form auf. Ein besonderer Vertreter dieser Nutzgärten ist der Klostergarten. Dessen Form und Ausgestaltung orientieren sich an pragmatischen und weniger an ästhetischen Grundsätzen. Die Klöster pflegten hier das überlieferte Wissen der Antike. Im Gegensatz zum Lustgarten wurden deshalb Gewürzpflanzen, Heilkräuter, Obst und Gemüse angebaut. Aufgrund der Lebensumstände sowie der räumlichen Enge gab es zu dieser Zeit nur kleine Gärten.

Der Renaissancegarten in Italien

Die Wiederentdeckung der Antike in Italien führte auch in der Gartenbaukunst zu neuen Ideen. So entstand der italienische Renaissancegarten. Er diente weitgehend der Repräsentation der städtischen Großbürger des 15. und 16. Jahrhunderts. Diese wählten für ihre Landsitze bevorzugt Hanglagen, die eine Aussicht in die Landschaft boten.

Eine klassische italienische Renaissanceanlage besteht aus einer Villa, einem kleinen Privatgarten sowie einem öffentlichen Lustgarten mit Nutzgartenanteilen. Als geometrischer Garten ist er in Bereiche gegliedert, die durch Achsen getrennt sind. Ebenso unterstreichen der strenge Pflanzenschnitt und die geometrischen Beetformen die architektonische Ausrichtung. Die Hanglagen wurden durch eine Komposition von Treppen und Terrassen überwunden. Fontänen und kunstvolle Wasserspiele sowie Lauben und Grotten begeisterten damals wie heute.

Das ornamentale Muster der Hecken bestimmt das Bild dieses Renaissancegartens.

In Landschaftsgärten bildeten klassizistische Tempel ein beliebtes und oft verwendetes Motiv.

Der französische Garten im Barock

Frankreich ist das Entstehungsland des Barockgartens. Hier fand der Absolutismus im 17. Jahrhundert seine stärkste Ausprägung. Dem Sonnenkönig Ludwig XIV. gelang es mit Hilfe des Gartenarchitekten André le Nôtre, sich die Gartenkunst für die Darstellung seiner Staatsidee zunutze zu machen. Die beherrschte Natur stand als Symbol für die absolute Herrschaft des Königs. So ist es nicht verwunderlich, dass das Schloss den Ausgangspunkt des Barockgartens bildete. Die Wege- und Blickachsen bündelten sich hier wie die Strahlen der Sonne im Zentrum der Macht. Beschnittene Bäume, Alleen und Wasserachsen unterstrichen die strenge Symmetrie des Gartens. Versailles wurde somit zum Sinnbild des „Französischen Gartens". Von dort verbreitete sich dieser Gartenstil in ganz Europa.

Der englische Landschaftsgarten

Der Landschaftsgarten entstand im 18. Jahrhundert in England unter dem Einfluss der Ideen der Aufklärung. Als bewusstes Gegenstück zum französischen Barockgarten sollte sich nun die Natur im Garten entfalten können.

Die Vegetation trat in den Mittelpunkt. Sie überdeckte zum Teil die Gebäude und lenkte die Wegeverläufe. An Stelle der strengen Achsen und geometrischen Beete führten verschlungene Wege durch eine malerische Landschaft. Natürlich wirkende Seen und Teiche entführten den Besucher in eine ländliche Idylle. Daneben traten Ruinen, kleine Denkmäler oder malerische Brücken als Stimmungsträger in Erscheinung. Nicht umsonst war der Künstler William Kent, der seine Gärten mit den Augen eines Malers entwarf, einer der wichtigsten Vertreter englischer Gartengestalter. Lancelot Brown und Humphry Repton formten weitere Landschaftsgärten wie z. B. in Stowe oder Blenheim. Der englisch geprägte Gartenstil fand auch auf dem Kontinent rasch Verbreitung. Das Wörlitzer Gartenreich sowie der Park des Fürsten Pückler in Muskau zählen hier zu den bekanntesten deutschen Vertretern.

Die Gärten im Fernen Osten

Die europäischen Gärten standen im 18. Jahrhundert nicht zuletzt unter dem Einfluss der fernöstlichen Gartenkunst. In China und Japan basierte die Gestaltungsphilosophie auf religiösen und künstlerischen Traditionen. Als gestaltete „Landschaftsbilder" standen die Landschaft und ihre Elemente im Mittelpunkt.

Chinesische Parks bestanden meist aus weitläufigen Wasserflächen, aus denen sich Inseln hervorhoben. Geschwungene Brücken und Stege verbanden die Inseln und ermöglichten den Zugang zu Pavillons. Eine harmonisch abgestimmte Bepflanzung mit schwingenden Trauerweiden oder blühenden Kirschen lud zur andächtigen Betrachtung der Gärten ein.

Die Japaner waren begeistert von den paradiesischen Gärten Chinas und entwickelten bald ihre ganz eigenen Vorstellungen. Sie reduzierten ihre Gärten auf wenige Elemente. Mit Steinen, ausgewogenen Bodenmodellierungen und zurückhaltender Bepflanzung schufen sie einen eher schlichten Charakter, der zum Schweigen und zur Meditation einlädt.

Die Gärten des 19. und 20. Jahrhunderts

Das 19. Jahrhundert brachte keinen ausgeprägten Gartenstil hervor. Charakteristisch waren jedoch der Einfluss des Fernen Ostens und die zunehmende Verwendung exotischer Pflanzen. Die Nutzbarkeit sowie die Bewohnbarkeit des Gartens traten stärker in den Vordergrund. Mit Beginn der Industrialisierung lebten immer mehr Menschen in den Städten. Um Raum für Erholung und Naturerleben zu schaffen, wurden bald überall die aus Nordamerika kommenden **Volksparks** angelegt.

In diese Zeit fällt auch die Geburtsstunde des Kleingartens. Ein gewisser Dr. Schreber aus Leipzig war darauf bedacht, für die Kinder der Industriearbeiter Spielplätze im Grünen zu schaffen. Doch erst nach seinem Tod entstanden daraus in vielen Städten Kleingärten – die allseits bekannten **„Schrebergärten"**. Sie dienten in erster Linie der Erholung, wurden aber später als Bezugsquelle für Gemüse und Obst immer wichtiger. Mit zunehmender Wohnungsnot entstanden bald die ersten hölzernen Lauben. So wurde der Kleingarten zum Refugium des kleinen Mannes, in dem er seine eigenen Maßstäbe setzen konnte.

Im 20. Jahrhundert wurde die Gestaltung der Gärten individueller. Die Fülle der Pflanzen bot den Gartenliebhabern zahllose Möglichkeiten. Dies gilt besonders für Großbritannien, wo die Gartenkultur bis zum heutigen Tage tief in der Gesellschaft verwurzelt ist. Der Garten Gertrude Jekylls in Hestercombe oder der von Vita Sackville-West in Sissinghurst sind Meisterwerke britischer Gartenkunst.

Charakteristisch für die **englischen Gärten** des 20. Jahrhunderts ist die Verwendung von STAUDEN (S. 562). Die Malerin und Gartengestalterin Gertrude Jekyll hat diese in ihren Gärten kunstvoll in Szene gesetzt. Diese Gärten repräsentieren die lange englische Gartentradition. Und wenn wir uns heute einen englischen Garten vorstellen, so fallen uns sofort die drei wesentlichen Elemente ein: Rasen, Rosen und Stauden.

Der Hausgarten heute

Neben den öffentlichen Grünanlagen spielt der Hausgarten heutzutage eine wichtige Rolle. Hier kann sich der Gartenliebhaber seine Träume erfüllen und sich ein eigenes kleines Paradies schaffen. Die mannigfaltigen Funktionen des Hausgartens zeigen sich in den individuellen Ausführungen.

Für den einen ist der Garten ein **Ort der Ruhe und Entspannung.** Ein grüner Rückzugsraum, in dem der Alltagsstress vergessen wird. Wer liegt nicht gern mit einem Buch im Schatten oder lässt sich die Sonne auf den Bauch scheinen.

Für den anderen steht der **Nutzaspekt** im Vordergrund. Die leckeren Erdbeeren und die frischen Kräuter im Salat lassen die Mühen der Gartenarbeit schnell vergessen. Doch auch der Gesundheit kommt das Unkrautjäten oder Blumengießen zugute. So macht maßvolle Gartenarbeit manchen Besuch im Fitnessstudio überflüssig.

Auch die **Sammelleidenschaft** mancher Gärtner treibt bisweilen ihre ganz besonderen Blüten. Was für den einen die Briefmarkensammlung, ist für den anderen sein Blumenbeet.

Zudem ist der Garten ein **Ort der Begegnung.** Die sommerlichen Grillabende oder die Kaffeetafel im Garten werden höchstens durch lästige Insekten gestört. Und am Gartenzaun wird auch gern mal ein bisschen Klatsch mit dem Nachbarn ausgetauscht. Noch heute ist der Garten der **Spiegel seines Besitzers.** Wer einen modernen Garten wählt, legt Wert auf klare Linien und Formen. Naturnahe, bunte Gärten lassen dagegen eher auf einen unbekümmerten, auf die Natur bedachten Gärtner schließen.

Moderne Gärten muten manchmal durch ungewöhnliche Formen gewagt an.

Für Kinder wird jeder Garten zum **Erlebnis- und Spielraum.** Da darf es dann auch mal ein wenig wilder zugehen. Und welches Kind träumt nicht von einem eigenen Baumhaus in „luftiger Höhe". Schön ist es auch, die Erde mit den Händen selbst zu erkunden.

Der Garten ist für Groß und Klein ein **Naturerlebnisraum.** Man spürt die Jahreszeiten, entdeckt die Tiere, erlebt das Wachsen der Pflanzen. Vielleicht ist der Wunsch, in der Natur zu sein, tiefer im Menschen verwurzelt, als man denkt. So ist jeder Garten ein Stück Poesie, ein verwirklichter Traum vom Paradies.

So einladend wirkt ein naturnaher Garten, der mit seinen bunten Beeten die Besucher erfreut.

Gesichter eines Gartens

Geschnittene Buchshecken, die die Staudenbeete einfassen, sind typische Elemente ländlicher Gärten.

SO UNTERSCHIEDLICH wie die Menschen sind auch ihre Gärten. Es gibt zahlreiche Haus- und Wohngärten, die sich in Größe, Lage, Nutzung oder Stil unterscheiden. Angesichts dieser Vielzahl ist es sinnvoll, die Gärten anhand charakteristischer Merkmale zu unterscheiden.

Die Gartenmerkmale

An erster Stelle steht die **Art der Nutzung.** In einem Ziergarten findet man Beete mit blühenden Stauden oder attraktiven ▶ GEHÖLZEN (S. 544), also all das, was das Auge erfreut. Daneben gibt es die klassischen Nutzgärten, in denen Obst, Gemüse und Blumen für den Eigenbedarf angebaut werden. Der Gärtner entscheidet nach seinem Geschmack und Können, was auf seinen Beeten blüht und fruchtet. Im Freizeitgarten, der zunehmend an Bedeutung gewinnt, sind Spielflächen für Kinder und Ruheplätze für die Älteren vorgesehen.

Nach der **Art der Gestaltung** lassen sich Gärten in zwei Gruppen aufteilen. Auf der einen Seite stehen die formalen Gärten, in denen Symmetrie und Ordnung vorherrschen. Wie im französischen Barockgarten dominieren hier Wegachsen und geschnittene Hecken das Bild. Gerade in kleinen Gärten können formale Strukturen Ruhe vermitteln. In Bauerngärten wird diese Form mit dem Nutzaspekt kombiniert.

Auf der anderen Seite arbeiten freie Gestaltungen mit organischen Formen – losgelöst von Ordnung und Symmetrie. Bunte Blumenbeete umrahmen idyllische Sitzplätze, geschwungene Wege führen durch den Garten. Gerade naturnahe Gärten lassen eine freie Gestaltung zu. Hier schafft der Naturgärtner mit heimischen Pflanzen und natürlichen Materialien ein möglichst genaues Abbild der Natur.

Ein wesentliches Kriterium für den Gartentyp ist auch der **Standort.** Lage, Klima, Boden und Lichtverhältnisse bestimmen Pflanzenauswahl und Gestaltungsmittel. Demnach empfiehlt es sich, ▶ STEINGÄRTEN (S. 563) an sonnigen Plätzen und Schattengärten an der Nordseite des Hauses anzulegen. Für den Garten am Hang sind Terrassen oder Mauern unumgänglich.

Die **Größe** eines Gartens sagt nichts über seine Schönheit aus. Denn schon auf kleinstem Raum können Gartenträume entstehen. Es erfordert nur ein wenig Geschick und Erfahrung. Wer allerdings einen großen Garten hat, kann sich fast alle Wünsche erfüllen. Doch verlangt dies auch eine gute Portion an Zeit und Muße.

Manche Gartenbesitzer legen Wert auf ihren ganz besonderen **Stil.** So pflanzt der Romantiker z. B. Rosen in seinen Garten. Wer dem Charme mediterraner Gärten erlegen ist, liebt Feigen-, Oliven- oder Mandelbäume. Der Asienliebhaber erfreut sich an Kiesbeeten, Bambus oder bizarren Sträuchern. Für den naturnahen Gärtner stehen die gesunde Ernährung und eine ökologische Gartengestaltung im Vordergrund. Wer es exotisch mag, wählt Pflanzen wie Bambus, Aralie und spezielle Freilandorchideen für seinen Garten. Moderne Gärtner beschränken sich auf wenige markante Formen (→ S. 40).

Durch ein gezielt gewähltes Gestaltungselement kann ein **Schwerpunkt** im Garten gesetzt werden. Staudengärten, Wassergärten, Steingärten, Waldgärten oder Kräutergärten sind nur einige Beispiele.

Gartentypen

Je nach Nutzer, Ansprüchen und Wünschen fällt die Ausgestaltung eines Gartens aus. So können die zuvor beschriebenen Merkmale der Gärten in der Praxis nahezu beliebig kombiniert werden. Daraus entstehen sogenannte Gartentypen, die ganz unterschiedliche Funktionen erfüllen.

Familiengärten brauchen eine Spielwiese sowie ein Gemüsebeet. In einen Wellnessgarten gehören hingegen ausgedehnte Ruhebereiche, in denen man sich erholen kann. Und während in Liebhabergärten pflegeintensive Zierpflanzen dominieren, machen naturnahe Gärten weniger Arbeit. Ländliche Gärten dienen vor allem der Selbstversorgung mit Obst und Gemüse, Stadtgärten werden zu grünen Oasen der Ruhe und Entspannung.

GARTENTYPEN

1

1 Wellness im Grünen

Ein Wellnessgarten steht für Ruhe und Erholung. Der Nutzgarten nimmt hier den kleinsten Raum ein. Die großen Rasenflächen, gesäumt von Gehölzen, machen wenig Arbeit und lassen viel Zeit für Stunden im Liegestuhl.

2 Gemüse aus dem Garten

Mit ein wenig Geduld und Wissen können Sie Ihr eigenes Gemüse anbauen. Die Gartenarbeit macht doppelt so viel Spaß, wenn die Früchte Ihrer Arbeit auf dem Mittagstisch landen und den Speiseplan bereichern.

2

3

4

3 Familienleben im Garten

In einem Familiengarten gibt es für gewöhnlich ein kleines Gemüsebeet oder Obstgehölze für die Selbstversorgung. Meist steht auch ein vielfältiges Freizeitangebot für alle Familienmitglieder im Vordergrund: Große Rasenflächen laden zum Spielen ein, Sitzplätze zum Entspannen, und beim Grillen am Lagerfeuer kommt Abenteuerromantik auf.

4 Ein Ort der Ruhe

Die formale Gestaltung der Wege und Beläge sorgt in diesem Stadtgarten für die wohlverdiente Ruhe. Eine erfrischende Atmosphäre entsteht durch die Wasserfläche. Die Pflanzen schützen vor unerwünschten Blicken.

5 Blumen machen Freude

In Ziergärten wachsen unter dem aufmerksamen Auge des Gärtners seltene Liebhaberpflanzen. Diese Gärten sind zwar pflegeintensiver, bezaubern aber durch ihre Blütenpracht.

5

1

Gartenplanung Schritt für Schritt

Stellen Sie sich einen Garten mit einem Obstbaum vor, den die Blüten einer Kletterrose schmücken. Darunter ein gedeckter Tisch mit einem bunten Blumenstrauß. Nur ein Traum? Mit etwas Geduld kann dieser Traum Wirklichkeit werden.

„Und jedem Anfang wohnt ein Zauber inne". Ob Hermann Hesse da wohl auch an die Gartenplanung gedacht hat? Voller Enthusiasmus stürzt sich mancher Gärtner in die Anlage seines Gartens. Damit sich der Zauber aber auch entfalten kann, sollten Sie sich etwas Zeit für die Planung Ihres Gartens nehmen. Es hat wenig Sinn, sich unvorbereitet in Baumärkten und Pflanzencentern durch deren reichhaltige Sortimente zu kämpfen. Vorab gilt es, die eigenen Bedürfnisse und die Standortbedingungen im Garten zu klären.

Wenn Sie Fragen haben oder Anregungen brauchen, stehen Ihnen Landschaftsarchitekten oder -gärtner bei der Planung mit Rat und Tat zur Seite. Scheuen Sie sich nicht, bei Planung und Umsetzung selber Hand anzulegen. So wachsen Ihre Erfahrungen und die Vertrautheit mit Ihrem Garten wie die Pflanzen in ihm.

Neuanlage oder Umgestaltung

Das neue Haus ist gebaut. Innen ist es bereits wohnlich. Die Bilder hängen, und die Kaffeemaschine läuft. Doch draußen ist von Atmosphäre und Behaglichkeit noch nicht viel zu spüren, da der Garten vor Ihnen wie ein leeres Stück Papier liegt. Nun ist fast alles möglich. Es werden jedoch noch ein paar Jahre vergehen, bis die Bäume groß sind und genügend Schatten bieten.

Ein bestehender Garten ist dagegen meist schon eingewachsen und hat seinen eigenen Charme. Eine Umgestaltung wird dann notwendig, wenn das Gesamtkonzept nicht mehr stimmt. Sei es, dass sich die Ansprüche an den Garten geändert haben oder die Bepflanzung überhand genommen hat. Unkräuter im Staudenbeet oder Bodenermüdung erfordern ebenso Maßnahmen. Dennoch können erhaltenswerte Pflanzen und Elemente in eine Planung integriert werden (→ Alte Gärten, S. 53–54).

Egal ob Sie einen Garten neu anlegen oder einen bestehenden Garten umgestalten, immer benötigen Sie ein Gesamtkonzept. Mit der Vorstellung im Kopf und einem Plan in der Hand gestalten Sie ihn dann Schritt für Schritt nach Ihren Wünschen.

Auf den folgenden Seiten können Sie die Entstehung eines Beispielgartens mitverfolgen. Wenn auch nicht alles auf Ihren Garten zutrifft, so werden Sie dennoch den Ablauf der Planungsschritte kennen lernen.

In diesem Kapitel:

Die Bestandsaufnahme

JEDER GARTEN IST EINZIGARTIG und hat etwas Individuelles. Doch eines ist allen Gärten gemeinsam: Sie unterliegen den Gesetzen der Natur. Gärten sind eingebunden in ihre Umgebung und daher gewissen äußeren Bedingungen unterworfen. Jeder Gärtner muss sich deshalb an den natürlichen Standortfaktoren sowie an den örtlichen Gegebenheiten seines Gartens orientieren. Zu den natürlichen Rahmenbedingungen gehören der Boden und das Klima mit Lage, Ausrichtung und Lichtverhältnissen (→ auch S. 132–139). Ob eine Pflanze gedeiht oder kümmert, hängt im Wesentlichen davon ab, ob der Standort stimmt.

Steht Ihr Häuschen im Grünen auf dem Land oder mitten in der Stadt? Das sind gegensätzliche Situationen, die Sie beachten sollten, wenn es an die Planung Ihres Gartens geht. Wichtig ist, dass Haus, Garten und Umgebung ein einheitliches Bild abgeben.

Je mehr Sie auf die Standortbedingungen Rücksicht nehmen und sie in Ihre Planung aufnehmen, desto stimmiger wird das Ergebnis. Also lassen Sie Ihren Spaten vorerst noch einmal stehen, und machen Sie sich zunächst mit Ihrem Garten vertraut.

Der belebte Boden

Der Boden erfüllt für die Pflanzen mehrere wichtige Aufgaben. Er gibt ihnen Halt und versorgt sie mit Wasser und Nährstoffen (→ S. 160–166).

Boden ist ein Lebensraum, der aus leblosem Gestein entstanden ist. Durch die Einwirkung von Wärme, Kälte, Licht, Wasser, Pflanzenwurzeln und Mikroorganismen hat sich aus dem Gestein luftiger Boden gebildet. In einer Hand voll Gartenerde findet man über vier Milliarden Lebewesen. Diese bewirken viele biologische Vorgänge wie z. B. Humusbildung und Freisetzung von Stickstoff. Ihre Tätigkeit ist für die Erhaltung der Bodenfruchtbarkeit von großer Bedeutung.

Die Einteilung der Böden erfolgt nach der Größe der mineralischen Bestandteile Sand, Schluff oder Ton. Neben diesen enthält der Boden zahlreiche Poren, die mit Luft oder Wasser gefüllt sind.

Je nach Anteil der Korngrößen wird in Sand-, Lehm- oder Tonböden unterschieden. Wenn Sie wissen wollen, mit welchem Boden Sie es in Ihrem Garten zu tun haben, benötigen Sie keine aufwendigen Verfahren. Für die grobe Unterscheidung der Bodenarten kann die Fingerprobe angewandt werden (→ S. 163).

Dabei rinnen **Sandböden** zwischen den Fingern hindurch. Das Wasser sickert wie durch ein Sieb und wäscht die wenigen vorhandenen Nährstoffe in den Untergrund aus. Folglich sind reine Sandböden für den heimischen Gartenbau schlecht geeignet, da sie hohe Nährstoffzufuhren und eine Bodenverbesserung erfordern.

Lehm ist ein Korngrößengemisch, das aus allen drei Größenklassen Sand, Schluff und Ton besteht. Diese Böden sind sehr nährstoffreich und gut durchlüftet. **Lehmböden** haben deshalb eine gute ▶KRÜMELSTRUKTUR (S. 550) und sind ideal für gärtnerische Zwecke.

Tonböden stellen das Gegenteil zu Sandböden dar. Sie lassen sich zwischen den Fingern formen. Es handelt sich hierbei um schwere Böden, die einen hohen Anteil an sehr feinen Poren haben. Die Wasserverfügbarkeit und die Durchlüftung sind deshalb mangelhaft. Pflanzen haben es somit schwer, „Fuß“ zu fassen. Diesen Böden kann man mit Sand und Humusbeimengungen etwas auf die Sprünge helfen.

Das Klima im Garten

Das Klima ist der charakteristische Ablauf der Witterung an einem Ort. Es zeichnet sich durch unterschiedliche Temperatur-, Feuchtigkeits- und Windverhältnisse aus. Das **Großklima** beschreibt das Klima größerer zusammenhängender Räume, beispielsweise Länder oder Kontinente. Es ist abhängig von der Entfernung zum Meer und von der Höhenlage. Dabei unterscheidet man die zwei Kategorien Kontinental- und Seeklima. Während Ersteres durch heiße Sommer und kalte Winter geprägt ist, weist das Seeklima weniger Temperaturunterschiede auf. Je größer die Nähe zum Meer, desto eher nehmen die Niederschläge zu. Auf diese klimatischen Verhältnisse hat der Mensch jedoch keinen Einfluss.

Harmonie entsteht, wenn Beläge, Rasen- und Pflanzflächen im ausgewogenen Verhältnis stehen.

Kinder erobern einen Garten auf ihre Art und Weise, ob mit oder ohne Spielgeräte. Sie erleben die Natur mit Haut und Händen.

Für den Gärtner sind eher die lokalen Bedingungen von Bedeutung, die er beeinflussen kann. Das sogenannte **Kleinklima** umfasst die Temperatur-, Feuchtigkeits- und Windverhältnisse kleinerer Räume. Jeder Bereich im Garten unterliegt somit anderen Bedingungen. Im Schatten eines Baums sind Sonneneinstrahlung und Temperatur niedriger, die Luftfeuchtigkeit somit höher. Doch auch eine Hecke oder eine Mauer nehmen Einfluss auf das Kleinklima. Hinter einer Mauer können Luftverwirbelungen entstehen. Dies würde Ihnen Ihr Kopfsalat übel nehmen. Dagegen kann bei einer Hecke die Luft hindurchströmen.

Gebäude haben den vielleicht größten Einfluss in einem Garten. Südexponierte Hauswände heizen sich durch die Sonneneinstrahlung tagsüber auf, speichern die Wärme und geben sie nachts wieder ab. Die entstehenden leichten Winde sorgen für frische Luft. Stärkeren Wind oder Zugluft mögen viele Pflanzen überhaupt nicht. Mit Hilfe von baulichen Elementen oder Pflanzungen lässt sich ein windgeschützter Bereich schaffen (→ S. 68–75).

Die Topographie

Ein weiterer Faktor ist die geographische Örtlichkeit. Die sogenannte **Topographie** ist eines der wichtigsten Kriterien für das Kleinklima. Ist das Gelände abschüssig oder ist es eben? Wie ist es exponiert, d. h., in welche Himmelsrichtung ist es ausgerichtet? Sonnenstrahlen fallen auf nach Süden ausgerichtete Hangflächen im Sommer nahezu senkrecht ein. Damit erwärmen sie sich schneller als Nordhänge, das Wachstum der Vegetation setzt daher früher ein.

Licht und Schatten

Neben der Topographie spielen die Lichtverhältnisse eine weitere Rolle für das Kleinklima. Sonnen- und Schattenseiten eines Gartens sind für die Nutzer ebenso wichtig wie für die Pflanzen.

Gerade bei der Pflanzung von Bäumen sollten Sie dies beachten. Ein kleiner ▶ BAUM (S. 535) kann nach 10 Jahren bereits mächtigen Schatten werfen. Was für Sitzbereiche wünschenswert ist, gefällt manchen Pflanzen nicht.

Stadt oder Land?

Ein Garten auf dem Land ist meist größer als sein Gegenstück in der Stadt. Große Einzelbäume, weite Rasenflächen oder ein ausgedehnter Nutzgarten sind keine Seltenheit. Oft bietet auch die Umgebung schöne Ausblicke. Pflanzen und Baustoffe im Garten sollten sich stärker am Standort und der Region orientieren, damit der ländliche Garten Teil der Landschaft wird und der Übergang fließend ist.

Trotz des Platzmangels sind Stadtgärten dagegen vielseitiger zu gestalten. Um hier eine Privatsphäre im Grünen zu erzeugen, wird der Garten häufig nach außen abgeschlossen. Dadurch werden Gartenräume geschaffen, die sich individuell gestalten lassen. Lediglich der Bezug zum Gebäude sollte auch hier deutlich herausgestellt werden.

Die Planung beginnt

Für die Planung Ihres Gartens nehmen Sie am besten eine oder gleich mehrere Kopien des ▶ BAUGESUCHS (S. 534) zur Hand. Bei „gebrauchten" Häusern fragen Sie den Vorbesitzer nach den Planunterlagen. Dort sind die Geschossgrundrisse, Ansichten aus allen Himmelsrichtungen, Schnitte durch das Gebäude und das sich anschließende Gelände dargestellt. Aus dem Lageplan lassen sich die Abstände zu den Nachbargrundstücken, die Ausrichtung des Gebäudes und vorhandene Höhen entneh-

✔ Checkliste

Lernen Sie Ihren Garten kennen:

- ✔ Wie sind die Bodenverhältnisse? Ist der Boden sandig oder tonig, trocken oder eher feucht?
- ✔ Gibt es strenge Winter?
- ✔ Fällt viel Niederschlag?
- ✔ Woher weht der Wind? Gibt es windgeschützte Ecken?
- ✔ Liegt das Grundstück am Hang oder in der Ebene?
- ✔ In welche Himmelsrichtung ist Ihr Garten ausgerichtet?
- ✔ Wo sind die Sonnenseiten, wo die Schattenbereiche in Ihrem Garten?
- ✔ Wie verändern sich die Lichtverhältnisse im Verlauf eines Tags/Jahrs?
- ✔ Wie ist die Umgebung?

Hier wird die Höhe mit einer waagrechten Setzlatte gemessen.

men. Der Erdgeschossplan zeigt die Verbindung zwischen Wohn- und Gartenraum.
Die Pläne sind meist im Maßstab 1:100 verfasst, d. h., 1 cm auf dem Plan entsprechen 100 cm in der Natur.

Der Bestandsplan

Gibt es keinen Lageplan, ist am Anfang die Örtlichkeit zu erfassen. Verwenden Sie dazu eine Kopie des Erdgeschossplans. Grundsätzlich gilt: Der Bestand muss so genau wie möglich aufgemessen werden, damit Ihre Planung gelingt. Nehmen Sie vorhandene Gehölze auf dem eigenen Grundstück auf. Aber auch Gehölze und Einfriedungen des Nachbarn sind für die Bestandsaufnahme wichtig. Markieren Sie die Bereiche, wo Sie sich einen Sichtschutz z. B. zum Nachbarn wünschen; ebenso schöne Ausblicke, die nicht verbaut werden sollen. Sie sollten ebenfalls Türen und Fenster auf dem Plan kennzeichnen. Beachten Sie den Schattenwurf von Gebäuden und Gehölzen, und bedenken Sie auch die jahreszeitlichen Veränderungen (→ Kasten S. 25). Einzumessen sind auch Schachtdeckel, Regenrohre und Lichtschächte.
Das Einmessen des Bestands geht am besten, wenn man die Gebäudekanten als Fluchtlinien nutzt. Um die Gebäudekanten bis zur Grundstücksgrenze optisch zu verlängern und dort mit einem Stab zu markieren, brauchen Sie einen Helfer. Diese Achsen tragen Sie mit einem Lineal in Ihren Bestandsplan ein. Nun können alle vorhandenen Elemente senkrecht zu den Achsen eingemessen werden. Dazu benötigen Sie ein Maßband mit einer Länge von mindestens 30 m. Dieses Aufmaßverfahren eignet sich bei flachen und nicht zu großen Grundstücken.
Aber nicht nur die Lage der vorhandenen Elemente ist wichtig. Auch die Höhenunterschiede sind aufzunehmen und im Plan an der jeweiligen Stelle zu vermerken. Sind diese gering, können Sie die Messung nach der dargestellten Methode (→ Abb.) selbst vornehmen. Der Bezugspunkt solcher Messungen ist meist die Erdgeschossfußbodenhöhe. Diese wird als Nulllinie angenommen und von professionellen Vermessern mit ± 0,00 bezeichnet. Alle gemessenen Höhen stehen nun im Bezug zu dieser Höhe.
Bei Grundstücken am Hang empfiehlt es sich, ein Vermessungsbüro mit dem Aufmessen des Grundstücks zu beauftragen. Von diesem bekommen Sie einen Plan, in dem alle wichtigen Information, vor allem genaue Höhenangaben, enthalten sind.

Der Garten der Familie Rose

In unserem Beispiel (→ Abb. unten) liegt das Grundstück der vierköpfigen Familie Rose – das sind Herr und Frau Rose mit ihren beiden kleinen Kindern – in einem bestehenden Wohngebiet in Stadtrandlage. Die Grundstücksgröße beträgt ca. 600 m². Davon sind rund 400 m² Gartenfläche. Das Gelände ist leicht gegen Süden geneigt. Die angrenzenden Grundstücke im Osten und Westen sind bebaut und bereits eingewachsen. Im Süden schließt sich eine Obstbaumwiese an, während auf dem Grundstück selber noch ein schöner alter Obstbaum erhalten ist. Das Grundstück wird im Norden erschlossen und grenzt an eine ruhige Anliegerstraße.

Der Bestandsplan mit Höhen und Lage der Elemente ist die Grundlage für die weitere Planung.

Gartenwünsche

Verbringen Sie hier einen traumhaften Mittag, und lassen Sie Ihre Blicke durch den Garten schweifen.

EIN GARTEN SPIEGELT DIE WÜNSCHE und Träume seiner Besitzer wider. Deshalb hat jeder Garten seine ganz eigene Note. Um einen Garten neu anzulegen oder umzugestalten, sollten Sie sich Ihrer Vorlieben und Bedürfnisse bewusst werden. Je klarer Sie ein Bild vor Augen haben, desto einfacher wird die Planung und Umsetzung.

Aber bedenken Sie: Der Garten wächst und verändert sich mit den Jahren. Ein neu angelegter Garten entfaltet erst nach einiger Zeit seine Wirkung. Bestehende Gärten, die nicht gepflegt werden, verlieren nach und nach ihren Charme. Überdies wandeln sich Ihre Anforderungen an den Garten vor allem in Abhängigkeit von der persönlichen Lebenssituation. Ein berufstätiges Paar bevorzugt einen anderen Garten als eine Familie mit Kindern oder ältere Menschen. Der Sandkasten weicht im Lauf der Zeit vielleicht einem Teich.

So ist ein Garten niemals fertig, sondern befindet sich in einer ständigen Entwicklung – wie die Menschen, die ihn nutzen und gestalten.

Träumen Sie sich Ihren Garten

Anregungen und Ideen für Ihren Garten können Sie auf vielfältige Weise bekommen, indem Sie mit offenen Augen durch die Welt gehen. Schauen Sie sich Gärten an, stöbern Sie in Zeitschriften und Büchern. Sammeln Sie Beispiele von Sitzplätzen, Pflanzen, Zäunen, Leuchten und sonstigen Elementen, die Sie spontan ansprechen. Welche Farben lösen bei Ihnen Wohlbefinden aus? Welche Pflanzen und Materialien gefallen Ihnen? Haben Sie Vorlieben für bestimmte Gartenstile? Schreiben Sie all Ihre Ideen, Wünsche und Einfälle in ein Notizbuch.

Gerade bei öffentlichen Grünanlagen oder historischen Parks können Sie wertvolle Hinweise zur Pflanzenverwendung oder Gliederung von Gärten bekommen. Mit ein wenig Geduld lernen Sie die Grundprinzipien der Gartengestaltung kennen (→ S. 30–41).

Aus dieser Vielzahl von Anregungen können Sie eine persönliche Auswahl treffen. Träumen Sie zuerst ein bisschen – ohne Rücksicht auf Kosten, Zeit oder sonstige Realitäten.

Der Garten als Wohnraum

Der Hausgarten ist der Wohnraum im Grünen. In dieser Funktion bietet er ebenso wie der Wohnbereich verschiedene Nutzungsmöglichkeiten. Ob Zier-, Nutz- oder Freizeitgarten hängt nicht nur von der Größe und Lage des Gartens ab. Sie selbst entscheiden, welche Nutzung Ihnen am wichtigsten ist. Mit etwas Fantasie können Sie das Nützliche mit dem Schönen verbinden. Eine ▶ KRÄUTERSPIRALE (S. 550) ist zugleich Zierde wie Lebensraum für Kleingetier und verhilft so manchem Essen zur angenehmen Würze.

Egal wie groß Ihr Garten ist, es können Bereiche mit unterschiedlichen Nutzungen entstehen: Blumenbeete an der Terrasse, ein Obstgarten für Schleckermäuler, ein Teich für den Naturliebhaber oder ein ▶ STEINGARTEN (S. 563) im Eingangsbereich. Aufenthaltsbereiche sind ein wichtiger Bestandteil für das Wohnen im Garten. Eine große Terrasse für Feste ist ebenso wünschenswert wie kleine verwunschene Sitzecken für Momente der Ruhe. Kinder finden in einem Garten sowieso schnell ihre Lieblingsecken.

Der Stoff, aus dem die Gärten sind

Pflanzen sind das Grundgerüst unserer Gärten. Mit ihnen wird der ursprüngliche Gedanke erkennbar: der Garten als irdisches Paradies. Die Früchte unserer Bemühungen bestehen jedoch nicht nur aus Obst und Gemüse. Im übertragenen Sinne „ernten" wir auch Ruhe, Naturerleben, Schönheit und Harmonie.

Pflanzen haben ihre individuellen Entwicklungsprozesse. Sie lehren uns auf ihre Art, die Kreisläufe der Natur zu spüren. Wir sollten sie daher nicht nur als bloßes Material ansehen. Vielmehr hat jede Pflanze ihren eigenen Charakter. Ihre Wuchsform, die Blütenfarbe, die Blattstruktur oder die Gestalt der Früchte sind ihrem Lebensraum angepasst. Im Steingarten dominieren niedrige Polsterpflanzen. Sonnenblumen oder Sonnenhut faszinieren uns mit ihren gelben Blüten an der Südseite eines Gartens. Großblättrige Pflanzen finden sich meist im Schatten ein, während dickblättrige ▶ SUKKULENTEN (S. 564) warme Plätze lieben.

Mit Kenntnis der speziellen Eigenschaften jeder Pflanze können Sie mit etwas Gespür und Wissen die richtigen Kompositionen schaffen (→ S. 94–107). Erst in der Gesamtheit entfalten die Pflanzen ihr Wesen und bestimmen die Bilder im Garten. Jedem Gärtner wird dabei Geduld und Ausdauer abverlangt, denn die Natur hat ihre ganz eigene Uhr.

Wünsche für den Garten

Sie haben nun schon viele gute Ideen gesammelt. Nehmen Sie sich ein wenig Zeit und schreiben auf, was Ihnen am wichtigsten ist. Anhand der Checkliste können Sie Ihre Wünsche für Ihren Garten abfragen und zusammenstellen. Übrigens sollten Sie sich auch darüber Gedanken machen, ob Sie Ihren Garten von einem Landschaftsarchitekten oder Landschaftsgärtner planen lassen. Diese beraten Sie individuell und prüfen Ihre Wünsche auf ihre Machbarkeit (→ S. 24–27).

Checkliste

Wunschliste:

- ✔ Was wollen Sie in Ihrem Garten erleben?
- ✔ Dient Ihr Garten als Ort der Ruhe und Erholung?
- ✔ Möchten Sie sich körperlich bei Gartenarbeit oder Sport betätigen?
- ✔ Legen Sie Wert auf Gemüse, Obst und Kräuter aus dem eigenen Garten?
- ✔ Wie viel Spielraum brauchen Ihre Kinder?
- ✔ Welche Aufenthaltsbereiche wünschen Sie sich?
- ✔ Lieben Sie bunte Blumenbeete oder eher exotische Gehölze?
- ✔ Ist Ihnen das Naturerlebnis wichtig?
- ✔ Reizt Sie Wasser als Element in Ihrem Garten?
- ✔ Schätzen Sie klare, strenge Formen oder eher eine freie Gestaltung?

Die Pflege des Gartens

Trotz aller Träumereien sollten Sie sich auch bewusst sein, dass ein Garten Arbeit macht. Überlegen Sie sich, wie viel Zeit Sie für die Pflege Ihres Gartens aufbringen können und wollen.

Nutz- und Ziergärten erfordern ein gewisses Maß an Pflege. Obstgehölze benötigen einen regelmäßigen Schnitt, ohne den die Ernte mager ausfällt. Die Staudenrabatte freut sich nicht über Löwenzahnkolonien in direkter Nachbarschaft. Formale Gärten machen im Allgemeinen mehr Arbeit als naturnahe Gärten, in denen die Natur die Ordnung bestimmt. Blumenwiesen sind z. B. mit weniger Schnitten zufrieden als ein englischer Rasen.

Grundsätzlich sollte man sich jedoch nicht allzu sehr zum Diener seines Gartens machen lassen. Entspannung und Arbeitsaufwand sollten im Gleichgewicht stehen.

Geben Sie Ihrem Garten Zeit, sich zu entwickeln. Lassen Sie Raum für Wildnis. Vielleicht finden Sie Gefallen an den ungezähmten Ecken, in denen Giersch und Brennnessel Insekten und Vogeln als Nahrungsquelle dienen.

Die Verwirklichung in Zeit und Geld

Ob Neuanlage oder Umgestaltung – Sie sollten sich schließlich ein paar Gedanken zu den zeitlichen und finanziellen Rahmenbedingungen machen. Denn eine gute Zeit- und Kostenplanung ist unumgänglich. Teilen Sie sich die Entstehung Ihres Gartens entsprechend Ihrer momentanen Lebenssituation in Bauabschnitte ein. So ist gewährleistet, dass Ihnen Arbeit und Kosten nicht über den Kopf wachsen. Bei größeren Gartenprojekten können Landschaftsgärtner nützliche Hilfestellung geben. Doch dazu im nächsten Kapitel mehr (→ S. 24–27).

Eines sollten Sie sich bei Ihrer Gartenplanung zu Herzen nehmen: Geben Sie sich genügend Zeit, Ihre Wünsche zu sammeln und abzuwägen. Beobachten Sie Ihren Garten und versuchen Sie, seine Stärken und Schwächen herauszufinden. Dabei spielt es keine Rolle, ob der Garten schon besteht oder erst entsteht.

Mit Geduld und Kreativität können Sie sich Ihre Gartenwünsche sicher erfüllen. Denn eines ist gewiss, wie ein unbekannter Gartenfreund einmal gesagt hat: „Das lehrt uns jeder Garten: Arbeit, Freude und auch Warten."

1

2

3

1 Eine hübsch gedeckte Tafel lädt zum Kaffeetrinken unter dem schattenspendenden Obstbaum ein.

2 Wasserspiele sind beliebte Elemente, die auch in Stadtgärten ein Klangerlebnis sind.

3 Fröhlich präsentiert sich das bemalte Gartenhaus, das nicht nur als Stauraum genutzt werden kann.

Die Entwurfsplanung

Mit etwas fachlicher Unterstützung entstehen mit Rollrasen in kürzester Zeit nutzbare Flächen.

DIE BESTANDSAUFNAHME IHRES GARTENS ist vollbracht, und alle Ideen sind gesammelt. Nun gilt es, Ihre Wünsche mit den Standortbedingungen vor Ort in Einklang zu bringen.

Da es leider kein Patentrezept für die Gartenplanung gibt, bedarf es einiger Überlegungen und Abwägungen. Keine leichte, aber eine sehr spannende Aufgabe – und eine schöne Herausforderung für jeden Gartenbesitzer.

Bei größeren Umgestaltungen oder Neuanlagen sollten Sie möglicherweise einen Landschaftsarchitekten oder -gärtner Ihres Vertrauens für die Planung hinzuziehen. Dieser wird Ihnen vom Entwurf über die detaillierte Planung auch eine umfassende Kostenaufstellung für den Garten liefern. Eine fachgerechte Bauleitung gewährleistet dann, dass die Planung auch richtig umgesetzt wird.

Ob mit oder ohne Fachmann – Sie sollten sich auf jeden Fall auch selbst ein paar Gedanken machen, damit der Garten Ihre Handschrift erhält.

Der gelungene Entwurf

Das Ziel der Planung ist ein gelungenes Gesamtkonzept für Ihren Garten, das von Ihnen oder einem Fachmann umgesetzt werden kann. Dieser Entwurf zeichnet sich vor allem durch Einfachheit aus.

Der Garten soll die gewünschten Funktionen erfüllen, gleichzeitig aber nicht überladen sein. Denn weniger ist oft mehr. Die Grundlagen der Gartengestaltung helfen Ihnen dabei, ein harmonisches Bild von Haus und Garten in ihrem Umfeld zu gestalten (→ S. 30–41).

Setzen Sie Prioritäten

Als erster Schritt Ihrer Planung sollten Sie sich Ihre Wunschliste daraufhin anschauen, was Ihnen am wichtigsten ist. Setzen Sie Prioritäten, denn in fast keinem Garten sind alle Wünsche realisierbar.

Vielleicht wird der Nutzgartenanteil etwas reduziert, solange die Kinder noch eine Spielwiese benötigen. Blühende ➲ **BODENDECKER** (S. 536) ersetzen pflegeaufwendigere Sommerblumenbeete. Ein Teich ist bei kleinen Kindern für viele ein zu großer Gefahrenfaktor, kann aber unter Umständen später realisiert werden.

Die Rahmenbedingungen

Im nächsten Schritt sollten Sie klären, welche natürlichen und räumlichen Voraussetzungen in Ihrem Garten gegeben sind. Anhand dieser Rahmenbedingungen können Sie Ihre Wünsche ausrichten und in die Planung aufnehmen.

Insbesondere bei Pflanzenvorlieben sind die **Standortfaktoren** Klima, Boden und Licht zu berücksichtigen. Ein Rhododendrongarten benötigt z. B. ein eher schattiges Klima und sauren Boden. Dagegen lieben Steingärten sonnige Lagen.

Der verfügbare **Raum** ist oft ein begrenzender Faktor. Eine Kastanie als ➲ **HAUSBAUM** (S. 545) wird riesig und beschattet nach einigen Jahren den ganzen Garten.

Das **Umfeld** ist bei der Planung ebenfalls zu berücksichtigen. Ein städtischer Garten verlangt mehr Abgrenzung. Oft ist ein Lärm- oder Sichtschutz unumgänglich. Ländliche Gärten sollten sich hingegen in die Landschaft öffnen.

Nicht zuletzt gilt es, die **gesetzlichen Vorschriften** zu beachten, die manchem Wunsch entgegenstehen (→ S. 28–29).

Natürlich kann man fast alles in einem Garten realisieren. Doch steigen Arbeits-, Zeit- und Kostenaufwand, je mehr man sich über die Rahmenbedingungen hinwegsetzt. Ein dem Standort und der Um-

Ausladende Pflanzen kaschieren den Übergang zwischen Weg und Beet.

wir empfehlen

!

Licht und Schatten

Beachten Sie, dass die Lichtverhältnisse in einem Garten durch die Ausrichtung, die Lage und den Sonnenstand während der einzelnen Jahreszeiten bestimmt werden. Durch die tieferstehende Sonne sind die Schatten im Winter länger. Im Sommer verschiebt sich der Sonnenstand, so dass auch den Norden des Gartens ein paar Sonnenstrahlen erreichen.

gebung angepasster Garten wirkt dagegen harmonischer und natürlicher.

Ein Gartenplan entsteht

Nun haben Sie alle Rahmenbedingungen beachtet, und Ihre Wunschliste liegt bereit. Jetzt wird es ernst mit der Planung. Nehmen Sie sich am besten mehrere Kopien des Bestandsplans, ein paar Farbstifte und einen ruhigen Nachmittag. Falls Ihnen der Einstieg schwer fällt, gehen Sie durch Ihren zukünftigen Garten und lassen Sie sich dort ein wenig inspirieren.
Anhand des Beispielgartens der Familie Rose werden Sie nun durch die verschiedenen Planungsschritte geführt.

Die Grobstruktur des Gartens

Um eine erste Einteilung des Gartens zu erhalten, grenzen Sie grob die gewünschten Nutzungsbereiche ab. In einem Nutzungsbereich sind meist mehrere Funktionen untergebracht, woraus sich eine unterschiedliche Gestaltung ergibt.
In unserem Beispiel (→ Abb. rechts) sind im Vorgartenbereich der Zugang zum Haus, die Zufahrt zum Carport und die Mülltonnen unterzubringen. Der Nutzgarten beinhaltet das Gemüsebeet, die Beerensträucherhecke und nicht zuletzt den Kompostplatz. Der private Gartenraum konzentriert sich auf die der Öffentlichkeit abgewandten Seite und bietet Platz für Terrasse, Sitzplatz, Teich oder Spielbereich der Kinder. Achten Sie bei der Planung grundsätzlich darauf, dass verschiedene Bereiche entstehen. Selbst in kleinen Gärten ist dies möglich und sinnvoll (→ S. 31–33).

Flächen und Elemente

Nachdem sich der Plan mit Linien und Formen gefüllt hat, sollten Sie im nächsten Schritt in den markierten Bereichen die konkreten Nutzungen definieren. Dabei werden beispielsweise die Größe der Terrasse, des Gemüsebeets oder des Kompostplatzes festgelegt (→ Abb. S. 26).
Beginnen wir mit dem Bereich vor dem Haus. Der Vorgarten und die Zufahrt zum Carport ergeben sich durch die Ausrichtung und die Architektur des Hauses. Der Eingangsbereich ist zumeist gegen Norden ausgerichtet. Dieser halböffentliche Raum ist normalerweise recht klein, die Liste der gewünschten Funktionen hingegen groß (→ Vorgärten, S. 46–47). Im Vorgarten der Familie Rose empfängt den Besucher eine hübsche Staudenpflanzung. Der Zugang, die Einfahrt und der Carport werden mit Natursteinen gepflastert. Auch für die Mülltonnen muss hier ein Platz gefunden werden. Sinnvoll ist es, vom Vorgarten Wege in den hinteren Gartenbereich zu führen. Eventuell anfallende Transporte müssen dann nicht durchs Gebäude gehen. Eine frei wachsende Hecke aus Blütensträuchern entlang der Grundstücksgrenze führt in den hinteren Teil des Gartens.
Für den privaten Gartenraum ist ein direkter Zugang vom Haus unumgänglich. Hier gelangt man vom Wohn- und Essbereich auf die Terrasse. In unserem Beispiel wird eine Klinkermauer zum Nachbarn hin errichtet, um den direkten Einblick zu verhindern. An die Holzterrasse angrenzend entsteht ein Wasserbecken.

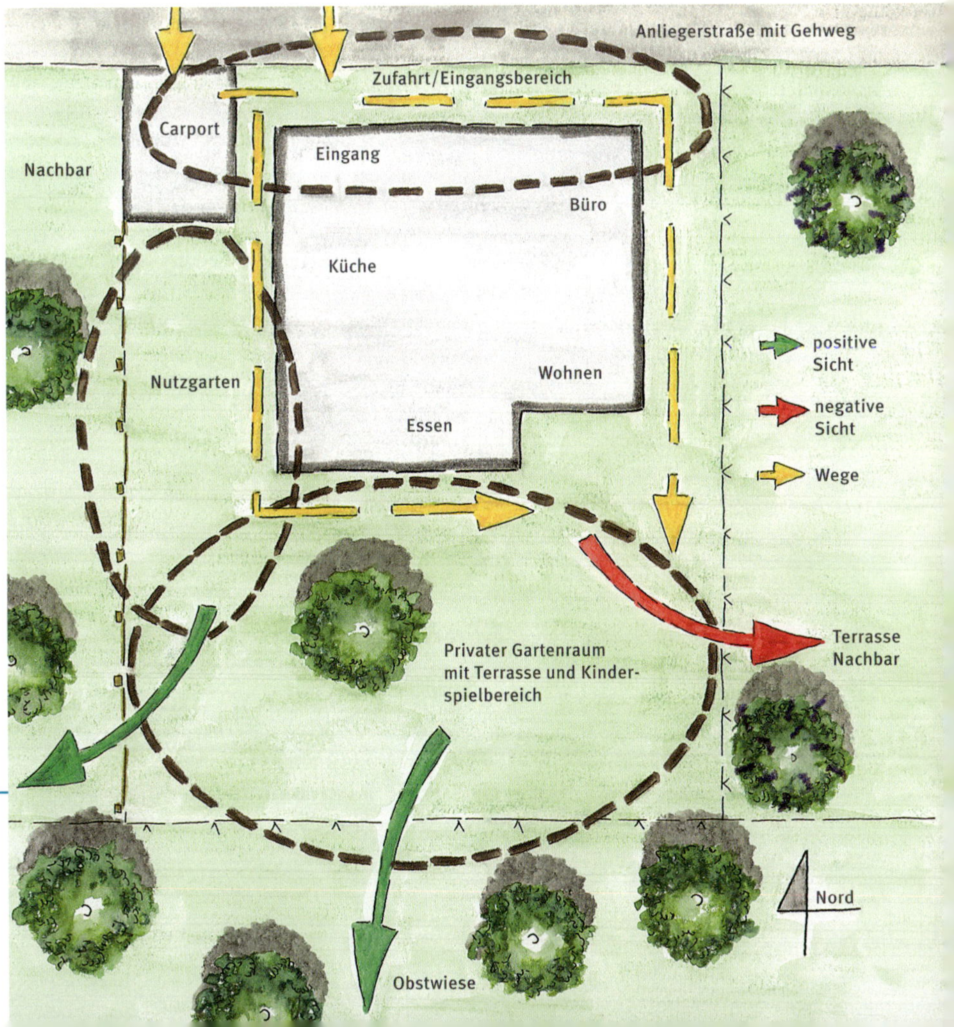

Probieren Sie bei der Abgrenzung der Grobstruktur mehrere Varianten aus und wägen Sie jeweils ab.

Weist das Grundstück genügend Platz auf, können Sitzplätze an einem ruhigen Ort abseits des Gebäudes entstehen. Der Spielbereich für kleinere Kinder sollte hingegen von der Terrasse aus gut sichtbar sein. Der Nutzgarten mit dem Gemüsebeet verlangt eine sonnige Lage und sollte von der Küche aus bequem erreichbar sein. Wer möchte, kann hier einen Kompostplatz vorsehen. Familie Rose hat sich für einen kleinen Sitzplatz aus Natursteinpflaster mit einer berankten Holzpergola am Rand des Grundstücks entschieden. Eine Spielhütte und der Sandkasten liegen im Süden, das Gemüsebeet mit Beerensträuchern und Obstspalier im Westen des Gartens.

Mit Gehölzen, Stauden oder Sommerblumen können Sie Farbe und Struktur in den Garten bringen. Bei Familie Rose werden vor der Terrasse und der Sichtschutzmauer Staudenbeete angelegt. Der alte Obstbaum bleibt erhalten, während im Süden Blütensträucher das Grundstück säumen.

Wege verbinden die verschiedenen Bereiche miteinander. In unserem Beispielgarten führen Wege aus Natursteinpflaster um das Haus herum. Die Rasenfläche bildet fließende Übergänge zwischen den Bereichen. Hier findet sich sicher auch ein Platz für die Wäschespinne.

Für die weitere Planung finden Sie in den folgenden Kapiteln eine Auswahl geeigneter baulicher Elemente, Materialien und Pflanzen (→ S. 56–113). Achten Sie unbedingt auch auf Grenzabstände bei Bauwerken und Pflanzungen (→ S. 28–29).

Zeit und Kosten planen

Der Entwurf liegt vor Ihnen. Ein bunter Plan ist entstanden. Wahrscheinlich können Sie es kaum erwarten, auf der Terrasse zu sitzen und den Kindern beim Spielen zuzuschauen. Der Sitzplatz muss aber noch gebaut werden. Wie bei einer Hausplanung sind auch bei der Gartenplanung die Kosten zu bestimmen. Haben Sie genügend Geld für die Umsetzung eingeplant? Doch auch bei momentan knapper Kasse gibt es Möglichkeiten, den Garten entstehen zu lassen.

Die Mengen ermitteln

Um eine Grundlage für die Kostenermittlung Ihres Gartens zu erhalten, müssen zuerst die benötigten Mengen berechnet werden. Notieren und markieren Sie diese am besten auf einer Kopie des Entwurfsplans. Ermitteln Sie dabei die Flächen in Quadratmetern für alle befestigten Wege und Sitzplätze sowie für Rasen, Nutzgarten und Pflanzungen. Bei Mauern und Zäunen werden die Laufmeter und die Höhe angegeben. Berücksichtigen Sie, dass für den Bau der befestigten Flächen Erdarbeiten notwendig sind. Nehmen Sie ebenso die Stückzahl der baulichen Einzelelemente wie Pergola, Sandkasten, Gartentor oder Leuchten in Ihre Liste mit auf.

Das liebe Geld

Jetzt müssen die Kosten angesetzt werden. Dies ist für den Laien schwierig, weil ihm die Erfahrungswerte für die Material- und Arbeitskosten fehlen.

Um die Kosten für Ihren vorliegenden Gartenentwurf zu ermitteln, gibt es verschiedene Möglichkeiten. Entweder Sie entscheiden sich, Ihren Garten selbst anzulegen, oder Sie übertragen die Ausführung einem Garten- und Landschaftsbaubetrieb. Aber auch eine Kombination ist möglich. Überlassen Sie Bauarbeiten, für die größere Maschinen eingesetzt werden müssen, dem Fachmann. Einfache Arbeiten können Sie hingegen selber ausführen (→ Kasten S. 27).

Wollen Sie den Garten selbst anlegen, dann müssen Sie die Material- und eventuell anfallende Transportkosten bei den entsprechenden Anbietern in Erfahrung bringen. Vergessen Sie nicht die Mietkosten für spezielle Maschinen und Geräte. Für die Bepflanzung sollten Sie einen Pflanzplan erstellen (→ S. 104), der Ihnen hilft, die benötigten Stückzahlen zu be-

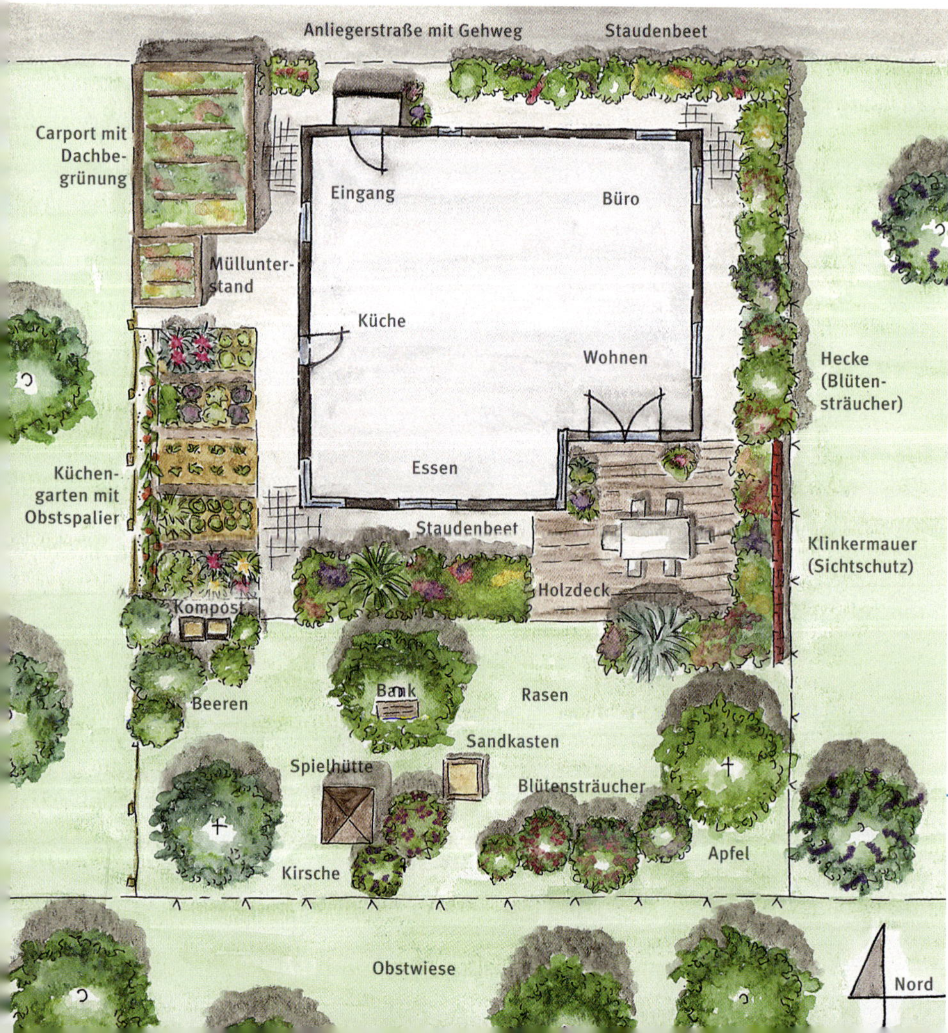

Der reduzierte Entwurf und alle gewünschten Elemente sind maßstabsgerecht im Plan eingetragen.

Eine einfache Holzbank unter einem Baum bietet ein schattiges Plätzchen.

Aufwendige Spielgeräte lassen Sie besser vom Fachmann aufstellen.

stimmen. Hinweise für den Pflanzbedarf pro Quadratmeter Fläche erhalten Sie in jeder qualifizierten Gärtnerei. Bedenken Sie grundsätzlich auch den Zeitaufwand für den Bau Ihrer Gartenanlage. Gehen Sie davon aus, dass der Selbstbau wesentlich länger dauert als die Erstellung durch eine Fachfirma.

Wollen Sie die Durchführung einem Fachbetrieb überlassen, dann holen Sie sich auf Grundlage Ihres Entwurfplans bei verschiedenen Landschaftsgärtnern Angebote ein. Vergleichen Sie diese und entscheiden Sie sich für den Kostengünstigsten. Vielleicht kennen Sie bereits einen Landschaftsgärtner, bei dem Sie wissen, dass das Preis-Leistungs-Verhältnis stimmt. Diese zweite Variante wird selbstverständlich teurer als die Selbstbauvariante sein, da der Unternehmer nicht nur das Material, sondern auch die Arbeitskosten kalkuliert. Wie beim Kauf einer Ware gibt der Unternehmer jedoch Garantie auf seine Arbeit. Übersteigen die Angebote Ihr Budget deutlich, ist der Traum vom Garten dennoch nicht geplatzt. Vielmehr gilt es dann, an den richtigen Stellen zu sparen.

Sparen – aber wie?

Anders als beim Hausbau können Sie Ihren Wunschgarten auch etappenweise entstehen lassen. Elementare Bauten wie Treppenanlagen oder Stützmauern sollten zu Anfang und möglichst von einem qualifizierten Unternehmen gebaut werden. Es ist empfehlenswert, den Vorgarten mit Eingangsbereich und Zufahrt sowie die Hauptterrasse als Erstes zu realisieren. Sonst ärgert man sich über Dauerprovisorien wie die Baudielen, über die man oft jahrelang zum Hauseingang balanciert. Einzelelemente wie ein separater Sitzplatz, ein Gartenschuppen oder ein Teich können später folgen. Bedenken Sie jedoch, ob ein Zugang für spätere Baumaßnahmen notwendig ist. Sonst müssen Sie vielleicht den Teich mühsam von Hand ausheben, weil der Bagger anderenfalls die Pflanzung ruinieren würde.

Einsparpotenzial besteht zudem bei der Wahl der verwendeten Materialien für Beläge oder Einfriedungen. Nähere Angaben zu Kosten und Pflegeaufwand finden Sie in den folgenden Kapiteln.

Der Garten der Familie Rose

Nach reiflicher Überlegung hat sich Familie Rose für eine Reduzierung ihres Entwurfs entschieden. Das Wasserbecken entfällt, und der zweite Sitzplatz mit Pergola wird aus Kostengründen vorerst zurückgestellt. Das Wasserbecken ist einerseits zu teuer, andererseits birgt es bezüglich der Kinder ein zu großes Gefahrenpotenzial.

Für die größeren Baumaßnahmen beauftragt Familie Rose einen Landschaftsgärtner. Dieser übernimmt die Erstellung aller Belagsflächen im Vorgarten inklusive der Holzterrasse und der Klinkermauer. Auch die Wege entlang des Gebäudes in den privaten Bereich des Gartens werden vom Fachmann angelegt, allerdings mit einem kostengünstigeren Belag aus Betonplatten. Der Landschaftsgärtner legt für die vorgesehene Beleuchtung im Vorgarten Leerrohre. Nach Fertigstellung der Pflanzfläche setzt dann ein Elektriker die ausgewählten Leuchten. Der notwendige Oberboden für sämtliche Pflanzflächen wird vom Landschaftsgärtner aufgebracht.

Bei der Bepflanzung hat sich Familie Rose für größere Pflanzen entschieden, um relativ schnell einen eingewachsenen Charakter zu erzielen. Bei der Pflanzung lassen sich Kosten sparen, wenn man selbst zum Spaten greift. Auch die abschließende Raseneinsaat und die Anlage der Beete im Nutzgarten übernimmt Familie Rose selber.

Der Entwurf hat sich geändert, und manches konnte nicht realisiert werden. Doch hat die Planung nicht an Qualität verloren, da das Gesamtkonzept erhalten bleibt.

!

wir empfehlen

Wer macht was?

Bei der Gartengestaltung müssen Sie nicht alle Arbeiten Fachleuten anvertrauen. Überlegen Sie, welche Sie selbst durchführen können. Der Holzzaun für den Vorgarten lässt sich z. B. mit etwas Geschick sowie dem richtigen Material und Werkzeug leicht selber errichten (→ S. 71). Auch einfache Wege innerhalb des Gartens z. B. aus Kies entstehen mit wenigen Grundkenntnissen. Pflanzarbeiten können Sie selbst ausführen. Die Pflanzenauswahl überlassen Sie eventuell einem Fachmann, der auch die Gesamtplanung Ihres Gartens im Auge behält. Wollen Sie diesen Schritt selber übernehmen, dann informieren Sie sich im Fachhandel über die jeweiligen Standortansprüche, Wuchsformen und die notwendige Pflanzenanzahl.

Komplizierter und entsprechend aufwendiger zu erstellen sind Treppenanlagen, Stützmauern und größere Erdmodellierungen. Dazu sind meist Maschinen und Fachkenntnisse gefordert. Überlassen Sie diese Arbeiten daher einem Fachmann.

Der rechtliche Rahmen

Mit Zäunen und Mauern können Sie bewusst Ihre eigenen Grenzen zur Umgebung ziehen.

DER GÄRTNER KANN AUCH im eigenen Garten nicht immer nach Belieben agieren, sondern muss sich bei bestimmten Eingriffen an so manche Gesetze halten.

Bauliche Eingriffe

Die Landesbauordnung der einzelnen Bundesländer regelt nicht nur die Vorschriften für die Errichtung von Gebäuden und Bauwerken im Garten. Sie trifft außerdem Aussagen zu möglichen erdbaulichen Eingriffen. Davon sind Aufschüttungen in Form von Hügeln oder Dämmen und Abgrabungen, wie beispielsweise Teiche, betroffen. Abhängig von der jeweiligen Dimension sind die Eingriffe genehmigungspflichtig. Auch der Bau von Stützmauern bedarf ab einer bestimmten Höhe einer Genehmigung.

Das Nachbarschaftsrecht

Das Nachbarschaftsrecht enthält die Rechtsnormen für Haus und Garten, um die wechselseitigen Beeinträchtigungen zwischen benachbarten Grundstücken zu regeln.

› So mancher Gartenbesitzer möchte sein Grundstück umgrenzt sehen. Doch informieren Sie sich rechtzeitig über die geltenden Gesetze, die den **Mindestabstand von Hecken- und Baumpflanzungen** regeln, denn jedes Bundesland definiert einen anderen Abstand zum Nachbarn.

Grundsätzlich wird der Abstand jeweils von der Mitte der Pflanze bis zur Grenze gemessen. Der Abstand hängt von der vorgesehenen Höhe der Pflanze ab. In Baden-Württemberg ist bei Hecken bis 1,8 m Höhe ein Abstand von 0,5 m einzuhalten. Das bayerische Recht unterscheidet nicht zwischen Hecken- und Baumpflanzung. Gehölze, die höher als 2 m sind, müssen einen Abstand von 2 m zur Grenze haben. Bei kleineren genügen 0,5 m. In Bremen und Hamburg gibt es kein Nachbarrechtsgesetz, da der Senat hier von einer Gesetzesvorlage absieht. Denn es wird befürchtet, dass durch diese Abstandsregelungen keine Gehölze mehr gepflanzt werden. Besser als jeder Streit oder jede offizielle Regelung wäre es jedoch, wenn man das Gespräch mit dem Nachbarn sucht und zu einer einvernehmlichen gemeinsamen Grenzgestaltung findet.

› Wenn Ihr Apfelbaum nah an Nachbars Grenze steht, fällt normalerweise ein Teil der Früchte auf dessen Grund und Boden. Bei diesem **„Überfall" der Äpfel** sieht das Gesetz vor, dass diese dem Nachbarn gehören. Jedoch sollte der sich nicht beim Schütteln des Baums erwischen lassen. Wenn doch, muss er seine Beute wieder zurückgeben.

› Laubbäume verlieren im Herbst ihr Laub. Dies ist ein natürlicher Prozess. Doch hält sich das Laub dabei nicht an Grundstücksgrenzen und erbost dabei so manchen Nachbarn. **Laubfall** ist einer der häufigsten Gründe, warum sich Nachbarn vor Gericht sehen. In Einzelfällen können Baumbesitzer von Gerichtsseite zur Beseitigung der Blätter aufgefordert werden. Im Allgemeinen sehen die Gerichte dies jedoch nicht als Beeinträchtigung an.

› Ähnlich wie mit dem Laub verhält es sich mit dem **Samenflug** von Wildkräutern. Ein Anspruch auf Beseitigung der daraus entstehenden „Unkräuter" gibt es nicht. Auch setzt sich immer mehr die Auffassung durch, dass Unkräuter durchaus ihre Berechtigung haben und nicht unbedingt entfernt werden müssen.

› Verschatten **überhängende Äste** das Gemüsebeet des Nachbarn, kann dieser darauf bestehen, dass sie entfernt werden. Die Äste müssen aber tatsächlich eine Beeinträchtigung darstellen. Zeigt der Verursacher innerhalb einer gesetzten Frist keine Reaktion, kann der Geschädigte selber zur Säge greifen. Das Entfernen der Äste sollte jedoch fachgerecht durchgeführt werden. Dazu gehört selbstverständlich auch, dass dies nicht gerade in der Zeit der Obsternte stattfindet.

› Bei ins Nachbargrundstück **eindringenden Wurzeln** gilt Ähnliches. Wichtig ist hier der Nachweis, dass die Wurzeln die wirtschaftliche Nutzung des Nachbargrundstücks beeinträchtigen. Dies ist der Fall, wenn die Wurzeln eines Gehölzes in das Gemüsebeet wachsen oder bauliche Anlagen gefährden. Das Entfernen von störenden Wurzeln erfordert Fachkompetenz. Auch in diesem Fall sollte wieder eine Frist gesetzt werden, innerhalb derer die Wurzeln zu entfernen sind.

Das Recht für Ohren und Nase

Bekanntlich gibt es verschiedene Möglichkeiten, einen Rasen zu mähen. Während das Mähen mit der Sense zwar beschwerlicher ist und einiger Übung bedarf, schont es im Hinblick auf die Lärmbelastung die Ohren der Nachbarn.

Der Einsatz von motorbetriebenen Rasenmähern darf nicht zu jeder Tages- und Nachtzeit erfolgen. Hier gilt die **Rasenmäherlärmverordnung.** Sie bestimmt einerseits, wie laut ein Rasenmäher sein darf. Andererseits regelt sie die erlaubten Betriebszeiten. So dürfen Sie im Prinzip täglich, außer an Sonn- und Feiertagen, zwischen 7 und 19 Uhr den Rasen mähen. Diese Bundesverordnung gibt den Ländern und Gemeinden jedoch die Möglichkeit, die Ruhezeiten auszudehnen, z. B. um eine Mittagsruhe. Dies ist schon in vielen Bundesländern geschehen.

Ein **Komposthaufen** wird in der Regel nicht angelegt, um dem Nachbarn „auf die Nase" zu rücken. Stattdessen sollen die wohlsortierten Küchen- und Gartenabfälle einem Kreislauf zugeführt werden, der wertvollen ➲ HUMUS (S. 547) entstehen lässt. Doch ist es fraglich, ob der Nachbar das auch so beurteilt. Unter Umständen hat er ein gespaltenes Verhältnis zur Ästhetik eines Komposthaufens und erfreut sich eher an seinem akkurat getrimmten Rasen. Dann kann es natürlich vorkommen, dass er sich über den angeblichen Gestank erbost und die Forderung stellt, den Komposthaufen zu entfernen. Das Ganze landet dann meist auf dem Tisch eines Richters. Durch das Bundesabfallgesetz vom 3. Mai 2000 sind die Landesregierungen ermächtigt worden, einen Komposthaufen zu erlauben. Während dies in zehn Bundesländern geschehen ist, gibt es in den anderen noch keine gesetzlichen Regelungen.

Zusammenfassend ist zu sagen: Jeder Gartenbesitzer kann in seinem Garten einen Komposthaufen anlegen, der allerdings nicht stinken darf. Wenn Sie dann auch noch darauf achten, dass er nicht zu groß wird (maximal 2 m breit und 1,5 m hoch), dürfte auch Ihr Nachbar keinen Anstoß daran nehmen (→ auch S. 180–183).

Ein Recht für Bäume

Die **Baumschutzverordnung** ist Teil des Bundesnaturschutzgesetzes. Diese Verordnung bietet den Kommunen die Möglichkeit, gebietsweise den Bestand an Bäumen und Hecken unter Schutz zu stellen. Sie verbietet, geschützte Bäume zu entfernen, zu zerstören, zu schädigen oder ihren Aufbau wesentlich zu verändern.

Der Erhalt bestimmter Baumarten ist immer von einem gewissen Stammdurchmesser abhängig. Zumeist gelten sie ab 80 cm Umfang, gemessen in 1 m Stammhöhe, als schützenswert. Dieser Schutz gilt

Auf leisen Pfoten dürfen Katzen getrost die Grenzen übertreten.

für Laub- und Nadelgehölze, nicht aber für Obstgehölze. In Ausnahmefällen, und nur mit Genehmigung, dürfen gefährdete und kranke Bäume gefällt werden. Geschieht dies ohne Erlaubnis, drohen empfindliche Geldbußen. Achten Sie außerdem darauf, dass das Fällen der Gehölze nicht zwischen dem 1. März und dem 30. September durchgeführt wird. Diese Schonzeit ist z. B. in den Naturschutzgesetzen von Bayern und Baden-Württemberg enthalten.

Doch die Zurückhaltung der Gemeinden, eine eigene Baumschutzverordnung zu erlassen, ist groß. Sie fürchten den Unmut der Bürger. Diese sähen sich dann möglicherweise in ihren Eigentums- und Freiheitsrechten eingeschränkt.

Das „Letzte"

Folgender Fall hat die Hamburger Justiz in den Jahren 1985–1988 beschäftigt: Im Garten einer Wohnanlage hatte ein Wohnungseigentümer zwei Gartenzwerge aufgestellt, allerdings ohne die anderen Eigentümer zu fragen. Ein Mitglied der Eigentümergemeinschaft sah in den roten Zipfelmützen eine Provokation seines ästhetischen Empfindens und verlangte das Entfernen der Zwerge. Das Hanseatische Oberlandesgericht entschied, dass der Antragsgegner die Gartenzwerge zu entfernen habe. Begründet wurde dieses Urteil damit, dass Gartenzwerge bei nicht wenigen Menschen Anstoß erregen und letztlich zu einer Beeinträchtigung des optischen Gesamteindrucks führen.

!

wir empfehlen

Informieren Sie sich

Das Thema Gartenrecht ist sehr komplex und kann daher im Rahmen dieses Kapitels nur ansatzweise besprochen werden. Auskünfte über die aktuelle Gesetzeslage und die gültigen Vorschriften in Ihrem Bundesland können Sie bei der Stadt- oder Gemeindeverwaltung erhalten. Stimmen Sie sich am besten vor Beginn Ihres Vorhabens mit Ihren Nachbarn ab. Eventuell können Sie sich über eine gemeinsame Grenzgestaltung einigen. Informieren Sie sich ebenfalls über die geltenden Bebauungs- und Grünordnungspläne. Diese enthalten u. a. Höhen für bauliche Elemente und verbindliche Angaben zu Pflanzen oder Dachbegrünung.

1

Grundlagen der Gartengestaltung

Der Garten ist eine Komposition aus Formen, Farben, Düften und Geräuschen. Er entsteht durch die Anordnung von baulichen Elementen und Pflanzen. Aber erst mit der Zuwendung und der Fantasie des Gärtners wird ein Garten zum Kunstwerk.

In diesem Kapitel:

Im folgenden Kapitel lernen Sie einige grundlegende praktische Gestaltungsmittel kennen, die Ihnen die Gartengestaltung erleichtern. Sie werden sehen, dass es genügend Spielraum für Ihre Ideen und Wünsche gibt.

Eine gute Gartengestaltung zeichnet sich dadurch aus, dass eine **Grundidee** erkennbar ist. Diese verbindet die Einzelbereiche des Gartens zu einem schlüssigen Ganzen. So entsteht eine Einheit von Architektur und Natur im Einklang mit der Umgebung. Für den Besucher des Gartens wird diese Idee nicht immer direkt sichtbar, aber spürbar sein.

Die Gestaltungskriterien

Um eine stimmige Gartenkomposition zu schaffen, bedarf es der Einhaltung gewisser Gestaltungskriterien.

› **Harmonie** wird oft als oberstes Prinzip bei der Gartengestaltung genannt. In der Musik wird sie als wohltönender Zusammenklang mehrerer Töne bezeichnet. Dieses Bild kann auch in die Gartenkunst übertragen werden. Ein harmonischer Garten schafft Spannung, gleicht dabei aus und verbindet Gegensätze. Es gibt Höhepunkte und ruhige Bereiche, das Gesamte steht jedoch in Einklang miteinander.

› **Schlichtheit** ist auf den ersten Blick ein einfaches Prinzip. Die Beschränkung auf eine bestimmte Auswahl von Pflanzen, Elementen oder Materialien lässt den Garten ruhiger erscheinen. Die wenigen auswählten Farben und Formen lassen in ihrer Gesamtheit ein durchgängiges Konzept erkennen. Im Gegensatz dazu steht die Vielfalt und Fülle, die – gezielt eingesetzt – ebenfalls ihre Berechtigung hat.

› Die richtigen **Proportionen** zu finden, ist nicht immer leicht. Es gilt, das Verhältnis von Rasen zu Staudenbeeten oder von Terrasse zu Haus richtig zu wählen, um Ruhe und dennoch keine Langeweile aufkommen zu lassen. Da sich die Pflanzung mit den Jahren entwickelt, erfordert gerade die Pflanzenwahl besonderes Augenmerk.

› **Kontraste** erzeugen Spannung. Ein weißer Spierstrauch kommt vor einer dunkelgrünen Eibenhecke gut zur Geltung. Gerade Farben und Formen bieten unzählige Möglichkeiten für die Kontrastbildung.

Der gekonnte und bewusste Umgang mit den Gestaltungskriterien trägt dazu bei, die Grundidee zu verdeutlichen.

Den Garten gliedern

DIE GLIEDERUNG EINES GARTENS stellt ein wesentliches Gestaltungsmittel dar, wenn Sie Grenzen setzen, einen Grünraum umschließen und diesen nach Ihren eigenen Vorstellungen gestalten und nutzen möchten. Sie ermöglicht einerseits die Trennung der verschiedenen Bereiche, soll diese aber gleichzeitig miteinander verbinden.

Um das Interesse des Besuchers zu wecken, sollte der Garten nicht auf einen Blick überschaubar sein. Das Erlebnis ist eindrücklicher und der Garten wirkt größer, wenn man nach und nach seine Geheimnisse entdecken kann. Verwunschene Ecken überraschen ebenso wie eine unverhoffte Blütenpracht am Wegesrand.

So werden Räume abgegrenzt und miteinander verbunden, Höhenstufen betont und Blickbezüge hergestellt, um Spannung zu erzeugen oder Ruhe zu schaffen.

Ein grüner Raum entsteht

Zur Gliederung eines Gartens gehört die Bildung von Räumen. Beläge, Wasserflächen, Rasen oder Pflanzbeete bedecken die Gartenfläche. Die dritte Dimension wird dagegen durch Einfriedungen, Kleinarchitekturen oder Gehölze betont. Dadurch entsteht ein Grundgerüst im Garten, wie beispielsweise die Wände des Hauses. Mit welchen Mitteln dieser Gartenraum gestaltet werden kann, wird im Folgenden näher beschrieben.

Einen Rahmen schaffen

Mit einer Eingrenzung aus baulichen oder pflanzlichen Elementen wird ein Rahmen für den Garten geschaffen, um auch die Privatsphäre zu schützen. Hierfür bieten sich verschiedene Möglichkeiten wie Mauern, Zäune, Pergolen oder Hecken an. Sie sollten bei kleinen Gärten jedoch darauf achten, dass die Begrenzung nicht zu hoch und zu dicht ist, da der Garten sonst an Weite verliert.

Zur oft verwendeten Thujenhecke, die den Garten eher wie eine grüne Mauer einengt als beschützt, gibt es ansprechende Alternativen. Ein mit Wicken berankter Zaun oder eine lichte Hecke aus Blütensträuchern erfüllen den gleichen Zweck, wirken dabei aber luftiger und leichter.

Räume abgrenzen

Ein Garten wird attraktiver, wenn verschiedene Räume gebildet werden, denen unterschiedliche Nutzungen zugewiesen werden. Jeder Raum entwickelt so einen eigenen Charakter und lädt den Besucher je nach Stimmung zum Verweilen oder Entdecken ein. Orientieren Sie sich bei der Raumbildung an der Grobstruktur der Nutzungsbereiche (→ S. 24–25).

Für die Raumteilung kommen bauliche Elemente wie Mauern, Rankgerüste, Pergolen oder Zäune in Frage (→ S. 68–79). Heckenpflanzungen oder Spalierobst bilden mit ihrem Blattwerk lebendige grüne Wände. Während diese Raumteiler stark abgrenzen und beschatten, können Sie mit kleineren Pflanzungen oder niedrigen Hecken den Raum sanfter untergliedern. Die Wahl der Abgrenzung richtet sich nach der Größe des Gartens, der Art oder der Funktion der Gartenräume.

Die Räume verbinden

Wege dienen dazu, die einzelnen Gartenräume zu gliedern und gleichzeitig zusammenzufügen. Sie bilden das zweidimensionale Rückgrat eines Gartens und verbinden die Wohnräume mit dem Gartenraum. Eine geschickte Wegeführung im Garten ermöglicht dem Besucher reizvolle Ein- und Ausblicke. Spannung entsteht, wenn das Ende des Wegs hinter einer Pflanzung oder einer Mauer verschwindet. Zu viele Wege zerschneiden jedoch den Garten. Oft reichen auch Rasenflächen oder einzelne Trittplatten als Verbindung zwischen den Räumen aus.

Der Wegeverlauf sollte sich harmonisch in das Gesamtbild einfügen. Achten Sie dabei insbesondere auf die Wegbreite. Sie sollte im richtigen Verhältnis zur angrenzenden Pflanzung stehen (→ S. 57–59).

Durchschreitet man den Garten, egal ob auf Wegen oder quer über den Rasen, führen die Schritte von einem Gartenraum in den anderen. An den Übergängen dienen Tore, Säulen oder Bögen als Markierung. Ein Rosenbogen als Blickpunkt macht neugierig auf den unbekannten Raum dahinter. Schicken Sie die Augen auf Entdeckungsreise und belohnen Sie den Blick mit einem Objekt, das ihn fixiert.

Der Blick durch den Rosenbogen zeigt einen von Stauden, Gehölzen und Gebäuden begrenzten Garten.

Eine horizontale Gliederung durch Stufen verkürzt die Perspektive.

Die Vertikale betonen

Als „Höhe-Punkte“ im Garten werden gezielt bauliche Elemente, einzelne Pflanzen oder Kunstobjekte eingesetzt. So wird die dritte Dimension betont. Ein Riesenschilf, ein säulenförmig wachsendes Gehölz oder eine berankte Stele aus Stein ziehen die Aufmerksamkeit auf sich und lenken den Blick nach oben.

Die Fassadenbegrünung, beispielsweise mit Efeu oder Wildem Wein, ist ein attraktives Element, um auch auf kleinster Fläche die Vertikale hervorzuheben. Begrünte Hauswände werden gleichzeitig zu einem Bestandteil des Gartens.

Zwischen-Räume nutzen

Ausgedehnte Rasenflächen als „Zwischen-Räume“ schaffen durch ihre einheitliche Oberflächenstruktur eine angenehme und beruhigende Atmosphäre. Trotz ihrer horizontalen Ausrichtung tragen sie zur Raumwirkung bei. Lockere Staudenbeete hingegen beleben durch ihre unterschiedlichen Strukturen den Raum.

Höhen und Tiefen

Die meisten Hausbesitzer möchten vom Wohnbereich ohne Höhendifferenz auf die Terrasse und weiter in den Garten gelangen. Doch verspricht diese Situation nicht sehr viel Abwechslung.

Selbst in ebenem Gelände können Sie Ihren Garten durch kleine Höhenunterschiede erlebnisreicher gestalten. Bodenmodellierungen wie kleine Mulden lassen ihn größer erscheinen. Kleine Pflanzhügel entlang des Grundstücks bieten sich besonders für die Abgrenzung kleinerer Gärten an, da sie einen weichen Übergang bilden. Ebenso vermitteln modellierte Rasenflächen mehr Bewegung als ihre ebenen Verwandten. Geländestufen machen den Garten lebendiger, bereits einzelne gezielt platzierte Stufen erzeugen Spannung.

Durch Absenken eines Gartenteils entsteht ein sogenannter Senkgarten. Diese Form ist in England seit Anfang des 20. Jahrhunderts ein beliebtes Gestaltungselement auch für kleine Gärten. Rings um eine zentrale, meist rechteckige Fläche überwinden flache Böschungen oder mit Steinen abgefangene Terrassen den Höhenunterschied zum normalen Gartenniveau. Diese Terrassen oder Böschungen bieten zusätzliche Pflanzflächen, während sich in der abgesenkten Fläche ein windgeschützter Raum ergibt, der den Garten optisch vergrößert.

Wo ein natürlicher Niveauunterschied auf dem Grundstück vorhanden ist, bieten sich terrassierte Gärten an. Durch eine geschickte Terrassierung entstehen Ebenen, die je nach Größe unterschiedlich z. B. für Bepflanzungen oder als Sitzplatz genutzt werden können. Deswegen haben gerade Hanggärten ein großes Gestaltungspotenzial (→ S. 48–49).

Perspektiven

Die italienischen Renaissancearchitekten schufen in ihren Gärten eindrucksvolle perspektivische Wirkungen und schöne Ausblicke. Mit kunstvollen Wasserspielen und Skulpturen setzten sie Blickfänge zur Unterhaltung der Besucher. Und auch heute noch kann der bewusste Einsatz von Perspektiven dafür verwendet werden, einen Garten spannender und abwechslungsreicher wirken zu lassen.

Sichtachsen und Blickfänge

Bilden Sie Sichtachsen, entlang derer Sie Ihren Garten erleben können. An diesen wird der Besucher wie an Wegeachsen in

Gut zu wissen

Spezialeffekte

Spiegel können ein verändertes Raumgefühl erzeugen. In Innenhöfen erweitern sie den Raum optisch, in dem sie z. B. unter Torbögen platziert werden. Wichtig ist es, die Ränder mit Blattwerk zu kaschieren und zu vermeiden, dass der Besucher sich selbst von weitem im Spiegel entdeckt.
Gitterwerk, auch bekannt unter der französischen Bezeichnung Treillage, ist eine aufwendige Form des Wandspaliers. In Stadtgärten werden diese meist aus Holz gefertigten Elemente oft zur Verkleidung unansehnlicher Mauern verwendet. Wird das Gitterwerk so an der Wand befestigt, dass es wie ein Bogen oder Tunnel aussieht, entsteht ein Trompe-l'œil, der Weite vortäuscht.
Wandmalereien dienen der Unterhaltung der Gartenbesucher. Ausblicke in idyllische Landschaften, falsche Türen oder abstrakte Muster sollen den Gartenraum vergrößern und ermöglichen die Flucht in eine Zauberwelt.

und durch den grünen Raum geführt. Dabei sind auf schöne Pflanzen ausgerichtete Sichtachsen ebenso reizvoll wie Ausblicke in die umliegende Landschaft. Sie können auch durch optische Anziehungspunkte, beispielsweise eine geschnittene, stattliche Buchsbaumkugel, den Blick geschickt von unansehnlichen Mauern oder störenden Gebäuden ablenken.
Blickfänge im Garten halten das Interesse der Besucher wach. Eine klassische Vase, in einer Heckennische platziert, kommt zur Geltung, wenn ein einheitlicher und schlichter Hintergrund einen Kontrast schafft. Für Blickfänge in der Ferne bilden Sie am besten mit den Pflanzen einen Rahmen. Die bewusste Auswahl und Platzierung mehrerer Blickfänge führt den neugierigen Besucher durch den Garten. Aber beachten Sie auch hier das Prinzip der Schlichtheit. Zu viele Schmuckgegenstände, die dann vielleicht nicht mal mit dem Gartenstil harmonieren, vermitteln nur störende Unruhe.

Das Auge täuschen

Nicht zuletzt können optische Täuschungen einen Gartenraum größer wirken lassen, da sie die Wahrnehmung des Betrachters verändern. Mit Linien, die vom Betrachter weglaufen, erscheint eine Fläche länger. Lässt man etwa einen Weg in der Ferne enger und die Bepflanzung kleiner werden, wird eine falsche Perspektive erzeugt. Der Garten wirkt länger. Quadratische Pflanzbeete, als symmetrische Elemente verwendet, vermitteln beim Betrachter eine optische Verkürzung der Perspektive. Pflasterstreifen, die quer zum Betrachter verlaufen, verleihen dem Garten Breite.
Auch durch den Einsatz von Farben kann Räumlichkeit erzeugt werden. In Form von entsprechenden Pflanzen wirken kleine Gärten durch kühle Farben, wie beispielsweise blaue Blüten, optisch größer. Gelb hingegen verkürzt die Perspektive (→ S. 37–39).

Terrassierungen verleihen dem Garten eine räumliche Tiefe.

Umrahmt von Blüten bietet diese Amphore einen schönen Blickfang.

Die Öffnung in der Wand macht jeden neugierig – was liegt wohl dahinter?

Form und Struktur im Garten

Ganz natürlich führt dieser geschwungene Weg durch den Garten zu einem unbekannten Ziel.

WENN SIE EINEN GARTEN BETRETEN, fällt der Blick auf die Pflanzen, die mit ihren farbigen Blüten die Aufmerksamkeit auf sich ziehen. Meist ist diese Freude jedoch nur von begrenzter Dauer. Wesentlich länger wirken die Pflanzen durch ihre Wuchsform sowie durch die Form und Oberflächenstruktur ihrer Blätter, Blüten und Früchte. Oft wird die Form als Konkurrenz zur Farbe gesehen. Doch Form und Farbe sind Gestaltungsmittel, die im Wechselspiel vielseitige und spannende Gartenkompositionen ergeben.

Sie können die Wirkung der Formen in Ihrem Garten unabhängig von den Farben kennen lernen. Fotografieren Sie ihn dazu einfach mit einem Schwarzweißfilm. Beim Betrachten der Fotos wird Ihnen auffallen, welche Pflanzen durch ihre charakteristische Gestalt in den Vordergrund treten. Oder welches Pflanzbeet unruhig wirkt, weil zu viele Blattformen vorhanden sind. Gerade oder geschwungene Wege mit kleinteiligen oder großflächigen Belägen lassen uns einen Garten auf verschiedene Art und Weise wahrnehmen. So haben neben den Pflanzen auch die baulichen Elemente und Materialien Einfluss auf den Charakter des Gartens.

Grundformen und ihre Wirkung

Formen entstehen durch die Aneinanderreihung von Linien im zwei- wie im dreidimensionalen Raum. Diese Linien ergeben eine Begrenzung, die die Form vor einem Hintergrund abhebt. In Ergänzung dazu ist die Oberflächenstruktur ein dreidimensionales Muster, das der Form einen eigenen Charakter verleiht. Formen und Strukturen verstärken das Raumerlebnis.

Alle Formen, die sich als Gestaltungsmittel verwenden lassen, können von zwei Grundformen ableitet werden. Auf der einen Seite stehen die geometrischen Formen, die Strenge, Ordnung, aber auch Ruhe ausstrahlen. Eine symmetrische Anordnung unterstützt diesen Eindruck. Auf der anderen Seite gibt es die geschwungenen, organischen Formen, die locker wirken und Leichtigkeit und Natürlichkeit vermitteln. In der Geschichte der Gartenkunst hatten beide Grundformen, formal und organisch, ihre Höhepunkte. Denken Sie an einen streng axial betonten Barockgarten (→ S. 14) im Gegensatz zu den geschwungenen Linien des englischen Landschaftsgartens (→ S. 14).

Heute werden formale und organische Formen oft miteinander kombiniert. Es erzeugt Spannung, wenn locker wachsende Stauden von streng geschnittenen Hecken umrahmt werden oder geformte Bäume auf einer Blumenwiese stehen.

Elemente und Materialien

Elemente wie Sitzplätze, Wege, Einfriedungen, Beete und Wasserbecken können in geometrischen oder organischen Formen angelegt werden. Berücksichtigen Sie bei Ihrer Auswahl die Architektur des Hauses. Der Gartenstil sollte zu dem des Hauses passen, während sich die Formensprache der vorgesehenen Elemente am Gartenstil orientieren sollte.

In Hausnähe finden sich, bedingt durch die Architektur, streng geometrische Formen. Je weiter man sich von dieser Architektur entfernt, desto organischer werden die Strukturen. Klare Linien am Gebäude verlangen beispielsweise einen rechteckigen Sitzbereich. Als Belag bieten sich Holz oder großformatige Platten an. Runde Sitzplätze werden am besten gepflastert. Geschwungene Wege sind einerseits spannender, können andererseits eine gewisse Willkürlichkeit ausstrahlen. Gerade Wege dagegen sind klarer, lassen aber weniger Überraschungen zu. Mauern und Zäune als Einfriedungen haben meist rechteckige Formen, womit klare Grenzen gesetzt werden können.

Wasserbecken in Hausnähe sind oft rechteckig und bilden zusammen mit der Terrasse eine Einheit. Dagegen werden größere naturnahe Teiche im Garten z. B. nierenförmig in das Gelände eingepasst.

Grundsätzlich vermitteln streng symmetrische Formen wie Quadrate oder Kreise eine ruhige Stimmung. Während der Be-

sucher in solchen Flächen gern verweilt, regen ihn lange, schmale Formen zum Fortbewegen an. Je länger also ein Rechteck und je ovaler eine Rundung, desto mehr Bewegung kommt ins Spiel.
Bei den verwendeten Materialien spielt deren Oberflächenstruktur eine Rolle. Gerade bei größeren Flächen wie Wegen oder Sitzbereichen ist dies nicht nur aus praktischen Gründen (Rutschgefahr, Pflegebedarf) zu berücksichtigen. Natursteine sind beispielsweise meist unregelmäßig strukturiert, was bei großen Flächen jedoch ein einheitliches Gesamtbild ergibt. Betonsteine mit regelmäßiger Oberfläche können dagegen bei großen Flächen flach und langweilig wirken (→ S. 57–61).

Die Wirkung der Pflanzen

Man unterscheidet Pflanzen in Gehölze und krautige Gewächse. Je nach Erscheinungs- und Wuchsform lassen sich ganz unterschiedliche Wirkungen durch die Begrünung erzielen (→ S. 94–97).

Gehölze prägen den Garten

Gehölze sind ausdauernde Pflanzen, die verholzte Stämme ausbilden (→ S. 270–271). Als Bäume nehmen sie durch ihre Größe erheblichen Einfluss auf die Raumwirkung im Garten. Aber auch Sträucher, die meist mehrstämmigen kleineren Verwandten, können einige Meter hoch werden.

Die Bepflanzung lockert die strenge Wegachse auf. Der Weg wird dadurch zum bunten Erlebnis.

Als langjährige Gartenbewohner bilden Gehölze das Grundgerüst, grenzen Räume ab und schaffen Sichtachsen. Sie bilden z. B. als Hecke einen ruhigen Hintergrund, vor dem andere Pflanzen oder Objekte zur Wirkung kommen. Als **SOLITÄR** (S. 560) bieten sie Blickfänge, oder sie führen als Allee durch den Garten.
Nadelgehölze haben strenge, oft geometrische Formen und sind überwiegend immergrün. Laubgehölze weisen im belaubten Zustand eher lockere, organische Formen auf. Die meisten Vertreter verlieren im Herbst jedoch ihr Laub. Ihre eigentliche Wuchsform ohne Laub sollte deshalb bei der Pflanzplanung berücksichtigt werden.
Beschränken Sie sich bei der Pflanzenwahl auf wenige unterschiedliche Wuchsformen, um Unruhe zu vermeiden. Mit einzelnen Gehölzen, die ein spezielles Erscheinungsbild haben, können Sie Akzente setzen. **Säulenformen** wie die Säuleneibe (*Taxus baccata* 'Fastigiata') oder die Säuleneberesche (*Sorbus aucuparia* 'Fastigiata') unterstreichen die vertikalen Linien und lenken den Blick nach oben. Nadelgehölze haben häufig **kegelförmige Kronen.** Kleinkronige **Kugelformen** wie der Kugeltrompetenbaum (*Catalpa bignonioides* 'Nana') oder der Kugelahorn (*Acer platanoides* 'Globosum') bieten sich als Blickfang für den Vorgarten an. **Hängeformen** waren schon im englischen Landschaftsgarten äußerst beliebt. Auch heute können z. B. Trauerweiden (*Salix alba* 'Tristis') vor allem in größeren Gärten mit ihren überhängenden Zweigen Eleganz ausstrahlen.
Eine spezielle Wuchsform, die sowohl bei Gehölzen als auch bei krautigen Pflanzen anzutreffen ist, sind die Kletterpflanzen. Sie können sich nicht selbst tragen, sondern finden an festen Materialien oder anderen Pflanzen ihren Halt. So bilden Efeu oder Wilder Wein grüne Wände, indem sie „selbständig" am Haus hochklettern, oder verwandeln einjährige Kletterer triste Zäune im Handumdrehen in „blühende" Elemente.
Bodendeckende Gehölze, z. B. Zwergmispeln, bilden mit ihren Trieben ein dichtes Zweiggeflecht und wirken dadurch als ruhige, flächige Pflanzendecken.

Eine Kiesspirale bietet eine willkommene Abwechslung im Belag.

Wuchsformen krautiger Pflanzen

Stauden sind mehrjährige, krautige Pflanzen, die nicht verholzen (→ S. 302–306). Sie sterben im Herbst zum überwiegenden Teil ab und überwintern mit Hilfe von Speicherorganen. Es gibt allerdings auch immer- oder wintergrüne Arten.
Auch bei Stauden kommen ganz unterschiedliche Wuchsformen vor. Die Anordnung der Triebe, kompakt oder locker, prägt das Bild einer Staudenpflanzung. Aber auch die Form der Blätter oder die Ausbildung der Blüten- und Samenstände bestimmen das Erscheinungsbild. Stauden erreichen im Vergleich zu den meisten Gehölzen nur geringe Wuchshöhen und werden deshalb vorwiegend für eher flächige Bepflanzungen eingesetzt. Achten Sie bei einer Staudenpflanzung darauf, verschiedene Wuchsformen zu kombinieren.
Niedrige Stauden wie das Stachelnüsschen (*Acaena*) bilden schöne Teppiche. Kombiniert mit Polsterstauden wie Blaukissen oder Nelken erhält man ein abwechslungsreiches Bild. Während diese Polsterstauden kugelige Formen ausbilden, weisen Rosettenpflanzen wie Primeln einen konzentrischen Wuchs auf. Gräser zählen zu den horstbildenden, aufrechten Stauden, die viele Blütentriebe entwickeln. Hier gibt es einige hochwüchsige Vertreter wie das Pampasgras, die gern als Solitärpflanzen Verwendung finden. Die Zwiebel- und Knollenpflanzen wachsen meist aufrecht mit überwiegend länglich lanzettlichen Blättern, wie man sie von Iris oder Lilien kennt.

Natürlich und kunstvoll zugleich erscheinen die kugelig wachsenden Stauden, die die runde Form des Findlings unterstreichen.

Ein- und Zweijährige zählen zu den nicht ausdauernden Pflanzen. Sie können dennoch wie die Sonnenblume oder die Stockrose mit ihren Blütenständen stattliche Höhen erreichen oder wie die Trichterwinde Wände beranken.

Der Formschnitt

Neben den natürlichen Wuchsformen der Pflanzen gibt es künstliche Formen, die durch einen Formschnitt entstehen. Insbesondere in formalen Gärten ist dies ein wichtiges Stilmittel.

Fachleute verstehen unter dem Begriff „Topiary“ das Beschneiden von Pflanzen, um grüne, oft figürliche Skulpturen zu erzeugen. In historischen Gärten entstanden so Figuren, die Geschichten erzählten. Für kleinere Gärten bieten sich heute einfache geometrische Formen wie Kugel, Kegel oder Pyramide an. Mit Geduld und regelmäßiger Pflege können immer- oder wintergrüne Gehölze wie z. B. Eiben oder Buchsbäume zum interessanten Blickfang werden.

Ebenso können Sie Pflanzen in eine bestimmte Form bringen, indem Sie die Äste und Zweige entsprechend anbinden bzw. schneiden. So können Obstbäume als Spalierobst grüne Trennwände bilden. Kletterpflanzen wie Blauregen oder Waldrebe lassen sich zu regelmäßigen Formen erziehen, während Rosen als Hochstämmchen oder an einem Rosenbogen wunderbare Akzente setzen.

Formensprache von Blatt und Blüte

Eine Pflanze wirkt nicht nur durch ihre Wuchsform, sondern auch durch die Gesamtheit aller Blätter. Bei näherem Hinsehen fällt auf, dass sich die Pflanzen in Form, Größe, Oberflächenstruktur und Aderung ihrer Blätter erheblich voneinander unterscheiden. Dabei ist ein Zusammenhang zwischen Lebensraum und Blattausbildung festzustellen. In trockenen Landschaften wachsen ➲ SUKKULENTEN (S. 564) mit fleischigen Blättern. Kleine behaarte Blätter findet man in kühleren, trockenen Regionen. Im Schatten fühlen sich viele großblättrige Pflanzen wohl.

Die Formen reichen von feingliedrigen oder fadenförmigen Blättern, die leicht und zierlich wirken, bis hin zu großformatigem Laub wie bei Funkien oder Tafelblatt. Dieses wirkt üppig und ist gerade in kleinen Gärten mit Vorsicht zu verwenden. Sowohl bei großen wie bei kleinen Blättern gibt es tiefgezähnte oder gefiederte sowie geschlossene runde und ovale Varianten (→ S. 122–124).

Je nach Oberflächenstruktur wird das Licht reflektiert oder „verschluckt“. So treten die glänzenden Blätter des Kirschlorbeers in den Vordergrund. Verwenden Sie nicht zu viele dieser Pflanzen, da sie den Garten mit ihrem Glanz sonst wahrhaft erdrücken.

Um eine Pflanzung zu gliedern, sollten Sie Kontraste bilden. Die stark geaderten und runden Blätter der Funkien lassen sich z. B. gut mit den filigranen Blättern des Lerchensporns (*Pseudofumaria*) kombinieren. Aber auch bei der Wahl der Blattformen gilt das Prinzip der Schlichtheit. Setzen Sie Schwerpunkte und achten Sie darauf, nicht zu viele Varianten zu verwenden. Allein durch das Wechselspiel von Licht und Schatten können Pflanzungen ihre Wirkung entfalten.

Schließlich seien die Blüten und Fruchtstände erwähnt. Zur Blüte- und Fruchtzeit wirken viele Pflanzen durch ihre Farbe. Im Winter, wenn sich der Raureif über die Beete legt und die Farben verblassen, kommen Strukturen zur Wirkung. Die trockenen Samenstände von Disteln, Korbblütlern, Kardengewächsen oder auch die verschiedenen Gräser können so in der Winterruhe attraktive Blickpunkte bieten.

Die aufrechten Ähren des Pampasgrases wirken luftig und eindrucksvoll.

Gestalten mit Farben

IN DEN GÄRTEN DER VERGANGENHEIT, beispielsweise in den großartigen Renaissancegärten Italiens und den Barockgärten Frankreichs, spielte die Farbe keine große Rolle. Dort bestimmten geometrische Formen und strenger Pflanzenschnitt die Gesamtanlagen. Auch die englischen Landschaftsgärten bedienten sich anderer gestalterischer Mittel. Hier führten verschlungene Wege durch weite Landschaften.
Erst als im 20. Jahrhundert immer mehr Pflanzen nach Europa importiert wurden, stand den Gärtnern eine Fülle von Stauden und Gehölzen zur Verfügung. Mit ihren unterschiedlichen Farben und Formen boten sich neue Gestaltungsmöglichkeiten. Eines der bekanntesten Beispiele ist wohl der „Weiße Garten", der von Vita Sackville-West in Sissinghurst Castle angelegt wurde.

Das Wesen der Farben

Das Auge bemerkt die Farbe eines Objekts, bevor es die Form wahrnimmt. Farben beeinflussen somit wesentlich die Atmosphäre in einem Garten. Knallrote Mohnblüten ziehen sofort die Blicke auf sich, während weite grüne Rasenflächen das Auge beruhigen. Einen Garten mit Farbe zu gestalten bedeutet, Harmonien zu beachten.

Die Farblehre

Doch was ist eigentlich Farbe? Weißes Licht ist eine Mischung aller Farben des Spektrums. Ein bestimmter Teil des Lichts wird vom Farbpigment verschluckt, also absorbiert. Der andere Teil wird zurückgestrahlt und als Farbe wahrgenommen. Farbe kann nur bei Licht gesehen werden. Bei Einbruch der Dunkelheit erscheinen weiße Blüten wie Leuchten, rote sind hingegen nicht sichtbar.
Jede Farbenlehre baut auf den drei Grundfarben Gelb, Rot und Blau auf. Diese Farben sind absolut rein und lassen sich nicht aus anderen Farben mischen. Jedoch kann man aus den Grundfarben alle anderen Farben herstellen. Durch Mischung aus jeweils zwei der Grundfarben entstehen die Sekundärfarben Orange, Grün und Violett. Diese Farben lassen sich in einem sogenannten Farbkreis (→ Abb. unten) anordnen, bei dem Farbübergänge dargestellt werden. Direkt gegenüberliegende Farben werden als Komplementärfarben bezeichnet. Das Auge kann diese Farben nicht miteinander verbinden, daher wirken sie sehr kontrastreich. Schwarz und Weiß werden als unbunte Farben bezeichnet. Mischt man sie mit anderen Farben, entstehen unterschiedliche Farbtöne, bei Weiß z. B. Pastellfarben.

Die Farbwirkung

Farben wirken in unterschiedlicher Form auf unser Unterbewusstsein und erzeugen bestimmte Stimmungen. Während warme Farben wie Rot, Gelb oder Orange anregen, werden kalte Farben wie Blau, Violett und Grün als beruhigend empfunden. Kühle und zurückhaltende Farben treten optisch in den Hintergrund und vergrößern scheinbar die Dimension. Warme und kraftvolle Farben hingegen verkürzen die Abstände optisch und scheinen im Vordergrund zu stehen.
Farben verändern sich im Lauf eines Tages, und auch über das Jahr hinweg wechselt die jeweilige Farbwirkung. Die pralle Mittagssonne bringt kräftige Farben zum Leuchten, während helle Töne zu dieser Tageszeit stumpf und matt wirken. Auch die Form und Beschaffenheit von Blüten und Blättern lassen Farben unterschiedlich erscheinen. So sehen behaarte Blätter heller und dumpfer aus als glatte.

Kontrast und Harmonie

In der Malerei werden Farben bewusst miteinander kombiniert. Ähnlich geht auch der Gärtner vor. Er hat das Anliegen, kontrastreiche wie auch harmonische Pflanzungen zu schaffen. Dabei sind die Farben nicht einzeln, sondern immer im Zusammenspiel zu sehen.
› **Farbkontraste** erreicht man mit der Verwendung von Komplementärfarben. Das leuchtende Rot einer Blüte gesellt sich zu den verschiedenen Grünschattierungen einer Laubhecke. Weitere spannungsreiche und wirkungsvolle Kombinationen erzielt man mit zwei gegenüberliegenden Farben wie Blau und Orange oder Gelb und Violett. Setzen Sie stark kontrastierende Farbkombinationen ganz gezielt ein, damit der Effekt auch zur Wirkung kommt. Werden die drei Farben verwendet, auf die die Spitzen eines gedanklich in den Farbkreis gelegten Dreiecks deuten, ergibt sich ein **Farbdreiklang.** Je weiter diese Farben auseinander liegen, desto größer der Kontrast.
› **Harmonische Effekte** entstehen, wenn Farben kombiniert werden, die im Farbkreis nebeneinander liegen. Man spricht hier von einem Farbverlauf. Mischen Sie dabei aber keine kalten und warmen Farben. Durch Hinzugabe von einzelnen

Im Farbkreis liegen die warmen Farben Gelb, Orange und Rot den kühlen Farben gegenüber.

1

2

3

4

1 Gelbe Blüten stimmen freundlich und manchmal etwas leichtsinnig.
2 Die roten Früchte des Zierapfels lenken sogleich die Blicke auf sich.
3 Das blau bemalte Gartentor bietet einen fröhlichen Empfang.
4 Vor dem Orange der Mauer kommen die Pflanzen gut zur Geltung.

Kontrastfarben werden die Pflanzungen lebendiger.

› **Ton-in-Ton-Kombinationen** beschränken sich auf eine Farbe, die in verschiedenen Helligkeitsstufen verwendet wird. Im bereits genannten „Weißen Garten" wird die Kombination von Weiß und Grüntönen für eine sehr stimmungs- und effektvolle Wirkung genutzt.

Farbgestaltung mit Pflanzen

Bei der Pflanzenauswahl kommen Ihnen bestimmt zunächst die vielen verschiedenen Blütenfarben in den Sinn, da Gartenpflanzen mittlerweile in nahezu allen Farben und Schattierungen erhältlich sind. Doch denken Sie auch an Laub, Rinde und Früchte, die das Jahr über eine bunte Farbpalette hervorbringen.

Blüten- und Blattfarben

Wenn Sie ein Pflanzbeet planen, sollten Sie sich überlegen, welche Farben zu Ihnen und Ihrem Gartenstil passen. Wählen Sie Pflanzen aus, die Ihnen gefallen und die den Standortbedingungen Ihres Gartens entsprechen. Während die Blüten nur während der Blütezeit ihre Wirkung entfalten, ist das Laub zumindest halbjährig sichtbar. Blätter verändern sich jedoch. So ist der Austrieb im Frühjahr von hellen Farben geprägt, die satten Farben des Sommers gehen in leuchtende Herbstfarben über. Wählen Sie für jede Jahreszeit und jedes Beet eine eigene Farbe oder Farbkombination.

› **Weiß** besitzt eine starke Leuchtkraft. Für Pflanzungen im Schatten eignen sich die kleinen, weißen Blüten des Immergrüns (*Vinca minor* 'Alba') oder die Rispen des Waldgeißbarts. Die weiß umrandeten Blätter der Funkien heben sich in diesem Lebensbereich besonders gut ab. Solch panaschierten Blätter erleben wieder eine Renaissance, da sie interessante Pflanzenbilder entstehen lassen.

› **Grün** ist die Farbe des Laubs und damit die Grundfarbe im Garten. Von hellgrünen Pastelltönen bis zum saftigen Dunkelgrün bringt die Natur die unterschiedlichsten Schattierungen hervor. Grün wird als Hintergrundfarbe eingesetzt, vor der die anderen Farben zur Geltung kommen. Hecken aus Hainbuchen setzen die davor liegenden Staudenbeete gekonnt in Szene.

› **Grau** findet man bei graulaubigen Stauden wie dem Wollziest (*Stachys byzantina* 'Silver Carpet'), der die Blütenfarben seiner Nachbarn erst so richtig zum Leuchten bringt.

Weiß, Grün und Grau bezeichnet man auch als Neutralfarben. Sie können somit mehrfarbige Pflanzungen ausgleichen.

› **Rot** ist die wirkungsvollste und kräftigste Farbe. Rote Rosen ziehen sofort die Aufmerksamkeit auf sich. Kombinieren Sie dieses dominante Rot mit Violett- und Grautönen wie z. B. dem rotlaubigen Perückenstrauch (*Cotinus coggygria* 'Royal Purple') und dem graulaubigen Sanddorn (*Hippophae rhamnoides*), dann erhalten Sie eine harmonische Komposition.

› **Gelb,** die hellste der Farben, ist zurückhaltender als Rot und lenkt spielerisch die Blicke auf sich. Gelber Lerchensporn (*Pseudofumaria lutea*) strahlt an trüben Tagen und hellt die Stimmung auf. Gelbe Pflanzungen verkürzen die Perspektive.

Rot- und Gelbtöne verbreiten Wärme und Energie. Als Farbverlauf mit Orange oder als Ton-in-Ton-Kompositionen bieten sie sich für Aktivbereiche im Garten an. Eine Variation aus roten Dahlien, gelben Sonnenblumen und den orangefarbenen Früchten eines Zierapfels greift die lebhaften Farben des Spätsommers auf.

Im Herbst faszinieren zahlreiche Laubbäume mit einer breiten Palette von gelben, orangenfarbenen und roten Blättern. Feuerahorn (*Acer tataricum* ssp. *ginnala*) oder Felsenbirne sind hierfür zwei leuchtende Beispiele. Manche Sorten wie beispielsweise die Blutpflaume (*Prunus cerasifera* 'Nigra') tragen während der gesamten Vegetationsperiode rotes Laub.

› **Blau** und Violett bringen eine kühle und ruhige Stimmung in den Garten. Wie der Himmel und das Wasser erzeugt insbesondere Blau eine erfrischende Atmosphäre und suggeriert Weite. Schon im Frühjahr kann ein Meer von Vergissmeinnicht den Blick in die Ferne lenken.

› **Violett** ist als Komplementärfarbe von Gelb die dunkelste aller Farben. Je größer ihre Intensität, desto schwermütiger wirkt diese Farbe. Mischen Sie violette Pflanzungen mit Weiß-, Grün- und Grautönen. An warmen und sonnigen Plätzen sorgen blaues Mannstreu, blauvioletter Lavendel und das graulaubige Graue Heiligenkraut (*Santolina chamaecyparissus*) für optische Abkühlung.

› **Pastellfarben** haben einen höheren Weißanteil und verbreiten eine luftige Stimmung. Insbesondere im Frühjahr erfreuen die Zierkirschen mit ihren rosafarbenen Blüten das Auge. Für halbschattige Beete können Sie mit Prachtspieren, Storchschnabel und Akelei zarte Farbtupfer in den Schatten bringen.

› **Komplementärfarben** erzeugen Spannung. Kraftvoll ergänzen sich violetter Steppensalbei (*Salvia nemorosa*) und gelbe Taglilien. Blauer Rittersporn unterstreicht effektvoll das Orange von Lilien. Im

Herbst entfaltet der Wilde Wein an der Hauswand neben dunkelgrünem Efeu seine volle Farbenpracht. Vergleichbar wirken **Farbdreiklänge** (→ S. 37). Die gelben Blüten des Frauenmantels harmonieren mit den karminroten Blüten des Blutroten Storchschnabels (*Geranium sanguineum*) und den Blautönen der Glockenblumen.

Früchte, Rinde und Zweige

Im Nutzgarten bringen vor allem die **Früchte** Farbe in den Garten. Die rotvioletten Blätter des Mangolds, gelbgrüne Bohnen oder rote Tomaten erscheinen als einzelne Farbtupfer im Gemüsebeet. Die vielfältigen Formen von Beeren- und Steinobst erfreuen nicht nur den Gaumen. Lecker leuchtend locken rote Erdbeeren, blaue Pflaumen oder gelbe Birnen die Gartenbesucher an. Im Herbst tauchen im Garten die schwarzen bzw. roten Früchte von Holunder, Weißdorn oder Kornelkirsche nicht nur zur Freude der Vögel auf. Die Beeren des Feuerdorns verblüffen mit ihren kräftigen Rot- und Orangetönen. Im Winter, wenn die gedämpften und blassen Erdfarben vorherrschen, kommt die zimtrote bis goldbraune **Rinde** der Amurtraubenkirsche (*Prunus maackii*) besonders gut zur Geltung. Ebenso leuchten die zinnoberroten jungen **Zweige** des Tatarischen Hartriegels in der milden Wintersonne.

Eine Komposition aus Silber- und Grautönen verleiht dem Garten eine kühle, jedoch auch edle Atmosphäre.

Farbeffekte mit Materialien und Elementen

Bei der Farbgestaltung in Ihrem Garten sollten Sie als Ergänzung, Unterstützung oder auch Ersatz der Pflanzenfarben ebenfalls die der Materialien und baulichen Elemente berücksichtigen. Erst so entsteht ein wirklich harmonisches Bild.

Orientieren Sie sich bei den verwendeten Baumaterialien in erster Linie an den vorhandenen Farben von Haus und Umgebung. Insbesondere die flächigen Beläge und Mauern reflektieren oder absorbieren das Licht je nach Farbintensität. Helle Pflasterbeläge wirken großzügig und lassen Flächen größer erscheinen. Eine dunkle Klinkermauer kann bei entsprechender Höhe den Garten regelrecht erdrücken.

Bauliche Elemente können mit einer farblichen Gestaltung betont werden. Eine Hopfenpflanze ergänzt mit ihren grünen Trieben schön die karminrote Holzlaube. Der bunt bemalte Paravent bietet einen interessanten Sichtschutz. Aber auch Pflanzenkübel, Sitzmöbel oder Schmuckobjekte bieten unzählige Möglichkeiten, die Farbpalette im Garten zu erweitern. Denken Sie nur an die schön glänzenden Rosenkugeln, die in Bauerngärten die Pflanzung ergänzen. Gerade im Winter bieten farbige Elemente einen bunten Lichtblick.

Beachten Sie, dass die Oberflächenstruktur die Farbwirkung verändert. Glatte rote Metallstangen strahlen hart im Gegensatz zu rauem, blau lasiertem Holz, das sich weicher in die Umgebung einfügt. Hier ergibt sich eine Überschneidung mit Formen und Strukturen als Gestaltungsmittel (→ S. 34–36).

Gut zu wissen

Wie Farben wirken

Rot, Orange und Gelb sind warme Farben mit starker Anziehungskraft, die Nähe vermitteln. Dagegen rücken die kalten Farben Blau, Violett und Türkis optisch vom Betrachter weg und erzeugen Weite.

Verwenden Sie auf kleinen Flächen maximal zwei Farbtöne. Mit den Neutralfarben Weiß, Grün und Grau können Sie Farben harmonisieren und Ruhe ins Bild bringen. Grün bildet als flächige Bepflanzung, Hecke oder Fassadenbegrünung immer einen ruhigen Hintergrund für ein Beet.

Farbkontraste und Farbdreiklänge erzeugen Spannung. Sie sollen sie jedoch nicht flächig einsetzen. Hierfür bieten sich Ton-in-Ton-Kompositionen oder Farbverläufe an.

Grundsätzlich werden farbenfrohe Beete in der Nähe des Sitzplatzes angelegt. Beginnen Sie mit den stärksten Farben im Vordergrund. Mit zunehmender Entfernung werden die Farben schwächer. Einzelne Tuffs mit knallroten oder leuchtend gelben Blüten bilden Höhepunkte und leiten den Blick in die Ferne.

Reise durch die Gartenwelt

DIE URSPRÜNGLICH entstandenen verschiedenen Gartenstile wurden durch das jeweilige Land und die Epoche geprägt. Heute wählt der Gärtner frei nach seinem Geschmack aus und vereint das Gewählte zu einer Gesamtidee.

Gärten mit Stil

Gartengestaltung ist eine Komposition aus verschiedenen Elementen und Materialien. Die folgenden Beispiele sollen Ihnen zeigen, welche Vielfalt an Gartenstilen daraus entstehen kann.

Es war einmal ...

Streng formale Gärten finden sich heute nur noch in historischen Anlagen. Im privaten Bereich bietet sich dieser Stil jedoch in Varianten für kleine Grundstücke an. Die Grundstruktur des Gartens ist durch Symmetrie und geometrische Formen gekennzeichnet. So finden sich mit Buchsbaum gefasste Blumenbeete ebenso wie Formgehölze. Klassische Elemente wie Lauben, Skulpturen oder Gitterwände sind unverzichtbar. Die symmetrisch angelegten Wege aus Kies oder Klinker gliedern den Garten.

Der Dornröschengarten

Ein romantischer Garten lädt zum Entdecken ein. Vom Haus, das sich hinter Efeu- und Weinranken versteckt, führen verschlungene Wege in den Garten. Der Besucher bemerkt beim Durchschreiten die besonderen Kleinigkeiten. Hier findet man eine Elfe, dort einen Quellstein. An anderer Stelle leuchten fröhlich Akeleien zwischen Immergrün.

Mediterranes Flair

Der Charme mediterraner Gärten liegt in ihrer Unvollkommenheit. Der Zahn der Zeit nagt an Mauern und Belägen und überzieht sie mit einer Moospatina. Am Abend unter einer mit Wein bewachsenen Pergola zu sitzen und die abstrahlende Wärme einer Natursteinmauer zu spüren ... und von irgendwo her dringt ein Plätschern ans Ohr und bringt eine akustische Abkühlung. Erleben Sie dies in Ihrem eigenen Garten!

Üppige Welt der Exoten

Exotische Gärten strahlen einen fremdländischen und fremdartigen Charakter aus. Sofort denkt man an Pflanzen mit großen Blättern, die an die Tropen erinnern. Kletterpflanzen, Palmen, Farne, Bambus oder Orchideen bilden eine tropische Wildnis. Windgeschützte und frostfreie Lagen sind jedoch Voraussetzung für das Gedeihen dieser formen- und farbenprächtigen Pflanzen.

Ruhe japanischer Gärten

Formen sind das zentrale Gestaltungsmittel japanischer Gärten. Die wenigen Pflanzenarten wirken durch ihre Wuchsform und ihre Blattstruktur. Geharkte Kiesflächen symbolisieren Bewegung. Trittsteine in Kies führen den Besucher durch den japanischen Garten, der Ruhe ausstrahlt. Daher wird er oft auch als Meditationsgarten bezeichnet.

Mode und Moderne

In modernen Gärten ist die Reduktion das zentrale Thema. In Anlehnung an die Architektur des Hauses werden strenge, gerade Formen vorgezogen. Bei der Wahl der Beläge wird teilweise auf künstliche Produkte wie gefärbter Rindenmulch oder Glassplitter zurückgegriffen. Für Einfriedungen bieten sich Mauern, Metallzäune oder geschnittene immergrüne Hecken an. Die Bepflanzung reduziert sich auf wenige, markante Gehölze. Ausgedehnte Bodendecker- und Rasenflächen unterstützen das Gefühl von Ruhe. Diese Gärten wollen einen bewussten Gegenpol zu unserer von Hektik und Fülle geprägten Zeit bieten.

Gärten für die Natur

Neben den modernen Gärten spielt in Privatgärten heute das Naturerlebnis eine immer größere Rolle. Auf kleinster Fläche werden deshalb naturnahe Gärten angelegt, in denen heimische Pflanzen Lebensraum für Kleintiere, Vögel und Insekten bieten. Es entstehen Flechtzäune aus Weiden oder Hasel. In den Ritzen der Natursteinwege dürfen Wildkräuter wachsen. Mit Blumenwiesen, Naturteichen oder Trockenmauern wird der Garten für Mensch und Tier zum Erlebnisraum.

Im Bauerngarten leuchten Sonnen- und Studentenblumen zwischen dem Gemüse um die Wette.

GARTENSTILE

1 Märchenhafte Stunden

Ein von Rosen und Stauden gesäumter Weg führt zu einem romantischen Sitzplatz, der sich unter Bäumen versteckt. In dieser verwunschenen Ecke des Gartens lädt ein Pavillon zum Träumen ein. Eingerahmt von pastellfarbenen Blüten wirkt die stabile Holzkonstruktion dennoch zierlich und freundlich. Der Blick aus dem Pavillon in den Garten eröffnet neue Ansichten. Hier können Sie, geschützt vor Regen und Sonne, märchenhafte Stunden verbringen. Dornröschen würde sich hier sicher auch wohl fühlen.

2 Der Zauber Asiens

Ahorn, Bambus, Kiefern sowie Moos, Gräser oder Farne sind typische Pflanzenvertreter asiatischer Gärten. Durch die bewusste Anordnung der Pflanzen, der Materialien und der Wasserflächen entstehen faszinierende Miniaturlandschaften. Mit charakteristisch gewachsenen Gehölzen können Sie eindrucksvolle Stimmungen schaffen. Steine, als Findlinge, Trittplatten oder Kies verwendet, spielen in diesen Gärten eine zentrale Rolle. Treten Sie durch das Tor und lassen Sie sich in eine fernöstliche Stimmung entführen.

3 Modern in Form und Farbe

Die geraden Linien sowie die strengen Formen der Terrasse und der befestigten Flächen orientieren sich in den meisten modernen Gärten am Gebäude. Parallelen bestimmen das Bild. Ein rechteckiges Wasserbecken verbreitet eine ruhige, aber kühle Atmosphäre. Bei der Pflanzenauswahl wird auf die Wuchsformen, Blattfarben und -strukturen sowie auf gedeckte Blütenfarben Wert gelegt. Geometrisch geformte Gehölze ergänzen die architektonische Wirkung. Dagegen bringen das kräftige Blau der Flechtwand und das Rot des Hauses Effekte auf eine ganz besondere Art in den Garten.

4 Urlaubsstimmung im Innenhof

In Terrakottagefäßen lassen sich Pflanzen kultivieren, die ein warmes Klima lieben. Großlaubige Gewächse werden verwendet, um exotisches Flair in den Garten zu zaubern. In Kombination mit mediterranen Pflanzen wie Agaven oder graulaubigem Lavendel holen Sie die Urlaubstimmung in den Garten. Gerade für Stadtgärten bietet sich dieser exotisch-mediterrane Stil an.

1

Besondere Anforderungen

Gärten sind so unterschiedlich wie ihre Besitzer. Und so hat jeder seine Stärken und seine Schwächen – auch ein Garten. Eine gute Planung hilft, vorhandene Schwierigkeiten zu erkennen und geeignete Lösungen zu finden.

Es sind nicht nur die Wünsche der zukünftigen Besitzer, die die Gestaltung des Gartens bestimmen. Auch der äußere Rahmen und die natürlichen Standortbedingungen nehmen darauf Einfluss, was in welcher Form umgesetzt werden kann. Nicht alle Wünsche lassen sich erfüllen, jedoch eröffnen problematische Gartensituationen manchmal auch neue, ungeahnte Möglichkeiten. Je höher die Anforderungen an einen Garten und je enger die Rahmenbedingungen sind, desto mehr Fachkenntnis, aber auch Kreativität wird vom Gärtner gefordert.

Die Größe des Gartens ist ein entscheidender und oft begrenzender Faktor. In kleinen Gärten müssen viele Funktionen untergebracht werden. Damit die Anlage jedoch nicht überfüllt wirkt, sollte eine Auswahl getroffen werden. Die Entscheidung für eine Stilrichtung, die Mehrfachnutzung von Elementen oder eine sensible Material- und Pflanzenauswahl sind hier die wesentlichen Kriterien.

Vorgärten vereinen mehrere Nutzungsbereiche. Die Gartenpforte, der Zugang zur Haustür, Fahrzeugstellplatz oder Mülltonnen müssen auf meist engem Raum untergebracht werden. Die besondere Lage im Eingangsbereich verlangt eine ansprechende Gestaltung, die den Besucher in Empfang nimmt.

Die Anforderungen an Familiengärten werden durch die verschiedenen Familienmitglieder bestimmt, so dass es Ruhe- und Bewegungsbereiche miteinander zu vereinbaren gilt. Gerade die sich ändernden Ansprüche der Kinder machen eine flexible Gartengestaltung erforderlich.

Hang- und Dachgärten stellen nicht nur für die Pflanzen extreme Situationen dar. Auch die Planung muss sich den baulichen Anforderungen des Gartens stellen. Hangterrassierungen oder Dachbegrünungen erfordern einige Fachkenntnisse bei Planung und Umsetzung, und bei der Pflanzenauswahl sind die außerordentlichen Standortverhältnisse zu berücksichtigen. Je mehr die Pflanzen dem Standort angepasst sind, desto besser gedeihen sie.

Alte Gärten sind oft stark eingewachsen und verschattet. Das kann daran liegen, dass die Gewächse im Lauf der Zeit zu groß geworden sind, schon zu Beginn zu dicht gepflanzt wurden oder ihre Pflege vernachlässigt wurde. Eine Umgestaltung zumindest in Bereichen eröffnet neue Aspekte und Nutzungsmöglichkeiten.

In diesem Kapitel:

Kleine Gärten ganz groß

RAUM IST EIN LUXUSGUT unserer heutigen Zeit. Daher werden die Baugrundstücke immer kleiner, während der Bedarf an Wohnfläche jedoch weiter steigt. Folglich verringert sich die Gartenfläche. Doch sind kleine Gärten ebenso in der Lage, die Funktionen eines grünen Freiraums zu erfüllen. Als Rückzugsort vom Alltagsstress, für Feste, als Gemüselieferant oder Naturerlebnisraum kann auch auf kleinstem Raum ein Gartenparadies entstehen.

Die mangelnde Größe bringt allerdings einige Nachteile, mit denen der Gartenbesitzer fertig werden muss. Damit der Garten nicht überladen wirkt und dennoch seinen Zweck erfüllt, erfordert die Planung viel Geschick und Fantasie.

Gestaltungshilfen

Die Planung der **Nutzungsbereiche** ist in kleinen Gärten besonders wichtig. Sonnige Bereiche sind meist rar und sollten für Blumen und Gemüse freigehalten werden. Sitz- und Spielbereiche liegen bevorzugt im Halbschatten. Wählen Sie die Pflanzen entsprechend den Lichtverhältnissen aus. Gerade wenn wenig Platz zur Verfügung steht, sollten **Räume** entstehen. So ist der Garten nicht auf den ersten Blick überschaubar und wird für den Besucher interessanter. Begrünte Raumteiler wie Rankgitter nehmen nicht allzu viel Fläche in Anspruch und grenzen Bereiche gut ab (→ S. 74–75). Sanftere Raumgliederungen erzielen Sie mit niedrigen Gehölzen, so z. B. mit Buchsbaumhecken. Ebenso können Sie durch Bodenmodellierung den Garten größer wirken lassen. Ein abgesenkter Bereich wird mühelos zum sicht- und windgeschützten Sitzplatz.

Entscheiden Sie sich bei der Planung für die **Art der Gestaltung**, die die Grundidee des Gartens repräsentiert. Formale Gärten strahlen durch ihre Ordnung von vornherein Ruhe aus. Bodenbeläge, Staudenflächen oder Schmuckelemente können eine bestimmte Form oder Farbe aufgreifen, die sich als Thema im Garten wiederholen. Wie ein roter Faden finden sich z. B. die runden Formen des geschnittenen Buchsbaums in der Gestalt der Beete und der Rasenfläche wieder. Bei einer freien Gestaltung werden die Grenzen nach Möglichkeit hinter einer grünen Wand versteckt. Die Hausfassade und die Einfriedungen werden mit Kletterpflanzen

Wenig ist mehr

Als Ort der Entspannung soll ein Garten vor allem Ruhe ausstrahlen. Zu viele Farben, Formen und Elemente ermüden das Auge. Bei der Vielzahl Ihrer Wünsche müssen Sie sich in einem kleinen Garten auf alle Fälle einschränken. Doch für eine Sitzgelegenheit findet sich selbst im kleinsten Garten ein Platz. Setzen Sie bei Ihrer Planung Schwerpunkte. Das fängt beim Stil an und hört bei der Pflanzenauswahl auf. Wenige Arten, einheitliche Materialien für befestigte Flächen und einzelne, gezielt gesetzte Akzente machen auch kleine Gärten groß.

Gleichwohl wird in manchen Bereichen auf Abwechslung Wert gelegt. Der Besucher empfindet einen Garten als größer, wenn für Überraschungen gesorgt ist. Ein stilvolles Wasserbecken oder ein halboffenes Gartentor machen neugierig und lassen Zeit und Raum vergessen. Die Kunst liegt darin, das Gleichgewicht zwischen Ruhe und Bewegung zu finden.

Durch das Anlegen von verschiedenen Ebenen und Räumen wirken kleine Gärten größer.

1

2

3

1 Der Blick in den Spiegel täuscht Weite vor und lässt den Garten größer erscheinen.

2 Liebevoll arrangierte Topflanzen bringen auch in kleine Gärten Farbe und Abwechslung.

3 Wasserflächen sorgen in Stadtgärten an Sommertagen für eine optische Abkühlung.

begrünt. Eine unregelmäßige Bepflanzung durchzieht den Garten. Je nach Pflanzenwahl entstehen so naturnahe Gärten oder eine exotische Wildnis.

Die Anlage der **Wege** ist in einem kleinen Garten mit Bedacht zu planen. Vielleicht reichen an manchen Stellen ein paar Trittplatten. In formalen Gärten bildet meist ein umlaufender Weg oder eine zentrale Wegeachse das Grundgerüst. Freie Gestaltungen sehen Sichthindernisse vor, um die die Wege herumführen. Achten Sie auf die richtigen Proportionen und legen Sie die Wege nicht zu breit an. Eine Breite von 60 cm ist für Nebenwege ausreichend. Für Hauptwege sollten Sie hingegen mit 80–120 cm Breite rechnen (→ S. 59).

Die Grundidee des Gartens lässt sich durch die **Materialwahl** für befestigte Flächen und Einfriedungen unterstützen. Bei kleinen Gärten ist es ganz entscheidend, die Einheit von Haus und Garten zu respektieren. So können sich Materialien oder Farben des Gebäudes im Freien wiederholen (→ S. 57–61).

Farben sind in kleinen Gärten sorgfältig zu wählen. Aktive Orte werden am besten in Rot-, Orange- und Gelbtönen gehalten, während kühlere Farben wie Blau, Violett und Grün Ruhe ausstrahlen (→ S. 37–39).

Optische Täuschungen und **Wandmalereien** bieten sich gerade für kleine Gärten an (→ Kasten S. 33). Für die nächtlichen Stunden kann eine effektvolle Beleuchtung einzelner Pflanzen den Raum erweitern. Das Gestaltungselement **Wasser** hat durch seine beruhigende Wirkung eine besondere Bedeutung für kleine Gärten, egal ob als Quellstein oder als naturnaher Teich (→ Wasser im Garten, S. 82–93).

Pflanzen erobern den Raum

Auch bei der Pflanzenwahl ist es ratsam, sich auf wenige, aber charakteristische Pflanzen zu beschränken. Haben Sie ausreichend Platz für Gehölze, sollten Sie sich vor der Pflanzung unbedingt über die Größe im ausgewachsenen Zustand informieren. Wählen Sie Gehölze mit hellem Laub, da dunkle Nadelgehölze den Garten einengen. Für eine dauerhafte Begrünung bieten sich kleinbleibende immergrüne Laubgehölze wie Kirschlorbeer (*Prunus laurocerasus* 'Mount Vernon') oder Liguster (*Ligustrum vulgare* 'Lodense') an. Säulenformen von Zierkirschen oder anderen Ziergehölzen lassen sich gut mit Stauden oder Sommerblumen unterpflanzen. Und wer nicht auf die Obsternte verzichten möchte, kann sich auch im kleinsten Garten mit einem sogenannten Ballerina-Baum den Traum von den eigenen Äpfeln erfüllen (→ S. 355).

Kletterpflanzen eignen sich zum Begrünen von Wänden, um harte Kanten aufzulockern oder Unschönes zu verbergen. Raumteiler wie Pergolen oder Stellwände werden durch Waldreben oder Geißblatt zum Schattenspender und Sichtschutz. Die Bepflanzung von vertikalen Elementen und Fassaden schafft darüber hinaus zusätzlich begrünte Nutzflächen. Ihr kleiner Garten wird dadurch lebendiger und optisch vergrößert.

Sind Gehölze zu groß für den Garten, bilden markante Stauden das Grundgerüst. Als Solitärpflanzen eignen sich Gräser und hochwüchsige Blütenstauden wie Chinaschilf oder *Heliopsis scabra* 'Goldgefieder', die mit ihrem architektonischen Charakter einen Blickfang darstellen. Wählen Sie für die flächendeckende Pflanzung Arten mit ähnlichen Farben und Formen. Auch hier gilt: Weniger ist mehr. Verwenden Sie hauptsächliche kleinblättrige Gewächse wie Schafgarben oder Astilben, damit die Proportionen zum Raum stimmen.

Orientieren Sie sich bei der Auswahl der Pflanzenfarben möglichst an den baulichen Materialien. Orte der Aktivität werden am besten in Rot-, Orange- und Gelbtönen gehalten, während kühlere Farben wie Blau, Violett und Grün Ruhe ausstrahlen (→ S. 37–39).

Innenhöfe

Innenhöfe gehören zu den kleinen Gärten, die aufgrund der umgebenden Mauern häufig schattig sind. Die Abwärme der Gebäude, eine schlechte Belüftung sowie mangelnder Niederschlag bewirken ein spezielles Kleinklima (→ S. 137–138), das hohe Ansprüche an die Pflanzen stellt. Meist findet man Innenhöfe in der Stadt als Privatgärten oder als öffentliche Durchgangsbereiche. Sie alle haben einige gemeinsame Gestaltungsmerkmale.

Die befestigten Flächen nehmen in diesen Gärten meist das größte Areal in Anspruch, auf den ausgesparten Flächen finden Pflanzen ihren Platz. Da helle Bodenbeläge das Licht stärker als Pflanzen reflektieren, wirken diese Bereiche größer als die Pflanzflächen. Wasser ist in Innenhöfen besonders attraktiv. Sie lassen sich mit einem Wandbrunnen oder kleinen Teich mühelos beleben (→ S. 82–93).

Als Gehölze bieten sich schattenverträgliche kleine Bäume oder Großsträucher wie Japanischer Ahorn, Hortensien oder Hartriegel an (→ auch Tabelle S. 414). Achten Sie unbedingt auf das Wurzelwerk. Birken z. B. sind ▶ FLACHWURZLER (S. 542), die wenig Unterwuchs zulassen und We-

Obstspaliere, die sich gut als Raumteiler eignen, haben zugleich einen nützlichen Aspekt.

gebeläge anheben. Die Mauern können Sie geschickt hinter einer immergrünen oder blühenden Fassadenbegrünung verstecken. In schattigen Gärten bietet sich als Unterwuchs eine Pflanzung aus Farnen, Gräsern und Stauden an. In trockenen Innenhöfen, die ausreichend Sonne bekommen, lässt sich ein aparter ▶ KIESGARTEN (S. 548) anlegen. Wo wenig Platz für Beete ist, können Sie mit Kübelpflanzen für südlichen Charme sorgen. Je nach Wärme und Sonneneinstrahlung bieten sich Palmen, Südfrüchte oder immergrüne Arten wie Buchsbaum an. Gerade bei Durchgangshöfen ist die Beleuchtung nicht nur nützlich, sondern auch besonders reizvoll (→ S. 112–113).

Die Pflege des Innenhofgartens erfordert etwas Fachkenntnis, denn regelmäßige Bewässerung und Düngung sowie die Kontrolle auf Schädlinge gehören hier zu den wichtigsten Aufgaben des Gärtners.

Reihenhausgärten

Bei Reihenhäusern entstehen durch die platzsparende Bebauung oft schmale Handtuchgärten oder kleinflächige Quadrate. Die Blicke der Nachbarn sind fast unumgänglich, sollen nicht hohe Einfriedungen den Garten beschatten.

Für die Grenzgestaltung lohnt sich eine frühzeitige Absprache mit den Nachbarn, da eine gemeinsame Lösung kostbare Fläche und auch Geld spart. Eine geschnittene Blütenhecke z. B. aus Spiersträuchern oder ein mit Waldreben begrünter Zaun nehmen nicht übermäßig viel Platz in Anspruch. Bedenken Sie: Je höher die Begrenzung ist, desto kleiner wirkt die Fläche und desto schattiger wird der Garten.

Auch bei Reihenhausgärten bietet es sich an, verschiedene Gartenräume voneinander abzugrenzen. Gerade bei langen, schmalen Gärten gliedern begrünte Elemente den Raum. Diese Aufteilung lässt den Garten breiter erscheinen. Ein Beerenobstspalier trennt das Gemüsebeet vom Rasen und erfreut im Sommer mit Früchten. Mit einem Rosenbogen oder einer Aussparung in der geschnittenen Hecke kann die Neugier des Besuchers geweckt werden (→ auch S. 68–79).

Eine schwungvolle Wegeführung bietet sich gerade bei langen Gärten an, um die Blicke zu lenken. Ansonsten ermöglichen Trittplatten den kurzen Weg zum Gemüsebeet. Ist die Gartenfläche für einen eigenen Nutzgartenbereich zu klein, können Sie z. B. Tomaten, Rosmarin und Erdbeeren auch in Kübeln halten (→ auch S. 502–525). Weitere Kübelpflanzen wie Fuchsien oder Schmucklilien werden geschickt als Überleitung zum Gartenbereich platziert.

Nicht zuletzt können Sie am Abend mit der Beleuchtung eines Wasserbeckens oder einzelner Gehölze eine stimmungsvolle Atmosphäre schaffen (→ S. 112–113).

wir empfehlen

!

Mehrfach nutzen

Nutzen Sie den zur Verfügung stehenden Raum gut aus. Der Kräutergarten in Kübeln bildet gleichzeitig eine schöne Abgrenzung der Terrasse. Eine niedrige Stützmauer kann zugleich als Sitzbank dienen. Der Gartenzaun ist nicht nur Grenze, sondern gibt auch den Blumen Halt. Wichtig ist, dass sich alles in die zentrale Grundidee einfügt.

Herzlich willkommen

Die blühenden Stauden begleiten den Besucher zur Haustür und bieten einen ansprechenden Empfang.

DER VORGARTEN ALS RAUM zwischen Gebäude und Straße ist wie ein Spiegel der Hausbewohner. Lebt hier ein Romantiker oder eher ein schlichter Mensch? Ist die Dekoration verspielt, oder darf es etwas Luxus sein? Aber nicht nur für die Besucher ist der erste Eindruck entscheidend. Auch für die Bewohner selber ist es wichtig, schon beim Betreten des Vorgartens zu merken: Hier bin ich zu Hause.

Eines haben Romantiker und Puristen somit gemeinsam: Der Vorgarten, als repräsentativer Vorraum zum Gebäude, soll einladend wirken und möglichst gepflegt aussehen. Er bildet einen Rahmen für einen freundlichen Empfang und schützt zugleich die Privatsphäre.

Leider fristen Vorgärten oft ein sprichwörtliches Schattendasein an der Nord- und Ostseite des Hauses. Meist sind auch noch die Abstellfläche für das Auto oder die ungeliebten Mülltonnen zu integrieren. Nicht nur ihre Lage, sondern auch der oft stark begrenzte Raum der Vorgärten stellt eine große Herausforderung für den Hausbesitzer dar. Doch mit Hilfe einiger Grundregeln lässt sich die Planung und Gestaltung erleichtern.

Ein paar Gedanken vorab

Bevor Sie Ihren Vorgarten anlegen oder umgestalten, sollten Sie sich ein paar Gedanken machen. Wie bei jeder Gartenplanung müssen Sie sich über die gewünschten Funktionen klar werden. Zugang und Abgrenzung, Stellplätze, Mülltonnen oder Briefkasten sind funktionale Elemente, die es harmonisch zu verbinden gilt.

Abgrenzungen im Vorgarten

Die Gestaltung des Vorgartens beginnt an der Straße. Ob Sie sich für einen geschlossenen Vorgarten entscheiden oder eine offene Variante vorziehen, hängt im Wesentlichen von der Umgebung ab. Hecken und Mauern dienen als Sichtschutz, Zäune bieten vielfältigere Gestaltungsmöglichkeiten. Gerade bei kleineren Vorgärten dürfen die Abgrenzungen nicht zu hoch sein, so dass in diesen Fällen möglicherweise eine niedrige Mauer ausreicht.

Die Art der Gartenpforte ergibt sich aus der Abgrenzung. Neben individuell gestalteten Gartentoren können bewachsene Torbögen den Besucher ebenso in Empfang nehmen wie offene Zugänge.

Der Zugang zum Haus

Beim Durchschreiten der Gartenpforte richtet der Besucher den Blick auf sein nächstes Ziel – den Hauseingang. Daher sollte man eine einladende Verbindung zwischen Straße und Haustür planen. Hierbei spielt die Wegeführung eine wichtige Rolle. Geschwungene Wege wirken locker, sollten jedoch nicht grundlos im Garten umherführen. Hauseingang, Briefkasten, Mülltonnen und Auto sollten unbedingt auf direktem Weg erreichbar sein. Für die Beläge gibt es unterschiedliche Möglichkeiten. Kieswege oder Kopfsteinpflaster bilden zwar attraktive Oberflächen, sind aber für Kinderwagen völlig ungeeignet. Beläge aus Natur- oder Betonpflastersteinen eignen sich daher besser für die häufig genutzten Zugangswege (→ S. 57–59). Sind Höhenunterschiede zu überwinden, werden Stufen, Treppen oder Rampen erforderlich (→ S. 63–64). Achten Sie hier auf eine gute Beleuchtung.

Stellplätze und Zufahrten

Ob Sie sich für eine Garage oder einen Carport entscheiden, ist nicht allein eine Kosten- und Platzfrage (→ S. 78–79). Denn während das Auto in einer Garage sicherer untergebracht ist, schützen luftige Carports eher vor Korrosion. Für kleine Baugrundstücke bietet sich der meist kostengünstigere Carport an, da sich dieser einfacher einfügen lässt und leichter wirkt. Grundsätzlich sollten Sie für eine Autostellfläche eine Mindestfläche von 500 x 250 cm einplanen.

Carports können Sie mit Kletterpflanzen wie Geißblatt begrünen oder wie bei Flachdachgaragen eine **DACHBEGRÜNUNG** (S. 538) vorsehen. Es gibt zahlreiche Firmen, die vorgefertigte Bausätze zur Selbstmontage anbieten. Generell sollten Sie sich vor der Erstellung eines Carports

über die rechtlichen Vorschriften informieren und ggf. eine Baugenehmigung bei der Gemeinde einholen.
Wählen Sie für Zufahrten wasserdurchlässige Beläge wie wassergebundene Decken oder ▶ RASENGITTERSTEINE (S. 556), um diese Flächen in den Garten zu integrieren. Ein lebendiges Bild ergibt sich, wenn Sie nur die Fahrspuren befestigen und die Zwischenräume mit Kies füllen oder mit Bodendeckern wie Thymian oder Rasen begrünen.
Gerade bei Familien sind häufig Fahrradstellplätze im Vorgarten unterzubringen. Sehen Sie bei der Stellplatzplanung eine Fläche von 190 x 70 cm pro Fahrrad vor.

Nicht zu vergessen

Mülltonnen sollten vom Haus aus gut zu erreichen sein, sich gleichzeitig aber für die Leerung leicht auf die Straße bringen lassen. Für eine 120-l-Tonne benötigen Sie eine Stellfläche von 80 x 80 cm. Um ihren Anblick zu kaschieren, können Müllhäuschen mit Kletterpflanzen begrünt werden.
Die Beleuchtung im Vorgarten sorgt für einen sicheren Zugang zum Haus. Die Lampen sollten daher nicht nur schön, sondern vor allem zweckmäßig sein (→ S. 112). Grell erleuchtete Zugangswege sind dabei genauso unerwünscht wie dunkle Wege, auf denen der Besucher über die Stufen stolpert. Mit Poller- oder Bodenleuchten können Sie die Hausbewohner und -besucher sicher zum Ziel führen. Ein beleuchteter Baum setzt reizvolle Akzente und verbreitet am Abend eine eigene Stimmung (→ S. 112–113). Für die elektrischen Anlagen im Vorgarten sollten Sie schon bei der Planung Stromanschlüsse und Leitungen vorsehen (→ S. 66).

Der grüne Rahmen

Ein wichtiges Element im Vorgarten sind die Pflanzen. Je kleiner der Vorgarten, umso kleiner ist der prozentuale Anteil der Pflanzflächen. Beschränken Sie sich deshalb auf wenige Pflanzenarten und setzen Sie lieber Akzente. Möchten Sie Gehölze pflanzen, wählen Sie niedrige Arten wie Hortensien oder Buchsbaum.
Der traditionelle, ausladende ▶ HAUSBAUM (S. 545) bringt die heutigen Vorgärten schnell an ihre Grenzen. Mit schnittverträglichen Kugelformen wie Kugelakazie (*Robinia pseudoacacia* 'Umbraculifera') oder Trompetenbaum (*Catalpa bignonioides* 'Nana') können Sie sich Ihren Wunsch erfüllen (→ auch Tabelle S. 414).
Bei der Auswahl sollten Sie darauf achten, welche Pflanzen an diesem Standort gedeihen. Für die Gärten der Nord- und Ostseiten sind Halbschatten- und Schattenpflanzen auszuwählen. Hier gedeihen z. B. Sträucher wie Buchsbaum, Kirschlorbeer, Schneeball und Hortensien (→ auch Tabellen S. 470–471). In sonnigen Vorgärten können Sie den Besucher mit dem Duft von Lavendel und Rosen oder farbenfrohen Steingartenpflanzen wie Blaukissen begrüßen (→ auch Tabelle S. 501).
Soll das ganze Jahr über die eine oder andere Pflanze in Ihrem Vorgarten blühen, dann erweitern Sie Ihre Auswahl um Zwiebelpflanzen, Einjährige und Zweijährige.
Wer hingegen auf einen pflegeleichten Vorgarten Wert legt, pflanzt Bodendecker wie Immergrün (→ Tabellen S. 448–449) oder langsam wachsende Pflanzen wie Buchsbaum oder Eibe.
Selbst bei versiegelten Vorgärten können Sie Ihre Besucher mit Rosenhochstämmchen oder Lorbeerbäumchen im Topf freundlich begrüßen. Denken Sie unbedingt daran, diese ausreichend zu wässern.

Das i-Tüpfelchen

Mit einigen wenigen ausgesuchten Kleinigkeiten verleihen Sie dem Vorgarten Ihre persönliche Note. Je nach Vorliebe können Sie Sitzbänke, Terrakottafiguren oder eine ausgediente Zinkwanne als Miniteich aufstellen.
Ist der Briefkasten nicht direkt am Haus angebracht, gibt es pfiffige Lösungen für selbstgebaute frei stehende Varianten. Achten Sie darauf, dass der Postbote den Briefkasten gut sehen und erreichen kann.
Für die Dekoration der Haustür stehen zahlreiche Details wie Türklopfer, Schuhputzer oder Blumenampeln zur Verfügung. Bei allem Schmuck sollten aber Namensschild und Klingel noch auffindbar sein. Denken Sie auch daran, die Hausnummer so anzubringen, dass sie von der Straße aus gut sichtbar ist.

Die Müllbehausung lässt sich mit einer Dachbegrünung aufwerten.

Das Gartentor eröffnet den Zugang in den privaten Gartenbereich.

Mit Kletterpflanzen an der Fassade schaffen Sie einen grünen Empfang.

Der Garten am Hang

Für den Bau einer rustikalen Natursteinmauer kann auch vorhandenes Material verwendet werden.

BAUGRUNDSTÜCKE IN HANGLAGE stellen höhere Anforderungen an die Gebäudearchitektur als ebene Flächen, und auch die Gartenplanung gestaltet sich schwieriger und wird meist kostspieliger. Lassen Sie sich davon aber nicht abschrecken. Die italienischen Gartenarchitekten der Renaissance haben sich dieser Herausforderung sogar ganz bewusst gestellt, um attraktive Gestaltungs- und Erlebnismöglichkeiten zu schaffen. Und das können Sie auch (→ S. 32).

Spezielle Anforderungen

Je nach Hangneigung, Ausrichtung, Grundstücksgröße und Lage des Hauses ergeben sich bestimmte Anforderungen an die Böschungsgestaltung und Erschließung eines Hanggrundstücks. Zur Überwindung des Höhenunterschieds werden Stützmauern, Terrassen und Böschungen angelegt. Bei Wegeverbindungen sind Treppen oder Rampen erforderlich, die sich in das Gelände einfügen müssen.

Befindet sich das Gebäude oberhalb des Hangs, liegt der Hauptsitzbereich oft so exponiert, dass in den meisten Fällen ein Sicht- oder Windschutz angebracht werden muss. Ggf. ist eine Absturzsicherung am Sitzplatz notwendig. Damit der Blick nicht nur in die Ferne wandert, sollten Sie den Besucher mit attraktiven Blickfängen in den Garten locken.

Liegt das Haus unterhalb der Böschung, ist der Garten vom Hauptsitzplatz aus auf einen Blick erfassbar. Bei kleinen Gärten und steilen Hängen kann dies beengend wirken. Mit einem ausreichend dimensionierten Sitzplatz und einer geschickten Terrassierung können Sie dem entgegenwirken.

Bei Häusern in Mittellage sind Sie freier in der Wahl der Aufenthaltsbereiche. Je nach Ein- und Ausblicken können Sie vor oder hinter dem Haus auch mehrere Sitzplätze anlegen.

Die Klima- und Bodenverhältnisse unterliegen extremeren Bedingungen als in der Ebene. An Südhängen ist die Einstrahlung höher, da die Sonne senkrecht auf den Hang scheint. Fließt nachts kalte Luft hangabwärts, können sich am Hangfuß sogenannte Kaltluftseen bilden, was Sie bei der Pflanzenauswahl beachten sollten (→ S. 137–138). Darüber hinaus ist der Boden in Hanglagen meist steinig, nährstoffarm und neigt verstärkt zur Abschwemmung.

Gestaltungsmöglichkeiten am Hang

Bei der Planung Ihres Hanggartens sollten Sie zuerst eine größere Ebene für den Sitzplatz in Hausnähe vorsehen. Diese Terrasse vergrößert den Wohnbereich ins Freie und stellt somit die Verbindung zwischen Haus und Garten dar. Dabei bestimmt die Hangneigung, wie viel Fläche Sie als Terrasse nutzen können, um nicht zu große Stützmauern bauen zu müssen.

Für die Ausbildung der Böschung gibt es verschiedene Möglichkeiten (→ S. 72–73). Steht ohnehin der natürliche Fels im Gelände an, bietet sich eine Böschungsgestaltung mit Steinen an. Dabei fangen große **FINDLINGE** (S. 542) den Höhenunterschied des Geländes ab.

Mit niedrigen Stützmauern können Sie mehrere terrassierte Ebenen gestalten, die sich unterschiedlich nutzen lassen. Besonders natürlich wirken diese Mauern, wenn Sie Natursteine verwenden und zu **TROCKENMAUERN** (S. 565) aufsetzen. Eine weitere Möglichkeit ergibt sich, wenn

Böschungen lassen sich wunderbar begrünen und somit auch schützen.

Gut zu wissen

Anlegen eines Steingartens

Steingärten liegen idealerweise an einem nach Süden oder Südwesten ausgerichteten Hang. Der Boden sollte eher sandig oder steinig sein, da die meisten Steingartenpflanzen nässeempfindlich sind. Verteilen Sie auf einer 20–30 cm starken, verdichteten Schotterschicht große Findlinge. Setzen Sie die großen Steine mit der breiten und flachen Seite nach unten, so dass sie sicher im Hang liegen. Sie dienen später auch als Trittsteine zur Pflege des Gartens. Gruppieren Sie die kleineren Steine unregelmäßig um die Findlinge und füllen Sie den durchlässigen Boden in einer Höhe von 10–15 cm auf. Nach der Pflanzung können Sie Gesteinsschotter aus dem gleichen Steinmaterial wie die Findlinge auf der Oberfläche verteilen. Schauen Sie sich natürliche Felswände und Steingärten an, um Anregungen für diese Art der Gestaltung zu erhalten.

lediglich eine höhere Stützmauer aus Natursteinen, Holzpalisaden, ▶ GABIONEN (S. 543) oder ▶ MAUERSCHEIBEN (S. 552) angelegt wird. Dabei entstehen zwei Ebenen, die durch eine Treppe verbunden werden. Ab einer Mauerhöhe von 80 cm wird dann ein Betonfundament erforderlich (→ S. 72–73). Bei Grundstücken mit großen Höhendifferenzen sollten Sie sicherheitshalber einen Fachmann hinzuziehen, der Ihnen beim Bau der Stützmauer helfen kann.

Bei allen Hanggrundstücken ist eine gute Entwässerung unabdingbar, damit die Bauwerke langfristig halten. Daneben bietet sich allerdings eine Gestaltung mit fließendem Wasser geradezu an, da Sie das Gefälle z. B. für einen kleinen Bachlauf mit Quelle nutzen können (→ S. 91).

Für die Erschließung von Gärten in Hanglage werden ab einem Gefälle von 7 %, d. h. 7 cm Höhenunterschied auf einer Länge von 100 cm, Treppenanlagen nötig. Podeste und Plätze dienen als Wende- und Ruhepunkte. Planen Sie je nach Erfordernis Rampen für Kinderwagen oder Fahrräder ein (→ S. 63–64).

Die Materialauswahl ist bei Hangwegen aufgrund der Abschwemmungsgefahr eingeschränkt. Besonders Rasenwege oder ▶ WASSERGEBUNDENE (S. 567) Wegedecken sind bei Böschungen ungeeignet. In steilen Lagen sollten Sie Betonverbundpflaster verwenden, da sich die Steine untereinander verzahnen und so ein Abrutschen verhindern.

Pflanzen für Hanggärten

Für die Pflanzen herrschen in Hanggärten extreme Lebensbedingungen. Sie sind neben den Terrassierungen aber ein wichtiges Element, da Sie mit kriechenden und wuchernden Stauden und Kleinsträuchern die Abschwemmung des Erdreichs reduzieren können.

Sonnige und trockene Verhältnisse trifft man an Süd- und Westhängen. Nord- und Osthänge sind schattiger und meist feuchter. Orientieren Sie sich bei der Bepflanzung an den natürlichen Lebensbereichen der Pflanzen. Für die heiße Variante kommen wärme- und trockenheitsliebende Steingarten- oder Heidepflanzen in Frage. In einem ▶ STEINGARTEN (S. 563, → Kasten oben) können Sie Polster- und Rosettenpflanzen wie Zwergglockenblumen mit rasenbildenden Stauden wie Thymian oder Sternmoos kombinieren. Als Solitärpflanzen wirken Bergkiefern oder Wildrosen schön zwischen den Steinen. Pflanzungen mit Wacholder, Zwergkiefern, Heidekräutern und Gräsern bringen Heidestimmung in den Garten. Wer mag, kann mit Spornblumen, Thymian und anderen graulaubigen Stauden einen mediterranen Charakter zaubern. Für Mauerkronen bieten sich zahlreiche Polsterstauden wie die bekannten Blaukissen, Polsterphlox oder Schleifenblumen an. An schattigeren Standorten schaffen Sie mit Farnen und Astilben waldähnliche Pflanzungen.

Ist Ihnen die Pflege der Stauden zu aufwendig, können Sie Gehölze verwenden. Beschränken Sie sich dabei jedoch auf kleine Bäume und Sträucher, da der Hangboden flachgründig und trocken ist. Neben Koniferen halten z. B. Felsenbirne oder Tamariske den extremen Wuchsbedingungen stand. Rasenflächen sind bei steilen Hängen nur mit speziellen Geräten zu mähen. Als Alternative bietet sich eine extensive Wiese an.

Ist der Hanggarten sehr steil, vielleicht sogar nicht terrassiert oder schwer zugänglich, dann wählen Sie pflegeextensive Arten wie das wuchsfreudige Großblütige Johanniskraut, die eine flächige Begrünung erlauben.

Hanggärten eignen sich gut für einen naturnahen Bachlauf.

Grüne Dächer

Geschützt vor Sonne, Wind und Blicken, können Sie sich in diesem Dachgarten erholen.

ALS KOMPENSATION für versiegelte Flächen können auch in Privatgärten Dächer und Fassaden begrünt werden. In manchen Gemeinden ist im Bebauungsplan die Begrünung von Flachdachgaragen sogar vorgeschrieben.

Ob Vorschrift oder nicht, es gibt viele Vorteile, die für eine Dach- und Fassadenbegrünung sprechen. Die Pflanzen reinigen die Luft und verbessern das Stadtklima. Grüne Dächer und Fassaden halten im Sommer kühl und im Winter warm. Die Pflanzen wirken als Isolierung und schützen vor Wind und Regen. Neben dem Naturerlebnis für den Menschen bieten diese begrünten Bereiche auch einen Lebensraum für zahlreiche Tiere wie Bienen oder Vögel. Nicht zuletzt beleben Dach- und Fassadenbegrünungen das Ortsbild.

Die Anlage eines Dachgartens erfordert Fachkenntnis und Erfahrung. Zu allererst müssen Sie klären, ob die Dachkonstruktion für die gewünschte Begrünung und Nutzung tragfähig ist. Dabei kann Ihnen ein Architekt oder Statiker behilflich sein.

Bau einer Dachbegrünung

Der Aufbau ist bei allen Dachbegrünungen vergleichbar. Auf das vorhandene Dach werden eine wurzelfeste Abdichtung sowie ein Vlies aufgebracht, die den Dachaufbau schützen. Darauf folgt eine ▶ DRÄNAGESCHICHT (S. 539) aus Lava oder Blähton, die hilft, das Regenwasser abzuleiten. Damit kein Schmutz in diese Schicht eingetragen werden kann, wird dann ein Filtervlies eingebaut. Den Abschluss bildet die durchwurzelbare Vegetationsschicht als Grundlage für das Pflanzenwachstum. Überlassen Sie diese Arbeiten am besten einer Fachfirma.

Extensiv oder intensiv?

Mangelnde Wasserversorgung im Sommer, Frostgefahr im Winter sowie höhere Windgeschwindigkeiten sind extreme Standortbedingungen, die die Auswahl geeigneter Pflanzen stark einschränken. Hinzu kommt eine höhere Sonneneinstrahlung, da meist nur wenig bzw. kein Schatten zu erwarten ist. Pflanzen, die natürlicherweise in den Steppen oder Hochlagen der Gebirge vorkommen, können diese Bedingungen gut ertragen.

Eine **extensive Dachbegrünung** hat in der Regel eine durchwurzelbare Vegetationsschicht von 4 bis maximal 19 cm Dicke. Sie wird mit Moosen, ▶ SUKKULENTEN (S. 564), Stauden und Gräsern bepflanzt, die einen niedrigen, flächigen Bestand bilden. Die Pflege beschränkt sich auf gelegentliches Jäten und die Kontrolle der technischen Einrichtungen. Gerade für Garagen bietet sich deshalb diese Form der Dachbegrünung an.

Je dicker die Vegetationsschicht, desto intensiver lässt sich das Dach bepflanzen. Ab Schichtdicken von 15 cm können Sie Rasen, Stauden und sogar Gehölze vorsehen. Graulaubige Stauden und Zwerggehölze wie Buchsbaum, Wacholder oder Kiefern sind hitze- und strahlungsverträglich. Diese sogenannten **intensiven Dachbegrünungen** erreichen eine Schichtdicke von bis zu 2 m und lassen sich wie ein ebenerdiger Garten nutzen. Ihre Pflege ist natürlich aufwendiger als bei der extensiven Bepflanzung, da regelmäßiges Wässern, Düngen und Schneiden erforderlich ist.

Ist auf Ihrem Dach keine intensive Begrünung möglich, können Sie sich einen Dachgarten mit Pflanzkübeln und Trogbeeten anlegen. Denken Sie dann aber bei der Auswahl an einen Überwinterungsplatz für die nicht winterharten Pflanzen.

Eine extensive Begrünung mit Mauerpfeffer ist sehr pflegeleicht.

Der Familiengarten

WÄHREND MAMA SICH um den Gemüsegarten kümmert, spielen die Kinder ausgelassen auf dem Rasen. Papa hält nach den Vögeln Ausschau und versorgt die Nistkästen. Oma zieht sich zur Mittagsruhe auf die Terrasse zurück und vertieft sich in ein Buch. Opa hegt und pflegt seinen ▶ STEINGARTEN (S. 563), wo seltene Pflanzen wie Enzian ihren Platz gefunden haben. Und am Wochenende steigt ein großes Grillfest mit Freunden. Ein Garten für die ganze Familie.

Was auf den ersten Blick überaus verlockend erscheint, gestaltet sich beim näheren Hinsehen etwas schwieriger, da bis zu drei Generationen in einem Familiengarten aktiv sein können. Und deren Bedürfnisse sind so unterschiedlich, dass sich die Nutzungen überschneiden und sogar behindern. Ein Fußball ist z. B. im Steingarten nicht gern gesehen. Zudem ändern sich die Ansprüche der Kinder mit den Jahren. Damit alle Familienmitglieder den Garten vielfältig und flexibel nutzen können, gibt es einiges zu beachten.

Nutzungsbereiche

Die Gliederung des Gartens in verschiedene Bereiche hilft, den unterschiedlichen Wünschen der Familienmitglieder gerecht zu werden. Sehen Sie z. B. mehrere Sitzplätze vor. Die große Terrasse am Haus ist ideal für Familienfeste, ein versteckter Platz in einer Laube bietet dagegen Ruhe zum Träumen und Lesen.

Mit Raumteilern (→ S. 68–79) kann man einzelne Gartenbereiche abtrennen. Das Gemüsebeet liegt z. B. geschützt vor spielerischen „Übergriffen" hinter einem kleinen Holzzaun. Die Stauden sind in ein ▶ HOCHBEET (S. 546) gepflanzt, das mit Hilfe einer ▶ TROCKENMAUER (S. 565) errichtet wurde. Eine Pergola mit Kletterrosen umgibt einen kleinen Sitzplatz am Rand des Gartens, während seltene Pflanzen ihren sicheren Platz im Vorgarten finden. Wege und Rasenflächen verbinden die verschiedenen Gartenbereiche miteinander. So entstehen Orte der Ruhe und Bereiche, in denen die Kinder ohne Bedenken spielen, toben und experimentieren können.

Spielen (fast) ohne Grenzen

Ein Familiengarten wird gerade von den jüngeren Familienmitgliedern intensiv genutzt, deren Wünsche es deshalb besonders zu berücksichtigen gilt. Da sich die Ansprüche mit zunehmendem Alter ändern, ist eine flexible Planung nötig.

Kleinkinder freuen sich über eine Krabbelwiese oder einen Sandkasten. Vergessen Sie dabei nicht den Schattenspender für die heißen Tage. Je älter die Kinder werden, desto mehr Raum benötigen sie im Garten. Ein strapazierfähiger Rasen erlaubt das Spielen und Toben. Dort finden auch die Schaukel oder eine Rutsche ihren Platz (→ auch S. 109). Befestigte Flächen im Vorgarten werden ebenfalls gern zum Ballspielen oder Malen genutzt. Verwilderte Ecken laden zum Bauen und Experimentieren ein. Anstelle aufwendiger Spielgeräte reicht es oft aus, verschiedenes Baumaterial wie Holz, Steine oder Erde zur Verfügung zu stellen, mit denen Kinder ihre ganz eigene kleine Gartenwelt gestalten können.

Größere Kinder lieben es hingegen, auf Bäume zu klettern. Unbestritten ist ein Baumhaus ein großer Kindertraum (→ Abb. S. 52). Aber auch mit einem selbstgebauten Weidentipi, einer Lehmhütte oder einem Bambusdschungel machen Sie Ihren Kindern viel Freude. Diese Bauwerke sind kostengünstig und lassen sich einfach selber herstellen. Achten Sie bei den Spielgeräten generell darauf, dass Sie die Elemente möglicherweise umgestalten oder leicht zurückbauen können.

Mit dem Sandkasten in Sitzplatznähe können Sie die Kleinen gut im Auge behalten.

An einem stabilen Baumhaus erfreuen sich nicht nur die Kinder.

Das Weideniglu bietet einen Schattenplatz der ganz anderen Art.

Beim Gärtnern können Kinder ihre ersten Naturerfahrungen sammeln.

Wasser im Garten ist ein Spaß für Groß und Klein. Während sich die ganz Kleinen noch mit einem Plansch- oder Matschbecken zufrieden geben, darf es für die Älteren schon etwas anspruchsvoller sein.

Vorsicht im Kinder-Garten

Machen Sie sich bei der Planung Ihres Familiengartens über potenzielle Gefahrenquellen Gedanken, aber gehen Sie mit Ihrer Fürsorge nicht zu weit. Kinder können sich schnell im Garten zurechtfinden und lernen so den Umgang mit der Natur.
Es gibt einige **Giftpflanzen,** die Sie in Ihren Beeten besser vermeiden sollten, z. B. Goldregen, Seidelbast und Pfaffenhütchen. Wenn Sie sichergehen wollen, fragen Sie bei einer qualifizierten Gärtnerei nach, welche Pflanzen gefährlich werden könnten (→ auch Tabelle S. 596).
Gartenteiche können für kleine Kinder eine große Gefahr darstellen. Zäune oder Baustahlgitter im Teich schützen nur bedingt und sehen nicht so schön aus (→ S. 90). Vielleicht begnügen Sie sich vorerst mit einem Quellstein, einem Matschbecken oder einem kleinen Bachlauf, bis die Kinder alt genug sind. Klettergeräte erhalten eine Sand- oder Rindenmulchschicht, die einen Sturz abmildern. Kontrollieren Sie alle **Spiel- und Klettergeräte** von Zeit zu Zeit auf ihre Standfestigkeit. Und vergessen Sie nicht, den Sandkasten ggf. abzudecken, damit Hund und Katze ihn nicht als stilles Örtchen nutzen.

Naturerlebnis für Groß und Klein

Im Verlauf eines Jahrs kann man in einem Garten viel erleben. Der Gartenteich, die Wildblumenwiese, der alte Obstbaum oder die Trockenmauer locken zahlreiche Tiere in den Garten. Die Vögel erfreuen mit ihrem Gezwitscher, während Libellen und Frösche den Teich bevölkern. Manchmal findet man auch eine Eidechse, die sich vor der Mauer sonnt. Hängen Sie Nistkästen auf, damit Sie die Vögel beim Brüten und Füttern beobachten können. Schmetterlinge und Bienen freuen sich an bunten Blütenhecken. Achten Sie darauf, genügend einheimische Pflanzen zu verwenden, die eine hohe Artenvielfalt garantieren. Naturnahe Bereiche bringen gerade Kindern die Natur etwas näher.

!

wir empfehlen

Kinder planen und bauen mit

Sind die Kinder alt genug, können sie bei der Planung des Gartens mitmachen. Fragen Sie, welche Spielgeräte und -flächen sie sich wünschen, und überlegen Sie gemeinsam, wie diese zu realisieren sind.
So entstehen beispielsweise Weidenhütten und -tunnel oder individuelle Kletterbäume. Vielleicht können Sie auch eine Bauaktion mit der ganzen Familie starten. Zahlreiche Bücher geben Anleitungen, wie Sie Bauwerke auf einfache Weise selbst errichten können. Das Baumaterial finden Sie in der Natur, vielleicht auch beim Bauhof der Gemeinde oder als Restposten im Baustoffhandel.

Der Nutzgarten

Gemüse, Obst und Kräuter aus dem eigenen Garten sind nicht nur lecker und gesund, sondern vielfach auch kostengünstiger, so dass sich ihr Anbau gerade für Familien anbietet. Manchmal möchten schon die Kleinen einen Teil des Gemüsebeets bewirtschaften. So können sie das Wachsen und Gedeihen der Pflanzen miterleben.
Lassen Sie sie ihr Gärtnerglück z. B. bei Tomaten, Bohnen oder Kräutern versuchen. Je nach Geschmack locken ab Juni Erdbeeren, Himbeeren, Johannisbeeren mit ihren süßen Früchten. Diese finden selbst in kleinen Gärten einen Platz.

Übrigens ...

Weitere wichtige Bestandteile eines Familiengartens sind der Wäscheplatz sowie ein Schuppen für Gartenmöbel, Garten- und Spielgeräte (→ S. 109). Falls Haustiere vorhanden sind, können Hamster und Kaninchen im Garten ein Schattenplätzchen finden. Für Profigärtner bietet sich ein Gewächshaus zur Anzucht oder Überwinterung von Kübelpflanzen an (→ S. 80–81).

Alte Gärten in neuem Kleid

EIN ALTER GARTEN – allein schon diese Worte rufen Bilder und Düfte in einem wach. Eine alte Kletterrose umspielt mit ihren Ranken einen Rosenbogen aus angerostetem Metall, die Blüten verbreiten einen betörenden Duft. Die dichte Buchsbaumhecke grenzt die ehemaligen Gemüsebeete ab und begleitet den vermoosten Natursteinpflasterweg in Richtung Terrasse. Vorbei an duftenden Staudenrabatten führt der Weg durch eine hohe Hainbuchenhecke hindurch.

Manch Gartenbesitzer träumt von solch einem alten, eingewachsenen Garten, der mit den Jahren seinen eigenen Charme entfaltet hat. Doch viele Privatgärten werden mit den Jahren eher dunkel und monoton. Ständige Umgestaltungen an einzelnen Ecken lassen die ursprüngliche Idee verschwinden. Aber gerade bestehende Strukturen wie eingewachsene Pergolen, umrankte Rosenbögen oder hohe Hecken können schon einen hilfreichen Rahmen darstellen.

Warum umgestalten?

Für die Umgestaltung eines Gartens gibt es vielfältige Gründe. Möglicherweise gefällt er einfach nicht mehr. Oder die Ansprüche an den Garten haben sich geändert, da die Kinder aus dem Haus sind. Mit fortschreitendem Alter soll es eher ein pflegeextensiver Garten sein, um den man sich nicht mehr so viel kümmern muss.

Manchmal entdecken Sie Fehler in der ursprünglichen Gartenplanung, wenn beispielsweise eine Fichte den Vorgarten verschattet. Starke Verunkrautung der Beete, Moos im Rasen oder Bodenermüdung sind weitere Gründe für eine Umgestaltung Ihres Gartens. In diesem Fall benötigen Sie meist einen Impuls, um die Umgestaltung in Angriff zu nehmen. Sie haben sich schließlich über die Jahre hinweg an Ihren Garten gewöhnt.

Im anderen Fall ist es einfacher: Sie haben ein bestehendes Haus mit Garten gekauft, der nicht Ihren Vorstellungen entspricht. Da schafft dann eine Veränderung, die Ihre Wünsche und Anforderungen berücksichtigt, Abhilfe.

Was bleibt, was fällt weg?

Die Bestandsaufnahme eines Gartens ist bei einer Umgestaltung differenzierter vorzunehmen als bei einer Neuanlage. Meist ist die Zugänglichkeit erschwert. Nehmen Sie sämtliche vorhandenen baulichen und pflanzlichen Elemente auf. Alte Brunnen, Lauben oder Zaunpfosten können ihre Geschichte erzählen, einzelne Gewächse dem Garten einen eigenen Charakter geben. Auch die Nachbargärten haben Einfluss darauf, was in Ihrem Garten wirkt.

Mit der Zeit verschwindet der Holzlagerplatz unter einem Moosteppich sowie unter den Kletterpflanzen.

Dichtstehende Bäume verdunkeln mit ihrem Schattenwurf den Garten.

Auf einem Klinkerbelag bildet sich mit den Jahren eine schöne Patina.

Finden Sie heraus, was die Atmosphäre im Garten ausmacht. Überlegen Sie, was erhaltenswert ist und was nicht. Auf welchen Baum oder Strauch möchten Sie nicht verzichten? Welches Gehölz kann an einer anderen Stelle besser zur Geltung kommen? Vielleicht gefallen Ihnen die Waschbetonplatten der Vorbesitzer nicht. Die Koniferenhecke ist mit den Jahren zu einer dunklen Wand geworden, und die Wurzeln der Birke lassen nur noch wenig Unterwuchs zu. Überlegen Sie, ob Materialien und Pflanzen wieder verwendet werden können. Ein Klinkerbelag mit Patina fügt sich schön in den Gemüsegarten ein, und manche Stauden lassen sich auch nach Jahren noch verpflanzen. Andere sollten hingegen besser am eingewachsenen Standort bleiben. Die Wiederverwendung spart in jedem Fall Kosten.

Bei der Planung sollten Sie einfühlsam vorgehen. Grobstruktur, Flächennutzung und Pflanzplanung sollten das Bestehende integrieren (→ S. 19–27).

Der Boden im Garten

Der Boden ist die Grundlage des Wachstums und sollte deshalb bei der Umgestaltung bestehender Gärten besondere Beachtung finden (→ S. 160–172).

Im günstigsten Fall trifft man reife, humose Böden an, die für Stauden- oder Rosenpflanzungen ideale Voraussetzungen bieten. Frühlingsblüher wie Schneeglöckchen, Wildkrokus oder Blausternchen breiten sich erst in diesen Gartenböden teppichartig aus.

Häufig ist der Boden in alten Gärten jedoch verunkrautet und humusarm. Wenn Wurzelunkräuter wie der hartnäckige Giersch (*Aegopodium podagraria*) das Beet erobert haben, hilft nur noch das mühsame Aussieben der Wurzeln oder ein Bodenaustausch. Ähnliches gilt für Böden unter ▶ KONIFEREN (S. 549). Deren Nadelstreu verhindert die Humusbildung. Durch Mulchen oder Aufbringen von Kompost können Sie den Boden mit etwas Zeit und Geduld wieder neu beleben. Bei übermäßiger Moosbildung im Rasen ist manchmal eine Neuanlage des Rasens die letzte Möglichkeit.

Möchten Sie genaueres über Ihren Boden erfahren, können Sie bei bodenkundlichen Instituten eine Bodenprobe auf die wichtigsten Bestandteile untersuchen lassen (→ S. 172).

Wege und Plätze

Auch die befestigten Flächen werden mit der Zeit marode. Die Wegeplatten verschieben sich und stellen Stolperfallen dar. Stützmauern fallen zusammen, und einzelne Treppenstufen brechen aus.

Überprüfen Sie bei einer Umgestaltung einerseits den baulichen Zustand der Anlagen. Manchmal lassen sich die Beläge durch Abstrahlen oder Bürsten wieder beleben. Andererseits gilt es, das Gesamtkonzept zu überdenken. Sind die Wegeverbindungen noch sinnvoll, befinden sich die Sitzplätze am richtigen Ort? Orientieren Sie sich am Vorhandenen. Haben Sie aber auch den Mut, Altes zu entfernen, um Neues zu etablieren.

Alte Gehölze

Meist ist der Gehölzbestand mit den Jahren zu dicht und zu groß geworden, so dass ein alter Garten dunkel und trist wirkt. Lichten Sie den Bestand aus, um Raum und Licht zu schaffen (→ S. 283–288). Möchten Sie Bäume fällen, ist eine Absprache mit den Nachbarn sinnvoll. Beachten Sie ebenfalls, ob eine örtliche Baumschutzverordnung vorhanden ist (→ S. 29). Vielleicht lässt sich der Baum auch in Ihr Konzept integrieren. Gerade bei großen Gehölzen ist der ökologische Wert ein wichtiges Argument für den Erhalt. Im lichten Schatten eines alten Baums, der angenehm vor Sonne schützt, können z. B. ein Sitzplatz und Schattenpflanzen einen guten Platz finden. Vielleicht überlassen Sie auch einen kleinen Gartenteil ganz der Natur. Verwilderte Ecken mit Wildrosen und Brennnesseln sind romantisch und ökologisch wertvoll.

Bei der Durchführung größerer Umbaumaßnahmen im Garten sollten Sie insbesondere auf die alten Bäume Rücksicht nehmen. Schützen Sie ihre Stämme mit einem Bretterverbau oder alten Säcken. Vermeiden Sie auch Verdichtungen im Wurzelbereich während der Umbauarbeiten. Falls die Wurzeln dennoch einer Terrasse oder einem Weg weichen müssen, sollten Sie das Kronenvolumen zum Ausgleich ebenfalls verkleinern.

Umgestalten – Schritt für Schritt

Der Vorteil bestehender Gärten liegt besonders darin, dass die Umgestaltung nicht eilt. Sie können sich daher für die Planung ausreichend Zeit nehmen. Lernen Sie Ihren Garten kennen und entdecken Sie die bestehenden Schätze.

Steht der Entwurf, lassen sich die Maßnahmen in einzelnen Bauabschnitten realisieren. Sie müssen sich also nicht mit billigen Dauerprovisorien begnügen, und der Garten ist immer nur in Teilbereichen neu bepflanzt. Wenn Sie möchten, können Sie auch selber Hand anlegen. Den Zeitplan bestimmen Sie.

WAS TUN, WENN ...

... der Garten zugewachsen ist und die Gehölze alles verschatten?

MASSNAHMEN:

› Entscheiden Sie, welche Gehölze gefällt werden können. Auswahlkriterien sind Zustand, Größe und Schattenwurf. Manchmal reicht das Auslichten der Krone, um Licht ins Dunkel zu bringen. Beachten Sie eine eventuell vorhandene Baumschutzverordnung sowie die Schonzeiten beim Fällen.

› Dichte Koniferenhecken können durch lockere Blütenhecken oder berankte, lichtdurchlässige Zäune ersetzt werden.

› Statt eines schütteren Rasens bieten sich Stauden oder Bodendecker als Unterpflanzung von Gehölzen an. Funkien (→ Abb.) oder Immergrün sind beispielsweise schattenverträgliche, unempfindliche Arten.

› Schattenverträgliche Zwiebelpflanzen wie Blausterne oder Krokusse bringen im Frühjahr fröhliche, bunte Farbtupfer in den Garten.

... der Pflegeaufwand im Garten zu hoch ist?

MASSNAHMEN:

› Wählen Sie Pflanzen aus, die an den Standort angepasst sind. Entsprechen Boden und Klima den natürlichen Lebensbedingungen, sind die Pflanzen weniger krankheitsanfällig.

› Vermeiden Sie pflegeintensive Pflanzen. Ein- und Zweijährige müssen mindestens jährlich erneuert werden. Manche Stauden sollten alle 2 bis 3 Jahre geteilt und umgepflanzt werden (→ auch Porträts, S. 402–499).

› Entscheiden Sie sich für flächige Staudenpflanzungen mit wenigen Arten oder Bodendecker. Sie erhalten grüne und z. T. blühende Teppiche, die weniger Pflege erfordern.

› Mulchen Sie die Pflanzflächen (→ Abb. unten), so müssen Sie weniger gießen und verhindern das Aufkeimen vieler Unkräuter.

› Bewässerungssysteme ersparen regelmäßiges Gießen.

› Wildblumenwiesen müssen im Gegensatz zu Rasenflächen nur zwei- bis dreimal im Jahr gemäht werden.

... der Garten in der vollen Sonne liegt?

MASSNAHMEN:

› Pflanzen Sie Gehölze mit einer schönen Krone, um den Sitzplatz zu beschatten.

› Wo kein Platz für Gehölze ist, können Sie mit bewachsenen Pergolen oder Sonnenschirm & Co. ein Schattenplätzchen schaffen.

› Achten Sie darauf, sonnen- und hitzeverträgliche Pflanzen auszuwählen. Mediterrane Arten wie Rosmarin oder Lavendel vertragen Trockenheit gut.

› Das Mulchen der Pflanzflächen verringert die Verdunstung.

› Eine Fassadenbegrünung verhindert die Aufheizung der Wände und bringt kühlere Luft auf die Terrasse.

› Mit Wasserelementen wie Bachlauf, Springbrunnen oder Teich können Sie für Erfrischung im Garten sorgen.

1

Befestigte Flächen

Dieses Kapitel führt Sie über einfache Trittplatten im Rasen, reizvolle Natursteinbeläge und Treppenanlagen zu unterschiedlichen Sitzplätzen und zeigt Ihnen, worauf es dabei ankommt.

Ein Garten ohne Wege und Sitzplätze – eigentlich undenkbar. **Wege** sind notwendige Verbindungen innerhalb des Gartens, die ihn gliedern und Räume bilden. Wege leiten den Besucher durch den Garten, verbinden Sitzplätze miteinander und führen das ganze Jahr trockenen Fußes zum Gemüsebeet. Dabei wirken gerade Wege streng und ordnen den Garten, während eine geschwungene Wegeführung zum Schlendern einlädt. Als Teil der Gesamtanlage sollte den Wegen keine allzu große Bedeutung zukommen. Dennoch ist ihre Gestaltung Bestandtteil des Gesamtkonzepts.

Der **Sitzplatz** – ein Platz zum Essen, Feiern und Schmökern, zum Spielen und Träumen. Je nach gewünschter Nutzung kommen hier unterschiedliche Lagen, Größen und Formen in Frage. Selbst in kleinen Gärten besteht die Möglichkeit, neben der Terrasse am Gebäude einen zusätzlichen Sitzplatz zu schaffen. In einiger Entfernung zum Gebäude gewährt dieser neue Ein- und Ausblicke.

Beim Bau von Wegen und Sitzplätzen können Sie verschiedene Materialien wählen. Achten Sie dabei darauf, dass die ausgesuchten Beläge der befestigten Flächen zum Haus passen und eine Einheit von Architektur und Natur schaffen.

Der Besuch im Baustoffhandel bzw. Baumarkt vermittelt einen Einblick über das gängige Material. Dort sind meist Musterflächen ausgestellt, die Ihnen bei der Auswahl helfen. Grundsätzlich können für Wege und Sitzplätze nahezu dieselben Materialien verwendet werden. Letztendlich spielen die Optik, die Haltbarkeit, die Nutzungshäufigkeit, der Pflegeaufwand und auch der Preis eine wichtige Rolle.

Ein wirksamer und dazu noch schöner Sonnenschutz macht den Aufenthalt im Garten angenehmer und den Sitzplatz erst so richtig attraktiv. Dabei stehen Ihnen vom Sonnenschirm bis zum schattenspendenden Baum zahlreiche Varianten zur Verfügung.

Treppen ermöglichen nicht nur die angenehme Überwindung von Höhenunterschieden, sondern übernehmen auch gestalterische Funktionen. Durch Bauform und Material, die passend zum Gebäude, zu den Wegen, Mauern und Sitzplätzen ausgewählt werden, fügen sich Treppenanlagen harmonisch in das Gesamtbild des Gartens ein. Damit sie auch angenehm zu begehen sind, gibt es Richtwerte, die beim Bau zu beachten sind.

Wasserversorgung, Stromanschluss, Mülltonnen und Kompost gehören zu den infrastrukturellen Einrichtungen im Garten. Unerlässlich für die Nutzung und Pflege sollten diese Elemente möglichst praktisch, aber unauffällig im Garten untergebracht werden.

In diesem Kapitel:

Wege und Plätze

WEGE UND PLÄTZE sind die befestigten Flächen im Garten. Sie übernehmen zugleich funktionelle wie gestalterische Aufgaben.

Vielfältige Materialien

Begeben wir uns nun auf den Weg durch die bunte Welt der Belagsmaterialien.

Beton und Naturstein

Platten und Pflaster aus ▶ BETON (S. 535) oder ▶ NATURSTEIN (S. 553) sind die zur Befestigung von Wegen und Plätzen am häufigsten verwendeten Materialien. Sie werden auf einer ▶ TRAGSCHICHT (S. 565) aus einem Schottergemisch aufgebracht, deren Aufbaudicke sich nach Material und erforderlicher Belastbarkeit richtet (→ Aufbau befestigter Flächen, S. 61). Der Belag selber wird in Sand oder Splitt verlegt.

› **Betonplatten** in verschiedenen Farben und Oberflächenstrukturen sind meist quadratisch oder rechteckig. Die gängigen Größen reichen von 40 x 40 cm bis 40 x 60 cm. Die Oberflächen der Platten sind glatt oder mit Splitt oder Kies strukturiert. Ihre Lebensdauer ist fast unbegrenzt. Die Farbpalette reicht von Betongrau bis hin zur rot eingefärbten Platte. Die Einfärbungen sind weniger dauerhaft und verblassen im Lauf der Zeit.

› **Betonpflastersteine** unterscheiden sich in Größe, Form und Oberflächenbeschaffenheit. Die üblichen Größen reichen von 5 x 5 x 5 cm bis hin zu 16 x 24 x 14 cm Kantenlänge. Das Material ist frostbeständig und verfügt über eine hohe Belastbarkeit. Für die Wahl von Betonpflaster spricht vor allem der Preis, da es wesentlicher günstiger als Natursteine ist.

› Hartes Gestein wie Granit oder Gneis ist bei **Natursteinplatten** am gebräuchlichsten. Aber auch Muschelkalk, Travertin oder Sandstein werden verwendet. Natursteinplatten kommen rechteckig gesägt oder behauen in den Handel. Im Gegensatz zu Betonplatten gibt es hier auch polygonale, also unregelmäßig geformte, bruchraue Platten, bei denen die Kanten nicht bearbeitet sind. Ihre Frostsicherheit hängt vom verwendeten Gestein ab. So ist Granit z. B. sehr frostbeständig, während Sandstein in der Frostsicherheit entsprechend seiner Zusammensetzung variiert. Natursteinplatten sind im Vergleich zu Betonplatten wesentlich teurer.

› Ein **Natursteinpflasterbelag** beispielsweise aus Granit, Porphyr und Basalt ist unverwüstlich und schön. Hierbei werden nach der Kantenlänge ▶ GROSSPFLASTER (S. 544), ▶ KLEINPFLASTER (S. 549) und ▶ MOSAIKPFLASTER (S. 553) unterschieden.

› **Klinker** sind gebrannte, ungelochte Vollziegel aus Ton, deren Frostsicherheit gewährleistet ist, wenn der Stein ausreichend gebrannt wurde. Üblich sind Formate mit Kantenlängen von 24 x 11,5 x 7,1 cm und 20 x 10 x 5 cm.

Holz

› **Holzpflaster,** ob rund oder eckig, ist im Vergleich zum Naturstein- oder Betonpflaster ein eher kurzlebiger Belag. Sie bekommen die meist aus Fichtenholz bestehenden Rundhölzer mit einem Durchmesser von 6–30 cm in einer Stärke von 10–20 cm. Verwenden Sie dabei nur kesseldruckimprägniertes Holz mit entsprechendem Prüfzeichen. Um zu verhindern,

Dieser Natursteinbelag eignet sich aufgrund seiner unregelmäßigen Oberfläche eher für Nebenwege.

BELÄGE

1 Auf leisen Sohlen

Rasenwege sind angenehm begehbar. Durch regelmäßige Mahd wird eine trittfeste Grasnarbe erzeugt. Trotz des höheren Pflegeaufwands ist dies eine kostengünstige Alternative, bei der das Regenwasser ungehindert versickern kann.

2 Klinker trifft Kiesel

Zwei Klinkerwege treffen sich in einer quadratischen Kieselfläche. Durch die unterschiedlichen Oberflächenstrukturen und Farben ergibt sich ein interessanter Blickfang.

1

2

3

4

5

3 Die Mischung machts

Belagsflächen lassen sich z. B. auch aus unterschiedlichen Materialien und Steingrößen herstellen. Hierbei entstehen individuelle Muster und Gliederungen im Belag, die ein abwechslungsreiches Bild ergeben. Fragen Sie im Baustoffhandel oder bei Landschaftsgärtnern nach Restposten, die Sie günstig erwerben können.

4 Mulchweg

Dieser einfach herzustellende Weg passt in jeden naturnah gestalteten Garten. Allerdings sind Mulchwege nicht unbegrenzt haltbar, da sich das Material im Lauf der Zeit zersetzt. Sie können die Belagsdecke jedoch einfach ergänzen. Fragen Sie dazu bei Ihrer Gemeinde nach kostengünstigem Mulch oder Häckselgut.

5 Auf dem Holzweg

Parallel mit Kiesfugen verlegte Holzdielen vermitteln einen rustikalen Charakter. Die Kombination von Holz und Kies bildet eine lebendige Oberflächenstruktur. Diese Belagsart eignet sich eher für untergeordnete Gartenwege, ihre Haltbarkeit ist begrenzt.

dass Wasser auf der Fläche stehen bleibt, wird Holzpflaster mit einem Gefälle von ca. 2% in ein 5–10 cm starkes Kies- oder Sandbett eingebaut. Die Fugen werden mit Sand gefüllt.

› **Holzdecks** passen nahezu in jeden Garten. Sollten Sie sich für Tropenholz entscheiden, dann verwenden Sie „FSC-zertifiziertes Holz". Das Label weist auf eine umweltbewusste Waldwirtschaft hin. Aber auch heimische Hölzer wie Lärche, Robinie und Douglasie eignen sich hervorragend für den Außenbereich.

Holzbeläge trocknen rasch ab und erwärmen sich schnell. Andererseits siedelt sich im Schatten Moos auf der Oberfläche an, was zu Rutschgefahr führt. Vermeiden Sie einen direkten Bodenkontakt, da das Holz sonst schneller verrottet.

Rasenfugen

Eine Kombination aus befestigter und unbefestigter Fläche bieten **Rasengittersteine.** Diese aus Beton gefertigten Steine haben Zwischenräume, die mit einem humosen Erde-Sand-Gemisch gefüllt und abschließend eingesät werden (→ S. 254). Mit Naturstein- oder Betonpflaster kann ein sogenanntes Rasenpflaster entstehen. Achten Sie darauf, dass die Steine mindestens 12 cm Kantenlänge haben, um auch bei höheren Belastungen nicht zu kippen (→ S. 254).

Sonstige Materialien

Wege aus **Rindenmulch** oder **Holzhäcksel** benötigen eine Tragschicht aus ◘ SCHOTTER (→ S. 560), auf die grob zerkleinerte Rinde oder Holzhäcksel in einer Stärke von 10–15 cm aufgebracht wird. Belagsdecken aus ◘ SPLITT (S. 561) oder ◘ KIES (S. 548) sind einfach herzustellende und kostengünstige Varianten. Bei einer ◘ WASSERGEBUNDENEN (S. 567) Wegedecke wird auf einer Schottertragschicht eine Deckschicht aus einem Kies-Sand-Gemisch aufgebracht. Unter Zugabe von Wasser wird der Belag gewalzt und verfestigt. In modernen Gärten kann statt Splitt und Sand rund geschliffener, **bunter Glasbruch** auf die Tragschicht aufgebracht werden.

Bei diesen Belagsarten hat es das Unkraut einfacher als auf befestigten Belägen, die Fläche zu erobern, wodurch sich der Pflegeaufwand erhöht.

!

wir empfehlen

Randeinfassung von Wegen

Ob Rabattenstein, Pflasterzeile oder Stahlbänder – Randeinfassungen sind in erster Linie funktioneller Art. Schließt die Randeinfassung höhengleich mit dem Belag ab, kann das Regenwasser gut oberflächig in die angrenzenden Flächen abfließen. Gleichzeitig wird die Wegkante z. B. durch eine fundamentierte Pflasterzeile stabilisiert. Bei wassergebundenen Decken und Wegen mit geschüttetem Material ist es unmöglich, ohne Randeinfassung eine gerade Kante zu erhalten. Plattenbeläge brauchen hingegen dank ihrer Größe keine zusätzliche Einfassung.

Wege gestalten und anlegen

Wege können sowohl frei geschwungen als auch rechtwinklig, streng und möglichst direkt zum Ziel führen. Bei kleinen Gärten sind strenge **Wegeführungen** zu bevorzugen, da sie den Garten ordnen. Schmale Wege fordern zum schnelleren Gehen auf. Dagegen erlauben breite, geschwungene Wege eine gemütlichere Gangart. Mittels kleiner Aufweitungen eines Wegs entstehen Plätze, die sich unterschiedlich, z. B. für Kübelpflanzen oder Bänke, nutzen lassen. Durch eine Gliederung mit Toren, Bögen oder durch unterschiedliche Belagsarten erhalten Sie abwechslungsreiche Wege.

Gartenwege unterliegen einer gewissen **Hierarchie.** Eingang, Carport oder Mülltonne sollten bequem zu erreichen sein. Die Begehbarkeit dieser Hauptwege muss zu jeder Zeit gesichert sein. Schmale Nebenwege oder Trampelpfade geleiten hingegen zum Gemüsebeet und sind oft rein praktischer Natur. Einzelne im Rasen verlegte Trittplatten führen Sie trockenen Fußes zum Gartenhaus.

Um bequem auf einem Hauptweg nebeneinander gehen zu können, sollten pro Person etwa 40–60 cm vorgesehen werden. Eine Wegbreite von 120 cm ermöglicht dann auch die Fahrt mit der Schubkarre. Bei Nebenwegen reicht eine Gesamtbreite von ca. 60 cm.

Haben Sie sich für die Wegeführung in Ihrem Garten entschieden, Haupt- und Nebenwege festgelegt, kommen dafür verschiedene **Materialien** in Frage.

Plattenbeläge aus Beton oder Naturstein bieten sich für die Hauptwege im Garten an. Gerade Plattenwege verstärken dabei die geometrische Form. Bei geschwungenen Wegen entstehen dagegen abgestufte Wegränder. Besonders Wege aus polygonalen Natursteinplatten ergeben durch die unregelmäßigen Kanten einen weichen Übergang zum Grün. Bei Natursteinpflaster entstehen durch die natürlichen Farbnuancen der Steine interessante Oberflächen. Für befahrbare Wege oder Wege am Hang sollten Sie einen belastbaren Pflasterbelag aus Naturstein oder Beton vorsehen. Naturstein, Klinker und Betonsteine lassen sich gut kombinieren. Besonders reizvoll sind Zusammenstellungen aus Klinker- und Natursteinen.

Für naturnahe Nebenwege eignen sich sowohl Beläge mit Rasenfugen, wassergebundene Decken als auch Rindenmulch- und Holzhäckselbeläge.

Auch so kann ein Weg aussehen: Einfache Betonplatten führen entlang eines Staudenbeets.

Die Terrasse ist das Bindeglied zwischen Haus und Garten. Hier können Sie Ihren Garten genießen und einen Nachmittag voller Muße verbringen.

Sitzplätze gestalten und anlegen

Sitzplätze sind die wesentlichen Aufenthaltsbereiche in Ihrem Garten. Hier ist der Ort für Feste und das gemeinsame Sonntagsfrühstück, hier findet sich auch die Ruhe zum behaglichen Schmökern und Träumen. Sitzplätze sind dabei nicht nur befestigte Flächen, sondern benötigen auch eine räumliche Abgrenzung, um das Gefühl von Schutz und Geborgenheit zu vermitteln. Ob dies Mauern, Hecken oder Paravents (→ S. 72–75) sind, hängt von der Örtlichkeit und den Bedürfnissen der Nutzer ab.

› Für die **Standortwahl** des Sitzplatzes spielen die Lichtverhältnisse eine wichtige Rolle. Die Terrasse am Haus ist normalerweise der Hauptsitzbereich, während sich ein Sitzplatz im Garten bevorzugt in Süd-West-Lage befinden sollte. Hier lässt sich dann die Abendsonne genießen. Für die Frühstücksterrasse ist hingegen die Süd-Ost-Lage besser. Die Südseite kann im Sommer ziemlich heiß werden und ist damit nur für absolute Sonnenanbeter geeignet. Wohl dem, der dann eine schattige Alternative hat. Aber auch ein spontan auf der Wiese aufgestellter Klappstuhl lässt neue Blickwinkel zu.

› Ist die Lage des Sitzplatzes geklärt, stellt sich ziemlich schnell die Frage nach dessen **Größe.** Egal ob Terrasse oder Sitzplatz, die Größe ist abhängig vom verfügbaren Platz und von den Möbelstücken, die Sie darauf platzieren möchten. Für den in Hausferne gelegenen Leseplatz reicht vielleicht ein einzelner Stuhl. Die Terrasse am Haus soll hingegen auch für größere Feste ausreichend Platz bieten. Während für den Leseplatz daher eine Fläche von 1 x 1 m ausreicht, sollte die Terrasse für einen Tisch und acht Stühle ca. 4 x 4 m groß sein. Sind zusätzliche Ausstattungen wie Liegestühle oder große Pflanzkübel erwünscht, muss die Terrasse entsprechend mehr Platz zu bieten haben.

› Die **Form** des Sitzplatzes bzw. der Terrasse sollte sich stets am Gebäude ausrichten, seine Größe im Verhältnis zum Grundstück stehen. Rechteckige oder quadratische Formen sind für Terrassen am gebräuchlichsten. Runde oder vieleckige Formen haben dann ihre Berechtigung, wenn sie sich aus der Architektur des Hauses oder des Grundstücks ergeben. Bei kleineren Sitzplätzen im Garten sind Sie in der Formwahl freier. Hier bestimmt vor allem das Gesamtkonzept des Gartens den Entwurf. So findet man in formalen Gärten vor allem geometrische Formen wie Kreise, Ellipsen oder Quadrate.

› Die **Materialauswahl** (→ S. 57) der Beläge ist besonders bei der Terrasse auf das Gebäude abzustimmen. Denn als Bindeglied zwischen Haus und Garten erweitert sie optisch den Wohnraum. Für den Terrassenbelag werden meist Naturstein- oder Betonplatten verwendet. Mit unterschiedlichen Plattengrößen und Verlegearten können dabei auch große Flächen abwechslungsreich gestaltet werden. Es wirkt harmonisch, wenn der Bodenbelag im Haus in den Außenbereich übernommen wird. Gerade deshalb sind Holzdecks dafür gut geeignet.
Pflasterbeläge aus Naturstein oder Holz bieten sich für kleine Sitzplätze an, da ihr natürlicher Charakter einen schönen Übergang zur Bepflanzung bildet. Wassergebundene Decken oder Kiesflächen erzeugen bei größeren Sitzflächen eine stimmungsvolle Atmosphäre. Ihr höherer Pflegeaufwand beschränkt allerdings den häufigeren Einsatz in Privatgärten. Beden-

Sitzplatz oder Dekoration? Dieser Klappstuhl kann beides.

ken Sie auch, dass Ihre Gartenmöbel nur dann wirklich sicher stehen, wenn die Oberfläche möglichst eben ist.

Aufbau befestigter Flächen

Jede befestigte Fläche braucht eine ausreichende Fundamentierung. Dies dient einerseits der Stabilisierung und verhindert, dass der Belag im Erdreich versinkt. Andererseits sorgt diese ▶ TRAGSCHICHT (S. 565) durch die Wasserabfuhr in den Untergrund für Frostsicherheit.

Abhängig von der Nutzung werden unterschiedliche Ansprüche an die Belastbarkeit des Belags gestellt. Einfahrt und Stellplätze werden in der Regel durch Fahrzeuge stärker belastet. Sitzplätze und Hauptwege im Garten werden nur zu Fuß genutzt, sollten aber bei jeder Witterung begehbar sein. Untergeordnete Wege werden seltener verwendet und damit geringer belastet.

Der Aufbau ist bei allen Belägen vergleichbar, lediglich die Dicke der einzelnen Schichten variiert. Auf das planierte Erdreich wird eine Tragschicht aus Schotter aufgebracht. Bei Gehflächen reicht eine Stärke von 20–25 cm, für Fahrflächen werden 30–35 cm erforderlich. Auf diese Tragschicht wird eine 3–5 cm starke Lage Sand oder Splitt aufgebracht, in die der gewählte Belag gesetzt wird.

Die Fugen der Pflaster- und Plattenbeläge werden zum Abschluss eingesandet, damit sich die einzelnen Steine untereinander stabilisieren. Wichtig ist ein Längs- und Quergefälle von 1–3 % im Belag, das das Oberflächenwasser in die angrenzenden Vegetationsflächen abführt.

Für Beläge mit grünen Fugen füllen Sie anstelle des Sands ein Erde-Sand-Gemisch ein und säen dann Rasen oder eine Kräutermischung ein(→ S. 254). Auch trittverträgliche Polsterstauden gedeihen hier. Einzelne Trittplatten in der Rasenfläche werden lediglich im Sandbett ohne Tragschicht eingebaut. Ebenso lassen sich Streudecken aus Splitt, Kies, Mulch, Holzhäcksel oder Glas in einer Stärke von 3–5 cm direkt auf die Schottertragschicht aufbringen. Diese durchlässigen Beläge sind ein wertvoller Beitrag zum Umweltschutz, da sie Wasser versickern lassen und so wieder dem natürlichen Kreislauf zuführen.

KLINKERBELAG LEGEN

› MATERIAL:

Schotter 0/32 mm
Sand
Randeinfassung: Granitgroßpflaster in Beton B 15
Belag: Klinkersteine

› WERKZEUG, ZUBEHÖR:

Schaufel, Spaten
Gummihammer, Rüttelplatte
Schnur, Besen

› ZEITBEDARF:

ca. 2 bis 3 Stunden pro m²

Weg ausschachten

Bei einer Wegbreite von 1 m wird beidseitig 20 cm breiter ausgehoben. Die Aushubtiefe beträgt ab Geländeoberkante 35 cm. Graben Sie von Hand mit der Schaufel oder vertrauen Sie diese Arbeit einem Profi an. Anschließend werden 20 cm Schotter als Tragschicht gleichmäßig eingebaut und mit einer kleinen Rüttelplatte vom Rand zur Mitte hin verdichtet.

Klinkersteine setzen

Stecken Sie die äußeren Wegkanten mit einer Schnur ab, und setzen Sie auf die Schottertragschicht eine Reihe Granitgroßpflaster als Randeinfassung in Beton. Anschließend werden 5 cm Sand eben aufgebracht. Setzen Sie die Steine einzeln so mit einem Gummihammer in dieses Sandbett, dass sie etwa 2 cm über der fertigen Belagshöhe stehen.

Fläche einsanden

Nachdem die Fläche fertig gelegt ist, wird Sand darüber verteilt und mit dem Besen in die Fugen eingekehrt. Rütteln Sie danach die komplette Fläche von außen nach innen ab. Kontrollieren Sie die Fugen und sanden Sie bei Bedarf nach. Ist die Belagsfläche fertig gestellt, wird der Boden den angrenzenden Flächen angeglichen.

Sonnenschutz

So gern man bei den ersten wärmenden Sonnenstrahlen in der Sonne sitzt, so sehr sehnt man an heißen Sommertagen einen wirksamen Schutz herbei. Manch einer behauptet sogar, dass Gärten ohne Schatten leer wären.

Sonnenschirme und Sonnensegel

Der klassische Sonnenschirm, der sogenannte Mittelstockschirm, sorgt für eine angenehme Beschattung kleinerer Sitzplätze oder Balkone. Ist der Sitzplatz ausreichend dimensioniert, kann der Schirm samt Schirmständer im Verlauf der Kaffeetafel „mitwandern". Sonnenschirme sind in der Regel mobil und verrichten auch mal beim Lesen auf dem Rasen praktische Dienste. Die Stabilität wird erhöht, wenn der Schirm in einer ➲ BODENHÜLSE (S. 537) befestigt wird. Diese Variante ist in vielen Farben, Mustern und Stoffen erhältlich. Dabei können die Schirme rund mit bis zu 3 m Durchmesser oder rechteckig mit Seitenlängen bis zu 2,5 m sein.

Dem Mittelstock verwandt sind Sonnenschirme, bei denen der Schirmstock seitlich angebracht ist. Diese als Freiarmschirm bezeichnete Variante bietet Ihnen uneingeschränkte Bewegungsfreiheit. Dank eines Drehfußes können Sie Ihren Sitzplatz den ganzen Tag über beschatten. Informieren Sie sich bei größeren Durchmessern allerdings unbedingt über die Windsicherheit dieser Schirme.

Sonnensegel aus imprägniertem Markisengewebe dienen als flexibler Sonnenschutz. Sie sind in Größen von 3 x 3 m bis 6 x 6 m erhältlich und werden wie ein Zelt mittels Stahlstützen und Abspannseilen beispielsweise auf der Rasenfläche befestigt. Im Gegensatz zum Sonnenschirm nehmen Sonnensegel keine Stellfläche in Anspruch.

Markisen

Der Begriff Markise bezeichnete ursprünglich ein Sonnendach aus Leinen. Mittlerweile wird jedoch Schwergewebestoff aus Acryl verwendet, so dass Markisen licht- und wetterbeständig sind. Wenn sie mit einer speziellen Teflonbeschichtung versehen sind, perlen sogar Schmutz und Wasser ab. Der Markisenstoff wird manuell über eine Kurbel oder mit Hilfe eines automatischen Antriebs abgerollt.

Balkone und Terrassen werden mittels Markisen vor Sonnenlicht und UV-Strahlung geschützt. Sind die Fensterflächen durch die Markise vollkommen verschattet, bietet sie auch für Innenräume einen effektiven Sonnenschutz.

Die Seilspannmarkise ist ein variabel einsetzbarer Sonnen- und Sichtschutz für Balkon und Terrasse. Dabei wird ein Markisenstoff zwischen zwei parallel angebrachten Edelstahlseilen gespannt. Je nach

Die frei schwingende Bank ist ein Sitzerlebnis der besonderen Art.

Jahreszeit und Sonnenstand lassen sich hierbei die Stoffbahnen verschieben, um nicht nur den Schatten genießen zu können. Seilspannmarkisen sind eine kostengünstige und attraktive Alternative zur herkömmlichen Markise.

Übrigens, die gute alte Hollywoodschaukel bietet ebenfalls einen Sonnenschutz, wenn auch eher bescheiden.

Pergola und Pavillon

Auf sehr idyllische Art und Weise können Sie sich unter einer Pergola oder in einem Pavillon vor der Sonne schützen. Eine mit Kletterpflanzen berankte Pergola sorgt für einen hübschen „Unterschlupf". Sie können aber auch Markisenstoff zwischen die Pergolapfosten spannen, um die Sonne auszusperren. Durch ihre fast geschlossene Bauweise sind Pavillons ebenfalls geeignete Orte, um sich nicht nur vor der Sonne zu verstecken (→ S. 76–78).

Bäume und Sträucher

Bäume und Sträucher sind natürliche Schattenspender, die – direkt am Sitzplatz gepflanzt die Sonne erfolgreich verbannen. Und so kann man unter dem Blätterdach eines alten Baums gut im lichten Schatten träumen. Im Winterhalbjahr lassen die Gehölze dagegen ausreichend Licht und Wärme durch.

Ein frei gespanntes Sonnensegel lässt sich gut an größeren Bäumen befestigen.

Treppen

Gespannt betritt der Besucher die geschwungene Treppe, deren Ende sich hinter dem Grün verbirgt.

HÖHENUNTERSCHIEDE im Garten lassen sich durch Treppen, einzelne Stufen oder auch mit Rampen überwinden. Doch nicht nur die funktionelle Aufgabe dieser Gartenelemente ist entscheidend. Die Wahl der Treppenbauweise, des Materials sowie die seitliche Geländegestaltung mit der entsprechenden Begrünung tragen dazu bei, dass der Garten reizvoller erscheint.

Bauformen und Materialien

Entsprechend der Geländesituation und der Art der Nutzung stehen Ihnen unterschiedliche Bauweisen und Materialien zur Verfügung.

› **Blockstufen,** egal ob aus Naturstein oder Beton, sind aus einem Stück gefertigt, massiv und haben ein hohes Eigengewicht. Daher stellt diese Bauform die stabilste Stufenart dar, die bevorzugt für große Treppenanlagen gewählt wird. Die Auftritts- und Ansichtsfläche von Betonblockstufen sind ähnlich wie Betonplatten bearbeitet (→ S. 57).

› **Legstufen** bestehen aus zwei Teilen, der Auftrittsplatte und dem Unterlegstein, die aus ein und demselben Material sein sollten. Die Ansichtsflächen von Auftrittsplatte und Unterlegstein sind meist bearbeitet. Dadurch, dass die Auftrittsplatte ca. 2–4 cm über den Unterlegstein herausragt, entsteht an dieser Kante ein interessantes Schattenspiel. Die Treppe wirkt dadurch leicht und optisch ansprechend. Diese Bauweise ist hervorragend für den Einsatz von Naturstein geeignet.

› Bei **Stellstufen** wird das Stufenelement senkrecht gestellt. Hierfür werden gesägte Natursteinplatten oder Betonkantensteine verwendet. Bei dieser Bauweise lässt sich das Material des Wegs einfach in der Auftrittsstufe fortführen. Dabei kann Natursteinpflaster als dauerhaftes und leicht zu verlegendes Material zum Einsatz kommen. Ebenso eignet sich lose geschüttetes Material wie Kies oder Splitt. Kesseldruckimprägnierte Rundhölzer (▶ KESSELDRUCKIMPRÄGNIERT, S. 548) werden bei untergeordneten Treppen als Stellstufe eingebaut. Diese bilden die Kante für eine Auftrittsfläche z. B. aus Rindenmulch oder Kies.

› Eine weitere Alternative stellt die **Stahltreppe** dar. In der Gartengestaltung wenig verwendet, kommt sie in Verbindung mit erhöhten, streng architektonischen Holzdecks gut zur Geltung. Stahltreppen, z. B. aus einer Abfolge von Gitterrosten, wirken transparent und leicht.

Erfahrungsgemäß sind Stufen aus Naturstein am teuersten. Ganz besonders fällt dies bei Blockstufen im wahrsten Sinne des Worts „ins Gewicht". Auch die Stahlausführung gehört nicht zu den kostengünstigsten Varianten. Stell- und Legstufen hingegen verursachen etwa vergleichbare Kosten.

Treppen gestalten und anlegen

Eine Treppe besteht aus mehreren Stufen, während man bei mehreren aufeinander folgenden Treppen von einer Treppenanlage spricht. Diese wird notwendig, wenn deutliche Höhendifferenzen zu überwinden sind. Dabei sollte die Treppenanlage, wenn es das Grundstück zulässt, durch Podeste unterbrochen werden. Nach jedem Podest ist ein dem Gelände angepasster Richtungswechsel möglich. Die gesamte Treppenlänge erscheint dadurch optisch reduziert und fügt sich besser ins Gesamtbild ein. Die ▶ WENDELUNG (S. 568) von Stufen bietet sich an, wenn kein Platz für ein Zwischenpodest vorhanden ist.

Eine weitere Variante ist das seitliche Versetzen einzelner, gleich langer Treppenstufen, wodurch sich gefällige Übergänge zwischen Treppe und Gelände ergeben. Hierfür ist jedoch mehr Platz vorzusehen. Gleiches erreichen Sie, wenn Sie mehrere Stufen mit unterschiedlichen Stufenlängen aufeinander folgen lassen. Dabei verzahnt sich die gesamte Treppenanlage harmonisch mit der Umgebung. Die Übergangsbereiche werden mit einer angepassten Bepflanzung gestaltet.

Flachere Hänge lassen sich mit Stufen horizontal gliedern. In den dadurch entstehenden Ebenen können Sie unterschiedliche Nutzungen wie Pflanzbeete oder Sitzplätze unterbringen. Eine flache Treppe mit einer Steigung von ca. 1:4 wirkt einladender als eine steilere.

Wenn Sie Höhen stufenlos und bequem überwinden wollen und es die Geländesi-

1

2

3

4

1 Diese Holztreppe erlaubt eine individuelle Höhenüberwindung.
2 Blockstufen eignen sich für häufig begangene Treppen.
3 Wählen Sie für Treppen und Wangen prinzipiell das gleiche Material.
4 Bei tiefen Stufen lassen sich verschiedene Baustoffe kombinieren.

tuation erlaubt, bieten sich Rampen mit einem Gefälle von bis zu 7 %, d. h. 7 cm Höhenunterschied auf einer Länge von 100 cm, an. Kinderwagen oder Fahrräder können so bequem den Hang rauf oder runter geschoben werden. Werden Rampen direkt neben Treppen gebaut, dann sind sie steiler und weniger komfortabel.

Das richtige Maß

Wird das Gelände zu steil und das Gehen damit unbequem, bieten Treppen gute Alternativen. Im Allgemeinen ist diese Grenze bei ca. 7 % Hangneigung erreicht.
Damit sich eine Treppe bequem benutzen lässt, wird mit der Schrittformel das passende Steigungsverhältnis von Stufentiefe zu Stufenhöhe ermittelt (→ Kasten unten). Innerhalb einer Treppenanlage darf dieses Steigungsverhältnis nicht verändert werden. Planen Sie deshalb mindestens drei aufeinander folgende Stufen ein, um keine Stolperfallen einzubauen. Folgen mehrere Treppen aufeinander, dann sollte die Schrittlänge von 65 cm eingehalten werden, damit der Benutzer nicht aus dem Takt kommt.
Soll sich im Winter kein Eis auf der Treppe bilden, müssen die Auftrittsflächen der Stufen ein Gefälle von ca. 1 % aufweisen. So kann das Niederschlagswasser ablaufen. Die Podeste zwischen den Treppenläufen sollten etwa 2–3 % Gefälle erhalten.
Die Treppenbreite richtet sich nicht nur nach der des anschließenden Wegs, sondern auch nach der Anzahl Personen, die die Treppe bequem nebeneinander begehen wollen. Dabei werden pro Person 60 cm kalkuliert.

Technische Vorgaben

Beim Bau von Treppenanlagen gibt es bezüglich des Fundaments sowie der Sicherheit einiges zu beachten.

Fundament

Bei Blockstufen werden in aufgefülltem Gelände jeweils die erste und letzte Treppenstufe frostfrei (ca. 80 cm tief), d. h. bis auf den gewachsenen Boden, fundamentiert. Bei Nebentreppen sowie bei gewachsenem Boden kann die Fundamentierung geringer dimensioniert werden. Hier reicht eine 20 cm starke Kies-Sand-Schicht. Bei Legstufen wird wegen der geringen Eigenstabilität in der Regel ein Betonfundament erforderlich. Und auch die Standfestigkeit von Stellstufen lässt sich wesentlich verbessern, wenn man sie in ein Betonfundament setzt. Die Treppenkonstruktion von Stahltreppen wird hingegen immer auf ein Betonfundament geschraubt.

Seitliche Treppenbegrenzungen

Bei Treppen mit mehr als drei Stufen können Handlauf und Co. aus Sicherheits- bzw. Gestaltungsgründen bei der Planung berücksichtigt werden.
Neben dem einfachen Handlauf verhindern Geländer das Abstürzen von der talwärts geneigten Treppenseite. Ob Handlauf oder Geländer, beide müssen ab der Stufenoberkante gemessen 90 cm hoch sein. Wangen sind treppenbegleitende Mauern, an denen ein Handlauf angebracht wird. Sie sichern und fassen die Treppen ein.

In die Treppe eingelassene Leuchten bieten nachts Sicherheit.

!

wir empfehlen

Schrittformel für Treppen

Die Schrittlänge eines Erwachsenen beträgt durchschnittlich 65 cm. Diese wird als Grundlage für die Ermittlung des Steigungsverhältnisses verwendet. Um einen Schritt auf einer Treppe zurückzulegen, müssen immer zwei Stufenhöhen und eine Stufentiefe überwunden werden. Daraus folgt diese Formel:
2 x Stufenhöhe + 1 x Stufentiefe = 65 cm.
Bei einer Stufenhöhe von 15 cm ergibt sich also beispielsweise eine Stufentiefe von 35 cm.
Folgende Maße sind für Gartentreppen üblich:
Stufenhöhe 11 cm, Stufentiefe 43 cm
Stufenhöhe 13 cm, Stufentiefe 39 cm

WAS TUN, WENN ...

... weiße, lockere Beläge an Mauern oder auf Bodenbelägen auftreten?

URSACHE:

Diese sogenannten Ausblühungen entstehen bei Steinen und Zementmischungen, die viel Kalk enthalten. Durch eindringendes Wasser werden die Kalkbestandteile gelöst. Beim Abtrocknen verdunstet das Wasser, der Kalk bleibt an der Oberfläche zurück und beeinträchtigt das optische Erscheinungsbild von Mauern und Natursteinen. Bei Tontöpfen können ebenfalls weiße Ränder auftreten (→ Abb. unten). Hier sind mangelhafte Qualität oder kalkhaltiges Gießwasser die möglichen Ursachen.

MASSNAHMEN:

› Sie können das Eindringen von Feuchtigkeit z. B. durch eine gute Entwässerung der Beläge oder durch Mauerabdeckplatten vermindern. Verwenden Sie zum Bau ▶ TRASSZEMENT (S. 565), der beständig gegen Säuren und Laugen ist.

› Mauern können nachträglich mit einem wasserabstoßenden Anstrich versehen werden.

› Zwar wäscht der weiche Regen diese Ablagerungen im Lauf der Zeit wieder ab, wer sich allerdings schneller davon befreien möchte, muss zur Bürste greifen.

... sich auf Wegen Stolperkanten bilden?

URSACHE:

› Die Tragschicht ist nicht stark genug eingebaut und verdichtet worden. Gelangt Erde in die Tragschicht, zersetzt sich diese und führt zu Setzungen.

› Dringt im Winter Wasser in den Bodenbelag ein, dann heben sich die Platten beim Gefrieren, senken sich beim Auftauen aber meist nicht wieder gleichmäßig ab.

› Angrenzende Gehölze können bei starkem Wurzelwachstum ebenfalls in die Tragschicht hineinwachsen und den Belag von unten anheben.

MASSNAHMEN:

› Reparieren Sie die Tragschicht, und verdichten Sie den Schotter lagenweise. Eine ausreichende Stärke der Tragschicht verhindert, dass Erde in den Unterbau eindringt.

› Sorgen Sie für eine gute Entwässerung der befestigten Flächen, indem Sie ein Gefälle von 2 % im Belag vorsehen.

› Entfernen Sie die Gehölze oder schneiden Sie die Wurzeln fachgerecht zurück.

... der Plattenbelag vermoost und veralgt?

URSACHE:

In besonders schattigen und luftfeuchten Lagen beeinträchtigt ein Belag aus Algen und Moos die Trittsicherheit befestigter Flächen. Gerade Klinker- und Holzbeläge sind hierfür anfällig.

MASSNAHMEN:

› Achten Sie beim Verlegen der Beläge auf ein Gefälle von ca. 2 %, so dass das Wasser nicht auf den Flächen stehen bleiben kann. Verwenden Sie in schattigen Bereichen Beläge mit rauen Oberflächen, für Holzterrassen am besten Bretter mit geriffeltem Profil.

› Im Frühjahr können Sie die Oberflächen mit einem Hochdruckreiniger abstrahlen, um den Moos- und Algenbelag zu entfernen. Steinbeläge können anschließend mit einem wasserabstoßenden Schutzmittel behandelt werden, das den Belag imprägniert. Fragen Sie hierzu bei einem Fachmann nach.

Infrastruktur im Garten

Brunnen können sowohl funktional als auch schön sein, wenn sie sich wie hier in den Garten einfügen.

WASSER UND STROM werden für die Versorgung des Gartens benötigt. Daneben gilt es, Abfälle aller Art zu entsorgen. Auch für diese infrastrukturellen Einrichtungen ist eine gute Planung sinnvoll.

Wasser ist zum Gießen da

Im Garten ist Wasser überall da erforderlich, wo Pflanzen wachsen sollen. Da der Niederschlag von oben oft nicht für deren Überleben ausreicht, ist es schon bei der Neuanlage des Gartens sinnvoll, die dafür notwendigen Wasserleitungen vorzusehen. Ist der Garten erst fertig angelegt, wird ein nachträglicher Einbau der Leitungen meist sehr zeit- und kostenaufwendig. Wasserleitungen sollten im Garten frost- und spatensicher, d. h. mindestens 80 cm tief, verlegt werden. Ansonsten sind sie vor dem Winter zu entleeren und abzustellen, was sich allerdings auch generell empfiehlt.

Wenn Sie die Möglichkeit haben, sammeln Sie das weiche Regenwasser für die Gartenbewässerung. Das ist gut für die Pflanzen und spart wertvolles Trinkwasser. Das Dachwasser fließt aus dem ➲ FALLROHR (S. 541) in Regentonnen, wo es aufgefangen wird. In größerem Stil lässt sich Regenwasser in unterirdischen Zisternen sammeln, aus denen es mit Hilfe von Pumpen zum Gießen wieder nach oben transportiert wird. Zahlreiche Baustofffirmen bieten Beton- oder Kunststoffzisternen an, die als Speicher im Keller oder als Erdspeicher angelegt sind. Die fachgerechte Installation der Regenwasseranlage übernehmen qualifizierte Handwerksbetriebe. In einem Privathaushalt rechnet man grob 1000 l Speichervolumen pro Person, so dass sich Zisternengrößen von 3–6 m^3 ergeben. Wenn Sie die Zisterne bereits beim Neubau vorsehen, können Sie die Kosten für den Erdaushub sparen. Informieren Sie sich bei Ihrer Gemeinde über Bestimmungen im Bebauungsplan oder Fördermaßnahmen.

Damit das Leitungs- oder gesammelte Regenwasser zu den Pflanzen gelangt, gibt es verschiedene Bewässerungsmöglichkeiten. Hierunter spielt das Gießen mit Kanne oder Schlauch nach wie vor die größte Rolle. Doch eine Reihe von Bewässerungs- und Beregnungssystemen kann die Gießarbeit erleichtern bzw. reduzieren (→ S. 188–189).

Fest installierte Beregnungssysteme

Für größere Pflanzbeete, Gehölzpflanzungen und Rasenflächen werden Bewässerungssysteme eingesetzt, die das Wasser großflächig verteilen. Hier können Sie aus einer großen Produktpalette, die vom mobilen Regner bis hin zur computergesteuerten Bewässerungsanlage reicht, die für Ihre Bedürfnisse passende Anlage wählen. Viele dieser Systeme sind flexibel und lassen sich nach Bedarf für einen bereits bestehenden Garten zusammenstellen. Es kann allerdings nichts schaden, wenn man sich bereits bei der Planung über entsprechende Systeme informiert und geeignete Anschlussmöglichkeiten vorsieht.

Sogenannte stationäre Regner mit fest installierten Schlauch- oder Rohrleitungen werden am besten schon bei der Gartenanlage berücksichtigt. Eine elegante Lösung bieten Versenkregner. Sie sind in ein Rohrsystem integriert, das jederzeit vollautomatisch die Bewässerung übernimmt. Bei Druck auf die Leitung hebt sich der Regner aus dem Boden und verteilt je nach Einstellung das Wasser.

Ohne Strom geht es nicht

Im Zuge der Neuanlage bzw. der Umgestaltung muss auch die Stromversorgung im Garten bedacht werden. Der Zugang zum Haus soll beleuchtet werden, und der neu angelegte Teich wird vielleicht mit einer Pumpe ausgestattet. Strom benötigen Sie z. B. auch im Gartenschuppen für die elektrische Säge oder für eine Außensteckdose zum Betreiben des elektrischen Rasenmähers. An Terrasse und Gartensitzplatz erweisen sich Steckdosen ebenfalls als sehr vorteilhaft.

Für weitere elektrische Einrichtungen, die Sie sich in Zukunft eventuell zulegen, können Sie von Anfang an Leerrohre im Bo-

Checkliste

Alles bedacht?

- ✔ Wo brauchen Sie einen Wasseranschluss im Garten?
- ✔ Möchten Sie manuell bewässern oder eventuell ein automatisches System nutzen?
- ✔ Können Sie eine Regentonne aufstellen oder lässt sich eine Zisterne realisieren?
- ✔ Sind Leitungen für die Beleuchtung von Sitzplätzen, Wegen, Treppen und Pflanzflächen vorhanden?
- ✔ Müssen Sie die Mülltonnen im Vorgarten unterbringen? Für wie viele Tonnen brauchen Sie Platz?
- ✔ Kann der Kompost in der Nähe des Gemüsebeets eingerichtet werden?
- ✔ Bevorzugen Sie eine Miete oder ein platzsparendes Silo?

den vorsehen. In einem Sandbett verlegt und mit einer ausreichenden Erdüberdeckung von ca. 80 cm geschützt, können später relativ unkompliziert Kabel in die Leerrohre gezogen werden. Diese Kabel müssen für den Außengebrauch tauglich sein. Leerrohre und Stromleitungen werden mit einem Warnband markiert, um bei Aufgrabungen auf die Leitungen aufmerksam zu machen.

Außenanschlüsse sollten immer außer Reichweite von Kindern angebracht werden und mit einer Steckdosenabdeckung versehen sein. Überlassen Sie alle Elektroinstallationen einem Fachmann.

Für die Beleuchtung des Gartens (→ S. 112–113) sind Solarleuchten ausreichend und können selbst installiert werden. Diese sorgen für kostenloses, umweltschonend erzeugtes Licht und schalten sich zu Beginn der Dämmerung automatisch ein. Die Akkus gewährleisten bis zu 18 Stunden Leuchtdauer, die sich durch den Einbau von Zeitschaltuhren wunschgemäß regulieren lassen.

Die Mülltonnen – wohin damit?

Einerseits sollten die Tonnen nah am Haus stehen und sich für die Leerung unkompliziert an die Straße stellen lassen, andererseits sind sie gerade dort keine Zierde. Wenn sonst kein Platz im Garten zu finden ist, erhalten Mülltonnen ihr Versteck meist im Vorgartenbereich (→ S. 47). Achten Sie darauf, dass die Mülltonnen wegen unangenehmer Geruchsbildung nicht ungeschützt in der prallen Sonne stehen.

Der Handel bietet für jeden Geschmack und jeden Geldbeutel ein großes Angebot an Mülleinhausungen bzw. Müllboxen. Diese sollen jedoch nicht nur praktisch sein, sondern auch optisch zum Gesamtbild passen. Alte, unschöne Boxen lassen sich durch eine entsprechende Begrünung verschönern. Mit etwas Kreativität können Sie die unliebsamen Tonnen in Holzboxen mit Dachbegrünung, hinter bewachsenen Holzzäunen oder begrünten Sichtschutzwänden verstecken.

Kompost? Ja, bitte!

Nicht bei jedem beliebt, gehört der ▶ KOMPOST (S. 549) fast in jeden Garten. Garten- und Küchenabfälle können dort entsorgt und gleichzeitig einem natürlichen Kreislauf erneut zugeführt werden. Bei richtigem Kompostieren entsteht ein wertvolles Bodenverbesserungs- und Düngemittel, über das sich Ihre Beete freuen (→ S. 180–182). Manche Kommunen belohnen zudem das Selbstkompostieren durch reduzierte Müllgebühren.

Der Kompost kann einfach in Mieten aufgeschichtet werden, die allerdings mit zunehmender Höhe auch stark in die Breite gehen. Platzsparender sind die als Silos bezeichneten Fertigbehälter aus Holz oder Kunststoff, meist mit 1 x 1 m Grundfläche und je nach Füllhöhe aufleg- bzw. abnehmbaren Latten. Natürlich kann ein Kompostsilo auch im Selbstbau, beispielsweise aus Ziegeln, entstehen. Achten Sie darauf, dass mindestens eine Seite zum Leeren geöffnet werden kann. Wichtig ist in jedem Fall der direkte Kontakt zum darunterliegenden Erdreich, damit die Regenwürmer in den Kompost gelangen können. Ebenfalls wenig Raum benötigen die geschlossenen Thermokomposter, in denen der Rottevorgang beschleunigt wird. Mehr zur Kompostpraxis finden Sie im Kapitel „Nährstoffe, Düngung, Kompost“ (→ S. 174–183).

In der Praxis erweist es sich bald als sinnvoll, wenn man genügend Platz für wenigstens zwei bis drei Mieten oder Silos vorsieht – mindestens einen zum Sammeln der Abfälle und einen zum ordentlichen Aufsetzen. Etwas zusätzlicher Freiraum, etwa zum Zwischenlagern von Gehölz- oder Rasenschnitt, ist ebenfalls vorteilhaft. Idealerweise steht der Kompost in einem Bereich Ihres Gartens, der nicht in der prallen Sonne liegt und von allen Seiten her gut durchlüftet wird. Das vermeidet eine unangenehme Geruchsbildung und Ärger mit dem Nachbarn. Dabei sollte der Kompostplatz möglichst gut erreichbar sein, am besten über einen Plattenweg oder Trittplatten.

Solarleuchten bringen Licht effektvoll und günstig in den Garten.

So verstaut, bewahrt Ihr Gartenschlauch die entsprechende Haltung.

Raumbildende Elemente

Erobern Sie die dritte Dimension! Mauern, Pergolen oder Gartenhäuser schaffen ein besonderes Raumgefühl. Im Wechselspiel mit den Pflanzen bringen Sie so Struktur und Leben in Ihren Garten.

Eine wesentliche Grundlage jeder Gartengestaltung ist die Gliederung in Räume. Der Garten wird erlebbar und bietet immer wieder neue Perspektiven. Dabei wird die Vertikale durch raumbildende Elemente geschaffen, die den Garten einfassen und zugleich unterteilen. Zäune oder Mauern werden als Raumteiler verwendet, sogenannte Kleinarchitekturen wie Pergola oder Gartenhaus betonen die Höhe (→ Den Garten gliedern, S. 31–33). Die gestalterischen Möglichkeiten, die sich aus der Vielzahl der Bauarten, Materialien und Konstruktionen ergeben, sind fast unbegrenzt. Wählen Sie die Elemente gezielt aus, um das Gesamtkonzepts des Gartens zu unterstützen.

Bevor Sie mit dem Bau beginnen, sollten Sie sich auf jeden Fall bei Ihrer Gemeinde über das geltende Baurecht sowie das Nachbarschaftsrecht informieren. Diese regeln insbesondere die zulässigen Höhen und die einzuhaltenden Grenzabstände von Bauwerken.

Raumteiler in Gärten

Unabhängig von ihrer Nutzung haben alle Gärten per Definition eine Gemeinsamkeit: Sie sind ein Stück umgrenzter Raum, der sich von seiner Umgebung unterscheidet. Diese Umgrenzung wird damit zu einem zentralen Kriterium des Gartens. Zugleich können Raumteiler auf dem Grundstück für einen wirksamen Sicht-, Wind- oder Lärmschutz sorgen. Neben dem Schutz nach außen lassen sich mit Zäunen oder Mauern auch Räume im Garten bilden und Nutzungsbereiche voneinander trennen.

Grenzen setzen

Bei der Wahl der Abgrenzung sind neben ästhetischen auch praktische Gründe in Betracht zu ziehen. Es gilt, die Architektur des Hauses und die Umgebung zu berücksichtigen. Die Besonnung, angrenzende Straßen oder benachbarte Grundstücke bestimmen den gewünschten Grad der Abgeschlossenheit des Gartens. Haltbarkeit und Pflegeaufwand fließen in die Entscheidung genauso ein wie gesetzliche Vorgaben. Schließlich wirkt sich auch das vorhandene Budget auf die Wahl aus.

Neben baulichen Elementen können auch Hecken (→ S. 95) die abgrenzende und schützende Funktion übernehmen. Sie brauchen allerdings ein wenig Zeit, bis sie ihrer Aufgabe gerecht werden. Geschnittene Hecken benötigen weniger Platz, ihr Wurzelwerk konkurriert aber genauso mit

In diesem Kapitel:

Die kunstvoll geschnittene Hecke bildet einerseits die Grenze, gibt zugleich aber auch den Blick in den nächsten Gartenraum frei.

dem der übrigen Pflanzen wie das frei wachsender Hecken. Diese grünen Abgrenzungen bieten einen kostengünstigen und bei regelmäßiger Pflege auch langfristigen Schutz.

Zäune oder Mauern bieten sich an, wenn weniger Platz zur Verfügung steht. Das gewählte Material bestimmt dabei den notwendigen Pflegeaufwand. Die kostenintensiven Mauern können als Sicht- und Lärmschutz wirkungsvolle Dienste leisten. Mit Kletterpflanzen begrünt, lassen sie sich gut in den Garten integrieren. Zäune sind im Allgemeinen günstiger als massive Mauern und lassen wegen ihres transparenten Charakters den Garten größer wirken. Schön bepflanzt, bieten auch Zäune einen wirksamen Sichtschutz.

Zentraler Teil der Einfriedung ist das Gartentor. Es ist der Auftakt zum Garten, durch den die unbekannte Gartenwelt betreten wird. Einladend mit Blüten bedeckt oder geheimnisvoll versteckt, empfängt es jeden Besucher. Das Tor wird so zum eigenständigen Element, das sich eingliedert und zugleich hervorsticht.

Räume bilden

Raumteiler haben eine architektonische Wirkung und stellen die bauliche Grundstruktur eines Gartens dar. In der Gartenkunst haben geschnittene Hecken eine lange Tradition. Sie sind lebende Wände, die Räume schaffen und einen ruhigen Hintergrund für Pflanzen oder Objekte bilden. Zugleich können sie unschöne Anblicke verdecken. Je nach Pflanzenauswahl können formale oder frei wachsende, hohe oder niedrige, laufabwerfende oder auch immergrüne Hecken entstehen (→ S. 276–277).

Mauern sind die wichtigsten baulichen Raumteiler, deren Einsatz in Hanggärten fast unvermeidbar ist (→ S. 48–49). Sie finden als Terrassierungselemente oder Stützmauern Verwendung. Auch in ebenen Gärten können Mauern den Raum untergliedern. ➔ HOCHBEETE (S. 546) oder abgesenkte Sitzplätze verändern das Raumgefühl und lassen neue Blickwinkel zu.

Mit Zäunen, Paravents oder Stellwänden können Räume entstehen, die je nach Durchlässigkeit mehr oder weniger geschützt sind. Tore und Übergänge innerhalb des Gartens durchbrechen die Trennwirkung und sorgen so als Spannungspunkte für Überraschungen.

Kleinarchitekturen

Neben den Wänden und Flächen verliert man die „Decke" eines Gartenraums leicht aus dem Blick. Doch schaut man genauer hin, entdeckt man die Bedeutung überdachter Gartenelemente, sogenannter Kleinarchitekturen. Diese setzen Blickpunkte oder dienen als Rückzugsorte für ruhige Stunden. Sie machen den Garten erlebbarer oder bieten wertvollen Stauraum. Wichtig ist es, die Kleinarchitekturen ihrer Funktion entsprechend zu platzieren und zu gestalten.

Formen und Funktionen

Eine Pergola lädt zum Aufenthalt unter einem grünen Blätterdach ein. Mehrere verbundene Tore oder Bögen bilden einen Laubengang, durch den man vor der Sonne geschützt durch den Garten wandeln kann. Während eine Pergola meist im Zusammenhang mit einem Bauwerk steht, führt ein Laubengang zu einem bestimmten Ziel. Beide können solide aus Holz oder eleganter aus Metall errichtet und anschließend mit Pflanzen begrünt werden.

Eine Laube ist im Prinzip eine Pergola mit geschlossener Rückwand. Wie ein Pavillon bietet sie einen geheimnisvollen, vor Blicken und Wind schützenden Rückzugsort. Nützlichen Stauraum findet man in Geräte- oder Gartenhäusern, in denen sich Spiel- und Gartengeräte, Fahrräder oder Gartenzubehör unterbringen lassen.

Für Gartenprofis ist ein Gewächshaus zur Anzucht oder Überwinterung empfindlicher Pflanzen ein Muss. Ein sonniger Standort sorgt auch in der dunklen Jahreszeit für den nötigen Lichteinfall. Dagegen werden Wintergarten je nach Nutzung unterschiedlich ausgerichtet. An der Nordseite bilden sie einen Wärmepuffer, während sie an der Südseite vor allem im Winter ein erweitertes Wohnzimmer darstellen.

Auswahl und Gestaltung

Hinsichtlich der Form-, Farben- und Materialauswahl sollten Sie sich bei den Kleinarchitekturen nicht zu spontanen Kaufaktionen verführen lassen. Je kleiner der Garten, desto umsichtiger müssen diese Bauwerke eingeplant werden. Häufig werden sie gezielt als Blickpunkt platziert. In formalen Gärten findet z. B. ein Pavillon in der Mitte der Anlage seinen Platz. Eine Laube am Ende der Wegachse setzt einen Kontrapunkt zum Haus. Bei freien Gestaltungen kann das Gartenhaus versteckt hinter Sträuchern liegen.

Kleinarchitekturen bieten Pflanzen eine schöne Möglichkeit, sich effektvoll zu „präsentieren". Waldreben oder Rosen sind lockere Begrünungen, die mit ihren Blüten und ihrem Duft verzaubern. Ein dichtes Blätterdach bilden Schlingknöterich, Wilder Wein oder Blauregen. Im Schatten sorgen Pfeifenwinde oder Efeu für grüne Wände (→ S. 436–439).

Zäune ohne Grenzen

WÄHREND ZÄUNE FRÜHER als Schutz gegen wilde Tiere errichtet wurden, haben sie heute weitaus angenehmere Aufgaben zu erfüllen. Diese sind sehr vielfältig und spiegeln sich in der Vielzahl unterschiedlicher Ausführungen wider.
Zäune sollen den Garten in erster Linie gegen den öffentlichen Raum abgrenzen. Sie geben dem Garten einen Rahmen und markieren die Privatsphäre der Besitzer. Wie Hecken oder Mauern gliedern sie den Garten und werden dabei zum Gestaltungselement, das Räume schafft.
Hohe Zäune dienen überdies als Sichtschutz, indem sie neugierige Blicke abhalten. In ihrem Schatten können z. B. Akelei und Storchschnabel gedeihen.
Beim Bau von Zäunen wird vor allem auf Holz oder Metall zurückgegriffen. Jedoch finden auch Flechtzäune aus Naturmaterialien zunehmend Verwendung.

Holzzäune

Ranch-, Bohlen- und Riegelzäune sind einfache Holzzäune, bei denen breite Bretter waagrecht an senkrechten Pfosten befestigt werden. Diese Zäune markieren lediglich die Grenzen, bieten aber keinerlei Schutz vor Wind und Wetter. Wegen ihres rustikalen Charakters werden sie am ehesten in ländlichen Regionen verwendet, z. B. als Übergang zur freien Landschaft. Sie können diese Zäune leicht selber herstellen, indem Sie im Abstand von ca. 2 m Pfosten setzen und daran die Bretter quer anbringen.
Einer der typischsten Holzzäune ist der **Staketenzaun.** Seine schlichte Bauweise entspricht der unaufdringlichen Art bäuerlicher Gärten. Beim ihm sind die Latten mit meist rechteckigem oder halbrundem Querschnitt senkrecht an Querriegeln angeordnet. Diese oft nur 1 m hohen Zäune sind leicht im Selbstbau zu erstellen (→ Bau eines Staketenzauns, S. 71).
Aber keine Bange, Sie erhalten auch bereits fertig montierte Zaunelemente in unterschiedlichen Längen und Höhen im Fachhandel. Diese Fertigelemente sind meist aus behandelten d. h. kesseldruckimprägnierten Nadelhölzern (KESSELDRUCKIMPRÄGNIERT, S. 548) wie Kiefer oder Fichte gefertigt.
Den weit verbreiteten **Jägerzaun** mit seinen diagonal verlaufenden Latten kauft man am besten als Fertigteile. Die einzelnen Felder werden wie beim Staketenzaun an Pfosten angebracht. Der Pfostenabstand wird entsprechend des Zaunelements gewählt. Als typischer Zaun für Vorgärten errichtet man ihn aus Gestaltungsgründen auf einem niedrigen Mauersockel.
Wem die bisher beschriebenen Zäune nicht genügend Schutz bieten, kommt bei **Flechtwänden** z. B. aus Kokosmatten oder **Paneelzäunen** voll auf seine Kosten. Diese bis zu 2 m hohen Fertigteile sind absolut blickdicht, relativ günstig und einfach zu errichten (→ Rankgerüste, Stellwände und Paravents, S. 74). Darüber hinaus bieten sie einen besseren Windschutz als Mauern. Die Luft kann durch sie hindurchströmen, so dass weniger Verwirbelungen entstehen.

Hinweise zum Selbstbau

Wollen Sie den Holzzaun selber bauen, dann bietet sich vor allem Lärchen- und Douglasienholz an. Lärchenholz schwitzt im Freien nämlich Harz aus und erhält auf diese Weise einen idealen Schutz vor Witterungseinflüssen. Ein zusätzlicher Anstrich ist daher nicht nötig. Douglasienholz harzt ebenfalls sehr stark und lässt sich gut bearbeiten. Grundsätzlich eignen sich Harthölzer besser als Weichhölzer für Holzbauwerke im Außenbereich. Weichhölzer wie z. B. Kiefernholz sollten nur als kesseldruckimprägniertes Material verwendet werden.
Achten Sie bei allen Holzkonstruktionen darauf, dass das Holz möglichst nicht direkt mit dem Erdreich in Verbindung kommt, um die Haltbarkeit zu verlängern. Pfosten, die direkt in den Boden getrieben werden, sollten aus diesem Grund einen Schutzanstrich erhalten.

Metallzäune wie dieser Stabgitterzaun wirken zurückhaltend und vornehm.

Der rustikale Staketenzaun passt gut zur ländlichen Umgebung.

Flechtzäune bieten einen guten und dennoch ansprechenden Sichtschutz.

Flechtzäune

Handgefertigte Flechtzäune aus Naturmaterialien schaffen einen einfachen, aber stimmungsvollen Hintergrund. Auch hier stehen Ihnen Fertigteile zur Verfügung. Flechtzäune aus Weiden- oder Haselruten passen sich gut in Familien-, Bauern- oder naturnahe Gärten ein. Als exotisches Element findet auch Bambus seinen Einsatz z. B. in fernöstlich gestalteten Gärten. Diese Zäune aus Naturmaterialien haben leider nur eine begrenzte Lebensdauer. Jedoch lassen sich gerade aus Weiden- und Haselruten zusammen mit Kindern diverse fantasievolle Objekte kreieren.

Metallzäune

In Verbindung mit historischen Gebäuden findet man oft herrlich gestaltete schmiedeeiserne Zäune. Meist haben diese eine Patina angesetzt und werden so im Zusammenspiel mit dem Gebäude zu einem Gesamtkunstwerk. Senkrechte, handgeschmiedete **Stabgitterzäune** passen am besten in eine traditionelle Umgebung. Sie bieten allerdings wenig Abgeschlossenheit, sind sehr teuer und für den Eigenbau ungeeignet. Auch das Setzen dieser Zäune überlässt man am besten einem Fachmann.
Draht- und verzinkte Metallgitterzäune fügen sich dank ihrer Schlichtheit gut in den Garten ein. Individuelle Lösungen erreichen Sie mit Drähten, die waagrecht zwischen Edelstahlpfosten gespannt werden. Eine Begrünung mit Kletterpflanzen verleiht diesen Zäunen ein grünes und blühendes Gesicht.
Maschendrahtzäune werden als einfache Form der Einfriedung häufig in Kombination mit einer Heckenpflanzung gewählt. Dabei erfüllt der Zaun vorerst die Schutzfunktion der Pflanzung, bis diese groß genug ist. Meist sind Pfosten und Drahtgeflecht mit Kunststoff ummantelt. Als Rankgerüst für Kletterpflanzen leistet der Maschendrahtzaun gute Dienste und wird dabei noch optisch aufgewertet.

BAU EINES STAKETENZAUNS

› MATERIAL:

Kies 0/32
PVC-Rohr (DN 300)
Beton B 15
verzinkte Pfostenschuhe
Pfosten, Querriegel und Staketen
Befestigungsmaterial (Schrauben, Stahlwinkel)

› WERKZEUG, ZUBEHÖR:

Zollstock, Wasserwaage, Schnur
Holzpflöcke
Spaten, Schaufel, Akkuschrauber

› ZEITBEDARF:

ca. 3 Stunden pro laufendem Meter Zaun

Vorbereitende Arbeiten

Markieren Sie die Pfostenstandpunkte entlang einer Schnur. In die ca. 40 x 40 x 80 cm großen Löcher werden 15 cm Kies eingefüllt und verdichtet. Bauen Sie das PVC-Rohr senkrecht ein und füllen es seitlich an.

Zaunbau

An den in das PVC-Rohr einbetonierten Pfostenschuh werden die Pfosten befestigt. Anschließend schrauben Sie an den mit Stahlwinkeln fixierten Querriegeln die Staketen in gleichen Abständen an.

Die Qual der Wahl

Die Entscheidung, welcher Zaun es sein soll, ist so individuell wie die Menschen hinter den Zäunen. Beachten Sie bei der Auswahl des Zauns stets die Umgebung, in der er stehen soll. Ein Jägerzaun passt z. B. nur mühsam zur futuristisch anmutenden Stadtvilla, der handgeschmiedete Stabgitterzaun fügt sich wahrscheinlich nur schwer in den Charakter eines dörflichen Nutzgartens ein. Schauen Sie sich einfach mal die Zäune Ihrer Nachbarn an und lassen Sie sich davon inspirieren.
Der Standort beeinflusst ebenfalls die Ausgestaltung der Abgrenzung. Im Vorgarten erfüllt der Zaun z. B. auch repräsentative Zwecke. Hier kann der Zugang attraktiv mit einem Gartentor oder grün berankten Bogen gestaltet werden (→ S. 74–75). Dagegen können die Grenzen zum Nachbarn einfacher ausfallen, es sei denn, für den Sitzplatz wird ein Sicht- oder Windschutz erforderlich.

Nicht zuletzt beeinflussen die Kosten die Entscheidung maßgeblich. Dabei sind Holzzäune im Allgemeinen kostengünstiger als Metallzäune.
Berücksichtigen Sie aber auch den Pflegeaufwand. Die meisten Holz- wie auch Metallzäune bedürfen einer gewissen Pflege und sollten regelmäßig einen neuen Anstrich erhalten. Lärchenholzzäune, verzinkte Metallzäune oder die Edelstahlvariante kommen dagegen ohne Pflege aus.
Zäune sollten Sie nur im Fachhandel kaufen. Schlossereien wie Holzfachhändler bieten Ihnen neben qualitativ hochwertigem Material auch eine umfassende Beratung. Beachten Sie immer die nachbarschaftsrechtlichen Bestimmungen Ihres Bundeslands.

Der Blick über die Mauer

MAUERN HABEN EINE alte Tradition. Schauen Sie sich beispielsweise in Weinbaugebieten diese handwerklich perfekten und ästhetisch sehr ansprechenden Bauwerke an. Oder stellen Sie sich eine alte Klinkermauer, umrankt von duftenden Rosen, vor – eine Augenweide, nicht nur für Romantiker. Mauern übernehmen darüber hinaus vielfältige Funktionen und sind wichtige Elemente im Garten.

Was Mauern können

Mauern kommen meist zum Einsatz, wenn es gilt, große Höhenunterschiede abzufangen. Steile Grundstücke werden erst dann nutzbar, wenn diese mit Stützmauern terrassiert werden (→ S. 48–49). Doch auch auf flachen Grundstücken haben diese Elemente ihre Berechtigung, da sie den Garten gliedern und verschiedene Nutzungsebenen schaffen. Niedrige Mauern können zudem als Sitzmöglichkeit verwendet werden. Treppenbegleitende Mauern, die auch Wangen genannt werden, fassen Treppen ein und sichern diese talwärts ab.
Als Abgrenzungen oder als Wind- und Sichtschutz stellen Mauern eine bauliche Alternative zu Zäunen (→ S. 70–71) oder Hecken dar. Darüber hinaus bietet eine frei stehende Mauer etwas, das kein Zaun leisten kann – nämlich einen wirksamen Schallschutz.

Bauweisen und Materialien

Je nach Funktion – als Absicherung, Schutz oder Gestaltungselement – können Mauern ganz unterschiedlich aufgebaut bzw. konstruiert werden. Dabei stehen verschiedene Materialen zur Verfügung.

Mit Mauern sichern

› Stützmauern haben einen hohen Anspruch an Material, Konstruktion und Herstellung. Sollen Höhen über 1 m überwunden werden, kommen Sie an einer massiven **Stahlbetonmauer** (➲ STAHLBETON, S. 562) nicht vorbei. Diese Mauer kann nahezu senkrecht und daher platzsparend gebaut werden. Die Struktur der Schalung, die die Negativform der Mauer darstellt, wird auf dem Beton abgebildet. Dabei können glatte oder raue Holzbretter verwendet werden. Solche Bauwerke sollten von Fachleuten ausgeführt werden. Am besten integriert der Architekt die Stützmauern beim Neubau Ihres Hauses gleich in die Gesamtplanung.
Eine andere Variante ist die **hinterbetonierte Mauer,** bei der eine mit Stahl bewehrte Betonmauer mit Mauersteinen verblendet wird. ➲ FUNDAMENT (S. 543), Stahlbewehrung und Schutzanstrich werden wie auch bei der oben beschriebenen Stahlbetonmauer erforderlich.

› Für niedrige Stützmauern, beispielsweise für eine Terrassierung des Geländes, können Sie **Trockenmauern** aus Natursteinen wählen. Bei dieser alten und bewährten Bauweise werden die Steine „trocken" aufeinander gesetzt, d. h., es wird keinerlei Bindemittel verwendet. Die Steine werden mit engen Fugen aufeinander geschichtet, wobei die größte Seite der Steine als Auflagefläche dient. Die unterschiedlichen, aufeinander abgestimmten Steingrößen erzeugen eine lebendige Ansichtsfläche. Achten Sie darauf, dass die Mauer mit einer Neigung gegen den Hang gebaut wird, um ausreichend stabil zu sein. Ein Fundament ist nicht erforderlich, wenn Sie die ersten ein bis zwei Steinreihen unter der künftigen Geländekante einbauen. Verwenden Sie nach Möglichkeit regionaltypisches Gestein, vorausgesetzt, diese Steine sind witterungsbeständig. Diese bis ca. 1 m hohen Mauern können Sie mit ein wenig Geduld und handwerklichem Geschick selbst errichten.

› Sind Natursteine zu teuer und Betonmauern zu aufwendig, dann bieten sich U-Steine und Co. als Alternative an. Baustoffhändler bieten hier eine breite Palette an mehr oder weniger ansehnlichen Exponaten. Da diese **Betonfertigteile** nur übereinander gestapelt werden, spricht man auch hier von einer Trockenmauer. Die Elemente lassen sich bepflanzen, wenn einzelne Steinreihen terrassenförmig aufgebaut werden. Damit ist gewährleistet, dass die Pflanzen genügend Wasser erhalten. So können im Lauf der Jahre ansprechende Hänge entstehen.

› L-Steine gehören auch zur Kategorie der hangsichernden Fertigteile. Hiermit lassen

Eine frei stehende Mauer aus Klinkersteinen wurde in die Gestaltung des Sitzplatzes integriert.

Einfache Betonmauern lassen sich mit aufwendigen Abdeckungen effektvoll in Szene setzen.

sich Höhenunterschiede von 0,5–3 m überwinden. Wie ein aufrechtes L werden die Steine senkrecht nebeneinander gestellt, der kurze Schenkel verschwindet dabei im Hang. Es entstehen ruhige Fronten, die lediglich durch die senkrechten Fugen gegliedert werden. Auch hier ist ein gestaffeltes Übereinanderbauen möglich, bei dem die Zwischenebenen bepflanzt werden können.

› Mittlerweile hält auch eine Ende des 19. Jahrhunderts in Italien zur Sicherung von Uferböschungen verwendete Bauform Einzug in die Gartengestaltung: die ▶ GABIONE (S. 543). Sie ist eine ökonomisch interessante wie auch optisch ansprechende Alternative zu den Betonfertigteilen. Dabei werden vorgefertigte Drahtkörbe in verschiedenen Größen vor Ort mit dem gewünschten Material gefüllt. Ob grober Schotter oder einzeln aufgeschichtete Pflastersteine – die Möglichkeiten zum Befüllen sind vielfältig. Man setzt Gabionen hauptsächlich zur Hangsicherung und als Stützmauer ein, wo Fundamente die statische Belastung gewährleisten. Aber auch der Heimwerker hat sie schon als Sitzbank für sich entdeckt.

› Haben Sie Ihre Wunschmauer bisher noch nicht entdeckt, so finden Sie vielleicht im großen Sortiment der **Rundpalisaden** aus Beton oder Holz Ihren Favoriten. Das Bauprinzip dieser Mauern ist ganz einfach: Die Elemente werden senkrecht, dicht nebeneinander in ein Betonfundament gestellt. Dabei ist mindestens ein Drittel der Palisaden im Fundament zu versenken. Rundpalisaden eignen sich hervorragend, um daraus Mauern mit geschwungenen Formen zu errichten. Beachten Sie aber dabei, dass Holzpalisaden selbst aus kesseldruckimprägniertem Holz (▶ KESSELDRUCKIMPRÄGNIERT, S. 548) nur maximal 10 bis 15 Jahre haltbar sind.

Mit Mauern schützen

Neben den Stützmauern gibt es auch **frei stehende Mauern.** Als optimaler Sicht- oder auch Lärmschutz kommen diese Mauern idealerweise als Grenzbauwerk zur Verwendung. Bei einer Klinkermauer werden auf ein frostfrei gegründetes Fundament mit einer Mindesttiefe von 80 cm die Klinkersteine mit Mörtel aufgemauert. Durch eine ansprechende Bepflanzung können Sie die eventuell einengende Wirkung in Ihrem Garten abmildern. Rosen oder Stauden kommen z. B. vor einer Klinkermauer gut zur Geltung. Frei stehende Schutzmauern aus Beton lassen sich sehr schmal herstellen. Wilder Wein und Efeu erobern mit ihren Haftwurzeln schnell eine Betonmauer.

Eine abschließende Abdeckung dieser Mauern, die über die gesamte Breite geht, ist empfehlenswert. So kann das Eintreten von Wasser und damit die Bildung von Kalkausblühungen verhindert werden (→ S. 65).

Mauern beeinflussen auch das ▶ KLEINKLIMA (S. 549)im Garten. Durch ihre Fähigkeit, Wärme zu speichern, können sie diese in den kühlen Abendstunden wieder abgeben, bilden also abendliche Wärmeinseln. Als Windschutz haben Mauern jedoch einige Nachteile gegenüber Zäunen oder Hecken. Bei starken Winden kann es zu Verwirbelungen im Windschatten kommen, was Ihrem Kopfsalat im Gemüsebeet sicher nicht besonders gut gefällt.

Mit Mauern gestalten

Fällt die Sicherungsfunktion weg, dann wird die Mauer zum reinen Gestaltungs- und Gliederungselement. Dabei sind der Fantasie kaum noch Grenzen gesetzt, denn die Mauer hat nur noch sich selbst zu tragen und kann sich von beiden Seiten zeigen. Werden dann noch unterschiedliche Materialien kombiniert, erhält sie ein überaus lebendiges Aussehen sowie eine individuelle Erscheinung.

Sitzgelegenheiten aus Gabionen, ▶ HOCHBEETE (S. 546) aus Natursteinmauern oder Klinkermauern zur Eingrenzung des Gemüsegartens bieten attraktive Gartenerlebnisse. Treppenbegleitende Mauern binden die Treppen wirkungsvoll in das Gelände ein. Die ausgedehnten Treppenanlagen italienischer Renaissancegärten zeigen diese kunstvolle Gestaltung in Perfektion.

Mauern planen

Achten Sie bei der Planung einer Mauer darauf, dass sie in die Umgebung passt. Trockenmauern haben einen natürlichen Charakter und eignen sich für Regionen, in denen der entsprechende Stein natürlicherweise vorkommt. Stahlbetonmauern, L-Steine oder Gabionen wirken hingegen vor allem in architektonischen und modernen Gärten sehr gut.

Die preiswerten Betonfertigteile haben den Vorteil, dass eine große Auswahl im Baumarkt zur Verfügung steht. Wählen Sie einfache und praktische Ausführungen, die mit einer sorgfältigen Bepflanzung ihre Aufgabe übernehmen.

Wichtig ist in jedem Fall, das Material der Mauern mit den anderen verwendeten Baumaterialien abzustimmen. Materialmischungen stören das Gesamtbild.

In großen Gärten lassen sich mit Gabionen Höhenunterschiede abfangen.

Trennen und gliedern

DEUTLICHE GRENZEN setzen – mal mit Mauern, hohen Hecken oder Zäunen. Aber auch mit leichteren Konstruktionen wie Trennelementen lassen sich sicht- und windgeschützte Bereiche schaffen.

Rankgerüste, Stellwände und Paravents

Ist der Garten auf den ersten Blick überschaubar, fehlt die Spannung. Je nach Geschmack und Typ stehen jedoch verschiedene zweidimensionale Trennelemente zur Verfügung, um den Garten in mehrere Räume zu gliedern. Begrünte Raumteiler fügen sich harmonisch ein. Tritt die Bepflanzung zurück, kann sogar das Trennelement selber zum attraktiven Blickfang werden.

› Geschickt platziert, erwecken **Rankgerüste** Neugier und machen auch kleinere Gärten interessanter. Diese Elemente aus Holz haben eine offene Struktur, lassen sich aber mit einer dem Standort angepassten Bepflanzung auch als Sichtschutz einsetzen (→ S. 436–439, S. 498–499). An der Hausfassade angebrachte Rankgerüste als Kletterhilfe z. B. für Wilden Wein bieten eine optimale Möglichkeit, das Gebäude einzugrünen.

Metallelemente werden in modernen Gärten gern als Sichtschutz und Raumteiler verwendet.

› Recht ähnlich sind **geflochtene Stellwände.** Aus natürlichen Werkstoffen wie Weiden- oder Haselruten entstehen sehr lebendige und fantasievolle Gerüste, die Sie selber kostengünstig herstellen können. Eigentlich sind diese Kunstwerke fast zu schade zum Begrünen, was bei fertigen Flechtwänden aus dem Baumarkt oft notwendig ist. Diese sind vorwiegend aus kesseldruckimprägnierten Fichten-, Kiefern- oder Douglasienlamellen hergestellt. Ob direkt an der Terrasse oder um Bereiche im Garten abzuschirmen – Flechtwände sollten immer im Boden verankert werden. Bei natürlichen Flechtwänden können Sie die Pfosten direkt in den Boden treiben. Fertig gekaufte Flechtwände hingegen werden an Pfosten geschraubt, die in versenkten Metallfüßen verankert werden.

› Ein **Paravent** schützt im Garten vor neugierigen Blicken und hält, in der Nähe des Sitzplatzes aufgestellt, auch wirkungsvoll den Wind ab. Als mobiles Element, das meist aus drei beweglichen, mindestens 1,8 m hohen Segmenten besteht, kann er an den unterschiedlichsten Stellen gute Dienste leisten. Eine breite Palette an Paravents macht es einfach, für alle Bedürfnisse und Vorstellungen den richtigen zu finden. Aus Holz, blickdicht oder mit Durchblicken, aus Metall, verschnörkelt oder streng, können so je nach Geschmack Grenzen gesetzt werden.

Tore und Bögen

› **Tore** sind zweidimensionale Elemente, die einen Übergang zwischen unterschiedlichen Bereichen andeuten. Das Gartentor an der Grundstücksgrenze erlaubt den Zutritt in den privaten Raum. Dieses Eingangstor, gerahmt von einem Zaun oder einer Hecke, trennt zwischen öffentlichem und privatem Bereich.

Tore können aber auch als dekoratives Schmuckelement innerhalb des Gartens Räume gliedern. Meist betonen Tore in Verbindung mit Zäunen, Hecken oder Mauern die Gliederung eines Gartens.

Material und Konstruktion des Tors sollten sowohl mit den angrenzenden Elementen als auch mit der Gesamtgestaltung des Gartens harmonieren. Mit Holz und Metall lassen sich unterschiedliche, der Situation angepasste Tore bauen.

So gibt es Tore, die durch ihre Einfachheit bestechen, z. B. ein Holztor mit senkrecht angebrachten Latten, die passend zum ländlichen Anwesen weiß gestrichen sind. Doch achten Sie auch auf die Funktionalität. Tore werden zumeist stark belastet und müssen entsprechend stabilisiert werden. Metalltore weisen gewöhnlich ein höheres Gewicht als Holztore auf. Passend zum Tor werden unterschiedliche Materialien für Pfosten oder Pfeiler verwendet. Für Pfosten eignen sich Holz oder Metall, mächtigere Pfeiler werden hingegen aus Naturstein, Klinker oder Beton errichtet. Bei einer Breite der Türöffnung von 1,2 m kann man auch noch mit größeren Gegenständen das Tor bequem passieren. Untergeordnete Tore können hingegen schmaler bemessen sein, sollten sich allerdings wie alle Gartentore an den anschließenden Weg anpassen.

› **Bögen** lenken den Blick auf einfache Art und Weise in eine bestimmte Richtung. Gleichzeitig bilden sie einen Rahmen für das dahinter Sichtbare. So markieren sie sowohl das Ende als auch den Anfang eines neuen Raums. Tritt man vom öffentlichen Gehweg durch einen berankten Rosenbogen, spürt man an dieser Stelle den Übergang zum privaten Vorgarten.

Aus entsprechend geschnittenen Heckenpflanzen können mit etwas Geduld reizvolle Durchgänge entstehen. Ideale Pflanzen dafür sind Eiben, die sehr formschnittverträglich sind. Schneller kommt man zu einem Bogen, wenn man diesen aus Metall oder Holz fertigen lässt und an der gewünschten Stelle aufstellt. Mit Geißblatt oder einer Waldrebe berankt, lässt sich so eine stimmungsvolle Situation schaffen. Geflochtene Bögen aus Weidenruten oder Bambus haben materialbedingt eine kürzere Lebensdauer und müssen von Zeit zu Zeit ersetzt werden. Diese Form der Bögen passt jedoch besonders gut in naturnahe Gärten.

TRENNELEMENTE

1 Transparenter Sichtschutz
Zwischen die Stützen eines Holzgerüsts werden mehrere parallele Spanndrähte gezogen, an denen Kletterpflanzen hochranken können. Diese Rankhilfe ist günstig und lässt sich leicht selber herstellen.

2 Alles andere als klein kariert
Flechtwände aus Holzlamellen stehen als Fertigteile in vielerlei Größen und Formen im Fachhandel zur Auswahl. Wie bei einem Baukastensystem lassen sich die Elemente beliebig miteinander kombinieren.

1

2

3

4

5

3 Dezent und wirksam
Wer einen individuellen Sichtschutz bevorzugt, wird an diesen mit Schilfmatten gefüllten Trennelementen seine Freude haben. Die Einzelteile lassen sich so anordnen, dass auch Geländeunterschiede aufgenommen werden können.

4 Mobiler Sichtschutz
Dieser farbenfrohe Paravent bietet Ihnen überall im Garten einen Schattenplatz. Sein geringes Gewicht und die einfache Konstruktion zeichnen ihn als wertvollen Sicht- und Sonnenschutz aus. Die niedrigen Kosten machen ihn umso attraktiver.

5 Ein duftender Willkommensgruß
Üppig berankt, wird dieser gut platzierte Rosenbogen zum wundervollen Auftakt des Gartens. Verwenden Sie wohlriechende Sorten, so werden Sie beim Durchschreiten vom Duft der Blüten begleitet. Die Metall- oder Holzkonstruktionen verschwinden mit der Zeit unter einem Blätter- und Blütenmeer.

Pergola & Co.

Unter der bewachsenen Holzpergola entsteht ein lauschiger, vor der Sonne geschützter Sitzplatz.

BAULICHE ELEMENTE übernehmen bei der Gartengestaltung vielerlei Funktionen. Sie gliedern den Garten und verstärken das Raumerlebnis. Kleinarchitekturen ermöglichen einen angenehmen Aufenthalt im Garten und bieten darüber hinaus attraktive Blickfänge.

Sie können schon eine Vorauswahl treffen, wenn Sie den vorhandenen Platz, die gewünschte Nutzung und das verfügbare Budget betrachten. Denn erst der passende Standort bringt das Gartenelement richtig zur Wirkung, dessen Material, Form und Farbe sich am Garten- und Gebäudestil orientieren sollte. Bepflanzungen ergänzen diese vertikal gebauten Strukturen, die gleichzeitig auch ein Gerüst für eine Vielzahl von Kletter- und Schlingpflanzen bieten.

Pergola und Laube

› Von ihrem italienischen Ursprung her steht eine **Pergola** nicht frei, sondern lehnt sich stets an ein Gebäude oder an sonstige Bauwerke, z. B. hohe Mauern, an. Dabei überspannt sie einen Sitzplatz oder eine Terrasse.

Eine Pergola ist rechteckig und hat ein flaches Dach. Sie ist seitlich offen und oben meist geschlossen. Als Dach dienen beispielsweise Kletterpflanzen (→ S. 436–439, S. 498–499), die mit ihren Blättern für angenehmen Schatten sorgen oder mit ihrem Blütenduft verzaubern.

Ein mit ◐ WELLPROFILEN (S. 568) gedecktes Pergoladach hält Sonne und Regen zwar etwas unromantischer, aber wirksam ab. Ist die Seitenwand zum Nachbarn geschlossen, schützt man sich noch vor fremden Einblicken. Auch an horizontal angebrachten Spannseilen können Kletterpflanzen an der Pergola in die Höhe wachsen.

Von rustikal bis modern empfängt Sie in Baumärkten und im Holzfachhandel ein vielfältiges Sortiment an unterschiedlichen Materialien und Formen für den Selbstbau. Dabei ist Holz ein weit verbreitetes Material für den Pergolabau. Geeignet sind z. B. kesseldruckimprägnierte Weichhölzer wie Fichte und Kiefer, aber auch Harthölzer wie Eiche können verwendet werden. Als Alternative zur teureren und deshalb eher selten verwendeten Eiche bieten sich auch die Weichhölzer Lärche oder Douglasie an (→ auch Hinweise zum Selbstbau, S. 70).

Eine üppig berankte Pergola hat eine Menge zu tragen. Daher ist besonders bei Holz eine stabile und solide Bauweise von großer Bedeutung. Die tragenden Stützen werden bei dieser Ausführung in feuerverzinkten ◐ PFOSTENSCHUHEN (S. 555) senkrecht in einem Betonfundament verankert. Die auf den Stützen horizontal verlegten Querhölzer nehmen die dazu im rechten Winkel montierten Hölzer auf. Ein direkter Bodenkontakt der Stützen sollte vermieden werden, damit es nicht zu Fäulnisbildung kommt.

Bei Pergolen aus Metall sind dank der höheren Tragfähigkeit des Materials filigranere Bauweisen möglich. So erhalten Kletterpflanzen einen schönen, fast unsichtbaren Rahmen, um sich zu präsentieren. Allerdings ist die Metallvariante auch teurer, denn bei ihr fallen immer Kosten für den Handwerker an.

Wählen Sie die Proportionen der Pergola entsprechend der Größe und dem Charakter Ihres Gartens. Auch hier gilt: Die Pergola sollte sich harmonisch in das Gesamtbild des Gartens einfügen. Dabei ist die Höhe von entscheidender Bedeutung. Eine ausreichende Kopffreiheit ist zwischen 2,3 und 2,7 m gegeben. Die Stützpfosten werden im Abstand von 2 m errichtet.

› Eine **Laube**, nahe verwandt mit der Pergola, hat keinerlei Kontakt zu einem Bauwerk, sondern steht abseits an einer mit Bedacht gewählten Stelle. Mit mindestens einer Wand versehen, haben Sie, auf einer Bank sitzend, die nötige Rückendeckung, um Ihren Garten einmal in aller Ruhe aus einer anderen Perspektive zu betrachten (→ Abb. S. 79). Bezüglich Materialwahl, Sortiment und Bauweise gelten dieselben Angaben wie für Pergolen. Allerdings werden Lauben zumeist als Fertigteil oder -bausatz im Fachhandel erworben.

Laubengang

Laubengänge sind architektonische Gartenelemente, die mit Pflanzen begrünt sind. Ist ausreichend Platz vorhanden, dann passen sie besonders gut in formal geprägte Gärten.
Mit Erwartung wird der Gang betreten, um am Ende gespannt in den nächsten Gartenraum zu gelangen. Er führt im kühlen Schatten an ein bestimmtes Ziel und verbindet damit unterschiedliche Gartenteile. Häufig sind Anfang und Ende des Laubengangs sichtbar. Ein malerisches Bild entsteht, wenn der Laubengang einen Rahmen um eine Skulptur oder eine Gartenbank bildet.
Laubengänge bestehen aus hintereinander aufgereihten Bögen (→ S. 74), über deren Holz- bzw. Metallgerüst die unterschiedlichsten Pflanzen wachsen. Hierbei können Sie zwischen Heckenpflanzen wie Hainbuche oder Eibe, verschiedenen Weidenarten oder sogar Obstbäumen wählen. Letztere bilden an entsprechenden Gerüsten erzogen ein fruchtiges Dach, das zum Naschen einlädt. Eine beiderseits des Wegs gepflanzte Buchenhecke, die über Kopf zusammenwächst, ergibt einen Laubengang ohne aufwendige Gerüste.
Aber auch Stangenbohnen oder Hopfen, die in gegenüberliegenden parallelen Reihen gepflanzt wurden, bilden einen lichten Laubengang, wenn sie sich über einfache Metallbögen ranken. Dieser führt Sie dann beispielsweise von der Obstwiese in den Gemüsegarten.
Stimmen Sie das Material des überdachten Wegs auf den Charakter des Laubengangs ab. Ein heller Kiesweg passt sehr gut zum dichten Grün eines Eibengangs, während ein gemulchter Weg schön durch einen lichten Weidenlaubengang führt.

wir empfehlen

!

Holzschutz

Konstruktive Holzschutzmaßnahmen sorgen dafür, dass das Regenwasser rasch abgeleitet wird. Durch das Abschrägen der Hölzer und den Schutz von Hirnholzflächen kann das Holz schnell abtrocknen und bietet Schädlingen keine Angriffsfläche. Vermeiden Sie deshalb auch jeden direkten Bodenkontakt.
Zusätzlich können Sie mit einem Anstrich das Holz oberflächig schützen. Offenporige Lasuren bilden einen dünnen Schutzfilm, der alle 1 bis 3 Jahre überstrichen werden kann. Einen besseren Holzschutz bieten deckende Lacke, die je nach Verwitterung alle 3 bis 5 Jahre erneuert werden sollten. Verwenden Sie ungiftige Biofarben.

Gartenhaus

Im eigenen Garten einen Ort zu haben, an dem man etwas ungestört sein kann, muss kein Traum bleiben. Denn ein Gartenhaus, ob auf dem Boden oder in luftiger Höhe an einem Baum angelehnt, macht dies möglich.
Ursprünglich war das Gartenhaus ein kleines Häuschen mit Fenstern und Türen, das entfernt vom Hauptgebäude stand. Einfach und solide aus ortstypischen Materialien gebaut, fügte es sich harmonisch in den Garten und die Landschaft ein. Dort ließen sich Feste feiern oder vor der Sonne Zuflucht finden.
Heutzutage ist die regionaltypische Bauweise verloren gegangen, da überall vergleichbare Bausätze erhältlich sind. Die Nutzung ist aber gleich geblieben. Manchmal ist es ein Spielplatz für die Kinder, dann wird dort wieder mal an einem regnerischen Tag die Kaffeetafel gedeckt. Doch auch der Rasenmäher und weitere Garten- oder Spielgeräte lassen sich hier gut unterbringen und überwintern.
Auch wenn bei Ihnen nun der Wunsch nach solch einem geschützten Raum erwacht ist, sollten Sie trotzdem erst einmal überlegen, ob Sie dafür genügend Platz in Ihrem Garten haben. Denn Gartenhäuser können für die Raumbildung eine große Rolle spielen und sich auf die Gesamtgestaltung Ihres Gartens auswirken.
Da die Grundstücke heutzutage eher kleiner sind, ist die Entfernung zwischen Wohn- und Gartenhaus üblicherweise nicht sehr groß. Daher wird es umso wichtiger, dass die beiden Gebäude optisch zusammenpassen. In Verbindung mit Bäumen, Sträuchern oder Kletterpflanzen können jedoch durchaus reizvolle Situationen entstehen, die das Gartenhaus als Blickfang gekonnt in Szene setzen.
Gartenhäuser haben meist eine rechteckige Grundform und ein Satteldach. Als Baumaterial wird zumeist Holz verwendet, da aus Stein oder Ziegel errichtete Gartenhäuser wesentlich aufwendiger sind. Bunt gestrichen, kann das Holzhaus einen Farbakzent setzen und sich in das Farbschema des Gartens einfügen. Im un-

1

2

3

1 Diese mit Hopfen üppig berankte Konstruktion wird zum Blickfang und Schutzraum zugleich.
2 Im Frühsommer wird der mit Blauregen überwachsene Laubengang zum Blüten- und Dufterlebnis.
3 Für Sonderanfertigungen von Carports benötigen Sie eine eigene Statik. Bei Standardmodellen ist diese im Preis enthalten.

Die geschlossene Bauweise dieses Pavillons verschafft Ihnen ein weiteres Zimmer – im Grünen.

gestrichenen Zustand wirkt es hingegen natürlicher.
Im Fachhandel können Sie aus den unterschiedlichsten Bausätzen aller Preisklassen Ihren Favoriten wählen. Um Frostsicherheit zu gewährleisten, sollten Sie das Gartenhaus auf ein Betonfundament von 80 cm Tiefe setzen. Mit ein wenig Zeit und Grundkenntnissen im Schreinerhandwerk lassen sich aber auch individuelle Gartenhäuser im Eigenbau erstellen. Baumhäuser, die nicht nur bei Kindern beliebt sind, stellen Gartenhäuser der besonderen Art dar. Schon so manch einer hat sich in schwindelnden Höhen einen idyllischen Rückzugsort geschaffen (→ S. 51–52).

Pavillon

In europäischen Gärten sind Pavillons seit dem 18. Jahrhundert verbreitet. Einst waren es kostbare Einzelstücke, die einem Wunschbild von Ruhe und Harmonie entsprachen. Pavillons sind eher offen, wirken im Gegensatz zu Gartenhäusern leichter und eleganter und sind gewöhnlich mit Zierwerk versehen. Ursprünglich waren sie Teil der Gesamtgestaltung, wo sie schöne Blickfänge und Aufenthaltsmöglichkeiten boten. Das Wichtigste war jedoch die Aussicht, die man von dem überdachten Sitzplatz aus genießen konnte.
Auch heutzutage kann ein Pavillon auf großen Grundstücken an einem entlegenen Platz des Gartens stehen – an einer Stelle, die eine schöne Aussicht bietet. Bedenken Sie aber auch beim innigsten Wunsch nach Idylle, dass Pavillons bei zu kleinen Grundstücken eher deplaziert wirken. Vielleicht bietet Ihnen hier eine kleine Laube eine passende und ansprechende Alternative.
Die Grundform des klassischen Teepavillons ist achteckig, jedoch erhalten Sie heutzutage auch runde und quadratische Varianten im Fachhandel. Leider sind diese Ausführungen oft recht dürftig, was die Optik und das Material betrifft.
Bei einem großen Gartenbudget können Sie sich von einem qualifizierten Handwerker einen Ihren Bedürfnissen und Wünschen angepassten Pavillon bauen lassen. Geeignete Materialien sind dabei Holz und Metall, wobei sich Metall leichter und verspielter verbauen lässt. Die Rahmenkonstruktion wird normalerweise auf ein ➲ STREIFENFUNDAMENT (S. 563) mit mindestens 80 cm Stärke gestellt. Den Bodenbelag wählt man am besten passend zu den sonst im Garten verwendeten Materialien aus.
Pavillons lieben übrigens die Gesellschaft von Pflanzen, die sie üppig umranken oder nur begleiten. Dicht bewachsen bieten Pavillons einen guten Sicht- und Windschutz und vermitteln ein Gefühl von Ruhe und Geborgenheit.
Informieren Sie sich vorab bei Ihrer Gemeinde, ob Sie eine Baugenehmigung für den Pavillon benötigen und welcher Grenzabstand zum Nachbargrundstück einzuhalten ist.

Carport

Um das Auto abzustellen, muss es nicht immer gleich eine Garage sein. Denn der Carport fügt sich oft als luftige Alternative besser in die Gartenplanung ein (→ Abb. S. 77). Im Prinzip ist der Carport eine Pergola für das Auto. Er ist transparenter, da die Seiten offen bleiben und nur das Dach geschlossen ist. So kann das Auto im Carport schneller als in der Garage abtrocknen, wodurch Korrosion verhindert wird. Die meist preiswerteren Carports lassen darüber hinaus individuelle Gestaltungsmöglichkeiten aus Holz oder Metall, mit einem Flach-, Sattel- oder Pultdach zu. Nehmen Sie sich Zeit, und lassen Sie sich ausführlich bei Fachfirmen beraten. Es ist empfehlenswert, diese auch mit dem Aufbau des Carports zu beauftragen, da Ihnen dann die erforderlichen statischen Nachweise für den Bauantrag gleich mitgeliefert werden. Des Weiteren übernehmen die Firmen auch die Gewährleistungsgarantie. Mit etwas handwerklichem Geschick können Sie einen Carport im Baukastensystem aber auch selber bauen. Dies ist zeitaufwendiger, senkt aber die Kosten.

Für den Carport gelten ähnliche Anforderungen an Material und Konstruktion wie für die Pergola (→ S. 76). Bei den Dachformen und -aufbauten gibt es allerdings Unterschiede.

Die meisten Carportdächer sind leicht geneigt und mit transparenten bzw. undurchsichtigen ▶ WELLPROFILEN (S. 568) oder Glas belegt. Während die Kunststoffe relativ schnell altern, müssen die Glaskonstruktionen hohen Qualitätsanforderungen entsprechen, wodurch höhere Kosten entstehen. Eine weitere Möglichkeit sind Satteldächer, die ähnlich wie beim Haus mit Schindeln eingedeckt sind. Die wesentlich höhere Last solcher Dächer muss in der Konstruktion aufgefangen werden. Bei dieser Bauweise lässt sich jedoch noch ein praktischer Stauraum im Dachgeschoss integrieren.

Als Ausgleich für versiegelte Flächen schreiben Gemeinden im Bebauungsplan oft eine extensive Dachbegrünung (→ S. 50) auch auf Carports vor. Bei Aufbaudicken von 4 bis maximal 19 cm kann das Dach mit hitzeverträglichen Moosen, ▶ SUKKULENTEN (S. 564), Stauden und Gräsern begrünt werden. Der Pflegebedarf hierfür hält sich in Grenzen und beschränkt sich auf gelegentliches Jäten (→ S. 50). Da auch von einem begrünten Dach überschüssiges Wasser abgeführt werden muss, werden hier ▶ FALLROHRE (S. 541) an den Pfosten montiert, die in ein Pflanzbeet entwässern können.

Der Boden im und vor dem Carport sollte mit wasserdurchlässigen Belägen, beispielsweise Pflaster mit grünen Fugen (→ S. 59), gestaltet werden. Bei dem normalerweise geringen Ölverlust der Fahrzeuge kann das Öl in der Vegetationsschicht abgebaut werden. Lediglich bei großen Ölverlusten stellt ein offener Belag eine Gefahr für das Grundwasser dar.

Abhängig vom Bundesland sind Carports eventuell genehmigungspflichtig. Informieren Sie sich daher rechtzeitig bei Ihrer Gemeinde.

Garage

Eine Garage, egal ob als Bestandteil des Hauses oder als separates Bauwerk, ist beinahe schon Luxus für das Auto. Außer den Fahrzeugen lassen sich in ihr jedoch bei entsprechender Größe auch Kinderwagen, Fahrräder, Mülltonnen, Gartenmöbel oder diverse Gartengeräte geschick unterbringen.

Bei den vom Gebäude unabhängigen Garagen steht neben der Fertigbauweise auch der konventionelle Bau mit Mauersteinen zur Wahl. Grundsätzlich ist jeder Garagenbau genehmigungspflichtig. Für Fertiggaragen stellen die Hersteller jedoch die notwendigen Unterlagen für das ▶ BAUGESUCH (S. 534) zur Verfügung, weshalb die Baugenehmigung unproblematisch ist. Fertiggaragen sind in verschiedenen Ausführungen, Größen und Preisklassen erhältlich. Sie werden mit einem Tieflader angeliefert und von der Lieferfirma auf das vom Bauherrn erstellte Fundament gesetzt.

Es gibt mittlerweile auch recht ausgefallene Garagenformen, die sich ganz deutlich von der klassischen Bauweise abheben. Nach hinten abgeflachte oder gewölbte Formen passen sich beispielsweise wesentlich harmonischer in die natürliche Umgebung ein.

Durch entsprechende Berücksichtigung bei der Statik lassen sich Garagendächer wie Carports begrünen. Somit können kleine Flächen der Natur zurückgegeben werden. Statt der relativ monoton aussehenden Kiesflächen entstehen ansehnliche, meist extensiv bepflanzte kleine Grünflächen. Diese Dachbegrünung ist heutzutage sogar schon in vielen Baugebieten gesetzlich im Bebauungsplan vorgeschrieben (→ S. 50 sowie Carports, S. 78–79).

In dieser Laube kann sich der Gärtner eine Pause gönnen und sein Werk betrachten.

Gewächshaus und Wintergarten

ENDE DES 18. JAHRHUNDERTS wurden Verfahren entwickelt, die die Herstellung größerer Glasflächen erlaubten. Damit war der Beginn des Gewächshausbaus eingeleitet. Vor allem in England und Frankreich entstand eine ausgeprägte Gewächshausarchitektur. Dabei kam es Anfang des 19. Jahrhunderts schließlich auch zur Konstruktion der ersten Wintergärten.

Trotz ihres gemeinsamen Ursprungs unterscheiden sich Gewächshäuser und Wintergärten deutlich voneinander. Während der Wintergarten eine Erweiterung des Gebäudes, also des Wohnraums ist, wird das Gewächshaus als Teil des Gartens gesehen. Daraus kann man schon die unterschiedlichen Aufgaben ableiten. Im Gewächshaus werden Pflanzen kultiviert und herangezogen. Der Wintergarten ist dagegen in der Regel mit entsprechenden Möbeln und Accessoires ausgestattet. Pflanzen – in erster Linie exotische ◯ KÜBELPFLANZEN (S. 551) – dienen als Dekoration und tragen zum besseren Klima bei.

Ein Haus für Blumen und Gemüse

So unterschiedlich die Ansprüche der Pflanzenliebhaber an ihre Gewächshäuser sind, so verschiedenartig sind diese in Größe, Form, Ausstattung und Preis. Vom Pultdach- oder Anlehnhaus bis zum frei stehenden Satteldachhaus reicht die Palette. Hier gilt es, sich gut zu informieren und abzuwägen, für welchen Zweck das Gewächshaus genutzt werden soll. Viele gängige Gewächshaustypen werden heutzutage als relativ kostengünstige Selbstbausätze angeboten.

Um das Gewächshaus etwa für die Pflanzenanzucht sinnvoll nutzen zu können, sollte es schon wenigstens 4 m² Grundfläche haben. Wenn Sie darüber hinaus z. B. auch Gemüse in Bodenbeeten anbauen möchten, sind Grundflächen von 8–12 m² oder gar mehr empfehlenswert. Bei größeren Gewächshäusern kann allerdings, je nach den örtlichen Bestimmungen, eine Bauanzeige oder -genehmigung nötig werden. Fragen Sie frühzeitig bei der zuständigen Baubehörde nach. Auch Grenzabstände zum Nachbarn müssen eventuell berücksichtigt werden.

Zu den grundlegenden Fragen gehört auch, ob eine Heizmöglichkeit installiert werden soll. Im unbeheizten Gewächshaus lassen sich Anzucht und Ernte verfrühen, außerdem kann Wintergemüse wie Feldsalat und Spinat angebaut werden. Ein Gewächshaus mit Heizung bietet wesentlich mehr Möglichkeiten, von der noch zeitigeren Pflanzenanzucht über die Überwinterung von Kübelpflanzen bis hin zur Kultur von Kakteen und anderen Sukkulenten oder Orchideen.

Weitere Informationen zu den hier und nachfolgend angesprochenen Punkten finden Sie im Kapitel „Gärtnern unter Glas und Folie" (→ S. 236–242).

Standort

Unter Bäumen, an der Nordseite eines Hauses oder im Schatten von hohen Hecken haben Gewächshäuser keinen Sinn. Nur wenn das Gewächshaus rundum mit genügend Sonne versorgt wird, bekommen die Pflanzen darin ein Optimum an Licht und Wärme. Gerade auch ab Herbst bis zum Frühjahr, wenn die Sonne niedriger steht, ist ein ungehinderter Lichteinfall besonders wichtig. Der Gewächshausstandort sollte außerdem keinen allzu starken Winden ausgesetzt sein.

Als sehr vorteilhaft erweist es sich, wenn das Gewächshaus über ausreichend befestigte Wege gut erreichbar ist. Denken Sie auch schon bei der Planung an alle nötigen Wasser- und Stromleitungen sowie -anschlüsse, um sich später die Arbeit zu erleichtern.

So hübsch eingewachsen wird das nützliche Gewächshaus zum Anziehungspunkt im Gemüsegarten.

Die große Glasfront lässt viel Licht in den Wintergarten. Hier finden exotische Pflanzen optimale Standortbedingungen.

Materialien und Ausstattung

Als Material für Bedachung und Seitenwände haben sich weitgehend Plexiglasbzw. Acrylplatten mit breiten Kammern (Hohlkammer- oder Stegdoppelplatten genannt) durchgesetzt. Sie sind stabil, sehr leicht und vergleichsweise preiswert. Alternativen sind Glas in verschiedenen Ausführungen oder Folie (→ S. 237–239). Für die tragenden Teile und Verstrebungen findet überwiegend Aluminium Verwendung. Ansehnlicher, aber auch deutlich teurer sind Gewächshäuser mit Holzrahmen. Das Holz muss immer wieder mit einem pflanzenverträglichen Holzschutzmittel behandelt werden.

Das eigentliche Gewächshausgerüst aus vorgefertigten Aluminiumprofilen wird auf ein Fundament aus Betonfertigteilen oder niedrigen Mauern gestellt. Der Untergrund sollte einigermaßen eben und ausreichend tragfähig sein.

Sehr wichtig sind ausreichende Lüftungsmöglichkeiten, also leicht zu öffnende Dach- und Seitenfenster sowie -türen, die etwa 20% der Gesamtfläche ausmachen sollten. Dachfenster sind vorzugsweise am höchsten Punkt zu platzieren. Bei einfachen Gewächshäusern lassen sich die Fenster nur manuell öffnen. Wer wertvolle Pflanzen hegt, ist mit automatischen Fensterhebern gut beraten. Hier regeln die eingebauten Temperaturfühler die Frischluftzufuhr. Im Sommer können Ventilatoren zusätzlich für eine Luftumwälzung sorgen und so Pilzerkrankungen an Blüten und Blättern verhindern.

Verschiedene Heizungsmöglichkeiten und sonstige Einrichtungen sind auf S. 239–240 beschrieben.

Eine früher oft verwendete Spezialbauweise ist das Erdhaus, das etwa zur Hälfte unter Geländeniveau liegt. Bis zu dieser Höhe reichen die Seitenmauern, auf die die eigentliche Gewächshauskonstruktion gestellt wird. Eine Treppe führt in das abgesenkte Erdhaus. Durch den teilweisen Einbau in den Boden, der als Wärmespeicher dient, ist das Erdhaus gut isoliert. Gemüse kann hier schon sehr früh gezogen werden, und auch Kübelpflanzen fühlen sich den Winter über wohl. Ein entscheidender Nachteil ist allerdings, dass viel weniger Licht als in ein normales Gewächshaus einfällt. Anzuchtgefäße müssen daher immer auf Stellagen stehen, um das notwendige Licht abzubekommen. Der Raum darunter, der sonst mitgenutzt werden könnte, lässt sich hier nur als Abstellfläche gebrauchen.

Wintergarten

Träumen Sie von einem Frühstück unter Palmen? Dazu benötigen Sie kein Flugticket – es reicht bereits ein Wintergarten. Für viele Hauseigentümer ist der Bau eines Wintergartens die Krönung ihres Eigenheims. Doch sollte dieser gut durchdacht sein. Es gilt, aus einer Vielzahl von Anbietern und unterschiedlichen Bauformen das Passende auszuwählen.

Soll der Wintergarten als zusätzliches Zimmer zur Verfügung stehen, empfiehlt es sich, von vornherein Wärmeschutzglas und eine Wärmequelle vorzusehen. Für einen Raum, der vor allem zum Überwintern von Kübelpflanzen oder als Übergang zwischen Haus und Garten dient, kann man hingegen auf preisgünstigere Materialien mit geringerer Isolierwirkung zurückgreifen.

Unabhängig davon, für welche Form und Größe Sie sich entscheiden, muss der Wintergarten stets frostfrei mit einem Streifen- oder Einzelfundament gegründet werden. Darauf wird die tragende Konstruktion, wahlweise aus Aluminium, Kunststoff oder Holz, gestellt.

Die Lage des Wintergartens am Haus bestimmt den Lichteinfall, der freilich auch zusätzlich durch Nachbarbauten u. Ä. beeinflusst sein kann. Die Südseite ist natürlich der Lieblingsplatz für den Wintergarten. Doch kann es hier im Hochsommer recht unangenehm werden. Ohne automatische Beschattung durch außen angebrachte Rollläden oder Markisen entstehen schnell tropische Temperaturen. Glasanbauten an der Ostseite bieten mit der eher milden Vormittagssonne ideale Lichtverhältnisse für Pflanzen. Da hier allerdings die Kraft der Sonne im Winter nicht ausreicht, muss für einen ausreichenden Wärmeschutz gesorgt und eine Heizung eingebaut werden.

Ähnlich wie beim Gewächshaus ist auch beim Wintergarten für gute Belüftung zu sorgen, um Hitzestaus und der Bildung von Kondenswasser vorzubeugen. Hierfür sind vor allem Kippfenster, Schiebe- oder Falttüren wichtig. Dazu kommen entsprechend dimensionierte Ventilatoren, die für die notwendige Luftumwälzung sorgen.

Der Wintergartenbau sollte in die Hand von Spezialisten gegeben werden. Diese beraten Sie sowohl umfassend über die in der Regel notwendige Baugenehmigung als auch über technische Fragestellungen.

1

Wasser im Garten

Ein Teich oder Bachlauf ist stets ein besonderer Blickfang. Natürlich muss nicht jeder noch so winzige Garten über einen Wassergarten verfügen. Doch die Möglichkeiten sind vielfältig.

In diesem Kapitel:

Am häufigsten findet das Element Wasser in Form eines nicht allzu großen Teichs seinen Platz im Garten. Aber auch ein kleiner Bachlauf, der mit dem Teich in Verbindung steht, kann besonders reizvoll sein. Planen Sie den Wassergarten sorgfältig, ehe Sie an die Verwirklichung Ihres Wunsches gehen. Sprechen Sie auch mit Bekannten, die schon einen Gartenteich haben. Es kann durchaus sinnvoll sein, einen Gartenarchitekten hinzuzuziehen.
Genehmigungspflichtig sind Gartenteiche im üblichen Rahmen nicht. Nur wer größere Anlagen plant, sollte sich bei der zuständigen Behörde über die landesüblichen Vorschriften erkundigen. Eine Genehmigung vom Wasserwirtschaftsamt wird nötig, wenn bestehende Naturgewässer einbezogen werden sollen.

Teichtypen und Gestaltung

Je nach Vorliebe und Gestaltungsstil des restlichen Gartens kann sich der Teich an der Architektur orientieren, leicht exotisches Flair vermitteln oder den Garten als ein Stück belebte Natur bereichern.

Architektonisch, klassisch oder exotisch

In direkter Nachbarschaft zum Wohnhaus werden gern die geraden Linien des Hauses aufgegriffen, mit viereckigen Becken oder schmalen Rinnen mit parallelem Rand. Auch Materialien oder andere Eigenheiten der Architektur können in einem solchen Wassergarten aufgenommen werden. Für einen etwas verspielteren Stil stehen Brunnen, Wasserspiele, Figuren oder auch Kacheln zur Verfügung, die eine traditionelle oder romantische Ausrichtung stilgerecht fortsetzen können.
Klassische, formale Teiche passen gut in architektonisch gestaltete Gärten. Ihre Grundrisse sind Kreise, Quadrate oder auch Rechtecke. Die kaum bepflanzten Ufer strahlen eine gewisse Schlichtheit aus. Einen besonderen Reiz haben Teichanlagen mit exotischem Flair. Hierzu gibt es fremdländische oder tropisch wirkende Pflanzen, die sich in unserem Klima gut entwickeln, wie Mammutblatt (*Gunnera*), Bambus oder Scheincalla (*Lysichiton*). Zusammen mit Dekorationselementen, wie etwa asiatisch anmutenden Schalen oder Laternen, ergeben solche Pflanzen eine bezaubernde Wirkung.

Kultur oder Natur?

In einem reinen **Zierteich** spielen exotische Seerosen und andere Diven sowie Zierfische wie Goldfische oder Kois die zentrale Rolle. Solche Bewohner sind in der Regel recht anspruchsvoll, brauchen großzügige Anlagen und müssen teils frostgeschützt überwintert werden. Die

Ein Sitzplatz am Teich erlaubt die Beobachtung aller schönen Details.

Als überraschender Aspekt genügt bereits eine kleine Rinne im Holzdeck.

Der schön gestaltete Naturteich wirkt wie eine große Wasserlandschaft.

Pflanzen werden daher bevorzugt in Körbe gesetzt. Auf heimische Amphibien muss man verzichten, wenn Zierfische die Vermehrung von Fröschen, Kröten und Unken verhindern.

Bei einem **Naturteich** steht die möglichst naturnahe Gestaltung im Vordergrund, besonders im Uferbereich, wo sich Unterschlupfmöglichkeiten für die wildlebenden Tiere schaffen lassen. Weil man die einheimischen Pflanzen im Winter nicht herausholen muss, lassen sie sich direkt in das Substrat am Teichgrund pflanzen. An Fischen sind hier nur die sogenannten Biotopfische wie etwa Elritze und Bitterling erlaubt, die sich in einem ausreichend großen Teich mit Wasserinsekten und Amphibien vertragen. Ein Naturteich wird am besten mit Lehm oder Folie angelegt. Seine Ufer laufen an einigen Stellen flach zu einem feuchten Sumpfbeet aus. Dieses sollte mindestens ein Viertel der Gesamtfläche des Wassergartens einnehmen.

Im üblichen Hausgarten sind die Übergänge zwischen Zier- und Naturteich oft fließend, wobei man sich gern eher am naturnahen Vorbild orientiert.

Belebende Wasserspiele

Das sanfte Gurgeln oder Plätschern eines Wasserspiels wirkt sowohl beruhigend als auch belebend. Auf naturnahe Weise kann dazu ein Bachlauf beitragen, der sich mit kleinen Kaskaden durch den Garten schlängelt. Er bereichert jeden Teich – und das Wasser mit Sauerstoff (→ S. 91).

Springbrunnen, Fontänen und ähnliche Wasserspiele (→ S. 92–93) sind eher etwas für Zierteiche, obwohl selbst Seerosen und manch anderes Ziergewächs die dauernde Berieselung nicht vertragen. Im Zweifelsfall muss der Abstand zwischen bewegtem Wasser und Pflanzen ausreichend groß gehalten werden.

Der richtige Standort

Die meiste Freude an den Details und am Leben im Gartenteich hat man, wenn er in der Nähe eines Sitzplatzes angelegt wird. An der Terrasse sind allerdings einige Besonderheiten zu beachten, und wenn kleine Kinder zu den Mitbewohnern gehören, werden Sicherungsmaßnahmen nötig (→ S. 90). Teiche, die mitten im Garten liegen, ziehen immer wieder den Blick auf sich. Abseits liegende Teiche überraschen den Besucher hingegen beim Rundgang.

Grundsätzlich gilt die Tendenz, dass das Leben am Teich umso üppiger ist, je mehr Sonne er erhält. Bei geringerer Belichtung gedeihen weniger Pflanzenarten, die Seerosen blühen seltener. Allerdings profitieren auch die unerwünschten Algen vom Sonnenlicht (→ S. 328), und im Sommer kann eine starke Erwärmung zu Sauerstoffengpässen im Wasser führen. Deshalb hat eine leichte Beschattung ihre Vorteile. Die direkte Nachbarschaft zu Bäumen ist ungeeignet, u. a. weil das herabfallende Laub eine dauernde Verunreinigungsquelle darstellt. Darüber hinaus besteht die Gefahr, dass die Baumwurzeln die Teichabdichtung durchstoßen.

Nach der Platzauswahl sollten Sie den Boden gründlich begutachten. Einzelne Steine kann man einfach wegräumen. Trifft man jedoch auf felsigen Untergrund, dann ist entweder die Teichoberkante um die fehlende Tiefe hochzuziehen – oder ein neuer Platz zu suchen. Bei stark tonhaltigem Boden können heftige Niederschläge nicht ohne Weiteres ablaufen. Liegt der Teich direkt an der Terrasse oder am Haus, so wären Überschwemmungen im Keller zu befürchten. Hier ist entweder ein Überlauf zu einer tiefer gelegenen Stelle oder eine Sickergrube einzuplanen, die das Wasser auffängt.

Größe, Form und Tiefe

Grundsätzlich ist jeder noch so kleine Wassergarten denk- und machbar. Ein „richtiger", belebter Teich sollte jedoch wenigstens eine Fläche von 5 m^2 haben. Je größer, desto vielfältiger sind nicht nur die Bepflanzungsmöglichkeiten – umso stabiler wird auch das Gleichgewicht, auf dem sich die Stoff- und Lebenskreisläufe im Wasser einpendeln. Dazu trägt auch die Gestaltung unterschiedlicher Tiefenzonen bei, die im Zusammenhang mit der Bepflanzung und Pflanzenpflege (→ S. 320–323) näher beschrieben ist.

Durch die Wahl der Teichform wird schon ein gewisser Stil vorgegeben. Unregelmäßige Umrisse mit größeren und kleineren Buchten wirken natürlicher als kreisrunde oder eckige Formen.

Als Mindesttiefe sind an einer Stelle mindestens 80 cm vorzusehen, damit Fische und Seerosen frostsicher überwintern können. Je nach Dichtungsmaterial müssen Sie zusätzlich 10–30 cm für eine Sandunterfütterung und ggf. für ein Teichschutzvlies einrechnen. Wenn man außerdem etwa 20 cm hoch Substrat auffüllt, muss also bis zu 130 cm tief gegraben werden.

Einen Teich anlegen

Für eine große, natürlich geformte Anlage mit verschiedenen Tiefen bietet sich Folie als Material an.

AM HÄUFIGSTEN finden Fertigteichbecken aus Kunststoff oder Teichfolien Verwendung. Besonders für Naturteiche sind außerdem Lehm oder Ton als Abdichtmaterialien interessant, die in diesem Kapitel kurz vorgestellt werden.
Der beste Zeitpunkt für die Teichanlage ist im Allgemeinen das Frühjahr, wobei man die ersten Vorbereitungen schon gut im Herbst treffen kann. Beachten Sie bereits beim Anlegen die späteren Lebensbereiche bzw. Tiefenzonen im Teich. Dies sowie das Einsetzen der Pflanzen ist im Kapitel „Pflanzen im Wassergarten" (→ S. 320–329) beschrieben.

Einbau eines Fertigteichs

Den wenigsten Aufwand macht das Einsetzen eines Fertigteichs, d. h. einer Teichschale aus Polyester (PE) oder glasfaserverstärktem Kunststoff (GFK). Solche Becken können nicht von Wurzeln durchwachsen werden, sind form- und witterungsbeständig und sehr lange haltbar. GFK-Teiche sind noch etwas stabiler, aber auch teurer als PE-Formen. Die Becken gibt es in eckigen, runden und geschwungenen Formen und in unterschiedlichen Größen. Manche passen zu einem Bausatz und können nachträglich zu ganzen Teichanlagen erweitert werden.
Schon kleine Gussformen besitzen abgestufte Pflanzbereiche. Wer ohne winterliche Umsiedlungsaktionen frostempfindlicher Bewohner auskommen will, sollte darauf achten, dass der Teich mindestens 80 cm tief ist. Becken unter 1 m² Wasseroberfläche sind nicht zu empfehlen, weil sich das Wasser dann in der Sonne zu stark aufheizt. Bei etlichen Modellen sind flache Sumpfbereiche vorgesehen. Anderenfalls kann eine Sumpfzone nachträglich außerhalb des Fertigteichs angelegt werden.
Der Einbau – auf der gegenüberliegenden Seite Schritt für Schritt dargestellt – ist recht einfach und schnell zu bewältigen, zumindest bei kleineren Becken. Häufig liefert der Hersteller eine Schablone mit, der sich die genaue Form der nötigen Grube entnehmen lässt. Beim Einpassen und Ausrichten ist allerdings sehr exaktes Arbeiten erforderlich.
Bereits vor dem abschließenden Einlassen des Wassers sollten Sie die verschiedenen Ebenen bepflanzen. Direkt anschließend ist komplett aufzufüllen. Den Rand können Sie durch eine überwallende Bepflanzung vor den Blicken verstecken.

Anlage eines Folienteichs

Folie ist das am häufigsten verwendete Dichtungsmaterial für künstliche Teiche, nicht zuletzt deshalb, weil sie leicht zu verarbeiten ist und sich jeder gewählten Teichform anpassen lässt.

Welche Folie eignet sich?

› Die meisten sowie die preisgünstigsten Teichfolien werden aus Polyvinylchlorid (PVC) hergestellt. Das Material ist relativ lange haltbar und formbeständig. Die Folienbahnen lassen sich recht einfach aneinander fügen (→ S. 86), undichte Stellen können selbst repariert werden. Bedenkliche Schadstoffgehalte (vor allem an Cadmium) sind mittlerweile größtenteils kein Thema mehr.
› Folien aus Polyethylen (PE) sind von vornherein frei von Schadstoffen, sehr elastisch und recht preiswert. Nur bei kleinen Nähten und Rissen empfiehlt es sich, solche Folien selbst zu reparieren. Weil das Material nicht ganz so beständig ist, sollte man besonders bei PE auf eine lange Haltbarkeitsgarantie der Hersteller achten.
› Teichfolien aus Kautschuk (EPDM) sind besonders flexibel, stabil und umweltfreundlich, aber auch schwerer und teurer. Aufgrund ihrer großen Elastizität und der leichten Verarbeitung werden sie bevorzugt für größere Teiche verwendet.
Die Beständigkeit gegenüber den UV-Strahlen der Sonne ist bei allen Folienarten begrenzt. Ein nicht mit Erde, Steinen, Rasen oder anderen Pflanzen überdeckter Teichrand, der ständig der Sonne ausgesetzt ist, wird mit der Zeit spröde.
Bei hochwertigen Teichfolien garantieren die Hersteller eine fünf- oder zehnjährige Haltbarkeit, vorausgesetzt, die Folie wird

sachgemäß behandelt. Qualitätsfolien namhafter Hersteller weisen außerdem meist eine Garantie über Schadstofffreiheit auf.
Für normale Gartenteiche ist eine Folienstärke von 0,8–1 mm optimal, während für kleine Teiche oft schon 0,5 mm ausreichen. Mehr als 1 mm starke Folien sind sehr steif und schwer.

Ermitteln des Folienbedarfs

Bei kleineren Teichen kann man in der Regel die im Garten- und Baufachhandel angebotenen Standardmaße nutzen, gewöhnlich 2 m Breite bzw. ein Vielfaches davon. Am besten erkundigen Sie sich schon vor dem Aushub nach den vorhandenen Formaten, um sich Nachbesserungen zu ersparen. Man kann sich die Folien nach Bedarf zurechtschneiden und -schweißen lassen oder die Verschweißung z. T. selbst übernehmen (→ S. 86).
Den Folienbedarf können Sie anhand einer Umrissmarkierung des späteren Teichs oder – besser noch – nach dem Ausheben und Ausgestalten der Teichgrube berechnen. Messen Sie dazu die größte Länge sowie im rechten Winkel dazu die größte Breite. Die beiden Maßzahlen ergänzt man noch jeweils um den doppelten Wert der größten Tiefe sowie zwei Mal 30 cm – also 60 cm – Zuschlag für den Rand.

Rechenbeispiel für einen Teich mit 7 m² Wasseroberfläche:

Länge	3,5 m
2 x 80 cm Teichtiefe	1,6 m
Rand	0,6 m
Folienlänge	5,7 m

Breite	2,0 m
2 x 80 cm Teichtiefe	1,6 m
Rand	0,6 m
Folienbreite	4,2 m

Es wird also eine Teichfolie mit den Maßen 5,7 m x 4,2 m benötigt.

Vorbereiten der Teichgrube

Zunächst markiert man den vorgesehenen Umriss mit einer Schnur, einem Schlauch oder mit Sägespänen. Anders als bei einem vorgeformten Fertigteich lassen sich mit Folie Stufen in beliebigen Tiefen und Grö-

EINBAU EINES FERTIGTEICHS

› MATERIAL:

Fertigbecken aus PE oder GFK mit verschiedenen Tiefenzonen
Sand für eine 10 cm hohe Schicht
schadstofffreies, kalkarmes Wasser

› WERKZEUG, ZUBEHÖR:

Holzpflöcke
Gartenschlauch, eventuell Sägemehl
Spaten, Grabegabel
Schubkarre
Richtlatte, Wasserwaage

› ZEITBEDARF:

3 bis 5 Stunden bei einer Teichgröße von ca. 2 m²

1

Standort markieren

Setzen Sie das Teichbecken an den gewünschten Standort und markieren Sie die Umrisse, indem Sie Pflöcke einschlagen oder einen Gartenschlauch auslegen. Auch die Tiefenzonen sollten angezeichnet werden.

2

Grube ausheben

Beim Ausheben der Grube beginnt man an der tiefsten Stelle; dabei werden Steine und Wurzeln entfernt. In allen Richtungen hebt man 10 cm mehr aus, da noch mit Sand ausgefüttert wird.

3

Becken ausrichten

Ist der Untergrund geglättet und Sand eingefüllt, wird das Becken eingesetzt. Überprüfen Sie mit einer darübergelegten Latte und einer Wasserwaage, ob sich die Oberkante exakt in der Waage befindet.

4

Ränder einschlämmen

Nach dem erfolgreichen Ausrichten lässt man das Becken zu einem Drittel mit Wasser voll laufen. Dann werden die Hohlräume an den Rändern nach und nach mit Sand aufgefüllt und eingeschlämmt.

ßen anlegen. Diese späteren Terrassen bzw. Tiefenbereiche können ebenfalls vorab schon markiert werden.

Sehen Sie möglichst breite und flache Uferzonen vor. Sie erleichtern Tieren, die ins Wasser gefallen sind, den Ausstieg und verringern die Gefahren für Kleinkinder.

Ist ein begehbarer Teichrand vorgesehen, so muss dieser ausreichend stabilisiert werden. Häufig genügen dafür untergelegte Steine, auf Schutzvlies oder eine Polsterschicht aus Sand gesetzt, um die Folie nicht zu beschädigen.

Wird der Teich auf einer Rasenfläche angelegt, lassen sich die abgestochenen Rasensoden später wieder zur Randgestaltung verwenden. Die oberste, nährstoff- und humusreiche Erdschicht legt man am besten getrennt vom übrigen Aushub ab; sie lässt sich später eventuell in anderen Gartenbereichen gut verwenden.

Vor dem Einlegen der Folie ist der Grubengrund gründlich von allen Materialien zu befreien, welche die Folie durchstoßen könnten, besonders von spitzen Steinen und Gehölzwurzeln. Selbst nach deren Einkürzen sollten Sie dort mehrere Schichten eines Wurzelschutzvlieses verlegen.

Folie verschweißen und einlegen

Lässt man die Folie fachgerecht vom Händler verschweißen – entweder am Kaufort oder bei großen Teichen direkt im eigenen Garten –, hat man nebenbei den Vorteil, dass die Schweißnähte mit einer Garantie abgesichert sind.

Zum eigenen Verbinden von PVC-Folien stehen entweder spezielle Folienkleber oder Kaltschweißmittel zur Verfügung. Beide müssen mit großer Vorsicht verarbeitet werden, geschützt durch Handschuhe und Schutzbrille; der Gebrauchsanweisung ist genauestens Folge zu leisten. Das gilt auch für Unterwasserkleber, die einfacher zu verarbeiten sind.

Die zu verklebenden Stellen müssen frei von Schmutz und Staub sein. Außerdem braucht man eine ebene Unterlage, auf der man die Folienbahnen mindestens 5 cm überlappend aufeinander legen kann. Nach dem Verkleben werden die Folien zuerst mit einem Roller und dann 10 bis 15 Minuten lang mit Hilfe eines schweren Gegenstands angedrückt.

Wer handwerklich nicht erfahren ist, sollte das Zusammenschweißen großer Flächen lieber dem Fachmann überlassen. Dies gilt erst recht bei PE- und Kautschukfolien, bei denen die Arbeit mit speziellen Heißluftschweißgeräten erforderlich ist.

Die einzelnen Schritte zum Verlegen sind auf S. 87 beschrieben. Bei großen Teichen empfiehlt es sich, zum Auslegen der Folie Helfer hinzuzuholen. Wichtig ist, dass die Folie großzügig und locker verlegt und nicht beschädigt wird. Betreten Sie sie daher nicht mit Schuhen. Falten müssen nicht um jeden Preis vermieden werden. Im Gegenteil – sie sind notwendig, damit die Folie noch nachgeben kann, wenn sie vom Wasserdruck beschwert ist.

Damit kein Wasser abgesogen wird, zieht man die Folie am Rand hoch.

Teich füllen und bepflanzen

Nach dem Verlegen der Folie wird das Substrat eingebracht, in dem die Wasserpflanzen später wurzeln sollen, sofern nicht eine Pflanzung in Körben geplant ist. Einzelheiten zum Substrat und zum Bepflanzen entnehmen Sie bitte dem Kapitel „Pflanzen im Wassergarten" (→ S. 320–329).

Anschließend lassen Sie das Wasser vorsichtig und ohne hohen Druck einlaufen. Damit das Substrat nicht gleich wieder fortgespült wird, können Sie das Schlauchende z. B. in einen Eimer legen. Das Wasser sprudelt aus ihm dann sanft in den Teich.

Befüllen Sie zu Beginn nur die tiefste Stelle und setzen Sie dann die Seerosen sowie andere ➲ SCHWIMMBLATTPFLANZEN (S. 560) und Unterwasserpflanzen ein. Mit steigendem Wasserspiegel können dann nach und nach alle Terrassen bepflanzt werden – immer nur gerade die bewässerte Stufe, damit die Pflanzen nicht austrocknen (→ S. 326). Vor dem Auffüllen bis zum endgültigen Wasserstand wird dann der Rand befestigt.

Folienrand als Kapillarsperre

Am Ufer muss die Folie so hochgezogen werden, dass der Teich keinen Kontakt zur umgebenden Erde hat. Diese sogenannte Kapillarsperre verhindert, dass das Wasser wie mit einem Docht ins Erdreich abgesogen wird. Dazu zieht man die Folienränder senkrecht über den vorgesehenen Wasserspiegel hoch, so dass sie den Teichrand leicht überragen. Den überstehenden Rest lässt man gleich wieder steil unter der Erde verschwinden. Das äußerste Ende sollte dann möglichst wieder nach oben gezogen werden, als zweite Schranke zum Erdreich. Eine andere Lösung ist ein kleiner Wall am Teichrand, über den man die Folienränder nach dem Hochziehen legt. Solche Kanten können mit Rasensoden oder Steinen überdeckt werden (→ Abb.).

Teichbau mit Lehm und Ton

Die natürlichsten Baustoffe für ein Feuchtbiotop sind ➲ LEHM (S. 551) oder ➲ TON (S. 564). Diese Materialien bilden auch in der freien Landschaft undurchlässige Schichten, die für angestautes Wasser und somit für die Entstehung von Tümpeln und Seen sorgen.

Wo solche Bedingungen nicht von Natur aus gegeben sind, wird es auch bei sehr sorgfältiger Arbeitsweise schwierig, den Untergrund dauerhaft mit Lehm oder Ton abzudichten. Weder Stock, Stein noch Wurzeln dürfen in eine solche Dichtung hinein ragen. Aber auch dann besteht noch die Gefahr, dass durch die natürlichen Wasserschwankungen Teile der künstlichen Schicht austrocknen und Risse entstehen.

Einen Lehmteich hebt man wegen des Dichtungsmaterials etwa 25 cm tiefer als endgültig geplant aus. Der Lehm wird von manchen Herstellern in Form fertiger Bauelemente geliefert, deren verzahnte Kanten eine lückenlos dichte Verlegung erleichtern. Nach dem Verlegen wird die

BAU EINES FOLIENTEICHS

› MATERIAL:

Teichfolie im berechneten Format (→ S. 85) von 0,5–1 mm Stärke
Schutzvlies
Sand für 10–20 cm hohe Schicht
schadstofffreies, kalkarmes Wasser

› WERKZEUG, ZUBEHÖR:

Holzpflöcke, Seil, Gartenschlauch oder Sägemehl zum Markieren
Spaten, Grabegabel
Schubkarre, Rechen
eventuell Minibagger
Schlauchwaage oder Richtlatte und Wasserwaage, Schnur
eventuell Folienkleber oder Kaltschweißmittel, Handschuhe und Schutzbrille
Steine zur Randabdeckung

› ZEITBEDARF:

ca. 2 Arbeitstage für 2 Personen bei ca. 25 m² Teichfläche

1

Teichgrube ausheben

Entfernen Sie von der markierten Fläche die Grasnarbe und graben Sie schrittweise die verschiedenen Tiefenzonen aus. Wenn genug Platz ist, dürfen die Übergänge zwischen den Terrassen flach verlaufen.

2

Randstreifen anlegen

Heben Sie hinter dem Rand einen schmalen Graben aus. Der Folienrand wird später als Kapillarsperre (→ S. 86) gegen Wasserabsaugung hochgezogen, den Überstand lässt man im Graben verschwinden.

3

Teichrand nivellieren

Damit der Teich nicht an der tiefsten Stelle des Rands ausläuft, muss dieser absolut waagrecht liegen. Zur Überprüfung verwendet man eine Schlauchwaage oder ein Richtscheit mit Wasserwaage.

4

Folienbedarf berechnen

Hierbei werden Länge, Breite und Tiefe der Grube gemessen und nach einer einfachen Formel (→ S. 85) verrechnet. Die genauen Maße lassen sich auch durch Auslegen einer Schnur ermitteln.

5

Grube auskleiden

Nun bringt man eine 10–20 cm starke Sandschicht auf dem Untergrund aus. Sie beugt Folienschäden unter dem Druck des Wassers vor. Auch ein Teich- bzw. Wurzelschutzvlies ist empfehlenswert.

6

Folie auslegen

Zuletzt wird die Folie so ausgelegt, dass sie an allen Seiten etwa 30 cm übersteht. Damit sie sich gut dem Boden anschmiegt, kann man zum Glätten der Falten gleich etwas Wasser einlassen.

Bei einem Teich am Hang empfiehlt es sich, etwas Abstand zur Stützmauer zu halten. Nach unten muss die Folie waagrecht liegen.

Schicht mit einem Motorstampfer intensiv verdichtet. Da der Teichboden nur sehr flach ansteigen darf, muss die Teichoberfläche über 30 m² betragen, um eine frostfreie Tiefe zu erlangen.
Abgetrennt durch eine Vliesabdeckung folgt dann eine 10–15 cm starke Kiesschicht (möglichst kalkfrei, 0–32 mm), in die die Wurzelballen der Wasserpflanzen gesetzt werden. Anschlüsse an Mauern oder Verbindungen in den Untergrund (Kabel, Rohre) sollten mit einer zweiten Lehmschicht abgesichert sein.
Der fertige Teich wird schrittweise aufgefüllt, bis sich der Untergrund jeweils voll gesogen hat und kein Wasser mehr versickern lässt. Weil das Wasser auch am Rand vom Lehm aufgesogen wird, muss die Randbepflanzung vorübergehende Trockenperioden gut überstehen können.

Als Alternative zum Lehm wird auch fein gemahlenes, hoch quellfähiges Tonpulver als Teichabdichtung angeboten. Dabei haben sich für den Teichbau Qualitätsprodukte bewährt, die als 1–2 cm starke Schicht eingebaut werden. Man erhält solche Tonmehle auch in Mattenform, auf einem Filtervlies haftend, was sich besonders für kleine Teiche eignet. Auf die Tonmehlschicht sollte möglichst eine weitere Schicht aus lehmigem, humusfreiem Substrat folgen, auf die dann wie beim Lehmteich eine Schicht Kies verlegt wird.

Besondere Bauweisen und Gestaltungselemente

Der gewünschte Teichstandort oder der Geländeverlauf können bestimmte Vorkehrungen erforderlich machen. Spezielle Bauweisen und Ausstattungen ermöglichen zugleich aber auch besonders reizvolle Gestaltungen.

Ein Teich am Hang

In geneigtem Gelände kommen vorwiegend Folienteiche in Frage, deren Profil sich entsprechend anpassen lässt. Hier ist umso mehr darauf zu achten, dass der Fo-

Gut zu wissen

Schwimmteiche

Mit einem Schwimmteich lässt sich so mancher Traum verwirklichen: Beim erfrischenden Bad können Sie zwischen blühenden Seerosen schwelgen und gleichzeitig eine faszinierende Tierwelt mit Amphibien sowie Libellen und anderen Insekten aus der Nähe beobachten. Dabei halten die Pflanzen der Vegetationszone das Wasser natürlich sauber. Für Schwimm- und Vegetationszone sind jeweils mindestens 15 m² vorzusehen, wobei ein komfortabler Schwimmbereich wenigstens 1,6 m tief sein sollte. Man trennt die Zonen durch eine Abgrenzung, die bis knapp unter die Wasseroberfläche reicht. Wird diese aus Holzpalisaden, Steinen oder Beton errichtet, so ist die Anlage eines Fundaments erforderlich. Eine Sperre aus stabil gelagerten Sandsäcken erspart diesen Aufwand und lässt sich z. B. auch in geschwungener Linie errichten.
Die Abdichtung stellt man am einfachsten mit einer wenigstens 1,2 mm starken Folie her, die auch die Sperre überzieht. Für die Schichtung des Teichbodens gilt daher dasselbe wie beim Folienteich. Da es sich um große Flächen handelt, sollte man zum Verlegen der Teichfolie Fachleute hinzuziehen.
Die richtige Bepflanzung ist ein entscheidender Faktor, um möglichst sauberes Wasser zu erhalten. Man verwendet bevorzugt Arten, die auch für Pflanzenkläranlagen zum Einsatz kommen. Dazu gehören vor allem Schilf-, Simsen- und Binsenarten, aber auch so attraktive Pflanzen wie Sumpfschwertlilie, Rohrkolben und Blutweiderich.

lienrand gleichmäßig waagrecht liegt und die Konstruktion stabil ist. Zum Hang hin muss sichergestellt sein, dass nicht laufend Erde in den Teich rutscht. Bei stärkerer Neigung empfiehlt es sich, den Hang so abzutragen und abzustützen, dass eine ausreichend breite, waagrechte Wasserfläche Platz findet (→ Abb. S. 88). Für das talwärts liegende Ufer lassen sich z. B. Holzpalisaden verwenden, die in einem Betonfundament zu sichern sind. An diesen Hölzern wird im Teichinneren die Folie hochgezogen. Sind solche Lösungen zu aufwendig, so kann man sich auch mit mehreren kleinen Teichen behelfen.

Der frei stehende Teich

Wenn man im Unterboden auf große Steine stößt, ist zu überlegen, ob man den Wasserspiegel über die Erdoberfläche erhebt, so dass der Teich zumindest teilweise frei über dem gewachsenen Boden steht.
Je höher die Erhebung über den Boden, umso stabiler müssen die Wände gebaut sein, um dem Wasserdruck standhalten zu können. Dies geht z. B. mit waagrecht liegenden Kanthölzern, die an den Ecken in Blockbauweise gestapelt und mit einer durch ein Loch geführten Eisenstange im Boden befestigt werden. Solch ein Teich wird vorzugsweise mit Folie angelegt, man kann aber auch Fertigbecken mit entsprechender Unterfütterung verwenden.
Beim Einlegen der Folie ist darauf zu achten, dass sie sehr locker eingepasst wird und vollständig dem Boden aufliegt. Wenn sie nämlich im Gestell hängt, wird sie beim Einfüllen des Wassers irgendwann reißen.

Der Teich an der Terrasse

Einen Teich in direkter Nachbarschaft eines Sitzplatzes sollte man gut planen, nicht zuletzt, weil sich die Unfallgefahr erhöht, wenn die Terrasse nicht sehr groß ist. Dies betrifft besonders auch kleine Kinder (→ S. 90). Häufig empfiehlt es sich, wegen der Hausnähe eine Sickergrube (→ S. 90) anzulegen.
Besonders leicht hat man es mit Fertigteichen, die für den Anbau an der Terrasse vorgesehen sind. Sie weisen ein oder zwei gerade Kanten auf, mit denen sie am Terrassenrand anschließen können, während die übrigen Seiten geschwungen sind und dadurch natürlicher wirken.

Das Sumpfbeet

Ein Sumpfbeet bzw. eine Sumpfzone, also ein feuchter, aber höchstens gelegentlich überschwemmter Bereich, rundet jeden Teich im wahrsten Sinne des Worts ab und bietet einen Standort für viele attraktive Pflanzen. Es sollte wenigstens ein Viertel der Teichfläche einnehmen.
Das Sumpfbeet wird am besten gleich von Anfang an mit angelegt; wenn man die Ufer flach auslaufen lässt, entsteht es fast schon von selbst. Das hat mehrere Vorteile. Im Flachbereich hat die Erde einen besseren Halt auf der glatten Folienoberfläche, zugleich sind flache Ufer ungefährlicher für Mensch und Tier. Nicht zuletzt ist dies weniger aufwendig, als später ein Stück Folie zusätzlich anzuschweißen. Am besten trennt man das Sumpfbeet durch eine hochgezogene Folie zum Teich hin ab.
Natürlich lässt sich ein Sumpfbeet auch separat vom Teich anlegen. Als Mindestgröße sind 1–1,5 m^2 anzustreben. Die Bauprinzipien sind dieselben wie beim Teich, nur dass die Folie hier lediglich 25 cm tief verlegt und das Substrat bis zur Oberfläche des Wasserspiegels aufgefüllt wird.
Am Rand des Sumpfbeets wird die Folie wieder nicht zu knapp abgeschnitten, sondern umgeschlagen und unter die Erde geführt. Es wirkt sehr natürlich, wenn man diese Stelle mit Rasensoden überdeckt.

Trittsteine und Brücken

Trittsteine an flachen Stellen strukturieren den Teich und ermöglichen es, ihn zu überqueren und auch von „innen" zu betrachten. Damit sie nicht mit der Zeit zu wackeln anfangen, muss man sehr sorgfältig arbeiten.
Wer geschickt ist und die Trittsteine bereits zeitig einplant, kann schon den Sand unter der Folie so formen, dass der Stein sicher darauf sitzt. In der Regel empfiehlt es sich aber, erst auf der Folie einen stabilen Untergrund zu errichten. Man kann diesen extra aus Beton anfertigen oder z. B. U-Steine im Baumarkt besorgen. Zur Sicherung der Folie sind vorsichtshalber mehrere Schichten Schutzvlies unterzulegen. Der eigentliche Trittstein, am besten ein Naturstein, wird entweder in den selbstgegossenen Beton eingepasst oder auf dem glatten Untergrund mit Silikon befestigt. Damit die Konstruktion auf

Der Sumpf enthält nur zeitweise Wasser, aber viele attraktive Pflanzen.

Trittsteine ermöglichen das Teicherlebnis aus anderer Perspektive.

Dauer sicher ist, lässt man sie am besten von einem Fachmann anlegen.
Mit Hilfe einer Brücke lassen sich sogar kleine Teiche zu einer Minilandschaft aufwerten. Im Fachhandel erhält man fertige Konstruktionen aus verschiedensten Materialien. Brücken mit Geländer wirken für kleinere Gewässer häufig zu wuchtig.
Zur Sicherung der Stabilität ist an beiden Seiten ein Fundament anzulegen. Bei großen, schweren Konstruktionen lassen Sie sich am besten von Fachleuten helfen. Eine kleine Holzbrücke kann hingegen auch im Eigenbau erstellt werden. Manchmal beschränkt man sich jedoch besser auf einen – ebenfalls sorgfältig angebrachten – Holzsteg, der ins Wasser ragt.

Gut zu wissen

Sicherheit für Kinder

Ein Teich übt eine magische Anziehungskraft auf Kinder aus. Deshalb ist unbedingt an deren Sicherheit zu denken. Steilufer müssen auf jeden Fall abgesichert werden. Doch das schützt noch nicht zuverlässig vor Unfällen.
Dabei muss der Teichbesitzer nicht nur an die Kinder seiner persönlichen Umgebung denken, da er im Rahmen der Verkehrssicherungspflicht auch für Unfälle von Kindern haftet, die ungehindert Zugang haben. Mindestens 60 cm hohe Zäune um Teich und Sumpfbeet hindern die Kinder am Zutritt. Wer jedoch weiß, zu welchen Kletteraktionen die Kleinen imstande sind, kann sich immer noch nicht ganz sicher fühlen.
Die immer noch beste Vorbeugung bietet ein rostfreies Baustahlgitter mit genügend kleinen Maschen, das 1–2 cm bündig unter der Wasseroberfläche angebracht und gut befestigt wird. Bei großen Flächen muss man an mehreren Stellen Steine stabil unterlegen, damit das Gitter nicht tiefer als 10 cm unter die Wasseroberfläche durchhängt.

Miniteiche

Miniteiche in kleinen Becken oder Kübeln verleihen nicht nur kleinen Gärten eine ganz persönliche Note. Da man in einer solchen Anlage mehr Blick für die Details hat, können die Pflanzen und Accessoires mitunter mehr Wirkung erzielen als in einer großen Teichlandschaft. Balkon und Terrasse werden so zu lauschigen Plätzen, an denen keine Langeweile aufkommt – erst recht nicht, wenn das Wasser in Bewegung ist, wie z. B. bei einem Brunnen, einem Quellstein oder einem Wasserspeier.
Als Alternative zu einem großen Gartenteich bietet sich auch eine Kombination mehrerer Kleinteiche an, z. B. aus Kunststoffwannen oder Betonringen. Sie können zusätzlich durch Rinnsale miteinander verbunden werden. Dabei lassen sich auch die dazwischen liegenden „Landzungen“ in die Gestaltung einbeziehen. Eine solche „Seenplatte“ kann tatsächlich den Eindruck einer kleinen Landschaft vermitteln.
Bevorzugen Sie für Miniteiche schwachwüchsige Arten und Sorten und bepflanzen Sie sie so sparsam, dass die Wasserfläche gut sichtbar bleibt. Miniteiche sind in der Regel nicht wintertauglich und müssen vor dem Frost in geschützte Räume gebracht bzw. geleert werden.

Je kleiner der Behälter, desto schneller heizt sich das Wasser auf. Dabei wird die Entwicklung von Algen gefördert und die der erwünschten Wasserpflanzen eingeschränkt. Deshalb ist eine gewisse Schattierung von Vorteil. Wählen Sie zudem einen windgeschützten Standort, und füllen Sie verdunstetes Wasser regelmäßig nach.

Mehrere Miniteiche können eine ganze Teichlandschaft bilden.

Technik rund ums Wasser

Der Garten- und Zoofachhandel bietet eine Vielzahl von Geräten und Hilfsmitteln für den Wassergarten an. Allgemeine Empfehlungen sind hier wenig hilfreich. Wichtig ist, dass Sie eine gute Beratung im Fachgeschäft suchen, etwa was die benötigte Leistungsstärke von Pumpen betrifft. Achten Sie besonders bei allem, was mit Strom zu tun hat, auf TÜV-geprüfte Geräte. Strominstallationen sollte man ohnehin dem Fachmann überlassen (→ auch S. 66–67) – dies im Teichumfeld erst recht. Denken Sie auch an den Einbau eines Fehlerstromschutzschalters.

Sickergrube und Ablauf

Wenn die Umgebung des Teichs nicht geeignet ist, eventuell überlaufendes Wasser ohne Schaden aufzunehmen (z. B. Haus, Nachbargrundstück), sollte man eine Sickergrube anlegen. Hierzu wird am Folienrand ein Rohr oder eine Rinne angebracht, die zu einer etwa 1 m entfernten Grube führt. Deren Wände müssen stabil sein (z. B. Betonringe), der Boden jedoch wasserdurchlässig. Man kann die Grube bis zum Rand mit grobem Kies auffüllen oder sicher abdecken. In besonders heiklen Situationen lässt sich der Teich auch direkt an die Kanalisation anschließen.

Sauerstoffzufuhr und Filterung

Zu Sauerstoffengpässen kann es sowohl im Winter unter der gefrorenen Teichoberfläche kommen als auch im Sommer, wenn sich das Wasser stark erwärmt.
In einem naturnahen Teich mit reichhaltiger Bepflanzung sorgen die Halme schilfartiger Gewächse dafür, dass auch noch unter einer winterlichen Eisdecke ein Gasaustausch stattfindet. Anderenfalls kann auch gut ein sogenannter Eisfreihalter aus dem Fachhandel eingesetzt werden (→ S. 327).
Bei Fischbesatz sollten Sie zusätzlich für Sauerstoff sorgen. Im Sommer kann ein Bachlauf diese Aufgabe naturgemäß und wirkungsvoll übernehmen. Wo diese Möglichkeit nicht besteht, sollte man einen Oxidator oder eine Teichbelüftungspumpe einsetzen (→ auch S. 324).
Treten häufiger Probleme mit Verunreinigungen und starker Algenvermehrung auf, sollte das Wasser mit einer Pumpe zu einem Filter geleitet werden, der es mit mechanischen, chemischen und/oder biologischen Methoden reinigt. Herbstlaub und andere gröbere Verunreinigungen lassen sich mit einem pumpenbetriebenen „Skimmer“ absaugen.

Fließgewässer anlegen

EIN BACHLAUF IST eine Bereicherung für jeden Wassergarten, und zwar nicht nur optisch: Da sein Wasser ständig in Bewegung ist, wird es immer wieder mit Sauerstoff angereichert. Dies kommt auch dem Teich zugute, in den der Bachlauf mündet.

Am einfachsten ist es, wenn man den Bachlauf gleich mit dem Teich plant und anlegt. Zum Gestalten des nötigen Gefälles bietet sich dann der Aushub an, der durch die Teichgrube anfällt. Aber auch ein nachträglicher Anbau stellt kein großes Problem dar. Entscheidend ist das verwendete Bau- bzw. Abdichtungsmaterial: Am Übergang von Bach und Teich muss es sich so verbinden lassen, dass das Ganze wasserdicht ist.

Grundsätzlich sollte man darauf achten, dass der Bach den Garten nicht in zwei Teile trennt. Hinweise zur Bepflanzung finden Sie auf S. 323.

Bach, Rinne oder Kaskade?

Ein Bach im Garten darf eher gemächlich fließen: 10 cm Gefälle pro Laufmeter reichen völlig aus. Liegt das Grundstück nicht gerade am Hang, muss man eine künstliche Böschung schaffen. Es sei denn, Sie entscheiden sich für eine Art Mischung aus Teich und Bach ohne Wasserbewegung: Eine solche Rinne lässt sich recht einfach anlegen, indem man eine längliche, gewundene und relativ flache Grube aushebt und den Grund verdichtet. Der Aushub kann beiderseits als leichte Erhebung angehäuft werden, die das Niederschlagswasser ansammelt.

Eine beliebte Variante sind Kaskaden, die einem Mäuerchen entspringen. Die glatte, spiegelnde Oberfläche des herabfallenden Wasserfilms hat eine faszinierende Ausstrahlung. Das Wasser kann durch eine eingefasste Rinne weitergeleitet werden. Im Grunde reicht es aber, wenn es von einem Becken aufgefangen und durch eine unsichtbar angebrachte Pumpe wieder nach oben transportiert wird.

Bau eines Bachlaufs

Eine Lehmabdichtung kann austrocknen und Risse bekommen, wenn der Bach nicht ständig Wasser führt. Deshalb eignet sich **Teichfolie** besser. Mit etwas Geschick lässt sich der Bach so anlegen, dass sie mit der Zeit völlig unsichtbar wird.

Ein Bach sollte mindestens 3 m lang, 50 cm breit und 25 cm tief sein. Schön ist es, wenn sich breitere und schmalere Stellen abwechseln. Markieren Sie den Verlauf vor dem Aushub mit einer Schnur oder stecken Sie ihn mit Pflöcken ab. Damit lässt sich auch der Folienbedarf berechnen wie auf S. 85 beschrieben.

Am höchsten Punkt liegt die „Quelle"; hier mündet der Pumpenschlauch. Sie wirkt besonders malerisch, wenn das Wasser einer Steingruppe entspringt. Zwischen den Fließstrecken kann man kleine Stufen anlegen, in denen sich das Wasser sammelt. Um diese Stellen zu bepflanzen, müssen sie so tief sein, dass darin auch bei ausgeschalteter Pumpe Wasser steht.

Der Folienrand muss jeweils nach oben zeigen. An den Seiten lässt man großzügig 30 cm überstehen; dieser Überstand wird eingegraben oder mit Steinen bedeckt. Als Füllmaterial für das Bachbett eignen sich Quarzkies, Waschbetonriesel und Kieselsteine. Größere Steine setzt man am besten in ein Bett aus Lehm oder Töpferton und deckt die Fuge zur Folie mit Splitt oder kleinen Kieselsteinen ab, um ein Ausschwemmen zu verhindern.

Im Fachhandel gibt es **Fertigformen** aus Natursandstein oder Kunststoff, die sich in beliebigen Längen und Windungen zusammensetzen lassen. Braune oder graue Schalen wirken dabei etwas natürlicher als solche in helleren Tönen. Sie werden in ein Sandbett gesetzt. Am besten richtet man sie exakt waagrecht aus, damit sie möglichst viel Wasser führen können. Das Wasser rinnt dann kaskadenartig in das nächsttiefere Element.

Um das Wasser im Kreislauf bzw. in Bewegung zu halten, bedarf es einer **Pumpe**. Diese Tauch- oder schwimmende Pumpe wird dazu an der tiefsten Stelle der Anlage auf einem Lochziegel platziert. Von dort kann man den Schlauch flach eingraben und zur Quelle führen. Meist genügt eine Pumpenleistung von 60–100 l/min. Zur Sicherheit sollten Sie einen Fehlerstromschutzschalter einbauen lassen.

Ein belebender sowie beruhigender Anblick: ein Bach, der über Kaskaden im Teich mündet.

Wasserspiele und Dekoratives

FONTÄNEN, QUELLSTEINE oder wasserspeiende Figuren sind ein Blickfang im Garten. Auf den Betrachter wirkt das sanfte Gurgeln und Sprudeln eines Wasserspiels äußerst beruhigend. Temperamentvolles Plätschern bringt Bewegung in den Teich und reichert gleichzeitig das Wasser mit Sauerstoff an. Außerdem können in solch einem „Wellenbad“ keine Mückenlarven gedeihen.

Je kleiner jedoch der Teich, desto schwieriger ist es, den Wunsch nach Wasserspielen zu erfüllen. Denn Seerosen und Zierfische vertragen keine ständige Berieselung von oben. In einem Naturteich wird man nicht zuletzt aus stilistischen Gründen darauf verzichten. Dort ist ein sachte plätschernder Quellstein das Höchste der Gefühle.

Ein Wasserspiel sollte sich in seinen Dimensionen dem Teich anpassen, so dass es besser zurückhaltend wirkt, anstatt sich mit Effekthascherei allzu sehr in den Vordergrund zu drängen. Auch überdimensionale Figuren und Kunstobjekte sprengen in den meisten Fällen den Rahmen.

Quellsteine und Amphoren

Quellsteine können am Rand oder in einer flachen Zone des Teichs platziert werden. Der Untergrund muss aufgrund des Gewichts durch Sand (unterhalb der Folie) oder eine Steinkonstruktion (auf der Folie) stabilisiert werden. Die Folie ist in jedem Fall mit einem Schutzvlies gegen die Belastung zu sichern. Ein solcher Stein kann auch unabhängig von einem Teich am Boden oder in einem kleinen Behälter installiert werden und braucht dann natürlich eine eigene Wasserversorgung. Die Leistung der Pumpe entscheidet darüber, ob das Wasser leise murmelt oder geräuschvoll plätschert.

Terrakottaamphoren, die wie zufällig am Wasserrand liegen und aus denen scheinbar unerschöpflich Wasser rieselt, sind ein malerisches Beiwerk zum Teich. Um den Wassernachschub zu gewährleisten, wird am Boden des Gefäßes ein Loch gebohrt, durch das ein Wasserschlauch hindurchpasst. Dieser lässt sich bei Bedarf mit Hilfe von Klemmen oder Silikon fixieren. Verschieden große Steine, überhängende Gräser und farbenfrohen Blumen helfen, diesen Zufluss geschickt zu kaschieren.

Ein Mühlstein kann überall als Blickfang dienen – auch ganz ohne Teich.

Selten werden Tierköpfe oder andere Figuren aller Art so lebendig wie in Form eines Wasserspeiers.

Fontänen und Wasserspeier

Wer trotz mancher Hindernisse nicht auf einen Springbrunnen verzichten will, kann dafür ein eigenes Becken einrichten, wo er weder Seerosen, Frösche noch den naturnahen Charakter beeinträchtigt. Dabei können Sie unter den verschiedensten Fontänenformen wählen:

- Mehrstrahldüsen wirken wie ein Brausekopf und sorgen für zahlreiche dünne Strahlen. Sind die Düsen auf einem beweglichen Kopf gelagert, dann entsteht durch den Rückstoß eine ständige Drehbewegung.
- Einstrahlige Düsen eignen sich am besten für windoffene Lagen. Sie können schräg oder aufrecht speien und bieten mittels vorprogrammierter Zeitintervalle faszinierende Phänomene.
- Glockenartige Hauben aus einem dünnen Wasserfilm entstehen, wenn der Wasserstrahl von einer Fläche abprallt.
- Schaumeffektdüsen erzeugen eine weiß schäumende Wassersäule, indem sie dem Wasser Luft beimischen.

Insbesondere für die Installation auf Balkon oder Terrasse kommen auch wasserspeiende Figuren in Frage. Ob Frösche, Wasservögel, Zwerge, Feen oder Elfen – fließendes Wasser haucht ihnen eine Lebendigkeit ein, wie sie sonst nur großen Kunstwerken eigen ist.

Pumpen für das Wasserspiel

Das Herzstück der scheinbar nie versiegenden Quelle ist bei Amphore, Stein oder Springbrunnen eine Pumpe. Wichtig ist, dass diese angemessen dimensioniert ist: Für einen Wasserspeier genügt in der Regel eine weit geringere Leistung als für einen Bach. Beachten Sie dazu die jeweiligen Herstellerangaben.

Fontänenaufsätze werden häufig direkt auf die Teichpumpe montiert. Diese stellt man am besten auf einen oder mehrere Ziegelsteine – und damit etwas über den Bodenschlamm. Manche Hersteller bieten zusätzlich einen separaten Teichrandfilter an, der das Wasserspiel zuverlässig vor Verschmutzung schützt. Denken Sie schon während der Planung an die nötigen Anschlüsse!

WASSERELEMENTE

1 Beruhigende Sprudel

Steine, aus denen beschaulich Wasser hervorsprudelt, wirken beruhigend. Hier wurden Findlinge aus der Natur verwendet, um einen Quellstein herzustellen.

2 Nostalgische Brunnen

Waren Brunnen früher die zentrale Versorgungsstelle für Haus und Hof, so sind sie heute meist verschwunden. Trotzdem ist das Motiv immer noch beliebt, egal ob als nostalgisches Erinnerungsstück oder als moderne Neuschöpfung. Man kann dabei zwischen einem frei stehenden Brunnen und einer Wandinstallation wählen, die beide nicht viel Platz benötigen.

1

2

3

4

3 + 4 Lebendige Fontänen

Der Handel bietet eine Vielfalt von mehr oder weniger verspielten Fontänen für jede Teichgröße und jeden Geschmack (→ Abb. 4). Sie können den markanten Blickfang mitten im Teich bilden oder separat aufgestellt werden, nur mit einem kleinen Auffangbecken. Für solche raumsparenden Versionen eignen sich wasserspeiende Figuren besonders gut. Speier, die periodisch Wasser spucken, fesseln den Betrachter besonders. Fern vom Wohnhaus bietet es sich an, eines der solarbetriebenen Wasserspiele zu verwenden.

5 Dramatische Lichteffekte

Der Grillabend wird besonders stimmungsvoll, wenn eine Lichtquelle für indirekte Beleuchtung von der Wasserfläche aus sorgt. Das Licht und die umgebenden Formen spiegeln sich in der Wasseroberfläche; die davon angezogenen Tiere lassen sich im Lichtschein gut beobachten. Vorgesetzte Farbscheiben beleben die Atmosphäre. Geradezu traumhaft erscheinen Glaskugeln, die zwischen blühenden Seerosen auf dem Wasser treiben und ihre Umgebung beleuchten.
Am reizvollsten sieht eine beleuchtete Fontäne aus. Namhafte Hersteller haben Fontänen, Sprudler und Strahler entwickelt, in denen bereits eine Lichtquelle integriert ist. Sie können die Bewegung des Wassers besonders spektakulär in Szene setzen.

5

1

Gestalten mit Pflanzen

Üppig begrünte Wände, niedrige Einfassungen aus Buchsbaum, ruhige Rasenflächen, farbenfrohe Staudenbeete – die Gestaltungsmöglichkeiten mit Pflanzen sind so vielfältig wie sie selber und spielen eine wichtige Rolle bei der Gartengestaltung.

Bei der Anlage eines Gartens ist die Bepflanzung der wohl schönste und zugleich spannendste Schritt. Es gibt beinahe grenzenlose Möglichkeiten, wie man die verschiedenen Pflanzen einsetzen kann und welche Wirkung man damit erzielt. Da sich Bäume, Sträucher und Stauden immer weiterentwickeln, tragen sie zu einer ständigen Veränderung und Belebung des Gartens bei. Es ist deshalb wichtig, sich schon von Anfang an darüber klar zu sein, welche Wirkung man auf Dauer erzielen möchte und welche Pflanzen dafür geeignet sind.

Neben den baulichen Elementen wie Wege, Mauern und Treppen übernehmen auch Pflanzen raumbildende Aufgaben. So können Sie den Garten nach außen mit einer Mauer, aber auch mit einer Hecke, einem begrünten Zaun oder großen Gehölzen abgrenzen. Und auch innerhalb des Gartens trennen eine berankte Pergola oder eine niedrige Hecke verschiedene Nutzungsbereiche ab. Solitäre und einzelne in Form geschnittene Gehölze setzen Blickpunkte, während eine Rasenfläche Ruhe vermittelt.

Eine dunkle Hecke bildet den richtigen Hintergrund für ein farbenfrohes Staudenbeet, das in Hausnähe gelegen zum Betrachten einlädt. Und auch Obst und Gemüse werden nicht nur zum Verzehr angebaut, sondern können im Garten überaus reizvolle Akzente setzen. Ein Obstbaum inmitten der Rasenfläche lädt im Sommer zum Verweilen im Schatten ein, die Kräuterspirale wird zum formalen Gestaltungselement.

Gerade in kleinen Gärten sind Kletterpflanzen eine gute Möglichkeit, auch auf engem Raum üppig blühende, grüne Oasen zu schaffen.

Neben dieser räumlichen Wirkung bieten Pflanzen aber noch mehr – eine bestimmte Wuchsform, Blüten, Blätter, Früchte und Rinde. Je nach Auswahl und Zusammenstellung können Sie so völlig unterschiedliche Gartenthemen verwirklichen. Streng geschnittene Pflanzen passen eher in einen architektonischen, formalen Garten, während man für einen Naturgarten solche Pflanzen wählt, die üppig und wildnishaft wachsen.

Sie können sich ganz auf bestimmte Farben beschränken, die dann als Blüten, Früchte oder auch Rinde auftauchen. Achten Sie ebenfalls auf die verschiedenen Blattformen und Oberflächen. Lange schmale Blätter wirken beispielsweise leicht und locker, während ein grobes, großflächiges Blattwerk üppig und wuchtig erscheint und damit eine völlig andere Wirkung erzielt.

In diesem Kapitel:

Pflanzenverwendung

BEVOR SIE PFLANZEN aussuchen, sollten Sie sich ein paar Gedanken machen: Welche Funktion soll eine bestimmte Pflanze übernehmen, welche Wirkung wollen Sie erzielen, welche Ansprüche stellen die gewählten Arten. Denn nicht alle Pflanzen lassen sich gut miteinander kombinieren oder an jeden Standort setzen.

Funktionen

Wie die baulichen Elemente können auch Pflanzen den Garten abgrenzen oder einen Sichtschutz bilden, ihn in Räume gliedern und Sichtachsen schaffen. Darüber hinaus bilden sie Blickpunkte oder ruhige Flächen und bieten sich für Unterpflanzungen an.

Abgrenzung nach außen

Hierfür bieten sich Sträucher oder große Bäume an, die auch außerhalb des eigenen Grundstücks stehen können. Je nach vorhandenem Platz lässt sich der Garten mit einer frei wachsenden Blütenhecke oder einer Schnitthecke nach außen hin abgrenzen. Luftiger und lockerer, jedoch auch weniger blickdicht wird es, wenn Sie Zäune mit Kletterpflanzen begrünen. Hierfür können Sie ausdauernde Arten oder ein- und zweijährige Pflanzen verwenden (→ S. 436–439, S. 498–499).

Da die Abgrenzung den Rahmen für das gesamte „Gartenbild“ bietet, sollte sie zum Gartenstil passen. Eine streng geschnittene Hecke wirkt bei einem Naturgarten unstimmig, sorgt aber bei einem architektonischen Garten für das richtige Ambiente. Denken Sie daher immer an die Wirkung nach außen sowie nach innen.

Raumbildung

Innerhalb des Gartens sorgen verschiedene, voneinander abgegrenzte Nutzungsbereiche für Spannung und Attraktivität (→ auch S. 31–32). Dabei müssen es nicht immer Mauern oder Zäune sein, die die Gliederung übernehmen. Vielmehr können auch Pflanzen diese Aufgabe wunderbar erfüllen.

Hohe Hecken und Spalierobst bilden grüne Raumteiler, während kleinere Pflanzungen oder niedrige Hecken sanfte Gliederungen schaffen. Auch einzelne Sträucher oder Bäume können eine Grenze zwischen verschiedenen Räumen markieren. Selbst Stauden und Gräser bis 2 m Höhe eignen sich gut für eine lockere Eingrenzung oder Trennung.

Blickpunkte

Besonders markante Punkte, etwa das Ende eines Wegs oder eine Weggabelung, sollten durch eine einzelne, besonders auffallende Pflanze betont werden. Solch ein Solitär kann ein einzelner Baum, ein auffallender Blütenstrauch, aber auch eine große Staude oder ein Gras sein. Diese Solitärpflanzen bilden Höhe- und Wendepunkte im Garten, erleichtern die Orientierung und lockern Flächen auf.

Ruhige Flächen

Neben den verschiedenen Höhepunkten lebt ein Garten auch durch seine Flächen, die für Ruhe und Weite sorgen. Hierfür kommt vor allem Rasen in Frage, aber auch verschiedene Bodendecker wie Katzenminze oder Sternmoos können diese Aufgabe übernehmen.

Erst die richtige Mischung von offener Fläche und umgebender Pflanzung ergibt die gewünschte Gartenatmosphäre. Die Rasen- oder Bodendeckerfläche sollte daher im richtigen Verhältnis zu den übrigen Pflanzungen stehen. In sehr kleinen Gärten ist dies nicht immer möglich, so dass Sie hier eventuell ganz auf Rasen verzichten sollten. Dann können jedoch einige Bodendecker oder wenige geschnittene Buchsbaumkugeln für Ruhe sorgen.

Pflanzengruppen

Der Gärtner unterscheidet häufig zwischen verschiedenen Pflanzengruppen, die

Beet- und Rasenflächen gliedern den Garten in verschiedene Räume und schaffen so neue Ausblicke.

Hier bildet ein Ahorn einen ruhigen Mittelpunkt auf der Holzterrasse.

Kletterpflanzen sind wichtige Gestaltungselemente für jeden Garten.

Eine geschnittene Hecke grenzt einen formalen Garten ideal ab.

sich aus ihren botanischen Merkmalen ergeben. So werden Stauden, zu denen auch die Zwiebel- und Knollenpflanzen, Gräser und Farne gehören, von den Bäumen, Sträuchern und ausdauernden Kletterpflanzen abgetrennt. Nicht zu vergessen die bunte Palette der ein- und zweijährigen Sommerblumen.

Im Hinblick auf die Gestaltung ist diese Unterteilung jedoch eher nebensächlich. Hier ist es viel wichtiger, welche Funktion eine Pflanze übernehmen soll – Abgrenzung, Blickpunkt oder Gliederung.

Eine ebenfalls eher gärtnerische Unterscheidung ist die in Zier- und Nutzpflanzen. Zu den ersten zählen all die Pflanzen, die man wegen ihres Aussehens in den Garten pflanzt. Als Nutzpflanzen werden hingegen die Arten bezeichnet, die in der Küche verwendet werden. Denkt man dabei jedoch an Kräuter wie Thymian oder Lavendel, wird schnell deutlich, dass diese Einteilung zu Überschneidungen führt. So macht sich Thymian nicht nur in der Küche gut, sondern auch als duftender Bodendecker. Und Rosen kommen erst so richtig in Begleitung von Lavendel zur Geltung.

Klare Grenzen sind also schwer zu ziehen. So ist eine Quitte mit ihren großen Blüten sehr zierend, spätestens im Herbst wird sie jedoch zum Obstlieferanten für köstliche Gelees und Liköre. Zierpflanzen wie Taglilien oder Kapuzinerkresse können dagegen mit ihren schmackhaften Blüten jeden Salat bereichern.

Im Garten werden diese beiden Pflanzengruppen traditionell getrennt verwendet. Stauden im Beet, Salat und Co. im Gemüsegarten. Diese Trennung ist aber kein Muss. Gerade für kleine Gärten bietet es sich an, Mangold, Salat oder Fenchel in ein Sommerblumenbeet zu setzen. So spart man Platz und muss dennoch nicht auf das eigene Gemüse verzichten. Umgekehrt können Sommerblumen und Stauden den Gemüsegarten verschönern. Selbst alte Obstbäume, die keine Früchte mehr tragen, lassen sich mit einer in die Krone wachsenden Kletterrose zu einem Ziergehölz umfunktionieren.

Die Grenzen sind also fließend, und es lohnt sich, hier etwas zu experimentieren. Die Trennung hat aber auch ihren Sinn. So weisen die meisten Gemüsepflanzen recht hohe Ansprüche an Wasser, Boden und Licht auf, die ihnen in einem Staudenbeet nicht immer geboten werden. Umgekehrt entsteht im Staudenbeet eine unschöne Lücke, sobald der Salat geerntet wurde.

Artenauswahl

Nachdem Sie wissen, welche Funktionen in Ihrem Garten von Pflanzen übernommen werden sollen, können Sie für die einzelnen Aufgaben bestimmte Arten auswählen. Dabei gibt es einiges zu beachten. Welche Anforderungen stellt die gewünschte Pflanze an den Standort, wie pflegeintensiv ist sie? Welche Partner passen zu ihr, und welche optische Wirkung hat sie?

Standort und Lebensbereiche

Wählen Sie nur solche Pflanzen aus, die für den vorhandenen Standort in Frage kommen. Kalkpflanzen wie einige Enzianarten werden einfach nicht auf saurem Boden wachsen, und feuchtigkeitsliebende Pflanzen haben nichts in einem vollsonnigen Steingarten zu suchen.

Achten Sie daher immer auf die Standortansprüche, die jede einzelne Art hat. Hinweise dazu finden Sie auf den Pflanzenetiketten in den Gärtnereien und in den Pflanzenporträts ab S. 402.

Stellen Sie nur solche Arten zusammen, die ähnliche Ansprüche haben. Bei den Stauden hat man Arten mit übereinstimmenden Bedürfnissen in Lebensbereiche zusammengefasst, nach denen sie in den Gärtnereien auch häufig sortiert werden. Diese Bereiche sind: Gehölz und Gehölzrand, Freifläche, Teich mit Sumpfzone, Steingarten und Beet. Für all diese Bereiche gibt es passende Pflanzen, die mit den dort herrschenden Bedingungen gut zurechtkommen (→ S. 304–306).

Pflegeintensität

Unter optimalen Bedingungen ist eine Pflanze in der Regel gesund und attraktiv, was auch für die Pflege von entscheidender Bedeutung ist. So spart man sich viel Arbeit und hat mehr Zeit zur Verfügung, den Garten zu genießen. Ganz ohne Pflege geht es aber auch mit der besten Pflanzenauswahl nicht. Überlegen Sie sich daher vorab, wie viel Zeit Sie für die Pflege aufwenden wollen, und berücksichtigen Sie dies bei Charakter und Größe der Pflanzungen. Als Faustformel kann man bei einem üppigen Staudenbeet mit jährlich 30 bis 60 Minuten pro m^2 rechnen. Dichte Bodendeckerflächen sind hingegen weniger aufwendig.

Auch Gehölze kommen nicht ohne Pflege aus. So sollten Sträucher immer wieder von Verblühtem befreit werden, um die weitere Blüte zu fördern. Viele Arten benötigen auch einen regelmäßigen Rück- und Auslichtungsschnitt, um die gewünschte Form zu behalten (→ auch S. 416–433). Bäume kommen dagegen mit weniger Zuwendung aus. Außer gelegentlichen Schnittmaßnahmen ist es in erster Linie das Falllaub, das Arbeit macht.

Partnerwahl

Neben den speziellen Ansprüchen der einzelnen Pflanzen sind auch ihr Konkurrenzverhalten und ihre Wüchsigkeit bei der Auswahl von Bedeutung. Dies gilt sowohl für Stauden als auch für Gehölze. Eine starkwüchsige Forsythie braucht z. B. robuste Nachbarn, die mit ihrer schnellen Entwicklung mithalten können.
Bei Stauden sind ausbreitungsstarke Wucherer neben zarten Schattenstauden fehl am Platz. Eine steile Böschung ist dagegen genau der richtige Platz für sie.
Achten Sie auch auf die richtigen Pflanzabstände und den individuellen Platzbedarf. Nur so können sich die Pflanzen optimal entfalten. Einige Arten breiten sich durch unterirdische ▶ AUSLÄUFER (S. 534) oder Ranken aus und benötigen dementsprechend viel Platz. Kalkulieren Sie dies bei der Auswahl mit ein und wählen Sie nur solche Partner, die mit dieser Konkurrenz zurechtkommen.
Die einzelnen Arten zeigen darüber hinaus auch einen ganz unterschiedlichen Grad an Geselligkeit. Viele Stauden kommen am besten alleine zur Geltung, andere sollten dagegen immer in Gruppen gepflanzt werden, da sie alleine nicht wirken oder sich nicht durchsetzen können.

Gestalterische Kriterien

Neben all dem bisher Gesagten darf natürlich auch der gestalterische Aspekt bei der Auswahl nicht zu kurz kommen. Auch hierfür gibt es einige Regeln.
Wählen Sie zunächst ein bestimmtes Thema aus, das Sie umsetzen wollen. Das kann z. B. ein bestimmtes Farbschema sein. Oder Sie haben Lieblingspflanzen wie Pfingstrosen oder Bartiris, die Sie unbedingt verwenden möchten. Von diesem Grundmotiv ausgehend, suchen Sie Pflanzen aus, die, dazu passen. In einem Rosengarten sind z. B. selbstverständlich Rosen in allen Variationen die Leitpflanzen, denen man verschiedene Begleitpflanzen dazugesellt (→ S. 102), die zusammen mit ihnen im Juni und Juli blühen. Aber auch die schönste Rosenblüte ist irgendwann vorbei. Sie benötigen daher einige Begleit- und Leitpflanzen, die außerhalb dieser Zeit attraktive Akzente setzen. Dies müssen nicht immer auffällige Blüten sein, sondern können auch besondere Wuchsformen, bunte Früchte oder ansprechende Blätter sein. Gräser beispielsweise können bis in den Winter hinein sehr zierend wirken, wenn sie von Raureif überzogen werden.

Blüten, Früchte und Rinde

Das wichtigste Merkmal der Pflanzen ist und bleibt die Blüte. Die farbliche Abstimmung der verschiedenen Blüten ist daher das zentrale Gestaltungsmittel im Garten. Ein klares Konzept hilft einem, sich in der Vielzahl der verfügbaren Pflanzen zurechtzufinden (→ S. 104). So lassen sich z. B. monochrome Gärten in Rot oder Weiß gestalten. Wer es farbenfroher mag, sollte jedoch nicht wahllos in den „Farbtopf" greifen. Die Beschränkung auf zwei oder drei Farben oder der klassische Farbdreiklang aus Gelb, Rot und Blau wirken wesentlich attraktiver (→ S. 37–39).
Je weniger Farben man einsetzt, desto abwechslungsreicher sollten die Blüten geformt sein. Kombinieren Sie große und kleine Blüten, lange und breite Blütenstände. So entstehen Spannung und Abwechslung, ohne Unruhe hervorzurufen.
Vergessen Sie neben den Blüten nicht die sich verfärbenden Blätter, die Früchte und die Rinde. Auch diese können ganz bewusst zur farblichen Gestaltung eingesetzt werden. Insbesondere Gehölze bieten hierzu eine schier unerschöpfliche Fülle an Farben und Formen (→ auch Tabelle S. 510–511).

Textur und Struktur

Gerade bei kleinen Gärten sollte man darauf achten, dass die Pflanzung möglichst ganzjährig attraktiv ist. Wer ausreichend Platz zur Verfügung hat, kann auch mehrere Beete mit unterschiedlichen jährlichen Höhepunkten anlegen. Dabei lassen sich selbst ganz ohne Blüten spannungsvolle Kombinationen erzielen. Denn die Textur, also die Oberflächengestalt der Blätter, wirkt auch dann noch, wenn die Blüten längst vergangen sind. Das große Laub der Funkien passt z. B. sehr schön zu filigranen Grashalmen oder feinen Farnwedeln und setzt so ganz eigene Akzente.
Ein weiteres Gestaltungsmittel ist die Wuchsrichtung der Pflanzen, die man als Struktur bezeichnet. Ein bogig überhängender Schmetterlingsstrauch bietet z. B. in Kombination mit einem flach ausgebreiteten Wacholder viel Abwechslung.
Es ist also immer die Kombination von verschiedenen Merkmalen, die eine Pflanzung lebendig erscheinen lässt. Einheitliche Texturen oder Strukturen erzeugen hingegen spätestens nach der Blüte Langeweile.

1

2

3

4

1 Auffällige Formen steigern die Farbwirkung der Blüten deutlich.
2 Gerade im Winter können Rinden sehr zierend sein.
3 Früchte stehen den Blüten in ihrer Farbwirkung in nichts nach.
4 Unterschiedliche Blatttexturen sind auch ohne Blüten spannend.

Flächen und Beete gestalten

BEVOR SIE EIN BEET oder eine Fläche bepflanzen, sollten Sie sich ein paar Gedanken darüber machen, was der Sinn dieses Beets ist, da davon seine äußere Form und die Gestaltung abhängen.
Ein Beet ist nichts anderes als eine fest umrissene Pflanzfläche, auf der Nutz- oder Zierpflanzen wachsen. Es kann breitrechteckig bis quadratisch sein oder eine geschwungene Form aufweisen. Je nach Lage ist es von beiden Seiten zugänglich oder wird als Rabatte von einer Seite durch eine Hauswand o. Ä. begrenzt.

Rahmenbedingungen

So wie jede einzelne Pflanze eine bestimmte Funktion übernehmen kann, so hat auch jede Pflanzfläche eine spezielle Funktion im Garten. Diese hängt immer mit dem gewählten Standort zusammen. So soll ein Beet in der Nähe des Sitzplatzes z. B. einen schönen Anblick bieten und abends mit feinen Düften zum Verweilen einladen. Andererseits möchte man hier auch etwas abgeschirmt vor Wind und Blicken sitzen. Um all diese Funktionen zu erfüllen, ist eine sorgfältige Pflanzenauswahl und -zusammenstellung nötig.

Standort und Funktion

Wollen Sie einen neuen Garten anlegen, dann haben Sie schon mit dem Entwurfsplan (→ S. 24–27) festgelegt, welche grünen Bereiche es in Ihrem Garten geben soll. Vielleicht stellen Sie aber mit der Zeit auch fest, dass Sie einen Teil Ihres Gartens umgestalten wollen. Die Kinder sind ausgezogen, und plötzlich benötigt man nicht mehr so viel Platz für den Gemüsegarten. Überlegen Sie dann, was Sie mit diesem Bereich anfangen wollen.
Genauso wichtig wie der Standort ist die Funktion, die ein Beet oder eine Pflanzfläche übernehmen soll. Im Grunde lässt sich das eine nicht vom anderen trennen, denn erst im Zusammenspiel werden Sie die passende Pflanzenauswahl treffen können.

› **Nutzbeete** unterscheiden sich deutlich von reinen Zierbeeten. Sie werden in erster Linie nicht angelegt, um zu schmücken und schön zu wirken, sondern um Obst, Gemüse und Kräuter anzubauen. Daher stehen bei ihnen praktische Überlegungen im Vordergrund. Sie müssen gut erreichbar sein und sich leicht bearbeiten lassen. Daher ist ihr bevorzugter Standort in Hausnähe, so dass man zum Ernten nicht erst durch den ganzen Garten gehen muss. Oder sie werden im hinteren Teil des Gartens angelegt, wo sie sich z. B. hinter einer Hecke verstecken lassen. Wie die Bauerngärten jedoch zeigen, kann man z. B. mit Hilfe von einigen Sommerblumen auch aus Gemüsebeeten schmucke Gartenbereiche zaubern.

› **Zierbeete** können entweder entlang der Grundstücksgrenze, eines Wegs oder eines Platzes angelegt werden oder ohne Begrenzung durch ein Bauwerk frei im Garten liegen. Je nach Lage dienen sie als Sichtschutz, trennen verschiedene Gartenräume voneinander ab oder setzen Blickpunkte.

› Beete und Flächen **entlang von Wegen** sollen vor allem eine farbenfrohe Begleitung des Wegs darstellen. Andererseits bilden sie den Übergang zum angrenzenden Garten. Hier kommt eine üppige Blütenfülle besonders gut zur Geltung. Ein ruhiger Wegbelag wirkt dabei als Bilderrahmen für die Sträucher und Blütenpflanzen. Die Pflanzfläche ist klar begrenzt, das lästige Pflegen der Beetränder entfällt, ebenso wie das Mähen entlang der Kanten. Meist begnügen sich die Pflanzen auch nicht mit der Beetfläche und hängen noch in den Weg hinein.

› An **Sitzplätzen** möchte man sich an den Pflanzen in seiner Nähe erfreuen, aber auch vor Wind, Regen, Sonne und aufdringlichen Blicken geschützt sein. Hier bieten sich vor allem Gehölze wie Rosen an, die auch noch mit ihrem feinen Duft begeistern. Legt man weniger Wert auf einen Sichtschutz, dann kommen niedrige Staudenpflanzungen in Frage, die den Blick in den Garten zulassen. Auch hier können Sie aus einer Fülle von Duftpflanzen wählen, die Ihnen den Aufenthalt im Garten versüßen.

› **Mauern** können einen schönen Hintergrund für Pflanzungen abgeben, da sie Ruhe vermitteln. Hier machen sich farbenfrohe Staudenrabatten oder blühfreudige Rosen sehr gut. Auf der anderen Seite kann man unschöne Garagenmauern u. Ä. auch hinter einem grünen Vorhang aus Kletterpflanzen verstecken.

Eine lockere Bepflanzung im Inselbeet passt gut zu einer organischen Beetform.

Die ruhige Klinkermauer bildet den perfekten Hintergrund für das üppig bepflanzte Beet.

› Beete und Pflanzflächen **am Hang** haben den Vorteil, dass Pflanzungen von unten betrachtet verschmelzen. Dazwischen liegende Wege verschwinden regelrecht durch die Perspektive. So können sehr attraktive Pflanzungen realisiert werden.

› Bei einem Beet **am Wasser** ist es wichtig, dass es einen schönen Übergang zum restlichen Garten schafft, damit der Teich gut in das Gesamtkonzept eingebunden wird. Achten Sie darauf, dass Sie sich den Blick aufs Wasser nicht verbauen und einen Zugang zum Teich belassen. Da man so ein Beet nur von einer Seite pflegen kann, sollte es nicht zu breit sein oder einige Trittsteine enthalten.

!

wir empfehlen

Das Laub beachten

Oft genügt schon ein Blick auf die Blätter, um Rückschlüsse auf die Standortansprüche einer Pflanze ziehen zu können. So weisen graue Blätter als Anpassung an trockene, sonnige Standorte meist eine Wachsschicht oder eine silbrige Behaarung auf. Auffallend große Blätter sind hingegen oft ein Zeichen dafür, dass die Pflanze eher feucht, windgeschützt und schattig stehen möchte.

Form und Größe

Generell kann man bei der Anlage von Beeten zwischen zwei Grundformen wählen. **Geometrische Beete** vermitteln Strenge, Ordnung und Ruhe und passen gut in formale, architektonische Gärten. **Geschwungene, organische Formen** wirken hingegen locker und leicht und sind daher für naturnahe Gestaltungen gut geeignet (→ auch S. 34–39). Wählen Sie für Ihre Beete und Pflanzflächen die Formen, die zum Gesamtkonzept des Gartens und zu Ihrem Haus passen.

Da die Grundform schon einen bestimmten Charakter vorgibt, sollten Sie bei der Pflanzenauswahl solche Arten bevorzugen, die diesen widerspiegeln. Zu einem streng formal angelegten Garten passen am besten ruhige Pflanzflächen, geschnittene Gehölze und Pflanzenkombinationen ohne überbordende Blütenfülle (→ S. 97). Ein naturnaher Garten wird hingegen erst mit üppigen, wildromantischen Staudenbeeten, ausladenden Gehölzen und Strauch- rosen so richtig schön. Auch Wildpflanzen passen gut hierher.

Möchte man beide Formensprachen im Garten verbinden, so kann man locker wachsende Stauden mit streng geschnittenen Hecken umrahmen oder Formschnittgehölze auf eine Blumenwiese platzieren. Innerhalb eines Beets sollte man sich aber für einen Stil entscheiden, da es sonst unharmonisch wirkt.

Auch die **Größe** eines Beets oder einer Pflanzfläche ist ein wichtiges Gestaltungskriterium. Einerseits ist die Einbindung in den Garten wichtig. Viele winzige Beete zerstückeln einen großen Garten, während große Pflanzflächen üppiger und weiter wirken. Beachten Sie dabei immer das von Ihnen gewählte Gesamtkonzept und den gewünschten Stil.

Grundsätzlich sollte eine Pflanzfläche ein ausgewogenes Verhältnis von Wuchshöhe und Beettiefe aufweisen. Bei einer pultartigen Rabatte z. B. an der Grundstücksgrenze sollte die größte Wuchshöhe in etwa der Beetbreite entsprechen. Ein Inselbeet kann doppelt so breit sein. Aus praktischen Erwägungen ist es sinnvoll, ein einseitig zugängliches Beet nicht breiter als 1,2 m (maximal 2 m) anzulegen, es sei denn, man erschließt es mit einem schmalen Pflegeweg oder Trittplatten. Beete, die von beiden Seiten zugänglich sind, können entsprechend breiter sein.

Beetrandgestaltung

Jede Pflanzung benötigt eine Abgrenzung zu ihrer Umgebung. Diese soll eine klare Begrenzung zur Umgebung garantieren sowie die Pflege erleichtern. Bei Beeten, die neben Platten- oder Pflasterbelägen verlaufen, ist diese Trennung schon vorhanden. Zwischen Rasen und Pflanzung tun sich jedoch leichter Schwierigkeiten auf, da sich beide nur zu gern vermischen. Hier wirkt eine sauber gestochene Rasenkante sehr elegant, bereitet allerdings auch die meiste Arbeit. Als Alternative können Sie z. B. Rasenkantensteine oder Stahlbänder verwenden (→ S. 57–62, S. 244).

Neben diesen „harten" Kanten lassen sich auch pflanzliche Begrenzungen schaffen. Ein klassisches Beispiel ist der Bauerngarten mit seinen Einfassungen aus Buchsbaum. Hierfür eignen auch andere schnittverträgliche Kleinsträucher wie Lavendel oder Spierstrauch oder niedrige Stauden wie Frauenmantel oder Heiligenkraut (*Santolina*), die keine Ausläufer bilden.

Achten Sie bei der Wahl der Randgestaltung darauf, dass sie zum Charakter der Pflanzung und des Gartens passt. Bedenken Sie, welcher Pflegeaufwand für Sie akzeptabel ist. Pflanzen sind sicherlich oft die attraktivere Wahl als eine Reihe Betonplatten, benötigen aber auch mehr Pflege.

Gestalterische Prinzipien

Sind Sie sich über Standort, Funktion, Form und Größe einer Pflanzung im Klaren, dann können Sie mit der Auswahl geeigneter Gewächse beginnen. Dabei gibt es einige wichtige Gestaltungsregeln, die sicherstellen, dass Ihre Pflanzung die gewünschte Wirkung erzielt.

Höhenstaffelung

In einem Beet sollten nicht alle Pflanzen die gleiche Wuchshöhe aufweisen, sondern kleinbleibende wie hohe Arten verwendet werden. Dabei hat die Beetgröße einen Einfluss auf die Höhenstaffelung, da die Bepflanzung nicht höher als die Beettiefe sein sollte. Im Vordergrund stehen die niedrigsten Pflanzen, während hinten die höchsten wachsen. So ergibt sich bei einem einseitigen Beet, etwa vor einer Hecke, eine pultartige Anordnung. Für ein 2 m breites Beet benötigen Sie Pflanzen zwischen 30 und ca. 180 cm Höhe, um eine ideale Höhenstaffelung zu erreichen. Bei frei zugänglichen Inselbeeten ordnet man die Pflanzen pyramidal gestaffelt mit einer Betonung der Mitte an. Gehen Sie bei der Höhenstaffelung jedoch nicht zu penibel vor, da das Beet sonst unnatürlich wirkt. Verzichtet man auf diese Höhenstaffelung, so verringert sich die Fernwirkung der Pflanzung, da man nur eine Art „Block" wahrnimmt. Es kann aber auch sinnvoll sein, die Höhenstaffelung zu reduzieren. Dies ist z. B. der Fall, wenn der Abstand vom Betrachter nur gering ist, man also eher von oben auf die Pflanzung schaut, oder das Beet tiefer liegt. In diesen Fällen kann man schöne Effekte erzielen, wenn man Bänder pflanzt. Dies sind Pflanzen einer Art, die als Streifen z. B. schräg von vorne nach hinten durch das Beet verlaufen und je nach Blickwinkel immer wieder neue Aspekte eröffnen (→ S. 309).

Ein Kräuterbeet lässt sich schön mit solchen Eisenelementen begrenzen.

Ausgewogenheit

Achten Sie immer auf eine gewisse Ausgewogenheit. Zu starke Höhenunterschiede wirken z. B. unausgeglichen und unruhig. Auch Farben sollten in etwa gleichen Verhältnissen vorkommen. Ein Farbdreiklang (→ S. 37) entfaltet nur dann die gewünschte Wirkung, wenn nicht eine der Farben dominiert.

Rhythmus und Wiederholung

Daneben ist auch ein gewisser Rhythmus wichtig. Besteht ein Beet nur aus einer monotonen, gleichförmigen Abfolge von

Durch die rhythmische Wiederholung der Pflanzen wirkt dieses Beet sehr harmonisch.

Hier setzen vor allem Gräser einen deutlichen Farb- und Texturakzent, der Leben in das Beet bringt und noch weit bis in den Winter hinein wirkt.

Pflanzen, kommt leicht Langeweile auf. Besser ist es, einige Arten, Strukturen oder Themen zu wiederholen. Übertreiben Sie es aber auch wieder nicht, da das Beet sonst zu unruhig wird. Meist genügt es, eine einzelne, markante Pflanze oder Pflanzgruppe regelmäßig zu wiederholen. Auf den ganzen Garten übertragen können das z. B. geschnittene Eiben oder eine bestimmte Rosensorte sein, die an verschiedenen Stellen stehen.
Oft ist es schwer, solch eine rhythmische Wiederholung zu planen, da es so viele verschiedene Gestaltungsmöglichkeiten gibt, die man gern alle verwirklichen möchte. Der Besucher wird es jedoch als wohltuende Ruhe empfinden, wenn der Garten solche Taktgeber hat. Der Vielfalt des Gartens tut dies keinen Abbruch.

Unregelmäßigkeit

Übertreiben Sie es aber auch nicht mit den Wiederholungen. Da das menschliche Auge sehr auf das Erkennen von Symmetrien trainiert ist, wirken geometrische Formen in einer Pflanzung eher unnatürlich. Mit einem einfachen Trick lassen sich aber spannungsvollere Kombinationen erzielen: Verwenden Sie jeweils ungerade Stückzahlen, egal ob Sie nun eine Gruppe gleicher Pflanzen bilden oder Einzelpflanzen platzieren wollen. Eine gerade Pflanzenanzahl führt nämlich wieder zu einem geometrischen Muster, das im Auge des Betrachters dominiert und von der einzelnen Pflanze ablenkt.
Innerhalb der Gruppen wählt man unregelmäßige Abstände. Kein Abstand zwischen den Pflanzen sollte exakt so groß sein wie der nächste. So ergibt sich von vorne betrachtet ein spannungsreicheres Bild als bei identischen Abständen.
Ausnahme hierbei sind Zweiergruppen. Zwei Pflanzen, die nebeneinander stehen, bilden automatisch ein Tor. Dies kann ebenfalls sehr spannend sein, wenn etwa ein Weg hindurchführt oder eine Gartenszene eingerahmt wird.

Für einen Steingarten ist diese Natursteinkante der ideale Abschluss.

Buchsbaum bildet die klassische Einfassung für den Bauerngarten.

Akzente setzen

Allen Regeln zum Trotz ist es bei einer attraktiven Bepflanzung auch wichtig, nicht zu schematisch zu werden. Jedes Beet braucht ein Höhepunkt, einen besonderen Akzent. Dies geschieht meist automatisch, indem man eine Lieblingspflanze besonders in den Mittelpunkt setzt oder häufiger verwendet. Sie können aber auch ganz bewusst eine markante Art wie Steppenkerze oder Kugellauch hervorheben, indem Sie sie über die gesamte Fläche verteilen. Sie nehmen im Beet nur wenig Platz ein und sind durch ihre auffällige Form schöne Gestaltungsmittel, die zur Blütezeit einen deutlichen Akzent setzen, ohne das Gesamtbild und den Rhythmus des Gartens zu stören.

Die Einzelelemente

Ist man sich über die Lage und die gestalterische Absicht im Klaren, kann man mit der Auswahl und Verteilung der Pflanzen beginnen. Ob man dies direkt vor Ort oder zunächst auf dem Papier macht, ist dabei nicht so entscheidend. Wichtig ist, die Wirkung der einzelnen Pflanzen zu berücksichtigen und die Funktionen, die sie übernehmen sollen (→ S. 311–312).

Den Rahmen bilden

Als Erstes wählt man die sogenannten **Gerüstpflanzen**, die den dauerhaften Rahmen und die Grundstruktur bilden. Dies sind in der Regel einige wenige große, auffällige Stauden oder Gehölze. Besonders geeignet sind hierfür blühende Bäume, markante Ziersträucher wie Sommerflieder oder sehr auffällige Solitärstauden wie Waldgeißbart oder Gräser. Gehölze haben den Vorteil, dass ihre markante Struktur

Auch ein Gehölz wie dieser gelblaubige Liguster kann in einem Beet als Leitpflanze fungieren und den Mittelpunkt bilden.

auch noch im Winter in Erscheinung tritt. Noch wirksamer sind natürlich die immergrünen Vertreter wie Eiben oder Buchsbaum, bei denen man jedoch meist auf eine üppige Blütenpracht verzichten muss. Als Kegel oder schmale Säule bilden sie einen starken Kontrast zu den üppigen Stauden und bringen sehr viel Rhythmus in die Pflanzung.

Aufgrund ihrer Größe sollten Gerüstpflanzen eher im Hintergrund stehen. Je nach Beetgröße werden sie dann in unregelmäßigen Abständen wiederholt, wobei man beispielsweise beim Thema Rosen auch verschiedene Sorten wählen kann. Diese sollten dann jedoch etwa gleich stark wachsen und farblich harmonieren. Eine weitere Möglichkeit sind Kletterpflanzen wie Waldreben, die man mit einer Rankhilfe mitten ins Beet stellen kann. Hierfür eignen sich fertige Holz- oder Metallkonstruktionen, die selbst noch im Winter attraktiv sind.

Den Rahmen füllen

Als Nächstes füllt man das Gerüst mit Ziersträuchern und Stauden. Auch hier sind einige Prinzipien zu beachten, die sowohl für Stauden als auch für Sträucher gelten. So gibt es in beiden Pflanzengruppen geeignete Leitelemente, Begleitpflanzen und Füllelemente, die jeweils bestimmte Aufgaben übernehmen. Diese werden im Folgenden am Beispiel der Stauden erläutert.

Die größten und auffälligsten Stauden sind die Leitpflanzen, die in ihrer Wirkung von den Begleitstauden unterstützt werden. Füllstauden schließen die Fläche und ordnen sich den übrigen in Farbe und Größe unter.

Man darf diese Einteilung jedoch nicht allzu sklavisch befolgen, sondern sie vielmehr als eine Planungshilfe verstehen. Fehler lassen sich dabei immer wieder korrigieren, und auch die Zeit verändert jede Kombination ständig aufs Neue.

Die einzelnen Funktionen werden im Lauf des Jahrs von verschiedenen Pflanzen wahrgenommen. Rittersporn als klassische **Leitstaude** blüht z. B. meist im Juni/Juli, und nach einem Rückschnitt eventuell auch noch einmal im September. Nur in dieser Zeit ist er auch als Leitelement wirksam. In den übrigen Monaten muss eine andere Pflanze diese Aufgabe übernehmen. Um ihrer Leitfunktion gut wahrnehmen zu können, sollten die gewählten Pflanzen rhythmisch wiederholt werden, sofern der Platz dafür ausreicht. Locker verteilte Dreiergruppen wirken dabei besonders ansprechend. Wählen Sie verschiedene Sorten der gleichen Art, dann lässt sich mit frühen und späten Exemplaren die Blütezeit um 1 bis 2 Wochen verlängern.

Um die Leitstauden herum gruppiert man anschließend die **Begleitpflanzen**. Diese sollen als Ergänzung dienen, dabei aber etwas bescheidener und zurückhaltender wirken. Blühen sie zusammen mit den Leitstauden, dann verstärken sie deren Farbwirkung. Wichtig ist auch, solche Arten zu wählen, die vor und nach den Leitstauden blühen, so dass das Beet möglichst das ganze Jahr über attraktive Blüten zeigt. Bei einer mittleren Beetgröße bis zu 10 m^2 können Sie 8 bis 10 verschiedene Begleitstauden einplanen, die Sie einzeln oder in Gruppen einsetzen. Mehr Arten sollten es nicht sein, da das Beet sonst zu unruhig wird. Jede Pflanze sollte sich in der Gesamtansicht wiederholen, eine zu große Vielfalt wirkt schnell unruhig und auch unentschlossen.

Die freien Flächen werden nun mit **Füllstauden** geschlossen. Diese sind zumeist niedriger oder sehr schmal und wirken bescheidener und zurückhaltender. Sie werden daher in größerer Anzahl verwendet. Sie dienen auch dazu, in den Zeiten für Blüten zu sorgen, in denen keine Leit- oder Begleitstauden blühen. Hierzu zählen viele auch als Bodendecker verwendete Arten, wie z. B. Frauenmantel oder Storchschnabel (→ auch S. 103). Da sie die ganze Saison eine attraktive Belaubung haben, kann man sie auch im Vordergrund in größeren Gruppen von drei bis sieben Individuen einsetzen. Gewächse, die nur zeitweise attraktiv sind, wie das Tränende Herz oder manche Glockenblumen, werden nur einzeln gepflanzt.

Letzte Lücken füllen

Die letzten offenen Stellen werden mit sogenannten **Lückenfüllern** bepflanzt. Dies können Arten wie Akeleien oder Kronenlichtnelke (*Silene coronaria*) sein, die oft nicht sehr langlebig sind, sich aber von selber versamen und so durch die Pflanzung

Steppenkerzen sind wunderschöne Leitpflanzen.

wandern. Lassen Sie die Sämlinge dort stehen, wo sie gut zur Geltung kommen.

Eine besonders wichtige Gruppen bei den Lückenfüllern sind Zwiebel- und Knollenpflanzen (→ S. 482–489). Sie schließen vor allem die „Blütenlücke" im Frühjahr, wenn noch keine Stauden blühen. Ihr oftmals sehr früher Flor macht sie zu wertvollen Ergänzungen in jedem Garten. Sie lassen sich gleichmäßig über eine Fläche verteilen oder setzen abgestuft nach Größe und Farbe eigene Akzente.

Auch Sommerblumen eignen sich gut als schöne, sehr üppig blühende Lückenfüller. Sie bieten den Vorteil, dass man mit ihnen auch solche Leerstellen füllen kann, die später im Jahr auftreten.

Bodendecker

Bodendecker sind Pflanzen, die eine dauerhaft geschlossene Pflanzendecke bilden. Viele von ihnen, wie die Teppichzwergmispel, haben einen eher schlechten Ruf, weil sie oft im Übermaß im öffentlichen Grün verwendet worden sind. Gerade bei den Stauden gibt es jedoch einige schöne Beispiele, mit denen man einerseits ruhige Flächen schaffen, andererseits auch Akzente setzen kann (→ Tabellen S. 448–449). Insbesondere in architektonischen Anlagen wirken sie sehr elegant und strahlen Ruhe aus.

Sonstige Pflanzen

Hier sind neben den bereits erwähnten Zwiebel- und Knollenpflanzen an erster Stelle die **Sommerblumen** (→ S. 490–499) zu nennen. Ihre lange Blütezeit macht sie zu ausgesprochen attraktiven Ergänzungen. Dies gilt jedoch in erster Linie für sonnige, nährstoffreiche Standorte, da sie meist recht hohe Ansprüche stellen. Viele dieser Ein- und Zweijährigen können sogar als ausgesprochen schöne Leitpflanzen fungieren.

Noch markanter sind einige **Kübelpflanzen** (→ S. 526–529), die sich einfach in ein Beet stellen lassen, in dem Sie den Topf in den Boden einsenken. Dort wirken sie oft den gesamten Sommer sehr zierend und können wie Zitruspflanzen oder Engelstrompeten ein wenig südländisches Flair verbreiten. Kübel und Töpfe bieten aber auch die Möglichkeit, „normale" Gartenpflanzen an für sie eigentlich ungeeigneten Standorten zu ziehen. So lässt sich der Traum vom farbenfroh blühenden Rhododendron auch auf kalkreichen Böden erfüllen, wenn man ihn in einen Topf mit saurem Substrat pflanzt und dann in das Beet stellt.

Schön sind auch ein- oder mehrjährige **Kletterpflanzen**, die sich beispielsweise an einer Wand im Beethintergrund hochranken (→ S. 436–439, S. 498–499). Dort stellen z. B. Kletterrosen, Blauregen oder Waldreben sehr hübsche Farbträger dar, die man sich auch mit Hilfe eines Rankgerüsts oder eines Obelisken mitten ins Beet holen kann. Wichtig ist dabei, die Wüchsigkeit der jeweiligen Kletterer zu kennen. Dies gilt besonders dann, wenn es sich um eine lebende Rankhilfe wie einen alten Obstbaum oder einen Strauch handelt. Gerade in kleinen Gärten sind diese Pflanzen jedoch eine wunderbare Möglichkeit, die Vertikale zu betonen.

Der pultartige Aufbau des Beets wird durch die Kletterrosen noch zusätzlich betont.

Beete anlegen

Ein solch reichhaltiges Beet mit Stauden und Gehölzen sollte sorgfältig geplant werden.

BEI DER BEPFLANZUNG von Beeten oder anderen in sich geschlossenen Gartenbereichen sollten Sie schrittweise vorgehen und dabei die bisher beschriebenen Überlegungen berücksichtigen (→ S. 94–103). Idealerweise fangen Sie zunächst auf einem Blatt Papier an, bevor Sie wirklich zur Tat schreiten.

Soll ein bestehendes Beet umgestaltet werden, dann gelten dabei die gleichen Grundsätze. Nehmen Sie Pflanzen, die Sie erhalten wollen, nach Möglichkeit auf, bevor Sie sie erneut einpflanzen – am besten an einer anderen Stelle. Eventuell empfiehlt sich dabei eine Teilung bzw. Verjüngung der Pflanzen.

Einen Pflanzplan erstellen

Natürlich können Sie einfach in ein Gartencenter oder eine Gärtnerei gehen, dort all die Pflanzen kaufen, die Ihnen gefallen, und sie bunt gemischt in den Garten bzw. auf das Beet pflanzen. Sie werden allerdings ein wesentlich schöneres Ergebnis erzielen, wenn Sie zuvor einen Pflanzplan erstellen.

Dieser kann eine ganz einfache Skizze sein, für die man keinerlei besondere zeichnerische Fähigkeiten braucht. Er soll lediglich dazu dienen, sich vorab Gedanken über die Anordnung der Pflanzen zu machen und gleichzeitig den Überblick zu behalten. Denn legt man die Pflanzen lediglich vor Ort aus, kann gerade dieser schnell verloren gehen.

Das Vorgehen an sich ist denkbar einfach. Zunächst überträgt man den Grundriss des zu bepflanzenden Bereichs maßstabsgerecht auf ein Blatt Papier. Dabei ist ein Maßstab von 1:50 (1 m in der Natur entsprechen 2 cm auf dem Papier) oder 1:20 (1 m in der Natur entsprechen 5 cm auf dem Papier) ideal. In diesen Plan trägt man vorhandene Gehölze sowie alle baulichen Elemente wie Wege, Pergolen oder Kanaldeckel ein.

Erst der Plan, dann die Pflanzenauswahl

Die weitere Planung beginnt dann mit der Anordnung der Solitärpflanzen und der Gruppierung der Leitstauden. Die Verteilung kann zunächst ganz abstrakt erfolgen, also ohne konkrete Pflanzen auszuwählen. Weitere Schritte sind die Platzierung der Begleitstauden, Füllpflanzen, Einfassungspflanzen und Zwiebel- und Knollenblumen.

Es reicht aus, wenn Sie für jede Pflanze einen Kreis einzeichnen, der in etwa der späteren Größe entspricht. Als Faustformel rechnet man bei Solitärstauden sowie großen Leitstauden mit einem Durchmesser von 100–150 cm, bei Leit- und Begleitstauden mit 50–70 cm und bei Füllstauden mit 30–50 cm. Größere Gruppen aus mehreren gleichen Pflanzen können als umrandete oder schraffierte Fläche eingezeichnet werden. Große Zwiebel- und Knollenpflanzen und Lückenfüller, die meist einzeln eingestreut werden, bekommen lediglich ein Symbol zugeordnet. Bereits jetzt kann man in etwa die Gesamtzahl der benötigten Pflanzen ermitteln, ohne sich auf bestimmte Arten festlegen zu müssen.

Dies ist nun der nächste Schritt, bei dem man wieder mit den größten Pflanzen beginnt. Ihnen ordnet man die Begleiter zu und füllt schließlich die Flächen mit den kleinsten Arten auf. Symbole oder Abkürzungen dienen als Zuordnung, die Sie auch in der Pflanzenliste notieren sollten. Denken Sie bei der Auswahl immer daran, die auf S. 97 genannten Überlegungen zu Blütenfarbe, Blütezeit und Wuchshöhe zu berücksichtigen.

Erst die Pflanzenauswahl, dann der Plan

Man kann aber auch den umgekehrten Weg gehen und mit einer Pflanzenliste beginnen. Stellen Sie dazu die Arten und Sorten zusammen, die Ihnen in anderen Gärten, Gärtnereien und Büchern gefallen haben, und notieren Sie auch Ihre Lieblingspflanzen. Erkundigen Sie sich dann, welche Standortansprüche diese Pflanzen haben. Vermerken Sie die jeweiligen Blütezeiten, Blütenfarben sowie Wuchshöhen, damit z. B. die für den Vordergrund gedachten kleinen Stauden nicht inmitten von hohen Stauden verschwinden.

Mit Hilfe des Rasters lassen sich die Pflanzen leicht verteilen.

Beim Pflanzen werden die Abstände ein letztes Mal überprüft.

Frisch gesetzte Pflanzen haben einen deutlich höheren Wasserbedarf.

Zum Schluss können Sie die Arten aus Ihrer sicherlich langen Wunschliste auswählen, die in Ihren Garten und das geplante Konzept passen. Mit etwas Übung laufen dann die Artenauswahl und die Platzierung parallel ab. Korrekturen sind immer möglich und meist auch nötig, denn allzu leicht vergisst man im „Planungsfieber", alle Faktoren wie Höhenstaffelung usw. zu bedenken. Mit Farbstiften kann man anschließend noch die gewünschte Farbwirkung überprüfen.

Blütezeitkalender

Sehr hilfreich ist die Erstellung eines Blütezeitkalenders, der wie eine Tabelle aufgebaut ist. Seine zwölf Spalten entsprechen den zwölf Monaten, in die man für jede Pflanze die Hauptblütezeit als farbige, waagrechte Linie einzeichnet. So bekommen Sie schnell einen Überblick, wann welche Pflanzen miteinander blühen und wo noch Lücken in der Blütenabfolge auftreten. Gerade in kleinen Gärten sollte möglichst ganzjährig etwas blühen und den Blick auf sich ziehen (→ S. 310).
Denken Sie daran, dass viele Stauden nicht nur einmal blühen, sondern mit Hilfe eines Rückschnitts zu einer Zweitblüte angeregt werden können. Gleiches gilt auch für öfterblühende Rosen (→ S. 297). Gräser und Blattschmuckpflanzen wie Funkien oder Purpurglöckchen wirken dagegen vor allem durch ihr Laub und können entsprechend als lange grüne Linie im Blütezeitkalender vermerkt werden.
Schnell laufen Verteilung und Auswahl der Pflanzen dann parallel ab. Beginnen Sie einfach mit der Auswahl einer Pflanze und kombinieren Sie dazu passende Partner, aus denen sich wieder Begleiter ergeben. Sie werden feststellen, dass Sie immer wieder neue Möglichkeiten und Varianten entdecken, die Sie alle durchspielen können, bis das optimale Ergebnis steht. Zu diesem Zeitpunkt ist es sehr hilfreich, wenn man benachbarte Gärten oder Gärtnereien als Inspirationsquelle nutzt.

Pflanzeneinkauf

Im Anschluss an die Planung und die Ermittlung der Stückzahlen steht der Pflanzeneinkauf auf dem Programm (→ auch S. 150–154). Hierfür benötigt man etwas Zeit, da kaum eine Staudengärtnerei oder Baumschule alle gewünschten Arten und Sorten vorrätig haben wird. Zumeist können diese aber bestellt werden. Oder Sie lassen sich einfach passende Alternativen vorschlagen. Auf Anfrage kann man sich die Pflanzen manchmal auch anliefern lassen. Bis zum Pflanztermin müssen sie dann gut versorgt werden, damit sie nicht austrocknen.

Den Pflanzplan umsetzen

Egal ob es sich um einen eigenen Plan oder den eines professionellen Gartengestalters handelt – nun steht die Umsetzung an. Dazu wird zunächst der Beetverlauf abgesteckt. Markieren Sie den Umriss mit einem Gartenschlauch oder mit Holzlatten. So kann die Fernwirkung des Beets schon ohne Pflanzen überpruft und ggf. korrigiert werden.
Nach der Bodenvorbereitung (→ S. 167–169) überträgt man die Standorte aller Pflanzen auf das Beet. Damit Sie nicht jede Pflanze einzeln einmessen müssen, legen Sie am besten ein Raster an. Dazu versieht man den Plan je nach gewähltem Maßstab (→ S. 104) im Abstand von 2 bzw. 5 cm mit senkrechten und waagrechten Linien, die man mit Sand oder Sägemehl auf das Beet überträgt. Die Standorte der Pflanzen lassen sich dann einfach ohne großes Einmessen vom kleinen auf das große Raster übertragen (→ Abb. oben).
Um den Effekt der Pflanzung zu überprüfen, sollte man vor dem Auslegen die Höhenstaffelung mit Bambusstäben simulieren. Zumindest bei den Leit- und hohen Gruppenpflanzen wird dazu ein der Endgröße entsprechender Stab in das Beet gesteckt. So können Sie aus verschiedenen Blickwinkeln die Wirkung der Höhenstaffelung betrachten und ggf. noch Korrekturen vornehmen. Lassen Sie sich hierfür ausreichend Zeit, denn spätere Änderungen sind unnötig aufwendig.
Das Auslegen der Pflanzen erfolgt anschließend in absteigender Größe. Wichtig ist dabei, die richtigen Abstände einzuhalten. Denn auch wenn die Pflanzen momentan in etwa gleich großen Töpfen stecken, haben sie später doch deutlich unterschiedliche Platzansprüche. Gerade beim Einpflanzen neigt man leicht dazu, die nötigen Abstände zu vernachlässigen und alle Pflanzen gleichmäßig zu verteilen. Kontrollieren Sie nach jedem Schritt die Pflanzung aus der Entfernung. Wer sich unsicher ist, kann die Kreise des Plans auch ganz real übertragen. Ein entsprechend großer Ring aus Draht oder Weidenruten hilft, beim Auslegen und Pflanzen die richtigen Abstände einzuhalten.

Beim Auslegen sollte man möglichst alle Gewächse mit Ausnahme der Zwiebel- und Knollenpflanzen parat haben. Erfahrungsgemäß fehlt trotz sorgfältiger Planung immer wieder die eine oder andere Art bzw. Sorte, die man dann beim Auslegen schnell vergisst. Sehen Sie für diese Nachzügler Platzhalter vor. Dies können umgedrehte Töpfe oder Bambusstäbe sein. Sobald man die gewünschten Pflanzen dann bekommen hat, können sie in die freigehaltene Lücke gesetzt werden.

Kennen Sie die gewählten Pflanzen noch nicht so gut oder haben Sie viele verschieden Sorten einer Art gepflanzt, dann sollten Sie jede Pflanze mit einem Namensetikett versehen. So können mögliche Ausfälle leichter nachgekauft werden, und man rätselt später nicht herum, welche Sorte rot und welche gelb blüht. Besonders wichtig ist die durchgängige Etikettierung, wenn man keinen Plan erstellt hat.

Es ist auch möglich, die Pflanzen vor Ort ohne einen Pflanzplan zu gruppieren. Bei kleinen Beeten ist dies sogar die Regel. Es erfordert allerdings etwas mehr Erfahrung, und beim Auslegen der Pflanzen ist besondere Sorgfalt gefragt. Das Vorgehen ändert sich prinzipiell jedoch nicht. Sie sollten dann aber auf jeden Fall die Höhenstaffelung mit Bambusstäben simulieren. Bei diesem Vorgehen ist etwas mehr Vorstellungskraft nötig, wie groß die einzelnen Pflanzen werden, da man dies nicht mit Hilfe des Plans abschätzen kann.

Die Pflanzengröße

Besonders bei Gehölzen ist etwas Geduld gefragt, wenn es um die endgültige Größe geht. Selbst eine Rose benötigt mehrere Jahre, um die ihr zugedachte Wirkung zu erzielen. Bei Bäumen und Sträuchern lässt sich die nötige Zeit verringern, wenn man tiefer in die Tasche greift und gleich größere, dann aber auch teurere Exemplare kauft. Der Vorteil größerer bzw. höherer Bäume liegt darin, dass sie von Beginn an den erwünschten Schatten liefern. Dies ist gerade für eine Unterpflanzung von großer Bedeutung, denn ein Beet mit Schattenstauden benötigt ab der Pflanzung ein entsprechendes Laubdach. Fehlt dieses, da man sehr junge und damit kleine Bäume gepflanzt hat, leidet die Unterpflanzung stark. Bis die Gehölze ausreichend Schatten werfen, muss man daher mit Verlusten und entsprechenden Kosten rechnen.

Ein weiterer Aspekt ist der Pflegeaufwand, der bei größeren Bäumen und Sträuchern geringer ausfällt. Sie haben bereits in der Baumschule einen Erziehungsschnitt erhalten und weisen einen guten Aufbau auf. Somit ist die gewünschte Raumwirkung der Pflanzen von Anfang an gegeben.

Bei Stauden ist es hingegen nicht sinnvoll, auf Solitärpflanzen aus großen Containern zurückzugreifen. Sie wachsen am neuen Standort sogar häufig schlechter ein. Dies gilt insbesondere für sehr tiefwurzelnde Arten und solche mit empfindlichem Wurzelwerk. Pflanzen in 9 oder 11 cm großen Töpfen wachsen oft schneller an und bilden später robustere Pflanzen aus. Sie müssen sich dann lediglich etwas länger gedulden, bis sich die ersten üppigen Blüten zeigen. Lediglich bei großen Stauden wie Funkien oder Pfingstrosen sollte man auf größere Töpfe zurückgreifen.

Entwicklung und Pflege

Geduld ist eine der wichtigsten Tugenden beim Gärtnern. Wer sie aufbringt, der wird dafür umso reicher belohnt und kann darüber hinaus noch Geld sparen. Ein Beet entwickelt sich dabei noch relativ zügig, verglichen mit einem Hausbaum oder einer Hecke. Bei einem neu angelegten Staudenbeet mit einigen Gehölzen können Sie etwa mit 1 bis 3 Jahren rechnen, bis es seine volle Schönheit entfaltet.

Doch auch bis dahin ist es eine sehr spannende Zeit. Jede Woche bringt eine neue Überraschung, und die immer größer werdenden, üppiger blühenden Pflanzen verblüffen und begeistern zugleich. Es ist ein unvergleichliches Erfolgserlebnis, zu beobachten, wie aus einer selbstgepflanzten kleinen Staude ein 2 m hohes Prachtexemplar wird.

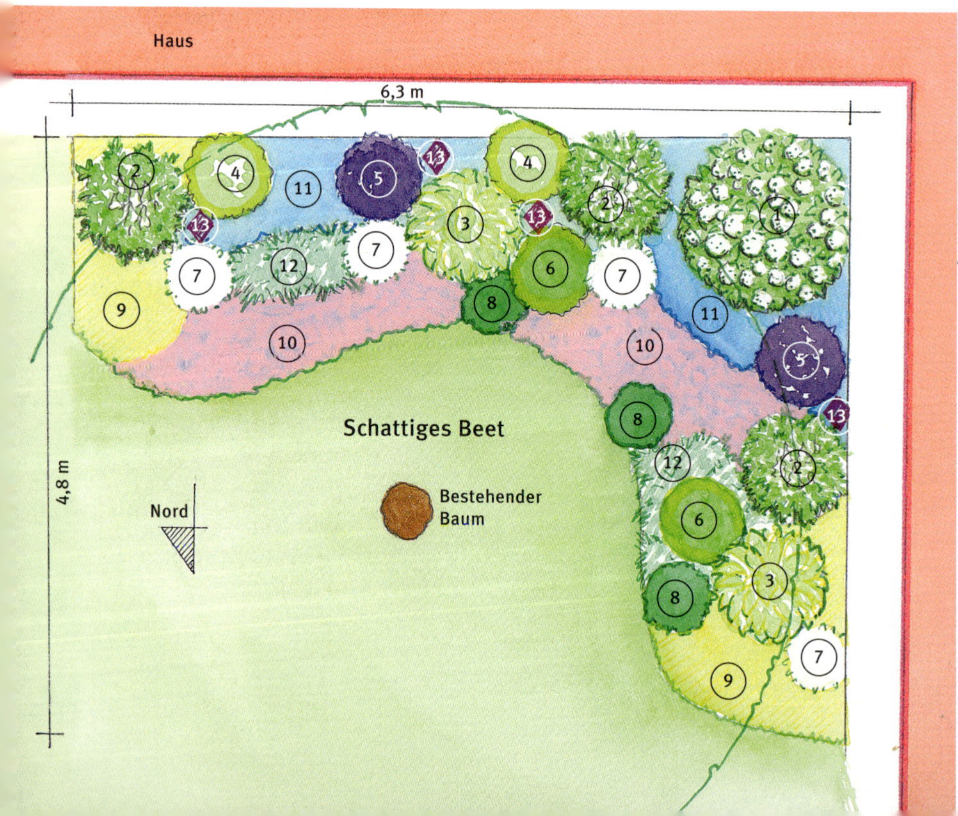

1 *Hydrangea paniculata* 'Grandiflora' 2 *Aruncus dioicus* 3 *Hosta* 'Sum and Substance' 4 *Cimicifuga ramosa* 5 *Aconitum carmichaelii* 'Arendsii' 6 *Carex elata* 'Aurea' 7 *Polygonatum biflorum* 8 *Helleborus orientalis* 9 *Epimedium pinnatum* ssp. *colchicum* (7 Stück/m^2) 10 *Tiarella wherryi* (9 Stück/m^2) 11 *Brunnera macrophylla* (5 Stück/m^2) 12 *Carex morrowii* 'Variegata' (4 Stück/m^2) 13 *Digitalis purpurea* 'Alba'

Bis es soweit ist, fällt ein verhältnismäßig hoher Pflegeaufwand an, da der noch recht offene Boden viele unerwünschte Pflanzen zum Keimen einlädt. Bereits im 2. Jahr reduziert sich dieser Aufwand jedoch schon erheblich.

Die offenen Flächen bieten zudem Platz für zahlreiche Zwiebel- und Knollenpflanzen. Haben Sie die Stauden im Frühjahr gepflanzt, dann können Sie die Zwiebelblumen bereits im ersten Herbst stecken. Bei einer Herbstpflanzung erfolgt beides gleichzeitig. Um den anfänglichen Aufwand zu reduzieren, können Sie bei Beet- und Schattenstauden eine Schicht Rindenmulch ausbringen (→ S. 170). Spätestens im 3. Jahr ist die Pflanzung dann geschlossen, wodurch sich der Unkrautaufwuchs deutlich reduziert.

1 *Buddleja davidii* 'Nanho Blue' 2 *Delphinium elatum* 'Gletscherwasser' 3 *Paeonia* (*Lactiflora*-Gruppe) 'Avalanche' 4 *Hemerocallis* 'Gentle Shepherd' 5 *Rudbeckia fulgida* 'Goldsturm' 6 *Iris* (*Barbata-Elatior*-Gruppe) 7 *Euphorbia polychroma* 8 *Verbascum chaixii* 'Album' 9 *Lavandula angustifolia* 10 *Alchemilla mollis* (5 Stück/m^2) 11 *Salvia nemorosa* 'Blauhügel' (6 Stück/m^2) 12 *Geranium sanguineum* 'Album' (5 Stück/m^2) 13 *Bergenia cordifolia* 'Oeschberg' (8 Stück/m^2) 14 *Linaria purpurea* 'Springside White' 15 *Aquilegia vulgaris*

Korrekturen

Ob man ein Beet nun zum ersten Mal anlegt oder schon ein Gartenprofi ist – ganz so, wie man es sich gedacht hat, wird es fast nie. Dies ist jedoch kein Grund zum Ärgern, sondern gehört beim Gärtnern einfach dazu. Die schönsten Kombinationen ergeben sich denn oft auch aus unbeabsichtigten Zufällen oder vermeintlichen Missgeschicken. Die meisten Stauden und Gehölze können jedoch in den ersten Jahren nach der Pflanzung auch problemlos wieder versetzt werden. Man wird immer wieder Lücken entdecken und mit der Zeit neue Pflanzen finden, die sich in das Beet einbringen lassen. Mit zunehmender Erfahrung verändert man möglicherweise auch seinen Geschmack, entdeckt neue Lieblingspflanzen oder stellt fest, dass sich bestimmte Arten unter den örtlichen Boden- und Klimabedingungen nicht so gut entwickeln.

Ein Beet ist nach der Pflanzung also noch lange nicht fertig. Genauso wichtig ist die weitere Betreuung, die sich nicht nur auf das Unkrautjäten beschränkt. Große Staudenhorste können geteilt und umgepflanzt werden, Sämlinge bilden neue Aspekte. Gerade in diesem steten Wandel liegt ein Großteil der Freude, die ein Garten bereitet.

Sowohl Blüten als auch Blätter bieten bei *Brunnera* attraktive Aspekte.

So kann es aussehen

Abgebildet finden Sie zwei Pflanzpläne für abwechslungsreiche Staudenbeete, die Sie problemlos nachgestalten können.

› **Schatten:** Das Beet links befindet sich auf einer Gebäudenordseite und wird von einem bestehenden Baum weitgehend beschattet. Da besonders helle Töne im Schatten intensiv wirken und dunkle Partien aufhellen, wurden als Blatt- und Blütenfarben Blau, Weiß und Cremegelb gewählt. Die gelblaubigen Pflanzen wie *Carex* und *Hosta* wirken dabei noch weit über ihre Blütezeit hinaus. Neben Gewächsen mit Blütenwirkung wurden auch Arten gepflanzt, die einen starken Texturkontrast bilden. Die sehr feine Belaubung der Gräser wechselt sich mit den groben (*Polygonatum, Brunnera* und *Helleborus*) bzw. sehr großen *Hosta*-Blättern ab. Zahlreiche wintergrüne Arten wie *Carex morrowii, Epimedium* und *Helleborus* verschönern den Anblick im Winter.

› **Sonne:** Das oben gezeigte Beet besteht vor allem aus robusten Stauden, die z. T. Trockenheit gut vertragen. Die farbliche Abstimmung ist vom Farbdreiklang Weiß-Blau-Gelb geprägt. Dabei wurden die Pflanzen so ausgewählt, dass durch wenige Arten eine möglichst lange Blütezeit abgedeckt ist. Einige Stauden wie *Delphinium* und *Salvia* blühen bei rechtzeitigem Rückschnitt noch ein zweites Mal. Die *Achillea* lässt sich nach der Blüte zurückschneiden und bildet dann bis zum Herbst ansehnliche Blätter. Zahlreiche Arten wie *Bergenia, Lavandula, Iris* und *Rudbeckia* zeigen zudem schöne Herbst- und Winteraspekte.

1

Zusätzliche Ausstattung

Bauliche Elemente geben dem Garten Struktur, während Pflanzen einen grünen Rahmen bilden. Praktisches wie Stellplätze sowie Möbel und Schmuckelemente sind die letzten Mosaiksteine für die Ausstattung eines erlebnisreichen, reizvollen Gartens.

Nützliche Elemente wie ein Wäscheplatz oder der Komposthaufen, aber auch die Spielgeräte brauchen den richtigen Standort im Garten. Und auch Raum für Fahrzeuge und Geräte aller Art wird immer benötigt. Wer diese Ausstattungselemente rechtzeitig im Konzept vorsieht, kann sie später besser im Garten integrieren. Sie vermeiden dann den Anblick der unschönen Mülltonnen und finden leichter einen Platz für Ihr Gartenhaus. Berücksichtigen Sie auch bei diesen praktischen und nützlichen Dingen das Grundkonzept Ihres Gartens. Vermeiden Sie Spontankäufe und Dauerprovisorien, die mehr kosten als nutzen.

Die ästhetische Ausstattung eines Gartens ist ein fortlaufender Prozess, bei dem Sie Ihre persönliche Note einbringen können. Schon in der Antike wurden klassische Plastiken und Vasen als Schmuckelemente in Gärten verwendet. Heute reicht das Repertoire vom modernen Kunstobjekt bis hin zum Gartenzwerg, der mit einer Vielzahl von sonstigen Bewohnern die Gärten bereichert. Ob Kunstobjekte, Gefäße oder eigene Kreationen entscheidet jeder Gartenbesitzer nach seinem Geschmack und Stil.

Gartenmöbel sollen sowohl funktionell als auch ansprechend anzusehen sein. Neben dem Aussehen spielen Pflege, Haltbarkeit sowie Bequemlichkeit beim Kauf eine wesentliche Rolle.

Eine gute Lichtplanung erhöht die Sicherheit in Haus und Garten. Eine optimale Ausleuchtung von Wegen und Treppen führt gefahrlos durch den Garten, während Bewegungsmelder Bestandteil jedes Sicherheitskonzepts sein sollten. Darüber hinaus kann eine effektvoll inszenierte Beleuchtung den nächtlichen Garten überaus stimmungsvoll bereichern. Licht gliedert Räume und lenkt die Blicke. Markante Pflanzen werden mit Licht gekonnt in Szene gesetzt und Kunstobjekte geschickt arrangiert.

Bei der Auswahl von Möbeln, Dekorations- oder Beleuchtungselementen gelten die gleichen Regeln wie bei der sonstigen Anlage des Gartens. Harmonie und Schlichtheit sorgen für Ruhe. Die richtigen Proportionen und Kontraste erzeugen hingegen Abwechslung und Bewegung. Gemeinsam unterstützen sie die Gesamtidee und ergänzen den gewählten Gartenstil wirkungsvoll.

In diesem Kapitel:

Praktisches Zubehör

NEBEN EINER ANSPRECHENDEN Gestaltung hat der Garten immer auch praktische Aufgaben zu erfüllen. Die Gartengeräte sind zu verstauen, das Holz für den Kamin braucht ebenso einen Platz wie Fahrzeuge oder Spielgeräte. Damit Sie an alles denken, erhalten Sie im Folgenden ein paar nützliche Anregungen.

› **Wäschespinne** oder **Wäscheplatz** benötigen einen sonnigen Ort. Berücksichtigen Sie dabei, dass der Anblick trocknender Wäsche nicht unbedingt zu den schönsten gehört, und wählen Sie daher einen Standort, der weit genug von Ihrem Lieblingssitzplatz entfernt ist. Meistens wird z. B. im Rasen eine BODENHÜLSE (S. 537) versenkt, in der die Wäschespinne aufgestellt werden kann. Schutzhüllen halten Schmutz und Nässe von den Leinen ab. Und um auf dem Weg zur Wäsche trockene Füße zu behalten, können Trittplatten im Rasen verlegt werden. Wer ausreichend Platz und große Bäume im Garten hat, greift vielleicht auch auf die alte Variante der Wäscheleine zurück.

› Das Holz für den Kaminofen braucht einen dem Bedarf entsprechend großen Platz. Dieser überdachte **Lagerplatz** befindet sich praktischerweise entlang des Gebäudes oder eines Schuppens. Sie können den überdachten Holzstapel aber auch als dekorativen Raumteiler und Sichtschutz in Ihrem Garten einsetzen.

› **Regentonne** und **Wasseranschluss** sind am besten in der Nähe des Nutz- und Ziergartens zu platzieren. So haben Sie, egal ob Sie mit Gießkanne oder Gartenschlauch bewässern, immer kurze Wege und erleichtern sich die Arbeit (→ S. 66).

› Gleichfalls sollte der **Kompost** an einem halbschattigen Platz in der Nähe des Gemüsegartens zu finden sein (→ S. 67, S. 180–182).

› Auch wenn Sie anfangs noch keinen Bedarf für ein **Gerätehaus** haben, sollten Sie dennoch bereits bei der Gartenplanung eine kleine Fläche dafür vorsehen. Denn falls Sie keinen Platz in der Garage oder im Keller finden, werden Sie später froh sein, wenn Sie einen Stauraum für Gartengeräte und -möbel, Spielsachen und Fahrräder errichten können. Im Handel sind zahlreiche Fertigbausätze aus Holz erhältlich, die einfach im Selbstbau errichtet werden können (→ S. 77). Benötigt man mehr Platz, dann lässt sich auch das Gerätehaus erweitern oder durch Einsetzen größerer Fenster in ein Gartenhaus verwandeln.

› Im Vorgarten sind die **Stellplätze** für Autos, Fahrräder oder Kinderwagen vorzusehen. Als Autostellplatz bieten sich Garagen oder Carports an (→ S. 78–79). Für Kinderwagen und Fahrradstellplätze ist ein überdachter Platz am Hauseingang sinnvoll. Ebenso wie für die Mülltonnen gibt es hier begrünte Varianten, die sich gut in den Vorgarten integrieren lassen.

› **Spielgeräte** gibt es in den unterschiedlichsten Ausführungen und Preisklassen. Rutsche, Klettergerüst, Wippe, Schaukel oder Sandkasten werden aus Holz, Metall oder Plastik angeboten. Achten Sie darauf, dass diese mit dem TÜV-Zeichen versehen sind. Leichte Plastikausführungen wie bunte Sandmuscheln sind transportabel, nutzen sich aber schneller ab. Schwere Ausführungen aus Holz und Metall sind dauerhafter und stabiler, da sie mit Betonfundamenten gesichert werden. Unabhängig davon, ob Sie sich für Fertigausführungen entscheiden oder sich an den Selbstbau wagen, gibt es Grundsätzliches zu beachten. Sehen Sie bei Schaukel, Klettergerüst oder Rutsche als Untergrund eine Lage aus Sand oder Rindenmulch vor, die mögliche Stürze abmildert. Verwenden Sie bei Holzkonstruktionen Hölzer, die Sie regelmäßig mit ungiftigen Holzschutzmitteln behandeln (→ Kasten S. 77). Spielgeräte sollten sich übrigens später gut umfunktionieren oder zurückbauen lassen, wenn ihnen die Kinder entwachsen sind.

› **Spielhäuser** sind Provisorien, die aus allerlei Altmaterialien gebaut werden können. Das reicht von gespannten Bettlaken bis hin zu stabilen Holzhütten, die die Kinder für ihr fantasievolles Spielen nutzen können. Wichtig ist eine möglichst versteckte Lage. Baumhäuser wagen sich in die dritte Dimension. Auch hier gibt es die einfachste Bauweise einer Holzplattform mit Strickleiter oder aufwendige Konstruktionen, in die sich sogar die Erwachsenen wagen. Achten Sie in jedem Fall auf eine solide Konstruktion auf einem stabilen Baum sowie auf einen sicheren Zugang (→ S. 51–52).

Dieser Holzschuppen ist vielseitig nutzbar, zugleich aber auch schön anzusehen.

Möbel und Schmuck

ZUR AUSSTATTUNG EINES GARTENS gehören auch Möbel und Accessoires. Während die Sitzgelegenheiten sowohl praktischen wie ästhetischen Ansprüchen genügen sollten, erfreuen die Schmuckelemente vor allem das Auge.

Bitte nehmen Sie Platz

Ein bequemer Liegestuhl fürs Mittagsschläfchen, ein großer Tisch für die Kaffeetafel oder eine Sonnenbank vor dem Haus erfüllen in erster Linie funktionelle Aufgaben. Sie sind wichtige Elemente für den Aufenthalt im Garten und sollten vor allem bequem und praktisch sein.

Die verfügbaren Modelle aus den unterschiedlichsten Materialien decken alle Qualitäts- und Preisklassen ab. Alte **guss- und schmiedeeiserne Möbel** kommen besonders in formalen Gärten zur Geltung. Da sie rostanfällig und teuer sind, werden für Privatgärten nur Einzelexemplare verwendet. Heute kommen daher eher **Edelstahl** und **Aluminium** zum Einsatz, bei denen kein Korrosionsschutz erforderlich ist. Die relativ teuren Metallmöbel werden entweder lackiert oder kunststoffbeschichtet angeboten.

Holz ist das beliebteste und vielseitigste Material, dessen natürliche, warme Ausstrahlung und Patina geschätzt wird. Eine regelmäßige Pflege sowie eine trockene Lagerung im Winter erhalten die Schönheit dieser robusten Möbel über viele Jahre. Sie lassen sich immer wieder streichen und so gegen Witterungseinflüsse schützen. Achten Sie auf das FSC-Siegel, das auf Holz aus einer umweltbewussten Waldwirtschaft hinweist.

Korbmöbel aus Rattan sind meist preiswert. Jedoch sollten die Möbel nicht ungeschützt der Witterung ausgesetzt werden.

Das günstigste Material für Gartenmöbel ist **Kunststoff**. Die Form- und Farbenvielfalt ist groß, der Preis meist niedrig. Billige Ausführungen zerkratzen allerdings leicht und bleichen schnell in der Sonne aus. Kunststoffstühle sind stapel- oder zusammenklappbar und lassen sich aufgrund des geringen Gewichts leicht transportieren.

Neben diesen praktischen Aspekten haben Gartenmöbel auch eine ästhetische Wirkung. Tische und Stühle werden meist erst dann erworben, wenn der Garten fertig angelegt ist, so dass Sie Ihre Auswahl der Gesamtgestaltung anpassen können. Grundsätzlich sollten sich die Sitzgelegenheiten harmonisch in den Garten einfügen. Dezente Farben sind dabei genauso wichtig wie das richtige Größenverhältnis zum Sitzplatz.

Das Sahnehäubchen

Mit Schmuckelementen konnen Sie im Garten Akzente setzen und für Überraschungen sorgen. Zudem kommen sie im Winter gut zur Geltung, wenn die meisten Pflanzen ihre Blätter verloren haben. Doch auch hier gilt: Weniger ist oft mehr.

Majestätisch erhebt sich hier die Gartenkönigin und wacht über das Blumenbeet.

Achten Sie bereits bei der Planung auf mögliche Sichtbeziehungen. Der richtige Standort und ein ruhiger Hintergrund lassen ein Element erst richtig wirken. So bleiben die Schmuckstücke nicht nur leere Dekoration, sondern werden Teil der Gartengestaltung (→ Sichtachsen und Blickfänge, S. 32–33).

Art und Material der Accessoires können so vielseitig sein, dass eine Auswahl schwer fällt. Für Treppenanlagen bieten sich Töpfe aus Keramik oder Terrakotta an, die frostbeständig sein sollten. Statuen können einen Eingang flankieren.

Hauswände oder Mauern eignen sich für Mosaike oder Wandgemälde, um eine südländische Atmosphäre zu verbreiten. ▶ FINDLINGE (S. 542) oder Steinstelen setzen markante Punkte im Garten, während gebrauchte Steintröge als Wasserbecken für eine Erfrischung sorgen.

Mit etwas Fantasie und Sammelleidenschaft lassen sich aus Fundstücken schöne Objekte gestalten. Eine Treibholzwurzel, vermooste Tontöpfe oder selbstgebaute Stahlplastiken verbreiten einen ganz besonderen Charme. Vielleicht entsteht vor einer dunkelgrünen Eibenhecke ein Holzthron aus selbstgesammeltem Treibholz.

! wir empfehlen

Auswahl der Gartenmöbel

Testen Sie durch Probesitzen, welche Stühle Ihnen zusagen. Achten Sie auf verstellbare Rückenlehnen, bequeme Armlehnen sowie Größe und Neigung der Sitzflächen. Weiche Polster ermöglichen ein angenehmeres Sitzen.

Denken Sie an ausreichend breite Tisch- und Stuhlbeine, die auch auf einem ungleichmäßigen Belag gut stehen. Überlegen Sie, ob Sie ausreichend Stauraum für das Winterquartier haben. Manche Stühle sind zusammenklappbar, andere lassen sich dagegen gut stapeln.

GARTENMÖBEL UND DEKOELEMENTE

1 Holzsitz

Alte, gebrauchte und ungenutzte Fundstücke haben einen besonderen Reiz und bestechen durch eine eigenwillige Ausstrahlung. So können individuelle und unkonventionelle Holzmöbel entstehen, die Ihre persönliche Note im Garten unterstreichen. In seiner Einfachheit wirkt das Arrangement der kubischen Formen nahezu wie ein Kunstobjekt.

1

2

3

4

2 Hängematte

Die einfachste und bequemste Entspannungshilfe ist eine Hängematte, die am besten zwischen zwei Bäumen aufgehängt wird. Dort lässt sich im Schatten der Alltag für ein paar Stunden vergessen. Hängematten passen sich genau Ihrem Körper an und geben Ihnen das Gefühl, geborgen zu liegen und gleichzeitig zu schweben. Die traditionellen Ausführungen werden aus Baumwolle hergestellt. Die synthetischen Modelle eignen sich für eine dauerhafte Nutzung im Freien.

3 Dekosteine

Farblich dezent gestaltete Dekosteine ergänzen die Pflanzung, indem sie deren Blüten- und Blattfarben widerspiegeln. Es entstehen interessante Kompositionen von Pflanze und Stein. Gerade in kleinen Gärten schaffen Sie damit einen effektvollen, aber platzsparenden Blickfang.

4 Zusammenklappbares

Einfache Gartenmöbel aus Metall und Kunststoff sind im Nu aufgebaut. Sie ermöglichen einen spontanen Besuch auf der Blumenwiese oder bieten Platz für unerwartete Gäste. Die zusammenklappbaren Tische und Stühle benötigen wenig Raum im Winterquartier. Mit bunten Sitzkissen bringen Sie darüber hinaus Farbe ins Spiel.

5 Korbflechtwerk

Inmitten eines Beets empfängt dieses fantasievolle Geflecht aus Weiden- und Haselruten den Betrachter im Garten. Die filigrane Konstruktion wirkt leicht und fügt sich harmonisch in das Gesamtbild ein. Im Selbstbau können Sie mit etwas Kreativität und Geschick eigene Gartenobjekte entstehen lassen. Für große und kleine Kinder bietet dieses Naturmaterial unbegrenzte Gestaltungsmöglichkeiten.

5

Licht im Garten

Faszinierend und bizarr lässt die Beleuchtung den Baum in einem neuen Licht erscheinen.

LICHT LÄSST SICH IM GARTEN sehr vielfältig einsetzen und trägt zu ganz neuartigen Gartenerlebnissen bei. Es ist somit nicht nur ein wichtiges Funktionselement, sondern schafft mit etwas Einfühlungsvermögen und Kenntnis auch ansprechende Atmosphären und schöne Stimmungen.

Sicherheit für Haus und Garten

Die Beleuchtung der Treppen und Wege rund ums Haus dient in erster Linie der eigenen Sicherheit und Orientierung. Überlegen Sie, welche Gartenbereiche Sie auch noch bei Dunkelheit erreichen wollen. Normalerweise genügt es, den Eingangsbereich im Vorgarten, die Garage, die Terrasse und eventuell noch den Kellereingang mit Licht zu versorgen. An der Eingangspforte kann eine Lampe den Besucher begrüßen. Halbhohe Poller- oder Bodenleuchten sorgen für helle Wege zum Haus. Für Treppenanlagen gibt es attraktive Lösungen, bei denen die Leuchten in die Stufen eingelassen werden. Sie können die Stufen auch seitlich beleuchten, um ohne Probleme Ihr Ziel zu erreichen. Dem Licht an der Haustür kommt eine besondere Bedeutung zu, da es beim Auffinden der Hausnummer, des Namensschilds und der Klingel behilflich ist.
Sogenanntes Sicherheitslicht beleuchtet Haus und Garten zum Schutz vor Einbrechern. Sie können eine Zeitschaltuhr einbauen, damit das Licht nicht die ganze Nacht hindurch brennt. Zum Schutz des Hauses können Sie die Beleuchtung auch mit Hilfe von Bewegungsmeldern automatisch steuern und damit ungebetene Gäste abschrecken. Sie sind eine praktische Lösung, die das manuelle Betätigen des Lichts überflüssig machen und zudem helfen, Strom zu sparen. Beleuchten Sie insbesondere die Eingänge, dann bereiten Sie gleichzeitig Besuchern und Bewohnern einen hellen Empfang.

Atmosphäre durch Licht

Häufig vernachlässigt, fristet die Beleuchtung als Gestaltungsmittel im Garten paradoxerweise ein Schattendasein. Dabei kann ein geschickt inszeniertes Licht- und Schattenspiel den nächtlichen Garten verzaubern und magische Stimmungen schaffen, die neue Dimensionen eröffnen. Im Sommer lässt sich dadurch der Aufenthalt im Freien verlängern und verschönern. Im Winterhalbjahr kann zumindest der Blick in den beleuchteten Garten den Wohnraum optisch erweitern. Aber wie ein Theaterstück braucht auch ein Garten eine Dramaturgie, die das Licht gekonnt in Szene setzt.
Gelbliches Licht verbreitet eine gemütliche Stimmung. Hartes weißes oder bläuliches Licht wirkt hingegen kühl und streng. Kombinieren Sie unterschiedliche Intensitäten und Töne, so können Sie interessante Effekte erzielen. Vermeiden Sie aber buntes Licht, da der nächtlich beleuchtete Garten ausreichend Formen und Farben bietet.

Technische Anforderungen

Wollen Sie eine Gartenbeleuchtung anbringen, dann ist eine gut durchdachte Elektroinstallation und Beleuchtungsplanung erforderlich. Lassen Sie sich am besten bei einem qualifizierten Elektriker über die Einsatzmöglichkeiten von Licht im Garten beraten.
Zunächst brauchen Sie einen Leitungsplan, in dem alle Anschlüsse und Leitungsführungen dargestellt sind. Bei einem Neubau können Sie schon frühzeitig Stromanschlüsse vorsehen und Leerrohre

Sehen Sie Bodenstrahler am Wegrand vor. Damit erleichtern Sie sich auch die Wartungsarbeiten.

verlegen (→ S. 66–67). In einem bestehenden Garten müssen Sie möglicherweise Kabel neu verlegen lassen. Diese werden frost- und „spatensicher“ in einer Tiefe von 80 cm eingebaut. Für den Einbau der Kabel und den Anschluss der Beleuchtung sollten Sie einen autorisierten Fachmann hinzuziehen, der die Anlagen auch abnehmen kann.

Als Nächstes werden die Leuchten angebracht. Wandlampen können die Terrasse und den Eingangsbereich erhellen, frei stehende Sockel- oder Pollerleuchten markieren Wege und Treppenaufgänge. Pflanzen können gut mit beweglichen Strahlern hervorgehoben werden, die mittels Erdspieß oder Schraubklemmen in Beeten installiert werden. Diese mobilen Lampen lassen sich einfach umsetzen.

Im Außenbereich dürfen nur Leuchten eingesetzt werden, die einen speziellen Schutz aufweisen und für die Verwendung im Freien zugelassen sind. Eine regelmäßige Kontrolle der Leuchten, Kabel und Anschlüsse ist unerlässlich.

Strom sparen, aber wie?

› Anstelle leistungsstarker Lampen, die mit Netzspannung betrieben werden, können Sie auch **Niedervoltsysteme** einsetzen. Mit diesen lassen sich bei einer Gartenbeleuchtung bis zu 60 % Strom einsparen. Sie erhalten diese Systeme als fertiges Set mit Trafo, Kabel und mehreren Leuchten in jedem Gartencenter. Da die Strahler mobil sind und ihre Leitungen oberirdisch geführt werden, können sie jederzeit umgestellt werden. Prüfen Sie vor dem Kauf die Beleuchtungsstärke der Leuchten. Die regelmäßige Überprüfung der Leuchten, Kabel und Schalter gewährleistet Ihnen dauerhafte Sicherheit.

› **Solarenergielampen** benötigen keinen Netzanschluss, sind daher flexibel einzusetzen und umweltfreundlich. Die dazugehörige Solarzelle erfordert einen sonnigen Platz und ist direkt mit der Lampe verbunden. Bei manchen Ausführungen ist die Zelle bereits in der Leuchte integriert.

› Romantiker holen sich mit **Kerzen, Fackeln** oder **Petroleumlampen** ein stimmungsvolles Licht in den Garten. Windlichter oder imprägnierte Duftkerzen können zudem lästige Insekten vertreiben. Je nach Bedarf lassen sie sich überall dort aufstellen, wo sie gerade gebraucht werden. Immer öfter erhellen aufrecht stehende, unbehandelte Fichtenstämme, sogenannte Schwedenfeuer, die Gartenpartys. Jedoch ist bei offenem Feuer immer Vorsicht geboten.

Tipps und Tricks rund ums Licht

Wählen Sie schlichte Lampen mit einfachen Formen. Sie sind robuster und fügen sich besser in den Garten ein. Denken Sie jedoch daran, dass die Leuchten tagsüber ganz bewusst als Schmuckelement eingesetzt werden können.

Glühlampen und Leuchtenabdeckungen können sowohl klar als auch mattiert sein. Die klaren Varianten weisen eine größere Brillanz auf und sind damit heller, die matten blenden dagegen weniger. Grundsätzlich sind alle Leuchten so zu installieren, dass sie die Umgebung zwar erhellen, den Betrachter dabei aber nicht blenden.

Mit einem geschickten Lichteinsatz können Sie räumliche Wirkungen erzeugen. Ein von unten angestrahlter Baum im Rasen lässt den Garten größer erscheinen. Aber leuchten Sie nicht alles aus, der Garten wirkt sonst flach und langweilig. Dunkle Bereiche bringen die hellen Stellen erst so richtig zum Strahlen. Berücksichtigen Sie auch die Beleuchtung der Nachbargrundstücke sowie die Straßenbeleuchtung in Ihrem Konzept.

Die Feineinstellung Ihres Lichtkonzepts sollten Sie am besten bei Nacht vornehmen. Da sich ein Garten ständig verändert, müssen die Leuchten mit der Zeit angepasst und ggf. umgestellt werden. Das Freischneiden fest installierter Lampen sollte ebenfalls von Zeit zu Zeit erfolgen.

Wirkungsvolle Effekte im Garten

Sie können einzelne Schmuckelemente und Pflanzen mit direkter oder indirekter Beleuchtung hervorheben. Achten Sie dabei darauf, dass die Lichtquellen nie sichtbar sind und nicht blenden.

Ein versteckt angebrachter Strahler kann z. B. einen einzelnen Strauch hervorheben. Steht dieser Spot in einiger Entfernung zum Objekt, ergeben sich interessante Licht- und Schatteneffekte durch das beleuchtete Ast- und Blätterwerk.

1

2

3

4

1 Unterwasserleuchten tauchen Ihren Teich in ein besonderes Licht.
2 Im Beet versenkte Leuchten erzeugen hübsche Lichteffekte.
3 Schwimmkerzen verbreiten romantisches, stimmungsvolles Licht.
4 Mit beleuchteten Steinen zaubern Sie warmes Licht in dunkle Ecken.

Hintergrundlicht wird hinter einem Objekt platziert und bringt dieses regelrecht zum Strahlen. Die Umrisse beispielsweise einer Statue zeichnen sich vor dem Hintergrund ab, da sie im Dunkeln leicht schimmern. Pflanzen, die sonst im Schatten stehen, können überaus reizvoll bei Nacht beleuchtet werden und so neue Eindrücke vermitteln.

Auch Wasser und Licht lassen sich wirkungsvoll miteinander kombinieren. So spiegeln sich am Teichrand aufgestellte Lampen im Wasser. Und mit speziellen Leuchtkugeln oder Unterwasserlampen können Sie bei Brunnen oder in Wasserbecken und Gartenteichen leuchtende Akzente setzen.

2

ALLGEMEINE GARTEN-PRAXIS

Freude an Pflanzen, ein wenig Gespür für ihre Bedürfnisse, solides Grundwissen und Praxiserfahrung – dies alles fördert einen ganz besonderen Körperteil des Gärtners: den „grünen Daumen". Dabei unterstützt Sie dieses Kapitel mit vielfältigen Infos und Praxisanleitungen quer durch den Garten.

2

Botanik für Einsteiger

Pflanzen spielen im Garten fraglos die Hauptrolle. Etwas Wissen um ihre Lebensformen und -weisen kann den praktischen Umgang mit ihnen erleichtern und die Freude an ihnen verstärken.

In diesem Kapitel:

Manche sehen Gartenpflanzen ganz nüchtern als grüne oder blühende Dekoration an, die eben etwas Arbeit macht. Mit dieser pragmatischen Sichtweise lässt sich durchaus gärtnern und Spaß am Garten haben. Nimmt man die Pflanzen aber auch als Lebewesen mit eigenen Wünschen und Bedürfnissen wahr, dann öffnet sich so manche Tür. Das Verstehen pflanzlicher Lebensvorgänge und -bedingungen macht das Warum, Wie und Wann vieler Pflegemaßnahmen besser begreiflich. Es kann z. B. helfen, in Zweifelsfällen einen passenden Standort zu finden oder flexibler auf die Probleme des Gartenalltags zu reagieren. Nicht zuletzt ist so manches im Leben der „grünen Gesellen", mit denen wir uns im Garten umgeben, einfach interessant, ja sogar richtig spannend.

Und von jeher war es wohl nicht nur der Wissensdrang, sondern auch die Faszination von Pflanzen, die bei der Entstehung und Entwicklung der Botanik eine große Rolle spielte. Vorläufer der Pflanzenkunde gab es wahrscheinlich schon im alten Ägypten und China. Als eigentlicher Begründer der Botanik gilt jedoch der Grieche Theophrast (371–286 v. Chr.), der erste Lehrwerke über Pflanzen verfasste.

Pflanzenwissen – Früchte intensiver Forschung

Heute ist die Botanik ein umfangreiches Wissens- und Forschungsgebiet mit mehreren Teilgebieten: von der Morphologie (äußerer Aufbau der Pflanzen), Anatomie (innerer Aufbau) und Physiologie (Lebensvorgänge, z. B. Stoffwechsel) über Genetik (Vererbungslehre) und Systematik (Beschreibung und Ordnung der Pflanzenwelt) bis hin zur Ökologie (Wechselbeziehungen zwischen Pflanzen und Umwelt).

Ob botanische Namen (→ S. 127), durch Züchtung entstandene Sorten (→ S. 129), Zusammenstellungen gedeihlicher Pflanzengemeinschaften, Grundlagen des Düngens oder Schneidens – vieles, mit dem man heute als Hobbygärtner ganz selbstverständlich zu tun hat, geht auf die Erkenntnisse der Botaniker zurück.

Freilich haben die ebenfalls altehrwürdigen Gartenbau- und Landwirtschaftswissenschaften, die auch als „angewandte Botanik" bezeichnet werden, dabei ein gewichtiges Wort mitzureden. Ihr Metier ist nicht nur die Anbau- und Züchtungspraxis samt zugehöriger Grundlagenforschung, sondern z. B. auch die Gartengestaltung, die Bodenkunde und die Agrarmeteorologie.

So steht heute ein gewaltiger Fundus an „grünem" Wissen zur Verfügung, der stets weiterentwickelt wird und immer wieder auch dem Hobbygärtner zugute kommt.

Wie Pflanzen leben

EIN EIGENER STOFFWECHSEL, die Fähigkeit zu Wachstum, Vermehrung, Fortpflanzung sowie zur Reaktion auf Reize – dies macht in nüchternen wissenschaftlichen Worten ein Lebewesen aus. Dazu kommt, dass Lebewesen bzw. Organismen stets aus **Zellen** bestehen. Diese kleinsten Einheiten sind meist zwischen 0,01 und 0,1 mm groß. Sie enthalten das Erbgut (gespeichert als DNS = Desoxyribonukleinsäure) sowie Eiweiße (Proteine), die u. a. als Enzyme sämtliche Stoffwechselprozesse steuern.

Kohlenhydrate und Eiweiße sowie Fette als Energiespeicher gehören neben Wasser zu den wichtigsten chemischen Bausteinen der Zellen und damit von Lebewesen überhaupt. Man bezeichnet sie deshalb als **organische Substanzen.** Sie alle basieren auf Verbindungen von Kohlenstoff, Wasserstoff und meist auch Sauerstoff, drei in der Natur weitverbreiteten Elementen.

Grüne Selbstversorger mit festen Zellen

Nicht von ungefähr sind Kohlenhydrate, Eiweiße und Fette gemeinhin als Satt- und teils auch Dickmacher bekannt – sie stellen die „Substanzbildner" eines Organismus dar. Zugleich liefern sie die nötige Energie für alle Stoffwechselvorgänge. Menschen und Tiere müssen die Ausgangssubstanzen dieser Stoffe mit der Nahrung aufnehmen. Ebenso Pilze und die meisten Bakterien, die sich von toter oder parasitisch von lebender organischer Substanz ernähren. Am Anfang der Nahrungsketten stehen stets Pflanzen – denn nur sie (und einige wenige Bakterien) vermögen energiereiche organische Substanz aus unbelebten Ausgangsstoffen selbst aufzubauen. Der Fachbegriff dafür lautet **autotroph,** übersetzt etwa „sich selbst ernährend".

Diese Besonderheit ist allen Pflanzen gemeinsam, von Moosen über Farne und Gräser bis hin zu Blumen und Bäumen. Kohlendioxid aus der Luft und Wasser aus dem Boden genügen ihnen, um Kohlenhydrate herzustellen. Dazu befähigt sie ihr Blattgrün, das **Chlorophyll.** Mit dessen Hilfe vermögen sie die Energie des Sonnenlichts „einzuspannen", um zunächst Traubenzucker als einfaches Kohlenhydrat aufzubauen. Dieser Vorgang ist als Photosynthese bekannt.

Unter dem Mikroskop zeigen die **Pflanzenzellen** entsprechende Besonderheiten. Anders als die der Tiere haben sie feste Zellwände, die ihnen Stabilität verleihen. Außerdem enthalten sie charakteristische Zellorgane (Organellen), darunter besonders wichtig die Chloroplasten mit dem grünen Farbstoff Chlorophyll. Eine weitere Spezialität stellen die Vakuolen in den Pflanzenzellen dar. Es handelt sich um von Membranen umschlossene Räume, die mit Zellsaft gefüllt sind. Damit halten sie – bei hinreichender Wasserversorgung – den Zelldruck aufrecht.

Die Zellen können je nach Aufgabe und Ort in der Pflanze sehr unterschiedlich geformt sein. Ähnliche, benachbarte Zellen bilden zusammen verschiedene **Gewebe.** Die typischen Gewebe eines Blatts sind in der Abbildung auf S. 123 dargestellt.

Ernährung und Atmung

Die „Selbstversorgung" der Pflanzen durch **Photosynthese** ist ein zentraler und einzigartiger Vorgang (→ Kasten S. 118). Im Einzelnen handelt es sich um einen hochkomplizierten biochemischen Prozess mit mehreren Teilschritten. Weil dabei der Kohlenstoff (chemische Abkürzung C) aus dem Kohlendioxid (CO_2) der Luft in körpereigene Kohlenhydrate umgewandelt wird, spricht man von Kohlenstoff-Assimilation. Auch den überwiegend aus dem Boden aufgenommenen Stickstoff (N) „assimiliert" die Pflanze, indem sie ihn mit Kohlenhydraten zu Eiweißen verknüpft.

Die einfachen Kohlenhydrate wie Traubenzucker und die Eiweißvorstufen (Aminosäuren) nennt man auch **Assimilate.** Sie sind im Pflanzensaft gelöst und werden vor allem zu den Triebspitzen und Knospen sowie zu den Wurzeln geleitet. Beim Wachstum, also der Bildung körpereigener Substanz, wandelt die Pflanze die Assimilate in komplexere organische Verbindungen um, nämlich in Kohlenhydrate wie Stärke, Eiweiße sowie Fette und Öle. Ein guter Teil der Assimilate wird aber auch für einen anderen wichtigen Zweck gebraucht bzw. verbraucht: als Energielieferant für alle Stoffwechselvorgänge. Dazu

Schon nach dem Entfalten der Keimblätter bildet die junge Pflanze ihre Aufbaustoffe selbst.

tut die Pflanze dasselbe wie wir – sie atmet. Dies bedeutet, dass sie Sauerstoff (O_2) aus der Luft aufnimmt, um die Kohlenhydrate zur Energiegewinnung zu „verbrennen". Dabei wird wieder Kohlendioxid an die Luft abgegeben. Unter dem Strich geschieht bei der **Atmung** also gerade das Entgegengesetzte zur Photosynthese, wobei die Atmung jedoch bei Tag und Nacht in allen lebenden Zellen abläuft.

Wenn nun die Pflanze zu dunkel steht, kann es passieren, dass sie mehr veratmet, als sie durch Photosynthese aufzubauen vermag. Dasselbe geschieht bei sehr hohen Temperaturen, die einerseits die Photosynthese einschränken, andererseits die Atmung aber verstärken. Daneben setzen auch zu niedrige Temperaturen die Photosyntheseleistung herab.

Stoffaufbau und Energiegewinn durch Photosynthese und Atmung sind wesentliche Lebensvorgänge, doch zum Wachsen, Blühen und Fruchten brauchen die Pflanzen noch einiges mehr. Neben dem bereits erwähnten Stickstoff gibt es weitere essenzielle, mineralische **Nährstoffe** bzw. Nährelemente, die über die Wurzeln aus dem Boden aufgenommen werden (→ S. 175–176). Sie dienen u. a. zur Regulierung von Wasserhaushalt und Stoffwechselprozessen, zum Aufbau von Fetten, Vitaminen und Pflanzenhormonen oder zur Stabilisierung des Gewebes. Magnesium z. B. ist ein wichtiger Baustein des Chlorophylls, des lebenswichtigen Blattgrüns.

Wasser, das Lebenselixier

Wasser ist der „Stoff", der in der Pflanze alles am Laufen hält. Krautige, also nicht verholzte Gewächse bestehen bis zu 95% aus Wasser. Es wird längst nicht nur für die Photosynthese gebraucht, sondern auch als Lösungs- und Transportmittel für Nährstoffe und organische Verbindungen. Weiterhin übt es in den Zellen einen Druck aus, der das Pflanzengewebe festigt, und reguliert durch Verdunstung die Temperatur. Gemäß seiner bekannten chemischen Formel H_2O setzt sich Wasser aus Wasserstoff (H) und Sauerstoff (O) zusammen. Damit dient es auch als „Quelle" für zwei Elemente, die in vielen biochemischen Reaktionen in der Pflanze eine wichtige Rolle spielen.

Von den Wurzeln aus dem Boden aufgenommen, wird das Wasser über die Sprossachse, also den Stängel oder Stamm, bis zu den höchsten Blättern und Knospen verteilt. Pflanzen nutzen dabei sehr clever chemisch-physikalische Prinzipien aus, um das Wasser ganz ohne Energieaufwand entgegen der Schwerkraft nach oben zu befördern. Eines davon beruht auf dem Konzentrationsausgleich zwischen Wasserlösungen mit unterschiedlichem Salz- oder Zuckergehalt bzw. ganz allgemein Nährstoffgehalt: Grundsätzlich strebt Wasser stets zum Ort der höheren Konzentration, um den Unterschied durch Verdünnung auszugleichen. An den Zellwänden liegen innen Plasmahäute an, die nur das Wasser hindurchlassen, nicht aber die darin gelösten mineralischen Nährstoffe. So wird das Wasser bereits aus dem Boden in die Wurzelzellen „gesaugt", da deren Pflanzensaft eine höhere Konzentration aufweist. Dies setzt sich in einer Art Kettenreaktion bis nach oben fort. Die treibende Kraft dabei ist der sogenannte Transpirationssog. Über kleine Spaltöffnungen an den Blattunterseiten verdunsten die Pflanzen das Nass in Form von Wasserdampf. Diese **Transpiration** fällt umso höher aus, je heller und wärmer es ist. Mit dem Wasserverlust steigt die Nährstoffkonzentration der betroffenen Zellen, so dass sie wiederum Wasser von unten nachziehen. Wenn die Umgebung bei hoher Luftfeuchtigkeit bereits mit Wasserdampf gesättigt ist, behelfen sich Pflanzen mit einem Trick: Sie geben an den Blatträndern Wassertröpfchen ab, damit weiterhin Nachschub von unten kommt. Besonders gut kann man diesen Vorgang an Frauenmantel (*Alchemilla*

Gut zu wissen

Photosynthese – Blätter als Kraftwerke

Bei der Photosynthese nimmt die Pflanze Kohlendioxid aus der Luft und Wasser aus dem Boden auf, um daraus Traubenzucker herzustellen. Als „Nebenprodukt" wird dabei Sauerstoff frei, den die Pflanze an die Luft abgibt. Um die energiearmen Ausgangsstoffe in das energiereiche Kohlenhydrat Traubenzucker umwandeln zu können, braucht die Pflanze das Sonnenlicht: Dank ihres grünen Farbstoffs Chlorophyll kann sie die Lichtstrahlung als Energiequelle nutzen, ja sich sogar regelrecht deren Energie „einverleiben". Dabei absorbiert das Chlorophyll vor allem die blauvioletten und rotorangen Anteile des Sonnenlichtspektrums. Da für die Photosynthese Licht benötigt wird, kann sie nur tagsüber ablaufen – oder bei Belichtung mit Speziallampen, die ein entsprechendes Lichtspektrum aufweisen.

Nur grüne, chlorophyllhaltige Pflanzenteile können Photosynthese betreiben, und die Blätter spielen hierbei die Hauptrolle. So sind sie zugleich kleine Kraftwerke, die Energie erzeugen, und „Zuckerfabriken". Das Kohlendioxid nehmen sie über die zahlreichen kleinen Spaltöffnungen an ihrer Unterseite auf.

Bei feuchter Luft verbessern einige Pflanzen den Wassernachschub durch Abgabe von Wassertröpfchen.

Manche Pflanzen klimmen mit Hilfe von elastischen Ranken dem lebensnotwendigen Licht entgegen.

Bei der Aufnahme von Nektar verbreiten Tiere, wie diese zwei Schmetterlinge, den Pollen.

mollis) und Kapuzinerkresse (*Tropaeolum*) beobachten oder auch an Gurkenblättern im Gewächshaus.

Beim Wassertransport nach oben wirken außerdem Kapillarkräfte mit. Darunter versteht man den Effekt, dass sich Wasser in sehr dünnen Röhren an den Wänden fadenartig hochzieht. Solche Röhren finden sich in den Pflanzen in Form der wasserleitenden Gefäße (→ S. 121–122).

Die Nährstoffe können zwar nicht einfach mit dem Wasser in die Zellen gelangen, doch auch für sie gibt es einen Weg durch die Plasmahäute. Der Transport muss jedoch aktiv erfolgen – deshalb schickt die Pflanze immer wieder Assimilate zur Wurzel, um die für die Nährstoffaufnahme nötige Energie bereitzustellen.

Unverzichtbar – den Nachwuchs sichern

Wachsen, nach oben oder in die Breite, um so viel Sonnenlicht wie möglich einzufangen – das ist ein deutliches Bestreben aller Pflanzen. Doch als Hauptziel darf man ihnen unterstellen, was biologisch betrachtet für alle Lebewesen gilt: die Erhaltung und Verbreitung der eigenen Art.

So tritt früher oder später das sogenannte **generative Wachstum** ein, die Ausbildung von Geschlechts- und Vermehrungsorganen. Dabei gehen die allermeisten Gewächse den Weg, der sich in der jahrmillionenalten Entwicklungsgeschichte der Pflanzen durchgesetzt hat: Sie bilden Blüten mit weiblichen und männlichen Geschlechtsanlagen, aus denen nach Befruchtung Samen heranwachsen. Hierbei umschließen sie ihre Samenanlagen überwiegend mit einem Fruchtknoten, an den sich ein Griffel mit einer Narbe als Mündung anschließt (→ Aufbau der Blüte, S. 125). In den Staubblättern der Blüten werden die männlichen Geschlechtszellen gebildet, eingebettet in Pollenkörnchen, die als „Verbreitungseinheiten“ dienen.

Bei der **Bestäubung** gelangen die Pollen mit Hilfe von Tieren wie Bienen, Vögeln oder Fledermäusen oder des Winds auf die Narbe. Dort keimen die Pollen aus, d. h., sie bilden einen Pollenschlauch, der durch den Griffel bis zu den Samenanlagen im Fruchtknoten hindurchwächst.

Dann kann die **Befruchtung** stattfinden: Die männlichen Geschlechtszellen verschmelzen mit den Eizellen, und schließlich entsteht ein Keimling, der auch bei Pflanzen als Embryo bezeichnet wird – ausgestattet mit sämtlichen notwendigen Anlagen, um zu einer neuen Pflanze heranzuwachsen.

Während der **Samenreife** entwickelt sich der Keimling zu einer kompletten „Minipflanze“, mit Keimwurzel, -stängel, -blättern und -knospe. Zudem wird er mit einer festen Samenschale versehen, die auch ein Nährgewebe mit Stärke, Fetten und/oder Eiweißen enthält. Schließlich „verpacken“ die Pflanzen ihre Samen in einer Frucht – zum einen als Schutz, zum anderen als Hilfsmittel zur Verbreitung (→ S. 126).

Nach der **Fruchtreife** werden die Samen meist aus den Früchten freigegeben, oder das umgebende Fruchtgewebe verrottet bzw. wird von Tieren gefressen, die die Samen ausscheiden. Unter ungünstigen Bedingungen können Samen dann teils viele Jahre am oder im Boden liegen und „auf bessere Zeiten“ warten. Sobald diese eintreten, beginnt die **Keimung:** Der Keimling durchstößt die Samenschale, zunächst mit der Keimwurzel, dann mit den Keimblättern. Von Beginn an braucht er das Lebenselixier Wasser, denn genügend Feuchtigkeit zum Quellen der Samen ist die wichtigste Voraussetzung. Außerdem benötigt der Keimling unbedingt Sauerstoff, um sich durch „Veratmen“ seines Nährgewebes zu versorgen, bis er all seine Organe voll entfaltet hat. Diese und weitere Keimbedingungen gilt es zu beachten, wenn man Pflanzen über Samen gezielt vermehren will (→ S. 221).

Viele Pflanzen können sich aber auch durch **vegetative Vermehrung** verbreiten, d. h., sie bilden Pflanzenteile wie ➲ AUSLÄUFER (S. 534) oder ➲ ABLEGER (S. 532) aus, die sich separat bewurzeln und so als eigenständige Gewächse weiterleben können. Das machen wir uns bei der Pflanzenvermehrung (→ S. 224–231) gern zunutze. Beim vegetativen Vermehren entstehen identische „Klone“ der Mutterpflanzen. Die **geschlechtliche (generative) Vermehrung** über Samen bietet dagegen den Vorteil, dass das Erbgut jedes Mal neu durchmischt wird. So konnten und können sich die Pflanzen seit jeher optimal veränderlichen Umweltbedingungen anpassen: Unter den Nachkommen mit unterschiedlichen Erbanteilen von Mutter- und Vaterpflanze behaupten und vermehren sich immer wieder jene am stärksten, die am besten mit den Standortverhältnissen zurechtkommen.

Die Organe der Pflanzen

DIE AUF DEN VORHERGEHENDEN Seiten beschriebene Lebens- und Ernährungsweise der Pflanzen bedingt weitgehend das uns vertraute Erscheinungsbild: mit grünen Blättern, die an oft aufragenden Sprossen der Sonne entgegengestreckt werden, um ihr Licht einzufangen. Und mit Wurzeln, die Wasser und Nährstoffe aus dem Boden holen und die Pflanzen zu ausgesprochen „sesshaften“ Lebewesen machen. Dazu kommen natürlich die Blüten, die oft sehr auffällig gestaltet sind – und damit für den Gärtner ebenso attraktiv wie für die bestäubenden Insekten, zu deren Anlockung sie eigentlich dienen.

So ergibt sich eine grundsätzliche Gliederung der Pflanze in verschiedene Organe, wie sie die untenstehende Abbildung zeigt. Die mannigfaltigen Ausprägungen und Abwandlungen der Grundorgane Wurzel, Sprossachse, Blatt und Blüte sind hauptsächlich das Resultat der Anpassung an ganz unterschiedliche Lebensräume und Standorte. Sie bescheren uns die verschiedensten Möglichkeiten der Pflanzenverwendung, wobei freilich auch züchterische und gärtnerische Eingriffe das Bild der Pflanzen verändern können.

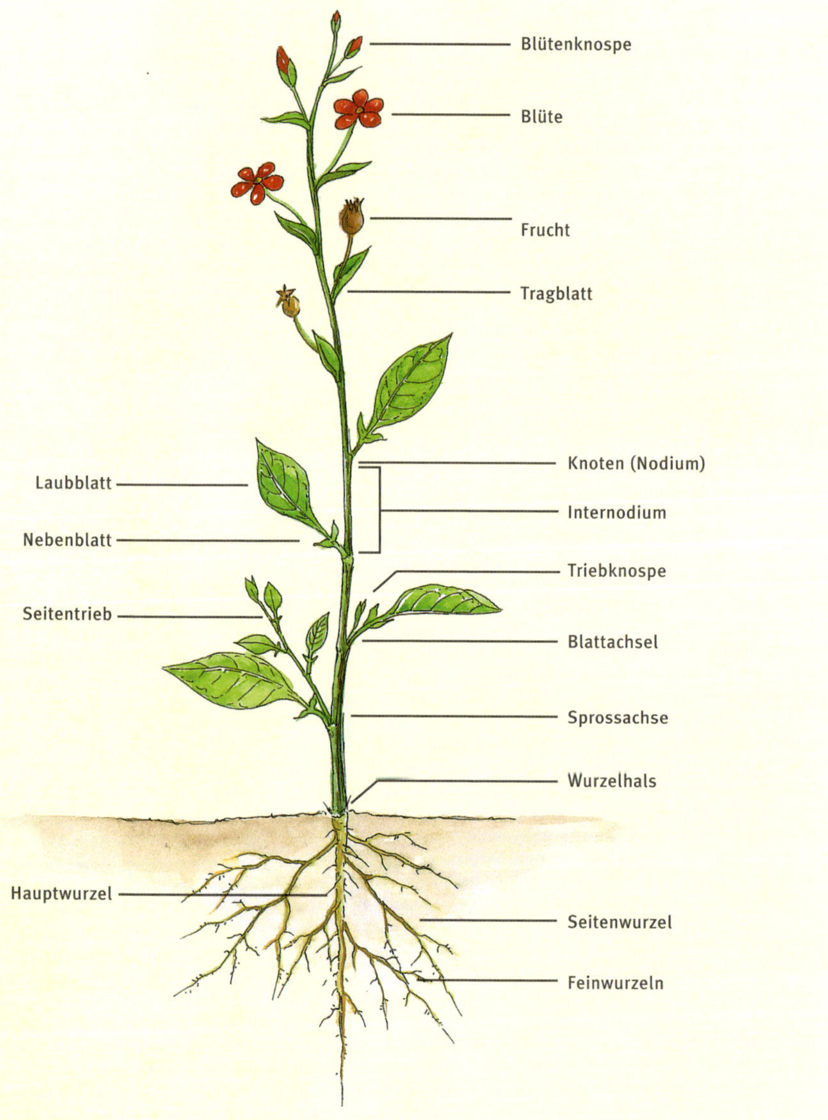

Die Organe einer Pflanze; trotz vielfältiger Variationen bleibt dieser grundsätzliche Aufbau meist erkennbar.

Die Wurzeln

Mit ihrer Wurzel verankert sich die Pflanze im Boden, mit ihr nimmt sie Wasser und darin gelöste Nährstoffe auf. Zudem dienen die Wurzeln oft als Nährstoffspeicher zur Überbrückung von Ruhe- und Krisenzeiten.

Bei der Keimung durchstößt die **Keimwurzel** als erstes Pflanzenorgan die Samenschale. Je nach Zahl der danach entfalteten Blätter unterteilt man die Pflanzen in Einkeimblättrige und Zweikeimblättrige (→ S. 123). Diese beiden Pflanzengruppen unterscheiden sich auch in der weiteren Entwicklung ihrer Wurzeln.

Bei den Einkeimblättrigen, zu denen Gräser, Zwiebel- und Liliengewächse gehören, stirbt die Keimwurzel bald ab. Sie wird durch zahlreiche neue Wurzeln ersetzt, die der Sprossbasis entspringen, sogenannte **Adventivwurzeln.** Auch andere Pflanzen können solche Zusatzwurzeln im unteren Sprossbereich bilden, wenn dieser mit Erde bedeckt wird, was man beim ANHÄUFELN (S. 533) von Gemüse wie Kohl, Lauch oder Tomaten nutzt. Bei den Einkeimblättrigen formieren sich die etwa gleich starken Wurzeln zu den typischen **Büschelwurzeln,** wie man sie etwa an einer Küchenzwiebel sehen kann.

Bei den Zweikeimblättrigen sowie bei den Nadelgehölzen, die gleich mehrere Keimblätter hervorbringen, wächst die Keimwurzel weiter und entwickelt sich zu einem oft stark verzweigten, weit ausgebreiteten **Wurzelsystem.** Es besteht meist aus einer deutlich erkennbaren Hauptwurzel, von der die Seitenwurzeln abzweigen. Diese können sich noch mehrfach in weitere Seiten- bzw. Nebenwurzeln verzweigen. Sehr kurze, dünne Nebenwurzeln bezeichnet man als Faser- oder Feinwurzeln. Zu deren Spitze hin konzentrieren sich die fadenartigen, nur wenige Millimeter langen **Wurzelhaare.** Nur über diese Wurzelhaare werden Wasser und Nährstoffe aufgenommen. Sie leben nur wenige Tage und werden beim Weiterwachsen der Wurzeln immer wieder neu gebildet.

Die Hauptwurzel kann als kräftige, geradewegs in die Tiefe wachsende **Pfahlwurzel** mit nur wenigen Seitenwurzeln ausgebildet sein, wie z. B. bei Löwenzahn, Lupine und Eiche. Sie zählen ebenso zu den **Tiefwurzlern** wie Pflanzen mit stärker verzweigtem, aber ebenfalls tiefreichendem Wurzelsystem, etwa Rosen und Robinie. Wenn Tiefwurzler sich gleichmäßig nach den Seiten verzweigen und die oberflächennahe Bodenschicht mit eher waagrecht verlaufenden Wurzelsträngen durchziehen, spricht man auch von **Herzwurzlern.** Dazu gehören beispielsweise Eiben, Kiefern, Ginkgo und Buche.

Flachwurzler finden sich zum einen unter den Einkeimblättrigen, da die Büschelwurzeln oft nicht besonders tief reichen, so etwa bei Zwiebelblumen und Rasengräsern. Auch Polsterstauden wie Blaukissen wurzeln häufig flach. Typische Flachwurzler unter den Gehölzen sind z. B. Birke, Fichte, Felsenbirne (*Amelanchier*) sowie Johannis- und Stachelbeersträucher. Bei solchen Gehölzen muss man bei der Bodenbearbeitung sehr aufpassen, dass man keine Wurzeln verletzt. Mulchen (→ S. 170) ist hier besonders günstig, auch zum Bewahren der Bodenfeuchtigkeit. Bäume mit kräftigen, langen, flach verlaufenden Wurzeln, vor allem Birken, haben die „Unart", dass sie z. B. Plattenbeläge anheben oder im Oberboden verlegte Rohre zerstören können.

Von der Grundform der Wurzel gibt es so manche Abwandlungen. Nur erwähnt seien hier oberirdische Luft- und Stützwurzeln sowie Stelz- und Atemwurzeln, die manche tropische Gewächse ausbilden. Vertrauter sind uns oberirdische Wurzeln bei Efeu und anderen Klettergehölzen: Sie halten sich mit **Haftwurzeln,** die in kleinen Büscheln am Spross angelegt werden, an Bäumen und anderen Unterlagen fest.

Eine bekannte Umwandlung der Wurzel ist die **Rübe,** z. B. bei Möhre, Rettich und Sellerie. In solchen Fällen verdickt sich die Hauptwurzel zu einem Speicherorgan. Oft sind daran auch verdickte Teile des früheren Keimstängels oder der Sprossachse beteiligt. Auch Seiten- und Adventivwurzeln können zu Speicherorganen verdickt sein, so etwa bei den **Wurzelknollen** von Dahlie und Pfingstrose.

Den Übergangsbereich zwischen Wurzel und oberirdischer Sprossachse nennt man **Wurzelhals.**

1

2

3

1 Mit fein verzweigtem Wurzelwerk erschließen sich Pflanzen die Nährstoffvorräte des Bodens.

2 So manche als Rüben ausgebildete Speicherwurzeln bereichern unseren Speiseplan.

3 Oberirdische Haftwurzeln sind eine spezielle „Erfindung" mancher Klettergehölze.

Gut zu wissen

Symbiosen – gedeihliche Lebensgemeinschaften

Die Wurzeln einiger Pflanzen gehen innige Verbindungen mit anderen Lebewesen ein – zum gegenseitigen Nutzen.

Bei manchen Gehölzen, z. B. Eichen, Buchen, Kiefern und Tannen, sowie vielen Orchideen findet sich die **Mykorrhiza,** eine Symbiose mit bestimmten Pilzen. Deren Hyphen (Pilzfäden) umwachsen die Feinwurzeln der Pflanze und dringen teils in die Wurzeln ein. Sie vergrößern die Wurzeloberfläche und verbessern die Aufnahme von Wasser und mineralischen Nährstoffen. Im Gegenzug versorgt die Pflanze die Pilze mit Assimilaten (Kohlenhydraten). Denselben Vorteil genießen **Knöllchenbakterien,** die sich in der Wurzelrinde von Schmetterlingsblütlern bzw. Hülsenfrüchtlern (Leguminosen) wie Erbse, Bohne, Wicke oder Lupine entwickeln. Solche Bakterien sind in der Lage, Stickstoff aus der Luft zu binden, und machen diesen wichtigen Nährstoff direkt für die Pflanzen verfügbar.

Die Sprossachse

Der Spross bzw. die Sprossachse bildet das Gerüst der Pflanze. Sie trägt die Blätter und bringt sie in optimale Stellung zum Licht. Zugleich ist die Sprossachse das Verbindungsstück sowie die „Hauptleitung" für alle Wasser- und Stofftransporte zwischen Wurzeln und Blättern sowie zu den Knospen, Blüten und Früchten. Die Sprossachse mitsamt ihren Verzweigungen ist dazu von einem Röhrensystem durchzogen, den sogenannten Leitbündeln. Diese finden sich bereits in den Wurzeln und erstrecken sich in jedes Blatt und zu jeder Knospe.

Die **Leitbündel** werden von einem Festigungsgewebe umgeben, das die Sprossachse stabilisiert, und bestehen aus zwei Strängen:

› Der Holzteil (auch Gefäßteil oder Xylem) leitet Wasser und mineralische Nährstoffe von den Wurzeln sprossaufwärts.

› Der Bastteil (auch Siebteil oder Phloem) leitet die Assimilate aus den Blättern und anderen grünen Pflanzenteilen zu den Knospen, Wurzeln und Früchten.

Die Sprossachse in der Abbildung auf S. 120 zeigt den verbreiteten Aufbau mit aufrechter Achse (Haupttrieb) und Seitensprossen (Seitentrieben). Die Ansatzstellen der Blätter nennt man **Blattknoten** (Nodien), die unbeblätterten Abschnitte dazwischen **Internodien.** An der Sprossachse werden unterschiedliche **Knospen** ausgebildet, aus denen Triebzuwachs, Verzweigungen, neue Blätter oder Blüten entstehen können (→ Kasten S. 123).

Die Fülle der Abweichungen vom „Standardspross" führt zu einer Vielzahl unterschiedlicher Wuchsformen. Die Sprossachse kann verzweigt oder unverzweigt sein, aufrecht, niederliegend, kriechend oder kletternd. Bei den krautigen, nicht verholzenden Pflanzen wird sie meist als **Stängel** bezeichnet. Arten, deren Blätter rosettenartig dem Boden aufliegen, haben einen stark gestauchten Spross, ähnlich die polster- und teppichartig wachsenden Pflanzen. Bei den Rosettenpflanzen erhebt sich die Blüte an einem unbeblätterten **Schaft** über dem Boden, ebenso bei den Zwiebelgewächsen. Gräser haben stattdessen beblätterte, innen hohle **Halme** mit deutlich verdickten Blattknoten. Bei Bäumen verdickt sich die verholzte Hauptachse zu einem **Stamm,** in dessen oberem Bereich die Seitentriebe (Äste und Zweige) eine Krone bilden. Sträucher dagegen bauen sich aus mehreren gleichrangigen Hauptachsen auf, die der Basis entspringen.

Während die Sprossachsen von Gräsern und anderen Einkeimblättrigen (→ S. 123) schon früh ihre „Enddicke" erreichen, können zweikeimblättrige Pflanzen und Nadelgehölze zeitlebens an Umfang zulegen, sowohl beim Spross wie bei den Wurzeln. Zu diesem sekundären **Dickenwachstum** befähigt sie das Kambium, ein stets teilungsfähiges Gewebe im Sprossinneren. Besonders ausgeprägt ist das Dickenwachstum bei Baumstämmen: Das zwischen den Leitungsbahnen von Holz- und Bastteil angeordnete Kambium bildet während der Wachstumsperiode beständig neue Zellen nach innen und nach außen. So vergrößert sich alljährlich der Bastteil und vor allem auch der innere Holzteil. Den jährlichen Zuwachs sieht man bei einem Schnitt durch einen Baumstamm an den Jahresringen.

Beim Dickenwachstum wird das ursprüngliche äußere Abschlussgewebe der Stämme und Zweige durch die **Rinde** ersetzt, die aus Bastfasern und nach außen hin aus neu gebildeten Korkzellen besteht. Meist stirbt die äußere Rindenschicht mit der Zeit ab, reißt mit zunehmendem Dickenwachstum auf und präsentiert sich dann als **Borke,** die sich oft in Schuppen, Platten oder Streifen ablöst.

Neben den verschiedenen Wuchsformen finden sich in der Pflanzenwelt etliche Ab- und Umwandlungen der Sprossachse. Bei den **Ranken** von Weinrebe (*Vitis*) und Wildem Wein (*Parthenocissus*) z. B. handelt es sich um umgebildete Seitensprosse, ebenso bei den **Dornen** von z. B. Weißdorn. Rosen und Brombeeren dagegen tragen im botanischen Sinn keine Dornen, sondern **Stacheln:** Es handelt sich um Auswüchse der äußeren Zellschichten der Sprosse, die sich im Gegensatz zu Dornen leicht abbrechen lassen. Markante Veränderungen weisen auch **Schlingpflanzen** wie Blauregen und Stangenbohne auf: Ihre Sprossachsen haben stark verlängerte Internodien und können sich so an anderen Pflanzen oder aufrechten Stützen hochwinden. Lange Internodien zeigen meist auch **Ausläufer.** Solche Seitensprosse können ober- oder unterirdisch wachsen, sich an den Blattknoten bewurzeln und so eigenständige Jungpflanzen hervorbringen (z. B. Erdbeere, Essigbaum).

Stark gestaucht dagegen sind die Sprossachsen oder Teile davon bei ZWIEBELN (S. 569) und ober- oder unterirdischen **Sprossknollen** (z. B. Kohlrabi, Kartoffel, Knollenbegonie). Ein bei Stauden weitverbreitetes Speicherorgan ist das **Rhizom,** auch Erdspross oder Wurzelstock genannt. Tatsächlich handelt es sich um unterirdische, verdickte, meist gestauchte Sprosse. Den Unterschied zu einer Wurzel erkennt man daran, dass sie schuppige Blättchen bzw. Blattnarben sowie Achselknospen aufweisen.

Kartoffelknollen sind umgewandelte Sprossorgane – was ihre austriebsfähigen Augen beweisen.

Die Blätter

Die entscheidende Rolle der Blätter bei der Photosynthese wurde bereits auf S. 118 (→ Kasten) vorgestellt. Damit hängt eine weitere wesentliche Blattfunktion eng zusammen, nämlich der Gasaustausch bei Photosynthese und Atmung, d. h. die Aufnahme bzw. Abgabe von Kohlendioxid und Sauerstoff. Ebenso wichtig ist die dritte Aufgabe, die Regulierung des Wasser- und Wärmehaushalts durch Transpiration (Verdunstung).

Der **innere Blattaufbau,** den die nebenstehende Abbildung zeigt, ist ganz für diese Aufgabe „optimiert". Das obere Palisadengewebe aus langgestreckten Zellen enthält die meisten Chloroplasten (grüne Chlorophyllkörner) und stellt den Hauptort der Photosynthese dar. Darunter liegt das Schwammgewebe mit vielen Zellzwischenräumen – in erster Linie ausgelegt auf guten Gasaustausch und Wasserdampfabgabe. Umgeben werden diese Gewebe von einer meist einzelligen Zellschicht, der Epidermis. Sie dient als Schutz, vor allem auch gegen ungewollte Verdunstung. Dabei unterstützt sie eine dünne „Außenhaut", die Kutikula, die sich häufig noch zusätz-

Gut zu wissen

Knospen – gut verpackte Wachstumspunkte

Knospen, besonders im Anfangsstadium ihrer Entwicklung auch Augen genannt, sind Wachstumspunkte, die aus teilungsfähigem Gewebe bestehen. Sie werden von Blattanlagen bzw. kräftigen Knospenschuppen umhüllt und geschützt. Wo die Blätter oder Blattstiele an den Sprossen ansetzen, in der sogenannten Blattachsel, werden bei den meisten Pflanzen Knospen angelegt. Aus solchen Achselknospen treiben oft die Blütenstände, zunächst aber meist neue Seitentriebe, die zur arttypischen Verzweigung führen. Dabei entstehen oft noch Seitentriebe 2. und 3. Ordnung, wobei in deren Achseln jeweils weitere Achselknospen angelegt werden können. Über die Spitzenknospen an ihren Enden verlängern sich Haupt- wie Seitentriebe durch zusätzliches Sprosswachstum – sofern es sich nicht um Blütenknospen handelt, aus denen endständige Blüten bzw. Blütenstände hervorgehen.

lich mit einer Wachsschicht überzieht. An der Blattunterseite ist die Epidermis von zahlreichen Spaltöffnungen durchbrochen, deren Öffnung durch spezielle Schließzellen reguliert wird. Die von außen oft deutlich erkennbaren **Blattadern oder -nerven** bergen die Leitbündel (→ S. 122). Die Blattfläche nennt man auch **Blattspreite.** Ihr unteres Ende, die Blattbasis oder der Blattgrund, sitzt oft an einem Blattstiel, kann aber auch unmittelbar dem Spross ansitzen. An der Stielbasis werden häufig zwei kleine **Nebenblätter** („Öhrchen") ausgebildet, die den jungen Trieb schützen und später dann häufig abfallen. Bevor die eigentlichen, je nach Art sehr unterschiedlich geformten Laubblätter gebildet werden, erscheinen bei der Samenkeimung zunächst die recht einfach gestalteten **Keimblätter.** Bei den **einkeimblättrigen Pflanzen** entfaltet sich tatsächlich nur ein Keimblatt. Zu ihnen zählen Gräser, Lilien-, Zwiebel-, Spargel- und Aronstabgewächse, Orchideen, Palmen sowie viele Teich- und Sumpfpflanzen, z. B. Froschlöffel, Rohrkolben, Igelkolben und Blumenbinse. Abgesehen von den Nadelgehölzen, die mit mehreren Blättern keimen, gehören alle anderen Arten zu den **zweikeimblättrigen Pflanzen,** die bei der Keimung ein Blattpaar hervorbringen. Abgelöst werden die Keimblätter von den „Hauptblättern", die man botanisch selbst bei Nadelgehölzen als **Laubblätter** bezeichnet. Bei den Einkeimblättrigen sind die Blattnerven der Laubblätter typischerweise parallel angeordnet, bei den Zweikeimblättrigen dagegen in einer Netzstruktur. Ansonsten können Blätter eine unwahrscheinliche Vielfalt in Aufbau und Form zeigen. Bestimmte **Blattstellungen** sowie **Blattformen** und Ausgestaltungen der Ränder sind oft charakteristische Merkmale von Pflanzenfamilien (→ S. 128). Die wichtigsten Blattkennzeichen und Begriffe sind auf S. 124 vorgestellt. Eine besondere, von den anderen Laubblättern abweichende Form weisen spezielle Hoch- oder **Tragblätter** auf, die die Blütenknospen bzw. Blüten schützen. Wenn sie den Blütenstand weitgehend umgeben, spricht man auch von **Deckblättern** bzw. Brakteen. Manchmal sind sie bunt gefärbt, während die Blüten unscheinbar bleiben, und übernehmen dann das Anlocken von Insekten, so etwa bei Bougainvillee oder Blumenhartriegel (*Cornus florida*).

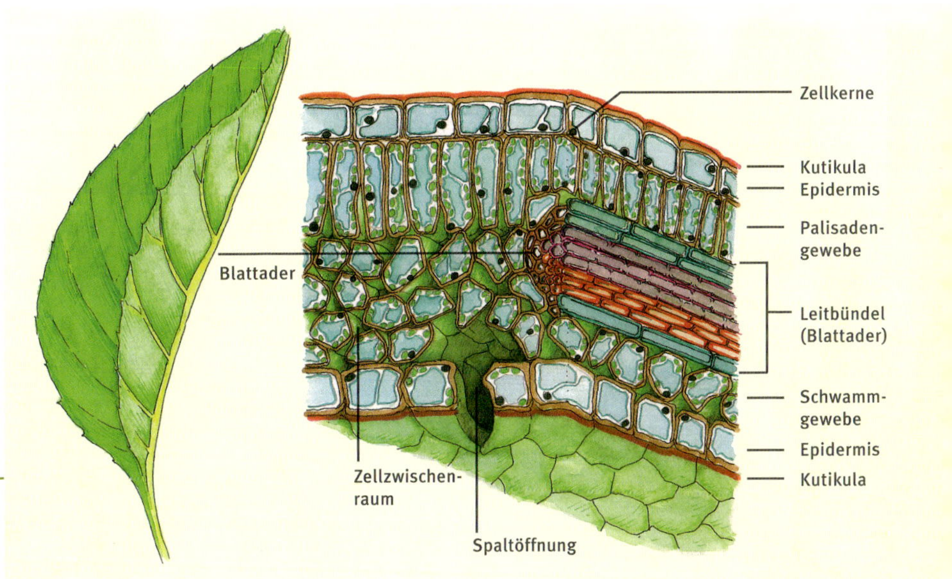

Blattgewebe im Querschnitt: Der Blattaufbau ist ganz auf optimale Photosynthese ausgelegt.

Blattstellungen
wechselständig
gegenständig
kreuzgegenständig
quirlständig
rosettig
Blattformen
nadelförmig
linealisch
lanzettlich
spatelförmig
eiförmig
verkehrt eiförmig
elliptisch/oval
rundlich
herzförmig
nierenförmig
rautenförmig
pfeilförmig
spießförmig
gelappt
gefingert
paarig gefiedert
unpaarig gefiedert
doppelt gefiedert
Blattränder
ganzrandig
gesägt
doppelt gesägt
gezähnt
gekerbt
gebuchtet
fiederspaltig

Die Blüte

Im Zusammenhang mit der Nachwuchssicherung und Vermehrung (→ S. 119) wurden bereits die wichtigsten Teile einer Blüte erwähnt:

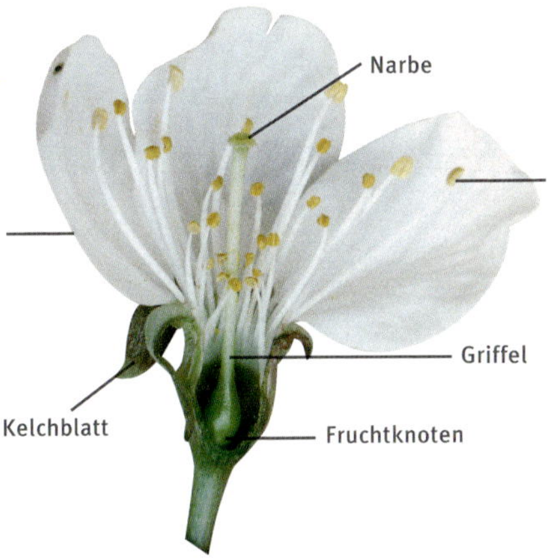

Zwittrige Blüten bergen weibliche und männliche Geschlechtorgane.

Der **Stempel,** zusammengesetzt aus Fruchtknoten, Griffel und Narbe, ist das weibliche Geschlechtsorgan. Der Fruchtknoten besteht aus einem oder mehreren Fruchtblättern, die miteinander verwachsen sind. Er kann dem Blütenboden aufsitzen (oberständig) oder mehr oder weniger stark in jenen eingesenkt sein (unter- oder mittelständig). Die **Staubblätter** oder Staubgefäße tragen am Staubfaden die Staubbeutel. In ihnen wird der Pollen, der männliche Blütenstaub, gebildet. Die meist gelblichen Staubblätter sind oft in großer Zahl vorhanden.

Am Blütenboden zwischen Staub- und Fruchtblättern sitzen häufig die **Nektardrüsen** (Nektarien). Der dort produzierte zuckerhaltige Nektar macht den Blütenbesuch für Tiere erst lohnenswert. Dass sie nebenbei den Pollen aufnehmen und auf andere Blüten übertragen, ist eine eher „unfreiwillige" Dienstleistung.

Die **Kron- oder Blütenblätter** umgeben die Frucht- und Staubblätter. Mit oft sehr intensiven Farben, nicht selten begleitet von Düften, locken sie Bienen und andere Bestäuber an. Die Kronblätter können teilweise oder ganz verwachsen sowie innerhalb derselben Blüte auch verschieden groß sein. So kommt es zu den unterschiedlichsten Blütenformen. Eine Besonderheit – bei Zuchtformen besonders beliebt, aber auch in der Natur zu finden – sind ▶ GEFÜLLTE BLÜTEN (S. 544).

Umkränzt werden die Kronblätter meist von kleineren, grünen **Kelchblättern,** die anfangs die Blütenknospen umhüllen und schützen. Kelch- und Kronblätter bezeichnet man auch als **Blütenhülle.** Bei manchen Pflanzen fehlen die Kelchblätter bzw. werden zu kronblattähnlichen, gefärbten Blättern umgestaltet, so etwa bei Tulpen oder Magnolien. Die gleich gestalteten Blätter solch einer einheitlichen Blütenhülle heißen in der Fachsprache Tepalen.

Wesentlich unauffälliger und kleiner, dafür aber oft sehr zahlreich sind die Blüten der **Windbestäuber,** etwa der Haselnuss oder der Gräser. Noch unscheinbarer präsentieren sich die Blüten der ebenfalls windbestäubten Nadelgehölze, die als sogenannte Nacktsamer ihre Samenanlagen nicht in einem Fruchtknoten anlegen.

Vielfach vereinen die Pflanzen ihre Einzelblüten in **Blütenständen,** die ebenso wie die Blütenformen oft kennzeichnend für die verschiedenen Familien (→ S. 128) sind. Die untenstehenden Abbildungen zeigen die häufigsten Grundformen der Blütenstände (→ auch S. 303–304).

Die „Grundausstattung" der Blüten mit Stempel und Staubblättern nennt man **zwittrig** oder zweigeschlechtig. Bei **eingeschlechtigen** Pflanzen dagegen sind die

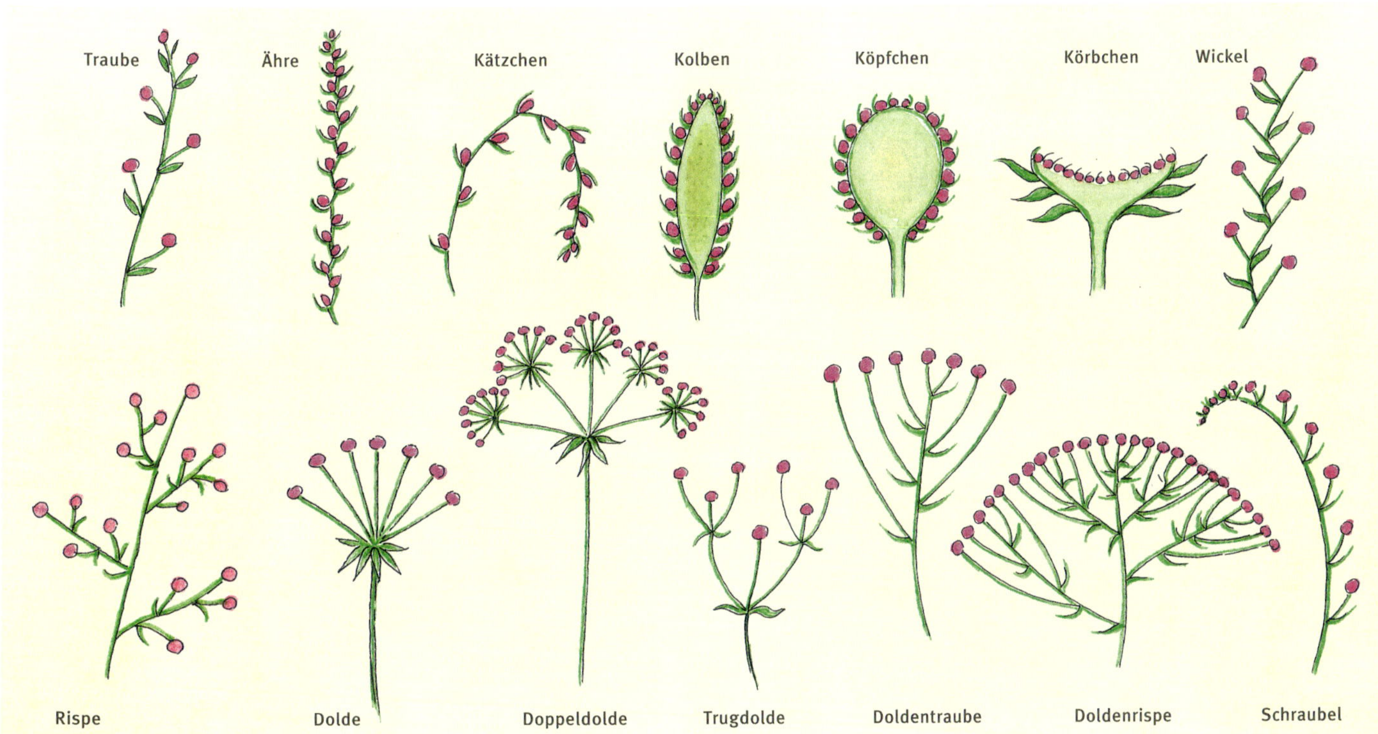

männlichen und weiblichen Blütenorgane auf verschiedene Blüten verteilt. Werden dabei die männlichen und weiblichen Blüten bzw. Blütenstände auf derselben Pflanze angelegt, spricht man von **einhäusigen** Pflanzen, so etwa bei Gurke, Kürbis, Mais und Haselnuss. Kiwi, Weiden, Spinat, Stechpalme (*Ilex*) u. a. dagegen sind **zweihäusig:** Blüten mit Staub- und Fruchtblättern befinden sich auf unterschiedlichen Exemplaren, für die Befruchtung ist also mindestens je eine männliche und eine weibliche Pflanze nötig.

Früchte und Samen

Nach erfolgreicher Befruchtung (→ S. 119) bilden sich im Inneren des Fruchtknotens die Samen, der gesamte Fruchtknoten entwickelt sich dann zur Frucht.
Sogenannte **Streufrüchte** öffnen sich nach der Fruchtreife, um ihre Samen zu verstreuen. Hierzu gehören:

- Balgfrüchte, z. B. bei Rittersporn, Akelei: Sie bestehen aus einem Fruchtblatt, das sich an der Verwachsungsnaht öffnet.
- Hülsen: Die typischen Früchte der Schmetterlingsblütler, z. B. Bohne oder Erbse; sie bestehen aus einem Fruchtblatt, das sich an zwei Nähten, der Bauch- und der Rückennaht, öffnet.
- Schoten: Charakteristisch für die Kreuzblütler, z. B. Senf, Rettich; sie bestehen aus zwei Fruchtblättern, die innen durch eine Zwischenwand getrennt sind, und öffnen sich an beiden Nähten.
- Kapseln, z. B. bei Mohn, Tulpe, Weigelie: Sie bestehen aus mindestens zwei verwachsenen Fruchtblättern und öffnen sich mit Löchern, Poren, Spalten oder zerfallen einfach bei Reife.

Auch **Schließfrüchte** entstehen aus einzelnen oder weitgehend miteinander verwachsenen Fruchtblättern bzw. Fruchtknoten. Sie bleiben jedoch bei der Reife geschlossen und fallen komplett ab. Hier unterscheidet man:

- Beeren mit saftigem Fruchtfleisch, in das zahlreiche Samen eingebettet sind; z. B. Johannis- und Stachelbeere, Gurke.
- Steinfrüchte mit hartem Kern, d. h. mit oft verholzter innerer Fruchtschale, die den Samen umschließt, meist saftigem Fruchtfleisch und ledriger äußerer Fruchtschale; z. B. Pflaume, aber auch Walnuss.
- Nüsse mit mehr oder weniger verholzter Fruchtwand, meist nur mit einem Samen; z. B. Haselnuss, Eichel. Die sogenannten Karyopsen der Gräser gelten als Sonderform der Nüsse, ebenso die Achänen der Korbblütler (z. B. Sonnenblume) und der Doldenblütler (z. B. Kümmel, Anis), die in einsamige Teilfrüchte zerfallen, sowie schließlich die Flugnüsschen, etwa von Ahorn und Esche.

Sammelfrüchte gehen aus mehreren Fruchtblättern hervor und setzen sich aus oft zahlreichen Einzelfrüchtchen zusammen. Man nennt sie manchmal auch Scheinfrüchte; denn die Erdbeere z. B. erscheint wie eine Einzelfrucht. Tatsächlich genießen wir jedoch die verdickte, saftige, rote ehemalige Blütenachse, in deren Oberfläche kleine Nüsschen eingelagert sind. Auch bei den Hagebutten der Rosen handelt es sich um Sammelnussfrüchte. Himbeere und Brombeere z. B. sind Sammelsteinfrüchte mit winzigen Steinfrüchtchen auf kugeliger Blütenachse. Bei Apfel, Birne, Eberesche, Weißdorn u. Ä. befinden sich die Samen in pergamentartigen Bälgen, umschlossen von einem „Fruchtfleisch", das sich aus dem Blütenboden bildet. Man spricht deshalb auch von Sammelbalgfrüchten.

Mit verschiedenen Fruchtformen sorgen die Pflanzen für den Schutz und die Verbreitung ihrer Samen.

Pflanzenvielfalt mit System

Die ungeheure Vielfalt des Pflanzenreichs eröffnet uns eine Fülle an Gestaltungsmöglichkeiten.

OBWOHL MAN HEUTE die Pilze und Bakterien nicht mehr zum Reich der Pflanzen zählt, umfasst es immer noch eine eindrucksvolle Fülle: Man schätzt, dass es weltweit zwischen 300 000 und 500 000 Arten gibt, die niederen Pflanzen wie die Grünalgen nicht mitgezählt. Die vielfältigen Lebensräume in den unterschiedlichsten Klimagebieten haben zu ganz verschiedenen Anpassungen der Pflanzengestalten und teils auch der Lebensweisen geführt.

Eine altehrwürdige Erfolgsgeschichte

Die Mannigfaltigkeit des Pflanzenreichs ist nicht zuletzt auch Ergebnis einer sehr langen Entwicklungsgeschichte. Von manch urtümlichen Gestalten, die schon vor den Dinosauriern die Erde besiedelten, gibt es heute noch Vertreter. Dazu gehören z. B. die **Farne.** Selbst ihre Vermehrungsweise ist ausgesprochen „altmodisch": Sie bilden keine Samen aus, sondern Sporen, die oft deutlich sichtbar in Sporenlagern an den Wedelunterseiten vereint sind.

Vor etwa 360 Millionen Jahren kam mit neuen Gewächsen, darunter die Nadelgehölze und der Ginkgo, frischer Wind in die Pflanzenszene: Sie führten die Samen als besser geschützte, dauerhaftere und leichter zu verbreitende Vermehrungseinheiten ein. Ihre weiblichen Samenanlagen waren und sind allerdings noch recht ungeschützt in zapfenartigen Gebilden angelegt, weshalb man sie als **Nacktsamer** bezeichnet. Die reifen Zapfen der Nadelgehölze, bei denen es sich im Grunde um Früchte handelt, verliehen dieser Gruppe den Namen **Koniferen** (= Zapfenträger).
Es dauerte dann noch ungefähr weitere 220 Millionen Jahre, bis die Natur einen völlig neuen Trend setzte: Die **Bedecktsamer** verbargen ihre Samenanlagen in Fruchtknoten und umgaben diese mit oft auffälligen, weiß oder bunt gefärbten Blütenblättern. Denn im Gegensatz zu den windbestäubten Nacktsamern setzten sie vorwiegend auf Insekten als Bestäubungshelfer – und stellen heute mit knapp 300 000 Arten die weitaus größte Gruppe.
Die Pflanzenvielfalt in Mitteleuropa erlitt allerdings durch die letzte Eiszeit vor etwa zwei Millionen Jahren einen empfindlichen Rückschlag. Danach besiedelten nur relativ wenige robuste Pflanzen erneut das alte Terrain. Dafür herrschte schon zu Zeiten der alten Römer ein florierender **Pflanzenimport,** der seit den Entdeckungsreisen der Neuzeit gewaltig zugenommen hat. So zieren unsere Gärten heute unzählige Pflanzen, die ursprünglich am Mittelmeer, in Südosteuropa, in Vorder- und Ostasien oder Amerika zu Hause sind.

Botanische Ordnungsliebe

Schon in der Antike strebten Pflanzenkundige wie der Philosoph Aristoteles (384–322 v. Chr.) nach einem System, das die Vielfalt der Pflanzen und der Lebewesen überhaupt in eine sinnvolle Ordnung bringt und den Überblick erleichtert. In der Neuzeit entwickelte schließlich ein schwedischer Naturforscher und Arzt einen schlüssigen Weg: Carl von Linné (1707–1778) schuf die Grundlagen für eine einheitliche Benennung und Ordnung der Pflanzen, die teils bis heute gültig sind.

Namensgebung und Systematik

Botanische Namensgebung (Nomenklatur) und Ordnung (Systematik) gehen von der **Art** als „Grundeinheit" aus. Bei der Art oder Spezies (lateinisch species, Abkürzung sp.) handelt es sich um eine Gruppe von Individuen, die in allen wesentlichen Merkmalen (z. B. Blütenaufbau, Wuchs-, Blatt- und Wurzelform) übereinstimmen. Die Individuen einer Art können sich in der Regel gut miteinander kreuzen, ihre Merkmalsausprägungen bleiben auch bei den Nachkommen erhalten.
Eine Art in diesem Sinn ist z. B. die weiß blühende Madonnenlilie – ähnlich etwa der orangerot blühenden Feuerlilie, aber doch deutlich eine andere Pflanze. Da diese beiden und weitere Lilienarten mehrere gemeinsame Merkmale aufweisen, fasst man sie in einer **Gattung** zusammen. Diese trägt den wissenschaftlichen Namen *Lilium*; und entsprechend wird auch jede Art mit einem international einheitlichen **botanischen Namen** benannt.

Dieser botanische Name setzt sich stets aus dem großgeschrieben Gattungsnamen und dem kleingeschriebenen Artzusatz zusammen, wobei die Bezeichnungen aus dem Lateinischen oder Altgriechischen abgeleitet sind: z. B. *Lilium candidum*, die Madonnenlilie, *Lilium bulbiferum*, die Feuerlilie, oder *Lilium regale*, die Königslilie.

Nun gibt es weitere Gattungen wie etwa Tulpen (*Tulipa*) oder Kaiserkronen (*Fritillaria*), die in manchen entscheidenden Merkmalen Ähnlichkeiten aufweisen. All diese Gattungen werden in der nächsthöheren Rangstufe, der **Familie,** zusammengefasst, in diesem Fall der Familie der Liliengewächse (*Liliaceae*).

Nach dem Prinzip des immer kleiner werdenden gemeinsamen Nenners gruppiert man über der Familie weitere Rangstufen, die immer mehr verschiedene Arten umfassen – von der Ordnung über Unterklasse, Klasse und Abteilung bis hin zur „Dachorganisation", dem Reich der Pflanzen. Unten (→ Kasten) ist solch eine Einordnung am Beispiel der Kornblume vorgestellt. Die Lilien fallen im Vergleich dazu in eine andere Unterklasse: Die Lilienähnlichen (*Liliidae*) sind sogar nach ihnen benannt und umfassen alle Einkeimblättrigen. Sie entsprechen damit in etwa der früheren Klasse der *Monocotyledonae.*

Linné ordnete seinerzeit die Pflanzen hauptsächlich nach Blütenbau und -merkmalen ein. Seine Nachfolger dagegen sind bis heute bemüht, ein wirklich „natürliches" System zu schaffen, das die Verwandtschaftsverhältnisse der Pflanzen entsprechend ihrer Entwicklungsgeschichte berücksichtigt. Nicht zuletzt gestützt auf genetische Untersuchungen wurde in neuerer Zeit so manche herkömmliche Zuordnung über den Haufen geworfen, so dass derzeit einiges im Umbruch ist.

Gut zu wissen

Die Kornblume im botanischen System

Das nebenstehende Beispiel demonstriert anhand der Kornblume die Einordnung einer Pflanze in das botanische System. Vor allem bei den oberen Rangstufen gibt es unter den Botanikern so manch unterschiedliche Auffassungen. Als „Klassen" z. B. sah man lange Zeit die Einkeimblättrigen (*Monocotyledonae*) und – im Fall der Kornblume – die Zweikeimblättrigen (*Dicotyledonae*) an. Die heute favorisierte Klasse der Bedecktsamer (*Magnoliopsida*) wird in drei große Unterklassen unterteilt: Magnolien-, Lilien- und Rosenähnliche, wobei der allergrößte Teil unserer Gartenpflanzen zu den letzteren zählt.

Reich: Pflanzen (*Plantae*)
Abteilung: Samenpflanzen (*Spermatophyta*)
Klasse: Bedecktsamer (*Magnoliopsida*)
Unterklasse: Rosenähnliche (*Rosidae*)
Ordnung: Asternartige (*Asterales*)
Familie: Korbblütler oder Asterngewächse (*Asteraceae*)
Gattung: Flocken- oder Kornblume (*Centaurea*)
Art: Gewöhnliche Kornblume (*Centaurea cyanus*, → Abb. unten links)
Sorte (*Cultivar*): Kornblume 'Black Boy' (*Centaurea cyanus* 'Black Boy', → Abb. unten rechts)

Gärtnerische Einteilungen

Neben dem botanischen Namen erweist sich in der gärtnerischen Praxis z. B. auch die Kenntnis der Pflanzenfamilie als durchaus nützlich – nicht zuletzt, weil manche Krankheiten und Schädlinge bevorzugt Arten bestimmter Familien befallen. Dies berücksichtigt man vor allem bei der Fruchtfolgegestaltung im Gemüseanbau (→ S. 380).

Ansonsten ist für den Garten allerdings eine Einteilung nach Lebens- und Wuchsformen sowie Nutzung praxisnäher als die systematische Gliederung. Danach kann man verschiedene Gruppen der Zier- und Nutzpflanzen unterscheiden.

Zierpflanzen

Ziergehölze (→ S. 270–291) umfassen alle verholzenden und damit ausdauernden, oft sehr langlebigen Pflanzen, die einzeln oder in Gruppen den Garten zieren und/oder gliedern. Grundsätzlich unterteilt man nach Wuchstyp in Bäume, Sträucher und Kletttersträucher, wobei die Rosen eine spezielle, da besonders beliebte und formenreiche Gruppe der Sträucher darstellen (→ S. 292–301). Nach Art der Belaubung werden Laub- und Nadelgehölze unterschieden, nach Lebensdauer der Belaubung Sommer-, Immer- und Wintergrüne.

„Grenzfälle" unter den Ziergehölzen sind die verholzenden Bambusse, die eigentlich zu den Gräsern zählen; außerdem ➲ HALBSTRÄUCHER (S. 545) wie der Lavendel und Zwergsträucher wie die Schneeheide (*Erica carnea*), die gärtnerisch oft wie Stauden eingestuft und verwendet werden.

Stauden (→ S. 302–319) sind mehrjährige bzw. ausdauernde, nicht verholzende, also krautige Pflanzen. Ihre oberirdischen Teile sterben oft über Winter bzw. nach der Blüte ab, sie überdauern dann bis zum nächsten Austrieb mit unterirdischen Speicherorganen, z. B. Rhizomen. Die Gärtner unterscheiden hier Blütenstauden mit ansehnlichem Flor sowie Blattschmuckstauden mit zierendem Laub. Zu Letzteren zählen auch mehrjährige Gräser und Farne. Weitere „Sondergruppen" sind die Teich- und Wasserpflanzen (→ S. 320–329) sowie die Zwiebel- und Knollenblumen (→ S. 330–339). Auch hier gibt es Grenzfälle: Kurzlebige Stauden wie Fingerhut und Königskerze (*Verbascum*) werden teils zu den Sommerblumen gezählt.

Sommerblumen (→ S. 340–351) sind krautige Pflanzen, die nur eine Saison überdauern und in kurzer Zeit oft besonders üppig blühen. Man unterscheidet dabei Einjährige mit Aussaat im Frühjahr und Blüte von Sommer bis Spätsommer/Herbst sowie Zweijährige, die im Sommer gesät werden und meist im folgenden Frühjahr blühen. Viele dieser Arten wachsen in ihrer wärmeren Heimat mehrjährig, werden bei uns aber nur einjährig kultiviert.

Bei den **Pflanzen für die Bodenbedeckung** (→ S. 250–269) spielen die (in der Regel ausdauernden) Rasengräser die Hauptrolle. In Wiesen allerdings bereichern blühende Stauden und teils auch Einjährige das Bild. Als flächig gepflanzte Bodendecker kommen neben Stauden niedrige Gehölze in Frage.

Kübelpflanzen (→ S. 394–401) sind überwiegend Gehölze aus wärmeren Ländern. Dank der Haltung im Kübel lassen sie sich geschützt überwintern, denn Frost vertragen sie kaum oder überhaupt nicht.

Nutzpflanzen

Obst (→ S. 352–375) wird wegen seiner mehr oder weniger zuckerhaltigen, saftigen Früchte kultiviert. Es „rekrutiert" sich hauptsächlich aus Gehölzen, wobei man Baum- und Strauchobst unterscheidet. Dazu kommen Klettersträucher, nämlich Kiwi und Weinrebe. Ein Sonderfall sind die Erdbeeren, die botanisch zu den Stauden zählen.

Gemüse (→ S. 376–393) liefert je nach Art die unterschiedlichsten schmackhaften Pflanzenteile, von Wurzeln über Blätter, Sprosse und Blütenansätze bis hin zu aromatischen Früchten. Auch wenn manche Arten eigentlich zwei- oder mehrjährig sind, werden die meisten nur einjährig oder noch deutlich kürzer kultiviert. Denn häufig erntet man lange vor der Blüte, deren Erscheinen stark auf Kosten des Geschmacks z. B. von Blättern oder Wurzeln gehen würde. Ähnlich verhält es sich mit vielen **Kräutern** (→ S. 376–393), bei denen überwiegend die Blätter mit ihren aromatischen Inhaltsstoffen geerntet werden. Manche sind allerdings Stauden oder Halbsträucher, die nach dem Abschneiden der Triebe wieder austreiben.

Varietäten, Hybriden und Sorten

Stöbert man im Porträtteil dieses Buchs (→ S. 402–529), fallen bei den botanischen Namen so manche Zusätze auf.

Hier gibt es zum einen „feinere" Unterteilungen bestimmter Arten, ausgewiesen als Varietäten (deren Namen mit der Abkürzung var. angehängt wird), Unterarten bzw. Subspezies (Abkürzung ssp.) oder Formen (Abkürzung fo.). Solche **Artvarianten** sind häufig natürlichen Ursprungs und haben z. B. in speziellen Regionen ihre kleinen Besonderheiten entwickelt. Teils hat aber auch der Mensch ein wenig nachgeholfen, wie er es schon seit Jahrtausenden tut: durch Auslese und Weitervermehrung von Exemplaren, die erwünschte Eigenschaften in besonderem Maße zeigen.

Bei der Kreuzung dagegen wird gezielt eine Pflanze mit dem Pollen einer anderen bestäubt und befruchtet. Das gelingt bei unterschiedlichen Arten zwar häufig nicht – aber doch so oft, dass wir im Garten zahlreiche **Hybriden** nutzen, die durch Kreuzen nah miteinander verwandter Arten entstanden sind. Man benennt sie oft durch Anhängen des Begriffs „Hybriden" an den Gattungs- oder Artnamen, wenn je nach Zuchtform unterschiedliche Arten an der Kreuzung beteiligt waren. Sind die Kreuzungseltern dagegen klar definiert, steht ein Kreuz zwischen Gattungs- und Artname, z. B. bei der Hybridzaubernuss *Hamamelis* x *intermedia* (Kreuzung zwischen *Hamamelis japonica* und *H. mollis*). Auch in der Natur treten durchaus Hybriden bzw. Bastarde auf, etwa bei den Weiden, die sich oft miteinander kreuzen.

1

2

3

1 Obwohl Staude, wird die Königskerze oft als zweijährig eingestuft.
2 Bambus wird als verholzendes Gras zu den Gehölzen gezählt.
3 Schneeheiden, eigentlich Zwerggehölze, gelten teils als Stauden.

Sorten entstehen hauptsächlich durch gezielte Kreuzung, seltener durch Auslese oder (zunehmend) durch gentechnische Methoden. Hier werden meist keine Arten gekreuzt, sondern sorgfältig ausgewählte Linien einer Art, die man bereits auf die gewünschten Eigenschaften ausgelesen hat. Sorten, deren Namen in einfache Anführungszeichen gesetzt werden (z. B. 'Erotika', eine dunkelrot blühende Rosensorte) können sich z. B. in der Blüten- und Blattfarbe oder Wuchsform von der reinen Art sowie von anderen Sorten unterscheiden. Selbst die Ansprüche an Standort und Pflege können unterschiedlich sein. Eine wichtige Rolle bei der Sortenzüchtung spielt die Resistenz (Widerstandsfähigkeit) gegen bestimmte Krankheiten und Schädlinge.

Was Pflanzen brauchen

WAS PFLANZEN ZUM WACHSEN und Gedeihen hauptsächlich benötigen, ergibt sich aus den auf S. 117 beschriebenen Lebensvorgängen, insbesondere der Photosynthese. Danach sind die entscheidenden **Wachstumsfaktoren:**

› Licht;
› ein Mindestmaß an Wärme;
› Luft, insbesondere Kohlendioxid sowie Sauerstoff für die Atmung bzw. Energieumsetzung;
› Wasser;
› mineralische Nährstoffe.

Wie viel davon jeweils gebraucht wird, hängt sehr stark von der Art und ihrer ursprünglichen Anpassung an bestimmte Standortverhältnisse ab. Auch je nach Alter und Entwicklungsstadium sowie Jahreszeit kann der Bedarf recht unterschiedlich sein. Beachten Sie bitte generell:

› Ein Zuviel ist bei den meisten Wachstumsfaktoren ebenso nachteilig oder gar schädlich wie ein Zuwenig. Überschuss wie Mangel haben oft auch gravierende Nebenwirkungen: Die Anfälligkeit für Krankheiten und Schädlinge wird erhöht.
› Kein Wachstumsfaktor kann einen anderen ersetzen; durch erhöhte Nährstoff- oder Wasserversorgung z. B. lässt sich kein Lichtmangel ausgleichen. Stets begrenzt der im Minimum vorhandene Faktor das Wachstum.
› Umgekehrt führt ein gutes Angebot bei einem bestimmten Wachstumsfaktor oft auch zu einem höheren Bedarf an anderen „Komponenten". Reichlich Wärme etwa ist nur förderlich, wenn auch genügend Licht und Kohlendioxid zur Verfügung stehen.

Wachstumsfaktoren – Standortfaktoren

Temperaturen, die natürliche Wasserversorgung durch Niederschläge sowie das grundsätzliche Lichtangebot (im Tages- wie im Jahresverlauf) sind zunächst einmal Sache des Klimas. Das **Kleinklima** im Garten lässt sich zwar ein wenig beeinflussen (→ S. 137–138). Doch die wichtigste (und letztendlich einfachste) Einflussmöglichkeit ist stets die Wahl eines Pflanzenstandorts, der den jeweiligen Ansprüchen der Art möglichst optimal entspricht. Dabei gehört der Lichtbedarf zu den wichtigsten Kriterien. Er soll daher auch im Folgenden etwas näher betrachtet werden. Berücksichtigen Sie daneben ebenfalls die **Windverhältnisse** (→ S. 135, S. 138): Sie können die Temperaturen ebenso beeinflussen wie den Wasserbedarf.

Ein äußerst wichtiger Standortfaktor ist außerdem der **Boden** (→ S. 160–166). Von seiner Beschaffenheit hängt wesentlich ab, wie gut Wasser und Nährstoffe gespeichert werden und für die Pflanzenwurzeln verfügbar sind. Nicht zuletzt dient er auch als Wärmespeicher.

Licht und Schatten

Als Energielieferant für die Photosynthese und indirekt für alle anderen Stoffwechselprozesse ist das Sonnenlicht für alle Pflanzen unverzichtbar. Bei **Lichtmangel** kümmern die Pflanzen, die Blätter bleiben klein und färben sich fahlgelb, die Blüten erscheinen nur spärlich oder bleiben ganz aus. Eine typische Reaktion ist auch das „Vergeilen": Die Pflanze entwickelt lange, dünne Internodien, weil sie versucht, dem Licht entgegenzuwachsen.

Gemüse und Kräuter brauchen reichlich Sonne – nicht zuletzt, um ihre Vital- und Aromastoffe auszubilden.

Prachtspieren (*Astilben*) nehmen mit recht wenig Licht vorlieb und zieren halbschattige Partien.

Steingartenstauden wie das Blaukissen (hier eine rotblühende Sorte) sind meist auf Sonne und Wärme angewiesen.

Die Altaibergenie zählt zu den wenigen Pflanzen, die mit Schatten ebenso zurechtkommen wie mit Besonnung.

Doch auch in der Natur gibt es viele Wuchsorte, die nicht übermäßig von Licht verwöhnt sind – man denke nur an Wälder, Gebüsche oder sonnenabgewandte Hänge. Etliche Pflanzen haben sich deshalb darauf eingestellt, mit relativ wenig Licht auszukommen. **Zu viel Sonnengenuss** kann bei ihnen Kümmerwuchs und Blattvergilbungen verursachen.

Überhaupt hat das Sonnenlicht auch seine „Nebenwirkungen": Die damit verbundene Wärmeentwicklung und intensive Strahlung macht an heißen Sommertagen selbst lichtliebenden Pflanzen zu schaffen – bis hin zum übermäßigen Austrocknen oder bräunlichen **Verbrennungsflecken** auf den Blättern.

Grundsätzlich unterscheidet man nach Pflanzen für sonnige, halbschattige und schattige Standorte. Diese Kategorien werden in Katalogen usw. meist durch leere, halbvolle und schwarz ausgefüllte Kreise dargestellt. Das bietet allerdings oft nur ungefähre Anhaltspunkte. In den Pflanzenporträts (→ S. 402–529) ist der Lichtanspruch unter der Rubrik „Standort" deshalb häufig noch weiter differenziert.

Viele für die **Sonne** ausgewiesene Pflanzen mögen es zwar hell, leiden aber unter der prallen Mittagssonne. Etliche Arten vertragen Sonne wie Halbschatten. Je nach ihrer ursprünglichen Herkunft kann das allerdings bedeuten, dass sie mäßige Beschattung noch recht gut tolerieren – oder aber bevorzugen.

Der **Halbschatten** ist ohnehin eine etwas diffizile Angelegenheit. Er steht für etwa halbtägigen Schatten oder aber eine leichte Beschattung während der meisten Tagesstunden. Eine halbtägige Beschattung am Vormittag erfüllt zwar diese Anforderung; wenn dann jedoch ab Nachmittag gnadenlos die Sommersonne brennt, tut das reinen Halbschattenpflanzen oft gar nicht gut.

Manche Pflanzen fühlen sich im **lichten Schatten** am wohlsten, d. h. unter locker und eher kleinblättrig belaubten Gehölzen bzw. im Einflussbereich von Bäumen mit hoch ansetzender Krone. Andere bevorzugen einen **absonnigen** Platz, der zwar hell ist, aber kaum direkte Sonne abbekommt, etwa an der unbeschatteten Nord- oder Nordostseite eines Gebäudes.

Pflanzen für den **Schatten** kommen zwar tatsächlich mit dem geringen Lichtangebot unter dicht belaubten Gehölzen oder vor Mauern zurecht. Doch im Vollschatten etwa zwischen großen, eingewachsenen Immergrünen, wo überhaupt kein Lichtstrahl hinfällt, müssen selbst solche Arten meist passen.

Das Licht hat für die Pflanzen aber auch noch eine andere wichtige Bedeutung: Die Zu- und Abnahme der **Tageslänge** im Jahresverlauf steuert zusammen mit der Wärmeentwicklung den Wachstumsverlauf, ja wird sogar regelrecht zum Taktgeber etwa für die Blüten- und Blattentwicklung – so etwa auch für den herbstlichen Laubfall der Bäume.

In der Gartenpraxis muss man solche Zusammenhänge vor allem beim Gemüse berücksichtigen: Sogenannte **Langtagspflanzen** wie Salat oder Spinat setzen erst ab einer bestimmten Tageslänge Blüten an. An langen, warmen Sommertagen „schießen" sie schnell, bilden also ihre Blüten aus, und sind dann kaum noch genießbar. Bei manchen Gemüsen gibt es deshalb je nach Jahreszeit geeignete Früh-, Sommer- oder Spätsorten, die durch Züchtung nicht nur an unterschiedliche Wärmebedingungen, sondern auch Tageslängen angepasst wurden.

Gärtnerische „Hilfestellungen"

Der Bedarf an Wasser und Nährstoffen lässt sich durch Pflege bzw. gärtnerische Maßnahmen natürlich am gezieltesten decken (→ S. 184–189, S. 174–183). Dabei spielt auch eine gute Bodenpflege eine wichtige Rolle (→ S. 167–172).

Luft mitsamt genügend Sauerstoff und Kohlendioxid ist meist ausreichend vorhanden. Durch Einhalten der jeweils nötigen Saat- und Pflanzabstände sorgt man nebenbei auch für genügend „Luftgenuss" der Einzelpflanzen. Eine Mulchschicht (→ S. 170) trägt neben vielen anderen Vorteilen dazu bei, dass bei ihrer Zersetzung zusätzliches Kohlendioxid frei wird – an Sommertagen, bei reichlichem Angebot an Licht und Wärme, durchaus förderlich für die Photosynthese.

Durch Abdecken mit Folie oder Vlies oder Anbau im Gewächshaus bzw. Frühbeet (→ S. 236–243) kann man selbst die Temperatur „künstlich" beeinflussen. Doch gerade hier ist dann oft ein aktives Lüften erforderlich – und im sommerlichen Gewächshaus manchmal auch ein Schattieren, weil dann das Wärmeoptimum (für die Photosynthese meist zwischen 20° und 30° C) deutlich überschritten wird.

2

Das Gartenwetter

Wenn es um das häufigste Gesprächsthema am Gartenzaun geht, bedarf es wohl kaum einer statistischen Erhebung: Alle reden vom Wetter – und das ist keinesfalls ein Verlegenheitsthema.

In diesem Kapitel:

Kaum ein anderes Hobby (und kaum ein anderer Beruf) hängt so „auf Gedeih und Verderb" vom Wetter ab wie das Gärtnern. Der Wetterverlauf ist entscheidend für den richtigen Zeitpunkt beim Säen und Pflanzen, bei vielen Pflegemaßnahmen sowie beim Ernten von Gemüse, Kräutern und Obst. Das für seine Wechselhaftigkeit geradezu berüchtigte Wetter macht vorausschauende Planung und schnelles Reagieren notwendig, z. B. was fürs Wochenende vorgesehene Arbeiten angeht. Nässe, Hitze oder Frost können bestimmte Vorhaben erschweren oder gar unmöglich machen. Da sind möglichst zuverlässige Prognosen schon sehr hilfreich. Nichts ergänzt diese jedoch so gut wie die eigene Wettererfahrung mit den Verhältnissen vor Ort – oder auch die Tipps gartenerfahrener Nachbarn beim Gespräch am Zaun.

Natürlich beeinflusst der Wetterverlauf auch das Pflanzenwachstum selbst entscheidend, und dies je nach Jahr und Ort oft sehr unterschiedlich. Die klimatischen Verhältnisse, die im Kleinen in jedem Gartenbereich etwas anders sein können, gehören deshalb zu den wichtigsten Kriterien für die Pflanzen- und Standortwahl. Bei der Auswahl wie bei der Pflege gilt stets: Je mehr Sie mit dem Wetter gärtnern, desto geringer ist der Aufwand und desto zufriedenstellender das Ergebnis.

Wetter, Witterung, Klima

Die Meteorologie versteht unter dem **Wetter** den Zustand der (unteren) Atmosphäre zu einem bestimmten Zeitpunkt an einem bestimmten Ort, was sich für uns konkret in den gerade aktuellen Temperatur-, Niederschlags- und Windverhältnissen äußert. Die **Witterung** dagegen benennt den vorherrschenden Wettercharakter und -verlauf über einen bestimmten Zeitraum; etwa beschrieben als trocken-warm, nasskalt – oder auch einfach als unbeständig.

Das **Klima** schließlich steht für die „Durchschnittswitterung" im Jahresverlauf an einem bestimmten Ort. Tatsächlich ist das Klima im engeren Sinn eine statistische Zusammenstellung von Messwerten, die über mindestens 30 Jahre hinweg ermittelt wurden. Dazu gehören z. B. die mittlere Sonnenscheindauer an einem Ort bzw. in einer Region, die Niederschlagssummen und Durchschnittstemperaturen – das sowohl im gesamten Jahr als auch in der Verteilung über die einzelnen Monate. Anders betrachtet stellt das Klima gewissermaßen die regionalen bzw. örtlichen Rahmenbedingungen dar, in denen sich das Wetter abspielt. Denn das aus langjährigen Messwerten ermittelte Klima ist nichts anderes als ein Ausdruck der geographischen Verhältnisse – und grundsätzlich der jeweiligen Lage auf der Erdkugel.

Wetter und Wachstum

DIE SONNE IST nicht nur Energiespender für die PHOTOSYNTHESE (S. 555) und damit für alles Leben, sondern zugleich auch die treibende Kraft hinter allem Wettergeschehen. Ihre Lichtstrahlen werden beim Auftreffen auf die Erde in Wärmestrahlen umgewandelt. Gasförmige Sperrschichten in der Atmosphäre – aus Wasserdampf, Kohlendioxid, Ozon u. a. – verhindern, dass die Wärme gleich wieder zurückgestrahlt wird – ganz ähnlich wie die Abdeckung eines Gewächshauses (→ S. 236). Dieser natürliche **Treibhauseffekt** sorgt vorteilhaft für die nötige Wärme. Durch Verbrennung fossiler Energieträger (Kohle, Erdöl, Erdgas) ist jedoch der Kohlendioxidgehalt in der Atmosphäre gewaltig angestiegen. Der dadurch deutlich verstärkte Treibhauseffekt wird als Hauptursache für die globale Erwärmung angesehen. Pflanzen könnten dem effektiv entgegenwirken, da sie bei der Photosynthese beständig Kohlendioxid aus der Luft entnehmen. Doch andere Umweltsünden wie das großräumige Abholzen von Regenwäldern vermindern weltweit den dafür nötigen Pflanzenbestand.

Sonne – die treibende Kraft

Dass das Wettergeschehen so wechselhaft und oft turbulent verläuft, liegt hauptsächlich an der Neigung der Erdachse, der gedachten Verbindung zwischen Nord- und Südpol. In der Umlaufbahn der Erde um die Sonne steht diese Achse nicht senkrecht, sondern um 23,5° geneigt. Somit sind Nord- und Südhalbkugel jeweils ein halbes Jahr stärker der Sonne zugewandt. Das führt im Jahresverlauf zu großen und zugleich wechselnden Temperaturunterschieden auf der Erdoberfläche. Diese werden noch dadurch verstärkt, dass sich die Meere langsamer erwärmen und abkühlen als das Festland. Die Temperaturunterschiede verlangen immer wieder nach Ausgleich, was Luftmassen wie Meeresströmungen zu „Wärmetransporten" veranlasst. So kommt es zu den großräumigen Windsystemen und Luftdruckzonen, die letztendlich das Wetter „machen".

Klimazonen und -regionen

Entsprechend dem wechselnden Einfallswinkel der Sonne ziehen sich quer über den Globus Gürtel mit unterschiedlicher Erwärmung, die jeweils auf der Nord- wie auf der Südhalbkugel vorkommen: die vier großen **Klimazonen,** nämlich Tropen, Subtropen, gemäßigte Zone und Polarzone.

Unser Klimabereich, die nördliche **gemäßigte Zone,** ist gekennzeichnet durch einen ausgeprägten Wechsel der vier Jahreszeiten, „gemäßigte" Durchschnittstemperaturen und relativ viele, ausgeglichen übers Jahr verteilte Niederschläge. Doch auch hier gibt es großräumige Unterschiede. Im meerfernen, gen Osten verstärkt ausgeprägten **Kontinentalklima** sind die Sommer heiß, die Winter kalt. Die nicht allzu hohen Niederschlagsmengen konzentrieren sich vor allem auf den Sommer. Das maritime oder **Seeklima** mit deutlichem Atlantikeinfluss dagegen ist niederschlagsreicher. Die Temperaturen sind ausgeglichener, allerdings treten öfter heftige Winde auf.

Die Höhe über dem Meeresspiegel sowie die Geländeausprägung und -neigung bestimmen das **Regionalklima,** z. B. Ge-

Das Wetter beeinflusst wesentlich das Pflanzenwachstum – und die Aktivitäten des Gärtners.

birgsklima oder ⊙ WEINBAUKLIMA (S. 568). Die regionalen Unterschiede sind oft beträchtlich, bei den Temperaturen ebenso wie bei den Niederschlagsmengen. Zudem tritt in wärmeren Regionen wie dem Rheintal der Frühling – mitsamt dem Erwachen der Vegetation – um gut 4 Wochen früher ein als in manchen Höhenlagen. Dort muss man teils schon wieder ab September mit Frost rechnen, in klimamilden Gegenden oft erst ab November.
Die kleinräumigeren Verhältnisse, vom Lokal- bis zum **Kleinklima,** sind im Garten jedoch besonders beachtenswert (→ S. 137).

Morgendlicher Reif weist auf das Auftreten erster Nachtfröste hin.

Wetterelemente

Temperatur, einfallende Sonnenstrahlung, Niederschläge, Luftfeuchtigkeit, Wind – das sind die wesentlichen Wetterelemente, zu denen auch der Luftdruck als wichtige meteorologische Größe zählt. Davon lassen sich alle weiteren Elemente bzw. Wettererscheinungen ableiten, die das Pflanzenwachstum direkt beeinflussen.

Kälte und Frost

Kälte muss sein – zumindest für die meisten Pflanzen, die unserer gemäßigten Klimazone entstammen. Sie haben ihren Lebensrhythmus ganz an den hiesigen Gang der Jahreszeiten angepasst und legen mehr oder weniger ausgeprägt winterliche **Ruhephasen** ein. Nicht wenige Arten brauchen sogar eine vorübergehende Kältephase als Stimulans für die Keimung oder die Anlage von Trieb- und Blütenknospen.
Auch für winterlichen **Frost,** also das Absinken der Lufttemperaturen unter 0° C, sind die mehrjährigen Pflanzen unserer und vergleichbarer Klimaregionen recht gut gerüstet. Winterschutzabdeckungen (→ S. 210–213) werden in erster Linie für noch junge Gewächse sowie Arten aus etwas wärmeren Herkunftsgebieten nötig.
Frostgrade werden üblicherweise in 2 m Höhe über dem Boden gemessen. Für eine eventuelle Gefährdung von Pflanzen ist **Bodenfrost,** 5 cm über der Erdoberfläche gemessen, allerdings oft entscheidender. Der Wurzelbereich und knapp unter oder über dem Boden angelegte Triebknospen verlangen besondere Aufmerksamkeit: Hier können Frostschäden das endgültige Aus für eine Pflanze bedeuten. Gravierende Wurzelschäden treten in der Regel allerdings erst auf, wenn die Temperaturen ab 5–10 cm Bodentiefe auf –10° C sinken, was nur in sehr strengen Wintern vorkommt.
In Winternächten strahlt der Boden tagsüber gespeicherte Wärme an die kühleren Luftschichten ab. Dann sind auch oberirdische Pflanzenteile in Gefahr, besonders bei **Strahlungsfrost** (unbedeckter Himmel ohne Rückstrahlung durch Wolken) und **Kahl-** oder **Barfrost,** d. h. Frost ohne isolierende Schneedecke.
Vorzeitige **Frühfröste** ab September setzen vor allem frisch gesetzten Pflanzen und noch nicht ausgereiften Trieben zu, die noch gefährlicheren **Spätfröste** ab April bis etwa Mitte Mai den jungen Knospen, zartem Austrieb und frühen Blüten.

Regen bringt Segen

Trotz zuweilen sehr trockener Sommer sind wir in Mitteleuropa unterm Strich recht gut mit **Niederschlägen** gesegnet. Wasser fällt in der Regel so reichlich vom Himmel, dass nur phasenweise zusätzlich bewässert werden muss. Auch der **Tau,** der sich in der kühleren Nacht durch Kondensation von Wasserdampf bildet, kommt den Pflanzen an trockenen Sommertagen zugute.
Wenig Segen bringen allerdings heftige Platzregen, die direkte Schäden an empfindlichen Blättern und Blüten verursa-

Gut zu wissen

Eisheilige, Schafskälte und andere Singularitäten

Fast regelmäßig auftretende Kälte- und Wärmeeinbrüche entgegen der sonstigen Temperaturentwicklung oder besonders ausgeprägte, recht stabile Wetterlagen – solche „Ausreißer“ im Witterungsverlauf kannten schon unsere Ahnen sehr genau und hielten sie in gereimten Bauernregeln fest. Denn das Wissen darum war und ist wichtig für das Säen, Pflanzen und Ernten.
Später bezeichneten Meteorologen diese wiederkehrenden Wetterphasen als Singularitäten oder „Witterungsregelfälle“. Die bekanntesten Singularitäten sind die Eisheiligen (letzte Spätfröste um Mitte Mai), die Schafskälte gegen Anfang Juni, die kühl-regnerischen Tage um Siebenschläfer (27.6.), die heißen Hundstage ab Ende Juli, der milde, sonnige Altweibersommer im September, das Weihnachtstauwetter sowie der kalte, trockene Hochwinter gegen Mitte/Ende Januar. Allerdings treten gerade die Eisheiligen schon seit vielen Jahrzehnten nur noch undeutlich auf oder fallen komplett aus (→ auch ⊙ EISHEILIGE, S. 540). Auch der Hochwinter im Januar wird immer seltener beobachtet. Möglicherweise führt die Klimaveränderung in Zukunft zum Verblassen oder Verschwinden solcher Regelfälle.

chen können. Dies gilt noch viel mehr für **Hagel.** Solche Eiskugeln oder -klumpen bilden sich vor allem im Hochsommer in Schauer- und Gewitterwolken, die im Spitzenbereich extrem kalt sind.
Schnee schließlich, die „Wintervariante" des Regens, bietet der Pflanzenwelt eher Vorteile. Durch die unzähligen kleinen Lufteinschlüsse zwischen seinen Eiskristallen wirkt er wie eine natürliche Isolierschicht. Eine verfestigte Schneedecke kann allerdings darunter befindlichen Pflanzen, gerade auch dem Rasen, durch Sauerstoffmangel zusetzen und Fäulnis fördern.

Wind – als sanfte Brise günstig

Ein wenig Luftbewegung ist für Pflanzen meist vorteilhaft: Sie beugt im Sommer einem Hitzestau vor und kann im Winter gefährliche Kaltluftschichten über dem Boden durch Vermischen mit wärmeren Schichten „entschärfen". Außerdem trocknet Wind die Blätter nach einem Regen schneller ab, was Pilzkrankheiten die Ausbreitung erschwert. Schließlich brauchen manche Pflanzen den Wind auch für die Bestäubung.
Stärkere Winde jedoch können Pflanzen auf verschiedene Weise beeinträchtigen: vom Austrocknen des Bodens und Erhöhen der Transpiration (→ S. 118) über das Wegwehen fruchtbaren Oberbodens bis hin zu direkten Schäden wie Zweigbruch.

Wettermessungen und -aufzeichnungen

Der tägliche Wetterbericht gehört für Gärtner natürlich zum Pflichtprogramm. Da sich aber Großwetterlagen je nach Region unterschiedlich auswirken können, erweisen sich regionale oder gar lokale Wettervorhersagen oft als treffender. Teils kann man entsprechende Dienste per Telefon oder im Internet abrufen.
Eigene Beobachtungen und Messungen sind eine weitere Möglichkeit, dem Wetter auf die Spur zu kommen – und das ganz konkret auf die Verhältnisse vor Ort bezogen. Die wichtigsten Hilfsmittel, nämlich Thermometer und Regenmesser, bieten vor allem kurzfristige Entscheidungshilfen, etwa für die Wahl des richtigen Saat- oder Pflanzzeitpunkts oder bei der Frage, ob ein Regenguss ausreichend war, um die Gießkanne stehen zu lassen. Windfähnchen u. Ä., Hygrometer und vor allem Barometer unterstützen schon eher bei eigenen Wetterprognosen.
Wenn Sie Ihre Messungen, gerade die der Temperaturen und Niederschläge, täglich notieren, verfügen Sie schon nach wenigen Jahren über einen hervorragenden Überblick zum Wetterverlauf in Ihrem Garten. Halten Sie außerdem regelmäßig fest, was Sie wann gesät, gepflanzt, gedüngt, geschnitten oder geerntet haben, dann entsteht ein komplettes **Gartentagebuch.** Solche Aufzeichnungen erweisen sich oft als sehr aufschlussreich und nützlich für die künftige Planung und Terminierung bestimmter Arbeiten.
Wer an der eigenen Wetterforschung Spaß hat, dem sei außerdem empfohlen, Spezialliteratur zum Thema Wolken zu studieren. Die Beschäftigung mit den Wolkenformen ist schon eine Wissenschaft für sich und erfordert ein wenig Übung. Etwas „Himmelskenntnis" hilft jedoch sehr, die Wetterentwicklung abzuschätzen.

Thermometer

Besonders gut eignet sich ein Minimum-Maximum-Thermometer, von dem man nicht nur die aktuelle Temperatur, sondern auch die vorangegangene Höchst- und Tiefsttemperatur ablesen kann. So lässt sich z. B. im Herbst leicht nachprüfen, ob nachts schon Minusgrade aufgetreten sind. Neben den Flüssigkeitsthermometern mit Quecksilber- oder Alkoholsäule gibt es auch Digitalthermometer, die ebenfalls mit Minimum-Maximum-Funktion angeboten werden. Praktisch sind Modelle mit Temperaturfühlern an langen Kabeln: Diese kann man beliebig draußen befestigen, während das eigentliche Gerät z. B. geschützt im Wohnzimmer hängt und bequem abgelesen werden kann. Achten Sie ansonsten bei allen Geräten auf Tauglichkeit für den Außenbereich.
Um unverfälschte Messwerte zu erhalten, sollte das Thermometer im Schatten, an windgeschützter Stelle und in etwa 2 m Höhe platziert werden. Am besten bringen Sie es an einem frei stehenden Pfosten an, da die Wärmeabgabe einer Hauswand manchmal etwas höhere Temperaturen vorgaukelt. Wer besonderen Wert auf Genauigkeit der Messwerte legt, sollte das Thermometer dann noch mit einem kleinen Dach aus dünnen Holzbrettern o. Ä. und mit einem hellen Anstrich versehen, der das Sonnenlicht reflektiert.
Solch ein Dach empfiehlt sich auch für frei stehende kleine **Gartenwetterstationen,** die mit Thermometer sowie Barometer und Hygrometer bestückt sind. Optimalerweise werden sie im Garten ebenso platziert und an einem Pfosten befestigt, wie es beim Thermometer beschrieben wurde.

1

2

1 Alles im Überblick: Kombinierte Messgeräte vereinen Thermo-, Baro- und Hygrometer.
2 Regenmesser haben oft einen Einstellring, mit dem man den vorherigen Messwert markieren kann.

Barometer

Ein Barometer misst den Luftdruck, der in hPa (Hektopascal) oder in der älteren Einheit mbar (Millibar) angegeben wird (1 hPa = 1 mbar). Da die Luftdruckverhältnisse entscheidend für die Wetterentwicklung sind, hat ein Barometer den größten Vorhersagewert. Tiefer Luftdruck deutet meist auf feuchtes, bewölktes Wetter hin, hoher in der Regel auf sonniges, trockenes Wetter. Im Herbst bedeutet Letzteres allerdings: Vorsicht, Nachtfrostgefahr! Bei

Windstärken

WINDSTÄRKE	BEZEICHNUNG	AUSWIRKUNG
0–1	Windstille bis leichter Zug	Rauch steigt (fast) gerade auf, Windfahnen bleiben unbewegt
2–3	leichte bis schwache Brise	spürbarer Wind; Blätter rascheln; Windfahnen, Blätter, dünne Zweige werden bewegt
4–5	mäßige bis frische Brise	loses Papier wird vom Boden gehoben; Zweige werden bewegt, ab 5 auch kleine Bäume
6–8	starker über steifer bis stürmischer Wind	große Äste und Bäume werden bewegt; beschwerliches Gehen gegen den Wind; bei 8 auch Astbruch
9–11	Sturm bis orkanartiger Sturm	herabgewehte Dachziegel bis zu größeren Schäden an Häusern; Äste brechen; ab 10 entwurzelte Bäume
12	Orkan	starke Schäden, schwere Verwüstungen

schnellen Zeigersprüngen des Barometers stehen meist nur kurzzeitige, bald vorübergehende Wetteränderungen bevor. Ein starker Abfall des Luftdrucks kündigt oft Gewitter, Sturm oder Hagel an.

Das Barometer muss nicht draußen hängen, sondern erfüllt auch beim Anbringen in der Wohnung seinen Zweck. Damit es zuverlässige Werte anzeigt, ist es allerdings wichtig, das Gerät auf die Höhenlage des Wohnorts zu eichen.

Hygrometer

Hygrometer, die es in unterschiedlichen Ausführungen – auch elektronisch – gibt, messen die relative Luftfeuchtigkeit, d. h. die Wasserdampfsättigung der Luft. Sie heißt „relativ", da Luft umso mehr Wasser aufnehmen kann, je wärmer sie ist. Entsprechend wird sie in % angegeben, bezogen auf den vollständigen Sättigungsgrad, der je nach Temperatur erreicht werden könnte. Bei Werten nahe 100 % liegt natürlich Regen in der Luft. Bei einer Luftfeuchtigkeit um 50 % lohnt es sich dagegen im Sommer meist, nochmals zu gießen. Besonders nützlich ist ein Hygrometer bei der Pflanzenanzucht und im Gewächshaus (ideale Luftfeuchtigkeit meist 60–90 %).

Soll das Hygrometer draußen im Garten angebracht werden, gelten für die Platzierung dieselben Empfehlungen wie beim Thermometer.

Windfahnen und Windräder werden oft als fröhlich bunte Dekoelemente angeboten.

Regenmesser

Regenmesser sind preiswerte und unkomplizierte Gerätschaften: Es handelt sich um längliche Sammelbehälter aus Kunststoff mit aufgetragener Millimeterskala, die man an einem etwa 1 m hohen Stab anbringt. Auch hier gilt für die Platzierung: möglichst windgeschützt und eher schattig; dabei allerdings so, dass weder Bäume noch Gebäude die Niederschläge abfangen oder ablenken.

Niederschlagsmengen werden in Millimeter (mm) gemessen und angegeben. Dabei bedeutet 1 mm, dass 1 l Regen je m^2 Boden gefallen ist. Zeigt der Messbehälter 10–20 mm für den letzten Regenguss an, dann wurde der Boden meist ausreichend durchfeuchtet, so dass das Gießen noch etwas warten kann.

Holen Sie den Regenmesser vorm Winter nach drinnen; im Freien könnte er durch gefrierendes Wasser aufplatzen.

Windanzeiger

Eine flatternde, bunte Windfahne, ein auffällig gestreifter Windsack oder der gute alte Wetterhahn – solche Utensilien, die oft durchaus dekorativ sind, zeigen die aktuelle **Windrichtung** an. Dabei geht es stets darum, „woher der Wind weht": Flattert z. B. eine Windfahne gen Norden, ist der Südwind am Werk. Ein Kompass kann helfen, dies zu präzisieren. Die Windrichtungen lassen sich in der Regel folgendermaßen interpretieren:

› Wind aus West/Nordwest: bringt feuchte Luft, im Sommer kühl, im Winter mäßig kalt;

› Wind aus Ost/Nordost/Südost: bringt trockene Luft, im Sommer warm, im Winter sehr kalt;

› Wind aus Südwest/Süd: bringt feuchte Luft, im Sommer schwülwarm, im Winter mild.

Weht der Wind besonders kräftig, kündet er häufig einen starken Wetterumschwung – meist ein nahendes Tiefdruckgebiet mit Regen im Gepäck – an.

Beim Einschätzen der **Windstärke** kann die Windstärkenskala des britischen Admirals Beaufort helfen, die jener 1805 für die Seefahrt entwickelte. Sie ist in vereinfachter Form in der obenstehenden Tabelle wiedergegeben. Die Windstärken (angegeben in Beaufort, abgekürzt Bft) entsprechen dabei messbaren Windgeschwindigkeiten: Bei Windstärke 12 z. B. weht der Wind mit rasanten 118 km/h. Zum Erfassen von Hurrikanen und tropischen Organen wurde die Skala in neuerer Zeit auf 17 erweitert.

Kleinklima im Garten

DAS ZEITLICHE AUFTRETEN und die Ausprägung der Wetterelemente wie Temperaturen und Niederschläge werden durch das Groß- und Regionalklima bestimmt (→ S. 133). Wie sie sich vor Ort auswirken, kann jedoch recht unterschiedlich sein.

Klima bis ins Kleinste

Wenn man z. B. von einem Dorf, das auf einem Hügel liegt, in eine nahe und etwas tiefer gelegene Stadt fährt, spürt man gerade morgens und abends recht deutliche Temperaturunterschiede. Solche Verschiedenheiten im **Lokalklima** haben auch merkliche Auswirkungen auf die Verhältnisse im Garten. Liegt etwa der Wohnort in einem Tal, dann bilden sich im Herbst und Winter leicht sogenannte Kaltluftseen über dem Boden: Die Durchmischung kälterer Luftschichten mit den darüberliegenden wärmeren Schichten ist eingeschränkt, die Frostgefahr erhöht sich.

In Dörfern und Vorstädten mit relativ offener Bebauung kommen die Wettereinflüsse oft viel stärker und unverfälschter zum Zug als in Städten. Die dichte Bebauung in Städten dagegen und der geringe Anteil an unversiegelten Bodenflächen lässt ein ganz spezielles **Stadtklima** entstehen: Die Temperaturen liegen etwas höher, die Frostgefährdung ist geringer, die Windwirkung wird abgedämpft. Insofern kann ein Stadtgarten ausgesprochen günstige Verhältnisse bieten. Die Kehrseite der Medaille ist allerdings oft übermäßige Hitze im Sommer. Gebäude können den Regen ablenken, so dass besonders trockene Bereiche entstehen. Dazu kommt häufig eine höhere Abgasbelastung. Gerade bei der Auswahl von Gehölzen ist es deshalb wichtig, auf Stadtklimaverträglichkeit zu achten (→ S. 406–439, Tabelle S. 415).

Zwischen solchen teils recht großräumigen lokalen Bedingungen und dem Kleinklima gibt es oft fließende Übergänge. Denn für die Einstufung ist nicht unbedingt die Größe des Areals entscheidend: Als **Klein- oder Mikroklima** bezeichnet man die klimatischen Verhältnisse in der bodennahen Luftschicht bis 2 m Höhe. Neben Geländelage und -relief, Himmelsrichtung, Umbauung u. Ä. zeigt hier auch der Boden Auswirkungen – und der Pflanzenbewuchs selbst. Das Kleinklima ist oft das entscheidende Kriterium, wenn es um die Wahl des richtigen Pflanzplatzes geht. Andererseits lässt es sich auch ein wenig beeinflussen und lenken. Anders als das „große" Klima wird das Kleinklima kaum durch statistische Messwerte ermittelt und angegeben. Hier sind eher Beobachtung und Erfahrung gefragt. Achten Sie deshalb immer ein wenig darauf, wie sich die Wetterverhältnisse an bestimmten Stellen im Garten auswirken.

Besondere „Klimazonen"

In jedem Garten finden sich Bereiche mit kleinklimatischen Besonderheiten – manche sind ausgesprochen günstig, andere eher kritisch. Vor allem durch Pflanzung von Hecken und anderen Gehölzen sowie durch das Errichten von Mauern (→ S. 73) können Sie die Verhältnisse deutlich beeinflussen. Bedenken Sie dabei stets die „Nebenwirkungen": Gehölze und Mauern bringen auch mehr oder weniger starken Schattenwurf mit sich. Und an besonders geschützten Plätzen fühlen sich auch

In einem Garten am Ortsrand muss man öfter mit starken Winden und Frösten rechnen.

Durch Hecken vor kalten Winden geschützt, gedeihen wärmeliebende Pflanzen besonders gut.

manche Schaderreger besonders wohl. Gerade an ausgesprochen windstillen Plätzen, wo die Pflanzen nach Regenfällen nur langsam abtrocknen, finden manche Pilzkrankheiten ideale Bedingungen.

Gärtnerische Maßnahmen, die vorübergehend und flexibel für günstige kleinklimatische Bedingungen sorgen, sind das Mulchen (→ S. 170) und die Verwendung von Folien oder Vliesen (→ S. 243). Ein ganz eigenes, kontrolliertes Kleinklima können Sie schließlich schaffen, indem Sie ein Gewächshaus bauen (→ S. 237–240).

Wärmebegünstigte Bereiche

Warme Gartenstandorte und -plätze sind vor allem:

- nach Süden, Südwesten und Südosten weisende Hänge;
- Bereiche in der Nähe von Hecken und am sonnigen Gehölzrand;
- Bereiche vor Mauern und Gebäuden;
- Stellen im direkten Umfeld großer Steine oder Findlinge (Ausnutzung besonders im ▶ STEINGARTEN, S. 563).

Mauern und Steine speichern über Tag die Sonnenstrahlung und geben sie nachts als Wärmestrahlung ab, so dass sich die Frostgefahr vermindert. Helle Steine und weiß gestrichene Mauern und Fassaden reflektieren allerdings tagsüber einen größeren Teil der Strahlung. Gerade wenn sie nach Süden weisen, kann es im Sommer vor ihnen sehr heiß werden. Manchen Pflanzen, besonders Rosen und Nadelgehölzen, macht dies schwer zu schaffen. Zudem begünstigen solche Verhältnisse Spinnmilben, Weiße Fliegen und Thripse. Großflächige helle Plattenbeläge können ähnlich nachteilige Effekte zeigen. Hitze – im Verein mit Trockenheit – wird auch an Südhängen manchmal zum Problem.

Die Wärmeabstrahlung von Wänden nutzt man gern auch, um empfindlichere Obstarten wie Birne oder Pfirsich daran als ▶ SPALIER (S. 561) zu ziehen. Das mindert die Gefährdung durch Früh- und Spätfröste, und die Früchte reifen sicherer aus, z. B. auch bei Kiwipflanzen. Allerdings kann die Mauerwärme dazu führen, dass die Gehölze im Frühjahr sehr zeitig neuen Austrieb bringen, der nachts dann besonders frostgefährdet ist. Deshalb sind nach Südosten, Südwesten oder Osten weisende Wände oft günstiger als reine Südwände, die am meisten Sonne abbekommen.

Frostgefährdete Bereiche

Generell sind alle Partien außerhalb des Einflussbereichs von Gebäuden, Mauern und Gehölzgruppen etwas stärker durch Frost gefährdet, besonders dort, wo Ost- und Nordwinde freien Zutritt haben. Dies gilt umso mehr für entsprechend ausgerichtete Hanglagen.

Auch Pflanzbereiche, die vom übrigen Bodenniveau abweichen, erweisen sich öfter als frostgefährdet: In Mulden und Senken sammelt sich Kaltluft, Pflanzen auf kleinen Hügeln u. Ä. sind vor allem frostigen Winden stärker ausgesetzt.

Regen und Luftfeuchtigkeit

Zu viel Regen kann zwar auch schaden (→ S. 139), doch „Kleinklima-Nachteile“ treten eher in Form des sogenannten Regenschattens auf. Wo große Gehölze oder Baulichkeiten den Regenfall behindern und zugleich Schatten werfen, herrschen recht schwierige Standortbedingungen, mit denen nur einige Spezialisten wie Bergenie oder Mahonie klarkommen. Anderenfalls hilft nur reichliches Gießen.

Genügend Luftfeuchtigkeit macht im Hochsommer den Gartenaufenthalt angenehmer und ist auch für die meisten Pflanzen vorteilhaft. Hier leisten besonders Bäume und große Sträucher einen wichtigen Beitrag, aber auch jeder andere Bewuchs erhöht durch seine Transpiration die Luftfeuchtigkeit – im Gegensatz zu großen Pflaster- oder Plattenflächen. Und natürlich wirkt sich auch ein Teich oder Bachlauf auf das Klima sehr positiv aus (→ S. 82–93).

Wo starke Winde wehen

Heftige und zugluftartige Winde können nicht nur das Pflanzenwachstum beeinträchtigen (→ S. 135), sondern auch den Garten zu einem ungemütlichen Aufenthaltsort machen. Windgeplagt sind vor allem Gärten in Ortsrandlage und mit starker Exposition (durch Hang- oder erhöhte Lage) gen Westen. Zwischen ungünstig ausgerichteten Häusern entstehen außerdem nicht selten Windkanäle, die die Windwirkung geradezu bündeln.

Verwenden Sie in windgeplagten Gärten zur Wetterseite hin nur windfeste Pflanzen. Unter den Gehölzen zählen hierzu beispielsweise Eibe, Lebensbaum (*Thuja*), Hartriegel (*Cornus alba* u. a.), Kornelkirsche (*Cornus mas*), Haselnuss, Liguster und Gewöhnlicher Schneeball (*Viburnum opulus*). Solche Arten eignen sich auch für Windschutzpflanzungen.

Im Prinzip lässt sich der Wind durch bauliche (Mauern, massive Holzelemente) wie durch pflanzliche (Strauchgruppen, Hecken) Barrieren abhalten oder zumindest abmildern. Ein Windschutz für das ganze Grundstück oder größere Teile davon will jedoch gut durchdacht sein. Denn jede feste bzw. dichte Barriere, die den Wind stark abbremst, sorgt zwar für eine gewisse „beruhigte“ Zone. Dahinter aber bilden sich starke Wirbel, und im angrenzenden Bereich tost der Wind noch heftiger als vor dem Hindernis. Bei (fast) undurchlässiger Barriere kann man die Reichweite grob mit folgender Formel „Höhe x 10–15“ abschätzen; d. h., schon 20–30 m hinter einer 2 m hohen Mauer oder dichten Hecke erreicht der Wind wieder seine volle Geschwindigkeit.

Weitaus günstiger sind mäßig dichte, gemischte Hecken, am besten in zweireihiger Pflanzung: Sie bremsen den Wind nicht radikal, mindern aber effektiv seine Geschwindigkeit. Die Schutzwirkung solch einer Hecke kann bei 2 m Höhe bis zu 50 m reichen (also Höhe x 20–25). Zumindest beim Planen größerer Windschutzpflanzungen empfiehlt sich das Hinzuziehen von Fachleuten.

WAS TUN, WENN ...

... raues Klima die Bepflanzung einschränkt?

URSACHE:

Vor allem in Gebirgslagen und in (nord-)östlicheren Landesteilen muss man sich vielerorts auf mäßige Durchschnittstemperaturen, späten Frühlingsbeginn und strenge, recht früh einsetzende Winter einstellen. Auch exponierte Hang- oder Hügellagen können zu stärkeren Frösten und kalte Winden führen.

MASSNAHMEN:

› Grundsätzlich bleibt einem nichts anderes, als bevorzugt winterharte Arten und Sorten zu wählen und beim Obst z. B. auf nicht allzu früh blühende Sorten zu achten. Doch auch etwas empfindlichere Gewächse kommen mit kälterem Klima zurecht, wenn man sie die ersten Winter über ausreichend schützt.

› Winterschutz, keine allzu frühen oder späten Pflanztermine, Nutzung von Folie, Vlies und Gewächshaus oder auch die Kultur im Kübel – das sind die wichtigsten gärtnerischen Maßnahmen, um empfindlichere Pflanzen erfolgreich zu kultivieren.

› Zudem können dichte Hecken oder Mauern für ein wärmeres Kleinklima sorgen. Nach Süden gerichtete Mauern oder Fassaden sind die besten Wärmespender, an denen sich selbst kälteempfindliche Obstgehölze als Spalier ziehen lassen.

... der Garten nie Schatten bekommt?

URSACHE:

So gern man die Sonne genießt – wenn sie auf nach Süden hin offenen Grundstücken erbarmungslos herabbrennt, wird sie für Menschen wie Pflanzen zur Tortur. Besonders intensiv, teils auch schon im Frühjahr, ist der Einfall an Süd- und Südwesthängen.

MASSNAHMEN:

› Auf der Terrasse oder am Gartensitzplatz können Sie mit Markise oder Sonnensegel recht schnell Abhilfe schaffen. Für eine Pergola oder Laube, unter der mit Hilfe von Klettergehölzen angenehm klimatisierte Plätze entstehen, bedarf es schon mehr Geduld (→ auch S. 62).

› Das gilt auch für Baum- und Strauchpflanzungen bzw. Hecken, die einzelne Bereiche oder den ganzen Garten beschatten sollen. Wenn Sie gen Süden hohe Bäume als künftige Schattenwerfer pflanzen möchten, empfiehlt sich eine gründliche Beratung in der Baumschule. Vorwiegend eignen sich Laubbäume mit nicht allzu dichtem Blattwerk.

... Dauerregen die Pflanzen beeinträchtigt?

URSACHE:

Verregnete Sommer sind leider keine Seltenheit. Unter Dauerregen leiden nicht selten Blüten und Früchte, besonders aber auch Arten trockener Standorte, z. B. Steingartengewächse und mediterrane Kräuter. Nasse Winter machen ihnen ebenfalls zu schaffen.

MASSNAHMEN:

Kleine Gruppen gefährdeter Pflanzen lassen sich notfalls mit einer zeitweiligen Folienüberdachung schützen. In sehr regenreichen Regionen sollte man besser auf nässeempfindliche Pflanzen verzichten. Gefüllte Blüten werden oft besonders stark durch Regen geschädigt.

2

Gartengeräte

Am Anfang steht der Spaten – so will es der Volksmund. Der erste Spatenstich ist nicht nur der symbolische Start für Bauherren, sondern auch für jeden Gartenbesitzer und Garteneinsteiger.

Mit dem Spaten allein kommt man allerdings nicht weit. Eine solide Ausstattung mit Gartengeräten für die unterschiedlichsten Arbeiten ist unverzichtbar und macht das Gärtnern leichter.
Und die Hersteller meinen es gut mit uns: In den Gartenwerkzeugabteilungen großer Baumärkte und Gartencenter und im entsprechenden Versandhandel gibt es fast nichts, was es nicht gibt. Gartengeräte und -zubehör sind ein wichtiger Markt, und entsprechend versucht man, durch immer wieder Neues und möglichst Innovatives Kaufanreize zu bieten. Darunter findet sich tatsächlich manche sehr clevere, hilfreiche Lösung. Das Umschauen lohnt sich, denn manchmal stößt man auf bislang unbekannte Gerätschaften, die für die eigenen Zwecke wie geschaffen sind. Doch nicht wenige, zunächst als überaus praktisch erachtete Utensilien werden höchstens eine Saison lang genutzt und versperren dann nur noch Platz im Geräteschuppen.
Gerade für den Einsteig ist eine kleine, aber feine Auswahl an bewährten Geräten mit guter Qualität das Wichtigste. Spezielleres kann dann immer noch nach und nach hinzukommen – am besten erst nach gründlicher Überlegung und Prüfung. Die Checkliste auf S. 141 bietet Unterstützung beim Zusammenstellen einer Grundausstattung, die Unverzichtbares, zumindest aber sehr Hilfreiches umfasst.

Gerätearten und -typen

Die Geräte für den Garten unterteilen sich quasi schon von selbst je nach Verwendungszweck: Dies spiegelt sich auch in der Gliederung dieses Kapitels in Grundzügen wider. Bestimmte Spezialgerätschaften und -zubehöre werden in den jeweiligen Praxiskapiteln näher vorgestellt, nämlich:

- Rasenmäher und andere Geräte für die Rasenpflege (→ S. 258–259) sowie Mähwerkzeug für Wiesen (→ S. 263);
- Gießgeräte und anderes Bewässerungszubehör (→ ab S. 188);
- Spritz- und Sprühgeräte für den Pflanzenschutz (→ S. 195–196).

Als **Handgeräte** bezeichnet man ganz allgemein Geräte wie Spaten oder Rechen, die „per Hand" betrieben werden, also ohne Motorantrieb. Im spezielleren Sinn findet sich die Vorsilbe „Hand" oft für Geräte mit kurzem Stiel, die ein besonders gezieltes, kleinflächiges Arbeiten erlauben, z. B. ein kleiner Handrechen oder Handkultivator.
Dem stehen die **Motorgeräte** gegenüber, ganz klassisch in Form des Rasenmähers mit Benzin- oder Elektroantrieb sowie der Elektroheckenschere. Häcksler, Motorhacken usw. können den „Maschinenpark" erweitern. Vereinzelt gibt es auch

In diesem Kapitel:

Geräte, etwa Rasenmäher, die mit Solarbetrieb ganz auf die umweltfreundliche Sonnenenergie setzen. Als Alternative zum Benzinmotor oder zum Elektromotor mit Stromkabel haben sich jedoch vor allem aufladbare Akkus durchgesetzt. Mit ihnen können auch handlichere Geräte gut angetrieben werden, etwa Motorsensen oder gar Astscheren.
Akkus arbeiten leise und bieten guten Bedienungskomfort, müssen aber genau nach Herstellerangaben geladen und gewartet werden. Hier kann es schon öfter passieren, dass Sie unfreiwillige Zwangspausen zum Aufladen einlegen müssen. Mit den ebenfalls leisen Elektromotoren mit Netzbetrieb ist man auf einen Stromanschluss angewiesen, außerdem wird der Umgang mit dem Kabel manchmal lästig. Geräte mit Benzinmotoren schaffen meist die höchsten Leistungen; Lärm, Abgase und ein oft vergleichsweise hohes Gewicht sind jedoch nicht zu unterschätzende Minuspunkte.

Mit geeignetem Zubehör und guten Geräten, die so manche Arbeit vereinfachen, macht das Gärtnern richtig Spaß.

Checkliste

Grundausstattung mit Geräten und Zubehör

- ✔ Spaten
- ✔ Grabegabel
- ✔ Rechen (Harke)
- ✔ Hacke
- ✔ Grubber oder Kultivator
- ✔ Schaufel
- ✔ robuster Straßenbesen
- ✔ Pflanzschaufel
- ✔ Markierschnur an zwei Pflöcken
- ✔ Zollstock und Hammer
- ✔ Gartenschere
- ✔ Garten- bzw. Taschenmesser
- ✔ Baumsäge mit verstellbarem Sägeblatt
- ✔ Gießkannen in verschiedenen Größen
- ✔ Schläuche mit verschiedenen Aufsätzen oder fein regulierbarer Brause
- ✔ Schubkarre
- ✔ Eimer (möglichst viele in verschiedenen Größen)
- ✔ kräftige Gartenhandschuhe
- ✔ Gartenschnur, Bindedraht
- ✔ Gartenspritze (5-l-Spritze meist sinnvoll)
- ✔ Hand- oder Elektroheckenschere, je nach Heckengröße
- ✔ Rasenmäher, am besten mit Grasfangkorb
- ✔ Kantenschneider zum Nachschneiden der Ränder

Tipps zur Auswahl

Schon bei relativ preiswerten Werkzeugen kann es lohnend sein, sich z. B. in mehreren Garten- oder Baumärkten umzusehen. Und dort nicht nur die Preise, sondern auch Qualität und Verarbeitung genauer zu vergleichen. Dies gilt erst recht für höherpreisige Anschaffungen und speziell für Motorgeräte. Vergleichstests in Garten- und Verbraucherzeitschriften bieten eine gute Hilfestellung. Im Internet gibt es zahlreiche Websites, auf denen Hobbygärtner ihre Erfahrungen mit den unterschiedlichsten Gartengeräten mitteilen (durch Eingabe von Suchwörtern wie „Preisvergleich" oder „Produktvergleich" in Internet-Suchmaschinen recht leicht zu finden).
Bei der Vielfalt der Gerätetypen und Ausführungen sind die Kriterien natürlich sehr unterschiedlich. Achten Sie dennoch grundsätzlich bei allen Geräten auf

- › stabile Funktionsteile, gute Verarbeitung und solide Verbindungen (z. B. zwischen Metallteilen und Holzstielen, Anbringung von Holmen und Griffen);
- › leichte Auswechselbarkeit von Funktionsteilen, Stielen u. Ä.;
- › gut gängige, aber solide Scharniere usw. bei beweglichen Teilen;
- › möglichst optimale Anpassung an die eigene Körpergröße, etwa bei der Länge von Stielen, Führungsbügeln und Holmen;
- › möglichst geringen Kraftaufwand, auch unter Berücksichtigung der eigenen Konstitution, und gut handhabbares Gewicht;
- › einfache Bedienung, vor allem bei Motorgeräten, und – falls erforderlich – leicht verständliche Bedienungsanleitung (schon angefangen bei der Montageanleitung).

Besonders bei Motorgeräten erweist sich auch ein guter Kundendienst bzw. -service als vorteilhaft. Sehr wichtig sind hier außerdem spezielle Sicherheitsvorrichtungen wie etwa eine Abschaltautomatik. Hilfreiche Orientierung bieten entsprechende Güte- und Sicherheitssiegel (→ S. 146).
Motorgeräte, die man nur gelegentlich braucht, etwa Motorhacken oder Rasenvertikutierer, kann man sich teils auch im Garten- oder Maschinenhandel bzw. in Baumärkten ausleihen.

Bodenbearbeitungsgeräte

DIE BODENPFLEGE und -lockerung gehört zu den wichtigsten Gartenarbeiten (→ S. 167–169). Oft wird im selben Arbeitsgang die Unkrautbekämpfung gleich mit erledigt, so dass die Geräte mehreren Zwecken dienen.

Gerade bei diesen stark strapazierten „Alltagsgeräten" ist solide Qualität besonders wichtig. Metallteile aus rostfreiem Edelstahl und Stiele aus Esche oder Buche gelten als ideale Kombination, nicht nur beim Spaten. Besonders belastbar sind Geräte, bei denen die metallischen Funktionsteile (z. B. Spatenblatt, Hackenblatt) und Verbindungsteile (Schaft oder Tülle) aus einem Stück geschmiedet sind; doch auch gut geschweißte Nähte halten allerhand aus.

Für sogenannte **Systemgeräte** mit auswechselbaren, aufsteckbaren Werkzeugen brauchen Sie nur einen Stiel. Mindestens zwei mit unterschiedlicher Länge erweisen sich aber oft als praktisch. Daneben gibt es auch kurze Wechselstiele für kleine Handgeräte (→ S. 144).

Geräte zum Bodenlockern und Jäten

Zum tiefen Lockern stehen in erster Linie Spaten und Grabegabel zur Verfügung. Das traditionelle Umgraben (→ S. 168) wird heute seltener praktiziert. Dennoch ist der **Spaten** unverzichtbar und beim Ausheben von Pflanzgruben ebenso nützlich wie etwa zum Abstechen von Rasenkanten. Die **Grabegabel** mit meist vier kräftigen, starren Zinken eignet sich teils auch zum Umgraben, vor allem aber für die schonende, nicht wendende Bodenlockerung (→ S. 169). Einsetzen lässt sie sich zudem u. a. zum Ernten von Wurzelgemüse oder zum Belüften des Rasens (→ S. 259).

Verbreiterte Trittkanten erleichtern das Einstechen des Spatens.

Beim Einstechen von Spaten wie Grabegabel hilft man meist mit dem Fuß nach. Sehr angenehm gestaltet sich das bei Spaten mit verbreiteter Trittkante; bei Grabegabeln ist der Rahmen ohnehin meist entsprechend kräftig. Bei beiden Geräten empfiehlt sich ein Griff in T-Form.

Der **Sauzahn** mit nur einem großen, kräftigen, gebogenen Zinken und pflugscharriger Spitze eignet sich ebenfalls zur tiefgründigen Bodenlockerung.

Die **Garten-** oder **Bodenkralle** hat „krallenartig" angeordnete Zinken unterschiedlicher Länge. Ein gegenläufiger, breiter Quergriff am etwa brusthohen Stiel ermöglicht ein wenig anstrengendes Bodenlockern durch Drehbewegungen. Auch Unkraut lässt sich damit teils recht gut herausziehen.

Hacken

Hacken sind für die oberflächliche Bodenlockerung, die Unkrautbekämpfung oder das Zerkleinern von Erdbrocken und Schollen fast unverzichtbar.

Schlaghacken mit breitem, kräftigem Blatt dienen vor allem dem Heraushacken hartnäckiger Unkräuter und dem Aufbrechen harter Bodenoberflächen. Damit arbeiten Sie am besten „im Vorwärtsgang". **Ziehhacken** mit kurzem, breitem Blatt an zwei Bügeln werden beim Rückwärtsgehen relativ flach durch den Boden gezogen, um die Oberfläche etwa zwischen Gemüsereihen zu lockern und Unkräuter herauszuschälen. **Stoßhacken** oder Schuffeln haben ein schmal rechteckiges, allseits scharfes Blatt, um Unkräuter zu entfernen. Sie können sie sowohl stoßend wie auch ziehend verwenden.

Grubber, Kultivator und Krail

Grubber und Kultivator könnte man als Ziehhacken mit (drei bis fünf) gekrümmten Zinken einstufen. Beim **Kultivator** sind die Zinkenenden zu Scharen verbreitert. Beide Geräte leisten gute Dienste bei der Oberflächenlockerung, beim Jäten und beim Einarbeiten von Kompost. Robust präsentiert sich der **Krail** mit vier rechtwinklig abgebogenen, langen Zinken. Zerkleinern von Erdschollen, etwas tiefere Bodenlockerung, Einarbeiten von Kompost und Entfernen von Wurzelunkräutern sind seine Hauptaufgabengebiete.

Motorgeräte

Motorhacken und -fräsen machen die Bodenbearbeitung größerer Flächen besonders einfach – doch Vorsicht, leistungsstarke Geräte verlangen einen „festen Griff" und etwas Muskelkraft zur Führung. Motorhacken, mit rotierenden Hackmessern ausgestattet, lockern tiefer und – bei entsprechender Leistungsstärke – sogar stark verdichtete Böden. Die mit sternförmigen Messern versehenen Motorfräsen lockern und krümeln eher flach. Sehr häufige Anwendung kann allerdings zum „Totfräsen" des Bodens führen, weil Humusgehalt und Bodenstruktur beeinträchtigt werden.

Geräte zum Glätten, Ebnen und Verteilen

Wo es gilt, Beete herzurichten, Kompost zu verteilen, Samen und Dünger einzuarbeiten, ist der **Rechen** unentbehrlich. Ein langer Stiel erleichtert das Einebnen großer Beete, zwei Rechen mit unterschiedlicher Breite machen sich oft bezahlt.

Als **Sternfräse,** Gartenwiesel oder Kombikrümler (→ Abb. S. 389) wird ein Gerät mit sternförmigen, spitzen, rotierenden Scheiben bezeichnet. Damit lassen sich nicht nur gut Kompost und Dünger einarbeiten, sondern auch hervorragend eine feinkrümelige Saatbeetoberfläche herstellen.

Kompost, Erde oder Sand verteilen, große Pflanzgruben auffüllen und vieles mehr – das kann kein Gerät besser als eine robuste **Schaufel.** Ihr steht optimal eine **Mist-** oder **Kompostgabel** mit langen, leicht gebogenen Zinken zur Seite, etwa zum Auf- und Umsetzen von Kompost.

GERÄTE FÜR DEN BODEN

1 Lockern, Krümeln, Ebnen

Eine Ziehhacke mit schmalem, aber kräftigem Blatt (rechts) ist für das Lockern und Unkrautentfernen zwischen Gemüsereihen sehr hilfreich. Allerdings lässt sich dies oft auch mit dem Grubber (im Bild vorn) erledigen. Er eignet sich zudem, um mit Spaten oder Grabegabel gelockerte Flächen nachzubearbeiten und für das oberflächliche Einarbeiten von Kompost. Ob zum Einebnen, Glätten und Krümeln von Beetoberflächen, zum Verteilen von Erde und Kompost, zum Einarbeiten und Abdecken von Samen oder Dünger – der Rechen (links) gehört absolut zur Grundausstattung.

2 Hacken, wie's beliebt

„Einfach umdrehen" lautet die Devise bei solchen Doppelhacken, die es auch mit drei statt zwei Zinken gibt. Je nach anstehender Arbeit, Härte der Bodenoberfläche und Unkrautbesatz nutzt man das gerade Blatt als Schlaghacke oder die Zinkenseite zum Durchziehen.

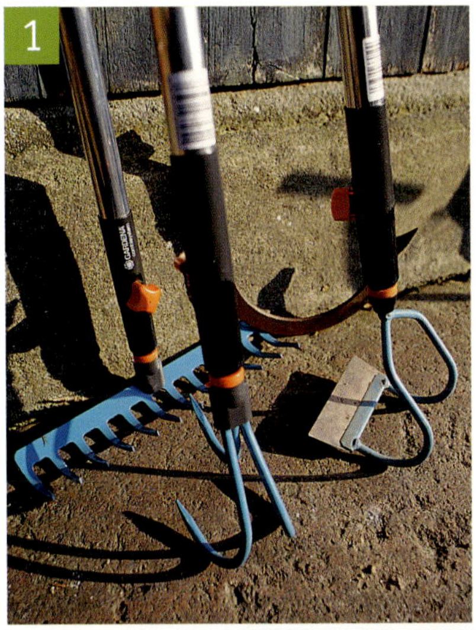

1

2

3

3 Kultivator – durch Schare mehr „Biss"

Vom Grubber unterscheidet sich der Kultivator durch seine zur Spitze hin verbreiterten Zinkenflächen, die sogenannten Schare. Wenn diese entsprechend kräftig ausgelegt sind, lassen sich damit auch schwere Böden mit hohem Tonanteil gut lockern und stärker verkrustete Oberflächen recht mühelos aufreißen. Auch Unkrautwurzeln erwischt man damit oft besser als mit einem normalen Grubber.

4 Drei an einem Stiel

Das sogenannte System- oder Kombigeräte-Prinzip hat sich bei Rechen, Grubbern, Kultivatoren usw. schon länger als praktisch erwiesen: Man braucht nur einen Stiel und wechselt nach Bedarf mit wenigen Handgriffen das Arbeitsgerät aus. Dasselbe geht auch mit Spaten, Grabegabel und Co. Hierfür gibt es kürzere, besonders kräftige Stiele, auch mit dem vorteilhaften T-Griff. Stiellängen von 75–80 cm sind für Spaten und Grabegabel meist ideal. Wer besonders groß ist, sollte sich allerdings nach längeren Stielen umsehen.

4

Pflanzhilfen, Kleingeräte, Schnittwerkzeug

DIE AUF DEN VORHERIGEN Seiten vorgestellten Bodenbearbeitungsgeräte werden zu einem großen Teil dafür eingesetzt, Beete und andere Flächen für die Bepflanzung vorzubereiten. Dann tritt die nächste Gerätegruppe in Aktion: Werkzeug und Zubehör für Saat- und Pflanzarbeiten.
Diverse andere Kleingeräte helfen Ihnen bei speziellen Maßnahmen. Dazu gehören auch die unterschiedlichsten Schnittmaßnahmen, bei denen von unentbehrlichen Kleinutensilien wie Gartenmesser und -schere bis hin zur motorbetriebenen Heckenschere sehr verschiedene Gerätschaften Verwendung finden.

Gerade der „Kleinkram" zählt oft zum Unentbehrlichen. Sehr nützlich sind auch weiche Unterlagen zum Hinknien.

Wer einmal die Vorteile handlicher Kleingeräte kennen und schätzen gelernt hat, mag sie nicht mehr missen.

Sä- und Pflanzutensilien

Eine an zwei Pflöcken befestigte Schnur in ausreichender (Beet-)Länge, am besten gut sichtbar gefärbt, ist eines der billigsten Utensilien mit großem praktischem Wert. Ob Aussaat, Gemüse- oder Heckenpflanzung oder Beetneuanlage – solch eine **Setzschnur** bewahrt nach dem Aufspannen überall vor „krummen Touren". Wenn auch ein Zollstock bereitliegt, kommt alles bei Bedarf in schnurgerader Linie und im richtigen Abstand in die Erde.
Für ausgesprochene Vielsäer mag sich auch die Anschaffung eines **Rillenziehers** mit verstellbaren Scharen lohnen, oder eines **Sägeräts** mit Rad und Stiel, das man nach Einstellen des gewünschten Samenabstands bequem durch die Reihen schiebt. Ein **Säwagen,** sehr praktisch für Rasen- oder Gründüngungsaussaat, wird nicht allzu oft gebraucht. Lässt er sich aber auch als Düngerstreuer nutzen, kann die Anschaffung durchaus interessant sein.
Spezielles Zubehör bis hin zum Pikierholz macht die Anzucht einfacher und sicherer (→ S. 222–223).
Als „Universalpflanzgerät" empfiehlt sich eine kleine, aber solide gefertigte **Pflanzschaufel** oder **-kelle,** mit der sich beliebig kleine oder große Löcher herstellen lassen. Ein kegelartiges **Pflanzholz** (manchmal auch aus Hartkunststoff gefertigt) eignet sich dagegen vorzugsweise für Jungpflanzen ohne oder mit nur kleinem Wurzelballen. Für größere Blumenzwiebeln ist ein zylinderförmiger **Zwiebelpflanzer** sehr praktisch (→ S. 335–336).
In die Erde einsteckbare Plastikschilder, Pflanz- bzw. **Stecketiketten** genannt, samt wasserfestem Stift lernt man sehr schnell zu schätzen, wenn man etwa im Gemüsebeet oder in Anzuchtschalen mehrere verschiedene ARTEN (S. 533) sät. Auch SORTEN (S. 561) gepflanzter Sommerblumen oder Stauden lassen sich mit beschrifteten Etiketten gut markieren, ebenso die Pflanzstellen von Zwiebelblumen, deren oberirdische Teile nach der Blüte absterben.

Handliche Helfer

Kurzstielige **Handhacken,** -grubber und -rechen, die es auch als Systemgeräte (→ S. 142) gibt, mag man bald nicht mehr missen. Ob zum Arbeiten zwischen noch zarten Sämlingen und Jungpflanzen, in dicht bepflanzten Blumenbeeten oder schmalen Ecken – überall erweisen sie sich als überaus nützlich.
Ebenso handlich wie praktisch sind auch **Unkrautstecher:** An einem kräftigen Griff ist eine etwa 15 cm lange, schmale, rinnenförmige Klinge befestigt, die das Entfernen von Wurzelunkräutern oder z. B. das Ausstechen von Löwenzahn einfacher macht. Unter demselben Namen werden auch Geräte mit längerem Stiel und mehreren dorn- oder krallenartigen „Greifarmen" angeboten (→ Abb. S. 268).

Für saubere Schnitte

Stets gut geschärft – das ist die wichtigste Devise für alle Schnittwerkzeuge, vom einfachen Messer bis hin zu einer Motorsäge. Starke Quetschwunden und, bei Gehölzen, das Aufreißen der Rinde oder Absplittern des Holzes erschweren den Pflanzen die Wundverheilung. Umso leichter können Fäulnis und andere Krankheitserreger eindringen (→ auch S. 198). Auch Gerätschaften, die beim Schneiden zu viel Kraftaufwand oder extreme Verrenkungen erfordern, führen schnell zu unsauberen Schnitten.
Scharfes und spitzes Gerät hat natürlich seine Risiken. Seien Sie stets besonders vorsichtig beim Umgang mit motorbetriebenen Schneidgeräten (→ auch S. 246–247, S. 288). Eine funktionierende Abschaltautomatik (beim Loslassen des Betriebsknopfs o. Ä.) hilft ganz wesentlich, schlimme Unfälle zu vermeiden. Das Ausschalten bzw. Steckerziehen bei allen Wartungsarbeiten sollte selbstverständlich sein.

Schnittwerkzeug für alle Fälle: Stets sollten optimale Funktions- und Betriebssicherheit gewährleistet sein.

Messer, Garten- und Astscheren

Ständig gibt es irgendetwas zu schneiden, seien es Blumen für die Vase, welke Pflanzenteile oder Bindeschnur. Deshalb gehen erfahrene Gärtner nie ohne ein solides, rostfreies (und klappbares) **Messer** in der Hosentasche nach draußen. Für das Nachschneiden ausgefranster Wundränder (→ S. 219) und manche Vermehrungsarbeiten eignet sich eine **Hippe,** ein Gärtnermesser mit gebogener Klinge, besonders gut.

Der Rückschnitt kräftiger Staudenstängel oder das Entfernen verwelkter Blütenstände bei Rosen z. B. sind schon eher ein Fall für die **Schere.** Für dieses „Alltagsgeschäft" genügen sogenannte Gartenmehrzweck-, Rosen- oder Rebscheren von guter Qualität. Wenn Sie viele Gehölze zu schneiden haben, lohnt sich auch eine besonders hochwertige, kräftige Baumschere.

Nach der Schnitttechnik unterscheidet man **Ambossscheren** mit geraden Klingen – eine beweglich und scharf, die andere als fester „Amboss" – und **Schwalbenschwanzscheren** mit zwei gebogenen, ineinander greifenden Klingen. Diese sind meist beide beweglich (zweischneidige Modelle). Ambossscheren erleichtern den Schnitt kräftiger Zweige, bringen aber auch leicht Rindenquetschungen mit sich. Mit zweischneidigen Scheren lässt sich oft gezielter und sauberer schneiden.

Diese unterschiedlichen Schnitttechniken finden sich auch bei **Astscheren.** Deren lange Holme sorgen jedoch für eine wesentlich bessere Kraftübertragung, so dass ein präziser Schnitt bis etwa 4 cm Triebdicke problemlos möglich ist. Mit Hilfe von Teleskopstielen gelangt man ohne Leiter bis in höhere Astregionen. Sogenannte **Raupenscheren** haben zusätzlich Seilzüge, um die Klingen zu bewegen, wenn der Teleskopstiel weit ausgefahren ist.

> !
>
> wir empfehlen
>
> **Komfortable Gartenscheren**
>
> Wenn Sie das Angebot gründlich studieren, finden Sie Scheren, mit denen das Schneiden zum reinsten Vergnügen wird. Gute Scheren bieten in der Regel bereits Bedienungskomfort wie Einhandverschluss und Anschlagdämpfer. Dazu kann je nach Modell manches kommen, das den Kraftaufwand verringert und die Hände bzw. Handgelenke schont: etwa besonders ergonomische Griffe und solche mit Kälteschutz, Rollgriffe, Gummipufferauflagen oder abgewinkelte Schneidklingen. Auch Linkshänderscheren sind im Angebot.

Ast- und Baumsägen

Auch **Astsägen** gibt es mit Teleskopstielen und sogar Motorantrieb. Die einfachsten Modelle sehen aus wie schmale Fuchsschwanzsägen und haben teils einklappbare Sägeblätter. Mit solchen Sägen kommt man leicht in fast jede Baum- und Strauchecke. **Baumsägen** mit Bügel und im Schnittwinkel verstellbarem Sägeblatt schaffen – je nach Größe – auch stärkere Äste. Achten Sie darauf, dass die Sägeblätter einfach auszutauschen sind.

Heckenscheren

Mit einer guten Handheckenschere lässt sich sauber und gezielt schneiden. Deshalb lohnt sich die Anschaffung auch, wenn man hauptsächlich mit der Elektroheckenschere schneidet: Das Handgerät eignet sich gut zum Nachschneiden und für Korrekturen. Klingen mit Wellenschliff erfassen die Zweige besonders gut und verhindern deren seitliches Wegrutschen. Qualitätsheckenscheren haben Anschlagsdämpfer zwischen den Hebeln, die die Gelenke schonen. Doch selbst passionierte „Handschneider" greifen spätestens ab 10 m Heckenlänge zu Elektrogeräten. Diese bieten meist Leistungen um etwa 400 Watt, was normalerweise ausreicht. Besonders leistungsfähige Heckenscheren mit Benzinmotor sind für den Privatbedarf in der Regel zu schwer und zu laut. Kabelsalat, der bei strombetriebenen Scheren auch zum Risiko werden kann, entfällt bei Akkuheckenscheren. Allerdings gibt es kaum Ärgerlicheres, als wenn mitten während der Arbeit der Akku leer wird.

Vergleichen Sie gerade vor dem Kauf einer Elektroheckenschere sehr genau die Ausstattungen verschiedener Modelle, insbesondere was Sicherheitsvorrichtungen angeht, aber auch den Bedienungskomfort. Sehr vorteilhaft sind neben einem „Schnellstopp" (Sicherheitsabschaltung) z. B. ein Antiblockiersystem sowie eine Rutschkupplung, die Motor und Getriebe vor Überlastung an zu dicken Ästen und harten Gegenständen bewahrt.

Sonstige Geräte und Zubehör

ZU DEN WICHTIGSTEN „Sonstigen" gehören der Rasenmäher und andere Rasenpflegegeräte sowie alles, was man zum Gießen und Bewässern braucht. Diese sind, wie auf S. 140 erwähnt, in den jeweiligen Praxiskapiteln beschrieben.

Spezielles Zubehör gibt es außerdem für den Gartenteich (→ S. 324–329). Und schließlich fallen auch Staudenringe (→ S. 317) und andere Pflanzenstützen in die Kategorie nützlicher Gartenutensilien. Bei **Stäben** und Stangen gehören Bambus bzw. Tonkin zu den besonders geschätzten Materialien. Sie wirken natürlich, sind leicht und zugleich sehr stabil sowie recht witterungsbeständig. Mit ihrer glatten Oberfläche lassen sie sich gut reinigen. Dies ist bei Pflanzenstützen generell nicht ganz unwichtig, da durch Verschmutzungen unter Umständen Krankheiten übertragen werden können.

Aus demselben Grund sollten Sie auch **Bindematerial** nicht allzu oft wiederverwenden, schon gar nicht, wenn es an erkrankten Pflanzen im Einsatz war. Geeignete und geläufige Hilfsmittel zum An- oder Aufbinden von Pflanzen sind wetter- und reißfeste Bindeschnur, rostfreier Bindedraht, weicher, aber fester Bindebast sowie Kokos- und Hanfstricke.

Transporthilfen

Selbst im kleinen Garten gibt es immer wieder etwas zu bewegen – seien es Kompost oder Erntegut, Gartengeräte, Abfälle oder Düngersäcke. Transporthilfen der verschiedensten Art machen deshalb das Gärtnern oft entschieden angenehmer. Sie können Wege sparen und entlasten oft auch den Rücken.

Obwohl der Handel so manch anderes Vehikel anbietet, scheint die gute alte **Schubkarre** fast unschlagbar. Kein Wunder: Kommt man mit der Einradkarre doch fast in jede Ecke und kann trotzdem allerhand darin transportieren. Sie sollte natürlich stabil sein, aber trotzdem kein allzu hohes Eigengewicht haben. Prüfen Sie vorm Kauf, ob die Holme die richtige Länge haben, so dass Sie in bequemer Haltung schieben können – und ob es passende Ersatzräder für das Modell gibt. Vollgummiräder halten länger, aber mit Ballonreifen, die freilich stets gut luftgefüllt sein müssen, fährt es sich leichter. Optimal ist es, wenn zwei Drittel des Gewichts vom Rad getragen werden; eine entsprechend weit vorn angebrachte, sich zum Rad hin verbreiternde Wanne unterstützt diese Gewichtsverteilung. Weiche, aber rutschfeste Handgriffe machen sich beim längeren Arbeiten mit der Karre vorteilhaft bemerkbar. Wichtig ist außerdem eine solide Verbindung von Gestell und Wanne.

Manche Gartenfreunde schwören auf die **faltbare Gartenkarre.** Das wendige, einrädrige Gerät hat ein schubkarrenähnliches Gestell aus Aluminium, das sich zusammenklappen lässt. Bespannt ist es mit einem kräftigen Segeltuch. Bei anderen angebotenen Gartenkarren handelt es sich um kleine **Handwagen** mit vier Rädern.

Eine **Sackkarre** ist ebenfalls oft sehr nützlich, etwa für Rindenmulch- und Düngersäcke und den Transport von Kübelpflanzen ins Winterquartier. Die Plattform bzw. Auflagefläche, die bei manchen Modellen klappbar ist, kann entsprechend groß gewählt werden. Stabile Konstruktion sowie geeignete Größe und gut zu fassende Griffe zählen, wie gehabt, zu den besonders zu prüfenden Kriterien.

!

wir empfehlen

Sicherheitszeichen und -siegel beachten

Siegel bzw. Symbole, die nach genau definierten Sicherheitskriterien vergeben werden, sind besonders bei motorbetriebenen Geräten wichtig.
Das **CE-Zeichen** steht dafür, dass die grundlegenden Sicherheitsanforderungen der Europäischen Union erfüllt sind. Wesentlich aussagekräftiger ist das **GS-Zeichen,** das „geprüfte Sicherheit" bedeutet. Dazu muss der Hersteller sein Gerät von einer zugelassenen Prüfstelle untersuchen lassen. Das **VDE-Zeichen** tragen Geräte, die den Sicherheitsanforderungen des Verbands Deutscher Elektrotechniker entsprechen.

Eimer und **Körbe** verschiedener Größen kann man nie genug haben. Beim Jäten herausgezogene Unkräuter, Erntegut, Sand, Kompost, Kleingeräte – in solchen Behältnissen lässt sich fast alles vorübergehend unterbringen und transportieren. Schwarze Baueimer und Bauwannen eignen sich oft gut für Gartenzwecke, da recht robust und stabil. Achten Sie am besten darauf, dass ein paar Eimer und Körbe stets nur für „sauberes" Material reserviert bleiben, andere dann für Gartenabfälle, Kehricht und Erde. Ähnlich universal lassen sich **Säcke** einsetzen. In Gartensäcken aus kräftigem, verstärktem Kunststoffgewebe lassen sich auch größere Mengen z. B. an Hecken- oder Rasenschnitt sowie Laub gut transportieren.

Je nach Bedarf und hauptsächlich anfallenden Arbeiten können sich ansonsten die unterschiedlichsten Transporthilfen als nützlich erweisen, von Traggurten bis hin zum sogenannten **Gartencaddy.** Dies ist ein praktisches Gestell mit Rädern, in dem sich einige langstielige Gartengeräte ebenso verstauen lassen wie ein Müllsack oder Eimer sowie zahlreiche Kleingeräte.

Häcksler

Mittlerweile werden relativ preisgünstige Gartenhäcksler (auch Schredder genannt) angeboten. Da ist solch eine Anschaffung durchaus eine Überlegung wert. Der Abtransport von Gehölzschnitt zu kommunalen Annahmestellen gestaltet sich oft aufwendig, erst recht das Zerkleinern mit Säge und Schere. Andererseits ergibt gehäckseltes Schnittgut ein hervorragendes Kompostmaterial. Häcksel lässt sich außerdem gut zum ▶ MULCHEN (S. 553) einsetzen, teils sogar als unkrautunterdrückender Belag für Nebenwege.

Der „Knackpunkt" beim Häcksler ist allerdings die Leistungsfähigkeit. Sehr preiswerte Häcksler enttäuschen nicht selten schon beim ersten Praxiseinsatz. Die üblichen Gartenhäcksler laufen mit Elektromotoren und haben Nennleistungen zwischen 1500 und 2500 Watt. Damit schaffen sie Aststärken zwischen knapp 3 cm und gut 4 cm. Das kann im unteren Leistungsbereich schon „eng" werden. Dickere Äste, je nach Geräteleistung mit zwischen 5 und 8 cm Durchmesser, können Häcksler mit Starkstrom (Drehstrom) verarbeiten. Dafür ist allerdings ein spezieller Stromanschluss nötig. Außerdem sind solche Häcksler, ebenso wie leistungsstarke Modelle mit Benzin- oder Dieselmotoren, nicht gerade preiswert.

Auch die Art des Schneidsystems spielt eine Rolle. Häcksler mit Messerschneidwerken zerkleinern sehr zügig und kommen selbst mit Gemüse- und Staudenstängeln oder Laub gut zurecht. Allerdings gehören sie zu den lautesten Häckslern, da ihre rotierenden Messer mit hoher Umdrehungsgeschwindigkeit laufen.

Walzenhäcksler dagegen zerquetschen das Material, bei Spindel-, Wendel- und Schneckenhäckslern folgt dem noch ein Zerkleinerungsschnitt. Solche Geräte arbeiten teils außerordentlich leise. Krautige Stängel und feuchteres Häckselgut machen ihnen allerdings öfter zu schaffen. Überlegen Sie deshalb gut, für welche Zwecke Sie den Häcksler hauptsächlich brauchen, und lassen Sie sich beim Kauf gründlich beraten. Neben entsprechender Leistungsstärke und möglichst geringer Lärmentwicklung sind Sicherheitsvorrichtungen und Bedienungskomfort die wichtigsten Auswahlkriterien.

Allerlei Nützliches

Auch wenn man nicht unbedingt gleich jedes Blättchen von Rasen oder Wegen entfernen muss, gehören Reinigungsgerätschaften mehr oder weniger zur Grundausstattung. Laub, Erde oder Pflanzenreste auf befestigten Wegen und Flächen sowie Treppen können bei Regen nicht nur zu dreckigen Schuhen, sondern auch zu gefährlichen Rutschpartien führen. Zu viel Herbstlaub auf dem Rasen hinterlässt beim Verrotten hässliche Flecken, wenn die Gräser stellenweise absterben. Das erstgenannte Problem löst ein **Besen** mit kräftigen Borsten.

Zum Befreien des grünen Teppichs von Laub wie Rasenschnitt eignet sich ein **Fächerbesen** besonders gut. Das eher dem Rechen ähnliche Gerät mit fächerartig angeordneten, elastischen Stahlzungen lässt sich teils auch auf Wegen und Beeten nützlich einsetzen.

Die staubsaugerähnlichen, motorbetriebenen **Laubsauger** ersparen zwar das Kehren und Rechen und zerkleinern das Laub gleich beim Auffangen. Doch ganz so bequem ist die Arbeit damit nicht: Bei großen oder etwas feuchten Blättern setzen die Geräte häufig wegen Verstopfung aus, und der meist umzuhängende Auffangsack trägt sich oft unangenehm. Zudem sind viele bislang angebotene Laubsauger nervtötend laut.

Ein Hilfsmittel ganz anderer Art ist das **Kompostsieb,** das zu feinkrümeligem ▶ KOMPOST (S. 549) ohne grobe Bestandteile verhilft. Die übliche Ausführung besteht aus einem rechteckigen Drahtgitter an einem Metallrahmen, das mit einer in den Boden zu stoßenden Metallstange schräg aufgestellt wird. Schaufel für Schaufel wirft man dann den Kompost durch. Komfortablere Modelle haben zwei große Bügel zum waagrechten Aufstellen, z. B. über einer Schubkarre, die den gesiebten Kompost gleich auffängt.

Für den Schnitt von hohen Obstbäumen, Sträuchern, Hecken und Kletterpflanzen sowie für die Obsternte braucht man zuweilen eine **Leiter.** Diese sollte in jedem Fall stabil, unbedingt mit trittfesten, intakten Sprossen, und für den Außenbereich geeignet sein. Stürze von der Leiter gehören zu den häufigsten Unfallursachen in Haus und Garten. Das resultiert zwar überwiegend aus Benutzungsfehlern, das Risiko lässt sich aber durch Verwendung einer geeigneten Leiter von vornherein mindern. Achten Sie gerade auch beim Kauf von Leitern auf das GS-Zeichen (→ Kasten S. 146). Stehleitern müssen unbedingt Spreizsicherungen (Ketten oder Gurte) aufweisen, die ein Auseinandergleiten der Schenkel verhindern. Stufenstehleitern dürfen keinesfalls als Anlegeleitern verwendet werden. Wenn man im Garten zu verschiedenen Zwecken hoch hinaus muss, ist eine Mehrzwecksprossenleiter, die sich als Steh- und Anlegeleiter verwenden lässt, oft die beste Wahl. Besonderes Augenmerk gilt auch den Standflächen, da die Leiter des Öfteren auf etwas unebenen oder auch weichen Böden aufgestellt wird. Schon deshalb ist es eine Überlegung wert, in eine spezielle Obstbaumleiter zu investieren: Sie lässt sich mit verstellbaren Spitzen im Boden verankern und ist auch ansonsten ganz für den „Gartenbetrieb" ausgelegt.

Mit Hilfe eines **Obstpflückers** können Sie auch ohne Leiter Äpfel und Birnen von hohen Bäumen ernten. Hier sitzt an einer langen Stange ein kronenartiger Kranz, der die Früchte vom Baum trennt, um sie in einem daran befestigtes Säckchen aufzufangen (→ Abb.).

Geräteaufbewahrung und -pflege

Schneller Zugriff, keine Stolperfallen – ein gut aufgeräumter Schuppen lohnt alle Mühe.

MANCHE RAFFINIERTE, nicht ganz billige Gerätschaften zielen ebenso wie spezielle Gartenbücher darauf ab, den Zeitbedarf für die Gartenarbeit möglichst gering zu halten. Doch zu den wichtigsten „Strategien", dieses Ziel zu erreichen, gehört etwas sehr Einfaches und recht Preiswertes: eine ordentliche Aufbewahrung der Geräte, die einen schnellen Zugriff besonders auf die am häufigsten gebrauchten Utensilien ermöglicht, sowie eine regelmäßige Wartung und Pflege der Werkzeuge. Denn zu den häufigsten und lästigsten Zeitfressern gehört die Suche nach der „irgendwo" abgestellten Gießkanne oder Hacke – und das Versagen von Geräten, etwa wenn der Rasenmäher nicht anspringt.

Eine relativ regelmäßig durchgeführte Reinigung und Pflege verlängert die Lebensdauer aller Gerätschaften. Etwas Ordnung im Garten wie im Geräteschuppen kann außerdem Unfällen vorbeugen. Vermeiden Sie besonders, Geräte auf Beeten oder Wegen liegen zu lassen. Das kann zu bösen Unfällen führen, wenn man versehentlich darauf tritt, und tut selbst recht wetterbeständigen Materialien auf Dauer nicht gut. Wo Kinder im Haus sind oder öfter zu Besuch kommen, sollten besonders alle spitzen und scharfen Werkzeuge gleich nach Gebrauch sicher und für die Kleinen unerreichbar verstaut werden.

Ein Platz für alle Gartenhelfer

Wo es die räumlichen Verhältnisse gestatten, ist es am günstigsten, wenn sämtliches Gerät und Zubehör an einer Stelle versammelt wird. Das kann eine Remise, eine Garage oder notfalls ein Kellerraum sein – Hauptsache trocken und gut zugänglich sowie bei Bedarf möglichst abschließbar. Ein spezielles Geräte- bzw. Gartenhaus ist natürlich eine feine Sache, sofern der Platz dafür reicht. Wenn Sie ein Gerätehäuschen neu errichten, kann es sich lohnen, gleich auch Stromleitungen verlegen zu lassen: Licht sowie wenigstens eine Steckdose im Schuppen erweisen sich oft als äußerst hilfreich.

Wandhalterungen, Hakenleisten, Steh- und Wandregale, Schubladenschränkchen, Truhen – dies alles hilft, Groß- wie Kleingeräte sicher und platzsparend zu verstauen. Nutzen Sie dafür das vielfältige Angebot der Bau-, Garten- und Einrichtungsmärkte. So manch pfiffige Lösung für die räumlich beengte Wohnung lässt sich auch für den Geräteschuppen zweckentfremden. Abschließbare Wandschränke für Pflanzenschutzmittel, Gartenschere usw. bewahren Kinder vor unnötigen Risiken. Ist der Schuppen groß genug, sind Tische und ähnliche Ablage- bzw. Arbeitsflächen sehr praktisch.

Wenn Sie kleine Handgeräte, Pflanzutensilien u. Ä. in Eimern, Tragboxen oder großen Werkzeugkästen unterbringen und dabei nach Verwendungszweck sortieren, verfügen Sie gleich auch über praktische „Sets", die Sie bequem am Griff oder Henkel in den Garten und zurück transportieren können.

Ein Werkzeugkasten, der tatsächlich auch Werkzeug wie Schraubendreher, Imbusschlüssel, Zangen usw. enthält, ist im Geräteschuppen ebenfalls gut aufgehoben. Denn daran besteht auch im Garten des Öfteren Bedarf – vor allem, um Gartengeräte wieder in Schuss zu bringen. Und schließlich kann auch ein Erste-Hilfe-Kasten mit Verbandsmaterial und Pflaster absolut nichts schaden.

Gelegentliche Aufräumaktionen, für die sich der Winter besonders gut eignet, sorgen dafür, dass der Schuppen gut nutzbar bleibt. Dabei fällt einem oft auch Überflüssiges in die Hände, dessen Entfernen wieder mehr Platz schafft.

Geräte reinigen und warten

Auch wenn es manchmal schwer fällt, ein wenig lästig ist und etwas Zeit kostet: Reinigen Sie alle Geräte möglichst gleich nach jedem Arbeitsgang bzw. bevor Sie diese wieder in den Schuppen räumen. Vor allem anhaftende Erd- und Pflanzenreste sollten mit Drahtbürste oder Lappen entfernt werden. Das dient nicht nur der Lebensdauer und Funktionsfähigkeit der Gerätschaften, sondern beugt auch der Übertragung von Schaderregern vor.

Gerade auch **Schnittwerkzeug** sollte deshalb unbedingt sauber gehalten werden. Hier empfiehlt sich das Abwischen von Klingen bzw. Schneiden ebenso wie das Säubern der Griffe. Daran sollten Sie besonders denken, wenn Sie kranke Pflanzenteile weggeschnitten haben. Um der Übertragung von Krankheitserregern vorzubeugen, kann sogar das Desinfizieren mit Alkohol sinnvoll sein. Doch Vorsicht: Riskieren Sie beim Säubern von scharfen Klingen und Sägeblättern keine Verletzungen. Stark strapazierte Scheren und Sägen können schon unterm Jahr deutlich stumpfer werden, so dass man sie am besten gleich nachschärft bzw. die Sägeblätter austauscht. Bei Baumsägen sollten Sägeblätter per Spannhebel oder Stellschraube entspannt werden, wenn sie nach getaner Arbeit zurück in den Schuppen kommen. Obwohl die Federn guter Gartenscheren schon einiges aushalten, ist es auf Dauer vorteilhaft, die Scheren geöffnet, also mit entspannter Feder aufzubewahren.

Bei Rasenmähern, Heckenscheren und ähnlichen **Motorgeräten** sollten Schnittgutreste usw. jedes Mal gründlich entfernt werden, damit sie Lüftungsschlitze und andere Funktionsteile nicht verstopfen. Denken Sie stets daran, die Geräte vor allen Reinigungs- und Wartungsarbeiten abzuschalten bzw. das Netz- oder Zündkabel herauszuziehen!

Die „große Herbstinspektion“ und das Einwintern

Auch wenn die Geräte schon übers Jahr recht regelmäßig gesäubert und gepflegt wurden, empfiehlt sich vor dem Einwintern eine besonders gründliche Reinigung und Wartung. Manches davon kann man auch noch im Lauf des Winters oder im zeitigen Frühjahr nachholen.

Berücksichtigen Sie bei den nachfolgend genannten Pflegemaßnahmen, dass es hier je nach Material und Konstruktion eines Geräts Abweichungen geben kann. Im Zweifelsfall gelten stets die Angaben des Herstellers! So gibt es etwa auch manche Funktionsteile oder Verbindungsstellen, bei denen das Ölen (ähnlich wie bei Türschlössern) zum Verkleben führt. In solchen Fällen ist meist ein Graphitmittel empfehlenswert.

Befreien Sie **Handgeräte** wie Spaten und Hacken vor dem Einwintern besonders gründlich von Erdresten, die Metallteile ebenso wie die Holzstiele. Dafür eignen sich kräftige Bürsten sowie feuchte Lappen. Reiben Sie dann die Metallteile trocken und ölen Sie diese etwas ein, z. B. mit Pflanzenöl oder speziellem Pflegeöl für Metall. Leichten Rost können Sie zuvor mit einer Drahtbürste beseitigen, notfalls auch mit einem Rostentferner. Kontrollieren Sie nebenbei die Stiele, nicht zuletzt auch, ob sie noch fest in den Halterungen sitzen. Unlackierte Stiele versieht man am besten mit einem Leinölanstrich.

Schubkarren und andere Transporthilfen werden beim Einräumen ebenfalls gut gesäubert. Gönnen Sie dabei auch der Radachse der Karre etwas Schmieröl.

Schnittwerkzeug wird nun ebenfalls nochmals gründlich gereinigt, wie oben beschrieben. Hier und da gibt es Scharniere, die nun gemäß Herstellerangaben zu schmieren sind. Haben Pflanzensäfte und Harze feste Krusten gebildet, ist ein spezielles Reinigungsmittel oder Alkohol gefragt. Prüfen Sie bei der herbstlichen Reinigung des Schnittwerkzeugs auch dessen Schärfe. Mit einem Wetz- bzw. Abziehstein kann man Messer- und Scherenklingen selbst bearbeiten, allerdings empfiehlt sich eher der saubere Schliff durch einen Fachbetrieb. Tauschen Sie nun auch stumpfe Sägeblätter aus sowie, falls nötig, die Schneiden von Heckenscheren.

Bei **Motorgeräten** wie dem Rasenmäher ist es ratsam, sie gelegentlich zur professionellen Wartung an einen Fachbetrieb zu geben. Dort werden dann auch Messer bzw. Schneidwerke fachgerecht geschärft oder, wenn nötig, ausgetauscht. Ansonsten reinigt man solche Geräte vor dem Winter besonders sorgfältig. Führen Sie sonstige Wartungsarbeiten, wie etwa das Reinigen von Zündkerzen, genau nach den Angaben in der Betriebsanleitung aus.

Auch beim Überwintern von **Pumpen**, etwa für den Teich, sollte man die Hinweise in der Bedienungsanleitung genau beachten. Die meisten werden am besten trocken und frostfrei untergebracht. Unterwasserpumpen dagegen sollen in der Regel in einen wassergefüllten Eimer gestellt werden, dies freilich ebenfalls nicht bei Minustemperaturen.

Bringen Sie auch alle **Gießgeräte** über Winter frostfrei unter. Entleeren Sie diese vorher gründlich. Vor allem bei teuren, hochwertigen Schläuchen ist es ärgerlich, wenn gefrorenes Wasser im Schlauchinneren Schäden verursacht, die bis hin zum Aufplatzen reichen können. Brausen und andere Gieß- oder Sprühaufsätze werden vorm Einwintern am besten von Schmutzresten und Kalkablagerungen gesäubert. Meist geht das recht gut mit lauwarmem Essigwasser (Vorsicht, nicht erhitzen, sonst drohen ätzende Dämpfe!). Auch **Pflanzenschutzspritzen** entleert man nach mehrmaligem Durchspülen mit klarem Wasser komplett und bewahrt sie frostfrei auf.

Gründliches Säubern hilft nicht zuletzt, Krankheiten vorzubeugen.

Auch Messerklingen sollten sorgfältig gereinigt werden.

2

Pflanzenauswahl und -kauf

Die Pflanzenliebe auf den ersten Blick kann einen überall erwischen: im Gartencenter, im Baumarkt, ja sogar im Supermarkt. Spontankäufe gehören zu den kleinen Freuden des Gärtnerlebens. Doch manchmal entpuppen sie sich auch als kleine „Sünden“.

Selbst umsichtigen und erfahrenen Hobbygärtnern passiert es gelegentlich, dass sie freudig eine neu erworbene Pflanzenschönheit mit nach Hause bringen – und dann feststellen, dass sie nirgendwo so recht hinpasst. Das kann optische Gründe haben oder auch daran liegen, dass der vorgesehene Pflanzplatz enger ist, als man ihn in Erinnerung hatte. Noch fataler wirkt es sich aus, wenn die Standortverhältnisse zu stark von den Ansprüchen der favorisierten neuen Gartenbewohnerin abweichen. Dann kümmert sie von Anfang an und geht vielleicht nach einiger Zeit ganz ein.

Solche „Horrorszenarien“ sollen natürlich nicht von gelegentlichen Pflanzenkäufen nach Lust und Laune abschrecken. Denn ebenso gut kann es sein, dass sich die neue Pflanze gut macht und dann geradezu zum Herzstück des Gartens wird. Doch die komplette Bepflanzung baut man besser nicht nach dem Zufallsprinzip auf. Vor allem Gehölze sollten Sie möglichst sorgfältig aussuchen, zumal die Pflanzware oft nicht gerade billig ist. Und im anderen Fall taugt ein „Schnäppchenpreis“ keinesfalls als alleiniger Grund für den Kauf eines Baums oder Strauchs. Gehölze sind eine langfristige Investition. Die Folgen einer ungeeigneten Auswahl zeigen sich oft erst nach Jahren so richtig: Dann stockt der Wuchs, und Blüten- oder Fruchtbesatz bleiben spärlich. Oder das Gehölz hat zu wenig Platz, sich zu entfalten, bedrängt die Pflanzennachbarn und wirft zu viel Schatten. Ein Umpflanzen erfordert dann oft übermäßigen Aufwand, manchmal bleibt nur noch das Roden des einst so hoffnungsvoll gepflanzten Baums.

Die meisten STAUDEN (S. 562) dagegen lassen sich auch nach Jahren noch recht leicht umsetzen. Da es allerdings einige Zeit dauert, bis ein Staudenbeet seine volle Wirkung entfaltet, können Austauschaktionen im großen Stil das Gesamtbild längerfristig beeinträchtigen. Am unproblematischsten sind da kurzlebige SOMMERBLUMEN (S. 560): Eine nicht ganz so gelungene Pflanzung gerät spätestens mit den Herbstfrösten in Vergessenheit, und im nächsten Jahr hat man aus eventuellen Fehlern gelernt. Auch bei Gemüsen und Kräutern, die enttäuschen, beschränkt sich der Ärger meist auf eine Saison. Für Obstbäume und -sträucher dagegen gilt das bereits zu Gehölzen allgemein Gesagte.

In diesem Kapitel:

Pflanzen gezielt auswählen

DAS GRÜNDLICHERE PLANEN und Aussuchen muss keinesfalls der Pflanzenlust abträglich sein. Im Gegenteil: Das nähere Erkunden des gewaltigen Pflanzensortiments macht Spaß, und man stößt dabei immer wieder auf neue Gewächse, die für den eigenen Garten in Frage kommen. Eine breite Ausgangsbasis dafür bietet Ihnen der Porträtteil des vorliegenden Buchs (→ S. 402–529). Das Stöbern in solchen Porträts, in Gartenkatalogen oder -zeitschriften, die häufig auch Neuheiten vorstellen, kann eine vergnügliche Beschäftigung werden – gerade für den Winter, wenn im Garten nichts zu tun ist.

Informationen und Inspirationen

Beim Blättern in Pflanzenkatalogen und -porträts kommt man häufig auch auf neue Pflanz- und Gestaltungsideen. Am besten notieren Sie gleich interessante Pflanzen mitsamt Blütenzeiten und -farben sowie Lichtansprüchen. Wenn Sie eine Neubepflanzung planen, kommen Sie so schnell zu einer brauchbaren Auswahlliste. Reichlich Inspirationen bietet auch eine Erkundungstour in Gärtnereien und Gartencentern.

Wer gern das Internet nutzt, kann dort ebenfalls reichlich Anregungen und Informationen finden. Pflanzenversender und Züchter stellen auf ihren Websites ihr Angebot vor, und Hobbygärtner tauschen in diversen Gartenforen ihre Erfahrungen aus. Doch zum Glück hat man solche Gesprächspartner ja oft auch „leibhaftig" vor Ort: Gartennachbarn, gärtnernde Freunde, Verwandte und Kollegen können oft mit guten Empfehlungen weiterhelfen. Beim näheren Informieren über das Pflanzenangebot sollte man sich unbedingt mit den ▶ BOTANISCHEN NAMEN (S. 537) vertraut machen. Denn damit wissen Sie – anders als bei den oft recht unterschiedlichen deutschen Bezeichnungen – genau, woran Sie sind. Das betrifft gerade auch die jeweilige ▶ ART (S. 533). Wenn Sie z. B. einen Schmetterlingsstrauch (*Buddleja*) kaufen möchten, ist es schon ein Unterschied, ob Sie *Buddleja davidii* oder *Buddleja alternifolia* mit nach Hause bringen. Besonderes Augenmerk gilt auch der ▶ SORTE (S. 561). Solche Züchtungen können in vielen Eigenschaften von der Art bzw. von anderen Sorten abweichen. Das reicht von den Blütenfarben bis hin zu sehr unterschiedlichen Wuchsformen und -größen. Selbst Licht- und Bodenansprüche können je nach Sorte verschieden ausfallen.

So kommen Sie zur passenden Pflanze

Bei der gezielten Pflanzenauswahl geht es meist darum, persönliche Vorlieben mit anderen Erfordernissen in Einklang zu bringen: mit den „Vorlieben" der Pflanzen ebenso wie mit gestalterischen und praktischen Gesichtspunkten. Vieles darüber erfahren Sie bereits im Kapitel „Planen und gestalten" (→ S. 10–113). Und das Kapitel „Pflanzen und pflegen" (→ S. 248–401) bietet detaillierte Hinweise zur Auswahl innerhalb der einzelnen Pflanzengruppen, von der richtigen Rasenmischung über geeignete Zier- und Obstgehölze bis hin zu passenden Kübelpflanzen.

Im Folgenden geht es zusammenfassend und ganz allgemein um die Überlegungen, die mehr oder weniger direkt vorm konkreten Kauf anstehen.

Was gefällt mir?

Natürlich sollte ganz am Anfang die Frage „Was gefällt mir?" oder bei Nutzpflanzen „Was schmeckt mir?" stehen. Da kann es freilich schon einigen Abstimmungsbedarf mit dem Partner oder der Familie geben. Und dies nicht nur, was das Aussehen oder den Geschmack betrifft: Mancher liebt z. B. den betörenden Duft, den ein Geißblatt (*Lonicera*) gegen Abend verströmt – andere dagegen bekommen davon Kopfschmerzen. Wer stark unter einer Pollenallergie leidet, sollte zudem tunlichst auf windbestäubende Gehölze wie Haselnuss oder Birke verzichten. Solche unerwünschten Nebenwirkungen – bis hin etwa zu besonders reichlichem herbstlichen Laubfall – können auch die Nachbarn betreffen, so dass im Zweifelsfall auch hier eine Abstimmung ratsam ist.

Ganz besonders aber müssen Sie nachteilige Pflanzeneigenschaften berücksichtigen,

Beim Einkauf wünscht man sich zuweilen einen Riesengarten – mit Platz für alle Pflanzenschönheiten.

wenn sich Kinder im Garten aufhalten. Hier verbieten sich ausgesprochen giftige Pflanzen von selbst (→ Tabelle S. 596).
Stark mit Dornen oder Stacheln bewehrte Gewächse sollten ebenfalls besser erst gepflanzt werden, wenn die Kinder größer sind. Denken Sie andererseits daran, dass Kinder im Garten gern herumtollen. Besonders zarte und eventuell noch teure Schönheiten sind da oft fehl am Platz.
Ob die Pflanze dann im Garten auch tatsächlich gefällt, ist schließlich auch eine Frage ihres Umfelds und der restlichen Gestaltung. Hierzu sei auf die eingangs genannten Kapitel verwiesen. Berücksichtigen Sie dabei neben Farben und Formen besonders auch Jahreszeitenaspekte: Wenn es etwa in Ihrem Garten im Frühsommer bereits überreichlich blüht, sollte eine neue Pflanze vielleicht eher den Hochsommer- oder Herbstflor verstärken oder den Garten mit Blatt- bzw. Fruchtschmuck bereichern.

Was gedeiht bei mir?

Pflanzenwahl bedeutet stets auch Standortwahl. Genauer formuliert, ergeben sich mehrere Fragen: Ist der vorgesehene Standort für die auserkorene Pflanze geeignet? Falls nicht: Lässt er sich eventuell entsprechend verbessern, oder gibt es einen anderen günstigen Platz?
Die maßgeblichen **Standortfaktoren** bzw. -ansprüche sind dabei stets:

› die Lichtverhältnisse, also die Frage nach sonnigem, halbschattigem oder schattigem Standort (→ S. 130–131);
› die Bodenverhältnisse, etwa ob ein eher leichter oder schwerer oder ein trockener oder feuchter Boden bevorzugt wird (→ S. 160–164);
› die (klein-)klimatischen Verhältnisse, die besonders bei sehr frostgefährdeten sowie wind- oder hitzeempfindlichen Pflanzen zu berücksichtigen sind (→ S. 137–138).

Die Standortwahl ist zugleich eine Frage des zur Verfügung stehenden Platzes. Nur wenn Sie die jeweils nötigen Pflanzabstände bzw. bei Gehölzen die spätere Höhe und Breite berücksichtigen, wird sich der „Neuzugang" ebenso wie seine Nachbarschaft auf Dauer gut entwickeln können. Bei Bäumen und hohen Sträuchern müssen Sie dabei auch an den zunehmenden Schattenwurf denken. Manche Bäume wie Birke oder Fichte machen außerdem durch ihr ausgedehntes flaches Wurzelwerk direkten Nachbarpflanzen das Leben schwer. Unter den Gehölzen wie Stauden gibt es außerdem Arten, die sehr üppig wachsen oder sich durch ◐ AUSLÄUFER (S. 534) ausbreiten und schwachwüchsige Partner bedrängen können.
Bei manchen Obstarten wie Apfel, Birne, Süßkirsche oder Kiwi müssen Sie außerdem beachten, dass oft ein zweites Exemplar für die ◐ BEFRUCHTUNG (S. 535) nötig ist – ebenfalls eine Platzfrage.
Findet man für die Pflanze einen möglichst optimalen Platz, hat das meist den angenehmen Nebeneffekt, dass der Pflegeaufwand recht gering bleibt. Dennoch sind die Ansprüche an das Gießen und Düngen je nach Art sehr unterschiedlich; auch Maßnahmen wie häufiges Ausputzen welker Blüten oder regelmäßiger Schnitt können erforderlich werden. Der nötige Zeitaufwand, um die Pflanze gesund, wüchsig und ansehnlich zu halten, ist deshalb ebenfalls ein nicht ganz unwichtiges Auswahlkriterium. Besondere Beachtung verdient auch die Krankheits- und Schädlingsanfälligkeit.

Containerpflanzen können fast das ganze Jahr über gesetzt werden.

Checkliste

Pflanzen im Eignungstest

- ✔ Gefällt mir die Pflanze? So z. B. ihre Blütenfarbe und Wuchsform?
- ✔ Soll sie besondere Eigenschaften wie etwa Duft aufweisen? Oder ist ihr Geruch eventuell zu aufdringlich?
- ✔ Wenn kleine Kinder im Haus sind: Ist die Pflanze giftig, oder hat sie gefährliche Stacheln bzw. Dornen?
- ✔ Bei Gemüse, Kräutern, Obst: Entspricht das meinem Geschmack? Lässt sich die Ernte gut verwerten und kommt sie zum richtigen Zeitpunkt?
- ✔ Passt die Pflanze zur sonstigen Gestaltung?
- ✔ Wie viel Platz beansprucht sie?
- ✔ Wie hoch und breit wird sie im ausgewachsenen Zustand (besonders bei Gehölzen wichtig)?
- ✔ Verträgt sie sich mit den vorgesehenen Pflanzennachbarn, oder neigt sie z. B. zum Wuchern?
- ✔ Ist die Pflanze für das regionale Klima geeignet oder z. B. besonders kälte-, regen- oder trockenheitsempfindlich?
- ✔ Wird ein wind- oder kältegeschützter Platz nötig?
- ✔ Wie viel Licht braucht die Pflanze?
- ✔ Welche Bodenansprüche hat sie?
- ✔ Wie viel Pflege erfordert sie? Sind spezielle Maßnahmen nötig, z. B. ein Schnitt, der Fachkenntnisse erfordert?
- ✔ Zeigt sie besondere Anfälligkeiten für bestimmte Pflanzenkrankheiten und Schädlinge?

Pflanzen einkaufen

MIT DEM PFLANZENKAUF selbst verhält es sich ähnlich wie mit der Auswahl: Spontan und auf die Schnelle – das geht oft gut, hat manchmal aber auch sehr ärgerliche Folgen. Und ebenso wie bei der Wahl der Pflanze ist beim Einkaufen besondere Sorgfalt und Umsicht ratsam, wenn es um Gehölze geht. Bedenken Sie beim Kauf stets, dass hinter einer gesunden Jungpflanze reichlich Arbeit und Aufwand stecken – Qualitätsware hat ihren Preis.

Kauforte und Bezugsquellen

Gärtnereien und Baumschulen bzw. **Gartenfachgeschäfte** sind die „klassischen" Einkaufsorte für grüne Ware. Hier können Sie in der Regel mit verlässlicher Qualitätsware sowie guter Fachberatung rechnen. Dachverbände wie der Bund deutscher Baumschulen (BdB) oder der Bund deutscher Staudengärtnereien – die es entsprechend auch in Österreich und in der Schweiz gibt – stellen sehr detaillierte Qualitätsanforderungen an die Mitgliedsbetriebe. Demgemäß werden verschiedene Gütezeichen vergeben, etwa das „Qualitätszeichen Stauden". Das Gütezeichen „Deutsche Markenbaumschule" kennzeichnet Betriebe, die sich regelmäßig einer gründlichen Kontrolle, auch durch unabhängige Sachverständige, unterziehen. Service wird im Fachhandel oft groß geschrieben, von Nach-Haus-bring-Diensten über BODENUNTERSUCHUNGEN (S. 537) bis hin zu ganzen Beet- oder Gartenplanungen.

Zu den **traditionellen Kauforten,** besonders für Gemüse- und Sommerblumenjungpflanzen, zählen außerdem Blumenläden, Wochenmärkte und teils der Landhandel. Hier kann es zwar gewisse Unterschiede geben, doch zumeist stammen die Pflanzen aus einer guten gärtnerischen Produktion.

Die teils riesigen **Gartencenter** bieten den Vorteil eines sehr breiten Angebots und sind häufig auch recht preiswert. Die Qualität kann je nach Gartencenter variieren, ist jedoch meist zufriedenstellend bis gut. Auch besondere Serviceleistungen werden zunehmend angeboten. Geschäfte mit anerkannt hoher Qualität und Kompetenz führen das Qualitätszeichen „Fach-Garten-Center". In vielen Gartencentern steht geschultes Fachpersonal zur Verfügung. Nur muss man es leider des Öfteren eine Weile suchen, da die Personalausstattung gerade in großen Märkten nicht besonders üppig ist.

Auch die Gartenabteilungen mancher **Baumärkte** haben sich inzwischen ähnlich wie Gartencenter entwickelt, die Pflege und Beratung durch gärtnerische Fachkräfte inbegriffen. Doch im Allgemeinen sollte man hier die Pflanzware schon recht genau prüfen. Das gilt erst recht für das Angebot in **Supermärkten.** Auch von hier kann man gute, wüchsige Pflanzen mit nach Hause nehmen. Fachgerechte Pflege am Verkaufsort ist jedoch keinesfalls Standard, und häufig sind dort auch die Klimabedingungen für die Pflanzen recht ungünstig.

Die Qualität der Pflanzen im gärtnerischen **Versandhandel** ist im Allgemeinen recht gut, kann aber freilich erst nach dem Kauf überprüft werden. Die Versender bieten jedoch teils recht weitreichende Garantien oder zeigen sich häufig sehr kulant, wenn etwas nicht den Erwartungen entspricht. Per Versand kann man zudem so manche Art und Sorte beziehen, die man sonst in Gartencentern oder Gärtnereien kaum bekommt. Hier gibt es auch eine ganze Reihe von Spezialversendern, angefangen von bekannten Rosenschulen bis hin zu Wildstauden- oder Duftpflanzengärtnereien.

Zuweilen bieten Fach- wie Versandhändler sowie Gartencenter eine **Anwachsgarantie** für ihre Pflanzen. Allerdings beinhaltet diese oft zahlreiche Einschränkungen – verständlicherweise, da die Lieferanten weder Einfluss auf die Pflanzung noch auf Pflege, Standortbedingungen und Witterung haben.

1

2

3

1 Nehmen Sie über Versand bezogene Pflanzen umgehend aus der Verpackung.

2 Zwiebeln und Knollen sollten fest und „saftig" sein, ohne jegliche Faulstellen.

3 Gehölze mit Ballen wachsen gut an, werden aber nur im Herbst oder Frühjahr gepflanzt.

Pflanzware und Kauftermine

Das Pflanzgut bzw. die Jungpflanzen werden in verschiedenen Formen angeboten. Vor allem bei Gehölzen – bei Zier- und Obstgehölzen wie bei Rosen – gibt es deutliche Unterschiede bei der Pflanzware, die zu beachten sind:

- Containerpflanzen: werden in großen Kunststoffgefäßen (Containern) angezogen und verkauft. Sie haben einen kompakten, gut durchwurzelten Ballen und können (außer bei Frost) ganzjährig gepflanzt werden, auch blühend.

Gemüse- und Blumenpflanzen werden öfter in Jiffypots angeboten, die nach dem Setzen im Boden verrotten.

Wenn man nicht gleich zum Pflanzen kommt, schlägt man wurzelnackte Gehölze am besten in Erde ein.

› Ballenpflanzen: werden vor dem Verkauf mit Wurzelballen ausgegraben, den dann ein Tuch oder Netz zusammenhält. Man kann sie nur im Herbst oder Frühjahr pflanzen.

› Ballenlose bzw. wurzelnackte Pflanzen: preiswerte Pflanzware ohne Erdballen; vor allem bei Heckengehölzen und Rosen angeboten. Auch sie eignen sich nur für die Pflanzung im Herbst oder Frühjahr und müssen besonders schnell in die Erde kommen.

Stauden werden meist als Containerpflanzen angeboten und lassen sich deshalb im Prinzip jederzeit pflanzen, Frostperioden wiederum ausgenommen. Das gilt auch für mehrjährige Kräuter, sofern sie im Topf angezogen wurden.

Kurzlebige Sommerblumen, Gemüse und einjährige Kräuter sind ebenfalls meist getopft. Sie haben je nach Art ganz bestimmte Pflanzzeiten (meist zwischen März und Mai) und werden entsprechend als Saisonware angeboten. Gemüsejungpflanzen erhält man häufiger auch in Erdpresstöpfen ohne Umhüllung.

Auch Zwiebel- und Knollenpflanzen sind saisonal im Angebot, und zwar überwiegend ab Spätsommer bzw. Frühherbst, da es sich bei den meisten um Frühjahrsblüher handelt. Sie werden vorwiegend als Zwiebeln und Knollen gehandelt. Teils erhält man sie aber auch ab dem Spätwinter als vorgezogene Jungpflanzen im Topf.

Detaillierte Hinweise zur Pflanzware, zu den Kauf- bzw. Pflanzterminen und vor allem auch zu den Qualitätskriterien bei der jeweiligen Pflanzengruppe finden Sie im Kapitel „Pflanzen und pflegen" (→ S. 248–401).

Achten Sie generell darauf, dass die Pflanzen am Verkaufsort einen gut gepflegten Eindruck machen. Container- und andere beblättert verkaufte Pflanzen sollten einen harmonischen Wuchs und gesundes Grün zeigen, ohne irgendwelche Anzeichen von Krankheits- oder Schädlingsbefall. Überprüfen Sie auch die Blattunterseiten. Der Erdballen ist idealerweise gut durchwurzelt, die Wurzeln dürfen jedoch nicht bereits aus dem Gefäß hervorquellen.

Das Einkaufstiming

Denken Sie beim Bezug über den Versandhandel daran, Ihre Bestellung frühzeitig abzuschicken bzw. durchzugeben, und beachten Sie die jeweiligen Lieferbedingungen und -fristen. Besonders bei Rosen empfiehlt sich häufig eine Vorbestellung ab Spätsommer/Herbst, ebenso bei Heckenpflanzen, wenn große Stückzahlen benötigt werden. Versandpflanzen sollten natürlich gleich nach Erhalt ausgepackt, geprüft und mit Wasser versorgt werden.

Besorgen Sie die Pflanzen jedoch nicht zu früh. Die meisten Sommerblumen und wärmeliebende Gemüse wie z. B. Tomaten sollten erst ab Mitte Mai ausgepflanzt werden. Bei vorzeitigem Kauf brauchen sie einen relativ kühlen, aber frostfreien und hellen Platz zur Unterbringung. Das Beet bzw. die Pflanzstelle sollte bereits gut vorbereitet sein, wenn Sie sich auf den Weg in die Gärtnerei machen. Dies geschieht am besten, wenn der Wetterbericht relativ milde, aber weder zu heiße noch dauernasse Witterung verheißt. Denn dann können die Pflanzen gleich bzw. in den nächsten Tagen eingesetzt werden.

Falls das Wetter oder etwas anderes einen Strich durch die Rechnung macht, können Sie Pflanzen mit Erdballen – ob Gehölze oder Sommerblumen – zunächst provisorisch an einer geeigneten Stelle einsetzen und danach gut angießen, sofern kein Frost herrscht. Anderenfalls werden sie kühl und hell, mit stets feucht gehaltenem Ballen, untergebracht. Wurzelnackte Gehölze stellt man in einen wassergefüllten Eimer, was vor dem Pflanzen ohnehin ratsam ist (→ S. 279). Dauert es allerdings bis zur Pflanzung etwas länger, dann werden sie besser im Garten eingeschlagen. Dazu hebt man einen Graben aus und legt sie nach gründlichem Wässern schräg hinein, so dass die Wurzeln und ein größerer Teil des Sprosses unter die Erde kommen. Dann wird der Graben aufgefüllt, die Erde leicht angedrückt und gegossen.

!

wir empfehlen

Vorsicht bei Frühentwicklern

Vor allem bei Stauden, Sommerblumen und vorgezogenen Zwiebelpflanzen ist Vorsicht geboten, wenn die Pflanzen im Frühjahr zeitig angeboten werden, bereits gut entwickelt sind und schon lange vor dem üblichen Termin blühen. Sie wurden dann meist im warmen Gewächshaus vorgetrieben und sind für das Auspflanzen bei kühlen Temperaturen wenig gewappnet. Wenn man das Risiko eingehen möchte, empfiehlt sich zumindest ein vorheriges
➜ ABHÄRTEN (S. 532).

Saatgutkauf und -aufbewahrung

WO ES JUNGPFLANZEN gibt (→ S. 153), kann man meist auch Samen kaufen. Achten Sie dabei ein wenig auf die Platzierung der Verkaufsständer: Wenn diese hinter einer Fensterscheibe in praller Sonne stehen oder in einer feuchten Ecke, ist das keine gute Visitenkarte.

Obwohl auch billiges Saatgut kaum zu größeren Ausfällen führt, lohnt sich oft die Mehrausgabe für Qualitätssaatgut namhafter Zuchtbetriebe. Besonders hochwertig, aber auch entsprechend teuer, sind ▶ F1-HYBRIDEN (S. 541), die bei Gemüse und Sommerblumen häufig angeboten werden.

Sehen Sie in jedem Fall darauf, dass die **Samentüten** unbeschädigt sind. Je mehr und detaillierte Infos die aufgedruckte Beschriftung zu den Pflanzeneigenschaften, Standortansprüchen, zur Anzucht bzw. Aussaat und zur Pflege bietet, desto besser. Ein besonderes Plus ist aber der deutliche Aufdruck eines Haltbarkeits- oder Abfülldatums. Leider wird das Abfülljahr häufig nur mit Großbuchstaben kodiert. Im Fachhandel finden Sie aber oft Erläuterungen dazu am Verkaufsständer.

Saatgutqualitäten und -formen

Es gibt eine Reihe verschiedener, genau definierter Qualitäten.

› Normalsaatgut ist frei von Verunreinigungen und erfüllt bestimmte Mindestanforderungen.

› Standardsaatgut, wie es bei Gemüse üblich ist, muss sortenrein sein und wird auf spezielle Qualitäten hin kontrolliert.

› Zertifiziertes Saatgut muss hohen Qualitätsstandards genügen; schon seine Erzeugung wird behördlich geprüft.

› Bio-Saatgut wird in kontrolliert ökologischen Betrieben ganz ohne Chemieeinsatz erzeugt.

Neben den einfach im „Naturzustand" abgefüllten Samen gibt es besondere Aufbereitungen, die die genaue und gleichmäßige Verteilung des Saatguts erleichtern:

› Kalibriertes oder Präzisionssaatgut wurde abgesiebt; die Samen haben eine einheitliche Größe und keimen sehr gleichmäßig.

› Pilliertes bzw. Pillensaatgut ist mit einer später verrottenden Hüllmasse umgeben.

› Granuliertes Saatgut: Hier sind sehr feine Samen zu mehreren in längliches Granulat eingegossen.

› Saatband: Die Samen werden bereits im nötigen Endabstand zwischen zwei Spezialpapierstreifen eingeschlossen. Das erspart späteres ▶ AUSDÜNNEN (S. 534). Ähnlich sind sogenannte Saatteppiche für flächige Aussaat oder Saatplatten für Töpfe. Solche Saatgutformen findet man in erster Linie bei Gemüse und Kräutern.

Daneben gibt es Samen, die auf spezielle Weise „präpariert" sind: Gebeiztes Saatgut wurde mit Pflanzenschutzmitteln gegen ▶ AUFLAUFKRANKHEITEN (S. 534) und teils auch Bodenschädlinge behandelt; inkrustiertes Saatgut weist eine dünne Umhüllung auf, in die Nährstoffe und/oder Pflanzenschutzmittel eingeschlossen sind.

Saatgut richtig aufbewahren

Wie lange Samen ihre Keimfähigkeit behalten, hängt stark von der jeweiligen Art ab. Viele bleiben etwa 2 bis 3 Jahre gut keimfähig, Ringelblumen- oder Gurkensamen dagegen bis zu 6 Jahre und mehr. Dies gilt aber nur bei sachgerechter Lagerung: Trocken und kühl (bei etwa 5° C) sollte der Aufbewahrungsort sein. Angebrochene Samentüten müssen wieder gut verschlossen werden; am besten bewahrt man sie in verschließbaren Dosen oder Gläsern mit Schraubdeckel auf.

Wenn Sie bei älteren Samen unsicher sind, ob die Aussaat noch lohnt, empfiehlt sich ein **Keimtest.** Dazu brauchen Sie nur einen Teller oder eine flache Schale und saugfähiges Papier, z. B. Küchenpapier, das darüber ausgelegt und mit einem Zerstäuber gründlich angefeuchtet wird. Nun verteilen Sie darauf etwa 20 „Probesamen". Darüber kommt – außer bei ▶ LICHTKEIMERN (S. 552) – nochmals eine Lage Küchenpapier, dann wird wieder angefeuchtet und schließlich eine Folie darüber ausgebreitet. Nun stellen Sie die Samen an einen warmen Platz, je nach nötiger Keimtemperatur (meist um 18° C).

Die meisten Samen keimen nach 1 bis 3 Wochen. Wenn dann mehr als 75 % aufgegangen sind, kann man das Saatgut noch ohne weiteres verwenden. Geht nur die Hälfte auf, ist es gerade noch brauchbar, sofern man dichter sät. Alles, was noch schlechter keimt, sollten Sie nicht mehr verwenden.

Keimtest: Eine abgezählte Samenmenge (ca. 20, bei feinerem Saatgut auch mehr) wird auf Vliespapier verteilt.

Auf dem stets feucht gehaltenen Papier zeigt sich bald, ob noch ein genügend großer Anteil keimfähig ist.

2

Richtig pflanzen

Die meisten gesunden, halbwegs mit Wasser versorgten Pflanzen wachsen zunächst einmal an – fast gleich, wo und wie man sie in den Boden steckt. Doch eine sorgfältigere Pflanzung lohnt sich stets.

Gründliches Vorbereiten, pflanzengerechtes Einsetzen sowie eine geeignete Grundversorgung entscheiden wesentlich darüber, wie sich die Pflanze in den ersten Wochen nach der Pflanzung entwickelt. Das Ganze bedeutet für sie ja schon einigen Stress. Teile ihrer für die Wasser- und Nährstoffaufnahme so wichtigen Feinwurzeln werden beim Umsetzen zwangsläufig beschädigt. Sie muss möglichst bald neues Wurzelwerk ausbilden, um sich zuverlässig im Boden zu verankern. Wenn die Gewächse nicht – wie manche Gehölze oder Zwiebelblumen – im Ruhezustand gepflanzt werden, brauchen ihre oberirdischen Organe zudem so bald wie möglich Nachschub von unten, vor allem die Blätter, die fortlaufend Wasser verdunsten.
Außerdem müssen geschützt vorgezogene Pflanzen nun mit dem rauen Leben draußen zurechtkommen. Ein ▶ ABHÄRTEN (S. 532) ist deshalb oft empfehlenswert. Dies nicht nur, um die Jungpflanzen an die Wetterelemente zu gewöhnen: Selbst sonnenliebende Gewächse brauchen einige Zeit, bis sie die intensive UV-Strahlung der Sonne unbeschadet verkraften. In der kritischen Zeit zwischen Anwachsen und Ausreifen des zunächst zarten Neuaustriebs sind die Pflanzen zudem besonders wehrlos gegen Frost, Krankheiten und Schädlinge. Richtiges Pflanzen mit entsprechender Nachsorge zielt darauf ab, die heikle Phase nach dem Einsetzen möglichst sicher zu gestalten und rasch zu überbrücken.

Guter Start mit Langzeitvorteilen

Eine überlegte und gut vorbereitete Pflanzung sorgt nicht nur für eine zügige Anfangsentwicklung. Sie kann sich auch auf das weitere Leben der Pflanzen günstig auswirken, bei langlebigen Gewächsen wie Gehölzen und ▶ STAUDEN (S. 562) über viele Jahre hinweg. Vor allem eine gründliche Bodenvorbereitung und eventuell -verbesserung trägt langfristig Früchte. Dasselbe gilt natürlich auch für eine sorgfältige Standortwahl, die am besten bereits beim Aussuchen der Pflanzen bedacht wird (→ S. 152).
Ganz entscheidend lenken Sie die spätere Entwicklung zudem, indem Sie jeder Pflanze genug Platz dafür gönnen. Dafür sorgen Sie durch Einhalten der jeweils nötigen Pflanzabstände, die Sie ebenso wie die Pflanzzeitpunkte dem Porträtteil (→ S. 402–529) entnehmen können. Bei Gehölzen ist stattdessen die durchschnittliche Breite im ausgewachsenen Zustand angegeben. Erkundigen Sie sich auch beim Kauf danach, denn bestimmte Formen und ▶ SORTEN (S. 561) können deutlich von den Durchschnittswerten abweichen.

In diesem Kapitel:

Die Pflanzpraxis

JE NACH PFLANZENGRUPPE und Art gilt es, rund um das Pflanzen so manche Besonderheit zu beachten. Details dazu, etwa zum Einsetzen von Sträuchern oder Heckenpflanzen, Zwiebelblumen, Wasserpflanzen oder Gemüse, sind im Kapitel „Pflanzen und pflegen" (→ S. 248–401) für die jeweilige Pflanzengruppe beschrieben. Dort sowie in den Pflanzenporträts (→ S. 402–529) finden Sie auch Angaben zu den Pflanzterminen, die sich hauptsächlich auf Frühjahr und Herbst konzentrieren.

Vor dem Pflanzen

Die wichtigste Startbedingung ist in den meisten Fällen ein tiefgründig gelockerter Boden. Die übliche **Bodenvorbereitung** für Beete besteht zunächst in einer tiefen Lockerung, mit der Grabegabel oder durch Umgraben mit dem Spaten (→ S. 167–168). Dabei kann, wenn nötig, auch eine Bodenverbesserung erfolgen (→ ab S. 171–172). Solche Arbeiten werden mit einigem zeitlichen Abstand vor der Pflanzung durchgeführt; bei Frühjahrspflanzung im Herbst zuvor, zu anderen Pflanzterminen wenigstens 1 bis 2 Monate vorher.

Auch die eigentliche **Pflanzbeetvorbereitung,** nämlich das flachere Lockern und das Einebnen der Oberfläche (→ S. 169) nimmt man am besten ein paar Tage vor der Pflanzung vor. Denn der Boden sollte sich vor dem Pflanzen gut abgesetzt haben, damit die Wurzeln festen Halt bekommen. Beseitigen Sie bei allen Arbeitsschritten sorgfältig Unkräuter und deren Wurzeln. Kurz vor dem Pflanzen kann oberflächlich noch reifer Kompost eingearbeitet werden, sofern es sich nicht um Gewächse handelt, die magere Böden lieben. Unausgereiften Kompost oder gar frischen Mist, der noch ausgesprochen „reaktiv" ist, sollten Sie jedoch keinesfalls unmittelbar vor dem Pflanzen ausbringen.

Werden nur einzelne, größere Pflanzen gesetzt, kann es nichts, schaden, die gesamte freie Bodenfläche ebenfalls einer gründlichen Bodenbearbeitung zu unterziehen. Kurz vor dem Einsetzen konzentriert sich die Vorbereitung jedoch auf die **Pflanzgrube.** Sie sollte nicht nur so groß sein, dass Wurzeln bzw. Wurzelballen bequem hineinpassen, sondern besser noch etwa 10 cm breiter und tiefer ausgehoben werden. Dann werden Grubensohle und, wenn nötig, auch die Wandungen mit Grabegabel oder Handgrubber gelockert. Bei recht dichtem, schwerem Boden kann es sinnvoll sein, noch deutlich tiefer zu graben und unten nach gründlichem Lockern eine Dränageschicht aus Sand oder mit Kies vermischter Erde einzubringen.

Der **Aushub** wird in diesem Fall ebenfalls mit etwas Sand vermengt. Ansonsten können Sie der ausgehobenen Erde je nach Nährstoffbedarf der Pflanze etwas ➲ LANGZEITDÜNGER (S. 551) untermischen, außerdem bis zu ein Drittel gut ausgereiften Kompost. Verwenden Sie jedoch später zum Auffüllen nicht ausschließlich Kompost: Das kann dazu führen, dass die Wurzeln hauptsächlich im nahrhaften Humusbereich verbleiben und wenig Neigung zeigen, in den angrenzenden Boden hineinzuwachsen.

Mit einer **Wurzelsperre,** die die Wandungen der Pflanzgrube umgibt, lässt sich bei Pflanzen mit stark wuchernden ➲ RHIZOMEN (S. 557) und ➲ AUSLÄUFERN (S. 534), z. B. vielen Bambusarten, die Ausbreitung eindämmen. Der Fachhandel bietet dafür wurzelfeste, nicht verrottende Folien an. Alternativ lassen sich Betonringe verwenden oder für kleinere Pflanzen große, stabile Eimer, bei denen man den Boden herausschneidet.

Pflanzen passend anordnen und verteilen

Ehe es an die Bepflanzung geht, sollte man sich über die gewünschte Anordnung im Klaren sein. Schon die Platzierung einer **Solitärpflanze,** d. h. eines einzelnen Baums und Strauchs oder einer dekorativen Großstaude, will gut überlegt sein.

› Sollen mehrere Gewächse einer Art gesetzt werden, ist zunächst einmal das Pflanzen **in Reihen** eine praktische Lösung. Man kann die Pflanzen einfach entlang einer aufgespannten Schnur setzen, ein Zollstock hilft beim Einhalten der Abstände, die Pflege zwischen den Reihen und Pflanzen ist dann später besonders einfach. Die Reihenpflanzung gehört zu den bevorzugten Methoden im Gemüsebeet sowie bei Heckenpflanzen. Zwei

Auch bei „frei" angeordneter Bepflanzung ist es wichtig, auf die nötigen Abstände zu achten.

nebeneinander liegende Reihen können auch versetzt bepflanzt werden, d. h. so, dass eine Pflanze jeweils „auf Lücke“ zwischen zwei Pflanzen der Nachbarreihe zu stehen kommt.

› Dehnt man letzteres Prinzip auf mehrere Reihen aus, kommt man zur **Verbandpflanzung:** Drei benachbarte Pflanzen stehen dann, von oben betrachtet, in einem Dreiecksverband zusammen, wie es die Abbildung unten zeigt. Dadurch können Sie die Reihen etwas enger aneinander rücken und die nötigen Pflanzabstände trotzdem einhalten. So lassen sich z. B. auf dem Gemüsebeet schon einige Pflanzen mehr unterbringen.

› Auch Grüppchen gleichartiger Stauden oder Sommerblumen kann man auf kleinen, sich in der Bepflanzung abwechselnden Flächen in kurzen Reihen nebeneinander setzen. Ansonsten pflanzt man Zierpflanzen und teils auch Kräuter in eher **lockerer Anordnung,** die ein ungezwungenes Bild ergibt. Besonders bei Stauden und Sommerblumen bildet man dabei häufig Gruppen aus Leit-, Begleit- und Füllpflanzen (→ S. 101–103, S. 311–312, S. 343). Ein verbreitetes Prinzip der Anordnung ist außerdem die Höhenstaffelung, die auf verschiedene Weise variiert werden kann (→ S. 100, S. 309).

› Vor allem kleine und niedrig wachsende Pflanzen setzt man meist in **Tuffs,** d. h. in geschlossenen Gruppen, damit ihre Blütenfarben gut wirken. Dabei werden ungerade Zahlen bevorzugt, also etwa Dreier-, Fünfer- oder Siebenergruppen.

› Auch als Solitäre eingesetzte Pflanzen vertragen durchaus Gesellschaft in Form einer **Unterpflanzung.** Hierfür kommen besonders niedrige Stauden, Sommerblumen oder Zwiebel- und Knollenblumen, ebenfalls in Tuffs gesetzt, in Frage.

Ein gut durchdachter **Pflanzplan** ist sehr empfehlenswert (→ S. 104–107, S. 308–312) – übrigens auch für Gemüse, das in Mischkultur angebaut wird (→ S. 380). Wenn Sie bei einem Blumen- oder Strauchbeet dann ans Einpflanzen gehen, verteilen Sie am besten die Gewächse zunächst in ihren Töpfen gemäß Pflanzplan auf der Fläche. So lassen sich noch bei Bedarf Platzierungen korrigieren. Mit Hilfe eines kleinen Bretts können Sie die Fläche betreten, ohne allzu tiefe Fußstapfen zu hinterlassen oder auch recht gut im Knien arbeiten.

Das Einpflanzen

Wählen Sie zum Pflanzen möglichst einen Tag mit bedecktem Himmel. Frostperioden scheiden ganz aus; auch bei völlig vernässtem Boden sollte man nicht pflanzen. ◐ CONTAINERPFLANZEN (S. 538) können notfalls auch an heißen, sonnigen Tagen gesetzt werden, doch sollte man das nach Möglichkeit vermeiden.

Nehmen Sie die Pflanzen vorsichtig aus ihren Töpfen. Manchmal genügt schon – bei umgedrehtem, schräg gehaltenem Topf – ein leichtes Klopfen auf den Topfboden und behutsames Herausziehen der Pflanze (dabei möglichst weit unten am Wurzelhals anfassen). Eventuell brauchen Sie aber ein scharfes Messer, um die Wurzeln

Heckenpflanzung

Vor-, Unterpflanzung

lockere Anordnung

Reihenpflanzung

Verbandpflanzung

Pflanzung in Tuffs

von der Topfwand zu lösen oder gar das Gefäß aufzuschneiden. Achten Sie stets darauf, möglichst wenig Wurzeln zu beschädigen. Nur einzelne überlange Wurzeln werden eingekürzt, deutlich abgestorbene entfernt. Feuchten Sie trockene Wurzelballen gleich gründlich an. Wurzelnackte Gehölze erhalten eine Sonderbehandlung (→ S. 279). Verrottende Töpfe zum Mitpflanzen (Jiffy- oder Paperpots) können Sie an einigen Stellen etwas einreißen; vor allem bei Töpfen aus kräftiger Pappe ist das ratsam. Ballentücher werden erst nach dem Einsetzen gelöst.
Pflanzschaufel oder Pflanzholz (→ S. 144) verhelfen zu passenden Pflanzlöchern für Gemüse, Stauden usw. Bei Trockenheit wässert man vor dem Einsetzen die Pflanzgruben bzw. -löcher gründlich. Die Pflanzen kommen üblicherweise so tief in den Boden, wie sie vorher im Topf bzw. in der Gärtnerei standen. Ausnahmen entnehmen Sie bitte den Hinweisen zu den einzelnen Pflanzengruppen im Kapitel „Pflanzen und pflegen" (→ S. 248–401).
Nach dem Setzen wird die Erde bis zum Bodenniveau aufgefüllt und dann etwas angedrückt, bei größeren Pflanzen auch festgetreten. Nun gießen Sie gründlich an, vorzugsweise ohne Brauseaufsatz und direkt in den Wurzelbereich.

Nach der Pflanzung

In den Tagen und Wochen nach dem Pflanzen sollte der Wurzelbereich stets feucht, aber nicht dauernass gehalten werden.
Bei Herbstpflanzungen ist oft ein Winterschutz des Wurzelbereichs ratsam (→ S. 211–212). Ansonsten hilft eine Mulchschicht (→ S. 170), den Boden feucht und locker zu halten. Doch Vorsicht vor allem in feuchten Perioden: Dann ist Mulch eher ungünstig, weil er Schnecken fördert. Für die meisten Jungpflanzen (kräftige Gehölze ausgenommen) sind außerdem Rindenmulch und sehr unreifer Kompost ungeeignet, weil sie das Wachstum beeinträchtigen können. Doch auch pflanzenfreundlichere Materialien wie Rindenhumus oder Rasenschnitt sollten nicht ganz bis an die Stängel herangezogen werden.
Halten Sie von Anfang an Unkräuter unter Kontrolle; sie können zarte Setzlinge schnell überwuchern.

PFLANZUNG AM BEISPIEL GEMÜSE

› MATERIAL:

Gemüsejungpflanzen
eventuell reifer Kompost
Zollstock oder Bandmaß
Gießkanne oder Schlauch
eventuell Stecketiketten zum Markieren von Sorten

› WERKZEUG, ZUBEHÖR:

Pflanzschaufel oder Pflanzholz
Setzschnur an Pflöcken

› ZEITBEDARF:

etwa 20 Minuten je m^2

1

Pflanzlöcher herstellen

Für Pflanzen mit schmalem Ballen ist ein Pflanzholz praktisch, ansonsten verwendet man eine Pflanzschaufel – oder einfach die Hände. Die Abstände der Pflanzlöcher überprüfen Sie am besten mit einem Zollstock.

2

Pflanzen einsetzen

In der Regel setzt man die Pflanzen so tief ein, wie sie vorher im Topf standen. Doch Vorsicht bei Salat: Sein „Herz" mit den inneren Blättern darf auf keinen Fall mit Erde bedeckt werden.

3

Erde andrücken

Die Erde wird rund um die eingesetzte Pflanze festgedrückt. Füllen Sie dabei eventuelle Vertiefungen auf: Bei zarten, krautigen Pflanzen sollten keine Mulden verbleiben, in denen sich Wasser sammelt.

4

Gründlich angießen

Zum Schluss werden die Pflanzen gut mit Wasser versorgt, am besten direkt in den Wurzelbereich und mit möglichst geringer Benetzung der Blätter. Beim Salat dürfen Sie keinesfalls ins „Herz" gießen.

2

Boden kennen und pflegen

Ein Gartenboden bedarf guter Pflege. Denn das Pflanzenwachstum hängt wesentlich von seiner Beschaffenheit ab. Und dies von Anfang an: Sein Zustand entscheidet bereits darüber, wie gut Samen keimen oder frisch gesetzte Pflanzen anwachsen.

In diesem Kapitel:

Die „Pflege" eines Bodens mag einem zunächst als merkwürdiger Begriff erscheinen. Doch tatsächlich ist es bewährte gärtnerische Praxis, die obere Erdkrume sehr pfleglich und fürsorglich zu behandeln. Alles Bearbeiten und Verbessern hat zum Ziel, dass der Boden seine Funktionen möglichst optimal und nachhaltig erfüllen kann. Dann spricht man zu Recht von **Bodenfruchtbarkeit** – ein Ausdruck, der alles vereint, was ein guter Boden für das Pflanzenwachstum bewirken kann.

Grundlage des Wachstums

Der Boden verleiht zunächst einmal den Pflanzenwurzeln Halt. Dabei bestimmen die Bodenverhältnisse, ob sich die Wurzeln ideal und arttypisch entwickeln können (→ S. 120) und ausreichend mit Sauerstoff versorgt werden. Weiterhin dient der Boden den Pflanzen als Wasser- und Nährstoffreservoir. Sein Zustand bedingt, ob ausreichend Wasser und Nährstoffe gespeichert werden und wie gut sie für die Pflanzen verfügbar sind. Wie viel das Gießen und das Düngen bringen, ist deshalb stets auch eine Frage des Bodens.

Schließlich kann der Boden nicht nur die Wurzeln, sondern auch die oberirdischen Pflanzenteile vor extremen Temperaturen schützen, indem er z. B. in kalten Nächten Wärme abstrahlt. Überhaupt gehört das Abpuffern von Extremen jeder Art, ob Wasserüberschuss oder Schwankungen des pH-Werts (→ S. 164), ebenfalls zu den wichtigen Aufgaben eines Bodens.

Sein lebender Anteil, die unzähligen Kleintiere und Mikroorganismen, verbessert beständig die physikalischen Bodeneigenschaften, wandelt organische Abfälle in wertvollen Humus um und schließt Nährstoffe für die Wurzeln auf. Ein gesundes, vielfältiges Bodenleben kann außerdem dem Überhandnehmen von Bodenkrankheiten und -schädlingen vorbeugen.

Trotz allem vermögen Pflanzen auch fernab vom Boden in Erden und ▶ SUBSTRATEN (S. 564) zu gedeihen – ja sogar in künstlichen Hydrokultursubstraten oder in Steinwolle. Doch solche Kulturweisen erfordern viel Fingerspitzengefühl bei der Wasserversorgung und Düngung. Das zeigt schon, was einem ein guter Boden alles abnimmt, von der Wärmeregulierung und der quasi kostenlosen Nährstoffnachlieferung einmal ganz abgesehen.

Bodenarten und Bodeneigenschaften

WENN VOM GARTENBODEN die Rede ist, meint man meist nur dessen oberste Schicht: die etwa 30 cm, die sich mit Spaten oder Grabegabel noch gut erreichen lassen.
Dieser Oberboden, auch als Krume bekannt, wurde nicht selten komplett mit zugekauftem „Mutterboden" aufgeschüttet. Viele seit Generationen bearbeitete Gartenböden sind auch bis in Metertiefe und mehr stark durch menschlichen Einfluss geprägt. Doch häufig zeigen Böden durchaus noch deutlich Eigenschaften, die sich auf ihre ursprüngliche Entstehung zurückführen lassen.

Bodentypen – ein Blick in die Tiefe

Gräbt man einen Boden bis in etwa 2 m Tiefe auf und macht dabei einen sauberen senkrechten Schnitt, erhält man ein Bodenprofil (→ Abb. S. 162). Daran lassen sich häufig drei Hauptschichten unterscheiden, die **Bodenhorizonte:**

› A-Horizont: der Ober- oder Mutterboden bzw. die Krume. Diese Schicht ist durch Humus dunkel gefärbt und belebt. Auf manchen Naturböden beträgt sie nur wenige Zentimeter, in guten Gartenböden reicht sie bis 40 cm oder gar tiefer.

› B-Horizont: der Unterboden. Er besteht aus mehr oder weniger verwittertem Gestein und ist durch Einwaschung von Humus oder Ton oft bräunlich, manchmal (durch Eisenoxide) auch rötlich. Er kann gut 50 cm stark sein, bei weniger entwickelten Böden aber auch ganz fehlen.

› C-Horizont: der feste mineralische Untergrund, also das unverwitterte Ausgangsgestein.

Das **Ausgangsgestein** kann durch vulkanische Tätigkeit entstanden sein, so z. B. Granit oder Basalt. Solche „Urgesteine" verwitterten unter Einfluss von Wasser, Frost und Temperaturschwankungen, auch durch biologische Aktivität von Algen, Flechten, Moosen und Pflanzenwurzeln. Die herausgelösten Mineralpartikel wurden teils durch Gletscher, Flüsse oder Winde über weite Strecken transportiert. Daraus resultieren Absatzgesteine wie Sandstein, Lehm, Ton, Kies oder Mergel. Ablagerungen aus Seen und Meeren führten zur Bildung von Kalkgesteinen. Unter dem gewaltigen Druck massiver Erdbewegungen oder unter extremen Temperaturen bildeten sich außerdem Umwandlungsgesteine wie Tonschiefer (aus Ton) oder Orthogneis (aus Granit).
Teils verwitterten die Gesteinsoberflächen weiter, teils sammelten sich dünne Humusauflagen direkt auf dem festen Gestein an, wie man es heute z. B. im Gebirge beobachten kann. Dies reichte genügsamen Pflanzen, um sich anzusiedeln. Nach dem Absterben mehrten sie die Humusschicht, die sich mit den herausgelösten Mineralteilchen vermischte. So konnten sich anspruchsvollere Pflanzenbestände entwickeln – bis hin zu Wäldern, die wiederum gewaltigen Einfluss auf die oberen Bodenschichten hatten.
Je nach Ausgangsgestein, Entstehung und Entwicklungszustand teilt man die Böden in **Bodentypen** ein, die sich anhand ihrer Bodenprofile identifizieren lassen. Ein bei uns weit verbreiteter Bodentyp ist z. B. die Braunerde, benannt nach ihrem stark verbraunten B-Horizont. Ihr Ausgangsgestein kann z. B. aus Geschiebelehm oder Basalt bestehen. Ähnlich sind die Parabraunerden, die oft aus lockerem Gestein gebildet sind, z. B. aus Lehm, Sand oder Mergel (Ton-Kalk-Gemenge). Dabei handelt es sich meist um nährstoffreiche Böden.
Ein weiterer, in niederschlagsreichen Regionen häufig vorkommender Bodentyp ist die Bleicherde (Podsol), mit einem durch Auswaschung deutlich ausgebleichten, sandigen Horizont im Oberboden. Teils kommt es durch Verfestigen der ausgewaschenen Stoffe zur Bildung fast undurchlässiger, dunkler Streifen im Unterboden, dem sogenannten Ortsgestein. Solche Böden sind häufig auch wegen ihres niedrigen pH-Werts (→ S. 164) problematisch. Andere Böden stehen stark unter Grundwassereinfluss, wie die teils frucht-

Der Zustand des Bodens entscheidet wesentlich über das Gedeihen der Pflanzen.

Ein Bodenprofil, hier einer Braunerde, verrät einiges über die Entwicklung eines Bodens.

baren, teils eher ungünstigen Auenböden. Eine Besonderheit sind ebenfalls wassergeprägte Böden, die hauptsächlich aus organischer Substanz bestehen: Moorböden bilden sich aus abgestorbenen Pflanzenresten, die sich schließlich zu Torf umwandeln, und haben einen Humusgehalt von über 30 %. Da sie dauerfeucht bis nass sowie stark sauer sind, gedeihen auf ihnen kaum normale Gartenpflanzen.

Tiefreichende Bearbeitung, ständiges Einbringen von Kompost, Mist, Torf oder Sand und die damit verbundene Anregung des Bodenlebens: Dies alles führte zur Bildung eines stark menschenbeeinflussten Bodentyps, den der Fachmann Hortisol nennt. Solche Böden mit mächtigen A-Horizonten findet man besonders ausgeprägt in alten Klostergärten, aber auch überall dort, wo schon seit Jahrhunderten Gartenbau betrieben wird.

Bodenart – große und kleine Körnchen

Ein Boden – genauer der Oberboden – setzt sich aus festen Mineralteilchen zusammen, die meist ursprünglich dem Ausgangsgestein entstammen, aus abgestorbener organischer Substanz, dem Humus, sowie aus lebenden tierischen und pflanzlichen Organismen inklusive Pflanzenwurzeln. Dazu enthält er stets einen gewissen Anteil an Luft und Wasser.

Humus und Bodenleben spielen eine wesentliche Rolle für die Qualität eines Bodens (→ S. 165–166). Zunächst einmal gilt die Aufmerksamkeit jedoch den mineralischen Teilen. Ihre Größe und Anordnung bestimmt die **Bodenstruktur,** und damit auch die Größe und Verteilung der dazwischen liegenden Hohlräume. Diese Bodenporen sind maßgeblich für die Luft- und Wasserführung. Grobere Gesteinsteile, nämlich Steine, Kies und Geröll, können ebenfalls die Bodenstruktur prägen. Meist herrschen aber Mineralteilchen mit kleinerer Körnung vor:

› **Sand** mit Körnchen von 2–0,06 mm Durchmesser;

› **Schluff** mit Körnchen von 0,06–0,002 mm Durchmesser;

› **Ton** mit Körnchen von weniger als 0,002 mm Durchmesser.

Diese Korngrößenfraktionen kommen selten rein vor, sondern meist als Gemenge in unterschiedlichen Anteilen. Je nachdem, welche Korngröße überwiegt, stuft man die **Bodenart** folgendermaßen ein als:

› **Sandboden;** mit zunehmendem Ton- und Schluffanteil spricht man von anlehmigem oder lehmigem Sand.

› **Lehmboden** enthält Sand, Schluff und Ton in etwa gleichen Anteilen. Wenn Sand oder Schluff deutlich überwiegen, heißt er sandiger oder schluffiger Lehm.

› **Schluffboden** mit den Varianten sandiger und lehmiger Schluff; es handelt sich in der Regel um Lössboden, der durch Windverwehung und Windablagerung entstanden ist.

› **Tonboden,** der bei höherem Schluff- und/oder Sandanteil als lehmiger Ton bezeichnet wird.

Die Fingerprobe

Eine genaue Analyse der Bodenart in Ihrem Garten erhalten Sie, falls Sie eine genaue Bodenuntersuchung in Auftrag geben (→ S. 172). Um einen ersten, aber durchaus aufschlussreichen Eindruck zu bekommen, können Sie einfach eine Fingerprobe durchführen, wie in den nebenstehenden Abbildungen demonstriert. Entnehmen Sie dazu etwa so viel Boden,

Bodeneigenschaften

BODENART	WASSER- UND NÄHRSTOFFHAUSHALT	SONSTIGES
Sandboden (leichter Boden)	geringes Speichervermögen, schnelles Austrocknen, leichte Nährstoffauswaschung; gute Wasserführung; schlechte Pufferung	schnelle Erwärmung und Abkühlung; gute Durchlüftung und Durchwurzelbarkeit; teils nur mäßige Standfestigkeit; leichte Bearbeitung
Lehm- und Schluffboden (mittlerer bis mittelschwerer Boden)	gutes Speichervermögen, zugleich auch gute Abgabe von Wasser und Nährstoffen; gute Wasserführung; gute Pufferung	mittelschnelle Erwärmung und Abkühlung; gute Durchlüftung und Durchwurzelbarkeit; mittelschwere Bearbeitung
Tonboden (schwerer Boden)	hohes Speichervermögen, aber teils Festhalten von Wasser und Nährstoffen; schlechte Wasserführung; gute Pufferung	langsame Erwärmung und Abkühlung; schlechte Durchlüftung und Durchwurzelbarkeit; neigt zum Verdichten; schwere Bearbeitung

dass er reicht, um eine Art Wurst daraus zu rollen. Trockenen Boden sollten Sie zuvor etwas anfeuchten. Beim Ausrollen verhalten sich die Bodenarten wie folgt:

- Sandboden: nicht formbar, fühlt sich körnig an, haftet nicht in den Fingerrillen.
- Schluffboden: lässt sich zwar ein wenig formen, zerbröckelt aber schnell, fühlt sich samtig mehlig an und haftet in den Fingerrillen.
- Lehmboden: formbar, wird jedoch rissig und hat samtartig stumpfe Reibflächen.
- Tonboden: gut formbar, lässt sich leicht rollen, hinterlässt Schmutzreste auf den Fingern und hat glänzende Gleitflächen.

Bodenarten und Gartenpraxis

Schon als Einsteiger merkt man schnell, wie stark die Bodenart alle gärtnerischen Bemühungen beeinflusst. Die wichtigsten Eigenschaften und Auswirkungen zeigt die Tabelle auf S. 162 im Überblick. Die dort genannte **Pufferung** bezieht sich auf den pH-Wert und die Nährstoffe: Ein guter Lehmboden z. B. vermag entsprechende Schwankungen, etwa auch bei einer Überdüngung, recht gut aufzufangen und auszugleichen. Bei einem Sandboden dagegen können sie sich sehr direkt und entsprechend ungünstig auswirken.

Sandböden werden als **leichte Böden** eingestuft, da sie leicht zu bearbeiten sind. Sie haben aber auch einige Nachteile. Ihre geringe Wasserhaltekraft macht sie zu ausgesprochen trockenen Böden, sofern es sich nicht um lehmigen Sand mit ausreichendem Tonanteil handelt. Dafür sind sie gut durchlässig, so dass es kaum zu Staunässe kommt, sofern der Unterboden nicht verdichtet ist. Für die Nährstoffversorgung empfehlen sich vorrangig ▶ ORGANISCHER DÜNGER (S. 555) und Kompost. Hier werden die Nährstoffe nicht so schnell ausgewaschen, außerdem kann besonders Kompost die Bodenstruktur verbessern. Vorteile bieten leichte Böden z. B. beim Spargelanbau, da sich einfach Dämme aufschichten lassen und die Stangen ungehindert wachsen. Bei Gehölzen dagegen kann die Standfestigkeit leiden, besonders bei ▶ FLACHWURZLERN (S. 542) an windigen Plätzen. Starker Wind bläst hier außerdem besonders leicht Teile der obersten Schicht weg, wenn der Boden trocken ist (→ auch S. 173).

Tonböden zeigen als **schwere Böden** in allen Punkten gerade gegenteilige Eigenschaften. Obwohl sie sich schwer bearbeiten lassen, empfiehlt sich hier ein häufiges, tiefgründiges Lockern. Auch die Oberfläche verlangt hier regelmäßige Auflockerung, da sie schnell verkrustet. Tonböden sind mehr oder weniger feucht, teils sogar nass. Zwiebel- und Knollenpflanzen leiden in ihnen häufig besonders, Wurzelgemüse bilden ihr Erntegut teils nur ungenügend aus. ▶ TIEFWURZLER (S. 564) verankern sich in schweren Böden manchmal unzureichend. Schlechte Durchlüftung und teils sogar Staunässe kann fast allen Pflanzen zusetzen. Schwere Böden sollten darüber hinaus nach einem Regen möglichst wenig betreten werden.

Lehm- und Schluffböden zeigen als **mittlere Böden** fast ausschließlich positive Eigenschaften. Mit zunehmendem Tonanteil nennt man sie mittelschwer. Dann sind es in der Regel auch feuchte Böden, anderenfalls eher frische Böden, die an der Oberfläche recht schnell abtrocknen, darunter aber noch einige Zeit die Feuchtigkeit bewahren. Schluffböden allerdings neigen etwas zu Austrocknung, besonders sandiger Schluff. Ihre Oberfläche kann außerdem bei Dauerregen verschlämmen. Am günstigsten ist der Lehm mit seiner ausgewogenen Zusammensetzung aller Korngrößen; lediglich bei hohem Tonanteil tendiert er zu manchen Nachteilen des Tonbodens.

Kritische Böden lassen sich durch bestimmte Zuschlagstoffe verbessern (→ S. 171–172). Wichtig ist eine gute Bearbeitung, die auf die sogenannte **Bodengare,** eine günstige Bodenstruktur, abzielt. Diese lässt sich am besten und dauerhaftesten erreichen, indem man das Bodenleben und die Humusbildung fördert.

Die inneren Bodenwerte

Auch bei gut entwickelten, schon lange bearbeiteten Böden spielen der ursprüngliche Bodentyp und das Ausgangsgestein eine Rolle für den **Nährstoffgehalt** und den **pH-Wert,** der den Säuregrad des Bodens angibt. Nährstoffe wie Kalium und Magnesium können immer wieder auch aus dem verwitterten Gestein des Unterbodens herausgelöst werden. Das Ausgangsgestein kann je nach Art und Entstehung sauer oder alkalisch (basisch) sein, entsprechende Eigenschaften zeigen dann auch die mineralischen Teile im Unter- und Oberboden. Granit beispielsweise ist ein saures Gestein, Basalt oder Kalkgestein sind alkalisch.

Nährstoffgehalt und pH-Wert können Sie durch eine Bodenuntersuchung (→ S. 172) überprüfen lassen.

1

2

3

1 Sandboden lässt sich nicht formen, fühlt sich körnig rau an.
2 Lehm, hier mit hohem Humusanteil, ist recht gut formbar.
3 Stark tonhaltigen Boden kann man dünn ausrollen.

Bei schweren Böden kostet es schon etwas Kraft, den Spaten einzustechen.

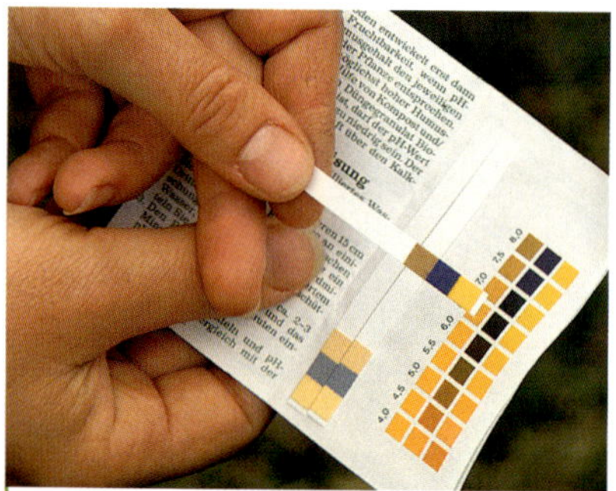

Den pH-Wert kann man mit Teststreifen einfach überprüfen.

Bodenreaktion und pH-Wert

Nicht nur Gartenneulinge wundern sich manchmal über einen Begriff wie „saurer" Boden. Bei „sauer" denkt man vielleicht eher an Geschmackseigenschaften, etwa des Essigs, oder an bekannte Säuren, z. B. Salzsäure. Letztere hilft schon ein wenig beim Verständnis, wenn man überlegt, wie heftig solch eine Säure reagiert. Dasselbe gilt für ihren Gegensatz, eine starke Lauge, deren Reaktion man chemisch als alkalisch oder basisch bezeichnet.

Tatsächlich geht es um chemische Reaktionen, auch wenn sie im Boden weitaus weniger heftig ablaufen. Die Nährstoffe liegen nicht einfach nur im Boden, sondern es herrscht ein ständiges dynamisches Wechselspiel zwischen positiv und negativ geladenen Teilchen, den sogenannten Ionen. Gegensätzlich geladene Ionen ziehen sich an und bilden Verbindungen, gleichartig geladene Ionen können gegeneinander ausgetauscht werden. Dies auch an den negativ geladenen Oberflächen von Ton- und Humusteilchen, an denen sich Nährstoffe anlagern. Solche Austauschvorgänge spielen letztendlich auch eine wichtige Rolle für die Nährstoffaufnahme der Pflanzenwurzeln.

Zwei speziellen Ionen kommt bei all diesen Vorgängen große Bedeutung zu, da sie gewissermaßen als Austausch- und Ausgleichsmittel dienen und die chemischen Aufspaltungsprodukte des Wassers (H_2O) darstellen:

- positiv geladene H^+-Ionen (Wasserstoffionen); wenn sie in der Bodenlösung überwiegen, ist die Bodenreaktion sauer;
- negativ geladene OH^--Ionen; wenn sie in der Bodenlösung überwiegen, ist die Bodenreaktion alkalisch bzw. basisch.

Zur Feststellung des Säuregrads eines Bodens wird die Konzentration an H^+-Ionen gemessen und über den pH-Wert (von Lateinisch potentia hydrogenii = Potenz des Wasserstoffs) ausgedrückt. Reines Wasser enthält 10^{-7} g H^+-Ionen je l. Die Hochzahl (Potenz) ohne Minuszeichen ergibt den pH-Wert, nämlich 7. Dieser pH-Wert steht für eine **neutrale Reaktion,** denn die Konzentration der OH^--Ionen ist im reinen Wasser ebenso hoch. Wenn die H^+-Konzentration höher ist, wird die negative Hochzahl und damit der pH-Wert kleiner. Theoretisch reicht die pH-Wert-Skala von 0 (extrem sauer) bis 14 (extrem alkalisch). Die pH-Wert-Bereiche von Böden zeigt die untenstehende Tabelle.

Der pH-Wert eines Bodens wirkt sich deutlich auf die Nährstoffaufnahme aus. In stark sauren oder stark alkalischen Böden werden unterschiedliche Nährstoffe (besonders lebenswichtige Spurenelemente, → S. 176) so festgelegt, dass sie für die Pflanzen nicht mehr verfügbar sind und sie Mangelsymptome zeigen. Zugleich kann auch das Bodenleben beeinflusst werden, das sich im mittleren pH-Wert-Bereich am besten entwickelt. Saure Böden haben oft eine ungünstigere Bodenstruktur und neigen bei entsprechendem Tonanteil zum Verdichten.

Für die meisten Gartenpflanzen ist auf mittleren Böden ein pH-Wert zwischen 6 und 7 ideal. Auf leichten Sandböden liegt er besser etwas niedriger (5,5–6), auf schweren Lehm- und Tonböden etwas höher (6,5–7,5).

Allerdings gibt es Pflanzen, die sich von Natur aus auf saure Bodenverhältnisse eingestellt haben. Bekanntestes Beispiel sind die Heidekrautgewächse, zu denen auch der Rhododendron zählt. Als typische Reaktion auf zu hohe pH-Werte kann man hier häufig CHLOROSEN (S. 538) beobachten. Sie resultieren daraus, dass die Pflanzen den Nährstoff Eisen nicht aufnehmen können, auch wenn er reichlich im Boden vorliegt. Ein hoher **Kalkgehalt** im Boden führt in der Regel auch zu einem hohen pH-Wert. Entsprechend sind kalkhaltige Böden für solche Pflanzen ungeeignet. Umgekehrt gibt es Spezialisten kalkhaltiger Naturstandorte, die auch im Garten einen entsprechenden Standort mit höherem pH-Wert wünschen, darunter viele Glockenblumen (*Campanula*) und Polsterstauden für den Steingarten, z. B. Blaukissen (*Aubrieta*).

Hinweise zum Ändern bzw. Regulieren des pH-Werts finden Sie auf S. 171.

Bodeneinteilung nach pH-Wert

PH-WERT	BODENREAKTION
3,5–4,5	sehr stark sauer bis stark sauer
4,5–5,5	stark sauer bis sauer
5,5–6,5	sauer bis schwach sauer
6,5–7,2	schwach sauer bis schwach alkalisch (Neutralbereich)
7,2–7,7	schwach alkalisch bis alkalisch (basisch)
7,7–8,4	alkalisch bis stark alkalisch (basisch)

Humus und Bodenleben

In der Krume eines fruchtbaren Bodens leben Billionen überwiegend nützlicher Organismen.

EIN UNBELEBTER BODEN kann noch so gut strukturiert sein und eine optimale Zusammensetzung der Korngrößen aufweisen: Auf Dauer wird er sich tendenziell verschlechtern. Regen, Gießwasser, Sonne und die Pflanzen selbst strapazieren seine Leistungsfähigkeit. Auch schädliche Bodenpilze und NEMATODEN (S. 554) könnten sich sehr leicht breit machen. Das lässt sich in der Praxis z. B. bei ständig genutzten Gewächshausböden beobachten, wo der Boden zwar häufig gelockert, aber selten mit Kompost versorgt wird.

Belebter Boden

All den eben genannten Risiken und Nachteilen steuert das Bodenleben sehr wirksam entgegen. Diese vielfältige Versammlung unzähliger Organismen, vom Regenwurm bis zu winzigen Bakterien, ist bei ausreichenden Temperaturen unermüdlich tätig, um Pflanzenreste zu zersetzen, Nährstoffe zu erschließen, umzubauen und Humus aufzubauen. Sie beseitigen als Gesundheitspolizei auch Kleintier- und andere organische Reste und hemmen die einseitige Ausbreitung schädlicher Organismen.

Überwiegend handelt es sich um mikroskopisch kleine Lebewesen, sowohl tierische (Bodenfauna) als auch pflanzliche (Bodenflora).

Die Palette der **Bodentiere** reicht von winzigen Pantoffel- und Rädertierchen bis hin zu den Regenwürmern. Sogar den Maulwurf kann man dazu zählen: Obwohl er durch sein Gewühle manchmal lästig wird, ist er zum einen ein hervorragender Bodenlockerer, zum andern auch ein sehr nützlicher Vertilger schädlicher Bodentiere. Zum Lockern und Durchmischen des Bodens tragen auch andere größere Tiere wie Regenwürmer und Doppelfüßer bei. Sie zerkleinern außerdem, ebenso wie viele andere Bodentiere, Pflanzen- und sonstige organische Reste. So können dann die Mikroorganismen das Zersetzen bis ins Kleinste übernehmen. Milben, Spinnen, Ameisen, Tausendfüßer und andere Insekten halten als Räuber die tierischen Organismen im Gleichgewicht. Kleine Einzeller sowie Nematoden (Fadenwürmer), unter denen es auch viele nützliche gibt, räumen unter Bakterien, Pilzen und Algen auf, Springschwänze, Asseln u. a. zersetzen tote organische Substanz.

Die **Bodenflora** umfasst Bakterien als größte Gruppe, außerdem bakterienähnliche Strahlenpilze, Bodenpilze, Algen und Flechten. Manche Pilze vermögen besonders gut verholzte Pflanzenteile zu zersetzen. Andere parasitieren an Tieren, darunter auch pflanzenschädigende Nematoden oder Insektenlarven. Unentbehrlich für manche Pflanzen sind die Mykorrhizapilze, die mit den Wurzeln eine Lebensgemeinschaft eingehen (→ S. 121). Ebenso verhält es sich mit den Knöllchenbakterien, die für ihre pflanzlichen Partner Stickstoff aus der Luft binden. Das vermögen auch manche frei lebende Bakterien, die so den Boden mit diesem wichtigen Pflanzennährstoff anreichern. Überhaupt sind die Bodenbakterien stark daran beteiligt, den Pflanzen Nährstoffe auf unterschiedliche Weise verfügbar zu machen. Strahlenpilze können teils ebenfalls Luftstickstoff binden und mit Gehölzwurzeln in Symbiose leben. Ansonsten sind sie wie die Bakterien wesentlich an der Humusbildung beteiligt.

Das Bodenleben macht insgesamt etwa 5 % der organischen Substanz eines Bodens aus. Weitere 10 % bestreiten die lebenden Pflanzenwurzeln, die restlichen 85 % schließlich bestehen aus Humus.

Humus – fruchtbare Bodensubstanz

Die alten Römer bezeichneten mit dem Wort „humus" einfach den Erdboden. Wir verstehen heute darunter sämtliche organische Substanz im Boden, die mehr oder weniger stark zersetzt ist – also das Ergebnis der Arbeit des Bodenlebens. In besonders konzentrierter Form entsteht Humus beim Kompostieren (→ S. 180–182).

Beim Zersetzen, das auch Verwesen oder Verrotten genannt wird, haben es die Bodenorganismen mit recht unterschiedlichen Materialien zu tun. Manches lässt sich leicht zersetzen und wird dann zum **Nährhumus.** Der kann leicht weiter abgebaut werden und gibt dabei die in ihm enthaltenen mineralischen Nährstoffe frei, die so den Pflanzen zur Verfügung stehen. Man spricht dann von Mineralisierung.

Auch Laub wird über kurz oder lang zu Humus zersetzt.

Schwerer umsetzbare Substanzen werden stattdessen in stabile Huminstoffe umgewandelt. Sie sind kleiner als 0,002 mm, also gerade mal so groß wie Tonteilchen (→ S. 163). Huminstoffe bewirken die dunkle Färbung des Oberbodens und bilden den **Dauerhumus.** Auch dieser kann mit der Zeit Nährstoffe nachliefern, vor allem aber sorgt er für eine gute Bodenstruktur und verbessert den Wasser- und Nährstoffhaushalt sowie die Bodendurchlüftung.

Wertvolle Krümelstruktur

Eine Hand voll Ton enthält wesentlich mehr Einzelkörnchen als eine Hand voll Sand und hat dadurch insgesamt eine wesentlich größere Oberfläche, an die sich Wasser und Nährstoffe anlagern können. Dies gilt auch für die Huminstoffe, die ebenso wie die Tonminerale im Boden Nährstoff- und pH-Wert-Schwankungen gut abpuffern können. Gegenüber Tonteilchen bieten sie jedoch den Vorteil, dass sie sich weitaus weniger stark zusammenlagern und genügend große Poren offen lassen. Die Bodenorganismen können nun dafür sorgen, dass sich die Vorteile von Ton- und Humusteilchen optimal miteinander verbinden: Sie verkleben sie mit ihren Ausscheidungen und Stoffwechselprodukten und bilden so die günstigen **Ton-Humus-Komplexe.** Diese wiederum werden häufig zu mehreren und zusammen mit größeren Schluff- und Sandteilchen zu lockeren Krümeln verklebt. Man nennt dies auch Lebendverbauung, wobei die Regenwürmer eine besonders wichtige Rolle spielen. So entsteht ein stabiles **Krümelgefüge,** das bezüglich Wasser-, Nährstoff- und Lufthaushalt allem überlegen ist, was man durch rein mechanische Bodenbearbeitung erreichen kann.

Humusaufbau und Humusförderung

Was ein vielfältiges Bodenleben unterstützt, fördert grundsätzlich auch die Bildung des Humus und einer guten Krümelstruktur. Mit Kompostversorgung (→ S. 182), Mulchen (→ S. 170) und Gründüngung (→ S. 179) bieten Sie den fleißigen Helfern „Futter" und damit gute Voraussetzungen. Auch Laub, das unter Gehölzen oder auf Beeten liegen bleibt, wird mit der Zeit in Humus umgewandelt. Eine Humuszufuhr ist außerdem über käufliche Bodenverbesserungsmittel wie Rindenhumus sowie durch Stallmistgaben möglich.

Die meisten Bodenorganismen bevorzugen Feuchtigkeit, und vor allem brauchen sie Luft – ein Grund mehr, zu Verdichtung neigende Böden gut zu lockern. Unter luftarmen Bedingungen dagegen werden andere Bakterien gefördert, die statt einer günstigen Zersetzung Fäulnis verursachen. Vorteilhaft ist für die meisten Bodenlebewesen zudem ein schwach saurer bis neutraler pH-Wert, also in etwa der Bereich, in dem auch die Mehrzahl der Pflanzen gut gedeiht (→ S. 164). Als günstig gilt außerdem eine schonende Bodenbearbeitung ohne Umgraben (→ S. 169).

Wenn es den Bodenorganismen allerdings „zu gut geht", können sie in unerwünscht starkem Maß Humus wieder abbauen. Dies geschieht vor allem bei sehr häufiger und intensiver Bodenbearbeitung, auch hohe Stickstoff- und Kalkgaben können den Humusabbau fördern.

Grundsätzlich jedoch ist der Abbau ein normaler Vorgang – schließlich leben auch die Bodenorganismen z. T. vom Humus. In einem belebten Boden stellt sich deshalb mit der Zeit ein Gleichgewicht zwischen Humusaufbau und -abbau ein. Von daher sind Humusgehalte um 4 %, die als ideal für einen Gartenboden gelten, erstaunlich niedrig. Das liegt freilich auch daran, dass der Gehalt in Gewichtsprozenten ausgedrückt wird: Die Humusteilchen sind wesentlich leichter als die mineralischen Bodenbestandteile. Nach ihrem Humusgehalt unterteilt man Böden in folgende Kategorien:

- humusarm: weniger als 1 %
- humushaltig: 1–2 %
- humos: 2–4 %
- stark humos: 4–8 %
- sehr stark humos: 8–15 %
- anmoorig: ab 15 %

Hohe Gehalte an organischer Substanz – je nach sonstigen Gegebenheiten ab etwa 8 % – sind eher ungünstig, weil sie zum größeren Teil aus schlecht zersetztem Rohhumus bestehen.

Gut zu wissen

Nützliches Gewimmel in Zahlen

Schon die größeren Tiere, die zum Bodenleben gehören, können in eindrucksvoller Zahl auftreten. So findet man in einem mit organischem Material gut versorgten Boden bis zu 500 Regenwürmer pro m^2 Fläche. Mit ihrer sogenannten Wurmlosung, den teils aus wertvollen Ton-Humus-Komplexen bestehenden Ausscheidungen, können sie den Boden jährlich mit bis zu 9 kg pro m^2 anreichern.
Die Mehrzahl der Bodenorganismen ist jedoch weitaus kleiner. Eine Hand voll fruchtbarer Erde enthält bis zu 10 Milliarden Bodenlebewesen! In 1 m^2 Bodenfläche summiert sich das – bis in 30 cm Tiefe – auf im Schnitt über 1,6 Billionen Organismen. Die größte Gruppe darunter sind die Bakterien: Schon in 1 g Boden leben teils über 1 Million Bakterien, bezogen auf den m^2 Fläche rund 1 Billion. Unter den Bodentieren sind die winzigen Geißeltierchen mit etwa 0,5 Billionen je m^2 Boden die häufigsten.

Den Boden bearbeiten

WER BESTÄNDIG DAS BODENLEBEN fördert, wird bald ganz praktische Konsequenzen feststellen: Der Bodenzustand verbessert sich über die Jahre oft sehr deutlich und erspart so manche mechanische Bearbeitung. Dennoch geht es meist nicht ganz ohne Grabegabel, Hacke und Co., etwa um Luftmangel im Boden vorzubeugen.

Für die Bodenbearbeitung steht ein ganzes „Arsenal" an nützlichen Geräten zur Verfügung (→ S. 142–143). Führen Sie sämtliche Arbeiten möglichst nur dann durch, wenn der Boden nicht allzu nass ist. Zum einen erschwert das die Tätigkeit, zum anderen kommt es besonders bei tonhaltigen Böden leicht zum Verschmieren und Verklumpen. Ein leicht feuchter Boden lässt sich meist am besten bearbeiten. Bei Bodenfrost ist natürlich keine sinnvolle Bearbeitung möglich.

Bei den allermeisten Maßnahmen empfiehlt es sich, rückwärts gehend zu arbeiten, um bereits gelockerte Flächen nicht wieder zu betreten. Nur beim Auflockern stark verfestigter Oberflächen oder beim Entfernen hartnäckiger Unkräuter mit Schlaghacke oder Krail arbeiten Sie besser bzw. leichter in Vorwärtsrichtung.

Kompost verteilt man üblicherweise in 1–2 cm hoher Schicht auf den Flächen und arbeitet ihn nur flach ein, z. B. mit dem Grubber (→ auch S. 182).

Vorbereiten von neuen Pflanzflächen

Bei jeder neuen Nutzung eines Bodens empfiehlt sich vorab bzw. nach den ersten Bearbeitungsschritten eine Bodenuntersuchung (→ S. 172). So können Sie bei Bedarf ganz gezielt Bodenverbesserungsmaßnahmen vornehmen (→ S. 171–172). Planen Sie für das Vorbereiten neuer Flächen stets genügend Zeit ein, besonders wenn Sie auf einem **Neubaugrundstück** einen völlig neuen Garten anlegen. Ein verarmter oder verdichteter, vielleicht sogar mit Bauschutt durchsetzter Boden zeigt früher oder später seine negative Wirkung – selbst wenn reichlich zugekaufter Mutterboden aufgetragen wird. Falls eine Baufirma am Werk war, sollte man diese möglichst in die Pflicht nehmen, Bauschutt zu entfernen und durch schwere Baumaschinen entstandene Verdichtungen zu beseitigen. Anderenfalls kann es sich lohnen, z. B. eine Gartenbaufirma mit solchen „Grobarbeiten" zu beauftragen.

Zusätzliche Zeit muss man auch bei einer Aussaat von Gründüngungspflanzen (→ S. 179) einplanen, doch das rentiert sich in jedem Fall, nicht nur auf Neubaugrundstücken. Als Lohn für Geduldige hinterlassen diese Pflanzen einen hervorragend gelockerten, mit organischer Substanz und Nährstoffen angereicherten Boden.

Wenn **Wiesen- oder Rasenflächen** zu Beeten umgewandelt werden sollen, steht zunächst das Abschälen der Grasnarbe an. Dazu sticht man den Spaten in sehr flachem Winkel unter der Oberfläche ein, um die Graswurzeln möglichst weit unten zu durchtrennen und die Grassoden abzuheben. Diese ergeben ein gutes Kompostmaterial, das recht schnell verrottet. Gräbt man die Grasnarbe stattdessen unter, dauert es lange, bis der Wurzelfilz komplett zersetzt ist. Er bildet dann über Monate hinweg recht zähe „Klumpen" unterhalb der Erdoberfläche, aus denen oft wieder Gräser austreiben. Sie brauchen später allerdings je nach Flächengröße einiges an Kompost oder zusätzlicher Erde, um das durch Abheben der Grasnarbe abgesenkte Bodenniveau wieder aufzufüllen.

An all die genannten Vorbereitungsschritte schließt sich ein gründliches Umgraben an, bei dem Sie größere Steine und Unkrautwurzeln sorgfältig auslesen sollten. Auf recht tonhaltigen oder sonst etwas ungünstigen Böden kann es sinnvoll sein, dem noch eine tiefgründige Lockerung mit der Grabegabel folgen zu lassen. Schließlich kommen dann Krail, Sauzahn und/oder Hacke zum Einsatz. Am besten wird dabei gleich Kompost eingearbeitet, den man bei Bedarf, z. B. in einem neu angelegten Garten, auch zukaufen kann (→ S. 171).

Bei größeren Flächen kann man sich schon einiges an schweißtreibender Arbeit sparen, indem man sich für die Tiefenlockerung eine Motorhacke ausleiht.

Hat man es mit vorher schon genutzten **Garten- oder Ackerflächen** zu tun, reicht oft schon eine tiefgründige Bodenbearbeitung wie im nächsten Abschnitt beschrieben. Allerdings sollten Sie bei Ackerböden prüfen, ob in 30–40 cm Tiefe eine verdichtete Schicht, die sogenannte Pflugsohle, ansteht. Diese muss zunächst sorgfältig aufgelockert bzw. aufgebrochen werden.

Tiefgründige Bodenbearbeitung

Eine tiefgründige Lockerung sollten Sie vor jeder Neuanlage eines Beets oder einer größeren Pflanzfläche durchführen. Bei Gemüse- und Sommerblumenbeeten steht diese Arbeit jährlich an, sofern es sich nicht um einen ausgesprochen lockeren, sandig humosen Boden handelt. Der übliche Zeitpunkt dafür ist der Herbst oder das zeitige Frühjahr. Bei anderen Neubepflanzungen können Sie diesen Arbeitsschritt je nach Pflanztermin auch das gan-

Eine Grasnarbe wird samt Wurzelwerk durch flaches Einstechen des Spatens abgeschält.

UMGRABEN

› WERKZEUG, ZUBEHÖR:

Spaten
Eimer zum Sammeln von Unkräutern, Steinen usw.
unbedingt festes Schuhwerk
eventuell Schubkarre

› ZEITBEDARF:

15 bis 20 Minuten je m^2

1

Graben ausheben

Heben Sie, am Beetrand beginnend, den ersten spatentiefen Graben aus. Stechen Sie das Spatenblatt möglichst tief ein; dabei hilft das Auftreten auf die Spatenkante. Die ersten Spatenstiche können Sie – ggf. mit Hilfe der Schubkarre – am anderen Beetende zum späteren Füllen des letzten Grabens ablegen oder aber einfach über die noch unbearbeitete Fläche verteilen.

2

Erdschollen wenden

Stechen Sie nun den zweiten Graben aus und legen Sie dessen Schollen im ersten Graben ab. Wenden Sie dabei die Schollen komplett, so dass deren Unterseite nach oben weist. Füllen Sie dann auf dieselbe Weise jeweils den vorherigen Graben mit den Erdschollen des nächsten. Beim Umgraben im Herbst bleibt das Beet dann so liegen, damit der Frost die Schollen zerkleinert.

ze Jahr über vornehmen. Besonders wenn Sie umgraben, sollten Sie die Bearbeitung mindestens 1 bis 2 Monate vor dem Pflanzen oder Säen einplanen, damit sich der Boden bis dahin ausreichend gesetzt hat.

Wann ist Umgraben nötig?

Das Umgraben oder Umspaten führt zu einer besonders intensiven Lockerung und Durchmischung des Bodens. Gräbt man im Herbst um, kann außerdem der Frost die Schollen fein zerkrümeln; man spricht dann von der sogenannten Frostgare. Allerdings bedeutet diese Methode stets einen schweren Eingriff in die Lebensbedingungen der Bodenorganismen: Durch das Wenden werden die sauerstoffliebenden Lebewesen in luftärmere Schichten vergraben und umgekehrt. Zugleich werden die weiter unten lebenden Organismen auf einen Schlag der Kälte und/oder Sonneneinstrahlung ausgesetzt.

Diese Negativeffekte lassen sich durch gute Kompostversorgung, Mulchen usw. etwas ausgleichen, wodurch sich das Bodenleben relativ schnell wieder regeneriert. Der erstrebenswerte Aufbau eines guten Krümelgefüges (→ S. 166) spricht allerdings dafür, die fleißigen Helfer im Boden möglichst wenig zu stören. Deshalb beschränkt man das Umgraben am besten auf Fälle, in denen es wirklich nötig ist, nämlich bei:

› Böden, die neu in Kultur genommen werden;
› stark tonhaltigen, zu Verdichtung oder gar Staunässe neigenden Böden;
› stark verunkrauteten Böden, aus denen immer wieder die Unkrautwurzeln entfernt werden müssen;
› häufigen Schneckenproblemen; hier wird am besten spät im Herbst oder im Winter umgegraben, damit die nach oben gebrachten Schneckeneier erfrieren.

Schwere Böden lassen sich durch gute Humuspflege, regelmäßiges Lockern und Zuschlagstoffe (→ S. 171) allmählich so verbessern, dass man auch hier das Umgraben mit der Zeit reduzieren kann. Alle paar Jahre umzugraben – das ist auch bei weniger problematischen Böden nicht unbedingt verkehrt, um Verdichtungen im unteren Bereich des Oberbodens vorzubeugen.

Die Praxis des Umgrabens

Entfernen Sie vor dem Umgraben zunächst größere Pflanzenreste mit Hacke und Rechen. Dann heben Sie, an einem Beetrand beginnend, den ersten Graben aus, wie es die Abbildung links oben zeigt. Diese Schollen, also die spatengroßen Erdbrocken, können Sie mit Hilfe eines Schubkarrens am anderen Beetende zum Füllen des letzten Grabens ablegen. Oft verstreut man sie aber einfach über die noch zu bearbeitende Fläche; denn die Oberfläche wird ohnehin bei den nachfolgenden Arbeitsgängen wieder ausgeglichen und eingeebnet.

Dann legen Sie die Schollen der zweiten Reihe im ersten Graben ab, wobei Sie diese komplett wenden. Auf diese Weise füllen Sie jeweils den vorherigen Graben mit den Schollen des nächsten. Lesen Sie nebenbei gründlich Unkrautwurzeln und größere Steine aus.

Lockern, ohne zu wenden

Als Alternative zum Umgraben hat sich das schonende Lockern mit der Grabegabel bewährt (➔ untenstehende Abb.). Auch hierbei arbeiten Sie, am Beetrand beginnend, rückwärts, wobei Sie die Grabegabel quasi in Querreihen einstechen. Nach dem Einstechen rütteln Sie die Grabegabel möglichst kräftig mehrmals nach vorn und nach hinten. Die bearbeiteten Querreihen sollten relativ nah beieinander liegen, in etwa 10 cm Abstand.

Nach dieser Lockerung geht man dann mit Hacke, Krail, Grubber oder Kultivator durch und entfernt dabei auch Unkrautwurzeln. Besonders bewährt hat sich die recht tiefreichende Nachbearbeitung mit dem Sauzahn (➔ S. 142). Dieser wird zunächst in einer Richtung diagonal zur Beetkante durch den Boden gezogen, dann führt man dasselbe nochmals im rechten Winkel zur ersten Arbeitsrichtung durch. Bei humosem, lockerem Boden reicht oft sogar eine solche Bearbeitung mit dem Sauzahn, d. h., man kann auf die Grabegabel verzichten.

Nach einer nichtwendenden Lockerung können Sie auch gleich Kompost einarbeiten und schließlich die ganze Fläche mit einer Mulchdecke, z. B. aus Herbstlaub, versehen.

Saat- und Pflanzbeete vorbereiten

Auf umgegrabenen Böden werden zunächst mit Hacke oder Krail die Reste der Schollen zerkleinert. Entfernen Sie dabei sowie bei allen noch folgenden Schritten wiederum sorgfältig Unkrautwurzeln sowie bereits aufkeimende Kräuter.

Wenn Sie noch nicht ganz ausgereiften Frischkompost (für nährstoffbedürftige Pflanzen) ausbringen möchten, sollte das wenigstens 3 bis 4 Wochen vor dem Säen oder Pflanzen geschehen. Gut ausgereiften Kompost dagegen können Sie ausstreuen, wenn Sie den Boden kurz vor dem Einebnen mit Hacke, Krail und/oder Grubber bzw. Kultivator lockern. Auch dieses Lockern nimmt man am besten ein paar Tage vor der Saat oder Pflanzung vor, damit sich der Boden setzen kann.

Dann kommt der Rechen an die Reihe, mit dem die Beetoberfläche eingeebnet wird. Oft muss man ihn dazu mehrmals quer und längs über die Fläche ziehen; es dürfen keine Mulden verbleiben, in denen sich Wasser sammeln kann. Größere Bodenteile werden zerkleinert oder abgeharkt; beim Zerkrümeln ist auch eine Sternfräse (Gartenwiesel) sehr hilfreich.

Lockern während der Wachstumszeit

Das regelmäßige Lockern offener Bodenflächen zwischen Pflanzen bzw. um diese herum erfüllt gleich mehrere Zwecke: Beseitigen von Unkraut, Durchlüften des Bodens, Verbessern der Wasseraufnahme und Verringern der Verdunstung. Tatsächlich kann das Hacken im Sommer den Wasserverlust über die Bodenoberfläche deutlich verringern, da man dadurch feinste Röhrchen (Kapillaren) im Boden unterbricht, über die das Wasser nach oben steigt und verdunstet.

Für diese Arbeit eignen sich vor allem Stoß- und Ziehhacken sowie Grubber und Kultivator (➔ S. 142), mit denen man in der Regel im „Rückwärtsgang" arbeitet, um gelockerte Stellen nicht mehr zu betreten.

Etwas Vorsicht ist geboten beim Hacken zwischen zarten Jungpflanzen, zwischen Wurzelgemüsen sowie Zwiebel- und Knollenblumen, um Verletzungen der Pflanzen zu vermeiden. Bei flachwurzelnden Gehölzen verdient ohnehin das Mulchen (➔ S. 170) den Vorzug.

NICHTWENDENDE LOCKERUNG

› **WERKZEUG, ZUBEHÖR:**

Grabegabel
Hacke, Krail, Grubber, Kultivator oder Sauzahn
Eimer zum Sammeln von Unkräutern, Steinen usw.
unbedingt festes Schuhwerk

› **ZEITBEDARF:**

20 bis 30 Minuten je m²

1

Lockern mit der Grabegabel

Stechen Sie die Grabegabel durch Auftreten mit dem Fuß möglichst tief ein, und rütteln Sie diese dann mehrmals hin und her. Gehen Sie reihenweise vor, mit etwa 10 cm Abstand zwischen den Bearbeitungsreihen.

2

Durchziehen des Sauzahns

Bewährt hat sich eine Arbeitsrichtung diagonal zur Beetkante. So zieht man den Sauzahn einmal in parallelen Reihen durch den Boden, im nächsten Arbeitsgang dann im rechten Winkel dazu.

1

2

3

1 Rindenmulch eignet sich nur für gut eingewachsene Pflanzen.
2 Rasenschnitt und Stroh ergeben eine gute Mulchmischung.
3 Strohmulch bewahrt Erdbeeren vor dem Verschmutzen.

Mulchen

Ob im Wald oder in der freien Landschaft – überall fallen Blätter und andere Pflanzenreste einfach zu Boden, werden in Humus umgewandelt und liefern so schließlich neue Nährstoffe. Dem ist das Mulchen, die Abdeckung freier Bodenflächen mit organischem Material, abgeschaut. Das Mulchen bietet gleich mehrere **Vorteile:**

› Es erspart teils das Hacken und ersetzt es ganz, wo eine Bodenbearbeitung nicht möglich oder ratsam ist (z. B. unter flachwurzelnden Beerensträuchern).

› Eine Mulchdecke reduziert die Verdunstung und bewahrt die Bodenoberfläche vorm Verkrusten und Verschlämmen.

› Mulch isoliert gegen Kälte ebenso wie gegen Bodenüberhitzung im Sommer.

› Das organische Material, das an der Oberfläche allmählich verrottet, „füttert" das Bodenleben und verbessert den Humusgehalt. Beim Zersetzen wird in Bodennähe Kohlendioxid frei, das der PHOTOSYNTHESE (S. 555) der Pflanzen zugute kommt.

› Die Bedeckung unterdrückt den Aufwuchs von Unkräutern.

› Zugleich bietet das Mulchen eine gute Möglichkeit, größere Mengen an Rasenschnitt, Herbstlaub oder Gehölzhäcksel nutzbringend zu entsorgen.

Als **Mulchmaterialien** eignen sich im Prinzip alle im Garten anfallenden organischen Reste, sofern sie nicht von Krankheiten befallen sind oder zu Fäulnis neigen. Dazu kommen Mulchstoffe aus dem Fachhandel, in erster Linie Rindenprodukte.

Rasenschnitt sollte man höchstens 3 cm hoch, besser noch etwas dünner, auftragen, und des Öfteren erneuern, da er bei Nässe leicht verklebt; günstig ist ein Vermischen mit Häcksel oder Laub. **Herbstlaub** eignet sich besonders gut für eine Mulchabdeckung, die zugleich als Winterschutz (→ S. 212) dient. Etwas Vorsicht ist bei stark gerbsäurehaltigen Blättern geboten, z. B. von Walnuss, Kastanie oder Platane. Sie sollten nicht zum Mulchen zwischen jungen Pflanzen verwendet werden. **Blattabfälle** und zerkleinerte Stängel von Gemüse und Blumen lassen sich ebenfalls gut einsetzen, sofern einen die „Optik" nicht stört. Sogar gejätete Unkräuter kann man verwenden, wenn sie weder Samen noch Ausläufer tragen. Abgeschnittene **Gründüngungspflanzen** ergeben ein besonders gutes Mulchmaterial.

Halbreifer, also noch nicht ganz zersetzter **Kompost** eignet sich gut zum Mulchen ausgewachsener, nährstoffliebender Pflanzen, jedoch nicht für Jungpflanzen. Recht unproblematisch ist dagegen das Mulchen mit reifem Kompost. **Rindenmulch** und **Gehölzhäcksel** unterdrücken besonders gut Unkraut, sollten aber wegen wachstumshemmender Stoffe nicht zum Mulchen empfindlicher bzw. frisch gesetzter Jungpflanzen verwendet werden. Dafür eignet sich **Rindenhumus** besser. **Stroh** ist besonders praktisch zum Mulchen von Erdbeeren, Gurken u. Ä., da es die Früchte vor Verschmutzungen bewahrt.

Rindenmulch, Häcksel und Stroh enthalten recht viel Kohlenstoff, aber wenig Stickstoff. Beim Zersetzen solcher Materialien verbrauchen die Bodenorganismen reichlich zusätzlichen Stickstoff. Wenn Sie häufig damit mulchen, sollten Sie des Öfteren stickstoffhaltigen Dünger, z. B. Hornspäne, als Ausgleich ausbringen. Das gilt auch für **Pappe** bzw. Kartonstücke, die sich grundsätzlich ebenfalls zum Mulchen verwenden lassen.

Bevor Sie den Mulch ausbringen oder erneuern, lockern Sie am besten die Bodenoberfläche mit einem Grubber oder Kultivator. Das Mulchmaterial kann je nach Beschaffenheit und Verwendungszweck zwischen etwa 2 und 8 cm hoch ausgebracht werden. Dabei gilt im Allgemeinen: Je robuster die zu mulchenden Pflanzen und je grober und trockener der Mulch, desto höher kann er verteilt werden. Hohe Mulchschichten locken allerdings zuweilen Mäuse und Wühlmäuse an. Beim Mulchen zwischen Jungpflanzen hält man am besten stets ein paar Zentimeter Abstand, zieht den Mulch also nicht ganz an die Pflanzen heran.

wir empfehlen

!

Mulchpause im Frühjahr

Im Frühjahr ist es oft ratsam, winterliche Mulchreste ganz zu entfernen und erst wieder im Frühsommer durch neuen Mulch zu ersetzen. Dies liegt zum einen an den Schnecken, die sich in feuchten Frühjahren unter einer Mulchschicht besonders wohl fühlen. Zum anderen schützt eine Mulchdecke in Frostnächten zwar die Wurzeln, vermindert aber auch die Wärmeabstrahlung des Bodens. Doch gerade diese kann in kritischen Frühjahrsphasen den ersten zarten Knospen helfen, die letzten Nachtfröste zu überstehen, wobei eine Mulchdecke hinderlich wäre.

Den Boden verbessern

Vor der Neuanlage eines Gartens lohnt sich oft eine gründliche Bodenverbesserung.

EINE GUTE, REGELMÄSSIGE Bodenbearbeitung, wie auf den vorangegangenen Seiten beschrieben, Mulchen, häufige Zufuhr von Kompost sowie eine des Öfteren eingeschaltete Gründüngung (→ S. 179) – mit diesem „Maßnahmenpaket" lässt sich auf Dauer fast jeder Standort in guten Gartenboden verwandeln. Das gilt für sehr schwere Böden ebenso wie für allzu sandige. Verschiedene Hilfs- und Zuschlagstoffe können helfen, dieses Ziel leichter und schneller zu erreichen, teils sind sie sogar unverzichtbar.

Hilfsstoffe für einen besseren Boden

› Gerade guter **Kompost** (→ S. 180–182) ist gewissermaßen ein Allheilmittel. Wenn der aus eigener Herstellung (noch) nicht reicht, bieten nicht nur der Fachhandel, sondern häufig auch die Kommunen Fertigkomposte bzw. Komposterden an. Einen guten Anhaltspunkt haben Sie hierbei mit dem RAL-Gütezeichen, das die Bundesgütegemeinschaft Kompost entsprechenden Produkten nach Qualitätsprüfung verleiht.

› Kompost und Rindenprodukte haben heute weitgehend den **Torf** ersetzt, der früher „das" Bodenverbesserungsmittel schlechthin war. Vor allem Weißtorf besitzt sehr gute Struktureigenschaften, vermag reichlich Wasser und Nährstoffe zu speichern und fördert die Bodendurchlüftung. Da sein großräumiger Abbau ganze Moorlandschaften zerstört hat und dies mancherorts heute noch tut, ist seine Verwendung ziemlich in Misskredit geraten. Allerdings hat sich Torf auch im Garten nicht immer als günstig erwiesen, vor allem dort, wo er in großen Mengen verwendet wurde. Seine organische Substanz verrottet ausgesprochen langsam, und der niedrige pH-Wert (bei Weißtorf um 3) kann zur Bodenversauerung führen. Wenn er einmal völlig ausgetrocknet ist, lässt sich Torf zudem nur sehr schwer wieder anfeuchten. Obwohl oft als sogenannter „Düngetorf" angeboten, enthält er kaum Nährstoffe. Vor dem Einarbeiten in den Boden muss Torf aufgelockert und befeuchtet werden.

› Ansonsten kann man Böden verbessern, indem man einmal oder bei Bedarf auch während jeder Bearbeitung geeignete **Zuschlagstoffe** untermischt. Um die Wasser- und Nährstoffspeicherung von Sandböden zu verbessern, eignen sich vor allem Lehm und Tonmehle wie Bentonit. Auch Hygromull, ein Kunststoffgranulat mit torfähnlichen Eigenschaften, kommt in Frage, ebenso ▶ BLÄHTON (S. 536). Umgekehrt lassen sich Tonböden durch Untermischen von Sand und feinem Kies lockern, Blähton eignet sich dafür ebenfalls. Auch verschiedene zerkleinerte Lavagesteine werden für solche Zwecke angeboten, außerdem die synthetischen Produkte Styromull oder Hygropor.

› **Gesteinsmehle** und verschiedene **Algenpräparate** zeigen in allen Böden recht positive Wirkungen, regen teils das Bodenleben an oder dienen als langsam wirkende Nährstoff- bzw. Kalkquellen. **Kalk** hat grundsätzlich einen positiven Effekt auf die Bodenstruktur und regt das Bodenleben an. Sein Einsatz empfiehlt sich gerade auch bei Tonböden. Böden unserer Breiten neigen aufgrund der recht hohen Auswaschung durch Niederschläge generell etwas zur Versauerung. Verstärkt wird diese Wirkung durch den sauren Regen, zu dem die Umweltbelastung der Atmosphäre geführt hat. Deshalb ist eine gelegentliche Kalkversorgung ohnehin empfehlenswert. Verwenden Sie jedoch vorzugsweise langsam wirkenden Kalk (kohlensaurer Kalk, Kalkmergel, Dolomit- oder Algenkalk) und überprüfen Sie gelegentlich den pH-Wert. Denn eine zu hohe Kalkversorgung kann auf Dauer eher das Gegenteil des Gewünschten bewirken und die Bodenstruktur verschlechtern.

› Einer **pH-Wert-Änderung** sollte stets eine Bodenuntersuchung vorausgehen, und auch eine Kontrolle des „Nachher" ist ratsam. Dies kann im Rahmen einer beauftragten Bodenanalyse geschehen (→ S. 172), doch für eine gelegentliche Überprüfung sind auch pH-Testsets bzw. Teststreifen aus dem Fachhandel ausreichend (→ Abb. S. 164). Einen zu sauren Boden können Sie leicht durch Kalkgaben verbessern, dies am besten behutsam und allmählich durch die erwähnten Kalkdünger. Radikale Änderungen erweisen sich oft als nachteilig für das Bodenleben und die Struktur, zumal die rasch wirkenden Lösch- und Branntkalke ätzend sind. Wenn dennoch eine schnelle Änderung gewünscht ist, empfiehlt sich noch am ehesten Hütten- oder Thomaskalk.

Soll andererseits ein alkalischer Boden angesäuert werden, dann muss man oft doch zu Weißtorf greifen. Als Alternative findet man im Handel teils auch saure Komposterden. Selbst hergestellter Laubkompost ist ebenfalls in der Regel sauer. Ansonsten wirken auch manche Düngemittel sauer, so etwa Ammoniumsulfat und schwefelsaures Kali.

› **Die Erhöhung des Nährstoffgehalts** durch Düngung (→ S. 174–179) stellt natürlich ebenfalls eine Bodenverbesserung dar – auch in diesem Fall am besten begleitet von einer Bodenuntersuchung samt gelegentlicher Nachkontrolle. Beachten Sie dabei, dass manche Pflanzen eher mageren, nährstoffarmen Boden bevorzugen (→ Pflanzenporträts, S. 402–529). Dies gilt es besonders auch beim Anlegen einer Blumenwiese zu beachten, wofür man teils sogar den Boden abmagert, also seine Nährstoffreserven verringert (→ S. 262–263).

Zugekaufter Mutterboden

Gerade auf Neubaugrundstücken ist es manchmal hilfreich, guten Mutterboden zuzukaufen, um schneller zu einem brauchbaren Oberboden zu kommen. Man trägt ihn dann einfach in einer bis zu 40 cm hohen Schicht auf den vorher möglichst gründlich gelockerten und von Bauschutt befreiten Unterboden auf. Beim angebotenen Mutterboden, auch Muttererde genannt, handelt es sich meist um den Abraum, den Baufirmen anderswo beiseite geschoben haben, um die Baugrube auszuheben. Prüfen Sie solchen Boden nach Möglichkeit sorgfältig, bevor Sie ihn bestellen. Denn zuweilen wird auch sehr armer oder sogar noch mit Bauschutt verunreinigter „Mutterboden" angeliefert, der diesen Namen kaum verdient.

Maßnahmen bei schweren Bodenproblemen

Alle bisher genannten Maßnahmen helfen nur mäßig oder gar nicht, wenn der Unterboden stark verdichtet, der Boden durch Grundwassereinfluss o. Ä. vernässt oder gar stark mit **Schadstoffen** belastet ist.

Vor allem Schwermetalle wie Cadmium und Blei finden sich in manchen Böden im Übermaß, besonders in der Nähe stark befahrener Straßen und im Einflussbereich von Industriegebieten, auch von früheren, heute stillgelegten Anlagen. In diesem Fall hilft leider nur ein kompletter Bodenaustausch, mit dem man am besten eine Firma beauftragt, die Erfahrung mit solchen Sanierungsmaßnahmen hat.

Professionelle Unterstützung sollten Sie auch heranziehen, wenn Sie **intensive Verdichtungen** im Unterboden feststellen. Manchmal kann man in solchen Fällen durch Umgraben bis in zwei- oder dreifache Spatentiefe (Rigolen bzw. Holländern) noch etwas ausrichten. Zuweilen wirkt auch ein kräftiger Pickel Wunder. Doch bei größeren Flächen ist das schon ein gewaltiger Aufwand, und regelrechte Sperrschichten, etwa aus Gestein oder stark verfestigtem Ton, schaffen nur Firmen mit entsprechendem Spezialgerät.

Sofern keine Verdichtung die Ursache ist, lassen sich stark **vernässte Böden** teils schon durch Abzugsgräben hinreichend trockenlegen. Etwas aufwendiger ist das unterirdische Verlegen von Dränagerohren oder der Einbau von Dränageschichten aus Kies oder Schotter in bis zu 80 cm Tiefe. Wenn Grund- oder Überlaufwasser, z. B. aus einem nahegelegenen Bach, nur gelegentlich auf das Grundstück eindringen, sind solche Maßnahmen oft ausreichend. Drückt allerdings Grundwasser von unten hoch, beispielsweise in einer Talaue, sollte man sich von einem Ingenieurbüro beraten lassen, um Dränageeinrichtungen möglichst optimal anzulegen und zu platzieren.

Gut zu wissen

Bodenuntersuchung – was bringt das?

Anhand einer Bodenuntersuchung bzw. -analyse erhalten Sie genauen Aufschluss über die Bodenart, den pH-Wert sowie den Nährstoffgehalt Ihres Bodens. Oft wird auch der Humusgehalt untersucht und auf Wunsch zudem der Gehalt an allen wichtigen Spurennährstoffen (→ S. 176). Bei Verdacht können Sie außerdem den Boden auf Schwermetalle und andere Schadstoffe prüfen lassen. Einige Untersuchungen kann man mit Hilfe von Bodentestsets aus dem Fachhandel auch selbst durchführen. Doch natürlich sind die Analysen professioneller Labore genauer und zuverlässiger. Häufig liefern diese dann auch gleich konkrete Düngungs- und Bodenverbesserungsempfehlungen. In der Regel geben die Labore auch Auskunft, wie die Proben am besten entnommen, verpackt und beschriftet werden. Teils bieten Gärtnereien und Gartencenter solche Untersuchungen an. Anderenfalls können Sie die Adressen geeigneter Labore bei der zuständigen Landwirtschaftskammer erfragen oder im Branchenbuch finden.

Eine Bodenuntersuchung empfiehlt sich in jedem Fall bei der Neuanlage eines Gartens oder Gartenbereichs, danach etwa alle 3 bis 4 Jahre, besonders im Gemüsegarten und beim Rasen. Man führt sie am besten im Spätherbst oder im zeitigen Frühjahr durch.

WAS TUN, WENN …

… an manchen Stellen nichts richtig wächst?

URSACHE:

Sofern die Stelle nicht gerade im tiefen Schatten liegt oder Winde jeden Pflanzenbewuchs zerzausen, findet sich die Ursache meist im Boden. Verdichtung, Vernässung, sehr niedriger pH-Wert, Humusarmut, Versalzung durch übermäßige Düngergaben über Jahre hinweg oder Schadstoffe sind die häufigsten unbelebten Ursachen. Anderenfalls sind meist Schaderreger wie Pilz- oder Bakterienkrankheiten und Nematoden (→ S. 198–203) Schuld, die sich im Boden stark ausgebreitet haben.

MASSNAHMEN:

› Wichtig ist zunächst einmal das genaue Ermitteln der Ursache, durch tiefes Aufgraben und Prüfen des Bodens sowie durch eine gründliche Bodenuntersuchung.

› Dann können geeignete Verbesserungsmaßnahmen eingeleitet werden, notfalls sogar bis hin zu einem Bodenaustausch. Bei der Diagnose der oft schwer zu identifizierenden Schaderreger können Ihnen erfahrene Gärtner oder der zuständige Pflanzenschutzdienst helfen.

… der Boden verunkrautet ist?

URSACHE:

Bei neu in Kultur genommenen oder lange Zeit vernachlässigten Böden ist der Besatz mit hartnäckigen Wurzelunkräutern und Unkrautsamen manchmal so hoch, dass Kulturpflanzen kaum eine Chance haben.

MASSNAHMEN:

Neben dem langfristigen „Aushungern“ der Unkräuter (→ S. 208) hilft hier besonders gut eine kräftige, dunkle Mulchfolie, die man ab dem zeitigen Frühjahr am besten über mehrere Monate hinweg auflegt.

… Boden abgetragen wird?

URSACHE:

Vor allem leichte Böden sind des Öfteren von Erosion, dem Abtrag durch Wind und Wasser, betroffen. Besonders in Hanglagen kann dies auf Dauer zu einem gravierenden Problem werden, da Wind und/oder Regenwasser so beständig den fruchtbaren Oberboden verlagern bzw. entfernen.

MASSNAHMEN:

Bewuchs (neben bzw. zwischen Beetpflanzen, z. B. mit Bodendeckern und Gründüngung) sowie ständiges Mulchen bewahren den Boden am besten vor ungünstigen Wind- und Wassereinwirkungen. Alles, was leichte Böden bindiger und schwerer macht, also Kompost sowie Untermischen von Lehm und Tonmehlen, kann auf Dauer helfen, die Erosion zu vermindern. In Hanglagen sollte man den Boden stets quer zum Gefälle bearbeiten. Eine komplette Terrassierung des Hangs ist bei starker Neigung die beste Lösung (→ S. 48–49). Vor Winderosion können schließlich auch Windschutzhecken (→ S. 138) schützen.

2

Nährstoffe, Düngung, Kompost

Ihre Fähigkeit, die Sonnenenergie direkt für ihr Wachstum zu nutzen, macht Pflanzen zu sehr genügsamen Lebewesen. Was sie sonst noch brauchen, entnehmen sie einfach der Luft und dem Boden. Doch die Bodenvorräte sind nicht unerschöpflich.

In diesem Kapitel:

Düngen bedeutet nichts anderes, als das Bodenreservoir immer wieder aufzufüllen. In der Natur geschieht dies durch Verwittern von Gesteinen, wobei mineralische Nährstoffe freigesetzt werden, und durch das Zersetzen von Pflanzenresten sowie tierischen Hinterlassenschaften. Dabei kommt dem Bodenleben (→ S. 165) entscheidende Bedeutung zu. Darunter tummeln sich auch Bakterien und Strahlenpilze, die in der Lage sind, Stickstoff aus der Luft zu binden und für die Pflanzenwurzeln verfügbar zu machen. Dieses seit Jahrmillionen bewährte Zusammenspiel klappt hervorragend. Allerdings stellt sich der Pflanzenbewuchs auch auf das je nach Standort sehr unterschiedliche Nährstoffangebot ein.

Bis zu einem gewissen Punkt funktioniert dieses Naturprinzip auch im Garten, wenn Pflanzenreste, wie etwa Falllaub, vor Ort verrotten dürfen und durch Mulchmaterial ergänzt werden. Doch wir verlangen den Gewächsen wie dem Boden schon einiges mehr ab als die Natur.

Dezente Nachhilfe für die Pflanzenpracht

Schon der vergleichende Blick z. B. auf eine gezüchtete Akeleiensorte (*Aquilegia*-Hybride) und ihre bescheideneren wilden Verwandten (*Aquilegia vulgaris*) demonstriert die höheren Anforderungen an Gartenpflanzen. Das gilt erst recht für viele Gemüse und ▶ SOMMERBLUMEN (S. 560), die innerhalb weniger Monate heranwachsen und dabei Spitzenleistungen in Sachen Ernte oder Blüte bringen sollen. Danach wird das Erntegut mit den darin enthaltenen Nährstoffen entnommen, die Sommerblumenbeete räumt man aus praktischen Gründen ganz ab. Auch durch Schnittmaßnahmen jeder Art entfernen wir immer wieder in Pflanzenteile eingebaute Nährstoffe. Dies alles macht einen regelmäßigen Nachschub nötig.

Das „Viel hilft viel“ früherer Zeiten ist allerdings längst passé, nicht zuletzt, weil es teils mehr Schaden als Nutzen anrichtet. Heute setzt man auf bedarfs- und umweltgerechte Düngung, die idealerweise mit einem belebten, gut gepflegten Boden einhergeht. Und dabei spielt der selbst hergestellte Kompost, der zugleich ein kostenloses Dünge- und Bodenverbesserungsmittel ist, eine zentrale Rolle.

Die Pflanzennährstoffe

PFLANZEN SIND DANK der Photosynthese in der Lage, energiereiche Substanzen wie Kohlenhydrate und Eiweiße selbst herzustellen. Ihre „Nahrung" ist deshalb sehr schlicht: Sie besteht aus einfachen Mineralstoffen sowie Bestandteilen der Luft und des Wassers. Da es letztlich um die chemischen Elemente geht, die die Pflanzen auf unterschiedliche Weise in ihren Stoffwechsel einbauen, spricht man fachlich ganz korrekt von **Nährelementen,** etwa Stickstoff oder Phosphor. Nährstoffe sind nach dieser strengen Lesart dann die Verbindungen, in denen Pflanzen solche Elemente aufnehmen, nämlich Salze wie Nitrat und Phosphat. Oft wird jedoch vereinfacht der Begriff Nährstoffe verwendet, auch wenn es um die „puren" Elemente geht.

Drei überaus wichtige Pflanzennährstoffe sind **nicht mineralisch** und werden aus der Luft oder als Zerfallsprodukte des Wassers aufgenommen, nämlich Kohlenstoff (C), Wasserstoff (H) und Sauerstoff (O). Dies sind die essenziellen Bau- und Betriebsstoffe bei der Photosynthese und der Atmung (→ S. 117–118). Die gasförmigen Quellen dieser Elemente (Kohlendioxid und Luftsauerstoff) gelangen über die Spaltöffnungen der Blätter in die Pflanzen. Auf diese Weise können Pflanzen auch kleinere Mengen an Stickstoff (N) in Form von gasförmigem Ammoniak aufnehmen. Doch obwohl Stickstoff mit ca. 78 % den Hauptbestandteil der Luft bildet, bevorzugt die Pflanzenwelt dessen Aufnahme in fester Form aus dem Boden und damit über die Wurzeln. Somit zählt auch Stickstoff zu den **mineralischen Nährstoffen.** Diese unterteilt man in Hauptnährstoffe, die die Pflanze in größeren Mengen benötigt, und in Spurennährstoffe, die sie nur in kleinen, aber unverzichtbaren Dosen braucht.

Die Hauptnährstoffe

Die Hauptnährstoffe sind Stickstoff (N), Phosphor (P), Kalium (K), Magnesium (Mg), Calcium (Ca) und Schwefel (S).

› **Stickstoff** (N) ist ein wesentlicher Baustein der Eiweiße, des Erbguts (DNS) sowie des Chlorophylls (→ S. 117). Stickstoffmangel äußert sich in blasser Blattfarbe, bei starker Unterversorgung werden die Blätter gelb, angefangen bei den älteren, und die ganze Pflanze wächst kümmerlich. Recht leicht kann es aber auch zu einem Stickstoffüberschuss kommen: Dann färben sich die Blätter blau- bis schmutzig grün und wachsen besonders üppig, jedoch mit weichem, schwammigem Gewebe. Das betrifft auch die Stängel krautiger Pflanzen; ihre Standfestigkeit leidet, und die Anfälligkeit gegenüber Krankheiten, Schädlingen sowie Frost erhöht sich deutlich. Zu viel Stickstoff geht außerdem oft auf Kosten der Blüten.

Anders als sonstige mineralische Nährstoffe entstammt der Stickstoff im Boden nicht verwitternden Gesteinen, sondern wird beim Zersetzen toter organischer Substanz frei. Außerdem vermögen manche Bodenorganismen Stickstoff aus der Luft zu binden. Bestimmte Bakterien sorgen schließlich dafür, dass der Stickstoff im Boden als mineralisches Salz vorliegt, als Nitrat. In dieser Form nehmen ihn die Pflanzen hauptsächlich auf, daneben auch als Ammonium. Nitrat wird leicht ausgewaschen und kann das Trinkwasser sowie Nahrungsmittel belasten (▶ NITRAT S. 554).

› **Phosphor** (P) fördert die Blüten- und Fruchtbildung und ist Bestandteil der Erbsubstanz (DNS) sowie wichtiger Enzyme (→ S. 176) und Energieträger. Phosphormangel führt zu Kümmerwuchs mit oft auffällig starrer Haltung der Pflanzen und beeinträchtigt Blüten- wie Fruchtentwicklung. Die Blätter, beginnend bei den älteren, verfärben sich dunkelgrün, teils auch rötlich violett. Phosphorüberschuss schädigt die Pflanzen kaum, wird aber im Boden festgelegt und verschlechtert dann die Aufnahme anderer Nährstoffe.

› **Kalium** (K) hat wesentliche Bedeutung für die Regulierung des Wasserhaushalts und für den Stofftransport. Es aktiviert pflanzeneigene Enzyme und fördert den Kohlenhydrataufbau. Durch Festigen des Pflanzengewebes erhöht es die Standfestigkeit sowie die Widerstandsfähigkeit gegen Frost, Schädlinge und Krankheiten.

Bei Kaliummangel hellen sich die Blattspitzen und -ränder auf und werden dann braun, beginnend an den älteren Blättern. Die Blätter krümmen sich oder rollen sich ein, die Pflanzen wirken schlaff und welk. Ein Überschuss im Boden kann die Magnesium- und Kalkaufnahme behindern.

Üppige Blüte, reiche Ernte – dafür wird auf Dauer ein gut abgestimmter Nährstoffnachschub nötig.

1

2

3

1 Bei Stickstoffmangel hellen sich zuerst ältere Blätter auf.
2 Bei Magnesiummangel verfärben sich Nadelzweige gelbbraun.
3 Für Eisenmangel sind die grün bleibenden Blattadern typisch.

› **Magnesium (Mg)** ist ein wichtiger Baustein des Chlorophylls (Blattgrüns), fördert den Eiweißaufbau, die Atmung und andere Stoffwechselvorgänge. Magnesiummangel zeigt sich zuerst an älteren Blättern. Sie färben sich von der Mitte her erst gelb, dann braun; dabei bleiben die Blattadern mitsamt einem schmalen Saum lange grün. Magnesiummangel tritt öfter auch an Nadelgehölzen auf (→ Abb. oben). Zu einem Magnesiumüberschuss kommt es selten.

› **Calcium (Ca)**, Hauptbestandteil des Kalks, festigt die Zellwände und ist am Wasserhaushalt der Pflanze sowie an verschiedenen Stoffwechselprozessen beteiligt. Calciummangel führt zur Aufhellung bzw. zum Vergilben junger Blätter und Pflanzenteile. Teils knicken Blütenstiele und Triebspitzen hakenförmig ab. Direkte Düngung wird allerdings kaum nötig; eine Kalkversorgung ist vor allem in Hinblick auf die Bodenstruktur und den pH-Wert wichtig (→ S. 171).

› **Schwefel (S)** ist ein wichtiger Baustein von Eiweißen und Enzymen. Ein Schwefelmangel hat ähnliche Symptome wie ein Stickstoffmangel, zeigt sich jedoch zuerst an den jüngeren Blättern. Im Boden liegt Schwefel hauptsächlich in organischen Verbindungen vor und wird nach Mineralisierung durch Bakterien als Sulfat aufgenommen. Außerdem können ihn die Pflanzen auch gasförmig, als Schwefeldioxid, über ihre Blätter aufnehmen. Durch die Luftverschmutzung ist der Schwefeldioxidgehalt allerdings mancherorts so hoch, dass er die Spaltöffnungen stark beeinträchtigen kann; dies führt zum Verbräunen und Absterben ganzer Blattpartien.

Die Spurennährstoffe

Tatsächlich benötigen die Pflanzen diese Nährstoffe nur in „Spuren". Lediglich Eisen (Fe) wird in etwas größeren Mengen aufgenommen und teils auch als Hauptnährstoff eingestuft. Weitere Spurennährstoffe sind Mangan (Mn), Zink (Zn), Kupfer (Cu), Molybdän (Mo) und Bor (B).
Fast alle steuern, aktivieren bzw. sind Bestandteile von **Enzymen.** Solche Biokatalysatoren lösen Stoffwechselvorgänge aus, beschleunigen sie bzw. sorgen dafür, dass sie ordnungsgemäß ablaufen. Ob Keimung, Chlorophyll- und Eiweißaufbau, Photosynthese, Atmung, Blüten- oder Fruchtentwicklung – überall sind Enzyme beteiligt. Ein Mangel an Spurennährstoffen führt deshalb zu den unterschiedlichsten Stoffwechselstörungen, die sich meist in Chlorosen (Aufhellung bzw. Gelbfärbung) der Blätter äußern. Charakteristische Symptome sind bei:

› Eisenmangel: Chlorosen, an jüngeren Blättern beginnend, bis hin zur Weißfärbung; die Blattadern bleiben grün;
› Manganmangel: punktförmige Chlorosen zwischen den Blattadern, zuerst an älteren Blättern;
› Zinkmangel: Chlorosen an jüngeren Blättern; bei Obstgehölzen sehr stark gestauchte Triebe mit kleinen, rosettenartigen Blättern;
› Kupfermangel: Chlorose der jüngsten Blätter, bis hin zur Weißfärbung; bei Obstgehölzen teils verkümmerte Spitzentriebe;
› Molybdänmangel: Chlorose an jüngeren Blättern; bei Blumenkohl „Klemmherzigkeit", d. h. löffelartige Blätter oder nur Ausbildung der Mittelrippe; bei Bohnen und anderen Hülsenfrüchtlern Kümmerwuchs, da die ▶ KNÖLLCHENBAKTERIEN (S. 549) beeinträchtigt werden;
› Bormangel: verkrüppelte junge Blätter, Blüten und Früchte, bei Sellerie Knollenfäule.

Neben diesen unverzichtbaren Spurennährstoffen nehmen manche Pflanzen bestimmte Elemente als **förderliche Stoffe** auf, nämlich Silizium (Si), Natrium (Na), Cobalt (Co) oder Chlor (Cl). Silizium z. B. festigt das Pflanzengewebe und macht es so auch widerstandsfähiger gegen Krankheiten und Schädlinge. Chlor verbessert den Wasserhaushalt, was sich z. B. Kohl und Spinat gern zunutze machen. Andere Pflanzen dagegen vertragen dieses Element, das als Chlorid in Düngesalzen vorkommt, gar nicht, so etwa die meisten Beerensträucher, die deshalb ▶ CHLORIDFREIE DÜNGER (S. 538) brauchen.

!

wir empfehlen

Achten Sie auf den pH-Wert

Wenn Sie häufiger Nährstoffmangelsymptome beobachten, sollten Sie unbedingt den pH-Wert des Bodens überprüfen bzw. eine Bodenuntersuchung durchführen (→ S. 172). Die meisten Spurennährstoffe sind umso schlechter verfügbar, je alkalischer der Boden ist. Ein zu hoher Kalkgehalt kann zudem die Aufnahme von Kalium und Magnesium beeinträchtigen. In zu sauren Böden dagegen kommt es vor allem zu Molybdän- und Phosphormangel, auch die Aufnahme der anderen Hauptnährstoffe ist hier eingeschränkt.

Düngemittel und -methoden

Festdünger werden gleichmäßig um die Pflanzen herum verteilt und leicht eingearbeitet.

WENN SIE ORGANISCHE oder weitgehend naturbelassene mineralische Dünger verwenden, füllen Sie die Bodenvorräte eher langfristig auf. Die Düngewirkung kommt erst allmählich zum Tragen, in Abhängigkeit von Temperatur, Niederschlägen und der Aktivität des Bodenlebens. Im optimalen Fall fließen die Nährstoffe parallel zur Pflanzenentwicklung, die Freisetzung kann aber auch ein wenig hinterherhinken.
Zielgerichteter und planbarer können Sie mit leicht löslichen mineralischen Düngern arbeiten. Die in Form von Düngesalzen ausgebrachten Nährstoffe gehen mehr oder weniger direkt in die Bodenlösung über. Dadurch ist allerdings auch die Gefahr einer Überdüngung besonders groß, ebenso das Risiko der Auswaschung.

Düngertypen- und -formen

Neben organischen Düngern, die sämtliche Nährstoffe in organischer gebundener Form enthalten, und mineralischen Düngern gibt es auch organisch-mineralische Mischdünger. Sie vereinen entsprechend schnell und langsam wirkende Nährstoffe. Dünger für den Garten werden vorwiegend als Festdünger angeboten, teils sind aber auch Flüssigdünger im Handel.

Organische Dünger

Selbst hergestellter Kompost (→ S. 180–183) ist ein preiswerter organischer Dünger, der vor allem der Bodenverbesserung dient. In ländlichen Gegenden bietet sich zudem die Möglichkeit, den wichtigsten organischen Dünger unserer Vorväter zu beziehen, den **Stallmist.** Er ist nährstoffreicher als Kompost und enthält vor allem größere Anteile an recht schnell löslichem Stickstoff. Mist beziehen Sie am besten aus kleineren landwirtschaftlichen Betrieben oder von Reitställen. Am besten wird er erst nach Kompostierung eingearbeitet. Teils bietet der Fachhandel auch Mist als abgepackten Trockendung an.
Tierische Produkte bzw. Abfälle zählen seit jeher zu den wichtigsten organischen Düngern, da sie die Nährstoffe teils in recht hoher Konzentration enthalten. Mit dem Auftreten der Rinderkrankheit BSE gegen Ende des 20. Jahrhunderts machte sich jedoch große Unsicherheit breit. Eine Übertragung der Krankheitserreger über tierischen Dünger wurde bislang noch nicht festgestellt; Wissenschaftler können diese Möglichkeit aber auch nicht ganz ausschließen. Die ökologischen Anbauverbände beschlossen deshalb, auf Blut- und Knochenmehl bis auf weiteres zu verzichten. Hornspäne und Rindermist gelten dagegen als unbedenklich.
Die Vogelgrippe, die sich zuweilen epidemieartig aus Asien verbreitet, macht zudem Hühnermist zu einem fragwürdigen Dungstoff und betrifft möglicherweise auch Guano, den Seevogelkot, der in Düngern Verwendung findet. Der pflanzliche Rizinusschrot schließlich, ein stickstoffreicher Pressrückstand, wurde vorsichtshalber weitgehend aus dem Verkehr gezogen, da sich mehrfach Hunde daran vergifteten. Ordnungsgemäß erhitzter Rizinusschrot ist allerdings nach Expertenmeinung ungefährlich. Beim Kauf organischer Handelsdünger sollte man jedenfalls Produkte namhafter Hersteller bevorzugen, die ihre Rohstoffe sorgfältig überprüfen.
Um auf organischem Weg einen hohen Stickstoffbedarf zu decken, bleiben einem in erster Linie nur **Hornspäne.** Feinere Vermahlungen als Horngrieß oder Hornmehl sorgen für eine recht schnelle Umsetzung.
Auch mit Hilfe von **Pflanzenjauchen** ist eine schnell wirkende organische Düngung möglich. Dabei nutzt man vor allem die stickstoffreiche Brennnesseljauche und die kalireiche Beinwelljauche aus Blättern und Stängeln des Beinwells (*Symphytum officinale*). Die Pflanzen werden dazu in 10–20 cm lange Stücke zerschnitten, in eine große, sonnig aufgestellte Tonne gegeben und dann mit Wasser übergossen (ca. 10 l je kg Pflanzenmaterial). Nach einigen Tagen setzt eine Gärung ein. Rühren Sie die Jauche täglich um; zur Geruchsbindung können Sie etwas Gesteinsmehl einstreuen. Nach 10 bis 14 Tagen zeigt das Nachlassen der Bläschenbildung an, dass die Verjauchung abgeschlossen ist. Dann können Sie die Jauche, im Verhältnis 1:10 mit Wasser verdünnt, zum Düngen ausgießen.

Rasendünger lässt sich mit einem Streuwagen besonders einfach und gleichmäßig verteilen.

Zum Herstellen von Brennnesseljauche setzt man ca. 1 kg zerkleinerte Pflanzenteile mit 10 l Wasser an.

Die vergorene Jauche wird abgesiebt und, im Verhältnis 1:10 mit Wasser verdünnt, gegossen.

Versehen Sie den Rest in der Tonne mit einem Deckel, bis er ganz aufgebraucht ist. Auch Kompostwasser (→ S. 182) lässt sich als Flüssigdünger verwenden.

Mineralische Dünger

Die meisten Rohstoffe für mineralische Dünger werden im Bergbau gewonnen. Nur zerkleinert bzw. zermahlen wirken z. B. Kalium-, Phosphat- oder Magnesiumdünger langsam, aber nachhaltig. In vielen Düngern sind diese Rohstoffe jedoch chemisch aufgeschlossen und liegen als wasserlösliche Salze vor. Besonders leicht löslich ist mineralischer Stickstoff, der in einem energieaufwendigen synthetischen Verfahren aus der Luft gewonnen wird.
Da bei Verwendung solcher Dünger höhere Auswaschungsverluste drohen und öfter Nachdüngungen nötig sind, wurden mineralische Depot- oder **Langzeitdünger** entwickelt. Sie bestehen aus Nährstoffkörnern mit einer zersetzbaren Umhüllung. So geben sie ganz ähnlich wie organische Dünger ihre Nährstoffe in Abhängigkeit von Temperatur und Bodenfeuchtigkeit nur ganz allmählich frei, wobei sich die Nachlieferung über mehrere Monate erstrecken kann.

Mehr- und Einnährstoffdünger

Die üblichen mineralischen Düngemittel enthalten ebenso wie organische Fertigdünger mindestens die drei sogenannten Kernnährstoffe Stickstoff (N), Phosphor (P) und Kalium (K). Häufig kommt noch Magnesium (Mg) dazu, teils auch Schwefel (S) oder Calcium (Ca). Gute **Volldünger** sollten aber auch Spurennährstoffe (→ S. 176) in einem ausgewogenen Verhältnis enthalten. In organischen Düngern kommen oft schon „von Natur" aus recht viele Spurennährstoffe vor.
Das Verhältnis der drei Kernnährstoffe wird oft als griffige Kurzformel angegeben, z. B. NPK = 14+7+17 (Zusammensetzung des handelsüblichen „Blaukorns"). So lässt sich im Vergleich leicht feststellen, ob es sich etwa um einen eher stickstoff- oder eher kaliumreichen Dünger handelt.
Es gibt etliche Dünger, in denen das Verhältnis der Haupt- und Spurennährstoffe genau auf den Bedarf bestimmter Pflanzen bzw. Kulturen abgestimmt ist. Solche **Spezialdünger** werden z. B. für den Rasen, für Rosen, Nadelgehölze, Rhododendren oder gar für Tomaten angeboten.
Einzelnährstoffdünger werden vorwiegend eingesetzt, um akuten Nährstoffmangel auszugleichen. Dies kann teils sogar mit Hilfe von flüssigen **Blattdüngern** geschehen – eine Form, in der Pflanzen vor allem Eisen, Magnesium und Schwefel aufzunehmen vermögen.

Dünger richtig anwenden

Dünger bringt man vorzugsweise bei bedecktem Himmel aus, auf leicht angefeuchteten Boden. Verstreuen Sie Festdünger möglichst gleichmäßig mit der Hand; für größere Flächen ist ein Streuwagen hilfreich. Dann arbeiten Sie den Dünger mit dem Rechen oder Grubber leicht ein. Flüssigdünger können Sie einfach mit der Gießkanne ausbringen. Beachten Sie in jedem Fall genau die Anwendungs- und Dosierungshinweise des Herstellers.
Bei etlichen Pflanzen reicht es schon, wenn man sie im Frühjahr bzw. bei der Pflanzung einmal mit Dünger versorgt – und in vielen Fällen genügt dafür schon Kompost. Mehrmalige und teils auch höher konzentrierte Düngergaben werden z. B. bei manchen Gemüsen, Sommerblumen oder anspruchsvollen Stauden nötig, auch beim Rasen und bei Rosen. Man unterscheidet dann in eine Grunddüngung – zum Säen und Pflanzen oder zum Wachstumsbeginn – und eine oder mehrere Nachdüngungen, die im Gemüseanbau auch als Kopfdüngungen bezeichnet werden. Über die spezielle Düngungspraxis der einzelnen Pflanzengruppen informiert das Kapitel „Pflanzen und pflegen" (→ S. 248–401).
Zu einer guten Düngepraxis gehört auch eine gelegentliche Bodenuntersuchung (→ S. 172). So können Sie sehr gezielt auf eine eventuelle Unterversorgung mit einzelnen Nährstoffen reagieren. Andererseits sind auch viele Gartenböden durch langjährige mineralische Düngung mit Kalium und Phosphor überversorgt, so dass sich hier Zurückhaltung empfiehlt.
Beim recht schnell umgesetzten Stickstoff geben Bodenanalysen eher eine Momentaufnahme an. Schon aufgrund der leichten Auswaschung, die die Trinkwasserressourcen belastet, sollte man diesen Nährstoff mit Vorsicht verabreichen. Eine besondere Problematik besteht beim Gemüse: Wenn ▶ NITRAT (S. 554), die hauptsächlich aufgenommene Stickstoffform, wegen Überdüngung oder Lichtmangel nicht zügig in Eiweißstoffe umgewandelt werden kann, reichert es sich als gesundheitsgefährdender Stoff im Erntegut an.

Gründüngung

Unter Gründüngung versteht man die Aussaat von Pflanzen, die den Boden nach dem Absterben mit Nährstoffen bzw. Humus anreichern. Etliche Gründüngungspflanzen sind Stickstoffsammler: Sie bilden als Schmetterlingsblütler die familientypische Lebensgemeinschaft mit ▶ KNÖLLCHENBAKTERIEN (S. 549), die Stickstoff aus der Luft binden. Nach dem Zersetzen der Pflanzenwurzeln kommt dieser Stickstoff den nachfolgend angebauten Pflanzen zugute. Gründüngungspflanzen, besonders die Tiefwurzler unter ihnen, hinterlassen außerdem einen gut gelockerten Boden.
Einige Gründüngungspflanzen können sogar ▶ NEMATODEN (S. 554) im Boden eindämmen. Besonders Studentenblumen sowie bestimmte Ölrettich- und Senfsorten (nur als nematodenresistent ausgewiesene) haben sich hierbei bewährt. In Gemüsebeeten eignen sich vor allem Bienenfreund, Buchweizen und Winterroggen für einen ▶ FRUCHTWECHSEL (S. 543). Ölrettich, Senf sowie Winterraps sollten Sie dagegen nicht vor oder nach Kohlgewächsen aussäen, da sie zur selben Familie gehören. Dasselbe gilt für sämtliche Stickstoffsammler in Bezug auf Bohnen und Erbsen.
Neben den in der Tabelle aufgeführten Arten kommen noch einige weitere Pflanzen in Frage, vor allem aus der Familie der Schmetterlingsblütler. Sie können auch Spinat und Feldsalat einsetzen. Als „Bodenkur" eignen sich besonders Samenmischungen, wie sie der Fachhandel anbietet.

Die Gründüngungspraxis

Die Saatfläche bereiten Sie am besten ebenso gründlich vor wie für andere Aussaaten (→ S. 167–169). Säen Sie in recht engen Reihen oder verteilen Sie die Samen breitwürfig. Die Samen werden eingeharkt bzw. mit Erde abgedeckt und dann bis zum Keimen gut feucht gehalten. Nicht winterharte Arten können Sie je nach Saatzeitpunkt einfach abfrieren lassen. Ansonsten mähen Sie die Pflanzen ab, wenn sie genügend Blattwerk entwickelt haben, spätestens vor der Samenbildung. Dann arbeiten Sie die Reste nur oberflächlich ein und lassen sie verrotten. Grobe Teile können Sie vorher abrechen und als Kompostmaterial oder zum Mulchen nutzen.

Gründungungspflanzen

NAME	SAATZEIT/ KULTURZEIT	HINWEISE
Ringelblume *Calendula officinalis*	März – Sept./ 8 bis 10 Wochen	leichte Wirkung gegen Nematoden; nicht winterhart
Buchweizen *Fagopyrum esculentum*	Mai – Aug./ ca. 8 Wochen	für sandige Böden; nicht winterhart
Schmalblättrige Lupine *Lupinus angustifolius*	April – Sept./ 12 bis 15 Wochen	Stickstoffsammler, Tiefwurzler; nicht winterhart
Gelbe Lupine *Lupinus luteus*	April – Sept./ 12 Wochen	Stickstoffsammler, Tiefwurzler; für sandige Böden; nicht winterhart
Hopfenklee *Medicago lupulina*	März – Juni/ 6 bis 9 Wochen	Stickstoffsammler, auch für sehr arme Böden; winterhart
Serradella *Ornithopus sativus*	Mai – Aug./ 6 bis 9 Wochen	Stickstoffsammler, für sandige Böden; winterhart, kann bis zum Frühjahr stehen
Bienenfreund *Phacelia tanacetifolia*	März – Aug./ 6 bis 9 Wochen	gute Bienenweide; frosthart bis –8° C (→ Abb. links)
Ölrettich *Raphanus sativus*	April – Sept./ 6 bis 8 Wochen	Tiefwurzler, teils gegen Nematoden; nicht winterhart
Winterroggen *Secale cereale*	Sept. – Okt./ bis Frühjahr	für letztmögliche Einsaat; winterhart
Weißer Senf *Sinapis alba*	März – Sept./ 4 bis 5 Wochen	schnellwüchsig, teils gegen Nematoden; nicht winterhart
Studentenblume *Tagetes-Arten*	Mai – Sept./ 8 bis 10 Wochen	gegen Nematoden; nicht winterhart
Inkarnatklee *Trifolium incarnatum*	Juli – Sept./ 6 bis 9 Wochen	Stickstoffsammler; winterhart, kann bis zum Frühjahr stehen (→ Abb. rechts)
Zottelwicke *Vicia villosa*	Aug – Sept./ bis Frühjahr	Stickstoffsammler, gute Lockerung; winterhart

Richtig kompostieren

VON MANCHEN NUR als Abfallhaufen angesehen, ist der Kompostsammelplatz für wahre „Kenner" das heimliche Herzstück des Gartens. Richtig genutzt, dient er als ständiger Quell der Fruchtbarkeit und liefert nährstoffreichen Humus für Beete, Pflanzstellen und BAUMSCHEIBEN (S. 535). Nebenbei fördert guter Kompost auch die Pflanzengesundheit. Zugleich gibt es keine bessere Möglichkeit, die Gartenabfälle, die im Lauf des Jahrs anfallen, zu entsorgen – einmal abgesehen vom Mulchen (→ S. 170), das ebenfalls eine Art (Flächen-)Kompostierung darstellt. Von den vielfach hochgelobten Vorzügen des Komposts erfährt man allerdings in der Praxis nur wenig, wenn man sämtliche Abfälle in irgendeiner Ecke des Gartens aufeinander türmt. Etwas Platz sollte man hierfür schon reservieren – dies nach Möglichkeit weder in praller Sonne noch im tiefsten Schatten. Und nur bei ordentlichem Aufschichten macht der Kompost seinem lateinischen Ursprungswort Ehre: als „compositum", d. h. als Zusammengesetztes mit harmonischem Endergebnis.

Behälter für den Kompost

Die Wahl und Ausstattung eines geeigneten Kompostplatzes wurde in Grundzügen bereits im Zusammenhang mit der Gartenplanung (→ S. 67) erläutert. Wenn Sie die Abfälle nicht einfach in Mieten (Haufen) sammeln und aufsetzen möchten, bieten sich die dort ebenfalls beschriebenen Behälter aus Holz oder Kunststoff an, die man in jedem Bau- oder Gartenmarkt erhält. Es gibt auch etwas stabilere Modelle mit Eckpfosten z. B. aus Metall.
Drahtbehälter eignen sich gut, um Rasenschnitt oder Laub zu kompostieren, da sie optimal belüftet sind. Allerdings bieten sie keinerlei Isolierung. Gerade umgekehrt verhält es sich mit den rundum geschlossenen und isolierten Thermokompostern: Hier ist die Wärmentwicklung besonders intensiv, die Kompostierung läuft oft sehr zügig ab. Da allerdings wenig Luft an das Material gelangt, kann es besonders bei feinen, feuchten Abfällen zu Fäulnis kommen (→ auch S. 183). Ein großer Vorteil ist die Entnahmemöglichkeit des reifen Komposts über bodennahe Klappen: So können Sie ohne Umstände oben immer wieder frisches Material einfüllen, während unten schon der (fast) fertige Kompost ansteht. Unterm Strich sind Thermokomposter die platzsparendste Lösung.

Was im Kompost passiert

Dass aus Garten- und Küchenabfällen eine nährstoff- und humusreiche Komposterde entsteht, bewirken dieselben Heerscharen oft winziger Helfer, die auch den Boden bevölkern (→ S. 165). In einem gut zusammengesetzten organischen Abfallhaufen finden sie ein regelrechtes Schlaraffenland vor. Wie auch im Boden arbeiten sie am besten bei genügend Wärme (jedoch nicht in praller Sonne), Feuchtigkeit und Sauerstoff und bewirken dann den vorteilhaften Zersetzungsvorgang, der als Rotte bezeichnet wird. Fehlt es jedoch an Sauerstoff, etwa in sehr nassem, zusammenklebendem Material, dann setzen sich andere Organismen durch, die Fäulnis oder Schimmel verursachen.
Eine günstige Rotte läuft in folgenden drei Phasen ab:

Schattierende Pflanzen werden in den Boden gesetzt und die Triebe dann über den Kompost geleitet.

Checkliste

Was kann auf den Kompost?

Geeignete Materialien:
- ✔ pflanzliche Gartenabfälle jeder Art, ggf. zerkleinert
- ✔ pflanzliche Küchenabfälle, auch Kaffee- und Teesatz
- ✔ Zitrus- und Bananenschalen in nicht allzu großen Mengen
- ✔ Stallmist
- ✔ Stroh in Maßen
- ✔ Zeitungspapier, Pappe u. Ä. in Maßen
- ✔ Holzasche

Ungeeignete Materialien:
- ✔ kranke Pflanzen und Pflanzenteile
- ✔ samentragende Unkräuter und Wurzeln hartnäckiger Unkräuter wie Quecke, Giersch oder Winde
- ✔ Reste von Pflanzenschutzmitteln
- ✔ verschimmelte Küchenabfälle
- ✔ Fleisch- und Fischabfälle, Knochen
- ✔ Öle und Fette
- ✔ Katzenstreu, Haustierkot
- ✔ Staubsaugerbeutel
- ✔ Zigarettenkippen
- ✔ farbig bedrucktes und Hochglanzpapier
- ✔ Asche von Grill-, Stein- und Braunkohle

› In der Abbauphase bewirken Bakterien und andere Mikroorganismen vor allem den Abbau von Kohlenhydraten und Eiweißen. Das Zerlegen dieser energiereichen Stoffe führt zu einem gewaltigen Temperaturanstieg: Das Kompostinnere kann sich auf bis zu 75° C erhitzen. Danach sackt der Kompost stark zusammen.

› In der Umbauphase, bei immer noch etwa 40° C im Kompostkern, zerkleinern und vermischen Kleintiere wie Springschwänze das Material, Mikroorganismen wandeln es allmählich in Humus um.

› In der Reifephase erfolgt die endgültige Veredelung: Regenwürmer und andere größere Tiere zerkleinern die Reste, die Partikel werden schließlich zu stabilen, luftigen Krümeln (→ S. 166) verbunden.

Schon im Verlauf der Umbauphase, nach etwa 2 bis 4 Monaten, entsteht der erste, bereits verwendbare **Frischkompost** (Rohkompost). Bis man den vollständig vererdeten Reifekompost erhält, kann es je nach Kompostmaterial und -bedingungen 6 bis 12 Monate dauern, teils auch länger. Der dunkel gefärbte **Reifekompost** riecht nach frischem Waldboden und bewährt sich im Zweifelsfall beim Kressetest (→ S. 182).

Aufsetzen – die Mischung macht's

Am schnellsten und sichersten kommen Sie zu gutem Kompost, wenn Sie weiche Abfälle mit gröberem Material vermengen und alles gezielt aufschichten. Das kann das ganze Jahr über geschehen, doch über Winter passiert freilich noch nicht allzu viel. Die Checkliste zeigt Ihnen, welch vielfältiges Material in Frage kommt.

Gehölzschnitt sowie kräftige Gemüse- und Staudenstängel sollten gründlich zerkleinert werden, nur für die unterste Schicht kann man etwas größeres Material gebrauchen. Den zum Verkleben oder gar Faulen neigenden Rasenschnitt breitet man am besten in flacher Lage aus und lässt ihn leicht anrotten, ehe er auf den Kompost kommt. Ansonsten vermischt man ihn ebenso wie Laub möglichst schon beim Sammeln mit Grobabfällen. Das Mischen der Materialien, beim Sammeln wie beim Aufsetzen, hat noch einen weiteren Vorteil: So ergänzen sich stickstoffreiche Abfälle wie Rasenschnitt, Gemüse- und Küchenreste ideal mit solchen, die weniger oder verstärkt andere Nährstoffe enthalten.

Schicht für Schicht

Bringen Sie beim Aufsetzen zunächst eine 20–30 cm hohe Schicht aus Gehölzschnitt oder anderem sperrigem Material aus; das sorgt für guten Wasserabfluss. Optimal ist es, wenn Sie über Holzhäcksel verfügen, der noch darunter als erste Schicht aufgetragen wird: Er saugt Sickerwasser auf und bewahrt die darin enthaltenen Nährstoffe vor Auswaschung.

Darüber schichten Sie dann die restlichen, gut durchmischen Abfälle in 20–30 cm hohen Lagen. Dazwischen kommt jeweils eine rund 5 cm dünne Schicht Gartenerde oder bereits reifer Kompost. Darüber können Sie noch etwas Gesteinsmehl oder Kalk streuen, bei nährstoffarmem Ausgangsmaterial auch Hornspäne. Die abschließende Schicht bildet nochmals Erde. Eine zusätzliche Mulchdecke aus Rasenschnitt, Laub oder Stroh isoliert und bewahrt vorm Austrocknen. Insgesamt schichtet man den Kompost etwa 120 cm (maximal 150 cm) hoch.

Mit den Erd- bzw. Kompostzwischenschichten „impfen" Sie das Ganze, da hierin reichlich Mikroorganismen enthalten sind. Dasselbe bewirken diverse käufliche Kompostzusätze („Kompoststarter"), die aber entbehrlich sind, falls Sie über genügend Kompost oder humosen Gartenboden verfügen. Lebende Zusätze anderer Art sind käufliche Kompostwürmer, die schon einiges bringen können – besonders wenn sich im Garten noch nicht allzu viele Regenwürmer eingefunden haben.

Umsetzen und Kompostpflege

Sobald der Kompost deutlich zusammengesunken ist, können Sie ihn umsetzen, d. h. direkt daneben nochmals neu auf-

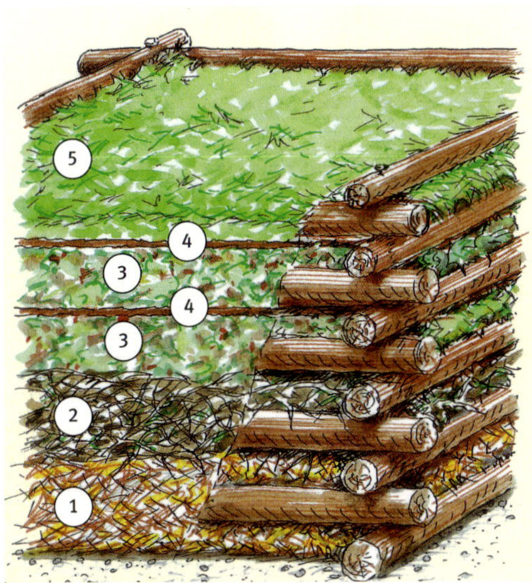

Ideale Schichtung: 1 Holzhäcksel, 2 Zweige, Äste, 3 Garten- und Küchenabfälle, 4 Erde, 5 Rasenschnitt

Oben Abfälle einfüllen, unten fertigen Kompost herausnehmen – Thermokomposter machen's möglich.

Zur Verwendung zwischen jungen Pflanzen empfiehlt sich das Absieben über einen Kompostdurchwurf.

Kompost wird oberflächlich eingearbeitet – dann können ihn die Bodenorganismen am besten umsetzen.

schichten. Dabei wird das angerottete Material gründlich durchmischt und die Luftzufuhr gefördert. Die mit dieser Arbeit verbundene Beeinträchtigung der Mikroorganismen wird durch verbesserte Sauerstoffzufuhr schnell wieder wettgemacht.

Bei anhaltender Trockenheit ist es sinnvoll, den Kompost zu gießen. Bei Dauerregen dagegen schützt eine vorübergehend aufgelegte Folie vor zu starker Vernässung. Wird ein Komposthaufen von den Ranken und Blättern einer Kürbispflanze oder Kapuzinerkresse überzogen, ergibt das nicht nur einen hübscheren Anblick: Das Blattwerk sorgt dafür, den Kompost an allzu sonnigen Stellen zu beschatten. Die Pflanzen sollten Sie dabei stets neben den Kompost setzen. Wenn sie dagegen ihre Wurzeln im Rottematerial verankern, entziehen sie diesem zu viele Nährstoffe.

Vielseitige Kompostverwendung

Schon der halb zersetzte **Frischkompost** lässt sich nutzbringend verwenden:

› als Grunddüngung vor dem Säen oder Pflanzen nährstoffliebender Arten; ausgebracht als Mulch über Winter oder im Herbst bzw. zeitigen Frühjahr flach eingearbeitet;

› zum Mulchen zwischen bereits gut entwickelten, nährstoffliebenden Pflanzen;

› zum Mulchen der Baumscheiben eingewachsener Gehölze.

Frischkompost enthält mehr leicht lösliche Nährstoffe als Reifekompost, aber auch andere Umbaustoffe, z. B. organische Säuren. Daher ist er zur Anwendung bei empfindlicheren, insbesondere noch jungen Pflanzen nicht geeignet, und er sollte auch bei älteren Exemplaren nicht ganz an die Sprossbasis herangezogen werden.

Reifekompost dagegen ist wesentlich verträglicher und lässt sich praktisch für jede Art von Bodenverbesserung, Mulchen und Düngung (bei eher mäßiger, langsamer Nährstoffzufuhr) einsetzen. Für Aussaaten sowie zum Mischen von Pflanzerden sollte man ihn allerdings möglichst erst verwenden, nachdem er schon einige Zeit abgelagert ist. Zumindest für solche „feineren" Zwecke wird der Kompost am besten auch über einen Durchwurf (→ S. 147) abgesiebt; die groben Reste ergeben wiederum ein gutes Material für den nächsten Kompostansatz.

Kompost sollten Sie nicht tief untergraben, sondern stets nur **flach einarbeiten.** Ein 10-l-Eimer pro m^2 bzw. eine Ausbringungshöhe von 1 cm ist meist ausreichend, kann dann aber mehrmals pro Jahr ausgebracht werden. Etwa doppelte Ausbringungsmengen sind für größere Gehölze in Ordnung, zur Bodenverbesserung bei neuangelegten Beeten können Sie den Kompost 3–4 cm hoch ausbringen. Doch auch Kompost hat seine entsprechenden Nährstoffgehalte und kann beispielsweise den Phosphatanteil im Boden in ungünstiger Weise erhöhen. Gelegentliche Bodenuntersuchungen sind deshalb auch bei reiner Kompostdüngung ratsam. Was die Versorgung mit Spurennährstoffen angeht, ist Kompost besonders vorteilhaft.

Kompostwasser lässt sich als Düngemittel ausgießen, hat aber besonderen Wert, wenn man es als vorbeugendes Pilzbekämpfungsmittel mit der Pflanzenschutzspritze ausbringt. Vor allem bei Tomaten, Gurken, Erdbeeren und Rosen wurden damit gute Erfahrungen gemacht. Dazu verrührt man 1 l Reifekompost in 5 l Wasser, lässt das Ganze 1 Woche durchziehen und rührt täglich um. Schließlich filtert man die Grobanteile über ein Tuch oder feines Sieb ab und übersprüht mit dem Extrakt in Abständen von 3 bis 4 Tagen mehrmals die gefährdeten Pflanzen sowie den Boden.

!

wir empfehlen

Kressetest als Reifetest

Säen Sie gleichmäßig einige Kressesamen in eine flache Schale mit dem fraglichen Kompost. Drücken Sie die Samen leicht an, befeuchten Sie den Kompost gut und stellen Sie die Schale hell bei etwa 15–18° C auf (bis zum Erscheinen der ersten Keimlinge mit einer Glasscheibe oder Folie abdecken). Keimt nach 3 bis 4 Tagen der größte Teil der Samen, dann ist der Kompost schon recht pflanzenverträglich. Bleiben die Blätter weitere 6 bis 8 Tage grün, verfügen Sie über gut ausgereiften Kompost. Bei einer Gelb- oder Braunfärbung der Blätter dagegen handelt es sich noch um Frischkompost.

WAS TUN, WENN ...

... Düngung keine rechte Wirkung zeigt?

URSACHE:

Wenn trotz regelmäßiger, bedarfsgerechter Düngung Mangelsymptome auftreten, schränkt oft ein zu hoher oder zu niedriger pH-Wert die Nährstoffverfügbarkeit ein. Auch extreme Auswaschung (Sandboden) oder sehr starke Festlegung (Tonboden) kann eine Rolle spielen. Zu Engpässen kommt es zuweilen auch, wenn sich ein Nährstoff, z. B. Kalium, übermäßig im Boden angereichert hat. Er kann dann die Aufnahme anderer Nährstoffe, etwa des Magnesiums, stark behindern.

MASSNAHMEN:

Eine Bodenuntersuchung (→ S. 172) hilft in allen genannten Fällen, die Ursache zu ergründen und eine entsprechende Bodenverbesserung (→ S. 171–172) einzuleiten. Bei ungünstigen pH-Werten oder Bodenarten zeigt das schon bald Wirkung. Ein deutlicher Nährstoffüberschuss im Boden lässt sich allerdings nur langfristig durch eine genau abgestimmte Düngung beheben. Kurzfristig kann eine Blattdüngung mit dem in der Aufnahme behinderten Nährstoff helfen.

... Thermokomposter Probleme bereiten?

URSACHE:

Dem Vorteil der guten Isolierung von Thermokompostern (→ S. 180) steht gegenüber, dass das verrottende Material nur mäßig durchlüftet wird und Regen keinen Zutritt hat. So kann es einerseits zu Fäulnis oder Schimmel kommen, andererseits – bei reichlich trockenen, gröberen Ausgangsstoffen – zur Austrocknung.

MASSNAHMEN:

- Achten Sie beim Einfüllen auf eine besonders gute Durchmischung feiner und grober Materialien.
- Kontrollieren Sie gelegentlich den Rottevorgang, und gießen Sie bei Trockenheit etwas Wasser ein. Öffnen Sie, wenn nötig, Deckel und Klappen vorübergehend zum Lüften. Durchmischen Sie das Material ca. alle 4 Wochen, um Sauerstoff zuzuführen.
- Stellen Sie den Komposter möglichst auf offener Fläche, mit Bodenkontakt, auf.

... viel Laub zum Kompostieren anfällt?

URSACHEN:

Große laubabwerfende Bäume und Sträucher können im Herbst so reichlich Falllaub produzieren, dass ein Vermischen mit sonstigen Abfällen auf dem „normalen“ Kompost kaum noch möglich ist.

MASSNAHMEN:

Gesondert aufgesetzter Laubkompost braucht zum Verrotten recht lang, je nach Material bis zu 18 Monaten. Er lässt sich aber schon nach wenigen Monaten hervorragend als Mulchmaterial z. B. für Gehölze nutzen und ergibt schließlich einen guten Kompost mit recht niedrigem pH-Wert für Pflanzen, die saure Böden bevorzugen. Wenn dies nicht gewünscht ist, sollte man beim Aufsetzen reichlich Kalk dazugeben; außerdem in jedem Fall Hornspäne, etwas Tonmehl sowie möglichst viel Gehölzhäcksel zur besseren Durchlüftung.

2

Gießen und bewässern

Keine andere Pflegemaßnahme fällt so häufig an wie das Gießen, und keine andere zeigt so eine unmittelbare Wirkung. Nur mit einer guten Wasserversorgung kann es rundum grünen und blühen.

In diesem Kapitel:

Ein gutes Versorgen mit dem lebensnotwendigen Nass bedeutet allerdings nicht unbedingt reichliches, häufiges Gießen. Bei der Topfhaltung von Pflanzen etwa kommt das zu gut gemeinte „Totgießen" ebenso oft vor wie das Vertrocknen durch mangelnde Wassergaben. Im Gartenboden ist diese Gefahr nicht ganz so groß wie im begrenzten Erdvorrat eines Kübels. Dennoch führt das Übergießen auch draußen zu Ausfällen. Wird der Boden so stark vernässt, dass die Wurzeln keinen Sauerstoff mehr bekommen und faulen, ist kaum noch eine Rettung möglich. Wenn dagegen die Pflanzen bei Trockenheit ein wenig die Blätter hängen lassen, erholen sie sich davon nach einer gründlichen Wassergabe oder einem Regen recht schnell.
Damit soll natürlich keinesfalls mangelnder Wasserversorgung das Wort geredet werden. Doch zu hohe oder ungezielt ausgebrachte Mengen haben für die Pflanzen keinen Nutzen. Zugleich bedeuten sie ein Vergeuden von Trinkwasserressourcen, wenn Leitungswasser verwendet wird. Das macht sich schließlich auch auf der Wasser- und Abwasserrechnung unangenehm bemerkbar. Im Schnitt werden jährlich rund 6000 l Gießwasser pro 100 m^2 Gartenfläche verbraucht – eine stolze Zahl, die nicht zuletzt auch zum Sammeln von Regenwasser animieren kann (→ S. 189).

Bewässern nach Bedarf

Die Pflanzen, die unsere Gärten zieren, entstammen ursprünglich sehr unterschiedlichen Naturstandorten und Regionen. Neben den dort vorherrschenden Licht- und Bodenverhältnissen hat vor allem die standortabhängige natürliche Wasserversorgung die Ausbildung der Pflanzenorgane entscheidend geprägt.
Eher kleine Blätter, manchmal fast schuppenförmig, wächserne, vor Verdunstung schützende Überzüge, die das Laub oft bläulich wirken lassen, tief eingesenkte Spaltöffnungen an den Blattunterseiten, derbe, ledrige oder gar fleischige Blätter, die Wasser speichern können – dies alles sind typische Anpassungen an trockene Standorte. Gerade bei Gehölzen kommt häufig noch ein sehr tiefreichendes Wurzelwerk hinzu. Tamarisken (*Tamarix*) und Ölweiden (*Elaeagnus*) z. B. sind ausgesprochene Trockenheitskünstler; bei den ▶ STAUDEN (S. 562) wären u. a. Mauerpfeffer (*Sedum acre*), Alpenmannstreu (*Eryngium alpinum*) oder Grasnelke (*Armeria*) zu nennen. Diese Stauden für den Steingarten haben sich ebenso auf geringe Wassermengen eingestellt wie mediterrane Kräuter, etwa Salbei, Thymian oder Oregano. Bei solchen Pflanzen können überreichliche Wassergaben leicht zu Störungen oder gar schweren Schäden führen.

Es muss kein „echter" Brunnen sein: Auch mit einem steinernen Auffangbecken wird die Zapfstelle zum Blickpunkt mit rustikalem Flair.

Zurückhaltung ist auch bei Zwiebel- und Knollenpflanzen geboten, da Dauernässe die unterirdischen Organe zum Faulen bringen kann.
Viele hochwüchsige, prächtig blühende Beetstauden brauchen dagegen reichlich Wasser. Halbschattenverträgliche Stauden, etwa Prachtspieren (*Astilbe*) oder Primeln, sind ebenfalls meist auf eine gute Wasserversorgung angewiesen, dies umso mehr, je sonniger sie stehen. Auch alles, was sich rund um den Teich wohl fühlt, z. B. Blutweiderich und Sumpfdotterblume (*Caltha palustris*), verträgt keine längere Trockenheit. Regelmäßige Wassergaben haben besonders die meisten EINJÄHRIGEN (S. 540) nötig, also SOMMERBLUMEN (S. 560), Gemüse und kurzlebige Kräuter, auch die flachwurzelnden Rasengräser bedürfen höherer Aufmerksamkeit. Unter den Gehölzen sind vor allem Flachwurzler wie Johannis- und Stachelbeeren oder Hortensien für gelegentliche, aber durchdringende Wassergaben im Hochsommer dankbar.
Spezielles zum Wasserbedarf und zur Wasserversorgung der jeweiligen Pflanzengruppen erfahren Sie im Kapitel „Pflanzen und pflegen" (→ S. 248–401) sowie in den Pflanzenporträts (→ S. 402–529).

Durstige Zeiten

Der Bewässerungsbedarf im Garten ist natürlich in erster Linie eine Frage der Niederschlagsmengen und -verteilung. Zu den üblichen langeren Trockenperioden im Sommer scheinen seit einiger Zeit zunehmend warme, niederschlagsarme Phasen im Frühjahr zu kommen, so dass oft schon zeitig gegossen werden muss. Um möglichst gut abzuschätzen, was ein Regen tatsächlich gebracht hat, ist ein Regenmesser (→ S. 136) hilfreich.
Im Jugendstadium der Gewächse und besonders nach dem Säen oder Pflanzen ist die regelmäßige Wasserversorgung besonders wichtig, da es eine Zeit lang dauert, bis die Wurzeln voll entwickelt und eingewachsen sind. Doch auch bei gut eingewachsenen Pflanzen gibt es Phasen, in denen sie die Zuwendung mit der Gießkanne besonders schätzen. Das sind besonders die Zeiten intensiven Wachstums, des Austriebs, der Blütenanlage und -entfaltung sowie der Fruchtbildung. Somit ist eine Versorgung mit dem kostbaren Nass, je nach Wachstumsrhythmus der Pflanzen, oft gerade im Frühjahr und Frühsommer gefragt, wenn dann längere Zeit kein Tropfen vom Himmel fällt.
Spezielle Engpässe zu ungewohnter Zeit können bei den immergrünen Laub- und Nadelgehölzen auftreten, da sie über ihr dauerhaftes Blattkleid auch über Winter Wasser verdunsten. Wenn dann das Bodenwasser gefroren ist, kommt es zur Frosttrocknis, bei anhaltenden Minustemperaturen mit deutlichen Trockenschäden als Folge. Das Risiko wird häufig noch dadurch verschärft, dass bei Hochdruckwetter Nachtfröste tagsüber mit intensiver Sonneneinstrahlung einhergehen. Deshalb gießen Sie die Immergrünen am besten im Herbst noch einmal gründlich und wässern dann auch gelegentlich über Winter bei frostfreiem Boden.

Gießfehler und die Folgen

Wassermangel äußert sich recht schnell und eindeutig: Die Blätter werden schlaff, hängen herab oder rollen sich ein. Das lässt sich normalerweise durch gründliches Gießen noch gut beheben. Geschieht dies nicht, vergilben die Blätter oder verbräunen zunächst an den Rändern, schließlich werden sie völlig welk und fallen dann häufig ab. Auch krautige Sprossteile reagieren entsprechend, die ganze Pflanze wirkt dann schlapp. Teils werden Knospen, Blüten oder Früchte abgestoßen. Bei Samen bleibt die Keimung aus oder wird unterbrochen, Sämlinge und frisch gesetzte, zarte Jungpflanzen sterben rasch ab.
Bei **Wasserüberschuss** kommt es zu Sauerstoffmangel im Boden. Die Blätter verfärben sich fahlgelb, das Gewebe wird weich. Ansonsten sind die Symptome denen bei Wassermangel recht ähnlich, da die Wurzeltätigkeit im staunassen Boden stark eingeschränkt ist. Schließlich können die Wurzeln und andere unterirdische Organe komplett verfaulen. Auch Samen verfaulen, Sämlinge werden von AUFLAUFKRANKHEITEN (S. 534) befallen, sofern die Wurzeln nicht gleich absterben.
Manche Pflanzen reagieren empfindlich auf **ungleichmäßige Wasserversorgung.** Eine typische Reaktion ist z. B. das Aufplatzen von Tomaten. Wenn Pflanzen Knospen, Blüten oder junge Früchte abwerfen, kann das ebenfalls an zu ungleichmäßiger Bodenfeuchtigkeit liegen.

Pflanzenfreundliche Wasserversorgung

Trotz etwas höherer Verdunstung: Für den Rasen ist der Regner eine segensreiche Erfindung.

NACH BEDARF, MÖGLICHST effektiv und mit gut pflanzenverträglichem Wasser – ein Bewässern nach diesen Prinzipien ist für die Pflanzen ideal und hilft nebenbei, Wasser zu sparen. Dennoch soll die Wasserversorgung mit überschaubarem Zeitaufwand machbar und möglichst bequem sein. So muss man manchmal auch Kompromisse eingehen, etwa durch Einsatz eines Regners (→ S. 188), der das Wasser nicht ganz so gezielt verteilt, wie es mit Gießkanne oder Schlauch möglich ist.

Wasserquellen und Wasserqualität

Viele Gartenbesitzer nutzen gesammeltes Regenwasser (→ S. 189) als kostenloses und in der Regel pflanzenfreundliches Nass. Doch das steht nicht immer zur Verfügung und lässt sich auch nicht überall sammeln, so dass häufig Leitungswasser Verwendung findet. Mancherorts ist auch die Versorgung aus einem eigenen Brunnen möglich. Bei beabsichtigten Neubohrungen sollten Sie sich allerdings bei der zuständigen Wasserbehörde erkundigen, ob dies an Ihrem Wohnort erlaubt ist und ob dafür eine Genehmigung nötig wird. Die Behörde kann Ihnen zudem Auskunft geben, in welcher Tiefe das Grundwasser ansteht und welche Qualität es hat.

Leitungswasser ist nicht nur teuer, sondern vielerorts sehr hart. Die jeweilige **Wasserhärte** lässt sich beim Wasserversorgungsunternehmen erfragen; häufig geben die Wasserversorger die regionale Wasserhärte auch auf ihren Websites im Internet an. Die Gesamthärte des Wassers wird durch ihren Gehalt an verschiedenen mineralischen Stoffen bzw. Salzen bestimmt. Was uns jedoch in der Praxis am meisten interessiert, ist die Karbonathärte. Diese hängt eng mit dem Kalk- und Magnesiumgehalt zusammen: Hartes Wasser ist meist gleichbedeutend mit hohem Kalkgehalt und hat entsprechend einen hohen ➔ PH-WERT (S. 555). Angegeben wird die Wasserhärte in deutschen Härtegraden (° dH). Danach ergibt sich folgende Einteilung:

- weiches Wasser: 0–7,0° dH (Härtebereich 1)
- mittelhartes Wasser: 7,1–14,0° dH (Härtebereich 2)
- hartes Wasser: 14,1–21,0° dH (Härtebereich 3)
- sehr hartes Wasser: über 21° dH (Härtebereich 4)

Schon ab Härtebereich 3, also über 14° dH, wird das Gießwasser für die meisten Pflanzen recht unbekömmlich; dies vor allem auch, weil der dann ebenfalls hohe pH-Wert die Nährstoffaufnahme beeinträchtigt. Pflanzen wie Rhododendren und viele Farne, die sauren bzw. kalkarmen Boden brauchen, sollten sogar nur weiches Wasser, also mit höchstens 7° dH, bekommen. Kleine Mengen kann man zwar durch Abkochen oder Einhängen von Torfsäckchen enthärten. Doch im Allgemeinen empfiehlt sich bei hohen Wasserhärten der Einbau einer Wasseraufbereitungsanlage, die nach dem Ionenaustauscherprinzip funktioniert. Bei entsprechender Größe und Platzierung im Leitungssystem kommt sie dem gesamten Hauswasser zugute.

Regenwasser dagegen ist weich und zudem gut temperiert, wenn es in einer Regentonne oder einem oberirdischen Tank gesammelt wird – anders als das kalte Leitungswasser, das auf die Pflanzen im Hochsommer oft schockartig wirkt. In Gegenden mit starker Luftverschmutzung sollte man allerdings vorab das Regenwasser auf Schadstoffe überprüfen lassen.

Bewässern – effektiv und schonend

Die wichtigsten „goldenen Gießregeln" sind auf einen Blick in der nebenstehenden Checkliste zusammengefasst.

Außer beim Rasen und in anderen Fällen, bei denen die Benutzung eines Regners bevorzugt wird, sollte das Wasser auf möglichst schnellstem Weg dahin gelangen, wo es gebraucht wird: zu den Wurzeln.

Checkliste

Richtig gießen

Wann gießen?
- nie in der prallen Mittagssonne
- morgens oder abends
- abends nicht allzu spät, wenn die Nächte deutlich kühler werden

Wie gießen?
- bevorzugt direkt in den Wurzelbereich
- möglichst ohne Blätter und Blüten zu benetzen
- erfrischendes Überbrausen nur bei robusten Pflanzen, am besten nur morgens
- besser seltener, aber gründlich und durchdringend als häufig nur kleine Mengen
- mit kleinen Gießpausen, damit das Wasser gut versickern kann
- möglichst nur auf gelockertem Boden

Deshalb ist es oft auch vorteilhaft, ohne Brauseaufsatz bzw. nicht mit Sprüheinstellung zu wässern: Als kräftiger (aber beim Schlauch nicht allzu druckvoller) Strahl dringt das Wasser am schnellsten in den Boden ein.

Ein gut gemeintes Überbrausen in der sommerlichen Mittagshitze bringt wenig, da ein Großteil des Wassers gleich wieder verdunstet. Es kann sogar schaden: Denn die Tröpfchen wirken unter starker Sonneneinstrahlung auf den Blättern wie kleine Brenngläser und verursachen so zuweilen Verbrennungen. Am Morgen dagegen oder notfalls auch am frühen Abend tut es Gewächsen mit kräftigen Blättern schon einmal gut, wenn man sie im Hochsommer überbraust, um die Luftfeuchtigkeit zu erhöhen. Doch wenn die Pflanzen mit feuchten Blättern und Blüten in die kühlere Nacht gehen, können sich diverse Pilzkrankheiten besonders gut ausbreiten. Daher sollte man auch in Zeiten, in denen die Nachttemperaturen deutlich abfallen, nicht allzu spät gießen. Bei nächtlicher Nässe erhöht sich außerdem die Gefahr des Schneckenbefalls.

Mit gründlichem, durchdringendem Gießen erreichen Sie eine gute Bodendurchfeuchtung, von der die Wurzeln sicher etwas haben – im Gegensatz zu zwar häufig, aber nur oberflächlich ausgebrachten kleinen Wassermengen. Als Faustzahl für Gemüse- und Blumenbeete gelten 10–20 l Wasser je m^2, durchschnittlich wasserbedürftige Arten vorausgesetzt. Gießen Sie dabei zwei- oder dreimal in kurzem Abstand über dieselbe Stelle, um das Wasser zwischendurch einsickern zu lassen. Danach können Sie sich selbst im Hochsommer meist 2 bis 3 Tage Zeit bis zum nächsten Gießgang lassen. Prüfen Sie eventuell auch durch vorsichtiges Aufgraben, ob der Boden ab 5–10 cm Tiefe noch feucht ist – dann wird in der Regel noch kein Nachschub nötig.

Auch für Gehölze ist die genannte Gießmenge angebracht; große Sträucher und Bäume können bei anhaltender Trockenheit durchaus sogar 40–50 l je m^2 vertragen. Ein weiterer positiver Effekt dieser Verfahrensweise: Die Wurzeln werden – anders als bei häufigen kleinen Wassergaben – nicht verwöhnt. Sie wachsen dadurch kräftiger und tiefer und sind besser für trockene Zeiten gewappnet.

Nur bei noch zarten Sämlingen und Jungpflanzen gießt man eher häufiger, aber in kleineren Mengen, da sie gleichmäßige Feuchtigkeit brauchen, ihre Wurzeln jedoch allzu reichliche Wassermengen noch nicht verkraften.

Wenn Sie Leitungswasser verwenden und mit der Kanne gießen, füllen Sie diese am besten gleich nach dem Gießen wieder auf. So setzt sich eventueller Kalk am Boden ab, und das Wasser wird pflanzenfreundlich vorgewärmt.

Der Boden als Wasserreservoir

Die nötige Gießhäufigkeit sowie die Wirkung des Bewässerns hängen auch stark von der Bodenart (→ S. 162–163) und vom Bodenzustand ab. Alle Maßnahmen der Bodenbearbeitung und -verbesserung, die auf eine gute Struktur abzielen (→ S. 167–172), fördern deshalb eine gute Wasserversorgung.

In einem Sandboden versickert ein großer Teil des Gieß- und Regenwassers recht schnell über die großen Bodenporen. In kleineren Poren dagegen bleiben viele Wassertröpfchen „hängen". In sehr feinen Poren, wie sie in einem Tonboden reichlich vorkommen, wird das Wasser allerdings teils so festgehalten, dass es für die Pflanzen nicht mehr verfügbar ist. Die mittelgroßen Poren in einem Lehm- oder Schluffboden dagegen sind für die Wasserspeicherung optimal. Auch ein entsprechender Humusanteil verbessert den Wasserhaushalt.

In haarfeinen Röhrchen im Boden, den Kapillaren, wird das Wasser ebenfalls festgehalten und sogar vom Grundwasser nach oben zu den Wurzeln geleitet. Setzen sich diese feinen Kanäle jedoch bis an die Bodenoberfläche fort, kann darüber Wasser verdunsten. Beim Lockern des Bodens zerstören Sie diese Verdunstungskanäle im oberen Bereich – ganz gemäß der bewährten Gärtnerregel: „Einmal hacken spart zweimal gießen." Zugleich nimmt ein gut gelockerter Boden das Gieß- und Regenwasser besser auf. Die Verdunstung über die Bodenoberfläche lässt sich aber auch durch Mulchen effektiv herabsetzen. Dabei bleibt die Oberfläche ebenfalls krümelig und gut aufnahmebereit für das Wasser.

Direkt auf den Boden über den Wurzeln – so kommt Wasser am schnellsten dahin, wo es gebraucht wird.

Bewässerungszubehör

DASS GIESSEN UND BEWÄSSERN zu den wichtigsten Tätigkeiten im Garten gehören, spiegelt sich auch im Angebot des Fachhandels wider. Als Hobbygärtner kann man sich heute mit raffinierter Bewässerungstechnik ausstatten, die noch vor wenigen Jahrzehnten nur von Profis genutzt wurde. Dabei ist vieles in der Installation und Bedienung recht einfach, und ganz nach Bedarf lassen sich maßgeschneiderte Versorgungs- und Bewässerungssysteme für den eigenen Garten zusammenstellen. Allerdings klappt das meist nur dann problemlos, wenn alle Komponenten vom selben Hersteller stammen, da Kupplungen, Anschlüsse usw. oft genau aufeinander abgestimmt sind.

1 

2 

3 

1 Mit einem Gießstab kommt man bequem in jede Beetecke.
2 Ein Schlauchwagen macht die Arbeit mit Schläuchen leichter.
3 Weiches Wasser zum Nulltarif – Regentonnen lohnen sich oft.

Gießkannen und Schläuche

Es erweist sich immer wieder als nützlich, über mehrere **Gießkannen** in verschiedenen Größen zu verfügen. Größere Kannen mit 10 l bzw. 12 l sind im Allgemeinen praktischer, doch bedenken Sie auch das Gewicht mitsamt der Wasserfüllung, das Sie zu schleppen haben. Das ist auch eine Überlegung wert, wenn es um das Material der Kannen – Kunststoff oder verzinktes Metall – geht. Neben dem üblichen abnehmbaren Brausenaufsatz gibt es auch Breitgießeraufsätze, um auf einen Schlag bis zu 50 cm breite Streifen zu bewässern.

Schläuche müssen schon allerhand aushalten, deshalb sollten Sie hier nicht sparen. Das Material (PVC oder hochwertiges Gummi) muss auf jeden Fall UV- und witterungsstabil und abriebfest sein sowie einem Berstdruck von mindestens 20 bar standhalten. Für gute Knickfestigkeit sorgt ein feinmaschiges Innengewebe. Markenhersteller gewähren auf ihre Schläuche 8 bis 15, teils sogar 20 Jahre Garantie.

Der Schlauchdurchmesser beträgt wahlweise 13 mm ($^1/_2$ Zoll) oder 19 mm ($^3/_4$ Zoll); mit entsprechenden Anschluss- und Verbindungsstücken ist das Ankuppeln an größere bzw. kleinere Wasserhähne oder Geräte kein Problem. Mit komfortablen Brausenaufsätzen lassen sich Wassermenge und -druck regeln, aufsetzbare Gießstäbe helfen, auch schwer erreichbare Pflanzen gezielt zu gießen. Den Umgang mit langen Schläuchen erleichtern Schlauchwagen, -trommeln und -führungsrollen.

Regner

Regner oder Sprenger haben vor allem Bedeutung bei der Bewässerung des Rasens. Sie verteilen das Wasser mit Sprüharmen oder Düsen über Flächen von bis zu 300 m² und mehr. Dazu genügt der Wasserdruck aus einem angeschlossenen Schlauch als Antrieb, auch für die dafür nötigen Pendel- oder Drehbewegungen.

Nach der Form der bewässerten Fläche unterscheidet man Viereck- und Kreisregner. Achten Sie beim Kauf darauf, dass Reichweite und Sprengbreite einfach einzustellen sind. Bei Sektoren- bzw. Impulsregnern können Sie neben einem Vollkreis auch Kreisausschnitte unterschiedlichster Größe auswählen. Das ermöglicht eine sehr gezielte Wasserverteilung. Noch mehr Auswahl bietet ein sogenannter Flächenregner: Nach Bedarf und Belieben sind hier Beregnungsflächen vom Voll- oder Halbkreis bis hin zu schmalen rechteckigen Streifen einstellbar.

Stationäre Versenkregner (→ S. 66), auch Sprinkler genannt, lassen sich am einfachsten vor dem Anlegen des Rasens installieren. Bei nachträglichem Einbau muss die Grasnarbe in schmalen Streifen abgestochen werden, um die Rohrleitungen zu verlegen und die Regner anzubringen. Danach werden die Soden wieder eingesetzt. Die Versenkregner, die nach getaner Arbeit wieder im Boden verschwinden, verteilen ihr Wasser als Kreis- oder Sektorenregner.

Wenn Beete oder größere Pflanzen mit einem Regner versorgt werden sollen, bieten sich vor allem Sprühregner an, die man auf einem Stativ in entsprechender Höhe anbringt. Ihre feinen, wie ein sanfter, gleichmäßiger Regen fallenden Tröpfchen sind pflanzenschonend und eignen sich besonders gut, um auch die Luftfeuchtigkeit zu erhöhen. Allerdings müssen solche Regner recht lang laufen. Sie verbrauchen auch ziemlich viel Wasser, da mehr als die Hälfte des Wassers verdunsten kann, ehe es die Pflanzenwurzeln erreicht.

Tröpfchenbewässerung

Bei einer Tröpfchenbewässerung gelangt das Wasser in Tropfenform direkt auf den Boden bzw. an die einzelnen Pflanzen. Wenn solche Verfahren dann noch über Feuchtigkeitsfühler im Boden gesteuert werden, sind sie besonders wassersparend, da die Verluste durch Verdunstung und Versickern sehr gering bleiben. Systeme mit Tropfern an dünnen Verteilungsschläuchen, die einzeln neben jede Pflanze

wir empfehlen

!

Frostschäden vorbeugen

Gefrorenes Wasser kann im Winter Leitungen platzen lassen und so manches Zubehör beschädigen. Lassen Sie deshalb vor Frosteintritt alle Leitungsrohre und -schläuche komplett leer laufen. Die Wasserhähne bleiben aufgedreht. In frostigen Wintern umhüllt man sie am besten noch mit Säcken oder anderem Isoliermaterial. Legen Sie Deckel auf Regentonnen nur lose auf, so dass sich gefrorenes Wasser hochschieben kann. Versenkregner sind in der Regel frostsicher, andere Regner, Tropfer und Gießgeräte sollten frostfrei gelagert werden.

gesteckt werden, lassen sich zwar auch für Beete anwenden, man braucht dann aber doch eine Menge an Einzeltropfern. Praktischer sind solche Tropfsysteme für kleine Flächen im Gewächshaus oder Topfpflanzen auf Terrasse und Balkon. In Reihen bepflanzte Beete sowie Hecken lassen sich dagegen gut mit Tropf- oder Perlschläuchen bewässern. Es handelt sich um Schläuche mit kleinen Perforierungen oder Düsen, über die die Wassertropfen gleichmäßig austreten. Sie werden direkt neben den Pflanzenreihen verlegt und über einen normalen Wasserschlauch gespeist.

Automatisierte Bewässerung

Die Wasserversorgung über Regner, Tropfer und Tropfschläuche lässt sich mit verschiedenen Hilfsmitteln automatisch regeln bzw. steuern. Die einfachste Lösung ist der Betrieb über eine Zeitschaltuhr. Eleganter gestaltet sich das Automatisieren über Bewässerungscomputer, die mit Feuchtesensoren im Boden in Verbindung stehen. So wird eine ausgesprochen gezielte selbsttätige Bewässerung möglich. Ganz ohne Hightech und Strom kommen dagegen Systeme mit Tonkegeln aus, die Tropfer und Fühler zugleich sind. Sie enthalten eine druckempfindliche Membran, die den Wasserdurchfluss je nach Bodenfeuchtigkeit regelt.

Automatische Bewässerungen sparen nicht nur Zeit, sondern können auch während längerer Abwesenheit des Gartenbesitzers für das nötige Nass sorgen. Lassen Sie jedoch ein neuerworbenes Bewässerungssystem am besten zuerst eine Zeitlang „Probe laufen", damit Sie beruhigt in Urlaub fahren können. Da der Wasserhahn geöffnet bleiben muss, kann es auch nicht schaden, wenn während Ihrer Abwesenheit gelegentlich jemand nachsieht.

Regenwasser sammeln

Wo die Möglichkeit besteht, ist es oft lohnend, eine unterirdische **Zisterne** zum Sammeln des Regenwassers einzubauen (→ S. 66). Bei entsprechender Größe lassen sich damit auch längere Trockenperioden mit Regenwasser überbrücken.

Wenn der Platz reicht und ein großes Dach genügend Regen auffängt, kann man auch oberirdische **Kunststofftanks** mit bis zu 1500 l Fassungsvermögen aufstellen. Nach Ausrüstung mit geeigneten Filtern und Pumpen oder einem sogenannten Hauswasserautomaten können Sie das Wasser aus solchen Tanks ebenso einfach nutzen wie Leitungswasser. Bringen Sie hierbei wie an allen anderen Zapfstellen für Regenwasser unbedingt ein Hinweisschild an, dass es sich nicht um Trinkwasser handelt.

Regentonnen werden hauptsächlich in Größen zwischen 200 und 600 l Wasser angeboten. Außerdem gibt es Kupplungssysteme, um mehrere Tonnen miteinander zu verbinden. Um das Wasser vom Fallrohr in die Tonne zu leiten, ist ein Klappabfluss, der sich recht einfach in das Fallrohr einbauen lässt, praktisch: Bei vollem Behälter wird die Klappe geschlossen, das Wasser läuft dann in die Kanalisation. Regensammler mit Überlaufstopp regeln das von selbst und beinhalten teils auch Filter. Separate Filtersysteme können Sie direkt in das Fallrohr einsetzen. Manche Tonnen haben einen integrierten Zapfhahn oder -schlauch. Ansonsten lässt sich das Nass besonders bequem mit Pumpen herausbefördern, die sogar mit ausziehbarem Anschlussrohr, Absperrventil und integriertem Schmutzfilter erhältlich sind.

In längeren Trockenphasen können sich auf dem Dach Schmutz, Ruß und Schadstoffe festsetzen. Lassen Sie deshalb in solchen Fällen den ersten Regenguss besser ungenutzt ablaufen, statt ihn in die Tonne zu leiten.

Bewässerungssysteme mit Einzeltropfern eignen sich besonders gut für Balkonkästen und Töpfe.

2

Pflanzenschutz

Das Auftreten von Krankheiten und Schädlingen lässt sich nicht ganz vermeiden. Doch oft kann man ihnen wirksam gegensteuern und seine Pflanzen auch ohne „chemische Keule“ schützen.

Dass Pflanzen selbst Kohlenhydrate und Eiweiße herstellen können, macht einige von ihnen zur lebensnotwendigen Nahrung für Menschen und Nutztiere. Aber auch eine Vielzahl anderer Lebewesen will an diesem Segen teilhaben. Etliche warten zum Glück, bis die Pflanzen abgestorben sind. Als Organismen des Bodenlebens (→ S.165) werden sie von uns hoch geschätzt und wissenschaftlich als **Saprophyten** (Zersetzer toter Substanz) bezeichnet. Doch wer sich an lebenden Pflanzen vergreift, tritt als Schaderreger auf, als **Parasit.** Einige der unerwünschten „Mitesser“ sind so winzig, dass wir sie lediglich anhand ihrer Schadbilder wahrnehmen und als **Pflanzenkrankheiten** einstufen. In diese Gruppe gehören Viren, Phytoplasmen und Bakterien (→ S. 198–199). Ebenso verhält es sich mit den Pilzen (→ S. 200–202), von denen man oft nur Sporenlager zu sehen bekommt. Manche Krankheitsbilder werden allerdings auch durch unbelebte Schadursachen hervorgerufen, etwa durch Frost oder Hitze (→ S. 197).

Tiere, die an lebenden Pflanzen saugen oder fressen, werden als **Schädlinge** kategorisiert (→ S. 203–207). Auch sie lassen sich manchmal nur an ihren Schadbildern erkennen, wie etwa die millimeterkleinen Nematoden.

Pflanzen, die in oder an anderen Gewächsen parasitieren, sind in unseren Breiten recht selten. Doch auch ungebetene Pflanzen, die sich als **Unkräuter** in Beeten und Rabatten breit machen, können Kulturpflanzen schaden, indem sie diese überwuchern oder mit ihnen um Wasser und Nährstoffe konkurrieren (→ S. 208–209).

Ungeliebte Gartengäste

Der Garten ist ein schönes und wertvolles Stück handverlesene Natur, doch zur Natur gehören zwangsläufig auch die erwähnten „Übeltäter“. Diese Einsicht bedeutet nun nicht, resigniert allem seinen Lauf zu lassen. Doch der Versuch, jeden Schaderreger fern zu halten oder auszurotten, ist auf Dauer eher frustrierend. Eine gewisse Gelassenheit gehört nicht nur hier zu den bewährten Gärtnertugenden: Krankheiten und Schädlinge treten nun einmal auf, in manchen Jahren sogar – witterungsbedingt – in unerfreulichen Massen. Wenn man größere Ausfälle verhindern kann, entschädigt oft schon die nächste Saison mit kaum getrübten Pflanzenfreuden.

Pflanzen zu schützen heißt vor allem, ihre Widerstandskraft zu stärken und das Befallsrisiko gering zu halten. Unter diesen Voraussetzungen lassen sich, wenn nötig, auch Bekämpfungsmittel besonders effektiv einsetzen, selbst wenn sie keine allzu drastischen Giftstoffe enthalten.

In diesem Kapitel:

Vorbeugen ist besser ...

ZWAR MACHT SICH der eine oder andere Schaderreger auch an kerngesunde Pflanzen heran. Doch in erster Linie werden Exemplare befallen, deren Lebensbedingungen nicht optimal sind. Pflanzen verfügen durchaus über eigene Abwehrkräfte und -mechanismen. Wenn Standort und Pflege weitgehend stimmen, können sie sich selbst so manchen Parasiten vom Leib halten oder sich zumindest nach einem Befall rasch wieder erholen.

Zum anderen helfen bestimmte Vorkehrungen bei der Standort- und Pflanzenwahl sowie bei der Pflege, Schaderregern Befall und Vermehrung zu erschweren. Eine große Rolle spielt hierbei das Fördern natürlicher Feinde der Schadorganismen, die wir als Nützlinge bezeichnen. Bekämpfungsmethoden, die man als mechanische Abwehr zusammenfasst (→ S.194), haben ebenfalls oft vorbeugende Wirkung, desgleichen die auf S. 195 genannten Pflanzenstärkungsmittel.

Gesundes Wachstum fördern

Was auf S. 152 allgemein für die Pflanzen- bzw. **Standortwahl** empfohlen wird, beinhaltet bereits die wichtigsten Punkte, um das Befallsrisiko gering zu halten. Den optimalen Standort kann man nicht immer bieten – doch versuchen Sie möglichst zu berücksichtigen, was in den Pflanzenporträts (→ S. 402–529) sowie im Kapitel „Pflanzen und pflegen" (→ S. 248–401) für die einzelnen Pflanzengruppen an Ansprüchen genannt ist. Besonderes Augenmerk verdient gerade das Kleinklima (S. 137–138). So gut z. B. geschützte oder warme Plätze für das Pflanzenwachstum sein mögen – sie bieten teils auch Schädlingen wie Spinnmilben, Thripsen und Weißen Fliegen sehr günstige Bedingungen, bei höherer Luftfeuchtigkeit zudem auch Pilzkrankheiten. Hier muss man zuweilen Vor- und Nachteile abwägen.

Gesundes Saat- und Pflanzgut ist ebenfalls ein ganz entscheidender Faktor. Vitale Samen und Jungpflanzen entwickeln sich zügig und bringen so schnell das besonders kritische Jugendstadium hinter sich. Nachwuchs kranker Pflanzen (z. B. Samen oder ▶ STECKLINGE, S. 562) sollte keinesfalls verwendet werden. Beim Kauf mancher Jungpflanzen, z. B. von Erdbeeren, Himbeeren oder Kartoffeln, lohnt es sich, auf virusfreie Ware zu achten. Bei den ▶ SORTEN (S. 561) gibt es oft große Unterschiede in der Anfälligkeit gegen bestimmte Krankheiten. Prüfen Sie deshalb stets, ob **resistente** Sorten auf dem Markt sind; sie wurden speziell auf Widerstandsfähigkeit gezüchtet. So gibt es z. B. gegen Sternrußtau resistente Rosen oder mehltauresitenten Salat und Spinat. Tolerante Sorten sind nur gering anfällig bzw. zeigen bei einem Befall kaum Schäden.

Ein möglichst häufiger **Wechsel** der ▶ ARTEN (S. 533) und Sorten ist generell zu empfehlen – so haben die Schaderreger weniger Chancen, sich auf eine bestimmte Pflanze einzustellen (auch ▶ BODENMÜDIGKEIT, S. 537). Gerade beim Gemüseanbau kommt dem ▶ FRUCHTWECHSEL (S. 543) entscheidende Bedeutung zu. Pflanzen Sie selbst resistente Sorten nicht allzu häufig hintereinander an: Manche Schadorganismen finden mit der Zeit Wege, Resistenzen zu durchbrechen.

Nicht nur bei der Abfolge der Pflanzen ist **Vielfalt** ein probates Mittel: In einer Gemeinschaft vieler unterschiedlicher Pflanzen können sich die oft spezialisierten Plagegeister nicht allzu stark ausbreiten. Das gilt für die Bepflanzung des ganzen Gartens ebenso wie z. B. für die ▶ MISCHKULTUR (S. 552) im Gemüsebeet. Aromatische Pflanzen, wie etwa Lavendel als Pflanzpartner von Rosen, tragen besonders dazu bei, Schädlinge fern zu halten. Andere **Abwehrpflanzen** wie Studentenblumen (*Tagetes*) helfen z. B. gegen Nematoden.

In einem vielfältig bepflanzten Garten können sich spezialisierte Schaderreger kaum ausbreiten.

Alles, was für einen guten Start sorgt, mindert ebenfalls die Befallsgefahr: das Beachten der jeweils optimalen **Saat- und Pflanztermine,** der nötigen **Pflanzenabstände** und schließlich eine besonders sorgfältige Pflege während des Heranwachsens.

Pflanzengerechte Pflege, von der Bodenbearbeitung über Gießen und Düngen bis zum Winterschutz, hält natürlich auch ältere, gut eingewachsene Exemplare gesund. Im Zusammenhang mit den Pilzkrankheiten sind einige Besonderheiten hervorgehoben (→ S. 200). Ganz allgemein ist es zudem wichtig, unnötige Verletzungen an Pflanzen zu vermeiden und auf sauberes Arbeitsgerät zu achten. Schließlich hat regelmäßige Fürsorge einen vorteilhaften Nebeneffekt: Man sieht sich dabei seine Pflanzen automatisch genauer an, entdeckt zeitig erste Befallsanzeichen und kann so häufig noch die Schaderreger mit geringem Aufwand eindämmen.

Nützlinge – natürliche Helfer

Das berüchtigte Fressen und Gefressenwerden sorgt in der Natur dafür, dass keine Art einseitig überhand nehmen kann. So haben auch die Organismen, die sich von Pflanzen ernähren, wiederum ihre Parasiten oder Räuber, die ihnen nachstellen. Gerade wenn wir im Garten etwas „wilde Natur" zulassen, siedeln sich gern Gegenspieler der Pflanzenparasiten an, die den Befallsdruck in Grenzen halten und als Nützlinge geschätzt werden. Zu diesen gehören auch Bakterien und Pilze, die als Mitglieder des Bodenlebens an Schaderregern im Boden parasitieren. Doch ansonsten sind es vor allem die unterschiedlichsten Tiere, die als „Gesundheitspolizei" tätig werden.

Marienkäfer und ihre Larven vertilgen täglich bis zu 150 Blattläuse.

Insekten und ihre gefräßigen Larven dezimieren Blattläuse und etliche andere Schadinsekten. Zu diesen Helfern gehören Marienkäfer, Florfliegen, Schwebfliegen, Ohrwürmer, verschiedene Laufkäfer und Wanzen. Schlupf-, Zehr- oder Erzwespen legen ihre Eier mittels Legestachel in Blatt- und Schildläusen, Schmetterlingsraupen, Blattwespen oder Fliegen ab. Die daraus schlüpfenden Larven fressen die befallenen Tiere von innen auf. Auch **Spinnen** sind fleißige Insektenjäger. **Raubmilben,** die ebenfalls zu den Spinnentieren zählen, saugen Spinnmilben und Thripse sowie deren Eier aus.

Amphibien wie Frösche und Kröten laben sich an Insekten, Schnecken und Würmern, ebenso **Kriechtiere** wie Eidechsen, Blindschleichen und Ringelnattern. Letztere schätzen allerdings auch Frösche und Kröten als Nahrung.

Viele **Vögel** vertilgen ebenfalls eifrig Insekten, Schnecken und ähnliches Getier. „Gute Fresser" sind außerdem mehrere **Säugetiere,** nämlich Igel, Spitzmäuse, Maulwürfe und Fledermäuse. Maulwürfen nimmt man ihre lästige Wühltätigkeit vielleicht nicht ganz so krumm, wenn man weiß, dass sie unterirdisch lebende Insekten bzw. überwinternde Larven gründlich räubern. Dasselbe leisten die Spitzmäuse mit ihrer unverkennbar spitzen Schnauze – zusammen mit den Igeln gehören sie zudem zu den wichtigsten Schneckenjägern.

Manche Nützlinge bevorzugen ganz bestimmte Schädlinge. So räumen etwa Marienkäfer und ihre Larven effektiv unter Blattläusen auf, und manche Schlupfwespen sind z. B. auf Kohlweißlingsraupen spezialisiert. Die meisten allerdings haben einen recht vielseitigen Speiseplan, der auch von uns als Nützlinge betrachtete Tiere umfasst. Doch schon durch das Regulieren der Kleintierpopulationen leisten sie einen wichtigen Beitrag, zumal sie stets auch reichlich Schädlinge reduzieren. Und obwohl einige Vögel selbst als Schädlinge auftreten (→ S. 207), überwiegt unterm Strich die positive Tätigkeit der gefiederten Gäste.

Ein Platz für Nützlinge

Wie bereits erwähnt, fühlen sich Nützlinge in naturnahen, etwas wildnishaften Gartenbereichen besonders wohl. Mit folgenden Gartenelementen und Kleinbiotopen können Sie das Ansiedeln der natürlichen Helfer fördern:

- Wildgehölze und Blütenhecken, die Tieren Unterschlupf und Nahrung bieten;
- Blumenwiese sowie Pflanzungen von Blumen und Stauden mit einfachen, ungefüllten Blüten, die für Insekten besonders attraktiv sind;
- Teich mit abwechslungsreicher Randbepflanzung;
- Trockenmauer und naturnah bepflanzter Steingarten;
- Stein-, Laub-, Gehölzschnitthaufen an wenig gestörten Plätzen;
- Gartenecken mit etwas geduldetem Wildwuchs; von Brennnesseln z. B. leben über 100 Insekten;
- Tontöpfe, an Ästen mit der Öffnung nach unten aufgehängt und mit Holzwolle oder Stroh gefüllt, als Unterschlupf für Ohrwürmer.

Für die gezielte Förderung bieten sich zudem Nisthilfen an. Diese gibt es nicht nur als Nistkästen bzw. -höhlen für Vögel zu kaufen, sondern auch für Fledermäuse und nützliche Insekten wie Florfliegen. Der spezialisierte Fachhandel oder Naturschutzverbände können beim Bezug solcher Utensilien weiterhelfen; außerdem mit Informationen, welche Nisthilfen für die verschiedenen Vogelarten und andere Tiere jeweils am günstigsten sind und wie bzw. wo man sie am besten platziert.

Damit Nützlinge richtig zum Zuge kommen, dürfen Pflanzenschutzmittel nur zurückhaltend eingesetzt werden. Bevorzugen Sie möglichst Präparate, die als nützlingsschonend ausgewiesen sind. Selbst „natürliche" Mittel sind in dem Fall nicht immer die optimale Lösung: Schmierseifenbrühe oder Mittel mit dem Pflanzenwirkstoff Pyrethrum z. B. machen keinen Unterschied zwischen Nützling und Schädling und sollten nur sehr präzise auf Letztere gespritzt werden.

Bestimmte Nützlinge lassen sich in Spezialbetrieben unter kontrollierten Bedingungen vermehren und können dann gezielt im Pflanzenschutz eingesetzt werden (→ S. 195).

NÜTZLINGE

1 Spitzmäuse
Die kleinen Spitzmäuse mit oft nur 6–8 cm Körperlänge sind je nach Art tagsüber oder nachts unterwegs, um Insekten und deren Larven, Schnecken und Würmer zu erbeuten. Als äußerst gefräßige Räuber zählen sie zu den wichtigsten Nützlingen.

2 Spinnen
Spinnen sind nicht gerade jedermanns Lieblingstiere. Doch allein schon wegen ihres stetigen Hungers auf Insekten sollte man sie im Garten willkommen heißen.

3 Kröten
Mit einem naturnahen Teich hat man am ehesten Chancen, dass sich Kröten wie z. B. die Erdkröte im Garten ansiedeln. Die Tiere nutzen die Gewässer nur zur Laichzeit, ansonsten gehen sie als „Landratten“ auf Schnecken- und Insektenjagd.

4 Marienkäferlarven
Die Larven der Marienkäfer haben oft noch weitaus mehr Blattlaushunger als die Elterntiere. Manchen Arten munden auch Spinnmilben oder Schildläuse.

5 Florfliegen
Charakteristisch für die Florfliegen sind ihre durchsichtigen, fein geäderten Flügel und die gelben Knopfaugen, nach denen man sie auch als „Goldaugen“ bezeichnet. Ihre ca. 1 cm großen Larven sind rötlich braun gefärbt und haben kräftige, zangenähnliche Mundwerkzeuge. Dass man sie auch Blattlauslöwen nennt, weist schon auf die bevorzugten Beutetiere hin. Neben Blattläusen vertilgen die erwachsenen Florfliegen auch Thripse, die Larven außerdem Blut- und Schmierläuse, Spinnmilben sowie kleine Raupen.

Bekämpfungsmaßnahmen und -methoden

VIELE GARTENBESITZER scheuen heute den schnellen Griff zur Pflanzenschutzspritze. Zu Recht, denn der bedenkenlose Pflanzenschutzmitteleinsatz früherer Zeiten führte zu einer starken Belastung der Umwelt und des Trinkwassers. Viele Schaderreger entwickeln zudem Resistenzen gegen häufig verwendete Mittel, d. h., sie gewöhnen sich so daran, dass immer größere Aufwandmengen und neue Wirkstoffe nötig werden. Dass Nützlinge als wichtige Gegenspieler ausbleiben oder ebenfalls totgespritzt werden, tut dann sein Übriges.

Durch Entfernen befallener Teile lässt sich oft die Ausbreitung vermindern.

In der Regel sollte man so spritzen, dass alle Blätter tropfnass sind.

Doch natürlich denkt man auch an sein eigenes Wohlbefinden: Zwischen frisch verspritzten Giften und „chemischen" Gerüchen kommt keine wirkliche Gartenidylle auf, und zum Wunsch nach gesundem Gemüse und Obst passt intensiver Spritzmitteleinsatz erst recht nicht.
Nun sind hochgiftige Mittel heutzutage für Hobbygärtner kaum noch verfügbar. Die meisten verwendeten Präparate sind um einiges gesundheits- und umweltschonender als ihre Vorgänger. Dennoch empfiehlt es sich in vielen Fällen, erst einmal andere Maßnahmen auszuschöpfen. Diese sind teils sogar wirkungsvoller – oder manchmal auch die einzige Möglichkeit, da gegen manche Schädlinge und Krankheiten gar keine Pflanzenschutzmittel zur Verfügung stehen.

Mechanische Bekämpfung

Vor allem im Anfangsstadium eines Befalls gibt es einige einfache, wirksame Maßnahmen, die man zum mechanischen oder physikalischen Pflanzenschutz rechnet:

- das Absammeln bzw. Abstreifen von Schädlingen;
- das Abspritzen, z. B. von Blattläusen, mit kräftigem Wasserstrahl (nur bei robusten Pflanzen);
- das Herausschneiden befallener Triebe oder anderer Pflanzenteile;
- das komplette Entfernen kranker Pflanzen, um eine weitere Ausbreitung des Erregers zu verhindern.

In diese Kategorie fällt auch das gründliche Entfernen von Pflanzenresten nach dem Auftreten von Krankheiten oder Schädlingen, sei es vom Boden oder – wenn Früchte betroffen waren – von einem Obstbaum.
Zwar können nicht alle Erreger auf dem Kompost überleben, doch im Allgemeinen empfiehlt es sich, infizierte Pflanzenteile zum Hausmüll zu geben oder, falls örtlich zulässig, zu verbrennen (→ auch S. 245).

Abwehren und Abschrecken

Einige mechanische **Barrieren** zählen zu den wirkungsvollsten Abwehrmaßnahmen gegen Schädlinge, nämlich Schneckenzäune, Vogelschutznetze sowie Kultur- bzw. Pflanzenschutznetze, die – über Gemüsejungpflanzen ausgelegt – vor Gemüsefliegen (→ S. 392) und anderen Insekten schützen. Nur mäßig effektiv dagegen sind Streifen z. B. aus scharfem Sand oder Sägemehl, die Schnecken abhalten sollen.
Auch **Abschreckungsmittel** erfüllen leider selten die in sie gesetzten Hoffnungen, nicht zuletzt, weil die Tiere doch recht lernfähig sind. Das betrifft Vogelscheuchen und flatternde Stanniolstreifen ebenso wie akustische Wühlmaus- und Maulwurfvertreiber. Gegen verschiedene Schädlinge werden sogenannte Vergrämungsmittel oder Repellents mit intensiven Duftstoffen angeboten, wobei die Erfahrungen damit recht unterschiedlich sind.

Fangen und Locken

Fallen für Wühl- und andere Mäuse sind schon ein recht drastisches Mittel, doch manchmal das einzig wirksame (→ S. 207). Nicht ganz so eindeutig zeigt sich die Effektivität von Bierfallen gegen Schnecken (→ S. 203–204).

!

wir empfehlen

Schadursachen erkennen

Die Wirksamkeit von Pflanzenschutzmaßnahmen hängt entscheidend von der richtigen Diagnose ab. Die ist in vielen Fällen nicht einfach, so etwa bei unspezifischen Blattflecken, oder bei den verschiedenen, teils kaum erkennbaren Erregern, die die Wurzeln schädigen. Suchen Sie deshalb im Zweifelsfall den Rat von Experten, etwa von fachkundigen Verkäufern oder bei den Pflanzenschutzämtern, die häufig eine Beratung für Hobbygärtner anbieten.

Kirschfruchtfliegen können mit gelben Leimtafeln bekämpft werden.

Kärtchen mit Schlupfwespen werden gegen Weiße Fliegen eingesetzt.

Gegen Obstschädlinge (→ S. 365) gibt es eine Reihe bewährter Fangmethoden, die teils auch als biotechnische Verfahren eingestuft werden, so die Pheromonfallen mit Sexuallockstoffen für den Apfelwickler. Ansonsten kann man dessen Raupen auch mit einfachen Wellpappegürteln abfangen. Frostspanner fängt man mit Leimringen, Kirschfruchtfliegen mit Leimtafeln in anlockendem Gelb. Im Gewächshaus können einem auch Weiße Fliegen und andere Schädlinge auf den Leim gehen, wenn man damit beschichtete Gelbtafeln oder -sticker anbringt; Thripse dagegen fliegen auf Blautafeln.

Pflanzenschutz mit Nützlingen

Biologischer Pflanzenschutz, teils fälschlich als Allgemeinbegriff für „nichtchemische" Maßnahmen verwendet, bedeutet, dass Organismen gezielt eingesetzt werden, um Schaderreger zu bekämpfen. Am besten gelingt das meist im geschützten, geschlossenen Gewächshaus. Für diesen Zweck werden mehrere Nützlinge angeboten, die man über den Fachhandel oder bestimmte Versender bestellen kann. Erhältlich sind z. B. Schlupfwespen gegen Weiße Fliegen, Blattläuse und Minierfliegen, Florfliegen gegen Blattläuse und Thripse, Raubmilben gegen Spinnmilben und Australische Marienkäfer gegen Woll- und Schmierläuse. Sie werden teils als Larven über die befallenen Pflanzen gestreut, teils als an Kartonrähmchen befestigte Eier aufgehängt.

Pflanzenschutzmittel

Während Pflanzenschutzmittel im engeren (und vom Gesetzgeber so definierten) Sinn Schaderreger direkt angreifen, erhöhen **Pflanzenstärkungsmittel** vor allem die Widerstandskraft der Gewächse. Sie können teils aber auch Schaderreger unmittelbar hemmen oder beeinträchtigen. Käufliche Stärkungsmittel enthalten oft Mischungen verschiedener Naturstoffe, etwa aus Pflanzen-, Algen- oder Kompostextrakten, ätherischen Ölen, Fettsäuren, Kieselsäure oder Gesteinsmehlen. Auch selber hergestellte Pflanzenauszüge (→ S. 196) fallen meist in diese Kategorie.

Pflanzenschutzmittel dagegen töten die Schaderreger in der Regel ab. Ihre Wirkstoffe sind häufig **chemisch-synthetisch** hergestellt – was nicht unbedingt heißt, dass es sich um „böse Gifte" handelt. Darunter gibt es mehrere Mittel, die sehr gezielt nur gegen einen Schaderreger wirken und Nützlinge ebenso schonen wie die übrige Umwelt.

Zunehmend finden aber auch effektive **natürliche Wirkstoffe** Verwendung. Einige sind seit langem bewährt, andere erst seit neuerer Zeit in Gebrauch. Gegen Schädlinge nutzt man z. B. Pyrethrum aus den Blüten einer afrikanischen Margerite, Neem (Azadirachtin) aus den Samen des Indischen Neembaums, Raps- und mineralisches Paraffinöl sowie Kaliseife; gegen Pilzkrankheiten Lecithin aus der Sojapflanze und Schwefel. Doch auch solche Naturstoffmittel sind nicht von vornherein und in jedem Fall unbedenklich oder nützlingsschonend. Ihr Vorteil liegt u. a. darin, dass sie sich recht schnell und rückstandslos abbauen.

Weiterhin gibt es mehrere praxistaugliche **biologische Pflanzenschutzmittel** mit schädlingsbekämpfenden Organismen. Bakterienpräparate mit *Bacillus thuringiensis* wirken gegen Schmetterlingsraupen; eine Unterart parasitiert Stechmückenlarven und kann beispielsweise in die Regentonne gegeben werden. Gegen Apfelwickler gibt es ein Spritzmittel mit einem Granulosevirus. Nematodenpräparate werden gegen Dickmaulrüssler und Rasenschädlinge wie Wiesenschnaken (→ S. 267) angeboten.

Nach ihrem **Anwendungsbereich** unterteilt man die Pflanzenschutzmittel in Insektizide (gegen Insekten), Akarizide (gegen Milben), Nematizide (gegen Nematoden), Molluskizide (gegen Schnecken), Rodentizide (gegen Nagetiere), Fungizide (gegen Pilze) und Herbizide (gegen Unkräuter). Die häufigsten **Anwendungsformen** sind Spritz- und Sprühmittel, Gießmittel, Streumittel und Giftköder (z. B. gegen Schnecken und Wühlmäuse). Während die meisten Spritz- und Sprühmittel die Pflanze nur äußerlich schützen, werden sogenannte systemische Präparate über die Wurzeln und teils auch Blätter aufgenommen und in der Pflanze verteilt. Sie bieten so einen langfristigen, besonders wirksamen Schutz.

Pflanzenschutzmittel richtig einsetzen

Verwenden Sie Pflanzenschutzmittel stets nur, wenn Sie sicher sind, um welchen Schaderreger es sich handelt. Indirekt schreibt der Gesetzgeber dies auch vor: Denn alle Mittel sind jeweils nur gegen ganz bestimmte Krankheiten oder Schädlinge zugelassen und oft auch nur für bestimmte Kulturen. Außerdem müssen die Präparate für die Verwendung im Haus- und Kleingartenbereich ausgewiesen sein. Wählen Sie bevorzugt nützlings- und bienenschonende Präparate mit geringer Giftigkeit für Warmblüter (also auch für den Menschen).

Zum Ausbringen von Spritz- und Sprühmitteln gibt es verschiedene **Gartenspritzen** bzw. Drucksprühgeräte. Meist ist man mit einer 5-l-Spritze, die man mit einem Tragegurt umhängen kann, schon gut ausgestattet. Praktisch für gezielte Anwendungen sind auch kleine 1–1,5-l-Drucksprühgeräte in Form eines Zerstäubers. Bevorzugen Sie generell Geräte mit GS- und TÜV-Sicherheitszeichen (→ S. 146). Beachten Sie bei der Dosierung und Anwendung der Pflanzenschutzmittel stets peinlich genau die Angaben des Herstellers. In dessen Gebrauchsanweisung steht auch, wenn besondere Sicherheitsvorkehrungen nötig sind, etwa Atemschutz und Sicherheitsbrille. Doch auch ansonsten empfiehlt sich das Tragen fester Bekleidung (inklusive langer Hosen und langer Ärmel), am besten auch von Handschuhen. Bringen Sie Pflanzenschutzmittel nur bei weitgehender Windstille und vorzugsweise etwas bedecktem Himmel aus.

Für die eigene Sicherheit und die anderer Familienmitglieder sowie zum Schutz der Umwelt sind auch folgende Punkte wichtig:

› Pflanzenschutzmittel nicht in oder unmittelbar an Gewässern einsetzen;
› bei Obst, Gemüse und Kräutern unbedingt die vom Hersteller angegebenen Wartezeiten (Karenzzeiten) zwischen letzter Anwendung und Ernte beachten;
› Pflanzenschutzmittelreste zum Sondermüll geben;
› Pflanzenschutzmittel nur in der Originalverpackung aufbewahren, nicht zusammen mit Lebens- oder Futtermitteln und stets so, dass Kinder keinen Zugang haben (am besten in einem fest verschließbaren Schrank).

Pflanzenauszüge selbst herstellen

Dass Pflanzen selbst sehr wirksame Abwehrstoffe gegen Schädlinge und Krankheiten entwickeln können, zeigen die erwähnten Pyrethrum- und Neemmittel. Früher verwendete man z. B. auch das Nikotin der Tabakpflanze, das allerdings wegen seiner hohen Giftigkeit nicht mehr in Gebrauch ist. Doch es gibt auch etwas harmlosere Substanzen, mit denen sich viele Pflanzen schützen. Hierzu zählen z. B. ätherische Öle, deren Düfte und Geschmäcker manche Fraßfeinde abschrecken, ebenso wie Bitter- und Gerbstoffe, Senföle und ähnliche Substanzen. Andere Pflanzen enthalten zum Selbstschutz reichlich organische Säuren oder Kieselsäure mit dem Element Silizium, das das Gewebe festigt (→ S. 176). Seit jeher nutzt man Zubereitungen von Pflanzen, die solche Stoffe besonders konzentriert enthalten, um damit andere Gewächse durch Übersprühen zu schützen. Auch viele käufliche Pflanzenstärkungsmittel setzen auf solche Wirkungen. Bei selber hergestellten Pflanzenauszügen unterscheidet man verschiedene Zubereitungsformen:

› Brühe: Pflanzenteile 24 Stunden in kaltem Wasser einweichen, dann 20 bis 30 Minuten bei geringer Hitze sieden, danach abkühlen lassen;
› Tee: Pflanzenteile mit kochendem Wasser übergießen, 10 bis 15 Minuten ziehen, dann abkühlen lassen;
› Kaltwasserauszug: Pflanzenteile 1 bis 2 Tage in kaltes Wasser legen, dann ausdrücken.

Daneben gibt es die stark vergorenen Jauchen, die vor allem Bedeutung als Düngemittel haben (→ S. 177). Für den Pflanzenschutz werden alle Zubereitungen jeweils zum Schluss abgesiebt und mit Wasser verdünnt oder unverdünnt auf die zu schützenden Gewächse gespritzt. Im Folgenden einige Beispiele für bewährte Pflanzenauszüge; die Zahl in Klammern nennt jeweils die für die Zubereitung nötige Menge zerkleinerter Blätter und Stängel auf 10 l Wasser:

› Ackerschachtelhalmbrühe (1 000 g): vorbeugend und eindämmend gegen Pilzkrankheiten sowie Blattläuse; zur Anwendung 1:5 mit Wasser verdünnen;
› Brennnesselkaltwasserauszug (200 g): gegen Blattläuse; unverdünnt anwenden;
› Knoblauch- und Zwiebeltee (75 g kleingehackte Knollen bzw. Zwiebeln): vorbeugend und eindämmend gegen Pilzkrankheiten, Blattläuse, Spinnmilben; unverdünnt anwenden;
› Tomatenblätterkaltwasserauszug (bis 1 000 g): gegen Kohlweißling und andere Insekten; unverdünnt anwenden; auch als Jauche, dann 1:1 mit Wasser verdünnt;
› Wermuttee oder -brühe (300 g): gegen Insekten; unverdünnt anwenden.

Gut zu wissen

Gefahrensymbole und Bienengefährdung

Symbole und Kürzel auf den Pflanzenschutzpackungen informieren Sie über eventuelle Gefährdungen. Ein schwarzes X auf rotem Untergrund weist darauf hin, dass ein Mittel gesundheitsschädlich (mit dem Zusatz Xn) oder reizend (Xi) wirken kann. Stilisierte Reagenzgläser, Tropfen sowie eine Hand auf rotem Untergrund stehen zusammen mit dem Kürzel C für ätzende Wirkstoffe.

Da Pflanzenschutzmittel die für die Bestäubung so wichtigen Bienen und Hummeln stark beeinträchtigen können, sollte man möglichst bienenungefährliche Mittel verwenden; diese tragen das Kürzel B4 (völlig gefahrlos) oder B3 (bei richtiger Anwendung bienenungefährlich). B2-Präparate sollten nur abends nach dem Bienenflug angewendet werden, können dann aber noch spät fliegenden Hummeln schaden. Bienengefährliche Mittel der Kategorie B1 darf man nie auf blühende Pflanzen spritzen, auch nicht auf blühende Unkräuter.

Unbelebte Schadursachen

WETTEREINFLÜSSE, Schadstoffe, ungünstige Standortbedingungen oder falsche Pflege können Pflanzen ebenso stark beeinträchtigen wie lebendige Schaderreger. In der Fachsprache fasst man sie als abiotische Schäden oder als nichtparasitäre Krankheiten zusammen. Da sie die Pflanzen schwächen, begünstigen sie auch den Befall mit parasitären Schaderregern. Mechanische Verletzungen, etwa durch Hagel oder auch versehentliches Beschädigen beim Hacken, bilden zudem Eintrittspforten für Pilz- und andere Krankheiten.

Schäden durch Wettereinflüsse

Die gravierendsten Schäden entstehen meist durch **Frost.** Leichte Erfrierungen äußern sich in gelben oder rötlichen Blattverfärbungen, stärker betroffenes Laub wird glasig oder braun bis schwarz und fällt häufig ab. Triebe sterben meist von den Spitzen her ab und werden dann dunkelbraun bis schwarz. Bei Gehölzen kann es durch den Wechsel zwischen sonnigen Tagen und frostigen Nächten außerdem zu Rindenschäden kommen, von Frostrissen und -spalten bis hin zum Ablösen ganzer Rindenplatten. Von Spätfrösten im Frühjahr geschädigte Knospen oder Blüten werden bräunlich, teils fallen sie ab.
Wenn bei sehr strengen Frösten auch größere Teile der Wurzeln erfrieren, ist keine Rettung mehr möglich. Anderenfalls können sich Gehölze und Stauden meist recht gut regenerieren, nachdem man erfrorene Teile entfernt bzw. bis ins gesunde Holz zurückgeschnitten hat. Beschädigte Rindenpartien sollten Sie mit einem Messer ablösen, an den Rändern glatt schneiden und sorgfältig mit einem Wundverschlussmittel überstreichen. Solchen Rindenschäden können Sie mit einem Weißanstrich vorbeugen, was vor allem bei Obstbäumen üblich ist (→ S. 359). Ansonsten helfen Winterschutzmaßnahmen (→ S. 210–213), Frostschäden zu vermeiden, ebenso Schäden durch **Schnee.**

Wind und **Hagel** beschädigen Pflanzen häufig sehr offensichtlich, in Form von Zweig- oder Astbruch bzw. lädierten Blüten und Blättern. Auch hier sollten verletzte Teile möglichst umgehend entfernt werden. Das Risiko von Windschäden lässt sich z. B. durch Schutzpflanzungen vermindern (→ S. 138).
Bei **Hitze** leiden die Pflanzen vor allem unter dem stark gestressten Wasserhaushalt. Die häufigsten Folgen sind **Trockenschäden,** wie im Zusammenhang mit dem Gießen beschrieben (→ S. 185). Daneben äußert sich Hitze allgemein in gehemmtem Wachstum und schlechtem Blüten- oder Fruchtansatz. Früchte können einschrumpfen oder sich verfärben, Triebe und Rinden aufreißen. Direkte Verbrennungen führen zu braunen Blattflecken.
Auch anhaltender **Regen** kann Schäden an oberirdischen Pflanzenorganen verursachen (S. 139). Die sonstige Auswirkungen von Dauernässe sind beim Gießen genannt (→ S. 185).

Standortprobleme und Pflegefehler

Das Vermeiden von wetterbedingten Schäden ist häufig auch eine Frage der Standort- bzw. Pflanzenwahl. Gestörter Wuchs, gelbliche Blätter und schwache Blüte resultieren außerdem nicht selten aus **Lichtmangel oder -überschuss** (→ S. 130–131). Ein schlechter bzw. ungeeigneter **Boden** kann eine Vielzahl unterschiedlichster Auswirkungen haben (→ S. 160–173). Sehen Sie sich deshalb bei Störungen ohne erkennbaren Auslöser nach vorsichtigem Aufgraben den Boden und die Wurzeln genauer an. Eventuell führt eine Bodenuntersuchung (→ S. 172) zur tatsächlichen Ursache.
Direkt oder indirekt mit dem Boden hängen auch die häufigsten **Pflegefehler** zusammen, nämlich Nährstoff- und Wassermangel oder -überschuss. Auch hier sei auf die betreffenden Kapitel zum Düngen (→ S. 174–183) und Bewässern (→ S. 184–189) verwiesen. Die unsachgemäße Anwendung von Pflanzenschutzmitteln kann Pflanzen ebenfalls empfindlich schädigen.
Eine starke **Schadstoffbelastung** gehört zu den gravierendsten Standortproblemen. Schadstoffe im Boden (z. B. Cadmium, Pflanzenschutzmittelreste) und in der Luft (z. B. Schwefeldioxid, Stäube) verursachen eine ganze Palette von akuten oder chronischen Pflanzenschäden. Am häufigsten treten Blattvergilbungen, -verbräunungen und -abfall sowie Kümmerwuchs auf. Schlimmstenfalls wird ein kompletter Bodenaustausch nötig. Schadstoffe in der Luft setzen auf Dauer vor allem Gehölzen zu (→ S. 289). Bäume, Sträucher und Hecken in Straßen- bzw. Gehwegnähe sind häufig auch von **Streusalzschäden** betroffen, die vom Verbräunen von Blättern bis hin zum Absterben ganzer Pflanzen führen können.

Spätfröste können, wie hier bei einer Kirsche, die Blüte stark schädigen.

Verbrennungen, hier an Hortensie, zeigen sich in braunen Blattflecken.

Virus- und Bakterienkrankheiten

DIE KLEINSTEN SCHADERREGER sind oft die tückischsten: Viren, Bakterien und Phytoplasmen richten teils verheerende Schäden an, können sich sehr schnell ausbreiten, lassen sich aber nicht direkt bekämpfen. Bei Bakterienbefall ist es manchmal noch möglich, die Krankheit durch Wegschneiden betroffener Triebe einzudämmen. Ansonsten gibt es jedoch nur eins: die Pflanzen umgehend und komplett **entfernen!** Infizierte Pflanzenteile dürfen keinesfalls auf den Kompost kommen, sondern werden in die Restmülltonne gegeben oder verbrannt, wofür ggf. eine behördliche Erlaubnis nötig ist (→ S. 245). Einige dieser Krankheiten sind **meldepflichtig**, d. h., ein Befallsverdacht muss dem zuständigen Landwirtschafts- oder Pflanzenschutzamt angezeigt werden. Dies gilt für Feuerbrand (→ S. 287, S. 365), eine Bakterienkrankheit an Obst- und Ziergehölzen, für die Scharkakrankheit der Pflaumen (→ S. 365), eine Viruskrankheit, sowie für die bei den Phytoplasmen genannten Erkrankungen an Obstgehölzen. Im Zuge einer solchen Meldung kann man Sie aber auch beraten, ob es sich tatsächlich um die vermutete Krankheit handelt. Denn gerade größere Gehölze will man kaum nur auf Verdacht hin komplett roden. Bei Gemüse oder Blumen fällt das Entfernen im Zweifelsfall leichter und ist hier auch ratsam.

Viruskrankheiten

Die winzigen Viren bestehen lediglich aus Erbsubstanz und einer umgebenden Eiweißhülle. Sie sind eigentlich keine „richtigen" Lebewesen, denn sie haben keinen eigenen Stoffwechsel und können sich nicht selbst vermehren: Dazu missbrauchen sie die Zellen des befallenen Wirts.
Viruskrankheiten (Virosen) kommen an Zierpflanzen ebenso vor wie an Nutzpflanzen und Unkräutern. Sie werden oft nach ihrer Hauptwirtspflanze und dem typischen Schadbild benannt, so etwa das Gurkenmosaikvirus, das auch an manchen Zierpflanzen Blattscheckungen hervorruft. Verbreitete Schadbilder sind in der Tabelle auf S. 199 zusammengestellt. Virusbefall kann Pflanzen komplett zum Absterben bringen, beeinträchtigt sie manchmal aber auch nur mäßig. Da jedoch die Ausbreitungsgefahr groß ist, sollten kranke Pflanzen stets entfernt werden.
Am häufigsten erfolgt die Infektion durch saugende Insekten, allen voran durch Blattläuse, außerdem durch Thripse, Wanzen und Zikaden. Ebenfalls nicht selten werden Virosen durch Messer, Scheren oder andere Geräte übertragen, die mit befallenen Pflanzen in Kontakt kamen. Weitere mögliche Überträger sind Milben, Nematoden und Pilze. Schließlich werden die Viren dann über Jungpflanzen, Stecklinge, Zwiebeln und Knollen, bei der ▶ VEREDLUNG (S. 566) und zuweilen sogar über Samen weiter verbreitet. Aus all dem ergeben sich die nötigen Vorbeugungsmaßnahmen:

› nur virusfreies Pflanz- und Saatgut sowie Vermehrungsmaterial verwenden;
› virusresistente bzw. -tolerante Sorten bevorzugen;
› bei virusanfälligen Pflanzen Blattläuse und andere tierische Überträger konsequent bekämpfen;
› Geräte, besonders Messer und Scheren, nach Gebrauch gründlich reinigen, wenn nötig mit Alkohol desinfizieren;
› Verletzungen an Pflanzen vermeiden.

Phytoplasmen

Phytoplasmen, die man früher als Mykoplasmen bezeichnete, nehmen eine Zwischenstellung zwischen Viren und Bakterien ein. Sie haben einen eigenen, jedoch stark auf die Wirtszellen angewiesenen Stoffwechsel, können sich selbst vermehren, besitzen aber keine feste Zellwand. Oft werden sie deshalb als „zellwandlose Bakterien" eingestuft. Sie schaden hauptsächlich an Gehölzen. Im Garten treten vor allem drei Phytoplasmenkrankheiten auf:

› Apfeltriebsucht: starke Verzweigung mit gestauchten, oft hellgrünen Trieben, dadurch Entstehung von „Hexenbesen"; rötliche Blätter; kleine, schwach gefärbte Früchte;
› Birnenverfall: Kümmerwuchs; rötliche Blätter, die früh abfallen; schwacher Neuaustrieb; geringe Fruchtbildung; teils schnelles Absterben junger Bäume;
› Blütenvergrünung an Hortensien: grüne, laubartige, kleine Blütenblätter; teils Wachstumshemmung und aufgehellte Blattadern.

Des Weiteren verursachen Phytoplasmen häufig eine starke Blattvergilbung an Weinreben. Teils dauert es 2 Jahre, bis nach einer Infektion die ersten Symptome sichtbar werden; bis dahin haben sich dann auch etliche weitere Pflanzen angesteckt. Die Übertragung erfolgt vor allem durch Zikaden und diverse Blattsauger, die man vorbeugend bekämpfen sollte.

Bakterienkrankheiten

Bakterien sind mikroskopisch kleine, oft stäbchen- oder kugelförmige, einzellige Organismen mit fester Zellwand, die sich durch Zellteilung sehr rasch vermehren. Unzählige Bakterien wirken im Boden und Kompost an der Zersetzung organischer Substanz mit und schließen Nährstoffe für die Pflanzen auf (→ S. 165).
Einige Bakterien ernähren sich allerdings von lebenden Pflanzen. Sie verursachen oft sehr starke Schäden, indem sie Zellwände auflösen, Zellen zerstören oder die Leitgefäße verstopfen.
Zum **Absterben von Trieben** führt der Feuerbrand (→ S. 287, S. 365) an Kernobst und verwandten Ziergehölzen.
Dasselbe bewirkt Bakterienbrand an Stein- und Kernobst, teils auch an Zierge-

Ein häufiges Symptom von Viruskrankheiten sind mosaikartig gescheckte Blätter, hier an einer Dahlie.

Solche als Wurzelkropf bekannten Wucherungen an Gehölzen werden durch Bakterien hervorgerufen.

Feuerbrand lässt die Triebe wie versengt wirken und kann zum Absterben ganzer Obstbäume führen.

hölzen. Die Blätter zeigen anfangs kleine braune, hell umrandete Flecken, oder sie sind verkrümmt und werden schließlich schwarz. Knospen bleiben ungeöffnet, Blüten vertrocknen, Früchte sind mit dunklen, eingesunkenen Flecken verunstaltet.
Bakterielle **Welke** kommt vor allem an Tomaten vor, aber z. B. auch bei Kartoffeln und Dahlien. Wenn Sie die Stängel aufschneiden, ist eine bräunliche Verfärbung zu sehen, beim Zusammenpressen tritt gelblicher Schleim hervor. Bei durch Bakterien verursachten **Fäulen** ist das befallene Gewebe meist feucht bis nass. Hauptsächlich treten solche Fäulen an Zwiebeln und Knollen auf oder auch an Möhrenrüben. Stängelfäulen kommen z. B. bei Chrysanthemen und Kartoffeln vor. Auch hier ist der Schleimaustritt typisch.
Bakterielle **Blattflecken** sind ebenfalls oft schleimig oder ölig, manchmal anfangs auch glasig. Sie verfärben sich meist mit der Zeit dunkel bis schwarz und fließen oft zu größeren Flecken zusammen. Die Ölfleckenkrankheit (z. B. an Pelargonien, Begonien und Efeu) und die Fettfleckenkrankheit der Bohne gehören zu den wichtigsten Vertretern. Geschwulstartige **Wucherungen** an Wurzel, Wurzelhals oder Trieben sind als Wurzelkropf bzw. Bakterienkrebs bekannt. Sie kommen besonders an Zier- und Obstgehölzen vor, etwa bei Forsythien und Rosen, sowie beim Oleander.
Mit kupferhaltigen Spritzmitteln, die allerdings nicht alle Pflanzen vertragen, lassen sich die Erreger eindämmen. Zumindest wirken solche Mittel vorbeugend, ebenso wie manche Pflanzenstärkungsmittel (→ S. 196).
Vor allem aber sollte man auf anfällige Arten und Sorten verzichten, auf gesundes Saat- und Pflanzgut achten, Verletzungen an Pflanzen vermeiden und Schnittwunden gefährdeter Gehölze sorgfältig verschließen (→ S. 219). Ebenso wie zur Vorbeugung gegen Viren ist das Säubern von Schnittwerkzeugen und Geräten sehr wichtig. Da Bakterien zeitweise außerhalb ihrer Wirtspflanze leben können, betrifft das z. B. auch Stützpfähle, etwa für Tomaten, sowie Arbeitskleidung und Handschuhe, falls man mit befallsverdächtigen Pflanzen zu tun hatte. In Gemüsebeeten beugt ein weiter ▶ FRUCHTWECHSEL (S. 543) auch Bakterienkrankheiten vor.
Beim Herausschneiden erkrankter Gehölzpartien müssen Sie recht rigoros vorgehen und befallene Triebe etwa 30 cm bis ins gesunde Holz zurückschneiden.

Schadbilder von Viruskrankheiten

GRUPPE	SYMPTOME UND BEFALLENE PFLANZEN
Mosaikkrankheiten	Blätter mosaikartig hell- und dunkelgrün gefleckt, Blüten teils buntscheckig; z. B. bei Chrysantheme, Dahlie, Lilie, Rittersporn, Bohne, Gurke, Tomate, Flieder, Goldregen, Hortensie, Zierquitte, Obst- und Beerensträuchern
Blattvergilbungen und Streifenkrankheiten	gelbliche Blattverfärbung z. B. bei Aster, Gladiole; gelb gestreifte Blätter bei Narzisse, Zwiebel, Lauch; weiß gestreifte Blätter bei Gladiole; gelbe bis weiße netzartige Blattzeichnung z. B. bei Forsythie, Holunder
Ring- und Bronzefleckenkrankheiten	ringförmige Flecken auf Blättern, teils schwarz verfärbend, z. B. bei Kohl, Tomate, Erdbeere, Beerenobst; blasse, später bronzeartige Blattflecken, Gewebe oft absterbend, z. B. bei Chrysantheme, Dahlie, Primel
Blattveränderungen	eingerollte, gekräuselte oder verkümmerte Blätter, z. B. bei Chrysantheme, Phlox, Erdbeere; starke Blattumbildungen, z. B. Farnblättrigkeit der Tomate, Brennnesselblättrigkeit der Johannisbeere, Weidenblättrigkeit der Pflaume
Stauchekrankheiten	verkürzte Stängelglieder, Wuchsstockung; z. B. bei Anemone, Chrysantheme, Dahlie
Fruchtveränderungen	Steinfrüchtigkeit der Birne: deformierte, harte Früchte; Scharkakrankheit der Pflaume: Früchte marmoriert, stark gefurcht, rötlich verfärbtes Fruchtfleisch, bitter

Pilzkrankheiten

Für stark pilzgefährdete Pflanzen empfiehlt sich ein luftiger Platz, an dem Blätter bald abtrocknen.

DIE PILZE WURDEN lange Zeit als „niedere Pflanzen" angesehen, heute bilden sie in der biologischen Systematik ein eigenes Reich. Zudem zählen seit neuerer Zeit z. B. die Erreger des Falschen Mehltaus (→ S. 201), der Kohlhernie (→ S. 392) und der Krautfäule an Tomaten (→ S. 392) gar nicht mehr zu den (echten) Pilzen, sondern zu den Protisten, einem eigenen Reich einfacher Lebewesen. Für die gärtnerische Praxis ist das allerdings nebensächlich, denn als Schaderreger verhalten sich diese Formen nach wie vor „pilzlich".
Der eigentliche Körper eines Pilzes besteht mit wenigen Ausnahmen aus Fäden, die **Hyphen** genannt werden. Zusammen bilden sie ein Geflecht, das **Myzel.** In dieser Form leben die Pilze in oder auf ihrem Substrat und entnehmen ihm zugleich ihre Nahrung, die aus Kohlenhydraten und anderen organischen Stoffen besteht. Als Substrat dient je nach Art z. B. der Boden, Holz oder lebendes Pflanzengewebe. Viele Pilze, die sich nur von toter organischer Substanz ernähren, sind wichtige Bestandteile des Bodenlebens (→ S. 165). Doch leider haben sich auch etliche Pilze Gartenpflanzen als Nahrung auserkoren.
Pilze vermehren sich durch ungeschlechtlich oder geschlechtlich erzeugte **Sporen.** Ihre Sporenlager oder Fruchtkörper sind oft das, was wir überhaupt nur als Pilze wahrnehmen, beispielsweise bei den Rostpilzen. Verteilt werden die Sporen durch Wind, Regen, Tiere und nicht selten auch vom Menschen. Bei genügend Feuchtigkeit und Wärme keimen sie aus und bilden neue Hyphen. Beim Echten Mehltau wird das Pilzgeflecht als weißlicher Belag sichtbar, denn er lebt auf der Oberhaut der Pflanzen. Er bildet wie manch andere Pilze spezielle Saugorgane (sogenannte Haustorien) aus, um Nährstoffe aus dem Pflanzengewebe zu entnehmen. Viele andere Pilze dagegen dringen ganz in die Pflanzen ein und entwickeln ihr Myzel im Pflanzengewebe.

Manche Pilze verursachen nur unschöne Flecken oder schwächen die Pflanzen lediglich mäßig. Doch viele Pilzkrankheiten führen zu Kümmerwuchs, zum Ausbleiben von Blüten und Früchten oder gar zum Absterben.

Vorbeugen und bekämpfen

Die allgemein zur Vorbeugung gegen Schädlinge und Krankheiten empfohlenen Maßnahmen (→ S. 191) gelten natürlich auch für Pilze. Da viele bevorzugt geschwächte Pflanzen befallen, ist eine rundum gute Pflege tatsächlich schon eine sehr wirksame Vorkehrung.
Wichtig ist eine Gießpraxis (→ S. 184–189), die Vernässung ebenso vermeidet wie eine anhaltende Befeuchtung der Blätter und Blüten. Denn Pilze sind an Feuchtigkeit gebunden, weshalb sich gerade in und nach Regionenperioden ein wachsames Gärtnerauge empfiehlt. Anfällige Pflanzen sollten einen eher luftigen Platz erhalten, an dem die Blätter recht schnell abtrocknen. Auch weite Pflanzabstände können Pilzinfektionen vorbeugen. Bei Bäumen und Sträuchern ist außerdem eine gründliche Wundpflege (→ S. 219) empfehlenswert, da holzzerstörende Pilzkrankheiten vor allem über Schnitt- und Bruchwunden eindringen. Im Gemüsebeet mindert ein regelmäßiger ▶ FRUCHTWECHSEL (S. 543) die Befallsgefahr. Von zahlreichen Gartenpflanzen werden Sorten angeboten, die gegen häufig auftretende Schadpilze resistent bzw. tolerant sind.
Befallene Teile sollten Sie frühzeitig herausschneiden und entfernen, ebenso infizierte Pflanzenreste, die am Boden liegen. Gegen einige Pilzkrankheiten gibt es wirksame Bekämpfungsmittel (Fungizide), die man im Notfall einsetzen kann.

Häufige Schadpilze

Im Prinzip können Hunderte von Pilzen Schäden an Gartenpflanzen anrichten, doch etliche haben nur einen sehr begrenzten Wirtskreis oder treten recht selten auf. Die wichtigsten Spezialisten sind im Kapitel „Pflanzen und pflegen" (→ S. 248–401) bei den einzelnen Pflanzengruppen beschrieben. Nachfolgend werden die „Universalisten", die häufig und an einer Vielzahl verschiedener Pflanzen vorkommen, ausführlicher vorgestellt. Sie befallen allerdings nicht nach Belieben jede Pflanzenart. Mehltau- oder Rostpilze z. B. sind gattungsspezifisch, d. h., Echter Mehltau etwa an Rosen kann nicht auf Gurken oder Begonien übergreifen – dafür gibt es jeweils wieder andere, nah verwandte Pilzarten.

Echter Mehltau

Obwohl die Symptome auf den ersten Blick ähnlich erscheinen, haben die Erreger des Falschen Mehltaus mit denen des Echten Mehltaus nichts zu tun. Wichtiges Unterscheidungsmerkmal: Beim Echten Mehltau zeigen sich die weißen bis grauweißen, mehlartigen Überzüge fast nur auf den Blattoberseiten, beim Falschen Mehltau überwiegend auf den Blattunterseiten. Echte Mehltaupilze treten an einer Vielzahl von Gartenpflanzen auf, Zier- und Obstgehölze bleiben ebenso wenig verschont wie Stauden, Sommerblumen, Gemüse und Kräuter.
Echte Mehltaupilze sind im Gegensatz zu den meisten anderen Pilzkrankheiten „Schönwetterpilze“: Bei trockenem Hochdruckwetter mit warmen Tagen und kühlen Nächten breiten sie sich am schnellsten aus. Zum Auskeimen der Sporen genügt ihnen schon der nächtliche Tau.
Das auf den Blättern wachsende Pilzgeflecht zeigt sich zunächst in kleineren weißlichen oder grauen Flecken und bildet dann schließlich den abwischbaren Mehltaubelag, der sich dann oft allmählich schmutzig grau oder braun verfärbt. Mit fortschreitendem Befall rollen sich die Blätter ein, und der Belag greift dann auch auf Triebe, Knospen, Blüten und Früchte über. Zum Jahresende hin bildet der Pilz meist dunkle Winterfruchtkörper aus, mit denen er auf abgefallenen Blättern und anderen Pflanzenresten oder auch in den Knospen von Gehölzen überwintert.
Eine direkte Bekämpfung ist z. B. mit nützlingsschonenden Lecithinmitteln und den recht umweltverträglichen Schwefelpräparaten möglich.

wir empfehlen

!

Widerstandskräfte stärken

Übermäßige Stickstoffdüngung, die das Pflanzengewebe weich und schwammig macht, erhöht die Anfälligkeit gegenüber vielen häufigen Pilzkrankheiten. Eine kaliumbetonte Düngung dagegen stabilisiert das Gewebe und verstärkt so die Widerstandskraft. Auf ähnliche Weise wirken viele Pflanzenstärkungsmittel, die bei häufiger, regelmäßiger Ausbringung in befallskritischen Zeiten das Risiko merklich senken können. Auch Kompostwasser (→ S. 182) hat sich als wirksames Stärkungsmittel bewährt.

Falscher Mehltau

Auch hier sind es unterschiedliche, nah verwandte Schaderreger, die an verschiedenen Pflanzen ähnliche Schadbilder hervorrufen. Wie der Echte kann auch der Falsche Mehltau an Rosen und an Weinreben auftreten. Doch vor allem befällt er krautige Pflanzen, nämlich Stauden, Sommerblumen sowie Gemüse wie Salat, Spinat, Feldsalat, Gurken und Zwiebeln.
Falscher Mehltau breitet sich vor allem unter feuchtwarmen Bedingungen aus. Das Myzel dieser Pilze wächst im Inneren der Pflanzen. Was als grauweißer, manchmal auch bräunlicher bis violetter Belag auf der Blattunterseite sichtbar wird, sind die dicht an dicht erscheinenden kleinen Fruchtkörper. Auf der Blattoberseite sieht man oft nur gelbe oder braune Flecken. Diese können auch an Stängeln, Blüten und Knospen auftreten. Zur Überwinterung entwickeln die Erreger Dauersporen, die bis zum Frühjahr in befallenen Pflanzenteilen oder im Boden verharren.

Rostpilze

Ihren Namen verdanken diese Pilze den oft rostrot gefärbten, pustelähnlichen Belägen, die sie auf Blattober- oder -unterseiten hervorrufen. Zu den befallenen Pflanzen gehören u. a. Kiefer, Birke, Weide, Rose, Birne, Johannisbeere, Chrysantheme, Stockrose, Löwenmäulchen, Erbse, Bohne, Lauch sowie Rasengräser.

1

2

3

1 Beim Echten Mehltau überzieht der Belag die Blattoberseiten.
2 Bei Falschem Mehltau zeigt sich der Belag blattunterseits.
3 Rotbraune Pusteln sind typisch für viele Rostpilze; hier an Rosen.

Die Rostpilze leben im Inneren der Pflanzen. Ihre pustel- oder warzenartigen Sporenlager sind zwar häufig rötlich, rostbraun oder orangerot, teils aber auch gelblich, weißlich oder schwarz. Bei Trockenheit deutlich stäubend, bergen sie Unmassen feinster Sporen, mit deren Hilfe sie sich sehr rasch ausbreiten. Eine Neuinfektion äußert sich meist in gelben, roten oder bräunlichen Flecken auf den Blattoberseiten. Befallene Blätter sterben komplett ab.
Rostpilze überwintern in Pflanzenresten – einige aber auch auf pflanzlichen Winterwirten, von denen sie dann ab Frühjahr erneut ihre Sommerwirte befallen. Als wichtigste wirtswechselnde Rostpilze treten im Garten auf:

Mit Grauschimmel befallene Früchte, hier Himbeeren, sollten umgehend entfernt werden.

Pilzliche Blattflecken zeigen unterschiedliche Ausprägungen; hier Schwarzflecken an einer Christrose.

Rußtaupilze siedeln sich auf dem Honigtau an, den klebrigen Ausscheidungen von Insekten.

› der Birnengitterrost, der auf Wacholderarten (*Juniperus chinensis, J. sabina*) überwintert und an diesen spindelartige Triebverdickungen hervorruft;

› der Johannisbeersäulenrost, der an der Weymouthskiefer (*Pinus strobus*) und anderen in Fünfergruppen benadelten Kiefern überwintert und an diesen blasenartige Triebverdickungen verursacht (Kiefernblasenrost).

Die Sommer- und Winterwirte sollte man möglichst nicht im selben Garten pflanzen, zumindest nicht nah beieinander.

Grauschimmel

Der Grauschimmel ist vielen auch unter seinem wissenschaftlichen Gattungsnamen *Botrytis* bekannt. Er tritt an zahlreichen Pflanzen auf, besonders an geschwächten Exemplaren. Vor allem krautige Pflanzen werden befallen, nämlich Stauden, Zwiebel- und Knollen- sowie Sommerblumen, Gemüse und Erdbeeren. Doch auch Rosen, Himbeeren, Brombeeren und andere Gehölze bleiben nicht verschont.

Braune, bald faulende Flecken auf Blättern, Stängeln, Knospen, Blüten oder Früchten sind die Anfangssymptome, die bald von mausgrauem Schimmelrasen mit unzähligen stäubenden Sporen abgelöst werden. In Form kleiner, widerstandsfähiger Dauerkörper überwintert der Pilz an abgestorbenen Pflanzenteilen im Boden.

Rußtaupilze

Diese Pilze besiedeln die zuckerhaltigen, klebrigen Ausscheidungen von Blattläusen, Schildläusen und manch anderen Insekten, die als Honigtau bekannt sind. Sie schaden den Pflanzen nicht direkt, können aber mit ihrem schwärzlichen Myzel auf den Blattoberflächen die PHOTOSYNTHESE (S. 555) deutlich hemmen. Das Entfernen befallener Blätter ist oft einfacher als das Abwaschen. Eine echte Abwehr ist nur durch Bekämpfung der Blattläuse und anderer „Nährtiere" möglich.

Blattfleckenpilze

Blattfleckenpilze treten an einer Vielzahl von Gartenpflanzen auf. Die Erreger entstammen verschiedenen Pilzgattungen, recht häufig z. B. *Septoria, Alternaria* oder *Ramularia.* Dabei unterscheiden sich oft wiederum die Symptome je nach befallener Pflanzenart. Die pilzlichen Blattflecken sind meist anfangs zerstreut, gelblich, braun, rötlich, grau oder schwarz und haben häufig einen deutlich abgesetzten, meist dunklen Rand. Teils bilden sich bald auch Pilzrasen oder Sporenlager auf den Blattunterseiten.

Für den Laien ist es außerordentlich schwierig, den genauen Verursacher einzugrenzen. Eine Abwehr mit Pflanzenschutzmitteln sollte nur nach fachkundiger Beratung im Einzelfall erfolgen. Ansonsten entfernt man am besten befallene Blätter oder stark betroffene Pflanzen komplett und versucht, durch angepasstes Gießen und Düngen (→ S. 200, S. 201), bessere Belüftung sowie mit Pflanzenstärkungsmitteln den Befall einzudämmen.

Welke- und Bodenpilze

Für Schadpilze, die im Boden leben und Welken bzw. ein Absterben der oberirdischen Pflanzenteile verursachen, gilt weitgehend das bei den Blattfleckenpilzen Gesagte. Auch hierbei kann es sich um recht unterschiedliche, oft schwer zu diagnostizierende Erreger handeln.

Zwei pilzliche Erreger aus dieser Gruppe lassen sich noch relativ gut identifizieren:

› Die ***Verticillium*-Welke** kann an einer Vielzahl von Pflanzen, von Sommerblumen bis hin zu Gehölzen, auftreten. Die über die Wurzeln eindringenden Erreger verstopfen mit ihrem Pilzgeflecht die Leitungsbahnen der Pflanzen. Die Welke betrifft anfangs oft nur einzelne, sich braun verfärbende Blätter und Triebe. Schneidet man Stängel oder Triebe auf, sind braune Verfärbungen im Bereich der Leitbündel erkennbar.

› ***Fusarium*-Krankheiten** kommen hauptsächlich an krautigen Pflanzen vor, besonders an Zwiebel- und Knollenpflanzen sowie Gurke, Tomate, Erbse und Knoblauch. Die Pflanzen welken oft sehr plötzlich, häufig sterben sie rasch ab. Oft zeigt sich am Stängelgrund eine schwarze Verfärbung. An Blumenzwiebeln sieht man dunkle Faulstellen, Knoblauchzehen sind bräunlich oder rosa verfärbt.

Befallene Pflanzen sollten umgehend und komplett mit dem Wurzelballen entfernt werden. Lediglich bei durch *Verticillium* erkrankten Gehölzen kann ein kräftiger Rückschnitt bis in gesunde Holz eventuell die Erkrankung aufhalten. Wo solche Krankheiten auftraten, sollte man die nächsten Jahre keine anfälligen Gewächse mehr pflanzen. Notfalls wird sogar ein Bodenaustausch nötig. Bei Gurken beugt die VEREDLUNG (S. 566) auf Feigenblattkürbis der *Fusarium*-Krankheit vor.

Tierische Schädlinge

ZAHLREICHE TIERE ernähren sich von Pflanzen, von den winzigen Nematoden über die artenreichen Insekten bis hin zu Säugetieren. In „Sippenhaft" sollte man jedoch keine Tiergruppe nehmen: In nahezu jeder finden sich Vertreter, die zur segensreichen Tätigkeit des Bodenlebens beitragen (→ S. 165) oder als Nützlinge diversen Schädlingen das Leben schwer machen (→ S. 192).

Im Folgenden geht es um die wichtigsten Schädlingsgruppen und ihre am weitesten verbreiteten Vertreter. Besondere Arten, die vorwiegend bestimmte Pflanzen befallen, sind im Kapitel „Pflanzen und pflegen" beschrieben (→ S. 248–401).

Nematoden

Schädliche Nematoden, auch als Fadenwürmer oder Älchen bekannt, kommen an fast allen krautigen Pflanzen vor, seltener an Gehölzen wie etwa Rosen. Die nur etwa 1 mm langen, durchscheinenden Rundwürmer bohren die Zellen mit einem Mundstachel an, saugen Säfte heraus und geben dabei einen Speichel ab, der Wucherungen und Verkrüppelungen verursachen kann. Teils übertragen sie auf diese Weise auch Viren. Nematoden bzw. ihre Ruhestadien können im Boden und in Pflanzenresten teils jahrelang überdauern.

Oberirdisch schaden **Blattnematoden.** Sie rufen erst gelbe, später braune bis schwärzliche Blattflecken hervor, die von den grün bleibenden Blattadern begrenzt sind. Teils zeigen dann ebenfalls Blüten braune Flecken. **Stängelnematoden,** die auch als Stockälchen bekannt sind, verursachen Wuchsstockungen, Trieb- und Blattdeformationen.

Wurzelnematoden saugen an den Wurzeln, dringen teils auch vorübergehend in diese ein. Anschwellungen der Wurzelenden und Fäulnis sind typische Folgeerscheinungen. Über der Erde beginnen die Pflanzen zu kümmern und sterben häufig ab. Einige in den Wurzeln, z. B. von Salat, lebende Nematoden rufen **Gallen** hervor, d. h. Wucherungen des Wurzelgewebes, in die sie Hunderte von Eiern ablegen. Andere bilden wiederum kugelige **Zysten** an den Wurzeln, beispielsweise von Kohl, aus. Sterben die betroffenen Pflanzen ab, können die Zysten lange Zeit im Boden verbleiben, um dann unter günstigen Bedingungen die in ihnen geborgenen Eier oder Larven zu entlassen. Befallene Wurzeln sind häufig missgebildet, übermäßig verzweigt oder „bärtig".

Eine direkte **Abwehr** ist kaum möglich. Betroffene Pflanzen sollten Sie sofort entfernen und bei Wurzelnematodenbefall mit möglichst großem Erdballen ausstechen. Reinigen Sie danach alle Geräte gründlichst, und geben Sie die befallenen Pflanzen nicht auf den Kompost. Ein häufiger Wechsel der Pflanzenarten, besonders auch ein ▶ FRUCHTWECHSEL (S. 543) beim Gemüse, gehört zu den wichtigsten Vorbeugungsmaßnahmen. Eine ▶ GRÜNDÜNGUNG (S. 544) mit Studentenblumen und nematodenresistenten Ölrettich- und Senfsorten lässt sich vorbeugend sowie zur Gesundung befallener Flächen einsetzen. Im schlimmsten Fall hilft jedoch nur noch eine Bodendämpfung durch eine Gartenbaufirma oder ein Bodenaustausch.

Schnecken

Schnecken werden fast alljährlich, besonders in feuchten Frühjahren, zum massenhaft auftretenden Ärgernis. Schwere Schäden verursachen in erster Linie Nacktschnecken ohne Gehäuse. Hier gibt es zum einen die nur etwa 2–5 cm großen Gartenwegschnecken (graugelb bis schwarz) und Ackerschnecken (hell- bis dunkelgrau, teils gefleckt oder genetzt); zum anderen Schnecken, die 10–20 cm groß werden: Rote und Schwarze Wegschnecke (rot, orange, gelb, braun oder schwarz), Große Egelschnecke (schlank, schwarz oder weißgrau) sowie die besonders gefährliche Spanische Wegschnecke (braunrot). Im Frühjahr hat man es oft mit den nur rund 1 cm großen Jungschnecken der genannten Arten zu tun. Sie schlüpfen teils schon im Spätjahr aus hellen Eiern, die die Elterntiere im Herbst in großen Knäueln in Ritzen und Höhlen im Boden oder im Kompost ablegen.

Schnecken halten sich tagsüber in feuchten, schattigen Verstecken auf und schwärmen vor allem nachts und frühmorgens zum Fressen aus. Zarte Jungpflanzen wer-

1

2

3

1 Blattnematoden verursachen an Begonien recht typische Schäden.
2 Manche Wurzelnematoden bilden sehr ausdauernde Zysten.
3 Bei Kahlfraß an Pflänzchen sind oft Schnecken die Übeltäter.

Rotkehlchen und andere Vögel helfen, die Ausbreitung von Schädlingen einzudämmen.

den oft über Nacht völlig abgefressen. An älteren Pflanzen ist Rand-, Loch- und Schabefraß (→ Abbildung S. 206) typisch. Zu den verräterischen Zeichen zählen außerdem die glänzenden Schleimspuren sowie graugrüne Kothäufchen.

Da gerade Gemüsepflanzen häufig unter Schneckenfraß leiden, sind die wichtigsten **Abwehrstrategien** im Gemüsekapitel (→ S. 393) zusammengefasst, gelten aber auch für andere Beete und Gartenbereiche. Generell sind Igel, Spitzmäuse, Maulwürfe, Vögel, Kröten, Frösche und Laufkäfer wichtige **natürliche Feinde,** die es sich zu fördern lohnt.

Direkten Schutz bietet ein **Schneckenzaun** um Beete und andere Flächen. Er muss 5–10 cm in die Erde reichen, den Boden um wenigstens 15 cm überragen und eine scharf nach außen umgebogene Kante aufweisen. Der Fachhandel hat verschiedene Modelle aus Stahlblech oder Kunststoff im Angebot (→ Abb. S. 393).

Gern verkriechen sich Schnecken unter ausgelegten Brettern, flachen Steinen, Säcken o. Ä. Dort kann man sie morgens oder abends oft in Massen **absammeln,** um sie dann mit kochendem Wasser zu übergießen oder mit dem Spaten zu zerteilen. Diese unangenehme Arbeit ersparen einem **Bierfallen.** Dafür gräbt man Kunststoffbecher oder käufliche Becher mit Deckel ebenerdig in den Boden ein und füllt sie zur Hälfte mit Bier. Die Schnecken fallen, angelockt durch den Biergeruch, in den Becher und ertrinken dort. Allerdings beobachtet man immer wieder, dass solche Bierfallen zusätzliche Schnecken anlocken.

Schneckenköder, die man als „Schneckenkorn" ausstreut oder als Schneckenbänder auslegt, enthalten für Schnecken tödliche Gifte. Schließlich gibt es auch ein spezielles Nematodenpräparat, das besonders gegen Ackerschnecken wirkt.

Saugende Insekten und Milben

Eine ganze Reihe von Insekten schädigt die Pflanzen durch Saugen an Blättern und anderen Organen. Dabei verursachen sie neben direkten Saugschäden teils weitere Missbildungen. Alle saugenden Insekten können zudem Viren (→ S. 198) übertragen. Dasselbe gilt für Spinnmilben, die zu den Spinnentieren gehören.

Fast alle saugenden Schädlinge lieben trocken-warme Bedingungen und geschützte Plätze. Zur vorbeugenden **Abwehr** hilft es, wenn man die Pflanzen stets ausreichend mit Wasser versorgt, den Boden mulcht und im Gewächshaus häufig lüftet. Zahlreiche Nützlinge (→ S. 192) machen auf die Pflanzensauger Jagd und können einer Massenausbreitung entgegenwirken. Viele dieser Schädlinge sind vor allem im Gewächshaus aktiv und lassen sich hier mit käuflichen Nützlingen bekämpfen (→ S. 195).

Erwähnt seien hier auch Blattflöhe bzw. -sauger, Blattwanzen und Zikaden (→ S. 300), die nur gelegentlich an bestimmten Pflanzen auftreten. Schäden und Bekämpfung ähneln denen der anderen saugenden Insekten.

Blattläuse

Die 2–6 mm großen Läuse sitzen oft in Kolonien auf Blattunterseiten, an Trieben oder Blütenknospen. Sie sind grün, schwarz, dunkelbraun, gelblich, rötlich oder mehlig grau gefärbt. Die Schwarze Bohnenlaus und die Grüne Pfirsichblattlaus gehören zu den verbreitesten Arten und können als wirtswechselnde Läuse jeweils Hunderte verschiedener Pflanzen befallen. Andere, wie die Rosenblattlaus, die Mehlige Kohlblattlaus oder die Sitkafichtenlaus, haben sich auf bestimmte Gattungen spezialisiert. Auch die an Obst- und Ziergehölzen auftretende Blutlaus zählt zu den Blattläusen. Blattläuse überwintern teils als erwachsene Tiere, meist aber in Form von Wintereiern, häufig in der Rinde von Gehölzen. Im Frühjahr schlüpfen ungeflügelte Weibchen, als erste von etwa zehn ungeflügelten oder geflügelten Generationen, die im Lauf des Jahrs auftreten. Erst im Herbst erscheinen Männchen, die die Wintereier befruchten.

Durch die Saugtätigkeit der Blattläuse rollen sich die Blätter stark ein, oft sind sie gekräuselt, manchmal blasig aufgetrieben. Triebe wachsen kümmerlich, Sprosse und Blüten zeigen Missbildungen. Manche Blattlausarten verursachen auch Wucherungen (z. B. Blutläuse an der Rinde), selten kommt starker Blattfall vor (Sitkafichtenlaus). Auf dem Honigtau der Läuse, der auch von Ameisen geschätzt wird, siedeln sich gern Rußtaupilze (→ S. 202) an.

Zur **Abwehr** genügt es oft schon, wenn man stark befallene Triebe herausschneidet, die Tiere mit einem Handschuh häufig abstreift oder mit kräftigem Wasserstrahl absprüht. Auch manche Pflanzenauszüge (→ S. 196) wirken recht gut. Falls Insektizide nötig werden, sollte man nützlingsschonende Präparate bevorzugen.

Schild- und Wollläuse

Bei den **Schildläusen** werden nur die Weibchen als pflanzensaugende Schädiger aktiv. Sie verbergen sich unter festen, wachsartigen, 1–2 mm großen Schilden, oft rötlich oder braun gefärbt, teils auch gelb, grau oder fast schwarz. Bei manchen sind die Schilde flach, bei anderen gewölbt bzw. napfartig. Unter dem Schild sind auch die überwinternden Eier vor Fraßfeinden geschützt.

Schildläuse befallen vor allem Gehölze, krautige Zierpflanzen mit derben oder fleischigen Blättern und unter den Kübelpflanzen mit Vorliebe den Oleander. Die Schilde sitzen oft in den Blattachseln, ansonsten an Trieben, Blattstielen oder Blättern. Während sich die Saugwirkungen meist in Grenzen halten, kann die San-José-Schildlaus Apfelbäume und andere Obstgehölze sehr stark schädigen. Ihr Auftreten ist deshalb meldepflichtig. Sie kommt aber nur in warmen Regionen vor. Ihre runden oder länglichen Schilde sind gelbbraun bis schwarzgrau. Die Rinde befallener Gehölze wird oft rissig, das Gewebe darunter verfärbt sich rot, Äpfel zeigen rote Flecken in der Nähe des Stielansatzes. Zur **Abwehr** empfiehlt sich besonders bei Obstbäumen eine gründliche winterliche Rindenreinigung mit Drahtbürste oder Baumkratzer. Kleinere Ansammlungen lassen sich auch mit einer harten Zahnbürste beseitigen, notfalls durch Herausschneiden befallener Triebe. Ansonsten kommt man Schildläusen am ehesten mit Ölpräparaten bei, die am besten zur Zeit des Austriebs gespritzt werden.

Wollläuse bilden wollige, flockige Hüllen aus Wachsfäden, unter denen sie ungestört saugen. Die an Laubgehölzen vorkommenden Formen scheiden oft viel Honigtau aus, deshalb auch die Bezeichnung **Schmierläuse.** Wollläuse treten häufig an Nadelgehölzen auf, wo sie oft braunliche, verkrümmte Nadeln verursachen, teils auch Triebgallen. Die **Abwehr** entspricht der gegen Schild- und Blattläuse.

Weiße Fliege, Mottenschildlaus

Anders als der Name vermuten lässt, sind Weiße Fliegen Verwandte der Schild- und Blattläuse und gehören zur Familie der Mottenschildläuse. Überdeckt mit weißem Wachsstaub, sind die an winzige Motten erinnernden Tiere unverkennbar, wenn sie bei Berührung befallener Pflanzen in großer Zahl auffliegen. „Die" Weiße Fliege schlechthin ist die Gewächshausmottenschildlaus. Sie befällt besonders Sommer- und Balkonblumen, Kübelpflanzen sowie Tomaten und Gurken unter Glas und Folie. Etwas kälteverträglicher sind Rhododendron- und Kohlmottenschildläuse. Die meist auf den Blattunterseiten sitzenden Tiere rufen durch ihre Saugtätigkeit winzige gelbe Flecken hervor. Die Blätter können komplett verwelken und abfallen. Aufgrund starker Honigtaubildung siedeln sich häufig Rußtaupilze (→ S. 202) an. Zur **Abwehr** lassen sich im Gewächshaus Gelbtafeln oder Schlupfwespen einsetzen. Bei Pflanzen mit robusten Blättern kann häufiges Abspritzen mit scharfem Wasserstrahl helfen. Notfalls setzt man Kaliseifen-, Rapsöl- oder Neempräparate ein.

Thripse

Die nur 1–2 mm kleinen Thripse werden auch Blasenfüße genannt. Auf dem Speiseplan stehen vor allem Gladiolen, Dahlien, Erbsen, Bohnen, Tomaten, Lauch und Zwiebeln. Sie saugen bevorzugt an den äußeren Zellen von Blättern und Blüten, die Saugstellen werden oft als silbrige Pünktchen sichtbar. Ein weiteres Indiz sind schwärzliche Kotflecken neben den anfangs gelben Saugstellen. Stark befallene Pflanzen sind im Wachstum gehemmt, Blätter, Triebspitzen, Blüten und Früchte sind verkrümmt und vertrocknen. Da die Larven im Boden oder an Pflanzenresten überwintern, empfiehlt sich nach starkem Befall ein sorgfältiges Räumen der Beete mit anschließendem Umgraben. Eine direkte **Abwehr** ist mit Kaliseifen- und Pyrethrummitteln möglich. Daneben lässt sich der Befall im Gewächshaus mit beleimten Blautafeln überwachen.

Spinnmilben

Ihre Spinnenverwandtschaft lassen Spinnmilben durch feine Gespinste erkennen, mit denen sie die Pflanzen bei starkem Befall oft überziehen. Die nur rund 0,5 mm kleinen Milben sind je nach Wirtspflanze und Jahreszeit gelbgrün, bräunlich oder rötlich gefärbt. Auffällig rot verfärben sich gegen Winter die Weibchen der Gemeinen Spinnmilbe, die deshalb auch als Rote Spinne bekannt ist. Diese Art befällt etliche krautige Zier- und Gemüsepflanzen sowie Rosen. Die roten Winterweibchen überwintern im Freien wie im Gewächshaus in gut geschützten Verstecken und Ritzen. Die Obstbaumspinnmilbe bildet kaum Gespinste und kommt fast nur an Obst- und Ziergehölzen vor, die Nadelholzspinnmilbe an Koniferen. Beide überwintern mit Eiern an den Zweigen.

Die Saugstellen erkennt man auf den Blättern als winzige, helle, teils silbrige Pünktchen. Häufig fließen sie dann zu hellgrauen bis gelblich braunen Flecken zusammen, die Blätter rollen sich ein und fallen ab. An Koniferen verfärben sich die oft eingesponnenen Nadeln graugrün. Durch Entfernen befallener Blätter lässt sich die Ausbreitung etwas eindämmen. Für eine direkte **Abwehr** kommen verschiedene Kaliseifen-, Rapsöl-, Neem- und Pyrethrummittel in Frage.

1 

2 

3 

1 Spinnmilben verraten sich häufig durch ihre Gespinste.
2 Thripse (hier stark vergrößert) saugen an den Blattunterseiten.
3 Raupen von Wicklern, hier des Erbsenwicklers, sind oft gefräßig.

Beißende Insekten

Bei den beißenden, also durch Fraß schädigenden Insekten treten als „Übeltäter" nur oder vor allem die Larven auf. Die Vollinsekten, etwa Schmetterlinge und Käfer, dienen dagegen den Pflanzen teils als Bestäuber. Auch Blattwespen, Fliegen und Mücken gehören in diese Gruppe. Von ihnen sind als wichtige Vertreter der Rosentriebbohrer (→ S. 300), die Gemüsefliegen (→ S. 392), die Kirschfruchtfliege (→ S. 365) und die Wiesenschnake (→ S. 267) beschrieben.

Schmetterlingsraupen

Schmetterlinge erfreuen uns durch ihren hübschen Anblick. Allerdings gibt es auch etliche Arten, deren Raupen sich an Gartenpflanzen gütlich tun. Je nach Art grün, bräunlich oder auffallend bunt gemustert, schaden die Raupen oft durch Lochfraß an Blättern wie Früchten, teils durch Fenster- oder Skelettierfraß und nicht selten durch totalen Kahlfraß.

Von den tagsüber fliegenden **Weißlingen** mit weiß bis gelb gefärbten Flügeln treten vor allem die Kohlweißlinge (→ S. 392) als Gartenschädlinge auf. Eine weitere Gruppe sind die **Wickler,** meist unauffällige, in der Dämmerung oder Nacht fliegende Schmetterlinge. Ihre Raupen wickeln oft Pflanzenteile mit Gespinsten zusammen, z. B. Apfelwickler („Obstmaden"), Pflaumen- und Erbsenwickler. Unter den **Spannern** gehören der Große und besonders der Kleine Frostspanner zu den gefürchteten Obstbaumschädlingen (→ S. 365). Die kleinen graubraunen männlichen Falter fliegen erst ab Herbst, die kaum geflügelten Weibchen kriechen dann an den Stämmen hoch, um ihre Eier abzulegen. Die unscheinbar grauen oder braunen **Eulen** fliegen nachts. Ihre unbehaarten Raupen, die vor allem an verschiedenen Gemüsepflanzen fressen, rollen sich bei Störungen rasch zusammen. Sie verbergen sich tagsüber im Boden und sind deshalb auch als Erdraupen bekannt. Als **Motten** werden kleine Nachtfalter bezeichnet. Ihre Raupen fressen oft schlangenlinienähnliche Gänge (Minen) in die Blätter, so etwa die Obstbaum- und Fliederminiermotte und die Lauchmotte.

Zur **Abwehr** tragen Vögel, Schlupfwespen, Raupenfliegen und andere natürliche Feinde bei. Häufig kann man durch Absammeln der Raupen oder Entfernen „minierter" Blätter die Schäden in Grenzen halten. Gegen den Frostspanner lassen sich einfache Leimringe einsetzen, gegen Apfel- und Pflaumenwickler Lockstofffallen. Mehrere Schadraupen kann man mit *Bacillus-thuringiensis-* oder Neempräparaten bekämpfen.

Schädlingen kommt man oft anhand ihrer charakteristischen Saug- oder Fraßschäden auf die Spur.

Käfer

Mehrere Käferarten treten als Pflanzenschädlinge auf, wobei oft sowohl die Käfer als auch ihre Larven an den Pflanzen fressen. Neben **Blattkäfern** wie Lilienhähnchen (→ S. 338) und Erdflöhen (→ S. 392, S. 393) richten vor allem die unterirdisch lebenden Larven mancher Arten große Schäden an. Hierzu zählen die **Engerlinge,** die Larven verschiedener Blatthornkäfer (Mai-, Juni-, Gartenlaubkäfer u. a.). Sie sind meist schmutzig weiß, mit harter Kopfkapsel und verdicktem Hinterleibsende, und werden bis etwa 6 cm lang. Obstbäume und Rosen bleiben von ihnen ebenso wenig verschont wie Rasengräser, Gemüse, Erdbeeren und krautige Zierpflanzen. Auf dieselbe Weise schaden **Drahtwürmer,** die gelbbraunen, harten, wurmähnlichen, 2–3 cm langen Larven des kleinen braunen oder schwarzen Schnellkäfers.

Sie treten vor allem in Gemüsebeeten auf. Zur **Abwehr** lassen sich Drahtwürmer und Engerlinge mit jungen Salatpflanzen ködern und absammeln, Drahtwürmer auch mit zerteilten, mit der Schnittfläche nach unten eingegrabenen Kartoffeln. Ansonsten hilft eine gründliche Bodenbearbeitung, bei der man jede entdeckte Larve einzeln aufliest. Als Bekämpfungsmittel stehen lediglich Nematodenpräparate gegen die Engerlinge des Gartenlaubkäfers zur Verfügung.

An Wurzeln fressen auch die Larven des **Dickmaulrüsslers,** besonders gern bei Rhododendren, aber auch bei Beerensträuchern, Erdbeeren oder Chrysanthemen. Bei starkem Befall welken die Pflanzen plötzlich und sterben schließlich ab. Zudem frisst der Käfer oft bogenförmige Kerben in die Blattränder. Zur **Abwehr**

Maulwurfsgrillen machen sich durch Fressen von Schädlingen nützlich.

Pockenähnliche Blattverformungen deuten auf Gallmilben hin.

Wühlmäuse lieben saftige Rüben und andere Wurzeln.

kann man die nachtaktiven Käfer nach Einbruch der Dunkelheit mit Hilfe einer Taschenlampe ablesen. Gegen die Larven gibt es Nematodenpräparate.

Maulwurfsgrille

Die Maulwurfsgrille ist bis 5 cm lang, braunschwarz, fein behaart und besitzt kräftige Grabfüße, mit denen sie lange, fingerdicke Gänge unter der Bodenoberfläche schaufelt. Raupen, Engerlinge und Regenwürmer zählen zu ihrer bevorzugten Nahrung, doch frisst sie teils auch an Wurzeln, Knollen oder an der Stängelbasis, so dass Pflanzen welken und schließlich absterben. Außerdem hebt sie durch ihr Gewühle manchmal Sämlinge und Jungpflanzen an. Vor allem Gemüsebeete sind öfter betroffen, teils auch Rasenflächen. Zur **Abwehr** sollte man die Gänge oft aufgraben und die Nester zerstören. Außerdem lassen sich die Tiere in Behältern einfangen, die man so eingräbt, dass der obere Rand mit dem Erdniveau abschließt. Eine direkte biologische Bekämpfung ist mit Nematodenpräparaten möglich.

!

wir empfehlen

Gallen zeitig entfernen

Verschiedene Insekten und Milben rufen an Blättern, Trieben oder Knospen „Anhängsel“, Wucherungen oder Schwellungen hervor, die man als Gallen bezeichnet. Teils legen sie darin ihre Eier in großer Zahl ab. Entsprechende Gebilde sollte man frühzeitig ausbrechen, ebenso unnatürlich angeschwollene Knospen, wie sie z. B. Gallmilben an Johannisbeeren verursachen. Blätter mit pockenartigen Erhebungen werden am besten gleich entfernt. Die besonders auffälligen „Galläpfel“ der Gallwespen, die sich hauptsächlich an Rosen (→ S. 300) finden, schaden allerdings kaum.

Wühlmäuse und Co.

Unter den Säugetieren sind **Wühlmäuse** die gefährlichsten Schädlinge. Zu unterscheiden sind hier die Große Wühlmaus oder **Schermaus** – bis 22 cm groß, gedrungen, mit langem Schwanz – und die oft nur 10–12 cm langen, kürzer geschwänzten kleinen Wühlmäuse, nämlich **Feldmaus** und **Erdmaus.** Schermäuse können sehr unterschiedlich gefärbt sein, von hell sandfarben bis fast schwarz, die kleinen Wühlmäuse sind braun oder grau. Die Schermaus gräbt im Boden Gänge mit hochovalem Querschnitt und mindestens 5 cm Breite, in denen sich meist Pflanzenreste finden. Da diese oft nur 5 cm unter der Erdoberfläche verlaufen, erkennt man sie schon am leicht aufgebrochenen Boden oder an unregelmäßigen Erhebungen. Feld- und Erdmäuse graben kleine, rundliche Gänge und hinterlassen oft viele kleine Löcher, wodurch sie Rasenflächen stark schädigen können.

Schermäuse fressen unterirdisch an Wurzeln, Rüben, RHIZOMEN (S. 557), Zwiebeln und Knollen. Sie nagen besonders gern an unterirdischen Teilen von Gemüsen, aber auch an krautigen Zierpflanzen sowie an den saftigen Wurzeln junger Gehölze. Feld- und Erdmäuse dagegen bevorzugen oberirdische Pflanzenteile, vor allem Sämlinge und Jungpflanzen sowie die Rinden junger Gehölze. Die Schäden treten besonders stark im Herbst und Winter auf.

Die **Abwehr** durch Pflanzen wie Wolfsmilch (*Euphorbium*), Kaiserkrone und Knoblauch, die Wühlmäuse fern halten sollen, zeigt oft nicht den gewünschten Erfolg. Dasselbe gilt für akustische Vertreibungsversuche oder in den Gängen ausgelegte Vergrämungsmittel auf der Basis von Duftstoffen, Thujazweige oder petroleumgetränkte Lappen. Es bleibt einem meist nur, die Gänge immer wieder zu zerstören und Wühlmausfallen und/oder Giftköder einzusetzen. Bei Zwiebel- und Knollenblumen bietet die Pflanzung in Körben einen gewissen Schutz. Natürliche Feinde der Wühlmäuse sind Marder, Wiesel, Greifvögel und Katzen.

Maulwürfe werden zwar teils durch kleine Hügellandschaften lästig, fressen aber nicht an Pflanzen, sondern betätigen sich im Boden als nützliche Schädlingsvertilger. Schon die großen Erdhaufen deuten darauf hin, dass keine Wühlmäuse am Werk sind. Die Maulwurfgänge sind im Gegensatz zu denen der Schermäuse queroval. Maulwürfe gehören zu den geschützten Tierarten und dürfen nicht getötet werden. Man kann lediglich versuchen, sie durch Vergrämungsmittel mit Duftstoffen zu vertreiben. Auch das häufige Einebnen ihrer Hügel „nervt“ die Tiere.

Unkräuter

DER BEGRIFF „UN-KRAUT" ist schon ein merkwürdiges Wortungetüm, denn natürlich handelt es sich auch bei unerwünschten Pflanzen um Kräuter (oder Gräser). Teils sogar um sehr nützliche: Löwenzahn, Melden, Vogelmiere oder Sauerampfer beispielsweise werden von manchem als Salat oder Gemüse sehr geschätzt, einige von ihnen sind sogar als Zuchtformen erhältlich. Die Brennnessel ist geradezu ein Paradebeispiel für den vielfachen Nutzen solcher Gewächse: verwendbar als Gemüse (junge Blätter), als Heilpflanze, für pflanzenstärkende Auszüge und düngende Jauchen, zudem eine bedeutende Nährpflanze für Schmetterlinge und viele andere Insekten.

Manche Gärtner sprechen deshalb lieber von „Wildkräutern" oder „Beikraut", doch im allgemeinen Sprachgebrauch ist es überwiegend beim „Unkraut" geblieben.

Kritische Kräuter

Wo er einen selbst, die anderen Pflanzen sowie die Nachbarn nicht stört, kann man ruhig etwas Wildwuchs dulden, zumal er Nützlinge anzieht und einige dieser Pflanzen recht hübsch aussehen.

Doch aufgrund des starken und raschen Ausbreitungsvermögens vieler Unkräuter ist es nicht ratsam, allem seinen Lauf zu lassen. Unkräuter können den Kulturpflanzen in beachtlichem Maß Nährstoffe, Wasser und Licht rauben. Höherwüchsige Arten überwuchern manche Blumen oder Gemüse bald komplett, und Winden oder Klettenlabkraut können die Pflanzen geradezu niederringen.

Besonderes Augenmerk verlangt die Unkrautbekämpfung bei Saaten und frisch gesetzten Jungpflanzen, außerdem bei allen schwach und niedrig wachsenden Arten, ob Sommerblumen, Stauden, Gemüse oder Zwergsträucher. Auch kranke oder mit Schädlingen besetzte Unkräuter sollten Sie konsequent entfernen, da von ihnen aus Kulturpflanzen infiziert werden könnten.

Ansonsten ist es wichtig, ausgeprägte Samen- und Wurzelunkräuter im Zaum zu halten. Als **Samenunkräuter** bezeichnet man Pflanzen, die äußerst zahlreich Samen produzieren – teils mehrmals im Jahr – und sich dadurch rasant ausbreiten können. Häufige Vertreter sind z. B. Persischer Ehrenpreis (*Veronica persica*), Ackerhellerkraut (*Thlapsi arvense*), Franzosen- oder Knopfkraut (*Galinsoga parviflora*), Weißer Gänsefuß (*Chenopodium album*), Klettenlabkraut (*Galium aparine*), Schöllkraut (*Chelidonium majus*) und Vogelmiere (*Stellaria media*).

Wurzelunkräuter besitzen besonders unverwüstliche Speicherwurzeln, ▶ RHIZOME (S. 557) oder ▶ AUSLÄUFER (S. 534), aus denen sie immer wieder austreiben können und mit denen sie sich teils großflächig ausbreiten. Dazu genügen oft schon Teilstücke, die im Boden verbleiben. In diese Kategorie fallen z. B. Acker- und Zaunwinde (*Convolvulus arvensis, Calystegia sepium*), Große Brennnessel (*Urtica dioica*), Giersch (*Aegopodium podagraria*), Hahnenfußarten (*Ranunculus acris, R. repens*), Klette (*Arctium lappa*), Löwenzahn (*Taraxacum officinale*) und Quecke (*Elymus repens*).

Vorsicht beim Jäten des Schöllkrauts: Es enthält giftigen Milchsaft. Das Tragen von Handschuhen ist ratsam.

Bekämpfung – früh und konsequent

Samenunkräuter sollten spätestens zum Blühbeginn entfernt werden. Versuchen Sie bei Wurzelunkräutern unbedingt, die unterirdischen Teile möglichst komplett herauszuziehen, eventuell auch durch teilweises Aufgraben oder mit einem Unkrautstecher (→ S. 144). Am besten gelingt das bei leicht feuchtem, gut gelockertem Boden.

Schon bei der Bodenvorbereitung (→ S. 167–169) kann man sich durch gründliches Auslesen von Unkräutern und Wurzeln viel spätere Arbeit sparen. Mit häufigem und regelmäßigem Jäten – durch Ausreißen und Hacken – im Frühjahr ist dann oft auch schon der Hauptaufwand erledigt. Denn bei konsequenter Anfangsbekämpfung genügt ab dem Frühsommer häufig eine Mulchschicht (→ S.170), um den größten Teil der Unkräuter zu unterdrücken.

Konsequenz wird besonders auch dann nötig, wenn sich Unkräuter sehr stark breit gemacht haben. Teils genügen schon ein paar Wochen intensiven Jätens, um selbst hartnäckige Pflanzen „auszuhungern", so dass der Aufwuchs merklich nachlässt. Bei stark verunkrauteten Flächen hilft auch das Auflegen einer schwarzen Mulchfolie (am besten über mehrere Monate) oder eine schnellwüchsige ▶ GRÜNDÜNGUNG (S. 544) nach gründlicher Bodenbearbeitung.

Notfalls kann man auch Herbizide (Unkrautvernichtungsmittel) einsetzen, z. B. vor der Neuanlage von Beeten (Angaben zu Wartezeiten beachten!), unter Gehölzen, im Rasen oder auf Wegen und Plätzen. Sie dürfen stets nur im eigentlichen Gartenbereich angewendet werden. Sie lassen sich jedoch kaum gezielt gegen einzelne Gewächse verwenden, da sie meist generell krautige Pflanzen abtöten.

Eine andere Möglichkeit ist das Verbrennen der Unkräuter mit Hilfe eines Abflammgeräts, das man sich teils auch im Fachhandel leihen kann.

HÄUFIGE UNKRÄUTER

1 Franzosenkraut
Das Franzosen- oder Knopfkraut bleibt oft niedrig, kann aber auch bis 60 cm hoch wachsen und hat weiße Blütenköpfchen mit gelber Mitte. Es zählt zu den produktivsten Samenunkräutern – mit mehreren Hunderttausend Samen pro Jahr.

2 Vogelmiere
Auch die Vogelmiere verbreitet sich stark durch Samen. Die meist klein und niederliegend wachsende Pflanze kann man allerdings dulden, solange sie nicht überhand nimmt.

3 Ackerwinde
Von den hübschen Blüten der Ackerwinde sollte man sich nicht täuschen lassen: Sie ist ein konkurrenzstarkes Unkraut, das schnell ganze Beete überwuchert und Kulturpflanzen bis in Meterhöhe umschlingt. Verbleiben kleine Wurzelstücke im Boden, kann sie immer wieder austreiben.

4 Quecke
Obwohl sie wie „x-beliebige" Gräser aussehen, lernt man Quecken bald von anderen zu unterscheiden: Mit ihren langen, weißlichen Ausläufern durchziehen sie schnell ganze Gemüse- und Blumenbeete. Kleine Rhizom- bzw. Ausläuferreste im Boden genügen den Quecken, um neu auszutreiben.

5 Giersch
Der bis 100 cm hohe Giersch gehört ebenfalls zu den überaus hartnäckigen Wurzelunkräutern und breitet sich kriechend durch Ausläufer aus. Sein Auftreten weist auf stickstoffreichen, lehmigen, feuchten Boden hin. Die jungen Blätter und Sprosse lassen sich übrigens gut als vitaminreiches, zart süßlich schmeckendes Wildgemüse nutzen.

2

Winterschutz

Die meisten Pflanzen überstehen den Winter ohne besonderen Schutz. Mit geeigneten Vorkehrungen können Sie aber auch empfindlichere Gewächse heil über die kalte Jahreszeit bringen.

Die Pflanzen, die im gemäßigten Klima mit seinem deutlichen Jahreszeitenwechsel zu Hause sind, haben sich mit ihrem Lebensrhythmus in unterschiedlicher Weise auf den Winter eingestellt. Viele Gehölze werfen im Herbst ihr Laub ab, die meisten STAUDEN (S. 562) sterben oberirdisch ab und überdauern mit unterirdischen Speicherorganen. Noch „radikaler" verhalten sich die EINJÄHRIGEN (S. 540): Sie verabschieden sich vorm Winter komplett und verlassen sich zum Überdauern ganz auf ihre Samen. Immer- und wintergrüne Gehölze und Stauden sowie ZWEIJÄHRIGE (S. 569) dagegen behalten über Winter ihr entsprechend kältefestes Blattwerk. Sie drosseln aber all ihre Lebensvorgänge auf ein niedriges „Ruheniveau".

Empfindlichkeiten und Risiken

Ganz gleich, welche Winterstrategie sie gewählt haben: Für die meisten heimischen Pflanzen ist winterliche Kälte bis wenigstens –20° C kein Problem. Lediglich als junge Gewächse sind sie zuweilen etwas frostempfindlicher. Viele vertragen schadlos auch -30° C, was in Mitteleuropa in etwa den Extremwert darstellt.

Nun wachsen allerdings in unseren Gärten etliche ARTEN (S. 533), die ursprünglich in Ostasien, Vorderasien oder Nordamerika beheimatet sind. Auch dort gibt es Herkunftsgebiete mit entsprechenden Wintertemperaturen. Doch selbst einige schon lange bei uns kultivierte Pflanzen wie etwa Roseneibisch (*Hibiscus syriacus*), Pfirsich oder Herbstanemonen demonstrieren schlimmstenfalls durch Frostschäden, dass sie eigentlich wärmeren Gefilden entstammen. Das gilt ebenso für Pflanzen, die in Süd- oder Südosteuropa zuhause sind, etwa die mediterranen Kräuter.

Die Winter- bzw. Frosthärte der Pflanzen hängt allerdings nicht nur von ihrem Ursprungsgebiet und damit von ihrer genetisch festgelegten Anpassung ab. Der Witterungsverlauf des vorangegangen Jahrs entscheidet ebenso wie die Standortwahl und Pflege mit darüber, ob sie für die kalte Jahreszeit gut gerüstet sind.

Unter dieser Voraussetzung gelingt winterharten Pflanzen die Anpassung an die allmählich abfallenden Temperaturen meist so gut, dass ihnen auch starke Fröste wenig ausmachen. Viel gefährlicher sind häufig starke Temperaturschwankungen, winterliche Warmperioden, die zum vorzeitigen Beenden der Ruhephase verführen, „unzeitgemäße" Frühfröste im Herbst sowie Spätfröste im Frühjahr. Zu den besonderen Stressfaktoren im Winter zählen teils auch Schneelasten, Dauernässe oder die intensive Sonnenstrahlung bei kaltem, klarem Hochdruckwetter.

In diesem Kapitel:

Wenn der Winter naht

BEI ALLEN MEHRJÄHRIGEN Pflanzen müssen Sie bereits im Spätsommer an den kommenden Winter denken: Spätestens ab etwa Mitte August sollte keine stickstoffreiche **Düngung** mehr verabreicht werden. Sie könnte späten Zuwachs und Austrieb anregen, der dann noch zart und frostempfindlich ist, zu weichem Gewebe führen oder die Triebausreife bei Gehölzen verzögern. Das gilt für Bäume und Sträucher ebenso wie für Stauden, sommerblühende Zwiebel- und Knollenblumen, überwinternde Gemüse und Kräuter, Rasengräser und ➲ KÜBELPFLANZEN (S. 551). Dünger mit hohem Kaliumgehalt oder reine Kaliumdüngung dagegen fördert die Frosthärte der Gewächse – freilich nur, wenn sie nicht ohnehin schon mit Kalium überversorgt sind (→ auch S. 175–178).

Die **ersten Nachtfröste** treten im Schnitt ab etwa Mitte Oktober auf. Dies variiert natürlich je nach Jahr und Region. Gerade in raueren Gegenden können schon im September Frühfröste den Pflanzen zu schaffen machen. In milderen Lagen dagegen lässt der Frost manchmal bis November oder gar Dezember auf sich warten. Besonders an sonnigen Herbsttagen mit klarem Himmel und „frischer" Luft ist Vorsicht geboten: Das sind üblicherweise die Wetterlagen, bei denen nachts die Temperaturen gefährlich Richtung Nullpunkt sinken. Auch vorherrschende Winde aus Osten oder Norden können die ersten Fröste bringen. Morgendlicher Nebel und Raureif auf Pflanzen und Boden sind weitere Anzeichen, dass der Winter mitsamt den ersten Minustemperaturen naht.

Der Wetterbericht bzw. regionale Vorhersagen verdienen natürlich in dieser Zeit besondere Aufmerksamkeit. Thermometer und andere Wettermessgeräte helfen, die Situation vor Ort richtig einzuschätzen (→ S. 135–136). Generelle Hinweise zum Frost und besonders gefährlichen Frostwirkungen finden Sie auf S. 134 und S. 138.

Heikle Schützlinge zuerst

Wenn sich erstmals Minustemperaturen ankündigen, sollten Sie sich möglichst bald um die empfindlichsten Pflanzen kümmern:

› Kübelpflanzen, besonders die aus subtropischen und tropischen Gefilden, müssen noch vor Frosteintritt ins Winterquartier gebracht werden (→ S. 401).

› Auch nicht winterharte Seerosen, exotische Wasserpflanzen und Miniteiche sollten zeitig an einen frostfreien Ort kommen (→ S. 327).

› Die Knollen bzw. Zwiebeln von Dahlien, Gladiolen und anderen nicht winterharten Blühern werden aus dem Boden genommen und ebenfalls geschützt untergebracht (→ S. 337).

› Frisch gesetzte und junge Pflanzen, besonders die nicht vollständiger winterharter Arten, werden als Erste mit Winterschutz versorgt.

› Danach kommen die älteren Exemplare empfindlicher Arten aus wärmeren Gegenden an die Reihe (beachten Sie bitte dazu die Hinweise im Porträtteil, → S. 402–529). Je nach Winterhärte der Gewächse und Wetterentwicklung hat das noch etwas Zeit; bei Beet- und Edelrosen z. B. reicht oft der November. Bei robusteren Gewächsen können Sie Winterschutz auch nach Bedarf ausbringen.

Vergessen Sie nicht, vor den ersten Frösten auch empfindliches Fruchtgemüse und Obst abzuernten, Gießgeräte, Pumpen und ähnliche frostgefährdete Gerätschaften einzuräumen (→ S. 148) sowie die Wasserleitungen zu entleeren (→ S. 189).

Winterschutzmaterialien

Winterschutz bedeutet in der Hauptsache, dass man die Pflanzen bzw. ihre am meisten gefährdeten Teile gegen Frosteinwirkung

Eine Schneedecke wirkt als natürliche Isolierschicht und schützt die Wurzeln vor Frösten.

1

2

3

1 Hochstammrosen kann man durch Umhüllen schützen.
2 Eine Rundumverpackung mit Laub isoliert sehr gut.
3 Nadelholzreisig ist ein bewährtes Abdeckmaterial.

isoliert. Da entsprechende Abdeckungen meist über Wochen und Monate liegen bleiben, müssen sie unbedingt Luft durchlassen. Anderenfalls droht Sauerstoffmangel, der zudem zu Fäulnis führen und weitere Krankheitserreger fördern kann.
Gerade für den wichtigsten Einsatzbereich, den Schutz der Wurzeln und der bodennahen Pflanzenteile, hat die Natur sehr hilfreiches, kostenloses Material im Angebot:

› **Laub** hält schon in recht dünner Schicht Kälte ab, kann aber auch für dicke Wärmepackungen verwendet werden. Die Blätter vernässen und verrotten zwar mit der Zeit ohnehin, sollten aber möglichst trocken und frisch zum Einsatz kommen. Nehmen Sie jedoch keine Blätter, die Anzeichen von Krankheitsbefall zeigen. Auch das schwer verrottende, gerbstoffhaltige Laub von Walnuss, Eichen, Pappeln oder Platanen eignet sich nicht.

› **Tannen- und Fichtenreisig** haben sich vielfach als Abdeckmaterial bewährt: Die dicht beieinander stehenden Nadeln sorgen für gute Isolierung, lassen aber optimal Luft durch. Besonders günstig ist Fichtenreisig, das zum Frühjahr hin seine Nadeln verliert. Bei größerem Bedarf an Reisig kann man beim zuständigen Forstamt nachfragen.

› Gut ausgereifter, lockerer **Kompost** lässt sich zum Bedecken des Wurzel- und des unteren Sprossbereichs verwenden, **Rindenmulch** für das Abdecken des Bodens rund um Stängel oder Stamm bei schon gut eingewachsenen Pflanzen.

› Des Weiteren bieten **luftdurchlässige Gewebe** guten Schutz. Mit Sackleinen bzw. Jutestoff, Leintüchern und Abdeckvlies (→ S. 243) können Sie auch oberirdische Pflanzenteile umhüllen. **Folie** sollte höchstens kurzzeitig aufgelegt werden. Vor allem zum Schattieren gegen intensive Wintersonne sowie zum Abhalten frostiger Winde eignen sich zudem **Bast- oder Schilfmatten.**

Die Winterschutzpraxis

Am wichtigsten ist stets der Schutz der Wurzeln, bodennaher Triebknospen und teils auch der ➲ VEREDLUNGSSTELLEN (S. 567). Bei älteren Pflanzen kann zu diesem Zweck Kompost ein paar Zentimeter hoch aufgeschüttet werden, bei jungen, zarten Exemplaren besser nur im Wurzelbereich.
Eine lockere Laubschicht darf z. B. über empfindlichen Stauden oder Zwerggehölzen 5–10 cm hoch ausgebreitet werden; soll sie nur den Boden über den Wurzeln und die Spross- bzw. Stammbasis schützen, auch etwas höher.
Wenn niedrige Pflanzen kompletten Schutz brauchen, ist ein Überdecken mit einer dünneren Laubschicht, über die dann Nadelholzreisig ausgebreitet wird, oft ideal. Häufig reicht aber auch Reisig allein, das man dachziegelartig in zwei oder mehr Lagen über die Pflanzen legt. Schließlich kann man ganze Pflanzen auch kurzfristig mit Säcken o. Ä. abdecken. Diese sollten jedoch bei Nässe nicht allzu lang liegen bleiben.

Oberirdische Pflanzenteile schützen

Auch für oberirdische Sprosspartien lässt sich Nadelholzreisig einsetzen: Bei höheren Stauden oder Wintergemüse beispielsweise können Sie die Tannen- oder Fichtenzweige rundum dicht an dicht in den Boden stecken und, wenn nötig, locker zusammenbinden. Ebenso schützt Reisig empfindliche Kletterpflanzen, wenn man es relativ dicht zwischen die Triebe oder ins Klettergerüst steckt bzw. bindet.
Ansonsten kommt vor allem das Umhüllen bzw. komplette Überdecken mit den erwähnten Geweben wie etwa Sackleinen in Frage. Da dies in erster Linie junge Gehölze betrifft, ist es ebenso wie weitere mögliche Schutzmaßnahmen im Zusammenhang mit der Gehölzpflege (→ S. 282) beschrieben, ebenso die Schattierung von Immergrünen gegen austrocknende Wintersonne. Ausführliche Hinweise zum Winterschutz der Rosen finden Sie entsprechend im Rosenkapitel auf S. 297–298.
Eine spezielle Lösung zum Schutz besonders empfindlicher Pflanzen stellt das komplette Verpacken – zumindest des unteren Sprossbereichs – mit Laub dar. Dazu benötigen Sie lediglich eine Drahtröhre rund um die Pflanze, die sich beispielsweise aus einem Stück Maschendrahtzaun einfach herstellen lässt. In diese füllen Sie dann, möglichst locker gepackt, das Laub ein.

Besondere Wintervorkehrungen

Für manche Pflanzen und in bestimmten Gartenbereichen empfehlen sich besondere Maßnahmen, um alles möglichst heil über den Winter zu bringen:

› Große Ziergräser wie das Pampasgras (*Cortaderia selloana*) bindet man am besten zusammen bzw. verdreht die Blätter schopfartig, um das Innere der Horste vor Kälte und Vernässung zu schützen.

› Auch säulenförmige immergrüne Nadelgehölze können Sie zusammenbinden. Das beugt dem Auseinanderdrücken der Triebe bei starken Schneefällen vor.

› Ein Weißanstrich bewahrt Obstbäume vor Rindenschäden (→ S. 359).

› Bei einem Gartenteich müssen eventuell Vorkehrungen getroffen werden, um ein komplettes Zufrieren der Wasseroberfläche zu verhindern (→ S. 327).

Winterpflege und kritische Zeiten

WURDEN IM HERBST alle nötigen Vorkehrungen getroffen, reicht meist gelegentliches Nachsehen, ob alles seine Ordnung hat. Hier und da werden vielleicht noch ein paar besondere Hilfestellungen nötig. Extreme Temperaturabfälle oder -schwankungen können allerdings flexibles Eingreifen nötig machen.

Winterliche Handgriffe

Regelmäßig sollten Sie nach pflanzlichen Überwinterungsgästen im Haus sehen, also nach Kübel- oder Teichpflanzen sowie Knollen und Zwiebeln von Dahlien und Co. Je nach Pflanze fällt dann zurückhaltendes Gießen oder eventuell das Nachfüllen von Wasser an. Gelegentliches Lüften bei frostfreiem Wetter ist empfehlenswert. Welke Blätter sollten ebenso entfernt werden wie erkrankte oder gar faulende Pflanzenteile (→ auch S. 327, S. 337, S. 401).

!

wir empfehlen

Winterernte mit Fingerspitzengefühl

Ein spätherbstliches und winterliches Auf und Ab der Temperaturen setzt auch dem letzten Obst und dem Wintergemüse stark zu – oft weit mehr als Fröste allein. Gehen Sie deshalb auf Nummer Sicher, und ernten Sie im Zweifelsfall früher, wenn sich häufig feuchtwarmes und frostiges Wetter abwechseln. Lassen Sie gefrorenes Erntegut jedoch an der Pflanze, bis es draußen wieder aufgetaut ist. Denn nach Berührung „zermatschen" gefrorene Pflanzenteile in der warmen Küche schnell.

Draußen genügt es, ab und an zu prüfen, ob der Winterschutz noch intakt ist. Kontrollieren Sie bei dicken Laubschichten oder -umhüllungen, ob sich eventuell Schimmel bildet, und entfernen Sie befallene Partien. Umhüllungen oder Bindungen, die die Pflanzen einschnüren, müssen gelockert werden. Zuweilen heben sich im Herbst gepflanzte Gehölze und Stauden infolge der Bodenbewegung, die durch frierendes und wieder tauendes Bodenwasser verursacht wird. Dann sollten Sie die Erde rund um die Pflanzen gründlich andrücken bzw. festtreten.

Besondere Aufmerksamkeit verlangen die Immergrünen, da sie bei gefrorenem Boden kein Wasser aufnehmen können. Deshalb wird es manchmal nötig, sie an frostfreien Tagen zu gießen (→ S. 282).

Der berüchtigte Astbruch durch Schneelasten kommt zwar relativ selten vor. Es kann dennoch nichts schaden, die weiße Pracht vor allem von dünneren Ästen und Zweigen herabzufegen, ebenso dicke Schneeauflagen von Heckenkronen. Ansonsten wirkt sich Schnee als isolierende Schicht eher positiv aus (S. 135). Der Rasen sollte allerdings bei Schneebelag möglichst gar nicht betreten werden, ebenso wenig bei anhaltender Winternässe.

Vorsicht schließlich beim Umgang mit Streusalz auf Flächen und befestigten Wegen: Es kann deutliche Pflanzenschäden verursachen (→ S. 197). Zumindest im Garten und auf angrenzenden Gehwegen sollte gegen Glätte möglichst nur Splitt oder Sand eingesetzt werden.

Wettereinbrüche und -umschwünge

Es erweist sich oft als günstig, wenn man noch etwas Winterschutzmaterial für besonders harte Zeiten reserviert: Zuweilen kommt es nochmals zu einem starken Temperaturabfall, bei dem man die bereits ausgebrachte Abdeckung erneuern bzw. verstärken oder auch robustere Pflanzen erstmals schützen muss. Besonders gefährlich sind die Kahl- und Strahlungsfröste bei schneefreiem Boden und wolkenlosem Nachthimmel (→ S. 134), die oft mit sonnigem Tageswetter kontrastieren. Ebenso führen plötzlich auftretende Nord- und Ostwinde häufig zu einem rapiden Temperaturabfall.

Abfegen schwerer Schneeauflagen vermindert das Astbruchrisiko.

Solche Frosteinbrüche haben teils gravierende Auswirkungen, wenn ihnen eine ausgeprägt milde Phase voranging. Entsprechende Wechsel, etwa zwischen dem Weihnachtstauwetter und frostiger werdenden Temperaturen im Januar, gehören zum altbekannten Wettergeschehen. Sie scheinen aber in neuerer Zeit zuzunehmen, wobei vor allem die Warmphasen oft schon mitten im Winter regelrecht frühlingshaft sind. Wenn solch ein „Scheinfrühling" länger anhält, sollten Sie dicke Winterabdeckungen zwischenzeitlich entfernen, um nicht noch zusätzlich vorzeitigen Austrieb anzuregen. Folgt ein Temperatureinbruch, muss das Material jedoch umgehend wieder aufgebracht werden.

Auch wenn es dann tatsächlich auf den Frühling zugeht, ist solch ein „Winterschutzmanagement" empfehlenswert. Dicke Abdeckungen werden allmählich gelockert und schließlich ganz entfernt, wenn die ersten Knospen und Triebspitzen erscheinen. Trotzdem sollte man weiterhin etwas Schutzmaterial bereithalten – sogar noch bis Mitte Mai. Hier lassen sich insbesondere Vliese und Sackleinen gut einsetzen.

2

Pflanzen schneiden

Der Schnitt hält Pflanzen in Form, fördert die Blüte und die Fruchtbildung. Durch gezieltes Schneiden können Sie das Altern von Gehölzen verlangsamen und sogar Krankheiten und Schädlingen vorbeugen.

In diesem Kapitel:

Pflanzen wollen nicht unbedingt dem Gärtner gefallen und ihn aufs Üppigste mit Blüten oder Früchten beglücken – ihr Hauptbestreben ist es, zu wachsen und sich durch Samen zu vermehren. EINJÄHRIGE (S. 540) und ZWEIJÄHRIGE (S. 569) haben danach ihr Lebenswerk vollendet und sterben ab. Die mehrjährigen STAUDEN (S. 562) und Gehölze sind zwar teils ausgesprochen langlebig. Doch nachdem sie sich einige Jahre lang intensiv auf die Blüten- und Fruchtbildung und damit auf die Samenvermehrung konzentriert haben, gehen sie allmählich in den verdienten Ruhestand über. Schließlich gibt es dann ja genug vitalen Nachwuchs, der für die Ausbreitung der ART (S. 533) sorgen kann.

Wachstum lenken, Gesundheit fördern

Mit dem Schneiden bringen wir die Pflanzen dazu, ihre „Lebensplanung" unseren Wünschen entsprechend zu ändern. Das lassen viele recht willig mit sich geschehen, denn sie haben von Natur aus reichlich Reserven, um Knospen-, Blüten- oder Triebverluste, z. B. durch Schädlinge oder Frost, durch Neuaustrieb zu ersetzen.

Dies nutzen wir für die unterschiedlichsten Schnittziele:

- das Erziehen zu einer gewünschten Wuchsform;
- das Erhalten der angestrebten Form und Größe, bis hin zum strengen Formschnitt;
- das Anregen von Neutrieben, um das frühe Vergreisen von Sträuchern und Baumkronen zu verhindern;
- das Fördern von Trieben und Knospen, an bzw. aus denen sich Blüten und Früchte bilden;
- bei Obstbäumen das Ausbalancieren von Wachstum und Fruchtbildung je nach Baumalter;
- das Lichthalten von Sträuchern und Baumkronen, damit alle Teile genügend Sonne abbekommen.

Das Letztgenannte hat zudem eine weitere günstige Wirkung: Die Blätter trocknen nach einem Regen schneller ab, was Pilzkrankheiten vorbeugen kann. Durch Weg- oder Rückschnitt erkrankter Teile lässt sich außerdem oft die Ausbreitung von Krankheiten oder Schädlingen eindämmen. Auch das saubere Nachschneiden von abgebrochenen oder abgestorbenen Trieben trägt zur Gesunderhaltung bei.

Schließlich kann das Wegschneiden störender Triebe natürlich auch rein ästhetische oder praktische Gründe haben. In diese Kategorie fällt letztlich auch das Entfernen von Wildtrieben, die bei veredelten Gehölzen aus der Unterlage wachsen.

Grundlagen der Schnittpraxis

Richtiger Schnitt verhilft zu üppiger Forsythienblüte.

BEIM PFLANZENSCHNITT denkt man zuallererst an Maßnahmen, die das Wachstum von Zier- und Obstgehölzen lenken. Doch auch bei vielen Stauden und manchen **SOMMERBLUMEN** (S. 560) gehört die Gartenschere zu den wichtigen Pflegeutensilien. Und selbst das Abschneiden zur Ernte mehrjähriger Kräuter und mancher Blattgemüsen erfüllt nebenbei eine typische Funktion des Pflanzenschnitts: Durch Entfernen älterer Pflanzenteile wird der Neuaustrieb angeregt.

Gartenrundblick – wo wird geschnitten?

Gehölze sind natürlich das Hauptthema, wenn es um den Pflanzenschnitt geht, so auch in diesem Kapitel. Hier werden vor allem einige Grundlagen vorgestellt, um das Wie und Warum des Schneidens verständlicher zu machen. Weiterführende und detaillierte Hinweise finden Sie je nach Gehölzgruppe in den jeweiligen Kapiteln:

- Schnitt der Ziergehölze (→ S. 280, S. 283–287);
- Schnitt der Hecken (→ S. 287–288);
- Schnitt der Klettergehölze (→ S. 288);
- Rosenschnitt (→ S. 298–299);
- Schnitt der Obstbäume (→ S. 360–364);
- Schnitt der Beerensträucher (→ S. 367–369);
- Schnitt besonderer Obstarten wie Haselnuss, Kiwi oder Weinrebe (→ S. 371–373);
- Schnitt von Kübelpflanzen (→ S. 399).

Spezielle Schnittpraktiken sind das bereits erwähnte Entfernen von Wildtrieben bei Ziergehölzen inklusive Rosen sowie Obstbäumen (→ S. 287, S. 297, S. 359), der Wegschnitt welker Blütenstände zum Fördern der Nachblüte bei Rosen und beim Flieder (→ S. 297, S. 419) sowie das Herausschneiden (Ausdünnen) überzähliger Früchte beim Kernobst (→ S. 359).

Bei **krautigen Pflanzen** fallen vor allem folgende Schnittmaßnahmen an:

- das Entspitzen bzw. Stutzen selbst angezogener Jungpflanzen, um buschigen Wuchs zu fördern (→ S. 227); dies teils auch bei selbst vermehrten Gehölzen;
- verschiedene Schnittpraktiken bei Stauden, um die Blüte zu verstärken oder zu verlängern (→ S. 316–317);
- der Rückschnitt von Stauden im Herbst oder Frühjahr, teils aus optischen Gründen, teils, um den Neuaustrieb zu fördern (→ S. 317);
- das Ausschneiden verblühter Triebe bei manchen Zwiebel- und Knollenblumen, um die Samenbildung zugunsten der Reservestoffspeicherung zu verhindern (→ S. 336);
- das Herausschneiden welker Blütenstände bei Sommerblumen oder ein Rückschnitt, um durch Verhindern der Samenbildung neuen Blütenansatz zu fördern (→ S. 346).

Bei Gemüsen und Kräutern dagegen spielen gezielte Schnittmaßnahmen kaum eine Rolle, von Besonderheiten wie etwa dem Kappen der Rosenkohlspitze einmal abgesehen (→ S. 514).

Auch der Rasenschnitt (→ S. 258–259) sowie die Mahd der Blumenwiese (→ S. 263) müssen in diesem Zusammenhang erwähnt werden: Schließlich fördern auch sie neuen, dichteren Aufwuchs.

Grundsätzliches zum Schneiden

Wie schon der Überblick über Schnittziele und -anwendungen zeigt, lassen sich Wuchs, Blüte und Fruchtbildung bei den unterschiedlichsten Pflanzen mit Hilfe von Schere oder Säge beeinflussen. Doch das gilt längst nicht für alle Gewächse. Pflanzen, für die solche Schnittmaßnahmen in Frage kommen, wachsen in der Regel mehr oder weniger verzweigt und/oder mehrtriebig und bilden ausreichend Knospen – dies entweder in den Blatt- bzw. Triebachseln (→ S. 122–123, S. 269) oder im bodennahen bzw. Wurzelbereich. Die Knospen müssen zudem in absehbarer Zeit austreiben und das Gewünschte, nämlich Neutriebe oder Blüten, hervorbringen. Häufig erkennt man Letzteres schon an der Knospenform: Blütenknospen sind eher rundlich, Triebknospen schmal und länglich. Kaum oder gar nicht sichtbar sind allerdings **SCHLAFENDE AUGEN** (S. 559), aus denen teils der Neuaustrieb nach dem Gehölzschnitt erfolgt, ebenso wenig unterirdische Triebknospen.

1

2

3

1 Beim Einkürzen schneidet man knapp über einer Knospe.
2 In der Regel entfernt man Äste und Zweige auf Astring.
3 Kirschen werden besser auf Zapfen geschnitten.

Ob krautige oder verholzende Pflanzen: Wo die genannten Voraussetzungen nicht gegeben sind, empfehlen sich keine größeren Schnittexperimente. So gibt es etwa unter den Sträuchern einige, die sich kaum durch Neutriebe regenerieren (→ S. 285–286). Dasselbe gilt für etliche Nadel- und Laubbäume. Zumindest kann ein Schnitt in solchen Fällen die natürliche Wuchsform stark beeinträchtigen; oft dauert es dann Jahre, bis sich wieder ein halbwegs ansehnlicher Habitus entwickelt hat. Viele konkrete Hinweise, was wie geschnitten werden kann, finden Sie in den Pflanzenporträts (→ S. 402–529) sowie im Kapitel „Pflanzen und pflegen“ (→ S. 248–401). Wenn Sie bei unbekannten Pflanzen unsicher sind, sollten Sie höchstens an einem Trieb vorsichtig die Auswirkung eines Schnitts testen. Im Zweifelsfall fragen Sie besser gleich beim Kauf bzw. in einer Gärtnerei nach. Das zunächst behutsame Ausprobieren und vor allem auch das Beobachten der Schnittwirkung ist gerade bei Gehölzen sehr wichtig (→ auch S. 287).
Wenn allerdings feststeht, dass eine Pflanze gut schnittverträglich ist und einen entsprechend kräftigen Eingriff braucht, sollten Sie ruhig beherzt vorgehen. Man hat anfangs oft etwas Hemmungen und befürchtet, zu viel wegzuschneiden. Doch nachteiliger wirkt sich bei Gehölzen meist das „Schnippeln“ aus: Nimmt man lediglich immer wieder hier und da ein bisschen weg, bildet sich häufig nur ein unansehnliches Gewirr dünner Zweige an den Triebspitzen.
Das Kleinhalten von Pflanzen durch Schnitt gelingt teils recht gut. Das macht man sich z. B. bei Hecken zunutze, wobei allerdings auch die enge Pflanzung der Gehölze zur Wachstumsbegrenzung beiträgt. Doch keinesfalls eignet sich das Schneiden als generelle Notlösung, wenn Bäume und Sträucher mit den Jahren größer und breiter werden, als man es erhofft hatte. Denn sofern das Gehölz überhaupt starken Rückschnitt verträgt, reagiert es häufig auch mit entsprechend kräftigem Neuaustrieb. So wird dann ein permanentes Nachschneiden nötig, und mit dem gestutzten Erscheinungsbild samt zunehmenden „Geästel“ verliert der Baum oder Strauch stark an Wirkung.
Die Eingriffe sollten generell schonend, mit geringstmöglichen Verletzungen der Pflanze, erfolgen. Nur ein sauberer Schnitt ohne Biegen, Quetschen und Reißen ermöglicht der Pflanze, die Wunde schnell wieder zu verschließen. Besonders wichtig ist dies, wenn dickere Triebe und Äste an Gehölzen geschnitten werden. Bei einem Wunddurchmesser ab etwa 3 cm empfiehlt sich ein unterstützendes „Verarzten“ der Schnittstelle (→ S. 219). Denn über langsam verheilende Wunden können leicht Schaderreger eindringen.
Verwenden Sie nur geeignetes, stets gut geschärftes Schnittwerkzeug (→ S. 144–145). Säubern Sie die Geräte, besonders auch die Klingen und Sägeblätter, nach jedem Schnitt, um das Risiko einer Krankheitsübertragung zu vermindern (→ S. 149).

Schnittarten und -techniken

Das Entfernen abgeblühter Blütenstände, Fruchtausdünnung u. Ä. kann man als Spezialschnitte einstufen. Denn in der Hauptsache geht es um das Schneiden von Trieben bzw. Zweigen und Ästen. Hier kann man grundsätzlich zwei Verfahren unterscheiden, den kompletten Wegschnitt und den Rückschnitt.

› Der **Wegschnitt** dient in erster Linie dem Auslichten. Man entfernt dabei vorwiegend ältere, ungünstig stehende sowie beschädigte Triebe. Haupttriebe von Zier- und Beerensträuchern werden meist knapp über dem Boden weggeschnitten, ebenso die abgestorbenen Stängel von Stauden. Seitenzweige und -äste an Sträuchern und Bäumen schneidet man in der Regel **auf Astring,** d. h. direkt am Hauptast bzw. Stamm, so dass nur eine minimale „Scheibe“ stehen bleibt. Bei dünnen Zweigen können Sie dazu die Schere direkt an der Verzweigung ansetzen. Bei kräftigeren Ästen sollte der Astring schon als leichte, wenn auch nur wenige Millimeter dicke Erhebung verbleiben. Er ist ausgesprochen wichtig für die Wundverheilung: Hier befindet sich hauptsächlich das teilungsfähige Gewebe (Kambium), das die Wunde überwallen und verschließen kann. Lässt man stattdessen größere Stummel stehen, verzögert sich der Wundverschluss, so dass es zur Infektion durch Krankheitserreger kommen kann. Allerdings gibt es Gehölze, die an den Schnittstellen leicht eintrocknen oder, wie manche Steinobstarten, mit starkem Harzfluss reagieren (→ Kasten S. 218). In solchen Fällen empfiehlt sich bei stärkeren Zweigen und Ästen ein Schnitt auf **Zapfen,** also auf Stummel, je nach Art und Triebstärke von 5–10 cm Länge. Solche „Schutzzapfen“ werden dann im nächsten oder übernächsten Sommer auf Astring entfernt. Der Zapfenschnitt spielt hauptsächlich eine Rolle bei Obstgehölzen (→ S. 360–373). Hier schneidet man teils auch, etwa bei Johannisbeere oder Weinrebe, auf kürzere Zapfen, an denen sich fruchttragende Seitentriebe bilden. Dabei handelt es sich im Grunde genommen schon eher um einen Rückschnitt.

› Mit dem **Rückschnitt,** also dem Einkürzen von Trieben, lenkt und korrigiert man

die Wuchsform, regt das Wachstum an, fördert die Verzweigung und den Austrieb blüten- und fruchttragender Seitentriebe. Schneiden Sie hierbei das zu entfernende Triebstück jeweils knapp über einer nach außen weisenden bzw. in günstiger Wuchsrichtung stehenden Knospe, bei wechselständigen Knospenpaaren auf gleicher Höhe direkt darüber – gerade so, dass die Knospen nicht verletzt werden (→ auch S. 286). Auch hier sollte kein Stummel über den Knospen stehen bleiben. Die Schnittfläche führt am besten etwas schräg von den Knospen weg.

Durch das **Umlenken** können Sie einen älteren Trieb in eine günstigere Wuchsrichtung bringen, statt ihn gleich ganz zu entfernen. Dazu kürzen Sie ihn direkt über einem passend stehenden Seitentrieb oder einer Triebknospe ein, die in die gewünschte Richtung weist. So lassen sich auch zu steil wachsende Triebe auf einen Seitentrieb mit flacherem Winkel umlenken (ableiten) und umgekehrt zu flach abzweigende Triebe nach oben lenken (aufleiten). Das Ableiten ist z. B. eine bewährte Methode bei steilwüchsigen Obstbäumen.

Einen regelmäßigen **Formschnitt** betreibt man bei den Schnitthecken (→ S. 287–288). Hier kommt es nicht auf die Behandlung der Einzeltriebe an; die schnittverträglichen Heckengehölze werden einheitlich „geschoren", was auch den dichten Wuchs fördert. Etwas aufwendiger ist ein Formschnitt, mit dem man aus immergrünen Gehölzen wie Buchs oder Eibe geometrische und andere Figuren zaubert. Hierzu verwenden Sie am besten eine Drahtschablone in der gewünschten Form (→ S. 276). Anfangs werden immer wieder die Seitentriebe eingekürzt, damit die Gehölze dicht und kompakt wachsen. Ansonsten muss bis zu zweimal im Jahr alles gestutzt werden, was über die durch die Schablone vorgegebene Form hinausragt.

Schnitt und Wachstum

Gehölze zeigen über die Jahre eine deutliche Entwicklung von der Jugend- bis zur Altersphase, in der sie teils Trieb- und Blütenknospen in unterschiedlichem Maß anlegen und fördern. Zudem variieren die Wuchs- und Verzweigungstypen sehr stark, so dass Schnitteingriffe je nach Art

WICHTIGE SCHNITTARTEN

› WERKZEUG, ZUBEHÖR:

Gartenschere
Astschere
eventuell Astsäge
scharfes Messer zum Nachschneiden von Wunden
eventuell Wundverschlussmittel

› ZEITBEDARF:

sehr unterschiedlich, je nach Strauch und Maßnahme etwa 15 bis 40 Minuten

Auslichten

Auslichten ist bei vielen Sträuchern eine wichtige Maßnahme bzw. gehört jeweils zum Erhaltungsschnitt. Dabei werden vor allem überalterte sowie abgestorbene und beschädigte störende Triebe herausgenommen, vorzugsweise direkt über dem Boden. Auch Seitentriebe, die mit der Triebspitze konkurrieren, kann man beim Auslichten entfernen.

Umlenken

Beim Umlenken ersetzt man die Spitze bzw. einen größeren Teil eines Haupttriebs durch einen tiefer stehenden Seitentrieb. So können Sie den Trieb, wenn gewünscht, in eine neue und damit günstigere Richtung lenken. Das Umlenken eignet sich auch – neben dem Auslichten großer Haupttriebe – mit am besten, um ein Gehölz relativ klein zu halten.

Rückschnitt

Das Einkürzen der Triebe regt Gehölze am stärksten zu einem Neuaustrieb an. Schwaches Einkürzen der Triebspitzen, wie es die Abbildung zeigt, kann vor allem bei jungen Gehölzen sinnvoll sein, um eine stärkere Verzweigung anzuregen. Man sollte dies jedoch nicht über Jahre hinaus durchführen, da sich sonst ein unschöner, besenartiger Wuchs entwickelt.

ganz verschiedene Reaktionen zeigen können. Auch das Alter, die Länge und die Anordnung der Triebe, die die erwünschten Blüten oder Früchte hervorbringen, können sich unterscheiden. Solche Zusammenhänge bzw. die daraus resultierenden Schnittmaßnahmen sind in den auf S. 215 genannten Kapiteln jeweils detailliert beschrieben. An dieser Stelle kann und soll nur ein Überblick vermittelt werden, was es grundsätzlich zu beachten gilt.

Gut zu wissen

Bluten und Gummifluss

Einige Bäume reagieren auf Verletzungen und somit auch auf das Schneiden mit starkem Saftaustritt aus den Wunden. Paradebeispiel für dieses „Bluten" ist die Walnuss, es kommt z. B. aber auch bei Ahorn oder Birke vor. Wenn Sie bei solchen an und für sich selten zu schneidenden Gehölzen einen Ast absägen möchten, empfiehlt sich dafür der Spätsommer. Dann verheilen die Wunden am schnellsten.
Eine ähnliche Erscheinung kennt man beim Steinobst, besonders bei Kirschen und Pfirsich. Hier tritt zuweilen eine zähe, harzige Flüssigkeit aus. Dieser sogenannte Gummifluss kommt besonders dann vor, wenn die Bäume auf schweren, feuchten Böden stehen. Neben einem Schnitt ebenfalls im Sommer zählt das Schneiden dickerer Zweige und Äste auf Zapfen zu den wichtigsten Vorbeugungsmaßnahmen.

Schnitt nach Gehölzalter

Je nach Gehölzalter und -entwicklung unterscheidet man:

› **Pflanzschnitt:** Mit ihm wird der spätere Aufbau des Gehölzes festgelegt, häufig durch Rückschnitt auf bestimmte Triebe oder Knospen, die später das Gerüst bilden. Teils dient er auch dazu, die oberirdischen Teile zunächst zu reduzieren, bis die Wurzeln ausreichend Fuß gefasst haben. Nicht selten wird der Pflanzschnitt schon in der Baumschule durchgeführt.

› **Erziehungs- oder Aufbauschnitt:** in erster Linie eine besondere Schnittphase bei Obstbäumen, die sich je nach Art und Baumform über 4 bis 8 Jahre erstreckt. Hierbei geht es um den Aufbau einer Krone mit gut verteilten Gerüstästen (Leitästen) und Zweigen. Alternativ kann z. B. auch eine schmale Spindel oder ein Spalier erzogen werden.

› **Erhaltungs- oder Pflegeschnitt:** Bei Obstbäumen sind dies Schnittmaßnahmen, um den erreichten Kronenaufbau zu bewahren oder, wenn nötig, zu korrigieren. Zugleich versucht man, Triebwachstum und Fruchtansatz im Gleichgewicht zu halten. An Sträuchern beginnt der Erhaltungsschnitt schon, sobald sie gut eingewachsen sind. Lichthalten, Bewahren der Wuchsform, ständige Verjüngung durch neue Triebe sowie die Ausbildung reichlich blüten- oder fruchttragender Triebe sind die Hauptziele.

› **Verjüngungsschnitt:** Gehölze haben ihr genetisch festgelegtes Alter und lassen sich nicht „unendlich" durch Schnitt verjüngen. Doch oft ist die sogenannte Vergreisung eine Folge mangelnder Schnittmaßnahmen. Das Innere der Sträucher oder Baumkronen wird dann meist zunehmend kahl. Junge, beblätterte Triebe entstehen, oft besenartig, nur noch an den Astspitzen, ältere Äste und Zweige hängen oft weit über. In solchen Fälle müssen überalterte Triebe und Triebteile weggeschnitten bzw. kräftig ausgelichtet werden (→ Abb. S. 217). Die verbleibenden Haupttriebe schneidet man stark zurück. Wenn das Gehölz noch vital genug ist, reagiert es in den Folgejahren mit reichlich Neuaustrieb, der dann regelmäßig geschnitten werden muss.

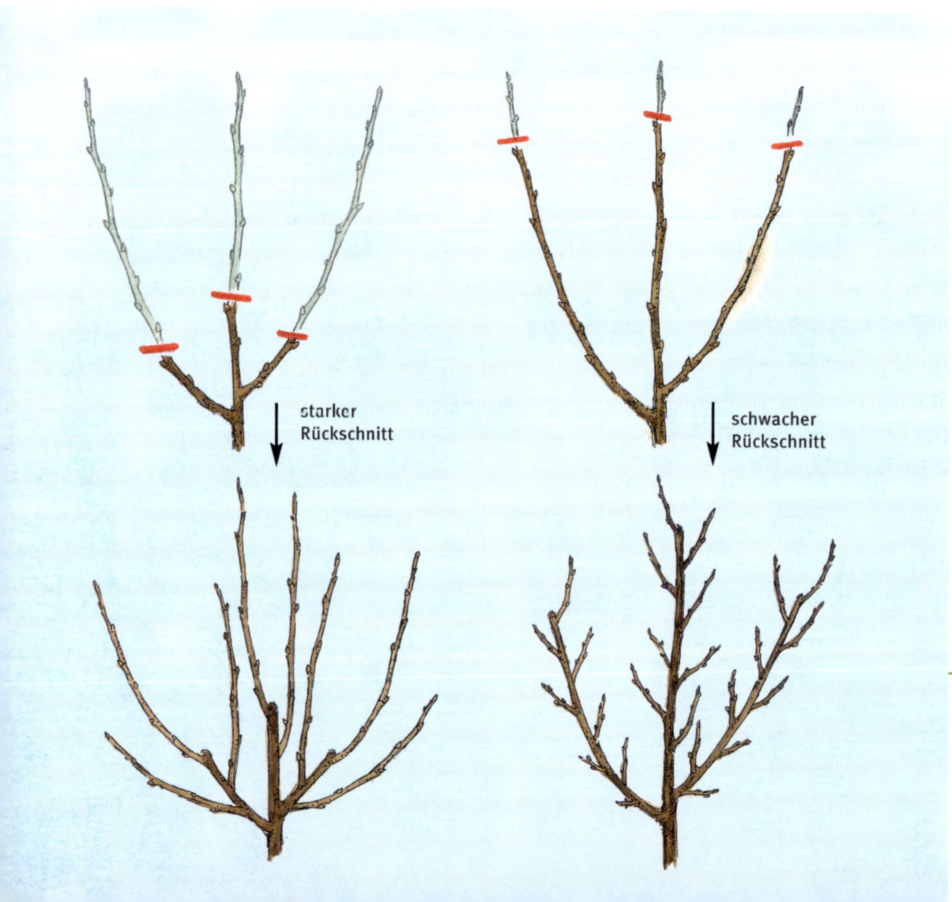

Starker Rückschnitt führt zu kräftigem Austrieb, schwacher Rückschnitt zu schwachem Austrieb.

Triebarten und Blütenbildung

Die meisten Gehölze bauen sich mit kräftigen Haupttrieben bzw. Ästen auf, die ihr Gerüst bilden. Diese wachsen als **Langtriebe** weiter und können wiederum lange Seitentriebe als Verzweigung erster Ordnung ausbilden. Deren Seitenzweige jedoch bleiben kurz, weitere „Verästelungen" sind oft stark gestaucht. An solchen **Kurztrieben** bilden sich häufig bevorzugt die Blüten und Früchte.

Beim Schnitt gilt es aber auch zu beachten, in welchem **Alter** die Triebe besonders blühfreudig sind. Je nach Art erscheinen Blüten und/oder Früchte:

› an diesjährigen Trieben: Diese haben im selben Jahr ausgetrieben und wachsen noch;

› an einjährigen Trieben: mit abgeschlossenem Wachstum; sie werden ab Herbst des Austriebsjahrs und bis zum Sommer des Folgejahrs als einjährig eingestuft;

› an zweijährigen Trieben: Triebe, die bereits wiederum einjährige Seitentriebe gebildet haben, dies etwa ab dem Spätsommer nach dem Austriebsjahr;

› an altem Holz: Triebe, die älter als 3 Jahre sind.

Die „Jährigkeit" bezieht sich also nicht unbedingt auf die Kalenderjahre, sondern auf die jeweils abgeschlossenen Wachstumsperioden.

Schnittstärke und -termine

Eine Grundregel des Schnitts gilt besonders ausgeprägt für Rosen und Obstbäume, trifft aber auch für viele andere Gehölze zu: Starker Rückschnitt führt zu starkem, schwacher Rückschnitt zu schwachem Neuaustrieb. Dabei wachsen als Reaktion auf starkes Einkürzen wenige, lange, kräftige Neutriebe, nach geringem Einkürzen zahlreiche kurze, dünne Triebe. Bei ungleichmäßigem Schnitt eines Strauchs oder einer Baumkrone kann sich das allerdings umkehren. Die schwächer geschnittenen Triebe wachsen bzw. treiben dann stärker aus, weil ihre Knospen weiter oben stehen. Gerade bei Obstbäumen gibt es eine ausgeprägt Spitzenförderung, d. h., bevorzugt werden die höchsten Knospen mit Assimilaten (→ S. 117) versorgt. Bei Sträuchern werden je nach Wuchstyp auch Triebknospen an der Basis oder im mittleren Bereich besonders gefördert.

SCHNITTWUNDEN BEHANDELN

Ungleichmäßige, an den Rändern zerfranste Schnittstellen, wie sie besonders beim Absägen manchmal entstehen, verheilen schlecht. Wenn eine Nachbehandlung nötig wird, sollte sie gleich nach dem Schnitt erfolgen.

› WERKZEUG, ZUBEHÖR:

scharfes Gartenmesser bzw. Hippe
geeignetes Wundverschlussmittel aus dem Fachhandel
Spachtel, Pinsel

› ZEITBEDARF:

5 bis 15 Minuten

Wundränder nachschneiden

Das saubere Nachschneiden der Wundfläche, besonders der Ränder, verbessert die baldige Überwallung durch neugebildetes Gewebe. Das empfiehlt sich durchaus auch nach dem Entfernen dünnerer Zweige, wenn der Schnitt einmal etwas unsauber ausgefallen ist. Teils lassen sich auch schlecht verheilte Wunden durch schärferes Nachschneiden noch retten.

1

Wunden verschließen

Das Überstreichen mit einem Wundverschlussmittel ist erst ab etwa 3 cm Schnittdurchmesser nötig und ratsam. Es verhindert das Austrocknen des Teilungsgewebes, das von den Wundrändern her für die Überwallung sorgt. Deshalb sollten besonders die Ränder sorgfältig verstrichen werden. Tuben mit Streichaufsatz ersparen das Hantieren mit Spachtel und Pinsel.

2

Was die speziellen **Schnitttermine** angeht, sei auf die jeweiligen Kapitel zum Schnitt der einzelnen Pflanzengruppen verwiesen. Hier haben sich bei Ziersträuchern und Obstgehölzen je nach Wachstumsrhythmus ganz unterschiedliche Zeitpunkte bewährt. Allgemein lässt sich festhalten:

› Bei Frosttemperaturen, spätestens ab –5° C, darf nicht geschnitten werden.

› Der Spätwinter oder das Frühjahr bis kurz vorm Austriebsbeginn gehören zu den günstigsten Schnittzeitpunkten. Nicht wenige Gehölze schneidet man aber besser gleich nach der Blüte bzw. Ernte.

› Bei einem Schnitt im Sommer verheilen die Wunden besonders schnell. Wachstum und Austriebsreserven können allerdings durch das Wegschneiden beblätterter Triebe beeinträchtigt werden – was sich andererseits auch nutzen lässt, um Gehölze mit starkem Triebwachstum zu bremsen.

2

Pflanzen vermehren

Es gibt für Gärtner kaum Schöneres und Spannenderes, als Pflanzen von eigener Hand heranzuziehen. Zudem erhält man so Nachwuchs fast zum Nulltarif – auch wenn es ein wenig Geduld kostet.

Selbst erfahrene Pflanzenfreunde erleben es immer wieder wie ein kleines Wunder, wenn einige Zeit nach der Aussaat feine Sämlinge aus der Erde spitzen. Mit ihnen wächst die Lust, sie zu gesunden Pflanzen weiterzupflegen, auf die man stolz sein kann. Wie erstaunlich, wenn sich winzige Samenkörner oder abgetrennte Pflanzenstückchen in relativ kurzer Zeit zu imposanten Gewächsen entwickeln!

Freude bereitet es auch, wenn man dank eigener Vermehrung an Pflanzen herankommt, die es nicht zu kaufen gibt. So z. B. spezielle Sorten, die man kaum als Jungpflanzen, sondern nur als Saatgut beziehen kann. Oder auch die uralte Dahlie aus Omas Bauerngarten, die mit Hilfe der Knollenteilung schließlich auch beim Enkel ihre nostalgische Schönheit entfaltet.

Generativ – vegetativ

Grundsätzlich unterscheidet man zwei Arten der Pflanzenvermehrung: die generative und die vegetative.

Die **generative** Vermehrung verläuft **über Samen.** Erntet man diese von einer Pflanze und sät sie wieder aus, wachsen daraus die Sämlinge als nächste Generation heran. Der große Vorteil dabei ist, dass man auf diese Weise recht schnell und für vergleichsweise wenig Geld zu vielen neuen Pflanzen kommt. Und, Hand aufs Herz: Nichts blüht schöner als selbstgezogene Sommerblumen, kein Salat schmeckt besser als der, den man selbst gesät, pikiert, gepflanzt und gegossen hat!

Bei der generativen Vermehrung ist zu beachten, dass sich die Nachkommen aus eigener Samenernte von der Mutterpflanze sehr unterscheiden können. Das gilt ganz besonders dann, wenn die Mutterpflanze eine ➲ F1-HYBRIDE (S. 541) ist, was in der Regel auf der Samenpackung steht. Dies erklärt sich aus dem Begriff „generativ“ gleich geschlechtlich: Samen bilden sich als Ergebnis der ➲ BEFRUCHTUNG (S. 535), woran meist zwei verschiedene Pflanzen mit unterschiedlichem Erbgut beteiligt sind.

Bei der ungeschlechtlichen oder **vegetativen Vermehrung** dagegen entsteht die Nachkommenschaft **aus Pflanzenteilen** wie Triebspitzen oder Wurzelstücken. Die daraus heranwachsenden Tochterpflanzen enthalten nur das Erbgut der Mutterpflanze, sind also stets identische Nachkommen ohne „Ausreißer“. Dies ist das eine, was für Methoden wie z. B. die Stecklingsvermehrung spricht. Zudem sind solche Verfahren gerade bei Stauden und Gehölzen oft auch einfacher und gelingen zuverlässiger als die teils langwierige Aussaat. Schließlich gibt es auch Pflanzen, die gar keine Samen bilden, so dass man ganz auf vegetative Vermehrung angewiesen ist.

In diesem Kapitel:

Vermehrung über Samen

DIE EIGENE AUSSAAT lohnt sich vor allem bei bestimmten ein- und zweijährigen ⊳ SOMMERBLUMEN (S. 560), bei vielen Gemüsearten und Kräutern sowie bei manchen ⊳ STAUDEN (S. 562). Sie kann auf unterschiedliche Weise erfolgen: als Anzucht (Vorkultur) in Saatschalen im Haus bzw. im Gewächshaus zum späteren Auspflanzen; oder durch Direktsaat im Freien, also ohne Umschweife direkt ins Beet.

Sommerblumen sät man besonders dann selbst aus, wenn sie vergleichsweise wenig Zeit bis zur Blüte brauchen und deshalb höchstens einige Wochen vorgezogen werden müssen. Die Mühe des Vorziehens macht man sich auch gern, wenn man ganz bestimmte ⊳ SORTEN (S. 561) oder nicht ganz alltägliche ⊳ ARTEN (S. 533) kultivieren will, die man kaum als fertige Jungpflanzen im Fachhandel kaufen kann. Dies alles gilt entsprechend auch für Gemüse und Kräuter.

Bei den mehrjährigen Stauden entscheidet man sich für eine eigene Aussaat vor allem bei Arten oder Sorten, die leicht keimen, sich schnell entwickeln und die am besten sogar noch im selben Jahr blühen. Sträucher und Bäume brauchen häufig besondere Bedingungen oder sehr lange Zeit für die Keimung, ebenso für das Heranwachsen, so dass hier die Vermehrung aus Pflanzenteilen überwiegt.

So keimen Samen gut

Der entscheidende Vorgang nach dem Aussäen ist zunächst die Keimung: Der im Samen geborgene Keimling wird dazu angeregt, die schützende Samenschale zu durchstoßen. Dazu muss der Same zunächst quellen, braucht also Wasser. Auch danach ist der Keimling auf gleichbleibende Feuchtigkeit angewiesen. Außerdem braucht er Luft und genügend Wärme, um sich zu entfalten und zu entwickeln.

Für eine erfolgreiche Keimung ist aber auch vitales, gesundes Saatgut eine sehr wichtige Voraussetzung (→ S. 155).

Achten Sie bei der Aussaat auf die jeweils nötige Keimtemperatur, damit die Samen sicher und möglichst schnell auskeimen können. Für die meisten Sommerblumen- und Gemüsesamen sind Temperaturen zwischen 15° und 20° C ideal.

Unter den Stauden gibt es Arten, deren Samen erst nach Einwirkung niedriger Temperaturen auskeimen, die sogenannten **Kalt- oder Frostkeimer.** Lupinen, Glockenblumen, Zierlauch, Christrosen und viele andere sät man deshalb schon im Dezember/Januar in Schalen. Diese stellt man mindestens 3 bis 4 Wochen bei Temperaturen knapp über dem Gefrierpunkt auf. Danach bringt man sie an einen mäßig warmen, hellen Platz im Haus oder im Frühbeet, wo sie dann bald auskeimen.

Die meisten Gartenpflanzen sind **Dunkelkeimer:** Sie keimen schlechter, wenn Licht auf das Saatbett oder die Saatschale fällt. Zumindest aber behindert es sie nicht, wenn man sie mit Erde bedeckt. **Lichtkeimer** dagegen, z. B. Fleißiges Lieschen, Fingerhut und Sonnenhut sowie Sellerie und Winterendivien, werden in der Keimung gehemmt, wenn sie im Dunkeln stehen oder mit Erde abgedeckt sind.

Beachten Sie zu diesen Keimbedingungen und Besonderheiten immer die Angaben auf der Saatpackung, dann kann nichts schief gehen.

Bei der Pflanzenkinderstube wartet man gespannt auf die ersten grünen Spitzen.

ANZUCHT UND PIKIEREN

› MATERIAL:

Aussaat- bzw. Anzucht- und Pikiererde
Saatschale, Quarkbecher oder Minigewächshaus mit Abdeckhaube
Töpfe zum Pikieren (8–10 cm Ø)

› WERKZEUG, ZUBEHÖR:

eventuell Karton als Sähilfe
eventuell heller Sand zum Mischen mit feinen Samen
eventuell Pinzette für große Samen
Holzbrettchen
Sieb (z. B. altes Küchensieb)
Gießkanne mit feiner Brause oder Blumensprüher (Zerstäuber)
Styropor-, Glasplatten oder Klarsichtfolie zum Abdecken
Etiketten und wasserfester Stift
Pikierholz

› ZEITBEDARF:

für die Aussaat: 15 bis 20 Minuten je Anzuchtschale
fürs Pikieren: 20 bis 30 Minuten je Anzuchtschale

1

Ausstreuen der Samen

Füllen Sie die Schalen locker mit Erde und drücken Sie diese leicht an. Streuen Sie die Samen möglichst gleichmäßig aus. Bei feinen Samen geht das am besten aus dem Tütchen oder einem Stück Karton.

2

Abdecken mit Erde

Nach der Aussaat werden die Samen dünn mit Anzuchterde bedeckt, sofern es sich nicht um Lichtkeimer handelt. Damit die Erde möglichst fein und dünn auf den Samen liegt, schüttelt man sie durch ein Sieb.

3

Andrücken und befeuchten

Drücken Sie die Erde anschließend noch einmal mit einem Holzbrett o. Ä. an. Mit einer Gießkanne mit feiner Brause oder einem Blumensprüher werden die Saatschalen oder -töpfe gut befeuchtet.

4

Die Sämlinge abdecken

Um die Luftfeuchtigkeit für die Samen hoch zu halten, werden die Saatschalen bedeckt. Dazu verwendet man eine Abdeckhaube, eine Glasplatte oder Klarsichtfolie. Dunkelkeimer deckt man mit einer Styroporplatte o. Ä. ab.

5

Pikieren

Sobald sich die Sämlinge berühren, wird vereinzelt. Fassen Sie dazu einen Sämling vorsichtig an einem Blatt an. Lockern Sie mit der dünnen Pikierholzseite die Erde um den Sämling, und nehmen Sie ihn aus der Kiste.

6

Sämlinge einsetzen

Setzen Sie die Sämlinge einzeln in Töpfe mit 8–10 cm Ø. Machen Sie mit einem Pikierholz ein Loch in die Anzuchterde, in das die Wurzeln gut hineinpassen. Dann wird die Erde um den eingesetzten Sämling angedrückt.

Anzucht aus Samen

Bei vielen wärmebedürftigen Sommerblumen und Gemüsearten rentiert sich eine geschützte Vorkultur ab März oder April. So haben die Gewächse bei der Pflanzung Mitte Mai bereits einen Vorsprung. Entsprechend blühen oder reifen sie früher als erst ab Mai draußen ausgesäte Exemplare.

Aussaaterde und -gefäße

Verwenden Sie für die Aussaat nur nährstoffarmes und keimfreies ▶ SUBSTRAT (S. 564). Eigene Mischungen, z. B. aus je einem Drittel Sand, ungedüngtem Torf und Gartenerde, sollten im Backofen sterilisiert werden. Einfacher ist es, fertige Aussaat- oder Anzuchterde zu kaufen. Nehmen Sie jedoch keinesfalls normale Blumenerde. Ihr hoher Nährstoffgehalt könnte den Sämlingen schaden. Als Aussaatgefäße eignen sich spezielle Saatschalen ebenso gut wie saubere Quarkbecher o. Ä. Überschüssiges Gießwasser muss durch Abzugslöcher am Boden der Schalen abfließen können. Praktisch sind sogenannte Minigewächshäuser mit einer durchsichtigen Abdeckhaube aus Kunststoff. Die Anzuchtgefäße müssen unbedingt sauber sein.

Zur Anzuchtpraxis

Die einzelnen Schritte der Aussaat bzw. Anzucht zeigen Ihnen die nebenstehenden Abbildungen. Beim Säen gibt es verschiedene Möglichkeiten. Probieren Sie aus, wie es Ihnen am besten gelingt. Manche reißen einfach das Samentütchen auf, halten es schräg und klopfen leicht dagegen, damit die Samen nach und nach auf die Aussaaterde fallen. Etwas mehr Kontrolle haben Sie, wenn Sie ein Stück Karton in der Mitte falten und die Samen darauf geben. Dann verteilen Sie die Samen durch leichtes Schütteln möglichst gleichmäßig. Bei sehr feinem Saatgut gelingt das am besten, wenn man es mit etwas hellem Sand vermischt. Größere Samen legen Sie dagegen mit den Fingern oder einer Pinzette ab.
Decken Sie Schalen nach der Saat mit Styropor- oder Glasplatten, Klarsichtfolie bzw. einer Kunststoffhaube ab, um ein feuchtes Keimklima zu erhalten. Sie kommen dann an einen Platz mit einer für die Keimung möglichst günstigen Temperatur. Kontrollieren Sie regelmäßig, ob die Erde noch feucht genug ist. Sobald die Keimlinge herausspitzen, stellt man die Saatschalen so hell wie möglich, allerdings vor praller Sonne geschützt. Bekommen sie nicht genug Licht, werden sie lang, gelb und schwächlich (→ S. 235).
Haben sich nach den Keimblättern die ersten echten Laubblätter gebildet, ist es Zeit, die Pflänzchen zu pikieren, d. h. zu vereinzeln. Bevor man den Nachwuchs ins Freie pflanzt, sollte man ihn etwa 1 Woche lang abhärten. Stellen Sie die Pflanzen dazu tagsüber draußen an einem etwas geschützten, halbschattigen Platz auf. Spezielle Tipps und Hinweise zur Vorkultur von Sommerblumen und Gemüse finden Sie auf S. 345 und S. 386.

Aussaat direkt ins Beet

Am einfachsten ist die Direktsaat, die bei unempfindlichen Pflanzen mit niedrigen Keimtemperaturansprüchen schon ab März beginnen kann. Dazu wird das Beet entsprechend vorbereitet (→ S. 169), sobald es im Frühjahr ausreichend abgetrocknet ist.
In den meisten Fällen verdient die **Aussaat in Reihen** den Vorzug. Sie ist beim Gemüse (→ S. 385) ausführlich beschrieben, entsprechend auch bei den Sommerblumen (→ S. 346). Besonders einfach gestaltet sich die Aussaat mit Saatbändern, die vor allem von manchen Gemüsen angeboten werden. Hier sind die Samen zwischen zwei Spezialpapierstreifen befestigt, die nach der Aussaat verrotten. So kommen sie bereits im richtigen Endabstand in den Boden, man spart sich ein späteres ▶ AUSDÜNNEN (S. 534). Die Bänder werden je nach Beetgröße zugeschnitten und in die zuvor gezogenen Rillen ausgelegt. Danach deckt man sie leicht mit Erde ab, drückt diese etwas fest und gießt gründlich.
Die **Breitsaat** ist vor allem bei Gründüngungssamen (▶ GRÜNDÜNGUNG, S. 544) üblich, auch bei kleinen Blattgemüsen wie Spinat und Feldsalat oder zum Einsäen kleiner Rasenflächen. Hierbei wird das Saatgut breitwürfig ausgestreut, mit leichtem Schwung aus dem Handgelenk. Das Vermischen mit etwas Sand hilft, gerade auch bei feinen Samen eine gleichmäßige Verteilung zu erzielen. Danach werden die Samen eingeharkt und schließlich angegossen.

1

2

3

1 Im Freiland sät man die Samen dünn in vorgezogene Rillen aus.
2 Bei manchen Arten kann man mit etwas Übung die Samen auch breitwürfig auf dem Beet verteilen.
3 Bei Horstsaaten werden einige Samenkörner in Gruppen ausgelegt.

Bei der **Horst- oder Dibbelsaat** legt man größere Samen zu 3 bis 6 in kleinen Häufchen ab. Häufig wird das bei Stangenbohnen praktiziert, die man so im Kreis um ihre Stütze anordnet. Auch Buschbohnen, Erbsen, Kapuzinerkresse und andere Pflanzen mit großen Samen können Sie in Horsten säen. Gemeinsam schaffen es die Keimlinge leichter, die Bodenoberfläche zu durchstoßen. Außerdem können sich rankende Pflanzen dann gegenseitig stützen.
Egal, welche Sämethode Sie wählen: Die Samen müssen gleichmäßig feucht gehalten werden. Auch die jungen Sämlinge vertragen keine Trockenheit. Bei Aussaat draußen sollten Sie zudem schon früh auf Unkräuter achten.

Vermehrung über Pflanzenteile

EIGENTLICH IST ES SCHON ein kleines „Naturwunder“, dass aus abgetrennten Trieb- oder Wurzelstückchen wieder vollständige Pflanzen heranwachsen. Dabei sind die Verfahren der vegetativen Vermehrung oft recht einfach und zuverlässig. Und während man bei der Aussaat zumindest etwas Geld für Saatgut usw. investieren muss, kostet der Nachwuchs aus Pflanzenteilen häufig keinen Cent.

Teilung

Die Vermehrung durch Teilung ist oft ein Kinderspiel. Geteilt werden vor allem polsterbildende und horstartig wachsende Stauden, wozu auch zahlreiche Kräuter wie Zitronenmelisse, Minzen oder Pimpinelle (*Sanguisorba minor*) gehören. Mehrjährige Gemüse wie Rhabarber und Meerrettich vermehrt man ebenfalls durch Teilung. Nur bei Arten mit Pfahlwurzel wie Lupinen oder verholzenden Wurzeln ist eine Teilung nicht möglich. Auch die Horste von Zwiebel- und Knollenblumen lassen sich auf ganz ähnliche Weise teilen wie Stauden (→ S. 230). Das Teilen ist nicht nur eine praktische Vermehrungsmethode, es dient auch der Verjüngung älterer Stauden (→ S. 317).

Der beste Zeitpunkt für eine Teilung hängt von der Art ab. Frühjahrsblüher teilt man während der Vegetationsruhe, d. h. ab Spätherbst, oder aber gleich nach der Blüte. Bei Sommer- oder Herbstblühern sowie Gräsern geschieht dies besser im Frühjahr von März bis April. Es gibt jedoch Ausnahmen. In solchen Fällen – oder wenn bestimmte Termine zu bevorzugen sind – finden Sie entsprechende Hinweise in den Pflanzenporträts ab S. 450. Allgemein empfiehlt es sich, die Pflanzen weder bei anhaltend nassem, kaltem noch bei sehr trockenem Wetter zu teilen.

So teilen Sie Stauden

Lockern Sie zunächst den Boden rings um das Gewächs mit einer Grabegabel auf, die Sie in einiger Entfernung vom Wurzelballen in die Erde stechen. Versuchen Sie, dabei möglichst wenig Wurzeln zu beschädigen. Nehmen Sie dann die Pflanze heraus, und schütteln Sie die lose Erde von den Wurzeln ab. Abgestorbene Blätter und Triebe werden entfernt.
Teilen Sie nun die Stauden in etwa handtellergroße Stücke. Bei Arten mit faserigen Wurzeln kann man versuchen, die Pflanzenteile vorsichtig mit den Händen auseinander zu ziehen, ebenso bei kleineren Gewächsen. Wenn das nicht so leicht klappt, können Sie zwei Grabegabeln zu Hilfe nehmen. Stechen Sie diese mit etwas Abstand in den Ballen und bewegen Sie die Gerätestiele mehrfach hin und her. So werden die Wurzeln von den Zinken nach und nach auseinander gezogen. Weisen die Stauden sehr feste oder holzige Wurzelballen auf, verwendet man für die Teilung ein großes, scharfes Messer oder den Spaten. Meist belässt man es bei handtellergroßen Pflanzenteilen, die man direkt wieder in die Erde setzt. Möchte man mehr Exemplare erhalten, kann man noch weitere Teilstücke daraus gewinnen. Achten Sie darauf, dass jedes davon mindestens 1 oder 2 Triebknospen an der Pflanzenbasis hat und über ausreichend viele Wurzeln verfügt. Die vitalsten Pflanzenteile sitzen am äußeren Rand ausgestochener Horste. Die Mitte dagegen ist häufig schon verkahlt oder holzig und kommt dann auf den Kompost.
Können Sie die Teilstücke nicht direkt wieder in die Erde pflanzen, setzen Sie sie vorübergehend in einen ausreichend großen Topf mit guter Blumenerde.
Schneiden Sie Wurzeln, die zu lang sind oder stören, ruhig ab. Geteilte Stauden kommen wieder genauso tief in die Erde, wie sie vorher standen. Lockern Sie das Pflanzloch gut auf, breiten Sie die Wurzeln gleichmäßig darin aus und drücken Sie die Pflanzen nach dem Einfüllen der Erde gut an. Zum Schluss wird angegossen.

Risslinge abnehmen

Einige Stauden braucht man zur Vermehrung nicht einmal auszugraben, wenn es mit der gelegentlich notwendigen Teilung noch etwas Zeit hat: Man nimmt einfach sogenannte Risslinge ab. Das klappt bei Polsterstauden und Arten mit kriechendem Wurzelsystem recht gut. Hierzu gehören u. a. Blaukissen, mehrere Glockenblumenarten, Polsterphlox (*Phlox douglasii, P. subulata*), Kissenaster (*Aster dumosus*) und Bergflockenblume (*Centaurea montana*).
Bei dieser Methode reißt man einfach vom äußeren Pflanzenrand ein kleineres Teilstück mit ausreichend vielen Wurzeln weg und pflanzt es neu ein. Achten Sie darauf, dass die Risslinge mindestens 1 bis 2 Herzknospen haben.

Stauden lassen sich leicht mit Spaten oder Grabegabel teilen.

Ballen mit faserigen Wurzeln kann man von Hand auseinander ziehen.

Ausläufer

Manche Arten verbreiten sich durch Ausläufer. Das sind Sprosse, die über oder unter der Erde waagrecht von den Pflanzen austreiben. Sie besitzen Knospen, die sich von selbst bewurzeln. Einige sind in ihrer Wanderlust kaum zu bremsen, so etwa bei Günsel oder Taubnessel, was solche Pflanzen zu guten Bodendeckern macht. Auch Pfefferminze und andere Minzen treiben kräftig Ausläufer. Ebenso sind viele Bambusarten für ihren starken Ausbreitungsdrang berüchtigt. Selbst einige Gehölze verbreiten sich so, z. B. Ranunkelstrauch (*Kerria*) und Essigbaum.

Diese Eigenschaft kann teils sehr lästig werden, erst recht bei Unkräutern wie Quecke oder Giersch (→ Abb. S. 226). Doch bei erwünschten Pflanzen lässt sie sich prima zur Vermehrung nutzen. Dafür werden die Ausläufer von der Pflanze abgetrennt, in Teilstücke mit jeweils einer bewurzelten Knospe geschnitten und am gewünschten Ort eingepflanzt. Erdbeeren und Haus- oder Dachwurz (*Sempervivum*) bilden an den Enden ihrer oberirdischen Ausläufer sogar gleich kleine Tochterpflänzchen, die man komplett abnehmen und verpflanzen kann, nachdem sie sich bewurzelt haben.

Wurzelschnittlinge

Manche Stauden haben an ihren dicken, fleischigen Wurzeln ➲ SCHLAFENDE AUGEN (S. 559). Solche Arten können über Wurzelschnittlinge vermehrt werden. Dazu gehören u. a. Türkischer Mohn (*Papaver orientale*), Edeldistel bzw. Mannstreu (*Eryngium*), Kaukasusvergissmeinnicht (*Brunnera macrophylla*) und Staudenphlox (*Phlox paniculata*). In den Staudenporträts ab S. 450 wird jeweils darauf hingewiesen, wenn das Vermehren über Wurzelschnittlinge möglich ist.

Graben Sie die Pflanzen dazu im Spätherbst aus. Die nebenstehenden Abbildungen zeigen, wie die Wurzelstücke geschnitten und getopft werden. Stellen Sie die Töpfe an einen hellen, frostfreien Ort. Das Substrat sollte nicht ganz austrocknen, darf aber nicht zu nass gehalten werden. Im folgenden Frühjahr treiben die Wurzelschnittlinge aus und können verpflanzt werden.

WURZELSCHNITTLINGE

Für Wurzelschnittlinge eignen sich Arten mit fleischigen Wurzeln. Nehmen Sie dafür die Pflanze mit einer Grabegabel auf.

› MATERIAL:

gesunde Mutterpflanze
Töpfe
Anzuchterde

› WERKZEUG, ZUBEHÖR:

Grabegabel
scharfes Messer
Pikierholz

› ZEITBEDARF:

15 bis 20 Minuten je Schnittling

1

Wurzeln abschneiden

Arten mit dicken, fleischigen Wurzeln kann man über Wurzelschnittlinge vermehren. Dafür nimmt man die Pflanze mit der Grabegabel auf. Schütteln Sie die Erde vorsichtig so weit als möglich vom Wurzelballen ab. Wählen Sie für die Schnittlinge etwa fingerstarke, junge, gesunde Wurzeln aus. Schneiden Sie diese möglichst weit oben ab.

2

Wurzeln zerteilen

Schneiden Sie nun die Wurzeln in etwa fingerlange Teilstücke. Damit Sie später die Wuchsrichtung erkennen können und die Schnittlinge richtig herum in die Anzuchterde stecken, hilft ein alter Gärtnertrick: Markieren Sie das obere Ende der Wurzelstücke, in dem Sie es gerade anschneiden, das untere Ende dagegen schräg.

3

Schnittlinge stecken

Stecken Sie die Schnittlinge mit dem spitzen Ende nach unten in mit Anzuchterde gefüllte Töpfe. Das obere Ende sollte mit der Substratoberfläche bündig sein. Mit einer dünnen Erd- oder Sandschicht abdecken und angießen. Stellen Sie die Töpfe zum Anwachsen an einen hellen, frostfreien Ort, und halten Sie die Erde leicht feucht.

Die starken Ausläufer der Minzen kann man zur Vermehrung nutzen.

Frei gelegte Bambusrhizome werden zur Vermehrung herausgeschnitten.

Stecklinge

Über Stecklinge lassen sich recht viele Pflanzen vermehren. Dazu werden bestimmte Triebteile abgeschnitten und zum Bewurzeln gebracht. Das klappt beispielsweise bei etlichen Stauden, darunter Schafgarbe (*Achillea*), Astern, Mädchenauge (*Coreopsis*), Schleierkraut (*Gypsophila*) und einige Fetthennen (*Sedum telephium, S. floriferum*).
Von den Gehölzen kann man auf diese Weise u. a. Schmetterlingsstrauch (*Buddleja*), Schneeball, Deutzie, Weigelie und Schlingknöterich vermehren, ebenso Lavendel und andere mediterrane Kräuter wie Rosmarin, Salbei und Thymian. Bei den KÜBELPFLANZEN (S. 551) verhelfen beispielsweise Stecklinge von Oleander, Engelstrompete und Fuchsie problemlos zu Nachwuchs.

Termine und Stecklingsreife

Der beste Zeitpunkt für die Stecklingsvermehrung hängt von der Pflanzenart ab. Sommergrüne Stauden bewurzeln sich am willigsten im Frühjahr. Bei Blütengehölzen und Buchsbaum hat man mit unverholzten, krautigen Trieben, die im Sommer geschnitten werden, den meisten Erfolg. Oft bewurzeln sich aber auch halbreife, d. h. halb verholzte, im Spätsommer oder Frühherbst geschnittene Stecklinge recht gut. Von Kübelpflanzen schneidet man bevorzugt halbreife Stecklinge im Juli/August. Wintergrüne und verholzende Stauden sind im Herbst an der Reihe. Man nimmt ausgereifte Triebe als Stecklinge.

Stecklingsformen und -schnitt

Je nach verwendetem Triebteil unterscheidet man Kopfstecklinge, Triebstecklinge und grundständige Stecklinge. Meist eignen sich **Kopfstecklinge,** d. h. kräftige Spitzen von Haupt- oder Seitentrieben, am besten. Bei manchen Pflanzen bewurzeln sich Teilstücke aus der Mitte eines Triebs ebenso gut. Solche **Triebstecklinge,** auch Teil-, Spross- oder Stammstecklinge genannt, nimmt man vor allem dann, wenn die Triebspitzen sehr weich sind. **Grundständige Stecklinge** bevorzugt man bei Stauden mit hohlen, markigen Stängeln wie Rittersporn, Lupinen und Phlox. Dabei schneidet man die Triebe an der Pflanzenbasis immer mit einem Stück der verholzten Wurzel ab.
Schneiden Sie Stecklinge stets nur von gesunden, wüchsigen Pflanzen. Die verwendeten Triebteile sollten beblättert sein, aber keine Blütenknospen aufweisen. Notfalls bricht man vorhandene Blütenknospen vorsichtig aus. Meist entwickeln sich Kopfstecklinge von Haupttrieben besser als die von Seitentrieben.
Verwenden Sie zum Schneiden stets ein scharfes, sauberes Messer. Quetschverletzungen, wie sie durch unscharfe Klingen leicht hervorgerufen werden, führen häufig zu Fäulnis.
Je nach Pflanzenart schneidet man die Stecklinge auf 5–15 cm Länge. Die untersten Blätter werden entfernt, so dass noch etwa 2 bis höchstens 3 Blattpaare am Trieb verbleiben. Schneiden Sie dabei die Stecklinge knapp unterhalb eines Knotens (BLATTKNOTEN, S. 536) schräg an.

Eintopfen und Pflege

Man kann die Stecklinge zu mehreren und mit einigen Zentimetern Abstand in Kisten bzw. Anzuchtschalen setzen. Üblicher und meist auch praktischer ist es allerdings, sie gleich einzeln in kleine Töpfe zu stecken.
Das Substrat muss locker und strukturstabil sein, damit es stets gut durchlüftet bleibt. Dies beugt einer häufigen Ausfallursache, der Fäulnis der Stecklinge, vor. Am besten eignen sich spezielle Anzucht- bzw. Vermehrungserden aus dem Fachhandel. Sie sind keimfrei und nährstoffarm.
Nach dem Schneiden werden die Triebstücke gleich in Töpfe mit Anzuchtsubstrat gesteckt und angedrückt. Bei weichen Stecklingen muss man dafür erst mit dem Pikierholz ein Loch vorbohren. Nach dem Stecken wird die Erde leicht angefeuchtet. Bis die Pflänzchen Wurzeln gebildet haben, muss man sie vor Verdunstung schützen. Das geht am einfachsten mit einer Haube aus durchsichtiger Klarsichtfolie, die man über vier am Rand in den Topf gesteckte Bambusstäbe spannt. Oder Sie verwenden ein Minigewächshaus mit Kunststoffhaube, in das Sie die Töpfe stellen. Solch ein Verdunstungsschutz bewahrt

!

wir empfehlen

Starthilfe beim Bewurzeln

Bei manchen Arten ist es sinnvoll, der Wurzelbildung durch ein Bewurzelungsmittel aus dem Fachhandel etwas auf die Sprünge zu helfen. Das ist z. B. bei Bougainvilleen und Olivenbäumen vorteilhaft, ebenso bei im Herbst geschnittenen Stecklingen von Lavendelheide (*Pieris*) oder Stechpalme. Die meist puderartigen Bewurzelungsmittel, in die man die Stecklinge je nach Gebrauchsanweisung des Herstellers eintaucht, enthalten Wuchsstoffe, die die Wurzelbildung anregen.

auch die Erde vor dem Austrocknen, so dass Sie nicht allzu häufig gießen müssen. Kontrollieren Sie aber regelmäßig; das Substrat sollte stets leicht feucht sein, doch keinesfalls nass. Sie kommen dann an einen hellen, warmen Platz, dürfen aber nicht in der prallen Sonne stehen. Die meisten Stecklinge bewurzeln sich bei Temperaturen zwischen 18° und 22° C optimal. Dabei ist vor allem Wärme von unten wichtig. Manche Gehölze, wie Buchsbaum oder Forsythie, können auch direkt ins Beet gesteckt werden.

Oleander, Engelstrompete und Buntnessel treiben sogar in einem Glas mit Wasser schnell neue Wurzeln. Man sollte sie dann allerdings in Erde topfen, ehe die Wurzeln zu lang und brüchig werden.

Krautige Stecklinge bewurzeln sich teils schon nach 2 bis 4 Wochen, bei halbreifen oder ganz ausgereiften Staudenstecklingen kann es etwas länger dauern. Das einsetzende Sprosswachstum, die Knospenbildung sowie schließlich der erste Blattaustrieb zeigen deutlich an, wenn die Bewurzelung erfolgreich war. Nehmen Sie dann den Verdunstungsschutz ab.

Je nach Zeitpunkt des Schneidens und Steckens ist es meist sinnvoll, die heranwachsenden Stecklinge nochmals in gute Blumenerde umzutopfen, ehe sie schließlich draußen eingepflanzt werden. Bis dahin stellt man sie hell, aber etwas kühler auf. Kurz vor dem Auspflanzen härtet man sie am besten ab, wie bei den Sämlingen beschrieben (→ S. 223).

Bei vielen Arten empfiehlt es sich außerdem, sie frühzeitig zu entspitzen bzw. zu stutzen, d. h., man kneift die Spitzenknospe ab oder schneidet die Triebspitze weg, wenn die Pflanzen 10–20 cm hoch sind oder etwa 4 Blattpaare gebildet haben. So verzweigen sie sich stärker und wachsen schön buschig.

Steckhölzer

Steckhölzer sind junge, aber bereits verholzte Triebstücke, die man zu Beginn der Winterruhe schneidet. Mit Steckhölzern lassen sich u. a. folgende Sträucher leicht vermehren: Liguster, Weigelie, Forsythie, Weiden, manche Berberitzen, Pfeifenstrauch, Spiersträucher, Schneeball sowie Wilder Wein und Geißblattarten.

STECKLINGSVERMEHRUNG

› MATERIAL:

gesunde Mutterpflanze (z. B. Buchsbaum)
Töpfe (8–10 cm Ø)
Anzuchterde

› WERKZEUG, ZUBEHÖR:

scharfes Messer
eventuell Bewurzelungsmittel
eventuell Pikierholz
Gießkanne mit feiner Brause oder Blumensprüher (Zerstäuber)
Verdunstungsschutz: Klarsichtfolie mit Bambusstäben oder Drahtbügel als Stütze, Kunststoffhaube (Minigewächshaus), umgestülpte Einmachgläser

› ZEITBEDARF:

10 bis 15 Minuten je Steckling

Kopfstecklinge schneiden

Buchsbaumstecklinge wachsen am besten an, wenn man sie im September von der Mutterpflanze abnimmt. Suchen Sie dafür ausgereifte Triebspitzen aus. Diese werden mit einer Länge von 10–15 cm geschnitten. Noch besser bewurzeln 10–15 cm lange Seitentriebe, wenn man sie direkt an ihrer Austriebsstelle am Zweig mit einem Ruck abreißt.

1

Vorbereiten des Stecklings

Um den Kopfsteckling auf das Stecken vorzubereiten, zupft man vorsichtig die im unteren Drittel befindlichen Blättchen ab. Auch eventuelle Seitentriebe werden besser entfernt. Bei abgerissenen Triebspitzen kürzt man zusätzlich das durch das Reißen entstandene „Rindenfähnchen“ etwas ein. Nun ist die Triebspitze fertig zum Stecken.

2

In Anzuchterde stecken

Stecken Sie die Triebspitzen in Töpfchen mit Anzuchterde. Angießen nicht vergessen! Wenn die Stecklinge nach etwa 1 Jahr neue Blättchen treiben, sind sie bewurzelt und können an die gewünschte Stelle verpflanzt werden. Buchsstecklinge bewurzeln sich auch im Garten, wenn man sie an einer schattigen Stelle schräg in lockere Erde steckt.

3

STECKHOLZVERMEHRUNG

Zur Vermehrung kann man Steckhölzer für die Bewurzelung in Töpfe mit Anzuchterde stecken. Noch einfacher ist die hier gezeigte Vermehrung im Garten.

› MATERIAL:

gesunde Mutterpflanze

› WERKZEUG, ZUBEHÖR:

scharfes Messer oder scharfe Gartenschere, Spaten

› ZEITBEDARF:

20 bis 25 Minuten für 4 Steckhölzer (für 1 Pflanze, inklusive 3 Reservehölzer)

Triebstücke abschneiden

Die Triebe, die man für die Steckholzvermehrung verwenden will, sollten ungefähr bleistiftdick sein. Suchen Sie dafür junge, aber bereits verholzte Triebstücke aus. Damit erzielen Sie den größten Anwachserfolg.

Das Steckholz zuschneiden

Schneiden Sie die Steckhölzer auf eine Länge von 20 cm mit 6 Augen. Damit Sie beim Stecken wissen, wo oben und unten ist, schneiden Sie oben gerade direkt über einem Auge, unten schräg direkt unter einem.

Stecken der Hölzer

Dort, wo die Steckhölzer bewurzeln sollen, einen Spaten 15 cm in die Erde stechen und hin und her bewegen, damit sich die Öffnung weitet. Steckhölzer hineinstecken, so dass nur das oberste Auge hinausschaut.

Erfolgreiche Bewurzelung

Wenn die Spitzen der Steckhölzer im Folgejahr austreiben, ist dies ein Zeichen dafür, dass sie sich bewurzelt haben. Nun können Sie sie vorsichtig ausgraben und an den gewünschten Platz pflanzen.

Die beste Zeit zum Schneiden der Steckhölzer erstreckt sich von der Herbstmitte bis zum Frühwinter. Bei laubabwerfenden Arten wartet man bis nach dem Blattfall. Geschnitten werden einjährige Triebe. Sie sollten bleistiftdick und 20 cm lang sein – etwa so lang wie eine Gartenschere. Verwenden Sie zum Schneiden unbedingt ein scharfes Messer oder eine scharfe Gartenschere, denn die Triebe dürfen nicht gequetscht werden. Markieren Sie die Wuchsrichtung, indem Sie das obere Ende 2–3 cm oberhalb eines Knotens, also einer Blattansatzstelle, gerade, das untere Ende 2–3 cm unterhalb eines Knotens schräg abschneiden.

Wenn Sie nur ein oder wenige neue Exemplare des Gehölzes brauchen, können Sie die Hölzer gleich dort stecken, wo der Strauch später stehen soll. Schneiden Sie für einen neuen Strauch sicherheitshalber 3 bis 4 Steckhölzer, denn die Bewurzelung klappt nicht immer. Stechen Sie mit dem Spaten eine etwa 15 cm tiefe Furche in die Erde. Dann stecken Sie die Hölzer im Abstand von 15 cm so tief, dass nur die oberste Knospe aus dem Boden herausschaut. Achten Sie darauf, dass tatsächlich das untere, schräg geschnittene Ende nach unten kommt. Treibt die Knospe im Lauf des nächsten Frühjahrs oder Sommers aus, war die Bewurzelung erfolgreich. Gehen mehrere Hölzer an, behalten Sie das kräftigste, das sich am besten entwickelt.

Steckhölzer in größeren Mengen

Wenn man größere Stückzahlen braucht, kann man ähnlich vorgehen wie die Profis. Diese bündeln die Steckhölzer zu je 25 bis 30 Stück, schlagen sie über Winter ein und stecken sie erst im nächsten Frühjahr. Einschlagen heißt hier: Die Steckholzbündel werden so tief in den Boden eingegraben, dass oberhalb des Bündels etwa 10 cm Erde verbleiben. Sie werden dabei in leicht feuchten Sand oder Torf eingebettet. Über die Wintermonate bildet sich an den Schnittstellen ein Wundgewebe, das die Wurzelbildung beschleunigt. Die Bündel werden im März/April wieder ausgegraben und dann zur Bewurzelung gesteckt. Wenn die Steckhölzer austreiben, haben sie sich bewurzelt. Sie werden im folgenden Herbst an ihren endgültigen Platz verpflanzt.

Absenker und Ableger

Einige Gehölze bilden an ihren oberirdischen Trieben Wurzeln, wenn sie den Boden berühren. Dies macht man sich gern für die Vermehrung über Absenker zunutze, besonders bei Gehölzen, die sich über Stecklinge nur schwer oder gar nicht vermehren lassen, wie Rhododendren, Sternmagnolie (*Magnolia stellata*) und Perückenstrauch. Doch auch sonst vermehren Hobbygärtner ihre Sträucher am liebsten mit dieser einfachen Methode, wenn sich diese Möglichkeit bietet (→ Pflanzenporträts, S. 402–529).

Als Absenker wählt man im Frühjahr einen kräftigen, biegsamen Seitentrieb. Dieser wird etwa 25 cm von der Spitze entfernt vorsichtig entlaubt. Das blattlose Triebstück sollte so lang sein, dass mindestens 3 Knospen freiliegen. Biegen Sie den Trieb dann bogenförmig so hinunter, dass der entlaubte Bereich die vorher gelockerte Erde berührt. An dieser Stelle wird der Trieb an der Unterseite mit einem scharfem Messer schräg etwas eingeschnitten. Ist der Trieb dick genug, klemmt man ein kleines Steinchen in die Kerbe, damit sich die Wunde nicht wieder schließen kann. Befestigen Sie den so präparierten Triebbogen schließlich mit einem Haken sicher am Boden. Am besten liegt die angeschnittene Stelle etwa 5 cm tief in der Erde, also in einer flachen Rille. Häufeln Sie etwas Kompost oder ein Erde-Sand-Gemisch darüber.

Nun können Sie den Absenker sich selbst überlassen. Sorgen Sie lediglich dafür, dass die Stelle immer leicht feucht ist. Die Wurzelbildung kann bis zum kommenden Frühjahr erfolgt sein; manchmal dauert das jedoch bis zu 3 Jahre. Nach der Bewurzelung schneidet man den Absenker mit einer scharfen Gartenschere ab und pflanzt ihn an seinen Platz.

Ableger sind eine Variante der Absenker. Dazu werden einjährige Triebe im Frühjahr im Ganzen in eine etwa 10 cm tiefe Rinne abgelegt und festgesteckt. Wenn der Austrieb aus den Augen eine Handbreit über der Bodenoberfläche herausragt, füllt man die Rinne mit Erde. Meist bewurzeln sich die neuen Triebe bis zum Herbst und können abgetrennt und verpflanzt werden. Diese Methode klappt gut bei Blauregen, Brombeere und Haselnuss.

Vermehrung über Absenker

› MATERIAL:

gesunde Mutterpflanze
Kompost oder Erde-Sand-Gemisch

› WERKZEUG, ZUBEHÖR:

Hacke, Grubber zum Bodenlockern
scharfes Messer
eventuell Steinchen zum Offenhalten des Einschnitts
Drahthaken
Gießkanne
Spaten
Gartenschere

› ZEITBEDARF:

20 bis 30 Minuten mit vorheriger Bodenlockerung und -verbesserung

1

Absenkertrieb entblättern

Die Vermehrung über Absenker klappt am besten mit einem jungen Trieb aus dem Vorjahr. Biegen Sie diesen Trieb zum Boden herunter. Dort, wo er die Erde berührt, wird er vorsichtig entblättert; die Triebspitze jedoch nicht.

2

Biegungsstelle einschneiden

Der Trieb bewurzelt sich leichter, wenn man die Rinde unterhalb eines Blattknotens mit einem Messer etwas einritzt. Klemmen Sie ein Steinchen oder Hölzchen in die Kerbe, damit sie sich nicht wieder schließen kann.

3

Absenkertrieb fixieren

Drücken Sie den Trieb mit der Wunde nach unten etwas in die Erde. Er sollte einen Bogen bilden, so dass die Triebspitze über der Erdoberfläche verbleibt. Fixieren Sie ihn mit etwas Draht im Boden.

4

Triebbogen abdecken

Decken Sie den Triebteil mit der Wunde mit Erde ab. Halten Sie die Stelle feucht. Bei den meisten Arten bewurzeln sich die Triebe bis zum Herbst. Dann gräbt man sie aus und trennt sie von der Mutterpflanze ab.

Dahlienknollen teilt man vor der Pflanzung. Dabei sollte jedes Teilstück mindestens ein gutes Auge haben.

Vermehrung von Zwiebel- und Knollenblumen

Grundsätzlich können Zwiebel- und Knollenpflanzen sowohl über Samen als auch vegetativ über Pflanzenteile vermehrt werden. Mit Samen ist dies jedoch bei den meisten Arten ein langwieriges Unterfangen: Teils vergehen mehrere Jahre, bis der Nachwuchs endlich blüht. Bei anderen Arten dagegen braucht man sich darum gar nicht zu bemühen, denn sie säen sich schnell und bereitwillig selbst aus. So gehen z. B. Schneeglanz, Sternhyazinthe (*Chionodoxa*), Blaustern (*Scilla siberica*) und Winterling (*Eranthis hyemalis*) ganz von selbst im Garten auf Wanderschaft und verbreiten sich dort, wo es ihnen gefällt.

Teilung von Horsten

Die einfachste Methode, Zwiebel- und Knollenpflanzen zu vermehren, ist die Teilung von Horsten bzw. „Klumpen". Das hat gleichzeitig einen verjüngenden Effekt: Blühfaul gewordene Narzissen, Schneeglöckchen und Krokusse bringt man damit wieder richtig auf Trab. Und auch bei Anemonen und Winterling kann man die Horste teilen.

Mit Ausnahme von Schneeglöckchen, die man am besten direkt nach der Blüte teilt, geschieht dies, sobald das Laub der Zwiebel- und Knollenpflanzen eingezogen hat, also fast vollständig vergilbt und verwelkt ist. Nehmen Sie die Horste mit der Grabegabel vorsichtig auf und zertrennen Sie sie in kleinere Klumpen. Das geht oft schon durch Auseinanderziehen oder -brechen mit der Hand recht gut. Dann pflanzen Sie die Teilstücke mit entsprechendem Abstand voneinander in gut gelockerte Erde wieder ein.

Teilung von Knollen und Rhizomen

Knollen- und Rhizompflanzen wie Dahlien, Steppenkerze (*Eremurus*), Indisches Blumenrohr (*Canna*) und verschiedene Schwertlilien (darunter *Iris-Barbata*-Hybriden) können geteilt werden, sobald sie mehrere kräftige Triebknospen aufweisen. Dahlienknollen zerteilt man im Frühjahr vor der Pflanzung mit einem scharfen Messer (→ Abb. links). Schneiden Sie dabei so, dass die abgetrennten Knollenstücke immer ein Stück des Wurzelhalses behalten. Der Wurzelhals ist dort, wo die einzelnen Knollen an der Stängelbasis zusammenhängen. Hier sitzen die Triebknospen, und davon sollte jedes Knollenstück mindestens eine kräftige aufweisen.

Bei älteren Steppenkerzen kann man die Wurzelknollen im August vorsichtig teilen. Die Rhizome (verdickte Erdsprosse; **RHIZOM**, S. 557) der Schwertlilien teilt man nach der Blüte bis zum Spätsommer mit einem scharfen Messer oder mit dem Spaten. Lassen Sie frisch geteilte Knollen und Rhizome erst etwas abtrocknen, bevor Sie sie wieder einpflanzen. Das Einreiben der Schnittstellen mit etwas Holzkohlepulver vermindert das Fäulnisrisiko.

Tochter- oder Brutzwiebeln und -knollen

Bei vielen Pflanzen bilden sich mit der Zeit Nebenzwiebeln oder -knollen an der Basis der Mutterzwiebeln bzw. -knollen. Aus solchen Brutzwiebeln bzw. -knollen entstehen im Grunde auch die bei der Teilung genannten Horste. Bei manchen Zwiebel- und Knollenblumen wie Zierlauch, Gladiolen und Montbretien lassen sich diese „Nachwuchsorgane" gut einzeln abnehmen und verpflanzen. Etwas größere Nebenzwiebeln wie bei Tulpen und Narzissen nennt man auch Tochterzwiebeln. Zur Vermehrung trennt man die Tochterzwiebeln von den Mutterzwiebeln. Der beste Zeitpunkt dafür reicht vom Vergilben des Laubs bis spätestens August. Nehmen Sie dazu die Zwiebeln auf und versuchen Sie vorsichtig, die Tocherzwiebeln abzuziehen. Gelingt dies nicht leicht, sollten Sie die Zwiebeln ungeteilt wieder einpflanzen und bis zum nächsten Jahr damit warten. Halten Sie die Bruchstellen möglichst klein. Auch hier schützt das Einreiben der Wunden mit Holzkohlepulver vor Fäulnis und Krankheiten. Große Tochterzwiebeln von Tulpen können bereits im Folgejahr wieder blühen; bei kleineren dauert es etwas länger.

Die kleinen Brutzwiebeln nimmt man im Spätsommer ab. Markieren Sie die Pflanzstellen zur Blütezeit mit einem Stab, damit Sie die Zwiebeln auch finden, wenn es so weit ist. Behalten Sie von den Brutzwiebeln nur die kräftigsten. Sie werden in ein separates Beet gepflanzt, da meist 2 bis 3 Jahre vergehen, bis sie Blütenknospen ausbilden.

Bei den frostempfindlichen Gladiolen nimmt man die kleinen Brutknollen im Herbst ab, wenn die Knollen zur Überwinterung ausgegraben werden.

Hyazinthen sind von Natur aus bei der Bildung von Brutzwiebeln etwas zögerlich. Sie können sie mit einem Trick dazu „überreden": Schneiden Sie den Zwiebelboden kreuzweise zweimal mit einem scharfen Messer etwas ein. Legen Sie die Zwiebel dann einen Tag an eine luftige, warme Stelle. Die Schnitte trocknen ein und gehen dabei leicht auseinander. Am besten bestäubt man sie mit etwas Holzkohlepulver und pflanzt die Zwiebel dann ein. Nach 2 bis 3 Monaten haben sich dann meist abnehmbare Brutzwiebeln entwickelt.

Sonderfall Lilien

Lilien haben sich, was ihre Verbreitung betrifft, einiges einfallen lassen. So bieten sie je nach Art unterschiedliche, teils sehr spezielle Vermehrungsmöglichkeiten.

Feuerlilien (*Lilium bulbiferum*), Tigerlilien (*L. lancifolium*) sowie viele asiatische Hybriden bilden sowohl in den **BLATTACHSELN** (S. 536) als auch unterirdisch am Stängel kleine Brutzwiebeln aus, die als **Bulbillen** bezeichnet werden. Die Bulbillen in den Blattachseln reifen im Spätsommer und können dann leicht vom Stängel abge-

Einige Zwiebelblumen bilden Brutzwiebeln, die man abnehmen kann.

Knollenpflanzen, wie die Gladiole, bilden zur Vermehrung Brutknollen aus.

Bei Lilien bricht man als Nachwuchs die äußeren Zwiebelschuppen ab.

löst werden. Füllen Sie eine Anzuchtschale mit feuchter, lehmiger Erde, in die Sie die Bulbillen etwa 2 cm tief stecken. Decken Sie die Erde mit einer Schicht Sand ab.

Stellen Sie die Schalen bis zum nächsten Frühjahr kühl, aber frostfrei auf. Im Jahr darauf wachsen die jungen Zwiebelpflanzen heran und werden im Herbst ausgepflanzt. Sie brauchen mindestens 2 Jahre bis zur Blüte.

Die unterirdischen Brutzwiebeln nimmt man direkt nach der Blüte ab. Dazu wird die Mutterzwiebel ausgegraben oder der Stängel freigelegt. Sie werden zweimal so tief, wie sie hoch sind, in einen Topf mit feuchter, lehmiger Erde gepflanzt. Dann deckt man sie ebenfalls mit Sand ab und kultiviert sie weiter, wie bei den Blattachselbulbillen beschrieben.

Lilienzwiebeln bestehen aus zahlreichen, fleischigen Schuppen. Auch diese **Zwiebelschuppen** kann man zur Vermehrung nutzen. Dazu nimmt man im Frühherbst die Zwiebeln aus der Erde und säubert sie. Dann bricht man etwa 6 gesunde äußere Schuppen so ab, dass an jeder ein Stückchen des Zwiebelbodens haften bleibt. Behandeln Sie die Wundstellen mit Holzkohlepulver und füllen Sie einen Folienbeutel mit einem feuchten Sand-Torf-Gemisch. Stecken Sie dann die Zwiebelschuppen mit ihrer Basis nach unten einzeln hinein. Jetzt wird der Beutel verschlossen und bei Zimmertemperatur 6 bis 8 Wochen dunkel gelagert. Sobald sich an den Bruchstellen Brutzwiebeln bilden, stellt man den Beutel etwa 2 Monate lang an einen um 5 °C kühlen Ort. Anschließend pflanzt man die Schuppen einzeln in Töpfe mit sandiger Anzuchterde. Wenn sie etwa so groß wie eine Haselnuss sind, pflanzt man sie in ein Anzuchtbeet. Bis zur Blüte dauert es 2 bis 5 Jahre. Über Zwiebelschuppen lassen sich auf ganz ähnliche Weise auch Kaiserkronen (*Fritillaria imperialis*) vermehren.

Zwiebel- und Knollenpflanzen vermehren

VERMEHRUNGS-METHODE	DAS GEHT BEI
ganze Horste bzw. Klumpen teilen	Zierlauch (*Allium*), Anemonen (*Anemone*), Zeitlose (*Colchicum*), Lerchensporn (*Corydalis, Pseudofumaria*), Krokus (*Crocus*), Winterling (*Eranthis hyemalis*), Schneeglöckchen (*Galanthus*), Hasenglöckchen (*Hyacinthoides*), Traubenhyazinthe (*Muscari*), Narzisse (*Narcissus*), Blaustern (*Scilla*)
Brutzwiebeln oder -knollen abnehmen	Zierlauch (*Allium*), Strahlenanemone (*Anemone blanda*), Sternhyazinthe, Schneeglanz (*Chionodoxa*), Lerchensporn (*Corydalis, Pseudofumaria*), Montbretie (*Crocosmia*), Krokus (*Crocus*), Kaiserkrone (*Fritillaria*), Gladiole (*Gladiolus*), Hasenglöckchen (*Hyacinthoides*), Hyazinthen (*Hyacinthus*), zwiebelbildenden Iris (z. B. *Iris reticulata*), Märzenbecher (*Leucojum vernum*), Lilien (*Lilium*), Traubenhyazinthe (*Muscari*), Blaustern (*Scilla*), Tulpen (*Tulipa*)
Knollen oder Rhizome teilen	verschiedenen Anemonen (*Anemone*), Maiglöckchen (*Convallaria*), Dahlie (*Dahlia*), Steppenkerze (*Eremurus*), rhizombildenden Schwertlilien (z. B. *Iris germanica*)

Stecklinge von Dahlien

Dahlien lassen sich auch über Stecklinge vermehren. Man erhält dadurch mehr Pflanzen als durch die übliche Teilung der Knollen: Bis zu 50 Stecklinge aus einer Knolle sind nicht ungewöhnlich.

Zur Stecklingsgewinnung treibt man die Knollen ab Februar an. Dafür legt man sie so in eine Kiste mit Anzuchterde, dass der Wurzelhals aus dem Substrat herausschaut. Stellen Sie die Kiste bei 15–18° C auf. Die Knospen zeigen sich dann nach einigen Wochen, weitere 2 bis 3 Wochen später wachsen daraus Triebe. Wenn sie etwa fingerlang sind, schneidet man sie mit einem scharfen Messer so ab, dass noch ein wenig von der Knolle daran verbleibt.

Nun werden diese Triebstücke ebenso gesteckt und kultiviert, wie auf S. 226–227 beschrieben. Bei 20° C bewurzeln sie am besten, oft dauert es nur etwa 2 Wochen. Dann pflanzt man sie in Töpfe mit guter Blumenerde. Härten Sie die jungen Dahlien etwa 1 Woche ab, bevor Sie sie auspflanzen. Stäben Sie die Stecklinge dort an. Sobald sie 4 Blattpaare ausgebildet haben, entspitzt man sie einmal, damit sie buschiger wachsen.

Pflanzen veredeln

BEI DER VEREDLUNG verbindet man zwei Pflanzen so miteinander, dass sie zu einer neuen verwachsen. Den Hauptteil bildet die Edelsorte, deren Blüten oder Früchte man haben will. Die zweite Pflanze trägt als sogenannte Unterlage das Wurzelwerk bei und oft nur einen kleinen Teil des Sprosses bzw. Stamms. Sie verleiht der Edelsorte zusätzlich erwünschte Eigenschaften. Da man von einer Edelsorten-Mutterpflanze mehrere Edelreiser (junge Triebe) oder -augen gewinnen kann, zählt das Veredeln zu den Vermehrungsmethoden.

Bei Baumobst handelt es sich fast immer um veredelte Pflanzen. Die Wurzelunterlage beeinflusst die Wuchsstärke und die Widerstandsfähigkeit gegen Krankheiten sowie Ertragsbeginn und Fruchtqualität der Edelsorte. Im Gemüsebau ist das Veredeln bei Tomaten, Melonen und Gurken üblich. Die Edelsorten fruchten dadurch früher und sind robuster. Unter den Ziergehölzen wachsen vor allem die verschiedenen Rosensorten meist auf Wildlingsunterlagen und sind dadurch wüchsiger und gesünder. Auch andere Sträucher werden veredelt, z. B. Flieder.

Veredlungsmethoden

Zu den wichtigsten Veredlungsmethoden gehören Okulation, Kopulation und Pfropfung. Achten Sie vor allem darauf, sehr sauber und nur mit gesundem Material zu arbeiten. Berühren Sie die Schnittflächen nicht mit der Hand.

Die Edelsorten der Äpfel werden auf Wurzelunterlagen veredelt, die positive Eigenschaften mitbringen.

Okulation von Augen

Die **Okulation** ist das in Obst- und Rosenbaumschulen gebräuchlichste Vermehrungsverfahren. Dabei wird der Edelsorte ein Auge, also eine Triebknospe, entnommen und in eine geeignete Wurzelunterlage eingesetzt. Bei Rosen verwendet man heute zumeist die Wildrose *Rosa laxa* als Unterlage. In manchen Rosen- und Baumschulen kann man diese Art in kleinen Stückzahlen für den „Hausgebrauch" bekommen.

Okuliert wird im Juli. Zunächst macht man einen T-förmigen Einschnitt in den sauberen Wurzelhals der Unterlage, der nur die Rinde durchtrennt. Um das Auge zu gewinnen, schneiden Sie einen Trieb der Edelsorte ab. Entfernen Sie alle Blätter und Stacheln. Lassen Sie dabei zum Schutz des Auges etwas vom Blattansatz stehen. Machen Sie mit dem Messer gut 1 cm unterhalb eines kräftigen Auges einen schrägen Schnitt bis in die Mitte des Triebs hinter dem Auge. Schneiden Sie horizontal weiter in Wuchsrichtung, und nehmen Sie das Auge damit vom Trieb ab. Schälen Sie das weiße Holz mit dem Messer heraus, so dass Sie lediglich noch die Rinde mit dem Auge haben.

Ziehen Sie nun die Rinde rechts und links des T-Schnitts an der Wildrose mit dem Messer vorsichtig zur Seite, und schieben Sie das Auge in die Öffnung. Die oberhalb des Auges verbliebene Rinde wird auf der Höhe des T-Querstrichs abgeschnitten. Fixieren Sie das Auge mit Bast. Im Herbst wird die Veredlungsstelle angehäufelt. Im Frühjahr schneidet man alle Triebe oberhalb des Austriebs ab.

Kopulation von Edelreisern

Die **Kopulation** hat vor allem bei der Veredlung junger Obstbäume Bedeutung. Hier schneidet man von der Edelsorte Triebe, die Edelreiser, wobei Edelreis und Unterlage gleich stark sein müssen. Hinweise auf geeignete Unterlagen je nach Obstart finden Sie auf S. 355.

Die Kopulation führt man während der Vegetationsruhe oder vor dem Austrieb durch. Das Edelreis sollte 3 bis 5 Augen haben. Edelreis wie Unterlage werden der Länge nach schräg angeschnitten, mit jeweils 6–8 cm langen Schnittflächen. Die Schnittflächen, und ganz besonders die Schichten direkt unterhalb der Rinde, müssen möglichst genau aufeinander passen. Beim Edelreis sollte sich in der Triebmitte gegenüber der Schnittstelle eine Knospe befinden. Die Veredlungsstelle wird mit Bast befestigt und zum Schutz vor Austrocknung und Krankheiten mit Baumwachs bestrichen.

Pfropfung von Edelreisern

Oft ist die Unterlage jedoch stärker im Durchmesser als das Edelreis. Hierfür ist die **Pfropfung** geeignet.

Bei einer Umveredlung muss zunächst die Krone des Baums abgeworfen werden, d. h., seine Stammverlängerung und die Leitäste werden etwa 15 cm oberhalb der geplanten Pfropfstelle rechtwinklig abgesägt. Die Krone sollte nun einen Winkel von 120° aufweisen. Ab 30 cm von der Pfropfstelle werden zur Kronenmitte hin alle Verzweigungen direkt am Ast abgesägt. Bei Kernobst macht man das im Spätwinter, bei Steinobst besser kurz vor der Blüte. Steinobst wird direkt im Anschluss gepfropft, Kernobst erst gegen Ende April. Bis dahin sind die Sägestellen jedoch eingetrocknet. Sie werden daher dann noch einmal um etwa 10–15 cm kürzer gesägt.

Wenn die Pfropfunterlage nur ein wenig stärker ist als das Edelreis, wendet man die sogenannte Geißfußpfropfung an. Dafür sägt man senkrecht in die Unterlage einen keilförmigen Einschnitt. Das Edelreis wird keilförmig so zugeschnitten, dass es genau in diesen Keil hineinpasst – ein Verfahren, das schon recht viel Übung erfordert.

Gebräuchlicher bei der Umveredlung alter Bäume ist jedoch die Rindenpfropfung, wie auf S. 233 gezeigt.

RINDENPFROPFUNG

Der beste Zeitpunkt für die Rindenpfropfung hängt von den klimatischen Verhältnissen ab. Richten Sie sich bei Kernobst nach dem Beginn der Obstblüte Ende April/Anfang Mai. Dann steht der Baum bereits im Saft. Das ist günstig, weil sich dadurch die Rinde leichter ablösen lässt. Die Edelreiser dagegen sollten sich noch in der Ruhephase befinden. Dazu schneidet man sie früher und lagert sie an einem kühlen Platz.

› MATERIAL:

älterer Baum als Unterlage
Edelreis einer gewünschten neuen Sorte

› WERKZEUG, ZUBEHÖR:

Baumsäge
scharfes Messer
Bast, Baumwachs

› ZEITBEDARF:

40 bis 50 Minuten pro veredeltem Ast

Pfropfkopf herstellen

Für eine Pfropfung sollte der Ast einen Durchmesser von 5–12 cm haben. Sägen Sie den Ast mit einer Baumsäge rechtwinklig ab. Anschließend wird der Rindenrand mit einem scharfen Messer glatt angeschnitten.

Pfropfkopf einschneiden

Schneiden Sie die Rinde mit einem scharfen Messer senkrecht in der Länge des Veredlungsschnitts ein. Achten Sie darauf, nur die Rinde zu durchtrennen. Schneiden Sie nicht bis in das Holz hinein.

Edelreiser anschneiden

Die Edelreiser unten lang und schräg anschneiden. Beim verbesserten Rindenpfropfen macht man jeweils auf den gegenüberliegenden Seiten einen Schnitt, so dass ein schmaler und ein breiter Rindenstreifen entstehen.

Einsetzen des Edelreises

Lösen Sie dann mit dem Messer eine Seite der Rinde vorsichtig ab und heben sie etwas an. Schieben Sie das schräg angeschnittene Edelreis hinein. Bei Pfropfköpfen von 5 cm genügt ein Edelreis, bei größeren zwei bis drei.

Mit Bast verbinden

Die Edelreiser werden anschließend mit Bast straff verbunden und auf diese Weise fixiert. Wählen Sie die Binderichtung dabei so, dass jedes Reis gegen die nicht angehobene Rindenkante gedrückt wird.

Mit Baumwachs verstreichen

Alle Schnittflächen, auch die Reisspitze, mit Baumwachs einstreichen. Im Folgewinter alle Triebe wegnehmen, die sich unterhalb der Pfropfstelle entwickeln. Den Bast aufschneiden, damit er nicht einschneidet.

Krankheiten und Schädlinge bei der Anzucht

ZARTE TRIEBE, WEICHES GEWEBE, winzige oder vorübergehend noch gar keine Wurzeln – dies alles macht den Pflanzennachwuchs, besonders Sämlinge und Stecklinge, sehr empfindlich gegenüber Umwelteinflüssen aller Art. Bei ungeeigneten Wuchsbedingungen kommt es recht schnell zum Befall mit Schwächeparasiten, zu denen auch Fäulnis verursachende Pilze zählen. Sie werden unter dem Begriff Auflaufkrankheiten zusammengefasst.

Umfallkrankheit

Wenn Sämlinge sich an der Basis ihrer Stängel dunkel färben, wie eingeschnürt wirken und umkippen, spricht man von Schwarzbeinigkeit oder Umfallkrankheit. Dieses Phänomen wird von den verschiedensten Pilzen und Bakterien verursacht. Es kommt sowohl in der Saatkiste auf dem Fensterbrett als auch im Gewächshaus, Frühbeet und Freiland vor. Auch Stecklinge können davon befallen werden. Ungünstige Bedingungen wie zu hohe Luftfeuchtigkeit oder Kälte begünstigen den Befall. Ist die Schwarzbeinigkeit einmal ausgebrochen, kann man die befallenen Pflanzen nur noch wegwerfen. Im Frühbeetkasten und Gewächshaus muss unter Umständen die Erde ausgetauscht werden. Sorgen Sie zur Vorbeugung für äußerste Hygiene: Saatschalen und Geräte sollte man vor Wiederverwendung gründlich auswaschen, die Anzuchterde muss keimfrei sein. Verwenden Sie zum Gießen nur sauberes Wasser.

Gute, nährstoffarme Anzuchterde, die auch feucht locker bleibt, ist ebenfalls wichtig. Auch durch nicht allzu enge Aussaat können Sie vorbeugen. Nehmen Sie Abdeckhauben u. Ä. über Sämlingen und Stecklingen des Öfteren zum Lüften ab, vermeiden Sie jedoch kalte Zugluft. Das Gießen erfordert viel Fingerspitzengefühl: Feucht (bei Stecklingen nur leicht feucht), aber nie „klatschnass", heißt die Devise.

Säen Sie draußen Salat und Hülsenfrüchte wie Erbsen oder Bohnen nicht bei anhaltend nasskalter Witterung.

Sind die Sämlinge aufgegangen, sollte man die Saatkiste gut lüften.

Beizung beugt vor

Das Saatgut für Profigärtner wird zur Vorbeugung gegen Auflaufkrankheiten mit Pflanzenschutzmitteln gebeizt. Im ▶ BIOLOGISCHEN ANBAU (S. 536) werden stattdessen Pflanzenextrakte verwendet. Bei Erbsen und Bohnen hat sich der fäulnishemmende Kamillenauszug bewährt. Lassen Sie dafür eine Hand voll getrocknete Kamillenblüten in 1 l Wasser 24 Stunden ziehen, und pressen Sie anschließend die Blüten aus. Der entstandene Auszug wird dann 1:5 mit Wasser verdünnt. Nun legen Sie die Samen 15 bis 30 Minuten in die Lösung und lassen sie danach im Schatten auf einem saugfähigen Papier trocknen. Auf diese Art und Weise behandelte Körner müssen innerhalb von 2 Tagen ausgesät werden.

Für die Samen von Rettich, Radieschen, Lauch, Tomaten sowie der verschiedenen Kohlarten wird eine Beizung mit Baldrianblütenextrakt empfohlen. Diesen können Sie im Fachhandel fertig kaufen. Davon gibt man 10 Tropfen in 1 l lauwarmes Wasser und rührt sie 15 Minuten lang ein. Kurz vor der Aussaat werden die Samen darin eingetaucht.

Auch manche käuflichen Pflanzenstärkungsmittel lassen sich zur Saatgutbeizung einsetzen.

Keimlinge im Freiland kann man durch Netze vor Vögeln schützen.

Mitesser im Freiland

Wenn Samen im Freiland nicht aufgehen wollen, kann es u. a. daran liegen, dass sich Vögel an ihnen vergreifen. Da hilft es nur, sie mit einem Vogel- oder Kulturschutznetz davon fernzuhalten, das nach der Aussaat über dem Beet angebracht wird. Die gute alte Vogelscheuche ist meist von geringer Wirkung: Nur allzu schnell merken die Vögel, dass sie von ihr nichts zu befürchten haben. Dasselbe gilt für flatternde Stanniolstreifen.

Oft genug sind auch Schnecken schuld, wenn man vergeblich auf ausgesäte Erbsen, Salate oder Sommerblumen wartet: Keimlinge und Jungpflanzen werden über Nacht komplett weggeputzt. Manchmal verraten Pflanzenreste und Schleimspuren die Übeltäter. In Gegenden, wo Schneckenbefall häufig ist, lohnt es sich, um das Gemüse- bzw. Anzuchtbeet einen Schneckenzaun anzubringen. Beachten Sie auch die Tipps zur Schneckenbekämpfung auf S. 204.

Wühlmäuse verursachen u. a. Schäden an frisch gepflanzten Zwiebelpflanzen, vor allem zwischen Januar und März. Sie mögen am liebsten die verschiedenen Krokusarten. Falls Sie viel Ärger mit Wühlmäusen haben, sollten Sie gefährdete Zwiebelblumen in Maschendrahtkörbe pflanzen.

WAS TUN, WENN …

… Sämlinge lang, gelb und schwächlich werden?

URSACHE:

Hier stecken keine Krankheitserreger oder Schädlinge dahinter: Die Sämlinge bekommen dann einfach nicht genug Licht. Gerade bei früher Anzucht ist es oft schwierig, den Sämlingen auf der Fensterbank ausreichend Licht zu bieten. Da sie andererseits nicht der prallen Sonne ausgesetzt werden sollen, scheiden die hellsten Fenster, nämlich die nach Süden gerichteten, häufig aus.

MASSNAHMEN:

› Beim Gewächshaus und beim Frühbeet rentiert es sich in jedem Fall, die Scheiben gründlich zu säubern: Das kann den Lichteinfall deutlich verbessern.

› Beginnen Sie mit der Aussaat im Zweifelsfall lieber etwas später, wenn die Tage länger und heller werden.

› Die Anschaffung spezieller Vermehrungsleuchten, z. B. Quecksilberdampf- oder Halogenlampen, lohnt sich nur, wenn man tatsächlich regelmäßig viele Pflanzen vorzieht. Normale Glühbirnen bringen für das Pflanzenwachstum kaum etwas.

› Zu schlaksigen Sämlingen beugen Sie auch vor, indem Sie nicht zu dicht aussäen und rechtzeitig pikieren.

› Zu lang gewordene, noch nicht allzu schwächliche Sämlinge können Sie oft noch retten, indem Sie diese umgehend pikieren. Setzen Sie die Pflänzchen dabei einfach etwas tiefer in die Erde.

… Stecklinge vertrocknen?

URSACHE:

Unbewurzelte Stecklinge können nur sehr wenig Wasser aufnehmen. Wenn dann die Luft nicht feucht genug ist, verdunsten sie zu viel.

MASSNAHMEN:

Entfernen Sie vor dem Stecken alles Laub bis auf 2, höchstens 3 Blattpaare, um die Verdunstungsfläche so niedrig wie möglich zu halten. Erhöhen Sie die Luftfeuchtigkeit, indem Sie eine Haube aus Klarsichtfolie anbringen oder die Stecklinge in einem speziellen Minigewächshaus mit Kunststoffhaube bewurzeln lassen.

…. Absenker keine Wurzeln bilden?

URSACHE:

Wenn ein Absenker sich nicht bewurzeln will, ist vielleicht der Boden zu trocken. Es kann auch sein, dass der Boden an dieser Stelle nicht besonders gut für die Bewurzelung geeignet ist. Manche Arten, z. B. Rhododendren, brauchen auch von Natur einfach etwas länger; für diese muss man eben ein wenig Geduld mitbringen.

MASSNAHMEN:

› Achten Sie in Trockenzeiten darauf, dass die Erde an der entsprechenden Stelle immer leicht feucht bleibt.

› Wenn Sie denken, dass der Boden nicht allzu gut ist, sollten Sie ihn auf jeden Fall an der Bewurzelungsstelle vor dem Absenken verbessern. Bei schweren Böden z. B. mischt man dann noch etwas Sand und humose Pflanzerde unter, um den Absenkern das Bewurzeln zu erleichtern.

› Wenn Sie auf Nummer Sicher gehen wollen, können Sie alternativ auch ein gefülltes Pflanzgefäß mit einem hochwertigen Anzuchtsubstrat in den Boden einsenken und den Absenker an der Biegungsstelle darauf festklammern.

2

Gärtnern mit Glas und Folie

Schon Frühbeet, Folie oder Vlies bescheren dem Gärtner ein wenig Unabhängigkeit vom Wetter: Die Gartensaison kann früher beginnen und bis in den Winter hinein verlängert werden. Mit einem Gewächshaus lässt sich sogar rund ums Jahr gärtnern.

In diesem Kapitel:

Lichtdurchlässige Materialien, die kalte Luft aussperren und die Sonnenenergie als „Wärmefalle" festhalten – nach diesem einfachen, aber eigentlich genialen Prinzip funktionieren mehr oder weniger alle Hilfsmittel und Einrichtungen zur Kulturverlängerung. Glas war das erste Material, das sich für diesen Zweck einsetzen ließ und bereits im 18. Jahrhundert zum Bau von Gewächshäusern verwendet wurde. Ausrangierte Fensterscheiben dienten dann auch schon unseren gärtnernden Vorfahren zum Errichten flacher Frühbeetkästen. Mit durchsichtigen Kunststoffen erhielt das Glas schließlich bruchfeste und einfach zu verarbeitende Konkurrenz. Glas wie transparente Kunststoffe bewirken den **Gewächshauseffekt,** der selbst in einem Frühbeet oder unter einer Folienabdeckung zum Tragen kommt. Sie sind durchlässig für die kurzwelligen Sonnenstrahlen, die beim Auftreffen auf Pflanzen, Boden und Einrichtungsgegenstände in langwellige Wärmestrahlen umgewandelt werden. Diese können jedoch die Abdeckungen nicht oder nur in geringem Maße passieren. Dadurch verbleibt die Wärme unter Glas und Folie – so lange, wie es deren jeweilige Isolationswirkung erlaubt.

Frühgemüse, späte Ernten, exotische Schönheiten

Zu den wichtigsten Einsatzbereichen von Glas und Folie gehört das Ausdehnen der Gemüsesaison, von der Ernteverfrühung bis zum Spät- und Winteranbau. Besonders einfach und flexibel geht das mit Folien und Vliesen, die frühen Aussaaten und Pflanzungen ebenso Schutz bieten wie von den ersten Frösten bedrohten Ernten. Für Frühsaaten und -pflanzungen eignet sich auch das Frühbeet, ebenso für die Anzucht kältempfindlicher Gemüse und SOMMERBLUMEN (S. 560). Salate und andere niedrige Gemüse können darin sogar über Winter gedeihen.
Die meisten Möglichkeiten bietet freilich ein Gewächshaus. Neben Anzucht sowie Früh- und Spätanbau gelingt hier z. B. auch die Kultur wärmeempfindlicher Delikatessen wie Auberginen. Mit zusätzlicher Heizung lassen sich sogar KÜBELPFLANZEN (S. 551) überwintern und tropische Schönheiten wie Orchideen kultivieren.

Das Gewächshaus

EIN GEWÄCHSHAUS ist schon eine Anschaffung bzw. Einrichtung, die einiges an Vorüberlegungen verlangt. Das Wichtigste zu Standortwahl, Gewächshausgröße, Platzbedarf und weiteren Punkten, die von vornherein berücksichtigt werden sollten, wurde deshalb im Kapitel „Planen und gestalten" (→ S. 80–81) zusammengefasst.

Gewächshaustypen und Bauweisen

Neben fest installierten Gewächshäusern mit Scheibeneindeckung bietet der Fachhandel auch sehr einfach zu errichtende, flexibel einsetzbare Modelle mit Folienabdeckung o. Ä. an. Bei Letzteren hält sich der Planungsbedarf in Grenzen. Dafür sind teils die Nutzungsmöglichkeiten eingeschränkt, allein schon wegen der Größe, die unter 4 m² Grundfläche liegen kann.

Zur angestrebten Nutzung und dem verfügbaren Platz kann als weiteres Auswahlkriterium das regionale Klima kommen: Nicht nur strenge Fröste, sondern auch häufiger, reicher Schneefall machen eine stabile Bauweise und Eindeckung nötig, die zudem gegen Hagel besser gefeit ist.

Gewächshäuser mit fester Eindeckung

Gewächshäuser mit fester Glas- oder Kunstglasabdeckung werden in den unterschiedlichsten Größen angeboten, teils mit weit über 20 m² Grundfläche. Die wichtigsten **Gewächshausformen** sind:

› Satteldachgewächshaus: mit rechteckigem Grundriss, vier senkrechten Seitenwänden und zwei geneigten Dachflächen, meist mit einem Neigungswinkel zwischen 25 und 30°. Diese bei frei stehenden Gewächshäusern übliche Form bietet eine gute Flächennutzung und ist angenehm begehbar. Als Alternative werden auch Rundbogenhäuser mit Stegdoppelplatten und Stahlrohrkonstruktion angeboten.

› Anlehngewächshaus: zum Anbau an die Hauswand, meist mit drei senkrechten Wänden und Pultdach. Die Vorderfront kann auch im oberen Bereich oder komplett schräg verlaufen, was den Sonneneinfall verbessert, ebenso wie eine Wölbung im Übergangsbereich von Frontwand und Dach. Mit einem Anlehngewächshaus, das sich auch als Wintergarten einrichten lässt, können Sie die Wärmeabstrahlung der Hauswand nutzen. Der Lichteinfall ist geringer als beim frei stehenden Gewächshaus.

› Als spezielle Form gibt es das pavillonartige Rundgewächshaus mit 6- bis 16-eckiger Grundfläche. Solche dekorativen Gewächshäuser eignen sich vor allem für die Anzucht und für empfindliche Zierpflanzen. Daneben werden verschiedene Sonderformen angeboten, z. B. kleinere Gewächshäuser für Terrassen. Eine weitere Besonderheit ist das Erdhaus (→ S. 81).

Unter den **Eindeckungen** bzw. Bedachungsmaterialien haben sich zunehmend **Stegdoppel- oder Hohlkammerplatten** aus Acryl- bzw. Plexiglas oder Polycarbonat durchgesetzt. Sie sind UV-Licht-stabilisiert, leicht, bruchfest und einfach zu verarbeiten. Schon 4 mm dicke Platten bieten durch die eingeschlossene Luft eine gewisse Wärmedämmung, bei 16 mm Stärke ist die Isolierwirkung bereits beachtlich, wobei es sich hier teils schon um noch besser dämmende Stegdreifachplatten handelt. Spezielle Beschichtungen können dafür sorgen, dass sich keine Tropfen bilden, sondern das Wasser als Film abläuft und dabei zugleich die Scheiben reinigt.

Glas ist lichtdurchlässiger und macht dadurch im Sommer auch eher eine Schattierung nötig. Der Bruchgefahr steht auf der Positivseite die Unempfindlichkeit gegen chemische Einflüsse gegenüber. Eine Wärmedämmung bieten nur Isolierglasscheiben, die allerdings aufgrund ihres hohen Gewichts meist nur für die Seitenwände verwendet werden. Für die

Ein Satteldachgewächshaus bietet die Vorteile von allseitiger Besonnung und guter Flächennutzung.

In einem Anlehngewächshaus profitieren die Pflanzen von der Wärmeabstrahlung der Wand.

Foliengewächshäuser mit stabiler Rahmenkonstruktion lassen sich durchaus intensiv und vielfältig nutzen.

Ein Glaspavillon kann zur besonderen Gartenzierde werden, bietet aber vergleichsweise wenig Nutzfläche.

Bedachung bzw. für eine nicht isolierende Einfachverglasung stehen zwei Glastypen zur Verfügung, die am besten in 4–5 mm Stärke gewählt werden: das beidseitig glatte, sehr durchlässige Blankglas, sowie das an der Innenseite genörpelte Klarglas mit günstiger Lichtstreuung.

Bei den **Konstruktionsmaterialien** dominiert **Aluminium** die Gewächshauslandschaft. Es ist leicht und gut formbar, in entsprechend kräftiger Ausführung dennoch sehr stabil, zudem witterungsbeständig und praktisch wartungsfrei. Aluminium isoliert allerdings nicht. Bei manchen Qualitätsgewächshäusern sind die entscheidenden Verbindungen thermisch getrennt, um die Wärmeleitung zu unterbrechen. Wichtig sind außerdem gute Dichtungen zwischen Scheiben und Aluminiumstreben. Manche Hersteller bieten ihre Häuser wahlweise mit blankem oder farbig beschichtetem Aluminium an.

Konstruktionen aus **Holz** wirken natürlich und dekorativ, sind jedoch als Fertiggewächshäuser recht teuer, zumal nur hochwertiges, wetter- und feuchtebeständiges Holz in Frage kommt. Von Zeit zu Zeit sollte die Konstruktion dann auch mit einem pflanzenverträglichen Holzschutzmittel gestrichen werden (→ S. 77). Holz hat anders als Aluminium isolierende Wirkung. Die Streben müssen jedoch für eine ausreichende Tragfähigkeit relativ dick sein, was den Lichteinfall etwas mindert.

Traggerüste aus **Kunststoff** werden bislang recht selten angeboten. Kunststoffbauteile sind durch ihre Wärmedämmung vorteilhaft, müssen allerdings ähnlich wie Holzstreben recht kräftig ausgelegt sein.

Als **Fundament** dient meist ein Aluminium-, seltener ein Stahlrahmen, der üblicherweise im Lieferumfang enthalten ist. Teils kann er mit stabilen Erdankern im Boden befestigt werden, teils wird er auf Platten oder Fundamente aufgeschraubt. Ein betoniertes, wenigstens 80 cm tiefes Streifenfundament, auf dem alle Wände ruhen, verlangt zwar einiges an Mehraufwand. Es verbessert aber nicht nur die Standfestigkeit, sondern auch die Wärmedämmung und verhindert das Eindringen von im Boden lebenden Schädlingen.

Folienhäuser und flexible Modelle

Folienhäuser werden mit UV-stabilisierter Polyethylenfolie überspannt. Teils sind diese mit Gitternetzeinlagen verstärkt, was die Stabilität und Reißfestigkeit verbessert, andererseits jedoch den Lichteinfall etwas mindert. Je nach Qualität und witterungsbedingter Belastung müssen die Folien nach 4 bis 8 Jahren gegen neue ausgetauscht werden.

Verbreitet sind tunnel- bzw. tonnenartige Rund- oder Spitzbogenformen mit einer Konstruktion aus Stahlrohren: Die tragenden Strahlrohre steckt man zur Verankerung etwa 40 cm tief in den Boden, sie können bei Bedarf aber auch in ein Fundament einbetoniert werden. Es gibt Varianten mit satteldachähnlicher Form, außerdem schmal rechteckige Tomatenhäuser, deren Vorderfront man zum Lüf-

Gut zu wissen

Unentbehrlich – gute Lüftung

Das „Einfangen" der Wärme und die Abschirmung gegen kalte Luft machen den Nutzeffekt eines Gewächshauses aus, können aber auch nachteilige Nebenwirkungen haben. Die drastischsten sind Hitzestau und Sauerstoffmangel bei starker Besonnung, die direkte Pflanzenschäden verursachen können. „Stehende" Luft fördert aber auch Gewächshausschädlinge wie Spinnmilben und Weiße Fliegen, bei höherer Luftfeuchtigkeit die rasche Ausbreitung von Pilzkrankheiten.

Die Lüftungsfläche, also der Anteil an zu öffnenden Fenstern und Türen, sollte wenigstens 10 %, besser noch 20 % der Gesamtfläche von Dach und Seitenwänden betragen. Fenster im Dachbereich lüften besonders effektiv. Vorteilhaft sind automatische, temperaturabhängig reagierende Fensteröffner, mit denen sich viele Gewächshäuser nachträglich ausstatten lassen. Auch die Luftumwälzung durch leistungsstarke Ventilatoren wirkt sich günstig aus.

ten bequem komplett aufklappen bzw. hochrollen kann.
Eine interessante Erfindung neueren Datums sind die „Pop-up"-Häuser. Sie lassen sich mit wenigen Handgriffen ohne Werkzeug auf- und abbauen und sind somit im Einsatz besonders flexibel. Ihre Abdeckung besteht aus UV-beständigem, reißfestem Kunstfasermaterial.

Hinweise zu Kauf, Aufbau und Selbstbau

Bevorzugen Sie beim Kauf eines festen, „anspruchsvolleren" Gewächshauses Modelle, die TÜV- und eventuell auch GS-geprüft sind (→ S. 146), und achten Sie auf sorgfältige Verarbeitung, dicht schließende Türen sowie ausreichende Dachrinnen. Hersteller von Qualitätsgewächshäusern bieten weitreichende Garantien an, auf Rahmen und Konstruktionsteile z. B. teils bis zu 20 Jahre. Sehr wichtig sind ausreichende Lüftungsmöglichkeiten (→ Kasten S. 238). Von kleineren Spezialmodellen abgesehen, sollten die Türen groß genug sein, um mit einer Schubkarre durchzufahren, und die Firsthöhe mit etwa 2 m ausreichend für bequemes Gehen und Stehen.
Üblicherweise erhält man Gewächshäuser als **Bausätze,** wobei auch die stabileren Modelle relativ leicht zu errichten sind. Allerdings lohnt sich vor dem Kauf ein prüfender Blick in die Aufbauanleitung, ob alle nötigen Schritte klar beschrieben sind. Selbst bei kleineren Gewächshäusern erleichtert es manches, wenn beim Aufbau wenigstens noch ein Helfer dabei ist. Aufwendigere Fertiggewächshäuser kann man auf Wunsch auch vom Lieferanten aufbauen lassen.
Ein kompletter **Selbstbau** kommt – für handwerklich versierte Gärtner – vor allem dann in Frage, wenn man ausgesprochene Sonderlösungen wünscht bzw. braucht. Freilich kann z. B. auch ein ganz individuell konzipiertes Holzgewächshaus zum besonderen Glanzstück des Gartens werden. Informieren Sie sich jedoch vor solch einem Unterfangen gründlich, welche Anforderungen einerseits bei der Holzverarbeitung, andererseits bei der Statik zu beachten sind. So sollte z. B. als Baumaterial nur gut abgelagertes, kesseldruckimprägniertes oder von Natur aus witterungsstabiles Holz mit bester Qualität verwendet werden. Bei der Dicke der tragenden Teile und Streben muss ein Kompromiss gefunden werden, der einerseits für ausreichende Stabilität sorgt, andererseits genügend Lichteinfall gewährleistet. Statt Zapfenverbindungen empfehlen sich Metallwinkel, wobei sämtliche verwendete Schrauben usw. korrosionsbeständig sein müssen. An allen „kritischen" Punkten sollten innen wie außen sogenannte Wasserschenkel für die nötige Wasserabführung sorgen. Das Einsetzen der Scheiben oder Kunstglasplatten erfordert schließlich auch so manche Fachkenntnis sowie spezielle Befestigungshilfen und -materialien. Einfacher geht es natürlich, wenn man den Holzeigenbau mit geeigneter Gewächshausfolie überspannt.
Daneben besteht die Möglichkeit, Fertigteile – z. B. auch für Aluminiumhäuser in „Übergröße" oder Sonderform – von speziellen Anbietern bzw. über den Fachhandel für den Erwerbsgartenbau zu beziehen.

Gewächshauseinrichtungen und -zubehör

Bei jedem etwas größeren, fest eingedeckten Gewächshaus erweisen sich fachgerecht verlegte Strom- und Wasserinstallationen (→ S. 66–67) als sehr nützlich.
Gewächshaustische und -regale bieten vielfältige Möglichkeiten, Arbeits- und Kulturflächen zu erweitern. Empfehlenswert sind Tische und Regale mit Gitterflächen: Sie lassen recht viel Licht für darunter platzierte Pflanzen durch, zudem kann Gießwasser problemlos ablaufen.
Ein Minimum-Maximum-Thermometer gehört zu den wichtigsten Gewächshausutensilien, auch ein Hygrometer zur Kontrolle der Luftfeuchtigkeit ist sehr hilfreich (→ S. 135, S. 136). Für die zeitige Anzucht sowie den Spätanbau von Gemüsen lohnt sich eventuell die Anschaffung spezieller Pflanzen- bzw. Vermehrungsleuchten.
Neben Zubehör zur Luftregulierung (→ Kasten S. 238) können sich im Sommer Schattiermatten und -netze bezahlt ma-

Mit Gewächshaustischen und -regalen lässt sich vor allem die Anzuchtfläche erweitern.

chen. Außen angebracht, bieten sie teils auch einen gewissen Schutz vor Schäden durch Hagelschlag.

Heizmöglichkeiten

Je nach angestrebter Nutzung kann ab Herbst der Einsatz einer Heizung nötig werden. Besonders luxuriös ist natürlich eine Gas- oder Warmwasserheizung mit Anschluss an die Hauszentralheizung. Ein Thermostat steuert dann den oder die Heizkörper im Gewächshaus (unbedingt in Feuchtraumausführung). Der Heizungskreis sollte möglichst unabhängig vom Haussystem regelbar sein.
Ansonsten findet meist eine elektrische Gebläseheizung Verwendung, wobei Sie unbedingt auf sicherheitsgeprüfte, für Gewächshäuser ausgewiesene Modelle achten sollten. Auch recht leistungsfähige Propangas- und Petroleumheizungen werden für Gewächshäuser angeboten. Beim Betrieb solcher Heizungen ist häufiges Lüften empfehlenswert. Eine fest installierte Abgasabführung über Rohre oder Schornsteine wird für Öl-, Kohle- und Holzöfen nötig.
Als spezielle „Wärmeversorger" dienen mit Strom betriebene Bodenheizkabel sowie Heizplatten, auf denen man Anzuchtkisten aufstellen kann. Eine pfiffige Idee sind schließlich sogenannte Wärmespeicherschläuche aus schwarzem Polyethylen: Sie werden auf dem Boden zwischen den Pflanzen ausgelegt und mit Wasser gefüllt, das sich tagsüber durch die Sonneneinstrahlung erwärmen kann. Über Nacht geben die Schläuche dann die gespeicherte Wärme an die Pflanzen und den Boden ab.

Gewächshausnutzung und -praxis

Ursprünglich aus dem Erwerbsanbau stammt eine verbreitete Unterteilung nach Nutzung und Heizungseinsatz, wie sie die untenstehende Tabelle zeigt. Soweit es die Kulturen erlauben, ist bei winterlicher Beheizung teils auch eine deutliche Nachtabsenkung möglich.
Eine gute Isolierung ist natürlich bei einem Heizungseinsatz besonders ratsam, aber auch im unbeheizten Gewächshaus hilfreich. Beschädigte Scheiben oder Folien sollten spätestens im Herbst ausgetauscht bzw. repariert werden. Kältebrücken, etwa an den Übergangsstellen zwischen Aluminiumsprossen und Scheiben, können mit wasserbeständigem Isolierband, Fensterschaum oder Silikon abgedichtet werden. Zudem kann man außen oder – besser noch – innen auf den Scheiben Luftpolster-(Noppen-)folie anbringen. Bedenken Sie jedoch, dass solche Isolierungen auch den dringend benötigten Lichteinfall einschränken. Sie sollten deshalb wieder entfernt werden, sobald die kälteste Winterperiode vorbei ist.
Für möglichst optimale Lichtausbeute im Winter gibt es ein einfaches, aber wirksames Mittel: Putzen Sie die Scheiben im Herbst gründlich! Da während der kalten Jahreszeit wenig Licht zur Verfügung steht, muss beim Spät-, Winter- und Frühanbau von Gemüse unbedingt die Stickstoffdüngung stark reduziert werden, um hohe Nitratgehalte zu vermeiden (→ S. 383).
Bei aller Isolierung ist es unumgänglich, auch im Winter an frostfreien Tagen regelmäßig zu lüften. Dies ist gerade auch deshalb wichtig, damit die Gefahr von Pilzkrankheiten reduziert wird.
Lüften ist ohnehin das A und O der Gewächshauskultur (→ Kasten S. 238), bei entsprechenden Temperaturen auch in Verbindung mit einer Schattierung. Übergangszeiten im Frühjahr und Herbst mit vollsonnigen Tagen und kalten Nächten zählen zu den besonders kritischen Phasen und verlangen viel Fingerspitzengefühl beim Lüften und Gießen.
Wohldosierte, am besten nur morgens verabreichte Wassergaben sind im Gewächshaus besonders wichtig, dies wiederum zur Vorbeugung von Pilzkrankheiten. Das Kleinklima im Gewächshaus begünstigt außerdem eine Reihe von Schädlingen, die sich hier allerdings auch gut mit Nützlingen (→ S. 192) und Gelbtafeln (→ S. 195) bekämpfen lassen.
Besonderes Augenmerk verdient schließlich der Boden, der bei teils ganzjähriger Nutzung stark strapaziert wird (→ S. 383).

Gewächshausnutzung nach Heizgrad

NUTZUNGSTYP	WINTERTEMPERATUR	NUTZUNGSMÖGLICHKEITEN
unbeheiztes Haus	je nach Außentemperatur, Bauweise und Isolierung	Anzucht, Aussaat- und Ernteverfruhung, Spätgemüseanbau, Sommerkultur z. B. von Tomaten, Gurken, Paprika
zeitweise beheiztes Haus	wie unbeheiztes Haus; Heizungseinsatz nur im zeitigen Frühjahr und Spätherbst	erweiterte Möglichkeiten bei Anzucht, Früh- und Spätanbau von Gemüse
Kalthaus	durch Heizung stets mindestens frostfrei, tagsüber bis 12° C	zusätzlicher Anbau von Wintergemüse, Überwinterung von Kübelpflanzen
temperiertes Haus	tagsüber 12–18° C, nachts Absenkung um mindestens 3° C	erweiterte Anzuchtmöglichkeiten, vielfältiger Winteranbau, Anbau wärmeliebender Dauerkulturen, Kultur von winterblühenden Topfpflanzen, Bromelien und Orchideen
Warmhaus	tagsüber 18–24° C, nachts Absenkung um mindestens 3° C	erweiterte Anzuchtmöglichkeiten, Kultur tropischer Zierpflanzen, Gemüse- und Obstspezialitäten

Das Frühbeet

Pfiffiges Frühbeet, Marke Eigenbau: Die Abdeckung wurde als klappbares Dach gestaltet.

EIN FRÜHBEET IST SCHON fast ein „Muss“ für jeden, der gern schon früh im Jahr bis in den Winter hinein frisches Gemüse aus dem eigenen Garten erntet. Aber auch Sommerblumenfans kommen durch die erweiterten Anzuchtmöglichkeiten auf ihre Kosten. Außerdem lässt sich das Frühbeet über Winter zum Lagern von geerntetem Spätgemüse nutzen.

Frühbeete sollten wie Gewächshäuser an einem sonnigen Platz errichtet werden, möglichst nicht gerade an einer besonders frost- oder windgefährdeten Stelle. Zum Frühbeetbetrieb gehört häufiges Gießen und Lüften, deshalb ist ein Standort in Hausnähe vorteilhaft.

Frühbeettypen

„Standard“ ist der **einfache Kasten** mit 80–100 cm Breite bzw. Tiefe und in beliebiger Länge, die bei mittelgroßen käuflichen Kästen 120–150 cm beträgt. Um optimalen Lichteinfall und das Ablaufen von Regenwasser zu gewährleisten, liegt die Scheibe üblicherweise mit leichter Neigung, also schräg auf. Dazu wird die vordere Längswand, die wenigstens 30 cm hoch sein sollte, von der hinteren um 10–15 cm überragt. Solche Kästen stellt man mit den Längsseiten ungefähr in Ost-West-Richtung auf, so dass die niedrigere Vorderwand nach Süden oder Südosten zeigt.

Der **Doppelkasten** hat im Prinzip den Querschnitt von zwei Einfachkästen, die mit den Rückwänden aneinander stehen: Er fällt nach zwei Seiten ab, die Scheiben liegen links und rechts der Mittelachse wie auf einem flachen Dach auf. Solche Kästen stellen Sie am besten mit den Längsseiten in Nord-Süd-Richtung auf.

Materialien, Ausstattungen, Zubehör

Die Materialien der **Abdeckfenster** entsprechen den beim Gewächshaus genannten (→ S. 237–238). Bei den käuflichen Modellen überwiegen Stegdoppel- bzw. Hohlkammerplatten, bei Glasfenstern findet bevorzugt das innen genörpelte Klarglas Verwendung. Für Do-It-Yourself-Frühbeete gibt es käufliche Frühbeetfenster in verschiedenen Größen, man kann auch Stegplattenelemente verwenden. Eine Alternative sind Gewächshaus- oder Abdeckfolien, ggf. mit Gitterverstärkung, die man auf einem Holzrahmen befestigt.

Der „klassische“ **Rahmen** besteht aus kesseldruckimprägniertem Holz. Für den Selbstbau kommen außerdem Betonformteile, Faserzementplatten oder kleine Steinmäuerchen in Frage. Holz muss zwar gelegentlich mit einem pflanzenverträglichen Schutzanstrich versehen werden. Beim Selbstbau bietet es aber den großen Vorteil, dass sich fast beliebig Scharniere, Haken, Winkel, Verstärkungsstreben u. Ä. anbringen lassen.

Bei käuflichen Frühbeeten bzw. Bausätzen sind die Rahmen teils aus Aluminium oder Kunststoff gefertigt, etwa bei den leicht umzusetzenden „Wanderkästen“. Ganz auf gute Wärmebilanz setzen Bauweisen, die mittlerweile das Qualitätsangebot dominieren und manchmal als Thermo-Frühbeete bezeichnet werden: Sie bestehen rundum aus Stegdoppel- oder gar -dreifachplatten, lassen also auch an den Seiten Licht durch, und sind im Grunde genommen flache Gewächshäuser.

Frühbeete werden meist über Eckpfosten aus Holz oder Metall im Boden verankert. Wenn sie fest an ihrem Platz bleiben sollen, versenkt man am besten auch den unteren Bereich von Holz-, Metall- und Kunststoffwänden etwa 5 cm tief im Boden, um eine bessere Isolierung zu erreichen.

Manche Modelle haben automatische Fensteröffner, mit denen sich auch Eigen-

Automatische Fensteröffner, die je nach Temperatur in Aktion treten, machen den Frühbeetbetrieb komfortabel.

WARMBEET MIT GRÜNABFÄLLEN

› MATERIAL:

Frühbeet
grüne Gartenabfälle, Laub, eventuell Stroh
engmaschiger Drahtzaun
reifer Kompost

› WERKZEUG, ZUBEHÖR:

Spaten
Mistgabel
Schaufel

› ZEITBEDARF:

je nach Frühbeetgröße 30 bis 60 Minuten

1

Frühbeet vorbereiten
Heben Sie zunächst die Erde im Frühbeet etwa 50 cm tief aus, und legen Sie den Oberboden getrennt ab. Ein engmaschiges Drahtgitter, mit dem man die ganze Grube auskleidet, bietet etwas Schutz vor Wühlmäusen.

2

Pflanzenmaterial einbringen

Zuunterst kommt eine 10 cm hohe Laubschicht, darüber folgen rund 40 cm hoch grobere Grünabfälle, vermischt mit Laub und etwas Häcksel. Stroh wird lagenweise eingebracht, angefeuchtet und festgetreten.

3

Einfüllen der Erde

Wenn kein Stroh (oder gar Mist) verwendet wurde, kann man gleich gut 20 cm hoch die Pflanzerde einfüllen. Anderenfalls lässt man erst das Rottematerial bei geschlossenem Fenster ein paar Tage „ausdünsten“.

4

Wärmeentwicklung abwarten

Gepflanzt wird erst, nachdem die stärkste Hitzeentwicklung vorbei ist und sich das Material kaum noch setzt. Das Fenster bleibt stets auf dem Kasten und wird nur kurz zum Lüften abgenommen.

bauten „nachrüsten“ lassen. Zur gehobenen Ausstattung gehören außerdem Verstellhebel mit Windsicherung.

Zum Isolieren während besonders frostiger Zeiten kann man Luftpolsterfolie über die Kästen legen und/oder die Innenwände mit Styroporplatten verstärken. Eine sinnvolle Zusatzanschaffung ist zuweilen auch ein Schneckenzaun (→ S. 204, S. 393), gerade bei Holzkästen, an deren Wänden die lästigen Tiere gut hochkriechen können.

Der warme Kasten

Der „warme“ Kasten steht traditionell für das im zeitigen Frühjahr mit Mist beheizte Frühbeet. Die moderne, etwas weniger aufwendige Variante besteht im Einsatz von Heizmatten oder -kabeln, die in eine Sandschicht unter der Erde verlegt werden und sich sogar mit einem Thermostat regeln lassen.

Eine **Mistpackung** „heizt“ den Boden jedoch ganz ohne Strom: Nach dem Einbringen ins Frühbeet gibt der Mist wochenlang Verrottungswärme ab und hat zudem eine düngende und bodenverbessernde Wirkung. Gut eignet sich für diesen Zweck strohiger Pferdemist. Zum Einfüllen wird die Frühbeeterde 40–50 cm tief ausgehoben, wobei man den fruchtbaren Oberboden separat ablegt. Die Grube wird am besten mit Maschendraht als Wühlmausschutz ausgekleidet. Dann bringt man eine 10 cm hohe Laub- oder Strohlage aus, schichtet darüber 30–50 cm Mist und tritt ihn fest. Danach werden die Fenster aufgelegt. Ein paar Tage später hat sich der Mist etwas abgekühlt, wird nochmals festgetreten und dann etwa 20 cm hoch mit dem ausgehobenen Oberboden, den man zuvor mit Kompost vermischt, abgedeckt. Da beim Verrotten des Mists anfangs viel Ammoniak entweicht, sollte man mit dem Säen oder Pflanzen noch einige Tage warten. Mit einem Kressetest (→ S. 182) lässt sich prüfen, ob die Bedingungen schon pflanzenfreundlich sind.

Auf dieselbe Weise können Sie mit Grünabfällen und Laub oder Stroh ein **Warmbeet** packen, wie es nebenstehend gezeigt wird. Die Verrottungswärme ist nicht ganz so stark wie im Mistbeet, reicht aber, um frühen Saaten und Pflanzungen einen deutlichen Vorteil zu verschaffen.

Folien und Vliese

FOLIEN UND VLIESE sind wie Frühbeete in erster Linie Hilfsmittel für den Gemüseanbau bzw. die Ernteverfrühung. Man kann sie aber auch schnell einmal auflegen, wenn Zierpflanzen bzw. ihre Blüten oder Obstgehölze durch Kälte bedroht sind.

Gartentaugliche bzw. für die Pflanzenabdeckung geeignete Folien bestehen meist aus Polyethylen (PE) und sollten am besten UV-stabilisiert sein, so dass sie unter der Sonneneinstrahlung nicht allzu schnell spröde werden.

Folien und Vliese zum Abdecken

Unter den transparenten Abdeckungen unterscheidet man folgende Typen:

› **ungelochte Folien:** Sie sollten nur kurzzeitig zum Schutz über Pflanzen ausgebreitet werden, da sonst Luftmangel und – an sonnigen Tagen – Wärmestau drohen. Man kann sie aber gut verwenden, um sie im Frühjahr einige Tage vor dem Säen und Pflanzen auf den Beeten auszulegen und so den Boden vorzuwärmen. Dafür eignen sich auch die robusteren, preiswerteren PVC-Folien.

› **Lochfolien:** mit kleinen, gleichmäßig verteilten Löchern, die etwas Luft durchlassen. Folien mit 500 bis 1000 Löchern pro m^2 können 3 bis 5 Wochen über Gemüsesaaten und -jungpflanzen verbleiben, müssen aber zum Lüften und Gießen regelmäßig abgenommen werden.

› **Schlitzfolien:** mit ca. 2000 dünnen Schlitzen pro m^2. Die anfangs geschlossenen Schlitze werden durch die Pflanzen mit zunehmendem Wachstum aufgedrückt. Dadurch können solche „mitwachsenden“ Folien lange – teils bis kurz vor der Ernte – liegen bleiben. Ein Abnehmen zum Lüften ist nur in den ersten Wochen erforderlich. Zum effektiven Gießen in den Wurzelbereich sollte man aber auch solche Folien vorübergehend zur Seite schlagen.

› **Vlies bzw. Vliesfolien:** feine Kuntstofffasergeflechte aus PE oder PP (Polypropylen). Die leichten, aber reißfesten Vliese sind gut luft- und wasserdurchlässig. Sie können ebenfalls etliche Wochen über den Pflanzen verbleiben. Fallen die Temperaturen unter den Nullpunkt, gefrieren die zahlreichen Wassertröpfchen, die das feine Gespinst festhält, und bilden so eine wirksame Isolierschicht. Vliese halten außerdem so manche Schädlinge fern.

Luftdurchlässige Folien und Vliese können Sie gleich nach dem Säen oder Pflanzen auflegen; dies recht locker und an allen Seiten mit etwas Dehnungsreserve von 20–40 cm. Die Ränder werden mit Brettern und Steinen oder durch Eingraben befestigt.

Mulchfolien und -vliese

Solche Folien und Vliese sind dunkel gefärbt, meist schwarz oder dunkelgrau. Dadurch absorbieren sie die Sonnenstrahlen und geben die Wärme dann an die Pflanzen und den Boden ab. Man verwendet sie als Bodenauflage, vor allem bei wärmeliebenden Gemüsen wie Tomaten und Paprika, bei Zucchini, Gurken und Erdbeeren auch, um das Verschmutzen der Früchte zu verhindern. Außerdem unterdrücken sie Unkrautwuchs und mindern die Verdunstung. Beim durchlässigen Mulchvlies ist der Wärmeeffekt nicht ganz so groß. Dafür erleichtert es das Gießen sowie den Wasserabfluss.

Solche Folien und Vliese legen Sie vor dem Pflanzen auf dem Boden aus. Zum Einsetzen der Pflanzen schneiden Sie dann Löcher oder kreuzförmige Schlitze hinein. Über diese Aussparungen wird später auch gegossen und gedüngt.

Folientunnel

Folientunnel sind leicht aufzubauende und zu versetzende „Minigewächshäuser“, in der Regel mit bis zu 100 cm Höhe und rund 100 cm Breite. In ihnen können sich die Pflanzen bis zur entsprechenden Größe ungehindert entwickeln. Hier trägt außerdem auch der beschirmte Luftraum zur Isolierung bei (→ Abb. S. 382). Zum Errichten steckt man einfach die in U-Form gebogenen Draht- oder Federstahlbügel in etwa 50 cm Abstand in den Boden. Dann wird die Folie über die Bügel gelegt, an den Schmalseiten zusammengerafft und rundum durch Auflegen von Brettern oder Steinen fixiert. Zusätzlich lassen sich Wäscheklammern oder spezielle Folienclips zum Befestigen einsetzen.

Am besten stecken Sie zuerst die Bügel ein und säen bzw. pflanzen, bevor Sie die Folie darüberspannen. Diese wird später zum Lüften und Gießen an einer Seite hochgeschoben. Bei Verwendung fester Folie ist häufiges Lüften unerlässlich; mit Lochfolie oder Vlies lässt sich hingegen das Risiko von Luftmangel und Wärmestau deutlich verringern.

Lochfolien lassen Luft durch, sollten aber bei starker Sonnenstrahlung besser kurz abgenommen werden.

Dank der Wärmeabgabe von dunklem Mulchvlies entwickeln sich empfindliche Jungpflanzen besonders gut.

2

Recht und Sicherheit

Wenn rechtliche Probleme auftreten oder es gar zu Unfällen kommt, wird die Freude am Garten empfindlich getrübt. Unnötige Ärgernisse und Risiken sollte man von vornherein ausschließen.

Grundsätzlich gibt es keinen Anlass, sich den Gartenspaß durch übertriebene Bedenken verleiden zu lassen. Dennoch bergen das Gärtnern und der Umgang mit Pflanzen die eine oder andere Gefahrenquelle. Mit etwas Umsicht und geeigneten Vorkehrungen kann man die Risiken für sich selbst und für andere jedoch recht gering halten.

Auch juristischen Streitereien lässt sich vorbeugen. So ersparen z. B. das frühzeitige Abstimmen mit Nachbarn, wenn es um „kritische" Gartenelemente oder -nutzungen geht, und ein wenig Kompromissbereitschaft manches an Ärger, Anwalts- und Gerichtskosten.

Wie bei allen Fährnissen des täglichen Lebens können Versicherungen helfen, zumindest die finanzielle Belastung durch unerfreuliche Vorkommnisse zu mindern. Bei den hier angesprochenen Themen sind vor allem Unfall-, Haftpflicht- sowie eventuell Hausrat- und Rechtsschutzversicherungen gefragt. Falls Sie solche Versicherungen abschließen möchten oder bereits abgeschlossen haben, sollten Sie sich genau erkundigen, ob, inwieweit und unter welchen Bedingungen tatsächlich auch typische Risiken rund um das heimische Grün abgedeckt sind.

Guter Rat – nicht immer teuer

Viele Vorschriften und Regelungen, die den Garten betreffen, fallen je nach Bundesland, Kommune oder gar Gemeinde unterschiedlich aus. Deshalb ist es am besten, bei der Gemeinde-, Stadt- oder Kreisverwaltung nachzufragen, wenn es etwa um Grenzabstände von Gehölzen oder das Verbrennen von Gartenabfällen geht. Dort weiß man zumindest, welche Behörde jeweils Auskunft geben kann. Einige verbreitete Gartenstreitfälle bewegen sich zudem im Spannungsfeld zwischen dem Recht auf individuelle Entfaltung, gleichfalls berechtigten Ansprüchen der Allgemeinheit oder der Nachbarn sowie teils auch des Naturschutzes. So kommen Gerichte zuweilen zu sehr unterschiedlichen Ergebnissen, die neben der allgemeinen Gesetzesgrundlage als sogenannte Präzedenzfälle zu berücksichtigen sind.

Das vorliegende Buch kann deshalb nur auf die wichtigsten rechtlichen „Knackpunkte" hinweisen und allgemeine Empfehlungen im Rahmen bisheriger Gerichtsentscheidungen geben. Verbindliche Rechtsberatung im Einzelfall darf ohnehin nur durch Rechtsanwälte erfolgen. Doch in vielen Fällen können auch Verbraucherschutzberatungen mit fundierten Auskünften zur grundsätzlichen Rechtslage weiterhelfen, bei Mietsachen auch der Mieterbund bzw. Hausbesitzerverband.

In diesem Kapitel:

Rechtliches im Gartenalltag

DER RECHTLICHE RAHMEN ist bereits bei der Planung und Anlage des Gartens wichtig und deshalb im Kapitel „Planen und gestalten" ausführlich beschrieben – bis hin zu wesentlichen Themen, die auch die spätere Gartennutzung betreffen (→ S. 28–29). Hier soll vor allem ein Überblick gegeben werden, wo im Gartenalltag eventuell Vorschriften zu beachten sind.

Behördliche Vorschriften und Gesetze

Beim Pflanzen und Bauen im Garten sowie hinsichtlich Umwelt- und Naturschutz gilt es zu berücksichtigen:

› Bei Hecken, Sträuchern und Bäumen sowie größeren Baulichkeiten müssen je nach Bundesland bestimmte Mindestabstände zur Nachbargrenze eingehalten werden, die sogenannten Grenzabstände.

› Mancherorts gibt es auch Vorschriften zur Art und Höhe der Grundstückseinfriedung (Hecken, Mauern, Tore).

› Größere Baulichkeiten, umfangreiche Aufschüttungen oder Grabungen, Brunnenbohrungen u. Ä. bedürfen in der Regel einer Genehmigung.

› In manchen Gemeinden verbietet eine Baumschutzverordnung, alte Bäume ab einem bestimmten Stammdurchmesser zu fällen.

› Keinesfalls dürfen geschützte Pflanzen aus der Natur entnommen werden, um sie in den Garten zu setzen.

› Das Verbrennen von Gartenabfällen ist vielerorts nicht zulässig; teils wird es zu bestimmten Jahres- und Tageszeiten bzw. auf Antrag erlaubt.

› Pflanzenschutzmittelreste müssen zum Sondermüll gegeben werden.

Gartenbesitz verpflichtet – Gefahren für andere vermeiden

Nach der sogenannten Verkehrssicherungspflicht muss jeder Gartenbesitzer Vorkehrungen treffen, damit Dritte keinen Schaden erleiden. Vermeidbare Gefahrenquellen für andere Personen sind z. B. morsche, bei starkem Wind herabfallende Äste an der Grundstücksgrenze oder Laubmassen auf dem Gehweg, die bei Nässe zu Rutschpartien führen. Kritisch wird es aber auch, wenn etwa Kindern auf einem frei zugänglichen Gartengrundstück etwas geschieht, z. B. wenn sie in einen ungesicherten Teich fallen. Unter Umständen sehen Gerichte auch in solchen Fällen eine schuldhafte bzw. fahrlässige Verletzung der Verkehrssicherungspflicht.

Auf gute Nachbarschaft

Gegen überempfindliche oder gar streitlustige Gartennachbarn ist niemand ganz gefeit. Doch im Normalfall verhilft oft schon etwas Rücksichtsnahme zu einem angenehmen Zusammenleben, wobei auch der Gesetzgeber manches genau geregelt hat:

› Für Rasenmähen und Häckslerbetrieb gilt die Lärmschutzverordnung: nur werktags von 7 bis 19 Uhr; vielerorts ist außerdem Mittagsruhe vorgeschrieben.

› Gelegentliches Grillen ist für den Nachbarn zumutbar. Grillen mit starker Qualmentwicklung (bei Verbrennen ungeeigneten Materials) kann jedoch verboten und mit Bußgeld geahndet werden.

› Bei Gartenfesten muss der Lärmpegel ab 22 Uhr auf Zimmerlautstärke reduziert werden, falls sich Anwohner beschweren.

› Geringfügige Geruchsbelästigung durch einen Kompost halten Gerichte oft für zumutbar. Freilich sollte der Kompost ordentlich aufgesetzt und nicht direkt an der Grenze zum Nachbarn angelegt werden.

› Vom Nachbargrundstück überhängende Äste, Zweige und eindringende Wurzeln dürfen nur bei deutlicher Beeinträchtigung und nach Setzen einer Frist fachgerecht entfernt werden.

› Obst an überhängenden Zweigen gehört dem Gartenbesitzer, auf dessen Grundstück der Baum steht, nach dem Herabfallen jedoch dem Nachbarn.

› Herbstlaub und Unkrautsamen, die vom Nachbargrundstück kommen, werden von Gerichten oft nicht als ernsthafte Beeinträchtigung angesehen.

› Das Begrünen einer Grenzmauer, die dem Nachbarn gehört, darf nur mit dessen Zustimmung erfolgen.

› Zu quakenden Fröschen im Teich und krähenden Hähnen gibt es recht unterschiedliche Gerichtsurteile; ebenso zu auffälligen nächtlichen Lichtspielen im Garten, die Anwohner beim Schlaf stören.

Der Garten als Mietsache

Sofern im Mietvertrag nichts anderes steht, ist ein Mieter berechtigt, den Garten in vollem Umfang zu nutzen, wobei auch die Gestaltung und Pflegeintensität weitgehend in seinem Ermessen liegen. Grenzen hat das jedoch, wenn Schäden an der Mietsache entstehen. Pflegt der Mieter den Garten, dann darf er auch das dort befindliche Obst ernten. Das Entfernen oder Pflanzen von Gehölzen muss allerdings mit dem Vermieter abgestimmt werden, ebenso das Errichten oder Beseitigen von Baulichkeiten, festen Wegbelägen u. Ä.

Selbst herrlich blühende Zweige werden manchmal zum Streitfall, wenn sie zum Nachbarn hinüberhängen.

Gärtnern ohne Risiko

GARTENARBEIT IST GESUND – das wissen viele Gärtner aus eigener Erfahrung, das belegen auch mehrere Untersuchungen. Unerfreulicher sind andere Untersuchungsergebnisse, die zeigen, dass alljährlich in Haus und Garten Hunderttausende von Unfällen passieren, teils mit schlimmen Folgen. Unachtsamkeit, Eile, Selbstüberschätzung oder schlicht Leichtsinn sind häufig die Ursachen. Deshalb bedarf es zum tatsächlich gesunden, risikoarmen Gärtnern hauptsächlich ein wenig Besonnenheit. Spezielle Sicherheitsüberlegungen und -vorkehrungen werden nötig, wenn kleine Kinder im Haus sind.

Unfall- und Gesundheitsrisiken vermeiden

Unfallträchtig sind vor allem motorbetriebene Geräte, von der Heckenschere über Rasenmäher und Häcksler bis hin zu Motorhacken, sowie Leitern. Achten Sie hier schon beim Kauf auf entsprechende Sicherheitssiegel (→ S. 146) sowie auf Modelle mit speziellen Sicherheitsvorrichtungen, etwa eine Abschaltautomatik bei Motorwerkzeug. Geräte mit Stromanschluss, die mit Feuchtigkeit bzw. Wasser in Berührung kommen, verlangen stets besondere Aufmerksamkeit; am besten trägt man bei der Arbeit damit Schuhe mit Gummisohlen. Ein Fehlerstromschutzschalter im Sicherungskasten hilft, das Schlimmste zu verhindern.

Appelle zum Vermeiden von Unfällen haben zwangsläufig ein wenig „Zeigefingercharakter". Bitte sehen Sie deshalb die folgenden Hinweise eher als Checkliste an, die an manches erinnert, das im betriebsamen Gartenalltag zuweilen aus den Augen verloren wird:

› Denken Sie stets an geeignete Kleidung, die bei verschiedenen Arbeiten den Körper, Arme und Beine schützen kann, an Gartenhandschuhe und besonders auch an festes Schuhwerk, z. B. beim Rasenmähen. Wo beim Heckenschnitt Zweigstücke mit Wucht herumfliegen können, sind Schutzbrille und Kopfbedeckung ratsam, bei lauten Häckslern empfiehlt sich ein Gehörschutz.

› Beachten Sie unbedingt bei Pflanzenschutzmitteln die Anwendungsvorschriften und Sicherheitshinweise des Herstellers peinlich genau.

› Fassen Sie giftige und hautreizende Pflanzen möglichst nur mit Handschuhen an; waschen Sie sich zumindest hinterher gründlich die Hände.

› Achten Sie bei der Arbeit mit Gartengeräten stets auf sicheren Stand und gute Bewegungsfreiheit; vermeiden Sie „artistische" Verrenkungen, um noch die letzte Beetecke oder den höchsten Baumwipfel zu erreichen.

› Arbeiten Sie besonders mit schweren und gefahrträchtigen Geräten stets nur gut ausgeruht, konzentriert und ohne Hektik. Gerade der Versuch, trotz Übermüdung unbedingt noch mit einer Arbeit fertig zu werden, führt häufig zu Unfällen.

› Lassen Sie Gartengeräte nicht auf Wegen oder Beeten herumliegen. Zinken, Hackenblätter usw. sollten bei liegenden oder stehenden Geräten stets zum Boden oder zur Wand gerichtet sein.

› Verwenden Sie für den Hecken-, Baum- und Kletterpflanzenschnitt stets nur Leitern, deren Holme und Sprossen völlig intakt sind. Sie müssen auf festem, ebenem Untergrund stehen. Für Anlegeleitern ist ein Anstellwinkel von 70–75° günstig, stets mit sicherem, stabilem Anlegepunkt. Der obere Bereich sollte mit Einhängehaken oder Spanngurten gesichert werden; der letzte Meter dient nur als Handlauf und darf nicht bestiegen werden. Arbeiten Sie auf Leitern nur mit rutschfesten Schuhen; Gerätschaften werden am besten in Werkzeuggurt, -weste oder an Umhängegurten verstaut, Eimer an S-förmigen Haken in die Sprossen eingehängt. Verwenden Sie nie „Verlängerungen" durch Anbinden einer zweiten Leiter.

› Schalten Sie Motorgeräte zur Wartung, Reparatur oder Fehlersuche unbedingt komplett aus, und ziehen Sie bei Elektrogeräten den Netzstecker.

› Für jeden Gärtner empfiehlt sich außerdem eine Tetanusimpfung, die alle 5 bis 10 Jahre erneuert werden muss.

Der Aronstab (*Arum maculatum*) zählt zu den giftigsten Arten. Seine Früchte sind für Kinder sehr verlockend.

Gefahren für Kinder ausschließen

Die größten Gefahren für Kinder gehen von giftigen Pflanzen sowie von tiefen Gartenteichen aus. Vor allem Giftpflanzen mit verlockenden Früchten sind ein Risiko, doch auch attraktive Blüten können zum Naschen verleiten. Solange die Kinder noch klein sind, sollte man auf hochgiftige Pflanzen ganz verzichten; ältere Kinder müssen unbedingt gewarnt werden. Die giftigsten Gartenpflanzen sind in einer Übersicht auf S. 596 zusammengefasst. Außerdem finden Sie Gifthinweise bei den Pflanzenporträts (→ S. 402–529). Auch stark bedornte oder bestachelte Gewächse sind wenig kinderfreundlich.

Teiche legt man am besten erst an, wenn die Kinder älter sind; anderenfalls muss man die Kleingewässer gut absichern (→ S. 90). Regentonnen sollten mit einem Deckel gesichert werden.

Pflanzenschutz- und Düngemittel müssen stets so aufbewahrt werden, dass sie für Kinder unerreichbar sind, ebenso Gartenscheren, Messer und andere scharfe sowie spitze Gerätschaften. Schließlich empfiehlt es sich, alle Außensteckdosen mit einer Kindersicherung zu versehen. Natürlich bergen auch größere Höhenunterschiede im Garten Gefahren. Böschungen, Mäuerchen, Treppen usw. sollten gut abgesichert werden.

SICHERHEIT IM GARTEN

1 Handschuhe tragen

Robuste Handschuhe empfehlen sich bei allen Arbeiten an bestachelten oder bedornten Pflanzen, ebenso z. B. beim Heckenschnitt. Hochwertige Schutzhandschuhe sind kräftig und trotzdem geschmeidig.

2 Geschütztes Spritzen

Beim Ausbringen von Pflanzenschutzmitteln sind stets lange Ärmel und Hosen sowie Handschuhe ratsam. Teils werden auch Atemschutz und Schutzbrille erforderlich (Packungsbeilage beachten).

3 Erntevergnügen – mit Sicherheit

Die Stehleiter ist hier nach getaner Arbeit an den Baum gelehnt; zum „Betrieb“ muss sie jedoch mit vollständig auseinander gezogenen Schenkeln und gespannter Spreizsicherung aufgestellt werden, auf festem, ebenem Boden. Keinesfalls sollte man Stehleitern als Anlegeleitern verwenden.

4 Hecken schneiden, Gefahren vermeiden

Heckenscheren und andere Schnittwerkzeuge sind immer vom Körper wegzuführen. Sehr praktisch ist eine Gurthalterung zum Fixieren des Kabels. So hat man stets nur ein kurzes Kabelstück vor sich, das nicht behindert und kaum durch Zerschneiden gefährdet ist.

5 Nicht quälen, nicht verheben

Verwenden Sie für schwere Lasten Transporthilfen wie Sackkarre oder Schubkarre. Das schont nicht nur Rücken und Bandscheiben: Wenn man sich übernimmt, kommt es leicht zu Unfällen, etwa durch Wegrutschen.

3

PFLANZEN UND PFLEGEN

Wann sät man Rasen? Wie schneidet man Ziersträucher? Was tun, wenn der Teich trüb wird? Und wie bepflanzt man Gemüsebeete? Solche Fragen und viele andere mehr beantwortet dieses Kapitel. Gegliedert nach Pflanzengruppen, wird hier alles Wichtige beschrieben, das zu Ihrem Gartenspaß und -erfolg beiträgt.

3

Rasen, Blumenwiese, Bodendecker

Für die Bewohner trockener Regionen gehört das Bild eines saftig grünen Rasens zu den Vorstellungen vom Paradies. Wir im mitteleuropäischen Klima tun uns damit leichter und holen uns den grünen Teppich als Spiel- und Tummelunterlage in den Garten.

Grüne Bodenbeläge bilden im Garten nicht nur einen lebendigen, angenehmen Untergrund für Freizeitaktivitäten aller Art. Sie bieten auch dem Auge einen Ruhepunkt und sorgen ohne allzu großen Aufwand für die Verschönerung größerer Flächen. Für diese Zwecke gibt es allerdings mit Blumenwiese und Bodendeckern auch ansprechende, pflegeleichtere Alternativen.

Der grüne Teppich

Da er anders als Blumenwiese oder Bodendecker fast uneingeschränkt begehbar ist, bleibt der Rasen unangefochten die Nummer eins unter den lebenden Bodenbelägen. Und damit spielen die rasenbildenden Gräser eine sehr wichtige Rolle im Garten. Von den fast 10 000 Grasarten (▶ ART, S. 533), die nahezu auf der ganzen Welt vertreten sind, eignet sich nur ein kleiner Teil für die Rasenkultur.
Solche Gräser müssen anpassungsfähig, robust und winterhart sein. Ein dichtes Blattwachstum ist erwünscht, intensive Blütenbildung weniger. Die Pflanzen sollten sich durch unterirdische oder oberirdische Ausläufer flächig ausbreiten, um rasch eine geschlossene Pflanzendecke zu bilden. Nicht zuletzt müssen die Halme schnitt- und recht trittverträglich sein. Ästhetisch unterscheiden sich die Gräser hinsichtlich der Feinheit und des Formats ihrer Halme, was zusammen mit der Trittverträglichkeit darüber entscheidet, ob sie sich besser für einen perfekten Zierrasen eignen oder für einen strapazierbaren Sportrasen.

Die wichtigsten Gräser

Die fein- und dichtblättrigen **Straußgräser** (*Agrostis*) vertragen sehr tiefen Schnitt und sind daher wichtiger Bestandteil hochwertiger Zierrasenmischungen. Am häufigsten findet man das Rote Straußgras (*Agrostis capillaris*), aber ebenso das Flechtstraußgras (*A. stolonifera*) und das Sumpfstraußgras (*A. canina*).
Eine zweite wichtige Gruppe sind die **Schwingelarten** (*Festuca*). Die feinen Halme des anspruchslosen Rotschwingels (*F. rubra*) wachsen langsam und sind gut schnittverträglich. Von ihm gibt es drei Unterarten mit leicht unterschiedlichen Wuchseigenschaften. Der Schafschwingel (*F. ovina*) bildet lockere Horste mit borstigen Halmen, dafür ist er besonders an-

In diesem Kapitel:

Der einheitliche grüne Teppich ist die Leinwand, auf welcher der Gärtner seine Blumengemälde malen kann.

spruchslos und pflegeleicht, vor allem auf trockenen Flächen.

Das Deutsche **Weidelgras** (*Lolium perenne*) wirkt eher derb und darf nicht allzu tief geschnitten werden. Für anspruchsvollste Zierrasen eignet es sich also weniger. Allerdings ist es das schnellwüchsigste, trittfesteste und konkurrenzstärkste unserer Rasengräser und daher unersetzlich für stark belastete Flächen und zur raschen Rasensanierung.

Ebenfalls recht strapazierfähig sind die **Rispengräser** (*Poa*). Das Wiesenrispengras (*P. pratensis*) darf nicht zu tief geschnitten werden, kann jedoch auf frischen Böden Kahlflächen rasch wieder schließen. Das etwas hellere Lägerrispengras (*P. supina*) verträgt Schatten und tieferen Schnitt. Auf nährstoffreichen Standorten kann sich das trittfeste Einjährige Rispengras (*P. annua*) selbst aussäen. Darüber hinaus gibt es weitere Gräser, die jedoch seltener und in der Regel für spezielle Zwecke und Standorte eingesetzt werden.

Die verschiedenen Gräser bieten sich also je nach ihren Eigenschaften für bestimmte Nutzungen an und damit für verschiedene Rasentypen wie Allzweck- oder Sportrasen (→ S. 252). Dabei wird man nie nur eine Art verwenden, sondern eine Mischung aus mehreren. Denn auf diese Weise kann der Bewuchs den Anfechtungen durch Hitze und Trockenheit, Nässe und Trittverdichtung am besten widerstehen. Freilich schälen sich dabei Leitarten heraus, die je nach Rasenmischung und -typ den überwiegenden Anteil ausmachen (→ S. 255).

Eine blühende Wiese

Für den Naturliebhaber ist eine Blumenwiese die organische Steigerung des grünen Rasenteppichs. Diese Pflanzengemeinschaft bildet einen geschlossenen Bestand und übersteigt aufgrund seltenen, aber regelmäßigen Schnitts eine gewisse Höhe nicht. In ihrem Bewuchs herrschen grasartige Halme vor, die aber durchsetzt sind von einer Vielfalt an Blütenpflanzen. Diese prägen das sommerliche Bild.

Zum Spielen und Tummeln eignet sich solch eine Wiese überhaupt nicht. Dafür ist sie nicht nur ein Genuss für das Auge, sondern auch eine wertvolle Weide für Bienen, Schmetterlinge und andere Insekten. Die vielen verschiedenen Blüten und auch Blätter ermöglichen die Existenz einer unüberschaubaren Zahl von Kleinlebewesen, die wiederum Nahrungsgrundlage sind für Vögel und kleine Säugetiere. Allerdings sind diese wunderschönen Lebensgemeinschaften ohne die Einwirkung des Menschen nicht denkbar: Denn über Jahrhunderte waren es die landwirtschaftliche Beweidung oder die Mahd, die es ermöglichten, dass sich langfristig eine Gras- und Kräuterflora etablieren konnte anstelle von Gebüschen und Wäldern.

Auch eine Blumenwiese im Garten muss zwei- bis viermal im Jahr geschnitten werden. Abhängig von den jeweiligen Bodenverhältnissen entwickeln sich dabei sehr unterschiedliche und komplexe Gemeinschaften. Um zu einer nachhaltig blühenden Wiese zu kommen, wählen Sie am besten geeignete Arten zu den vorhandenen Standortbedingungen. Oder Sie verändern den Boden so, dass sich die gewünschte Pflanzengemeinschaft wohlfühlt und dauerhaft erhalten bleibt.

Die arten- und blütenreichsten Wiesen wachsen auf trockenen, mageren, kalkhaltigen Böden, mit zarten Schönheiten wie z. B. Wiesensalbei (*Salvia pratensis*). Dazu müssen allerdings die meisten Gartenböden mit viel Geduld durch Entziehen von Nährstoffen abgemagert werden. Doch der Fachhandel bietet auch spezielle Mischungen für nährstoffreichere und feuchtere Böden an (→ S. 261–262).

Flächenpflanzung mit Bodendeckern

Bei den sogenannten Bodendeckern handelt es sich um mehrjährige Blatt- oder Blütenpflanzen (**STAUDEN**, S. 562) oder auch niedrige Gehölze, die flächig gepflanzt werden und dann einen geschlossenen Bestand bilden. Manche bedecken auch bereits durch ihren flachen, kriechenden oder polsterartigen Wuchs eine größere Fläche. Mit den Spezialisten aus dieser Gruppe lassen sich sogar Problemstandorte besiedeln, auf denen Rasen kaum noch wächst. In starken Schattenlagen z. B. können Stauden, die in der Natur unter Gehölzen wachsen, die Situation retten.

Solche Bodendecker verstecken den nackten Untergrund auf ansehnliche Weise und können in unterschiedlichem Maß auch den Unkrautwuchs unterdrücken. Immergrüne Arten erfüllen ihre Aufgabe besonders effizient.

Außerdem sind Bodendecker äußerst pflegeleicht. Im Gegensatz zu Rasen und Wiese müssen sie nicht geschnitten werden. Das bedingt allerdings auch, dass man sich mit ihrer art- oder sortenspezifischen Wuchshöhe abfindet. Eine schwer zu begrünende Fläche muss allerdings nicht der einzige Grund sein, sich für Bodendecker zu entscheiden. Denn unter ihnen gibt es viele Arten mit interessanten Wuchsformen, dekorativen Blattfarben oder -zeichnungen und nicht zuletzt attraktive Blüher (→ S. 264–266).

Die Wahl des passenden Teppichs

Wenn Kinder im Garten sind, bildet ein Allzweck- oder Gebrauchsrasen die unverzichtbare Spielwiese.

EIN TEPPICH IN DER WOHNUNG erfüllt mehrere zweckmäßige Funktionen, vom angenehmen Begehen bis hin zum Schutz von Kindern, die notfalls hinfallen können, ohne mit dem harten oder schmutzigen Untergrund in Kontakt zu kommen. Dennoch wird keiner leugnen, dass ein Teppich auch wegen seiner ästhetischen Wirkung gewählt und ausgelegt wird. Das ist im Garten nicht anders.

Hier begeistert man sich zwar vor allem an der Blütenpracht. Doch versuchen Sie sich einmal vorzustellen, wie die meisten Gärten ohne den grünen Teppich aussehen würden: wie ein buntes Durcheinander ohne Struktur und ohne Halt. Man hätte nicht nur Schwierigkeiten, irgendwo bequem hinzutreten, sondern auch entspannt hinzuschauen – das Auge braucht das Grün als ruhenden Pol. Und wer einmal einen bewussten Blick auf die Rasenfläche geworfen hat, kann leicht Gefallen daran finden, ihre ästhetische Qualität zu verfeinern.

Die höchste Stufe der Kultivierung wurde dem Rasen auf den Britischen Inseln zuteil, was sich auch im Namen für die ansprechendste Zierrasenform ausdrückt: Wenn eine Grünfläche besonders dicht und einheitlich wächst und im saftigsten Grün strahlt, so bezeichnet man dies häufig als „englischen Rasen".

Welchen Typ bevorzugen Sie?

Die Suche nach dem geeigneten Rasenstil muss also sowohl die gestalterischen Wünsche als auch den zweckmäßigen Bedarf berücksichtigen. Freilich spielen dabei auch die Standortbedingungen eine Rolle.

Die nachfolgend genannten Rasentypen sind unter den jeweiligen Bezeichnungen als Samenmischungen oder auch als Rollrasen im Handel (→ S. 255–257).

› Wer Kinder hat und seine Grünfläche häufig zum Spielen nutzt, der braucht einen Rasen, der trotz dieser Belastungen eine dauerhaft geschlossene Wuchsdecke erhält und nicht allzu pflegeaufwendig ist. Allzu fein und einheitlich dagegen braucht die Narbe nicht zu sein. Die entsprechenden Samenmischungen werden als **Allzweckrasen** oder auch als **Gebrauchs-, Spiel-** und **Universalrasen** bezeichnet.

› Die Anlage eines **Sportrasens** sollte stark strapazierten Sportflächen vorbehalten bleiben, die auch noch im Winter grün aussehen müssen. Hierzu benötigt man robuste Grasarten mit hoher Regenerationsfähigkeit, die Fehlstellen rasch wieder überwachsen können. Aber auch bei der besten Mischung empfiehlt es sich, die am meisten belasteten Stellen ständig zu wechseln und bei nassem Untergrund auf jede unnötige Nutzung zu verzichten.

› Wer seinen Rasen nur selten betreten und dafür umso häufiger bewundern will, der ist mit einem **Zierrasen** am besten beraten. Nur mit einer entsprechend hochwertigen Saatgutmischung lässt sich solch ein dichter, saftig grüner Teppich erzielen, der sich für höchste Repräsentationszwecke eignet. Es wird nicht verwundern, dass so ein Zierrasen auch die intensivste Pflege benötigt. Um einen entsprechenden Wuchs zu erzielen, müssen die Gräser nach Plan gedüngt und sehr regelmäßig gemäht sowie vertikutiert werden (→ S. 130, S. 259). Und weil der Anblick des makellosen Grüns durch nichts getrübt werden darf, bleibt in dieser intensiven Monokultur auch der Einsatz von Pflanzenschutzmitteln nicht aus.

› Eine **Blumenwiese** hat mit dem Zierrasen gemein, dass sie vorrangig dem Betrachten dient und weniger betreten werden sollte. Ihr ästhetischer Wert beruht allerdings auf ihrem völlig entgegengesetzten Charakter – was der Zierrasen mit Einheitlichkeit und Perfektion anstrebt, erreicht die Blumenwiese durch Vielfalt und Natürlichkeit. Es ist nicht ganz einfach, eine artenreiche, bunt blühende Blumenwiese dauerhaft anzusiedeln. Die Pflege ist nicht aufwendig, der gelegentliche Schnitt aber unumgänglich (→ S. 261–263).

Checkliste

Welcher Rasentyp passt bei mir?

1 Soll eine einheitlich dichte Grünfläche in erster Linie das Auge erfreuen?
2 Soll die Fläche nur selten betreten werden?
3 Besteht die Bereitschaft, den Rasen mindestens wöchentlich zu mähen und auch sonst intensiv zu pflegen?
4 Oder möchten Sie den Pflegeaufwand auf das Notwendigste beschränken?
5 Wird der Rasen häufig begangen, als Liegewiese oder für Sitzmöbel genutzt?
6 Sind Kinder im Haus, die einen Platz zum Spielen und Tollen brauchen?
7 Bevorzugen Sie eine natürlich wirkende, blütenreiche Wiese gegenüber einem rein grünen Teppich?

› Ein beliebter Kompromiss zwischen Blumenwiese und Allzweckrasen ist der sogenannte **Blumen-** oder **Kräuterrasen.** Dieser wird gerade so oft und so niedrig gemäht, dass man ihn nach Bedarf nutzen kann. Dabei werden blühende Kräuter geduldet, ja vielleicht sogar angesiedelt. Hier sind Gänseblümchen und Klee, Löwenzahn, Butterblume und Ehrenpreis, Wegerich, Günsel und Gundelrebe zu Hause. Inseln von Frühlingsblühern (→ S. 254) passen sehr gut dazu. Anspruchsvollere Wiesenblumen dagegen findet man hier kaum. Gestalterisch lässt sich solch ein fröhlicher Flickenteppich am ehesten in einen naturnahen Garten integrieren.

› Einen Rasen aus duftenden Kräutern, der kurz gehalten oder geschnitten werden kann, nennt man **Duftrasen** (→ S. 266).

› Weniger für Gärten, sondern eher für große Freiflächen eignet sich der **Landschaftsrasen.** Solche Grasmischungen kommen mit wenig Pflege aus, und die Gräser reagieren einigermaßen robust auf Belastungen wie auf extreme Klimaeinflüsse. Dafür müssen sie nicht unbedingt mit perfekter Einheitlichkeit glänzen.

Bei der Entscheidung über den passenden Rasentyp hilft die nebenstehende **Checkliste:** Werden die ersten drei Fragen mit „Ja" beantwortet, drängt sich ein reiner Zierrasen auf. Bei überwiegender Zustimmung zu den Fragen 4 bis 6 sollten Sie einen Allzweck-, Gebrauchs- oder Spielrasen bevorzugen. Die zusätzliche Bejahung der letzten Frage führt zu einem Blumen- oder Kräuterrasen, die Kombination der zweiten und letzten Frage zur Blumenwiese. Bei besonders intensiver Nutzung und Belastung erübrigt sich weiteres Überlegen: Dann ist ein Sport- oder Strapazierrasen gefragt.

Grünflächen an schwierigen Standorten

Bei extremen Bodenverhältnissen wird oft eine grundlegende Bodenverbesserung im ganzen Garten durchgeführt (→ S. 171–172). Rasen, der ohnehin keine allzu hohen Bodenansprüche hat, lässt sich dann problemlos ansiedeln. Andernfalls gibt es unter den zahlreichen Bodendeckern Spezialisten, die teils sogar mit verdichtetem, steinigem oder auch stark ▶ SAUREM BODEN (S. 559) noch zurechtkommen. Häufiger hat man es jedoch mit Problemstellungen wie Hanglagen oder schattigen Flächen zu tun, die im Folgenden näher betrachtet werden.

Rasen in geneigten Lagen

Der entscheidende Unterschied von Hanglagen gegenüber ebenen Flächen liegt in der Gefahr von Abschwemmungen. Bei bestehendem Rasen sollte deshalb der Wurzelfilz besonders dicht sein. In stark besonnten Südlagen sollten Sie außerdem auf die Verwendung trockenheitsverträglicher Gräser achten.

Besonders groß ist die Gefährdung allerdings bereits bei der Anlage: Die Rasensaat auf offenem Boden wird durch heftige Niederschläge leicht abgeschwemmt und geht dann unregelmäßig oder gar nicht auf. Aus diesem Grund wird hier gern Rollrasen verlegt (→ S. 257). Profis, die man in schwierigen Fällen heranziehen sollte, verwenden Vegetationsmatten oder ein Anspritzverfahren, bei dem die Samen in einen zähflüssigen Brei gebettet sind.

Man kann der Problematik auch ausweichen, indem man stark geneigtes Gelände vor der Begrünung terrassiert (→ S. 71–74) – oder auf Bodendecker ausweicht, die durch Ausläuferbildung den Hang recht schnell begrünen und befestigen.

Problemlage Schatten

Weil die meisten Rasengräser lichthungrig sind, machen sie im Schatten von Häusern ebenso Schwierigkeiten wie unter Gehölzen. Obwohl sich die Bedingungen mitunter stark unterscheiden: Während eine Wand ständig einheitliche Verhältnisse bietet, lassen die Gehölze in der laubfreien Zeit mehr Licht einfallen als im Sommer. Zudem konkurrieren ihre Wurzeln mit dem Rasen um Wasser und Nährstoffe. In beiden Fällen reagieren die Gräser mit

Eine bunte Blütengemeinschaft wie diese ist viel zu schade zum Betreten.

Den Weg aus Trittplatten umgibt man am besten mit einem Duftrasen.

Gut zu wissen

Rasengittersteine im Blickpunkt

Rasengittersteine sind etwa 10–12 cm starke Betonformsteine, die Hohlräume umschließen. Wenn diese mit humoser Erde gefüllt sind, können darin Gräser wachsen und der Fläche einen grünen Anstrich verpassen. Man verlegt die Steine in dichtem Verband. Damit der Belag stabil genug zum Befahren ist, muss man ihn mit einer 35 cm hohen Tragschicht aus Kies oder Schotter unterfüttern. Nach dem Verdichten der Tragschicht kommt darüber eine 5 cm starke Ausgleichsschicht aus Sand oder feinem Kies, in die man die Steine verlegt. Meist empfiehlt es sich, die Ränder z. B. durch einen Betonsockel gegen die Gefahr des Absinkens oder Wegrutschens zu sichern.
Für die Einsaat verwendet man eine trockenheitsverträgliche Rasenmischung, da der durchlässige Untergrund für einen raschen Wasserabfluss sorgt.

schwächerem Wuchs, so dass Kahlstellen entstehen, wo sich wiederum Moose ansiedeln (→ S. 269).
Sogenannte „Schattenrasen"-Mischungen reagieren toleranter auf den Lichtmangel, bilden allerdings im tiefen Schatten auch kein dichtes Grün. In solchen Situationen sollte man sich überlegen, ob man nicht lieber auf schattenverträgliche Bodendecker (→ S. 265) zurückgreift.

Befahrbare Rasenflächen

Wer die Zufahrt zu seiner Garage durch grünen Bewuchs besser in den Garten integrieren will, hat mehrere Möglichkeiten zur Auswahl. Bei solchen Lösungen kann zugleich – im Gegensatz zu geschlossenen Fahrbahndecken – das Wasser abfließen und muss nicht in die Kanalisation geleitet werden.

› Am häufigsten verwendet man **Rasengittersteine**, die im obenstehenden Kasten gesondert vorgestellt sind. Ein solcher Belag eignet sich für eine gelegentlich befahrene Fläche, jedoch nicht als Gehweg.

› Beim **Rasenpflaster** wächst das Gras nicht innerhalb speziell geformter Betonsteine, sondern in den Fugen zwischen großen Pflastersteinen. Dieser Belag wirkt deshalb etwas rustikaler und natürlicher. Wie bei den Gittersteinen ist eine 35 cm starke Kiestragschicht sowie eine Sandausgleichsschicht erforderlich. Zwischen den Steinen belässt man etwa 3–5 cm Abstand. Zur Stabilisierung verdichtet man mit einem Rüttler und füllt die Zwischenräume mit einem Erde-Sand-Gemisch. Auch hier sollten bevorzugt trockenheitsverträgliche Gräser eingesät werden.

› Eine weitere Möglichkeit stellt der **Schotterrasen** dar. Zum Befahren reicht eine 20–30 cm starke Tragschicht, die verdichtet wird. Darüber kommt die 15 cm hohe Vegetationsschicht aus Schotter (Körnung 32–45 mm), in deren Zwischenräume man humosen Boden einschlämmt. Hier lassen sich Arten eines Trockenrasens ansiedeln, die einem nicht zu häufigen Befahren standhalten, z. B. Einjähriges Rispengras und manche Blütenkräuter.

Blüteninseln im Rasen

Manchmal bilden sich in einer Rasenfläche kleine Gruppen von Wildkräutern, z. B. von Margeriten. Einigen Gärtnern tut es um diese bescheidenen Schönheiten Leid, so dass sie „Inseln" davon im Rasen stehen lassen. Sie können natürlich auch Gruppen von geeigneten Stauden gezielt in die Wiese pflanzen. Am häufigsten schafft man jedoch Inseln mit Frühlingszwiebelpflanzen. Zu deren Blütezeit freut man sich besonders über bunte Signale im Rasen, weil der restliche Garten noch wenig Farbe zeigt.
Geeignet sind vor allem Schneeglöckchen, Krokus und Märzenbecher (*Leucojum*), Blaustern (*Scilla*), Schneeglanz bzw. Sternhyazinthe (*Chionodoxa*) und Traubenhyazinthe (*Muscari*) sowie Dichternarzisse (*Narcissus poeticus*) und Tulpen. Gepflanzt werden die Zwiebeln im Frühherbst (→ S. 334). Wenn sie sich wohlfühlen und verwildern, kommt das der natürlichen Wirkung zugute.
Mähen Sie die welken Laubhorste nach der Blüte nicht zu früh ab. Sie sollten nach Möglichkeit von selbst einziehen, damit sie wieder Kräfte für das nächste Jahr sammeln können.

Der Rand der Rasenfläche

In vielen Fällen liegt es nahe, die Rasenfläche durch eine klare Grenze sowohl funktionell als auch optisch einzufassen. Wenn dieser Rand bodeneben ist, verhindert er nicht nur das Ineinanderwachsen verschiedener Pflanzenbereiche, sondern erspart auch mühsames Nachschneiden unzugänglicher Rasenkanten – man kann dann nämlich einfach mit dem Mäher darüberfahren.
Der Handel bietet spezielle Betonsteine für den ebenerdigen Abschluss an, aber natürlich lässt sich auch Pflaster und jeder andere Belag verwenden. Holzpalisaden und Rasenkantensteine dagegen ragen aus dem Boden, so dass man mit dem Mäher nicht bis zur Grenze arbeiten kann.
Es empfiehlt sich, schon im Vorfeld den genannten Komplikationen vorzubeugen, indem man zu viele unnötige Ränder vermeidet. Aus diesem Grund sollte man z. B. auch Gehölze oder Inselbeete auf der Rasenfläche nur zurückhaltend einsetzen.

Einen Rasen anlegen

NACHDEM SIE SICH für einen bestimmten Rasentyp entschieden haben, kommt es darauf an, die entsprechende Samenmischung zu wählen. Anschließend muss der Untergrund des gewünschten Standorts sorgfältig vorbereitet werden, bevor Sie das Saatgut ausbringen und in den darauf folgenden Wochen pfleglich begleiten.

Wahl der Samenmischung

Wenn Sie lange und möglichst unkompliziert Freude an Ihrem Rasen haben möchten, empfiehlt es sich, zu einem hochwertigen Markensaatgut zu greifen, auch wenn es etwas teurer ist als z. B. das Supermarktangebot.

Die Auswahl der Rasensamenmischung wird in erster Linie durch den bevorzugten Rasentyp bestimmt. Solche Mischungen sind zwar unter entsprechenden Bezeichnungen wie Zier-, Allzweck- oder Gebrauchsrasen im Handel. Am sichersten fährt man jedoch mit standardisierten Regel-Saatgut-Mischungen (RSM). Sie garantieren nicht nur gute Keim- und Wuchsqualität, sondern auch genau definierte Graszusammensetzungen je nach Verwendungszweck.

Bei der RSM 1 (Zierrasen) herrschen zu 60–90% der Rotschwingel und zu 10–20% das Straußgras vor, während bei RSM 2 für den Allzweckrasen Rotschwingel 60% nicht übersteigt, dafür von 35% Wiesenrispe begleitet wird. Für stärker belastbare Flächen (RSM 3, Sportrasen) verringert man den Rotschwingel-Anteil weiter zugunsten eines Zusatzes von Weidelgras von bis zu 40%.

Darüber hinaus gibt es verschiedene Mischungen für Golf-, Parkplatz-, Dach-, Landschafts- und Biotoprasen (RSM 4 bis 8) sowie speziellen Schattenrasen, trockenheitsverträglichen und teils befahrbaren Schotterrasen oder auch Blumen- und Kräuterrasen. Damit kann man jedem Geschmack, zugleich auch allen in Frage kommenden Standorten gerecht werden.

Bodenansprüche und -vorbereitung

Was die Bodenart betrifft, sind Rasengräser nicht besonders anspruchsvoll. Sie gedeihen auf sandigem Untergrund ebenso wie auf lehmigem. Problematisch wären am ehesten moorige Böden mit hohem Grundwasserstand. Optimal ist ein in jeder Beziehung „mittlerer“ Boden – durchlässig und sicher vor Staunässe, aber dennoch in der Lage, etwas Feuchtigkeit zu speichern, damit er nicht zu rasch austrocknet. Beim ▶ PH-WERT (S. 555) wäre ein leicht saurer bis neutraler Wert im Bereich 5,5 bis 7,5 anzustreben.

Ausgesät wird am besten ab Mitte April oder im Frühherbst. Eine gute Bodenvorbereitung schafft die besten Voraussetzungen für erfolgreiche Keimung und langfristiges Gedeihen. Dazu wird der Boden mindestens 2 Wochen vor der Aussaat, möglichst in trockenem Zustand, mit Spaten oder Grabegabel spatentief gelockert. Eine eventuell vorhandene Vegetation sollten Sie vorher mitsamt Wurzeln entfernen. Wenn Sie den Bewuchs stattdessen einfräsen oder untergraben, müssen Sie damit rechnen, dass die Kräuter später wieder durchtreiben. Aus diesem Grund sollten auch alle Unkrautwurzeln sorgfältig ausgelesen werden.

Bodenverbesserung und Zusätze

Durch die Einsaat einer ▶ GRÜNDÜNGUNG (S. 544) im vorangehenden Herbst lässt sich der Boden optimal vorbereiten. Dies ist besonders bei Neubaugrundstücken empfehlenswert. Wer noch langfristiger plant, der bringt die oberste Bodenschicht bereits beiseite, bevor sie mit Baumaschinen befahren oder verunreinigt wird. Dann muss man sie später nur wieder gleichmäßig verteilen. Zur Ergänzung gibt es im Handel Substratmischungen speziell für Rasenanlagen.

Auch noch beim Lockern kann man den Boden durch Einarbeiten von Zusätzen verbessern. Günstig ist in jedem Fall Humus (z. B. gesiebter Reifekompost), bei schweren Böden außerdem gewaschener Quarzsand der Körnung 0–2 mm, bei leichten Böden Tonmehl. Eine Kalkgabe kann die Gefügestruktur verbessern.

Das Einarbeiten einer niedrig dosierten Düngergabe stellt sicher, dass die Gräser nach der Keimung alles haben, was sie für ein rasches Wachstum benötigen.

Als Kompromiss zur Blumenwiese können Sie auch Inselbeete mit blühenden Stauden gestalten.

RASEN AUSSÄEN

› MATERIAL:

Saatgut, in der Regel etwa eine Hand voll (15–25 g) pro m²

› WERKZEUG, ZUBEHÖR:

eventuell Säwagen oder Sägerät
Rechen
Walze oder zwei kleine Trittbretter, die unter die Schuhsohlen gebunden werden
Schlauch mit feiner Brause oder Regner

› ZEITBEDARF:

mit Säwagen und Walze:
5 bis 15 Minuten je m²
per Hand und mit Trittbrettern:
etwa 20 Minuten je m²

1

Saatgut verteilen

Bringen Sie die Samen entsprechend der Mengenangabe auf der Packung möglichst gleichmäßig aus. Bei kleinen Flächen geht das noch mit der Hand, auf größeren besser mit Hilfe eines Säwagens bzw. -geräts.

2

Samen einarbeiten

Anschließend sollten die Samen mit dem Rechen bis etwa 1,5 cm tief eingearbeitet werden. Dies sollte nicht sehr viel tiefer geschehen, da sonst manche von ihnen wesentlich schlechter keimen.

3

Samen andrücken

Das Andrücken der Samen ist wichtig, damit sie nicht so leicht austrocknen. Praktisch ist dafür eine Walze, die Sie sich ggf. ausleihen können, ansonsten behelfen Sie sich mit Trittbrettern an den Füßen.

4

Gründlich bewässern

Zuletzt ist die Fläche ausgiebig zu beregnen, so dass sie fürs Erste mit Wasser gesättigt ist. Verwenden Sie dazu unbedingt feine Brausen, damit die Erde nicht verschlämmt und die Samen nicht abgeschwemmt werden!

Verfestigen und ebnen

Zum Ende der Bodenvorbereitung wird die Fläche gut verfestigt, z. B. mit einer Walze, so dass keine Löcher verbleiben oder Unebenheiten entstehen.
Kurz vor der Einsaat können Sie daran gehen, den Boden mit Hilfe eines Rechens von kleineren Fremdkörpern zu befreien, die die Keimung behindern könnten, sowie von frisch aufgekeimten Unkräutern. Schließlich wird die Fläche mit dem Rechenrücken geebnet. Danach sollte man sie bis zur Saat nicht mehr betreten.

Die Rasenaussaat

Die beste Saatzeit ist, wie erwähnt, ab Mitte April bis Mai, ansonsten bietet sich mit September bis etwa Anfang Oktober ein guter Ausweichtermin. In diesen Zeiträumen ist die Gefahr geringer als im Sommer, dass die Saat austrocknet. Andererseits sollten die Temperaturen nachts nicht unter 10° C fallen, damit die Samen gut und gleichmäßig keimen.
Beste Voraussetzungen bietet ein an der Oberfläche abgetrockneter Boden. Der Vorgang des Aussäens ist im nebenstehenden Kasten detailliert beschrieben.
Der Einsatz einer Sämaschine gewährleistet eine besonders gleichmäßige Ausbringung. Bei Fachbetrieben oder Gartenbauvereinen kann man recht professionelle Geräte ausleihen, die das Saatgut einarbeiten und gleich auch andrücken.

Nach dem Säen

Nach dem Wässern darf die Fläche keinesfalls mehr betreten werden, bis sich ein stabiler grüner Teppich etabliert hat. Am besten sperren Sie das neue Rasenstück gut erkennbar ab. Wichtig ist, dass die Aussaat während der folgenden 6 Wochen ständig feucht gehalten wird. Nach 10 Tagen ist dann ein erster grüner Flaum sichtbar. Nach weiteren etwa 6 Wochen kann unter normalen Umständen die künstliche Bewässerung eingestellt bzw. auf Bedarf je nach Wetter umgestellt werden.
Sobald die Halme 8–10 cm hoch sind, schneidet man sie ein erstes Mal, etwa um zwei Drittel. Dadurch wird der Austrieb von Seitentrieben angeregt und Unkräutern zeitig entgegengewirkt. Zu diesem Zweck ist es wichtig, dass die Messer gut

geschärft sind, weil sonst die zarten Pflänzchen mitsamt Wurzeln ausgerissen würden. Anschließend sollten Sie das Schnittgut unbedingt entfernen. Später wird der Rasen schrittweise auf die vorgesehene Schnitthöhe eingestellt.

Durch eine Düngung nach dem ersten Schnitt wird die Entwicklung einer dichten Narbe zusätzlich gefördert. Dosieren Sie aber vorsichtig (etwa die Hälfte der auf der Düngerpackung angegebene Mindestmenge) und wässern Sie den Dünger gut ein – sonst besteht die Gefahr, dass die empfindlichen jungen Pflänzchen durch eine hohe Konzentration „verbrennen“! Mit einer Gabe von etwas unkrautfreiem Humus kann man nicht viel falsch machen.

Es empfiehlt sich, den Rasen im ersten halben Jahr bei nassen Bodenverhältnissen nicht zu sehr zu belasten.

Nachbesserungen

Es passiert immer wieder, dass der Rasen nicht überall in der nötigen Dichte aufgeht. Dafür kann es eine Menge Gründe geben. Von nur wenigen Zentimeter breiten Lücken braucht man sich nicht beunruhigen zu lassen – die werden normalerweise in Kürze überwachsen. Sind die Fehlstellen größer, so empfiehlt es sich, nachzusäen. Dabei sollte man die Gelegenheit nutzen, augenscheinliche Fehlerquellen wie vernässte Senken, Tierschäden oder altes Saatgut zu beseitigen bzw. zu vermeiden.

Rollrasen – die Instantlösung

Wem es zu lange dauert, bis aus zarten Keimlingen ein dichter, betretbarer Rasen geworden ist, der kann sich einen andernorts vorgezogenen grünen Teppich – meist in aufgerollter Form – kaufen und verlegen. Findige Gärtner haben mit dem Roll- oder Fertigrasen eine Methode entwickelt, mit der jeder in kürzester Zeit zu einem Rasen kommen kann. Das ist natürlich schon etwas teurer als die Aussaat, und das Verlegen erfordert sorgfältiges Arbeiten. Doch das Anwachsen geht nicht nur viel schneller, sondern gelingt auch sicherer als beim Aussäen. Auch zum raschen Ausbessern von Fehlstellen oder für die Begrünung in Hanglagen ist Rollrasen bestens geeignet.

Der Boden wird für das Verlegen eines Rollrasens ebenso gründlich vorbereitet wie für die Aussaat (→ S. 255). Besonders wichtig ist das exakte Ebnen.

Das größte Risiko liegt im Transport des Rollrasens, weil die dünnen Schichten in dieser Zeit ohne Bodenkontakt vertrocknen können, in dicken Lagen aber auch faulen. Eine möglichst rasche Verarbeitung ist damit entscheidend für den Erfolg der Aktion. Das genaue Vorgehen zeigen die untenstehenden Abbildungen. Es empfiehlt sich, mit dem Verlegen an der längsten geraden Seite zu beginnen, um auf möglichst wenig Schnittabfällen sitzen zu bleiben. Dort, wo es nötig ist, werden überstehende Soden mit dem Spaten oder einem Messer abgeschnitten.

Nach dem Verlegen

Dass nach einiger Zeit Lücken sichtbar werden, ist unvermeidlich. Das Auffüllen mit feinem Quarzsand hilft den Gräsern, diese wieder rasch zu überbrücken. Kräftiges Angießen fördert das Anwurzeln. Wenn sichergestellt wird, dass die Rasensoden auch in den nächsten 6 bis 8 Wochen nicht austrocknen, wächst das „Instantgrün“ zuverlässig an. Schon 1 Woche nach dem Verlegen, spätestens aber, wenn die Halme 8 cm hoch sind, sollten Sie den Rasen mähen. Um die Stabilität nicht zu gefährden, wird die ersten Male mit dem Mäher quer zur Verlegerichtung gearbeitet. Nach 5 bis 6 Wochen sollte die Fläche komplett angewurzelt sein und kann wie eingewachsener Rasen gepflegt werden.

ROLLRASEN VERLEGEN

› **MATERIAL:**

Fertigrasen in aufgerollten Bahnen

› **WERKZEUG, ZUBEHÖR:**

eventuell Richtlatte für die erste Bahn, Brett zum Auftreten bzw. Hinknien auf bereits verlegten Bahnen

Spaten oder Messer zum Abschneiden überstehender Stücke

eventuell Walze zum Andrücken

Schlauch mit feiner Brause oder Regner, Quarzsand zum Auffüllen von Lücken

› **ZEITBEDARF:**

5 bis 15 Minuten je m^2

1

Verlegen der Bahnen

Legen Sie die Stücke möglichst dicht an dicht; in der jeweils benachbarten Reihe sollten die Anschlussstellen versetzt liegen. Arbeiten Sie sich jeweils von den bereits verlegten Bahnen aus vorwärts.

2

Andrücken der Bahnen

Es empfiehlt sich, die Bahnen sofort nach dem Verlegen mit dem Fuß anzudrücken und abschließend nochmals, quer zur Verlegerichtung, mit einer Walze darüber zu fahren. Zum Schluss gründlich angießen.

Den Rasen pflegen

Wer sich einen akkuraten, gepflegten Rasen wünscht, muss regelmäßig mähen.

DIE WICHTIGSTE und häufigste Pflegemaßnahme beim Rasen ist das Mähen. Daher erfolgt in den nächsten Abschnitten zunächst ein Überblick über die verschiedenen Mähertypen.
Zusätzlich sorgen gelegentliches Belüften der Fläche sowie bedarfsgerechtes Bewässern und Düngen für dauerhaftes, gesundes Grün. Beachten Sie auch die Hinweise zu Schädlingen und Krankheiten sowie die Tipps zu häufig auftretenden Problemen (→ S. 267–269).

Kleine Rasenmäherkunde

Im Angebot ist eine große Anzahl verschiedener Geräte, die sich grundsätzlich nach Schnitttechnik und Antriebsart unterscheiden lassen.

Schnitttechniken

Am gängigsten sind motorgetriebene **Sichelmäher** mit propellerartigen Balkenmessern. Sie arbeiten kraftvoll, aber längst nicht so sauber wie die teuren **Spindelmäher**. Deren Technik kennt man vom Handrasenmäher: Hier drehen sich mehrere spiralige Messer mit der waagrechten Spindel. Damit kann man deutlich tiefer und glatter schneiden, die Halmspitzen verbräunen nicht. Dadurch ist diese Technik für einen perfekten Zierrasen zu bevorzugen. Allerdings bedingt sie häufiges Mähen – schon für mittelhohes Gras sind Spindelmäher ungeeignet. Auch auf Fremdkörper im Rasen reagieren die Messer eines Spindelmähers sehr empfindlich, und das Nachschleifen erfordert einen höheren Aufwand.
Ein **Mulchmäher** zerkleinert innerhalb seines Gehäuses die abgeschnittenen und aufgewirbelten Grashalme zusätzlich, so dass sie nicht störend ins Auge fallen und sich rasch zersetzen können. Das Abrechen kann man sich aus diesen Gründen ersparen. Allerdings muss relativ häufig gemäht werden.

Antriebsarten

Bei Rasenflächen bis etwa 250 m² ist die Verwendung eines **Handmähers** zumutbar. Darüber hinaus empfiehlt sich in der Regel die Anschaffung eines Motorgeräts. Meist werden die geräuscharmen und preiswerten **Elektromäher** bevorzugt. Sie haben ein geringes Gewicht, sind einfach zu bedienen und belästigen ihre Umwelt nicht mit Abgasen. Wem angesichts der Flächengröße oder vieler Hindernisse das Ziehen des Kabels zu umständlich ist, der kann sich einen **Akkumäher** anschaffen. Damit lässt sich besonders einfach arbeiten. Der beschränkende Faktor ist oft die Leistungsfähigkeit des Akkus, der außerdem genau nach Herstellerangaben zu laden und zu warten ist. Fortschritte in der Technik oder auch ein Wechselakku können solche Beeinträchtigungen minimieren.
Übersteigt die Rasenfläche 500 m², so ist zu einem **Benzinmäher** zu raten. Dessen Schwachpunkte sind allerdings Lärm und Abgase. Insbesondere Vorschriften über den Geräuschpegel werden vom Gesetzgeber ständig verschärft. Nicht zuletzt aus diesen Gründen haben heute Viertaktmotoren die (pflege-)leichteren Zweitakter abgelöst.

Mähen ohne Mühe

Obwohl es **Luftkissenmäher** schon seit etlichen Jahren gibt, findet man sie nur in wenigen Gärten. Vielleicht liegt es daran, dass sie sich wie die Spindelmäher mit höherem Gras schwer tun. Oder dass diese Geräte selten mit Grasfangboxen ausgestattet sind. Vorteilhaft hingegen ist die reibungslose Fortbewegung, was sich vor allem auf hängigem Gelände bemerkbar macht.
Für solche Fälle gibt es weiterhin die Möglichkeit, dass nicht nur das Messer von einem Motor angetrieben wird, sondern auch die Räder. Bei den schweren Benzingeräten ist ein solcher **Radantrieb**, der das Schieben erleichtert, weit verbreitet, inzwischen findet man ihn auch bei einigen Elektromähern.
Sehr beliebt, aber auch nicht gerade billig sind **Aufsitzmäher**. Solche Kleintraktoren lohnen sich erst ab etwa 600 m² Fläche und brauchen einen geräumigen Unterstand. Dafür wird das Mähen mit diesen Geräten zu einem unanstrengenden Vergnügen.

Mähroboter sind mit ausgefeilter Elektronik ausgestattet und fahren die Rasenfläche selbstständig ab, teilweise sogar mit Solarbetrieb. Begrenzungsdrähte oder -schleifen halten sie von unerwünschten „Spaziergängen" ab. Der Grasschnitt wird ähnlich wie bei einem Mulchmäher fein zerhäckselt, so dass das Abrechen entfällt. Die Arbeit wird jedoch nicht in einem Schwung erledigt, sondern nach und nach.

Weitere Mähereigenschaften

Zahlreiche Mäher sind in verschiedenen Schnittbreiten erhältlich. Es gilt: Je größer die Fläche, desto breiter sollte das Messer sein. Schmale Rasenpfade oder andere Engstellen können jedoch der beschränkende Faktor sein. Bei der Schnitthöhe sollte man darauf achten, dass sich das gewünschte Maß ohne große Anstrengung einstellen lässt. Vor allem wenn der Rasen oft und kurz geschnitten wird, ist ein Fangkorb unverzichtbar.

Nachbearbeitung von Mähkanten

Für schwierig zu erreichende Ränder stehen andere Werkzeuge zur Verfügung.
Entlang des Zauns oder auf Baumscheiben bedient man sich gern eines elektrisch betriebenen Faden- oder **Rasentrimmers.** Oft sind diese recht leichten Geräte mit verstellbarem Stiel und Griff, Tragegurt und drehbarem Schneidkopf ausgestattet. Sie schneiden mit einem rotierenden Nylonfaden, der auf einer Spule sitzt und gelegentlich erneuert werden muss.

Beetränder werden mit der Rasenkantenschere sauber nachgeschnitten.

Das saubere Nachschneiden von Beeträndern, entlang von Einfassungen oder Mäuerchen, ist der Einsatzbereich eines **Rasenkantenschneiders.** Für kleinere Stellen genügt eine Handrasenschere. Zum komfortableren Einsatz stehen Akkugeräte zur Verfügung, teils sogar mit Teleskopstiel für aufrechtes Arbeiten.
Ein- bis zweimal im Jahr empfiehlt es sich, unbefestigte Kanten mit einem Spaten oder **Kantenstecher** wieder sauber abzustechen, wenn der Rasen in benachbarte Bereiche hinübergewachsen ist.

Richtig mähen

Etwa Ende März, Anfang April wird das Gras so hoch, dass man um den ersten Mähgang nicht mehr herumkommt. Bei diesem **ersten Schnitt** sollte allerdings die Schnitthöhe nicht zu tief eingestellt sein.
Ein Zierrasen wird danach ein- bis zweimal wöchentlich gemäht und stets niedrig bei 3 cm Höhe gehalten. Für einen Allzweckrasen sind Abstände von 10 bis 14 Tagen ausreichend. Rasen in schattigen Lagen sollten eher noch seltener und auch nicht tiefer als 5 cm gemäht werden.
Ein regelmäßiger, gleichmäßig tiefer Schnitt führt meist zu dichterem Wuchs und höherer Belastbarkeit des Rasens als eine wechselhafte Behandlung. Mit Ausnahme der heißesten Sommerwochen – dann darf der Mährhythmus etwas verringert werden, weil der Rasen so besser mit der Trockenheit zurechtkommt. Wenn man mehr als ein Drittel schneidet, leidet die Rasenqualität. Deshalb sollten Sie bei einem verpassten Schnitt, z. B. auch nach einem Urlaub, keinesfalls versuchen, das Versäumte durch radikales Abmähen nachzuholen, sondern in Etappen zurückschneiden.
Zum **Saisonende** kann der Mährhythmus verlangsamt werden. Allerdings sollte gemäht werden, solange der Rasen wächst.
Tragen Sie im Interesse der eigenen **Sicherheit** stets festes Schuhwerk. Und Achtung: Für Reinigung und andere Arbeiten im Messerbereich Motor auslaufen lassen, Stecker ziehen, eventuell sogar Zündkerze ausstecken!

Schnittgut entfernen

Das Aufsammeln und das Beseitigen des Schnittguts gehört zu den aufwendigsten Tätigkeiten bei der Rasenpflege, selbst mit einem Fangkorb. Zudem ist die Kompostierung großer Mengen nicht ganz einfach.

Vertikutieren fördert den Rasen, weil dabei der Filz entfernt wird.

Dies hat wesentlich zur Beliebtheit der Mulchmäher beigetragen, bei denen das zerkleinerte Schnittgut einfach liegen bleiben kann. Auf einem perfekten Zierrasen sollte dies jedoch unterbleiben.
Vor allem bei Nässe neigt das Schnittgut zum Verkleben. Dadurch wird auch die Rotte behindert. Deshalb sollte man den Grasschnitt möglichst erst etwas vortrocknen lassen, bevor man ihn auf den Kompost gibt oder als Mulch verwendet.

Rasen belüften

Beim **Vertikutieren** wird mit scharfen, rechenartigen Zinken der Filz aufgerissen, der sich im Lauf der Zeit an der Oberfläche bildet und den Zugang von Wasser, Luft und Nährstoffen behindert. Gleichzeitig werden bei dieser Maßnahme die Graswurzeln angeritzt und zur Verzweigung angeregt.
Für diese Arbeit gibt es Handvertikutierer mit langem Stiel, für größere Flächen kann man sich auch ein Motorgerät kaufen oder ausleihen. Am besten schließt sich das Vertikutieren im Frühjahr an einen der ersten Mähgänge an, bei möglichst trockenem Boden. Der aufgerissene Filz ist anschließend mit dem Rechen zu entfernen.
Auch das **Aerifizieren** dient der Belüftung. Hierbei werden mit Hilfe einer Grabegabel, einer speziellen Aerifiziergabel oder einer igelartigen Walze kleine Röhren in den Boden gestanzt, die die Luft- und Wasserführung verbessern sollen. Zur längerfristigen Stabilisierung kann man sie mit feinem Sand füllen.

Rasen bewässern

Die Wurzeln der Rasengräser reichen nicht sehr tief, entsprechend macht anhaltende Trockenheit dem Rasen zu schaffen. Ist eine Teilfläche erst einmal verbräunt, wird dies nur mühsam wieder überwachsen. Aus diesem Grund ist es wichtig, den Rasen zu beregnen, wenn welkende Halme erste Vorzeichen signalisieren.

Die einfachste Lösung bietet sich mit Regnern, die nach Anschluss an einen Schlauch die Fläche gleichmäßig bewässern (→ S. 188).

Im Sommer beregnet man morgens oder gegen Abend, keinesfalls mittags. Damit der Rasen viele Wurzeln bildet, empfiehlt es sich, nicht zu häufig zu wässern, dann aber so, dass der Boden 15–20 cm tief gesättigt ist. Auf diese Art genügt normalerweise auch im Sommer ein wöchentliches Beregnen. Wenn jedoch der Rasen bereits vertrocknet ist, muss man ihn mehrere Wochen lang fast täglich gießen.

Nahrung für den Rasen

Ein Zierrasen benötigt vor allem das Nährelement Stickstoff (N) in größeren Mengen, damit er dicht und kräftig grün wächst, ebenso ein stark strapazierter Rasen. Da die anderen Nährelemente im durchschnittlichen Gartenboden meist in ausreichendem Maß vorhanden sind, muss mit der Düngung vor allem Stickstoff zugeliefert werden, am besten nach Maßgabe einer Bodenuntersuchung (→ S. 172). Das Düngen hilft den Rasengräsern auch, sich gegen Unkräuter und Moos durchzusetzen.

Ein Allzweck- oder gar ein Blumenrasen dagegen ist auf solch eine Nährstoffzufuhr nicht unbedingt angewiesen. Wer Grundwasser und Umwelt schonen will, verzichtet daher auf eine großflächige Düngung. In schattigen Lagen wäre sie darüber hinaus sogar eher schädlich. Außerdem ist Düngen überflüssig, wenn durch einen Mulchmäher verrottendes organisches Material liegen bleibt.

Düngemittel und -termine

Die üblichen Rasendünger enthalten neben 15–20 % Stickstoff (N) geringere Anteile von Kalium (K), Phosphat (P) sowie Magnesium (Mg), meist in mineralischer Form. Außerdem gibt es spezielle Rasendünger mit Eisen (Fe).

Flüssigdünger kann man einfach in die Bewässerung einmischen. Langzeitdünger sind so formuliert, dass sie über größere Zeiträume kontinuierlich Nährstoffe nachliefern. ➲ ORGANISCHE DÜNGER (S. 555) sind weniger von Auswaschung gefährdet, lassen sich aber nicht so gezielt einsetzen und dosieren. Dafür wird die Bodenstruktur unterstützt, wenn man im Frühjahr gesiebten, reifen Kompost einrecht (3–5 l/m²).

Checkliste

Pflege je nach Rasentyp:

Zierrasen:
- ✔ Mähen: ein- bis zweimal wöchentlich, auf 2–3 cm
- ✔ Düngen: bis zu dreimal jährlich
- ✔ Schnittgut entfernen
- ✔ Vertikutieren: zweimal jährlich

Allzweckrasen:
- ✔ Mähen: alle 10 bis 14 Tage, auf 3–5 cm
- ✔ Düngen: nach Bedarf, bis zu zweimal jährlich
- ✔ Schnittgut (Mulchmäher) kann bei Trockenheit liegen bleiben
- ✔ Vertikutieren: einmal im Frühjahr

Schattenrasen:
- ✔ Mähen: alle 2 bis 3 Wochen, höchstens 5 cm tief
- ✔ Düngen: meist nicht notwendig, bei Bedarf vorsichtig dosieren!
- ✔ Schnittgut entfernen
- ✔ Vertikutieren: einmal im Frühjahr

Die Düngung zu Beginn der Vegetationsperiode ist am wichtigsten. Dazu mähen Sie den Rasen ein erstes Mal, vertikutieren ihn dann eventuell noch, um schließlich bei bedecktem Himmel den Dünger auszubringen. Danach sollten Sie gründlich bewässern.

Eine zweite Gabe im Mai/Juni ist vor allem für einen perfekten Zierrasen üblich. Dieser kann im August noch eine dritte Gabe erhalten, die dann allerdings nicht stickstoff-, sondern kaliumbetont sein muss, weil der Rasen sonst seine Winterhärte verliert.

Wenn bei Trockenheit nicht beregnet wird, können Fehlstellen entstehen.

Anlage und Pflege einer Blumenwiese

BLUMENWIESEN SIND die bunte, naturnahe und mähfaule Alternative zum Rasen. Sie unterscheiden sich daher hinsichtlich Gestaltung, Pflege und Nutzung sowie schon bei der Anlage. Vor allem aber sollte man sich intensiv mit den Standortverhältnissen und den artenreichen Pflanzengemeinschaften beschäftigen, die letztlich die gewünschte Wiese bilden sollen.

Kleine Wiesenkunde

Anhand unterschiedlicher Standortbedingungen lassen sich etwa 300 Wiesentypen beschreiben. Ihre Entstehung hängt ab vom Klima, also von Sonneneinstrahlung und Niederschlägen, von zahlreichen Bodenfaktoren wie Bodenart, PH-WERT (S. 555), Nährstoff- und Kalkgehalt und nicht zuletzt von der Flächennutzung. Denn die Wiesen, wie wir sie kennen, konnten nur durch den in der Landwirtschaft üblichen seltenen, aber regelmäßigen Schnitt entstehen.

Für unsere Zwecke ist es sinnvoll, die wichtigsten Typen zu betrachten, wie sie in einem Garten vorkommen können. Da gibt es am einen Ende die **Feuchtwiesen**, die aufgrund nahen Grundwassers oder undurchlässiger Schichten ständig mehr oder weniger mit Wasser gesättigt sind. Man kennt aus dem Alpenraum herrliche Vorbilder mit Europäischen Trollblumen (*Trollius europaeus*) und Kuckuckslichtnelken (*Silene flos-cuculi*).

Bei einer **Fettwiese** ist der Untergrund zwar durchlässig, aber nahrhaft und lehmig, nicht sandig. In der Natur findet man sie oft als sogenannte Glatthaferwiese, in kultivierten Bereichen wird daraus die typische bäuerliche Blumenwiese.

Das Gegenstück sind nährstoffarme und warme, trockene Standorte. Hier gedeihen die **Magerwiesen**. Für den Bewuchs ist auch der Kalkgehalt entscheidend. Unter den kalkhaltigen Magerwiesen finden wir die artenreichsten Pflanzengesellschaften. Diese ziehen natürlich eine ebenso große Vielfalt von Insekten und anderen Tieren an. Auf noch extremere, kargere Standorte sind sogenannte **Steppen- oder Felsenrasen** spezialisiert.

Ein von den Bedingungen naheliegender Sonderfall ist die **Ruderalflora**, die sich im Garten häufig an Wegrändern, auf Schutt- und Kiesflächen einfindet. Dazu gehören so bekannte Kulturbegleiter wie Königskerze, Wegwarte oder Rainfarn. Hier schließt sich auch der **Schotterrasen** an, z. B. mit Leimkraut (*Silene vulgaris*), Rispengras und Rotschwingel.

Auch die **Saumgesellschaften** entsprechen häufigen Gartensituationen. Hierbei handelt es sich um wärmeliebende Arten, die sich am Wald- oder Heckenrand ansiedeln, wie Johanniskraut und Schafgarbe. Dabei ist allerdings noch zwischen sonnigen und feuchten Lagen zu unterscheiden.

Fette Wiesen – häufiges Mähen

Würde eine Wiese so häufig gemäht wie ein Rasen, blieben die wenigsten blühenden Kräuter erhalten. Wenn andererseits gar nicht gemäht wird, würden sich langfristig Gehölze etablieren. Durch die Häufigkeit der Mahd lässt sich beeinflussen, welche Pflanzen sich in einer Wiese durchsetzen, und umgekehrt erfordern bestimmte Wiesentypen eine gewisse Schnitthäufigkeit.

Auf nährstoffreichem Untergrund kann und muss häufiger gemäht werden, bevor die Stängel zu lang werden und umknicken. Bei einer Fettwiese ist dies daher drei- bis viermal pro Jahr nötig. Bei trockenen und mageren Wiesen hingegen kann man sich auf zwei Schnitte beschränken.

Saatgut für Wiesen

Wer in der Natur eine wunderschöne Blumenwiese entdeckt, gerät vielleicht in Versuchung, hier Samen zu sammeln, um damit im eigenen Garten zum gleichen Ergebnis zu kommen. Dies ist allerdings aus mehreren Gründen zum Scheitern verurteilt. Es beginnt damit, dass die Mehrzahl der attraktiven Wiesenblumen gesetzlich unter Naturschutz steht – auch die Entnahme von Samen ist nicht erlaubt. Und selbst wenn man das Gesetz übergeht, wird die Aussaat nur zu einem verschwindenden Anteil zur gewünschten Wiese führen. Denn die Pflanzen sind zum langfristigen Gedeihen, oft sogar schon zum Keimen, auf spezifische Standortbedingungen angewiesen, und in den seltensten Fällen werden die im Garten mit denen des Fundstandorts übereinstimmen.

Daher ist es letztlich die vernünftigste Lösung, eine geeignete Saatgutmischung bei einem Fachhändler zu besorgen.

Mischungen für jeden Bedarf

Sie können zwischen billigen und relativ hochpreisigen Wiesenmischungen wählen, an denen man längerfristig Freude hat, weil sie viel sorgfältiger zusammengestellt sind.

Verlockend wirken Mischungen mit einem hohen Anteil einjähriger Pflanzen, oft sogar fremder Herkunft, die sofort für bunte Blüten sorgen. Ein entsprechendes Bild auf der Samentüte deutet vielleicht das Aussehen im 1. Jahr nach der Aussaat an. Ab dem 2. Jahr aber, sobald sich der Bestand schließt, sind die meisten Blütenpflanzen schon wieder verschwunden.

Es empfiehlt sich, die Saatgutmischung auf die Standortbedingungen abzustimmen, damit sie gut gedeiht.

Einige Billigmischungen bestehen zu einem überhöhten Anteil aus Gräsern, wieder andere aus Leguminosen (Schmetterlingsblütlern). Der Rotklee z. B. neigt dann dazu, seltenere Blumen zu verdrängen. Üblicherweise sind Wiesenrispe, Rot- und Schafschwingel mit einem Anteil von etwa 20–50 % enthalten.

Kostengünstig produzierte Samen aus fernen Ländern bringen zwar die gewünschten Arten, aber oft auch völlig fremde Erbeigenschaften mit und verfälschen somit die Flora. Dabei gibt es vielfach schon innerhalb Deutschlands unterschiedliche Rassen bzw. Wildformen derselben Art. Verantwortungsvolle Samenzüchter setzen deshalb auf heimisches Züchtungsmaterial. Vereinzelt wird sogar eine „Standardmischung Nord" und „Süd" angeboten – vor dem Hintergrund, dass im Süden eher lehmige und im Norden eher sandige Böden vorherrschen und so auch unterschiedliche Pflanzeneigenschaften fördern.

Eine sogenannte Universalmischung enthält Samen für die ganze Bandbreite in Frage kommender Standorteigenschaften. Selbst wenn sie die genannten kritischen Punkte berücksichtigt, wird sich daher auf Dauer nur ein Bruchteil dieser Pflanzenarten durchsetzen.

Abmagern für die Vielfalt

Weil die artenreichsten Gesellschaften auf mageren Böden gedeihen, setzt sich so mancher ehrgeizige Gärtner zum Ziel, seinen Gartenboden diesen Bedingungen anzunähern. Doch alle Methoden, den Untergrund auszuhungern, erfordern Geduld. Wenn der Ausgangspunkt ein richtig „fetter", tiefgründig humoser Boden ist, sollten Sie daher besser eine Fettwiese oder auch eine blütenreiche Wildstaudenpflanzung anlegen.

Je trockener und nährstoffarmer der Boden ist, desto artenreicher wird die Wiese.

Das Aushungern besteht zunächst darin, die Fläche häufig zu mähen, den Grasschnitt abzutransportieren und nicht zu düngen. So werden langsam Nährstoffe abgeschöpft. Zusätzlich kann man immer wieder etwas Sand einstreuen.

Ab dem 2. oder 3. Jahr lässt man die Wiese höher wachsen und mäht seltener. Ab dem 4. Jahr schließlich wird nur noch zweimal

!

wir empfehlen

Standortangepasstes Saatgut

Bewährte Blumenwiesenzüchter haben für charakteristische Standortverhältnisse Mischungen mit jeweils etwa 20 bis 30 Blütenpflanzen und einigen Gräsern zusammengestellt. So können Sie zwischen Saatgut für trockenen, mageren bis hin zu feuchtem, nährstoffreichem Boden wählen.

Bei Blumenwiesenspezialisten kann man sich teils sogar das Saatgut individuell zusammenstellen lassen. Die höheren Kosten machen sich in den meisten Fällen durch ein entsprechend langlebiges Ergebnis bezahlt, für das der Züchter in der Regel haftet. Als Grundlage dienen möglichst genaue Angaben über Art, Feuchtigkeit, Nährstoffgehalte und pH-Wert des Bodens sowie über die landschaftliche Lage und etwaige Neigung des Geländes.

jährlich gemäht. Dadurch können auf Dauer andere Arten überleben als bei häufigem Schnitt. Auf diese Weise entwickelt sich innerhalb von etwa 10 Jahren aus einem Rasen eine Art Wiese. Die entspricht dann allerdings nicht unbedingt den Vorstellungen von einer „perfekten" Blumenwiese.

Einsäen und nachpflanzen

Die Entwicklung lässt sich in verschiedenen Stufen beschleunigen. Zum einen kann man die eine oder andere Blume in die Wiese einpflanzen und so deren Artenvielfalt gezielt erhöhen.

Etwas aufwendiger ist es, nach dem Abmagern den Bewuchs komplett abzustechen, so dass sich aus zufliegenden Samen eine völlig neue Wiesengemeinschaft einstellen kann. Zuvor lässt sich der Boden durch das Untergraben von Stroh weiter „aushungern", weil ihm bei dessen Rotte Stickstoff entzogen wird.

Am überzeugendsten wird in der Regel das Ergebnis, wenn Sie nach dem Abmagern eine BODENUNTERSUCHUNG (S. 537) vornehmen und danach eine standortangepasste Samenmischung einsäen.

Neuansaat einer Blumenwiese

Ob nach dem Abmagern oder bei der Anlage an einem Neubau: Zunächst sollte der Boden ähnlich wie für den Rasen vorbereitet werden (→ S. 255) – also Verdichtungen auflockern, Fremdkörper und unerwünschte Pflanzenwurzeln entfernen, Fläche modellieren. Bei Bedarf kann dabei noch ein größerer Zusatz von Sand oder Splitt in die Erde gemischt werden.

Nach 2 Wochen können Sie dann eine geeignete Samenmischung einsäen. Am besten eignet sich dafür der Zeitraum von April bis Juni oder auch September bis Mitte Oktober. Es empfiehlt sich, die Samen mit etwas Sand zu vermengen, um sie gleichmäßiger von Hand ausbringen zu können. Meist genügt es, die Aussaat anschließend gut anzudrücken. Wenn Sie rechen, sollten die Samen keinesfalls tiefer als einen halben Zentimeter unter die Oberfläche geraten. In den nächsten 6 Wochen ist dafür zu sorgen, dass die Fläche nicht austrocknet.

Nur bei gutem Wachstum ist es sinnvoll, bereits im Herbst des 1. Jahrs zu mähen. Seien Sie sich bewusst, dass es auch bei gezielter Ansaat ein paar Jahre dauern kann, bis sich eine geschlossene, reich blühende Pflanzengemeinschaft gebildet hat.

Die Pflege einer Blumenwiese

Die gute Nachricht: Eine echte Blumenwiese braucht nur zwei- bis dreimal im Jahr gemäht zu werden. Bei Magerwiesen geschieht dies Ende Juni bis Juli sowie Ende September bis Oktober – das ist noch rechtzeitig, bevor die Wiese zu hoch wächst. Auf etwas nährstoffreicheren und schneller wachsenden Wiesen wird die erste Mahd 4 Wochen, die zweite 6 Wochen früher notwendig, so dass am Jahresende ein weiterer Schnitt fällig ist.

Die schlechten Nachrichten: Erstens sollte die Wiese in den Wochen vor der Mahd nicht betreten werden. Vereinzelte Wege können Sie allerdings durch regelmäßiges Mähen freihalten. Und zweitens muss man für den seltenen Schnitt zu besonderen Geräten greifen, um der hohen Gräser und Blütenstängel Herr zu werden.

Die größte Artenvielfalt lässt sich auf nährstoffarmen Böden erzielen. Daher kann es auch nicht sinnvoll sein, eine Wiese zu düngen. Wenn die Pflanzen den Standortbedingungen angepasst sind, bleibt die Gemeinschaft ohne störende Veränderungen am stabilsten.

Spezielle Mäher für Wiesen

Das Arbeiten mit der **Sense** will gelernt sein und ist nicht jedermanns Sache. Wesentlich leichter lässt sich eine **Motorsense** handhaben. Sie ist jedoch mit ihrem scheibenförmigen Messer nicht ganz ungefährlich. Man hängt sich zum Arbeiten den zugehörigen Tragegurt um den Hals und kann das Gerät an langem Stiel auch in schlecht zugängliche Ecken lenken.

Lange Zeit waren **Balkenmäher** die gängigste Technik für den großflächigen Wiesenschnitt. Nicht zuletzt aufgrund der gefährlichen offenen Messerbalken sind sie jedoch aus der Mode gekommen.

Die verbesserte Alternative sind **Allesmäher**, in rasenmäherähnlicher Form oder als Aufsitzmäher. Weil der Antrieb ihres starken Sichelmessers von der Motorwelle abgekoppelt ist, kommen sie gut mit Steinen und anderen Fremdkörpern zurecht. Bis zu kniehohes Gras wird geschnitten und gleich zerkleinert. Manche Modelle haben ein einzeln aufgehängtes Vorderrad, was die Beweglichkeit erhöht.

Hinweise zur Mahd

Da eine artenreiche Blütenwiese auch unzählige Tiere anlockt, sollten Sie beim Mähen möglichst darauf achten, dass Sie keine Igel oder Jungtiere von Wild verletzen. Außerdem wird mit den Blüten die Lebensgrundlage zahlreicher Insekten vernichtet. Deshalb ist zu überlegen, ob Sie eine große Blumenwiese nicht besser in zwei Schritten mähen, mit 2 bis 3 Wochen Abstand, so dass die Blütenbesucher nur vorübergehend ausweichen müssen.

Wenn Sie zwischendurch einmal einen Monat später mähen, ermöglichen Sie es, dass viele Samen ausreifen und für eine eigenständige Nachsaat sorgen.

Das Schnittgut ist unbedingt von der Wiese abzurechen. Nicht nur aus optischen Gründen, sondern auch, weil die bei der Rotte freigesetzten Nährstoffe nicht erwünscht sind. Und vor allem, weil die langen, trockenen Stängel nicht so leicht verrotten, selbst, wenn sie von einem Allesmäher gut zerkleinert werden.

Um den Wiesenschnitt zu kompostieren, sollte man feuchteres und stickstoffreicheres Material wie Küchenabfälle oder Rasenschnitt hinzufügen, um ausgeglichene Bedingungen zu schaffen.

Wer den Schwung beherrscht, greift für die Wiesenmahd zur Sense – ansonsten zu speziellen Mähern.

Bodendecker – Alternative zum Rasen

Trotz Schatten und Wurzeldruck gedeihen unter Bäumen einige hübsche Bodendecker.

WIE EINGANGS SCHON kurz beschrieben, gibt es neben dem Rasen noch andere Möglichkeiten, eine größere Fläche mehr oder weniger einheitlich mit lebenden Pflanzen zu bedecken. Vor allem im Schatten, wo Rasengräser schlecht gedeihen, ist es sinnvoll, auf Bodendecker auszuweichen. Aber auch an besonders sonnigen, trockenen Standorten oder in Hanglagen bieten sich Bodendecker an. Nicht zuletzt ersparen sie einem das Mähen, dazu haben sie teils auch noch zierende Attribute. Begehbar wie ein Rasen sind solche Pflanzen in der Regel jedoch nicht.

Sie können auf ein großes Artenspektrum zurückgreifen, von flach dem Boden aufliegenden oder auch kleinen, aufrechten ▶ STAUDEN (S. 562) bis hin zu niedrigen oder kriechenden Gehölzen, die alle eine mehr oder weniger geschlossene Decke bilden. Manche Bodendeckergehölze hüllen sich in besonders dunkles Grün, manche Stauden in gelbe oder rötliche Töne oder in silbergraues Laub. Blüten setzen zusätzlich Farbakzente.

Immergrüne Arten erfüllen die Aufgabe der Bodenbedeckung besonders effizient, weshalb gern auch Nadelgehölze zum Einsatz kommen. Bei sommergrünen Arten bleibt der Boden im Winter unbedeckt.

Welche Art für welchen Standort?

Entscheidend für das Gelingen einer bodendeckenden Pflanzung ist die standortgerechte Auswahl der Pflanzen; nur dann können sie langfristig gedeihen und den erwünschten Teppich bilden.

Neben flachwüchsigen Gehölzen gehören auch einige Klettergehölze wie z. B. Efeu zu den Kandidaten, weil sie auf dem Boden kriechen, wenn ihnen kein Klettergerüst zur Verfügung steht. Winterharte Stauden wirken oft etwas lebendiger als Gehölze. Sie ziehen sich in der Mehrzahl über Winter in die Wurzeln zurück, um erst im Frühjahr wieder auszutreiben. Allerdings gibt es zahlreiche wintergrüne Arten, die ihr Laub über den Winter größtenteils behalten und erst im Frühjahr erneuern.

Der Großteil der Stauden erzielt mit Hilfe von ▶ AUSLÄUFERN (S. 534) einen flächigen Wuchscharakter. Andere bilden wallende Polster, die strenge Ränder und Kanten auflockern. Im Garten sind eine Menge solcher Polsterstauden bekannt, wie Teppichphlox, Blaukissen oder Steinkraut. Im engeren Sinne allerdings bezeichnet man sie nicht als Bodendecker.

Die wichtigsten und beliebtesten Bodendecker zeigt Ihnen die Tabelle auf S. 265 im Überblick. Eine umfangreichere Auswahl finden Sie auf S. 448–449.

Bodendecker für die Sonne

Arten für diesen Standort sollten Hitze und Trockenheit gut vertragen. Das Laub solcher Pflanzen ist deshalb häufig klein und derb, auch behaart, teilweise sogar wasserspeichernd.

Aufgrund ihres dichten Wachstums und ihrer Robustheit sind Zwergmispelarten wie *Cotoneaster dammeri* oder *C. adpressus* die meistverwendeten Laubgehölze unter den Bodendeckern. Sie unterdrücken Unkraut recht effektiv und eignen sich gut, um größere Böschungen zu befestigen, ebenso wie das Großblütige Johanniskraut (*Hypericum calycinum*), das auch Teppichjohanniskraut genannt wird. Die Zwergmispeln vertragen noch Halbschatten, das Johanniskraut sogar stärkere Beschattung. Die Königin, auch in dieser Funktion, ist aufgrund ihrer Blütenfülle die Rose. Zahlreiche Sorten werden als Flächen- oder Bodendeckerrose geführt. Man unterscheidet Sorten mit flach niederliegendem Wuchs, z. B. 'Mainaufeuer' oder 'Repandia', und breit aufrecht wachsende, z. B. 'Palmengarten Frankfurt'. Die Höhen schwanken dabei zwischen 30 und 80 cm. Bogig überhängende Sorten werden schon einmal 1 m hoch und sind dann tatsächlich eher Flächen- als Bodendecker (→ auch S. 293 und S. 443).

Unter den mehr oder weniger anspruchslosen Stauden gibt es auch einige horstbildende Gräser, z. B. für durchlässige Böden das Bärenfellgras (*Festuca gautieri*) sowie den Blauschwingel (*F. cinerea*), die nicht gemäht werden und so attraktive Graspolster bilden. Als Spät- und Winterblüher für kleine Flächen sind auch die Heidearten (*Erica* und *Calluna*, → S. 428, S. 426) erwähnenswert, auch wenn man sie oft nicht zu den eigentlichen Bodendeckern zählt.

Bodendecker für sonnige, steinige Böschungen

Solche Standorte mit geringer Humusschicht oder besonders durchlässigem Untergrund stellen hinsichtlich der Hitze- und Trockenheitsverträglichkeit hohe Anforderungen. Deshalb verwendet man hier vor allem Gewächse, die aus dem Steingarten bekannt sind, wie Hauswurz (*Sempervivum*), Silberwurz (*Dryas*), Fetthennearten (*Sedum*) und Thymian.

Bodendecker für den Schatten

Das Angebot für diese Standorte ist besonders wertvoll, weil hier der Rasenwuchs aufgrund der eingeschränkten Bedingungen an seine Grenzen stößt. Und wie zum Trost finden sich hier zahlreiche, mitunter hübsch blühende Arten.

Im tiefen Schatten, z. B. als Unterwuchs von Gehölzen, lassen sich Haselwurz (*Asarum europaeum*) mit seinen kräftig grünen Herzblättern oder das dankbare Immergrün (*Vinca minor, V. major*) verwenden, ein von Frühling an blau blühendes Kriechgehölz. Aufgrund seiner Wüchsigkeit ist es sehr gut für größere Flächen geeignet.

Auch der Efeu fühlt sich hier wohl. Von ihm gibt es unzählige Sorten mit leicht unterschiedlichem Erscheinungsbild. Er braucht nur einen gewissen Humusanteil. Ansonsten stellt er wenig Ansprüche.

Unter den *Sedum*-Arten gibt es mehrere Bodendecker für sonnige Lagen.

Noch wesentlich größer ist die Auswahl für den Halbschatten, also lichte oder teilweise besonnte Schattenlagen hinter Gebäuden oder unter hohen Baumkronen.

Beliebte Bodendecker

NAME	WUCHS; HÖHE	BLÜTE	STANDORT; HINWEISE
Haselwurz *Asarum europaeum*	immergrüne Staude, kriechendes Rhizom; 5–10 cm	rotbraun März – Mai	halbschattig bis schattig; humoser, frischer, kalkhaltiger Boden; ganze Pflanze giftig
Zwergmispel *Cotoneaster*-Arten	immergrüne, wintergrüne oder sommergrüne Kriechgehölze; je nach Art und Sorte 20–150 cm	weiß bis rötlich Mai – Juni	sonnig bis halbschattig; anspruchslos, bevorzugt humoser, kalkhaltiger Boden; Früchte schwach giftig (→ S. 427)
Bärenfellgras *Festuca gautieri*	immergrünes Gras, polsterförmig; 10–20 cm, Blütenrispen bis 40 cm	grünlich gelb Juni – Juli	bevorzugt sonnig, auch absonnig bis halbschattig; gut durchlässiger Boden
Efeu *Hedera helix*	immergrünes Kriech- und Klettergehölz; 10 cm	hellgrün Sept. – Okt.	halbschattig bis schattig; anspruchslos; ganze Pflanze giftig (→ S. 438)
Großblütiges Johanniskraut *Hypericum calycinum*	immergrüner Halbstrauch, kriechend; 20–30 cm	gelb Juli – Sept.	sonnig bis schattig; durchlässiger Boden; gut für Böschungen (→ S. 429)
Kriechwacholder *Juniperus horizontalis*	immergrünes Nadelgehölz, niederliegend bis kriechend; 20–100 cm	–	sonnig bis absonnig/halbschattig; anspruchslos (→ S. 429)
Dickmännchen *Pachysandra terminalis*	immergrüner Halbstrauch, bildet bald dichte Teppiche; 20–30 cm	weiß April – Mai	halbschattig bis schattig; anspruchslos; ganze Pflanze schwach giftig
Flächen-, Bodendeckerrosen *Rosa* in Sorten	Kleinsträucher; je nach Sorte 20–120 cm	rosa, rot, weiß oder gelb ab Juni	bevorzugt sonnig, teils auch halbschattig; lockerer Boden (→ S. 443)
Sandthymian *Thymus serpyllum*	immergrüner Halbstrauch, bildet Polster; 5 cm	weiß oder rosaviolett Juni – Sept.	sonnig, trocken, warm; duftend
Kleines Immergrün *Vinca minor*	immergrünes Kriechgehölz; 20 cm	violettblau April – Mai	halbschattig bis schattig; humoser, kalkhaltiger Boden; ganze Pflanze giftig
Golderdbeere *Waldsteinia ternata*	immergrüne Staude, bildet Teppiche; 10 cm	gelb April – Mai	halbschattig bis schattig; humoser Boden; rasch deckend

Das Immergrün ist ein kriechendes Gehölz für den Schatten, das im Frühjahr hübsche Blüten trägt.

Das Dickmännchen (*Pachysandra terminalis*) z. B., auch Ysander genannt, ist eigentlich ein immergrüner Halbstrauch mit ledrigen Blättern. Die aufrechten Triebe an den zahlreichen Ausläufern können einen großflächigen Teppich bilden, ebenso wie die Horste der wintergrünen Japansegge (*Carex morrowii*).
Eine bewährte Staude für Schatten und Halbschatten ist die Golderdbeere (*Waldsteinia ternata*). Ihre ausläufertreibenden Horste mit dem hellen, erdbeerähnlichen Laub zeigen im Frühjahr kleine, dottergelbe Blütensterne.

„Duftrasen" aus aromatischen Kräutern

Der Begriff ist etwas irreführend: Ein Duftrasen besteht nicht aus Gräsern, und in den meisten Fällen bedeckt man damit auch keine großen Flächen. Immerhin wählt man dazu schnittverträgliche Arten. Und der Duft lässt jedenfalls nichts zu wünschen übrig.
Gemeint ist eine flächige Pflanzung aromatischer Kräuter, die den Verweilenden oder auch den Passanten in eine Geruchswolke hüllen, die das Wohlbefinden fördern soll. Die Idee stammt aus englischen Gärten und hat mittlerweile auch andernorts viele Freunde gefunden.
Ein Duftrasen kommt schon bei kleiner Fläche zur gewünschten Wirkung, wenn man beispielsweise einen Plattenweg oder einen Sitzplatz mit den aromatisch riechenden Gewächsen umrahmt oder gar die Sitzfläche einer steinernen Bank, mit einer geringfügigen Humusauflage, damit bepflanzt.

Schnittverträgliche Duftkräuter

Entscheidend für die Auswahl unter den bewährtesten Duftrasenarten ist der Standort. Die Römische Kamille (*Chamaemelum nobile*) beispielsweise duftet intensiv fruchtig und verträgt keine Staunässe. Ansonsten gedeiht die immergrüne Staude recht anspruchslos.
Ebenfalls eher sonnig trockene Standorte bevorzugen Sandthymian (*Thymus serpyllum*), Feldthymian (*T. pulegioides*), Zitronenthymian (*T.* x *citriodorus*) und Kümmelthymian (*Thymus* 'Herba-Barona'). Bei den beiden letztgenannten ist das Aroma der Blätter schon im Namen beschrieben. Der Zitronenthymian blüht am reichsten, aber nicht so dauerhaft wie der Sandthymian, dessen Blüten von Juni bis September Insekten anlocken.
Die Poleiminze (*Mentha pulegium*) braucht anders als die Vorgenannten feuchte, eher schattige Standorte, auch gern am Rand eines Wassergartens. Das Laub duftet mild nach Minze, von Juli bis September schmückt sich die Pflanze mit hellvioletten Blüten.

Pflanzung und Pflege von Bodendeckern

Um einen einheitlichen Pflanzenteppich zu erhalten, muss man den Boden ähnlich sorgfältig vorbereiten wie für einen Rasen (→ S. 255). Vor allem sind beim Lockern die Wurzeln potenzieller Unkräuter sowie Fremdkörper auszulesen.
Die Beeinflussung der Bodenqualität allerdings hängt von der gewählten Pflanzenart ab, denn im großen Spektrum der Bodendecker gibt es ja die unterschiedlichsten Ansprüche. Und das sollte man nutzen, um eine standortangepasste Wahl zu treffen – es wäre wesentlich aufwendiger, die Eigenschaften des Standorts den Anforderungen der Lieblingspflanze anzugleichen. Freilich bleibt es in einem gewissen Rahmen möglich, den Boden durch Zusatz von Kompost, Sand, Torf, Kalk oder Dünger zu verbessern.
Damit die Bodendecker innerhalb von spätestens 3 Jahren zu einer geschlossenen Decke zusammenwachsen, muss man sie dicht genug pflanzen – allerdings auch nicht so eng, dass sie sich schon bald gegenseitig bedrängen. Die üblichen Pflanzdichten reichen von etwa 3 bis 4 Exemplaren/m² bei breitwüchsigen Gehölzen bis hin zu 8 bis 12 Stück/m² bei kleinen Stauden (→ Tabellen S. 448–449).
Der Aufwand für die anschließende Pflege ist gering – das ist ja auch ein Ziel einer derartigen Bodenbedeckung. Bei gelungener Planung sind Schnitt und Unkrautjäten selten nötig bis überflüssig.
Winterliche Ausfälle kommen bei den Stauden etwas häufiger vor als bei Gehölzen. Durch gelegentlichen Rückschnitt kann man jedoch die Verzweigung und damit einen besseren Schluss der Pflanzendecke fördern. Blühende Arten verursachen ab und an Arbeit, wenn die verwelkten Blüten ausgeputzt werden müssen. Bei stark ausläuferbildenden, wuchernden Arten wie etwa dem Günsel muss man zuweilen die Ränder der Pflanzfläche abstechen. Das gelingt am einfachsten mit einem Spaten.

!

wir empfehlen

Fetthennen und Nelken als „Dachbodendecker"

Streng genommen bestehen auch extensive Dachbegrünungen aus Bodendeckern, meist in einer Gemeinschaft von Gräsern und Blütenstauden.
Auf den oft dünnen Erdauflagen spielen Fetthennearten (*Sedum*) eine herausragende Rolle; so beispielsweise Scharfer Mauerpfeffer (*S. acre*) und Weiße Fetthenne (*S. album*), Mauerpfeffer bzw. Tripmadam (*S. reflexum*) und Kaukasusfetthenne (*S. spurium*).
Ab 5 cm Substratstärke bilden verschiedene Nelkenarten einen attraktiven Blickfang, allen voran die Kartäusernelke (*Dianthus carthusianorum*) mit ihren purpurroten Blütenköpfchen.

Rasenschädlinge und -krankheiten

AUCH RASEN BLEIBT NICHT von Schädlingen und Krankheiten verschont. Meist kann man es daran erkennen, dass eine Teilfläche vergilbt oder verbräunt. Den vielerlei möglichen Schadursachen können Sie am besten vorbeugen, indem Sie Boden und Pflanzen entsprechend ihren Ansprüchen pflegen. Ohnehin lässt sich durch Regulierung der Wachstumsbedingungen ein lebendiges System wie der Rasen langfristig wirkungsvoller beeinflussen als durch übereilten Einsatz giftiger Präparate. Gerade bei den teils schwer zu bestimmenden Schadursachen im Rasen empfiehlt es sich, die Beratung des Fachhandels oder des zuständigen Pflanzenschutzdiensts (→ auch S. 194) in Anspruch zu nehmen.

Schädlinge im Rasen

Am leichtesten hat es der Gärtner, wenn ein Schadsymptom deutlich sichtbar ist und auch eindeutig einem Verursacher zugeordnet werden kann.

Erdige Hügellandschaft

Wer kennt sie nicht, die typischen Erdaufhäufungen mitten in Rasen- und Wiesenflächen, die besonders häufig nach Ende des Winters ins Auge fallen? Zu den ersten Rasenarbeiten im Jahr gehört daher oftmals das Einebnen der Hügel mit Hilfe von Stiefel und Rechen. Bei größeren Fehlstellen muss eventuell nachgesät werden.
In der Mehrzahl der Fälle ist dafür der **Maulwurf** verantwortlich. Der unter Naturschutz stehende Wühler darf nicht getötet, sondern bestenfalls vertrieben werden (→ S. 207). Wenn es sich beim Täter dagegen um eine **Wühlmaus** handelt, darf man auch zu drastischeren Mitteln wie Fallen oder Giftködern (→ S. 207) greifen. Der Unterschied lässt sich am besten anhand einer „Verwühlprobe" erkennen: Der Maulwurf reagiert meist innerhalb weniger Stunden auf einen zerstörten Eingang und bringt ihn wieder in Schuss. Außerdem sind seine Gänge rundlicher, bei der Wühlmaus eher flacher.

Regenwurmhäufchen

Auch der Regenwurm hinterlässt Häufchen. Diese allerdings sind naturgemäß wesentlich kleiner und nur bei genauem Hinschauen erkennbar. Und eigentlich sind die in den Ausscheidungen enthaltenen Ton-Humus-Komplexe für den Boden wertvoll. Doch wer besonderen Wert auf einen perfekten Rasen legt, kann sich dadurch gestört fühlen. Ihrem Entstehen lässt sich vorbeugen, indem man Schnittmaterial, Laub und andere organischen Reste sorgfältig vom Rasen recht.

Insekten als Störenfriede

Massiver sind die Schäden durch Insekten bzw. deren unterirdisch lebende Larven, z. B. die des **Gartenlaubkäfers**, des **Schnellkäfers** (als Drahtwürmer bekannt) oder des **Eulenfalters**, die im engeren Sinn als **Erdraupen** bezeichnet werden. Diese Larven lassen sich für den Laien kaum voneinander unterscheiden; aber alle drei nagen an den Graswurzeln. Wenn Sie erreichen, dass der Rasen besonders dicht wächst, und ihn dabei nicht zu kurz schneiden, kann das die Insekten bei der Eiablage behindern.
Die Larven der langbeinigen **Wiesenschnaken** (*Tipula*) fressen nicht nur an den Wurzeln, sondern sogar an den Halmen. Diese gefräßigen Tiere kann man mit Häufchen aus gezuckerter Weizenkleie ködern, um sie bevorzugt nachts dort abzusammeln.
Notfalls kann man, nach eindeutiger Identifizierung, gegen die unterirdischen Schädlinge ein Pflanzenschutzmittel einsetzen. Gegen Gartenlaubkäfer- und Wiesenschnakenlarven gibt es im Fachhandel Nützlingspräparate aus Nematoden, die die Schädlinge parasitieren. Sie werden in Wasser aufgelöst und auf den Boden gegossen.

Der Maulwurf ist für unliebsame Erdanhäufungen im Rasen verantwortlich.

Erdraupen treten in Nestern auf und nagen an den Graswurzeln.

Bei der Rotspitzigkeit zeigt sich nach einiger Zeit ein rötliches Pilzgeflecht.

1

2

3

1 Hexenringe haben nichts mit Magie zu tun, sondern mit Hutpilzen.
2 Der Schneeschimmel wird meist nach der Schneeschmelze sichtbar.
3 Tiefwurzelnde Unkräuter lassen sich mit solchen Greifern fassen.

Winzige Würmchen

Während sich bestimmte Nematoden gegen Schädlinge einsetzen lassen, gibt es andere, die selbst als Pflanzenschädlinge auftreten (→ S. 203), so auch im Rasen. Bei diesen mikroskopisch kleinen Fadenwürmern ist die Diagnose besonders schwierig.

Die im Boden lebenden **Wurzelgallenälchen** erzeugen durch ihre Saugtätigkeit Gallen an den Wurzeln, hauptsächlich im späten Frühjahr. Der Gärtner bemerkt zunächst nur an einzelnen Stellen einen dünneren Bewuchs, später bei Trockenheit können sich daraus ganze Fehlstellen entwickeln. Ihm bleibt nichts anderes übrig, als diese Flächen abzustechen und neu anzusäen. Denn es gibt gegen diese häufigen, winzigen Schädlinge leider kein zugelassenes Präparat zur direkten Bekämpfung.

Rasenkrankheiten

Verschiedene pilzliche Schaderreger können Wachstumsmängel und Ausfälle im Rasen verursachen. Aber auch völlig andere Einflüsse sollten Sie nicht außer Acht lassen.

Wenn die Halme vergilben und verbräunen, kann das beispielsweise durch Trockenheit, aber auch Staunässe verursacht sein, durch Nährstoffmangel oder auch durch unsachgemäße Düngung, durch einseitige Belastungen, durch die vorgenannten Insektenlarven oder gar durch Hundeurin. Es empfiehlt sich also, alle möglichen Faktoren zu bedenken und möglichst sicher auszuschließen, bevor Sie zu einem ▶ FUNGIZID (S. 543) greifen.

Hexenring und Schneeschimmel

Ein **Hexenring** lässt sich am leichtesten anhand seiner Fruchtkörper, nämlich der Hutpilze, die aus dem unterirdischen ▶ MYZEL (S. 553) durch die Oberfläche dringen, identifizieren. Einige Arten bilden dabei im Rasen einen deutlichen Kreis, der im Lauf der Jahre wächst. In dessen Innenraum stirbt das Gras mit der Zeit völlig ab.

Auch der **Schneeschimmel** ist aufgrund seiner Symptome unverwechselbar: Im Spätwinter oder zeitigen Frühjahr, sobald der Schnee schmilzt, wird auf dem Rasen ein weißliches Pilzmyzel sichtbar. In manchen Bereichen stirbt der Rasen dadurch ab. Dies passiert vor allem, wenn er im Jahr zuvor noch spät mit Stickstoff gedüngt wurde.

Halmverfärbungen

Bei der sogenannten **Rotspitzigkeit** entwickelt sich ein rötliches Pilzgeflecht mit geweihartigen Formen an den Spitzen mancher Halme, nachdem anfangs nur gelbliche bis bräunliche Verfärbungen zu sehen waren. Die Befallsstellen sind etwa so groß wie ein Ball.

Bei der **Rostkrankheit** zeigen sich stäubende, häufig rötliche Pusteln an den Gräsern, vor allem bei anhaltender Trockenheit. Von anfänglichen Nestern ausgehend, breitet sich die Erscheinung im Bestand aus.

Darüber hinaus gibt es mehrere Pilzerreger, deren Symptome unter dem Begriff **Blattfleckenkrankheiten** zusammengefasst werden. Auch wenn die Flecken unterschiedliche Farben und Formen aufweisen, so können sie doch alle zu flächigen Absterbeerscheinungen führen.

Vorbeugung gegen Pilzkrankheiten

Wichtiger und sinnvoller als die Bekämpfung mit chemischen Präparaten ist die sachgerechte Pflege des Rasens, durch die sich die Wahrscheinlichkeit eines Pilzbefalls drastisch reduzieren lässt.

Beregnen Sie die Fläche nur nach längerer Trockenheit, so dass Boden und Pflanzen immer wieder abtrocknen können. Regelmäßiges Vertikutieren und ausgewogene, eher zurückhaltende Düngung sind ebenfalls wichtige Vorbeugungsmaßnahmen. Und mähen Sie regelmäßig, aber lieber nicht zu tief – auch das fördert die Entwicklung einiger Schadpilze. Entfernen Sie bei Anzeichen für einen Pilzbefall auch besser das Mähgut gleich nach jedem Schnitt.

Unkräuter im Rasen

In einem perfekten Zierrasen wird jedes blühende Kräutlein zum Störfaktor zwischen den einheitlich grünen Halmen. Um nicht ständig mit ▶ HERBIZIDEN (S. 545) hantieren zu müssen, beugt man am besten schon von Anfang an durch geeignetes Saatgut, fachgerechte Bodenvorbereitung und Aussaat sowie schließlich durch möglichst optimale Pflege vor. Durch häufigen tiefen Schnitt sowie durch regelmäßige Nährstoffgaben können Sie gleichermaßen die Kräuter schwächen wie auch die Bildung eines dichten Teppichs fördern, in dem Unkräuter keine Chance haben.

Lassen sich dennoch manche Unkräuter nicht vertreiben, dann sollten Sie der Sache mit Hilfe einer Bodenprobe auf den Grund gehen. Sie bringt dann meist einen Hinweis darauf, mit welchen Maßnahmen entscheidende Verbesserungen zu erreichen sind. Bis dahin können Sie einzelne Unkräuter bzw. Horste gezielt von Hand ausstechen. Hierfür gibt es spezielle Unkrautstecher, die es erleichtern, Löwenzahn und ähnliche Pflanzen mitsamt dem Wurzelwerk aus dem Boden zu ziehen.

WAS TUN, WENN ...

... die Blumenwiese nicht so bunt blüht wie erwartet?

URSACHE:

Inwieweit sich blühende Arten durchsetzen können, hängt sehr stark davon ab, ob die gewählte Wiesenmischung zu den Bodenverhältnissen passt (→ S. 261–263). Bei Samenmischungen mit hohem Anteil einjähriger Blumen „verpufft“ zudem die Blütenpracht meist nach dem 1. Jahr.

MASSNAHMEN:

› Die Pflanzenvielfalt lässt sich durch gezielte Einsaat passender Wiesenblumen in die gewünschte Richtung lenken. Reißen Sie dazu die Pflanzendecke nach einem Mähgang gründlich auf und streuen Sie etwas Sand und kohlensauren Kalk in den offenen Boden.

› Einzelne Stellen können zu diesem Zweck komplett vom Bewuchs befreit werden. Man kann auch im Frühjahr vorgezogene Wiesenblumen einpflanzen, die speziell zu den vorhandenen Standortbedingungen passen. Damit sie nicht zu sehr bedrängt werden, empfiehlt es sich, mindestens 5 cm rund um die Pflanzstelle die Pflanzendecke zu entfernen.

... Moos den Rasen verdrängt?

URSACHE:

Moos ist vor allem ein Problem auf schattigen Rasenflächen (→ Abb. unten links). Es verdrängt dabei allerdings nicht von sich aus den Rasen, sondern füllt nur die Lücken, die jener bei ungünstigen Bedingungen hinterlässt. Diese bestehen neben mangelhafter Belichtung in staunassem, verdichtetem, versäuertem oder nährstoffarmem Boden.

MASSNAHMEN:

Schon bei der laufenden Pflege sollten Sie den Mäher nicht zu tief einstellen und regelmäßig das Moos herausrechen. Mit einem Vertikutierer lässt sich auch der Bodenfilz erfassen, der die Wachstumsbedingungen für das Moos fördert. Wiederholtes Einarbeiten von Reifekompost verbessert Bodenstruktur und Nährstoffangebot, Sand unterstützt die Durchlässigkeit. Kalkgaben gleichen einen übersäuerten Boden aus. Wenn es nötig ist, können Sie auch zu chemischen Präparaten greifen, am besten im Frühjahr. Als relativ umweltverträglich gilt das Eisen-II-Sulfat. Nach dem Absterben und Entfernen des Mooses ist oft eine Nachsaat erforderlich.

... der Rasen Kahlstellen bekommt?

URSACHE:

In heißen Sommern leiden Rasenflächen unter der anhaltenden Trockenheit. Auch durch ständige starke Beanspruchung sowie durch Schädlinge und Krankheiten können Kahlstellen entstehen.

MASSNAHMEN:

Meist ist es einfacher und wirkungsvoller, gleich nachzusäen, als den Rasen durch intensive Pflege wieder beleben zu wollen. Mit einem speziellen Nachsaatrasen können Sie auch in die alte Grasnarbe einsäen, ohne den ganzen Bewuchs mühsam zu entfernen (→ Abb. unten rechts). Nachsaatmischungen enthalten besonders robuste, durchsetzungsfähige Gräser, die die Lücken rasch wieder schließen.
Mähen Sie den Rasen zuvor so tief wie möglich. Danach rauen Sie den Boden mit einem Rechen auf und entfernen alle störenden Materialien. Die Aussaat erfolgt ansonsten wie auf S. 256 beschrieben. Anschließend können Sie noch einen Dünger ausbringen, sofern er nicht schon in der Saatgutmischung enthalten war.

3

Ziergehölze

Langlebige Gehölze bilden das strukturelle Rückgrat eines Gartens und verleihen ihm einen ganz eigenen Charakter. Daher sind sie ein wesentlicher Bestandteil jeglicher Gartengestaltung.

Botaniker zählen alle langlebigen Pflanzen mit einer tragenden Gerüststruktur aus Holz zu den Gehölzen. Diese Definition schließt auch alle gärtnerischen Gehölze ein, mit Ausnahme des Bambus, der botanisch zu den Gräsern gehört.
Gehölze – so unterschiedlich sie auch sein mögen – zeichnen sich durch eine Reihe von Gemeinsamkeiten aus: Ihr stabiles, verholztes Wurzelwerk ist groß genug, um das Gehölz sicher zu verankern und es mit Wasser und Bodennährstoffen zu versorgen. Aus der Wurzel entspringen ein oder mehrere Stämme, an denen die Seitentriebe mit Blättern, Blüten und Früchten gebildet werden. Gehölze wachsen durch Verlängerung der Triebe in die Höhe und Breite, während Stämme und Äste durch Dickenwachstum an Umfang zunehmen.
Wichtig für den Gärtner ist die Art der Belaubung: **Laubgehölze** tragen flächig ausgebreitete Blätter, die gewöhnlich zu Beginn der kalten Jahreszeit abgeworfen werden. **Nadelgehölze** oder **Koniferen** behalten dagegen ganzjährig ihre Nadeln, sie sind immergrün. Ihr Blattwechsel erfolgt fast unmerklich in kleinen „Schüben" und in größeren Abständen. In beiden Gruppen gibt es allerdings Ausnahmen. Einige Nadelgehölze, z. B. die heimische Lärche, werfen ihre Nadeln ab, während manche Laubgehölze – etwa Efeu, Stechpalme oder Lorbeerkirsche – immergrün sind. Bei den **wintergrünen Laubgehölzen** (auch Halbimmergrüne) bleiben die Blätter zwar den Winter über an den Zweigen, werden aber im nächsten Frühling durch neues Laub ersetzt, so etwa bei Feuerdorn und manchen Berberitzen.

Die Wuchsformen

Bäume zeichnen sich durch einen einzigen Hauptstamm aus, der zumindest im unteren Teil astlos bleibt. Ab einer bestimmten Höhe zweigen davon die Haupt- und Seitenäste ab. Bei den meisten Nadelbäumen wächst der Haupttrieb bzw. Stamm deutlich stärker als die Seitentriebe, daraus resultiert eine relativ schmale, aufstrebende Krone. Bei vielen Laubbäumen wachsen auch die Seitentriebe stärker, so dass eine breite bis kugelige Kronenform entsteht. Neben der Wuchshöhe der meisten Bäume gibt es ein weiteres, wichtiges Unterscheidungsmerkmal zu den Sträuchern: **Sträucher** wachsen stets mit mehreren Stämmen, die sich näher am Boden verzweigen. Allerdings sollte man diese Definition nicht zu streng verstehen, denn es gibt Gehölze, die sowohl strauch- als auch baumförmig wachsen können – von Natur aus bzw. durch Zucht oder Schnitt herbeigeführt.
Die **Klettergehölze** nehmen eine Sonderstellung ein. Zwar bilden auch sie verholz-

In diesem Kapitel:

Kleinbäume mit kugeliger Krone brauchen nur wenig Standraum.

Cornus alba 'Sibirica' ist dank der scharlachroten Rinde immer attraktiv.

Säulenförmige Gehölze sorgen für Höhe, ohne den Blick zu verstellen.

te Stämme und Zweige, „investieren" aber weniger Nährstoffe und Energie in tragende Strukturen. Stattdessen verankern sie sich an einer Unterlage, die als Stammersatz die Stützfunktion übernimmt.

Wachstum und Verzweigung der Gehölze

Wachstum und Verzweigung bestimmen einerseits das Aussehen, sind andererseits aber auch wichtige Kenngrößen für den Schnitt und die Pflege eines Gehölzes.
Um die Verhältnisse zu verdeutlichen, betrachten wir die Vorgänge eines laubabwerfenden Strauchs über die Vegetationsperiode: Wenn die Temperaturen im Frühling ansteigen, kommt Leben in die **Knospen.** Sie stammen noch aus dem Vorjahr und haben den Winter in ausgetrocknetem Zustand und durch derbe Hüllblättchen geschützt gut überstanden.
Die Spitzenknospe am Ende jedes Zweigs ist für die Verlängerung verantwortlich – aus ihr wächst der diesjährige Zuwachs. Auf den Zweigen haben die **Blattknospen** überwintert. Sie öffnen sich nun, die Blätter breiten sich aus und beginnen zu wachsen. In dem Winkel zwischen Blattstiel und Zweig, der Blattachsel, sitzen winzige, manchmal mit bloßem Auge nicht sichtbare **Achselknospen.** Die Stelle, an der die Blätter und die Achselknospen entspringen, wird als Knoten bezeichnet. Wachsen die Achselknospen eines Knotens aus, entstehen Seitentriebe. Manche jedoch, die sogenannten **schlafenden Augen,** verharren zunächst in Ruhe. Sie treiben oft erst dann Seitentriebe, wenn der Zweig beschnitten oder auf andere Weise verletzt wird.

Besondere Bedeutung kommt den **Blütenknospen** zu, die im Gegensatz zu den eher länglichen Blattknospen oft mehr oder weniger rundlich sind. Aus ihnen entwickeln sich die Blüten und später die Früchte. Blütenknospen können wie die Blätter bereits aus dem Vorjahr stammen, vielfach bilden sie sich aber erst auf den neu auswachsenden („diesjährigen") Trieben.
Wenn sich die Blätter im Herbst verfärben und die Früchte ihre Samen gebildet haben, geht das Gehölz wieder in den Ruhezustand über – seine Knospen warten gut geschützt auf den nächsten Frühling.

Verzweigungsmuster und Neuaustrieb

Junge Gehölze bilden vorwiegend lange, schnell wachsende Triebe aus den Spitzen- oder oberen Seitenknospen (**Langtriebe**). Mit zunehmendem Alter wachsen dagegen mehr kürzere Seitentriebe aus den Achselknospen aus (**Kurztriebe**). Zahl, Größe und Verteilung der Lang- und Kurztriebe sind genetisch bedingt. Viele Gehölze bilden ihre Blätter und Blüten ausschließlich an den Kurztrieben.
Das Zusammenspiel von Lang- und Kurztrieben bestimmt die Höhe und Umrissform eines Gehölzes. Sogenannte **Rutensträucher** wie z. B. der Ginster zeichnen sich durch viele dünne Langtriebe aus, die sich nicht oder nur wenig verzweigen. **Aststräucher** – dazu zählen die meisten Ziersträucher – bilden dagegen ein Gerüst aus Langtrieben und vielen daran ansitzenden Seitenzweigen. Auch fast alle Baumkronen bauen sich nach diesem Prinzip auf.
Alle Gehölze bilden Jahr für Jahr **neue Triebe** nach artspezifischem Muster. Dieses Muster zu kennen, gehört zu den wichtigsten Voraussetzungen eines erfolgreichen Schnitts (→ S. 283–288). Eine große Gruppe von Sträuchern bildet ihre neuen Triebe beispielsweise kontinuierlich aus der Wurzel (Haselnuss, Holunder u. a.). Andere regenerieren sich dagegen nicht aus der Basis, sondern bilden nur im oberen Bereich neue Triebe, so etwa Rhododendron oder Perückenstrauch (*Cotinus*). Einige müssen jährlich geschnitten werden, weil sie Blüten nur an diesjährigen Trieben bilden, z. B. Schmetterlingsstrauch (*Buddleja davidii*) und Gartenhortensien (*Hydrangea macrophylla*), andere wie die Zaubernuss (*Hamamelis*) regenerieren sich kaum durch Neutriebe und werden besser gar nicht geschnitten.

Dickenwachstum und Borke

Zusätzlich zum Längenwachstum bilden die Gehölze jedes Jahr eine neue Holzschicht – bei einem Stammquerschnitt erkennbar an den Jahresringen. Verantwortlich dafür ist eine äußerst dünne Schicht lebenden Gewebes (**Kambium**). Da das Kambium auch Wunden verschließt, darf es bei Schnittmaßnahmen so wenig wie möglich beschädigt werden. Innerhalb des Kambiums, das mit jedem Jahresring etwas weiter nach außen wandert, liegt das Holz (totes Gewebe), außerhalb die Rinde (lebendes Gewebe). In den Gefäßen des Holzes werden Wasser und Bodennährstoffe von der Wurzel bis zu den Blättern transportiert. In der Rinde fließen die Nährstoffe aus den Blättern in Speichergewebe und Knospen.

Zum Schutz dieser empfindlichen Gewebe bilden Gehölze eine Borke aus abgestorbenen und verkorkten Zellen. Borken – umgangssprachlich oft vereinfacht als „Rinden" bezeichnet – können sehr attraktiv aussehen und gerade im Winter besondere Zierwirkung entfalten.

Welches Gehölz für welche Situation?

Bäume und Sträucher entwickeln sich nur dann optimal, wenn sie die bestmöglichen natürlichen Voraussetzungen vorfinden. Die Folgen eines falsch gewählten Standorts zeigen sich häufig erst nach mehreren Jahren. Selbst wenn ein „falsch" gewähltes Gehölz nicht abstirbt, so verlangt es doch oft einen erheblichen Pflege- und Arbeitsaufwand, um in einem guten Zustand zu bleiben.

Klären Sie daher vor dem Kauf eines Gehölzes unbedingt die Bodenverhältnisse in Ihrem Garten (→ S. 160–166) und berücksichtigen Sie, wie lange und wie stark der vorgesehene Standort im Lauf eines Tags besonnt wird. Damit reduziert sich zwar die Zahl der potenziell möglichen Gehölze, aber Sie haben die Sicherheit, sich für lange Jahre an Ihrem Baum oder Strauch erfreuen zu können.

Bei der Auswahl kann Ihnen der Porträtteil ab S. 402 helfen. Dort werden zahlreiche Bäume, Sträucher und Klettergehölze vorgestellt, mit ihren jeweiligen Wuchs- und Ziereigenschaften, Standort- und Pflegeansprüchen.

Sorgen Sie für abwechslungsreiche Gruppen, da die Zierwirkung eines blühenden Gehölzes rasch vergeht.

Funktionell oder zierend?

Sofern sie nicht schmackhaftes Obst liefern sollen (→ S. 352–373), finden Gehölze entweder eher funktionell als Hecken Verwendung oder aber als besondere Blickpunkte bzw. als „echte" Ziergehölze. Leider entscheiden sich allzu viele Gartenbesitzer im ersten Fall für schnell wachsende, immergrüne Nadelgehölze, die sich innerhalb weniger Jahre in eine dichte grüne Mauer verwandeln. Solche Hecken bieten zwar in der Tat den erwünschten Sichtschutz, engen den Garten aber auch stark ein. Andererseits können die gewählten Ziergehölze oft nicht blütenreich oder buntlaubig genug sein.

Für eine erfolgreiche Gestaltung stellt die in der Überschrift gestellte Frage eine zu eng gefasste Alternative dar. Fragen Sie sich vielmehr, was Sie von einem Gehölz erwarten, und treffen Sie daraufhin eine zweckmäßige und standortgerechte Entscheidung, die auch die Situation in den Folgejahren mit einbezieht. Die drei folgenden Fallbeispiele zeigen auf, welche Wahlfreiheit selbst in kleinen Gärten besteht.

Beispiel Sichtschutz

Sicher ist Sichtschutz oft nötig und wichtig, denn wer lässt sich schon gern auf die Kaffeetafel blicken? Aber ist deswegen wirklich eine grüne „Gefängnismauer" erforderlich? Finden Sie zunächst heraus, von wo aus Einsicht in die genutzten Bereiche Ihres Gartens möglich ist – nur dort sind immergrüne Nadel- oder Laubgehölze erforderlich. Dazwischen brechen attraktive, weniger dicht stehende Ziergehölze die Strenge der Hecke.

Beispiel Hausbaum

Ziehen Sie bei der Auswahl eines markanten Baums, der Ihren Garten prägen soll, nicht nur die Abbildungen in den Baumschulkatalogen zu Rate. Erkundigen Sie sich vor allem nach der Endhöhe, der Kronenbreite und der Art der Bewurzelung. Ein „Bäumchen", dessen Krone nach 10 Jahren große Teile eines Reihenhausgartens beschattet, ist ebenso fehl am Platz wie ein mächtiger Nadelbaum mit weit ausgebreitetem, flach verlaufendem Wurzelwerk. Baumschulen bieten inzwischen eine Vielzahl kleiner ▶ SORTEN (S. 561) bewährter Baumarten an, die sich bestens für kleine Gärten eignen (→ auch Tabelle S. 414). Auch ein standortgerecht gewählter Großstrauch kann die Rolle eines Hausbaums erfüllen.

Beispiel Solitär

In vielen Baumschulen und Gartencentern werden besonders schöne Sträucher als „Solitär", also für den exponierten Einzelstand, angeboten. Sicher ist die dekorative Platzierung eines Prachtstrauchs ein wichtiges Gestaltungselement (→ S. 274). Doch gerade in kleinen Gärten ist es oft sinnvoller, Einzelsträucher innerhalb einer kleinen Gruppe zur Geltung zu bringen. Kombinieren Sie z. B. einen frühblühenden mit einem buntlaubigen Strauch, dazu einen Sommerblüher und ein Gehölz mit schöner Herbstfärbung – und aus vier „Solitären" wird eine ganzjährig attraktive Gruppe.

Checkliste

Gehölze gezielt auswählen

- ✔ Ist der Standort sonnig, absonnig (hell, aber keine direkte Sonne), halbschattig oder schattig?
- ✔ Welche Bodenart liegt vor?
- ✔ Ist der Boden eher feucht oder eher trocken?
- ✔ Welche Funktion (Sichtschutz, Gehölzgruppe, Solitär usw.) soll das Gehölz erfüllen?
- ✔ Wie viel Raum darf das voll ausgewachsene Gehölz einnehmen?
- ✔ Welche Zieraspekte soll das Gehölz bieten (z. B. Blüten, dekorative Blätter, Früchte, schöne Herbstfärbung, immergrün)?

Gestalten mit Gehölzen

VIELE GEHÖLZE BEHERRSCHEN einen Garten bereits durch ihre schiere Größe. Selbst im Winter, wenn die Laubgehölze ihre Blätter abgeworfen haben, bleibt ihr nacktes Geäst als Blickpunkt dauerhaft präsent.
Bei der Gestaltung mit Gehölzen kommt es demnach vorrangig darauf an, die Endgröße des Gehölzes einerseits sensibel auf die Gartengröße, andererseits auf die gestalterische Funktion abzustimmen. Wuchsform, Blattfarbe, Blüten, Früchte sowie weitere charakteristische Eigenschaften eines Gehölzes treten zunächst hinter dieser Grundforderung zurück.

Was macht ein Gehölz zum Ziergehölz?

Gehölze üben auf den Betrachter sowohl eine Fern- als auch eine Nahwirkung aus. Die **Fernwirkung** basiert zum einen auf der Position des Gehölzes im Garten: Kommt es als besonderes Element gut zur Geltung? Hebt es sich von seiner Umgebung ab? Fügt es sich harmonisch in die Nachbarbepflanzung ein? Zum andern ergibt sich eine Fernwirkung auch aus Gestalt und Eigenschaften des Gehölzes selbst: aus seiner Wuchsform, der Fülle der Blüten und Früchte, der Laubfarbe im Sommer und Herbst sowie der Farbe der nackten Zweige – sofern dies aus einiger Entfernung mehr oder weniger markant erkennbar ist.
Die **Nahwirkung** kommt dagegen durch Gestalt, Farbe und Größe der Einzelblüten zum Tragen, eventuell auch durch ihren Duft, durch Form, Struktur und Farbe der Blätter sowie alle Details, die ein Betrachter erst dann wahrnimmt, wenn er sich dem Gehölz nähert.
Berücksichtigen Sie bei der Auswahl von Gartengehölzen sowohl ihre Fernwirkung (bei Solitären, Hecken, Gehölzgruppen, Kletterpflanzen über Pergolen usw.) als auch ihre Nahwirkung (z. B. bei einem duftenden Blütenstrauch neben dem Sitzplatz oder als Wegbegleiter).

Kugeln, Säulen, Hängeformen

Das augenfälligste Merkmal eines Gehölzes ist sicher seine Wuchsform. Sie bleibt ganzjährig erhalten und bildet gewissermaßen die Leinwand oder Bühne für alle übrigen Merkmale. Rundlich lockere Formen wirken relativ neutral; ausgesprochen kugelige Kronen, z. B. die Robinie *Robinia pseudoacacia* 'Umbraculifera', dagegen strenger und formal. Schmal säulenförmig wachsende Gehölze erscheinen wie Ausrufezeichen, die Durchgänge akzentuieren oder auf kleinstem Raum für „Baumfeeling" sorgen – so etwa blühende Zierkirschen wie *Prunus serrulata* 'Amanogawa'. Hohe Bäume mit weit ausladenden Kronen dienen in großen Gärten als Schattenspender, z. B. für einen Sitzplatz. Kleinere Arten und Sorten, etwa der Japanische Fächerahorn (*Acer palmatum*) bilden dagegen selbst in kleinen Reihenhausgärten dekorative Blickfänge. Ähnlich malerisch sind die Hängeformen, die bei mehreren größeren und kleineren ARTEN (S. 533) herausgezüchtet wurden, z. B. bei Ahorn (*Acer*), Birke (*Betula*), Buche (*Fagus*), Pappel (*Populus*) und Weide (*Salix*).

Blattfarben und -formen

Zahlreiche Sorten von laubabwerfenden Gehölzen wurden auf farbiges oder sogar mehrfarbiges (panaschiertes) Laub hin gezüchtet. Schon ab dem Frühling wirken sie durch ihr Farbspiel, je nach Sorte in allen Nuancen von hellem Gelb über Grün bis hin zu Rot und Rotbraun. Im Herbst zeigen dann auch die Blätter der übrigen Laubbäume bunte Töne: Sie verfärben sich je nach Art und Sorte von Grün nach Gelb, Kupfer, Rot oder Braun. Im Winter gehört die Gartenbühne dann ausschließlich den immergrünen Nadel- und Laubgehölzen – auch sie teilweise mit farbigen Blättern bzw. Nadeln.
Nadelgehölze, können mit ihren vielfältigen Grün-, Blau- oder Gelbtönen eine wichtige Rolle spielen. Zu viele Nadelgehölze allerdings lassen einen Garten streng und formal erscheinen, manchmal regelrecht düster. Beschränken Sie sich daher am besten auf einen Anteil von maximal einem Drittel Koniferen.
Es sind nicht nur die Farben, die das Blattwerk eines Gehölzes zum Erlebnis machen: Formen mit großen oder kleinen, glatten oder zerschlitzten, glänzenden, matten oder kräftig strukturierten Blättern haben jeweils ihren ganz eigenen Reiz.

Die zahlreichen Sorten von *Acer palmatum* eigenen sich bestens als Hausbaum für kleinere Gärten.

Im Spätsommer und Herbst sorgen leuchtende Beeren für Farbtupfer im Garten.

Blüten und Früchte

Blüten und Früchte stellen vermutlich das wichtigste Entscheidungskriterium beim Kauf der meisten Gehölze dar. In der Tat bieten Blütensträucher während der gesamten Gartensaison ein farbenprächtiges Schauspiel. Achten Sie bei der Auswahl auf eine zeitlich gestaffelte Blühfolge. Die kann bereits mit ausgesprochenen Frühblühern wie Winterjasmin oder Zaubernuss beginnen, denen eine kaum überschaubare Vielfalt von Frühlings- und Sommerblühern folgt. Den Abschluss machen spätblühende Sträucher, wie die Bartblume (*Caryopteris*), Heiden (*Erica*-Arten) oder Echter Roseneibisch (*Hibiscus syriacus*).

Zahlreiche Sträucher mit hübschen Früchten wie etwa Feuerdorn oder Schneeball (*Viburnum*-Arten) verlängern die Blütenfarben des Sommers dann bis weit in den Herbst hinein.

Zweige und Rinde als Schmuck

Selbst die nackten Äste und Zweige eines Baums oder Strauchs können von großem Wert für die Gestaltung eines ganzjährig attraktiven Gartens sein. Besonders auffällig sind Sorten mit gedrehten oder kurios wachsenden Zweigen, die am stärksten zur Geltung kommen, wenn sämtliche Blätter im Herbst abgefallen sind, z. B. bei der Korkenzieherhasel *Corylus avellana* 'Contorta' oder der Rotbuche *Fagus sylvatica* 'Tortuosa'.

Spezielle Zierwirkung weisen auch die zahlreichen Gehölze auf, die im Austrieb oder gar dauerhaft farbige Zweige zeigen. Dazu gehören mehrere Arten und Sorten von Ahorn, Ranunkelstrauch (*Kerria*), Hartriegel, Birke, Esche und anderen mehr. Besondere Bedeutung haben sie nach dem Laubfall im winterlichen Garten, der dem Auge sonst wenig Abwechslung und Blickpunkte bietet. Ähnlich interessant sind Gehölze mit Korkleisten wie der Flügelspindelstrauch (*Euonymus alatus*) sowie mit farbiger und/oder abblätternder Rinde wie der Zimtahorn (*Acer griseum*).

Gestalten mit Solitären

Baumschulen verstehen unter einem Solitär ein Gehölz, das mindestens dreimal umgepflanzt wurde, im Einzelstand heranwachsen konnte und bereits eine gewisse Größe und einen eigenständigen Charakter besitzt. In der Gartengestaltung fasst man den Begriff sehr viel weiter: Alle Gehölze, die als einzelne, individuelle Objekte aus ihrer Umgebung hervorstechen, gelten als Solitäre. Damit eignen sich prinzipiell fast alle Gehölze auch als Solitär, sofern sie einen bestimmten Zierwert besitzen und entsprechend präsentiert werden.

Magnolien repräsentieren diesen Typus in nahezu perfekter Form: Im Frühling dulden sie nichts neben sich, was von dem prachtvollen Schauspiel ihrer Blüten ablenken könnte. Gleichzeitig machen Magnolien aber auch deutlich, dass die Funktion eines Gehölzes als Solitär zeitlich meist befristet ist, denn nach der Blüte verwandeln sie sich in einen „normalen" Großstrauch.

Übrigens ist die Größe der Blüten keinesfalls entscheidend für die Schauwirkung eines Strauchs. Manche Spiersträucher (*Spiraea*-Arten und -Sorten) haben beispielsweise recht kleine Blüten, die allerdings in so großer Zahl gebildet werden, dass der ganze Strauch unter ihrer Pracht zu verschwinden scheint.

Ein Solitär ist dann optimal platziert, wenn er zum Zeitpunkt seiner größten Zierwirkung ungehindert ins Auge sticht. Im Falle der Magnolien kann das z. B. ein Platz auf dem Rasen oder in einem Beet mit spätblühenden Stauden sein, die zur Zeit der Magnolienblüte noch niedrig und unauffällig grün sind. Ähnlich wirkungsvoll sind die Sorten der kleinwüchsigen Ahorne (*Acer japonicum, A. palmatum*) – sie überzeugen durch ihr Laub und die Herbstfärbung – oder blühende Zierkirschen (z. B. *Prunus serrulata* und ihre Sorten). Sie kommen im Rasen oder in Beeten ebenso gut zur Geltung wie am Ende einer Sichtachse.

wir empfehlen

!

Vorsicht bei giftigen Gehölzen

Recht viele Gehölze enthalten zumindest in manchen Pflanzenteilen Giftstoffe. Teils sind sie nur leicht giftig, manche Arten können aber vor allem für Kinder schlimme Folgen haben. Im Garten spielende Kleinkinder sollten niemals mit giftigen Pflanzen in Berührung kommen – besonders dann, wenn die Früchte „essbar" aussehen. Fragen Sie beim Kauf von Gehölzen stets nach der Giftigkeit. Angaben dazu finden Sie auch in den Porträts ab S. 402.

Die Arten und Sorten der Magnolien bilden als Solitär zur Blütezeit dominierende Blickpunkte.

Schmal säulenförmig wachsende Formen können z. B. als Solitärpaar einen Durchgang markieren. Im Winter bieten markante Immergrüne oder Laubsträucher mit dekorativem nacktem Geäst Blickpunkte, wobei Sträucher mit farbigen Zweigen auch aus der Ferne als Solitär fungieren.
Lassen Sie ruhig Ihre Kreativität spielen, doch setzen Sie Solitäre sparsam und gezielt ein – in kleinen Gärten reichen 3 bis 4 Solitärgehölze, die zu verschiedenen Jahreszeiten ihre Wirkung entfalten.

Rhododendren und Azaleen brauchen zwar sauren Boden, lassen sich farblich aber sehr harmonisch aufeinander abstimmen.

Gestalten mit Gehölzgruppen

Gehölzgruppen oder Strauchbeete bestehen aus mehreren Bäumen oder Sträuchern, die als Kombination zur Geltung kommen – im Idealfall ordnen sich alle Einzelgehölze dem Gesamtbild unter. Besonders harmonisch erscheinen Strauchgruppen, deren Bäume und Sträucher sich auf ein bestimmtes Thema beziehen: z. B. nur Blütensträucher, ein Rhododendrenhain, ein Heidegarten, Schattensträucher oder eine naturnahe Gruppe.

Komposition von Gehölzgruppen

Der Aufbau einer Gehölzgruppe richtet sich selbstverständlich zunächst nach dem zur Verfügung stehenden Platz. Üblicherweise werden um 1 oder 2 größere Gehölze („Leitgehölze") mehrere kleinere Sträucher gestaffelt, die sich in Höhe und Wuchsform voneinander unterscheiden. Wählen Sie den Pflanzabstand nach der jeweiligen Endbreite der Gehölze; sie sollten sich in ausgewachsenem Zustand mit den äußersten Zweigen gegenseitig durchdringen. Damit die Gruppe in den ersten Jahren nicht allzu lückenhaft wirkt, können Sie die Zwischenräume übergangsweise mit Stauden oder Gräsern bepflanzen.
Versuchen Sie Umrissgestalt und Breite der einzelnen Gehölze aufeinander abzustimmen: Zu einem Baum oder Großstrauch mit locker aufgebauter, kugeliger Krone passen breitbuschige Sträucher, dazu Sorten mit überhängenden Zweigen sowie säulenförmige oder kompakt rundliche Formen. Die Gruppe sollte ein spannungs- und abwechslungsreiches Bild bieten, nicht jedoch durch zu große Vielfalt verwirren. Immergrüne Nadelgehölze sind wichtige Bestandteile solcher Kompositionen, insbesondere wenn markante Wuchsformen gewählt werden.
In einer naturnahen Gehölzgruppe könnte z. B. eine Eberesche mit schmaler Krone das Zentrum bilden – umgeben von Pfaffenhütchen oder Holunder, Hartriegel, Schneeball und einer Wildrose. Als Unterpflanzung wären z. B. Immergrün (*Vinca*) oder Waldstauden geeignet.
Auf saurem Boden könnten einige immer- und sommergrüne Rhododendren vor einer Blaufichte (*Picea pungens* 'Glauca') platziert werden, dazu passen z. B. Lavendelheide (*Pieris*) und/oder Lorbeerrose (*Kalmia*). Als Bodendecker kämen in solch einer Gesellschaft u. a. Heiden (*Erica*), Niederliegende Scheinbeere (*Gaultheria*) oder Heidelbeeren (*Vaccinium*) in Frage.

Gemischte Gruppen

Natürlich lassen sich auch Gehölze ohne besonderes gemeinsames Thema nach Höhe, Breite und Wuchsform aufeinander abstimmen – sie sollten allerdings dieselben Ansprüche an den Standort haben. Solche gemischten Gruppen geraten besonders ausdrucksvoll, wenn sich zu jeder Jahreszeit eines der Gehölze in den Vordergrund spielt. Der Frühling wird von einem frühblühenden Strauch wie Forsythie, Hartriegel oder Zierkirsche eingeleitet, es folgen einige im Frühsommer und Sommer blühende Gehölze, wobei Sie auf farbliche Harmonie der Blüten achten sollten. Der Herbst wird durch hübsche Früchte, z. B. von Berberitzen, Zwergmispeln, Feuerdorn oder Schneeball, oder farbiges Herbstlaub vertreten. Im Winter übernimmt dann ein immergrünes oder ein Gehölz mit bunten Zweigen die Schaufunktion.
Statt mit Blüten und Früchten kann eine Strauchgruppe auch durch ein- oder mehrfarbiges Sommer- bzw. Herbstlaub wirken. Immergrüne Nadel- oder Laubgehölze sorgen für winterliches Grün.
Wie auch immer die Gruppe zusammengestellt wird: Achten Sie darauf, dass neben den jeweiligen „Hauptdarstellern" einige Füllsträucher (oder Großstauden) als „Statisten" für einen ruhigen Hintergrund sorgen.
Übrigens sollte man neben dem ästhetischen Aspekt einer Strauchgruppe niemals den praktischen Vorteil vergessen: Sträucher sind wesentlich pflegeleichter als ein Staudenbeet.
Gehölzgruppen lassen sich an jeder Stelle des Gartens einplanen: Sie beleben tote Ecken, leiten zu einer Hecke über oder bieten am Ende von Sichtachsen, Rabatten oder in Form von Strauchinseln den Augen Halt. Genügend große Strauchgruppen bilden attraktive Raumteiler.

Geschnittene Buchsbaumhecken als Beetbegrenzung und eine Hainbuchenhecke als Raumteiler – die Hochstammrose sorgt für Spannung.

Gestalten mit Hecken

Hecken grenzen ein, trennen und gliedern, sie bilden undurchdringliche Barrieren oder lockere Gehölzstreifen. Im Unterschied zu den Gehölzgruppen sind Hecken stets in Linien bzw. Reihen aufgebaut. Es gibt mehrere Möglichkeiten, die Gestaltung mit Hecken zu betrachten: nach ihrer Lage im Garten, nach der Pflanzenauswahl, nach Art der Pflanzung und des Schnitts.

Die Lage der Hecke

Hecken an der Grundstücksgrenze erfüllen mehrere Funktionen: Sie verhindern die Einsicht in den Garten, versperren den freien Zugang für Mensch und Tier und bilden – von innen betrachtet – gleichzeitig den Hintergrund des Gartens. Für die Gestaltung einer „Außenhecke" gilt es daher, einen guten Kompromiss zwischen erwünschtem Schutz und Ästhetik zu finden. Sehr dichte Hecken bieten zwar hervorragenden Schutz, erscheinen von innen jedoch häufig düster und bedrückend. Lockere Hecken wirken „luftiger" und natürlicher, eher wie ein linienhaftes Strauchbeet, bieten aber unter Umständen nicht genug Sichtschutz. Die Kombination von dicht und locker bepflanzten Abschnitten wird beiden Ansprüchen gerecht. Hecken innerhalb des Gartens erfüllen dagegen eine vorwiegend ästhetische Funktion als Raumteiler. Von kniehohen, formal beschnittenen Buchsbaumhecken bis zu mannshohen, lockeren Hecken aus Blütensträuchern – auch als frei wachsende Hecken bekannt – ist alles möglich, was sich in den Stil und das Platzangebot des Gartens einfügt.

Die Pflanzenauswahl

Die wichtigste Entscheidung besteht in der Wahl zwischen immergrünen und laubabwerfenden Heckensträuchern. Erstere bieten dauerhaften (Sicht-)Schutz, wirken aber häufig etwas langweilig, letztere verwandeln sich von Spätherbst bis Frühling in kahles Geäst. Die grundsätzliche Frage ist demnach, ob man seinen Garten während des gesamten Jahrs vollständig abschirmen möchte oder nur während der Zeit, in der er intensiv genutzt wird.

Neben der zuvor genannten Möglichkeit, dicht und locker bepflanzte Abschnitte zu kombinieren, sorgen auch immergrüne Laubgehölze wie Stechpalme, Mahonie und Lorbeerkirsche für abwechslungsreichere Hecken. Thunbergs Berberitzen (*Berberis thunbergii*) und Hainbuchen (*Carpinus betulus*) behalten ihr abgestorbenes Laub bis zum nächsten Frühling – sie sind im Winter zwar nicht völlig dicht, sorgen aber dennoch für eine gewisse Abgeschlossenheit.

Blühende Sträucher finden vorwiegend in Hecken zur Binnengliederung des Gartens ihren Platz. Als Sichtschutzhecken sind sie nur in Kombination mit anderen, teils immergrünen Sträuchern sinnvoll, bilden dann aber sehr ansprechende, abwechslungsreiche Barrieren.

Ein- oder mehrreihig?

Immergrüne Nadelgehölze wachsen so dicht, dass eine einzige Reihe ausreicht, um einen Garten abzuschließen. Wählt man säulenförmig wachsende Sorten, die regelmäßig beschnitten werden (z. B. von Scheinzypresse, Eibe oder Lebensbaum), kommt man mit einer Heckenbreite von 60–80 cm aus.

Zwei- oder mehrreihige Hecken sind zwar viel abwechslungsreicher, dafür aber drei- bis viermal so breit. Dennoch kann auch ein Reihenhausgarten von einer mehrreihigen Blütenhecke profitieren, wenn z. B. eine Schmalseite als heckenartiges Strauchbeet gestaltet wird. Dazu pflanzt man die Sträucher gegeneinander versetzt („auf Lücke") in zwei bis drei Reihen. Die Zusammensetzung der Arten folgt den Regeln, die bei den Gehölzgruppen (→ S. 275) genannt sind.

Geschnitten oder ungeschnitten?

Regelmäßiger Schnitt regt einige Nadelgehölze und die meisten Laubgehölze dazu an, sich stärker zu verzweigen – die Hecke wird dichter. Aus diesem Grund werden einreihige Hecken üblicherweise beschnitten. Glatte, grüne Flächen wirken allerdings noch eintöniger als die ohnehin

!

wir empfehlen

Gartenhecken mit Format

Schnitthecken innerhalb eines Gartens werden vorwiegend zur Abtrennung von Beeten, Sitzplätzen oder als Wegbegrenzung eingesetzt. Sie gewinnen an Format, wenn sie durch Formschnittfiguren (Kugeln, Kegel, Pyramiden, Säulen) an den Ecken akzentuiert werden. Dafür eignen sich besonders Buchsbaum, Eibe, Liguster oder Wacholder. Am besten gelingt der Formschnitt mit Schablonen aus kräftigem Draht, die man selbst anfertigen oder teils auch im Fachhandel kaufen kann.

bereits gleichförmige Reihe der Heckensträucher. Versuchen Sie, den grünen Hintergrund durch davor gepflanzte Kleinsträucher, Kübelpflanzen oder Stauden abwechslungsreicher zu gestalten. Werden zweireihige Hecken geschickt geschnitten, verschmelzen die Sträucher im Lauf der Jahre zu einem dichten und dennoch sehr abwechslungsreichen „Einreiher".

Gestalten mit Klettergehölzen

Bedingt durch ihre Wuchsform, sind Kletterpflanzen die einzigen Gartengewächse, die nicht nach Belieben eingesetzt werden können – sie brauchen immer eine Unterlage. Dies vorausgesetzt, sind Klettergehölze und ihre krautigen Vettern (→ S. 348–349) besonders vielseitig: Ihr flächenhafter Wuchs kaschiert unschöne nackte Wände, sie klettern zwischen den Ästen alter Bäume empor oder zieren Torbögen, Säulen und Pergolen.

Nach ihrer **Klettertechnik** unterteilt man sie in:

› Haftwurzelkletterer, z. B. Efeu und Trompetenblume (*Campsis*): Sie brauchen nicht unbedingt ein Rankgerüst, da sie sich mit Haftwurzeln z. B. an rauen Wänden selbst festhalten und daran hochklettern. Ähnlich verhält es sich mit dem Wilden Wein (*Parthenocissus*), der Haftscheiben an der Spitze seiner Ranken ausbildet.

› Rankpflanzen, z. B. Waldrebe (*Clematis*) und Weinrebe: Sie klimmen mit Ranken, die sich um die Unterlage wickeln. Die Ranken entstehen durch Umbildung von Blättern, Blattstielen oder Sprossen. Solchen Pflanzen kommt ein Gittergerüst sehr entgegen.

› Schling- oder Windepflanzen, z. B. Pfeifenwinde (*Aristolochia*) und Schlingknöterich (*Fallopia*): Ihre langen Sprosse winden sich um die Unterlage – vorzugsweise eine aufrechte Stütze bzw. Stange angemessener Dicke – nach oben.

› Spreizklimmer, z. B. Winterjasmin und Kletterrosen: Solche Pflanzen „schieben" ihre langen Triebe an Mauern und anderen rauen Unterlagen nach oben und halten sich mit Stacheln, Dornen oder widerhakenähnlichen Organen fest.

Klettergehölze erreichen mit den Jahren ein beachtliches Gewicht. Achten Sie deshalb auf hinreichend kräftige, stabil befestigte Gerüste. Die wichtigsten Klettergehölze sind im Porträtteil ab S. 436 beschrieben.

Wandbegrünung

Immergrüne Kletterpflanzen wie Efeu oder Kletterspindel (*Euonymus fortunei*) sehen nicht nur hübsch aus, sie stellen an Mauern auch eine biologische Klimaanlage dar, die im Sommer kühlt und im Winter wärmt. Ebenso wie diese Haftwurzelkletterer verankert sich auch der sommergrüne Wilde Wein selbst an einer Wand und überzieht sie im Herbst mit einem leuchtend roten Blattkleid. Ein Gitter brauchen Rankenkletterer wie z. B. die Bergwaldrebe (*Clematis montana*) und Schlingpflanzen wie Schlingknöterich oder Geißblatt (*Lonicera*). Flächenhaft wachsende Kletterpflanzen sind bestens geeignet, Häuserfronten, Garagen, Gartenhäuser oder Mauern zu verkleiden und zu verschönern.

Allerdings können Haftwurzelkletterer, vor allem Efeu, den Putz beschädigen, besonders, wenn die Oberfläche schon etwas rissig ist. Bei wüchsigen, kräftigen Schlingern wie Schlingknöterich oder Blauregen sollten Sie Dachrinnen und Fallrohre regelmäßig freischneiden.

Kletterpflanzen an Sitzplätzen

Pflanzen, die über Lauben, Pergolen oder Zierspaliere neben Sitzplätzen klettern, erfüllen mehrere Funktionen: Sie beschatten den Sitzplatz und dienen gleichzeitig als Blickpunkt sowohl mit Nah- als auch mit Fernwirkung.

Klettersträucher mit dichtem Laub, z. B. Pfeifenwinde und Wilder Wein, bieten Sichtschutz und Schatten; sie bilden gewissermaßen grüne Wände. Je lockerer die Belaubung, desto lichter der Schatten und desto stärker treten die übrigen Eigenschaften der Gehölze in den Vordergrund – z. B. auch der Blütenduft, der bei Geißblättern (*Lonicera*) gegen Abend besonders intensiv ist und lang anhält.

Da wüchsige Kletterer dazu neigen, den Zugang zu überwuchern, sollten die tragenden Querstreben hoch genug angebracht werden, um nicht beim Betreten von Laube oder Pergola mit dem Kopf anzustoßen.

1 

2 

3 

1 Der Blauregen überzeugt durch seine üppigen Blütentrauben.
2 Das duftende Geißblatt kommt auch im Halbschatten zurecht.
3 Die großblumigen Formen der Waldrebe brauchen Sonne.

Tore, Bögen, Säulen

Frei stehende, von Klettergehölzen überwachsene Elemente haben einen ganz eigenen Reiz. An Säulen oder schmalen Pyramiden aus Holz, Metall oder Kunststoff wirken Kletterer wie „echte" Gehölze als Solitäre, wobei die Schmuckwirkung nicht nur von der Pflanze, sondern auch von der Stütze ausgeht. Passen Sie daher Stil und Struktur der Stütze den Pflanzen an – je zierlicher die Kletterpflanze, desto filigraner die Stütze.

Bögen und Tore bilden den Rahmen für das, was dahinter liegt, aber auch Blickpunkte an sich. Die Rahmenfunktion kann durchaus von einem begrünten „Tor" innerhalb eines Gartenzauns genutzt werden, das den Blick auf die Landschaft freigibt.

Gehölze pflanzen

Planung, gute Vorbereitung und richtige Geräte sind der beste Garant für die erfolgreiche Pflanzung.

DAMIT DAS GEHÖLZ SPÄTER Freude macht und nicht zum Problemfall wird, ist eine sorgfältige, gut vorbereitete Pflanzung besonders wichtig – bereits angefangen bei der Wahl geeigneter Pflanzware.
Mit etwas Experimentierfreude und reichlich Geduld können Sie auch zu eigenen Junggehölzen kommen: Viele Arten lassen sich durch Steckhölzer oder Stecklinge vermehren, teils auch über Absenker und sonstige Methoden (→ S. 221–233). Die jeweils möglichen Vermehrungsverfahren sind im Porträtteil ab S. 402 genannt.

Pflanzware und Pflanztermin

Empfehlenswert ist der Einkauf in renommierten Baumschulen oder im Gartencenter. Dort kann in der Regel geschultes Fachpersonal auf Ihre Fragen eingehen.
Bis auf wenige Ausnahmen (insbesondere Obstgehölze, → S. 352–373) werden Gehölze vor allem in folgenden **Wuchsformen** angeboten: **Heister** sind schmal wachsende Gehölze mit einem ausgeprägten Haupttrieb, aber ohne Krone – sie werden vorwiegend für Hecken verwendet. **Sträucher** haben keinen Hauptstamm, sondern verzweigen sich tief unten in mehrere Seitenäste. **Stammbüsche** sind hoch gewachsene Sträucher mit einem oder mehreren Haupt- und gut entwickelten Seitentrieben. Bäume oder **Hochstämme** zeichnen sich durch einen kräftigen, astfreien Stamm und eine gut ausgeprägte Krone aus.
Relativ große Preisunterschiede bestehen zwischen sogenannten Gehölzen aus **engem** und aus **weitem Stand.** Erstere wurden nur einmal umgepflanzt und wuchsen in geringem Abstand – sie sind weniger verzweigt und müssen z. B. für eine Hecke dichter gepflanzt werden. Gehölze aus weitem Stand, baumschulerisch auch Solitärgehölze genannt, wurden mehrmals umgepflanzt, hatten mehr Raum, sich auszubreiten, und wirken daher „üppiger".

Die meisten Gehölze sind in Form von **Containerpflanzen** vorrätig. Sie werden in Kunststoffbehältern herangezogen, haben dadurch einen besonders gut durchwurzelten, kompakten Ballen und können – abgesehen von Frostperioden – ganzjährig gepflanzt werden. Als **wurzelnackte Pflanzen** ohne Ballen werden viele Heckenpflanzen und Rosen, seltener Bäume und Sträucher angeboten. Die Pflanzung ist ausschließlich auf die Vegetationsruhe beschränkt, entweder im Herbst oder im zeitigen Frühjahr. Dasselbe gilt für **Gehölze mit Ballen,** die allerdings schneller und sicherer anwachsen. Bei ihnen sind Wurzelwerk und anhaftende Erde von einem festen Sackleinenbeutel umschlossen.

Wann kaufen und pflanzen?

Die beste Zeit für Kauf und Pflanzung **laubabwerfender** Gehölze ist die Periode der Vegetationsruhe, allerdings nur bei frostfreiem Wetter. Im Herbst gepflanzte Exemplare können allerdings bei starkem Frost durch Erdbewegungen angehoben werden. Außerdem besteht die Gefahr, dass dünne Zweige erfrieren. Im Frühling gepflanzten Gehölzen verbleibt dagegen bis zum Laubfall im Herbst und zum ersten kritischen Winter ausreichend Zeit, ein gutes Wurzelwerk zu bilden. Selbst Containerpflanzen fällt es oftmals leichter, sich zu etablieren, wenn sie im Frühling statt im Herbst oder Sommer gepflanzt werden. Anders sieht es mit **immergrünen** Laub- und Nadelgehölzen aus: Sie verdunsten auch im Winter etwas Wasser, müssen also bis dahin ein gut entwickeltes Wurzelsystem aufgebaut haben. Sie werden entweder im Frühherbst (September) oder im Frühling (März oder April) gepflanzt – das empfiehlt sich auch für immergrüne Gehölze im Container.

Prüfen der Pflanzware

Ob ein Gehölz wirklich gesund ist, ist vor allem im „nackten" Zustand nicht leicht zu entscheiden. Die Rinde darf weder beschädigt sein noch Wucherungen aufweisen. Achten Sie auf gleichmäßig verzweigte Äste mit prallen, nicht offensichtlich vertrockneten Knospen.
Auch die nackten Wurzeln sollten gut verzweigt sein und in alle Richtungen weisen; einseitig bewurzelte Bäume oder solche

mit dicht verschlungenem Wurzelwerk entwickeln sich später schlechter.
Bei Containerpflanzen, deren Behältnis wenigstens 2 l Erde fassen sollte, muss der gesamte Ballen gut von Wurzeln durchdrungen sein. Spärliche Bewurzelung ist ebenso ungünstig wie zu stark verdichtetes Wurzelwerk, das den gesamten Container ausfüllt oder gar zu seinem Aufreißen führt. Überprüfen Sie bei belaubten Containerpflanzen den Zustand der Blätter: Sie sollten dicht stehen und weder auffällige Verfärbungen noch Beschädigungen aufweisen.

Vom Einkauf zum Pflanzen

Pflanzen Sie die neuen Gehölze so rasch wie möglich ein. Nur bei Containergehölzen, die wie im Blumentopf gegossen werden können, ist keine unmittelbare Eile geboten. Bäume und Sträucher mit nackten Wurzeln stellen Sie am besten über Nacht in Wassereimer oder Wannen, um sie gleich am nächsten Tag zu pflanzen. So sind sie wassergesättigt und trocknen nach dem Einsetzen nicht so leicht aus. Professionelle Gärtner tauchen die Wurzeln vor dem Einpflanzen in eine Aufschlämmung (Brei) aus Lehm/Ton bzw. in einen sogenannten „Wurzel-Dip" (Fachhandel) ein. Gehölze mit Ballen werden in ein feuchtes Tuch eingeschlagen und erst 2 bis 3 Stunden vor dem Pflanzen mit dem Ballentuch in einen Wassereimer gestellt. Ebenso verfährt man auch mit Containerpflanzen nach dem Austopfen. Sobald keine Luftblasen mehr aufsteigen, ist die Erde wassergesättigt.
Kann man Gehölze mit Ballen oder nackten Wurzeln nicht gleich pflanzen, schlägt man sie in einen Erdgraben ein (→ S. 154).

Bodenvorbereitung und Pflanzgrube

Vor dem bzw. bei dem Einpflanzen, wie es die nebenstehenden Abbildungen demonstrieren, können Sie die Gelegenheit nutzen, den Boden grundlegend zu verbessern. Heben Sie die Pflanzgrube etwas tiefer und breiter als erforderlich aus und vermischen Sie den Aushub mit ausgereiftem Kompost. Eine reine „Kompostfüllung" des Pflanzlochs ist allerdings nicht ratsam (→ S. 157).

BÄUME EINPFLANZEN

› MATERIAL:
junger, pflanzfertiger Baum
Kompost
Langzeitdünger
Baumband, -schlinge oder Kokosfaserstrick
Gießkanne oder Schlauch
Schere für den Pflanzschnitt

› WERKZEUG, ZUBEHÖR:
Grabegabel, Spaten
Stützpfahl
Vorschlaghammer

› ZEITBEDARF:
ca. 2 Stunden inklusive Bodenvorbereitung, bei schweren Böden ggf. länger

1

Pflanzloch ausheben

Heben Sie ein Loch in doppelter Ballenbreite und -tiefe aus. Lockern Sie den Untergrund und die Seiten mit der Grabegabel auf. Schlagen Sie einen stabilen Stützpfahl etwas seitlich der Mitte in den Boden.

2

Baum einsetzen

Stellen Sie den Baum probeweise ein und füllen Sie so viel Erde ein, dass er in derselben Tiefe steht wie im Container bzw. der Baumschule (sichtbar an der Verfärbung am Stamm); breiten Sie lockere Wurzeln seitlich aus.

3

Erde auffüllen

Füllen Sie das Pflanzloch mit Erde auf; ein Helfer hält den Baum in Position. Gießen Sie die Erde bereits beim Einfüllen, um sie zwischen die Wurzeln zu spülen; dabei senkrechten Stand prüfen. Erde vorsichtig festtreten.

4

Angießen

Formen Sie aus der Erde einen „Kraterwall", und gießen Sie die Pflanzstelle mit Gartenschlauch oder Gießkanne gründlich an (auch in den nächsten Tagen). Befestigen Sie den Stamm am Stützpfosten.

In nährstoffarmen Böden bietet es sich sogar an, Langzeitdünger als Vorrat in die unteren Schichten einzuarbeiten. Allerdings dürfen die Wurzeln des frisch gepflanzten Gehölzes keinen direkten Kontakt mit dem Dünger haben, sondern erst später in die Düngerschicht hineinwachsen.

Lockern Sie mit der Grabegabel den Boden und die Seiten des Pflanzlochs auf, bevor Sie das Gehölz einpflanzen. In Regionen mit stark tonhaltigen Böden bzw. einer Tonschicht, die zu Staunässe führen könnte, wird das Pflanzloch doppelt so tief gegraben.

Problemböden werden nun mit den entsprechenden Zuschlagsstoffen angereichert. Lockern Sie die unterste Schicht mit Spaten oder Grabegabel auf (nicht mit dem Oberboden vermischen) und arbeiten Sie je nach Bodenzustand (→ S. 171–172) groben Sand, Kalk, Mist oder einen entsprechenden Zusatzstoff ein. Neben den üblichen Zusätzen wie z. B. grobem Sand für schwere und Kompost für sandige Böden bietet der Handel eine Reihe weiterer wirkungsvoller Zuschlagstoffe an, die den Boden langfristig lockern und/oder verbessern. Sie werden unter Handelsnamen wie Bentonit, Hygromull, Lavalit, Styromull usw. angeboten. Nehmen Sie im Zweifelsfall eine Bodenprobe mit und lassen Sie sich im Fachhandel beraten.

Auch die Bodenverbesserung für spezielle Pflanzenansprüche wird nun durchgeführt. Rhododendren beispielsweise breiten ihre Wurzeln oberflächlich aus; die Pflanzstelle sollte bis in die drei- bis vierfache Breite des Ballens aufgelockert werden. Außerdem brauchen sie bis auf wenige kalkverträgliche Sorten sauren Boden, weshalb oft das Einarbeiten von Torf oder Rhododendronerde erforderlich ist.

Nachbehandlung und Pflanzschnitt

In Dörfern und Vorstädten, die von Hasen oder Rehen „heimgesucht" werden, sollten frisch gepflanzte Bäume einen **Fraßschutz** erhalten: Umwickeln Sie den Stamm mit vorgefertigten Schonhülsen aus Gummi oder Kunststoff. Sehr praktisch sind sogenannte Wickelschoner aus festem Kunststoff, die wie eine ansteigende Schraube um den Stamm gelegt werden. Preiswerter ist eine Ummantelung aus feinmaschigem Maschendraht („Kaninchendraht"), der an drei stabilen Stützen – z. B. kräftige Bambusstäbe – um den Stamm befestigt wird.

Gehölze mit nackten Wurzeln brauchen unmittelbar nach dem Einsetzen einen **Pflanzschnitt.** Bei Gehölzen mit Ballen oder im Container ist dies gewöhnlich nicht erforderlich, ebenso wenig bei immergrünen Laub- und Nadelgehölzen. Der Pflanzschnitt bei wurzelnackten Pflanzen ist erforderlich, um den unweigerlichen Verlust von Wurzeln beim Ausgraben, Lagern und Einpflanzen durch Reduzierung der Blattknospen, die nach dem Austrieb Wasser verdunsten, auszugleichen.

Entfernen Sie sowohl bei Bäumen als auch Sträuchern zunächst offensichtlich verletzte oder schwache Triebe. Schneiden Sie dann ins Innere wachsende, sich kreuzende oder zu dicht stehende Zweige ab.

Bei **Bäumen** wird nun der Haupttrieb (Leittrieb) um etwa ein Drittel zurückgeschnitten. Gibt es zwei Haupttriebe, wird der schwächere oder ungünstiger wachsende „Konkurrenztrieb" völlig entfernt. Danach schneidet man alle starken Seitenäste bis auf eine nach außen weisende Knospe zurück. Im Idealfall enden alle Seitentriebe auf etwa derselben Höhe, d. h., die unteren, starken sind länger als die oberen, schwächeren Triebe, während sie der Leittrieb um 15–30 cm überragt.

Bei **Sträuchern** entfernt man offensichtlich überalterte und beschädigte Triebe bis zur Basis und kürzt alle übrigen Zweige um ein Drittel bis zur Hälfte ein.

HECKEN PFLANZEN

› MATERIAL:

Heckensträucher
Kompost
Langzeitdünger

› WERKZEUG, ZUBEHÖR:

Grabegabel, Spaten
Pfähle (Richten und Stützen)
Gartenschnur oder Draht
Vorschlaghammer
Gießkanne oder Schlauch
Schere für den Pflanzschnitt

› ZEITBEDARF:

ca. 1 Stunde pro laufendem Meter (Pflanzgraben)
bei Einzelsträuchern je ca. 45 Minuten inklusive Bodenvorbereitung

1

Ausrichten

Spannen Sie eine Schnur (bzw. zwei bei mehrreihigen Hecken), um den Verlauf der Hecke festzulegen. Heben Sie entlang der Schnur einen Pflanzgraben bzw. Einzellöcher aus, und setzen Sie die Sträucher ein.

2

Einpflanzen

Füllen Sie Erde ein, um den Strauch zu verankern; mit Gießwasser einschlämmen und den Nachbarstrauch einpflanzen. Füllen Sie abschließend alle nochmals mit Erde auf, und treten Sie diese fest.

Hecken pflanzen

Vom eigentlichen Pflanzvorgang her gesehen, werden Heckengehölze ebenso eingesetzt wie einzeln stehende Bäume und Sträucher. Je nach Art der gewünschten Hecke ergeben sich allerdings Unterschiede in der Anordnung der Gehölze, der Pflanzlöcher und des Pflanzschnitts. Für den Zeitpunkt der Pflanzung gelten die bereits genannten Regeln. Da Heckenpflanzen jedoch häufig mit nackten Wurzeln geliefert werden, sollten Sie vor allem bei größerem Bedarf einen Termin mit der Baumschule oder dem Gartencenter absprechen.

Einreihige Hecken

Die Zahl der benötigten Gehölze pro laufendem Meter erfragen Sie am besten beim Kauf, da dies einerseits von der gewünschten Art und Sorte, andererseits von der Vorbehandlung in der Baumschule abhängt: Zwei- oder mehrmals umgepflanzte Heister sind dichter verzweigt und müssen nicht so eng stehen wie nur einmal umgepflanzte Exemplare. Des Weiteren dürfen z. B. einreihige Zierhecken lockerer aufgebaut sein als immergrüne Sichtschutzhecken.

Für die gewöhnlich dichter stehenden Gehölze einer Schnitthecke gräbt man keine Einzellöcher, sondern einen Pflanzgraben. Spannen Sie eine Richtschnur zwischen zwei stabilen Pflöcken – sie markiert die gedachte Mittellinie der Hecke – und heben Sie nach ihrem Verlauf den Pflanzgraben aus. Bei einreihigen, locker wachsenden Hecken benutzt man die Spannschnur als Richtmaß für die Position der Pflanzlöcher. Wenn Sie statt einer Schnur einen stabilen Draht verwenden, haben Sie gleich eine Stütze, an der Sie die Gehölze nachher mit Gartenschnur befestigen.

Der Pflanzschnitt wird wie auf S. 280 beschrieben ausgeführt, allerdings schneidet man Haupt- und Seitentriebe noch etwas stärker zurück. Fragen Sie am besten beim Kauf nach. Manche Baumschulen übernehmen den Schnitt von Heckengehölzen auch selbst vor dem Verkauf.

Weidenstecklinge, die von Baumschulen oder Gartencentern im Frühling angeboten werden, bilden in kurzer Zeit attraktive, lebende Flechthecken z. B. für Bauerngärten und Nutzpflanzenbeete. Setzen Sie die Stecklinge im Abstand von 30 cm in die etwas aufgelockerte Erde und biegen Sie die Zweige vorsichtig in die Waagrechte, wobei Sie sie an kurzen Pfosten befestigen. Die Weiden treiben innerhalb weniger Wochen aus.

Zwei- und mehrreihige Hecken

Lockere Hecken wirken natürlicher, wenn ihre Bestandteile nicht zu streng aufgereiht werden – hier kommen Sie ohne Spannschnüre aus. Nur bei dichten, zweireihigen Sichtschutzhecken werden zur Sicherheit zwei Schnüre in der Endbreite der späteren Hecke gespannt. Dazwischen pflanzt man die Heckensträucher versetzt in einzelne Pflanzlöcher ein.

Berücksichtigen Sie für den Abstand der Pflanzlöcher den erwarteten Umfang der Sträucher, sonst können sich die Heckensträucher später nicht frei entfalten. Hierbei hilft die Faustregel:

Abstand = (Breite von Strauch A + Breite von Strauch B) / 2

Wenn beispielsweise Strauch A 1 m breit und Strauch B 2 m breit wird, kommen Sie somit auf einen Abstand von 1,5 m. Die Hecke wirkt geschlossener, wenn Sie von dem ermittelten Abstand noch 30 cm abziehen – dann durchdringen sich die äußeren Zweige.

Klettergehölze pflanzen

Klettergehölze werden im Abstand von ca. 40–50 cm vor einer Mauer oder einem stabilen Holzzaun gepflanzt. Normalerweise reicht dies aus, damit sie genügend Regenwasser abbekommen. Im direkten Regenschatten (bei den vorherrschenden westlichen Winden unserer Breiten demnach östlich einer Barriere) müssen sie allerdings häufiger gegossen werden.

Bodenvorbereitung und Pflanzvorgang erfolgen wie allgemein bei den Gehölzen beschrieben. Leiten Sie die Triebe nach dem Einsetzen mit schräg gestellten Bambusstäben bis zur Kletterhilfe und binden Sie sie in der gewünschten Richtung fest. Auch selbstkletternde Gehölze lassen sich auf diese Weise gezielt lenken.

Nur die Arten und vor allem Sorten der Waldrebe (*Clematis*) erfordern eine spezielle Pflanztechnik: Reichern Sie hier den Boden unterhalb des Pflanzlochs mit einer Mischung aus Sand und grobem Kies an – sie dient als Dränage gegen Staunässe. Dies kann helfen, der Clematiswelke, einer Pilzkrankheit, vorzubeugen. Der Wurzelballen kommt schräg ins Pflanzloch, damit die Triebe in Richtung Spalier wachsen können. Setzen Sie die Pflanzen gut 5 cm tiefer ein, als sie im Container wachsen. Auf diese Weise wird die Bildung sprossbürtiger Wurzeln angeregt, und die Waldrebe wächst besser an.

Klettergehölze werden nach dem Pflanzen an einem schrägen Stab bis zur Kletterhilfe aufgeleitet.

Binden Sie die Triebe nach der Pflanzung mit Gartenschnur nur ganz locker am Klettergerüst fest.

Pflege und Schnitt

ZUR GEHÖLZPFLEGE gehören einerseits Maßnahmen, die Baum oder Strauch gesund und vital erhalten, andererseits Eingriffe, die ihn für seine gestalterische Aufgabe im Garten sanft lenken. Einige Arbeiten sind zeitlich befristet, andere fallen regelmäßig und immer wieder an.

Schutz junger Gehölze

Im ersten Winter nach der Pflanzung sind junge **Laubgehölze** sehr gefährdet, da der Frost den Stamm und die nackten Zweige schädigen könnte. Dies gilt natürlich insbesondere für empfindlichere Gehölze aus wärmeren Regionen. Sie brauchen oft auch noch in späteren Jahren einen Winterschutz (→ S. 210–213), zumindest in raueren Gegenden.

Um den Stamm zu schützen, können Sie ihn mit Sackleinen oder anderem luftdurchlässigem Material umhüllen – oder aber aus Lehm und Wasser eine Aufschlämmung herstellen. Streichen Sie den Brei mit Pinsel, weichem Spatel oder den Händen auf den Stamm. Fixieren Sie den Brei mit Sackleinen und einer Schnur. Dieser Schutz verbleibt über die erste Vegetationsperiode am Stamm. Unauffälliger sind käufliche Mittel auf Algenbasis, die als Spray ausgebracht werden und sich problemlos auch über die dünnen Zweige eines Strauchs sprühen lassen.

Eine Stammumwicklung schützt Jungbäume vor Frostschäden.

Das Wurzelsystem von spät gepflanzten **immergrünen** Nadel- wie Laubgehölzen ist oft noch nicht stark genug entwickelt, wenn der Winter einbricht. Der Wind kann das Gehölz austrocknen, und gelegentliche Sonnentage können die Blätter bzw. Nadeln verbrennen. Den besten Schutz bieten Schilfmatten in der Hauptwindrichtung, die stabil auf einem Gestell aus schräg gestellten Holzlatten verankert werden. Vor direkter Sonneneinstrahlung schützt übergelegtes oder zeltartig befestigtes Sackleinen oder Schattierungsgewebe aus dem Fachhandel. In frostfreien Trockenphasen sollten die Pflanzen gegossen werden.

Die jungen, empfindlichen Wurzeln werden mit einer Mulchschicht und Fichtenreisig abgedeckt. Sollte der Frost den Boden dennoch anheben, wird dieser vorsichtig wieder angetreten, damit die Wurzeln nicht erfrieren.

Bodenbearbeitung und -pflege

Die offene Erdfläche, die nach dem Pflanzen eines Baums um den Stamm erhalten bleibt, bezeichnet man als **Baumscheibe.** Im Folgenden wird der Begriff vereinfachend auch für den Bereich um einen Strauch verwendet. Da der Boden nach dem Pflanzen nur noch oberflächlich bearbeitet werden kann, stellt die Baumscheibe die einzige Zugriffsmöglichkeit dar. Sie sollte daher unkrautfrei und locker gehalten werden.

Mechanische Lockerung durch Hacke, Grubber oder Sauzahn ist nur bei tiefwurzelnden Gehölzen wie Stechpalme, Wacholder, Mahonie und *Prunus*-Arten (z. B. Zierkirsche, Kirschlorbeer) möglich. Bei flachwurzelnden Arten – viele Koniferen, Erlen, Felsenbirnen, Berberitzen, Birken, Rhododendren, Weiden u. a. – muss man dagegen vorsichtig vorgehen: Stechen Sie eine Grabegabel senkrecht ein und bewegen Sie sie rüttelnd hin und her.

Einen dauerhaft lockeren Boden erreichen Sie allerdings nur dann, wenn der Boden kontinuierlich mit Humus versorgt wird. Den besten Humus liefert Herbstlaub, das an Ort und Stelle verrotten darf.

Unterstützend sollten Sie Baumscheiben grundsätzlich mit Mulch abdecken. Als Mulchmaterial zwischen Gehölzen eignet sich unreifer Kompost, der nicht sofort in den Boden eingearbeitet wird, reifer Kompost sowie alle Arten von zerkleinertem organischem Material (→ S. 170). Der Mulch wird im Herbst als Winterschutz für die Wurzeln 5–10 cm dick auf der Baumscheibe verteilt. Im Frühling lockert man den Boden unter der Mulchschicht auf und arbeitet Teile davon mit in die oberste Bodenschicht ein. Anschließend füllt man die Fläche wieder mit frischem Mulch auf.

Mulch hält die Feuchtigkeit im Boden fest, wirkt Schwankungen der Bodentemperatur entgegen und verhindert darüber hinaus das Aufkommen von Unkräutern. Selbstverständlich müssen Sie dennoch auflaufende Unkräuter regelmäßig entfernen, damit sie mit dem Gehölz nicht in Konkurrenz um Nährstoffe treten.

Gießen

Gehölze, die sich gut etabliert haben – das kann mehrere Jahre dauern –, brauchen gewöhnlich kein Gießwasser mehr. Ihr Wurzelwerk ist so weit verzweigt, dass sie die üblichen sommerlichen Trockenphasen überdauern. Allerdings: Trockenheit auszuhalten bedeutet auf jeden Fall Stress für die Gehölze, den man sehr leicht vermeiden kann.

Gießen Sie abends oder morgens, tagsüber würde zu viel Wasser oberflächlich verdunsten. Da man gut 40–50 l Wasser/m^2 Baumscheibe braucht, um den Boden tiefgründig anzufeuchten, legen Sie am besten den Schlauch auf die Baumscheibe und lassen Sie das Wasser langsam in den Boden versickern. Mit der Gießkanne und einem flachen Ringgraben um die Baumscheibe kann man den Wasserfluss noch genauer abschätzen. Eine derart gründliche Bewässerung reicht selbst in heißen

Sommern normalerweise für mehrere Tage aus.
Größeren Gießbedarf haben alle Gehölze auch während längerer Trockenphasen im Frühling, weil die treibenden Zweige, Blüten und Blätter reichlich Wasser verbrauchen. Gehölze mit kleinem Wurzelvolumen, vor allem Zwerggehölze, Klettergehölze und Kübelpflanzen, sind ganzjährig auf kontinuierliche Wasserversorgung angewiesen. Manche gegen Trockenheit besonders empfindlichen Gehölze wie Hortensien, Lorbeerrosen oder Rhododendren brauchen noch mehr Wasser – sie zeigen ihren Bedarf durch eingerollte, hängende oder gar welkende Blätter.
Immergrüne Laub- und Nadelgehölze geben auch während des Winters Wasser an die Umgebung ab. Sonnentage in oder nach Frostperioden machen ihnen besonders große Schwierigkeiten, denn sie können dem gefrorenen Boden dann kein Wasser entziehen: Die Blätter verwelken, ein Vorgang, der als Frosttrocknis bezeichnet wird. Gießen Sie daher alle Immergrünen, auch Heckenpflanzen, im Herbst gründlich und tiefgründig, damit sie genügend speichern können. Nach mehreren milden Tagen und ausschließlich bei nicht gefrorenen Böden sind sie bei Sonne auch im Winter für eine gezielte Wassergabe dankbar.

!

wir empfehlen

Gießen junger Gehölze

Zu braunen Blättern sollte man es bei jungen Gehölzen zwar nicht kommen lassen. Doch grundsätzlich werden sie besser selten, dann aber besonders reichlich gegossen, damit das Wasser bis tief in den Boden eindringt. Sind nur die obersten Bodenschichten feucht, entstehen dort selbstverständlich auch die meisten Wurzelverzweigungen. Als Folge trocknen die Wurzeln leichter aus, sind durch Frost gefährdet und verankern das Gehölz weniger gut.

Düngen

In einem normalen Gartenboden kommen die meisten Gehölze ohne Zusatzdüngung aus. Das gilt insbesondere dann, wenn der Boden bei der Pflanzung verbessert und mit Humus angereichert wurde. Regelmäßiges Mulchen und bei Bedarf gelegentliche Kompostgaben sorgen dann für die kontinuierliche Versorgung mit Hauptnährstoffen und Spurenelementen (→ auch S. 175–176). Ausnahmen bilden regelmäßig geschnittene Hecken, denen durch den Schnitt immer wieder Nährstoffe entzogen werden.
Wenn ansonsten doch einmal Nährstoffmangel auftritt, darf man bei der Auswahl des Düngers auf die Angaben der Hersteller (z. B. Spezialdünger für spezielle Gehölze, Beimischung von Spurenelementen usw.) vertrauen. Man sollte aber die auf der Packung genannten Mengen keinesfalls überschreiten. Generell gilt: Überdüngung ist für ein Gehölz mindestens so schädlich wie gar keine Düngung! Solange keine sichtbaren Mangelerscheinungen, wie Blattverfärbungen, Blühunwilligkeit, kümmernder Wuchs usw. auftreten, reicht eine Grunddüngung alle paar Jahre aus.
Entscheiden Sie sich vorzugsweise für organische Langzeitdünger: Sie geben ihre Nährstoffe langsam an den Boden ab, werden kaum ausgewaschen und halten damit lange vor. Außerdem regen sie das Leben der Bodenlebewesen an und tragen somit zur Verbesserung der Bodenstruktur bei. Bringen Sie organische Dünger bis spätestens Mai aus.
Sollten Sie einen Mineraldünger bevorzugen, arbeiten Sie ihn ebenfalls im Frühling, noch vor Beginn des Austriebs, in die oberste Bodenschicht ein. Keinesfalls dürfen stickstoffreiche Volldünger- bzw. Mehrnährstoffdünger noch nach dem Hochsommer gegeben werden. Die Gehölze nutzen solch ein spätes Nährstoffangebot für unzeitgemäßes Wachstum. Ihre Zweige könnten vor dem Wintereinbruch nicht ausreichend verholzen, enthielten zu viel Feuchtigkeit und erfrören bei den ersten starken Frösten.
Sollten trotz scheinbar guten Nährstoffangebots Blattverfärbungen oder Blattaufhellungen auftreten, könnte eine spezifische Mangelernährung vorliegen (→ S. 175–176). Für solche Fälle gibt es Spezialdünger, die gezielt einzelne Mineralien und Spurenelemente (z. B. Magnesium, Mangan, Eisen) nachliefern. Wenden Sie sich mit einer Blattprobe an ein Fachgeschäft und lassen Sie sich beraten.
Alte Bäume mit weit ausgebreiteten Wurzeln und reichem Unterwuchs lassen sich kaum noch gezielt mit Dünger versorgen. Damit der Dünger bis zu ihren Feinwurzeln vordringt, können Sie eine Grabegabel einstechen, etwas hin- und herbewegen und eine Mineraldüngerlösung in die Löcher gießen. Noch einfacher geht es mit einer sogenannten Düngerlanze, die in den Boden gebohrt wird.

Die Baumscheibe sollte nach der Pflanzung gemulcht werden, damit die Feuchtigkeit im Boden bleibt.

Ziergehölze schneiden

Warum soll man Gehölze überhaupt beschneiden? Immerhin geht auch kein „großer Gärtner“ durch den Wald und regelt den Wuchs der wilden Gehölze. Nun gelten im Garten andere Regeln als in der Natur. Sie wollen sich an Wuchsformen, Blüten und Früchten erfreuen und das möglichst jedes Jahr aufs Neue! Genau hier setzt die Funktion eines guten Gehölzschnitts ein: Er hält Sträucher, aber auch viele Bäume in einem Zustand „ewiger Jugend“ – sie verzweigen sich auf natürliche Weise und bringen regelmäßig und arttypisch ihre Blüten hervor.
Um die gewünschten Eigenschaften zu fördern, muss der Schnitt jedoch unbedingt fachgerecht durchgeführt werden. Zu viel zu schneiden, hat häufig weitaus

Bei Sträuchern, die sich nach Typ 1 verzweigen, werden die jeweils ältesten Triebe dicht über dem Boden entfernt.

Beim Typ 2 wird am Neigungsbogen geschnitten; außerdem entfernt man einige der ältesten Triebe am Boden.

fatalere Folgen, als gar nicht zu schneiden. Andererseits ist der Gehölzschnitt auch keine Geheimwissenschaft, die nur den Kennern vorbehalten bleibt. Es gibt einige wenige Grundregeln und eine Reihe von Besonderheiten. Solange man diese beachtet, kann eigentlich nichts schief gehen.
Im Folgenden betrachten wir zunächst die Schnitterfordernisse der Gehölze je nach Wuchs- und Verzweigungstyp. Grundsätzliches und Allgemeines zur Schnitttechnik folgt im Anschluss ab S. 286 (→ auch S. 214–219), Besonderheiten wie Hecken- und Kletterpflanzenschnitt ab S. 287.

Schnitt nach Alter und Wuchstyp

Bis auf die Obstgehölze brauchen Bäume so gut wie nicht beschnitten zu werden. Hier reicht es aus, zu dichte Kronen bei Bedarf etwas auszulichten und beschädigte Äste zu entfernen. Das richtige Vorgehen beim Absägen eines Asts wird auf S. 287 dargestellt.
Es gibt mehrere Möglichkeiten, den Gehölzschnitt zu gliedern. Die gebräuchlichste orientiert sich an der zeitlichen Abfolge bzw. am **Alter** des Gehölzes:
Der Pflanzschnitt erfolgt unmittelbar, nachdem das Gehölz eingepflanzt wurde (→ S. 280). Der bei den Ostgehölzen übliche Erziehungs- oder Aufbauschnitt kann bei Ziergehölzen entfallen. Der Erhaltungs- oder Pflegeschnitt wird bei den angewachsenen Gehölzen in regelmäßigen Abständen durchgeführt; er erhält die Wuchs- und Blühfreude. Sind die Gehölze sehr alt und wurden lange nicht geschnitten, kann sich ein Verjüngungsschnitt lohnen. Wird jedoch der Erhaltungsschnitt regelmäßig durchgeführt, erspart man sich den Verjüngungsschnitt. Und ein Auslichtungsschnitt (→ S. 287), der – unabhängig vom Alter der Gehölze – alle paar Jahre anfällt, ist bei einem gezielten Erhaltungsschnitt quasi inbegriffen und muss nicht extra erfolgen.
Um bei der Durchführung des Erhaltungsschnitts keinen Fehler zu machen, muss man das **Verzweigungs- und Regenerationsmuster** seiner Sträucher kennen. Etwas vereinfacht, aber praxisnah lässt es sich folgendermaßen untergliedern:
1. Sträucher, die sich immer wieder aus bodennahen Knospen regenerieren (basitone Verzweigung)
2. Sträucher, die sich zusätzlich durch starke Verzweigung der mittleren Äste regenerieren (mesotone Verzweigung)
3. Sträucher, die sich kaum oder gar nicht aus bodennahen Knospen oder mesotoner Verzweigung regenerieren
4. Sträucher, die jährlich neue (einjährige) Blütentriebe bilden
5. immergrüne Sträucher, die nicht oder selten geschnitten werden

1. Sträucher, die sich aus bodennahen Knospen regenerieren:
Typische Beispiele für diese Form der Verzweigung sind Haselnuss, einige Besenginsterarten (*Cytisus*), Deutzien (*Deutzia*), Pfaffenhütchen (*Euonymus europaeus*), Ranunkelstrauch (*Kerria japonica*), Azaleen (sommergrüne Rhododendren) oder Holunder. Man erkennt Gehölze dieses Typs daran, dass im Frühling stets mehrere Neutriebe im untersten Bereich des Strauchs aus ruhenden Knospen austreiben. Die Triebe wachsen gerade und schlank nach oben und beginnen sich erst in den oberen Bereichen stärker zu verzweigen (sogenannte akrotone Verzweigung). Bleibt ein solcher Strauch ungeschnitten, wachsen seine Zweige innerhalb weniger Jahre so dicht, dass sie sich gegenseitig das Licht wegnehmen. Da sich manche dieser Sträucher zusätzlich über Ausläufer ausbreiten, wie beispielsweise der Ranunkelstrauch, können sie kleine Dickichte bilden.
Der Erhaltungsschnitt muss daher alle 2 bis 3 Jahre (bei Bedarf auch öfter, bei langsam wachsenden Gehölzen seltener) durchgeführt werden. Suchen Sie zunächst nach den jeweils ältesten Trieben. Sie zeichnen sich durch ihre Dicke und meist auch dunklere Rinde aus. Schneiden oder sägen Sie einen Teil dieser Triebe nahe am Boden ab (→ Abb. links oben). Entfernen Sie die Alttriebe keineswegs vollständig – das allgemeine Erscheinungsbild des Strauchs sollte gewahrt bleiben. Nehmen Sie sich dann die Jungtriebe vor. Auch sie werden bis auf wenige, kräftige Exemplare entfernt: Sie bilden den Ersatz für die alten Triebe und haben nun genügend Platz.
Nachdem das Gerüst des Strauchs wieder markant in Erscheinung tritt, folgt das gezielte „kosmetische“ Schneiden. Kürzen Sie weit herausragende Zweige um etwa

ein Drittel bis ein Viertel ihrer Länge und schneiden Sie nach innen weisende Triebe am Ansatz ab. Auch die abgeblühten, äußeren Teile der Triebe können bis zu einem Drittel eingekürzt werden.

2. Sträucher, die sich vor allem durch Verzweigung der Äste regenerieren:
In diese Gruppe gehören zahlreiche wichtige Gartengehölze, wie beispielsweise die sommergrünen Berberitzen, Zierquitte, sommergrüne Zwergmispeln (*Cotoneaster*), Forsythien und Pfeifenstrauch (*Philadelphus*). Auch sie sind sehr regenerationsfreudig und treiben regelmäßig aus der Basis neue, frische Jungtriebe aus; insofern gleichen sie den Sträuchern der oben beschriebenen Gruppe. Im Unterschied zu jenen ist jedoch ihre Verzweigung ab dem mittleren Bereich der Äste stärker ausgeprägt – daran kann man sie recht gut erkennen. Folgt man dem Verlauf eines Forsythientriebs von unten nach oben, ergibt sich folgendes Bild: Im unteren Bereich ist der Trieb gerade und gestreckt (verzweigungsloser Zuwachs des 1. Jahrs). Je weiter man nach oben kommt, desto stärker ist er verzweigt. Im 2. Jahr bilden sich etwa ab der halben Höhe seitliche Verzweigungen mit Blatt- und Blütenknospen aus, die sich im 3. Jahr noch stärker verzweigen (bei Forsythien das optimale Blütenjahr). In den Folgejahren neigt sich der alte Trieb nach außen. Im Neigungsbogen wachsen kräftige Seitenzweige gerade nach oben aus, die sich in den Folgejahren wiederum zu Blütentrieben verzweigen.
Dieses Wachstumsmuster ist zwar bei den Forsythien besonders markant ausgeprägt, folgt aber bei allen Sträuchern dieser Gruppe demselben Muster: Neuaustrieb aus der Basis, Verzweigung und Neigung der Triebe – viele dieser Sträucher sehen aus einiger Entfernung aus, als bildeten die sich überneigenden Zweige „Etagen".
Beim Schnitt geht man ähnlich vor wie bei der zuerst beschriebenen Gruppe, d. h., man entfernt einige der ältesten Triebe bis zum Boden und lässt entsprechend viele Jungtriebe stehen. Einen noch besseren Strauchaufbau erreicht man allerdings häufig, wenn nicht der gesamte alte Trieb entfernt wird, sondern nur der obere Bereich nach dem Neigungsbogen (→ Abb. links unten). Der jeweils stärkste, nach oben wachsende Seitentrieb wird schon im Folgejahr reichlich blühen.
Nach diesem Erhaltungsschnitt, der in der Regel alle 2 bis 3 Jahre durchgeführt wird, kürzt man wiederum zu lange oder unregelmäßig wachsende Zweige ein bzw. lichtet sie aus.

3. Sträucher, die sich kaum oder gar nicht durch Neutriebe regenerieren:
Bei den Vertretern dieser Gruppe ist der Austrieb der Spitzen- und basalen Knospen gehemmt, während sich die Seitentriebe zweiter und höherer Ordnung gleichmäßig verzweigen.
Man erkennt sie auch als „Neugärtner" leicht daran, dass sie selbst nach mehreren Jahren weder vom Boden her austreiben, noch übermäßig viele Seitentriebe bilden. Sie zeigen auch im Alter ein angenehm offenes, lockeres und kaum wucherndes Erscheinungsbild. Felsenbirnen (*Amelanchier*), Perückenstrauch (*Cotinus*), einige Hartriegel (*Cornus*), Zaubernuss (*Hamamelis*), Goldregen (*Laburnum*), Magnolien oder auch strauchförmige Ebereschen sind typische Vertreter dieser Gruppe.
Solche Gehölze werden möglichst gar nicht geschnitten – keinesfalls darf ein starker Rückschnitt durchgeführt werden! Überprüfen Sie die Sträucher im Frühling auf erfrorene Triebe und lichten Sie nur sehr sparsam alles aus, was den Wuchs stört bzw. anderen Zweigen das Licht nehmen könnte. Bei Krankheiten oder starken Verletzungen (Schneebruch beispielsweise) kann diese Pflegeleichtigkeit allerdings auch zum Nachteil geraten: Vielfach sind die Sträucher nach dem notwendigen, kräftigen Rückschnitt dann nicht mehr in der Lage, sich aus schlafenden Augen zu regenerieren und den Verlust zu ersetzen.

4. Sträucher, die jährlich neue (einjährige) Blütentriebe bilden:
Die Vertreter dieser Gruppe lassen sich am besten durch Beobachtung über das Jahr identifizieren. Sie treiben zu Beginn der Vegetationsperiode kräftige Triebe aus vorhandenen Seitenknospen aus. Noch innerhalb desselben Jahrs bilden sich an diesen Zweigen zahlreiche Seitentriebe mit Blättern und Blüten.

Sträucher vom Typ 4 werden stark zurückgeschnitten, damit sich viele Neutriebe bilden.

Immergrüne Sträucher (Typ 5) werden nur sparsam geschnitten, etwa um störende Zweige zu entfernen.

In diese Gruppe gehören so bekannte, im Sommer oder Herbst blühende Sträucher wie Schmetterlingsstrauch (*Buddleja davidii* – jedoch nicht *B. alternifolia*!) und Rispenhortensie (*Hydrangea paniculata* – jedoch nicht *H. macrophylla*, die Gartenhortensie!); außerdem Besenheide (*Calluna vulgaris*), Bartblume (*Caryopteris*), Johanniskraut (*Hypericum*) und manche Spiersträucher (*Spiraea-Bumalda*-Hybriden, *S. japonica*).

Beim Schnitt geht man relativ „grob“ vor (→ Abb. S. 285 oben): Das Gehölz wird im Frühjahr bis auf kurze Zapfen der Haupttriebe zurückgeschnitten. Bei manchen Arten, z. B. der Bartblume, erfrieren die letztjährigen Triebe ohnehin fast jedes Jahr. Dünnere Triebe sollten noch 4 bis 5 Seitenknospen aufweisen, aus denen die Blütentriebe auswachsen können.

5. Immergrüne Sträucher, die nicht oder selten geschnitten werden:

Die Vertreter dieser Gruppe sind naturgemäß nicht mit anderen zu verwechseln. Weder immergrüne Laub- noch Nadelgehölze brauchen einen regelmäßigen Erhaltungsschnitt. Sie bilden fast immer eine gute und dicht verzweigte Krone aus und werden nur sehr sparsam ausgelichtet, wenn quer wachsende oder weit herausragende Zweige stören, dies am besten im Vorfrühling. Selbstverständlich müssen auch diese Gehölze im Frühling auf Frostschäden untersucht und ggf. ausgelichtet werden (→ Abb. S. 285 unten).

Je dichter der Wildtrieb an der Wurzel abgeschnitten wird, desto besser.

Wann schneiden?

Laubabwerfende Gehölze werden am besten während der Vegetationsruhe zwischen Herbst und Frühling geschnitten. Innerhalb dieser Periode scheiden allerdings alle Frosttage aus, weil das gefrorene Wasser in den Leitungsbahnen die Zweige regelrecht zerreißen kann.

Besonders vorteilhaft ist ein Schnitt im Vorfrühling: Sie können dann deutlich sehen, welche Zweige erfroren sind und deshalb entfernt werden müssen. Und der bald einsetzende Saftstrom versorgt die Wunde mit Nährstoffen und hilft bei der Abdichtung.

Ausnahme von dieser Regel sind Bäume wie Ahorn, Birke, Kirsche und Rosskastanie, die stark „bluten“. Sie werden besser im Spätsommer oder nach dem Laubfall im Herbst beschnitten. Auch alle sehr früh blühenden Gehölze sollte man nicht im Frühling schneiden, um nicht die bereits angelegten Blütenknospen zu entfernen, sondern im Sommer nach der Blüte.

Sollten Sie allerdings eine krankhafte Veränderung bemerken, gelten keine zeitlichen Beschränkungen: Entfernen Sie den Zweig oder Ast sofort und vollständig. Dasselbe gilt für abgeknickte oder angebrochene Triebteile.

Wie schneiden?

Das A und O eines wirkungsvollen Schnitts sind geeignete **Werkzeuge** (→ auch S. 144–145). Der unsaubere Schnitt einer schlechten oder unscharfen Schere kann den Zweig zerquetschen oder zerreißen und so die Wundverheilung beeinträchtigen, was Schaderregern das Eindringen erleichtert.

Wichtig ist zunächst eine solide Gartenschere. Einschneidige Ambossscheren sind gut geeignet, auch stärkere Zweige mit sauberem Schnitt zu trennen. Mit zweischneidigen Scheren kann man dagegen auch in engen Astgabeln präzise Schnitte führen. Bei Astscheren verbessern die langen Griffe deutlich die Hebelwirkung, so dass sich 2–4 cm dicke Äste ohne allzu großen Kraftaufwand schneiden lassen. Sobald noch stärkere Äste geschnitten werden müssen, greift man zur Baumsäge. Zum Reinigen bzw. Glätten der Wundränder ist eine Hippe, ein Messer mit gebogener Klinge, nützlich.

Regelmäßige und sorgfältige Wartung der Werkzeuge kommt nicht nur ihrer Lebensdauer zugute, sondern auch dem Gärtner und den Gehölzen: Stets scharf gehaltene Klingen und Sägeblätter sowie gut geölte Scharniere erleichtern einen präzisen Schnitt, das Reinigen der Schneiden nach Benutzung kann der Übertragung von Krankheiten vorbeugen.

Mit geeignetem Werkzeug können Sie den Schnitt dann auch so ausführen, wie es ideal ist: mit festem, aber gleichmäßigem Druck durchschneiden – ohne neu anzusetzen, ohne die Schere zu verschieben. Gelingt das nicht, dann ist der Zweig meist zu dick für die gewählte Schere. Setzen Sie dann einen neuen Schnitt an und benutzen Sie eine Schere mit besserer Hebelwirkung bzw. eine Säge.

› Beim sogenannten **Rückschnitt** wird der äußere (obere) Teil eines Zweigs entfernt. Rückschnitt regt den Neuaustrieb an und sorgt bei den meisten Sträuchern für einen besseren Blütenansatz.

› Bei vielen Ziergehölzen sind die Knospenansätze wechselständig, d. h., sie folgen mit wechselnder Orientierung am Zweig aufeinander. Bei Gehölzen mit gegenständigen Knospen sitzen sich jeweils 2 Knospen an einem Knoten gegenüber. Setzen Sie die Schere bei gegenständigen Sträuchern direkt oberhalb des Knospenpaars an und schneiden Sie hier den Zweig mit kreisrunder Schnittfläche ab. Bei Sträuchern mit wechselständigen Knospen wird der Schnitt schräg angesetzt, so dass eine ovale Schnittfläche entsteht. Die Oberkante der Schnittfläche sollte kurz über der Knospe verlaufen, die untere mit dem Knospenansatz abschließen.

Da die neuen Triebe in Richtung der Knospe auswachsen, schneidet man stets über einer nach außen gerichteten Knospe. Andernfalls würde der neue Trieb ins Innere des Strauchs wachsen und den anderen Zweigen das Licht wegnehmen. Bei gegenständigen Knospen sollten die beiden Neutriebe nach rechts und links (parallel zur Strauchperipherie), nicht nach innen und außen weisen.

Die weitere Entwicklung eines Zweigs hängt von der Länge des weggeschnittenen Teils ab: Je stärker ein Zweig zurückgeschnitten wird, desto kräftiger fällt der Zuwachs aus. So lassen sich schwächer wach-

Krankheiten und Schädlinge an Ziergehölzen

AUCH WENN DIE ZAHL der potenziellen Krankheiten und Schädlinge manchmal schon entmutigend erscheint – Gehölze werden mit den meisten fertig, ohne dauerhaften Schaden zu nehmen. Die wichtigsten Voraussetzungen dafür sind eine optimale Standortwahl und gute Pflege, also ausreichende Versorgung mit Wasser und Nährstoffen, auch das Mulchen der Baumscheibe sowie das Lichthalten von Sträuchern durch regelmäßigen Schnitt.

Viele Baumschäden gehen auf den Befall mit Parasiten zurück – von Pilzerkrankungen bis hin zu Viren. Die Erreger finden aber nur dann Zugang zu einer Pflanze, wenn diese bereits geschwächt oder geschädigt ist. Wichtig sind besonders folgende einfache Vorkehrungen und Maßnahmen:

› Führen Sie alle Schnittmaßnahmen mit peinlich sauberen und scharfen Geräten durch. Glätten und säubern Sie alle entstehenden Wunden und verstreichen Sie größere Stellen mit Wundverschlussmittel.

› Schneiden Sie jedes erkrankte Pflanzenteil sofort bis in das gesunde Holz zurück, und entsorgen Sie den Abfall. Eine frühe Reaktion kann den Schaden häufig eindämmen. Gehen Sie dennoch mit einer Probe zum Fachhändler und lassen Sie sich beraten, ob eine weitere Behandlung angebracht ist.

› Reinigen Sie das Schnittwerkzeug nach Entfernen kranker Teile, am besten durch Desinfizieren mit Alkohol.

Weitere Informationen zu verbreiteten Krankheiten und Schädlingen, zu Vorbeugung und Bekämpfung finden Sie im Kapitel „Pflanzenschutz" (→ S. 190–209).

Abiotische Schäden

Lässt man einen Zweig des befallenen Gehölzes von einem Fachmann diagnostizieren, stellt sich manchmal heraus, dass keine Krankheit, sondern ein Pflegefehler vorliegt. Ein typisches Beispiel sind Nadeln, die sich braun verfärben: In extrem trockenen oder – seltener – stark verregneten Sommern bei staunassen Böden wird der Wasserhaushalt von Koniferen gestört. Das Gehölz reagiert mit braunen Nadeln. Im Unterschied zu einer Krankheit, die sich gewöhnlich von einem Infektionsherd her ausbreitet, zeigen oft mehrere Gehölze (z. B. in einer Hecke) gleichzeitig dieselben Symptome. Wurden die Koniferen in geeigneten Boden gepflanzt und ausreichend gegossen, bleiben Schäden dieser Art aus. Auch die Rhododendren-Chlorose (Blattvergilbung) basiert auf falscher Standortwahl: Rhododendren brauchen einen sauren Boden.

Streusalze, Überdüngung, zu wenig oder falsch zusammengesetzte Dünger belasten ein Gehölz ebenso wie die leider in Städten oft auftretende Schadstoffbelastung der Luft. Einige Gehölze sind zum Glück ausgesprochen abgasfest (auch „rauchhart" genannt) und stadtklimaverträglich (→ Tabelle S. 415).

Häufige Krankheiten

Zwar zum Glück nicht allzu häufig, aber besonders gefährlich sind **Bakterien** und **Viren.** Sie dringen durch Wunden in die Gewebe der Gehölze ein, z. B. über unsaubere Schnitte oder infizierte Astscheren. Auch mit dem Speichel von bohrenden und saugenden Insekten können Bakterien und Viren übertragen werden. Die Symptome äußern sich meist in lokalisierten Verfärbungen von Blättern (Linien, mosaikartige oder einzelne Flecke, Ringe). Eine besonders gefährliche bakterielle Infektion ist der **Feuerbrand.** Als Symptome treten dunkle bis schwarze Blätter und U-förmig nach unten gebogene Triebspitzen auf (fast ausschließlich an Pflanzen aus der Familie der Rosengewächse). Feuerbrand muss bei Befall unverzüglich bei der Ge-

Die Sitkafichtenlaus sitzt auf der Nadelunterseite.

Die Kiefernschütte tritt vorwiegend an jungen Kiefern auf.

Chlorosen sind häufig Anzeichen für eine Mangelernährung.

1 

2 

3 

1 Die Raupen dieser Nonne fressen teils ganze Baumkronen kahl.
2 Schmierläuse schützen sich durch weiße Wachsausscheidungen.
3 Die Larven der Fliederminiermotte fressen typische Gänge in die Blätter.

meindeverwaltung oder beim zuständigen Pflanzenschutzamt gemeldet werden.
Gegen Virus- und Bakterienerkrankungen ist keine Behandlung möglich. Schneiden Sie die befallenen Zweige großzügig aus und vernichten Sie sie durch Feuer oder geben Sie sie in die Mülltonne. Schlimmstenfalls muss das Gehölz ganz entfernt werden.
Fast allen **Pilzerkrankungen** ist gemeinsam, dass die Pilzsporen einen Zugang zum lebenden Gewebe (z. B. eine Verletzung) brauchen und sich das Myzel (Pilzgewebe) nur entwickeln kann, wenn die Bedingungen günstig sind – vor allem bei hoher Luftfeuchtigkeit und an geschwächten Gehölzen.

Echter Mehltau äußert sich in einem mehligen, weißen Belag auf Blattober- und -unterseite. Chemische Bekämpfungsmittel empfehlen sich nur bei starkem Befall; es gibt jedoch vorbeugende Stärkungspräparate. Relativ häufig kommen **Rostpilze** vor. Sie verraten sich durch kleine rote bis gelbe Pusteln auf den Blättern. Alle Rostpilze machen einen Wirtswechsel durch, d. h. ihre Entwicklung findet auf zwei Pflanzenarten statt. Der Kiefernblasenrost z. B., der die Weymouthkiefer und andere Kiefern, deren Nadeln in Fünfergruppen stehen, befällt, nutzt im Sommer Johannisbeersträucher als Zweitwirte. Man muss deshalb den zweiten Wirt ggf. beseitigen oder sich zumindest bei Neupflanzungen davon fernhalten.
Eine Reihe von Pilzen ruft fleckenartige oder flächenhafte **Blattverfärbungen** hervor, die bis zum Absterben von Blättern oder ganzen Trieben führen. Auch hier wird der befallene Bereich großzügig ausgeschnitten. Erst wenn sich die Infektion nicht eindämmen lässt, kommen chemische Spritzmittel zum Einsatz.
Eine weitere Gruppe von Schadpilzen äußert sich in Form vertrockneter Knospen, verbraunender oder absterbender Triebe bzw. durch Verlust von Blättern oder Nadeln. Bei Laubgehölzen spricht man von **Welke-**, bei Nadelgehölzen eher von **Schüttekrankheiten.** Bei der Kiefernschütte z. B. färben sich die Nadeln im Herbst gelblich, über Winter dann braun, um schließlich im Frühjahr abzufallen (→ Abb. S. 289 Mitte). Obwohl sich solche Infektion teils durch starken Rückschnitt bekämpfen lassen, sollten Sie sich von einem Fachmann beraten lassen.

Häufige Schädlinge

Spinnmilben leben von den Säften der Blätter und Nadeln. Man erkennt einen Milbenbefall an winzigen roten bis dunkelbraunen Punkten (die eigentlichen Tiere) und den hellen Stellen, die sie im Blatt hinterlassen. Auffallender sind die kugeligen Gallen der **Gallmilben,** in denen die Larven heranwachsen. Entfernen Sie die befallenen Blätter und versorgen Sie das Gehölz mit Wasser und Dünger.
Blattläuse und **Blattflöhe** sind saugende Insekten. Sie sehen ähnlich aus, werden 2–6 mm groß und sitzen auf Blättern und jungen, grünen Trieben. Bei Blattflohbefall wölben sich die Blattränder löffelartig ein. Während Blattflöhe eher selten vorkommen, gehören die zahlreichen Blattlausarten zu den allgegenwärtigen, aber ungeliebten Gästen im Garten. Marienkäfer, brütende Vögel und andere Nützlinge halten den Bestand gewöhnlich unter Kontrolle. Für den Gärtner gibt es mehrere sanfte Methoden, Blattläuse und -flöhe zu bekämpfen (→ S. 204). Sobald die Blattläuse entfernt sind, verschwinden auch die lästigen Ameisen, die sich einstellen, um den Honigtau der Blattläuse zu sammeln. Zu den unangenehmsten Vertretern gehört die Sitkafichtenlaus, die verschiedene Nadelgehölze befallen kann. Häufig ist sie die Ursache, wenn Nadeln im Bauminneren verbräunen und abfallen (→ Abb. S. 289 links). Klopft man im Herbst oder Frühjahr auf die Zweige und hält einen hellen Karton darunter, fallen die Läuse gut sichtbar herab. Notfalls werden nützlingsschonende Mittel eingesetzt. Vorbeugend ist eine gute Wasserversorgung, auch in trockenen Winterphasen, wichtig.
Einfache Methoden versagen bei **Wollläusen,** die sich durch einen wachsartigen, weißen Überzug schützen, und **Schildläusen,** die wie winzige Schildkrötenpanzer aussehen: Gegen sie hilft zuverlässig nur ein Mittel auf Ölbasis.
Treten gut sichtbare Fraßschäden an Blättern auf, handelt es sich entweder um **Blattwanzen,** die kaum zu bekämpfen sind, oder um die **Raupen** von Schmetterlingen. Beide richten zwar lokal größeren Schaden an, doch die Auswirkungen für die Gesamtpflanze halten sich meist in Grenzen. Schneiden Sie Triebe mit angefressenen Blättern ab – damit entfernen Sie zumindest die meisten Raupen. Zuweilen kommt es zu einem Massenbefall, etwa durch Gespinstmotten (kleine, schwarz gepunktete Falter) oder Nonnen (große, schwarz-weiß gemusterte Falter, → Abb. oben). Im Notfall können nach Beratung *Bacillus-thuringiensis-* oder Neem-Präparate eingesetzt werden.
Absammeln ist auch das sicherste Mittel gegen **Blattminierer.** Das sind Fliegen- oder Mottenarten, die sich durch das Innere von Blättern oder Nadeln fressen und dabei sichtbare Gänge hinterlassen.

WAS TUN, WENN …

… eine Hecke im unteren Bereich verkahlt?

URSACHE:

Hauptgrund ist meist, dass die unteren Bereiche zu wenig Licht abbekommen.

MASSNAHMEN:

› Alle Sträucher, die einen starken Rückschnitt vertragen (z. B. Buche, Eibe, Hainbuche, Lebensbaum, Liguster), schneidet man bis auf wenige Augen über dem Boden zurück. Die Neutriebe werden wiederum kräftig eingekürzt, damit zahlreiche seitliche Verzweigungen entstehen. Nach 2 bis 3 Jahren sollten die Fehlstellen geschlossen sein, und die Hecke wird auf eine gemeinsame Höhe und Breite (trapezförmig im Querschnitt) gestutzt.

› Ist die betreffende Kahlstelle allerdings auf eine Krankheit zurückzuführen oder treibt ein Heckenstrauch nicht gut aus, bleibt einem nur, betroffene Teile der Hecke zu roden und nach gründlicher Bodenverbesserung neue Gehölze einzusetzen.

… ein Ast durch einen Sturm abgerissen oder abgebrochen wurde?

URSACHE:

Auch wenn man gefährdete Gehölze vorbeugend an windgeschützte Stellen pflanzt, lassen sich Schäden durch Stürme nicht ganz vermeiden. Im Unterschied zu einem gezielten Sägeschnitt reißen fallende Äste eine lange Wunde durch die Rinde und das Kambium, also das teilungsfähige, für die Wundheilung zuständige Gewebe.

MASSNAHMEN:

Sägen Sie in einem ersten Arbeitsgang die Hauptmasse des Asts ab, um den Zug von der Rinde zu nehmen. Dann werden stehen gebliebene Reste mit sauberem Sägeschnitt(en) direkt am Stamm entfernt (→ auch S. 287). Um einen kompletten und raschen Wundverschluss zu sichern, wird der Wundrand mit einem scharfen Messer möglichst glatt geschnitten. Es empfiehlt sich, die Wundfläche am Rand mit einem Wundverschlussmittel abzudecken.

… ein älterer Strauch umgepflanzt werden muss?

URSACHE:

Zuweilen zeigt sich erst nach Jahren, dass der ursprünglich gewählte Standort nachteilig ist. Auch eine Umgestaltung kann das Umsetzen erforderlich machen.

MASSNAHMEN:

Junge Sträucher mit kleinem Wurzelballen können Sie im Herbst großräumig ausgraben und direkt versetzen. Bei größeren Sträuchern hebt man zu Beginn der Vegetationsruhe einen Graben um den Wurzelballen aus. Durchstoßen Sie den Wurzelballen auch unten mit dem Spaten. Füllen Sie nun den Graben mit einer Mischung aus dem Aushub und viel lockerem Humus an. In der weichen Erde dieses Grabens bilden sich zahlreiche neue Feinwurzeln. Im nächsten Herbst wird der Strauch umgepflanzt. Öffnen Sie den alten Graben und legen Sie den Strauch vorsichtig auf die Seite. Ziehen Sie zum Transport eine stabile Teichfolie oder starkes Sackleinen unter dem Ballen durch.

3

Rosen

Es gibt wohl niemanden, der sich dem Zauber der Rosen entziehen kann. Daher sind üppig blühende Exemplare der Stolz eines jeden Gärtners. Hier finden Sie die wichtigsten Erfolgsgeheimnisse.

Die Rose mag die Königin der Blumen sein, doch ist sie keine „Primadonna": Mit ihren vielen Sorten bietet sie Passendes für jeden Garten. Rosen sind unglaublich vielseitig. Als niedrige Zwerge bedecken sie charmant kahle Flächen. Vornehme Edelrosen präsentieren sich an ausgesuchter Stelle als aparte Gartenzierden. Beetrosen feiern ein rauschendes Blütenfest, entweder ganz unter sich oder in Gesellschaft eines Hofstaats aus erlesenen Stauden. Majestätische Strauchrosen in verschiedenen Größen nehmen die Lieblingsplätze im Garten ein. Kletterrosen erobern Rosenbögen, Lauben, Pergolen oder spielen an einem Rankobelisken die Hauptrolle in einer Rabatte. Und die pflegeleichten Wildrosen adeln den naturnahen Garten.

Einmalige und dauerhafte Blütenträume

Die Rose begleitet den Menschen seit Jahrtausenden. Zu den Stammformen unserer Gartensorten (▶ **SORTE**, S. 561) zählen u. a. die ungefüllt blühende Essigrose (*Rosa gallica*), die schwach bis stark gefüllte Damaszenerrose (*R.* x *damascena*) und die Weiße Rose (*R.* x *alba*). All diesen ursprünglichen Arten und den von ihnen abstammenden Sorten ist gemeinsam, dass sie nur einmal pro Saison blühen, mit üppigem Blütenschwerpunkt im Juni.

Erst im 18. Jahrhundert gelangten die China- oder Bengalrosen (*R. chinensis*) nach Europa. Sie waren öfterblühend und niedrig im Wuchs, was der Züchtung neue Impulse gab. Daraus entstanden unsere modernen Edel- und Beetrosen, die meist bis in den Herbst hinein durchblühen. Der Duft blieb dabei allerdings oft auf der Strecke, und das hat seinen Grund: Er geht stets mit weicheren Blütenblättern und somit einer geringeren Haltbarkeit der Blüte einher.

Heute nimmt man das gern wieder in Kauf: Nostalgische und märchenhafte Rosensorten liegen im Trend. Die Züchter versuchen dabei, so viele begehrte Eigenschaften wie möglich in ihren Sorten zu vereinen: Öfterblütigkeit, stark ▶ **GEFÜLLTE BLÜTEN** (S. 544), guten Duft und Widerstandsfähigkeit gegen Krankheiten sowie Frost. Die ersten Sorten dieser Art stammen aus der „Züchterwerkstatt" von David Austin: die Englischen Rosen. Andere Züchter folgen seinem Beispiel.

Bei all der Schwelgerei sollte man jedoch die einmalblühenden Sorten nicht aus den Augen verlieren: Vor allem unter den einmalblühenden Ramblern und Strauchrosen finden sich wahre Prachtexemplare. Sie öffnen ihre Blüten früher als die öfterblühenden Sorten. Dann geben sie über gut 4 bis 5 Wochen ein atemberaubendes Blütenschauspiel zum Besten.

In diesem Kapitel:

Rosenklassen und Rosenverwendung

DIE VIELEN ARTEN und Sorten der Rosen unterscheiden sich im Hinblick auf ihre Wuchshöhe und Wuchsform. Anhand dieser Kriterien teilt man sie der Übersichtlichkeit halber in Klassen ein.

Mit Rosen gestalten

Wer seinen Garten mit Rosen gestalten möchte, findet in dieser Einteilung eine gute Hilfe, denn je nach Wuchsform lassen sich Rosen für ganz unterschiedliche Zwecke einsetzen – bis hin zur Kultur in Pflanzgefäßen (→ S. 396).

Edelrosen

Edelrosen sind in den Augen vieler Rosenfans die wahren Majestäten unter den Königinnen der Blumen. Meist handelt es sich um Teehybriden. Diese entstanden Mitte des 19. Jahrhunderts aus Kreuzungen, bei denen die edle chinesische Teerose (*Rosa x odorata*) eine wichtige Rolle spielte. Mit ihnen begann das Zeitalter der modernen Rosen. Edelrosen zeichnen sich durch halb- bis stark gefüllte Blüten aus, die besonders groß und elegant geformt sind. Die hohen Knospen bilden sich einzeln an langen Stielen. Daher eignen sich diese Sorten besonders gut als Schnittrosen. Im Garten pflanzt man sie am besten in kleinen Gruppen einer Sorte. Da ihre einzeln stehenden Blüten nur wenig Fernwirkung haben, aber aus der Nähe betrachtet umso schöner sind, kommen sie am Sitzplatz besonders gut zur Geltung.

Beetrosen

Mit ihrem bis 80 cm hohen, buschigen und aufrechten Wuchs sind die Sorten aus der Klasse der **Beetrosen** äußerst gesellschaftsfähig. Auf Beeten unter sich oder in gemischten Rabatten erfreuen sie die ganze Rosensaison über durch eine reiche Blüte in mehreren Schüben. Die an dolden- oder rispenförmigen Büscheln entstehenden Blüten sind ungefüllt bis sehr dicht gefüllt und teils duftend. In Staudenrabatten eignen sich Beetrosen durch ihren niedrigen Wuchs vor allem für die vorderen Bereiche. Dabei kommen nur absolut winterharte Sorten in Frage, damit sich im Beet keine Lücken durch Frostschäden ergeben. Auch eine hohe Widerstandsfähigkeit gegen Pilzkrankheiten ist erforderlich: Durch den engen Stand der Rabattenpflanzen herrscht eine vergleichsweise hohe Luftfeuchtigkeit, die solche Krankheiten fördert. Zu den Lieblingsnachbarn der Beetrosen zählen niedrige Taglilien (*Hemerocallis*), Katzenminze (*Nepeta x faassenii*), Lavendel, Frauenmantel (*Alchemilla mollis*) und Mädchenauge (*Coreopsis*).

Flächenrosen

Diese Sorten sind auch unter der Bezeichnung **Bodendeckerrosen** bekannt. Sollen sie ihre Aufgabe zur Zufriedenheit erfüllen, müssen sie pflegeleicht und absolut robust sowie gesund sein. Bei den meisten Rosen dieser Klasse erreicht man die Flächendeckung durch enge Pflanzabstände.

Strauchrosen

In dieser Klasse fassen die Rosenspezialisten **einmalblühende Parkrosen** und **öfterblühende Zierstrauchrosen** zusammen. Sie wachsen aufrecht oder bogig überhängend und werden bis über 2 m hoch. Je nach Sorte sind die Blüten ungefüllt, halbgefüllt oder gefüllt. Für den Hausgarten erfreuen sich besonders die Zierstrauchrosen großer Beliebtheit. Als niedrige oder höhere Hecken grenzen sie den Garten ab. Allerdings benötigen Strauchrosenhecken viel Platz. Als prächtige Einzelpflanzen oder in kleinen Gruppen bilden Zierstrauchrosen an ausgesuchten Plätzen hinreißende Blickfänge. Stehen sie in einer Rasenfläche, sollte der Boden etwa 50 cm um die Pflanzstelle freigehalten werden. Auch in gemischten Rabatten finden Strauchrosen einen angemessenen Platz. Niedrige, bis etwa 1,5 m hohe Sorten machen sich dabei gut in der Rabattenmitte, höhere gehören in den Hintergrund. Der klassische Rosenbegleiter in der Rabatte ist der Rittersporn (*Delphinium*). Aber auch Stockrosen (*Alcea rosea*), Staudenphlox (*Phlox paniculata*), Pfirsichblättrige Glockenblume (*Campanula persicifolia*) und Goldgarbe (*Achillea filipendulina*) geben perfekte Strauchrosenkavaliere ab.

Strauchrosen wie 'Schneewittchen' lieben Rittersporn und Lavendel als Begleiter.

1

2

3

1 Verlässliche Kletterrosen wie 'New Dawn' rahmen einen lauschigen Sitzplatz sehr romantisch ein.
2 Die Beetrose 'Sommerwind' ist sehr robust und regenfest und passt somit gut zu Stauden.
3 Nicht viele Edelrosen bieten auch der Nase etwas. Die Schnittsorte 'Duftzauber 84' dagegen schon.

Kleinstrauchrosen stehen zwischen Beet- und Strauchrosen. Sie werden zwischen 80 und 120 cm hoch und ähnlich wie Beet- und Strauchrosen verwendet.

Wildrosen

Wildrosen sind genau das Richtige für naturnahe Gärten. Ihre oft ungefüllten Blüten werden gern von Insekten besucht. Sie bilden undurchdringliche, stachelbewehrte Hecken und Sträucher, in denen Vögel gut geschützt brüten können. Die für unsere Gärten geeigneten Arten und Sorten blühen nur einmal. Dafür bilden viele von ihnen im Herbst schöne Hagebutten, z. B. die Vielblütige Rose (*Rosa multiflora*), die Kartoffelrose (*R. rugosa*) und die Hundsrose (*R. canina*). Darüber hinaus sind Wildrosen absolut anspruchslos, überaus robust und pflegeleicht. Einige wie die Glanzblättrige Rose (*R. nitida*) und Sweginzows Rose (*R. sweginzowii* 'Macrocarpa') trumpfen sogar im Herbst noch mit einer attraktiven Laubfärbung auf.

Kletterrosen

Kletterrosen sind für viele die Erfüllung eines Dornröschentraums: Sie bilden blühende Girlanden, die kahle Wände, Zäune und Mauern auf das Schönste verdecken. An Pergolen und Lauben zaubern sie romantische und sinnliche Nischen. Rosenbögen bilden stimmungsvolle Ein- und Übergänge zu den verschiedenen Gartenräumen. Dabei brauchen sie nicht einmal viel Bodenraum und verbreiten ihre märchenhafte Atmosphäre daher auch auf kleinen Grundstücken. Je nach Sorte blühen sie einmal oder öfter und sind ungefüllt, halbgefüllt oder gefüllt. Um die Senkrechte erobern zu können, brauchen sie ein Rankgerüst. Üblicherweise bindet man sie daran an, doch wo ihre Stacheln genügend Halt finden, halten sie sich auch von allein fest. Mit ihrem aufrechten Wuchs und ihren straffen Trieben ähneln die meisten Kletterrosen den Strauchrosen. Es gibt aber auch besonders starkwüchsige Typen, die zudem noch weiche, sehr biegsame Triebe haben. Diese werden als **Rambler** bezeichnet. Die meisten blühen nur einmal, dafür aber umso üppiger. Sie beranken willig große Lauben und Pergolen und erobern die Kronen lichter Bäume bis in gut 6 m Höhe. Kletterrosen „im engeren Sinn", die auch Climber genannt werden, sowie Rambler eignen sich auch als malerischer Hintergrund einer gemischten Rabatte.

Alte Rosen

In diese Gruppe werden nur Sorten aufgenommen, die einer Rosenklasse angehören, die bereits vor 1867 existierte, z. B. die Gallica-, Bourbon-, Portland- und Noisetterosen, Zentifolien und Damaszenerrosen. Die einzelnen Sorten der Alten Rosen können dabei durchaus später entstanden sein. In den vergangenen Jahren fanden sogar einige „nostalgische" Neuzüchtungen ihren Weg in diese Klasse. Manche Alte Rosen remontieren, d. h., sie bringen nach der Hauptblüte im Frühsommer noch Nachblüten hervor. Die meisten blühen jedoch nur einmal, vornehmlich in Weiß oder Rosa. Dafür sind ihre Blüten oft dicht gefüllt und weisen die so heiß begehrte Viertelung (von oben deutlich erkennbare Vierteilung) in ihrer Mitte auf. Außerdem duften sie herrlich, denn früher gehörten Rosen und Duft noch untrennbar zusammen. Alte Rosen sind fast ausnahmslos Strauchrosen. Man verwendet sie gern zusammen mit Rittersporn, Lavendel und Glattblattastern (*Aster novi-belgii*) in romantischen Beeten im Bauerngarten oder Landhausstil. Wegen ihres tollen Dufts sind sie als einzelne Sträucher oder in kleinen Gruppen auch hervorragende Sitzplatz- und Terrassenbegleiter.

Hochstammrosen

Stammrosen sind keine Rosenklasse, verdienen aber als charmante „Erscheinungsformen" besondere Erwähnung. Sie entstehen durch ▶ VEREDLUNG (S. 566) auf Stämmchen von Wildrosenunterlagen. Aufveredelt werden Beet- und Edelrosensorten oder aber Kletter- und Bodendeckerrosen mit langen Trieben. Im letzteren Fall erhält man Stämmchen mit romantisch herabwallenden Blütenschleppen, die als Trauer- oder Kaskadenrosen bekannt sind.

!

wir empfehlen

Bevorzugen Sie ADR-geprüfte Qualität

Jede neue Rose wird der dreijährigen Allgemeinen Deutschen Rosenneuheitenprüfung (ADR) unterzogen. Die Prüfer bewerten u. a. Widerstandsfähigkeit gegen Krankheiten, Winterhärte und Reichblütigkeit. Nur ausgesprochen gesunde, gartenwürdige Sorten erhalten das ADR-Qualitätszeichen, das somit eine sehr beachtenswerte Empfehlung darstellt.

Rosen pflanzen und pflegen

ROSEN SOLLEN MÖGLICHST lange Freude bereiten. Wie bei anderen Gehölzen lohnt sich eine besonders sorgfältige Auswahl und Pflanzung. Damit schaffen Sie zugleich die beste Voraussetzung dafür, dass sich der Pflegeaufwand in Grenzen hält.

Rosenkauf und -pflanzung

Gerade wer Rosen ganz gezielt aussuchen möchte, hat es bei der Sortenwahl nicht ganz einfach: Das Angebot ist geradezu überwältigend. Hier helfen die Rosenporträts ab S. 440 bei der Orientierung.

In den allermeisten Fällen werden nur gekaufte Jungpflanzen gesetzt. Denn obwohl Rosen über Stecklinge und teils auch über Absenker vermehrt werden können, erhält man wüchsige Nachkommen oft nur so, wie es auch die Profis machen: durch Veredlung (→ S. 232). Manche Wildrosen, z. B. die Kartoffelrose (*Rosa rugosa*), lassen sich auch durch Ausläufer vermehren.

Tipps für den Rosenkauf

Eine besonders gute Qualität der Pflanzware können Sie bei speziellen Rosenbaumschulen oder Markenbaumschulen, die Mitglieder des Bunds Deutscher Baumschulen (BdB) sind, erwarten.

Im Handel unterscheidet man bei veredelten Rosen zwei Güteklassen: Pflanzen der Güteklasse A haben gut verzweigte Wurzeln und mindestens 3 kräftige Triebe. Wenigstens 2 dieser Triebe müssen aus der ➲ VEREDLUNGSSTELLE (S. 567) entspringen. Bei der Güteklasse B müssen die Rosen nur 2 Triebe aufweisen. Sie wachsen deswegen nicht unbedingt schlechter als die der Güteklasse A, sondern bringen lediglich etwas weniger Reservestoffe mit.

Die Kronen von Hochstammrosen der Güteklasse A haben mindestens 3 kräftige Triebe, 2 davon aus der Veredlungsstelle. Sie zeichnen sich durch einen geraden Stamm und eine gut verzweigte Wurzel aus. An der Veredlungsstelle sollte der Stamm mindestens 9 mm Durchmesser haben. Bei Pflanzen der Güteklasse B sind nur 2 kräftige Triebe gefordert, die beide aus der Veredlungsstelle entspringen sollten.

Achten Sie beim Kauf darauf, dass die Triebe fest, glatt und keinesfalls „verschrumpelt" sind. Wenn man mit dem Fingernagel etwas Wurzelrinde abkratzt, sollte die Wurzel darunter weiß sein.

Pflanzware gibt es in den unterschiedlichsten Formen. „Klassiker" sind die **wurzelnackten Rosen.** Sie werden während der Ruhezeit für den Verkauf gerodet und haben weder Laub noch Wurzelballen. Sie kommen ohne Verpackung in den Handel und müssen daher unbedingt vor direkter Sonne und Wind geschützt werden. Ihre ideale Pflanzzeit erstreckt sich von Oktober bis April (bei frostfreiem Boden).

In Folien verpackte Rosen werden häufig in Supermärkten oder Gartencentern mit Selbstbedienung angeboten. Ihre Wurzeln sind in ein feuchtigkeitsspeicherndes Material eingebettet. Manchmal werden die Triebe in Spezialwachs getaucht, um die Verdunstung zu minimieren. Frische folienverpackte Rosen müssen durchaus nicht schlecht sein. Wenn sie jedoch länger in den beheizten Verkaufsräumen lagern, treiben sie gern vorzeitig aus. Lassen Sie solche Rosen lieber liegen. Pflanzzeit für folienverpackte Rosen ist von Oktober bis Mai bei frostfreiem Boden.

Seit einiger Zeit bieten Rosenbetriebe auch **wurzelballierte Ware** an. Dabei werden die Wurzeln in einen Erdballen gepackt. Er wird entweder durch ein Drahtgeflecht oder durch einen Topf aus Pappe und Torf zusammengehalten und steckt zusätzlich in einem Plastikcontainer. So kann die Rose bereits erste Faserwurzeln bilden und ist vor Austrocknung besser geschützt. Manche Anbieter wachsen aus diesem Grund auch noch die Triebe. So vorbereitete Rosen können zügig anwachsen. Man bringt sie am besten bei frostfreiem Boden von Oktober bis Juni in die Erde.

Ein Teil des Rosensortiments wird auch **im Container** angeboten. Der Vorteil gegenüber den anderen Angebotsformen ist, dass man die Sorten mit Laub und gelegentlich sogar mit Blüten auswählen kann. Gute Qualität erkennen Sie daran, dass der Container mindestens 2 l Volumen hat und der Ballen kompakt und gut durchwurzelt ist. Containerrosen sind die teuerste Pflanzware. Sie wachsen jedoch ohne Pflanzschock sicher und zügig an und können das ganze Jahr über eingepflanzt werden, wenn der Boden frostfrei ist.

Standortwahl und Einpflanzen

Am wohlsten fühlen sich Rosen an einem luftigen, sonnigen, warmen, aber nicht zu heißen **Standort.** Manche Sorten vertragen aber auch leichte Beschattung bis hin zu Halbschatten oder sind andererseits ausgesprochen hitzeverträglich (→ Rosenporträts, S. 440–447). Der Boden sollte humusreich und tiefgründig sein, keinesfalls verdichtet oder staunass. Rosen bevorzugen einen neutralen ➲ PH-WERT (S. 555). Auf kalkhaltigen Böden bekommen sie schnell gelbe Blätter, weil hier die Aufnahme des Pflanzennährstoffs Eisen gehemmt ist.

Für die tiefreichenden Rosenwurzeln ist es günstig, wenn der Boden einige Monate vor der Pflanzung zwei Spaten tief gelockert wird. Entfernen Sie vor dem Pflanzen sorgfältig alle Unkräuter samt Wurzeln.

Vor dem Einpflanzen schneidet man bei wurzelnackten Rosen die Triebe und Wurzeln auf 20 cm zurück und entfernt beschädigte Wurzeln ganz. Dabei sollten

Die Veredlungsstelle liegt nach der Pflanzung 5 cm unter der Erde.

Gut zu wissen

Wenn der Boden rosenmüde wird

Wenn an einer Stelle über mehrere Jahre Rosen gestanden haben, kommt es häufig vor, dass nachgepflanzte Exemplare dort nur kümmerlich wachsen oder sogar eingehen. Der Fachmann spricht dann von Bodenmüdigkeit. Sie tritt besonders bei leichten Böden mit geringem Humusgehalt auf. Die genaue Ursache ist bis heute nicht bekannt. Man vermutet, dass ein komplexes Wechselspiel aus mehreren Faktoren den Boden „müde“ macht, darunter Wurzelausscheidungen und einseitiger Nährstoffentzug durch die Rosen, die vorher dort standen, eine Zunahme von Wurzelälchen (Nematoden) im Boden und eine mit der Zeit ungünstig gewordene Zusammensetzung der Bodenorganismen.
Wenn Sie neue Rosen nicht an einen anderen Platz setzen können oder wollen, sollten Sie zumindest den Boden austauschen. Heben Sie dazu ein 70 cm breites und tiefes Loch aus und füllen Sie es mit humoser Erde von einer anderen Gartenstelle, an der zuvor keine Rosen gestanden haben.

möglichst viele Faserwurzeln erhalten bleiben. Stellen Sie die Rosen dann komplett etwa 2 Stunden in ein Wasserbad. Bei folienverpackten Rosen entfernen Sie zunächst sämtliche Verpackungsmaterialien und behandeln sie dann wie wurzelnackte Ware. Falls Wachs an den Trieben haftet, lassen Sie es einfach dran – es fällt mit der Zeit von selbst ab.
Die Triebe von wurzelballierten Rosen sind bereits gekürzt, den Pflanzschnitt können Sie sich hier also sparen. Vor der Pflanzung entfernt man die Plastikcontainer. Papp- bzw. Torftöpfe hingegen pflanzt man mit ein, reißt sie aber zuvor an einigen Stellen an. Sie verrotten mit der Zeit. Drahtgeflecht um die Ballen kann ebenfalls mitgepflanzt werden. Wässern Sie den Wurzelballen gründlich, bevor Sie ihn einpflanzen. Bei Containerrosen entfernen Sie zunächst den Topf. Lockern Sie dann den Ballen etwas auf und tauchen Sie ihn so lange in Wasser, bis keine Luftblasen mehr aufsteigen.
Das **Pflanzloch** sollte etwa gut 10 cm breiter und tiefer sein als die Wurzeln bzw. der Wurzelballen. Lockern Sie Boden und Wandungen der Grube mit einer Grabegabel gut auf. Der Aushub wird am besten zu einem Drittel mit Kompost vermischt sowie mit einer Handvoll HORNSPÄNE (S. 546) oder LANGZEITDÜNGER (S. 551).

Nun setzen Sie die Rose so tief ein, dass sich die Veredlungsstelle nach dem Einpflanzen 5 cm unterhalb der Erdoberfläche befindet. Dann wird das Loch rundum mit der Erde-Kompost-Mischung aufgefüllt und diese vorsichtig festgetreten. Bilden Sie einen kleinen Erdwall um die Pflanzstelle, der das Abfließen des Wassers verhindert, und gießen Sie die Rose kräftig an.
Zum Abschluss muss die Rose bis zu den Triebspitzen mit Erde angehäufelt werden, um sie vor Frost, Wind und Sonne zu schützen. Bei einer Frühjahrspflanzung verbleibt die angehäufelte Erde 8 Wochen; nach einer Herbstpflanzung wird erst gegen Ende März wieder abgehäufelt. Frisch gepflanzte Rosen dürfen keinesfalls austrocknen!

Die Pflege der Rosen

Zugegeben: Ihre Majestät, die Rose, gibt sich im Garten manchmal etwas divenhaft. Wer sie aber richtig zu nehmen versteht, den erfreut sie mit gesundem Wuchs und üppiger Blüte.

Gießen in Maßen

Rosen mögen eine gleichmäßige Bodenfeuchte, aber keinesfalls ständig nasse Füße. Frisch gepflanzte Exemplare sollten im 1. Jahr bei trockenem Wetter öfter gegossen werden. Gut eingewachsene Rosen dagegen können mit ihrem tiefreichenden Wurzelsystem Trockenperioden recht gut überbrücken. Gelegentliches, aber gründliches Gießen tut ihnen jedoch in heißen Sommern sehr gut. Bei leichten Böden wird eine Gabe von etwa 10–30 l/m² pro Woche empfohlen, bei schweren Böden dieselbe alle 3 Wochen. Wässern Sie vorzugsweise am Morgen und versuchen Sie, das Laub möglichst nicht zu benetzen. Das geht am besten, wenn Sie einen Schlauch ohne Brause verwenden.

Zurückhaltend düngen

Eine mäßige, aber regelmäßige Nährstoffversorgung fördert die Entwicklung und Blühfreude. Zu „gut gemeinte“, überreichliche Düngung macht die Rosen jedoch anfälliger für Krankheiten.
Einmalblühende Rosen und Wildrosen kommen mit einer Düngergabe im Mai aus. Öfterblühende Sorten brauchen dagegen nach der Hauptblüte Ende Juli etwas Nachschub. Diese zweite Düngergabe ist vor allem auf kargen, sandigen und humusarmen Böden wichtig. Positiv wirkt sich zusätzlich etwas Kompost aus, der im Herbst in die Erde zum Anhäufeln gemischt wird. Beim Abhäufeln ab Ende März verteilt man diese Erde in dünner Schicht um die Pflanzstelle. Für Rosen sind schnell wirkende mineralische und chloridhaltige Dünger nicht zu empfeh-

Wenn man welke Blüten regelmäßig ausputzt, haben öfterblühende Rosen mehr Kraft für neue Knospen.

len. Besser eignen sich organische Dünger oder Langzeitdünger, die ihre Nährstoffe langsam und witterungsabhängig abgeben (→ S. 177–178). Spezielle Rosendünger sind in ihrer Zusammensetzung ganz auf die Königin der Blumen abgestimmt.
Nach Juli gibt man keine stickstoffhaltigen Dünger mehr – also auch keine Volldünger oder Hornspäne –, damit das Holz der Rose für den Winter ausreifen kann. Letzteres wird mit der Gabe eines Kalidüngers, z. B. Patentkali, im September noch gefördert.

Lockern und Mulchen

Rosenwurzeln haben es gern luftig. Deshalb sollte der Boden regelmäßig gehackt werden, umso häufiger, je schwerer, d. h. tonhaltiger er ist. Nach Regenfällen, wenn die Bodenoberfläche nach dem Abtrocknen verkrustet, wird die Lockerung der obersten 10 cm mit Hacke oder Grubber besonders wichtig. Zudem entfernt man dabei die Unkräuter gleich mit.
Mit einer Mulchschicht um die Pflanzstelle sparen Sie sich die Bodenpflegearbeit. Die oberste Bodenschicht kann nicht verkrusten, sie bleibt locker und krümelig, Unkraut wird weitgehend unterdrückt. Als Mulchmaterialien eignen sich z. B. Rindenprodukte, Rohkompost oder Rasenschnitt. Der ideale Zeitpunkt für das Ausbringen ist im späten Frühjahr nach der Düngung. Entfernen Sie vorher sorgfältig alle Unkräuter. Streuen Sie den Mulch nicht zu dick aus, höchstens 3–4 cm stark (→ auch S. 170).
Rindenmulch beansprucht beim Zersetzen Stickstoff und enthält wachstumshemmende Substanzen (→ S. 170). Deshalb empfiehlt es sich, zum Dünger zusätzlich eine gute Hand voll Hornspäne als Stickstoffquelle dazuzugeben und erst dann den Mulch zu verteilen. Achten Sie zum anderen darauf, dass der Rindenmulch nicht zu nah an den Rosentrieben zu liegen kommt. Wenn Sie bereits zersetzten Rindenhumus verwenden, entfallen solche Vorsichtsmaßnahmen.

Wildtriebe entfernen, Welkes ausputzen

Ab Frühjahr oder Frühsommer erscheinen gelegentlich Wildtriebe. Sie stammen aus der ▶ WURZELUNTERLAGE (S. 569) der veredelten Rose. Man erkennt sie daran, dass ihr Blattgrün oft heller, das Laub meist kleiner und ihr Wuchs sehr kräftig ist. Leider reicht es nicht, sie bodennah abzuschneiden. Entfernen Sie die Erde so weit, bis Sie die Ansatzstelle des Wildtriebs an der Wurzel sehen können. Reißen oder schneiden Sie ihn dann komplett ab.
Ab Frühsommer ist regelmäßiges Ausputzen angesagt; d. h. vor allem, dass man bei öfterblühenden Sorten Verwelktes entfernt. Dies sieht nicht nur schöner aus, sondern beugt auch Grauschimmel (→ S. 300) vor. Noch wichtiger ist, dass die Rose dann keine Kraft in den Samenansatz stecken muss, sondern die Neubildung von Blüten gefördert wird. Wie man jeweils Verwelktes ausschneidet, ist auf den folgenden Seiten bei den Schnitthinweisen zu den einzelnen Rosenklassen zu lesen.
Nehmen Sie auch das Entfernen von kranken oder abgeknickten Trieben in Ihre „Ausputzroutine“ auf.

Über Winter gut geschützt

Frisch gepflanzte Rosen brauchen im 1. Jahr immer einen Winterschutz. Danach sollte man sie vor allem in raueren Gegenden und in Höhenlagen ab 500 m vor Frost schützen. Aber auch in wärmeren Gebieten können Rosen geschädigt werden, wenn sich warme und sehr kalte Perioden in schneller Folge abwechseln. Zudem gibt es frostharte und weniger frostharte Sorten. So schließen einmalblühende Rosen früher mit dem Wachstum ab und haben länger Zeit, bis zum Wintereinbruch auszureifen. Daher sind sie oft robuster als öfterblühende Sorten. Schneiden Sie in frostgeplagten Gebieten vor dem Winter nur kranke oder zu lange Triebe zurück. So kommen die Rosen besser über die kalte Jahreszeit.
Vor Frosteinwirkung muss besonders die empfindliche Veredlungsstelle geschützt werden. Edel- und Beetrosen häufelt man daher ab Ende November/Anfang Dezember bis 20 cm hoch mit Gartenkompost oder Lauberde an. Die darüber hinausragenden Triebe deckt man mit Fichtenreisig oder Stroh ab. Das hält auch austrocknende Winde ab. Gefährdete Strauchrosen schützt man mit Nadelreisig oder Sackleinen. Die Triebe der Kletterrosen kann man mitsamt Kletterhilfe ebenfalls mit Nadelreisig oder Sackleinen einpacken.

Checkliste

Rosenpflege rund ums Jahr

Januar/Februar:
- Winterschutz vor strengen Frösten verstärken
- Schnee von Strauch- und Hochstammrosen schütteln

März:
- nach den strengen Frösten Winterschutz entfernen
- ab Monatsende abhäufeln

April:
- Frühjahrsschnitt durchführen
- Boden lockern, Unkraut entfernen, Mulch ausbringen

Mai:
- Böden ohne Mulchschicht pflegen
- bei anhaltender Trockenheit gießen
- auf Schädlinge und Pilzbefall achten
- Wildtriebe entfernen
- ab Mitte des Monats Langzeitdünger geben

Juni:
- Bodenpflege, Gießen sowie Schädlings- und Krankheitskontrolle wie im Vormonat
- Verblühtes regelmäßig abschneiden

Juli/August:
- lange Kletterrosentriebe am Rankgerüst befestigen
- Sonstiges wie Juni

September:
- ab Mitte des Monats bis Mitte Oktober einen kaliumhaltigen Dünger geben
- Bodenpflege einstellen

Oktober/November:
- beim Blattfall krankes Laub entsorgen
- ab Mitte Oktober Beginn der Hauptpflanzzeit
- wenn die ersten Fröste drohen, Beet- und Edelrosen anhäufeln, Winterschutz ausbringen

Bei jüngeren Hochstammrosen wird das Laub entfernt und der Stamm vorsichtig über den sichtbaren Zapfen an der Veredlungsstelle heruntergebogen. Verankern Sie ihn in der Nähe der Krone am Boden und bedecken Sie die Krone bis 30 cm hoch mit lockerer Erde. Achten Sie besonders darauf, dass die Veredlungsstelle gut geschützt ist. Bei älteren Hochstämmen füllt man die Krone locker mit Holzwolle oder Stroh und bindet dachziegelartig von unten nach oben Nadelreisig daran fest. Auch luftdurchlässiges Sackleinen oder Jute sind dafür geeignet. Packen Sie die Rosen keinesfalls zu dick ein. Es sollte immer noch Luft an die Pflanzenteile gelangen können. Wildrosen braucht man in der Regel nicht zu schützen. Zur Sicherheit kann man sie in raueren Gebieten bis zu 10 cm tiefer pflanzen und anhäufeln. Decken Sie bei extremem Frost den Boden um die Pflanzstelle mit Fichtenreisig zu.
Den Winterschutz entfernt man ab Ende März. Wählen Sie dazu einen bewölkten, trockenen Tag, damit sich die Triebe langsam an die Sonne gewöhnen können.

Rosen richtig schneiden

Beim Thema Rosenschnitt herrscht unter Hobbygärtnern teils große Unsicherheit. Dahinter steckt jedoch keine Geheimlehre. Mit dem Schnitt sollen die Blühfreude und

Hochstammrosen nicht zu dicht am Kronenansatz schneiden: Die Triebe trocknen bis in die Veredlung hinein.

Alte und kranke Triebe werden bei öfterblühenden Kletterrosen dicht am Boden auf Zapfen geschnitten.

Gesundheit sowie ein ansprechender Wuchs der Rosen erhalten werden. Wenn man ein wenig über das Wuchs- und Blühverhalten der einzelnen Klassen weiß, kann eigentlich nicht viel schief gehen.

Allgemeine Tipps und Hinweise

Zum erfolgreichen Schnitt gehört das passende **Werkzeug.** Am wichtigsten ist eine gute Rosenschere mit scharfer Klinge. Eine Astschere mit langen Hebelgriffen bewährt sich bei hohen Strauch- und Kletterrosen. Bei sehr alten Strauch- und Kletterrosen steht gelegentlich die Verjüngung durch Herausnehmen relativ dicker Äste an. Dafür eignen sich Baumsägen oder gebogene Handsägen mit schmalem Blatt.
Achten Sie unbedingt auf Sauberkeit: Mit dem Schnittwerkzeug können Krankheiten auf andere Rosen übertragen werden.
Gewisse **Schnittgrundregeln** gelten für alle Rosen. Je schärfer Sie zurückschneiden, desto stärker treibt die Pflanze wieder aus. Ein schwacher Rückschnitt dagegen hat auch einen schwächeren Austrieb zur Folge (→ auch S. 219). Soll eine größere Strauchrose aus Platzgründen zurückgeschnitten werden, ist demnach ein eher mäßiger Rückschnitt sinnvoll.
Setzen Sie die Schere stets 0,5 cm oberhalb eines nach außen weisenden ▶ AUGES (S. 534) an. Der Schnitt sollte leicht schräg geführt werden, so dass sein höchster Punkt oberhalb des Auges liegt.
Der beste **Zeitpunkt** für den Rückschnitt ist das zeitige Frühjahr vor dem Austrieb. Je nach Klimaregion kann es bereits Ende März, woanders erst Anfang April so weit sein. Fachleute empfehlen, sich dabei nach den Forsythien zu richten: Sobald die gelben Ziersträucher blühen, können die Rosen geschnitten werden.
Entfernen Sie **bei allen Rosen** zunächst kranke, abgestorbene oder beschädigte und erfrorene Triebe. Schneiden Sie dabei jeweils bis in das gesunde Holz zurück. Sie erkennen es am Mark im Inneren des Triebs: Geschädigte Teile weisen bräunliches Mark auf, bei gesunden ist es grünlich weiß. Auch dünne, schwache Triebe werden entfernt. Danach geht man nach den Schnittbedürfnissen der einzelnen Rosenklassen vor.

Schnitt der Edel-, Beet- und Flächenrosen

Die modernen, öfterblühenden **Beet- und Edelrosen** bilden ihre Blütenknospen an den Spitzen diesjähriger Triebe – umso üppiger, je kräftiger diese sind. Daher will man mit dem Frühjahrsschnitt einen reichen Neuaustrieb anregen.
Nehmen Sie zur Verjüngung zunächst 1 bis 2 alte Äste bis auf einen Zapfen heraus. Die kräftigen jungen, grünlichen Triebe von Beet- und Edelrosen schneidet man auf 4 bis 6 Augen, die schwächeren auf 3 bis 4 Augen zurück. Starkwüchsige Sorten kann man etwas bremsen, indem man jeweils 2 bis 3 Augen mehr an der Pflanze belässt. Möchten Sie bei Ihren Edelrosen längere Blütenstiele haben, schneiden Sie dagegen 1 bis 2 Augen mehr weg. Nehmen Sie **Abgeblühtes** bei Beet- und Edelrosen auf das 1. kräftige Auge oder den 1. starken Seitentrieb von oben zurück.
Flächenrosen brauchen keinen regelmäßigen Schnitt. Es reicht, wenn man sie alle 3 bis 4 Jahre einfach mit der Heckenschere auf etwa 30 cm Höhe stutzt. Einzelne Pflanzen oder kleine Gruppen im Beet schneidet man ihrem Typ entsprechend wie Beet- oder Strauchrosen.

Schnitt der Hochstammrosen

Hochstammrosen haben oft eine Krone aus einer Edel- oder Beetrosensorte. Für eine solche Krone reichen 7 gleichmäßig, aber locker verteilte Triebe aus. Schwache oder ältere Triebe kürzen Sie auf 2 Knospen. Junge Triebe nehmen Sie bei Edelrosen auf 3 bis 5 Augen zurück. Bei Beetrosen belässt man 5 bis 7 Augen.

Haben Sie den Mut, Beet- und Edelrosen kräftig zurückzuschneiden!

Achten Sie bei öfterblühenden Strauchrosen auf eine schöne Form.

Bei einmalblühenden Strauchrosen werden 2 bis 3 alte Triebe entfernt.

Bei Trauer- bzw. Kaskadenrosen bilden Kletterrosen die Krone. Entsprechend werden öfterblühende Hochstämmchen wie öfterblühende Kletterrosen alljährlich ein wenig ausgelichtet. Entfernen Sie dabei alte, blühunwillig gewordene Triebe und belassen Sie ein- und mehrjährige Triebe für die Blütenbildung. Einmalblühende Sorten werden ebenfalls ausgelichtet. Nehmen Sie hier abgeblühte, zweijährige Triebe heraus und lassen Sie einjährige Triebe stehen, denn an ihren Seitentrieben bilden sich später die Blütenknospen.

Schnitt der Strauchrosen

Einmalblühende Strauchrosen werden nur vorsichtig geschnitten. Sie blühen an Seitentrieben, die sich am ein- und mehrjährigen Holz bilden. Einem radikalen Rückschnitt fiele der Blütenspaß zum Opfer. Daher schneidet man bei dieser Rosenklasse ab dem 4. oder 5. Standjahr zur Verjüngung jedes Jahr nur 2 bis 3 alte Triebe ganz heraus. Im Sommer kürzt man **verblühte Triebe** auf 2 bis 3 Augen ein. Daraus bilden sich Triebe, die im Folgejahr Blüten tragen. Bei hagebuttentragenden Sorten lässt man die verwelkten Blüten stehen.

Wildrosen sind den einmalblühenden Strauchrosen ähnlich und werden ebenso zurückhaltend geschnitten.

Öfterblühende Strauchrosen bilden ihre Blütenknospen am diesjährigen und am einjährigen Holz. Zur Verjüngung werden auch bei dieser Rosenklasse etwa ab dem 5. Standjahr 1 bis 2 alte Triebe herausgeschnitten. 5 bis 8 kräftige Triebe reichen zum Aufbau eines schönen Strauchs aus. Ansonsten wird nur nach Bedarf etwas ausgelichtet. In raueren Gebieten, wo die Triebe etwas zurückfrieren, schneidet man stärkere Triebe auf zwei Drittel, schwächere auf ein Drittel zurück. Versuchen Sie dabei, Triebe im äußeren Strauchbereich etwas kürzer zu halten als Triebe in der Mitte. Dann wird die Rose auch im unteren Bereich nicht kahl. Die Seitentriebe der Haupttriebe nehmen Sie im oberen Bereich auf 10 cm, im unteren Bereich auf 20 cm Länge zurück.

Schnitt der Kletterrosen

Einmalblühende Kletterrosen blühen an Seitentrieben, die den Langtrieben aus dem Vorjahr entspringen. Daher werden solche Kletterrosen in den ersten Jahren nach der Pflanzung gar nicht geschnitten. Binden Sie ihre langen Triebe lediglich waagrecht oder bogenförmig an den Kletterhilfen fest. Später nimmt man zur Verjüngung alle paar Jahre 2 bis 3 alte Triebe bodennah heraus. Dadurch wird der Neutrieb von jungen Ästen angeregt, von denen man einige über die kommenden Jahre zu neuen Gerüsttrieben heranzieht. Junge Triebe wachsen stärker als ältere. Binden Sie sie daher im unteren Bereich des Klettergerüsts waagrecht oder bogenförmig an. Ältere dagegen sind im oberen Bereich besser aufgehoben, denn dort werden sie besser versorgt. Das gleicht die unterschiedliche Triebstärke etwas aus. Die Seitentriebe, die im Vorjahr Blüten getragen haben, kürzt man auf etwa 20 cm ein. Im Sommer schneidet man die **verwelkten Blüten,** die an kurzen Seitentrieben entstehen, auf 2 bis 3 Augen zurück. Auch bei einmalblühenden Kletterrosen gilt, dass Sorten mit Hagebutten nicht ausgeputzt werden.

Ramblerrosen brauchen über Jahre hinweg nicht geschnitten zu werden. Nur wenn einzelne Haupttriebe zu lang werden, kürzt man sie auf eine zweckmäßige Länge ein. Alle 4 bis 5 Jahre nimmt man zur Verjüngung einzelne Haupttriebe am Boden heraus.

Öfterblühende Kletterrosen bilden ihre Blütenknospen an kurzen Seitentrieben an vorjährigen Langtrieben sowie an mehrjährigen Trieben. Sie bleiben die ersten Jahre ungeschnitten. Bei älteren Pflanzen nimmt man alle paar Jahre einen alten Trieb, der nicht mehr willig blüht, am Boden weg. Von den mehrjährigen Haupttrieben wird ein Teil auf einen starken Langtrieb aus der unteren Hälfte zurückgeschnitten. Der andere Teil bleibt ungeschnitten. Nach der Blüte schneidet man die Seitentriebe auf etwa 4 Augen zurück. Dadurch werden der Neuaustrieb und die Bildung weiterer Blütenknospen angeregt.

!

wir empfehlen

Kletterrosenschnitt leichter gemacht

In manchen Fällen kann man sich den Schnitt bei Kletterrosen erleichtern, indem man die Äste vom Rankgerüst abbindet und davor ablegt. Binden Sie sie nach dem Schnitt so wieder an, dass Sie die Befestigung beim nächsten Schnitt erneut leicht lösen können.

Krankheiten und Schädlinge an Rosen

DIE KÖNIGIN DER BLUMEN wird nicht nur von manch unangenehmen Rosenspezialisten befallen, sondern auch von „Allerweltskrankheiten und -schädlingen". Die vielleicht häufigsten, die **Blattläuse,** sind samt Bekämpfungsmaßnahmen im Kapitel „Pflanzenschutz" (→ S. 190–209) beschrieben. Dort finden Sie auch weitere Hinweise zu verbreiteten Krankheiten wie dem Echten Mehltau.

Des Öfteren kommt es vor, dass sich Rosenblätter gelblich oder fast weißlich aufhellen, während die Blattadern grün bleiben. Solche **Chlorosen** werden nicht durch Schaderreger verursacht: Die Pflanze kann zu wenig Eisen aus dem Boden aufnehmen. Dass die Aufnahme dieses Pflanzennährstoffs erschwert ist, liegt meist an einem zu hohen Kalkgehalt im Boden. Ein spezieller Eisendünger kann kurzfristig Abhilfe schaffen, doch langfristig sollte man besser den ➲PH-WERT (S. 555) etwas absenken, z. B. durch Einarbeiten von Torf (→ auch S. 171–172). Auch Bodenverdichtungen können solche Symptome hervorrufen.

Bei Sternrußtau hilft ein Kombipräparat gegen Pilzkrankheiten.

Rosenzikadenlarven saugen zuerst entlang der Blattadern.

Häufige Krankheiten

Den nachfolgend genannten **Pilzkrankheiten** lässt sich durch die Wahl widerstandsfähiger Sorten, durch einen luftigen Standort, regelmäßiges Auslichten und zurückhaltende Düngung vorbeugen. Auch Pflanzenstärkungsmittel (→ S. 196) helfen, die Rosen widerstandsfähiger zu machen. Vermeiden Sie außerdem, beim Gießen die Blätter oder gar Blüten zu benetzen. Entfernen Sie frühzeitig kranke Pflanzenteile, ebenso im Herbst die abgefallenen Blätter. Bei stärkerem Befall kann eventuell ein geeignetes Pilzmittel eingesetzt werden. Lassen Sie sich dazu durch den Fachhandel beraten.

Echter Mehltau bildet einen mehligen, weißen Belag an Knospen, Blättern und Triebspitzen. Er entsteht vor allem bei kühlen, feuchten Nächten und trockeneren, heißen Tagen. **Sternrußtau** ruft sternförmige, dunkelbraune Flecken auf den Blättern hervor, die später vergilben und abfallen. Die Schaderreger überwintern in Blättern und Knospen. Bei einem Befall mit **Rosenrost** bilden sich auf den Blättern gelbliche bis bräunliche Flecken. Blattunterseits entstehen gelbe, später rostbraune, dann schwarze Pusteln mit Rostsporen. Rosenrost wird durch kühle, feuchte Standorte begünstigt. Er verbreitet sich mit Hilfe des Winds über Sporen. **Grauschimmel** ist an einem grauen Rasen auf Knospen und Triebspitzen zu erkennen. Die Knospen vertrocknen und fallen ab. An den Blütenblättern entstehen rötliche Flecken. Es reicht aus, die kranken Teile herauszuschneiden. Vorbeugend sollten Sie Verblühtes regelmäßig entfernen.

Häufige Schädlinge

Spinnmilben sind sehr klein und fast nur mit der Lupe zu erkennen. Sie treten besonders an trockenen und heißen Standorten auf. Durch ihre Saugtätigkeit erscheinen die Blätter erst wie gesprenkelt, später verbräunen sie und fallen ab. Bei starkem Befall werden die Pflanzenteile von einem feinen Gespinst überzogen. Rosen vor weißen Südwänden, die die Sonneneinstrahlung reflektieren, sind besonders gefährdet. Spaliere sollten daher mindestens 20 cm von der Wand entfernt angebracht werden. Für den Notfall gibt es geeignete Pflanzenschutzmittel.

Die Larven der **Rosenzikaden** saugen an den Blattunterseiten und rufen dadurch eine weißliche Scheckung hervor. Die erwachsenen Tiere sind etwa 3 mm groß, grünlich oder gelblich gefärbt und schmal mit einem großen Kopf. Wenn sie gestört werden, springen sie auf und fliegen davon. Sie legen ihre Eier im Herbst an den Rosentrieben ab. Im Mai/Juni befallen die Larven die Blätter. Eine zweite Generation schädigt im August/September. Schneiden Sie bei Auftreten der Zikaden die Triebe im Herbst zurück und entsorgen Sie sie. Eine Bekämpfung ist meist nicht notwendig.

Hauptsächlich Wildrosen werden von der **Rosengallwespe** befallen. Die ameisenähnlichen Insekten legen ihre Eier von April bis Juni an den Rosentrieben ab. Ihre weißen Larven lassen das Pflanzengewebe zu ballartigen, bemoosten Gebilden anschwellen, in deren Innerem sie sich entwickeln. Die merkwürdigen Gallen fügen den Pflanzen kaum Schaden zu. Wenn sie stören, kann man sie einfach abschneiden.

In eingerollten Rosenblättern sitzen die Larven der **Rosenblattrollwespe.** Sie fressen im Juni/Juli das Blattgewebe von innen her auf. In der Regel genügt es, die eingerollten Blätter mitsamt den Larven so frühzeitig wie möglich zu entsorgen.

Auch beim **Rosentriebbohrer** sind es die Larven, die die Rose schädigen. Diese fressen sich in den Trieben durch das weiße Mark. Dabei sind die Bohrlöcher, durch die die Larven die Triebe verlassen haben, oft über einem Blattansatz oder unter einem Stachel zu sehen. Schneiden Sie die angebohrten Triebe so zeitig wie möglich weg und entsorgen Sie diese.

WAS TUN, WENN ...

... Beetrosen schon austreiben, bevor man zum Schneiden kam?

URSACHE:

Die optimale Zeitspanne für den Schnitt – zwischen Ende der stärksten Fröste bis zum Austriebsbeginn ab Ende März/ Anfang April – ist recht kurz.

MASSNAHMEN:

Solange die Beetrose nur im oberen Bereich schon etwas austreibt und die Augen weiter unten gerade erst zu schwellen beginnen, kann man die Pflanze ohne weiteres noch zurückschneiden.

... Rosen immer mehr Wildtriebe bilden?

URSACHE:

Entfernt man Wildtriebe an der Wurzelunterlage nicht ganz, werden schlafende Augen am restlichen Triebstück zum Austrieb angeregt.

MASSNAHMEN:

Reißen Sie den Wildtrieb gegen die Wuchsrichtung ab oder schneiden Sie ihn mittels eines scharfen Messers zusammen mit etwas Wurzelrinde weg.

... Rosen die Knospen hängen lassen?

URSACHE:

Sind die Stiele der hängenden Rosenknospen schwärzlich verfärbt, handelt es sich um Sonnenbrand.

MASSNAHMEN:

Schützen Sie die Rose vor praller Mittagssonne, z. B. mit einem Sonnensegel. Andernfalls hilft nur Umpflanzen.

... alte Strauchrosen verpflanzt werden sollen?

URSACHE:

Manchmal erweist sich der früher gewählte Standort auf Dauer als ungünstig.

MASSNAHMEN:

Grundsätzlich lassen sich selbst alte Rosen verpflanzen. Der beste Zeitpunkt dazu ist im November vor den ersten Frösten. Stechen Sie rund um die Wurzeln mit dem Spaten senkrecht ein, um die Rose mitsamt Wurzelballen auszugraben. Setzen Sie sie dann wie üblich ein, und schneiden Sie die Triebe auf 15 cm zurück. Häufeln Sie die Rose nach der Pflanzung an.

... Kletterrosentriebe im unteren Bereich verkahlen?

URSACHE:

Kletterrosen blühen an kurzen Seitentrieben von Langtrieben aus dem vergangenen Jahr. Diese werden weiter oben, wo mehr Licht hinkommt, stärker ausgebildet und gefördert.

MASSNAHMEN:

› Schneiden Sie einen jungen Langtrieb auf einen Seitentrieb in der gewünschten Wuchshöhe zurück. Das regt den Neuaustrieb und somit die Blütenbildung an. Alternativ können Sie einen langen Trieb waagrecht binden. Er wird an seiner Oberseite neue Seitentriebe und Blütenknospen ausbilden.

› Bis ganz zum Boden hinab wird allerdings keine Kletterrose Blüten bringen. Die „nackten Beine“ kann man hinter Stauden verdecken.

3

Stauden, Gräser und Farne

Ein Garten ohne Stauden wäre kein Garten! Diese mehrjährigen Pflanzen sind die Zierde jedes Beets. Mit ihrer überwältigenden Farben- und Formenvielfalt bieten sie jedem Gärtner eine schier grenzenlose Freiheit für Gestaltungsideen.

Während ein Gärtner beim Begriff Stauden zumeist an üppig blühende „Prachtstauden" denkt, ist dieser Begriff botanisch sehr viel nüchterner gefasst: Stauden sind danach mehrjährige (perennierende) Pflanzen, die nicht nur einmal, sondern mehrere bis viele Jahre hintereinander Blüten und Früchte hervorbringen. Im Unterschied zu den Gehölzen bilden sie jedoch keine dauerhaften oberirdischen Teile aus, sondern bleiben krautig, also unverholzt. Die oberirdischen Teile einer Staude sterben daher meist regelmäßig zum Herbst bzw. Winter ab. Sie überstehen die kalte Jahreszeit mit Überdauerungsorganen unter der Erdoberfläche, aus denen mit den steigenden Temperaturen des Frühlings neue Triebe auswachsen. Bei im Frühjahr und Frühsommer blühenden Stauden – zu denen im weiteren Sinn auch viele Zwiebel- und Knollenblumen (→ S. 330–339) gehören – ist dieser Rhythmus oft „verschoben": Hier sterben die oberirdischen Teile bald nach der Blüte ab. So überdauern die Pflanzen unterirdisch die für sie ungeeignete Sommerperiode. Obwohl sie unter gestalterischen Gesichtspunkten häufig als eigenständige Gruppen aufgefasst werden, zählt man meist auch Ziergräser, botanisch ebenso die Rasengräser sowie die große Gruppe der Farne zu den Stauden. Da letztere weder Blüten noch Früchte ausbilden und sich auch in anderer Hinsicht von den Blütenpflanzen unterscheiden, nehmen sie allerdings in der Tat eine Sonderstellung ein.

Pflanzenorgane und Eigenheiten der Stauden

Trotz auffallender Unterschiede in Form, Größe und Blüten folgen alle Stauden demselben biologischen Bauplan, nach dem alle sogenannten höheren Pflanzen gegliedert sind (→ S. 120–126): mit Wurzeln, die der Verankerung im Boden sowie der Versorgung mit Wasser und Nährstoffen dienen, und mit oberirdischer Sprossachse, die Blätter und Blüten trägt.
Eine Besonderheit, die sich bei anderen Pflanzen kaum findet, sind die Rhizome als unterirdische Speicherorgane zur Überdauerung der Ruhezeiten. Neben diesen soll im Folgenden auch die „Standardausstattung" mit Blättern und Blüten näher betrachtet werden, die gerade bei den Stauden eine besondere Vielfalt zeigt.

In diesem Kapitel:

Funkien wirken vor allem durch ihre großen, schönen Blätter.

Der Rittersporn sorgt mit seinen Blütenständen für Höhe im Beet.

Das Tränende Herz bringt seine Blüten an überhängenden Trieben zur Geltung.

Wurzeln und Speicherorgane

Einige Stauden wie Türkischer Mohn und Schleierkraut bilden kräftige, tief in den Boden reichende **Pfahlwurzeln** aus, die kaum oder wenig verzweigt sind. Gewöhnlich verzweigt sich die Hauptwurzel jedoch mit Seiten- oder Nebenwurzeln und bildet ein mehr oder weniger dichtes **Wurzelsystem.** Die Art des Wurzelsystems wird spätestens dann wichtig, wenn eine Staude geteilt werden muss (→ S. 317).

Daneben finden sich bei Stauden sehr häufig umgewandelte Sprosse, die nicht nur die Aufgaben, sondern auch das Aussehen einer Wurzel übernehmen. In solchen Fällen weisen nur Blätter bzw. Blattknospen ein unterirdisches Organ eindeutig als Spross aus.

Obwohl man sie gemeinhin auch als „Wurzelstöcke" bezeichnet, sind **Rhizome** in der Tat keine Wurzeln, sondern unterirdisch wachsende, fleischig verdickte Sprosse. Den ursprünglichen Sprosscharakter erkennt man an den immer noch vorhandenen, schuppenförmigen Blättern und den Achselknospen. Aus diesen Achselknospen treiben im Frühling neue Sprosse aus. Da Rhizome an der Spitze wachsen und am Ende absterben, „kriechen" sie langsam durch den Boden. Die eigentlichen Wurzeln entspringen ihnen als feine, fädige Anhängsel.

Die Aufgaben von Wurzeln können auch unterirdisch kriechende **Ausläufer** übernehmen. Die meisten wachsen allerdings oberirdisch und geben sich dann eindeutig als Sprosse zu erkennen. Ausläufer sind besonders praktisch für die Vermehrung von Stauden, weil sie sich von selbst bewurzeln und einfach abtrennen lassen (→ S. 225).

Die wichtigste Funktion aller unterirdischen Organe, gleich welcher Herkunft oder Form, ist die Speicherung. Nur wenn im Lauf einer Vegetationsperiode genügend Nährstoffe gespeichert werden, treibt die Staude im nächsten Frühling erfolgreich neu aus. In nährstoffarmen Böden oder stark beanspruchten Beeten ist es daher empfehlenswert, die Nährstoffversorgung durch Düngergaben zu verbessern.

Sprossachse und Blätter

Vermutlich denkt kaum jemand an die **Sprossachse,** wenn er Kataloge mit neuen Stauden wälzt. Dennoch sind es vor allem die Sprossachse und ihre Verzweigungsformen, die für die Wuchsform einer Staude verantwortlich sind. Gerade, steil aufwärts strebende Sprossachsen wie bei Königskerze und Rittersporn lassen die Blüten ganz anders zur Geltung kommen als flach kriechende bzw. gestauchte und reich verzweigte Sprossachsen wie bei Bodendeckern und Polsterpflanzen.

Farbe, Form und Größe der **Blätter** sind wichtige Gestaltungselemente. Immerhin ist die Blütenpracht – bis auf wenige Ausnahmen – innerhalb einiger Wochen oder gar nur Tagen vorbei.

Dass Blätter als biologische „Sonnenkollektoren" für die lebenswichtige ▶ PHOTOSYNTHESE (S. 555) zuständig sind, bringt so mancherlei mit sich, was nicht nur für die Stauden typisch ist: Je nach Sonnengenuss am Naturstandort können die Blätter ganz unterschiedlich ausgebildet sein – und verraten so auch schon manches über den Lichtanspruch. Eine typische Sonnenpflanze hat Blätter, die sich vor der hohen Einstrahlung schützen müssen. Die Blätter sind klein bis beinahe nadelförmig, häufig sogar von reflektierenden Haaren bedeckt, die silbrig pelzig wirken. Schattenpflanzen dagegen bilden ihre Blätter so aus, dass sie möglichst viel des knappen Sonnenlichts einfangen. Sie sind meist groß, oft weich und lappig. Steht eine Sonnenpflanze im Schatten, erhält sie nicht genügend Licht und wird eingehen, während eine Schattenpflanze in der Sonne zu rasch austrocknet.

In der Natur ist das Grün des Chlorophylls die alles beherrschende Blattfarbe. Blätter mit farbigen Zeichnungen kommen dort nur selten vor. Viele Staudensorten wurden dagegen speziell auf attraktive Laubfarben hin gezüchtet. Solche panaschierten Blätter bleiben in der Regel farbstabil, können sich aber bei falscher Standortwahl zu Grün hin verschieben – insbesondere dann, wenn Sonnenstauden in schattigere Beete gepflanzt werden.

Blüten und Blütenstände

Zum Glück für den Gärtner ist die Bildung von Blüten das „Ziel" jeder Vegetationsperiode: Nur Blüten garantieren Früchte, und nur Früchte sorgen für eine erfolgreiche Verbreitung der Samen. Zunächst müssen dazu aber Insekten zu Bestäubung angelockt werden (→ S. 119), was uns letztendlich gerade bei Stauden eine „verlockende" Vielfalt an Blütenfarben und -formen beschert hat.

In den seltensten Fällen beschränken sich Stauden auf eine einzige Blüte am Stängelende, wie bei Schwertlilie oder Türkischem Mohn. Vielmehr sind meist mehrere Blüten in einem ganz spezifischen **Blütenstand** zusammengefasst. Solche Blütenstände sind charakteristisch für bestimmte Pflanzenfamilien (◐ FAMILIE, S. 541). Einige der regelmäßig wiederkehrenden Grundformen, die auf S. 125 im Überblick abgebildet sind, spielen durchaus auch eine Rolle für die Gestaltung:

Bei den **Ähren,** z. B. Blutweiderich und Ehrenpreis, sitzen ungestielte Einzelblüten an einer geraden Achse. Die schmalen Ähren leiten das Auge in die Senkrechte und sind auch zwischen kompakt wachsenden Pflanzen wie Ausrufezeichen gut zu erkennen. Sehr ähnlich in Aufbau und Wirkung sind die **Trauben,** z. B. Eisenhut, Lupine. Bei ihnen stehen die Einzelblüten an kurzen Stielchen. Sind die Trauben verzeigt, spricht man von einer **Rispe,** z. B. bei Astilbe und Steinbrech. Rispen präsentieren ihre Blüten in lockeren, aus der Ferne oft wolkenartig erscheinenden Massen. Sie wirken zart und durchsichtig, brauchen also ruhige Nachbarn, um zur Geltung zu kommen. Relativ häufig kommen **Dolden** vor, bei denen die Einzelblüten dicht nebeneinander auf gerader oder gewölbter Fläche in gleicher Höhe stehen. Für die Gestaltung ist dabei unerheblich, ob es sich um eine echte Dolde – alle Blütenstielchen setzen am selben Punkt an – oder um eine Scheindolde mit anders angeordneten Stielchen handelt. Dolden bilden zur Blütezeit dichte Farbflecke, die auch aus größerer Entfernung gut zu sehen sind.

Farne eignen sich dank der schönen Wedel gut als Blattschmuckstauden.

Hohe Ziergräser können es an Attraktivität mit vielen Stauden aufnehmen.

Eine Sonderstellung nehmen die **Körbchen** oder **Köpfchen** der danach benannten Familie der Korbblütengewächse ein, z. B. Astern und Chrysanthemen. Bei einer Korb- bzw. Köpfchenblüte nimmt man meist den gesamten Blütenstand als „Blüte" wahr. Erst beim genaueren Hinsehen erschließt sich seine Zusammensetzung aus einzelnen Zungenblüten (meist am Rand) und Röhrenblüten (meist im Zentrum). Da die Körbchen ihrerseits von winzig klein bis sehr groß, einzeln oder in Blütenständen auftreten, stellt diese Pflanzenfamilie der „Köpfchenblütler" eine Vielzahl von Arten für das Staudenbeet.

Neben der enormen Vielfalt natürlich vorkommender Blütenfarben und -formen haben die Züchter das ihrige dazu beigetragen, das Spektrum durch unzählige ◐ SORTEN (S. 561) und ◐ HYBRIDEN (S. 547) zu erweitern. Solche Zuchtformen können sich zwar auch in der Wüchsigkeit und den Standortansprüchen von den Wildformen unterscheiden. Das Hauptaugenmerk der Züchter liegt jedoch auf den Blütenfarben und -formen, teils auch auf verlängerter Blühdauer. Züchterisch stark bearbeitete Formen sind als **Pracht- oder Beetstauden** bekannt, im Gegensatz zu den **Wildstauden.**

Gräser

Von wenigen einjährigen Arten abgesehen, sind die meisten Gräser von ihrem Lebensrhythmus her typische Stauden. Sie gehören entweder wie Chinaschilf in die Familie der Süßgräser oder wie Seggen zu den Sauergräsern. Ihre Blüten, die in kleinen Ährchen zusammenstehen, sind so winzig, dass man sie mit dem bloßen Auge kaum erkennt. Da die einzelnen Ährchen zu einfachen oder verzweigten Blütenständen wie Ähren, Trauben oder Rispen mit oft auffallenden Grannen zusammentreten, können blühende Gräser durchaus Schauwirkung entfalten. Außerdem bleiben die Fruchtstände teils den Winter über haften und bieten, von Raureif überzogen, einen spektakulären Anblick.

In den meisten Fällen wird man Gräser allerdings wegen ihrer Wuchsform und der hübschen schmalen Blätter auswählen.

Farne

In der Pflanzensystematik nehmen Farne eine Zwischenstellung zwischen den Moosen und Blüten- bzw. Samenpflanzen ein. Ein Teil ihrer Merkmale ist noch recht ursprünglich – immerhin gehörten Farne zu den ersten Pflanzen, die vor undenklichen Zeiten das Land eroberten.

Im Garten spielt dies alles keine Rolle: Farne werden wie Stauden gepflanzt und gepflegt. Da ihnen die Blüten fehlen, werden Farne allerdings ausschließlich als vielseitige Blattschmuckstauden eingesetzt. In der Tat sind die Farnwedel noch nicht einmal „Blätter" im strengen Sinn, erfüllen aber dieselben Aufgaben.

Bei den meisten Farnen werden zwei Formen von Wedeln gebildet: Sterile Wedel dienen der Photosynthese; fertile, oft anders geformte Wedel tragen an ihrer Unterseite kleine Sporenbehälter. Sie streuen mikroskopisch kleine Sporen aus, aus denen sich Vorkeime mit den Geschlechtsorganen entwickeln. Das Produkt aus der sexuellen Verschmelzung entwickelt sich zu dem als Farn bekannten Gewächs.

Farne breiten sich über ein Rhizom oder sogar über Ausläufer aus, können also wie der Trichterfarn durchaus wuchern.

Standorte und Lebensbereiche

Ehe man damit beginnt, Blütenfarben zu harmonischen Kompositionen zu arrangieren, sollte man sich über die Ansprüche von Stauden klar werden. Plant man seine Beete „gegen die Natur", ist ein Scheitern beinahe vorprogrammiert. Alle Wildarten sowie deren gezüchtete Abkömmlinge sind an bestimmte Standorte angepasst, mit teils ganz unterschiedlichen Licht- und Bodenverhältnissen. Manche vertragen zudem die Konkurrenz von wüchsigen Nachbarn und Baumwurzeln, andere kümmern unter diesen Umständen vor sich hin.

In der Natur sind solche Standortbedingungen kennzeichnend für bestimmte Biotope (Lebensräume). In einem Auenwald herrschen beispielsweise jahreszeitlich wechselnde Lichtbedingungen, die Böden sind feucht bis nass, gelegentlich überflutet und fruchtbar. Hier wachsen ausschließlich Stauden wie das Echte Mädesüß (*Filipendula ulmaria*), die an diese Bedingungen angepasst sind. Auf einer baumfreien Heide dagegen, wo die Sonne auf einen sandigen, nährstoffarmen Boden brennt, etablieren sich ganz andere Pflanzen, wie etwa die Heidenelke (*Dianthus deltoides*). Natürlich gibt es zwischen solchen Extremen ein breites Spektrum von Zwischenbereichen, die sich in abgewandelter Form auch in jedem Garten wiederfinden.

Um die Auswahl geeigneter Stauden je nach Standort zu erleichtern, unterscheiden die Staudengärtnereien sogenannte Lebensbereiche – manche Betriebe ordnen ihr Angebot sogar danach ein. Dabei ist die Zuordnung im Einzelnen recht komplex, denn in jedem der nachfolgend erläuterten Lebensbereiche wird nochmals nach trockenem, frischem und feuchtem Boden oder Spezialstandorten (z. B. Sumpf und Röhricht am Wasserrand) unterschieden. Im Porträtteil (→ S. 450–481) werden die Lebensbereichskategorien zwar nicht ausdrücklich erwähnt. Doch die Standortbedingungen sind dort genau definiert, und die jeweils empfohlene Verwendung macht zusätzlich den Lebensbereich deutlich.

Lebensbereich Gehölz

In der Natur entspricht diese Situation einem Wald, im Garten kommt man diesem Bereich am ehesten unter dichten Sträuchern, alten Bäumen oder im Schatten von Zäunen und Mauern nah. Die Belichtung von Waldpflanzen in einem Laubwald ändert sich im Jahresverlauf stark: Im Frühling fällt viel Licht durch die nackten Baumkronen, während das geschlossene Blätterdach des Sommers kaum Licht nach unten durchlässt. Der Boden ist gewöhnlich locker und nährstoffreich, da sich das Falllaub in Humus verwandelt, und eher feucht.

Auch für den halbschattigen Lebensbereich „Gehölzrand“ gibt es ein breites Angebot an passenden Stauden.

Neben typischen Halbschatten- und Schattenpflanzen wie Elfenblumen (*Epimedium*) und Farnen bieten sich hier als Bepflanzung natürliche Waldstauden und ihre Zuchtformen an, die im Frühling durch die Farben frühblühender Zwiebel- und Knollenpflanzen aufgewertet werden. In diese Kategorie fallen auch viele Stauden, die sich als Bodendecker im Schatten bewährt haben (→ Tabellen S. 448–449). Zwar müssen die Waldstauden selbst bei guter Bodenfeuchte oft mit den Baumwurzeln um das Wasser konkurrieren. Doch der trockene Mauerschatten im Garten ist ein Sonderfall: Hier sind Spezialisten wie Pfirsichblättrige Glockenblume (*Campanula persicifolia*), Ruprechtskraut (*Geranium robertianum*) oder Bergenie (*Bergenia*) gefragt.

Lebensbereich Gehölzrand

Dieser Lebensbereich ist in der Natur oft üppig bewachsen, weil durch den Wechsel der Lebensbedingungen (Licht, Boden, Wasserversorgung) viele unterschiedliche Arten eine Chance bekommen. Im Garten findet man ihn im lichten Schatten unter locker verzweigten, eher kleinblättrigen Gehölzen – oder vor dichter belaubten Gehölzen, Hecken oder Mauern, wo sich der Lichteinfall im Tageslauf ändert. Hier gedeihen die Stauden für den Halbschatten, z. B. Astilben, Funkien, viele Storchschnabelarten und einige Gräser. Aber auch mit manchen Stauden mit höheren Lichtansprüchen, die nicht allzu sonnenhungrig sind, kann man hier einen Versuch wagen. Besonders hübsch und sehr natürlich gerät der Lebensbereich Gehölzrand, wenn er sich wie in der Natur in einen waldähnlichen Gartenbereich fortsetzt.

Je sonniger der Gehölzrand exponiert ist (nach Südwest und Südost – die direkte Südexposition gehört ökologisch zu den Freiflächen), desto eher gedeihen dort auch typische Sonnenpflanzen. Im Osten, Nordosten oder Westen bleibt der Gehölzrand im Tagesverlauf stärker beschattet; hier finden sogar manche ausgesprochene Schattenpflanzen relativ gute Bedingungen vor.

Lebensbereich Freifläche

In der Angebotspalette der Gartencenter nimmt dieser Bereich einen großen Raum ein. Hier – im von Gehölzeinflüssen völlig „freien“ Bereich – wachsen alle Wiesen- und Steppenpflanzen, aber auch zahlreiche Gewürzkräuter wie die mediterranen Spezialisten Lavendel, Oregano und Salbei, die sich gut mit Stauden kombinieren lassen. Hinzu kommt das attraktive Angebot unterschiedlichster Ziergräser. Viele Sonnenstauden der Freiflächen haben sich auch im Aussehen an die ökologischen Bedingungen angepasst: Silbrig bis weißfilzig behaarte Blätter reflektieren das Sonnenlicht, sie reduzieren den Wasserverlust und schützen vor Überhitzung. Damit verwandelt sich eine ökologische Notwendigkeit in ein attraktives gestalterisches Merkmal. Es ist aber nicht allein die Sonne, die über die Pflanzenauswahl entscheidet.

Während auf durchlässigen, trockenen Böden wirklich nur Spezialisten gedeihen, kommt auf stärker durchfeuchteten Böden eine größere Zahl von Staudenarten zurecht. Im Garten kann man in heißen Sommern den Stauden feuchter Freiflächen durch verstärktes Gießen helfen. Besser ist es allerdings, sich von vorneherein für optimal an den Standort angepasste Stauden zu entscheiden.

Lebensbereich Steingarten

Bei den Pflanzen für den Steingarten gibt es so manche Überschneidungen mit jenen für sonnige Frei- oder Beetflächen. Hier dominieren allerdings kleinwüchsige und Polsterstauden, die ursprünglich steinigen und felsigen Lebensräumen entstammen. Die meisten brauchen einen gut durchlässigen, sandigen, kiesigen oder steinigen Boden. Etliche Arten kommen sogar mit dem wenigen Substrat aus, das sie in der Natur in Steinritzen finden, und lassen sich so in Mauer- und Wegfugen oder auf Kronen von ▶ TROCKENMAUERN (S. 565) ansiedeln. Hierzu zählt die im Frühjahr mit gelben Blüten übersäte Felsensteinkresse (*Aurinia saxatilis*) ebenso wie die Hauswurzarten (*Sempervivum*) mit ihren hübschen fleischigen Blattrosetten. Eine Übersicht über beliebte Steingartenpflanzen bietet die Tabelle auf S. 501.

Auch an felsigen bzw. Gebirgsstandorten gibt es sonnenabgewandte Plätze, und entsprechend finden sich hier durchaus auch Arten, die an halbschattigen oder absonnigen Plätzen gedeihen.
Vom „normalen" Steingarten wird der Lebensbereich Alpinum abgetrennt. Hier wachsen in naturgetreu nachgestalteten Steinlandschaften nur züchterisch unbearbeitete Gebirgspflanzen wie heimische Enziane (*Gentiana*). Solche Pflanzen sind in der Pflege oft recht heikel und dürfen keinesfalls der Natur entnommen werden.

Lebensbereich Beet

In der Natur kommt dieser Bereich nicht vor. Er zeichnet sich durch reichlich Sonne und außerordentlich gute Böden aus, die vom Gärtner bei der Anlage des Beets planmäßig verbessert und durch regelmäßige Pflege auch erhalten werden. Hier ist das Reich der hochgezüchteten Prachtstauden mit ihren vielfältigen Hybriden und Sorten. Fast alle blühen länger und haben größere Blüten als ihre „wilden" Vorfahren. Obwohl häufig empfohlen wird, Zuchtformen nicht mit Wildarten zu kombinieren, bieten sich durchaus reizvolle Experimente an. Achten Sie allerdings darauf, die empfindlicheren Prachtstauden nicht mit allzu wüchsigen Wildarten zu mischen – sie könnten im nährstoffreichen, guten Beetboden ihre Nachbarn geradezu ersticken. Auch die direkte Nähe zu kräftig wachsenden Gehölzen ist nicht empfehlenswert.

Lebensbereich Wassergarten

Dieser Bereich wird streng genommen in die Kategorien Wasser und Wasserrand unterteilt. Bei den Pflanzen des Wasserrands gibt es vereinzelt Übergänge zu den Stauden feuchter Freiflächen und Gehölzränder. Doch die Sumpf-, Wasser- und Unterwassergewächse, die mit Ausnahme einiger Moose sämtlich zu den Stauden zählen, bilden schon eine ganz eigene Pflanzenwelt. Entsprechend ist ihnen auch ein eigenes Kapitel (→ S. 472–481) gewidmet.

Da sonnige Flächen hohe Ansprüche an die Pflanzen stellen, sollten nur gut angepasste Arten gepflanzt werden.

Mit Stauden gestalten

Das matte Weiß des Zauns bildet einen schönen Hintergrund für die Staudenpflanzung.

DIE WICHTIGSTE TUGEND bei der Gestaltung mit Stauden ist Geduld, denn Beete sind dynamische Systeme aus lebenden und sich verändernden Pflanzen. Was in einem Jahr noch lückenhaft und unfertig erscheint, kann im Folgejahr optimal aussehen – und sich in den nächsten Jahren in einen Staudendschungel verwandeln. Machen Sie aus dieser nur scheinbaren Not eine Tugend und nutzen Sie jeden „Fehlschlag" dazu, Ihr Beet im nächsten Jahr durch vorsichtige Ergänzungen bzw. Erneuerungen umzugestalten.

Die Planung eines Staudenbeets gründet zwar auf der Einzelpflanze, die Wirkung geht aber stets vom Zusammenspiel aller Komponenten aus. Daher sollte man nicht nur die Farben, sondern auch die Wuchsform der Stauden und die Anordnung der Pflanzen zueinander berücksichtigen.

Gestalten mit Farben

Menschen bewerten ihre Umgebung ganz maßgeblich über den Sehsinn. Jeder verbindet Farben mit Stimmungen, und solche Wirkungen stellen sich ganz unmittelbar ein: Betrachtet man ein in Gelb und Orange gehaltenes Beet, assoziiert man Sonne, Helligkeit, Sommer – insgesamt eine eher fröhliche, warme Stimmung. Ist die vorherrschende Blütenfarbe dagegen Dunkelblau bis Violettblau, wirkt das auf viele Menschen eher schwermütig, düster, kühl, auf der anderen Seite aber auch ruhig, gediegen, vornehm. Machen Sie solche Stimmungslagen zum Leitmotiv der Beete. Gestalten Sie z. B. eine sommerliche Rabatte in aufmunternden Farben, oder sehen Sie neben einem Leseplatz beruhigende Farben vor.

Die Wahl der „richtigen" Farben ist zwar in erster Linie Sache persönlicher Vorlieben, es gibt jedoch einige hilfreiche Grundregeln (→ auch S. 37–39):

› Die einzelnen Farben kommen nur dann zur Geltung, wenn sie „Flächen" bilden. Nur eine oder wenige gleichfarbene Blüten gehen in der Regel zwischen ihren Nachbarn unter. Stauden mit kleinen Blütenständen bzw. Einzelblüten werden daher möglichst in kleinen Gruppen gepflanzt. Ausnahme sind sehr große Blüten, die als Kontraste eingesetzt werden. Solche Gruppen müssen nicht notwendig aus denselben Arten bzw. Sorten bestehen, nur die Blütenfarbe ist entscheidend.

› Berücksichtigen Sie dies auch beim zeitlichen Verlauf. Nur wenn zu einer bestimmten Zeit des Jahrs genügend Blüten am selben Fleck blühen, werden die Farben bzw. Farbkombinationen als solche auch sichtbar.

› Kräftige, helle Farben wie Gelb, Hellorange oder auch Weiß sind auch aus größerer Entfernung gut wahrzunehmen; sie hellen selbst etwas schattigere Bereiche auf.

› Dunkle Farben wie Blau und Dunkelrot sind in der Sonne zwar äußerst leuchtkräftig, verlieren ihre Wirkung aber relativ rasch mit der Entfernung und zunehmender Beschattung.

› Auch Farben in zarten Pastelltönen sollten möglichst nah am Betrachter stehen, da ihre feinen Nuancen mit dem Abstand verblassen und kaum noch wahrgenommen werden.

Farbkombinationen

Die Kombination der Einzelfarben bestimmt die Wirkung eines Beets. Werden ausschließlich Blüten mit verwandten Farben verwendet, erzeugen Sie die oben geschilderten, einheitlichen Stimmungen. Wenn Sie im Farbkreis (→ S. 37) eng benachbarte Töne auswählen, entstehen sogenannte **Ton-in-Ton-Kombinationen,** z. B. Abstufungen von Blau und dunklem Lilablau oder hellem bis dunklem Rot. Solche Kombinationen gehen graduell in **Farbverläufe** über. Hierbei stammen die Blütenfarben aus benachbarten Zonen des Farbkreises, z. B. von Gelb über Orange bis Rot, von Violett über Blau bis Grünblau.

Für Spannung sorgen die **Komplementärfarben,** die im Farbkreis einander gegenüberstehen, etwa Dunkelblau-Gelb, Hellblau-Orange oder Dunkelrot-Grün. Besonders lebhaft erscheinen Beete, bei denen die Komplementärfarben in etwa gleichen Flächenanteilen verwendet werden. Große Einzelblüten, z. B. von Lilien, Mohn, Pfingstrosen oder Taglilien in Komplementärfarben zu ihrer Umgebung erscheinen dagegen wie kleine Farbtupfer, die leuchtend auf sich aufmerksam machen.

Besonders schwierig sind bunte Beete im **Farbdreiklang** zu gestalten, da zur gleichen Zeit die drei Grundfarben Rot, Gelb und Blau oder ihre Mischfarben (mit denen auch Vierklänge möglich sind) aufblühen müssen. Hier helfen oft ▶ EINJÄHRIGE (S. 540), die zur Verstärkung eines Farbmusters zwischen die Stauden gesetzt werden – aus eigener Anzucht oder der Gärtnerei.

In der bisherigen Betrachtung wurde das Weiß ausgespart. Physikalisch betrachtet ist Weiß im Lichtspektrum eine Mischfarbe aus Blau, Gelb und Rot. Sofern weiße Blüten nicht bewusst ohne Farbkonkurrenz eingesetzt werden, z. B. in Kombination mit sehr zarten Pastellfarben, silbrigen Blättern oder auch aufhellend zwischen dunklem Blattgrün, vermitteln sie zwischen anderen Farbtönen. Das gelingt besonders gut, wenn die weißen Blüten relativ klein und locker angeordnet sind, wie idealerweise beim Schleierkraut.

Gestalten mit Formen

Solange sich die Blüten noch nicht geöffnet haben bzw. nachdem sie verblüht sind, schlägt die Stunde der Blätter und Wuchsformen (→ auch S. 35–36).

Die Vielfalt der Wuchsformen lässt sich gestalterisch in mehrere Gruppen gliedern:

› **Eintriebige Stauden** bilden nur einen Stängel aus, der mit den Blüten endet. Dazu gehören die meisten Zwiebelpflanzen, aber z. B. auch Fingerhut und viele Schwertlilien.

› **Horste** bestehen aus wenigen bis vielen, einfachen oder verzweigten Trieben. Bei aufrechten Horsten wie Raublattastern, Lupinen, Phlox oder Rittersporn enden die geraden Triebe mit den aufrechten Blütenständen, während bei überneigenden Horsten wie Goldrute, Taglilien, Tränendes Herz, den meisten Farnen und viele Gräsern Triebe und Blütenstände trichterförmig nach außen hin auseinander fallen. Horstpflanzen in abgestuften Höhen eignen sich bestens, um zwischen niedrigeren Stauden für Spannung zu sorgen. Sie lenken das Auge in die Höhe oder lockern das strenge Bild gleich hoher Stauden auf.

› **Polsterpflanzen** im weitesten Sinn umfassen „echte" Polster, wie Polsternelken und -glockenblumen, aber auch polsterförmig wachsende Horste, wie Frauenmantel oder Storchschnabel. Sie bilden die Grundlage vieler Beete. Dank ihrer unterschiedlichen Höhe – mit und ohne Blüten – und der Kuppelform erinnern sie, zu mehreren gepflanzt, an Wellen. In Kombination mit horstförmigen Stauden entsteht ein abwechslungsreiches Bild, das auch außerhalb der Blütezeit zu faszinieren vermag.

› **Teppichpflanzen** kriechen flach über den Boden. Sie bieten dem Auge außerhalb der Blütezeit kaum Abwechslung, erfüllen aber die wichtige Aufgabe, den Boden zwischen anderen Stauden zu decken. In der Praxis werden sie vorwiegend an Beeträndern gepflanzt.

Neben der Gesamtform einer Staude sorgen auch die **Blätter** für Spannung. Ähnlich wie bei den Blüten geht es dabei nicht um eine möglichst wilde Vielfalt, sondern um das geschickte Zusammenspiel von Harmonie und Kontrast. Wächst zwischen Stauden mit einfachen, glatten Blättern eine einzige Art mit geschlitzten oder bunten Blättern, zieht sie die Blicke ebenso auf sich wie eine auffallende Blüte.

Blau und Gelb bilden einen starken, auffälligen Kontrast.

Aufbau eines Staudenbeets

Gerade bei den ersten Gestaltungsversuchen kann es sich als recht schwierig erweisen, alle geschilderten Faktoren zu berücksichtigen – also die „richtigen" Stauden zu finden, die nach Größe, Wuchsform, Blütezeit und -farbe usw. gut miteinander harmonieren. Daher beginnt jede Form der Beetgestaltung mit einer möglichst maßstabsgerechten Planskizze. Sie zeigt die absolute Größe des Beets, gibt an, aus welcher Blickrichtung das Beet hauptsächlich betrachtet wird und was den Hintergrund bildet (→ auch S. 104–107).

In diesen Plan werden nun Schritt für Schritt folgende Gestaltungsprinzipien übertragen (→ auch S. 100–103):

Strahlendes Gelb und intensives Gelborange erinnern an sommerliche Hitze.

› Staffelung der Stauden nach der Höhe;
› Zusammenstellung bzw. Staffelung der Stauden nach der Blütezeit;
› Gliederung der Stauden nach Gruppen;
› Charakter bzw. Stil des Beets;
› konkrete Auswahl der Pflanzen, sofern dies noch nicht im Rahmen der vorherigen Schritte geschehen ist;
› Übertragung des Plans auf die konkrete Situation im Garten.

Am besten arbeiten Sie mit einem Originalplan auf Millimeterpapier, der nur den Beetumriss und eventuelle Fixpunkte wie einen vorhandenen Kleinstrauch enthält. Ziehen Sie die Konturen mit Filzstift nach. Mit Hilfe von transparenten Zeichenpapieren, die über den Originalplan gelegt werden, können Sie unzählige Entwürfe ausprobieren oder auch gelungene Teile davon kombinieren. Eine andere Möglichkeit ist das Arbeiten mit Kopien des Originalplans.

Der verwendete Maßstab richtet sich nach der Größe des Beets. Bei einem Maßstab von 1:10 entspricht 1 m im Garten 10 cm auf dem Plan. Auf ein DIN-A4-Blatt passt so ein 2,8 x 2 m großes, auf ein DIN-A3-Blatt ein 4 x 2,8 m großes Beet. Eine Staude von 50 cm Durchmesser erscheint auf dem Plan als Kreis mit 5 cm Durchmesser; damit ist eine sehr detaillierte Planung möglich. Bei größeren Beeten bietet sich der Maßstab 1:20 (1 m entsprechen 5 cm auf dem Plan) oder sogar 1:50 (1 m entsprechen 2 cm auf dem Plan) an.

Höhenstaffelung und Alternativen

Bei einem kleinen Beet neben der Terrasse, das man vom Gartenstuhl aus betrachtet, sind die Höhen der Stauden von untergeordnetem Interesse: Alle Blätter und Blüten kommen im Blickfeld schräg von oben wie eine Bildfläche zur Geltung. Hier greift vor allem das Gestaltungsmittel der Gruppenbildung (→ S. 311).

Ist das Beet jedoch etwas weiter entfernt, stellt sich die Frage der Perspektive (→ auch S. 100). Daraus ergibt sich beinahe zwangsläufig die klassische Form eines sogenannten Pultbeets: Die Stauden werden so angeordnet, dass – bezogen auf die Hauptblickrichtung – die höheren hinten stehen, die niedrigeren vorn. Eine pultartig gestaffelte Anordnung der Stauden kommt auch dann in Frage, wenn das Beet vor einer Mauer, Hecke oder einem Zaun angeordnet ist. Besonders aufregend geraten pultförmig gestaffelte Beete, wenn sie rechts und links eines Wegs schräg aufsteigen. Allerdings braucht das Auge hier einen Fluchtpunkt am Ende des Wegs, z. B. einen Strauch, eine Gartenskulptur oder eine Bank.

Das gleiche Anordnungsprinzip greift auch dann, wenn das Beet von mehreren Seiten aus betrachtet werden kann. In diesen Fällen gehören die höchsten Pflanzen ins Zentrum des Beets, und die zunehmend niedrigeren Stauden staffeln sich nach außen hin (pyramidenförmige Anordnung).

Erreichen die höchsten Stauden „nur" etwa 50 cm, sind die Höhenstaffeln entsprechend kleiner und enger zu wählen (z. B. 30–40 cm, 10–20 cm, kriechende Stauden), als wenn die höchsten Stauden 200 cm groß werden (Höhenstaffelung z. B. 100–150 cm, 60–80 cm, 40–50 cm, 10–30 cm).

Um ein derart gestaffeltes Beet lebhafter erscheinen zu lassen, gibt es mehrere Tricks. Zunächst lässt sich die strenge Abfolge der Höhen durch einzelne, zwischengepflanzte Stauden aufbrechen. Ein einzelner Rittersporn, ein Fingerhut oder eine Bartiris setzen hier Akzente. Zieht man die Grenzlinie zwischen den Höhenstufen nicht gerade, sondern wellenförmig schwingend, oder lässt man mittelhohe Stauden keilförmig zwischen höhere Stauden eindringen bzw. umgekehrt, verschwimmen die Konturen, und das Beet erscheint ausdrucksvoller und lebhafter.

Natürlich müssen Beete nicht unbedingt pult- oder pyramidenförmig gestaffelt werden. Auch eine Zusammenstellung etwa gleich hoher Stauden kann äußerst spannend wirken, sofern dem Auge genügend Abwechslung geboten wird. So können Sie z. B. verschiedene Polsterstauden mit Gräsern und wenigen, schmalen, hohen Stauden wie etwa Königskerzen oder Lupinen kombinieren. Solche Anordnungen sehen auch im Frühling sehr hübsch aus, wenn sich in den Lücken zwischen den noch nicht entwickelten Stauden Zwiebel- und Knollenpflanzen aus dem Boden schieben.

Zu Bändern, Linien oder Schwüngen arrangierte Stauden derselben Art oder Sorte, die sich zwischen horstartige Pulks oder Bänder anderer Sorten schieben, sind zur Zeit der Blüte beinahe nicht zu schlagen. Achten Sie bei solchen Arrangements jedoch darauf, dass die Fläche durch unterschiedliche Blattfarben und Wuchsformen auch außerhalb der Blütezeit attraktiv erscheint.

1

2

3

1 Horstig wachsende Stauden passen in den Mittel- bis Hintergrund.
2 Polsterstauden bilden in Steingärten interessante Blickpunkte.
3 Eintriebige Arten sorgen zwischen niedrigen für Spannung.

Staffelung nach Blütezeit

Dieser Teil der Beetgestaltung gehört zu den schwierigsten Herausforderungen (→ auch S. 105). Pflanzen sind nun einmal Lebewesen und richten sich im Garten nicht immer nach dem, was die Steckschildchen aus dem Gartencenter versprechen. Die Angaben zur Blütezeit sind zwangsläufig Mittelwerte, von denen es unter den ganz speziellen Bedingungen Ihres Gartens Ab-

Die Wirkung eines Pultbeets beruht auf der kontinuierlichen, aber nicht mit dem Lineal gezogenen Höhenzunahme von vorn nach hinten.

weichungen geben kann. Sollte sich herausstellen, dass eine Staude früher oder später blüht, als es eingeplant war, sollten Sie diese in eine zeitlich passendere Nachbarschaft umpflanzen. Es ist besser, sich etwas Arbeit zu machen, als die Wirkung einer hübschen Staude ungenutzt verpuffen zu lassen.

Bis auf die Arten und Sorten mit großen, auffallenden Blüten wie Mohn oder Blütenständen wie Lupinen kommt eine einzelne, blühende Staude zwischen grünen Nachbarn nur sehr unvollkommen zur Geltung. Je weiter das Beet vom hauptsächlichen Betrachtungsort entfernt ist, desto dichter und umfangreicher sollte die zur gleichen Zeit blühende Fläche sein. Wie bereits bei der Farbgestaltung (→ S. 307) geschildert: Achten Sie bei der zeitlichen Abstimmung darauf, dass die ausgewählten Farben auch wirklich markant in Erscheinung treten.

Grundsätzlich gibt es zwei Möglichkeiten für die Gestaltung mit gestaffelten Blütezeiten:

› Sie können versuchen, das Staudenbeet auf eine bestimmte Jahreszeit hin zu optimieren. In diesem Fall blüht es während einer Periode von 3 bis 4 Wochen in voller Pracht mit einer ausgesuchten Farbkomposition und bleibt davor und danach eher unscheinbar. In einem kleineren oder sonst anderweitig genutzten Garten mit einem einzigen Beet wäre dies allerdings eine recht mutige Entscheidung; denn die restliche Zeit des Jahrs würde die Pflanzfläche höchstens durch Wuchsformen und Blattschmuck wirken. Andererseits reichen bereits drei Beete zu je 3–4 m² für eine Frühlings-, Sommer- und Herbstvorstellung aus.

› Praktikabler ist die zweite Möglichkeit: Hier wird das Beet zwar ebenfalls mit einem Blütenschwerpunkt konzipiert, meist im Sommer, wenn man sich hauptsächlich im Garten aufhält. Die anderen Jahreszeiten kommen aber durch zwischengepflanzte Stauden ebenfalls zu ihrem Recht.

Die Staffelung nach Blütezeit ist der Höhenstaffelung untergeordnet. In Pult- oder Pyramidenbeeten bietet es sich an, die nach Blütezeit sortierten Stauden in den jeweiligen Höhenstufen anzuordnen. So entstehen blühende Streifen oder Flächen zwischen den noch oder wieder grünen Nachbarn. In größeren Beeten wirken rhythmische Effekte besonders spannend: Wiederholen Sie mehrfach Bereiche mit gleichen Arten bzw. Sorten. Damit werden die gleichförmig blühenden Bereiche innerhalb einer Höhenstufe von grünen Stauden getrennt. Sind diese grünen Bereiche ihrerseits aus ähnlichen Arten bzw. Sorten kombiniert, wechselt die Rhythmik zwischen blühenden und nichtblühenden Bereichen mehrfach pro Jahr.

Blüher für jede Saison

Es gibt nicht sehr viele Stauden, die bereits zeitig im **Frühling** blühen. Viele davon, wie die Christrose oder das Tränende Herz, passen von den Standortansprüchen nur in den Halbschatten. Daher sind im Staudenbeet auch frühblühende Zwiebel- und Knollenpflanzen (→ S. 330–339) sehr willkommen. Sie hinterlassen meist jedoch spätestens ab dem Frühsommer Lücken, wenn ihre Blätter verbraunen. Man pflanzt sie deshalb bevorzugt in den Mittel- bis Hintergrund, wo sie von den Blättern später blühender Stauden überdeckt werden. Ganz anders verhält es sich mit Steingartenstauden wie Steinkraut, Blaukissen oder Schleifenblume, deren Blattpolster auch nach der Blütezeit hübsch und abwechslungsreich aussehen: Sie gehören in den Vordergrund oder an die Beetflanken. Achten Sie bei der Verteilung frühblühender Pflanzen darauf, dass sie auch vom Haus aus gut sichtbar sind!

Der gärtnerische **Frühsommer** beginnt um Ende Mai und reicht bis in den Juni. Nun wird das Angebot der blühenden Stauden merklich größer. Viele davon lassen sich durch starken Rückschnitt zu einer zweiten Blüte anregen (→ S. 450–481), andere wie Akelei oder Mohn ziehen nach der Blüte unwiderruflich ein. Solche Pflanzen setzt man am besten in kleinen Gruppen hinter etwas höhere, später blühende Stauden. Eine Reihe von Frühsommerblühern bleibt allerdings auch nach der Blüte durchaus attraktiv, z. B. niedrige Glockenblumen, Goldwolfsmilch und Grasnelken. Sie passen daher in den Vorder- bis Mittelgrund eines Beets in die Nachbarschaft von hochsommerlichen Blütenstauden.

Letztlich bleibt es die persönliche Entscheidung des Gärtners, ob er das Grün der abgeblühten Stauden gestalterisch einsetzen möchte oder sie lieber hinter höheren Nachbarn verbirgt.

Im **Hochsommer**, ab Ende Juni, schlägt die Stunde der Prachtstauden. Hier bietet der Handel eine derartige Vielfalt an Farben, Formen und Größen an, dass sich Stauden für alle Farbkompositionen, für jede Höhenstufe und Beetform finden lassen. Durch geschickte Auswahl leicht versetzter Blütezeiten lässt sich die Gesamtblühdauer über mehrere Wochen ausdehnen. Da die genaue Blütezeit in Ihrem Garten von den Angaben auf den Schildern abweichen kann, sollten Sie notieren, welche Stauden nicht ins Schema passen, und sie ggf. umpflanzen.

Niedrige bis mittelhohe (bis 60 cm) Stauden mit hübschem Laub passen in den Vorder- bis Mittelgrund, höhere Stauden in den Mittel- bis Hintergrund. Gerade in dieser Jahreszeit sollten neben den Blüten auch einige andere Akzente für Spannung sorgen: Ein oder zwei horstig wachsende Gräser wie Blauschwingel oder Lampenputzergras oder Stauden mit ungewöhnlich geformten oder gefärbten Blättern wie silberner Beifuß, Frauenmantel oder Funkien bilden strukturell interessante Blickpunkte zwischen den Blütenfarben.

Neben den allseits bekannten Astern und Herbstchrysanthemen gibt es auch viele andere Stauden, deren Blütezeit bis in den **Herbst** reicht. Waren die Gräser und Blattschmuckstauden im Sommer nur Beiwerk, können sie in den abgeblühten „Sommerzonen" nun die ästhetische Vorherrschaft übernehmen. Ordnen Sie die im Herbst blühenden Stauden ebenfalls nach der Höhe gestaffelt an. Astern gibt es beispielsweise von sehr niedrigen Formen wie Kissenastern bis zu den fast 1,5 m hohen Raublattastern. Entsprechend finden sie ihren Platz vom Vordergrund bis zum Mittel- und Hintergrund.

Gruppenbildung

Welche Bedeutung die Gruppenbildung von Stauden hat, verdeutlicht ein Vergleich: Stellen Sie sich vor, Sie richten ein Wohnzimmer ein. Wohl niemand wird sich dafür entscheiden, fünf verschiedene Sessel, einen Tisch und beliebige Möbel und Dekorationsstücke zufällig im Raum anzuordnen. Vielmehr sucht man nach einer Sitzgarnitur, kombiniert sie mit einem passenden Tisch und komplettiert das Bild durch geeignete Möbel, einen Teppich usw. Ähnlich ist es mit der Gestaltung des Staudenbeets (→ auch S. 100–103). Einem Sammelsurium der verschiedensten Arten fehlt der Zusammenhalt. Ein solches Beet wirkt lieblos und kann sogar leicht langweilig werden.

Die einzelnen Stauden kommen viel wirkungsvoller zur Geltung, wenn sie zu harmonischen Gruppen zusammengestellt werden. Dabei verwendet man in der Regel das Prinzip, sogenannten Leitstauden passende Begleiter und Füllpflanzen zuzuordnen. Je stärker allerdings ein Beet in der Höhe gestaffelt wird, desto eher tritt die Gruppenbildung in den Hintergrund: In solchen Beeten sorgen mehr die flächenhaft verteilten Farben und Farbbänder für die erwünschte Abwechslung.

› Als **Leitstaude** oder Gerüststaude werden Arten und Sorten definiert, die durch ihr Erscheinungsbild alle Blicke auf sich ziehen. Das können Rittersporn oder Türkischer Mohn, Sonnenbraut oder Bartiris, im Halbschatten vielleicht Eisenhut und Astilben sein. In größeren Beeten können sogar Sträucher wie Rosen oder Strauchpäonien diese Aufgabe übernehmen.

Die Entscheidung, was in einem Beet als Leitstaude gilt, ist auch von persönlichen Vorlieben abhängig: Was dem einen Gärtner als „schön" und „auffällig" erscheint, muss einem anderen nicht unbedingt gefallen. Wichtig ist allerdings, dass sich die Leitstauden markant von den übrigen Stauden im Beet abheben. Je nach Größe und Umfang werden sie einzeln oder in kleinen Gruppen gepflanzt, möglichst in ungerader Zahl von Exemplaren, um Paarungen zu vermeiden. Achten Sie darauf, die Gruppen abwechslungsreich und nicht gleichförmig zu platzieren, damit ein rhythmisches Gesamtbild entsteht. Die Abstände der Leitstauden bzw. ihrer Gruppen untereinander und der Abstand zu den Beeträndern sollten möglichst variabel sein. Wenn Ihnen diese Form der Gestaltung „auf dem Papier" schwer fällt, dann setzen Sie umgestülpte Blumentöpfe als Platzhalter für die Stauden auf den Gartenboden und betrachten Sie die Wirkung aus einigem Abstand.

Einige Zwiebel- und Knollenpflanzen wie Lilien, Kaiserkronen, Gladiolen und manche Dahlien sind von ihrem Charakter her ebenfalls gut als Leitpflanzen geeignet. Für sie gelten dieselben Kriterien wie für die „echten" Stauden.

› Ist die Verteilung der Leitstauden festgelegt, werden ihnen **Begleitstauden** oder Gruppenstauden zugeordnet. Sie sollen die Wirkung der Leitstauden unterstreichen und ihnen keinesfalls die Schau stehlen. Im Idealfall sind sie etwas kleiner und passen – sofern sie gleichzeitig blühen – farblich zu den Leitstauden oder unterstreichen diese durch ihre Struktur.

Bei der farblichen Zuordnung gelten die auf S. 307–308 genannten Kriterien von Ton in Ton bis kontrastreich; ziehen Sie auch vermittelndes Weiß in Betracht. Die Zahl der gepflanzten Exemplare richtet sich nach der Breite der Einzelpflanzen. Zur Blütezeit sollten Begleitstauden möglichst kompakte Farbflächen bilden.

Mitten in der unregelmäßigen Fläche des gelb blühenden Frauenmantels wirkt ein Rotviolett gut.

Achten Sie auch bei der Verteilung der Begleitstauden auf eine gewisse Abwechslung in der Größe und Form der bepflanzten Fläche bzw. der Anordnung von Begleitpflanzengruppen im Beet.

› **Füllstauden** oder Ergänzungsstauden dienen schließlich dazu, die Lücken zwischen den Leit- und Begleitstauden zu schließen. Neben Stauden eignen sich dafür auch einjährige Sommerblumen, die bedarfsgerecht zwischen die Stauden gepflanzt oder ausgesät werden. Diese Möglichkeit bietet sich vor allem dann an, wenn Sie die Lücken füllen möchten, die frühblühende Zwiebel- und Knollenpflanzen ab Frühsommer hinterlassen.

Im Halbschatten greift man gern auf Blattschmuckstauden zurück.

Als Füllstauden dienen niedrige, bodendeckende Stauden, aber auch kleinere, horstig wachsende Arten und Sorten. Achten Sie darauf, dass sich Begleit- und Füllstauden keine starke Konkurrenz machen. Wählen Sie beispielsweise Arten aus, die zu anderen Zeiten blühen oder die sich durch ihre Höhe und/oder Wuchsform deutlich unterscheiden. In sehr kleinen Beeten können Sie oftmals auf Füllstauden verzichten. Hier reichen Leit- und Begleitstauden aus – vielleicht in Kombination mit frühblühenden Zwiebel- und Knollenpflanzen.

Der Beetcharakter

Grundsätzlich lassen sich alle bislang behandelten Schritte und Aspekte zumindest theoretisch ohne konkrete Pflanzenbenennung planen – durch farbige Kreise, Linien oder Bänder auf dem Plan, mit Angaben von Blütezeit und Höhe. Dann folgt vor der Auswahl der Stauden die vermutlich wichtigste Entscheidung: Welchen Charakter soll das Staudenbeet haben?

Diese Entscheidung ist nicht allein ästhetischer Natur, sondern legt auch fest, wie viel Arbeit man investieren muss. Ein Staudenbeet mit wertvollen, neuen Hybriden, vielleicht noch mit jahreszeitlichem Ein- und Auspflanzen von Zwiebeln und Knollen, macht deutlich mehr Arbeit als eines mit bewährten, pflegeleichten Stauden oder ein Beet mit Wildstaudencharakter. Ein einfaches Beet aus Polsterpflanzen mit einigen Gräsern und zwei bis drei Gruppen von Leit- und Begleitstauden wächst beinahe „von allein", während ein üppig blühender Cottage- oder Bauerngarten regelmäßige und intensive Pflege verlangt.

Da man ein Staudenbeet mit vertretbarem Aufwand jederzeit umgestalten kann, sollten insbesondere Gartenneulinge die Entscheidung von ihren Lieblingspflanzen abhängig machen. Sie bestimmen den Charakter des Beets, und alle übrigen Stauden werden ganz gezielt auf sie abgestimmt.

Die Auswahl der Pflanzen

Ein erfahrener Gärtner wird bereits bei jedem Planungsschritt eine bestimmte Gruppe von Pflanzen im Auge haben und seine weitere Vorgehensweise danach richten. Aber selbst ein wirklich „blutiger" Anfänger wird einige Pflanzen kennen und vermutlich auch lieben. Da ein Beet ganz entscheidend vom persönlichen Geschmack des Gartenbesitzers geprägt ist, sollten solche Lieblingspflanzen den Grundstock bilden.

Versichern Sie sich vor der weiteren Pflanzenauswahl zunächst, welche Standortbedingungen herrschen. Wählen Sie nur solche Stauden aus, die natürlicherweise an die Bedingungen in Ihrem Garten angepasst sind.

Überlegen Sie als nächstes, ob sich Ihre Lieblingspflanzen eher als Leit- oder als Begleitstauden eignen; zeichnen Sie sie in den Pflanzplan ein. Das kann entweder bereits während der Planung oder anschließend geschehen, wenn Sie einer Position im Plan eine konkrete Staude oder Staudengruppe zuordnen.

Schließen Sie die noch bestehenden Lücken, indem Sie im Porträtteil (→ S. 450–481), in Zeitschriften oder Katalogen nach weiteren Stauden suchen oder sich in Gärtnereien umsehen. Gehen Sie auch hier eher nach dem Gefühl vor, d. h., suchen Sie vor allem nach Arten und Sorten, die Ihnen gefallen. Entscheiden Sie erst dann, ob sich diese ausgewählten Stauden nach Farbe, Höhe, Blütezeit usw. in Ihren Pflanzplan einfügen.

Der Vorteil dieser Methode besteht darin, dass Sie auch ohne große Pflanzenkenntnis nur solche Arten und Sorten einpflanzen, die sich in das Konzept einfügen, und eben tatsächlich nur Stauden berücksichtigen, die Ihnen gefallen.

Beachten Sie bei der Pflanzenauswahl bzw. vor dem Einkauf die nötigen Pflanzabstände (→ S. 450–481), um daraus die nötigen Stückzahlen abzuleiten.

Vom Plan zur Bepflanzung

Bei einer völligen Neubepflanzung muss zuvor natürlich die Beetgröße und -form (→ auch S. 99–100) festgelegt werden. Denken Sie dabei auch an die praktische Seite der Gestaltung: Zur Pflege des Beets kann man mit einem Schritt vorwärts eine Beettiefe von etwa 1–1,2 m bearbeiten. Zweiseitig zugängliche Beete dürfen entsprechend 2–2,5 m breit sein. Ist das Beet breiter, sollten Sie entweder stabile Trittsteine einplanen oder einen Weg bzw. Pfad durch das Beet führen.

Ehe es dann schließlich an die konkrete Pflanzenverteilung geht, sollte der Boden bereits entsprechend aufgelockert und vorbereitet sein (→ S. 313).

Übertragen Sie dann die Maße des Pflanzplans, also die Kästchen des Millimeterpapiers, auf den Boden. Am einfachsten geht dies mit etwas Sand, der in einem Raster von 50 x 50 cm auf den Boden gestreut wird. Bei großen Beeten können Sie auch ein Raster von 1 x 1 m verwenden. Markieren Sie Schwünge, Bänder oder andere unregelmäßige Formen ebenfalls mit Sand, den Sie über das Raster streuen.

Stellen Sie dann die Stauden noch in ihren Töpfen entsprechend ihrer Position auf dem Pflanzplan auf den Boden. So können Sie nochmals die Abstände und Wirkung der Anordnung überprüfen und, wenn nötig, ändern.

Stauden pflanzen und pflegen

NACHDEM DER STANDORT des Staudenbeets festgelegt, Größe und Umrissform geplant und abgesteckt sind, beginnt die eigentliche Arbeit im Garten – von der Pflanzung bis zur alljährlichen Pflege. Deren Aufwand hält sich umso mehr in Grenzen, je sorgfältiger man bei der Planung, Standortwahl und Pflanzung vorgeht. Empfindliche Zuchtformen brauchen allerdings mehr Pflege als robuste, naturnahe Arten und ihre Sorten.

Beete vorbereiten

Bevor man mit der eigentlichen Arbeit beginnt, zahlt sich bei einer Neuanlage eine Bodenanalyse aus, die für spätere Maßnahmen wie Bodenverbesserungen und Düngung wichtig werden kann (→ S. 160–173). Auf Baugrundstücken breitet der Bauunternehmer nach Abschluss der Baumaßnahmen die sogenannte „Muttererde" aus. Bei normal beanspruchten Unterböden kann dieser Mutterboden sofort weiter bearbeitet werden. Wurde der Boden allerdings tiefgründig verdichtet, z. B. durch schwere Maschinen, sollten Sie ihn vom Bauunternehmer oder einem Gartenbaubetrieb tiefgründiger lockern lassen. Dasselbe gilt auch bei einer durchgehenden Tonschicht im Unterboden.

Soll in einem vorhandenen Garten ein Rasenstück zum Beet umgewandelt werden, entfernen Sie zunächst die Grassoden (→ S. 167). Achten Sie darauf, alle Graswurzeln zu entfernen, damit sie später nicht mehr ausschlagen. Nach dem tiefgründigen Lockern bzw. Umgraben muss dann meist noch etwas Boden bzw. Kompost aufgefüllt werden, um das Oberflächenniveau wieder an die Umgebung anzugleichen. In dieser Phase der Bearbeitung werden auch Bodenverbesserungsmaßnahmen durchgeführt, die bei bestimmten Bodenarten erforderlich sind (→ S. 171–172).

Bei der kompletten Umgestaltung eines bereits bestehenden Beets werden alle alten Stauden und Unkräuter entfernt, insbesondere auch deren Wurzeln. Noch sicherer, wenn auch etwas zeitaufwendiger, ist es, das alte Beet nach dem Umstechen und Lockern mit einer dunklen Mulchfolie abzudecken. Treiben dann im Boden verbliebene Unkräuter aus, werden die Blätter nicht belichtet und sterben ab. Lassen Sie die Folie möglichst mehrere Monate lang liegen, am besten über Sommer oder ab dem Vorfrühling, auch wenn sich dadurch die Pflanzung etwas verzögert.

Den Boden bearbeiten

Das erste Umgraben eines späteren Beets stellt in der Regel die einzige Möglichkeit dar, den Boden tiefgründig zu lockern. Sind die Stauden erst einmal gepflanzt, kann man den Boden nur noch in den Zwischenräumen und beim Einpflanzen einer neuen Staude kleinräumig bearbeiten. Sehr sandige bzw. tonige Böden werden nun mit geeigneten Zuschlagsstoffen verbessert (→ S. 171–172).

Wenn das Beet nicht sofort bepflanzt werden muss, empfiehlt sich folgende Vorgehensweise: Graben Sie den Boden im Herbst um und arbeiten Sie reichlich abgelagerten Mist oder leicht verrotteten, halbreifen Rohkompost in die oberste Schicht ein. Das Material muss Kontakt zum Luftsauerstoff haben, damit die Abbauprozesse stattfinden können. Im Frühling wird der Boden vor dem Bepflanzen mit Hacke, Grubber oder Kultivator gelockert.

Soll das Beet dagegen unmittelbar bepflanzt werden, darf kein halbreifer Kompost oder gar Mist ausgebracht werden. Stattdessen wird nach dem Umgraben gut ausgereifter Kompost in den Boden eingearbeitet. Streuen Sie das Material auf dem Boden aus und arbeiten Sie es mit einer Grabegabel oder einem Grubber in den Oberboden ein.

Wo vorher Sommerblumen oder Gemüse mit intensiver Bodenbearbeitung wuchsen, kann man auf das Umgraben oft verzichten und sich auf schonendes Lockern mit Grabegabel, Hacke und Kultivator beschränken (→ S. 142). Die Reste der „Vorkulturen" müssen allerdings gründlich entfernt werden.

Lesen Sie während der Bodenbearbeitung nicht nur Unkrautwurzeln, sondern auch größere Steine aus. Lassen Sie das Beet nach einer Lockerung im Frühjahr noch etwa 2 bis 3 Wochen in Ruhe, damit sich die Erde setzen kann. Nutzen Sie auch diese Zeit, um jegliches austreibende Unkraut zu entfernen. Kurz bevor man die Stauden einsetzt, wird die Oberfläche mit dem Rechen geglättet und eingeebnet, damit keine Senken bleiben, in denen sich Wasser sammeln könnte.

!

wir empfehlen

Dränage anlegen

Um in einem staunassen Boden optimale Bedingungen für ein Staudenbeet zu schaffen, bietet sich ein Dränagesystem an. Bei Neubauten sollte es mit dem Kanal verbunden werden. Wo das nicht möglich ist, fließt das Wasser in eine mit grobem Kies gefüllte Sickergrube bzw. einen Sickerschacht. Verlegen Sie handelsübliche Dränagerohre aus Kunststoff oder Ton mit leichtem Gefälle in ca. 50–60 cm Tiefe. Bei einem 1–2 m breiten Beet reicht ein längs verlaufendes Rohr mit kurzen Zuleitungen rechts und links alle 50–60 cm. Denken Sie daran, die Dränagerohre in eine Kiesschicht einzubetten, damit sich die Poren nicht zusetzen. Mischen Sie beim Auffüllen der Erde Sand und grobes Lockermaterial zu, um auch in den oberen Schichten den Wasserabzug zu verbessern.

STAUDEN PFLANZEN

› MATERIAL:

Jungstauden im Container (Pflanztopf)
Kompost
Handgrubber
Eimer mit Wasser
Gießkanne oder Schlauch

› WERKZEUG, ZUBEHÖR:

eventuell Pflanzplan
Pflanzschaufel oder Spaten

› ZEITBEDARF:

je nach Staudengröße 5 bis 10 Minuten pro Exemplar

Pflanzloch vorbereiten

Stellen Sie die Stauden an die vorgesehenen Stellen. Korrigieren Sie ggf. die Abstände und heben Sie einen Teil der Pflanzlöcher aus. Diese sollten jeweils etwa doppelt so tief wie der Ballen sein.

Stauden einsetzen

Stellen Sie jeweils 3 bis 4 Stauden in einen Eimer mit Wasser, während Sie die nächsten Löcher graben. So sind die Ballen gründlich durchfeuchtet. Lockern Sie die Ballen mit den Händen auf.

Erde auffüllen

Vermischen Sie die ausgehobene Erde mit Kompost. Füllen Sie so viel Erde ein, dass die Staude so tief zu stehen kommt wie vorher im Containersubstrat. Füllen Sie das Loch mit der Erdmischung auf.

Angießen

Gießen Sie die Staude mit Wasser an; dabei etwas rütteln. Das Wasser muss die Erdteilchen zwischen die Feinwurzeln spülen. Gleichen Sie die abgesenkte Erdoberfläche mit dem Aushub und Kompost aus.

Stauden einpflanzen

Ob man nun ein ganzes Beet bepflanzt oder nur eine entstandene Lücke mit einer neuen Staude auffüllt – die Schritte beim Einpflanzen sind dieselben und unterscheiden sich nur im Umfang der notwendigen Maßnahmen.

Trotz des reichen Angebots der Gartencenter und Gärtnereien kann es Freude machen und den Geldbeutel schonen, wenn man Staudenpflanzen durch eigene Vermehrung gewinnt. Das lässt sich bei vielen Stauden sehr einfach durch Teilung (→ S. 224) bewerkstelligen. Ansonsten kommen je nach Art weitere Methoden in Frage, von der Aussaat bis zum Stecklingsschnitt. Angaben dazu bieten die Staudenporträts (→ S. 450–481), ausführliche Erläuterungen zu den einzelnen Verfahren das Kapitel „Pflanzen vermehren" (→ S. 225–231).

Die Pflanzzeit

Stauden werden heute fast ausnahmslos als ▶ CONTAINERPFLANZEN (S. 538) angeboten, d. h., man ist in der Wahl der Pflanzzeit völlig frei, abgesehen von Frostperioden. Trotzdem empfiehlt sich für empfindliche und nicht vollständig winterharte Stauden die Pflanzung im Frühjahr bis zum Frühsommer. So bilden sie bis zum Kälteeinbruch ein umfangreiches Wurzelsystem und erhöhen damit ihre Chancen, den ersten Winter zu überstehen. Auch Stauden, die im Hochsommer und später blühen, sollten möglichst noch im Frühling in die Erde, damit sie zur Zeit der nährstoffzehrenden Blütenbildung bereits gut mit Wurzeln und Blättern versehen sind. Für frühblühende Stauden bietet sich dagegen die Pflanzung im Herbst an. Ihr Wurzelsystem kann sich dann im noch recht warmen Boden bis zum Kälteeinbruch gut entwickeln.

Wenn Sie sich für eine Pflanzung irgendwann zwischen Frühjahr und Herbst entscheiden – aus Zeitgründen, um Lücken zu füllen usw. – sollten Sie zumindest sicherstellen, dass die ausgewählte Staude noch im selben Jahr blüht. Wählen Sie deshalb Containerpflanzen mit bereits gut ausgebildeten, aber noch nicht geöffneten Blütenknospen. Setzen Sie die Stauden weder an sehr heißen Tagen noch bei durch starken Regen vernässtem Boden ein.

Tipps zum Pflanzenkauf

Obwohl Containerstauden generell als „einfach" und verlässlich gelten, wachsen nicht alle gleich gut an. Mit einigen leicht überprüfbaren Kriterien schließen Sie zumindest ernste Schäden aus:

› Alle oberirdischen Teile müssen kräftig und dicht gewachsen sein. Ein großer Abstand zwischen den Blättern bzw. Blattpaaren deutet auf Lichtmangel während der Anzucht hin. Dies kann sich auch in bleicheren Stängeln und Blättern äußern. Gesunder Neuzuwachs behebt diesen Mangel, die vorhandenen Abstände bleiben aber bestehen, da Stauden ausschließlich an den Triebspitzen wachsen.

› Auf gefährliche Mängel weisen dagegen zu kleine, verformte oder verfärbte Blätter hin. Kontrollieren Sie auch die Blattunterseiten. Die Staude könnte schlecht mit Nährstoffen versorgt oder gar von einer Krankheit befallen sein.

› Moose oder kräftig entwickeltes Unkraut auf der Substratoberfläche sind untrügliche Hinweise auf Pflegefehler. Vermutlich steht der Topf schon zu lange im Laden; dann könnten sogar die Wurzeln im Gießwasser z. T. verfault sein.

› Wenn die Wurzeln bereits aus den Dränagelöchern herauswachsen oder sich gar mit den Wurzeln der Nachbarn zu einem verfilzten Wurzelteppich vereinigt haben, sind die Stauden nur noch mit relativ viel Aufwand – gut wässern und vorsichtig mit den Händen zerteilen – zu retten.

› Auch ein schwach entwickeltes Wurzelsystem verschlechtert die Chancen auf gutes Anwachsen im Garten. Drücken Sie zur Probe den Ballen vorsichtig heraus. Bei einer guten Containerstaude füllen die Wurzeln den gesamten Erdraum aus. Sie wickeln sich aber weder mehrfach um den Ballen herum, noch bilden sie ein Wurzelpolster am Topfboden.

Stellen Sie Ihre Containerstauden nach dem Kauf in den Garten an einen absonnigen oder halbschattigen Platz, versorgen Sie sie mit Gießwasser und pflanzen Sie sie baldmöglichst ein.

Der Pflanzvorgang

Die Vorgehensweise wird in einzelnen Schritten auf S. 314 dargestellt, daher an dieser Stelle nur einige allgemeine Hinweise. Benutzen Sie bei der Bepflanzung eines Beets Ihre Planungsgrundlage und stellen Sie die Container auf das Beet (→ S. 146). Graben Sie bei größeren Pflanzaktionen nicht alle Löcher auf einmal, sondern gehen Sie schrittweise vor, damit Sie stets den Überblick behalten. Beginnen Sie dabei in der Beetmitte und arbeiten Sie sich zum Beetrand hin vor. Nehmen Sie je drei bis vier Container von ihren Positionen und markieren Sie die Stellen mit Bambusstäbchen. Lösen Sie die Ballen aus den Containern, indem Sie kräftig auf den Topfboden klopfen, und stellen Sie die Stauden in einen Eimer mit Wasser, so dass die Ballen vollständig untergetaucht sind. Nun werden die Pflanzlöcher am Ort der Markierung gegraben und der Boden unten und seitlich mit der Pflanzschaufel oder einem Handgrubber gelockert. Führen Sie dann die gesamte Prozedur mit Hilfe eines zweiten Eimers mit dem nächsten „Satz" Pflanzen durch, so dass jede Dreier- oder Vierergruppe 10 bis 15 Minuten im Wasser steht, während die vorgewässerte eingepflanzt wird.

Bodenpflege im Staudenbeet

Das Erdreich im Staudenbeet sollte locker bleiben bzw. gelockert werden, besonders wenn die Oberfläche nach Regenfällen verkrustet ist. Es muss ausreichend Nährstoffe enthalten und nachliefern sowie Wasser gut speichern und abgeben. Je nach freiem Raum zwischen den Stauden bearbeitet man den Boden mit langstieligen Hacken oder geht auf die Knie.

Mit solch einer schmalen Hacke lässt sich die Erde gut lockern.

Mit der Gießkanne können einzelne Stauden gezielt bewässert werden.

Mulchen

Mulch bietet eine ideale „Rundumpflege": Er sorgt im Lauf der Jahre für einen lockeren Oberboden, hält die Feuchtigkeit im Boden zurück und reichert den Boden mit Humus und Nährstoffen an. Durch die Beschattung des Erdreichs wird zudem die Keimung der meisten einjährigen Unkräuter unterdrückt (→ auch S. 170).

Im Staudenbeet ist die Mulchauflage nur im Winter zu sehen; dann dient sie auch als Wärmeisolation. Ab dem Frühling verschwindet sie zwischen dem Grün der auswachsenden Stauden.

Zwischen Herbst und Frühwinter wird der Boden zwischen den Stauden gründlich mit einem Grubber oder einer schmalen Hacke aufgelockert, alle Unkräuter werden sorgfältig entfernt. Dann breitet man eine etwa handbreite Schicht Mulch darüber aus. Am besten eignet sich halb verrotteter Kompost, der mit etwas Rindenmulch abgedeckt wird. Wenn Sie keinen Komposthaufen haben, können Sie im Gartencenter auch Humuserde und Rindenmulch kaufen und reichlich Rindenmulch mit wenig Humuserde vermischen. Auch Stroh, Herbstlaub oder angetrockneter Rasenschnitt kommen in Frage. Diese Schicht bleibt dann bis zum Frühling auf dem Beet liegen.

Bevor die ersten Stauden im Frühling austreiben, wird der Boden gelockert und dabei die Mulchdecke etwas eingearbeitet. Dünne Mulchschichten sind nach dem Winter ohnehin bis auf spärliche Reste verschwunden.

Solche frei kombinierbaren Systemstützen sind besonders anpassungsfähig.

Nach einer Bodenlockerung wird dann eine neue Schicht Mulch auf dem lockeren Boden verteilt. Sie sollte dünner sein als der Winterschutz, denn sie darf auf keinen Fall den winterkalten Boden gegen die Sonnenstrahlen isolieren. In Gärten und Jahren, in denen viele Schnecken auftreten, sollte man allerdings die Mulchdecke im Frühjahr weglassen und erst an trockenen Sommertagen neu aufbringen. Die Mulchschicht – möglichst ohne Rindenstücke – wird während des gesamten Sommers immer wieder erneuert. Besonders praktisch ist es, den anfallenden Rasenschnitt antrocknen zu lassen und dann zwischen den Stauden zu verteilen. Im Herbst folgen dann wieder die Bodenlockerung und eine neue, etwas dickere Mulchauflage.

Unkraut jäten

Als gut an die jeweiligen Verhältnisse angepasste Wildpflanzen treten Unkräuter mit den Beetstauden leicht in Konkurrenz um Wasser und Nährstoffe – Jäten wird somit zur Notwehrmaßnahme.
Die **mehrjährigen Unkräuter** werden möglichst bereits beim Anlegen des Beets entfernt. Ansonsten legt man die Wurzeln mit einem Handgrubber frei und zieht sie heraus – dies am besten im Frühling, wenn die Flächen zwischen den Stauden noch gut zugänglich sind. **Einjährige Unkräuter** keimen aus einem Samenvorrat im Boden, der in die Tausende gehen kann. Durch die Mulchauflage werden viele unterdrückt. Ragen im Frühling dennoch erste Unkrautblättchen aus der Mulchschicht heraus, zupft man sie möglichst gleich mitsamt den Wurzeln aus. Später im Jahr, wenn die Stauden den freien Zugang ins Beet versperren, ist eine Hacke besser geeignet.

Gießen und Düngen

Im Frühling reicht die Bodenfeuchte – zusammen mit den relativ häufigen Regenfällen – für die Entwicklung der Stauden meist aus. Mit Beginn des Sommers, wenn über die Blätter mehr verdunstet wird, kann **Wasser** jedoch zum Mangelfaktor werden. Gießen Sie daher sofort, wenn die Blätter zu erschlaffen beginnen, die betroffene Staude gezielt mit der Gießkanne. Um solche akuten Notfälle zu vermeiden, wird das Staudenbeet während einer Hitzeperiode ein- bis zweimal pro Woche gewässert. Gießen Sie während der kühlen Abend- oder sehr frühen Morgenstunden. Das Wasser muss dabei den Boden tiefgründig durchfeuchten. Am besten geht das mit einer Gießkanne oder einem Gartenschlauch mit Gießdüse. So gelangt das Wasser direkt in den Boden, ohne die Blätter zu benetzen.
Auch wenn ein guter Gartenboden viele Jahre lang mineralische **Nährstoffe** nachliefern kann, sind Stauden zu starke Nährstoffzehrer, um gänzlich ohne Dünger auszukommen. Wird das Beet regelmäßig gemulcht, sollte dem Frühjahrsmulch ein organischer Langzeitdünger beigemischt werden, der seine Nährstoffe langsam und kontinuierlich an den Boden abgibt.
Wer seine Stauden lieber mit mineralischen Düngern versorgen möchte, gibt einen handelsüblichen Volldünger im Frühling – als „Grunddünger“ nach Packungsangabe dosiert. In dicht bepflanzten Beeten und für sehr üppig wachsende Stauden empfiehlt sich noch eine zweite Düngung vor dem Blühbeginn. Dabei wird der Dünger in Wasser aufgelöst und mit der Gießkanne im Wurzelbereich ausgegossen – Vorsicht, dabei keinesfalls die Blätter benetzen.

Stauden pflegen

Einer der Gründe, warum sich Gärtner gern für Stauden entscheiden, ist sicher ihre Pflegeleichtigkeit. Eine gesunde Staude braucht nur minimalen Arbeitsaufwand und sieht dennoch hübsch aus. Allerdings lässt sich die „Performance“ durch einige Maßnahmen deutlich verbessern.

Blüten fördern

Bei vielen Horststauden treiben im Frühling zahlreiche, später blühende Triebe aus; Astern oder Staudenphlox sind typische Beispiele. Warten Sie ab, bis die Horste ein Viertel bis ein Drittel ihrer Endhöhe erreicht haben. Suchen Sie dann nach schwächeren und dünnen Trieben und knipsen Sie diese direkt an der Basis ab. Nach diesem **Ausdünnen** fließen die Nährstoffe in die restlichen Triebe; sie werden kräftiger und bilden größere Blüten.
Eine weitere Möglichkeit bieten Stauden mit starker Verzweigung. Nach **Entspitzen,** also dem Entfernen der Spitzenknospe, treiben die Seitenknospen aus und bilden reichlich Blüten, so etwa bei Astern, Sonnenbraut und Sonnenhut. Dazu wird etwa im selben Entwicklungsstand wie beim Ausdünnen der Spitzentrieb mit scharfer Schere 2 bis 3 Blattpaare unter der Spitze abgeschnitten.
Wird das Verblühte **abgeschnitten,** bevor die Fruchtbildung einsetzt, treiben viele Stauden einen zweiten Flor. Damit lässt sich die Blühperiode um mehrere Wochen verlängern bzw. um eine Nachblüte bereichern. Dafür eignen sich beispielsweise Rittersporn, Sonnenhut, Staudenlupinen und Trollblumen. Manche Gärtner schneiden Rittersporn und Lupinen nach dem

Der Rückschnitt nach der Blüte kann die Bildung einer Nachblüte anregen.

ersten Flor sogar radikal bis auf eine Handbreit über dem Boden zurück.
Übrigens ist es kein Fehler, die abgeblühten Triebe grundsätzlich bis zum nächsten voll entwickelten Blatt bzw. Blattpaar abzuschneiden. Selbst wenn dadurch keine Nachblüte induziert wird, fließen die Nährstoffe so nicht in die Fruchtbildung, sondern kommen den Depots der Staude zugute.

Stützen und Stäben

Es ist nicht nur ärgerlich, wenn nach einem Sommergewitter die Stauden am Boden liegen. Das Regenwasser tropft nicht ab, und auf den feuchten Blättern erhöht sich die Gefahr von Pilzinfektionen. Stützen Sie daher horstige oder in Dickichten wachsende sowie standschwache eintriebige Stauden rechtzeitig ab.
In der praktischen Anwendung gibt es zwei „Philosophien“: Man kann Stauden möglichst unauffällig stützen – oder man entscheidet sich für Stützen, die geradezu als Zierelemente in Erscheinung treten. Klassische Hilfsmittel für den ersten Fall sind Bambusstäbe. Sie können einzeln in den Boden gesteckt eine eintriebige Staude stützen (mit Blumenbast befestigen) oder für einen Horst zu einem System aus senkrechten und waagrechten Elementen zusammengebunden werden. Schmuckstützen werden in unterschiedlichen Ausführungen angeboten, von Kunststoffelementen bis hin zu kunstvollen Eisenstützen. Einen guten Kompromiss bieten Stecksysteme aus Stützstäben mit Zierknauf und einhängbaren Ringen bzw. Ringelementen. Verschiebbar angebrachte Ringe wachsen gewissermaßen mit der Staude mit. In Bauerngärten oder naturnahen Bereichen dagegen können auch in den Boden gesteckte trockene Zweige als Stützen dienen.

Schneiden und Winterschutz

Im Prinzip können alle sommergrünen Stauden im Herbst bis auf kurze Stummel abgeschnitten werden. Die meisten Stauden nehmen es jedoch nicht übel, wenn die Triebe im Herbst stehen bleiben. Die erfrorenen Blätter legen sich dann schützend über das Wurzelwerk und werden erst vor dem Austrieb im Frühling wieder entfernt. Ziergräser und Arten mit ansehnlichen Fruchtständen wie Alpenmannstreu (*Eryngium alpinum*) oder Prachtspieren (*Astilbe*) lässt man schon wegen der reizvollen Schmuckwirkung im winterlichen Garten bis zum Frühjahr ungeschnitten.
Die in unseren Breiten angebotenen Stauden sind recht winterhart, ein eigentlicher Schutz ist daher nur bei frisch eingepflanzten Stauden erforderlich. Sie werden bei den ersten einsetzenden Frösten mit einer lockeren Lage Fichtenreisig abgedeckt. Für die übrigen Stauden reicht eine Mulchauflage völlig aus. Ausnahmen wie das Pampasgras sind im Porträtteil ab S. 450 erwähnt.
Die wenigen wintergrünen Stauden wie etwa das Purpurglöckchen (*Heuchera*) können in rauen Regionen unter Frosttrocknis leiden, da sie an Sonnentagen Wasser verdunsten, ohne sich aus dem gefrorenen Boden versorgen zu können. Für solche Fälle sollten ein Abdeckvlies oder Fichtenreiser bereitliegen, die bei entsprechender Wettervorhersage über die Stauden ausgebreitet werden.

Teilung und Samenvermehrung

Jede Staude hat eine bestimmte, in ihrem Erbgut festgelegte Lebenserwartung, danach muss sie durch eine neue ersetzt werden. Mit Hilfe der Teilung kann man allerdings viele Stauden über längere Zeit jung und blühfreudig erhalten. Eine allmählich vergreisende Staude verrät sich durch weniger Blüten, schwächeren Wuchs und meist auch durch eine kahle Mitte. Nehmen Sie solche Stauden im Herbst oder Frühling mit einer Grabegabel aus dem Boden. Dann werden sie geteilt, wie es im Kapitel „Pflanzen vermehren“ (→ S. 224) erläutert wird.
Da auf diese Weise aus einer stets mehrere Stauden werden, ist die Teilung ein einfaches und probates Mittel, die Zahl seiner Stauden zu vergrößern. Da diese Vermehrung vegetativ, ohne Befruchtung, erfolgt, werden die genetischen Eigenschaften der Mutterstaude identisch an die Töchter weitergegeben – eine wichtige Voraussetzung, um eine bestimmte Staude als gestalterisches Element einzusetzen.
Diese Voraussetzung ist nicht gegeben, wenn Sie eine Staude bis zur Fruchtentwicklung stehen lassen und den **Samen** sammeln. In vielen Fällen sind gezüchtete Stauden (Hybriden und Sorten) nicht „sortenecht“, d. h., aus den Samen entwickeln sich Pflanzen, deren Eigenschaften oft von denen der Mutterpflanze abweichen. Dennoch ist die Anzucht von Stauden aus Samen eine sehr dankbare Beschäftigung. Das Vorgehen bei der Anzucht ist auf S. 223 beschrieben. Beachten Sie dabei, dass manche Stauden Kaltkeimer (→ S. 221) sind.

Locker aufgelegte Fichtenreiser schützen Jungpflanzen vor dem winterlichen Frost.

Krankheiten und Schädlinge an Stauden

AUFGRUND DER GEWALTIGEN Staudenfülle gibt es auch eine ganze Reihe unterschiedlicher Schaderreger, die den Pflanzen zuweilen zu schaffen machen. Manche sind stark spezialisiert; so etwa ein Schadpilz, der nur an Nelken Blattflecken („Nelkenschwärze") verursacht, oder der Chrysanthemenwickler, dessen Raupen die Blätter von Chrysanthemen, Margeriten und Astern zerfressen. Gegen solche Spezialisten gibt es allerdings kaum besondere Bekämpfungsmittel. Hier gelten meist die im Kapitel „Pflanzenschutz" (→ ab S. 190) beschriebenen Maßnahmen für die jeweilige Schaderregergruppe, in den genannten Beispielen also gegen Pilzkrankheiten bzw. Schmetterlingsraupen. Im genannten Kapitel finden Sie auch Weiteres über die weniger wählerischen Schaderreger, die im Staudenbeet viel öfter Probleme bereiten. Die häufigsten werden hier anhand ihrer Symptome vorgestellt. Außerdem fallen in diese Kategorie **Blattläuse, Blattwanzen, Spinnmilben** und **Grauschimmel,** die im Pflanzenschutzkapitel ebenfalls vorgestellt sind.

Älchenbefall zeigt sich in gekräuselten Blättern und Kümmerwuchs.

Schnecken hinterlassen unregelmäßige Fraßlöcher in den Blättern.

Fraßschäden an Blättern

Schnecken hinterlassen Löcher und Schleimspuren. Sie können mit eingegrabenen Bierbechern gefangen, mit einem Schneckenzaun abgehalten oder mit Schneckenkorn getötet werden. Gegen **Wildfraß** durch Kaninchen oder Rehe in ländlichen Regionen hilft nur ein stabiler Zaun. Manche **Insektenlarven** von z. B. Blattwespen hinterlassen bis auf die Rippen abgefressene Blätter; sie werden am besten mit der Hand abgesammelt. Teils lassen sie sich auch mit *Bacillus-thuringiensis*-Präparaten bekämpfen. Unregelmäßige Fraßspuren weisen auf **Ohrwürmer** hin; sie fressen allerdings auch Blattläuse und werden daher zu den Nützlingen gerechnet.

Blattverfärbungen

Verfärbungen der Blätter sind besonders schwierig zu interpretieren. Färben sich ausgewachsene Blätter einheitlich hellgrün bis gelb (**Chlorose**), liegt in der Regel meist Stickstoffmangel vor. Breitet sich die Vergilbung vom Blattrand nach innen aus und bleiben die Blattadern grün, könnte auf kalkreichen Böden ein Eisenmangel vorliegen. Zusätzliche dunkelgrüne Bereiche um die Blattadern sprechen für Magnesium- oder Manganmangel. Hier helfen eine Bodenuntersuchung und eventuell -verbesserung sowie entsprechende Düngergaben (→ auch S. 172).

Fleckige Blätter können unterschiedlichste Ursachen haben: Dunkle, pustelartige Verfärbungen werden z. B. von Rostpilzen hinterlassen, mehlige bis staubige Auflagen von Echtem oder Falschem Mehltau bzw. Schimmelpilzen. Gegen Pilzerkrankungen gibt es zwar wirkungsvolle Mittel, doch häufig lässt sich der Befall bereits vermeiden, wenn die Stauden luftig stehen und altes Laub regelmäßig entfernt wird. Fleckige bis braune Blätter können auch auf Blattälchen (Nematoden) hindeuten. Hier hilft nur das konsequente Entfernen der geschädigten Blätter. Noch gefährlicher sind Viruserkrankungen mit oft mosaikförmigen Blattverfärbungen oder Bakterienerkrankungen mit Flecken, Welken, fauligen Stellen u. a., deren Diagnose man besser einem Fachmann überlässt.

Schäden an Wurzeln

Obwohl es **Wühlmäuse** vor allem auf Zwiebeln und Knollen abgesehen haben, nagen sie gelegentlich auch die Wurzeln von Stauden an. Die sicherste Lösung sind Fallen, es gibt aber auch einige abschreckende Pflanzen wie Knoblauch.

Faulende Wurzeln äußern sich zuerst in Form welkender Blätter, letztlich stirbt die ganze Staude ab. Die Ursache ist fast immer Staunässe im Boden. Hier hilft nur ein besserer Wasserabzug oder eine Bepflanzung mit feuchteliebenden Stauden. Ist auch der untere Teil des Stängels betroffen und dabei meist schwarz gefärbt, handelt es sich um Pilze, die eine Stängelgrundfäule verursachen. Entsorgen der Pflanzen, konsequenter Austausch des Bodens und ein Wechsel der Bepflanzung sind die einzigen wirkungsvollen Gegenmaßnahmen. Sehr unangenehm sind **Wurzelälchen** (Nematoden), gegen die es kein Mittel gibt. Sie verursachen gallenartige Schwellungen und werden erst offenbar, wenn die oberirdischen Teile der Staude verwelken oder gar absterben. Befallene Pflanzen sollten möglichst früh mitsamt großzügig ausgestochenem Wurzelballen entfernt werden.

WAS TUN, WENN ...

... nach dem Hausbau zu wenig Zeit für ein „richtiges“ Beet bleibt?

URSACHE:

Da bei Neubauten viele andere Arbeiten Vorrang haben und schließlich auch im Garten zuerst Gehölzpflanzungen und Rasenanlage anstehen, fehlt oft die Muße für die richtige Planung. Jede Staude, die Sie dann „provisorisch“ pflanzen, könnte nach einiger Zeit wieder enttäuschen, weil dem Beet die große Linie bzw. ein Thema fehlt. Säen Sie vor allem keinen Rasen ein, denn Gras lässt sich später nur mit viel Aufwand wieder entfernen.

MASSNAHMEN:

Entscheiden Sie sich in solchen Fällen besser für eine Überbrückung mit Gründüngungspflanzen (→ S. 179). Im Beet sehen z. B. Lupinen in Kombination mit Klee sehr hübsch aus. Gründüngungspflanzen bieten aber noch einen weiteren, wichtigeren Vorteil: Ihre Wurzeln lockern den Boden auf, und die Schmetterlingsblütler unter ihnen reichern den Boden zudem mit organischen Stickstoffverbindungen an – optimale Voraussetzungen für die endgültige Bepflanzung im nächsten Jahr.

... Staudenbeete im Winter langweilig aussehen?

URSACHE:

Werden die Stauden im Herbst bis auf die Stängelstümpfe abgeschnitten und wird der Boden gemulcht, herrscht in der Tat oft winterliche Tristesse.

MASSNAHMEN:

Hier schaffen Ziergräser natürliche und attraktive Abhilfe. Sie bleiben den Winter über im Beet stehen und sorgen nicht nur für Abwechslung, sondern sind mit Raureif sogar spektakuläre Blickpunkte. Konzipieren Sie Ihr Beet so um, dass die Ziergräser zum Bestandteil der Komposition werden, etwa als Begleiter zu vorhandenen Leitstauden. Als zusätzliche Zierelemente dienen auch frostfeste Kübel und dekorative Staudenstützen bzw. obelisken- oder säulenförmige Metallobjekte. Für eine winterliche Bereicherung sorgen auch niedrige immergrüne Gehölze, z. B. Buchsbaum oder Schneeheide, die sich recht gut mit Stauden kombinieren lassen.

... eine Staude eingeht und eine Lücke im Beet entsteht?

URSACHE:

Es muss nicht immer an Krankheiten oder Schädlingen liegen: Wettereinflüsse wie Frost, schlecht entwickelte Jungpflanzen, ungeeignete Standortwahl, versehentliches Verletzen bei der Bodenbearbeitung – vieles kann dazu führen, dass Stauden einmal ausfallen.

MASSNAHMEN:

Sofern die Staude im Container erhältlich ist, kann die Lücke natürlich jederzeit mit einer „Ersatzstaude“ bepflanzt werden. Einen besseren Start bekommt diese allerdings, wenn sie im Spätsommer oder Frühherbst bzw. im nächsten Frühling eingepflanzt wird. Füllen Sie die Lücke zunächst mit farblich passenden Einjährigen, oder setzen Sie einen hübsch bepflanzten Kübel ins Beet. Ist die Staude an einer Krankheit eingegangen, die über den Boden verbreitet wird, muss unbedingt eine andere Staudenart gepflanzt werden. Am besten tauschen Sie hier auch den Boden aus, soweit das ohne Beeinträchtigung der Nachbarpflanzen möglich ist.

3

Pflanzen im Wassergarten

Im Bereich eines Wassergartens lässt sich eine eindrucksvolle Vielfalt von Pflanzen und Tieren ansiedeln. Das empfindliche ökologische Gleichgewicht erfordert allerdings auch eine sachgerechte Pflege, zumindest ein sanftes Lenken der Vorgänge.

In diesem Kapitel:

Jeder halbwegs naturnahe Gartenteich ist ein kleines Biotop mit einem Zusammenspiel ganz unterschiedlicher Lebewesen.

Lebensraum Wassergarten

Wesentlich für die Zuordnung der Pflanzen im Teich ist vor allem der Wasserstand. Danach lassen sich verschiedene Tiefenzonen unterscheiden, wie sie die nebenstehende Abbildung zeigt. Entsprechend finden Sie auch die Pflanzen im Porträtteil (→ S. 472–481) gruppiert.

Im **tiefsten Bereich**, bei etwa 80 cm Wasserstand, sind hauptsächlich Unterwasser- und Schwimmblattpflanzen beheimatet. Schwimmblattpflanzen wie die Seerosen entfalten zwar ihre Blätter an der Oberfläche, wurzeln aber im Teichgrund. Unterwasserpflanzen, z. B. Wasserpest und Laichkraut, ragen in der Regel nicht über die Wasseroberfläche hinaus. Sie sind sehr wichtig für das biologische Gleichgewicht, denn sie filtern einerseits überschüssige Nährstoffe heraus und produzieren andererseits wertvollen Sauerstoff.

In **flacheren Zonen** wachsen überwiegend ARTEN (S. 533), die sich bei einem bestimmten Wasserstand am wohlsten fühlen, aber einen relativ großen Spielraum in beiden Richtungen aufweisen. Bekannte Beispiele wären Tannenwedel, Fieberklee und Rohrkolben.

In beiden genannten Bereichen fühlen sich die Schwimmpflanzen wie Krebsschere und Wasserschlauch wohl, die nicht auf einen Wurzeluntergrund angewiesen sind.

Im **Sumpfbereich oder -beet** leben Pflanzen, die eine ständig feuchte Erde bevorzugen, z. B. Sumpfdotterblume oder Sumpfschwertlilie, aber so robust sind, dass sie auch gelegentliches Austrocknen oder Überschwemmungen überstehen.

Am **Ufer** finden sich zahlreiche Arten ein, die nicht direkt im Wasser stehen müssen, denen aber das feuchte Klima sehr entgegenkommt.

Das Sumpfbeet im Blickpunkt

Ein fließender Übergang zwischen Wasser und Land sieht natürlicher aus als ein steiles Ufer und ist auch leichter zu bepflanzen (→ auch S. 89). Außerdem gedeiht hier die größte Vielfalt von Pflanzenarten. Die Pflanzen setzt man am besten direkt in den Untergrund. Verwenden Sie keine stark gedüngte Erde: Sie könnte bei heftigen Regenfällen in den benachbarten Teich gelangen und das Algenwachstum anheizen. Kurzes Austrocknen können die Sumpfpflanzen ohne weiteres überstehen. Bei längeren Trockenperioden allerdings sollte Wasser nachgefüllt werden.

Der Teichrand wird auf S. 322 unter gestalterischen Gesichtspunkten gesondert betrachtet.

Anstatt eines normalen Sumpfbeets kann man ebenso ein **Moorbeet** anlegen. Natürlich lässt es sich auch unabhängig von einem Teich z. B. in einen Heidegarten integrieren, der gleichfalls saure Bodenverhältnisse beansprucht. Hier gedeihen beispielsweise Scheidenwollgras (*Eriophorum vaginatum*) und Binsen, heimische Orchideen wie das Knabenkraut (*Dactylorhiza*) und insektenfangende Pflanzen, z. B. Fettkraut (*Pinguicula*).

Entscheidend für die Verhältnisse im Moorbeet ist das saure Substrat. Geeignet wäre z. B. eine Mischung aus Rindenmulch und Rindenkompost. Das klassische Moorbeetsubstrat ist der Niedermoortorf. Aus Gründen des Naturschutzes wurde seine Verwendung als Zuschlagstoff für den Gartenboden zurückgedrängt. Im Moorbeet ist Torf jedoch am richtigen Platz, und wenn er nur für solche Zwecke benutzt würde, hielte sich sein Abbau in einigermaßen verträglichen Grenzen.

Das Substrat darf zwar in direktem Kontakt zum Teichwasser stehen, sollte aber nicht ständig klatschnass sein. Auch beim Wasser ist auf den ➡ PH-WERT (S. 555) zu achten: Zum Nachfüllen nimmt man kein kalkhaltiges Leitungswasser, sondern besser Regenwasser.

Tiere im Gartenteich

Es ist immer wieder überwältigend, wie rasch Tiere selbst von einem kleinen Teich angezogen werden. Natürlich ist dies stark von der Umgebung abhängig: In einem rein städtischen Gebiet muss man schon auf eine Zwischenlandung von Wasservögeln hoffen, die in ihrem Federkleid verschiedene Lebenskeime mitbringen und so zu deren Verbreitung beitragen. Libellen hingegen kommen selbstständig von weit her angeschwirrt.

Grundsätzlich muss man sich nur mit Geduld wappnen. Man kann die Entwicklung allerdings fördern, indem man einen vielseitigen Lebensraum mit zahlreichen Unterschlupfmöglichkeiten schafft. Ein Hügel aus Steinen z. B. ist eine wesentliche Voraussetzung, um Kröten heimisch zu machen. Keinesfalls dürfen Tiere oder deren Entwicklungsstadien aus der freien Natur entnommen werden!

Aus Rücksicht auf die Tierwelt sollte man unbedingt ein flach verlaufendes Ufer vorsehen, ersatzweise auch Ausstiegsmöglichkeiten für Amphibien oder hineingefallene Tiere.

Am auffälligsten sind sicher die oft farbenprächtigen **Libellen**, weil sie ohne Scheu über den Teich schwirren. Die schöne Mosaikjungfer ist gar nicht so selten. Die Larven leben räuberisch im Wasser, wie auch einige kleinere Insektenarten.

Am populärsten unter den Wildtieren sind sicherlich die verschiedenen **Amphibien**, also Frösche sowie Unken und Kröten. Sie können mit ihrem lautstarken Gequake allerdings auch manche Sorgen bereiten. Etwas seltener sind die teilweise bunt schillernden Molche. Verschiedene **Wasserschnecken** tragen zur Zersetzung organischer Abfälle bei.

Für so manchen Gartenfreund mag die Aussicht auf **Fische** ein wichtiges Motiv für die Anlage eines Teichs sein. Allerdings vertragen sich diese nur bedingt mit anderen Tieren und sogar Pflanzen.

Zu Beginn sollte man lieber wenige Exemplare einsetzen, und dies erst, wenn der Teich eingewachsen ist. Fische reichern mit ihren Ausscheidungen das Wasser mit Nährstoffen an, was die Algenbildung beflügelt. Daher sollte ein fischbesetzter Teich mindestens 6 m^2 groß sein und reichlich mit Unterwasserpflanzen versehen werden, die für die notwendige Sauerstoffzufuhr sorgen.

Friedfische wie Moderlieschen, Elritze, Bitterling, Rotauge und Rotfeder sind in der Regel Schwarmfische – sie wollen in Gruppen von mindestens fünf Individuen zusammenleben.

Raubfische dagegen kann man einzeln oder paarweise einsetzen. In einem kleinen Teich sind sie allerdings eine Gefahr für alle anderen Kleintiere. Am ehesten eignen sich von ihnen noch Stichlinge oder auch Goldorfen.

Die bunt schillernden Koikarpfen, die bestens zu japanischen Anlagen passen, sind für einen normalen Gartenteich zu anspruchsvoll. Sie erfordern einen besonders tiefen Teich mit wenig Bepflanzung und sauberem Wasser. Bei richtiger Pflege können sie sehr zutraulich werden.

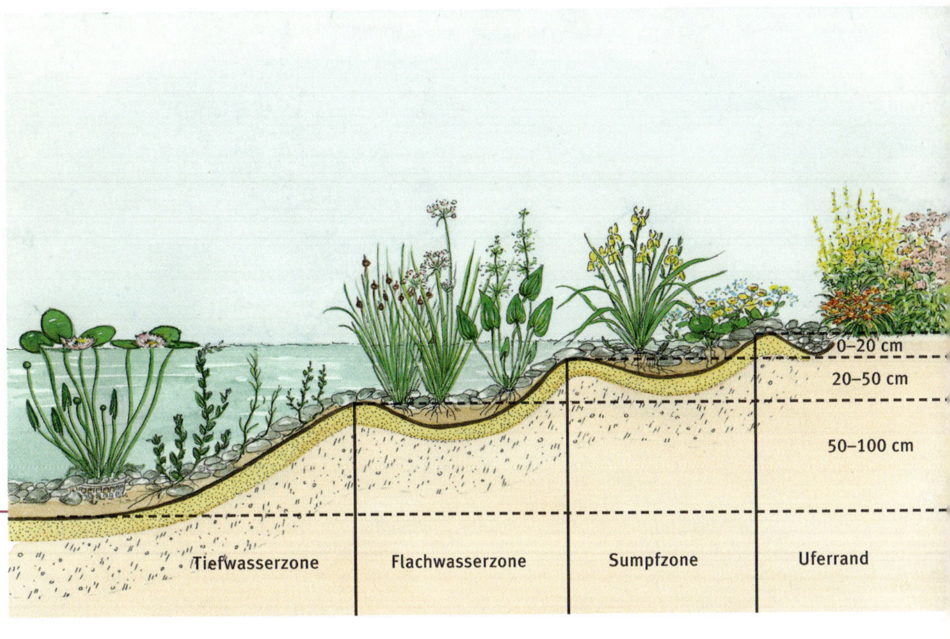

Die Teichbepflanzung wird meist in tiefe und flache Wasserzonen, Sumpf und Uferrand gegliedert.

Gestalten mit Wasser- und Sumpfpflanzen

WIE AUCH IM ÜBRIGEN GARTEN kann man sich z. B. zum Ziel setzen, die Blütezeiten so zu kombinieren, dass während des Sommerhalbjahrs ständig Pflanzen blühen. Bei der Zusammenstellung sollten Sie jedoch nicht nur darauf achten. Denn erstens haben die meisten Wasserpflanzen eine relativ kurze Blütezeit; zweitens gibt es eine solche Vielfalt interessanter Wuchs- und Blattformen, dass auch unter diesen Aspekten eine reizvolle Gestaltung gelingt.

In Gärten mit modernem Design werden die Pflanzen häufig sehr stilisiert und sparsam eingesetzt. Besonders beliebt sind straff aufrechte Formen wie Rohrkolben, Papyrus (*Cyperus papyrus*, allerdings nicht winterhart) oder auch Schwertlilien. Aber auch Pflanzen mit Schwimmorganen lassen sich exzellent als Stilmittel verwenden, allen voran die Seerose mit ihren großen Blättern und den sich aus prallen Knospen öffnenden Blüten.

In naturnahen Pflanzungen setzt man mehr auf die abwechslungsreiche Kombination von hohen, aufrechten Gestalten mit überhängenden Wuchsformen (z. B. Seggen) mit auffälligen Blattformen von Hechtkraut, Fieberklee und Sumpfblutauge (*Potentilla palustris*) oder mit eigenwilligen Schwimmpflanzen wie Krebsschere und Muschelblume (*Pistia stratiotes*).

Für die Anordnung ist die Blickrichtung von entscheidender Bedeutung. Vorn zum Beobachtungsplatz hin sind niedrige Arten anzusiedeln, wogegen große Pflanzen wie Binsen den Hintergrund bilden.

Bei großen Teichen empfiehlt es sich, einzelne Arten in (eventuell mehreren, unterschiedlich großen) Gruppen zu pflanzen. Bei Schwertlilie, Schwanenblume oder Rohrkolben z. B. wirkt dies nicht nur natürlicher, sondern auch großzügiger als ein wildes Durcheinanderpflanzen. Außerdem können die weniger robust wachsenden Arten nicht so schnell verdrängt werden, wenn sie in separaten Tuffs sitzen. Solche Gruppen bilden das Gerüst, um das Sie die anderen Pflanzen gruppieren.

Einpassung des Teichs in die Umgebung

Keine noch so große Liebe zum Teich sollte dazu führen, dass er ohne Rücksicht auf die Umgebung geplant wird. Um ihn harmonisch in den übrigen Garten zu integrieren, ist auf die richtigen Proportionen zu achten. Und unter Berücksichtigung der wichtigsten Blickwinkel sind Beziehungen zu den umgebenden Elementen herzustellen. Die „Nahtstelle“ zwischen Teich und Umgebung bilden Teichrand und Sumpfbeet sowie der angrenzende Uferbereich.

Der Teichrand

Das flache Verlanden des Teichs in einem Sumpfbeet orientiert sich am Vorbild der Natur, erfordert aber Platz. Ein Teich, dessen Folienrand rundum mit Steinen abgedeckt ist, sieht unnatürlich und für das Auge langweilig aus. Ebenso wirkt ein rundum bepflanzter Teich nicht völlig natürlich. Lieber bleibt an einer Stelle ein größerer Steinhaufen liegen, während daneben Uferpflanzen den Teichrand überwallen.

Ein alter Wurzelstock kann nicht nur gut aussehen, sondern auch als Unterschlupf für allerlei Getier dienen. Wenn ein Teil des Ufers mit hohen Pflanzen bewachsen und damit unzugänglich ist, unterstützt das einen naturnahen Charakter. Bei der Gestaltung mit Steinen ist unbedingt auf harmonische Größenverhältnisse zu achten. Daneben sollte die Anzahl der verwendeten Steine ebenfalls mit der Teichgröße korrespondieren.

Zur Bepflanzung steiler Ufer werden sogenannte Böschungsmatten angeboten, um einen nahtlosen Übergang von der Rand- zur Teichbepflanzung zu schaffen. Einfache Matten aus Kokosfasern oder anderen Naturmaterialien verdecken offene Teichfolie, können in ihren Zwischenräumen allerdings nur relativ wenig Erde halten. Die meisten Matten sind daher mit Pflanztaschen ausgestattet. Die dazugehörigen Befestigungshaken werden außerhalb der Folie angebracht.

In angrenzenden Beeten sind die Wachstumsbedingungen ideal für Pflanzen, die einen frischen, manchmal nassen Boden

Aufrechte Uferpflanzen und flach auf dem Wasser liegende Schwimmblätter bilden die Extreme.

Entlang eines Bachs lassen sich attraktive Blütenpflanzen ansiedeln.

Im Halbschatten herrschen Blattpflanzen wie Funkien vor.

Steine im und am Wasser setzen neben den Pflanzen markante Akzente.

und hohe Luftfeuchtigkeit lieben, wie Echtes Mädesüß oder Pfennigkraut (*Lysimachia nummularia*).

Umgebende Bepflanzung

Der Teich darf alle Blicke auf sich ziehen. Die Randbepflanzung hat sich dem unterzuordnen und soll dessen Wirkung verstärken, anstatt ihn durch auffällige, große, bunte Blumen in den Schatten zu stellen. Rhododendren, Rosen oder üppige Prachtstaudenbeete in unmittelbarer Nachbarschaft drohen die meist zarten Blüten der Sumpf- und Wasserpflanzen optisch zu erdrücken.

Dies gilt umso mehr für kleine Teiche. Da sie vorwiegend aus der Nähe betrachtet werden, kann man auch die unmittelbare Umgebung mit zarten Raritäten bepflanzen, die ihre volle Schönheit eben erst bei genauem Hinsehen entfalten. Beispiele hierfür wären Elfenblumen (*Epimedium*), Krötenlilien (*Tricyrtis*), Götterblumen (*Dodecatheon*) und Orchideen- oder Siebolds Primeln (*Primula vialii, P. sieboldii*). Schmucke Farne sowie große und kleine Gräser mit ihrem grazilen Laub lassen sich ebenfalls gut verwenden. Wenn die Relationen stimmen, kann auch ein Steingarten mit seinen kargen Schönheiten und üppigen Polstern in die Nachbarschaft platziert werden.

Gehölze am Teich

Gehölze unterstützen die Wirkung eines Gewässers. Allerdings dürfen laubabwerfende Bäume und Sträucher nicht zu nahe am Teich stehen, weil abgefallene Blätter das Wasser verschmutzen und mit unerwünschten Nährstoffen anreichern. Und natürlich sollte das Gehölz nicht gerade an der Südseite wachsen: Eine völlige Beschattung schränkt die Lebensmöglichkeiten im Wassergarten stark ein.

Außerdem ist unbedingt die Größe des ausgewachsenen Baums zu bedenken: Ein kleiner Teich wirkt vor einem großen Baum etwas verloren. Die wuchskräftigen Wurzeln solcher Bäume bedrohen nebenbei die Dichtheit der Teichfolie.

Bepflanzung eines Bachlaufs

Für die Bepflanzung eines Bachs ist entscheidend, ob er das ganze Sommerhalbjahr ununterbrochen fließen soll oder ob man ihn zeitweise abstellen will, z. B. nachts. Im ersten Fall eignen sich alle niedrigen bis mittelhohen Sumpf- und Wasserpflanzen, wie Sumpfdotterblume, Wasserminze (*Mentha aquatica*), Froschlöffel oder Tannenwedel. Stark wuchernde Arten wie der Igelkolben oder hochwachsende wie die großen Rohrkolbenarten dagegen dürfen hier nicht verwendet werden. Seerosen haben in einem Bach überhaupt nichts verloren.

Aus Gründen der Energieeinsparung ist es vorteilhafter, wenn man den Bach nur bei Bedarf einschaltet. Für den Bachrand sind dann Arten auszuwählen, die Trockenheit ebenso vertragen wie Nässe, beispielsweise Blutweiderich, Sibirische Schwertlilie, Pfennigkraut oder Sumpfvergissmeinnicht (*Myosotis palustris*). Der schmale Uferbewuchs lässt sich durch Pflanzen ergänzen, die vom trockenen Rand aus ins Wasser hineinragen.

Im Bachlauf selbst gedeihen nur Pflanzen, die Fließwasser vertragen. Hierzu zählen vor allem Kalmus, Sumpfdotterblume, Bachnelkenwurz (*Geum rivale*), Brunnenkresse (*Nasturtium officinale*), Pfeilkraut (*Sagittaria*-Arten) und Bachbungenehrenpreis (*Veronica beccabunga*).

Für die Pflanzen, die direkt im Bachlauf stehen, ist die Korbpflanzung (→ S. 326) zu empfehlen, weil sonst das Substrat rasch abgespült würde. Dafür gibt es auch längliche Körbe im Fachhandel. Zur Füllung verwendet man nährstoffarmes Substrat. Die bepflanzten Körbe werden meist am Rand versenkt, möglichst in ihrer ganzen Tiefe im Füllmaterial. Eine zusätzliche Platzierung an einzelnen Flachstellen mitten im Bach wirkt besonders ansprechend.

Zur Gestaltung des Rands gibt es schöne Tuff- oder Kieselsteine in allen Farben und Formen. Sie sollten die Relation wahren und dürfen nicht zu groß sein. Zwischen solchen Steinen wirken Gräser wie Japanisches Federborstengras (*Pennisetum alopecuroides*) oder Blauschwingel (*Festuca cinerea*) äußerst dekorativ.

Pflanzen und pflegen

DER WASSERGARTEN ERFORDERT zwar keine regelmäßigen Maßnahmen wie Schneiden oder Düngen, aber auch hier gibt es manches zu tun. Vorwiegend zielt dies darauf ab, das ökologische Gleichgewicht in dem empfindlichen Biotop aufrechtzuerhalten. Entscheidend dafür ist natürlich, dass die „Rahmenbedingungen" stimmen: angefangen beim eigentlichen Anlegen (→ S. 84–91) über die Wasserqualität bis hin zum richtigen Bepflanzen.

Lebenselement Wasser

Das oft genannte ökologische Gleichgewicht im Teich kann sich auf viele Faktoren und ganz unterschiedliche Zusammenhänge beziehen, je nachdem, welche Pflanzen und Tiere darin leben. Zwei entscheidende Punkte sind dabei aber stets der Sauerstoff- und Nährstoffgehalt des Wassers. Indirekt kann ein zu hoher Nährstoff- und speziell auch Kalkgehalt zu Sauerstoffmangel führen, weil die Algenentwicklung gefördert wird (→ S. 328). Fehlt es an Sauerstoff, sind nicht nur Tiere und Pflanzen bedroht; Nährstoffe und organische Reste werden kaum noch abgebaut, so dass es zur Bildung giftigen Faulschlamms (→ S. 329) kommen kann.
Die günstigsten Voraussetzungen hat zweifelsohne ein Gartenbesitzer, bei dem eine natürliche Quelle durch das Grundstück läuft. Vor der Verwendung eigenen Brunnenwassers empfiehlt es sich unter Umständen, eine Probe in einem Labor untersuchen zu lassen.
Regenwasser ist weich und nährstoffarm und daher für Teiche im Prinzip gut geeignet. Da es jedoch über Regenrinnen und Fallrohre von den Dachflächen gesammelt wird, auf denen sich allerlei Schmutz ablagert, empfiehlt sich eine Vorsichtsmaßnahme: Nutzen Sie keinesfalls den erstbesten Regenguss, sondern warten Sie, bis die meisten Schadstoffe vom Dach abgewaschen sind.
Grundsätzlich eignet sich auch Leitungswasser zum Befüllen des Gartenteichs. Bei einer kompletten Neufüllung sollten Sie allerdings erst einige Tage den Chlorgehalt ausdünsten lassen, bevor dem Wasser empfindlichere Organismen anvertraut werden.

Gut zu wissen

Zusätzliche Belüftung

In einem naturnahen Teich reguliert sich das Ökosystem weitgehend selbst. Aber auch hier kann es an heißen Sommertagen zu Sauerstoffmangel kommen, ebenso wie im Winter unter einer Eisdecke. Ein Bachlauf sorgt über Sommer für bewegtes Wasser, das gut mit Sauerstoff versorgt ist, und bietet deshalb eine hervorragende Ergänzung zum Teich. Besonders bei einem fischreichen Zierteich sollten Sie unbedingt die Sauerstoffzufuhr sicherstellen. Da nicht jeder Platz für einen Bach hat, setzt man zur Durchlüftung des Gartenteichs eine Pumpe ein. Zu diesem Zweck sollte man die etwas teureren, spritzwassergeschützten Geräte bevorzugen. Zusätzlich kann ein Ausströmer angeschlossen werden, der die Luftblasenverteilung verbessert. Sogenannte Oxidatoren liefern auch ohne Stromverbrauch durch chemischen Zerfall von Wasserstoffperoxid Sauerstoff, im Sommer wie im Winter. Die Keramikgefäße werden im Teich aufgestellt, alle 2 bis 3 Monate ist die Chemikalie nachzufüllen.

Um bei Störungen wie z. B. anhaltender Algenvermehrung die Ursache herauszufinden, gibt es Hilfsmittel bzw. Testsets für eigene Messungen im Zoofachhandel. Regelmäßige Kontrollen sind nur in einem reinen Zierteich mit hohem Fischbesatz erforderlich.

Messwerte der Wasserqualität

Die wichtigste Eigenschaft, der Säuregrad des Wassers, wird als **pH-Wert** angegeben, der von 0 (extrem sauer) bis 14 (extrem alkalisch) reicht (→ auch ➤ PH-WERT, S. 555). In der Praxis kommen nur schwach alkalische Werte bis höchstens 9 vor, dafür aber umso häufiger relativ stark saure Verhältnisse bis zu pH 3, woran der saure Regen seinen Anteil hat. Der für Pflanzen und Tiere optimale Bereich liegt zwischen 5,5 und 7,5.

Der Säuregrad lässt sich messen, den Härtegrad kennen die Wasserwerke.

Sollte der pH-Wert zu hoch, also zu alkalisch sein, kann man etwas ungedüngten Torf auf die Wasseroberfläche streuen. Er wirkt mit seiner Säure ausgleichend und sinkt nach einigen Tagen von selbst ab. Bei einer solchen Korrektur der Wasserverhältnisse sollte man jedoch vorsichtig zu Werke gehen. Denn auf eine zu abrupte Veränderung könnten Pflanzen und Tiere mit einem Schock reagieren.
Die **Wasserhärte** (Karbonhärte) bezeichnet den Gehalt des Wassers an Calcium- und Magnesiumsalzen (angegeben in ° dH). Beim Befüllen des Gartenteichs mit Leitungswasser sollten Sie sich beim örtlichen Wasserwerk über die Härte erkun-

digen (→ S. 186). Für die meisten Lebewesen ist ein mittlerer Bereich von 8–20° dH am günstigsten.
Jeder Wasserwechsel ist eine Störung des ökologischen Gleichgewichts. Muss der Teich ausgepumpt werden, um z. B. ein Übermaß an Fischen oder Schlamm zu entfernen, sollte möglichst viel Wasser gesammelt werden, um es beim Füllen wieder zu verwenden. Dadurch pendelt sich das biologische Gleichgewicht im Teich wieder schneller ein.

Filterung des Wassers

Blütenpollen, Staub und absterbende Pflanzenreste sorgen für Verunreinigungen. Diese setzen z. T. auch Nährstoffe frei, die das Algenwachstum beschleunigen. Einen besonders hohen Eintrag verursachen Fische – sie scheiden jeden Tag das Vielfache ihres Körpergewichts wieder aus. Und auch das nicht aufgenommene Futter wirkt im Teich als Algennahrung.
Gerade in Teichen mit vielen Zierfischen ist daher eine gezielte Filterung unumgänglich. Wer genügend Platz hat, kann dies durch eine Kombination mehrerer natürlicher Elemente erreichen, deren Funktionsweise einer Pflanzenkläranlage ähnelt: nämlich mit einem Bachlauf, der vor dem Teich durch ein kleines Sumpfbecken fließt. Binsen und andere schilfartige Pflanzen sorgen hier dafür, dass das Wasser auf natürliche Weise gefiltert wird.
In allen anderen Fällen muss man die Technik zu Hilfe nehmen. Anspruchsvolle Filteranlagen arbeiten oft kombiniert:

- mechanisch (mit Bürsten),
- chemisch (z. B. mit Zeolith),
- biologisch (mit nährstoffabbauenden Mikroorganismen),
- und neuerdings ebenfalls physikalisch (durch Bestrahlung mit UVC-Licht).

Bei Mehrkammer- oder Durchlauffiltern leitet man das Wasser ohne Druck durch die Filterkammern. Es wird am besten am Teichgrund angesaugt und an der Oberfläche zurückgeführt. Um die Geräte zu kaschieren, kann man sie mit Steinen oder einer Bepflanzung umhüllen. Bei kleineren Teichen arbeitet man oft mit Druckfiltern, die eine etwas aufwendigere Konstruktion erfordern. Dafür vollbringen sie ihre Wirkung bei geringerem Volumen und lassen sich auch gut unterirdisch verstauen.

PFLANZUNG IM KORB

› MATERIAL:
Wasserpflanze
Wasserpflanzenkorb
Vlies oder Sackleinen
Lehm oder nährstoffarme Erde
eventuell Kiesel und Sand

› WERKZEUG, ZUBEHÖR:
scharfes Messer, Schere, Handschaufel, Gießkanne mit Brause

› ZEITBEDARF:
etwa 10 Minuten pro Korb

1

Vorbereiten des Korbs

Kleiden Sie grobmaschige Körbe zunächst mit einem Stück Vlies oder Sackleinen aus, damit die Erde nicht herausrieselt. Dann füllen Sie zunächst das untere Drittel mit magerer Erde oder Lehm.

2

Pflanze einsetzen

Setzen Sie nun die Pflanze mit zuvor gut gewässerten Wurzeln in die Mitte und drücken Sie diese an. Der Korb muss groß genug sein, dass die Wurzeln ohne Hochbiegen bequem Platz finden.

3

Erde auffüllen und gießen

Anschließend wird bis einige Zentimeter unter dem Rand mit Erde aufgefüllt und angegossen. Die überstehende Einlage können Sie bis auf einen schmalen Rand abschneiden und einschlagen.

4

Substrat beschweren

Wenn das Substrat sehr leicht und daher durch Aufschwemmen gefährdet ist, können Sie es 2–3 cm hoch mit Sand und Kiesel abdecken. Achten Sie jedoch darauf, dass die empfindlichen Triebspitzen frei bleiben!

Teichpflanzen einsetzen

Lassen Sie sich nicht von den vielen Pflanzenschönheiten zu überreichlichem Einkauf verführen! Zu Beginn sollte man anstreben, dass nur etwa ein Drittel der Wasseroberfläche mit Bewuchs bedeckt ist. Nach einiger Zeit der Beobachtung kann man immer noch nachpflanzen.

Der Pflanzenkauf

Es empfiehlt sich, vorab einen Bepflanzungsplan zu erstellen. Dabei ist vor allem darauf zu achten, dass die Ansprüche der Pflanzen mit den Standortbedingungen übereinstimmen. Informationen dazu finden Sie in den Wasser- und Teichpflanzenporträts (→ S. 472–481).

Wasserpflanzen werden oft in Tüten verpackt. Wenn nicht gleich gepflanzt wird, sollte man die Neuerwerbungen darin belassen oder in einen Eimer mit Wasser stellen und kühl aufbewahren. Aber selbst dann ist spätestens nach 2 Tagen zu pflanzen. Unter keinen Umständen dürfen Sie die Pflanzen längere Zeit in der prallen Sonne liegen lassen. Seerosen und Unterwasserpflanzen sind besonders von Austrocknung gefährdet.

Der Pflanzvorgang

Die beste Zeit, den Teich und seine Umgebung anzulegen, ist das Frühjahr, aber auch noch weit in den Sommer hinein kann gepflanzt werden. Am günstigsten sind Tage mit bedecktem Himmel. Die bis dahin nötigen Schritte bei der Erstanlage eines Teichs sind im Kapitel „Wasser im Garten“ (→ S. 82–89) zusammengefasst.

Vor dem Einpflanzen können Sie überstehende, sperrige Wurzeln zu einem Drittel zurückschneiden. Auch alle faulen oder beschädigten Teile werden durch einen scharfen Schnitt entfernt. Größere Schnittstellen sollte man mit Holzkohlenstaub desinfizieren.

Am besten setzen Sie die Pflanzen jeweils in die Zone, die gerade mit Wasser gefüllt wurde. Den Wurzelballen drückt man dabei fest ins Substrat. Im Flachwasserbereich brauchen die Pflanzen oft nur ein Häufchen nährstoffarmer Erde um ihren Wurzelballen herum und ein paar größere Kieselsteine, die verhindern, dass die Erde aufschwimmt.

Unterwasserpflanzen werden gebündelt auf den Teichboden gelegt und mit einem Stein beschwert. Sie breiten sich bald teppichartig aus. Schwimmpflanzen lassen sich, nachdem der Teich voll gelaufen ist, einfach auf den Wasserspiegel legen.

Zur Bepflanzung relativ steiler Ufer bieten sich Böschungsmatten aus Naturfasern wie Kokos oder Jute an, am besten mit speziellen Pflanztaschen, in denen die Pflanzen sicher sitzen (→ auch S. 322). Andernfalls müssen Sie die Maschen so erweitern, dass die Wurzelballen darin Halt finden.

Pflanzung im Korb

Bei Seerosen und wüchsigen Arten wie Binsen hat sich die Pflanzung in Körben bewährt, aus Kunststoff oder – natürlicher wirkend – aus Kokosfasern. Die Pflanzen sind darin in ihrem Ausdehnungsdrang gehemmt. Deswegen verwendet man diese Körbe gerade für kleine Teiche gern. Besonders freiheitsliebende Arten wie Rohr- oder Igelkolben allerdings gedeihen in solch einem „Gefängnis“ nicht dauerhaft. Vorteile dagegen bietet diese Pflanzmethode wiederum für frostempfindliche Pflanzen: Sie können im Korb leicht zur Überwinterung ins Haus geholt werden. Die Körbe lassen sich auch bequem einsetzen, nachdem der Teich bereits mit Wasser gefüllt wurde.

Verwenden Sie für Teich- und Wasserpflanzen nur spezielle Gitter- oder Kokosfaserkörbe, keine normalen Töpfe! Die Wurzeln müssen herauswachsen können. Die Körbe gibt es mit rundem, ovalem und eckigem Umriss, in verschiedenen Größen. Wählen Sie die Behältnisse nicht zu klein, und denken Sie dabei auch an die spätere Wuchsstärke. Das Vorgehen bei der Korbpflanzung ist auf S. 325 beschrieben.

Das Substrat – Wurzelgrund im Wasser

Wichtig ist, dass das Substrat wenige Nährstoffe enthält, weil diese massiv das Algenwachstum fördern. Außerdem sollte es möglichst schwer sein, weil es ansonsten bald an der Wasseroberfläche schwimmt, statt einen stabilen Wurzelgrund abzugeben. Zumindest an den Pflanzstellen sollte die eingebrachte Erdschicht ungefähr 15–20 cm stark sein.

Die Rhizome der Seerose lassen sich mit einem sauberen Messer teilen.

Mit einem langarmigen Greifer kann man Pflanzen einsetzen oder ausräumen.

Laub und andere Pflanzenabfälle sollten zeitig abgefischt werden.

Als Substrat eignen sich weder Blumenerde noch Kompost – beide sind viel zu nährstoffreich. Kies bietet den Wurzeln nicht genügend Halt, und Torf ist zu leicht und schwimmt sofort hoch. Käufliche Teicherden sind bei hohem Bedarf oft teuer, manchmal sogar gedüngt. Sand wirbelt anfangs leicht im Wasser hoch. Durch den Wasserdruck wird er aber mit der Zeit recht fest und kann daher durchaus verwendet werden.
Optimal ist eine Mischung von drei Teilen Lehm mit etwa einem Teil ungedüngtem Torf, eventuell auch noch einem Teil Sand dazu. Der saure Torf dient in erster Linie zum Ausgleich kalkhaltigen Wassers. Eventuell kann man auch etwas vom Aushub hinzumischen, insbesondere vom nährstoffarmen Unterboden.

Teichpflege im Frühling und Sommer

Zum **Saisonstart** gegen Ende März/April werden die abgestorbenen Pflanzenteile entfernt. Allerdings sollte man keinesfalls zu früh damit anfangen, weil zarte Knospen und Austriebe beschädigt werden können. Aus demselben Grund entfernt man die vertrockneten Blätter erst, wenn sich die neuen bereits entfaltet haben. Überprüfen Sie dabei auch Filter, Pumpen und Abflüsse auf Funktionsfähigkeit.
Im **Mai/Juni** ist nicht nur die günstigste Zeit für Neupflanzungen, sondern auch, um wuchernde Stauden auszudünnen. Nach den ▶ EISHEILIGEN (S. 540) etwa Mitte Mai können die geschützt überwinterten Wasserpflanzen wieder ihren natürlichen Lebensraum beziehen. Alte, zu groß gewordene Seerosenstöcke lassen sich mit einem scharfen Messer in mehrere knospentragende ▶ RHIZOME (S. 547) teilen. Dies ist allerdings nur alle 3 bis 4 Jahre sinnvoll.
Im **Sommer** müssen Sie lediglich verloren gegangene Wassermengen bei Bedarf nachfüllen und allzu stark wuchernde Pflanzen auslichten. Achten Sie dabei besonders darauf, kleinere, empfindlichere Arten gegen Bedrängung durch die robusteren zu schützen. Überhand nehmende Wasserlinsen werden abgefischt. Eine gezielte Zufuhr von Nährstoffen ist nur selten notwendig und äußerst heikel.

Gerade bei sehr hohen Temperaturen können allerdings auch Störungen auftreten, besonders durch übermäßige Algenvermehrung. Kontrollieren Sie dann unbedingt die Wasserwerte und ergreifen Sie entsprechende Maßnahmen (→ S. 328).

Teichpflege im Herbst und über Winter

Wenn benachbarte Bäume große Laubmengen direkt ins Wasser fallen lassen, sollten Sie diese unbedingt herausfischen. Oder Sie spannen rechtzeitig ein Netz über den Teich, das die Blätter abfängt.
Keinesfalls werden jetzt alle aus dem Wasser ragenden Pflanzenteile abgeschnitten oder Seerosen geteilt. Abgestorbene Halme leisten gute Dienste, falls die Teichoberfläche zufriert, indem sie kleine Belüftungskanäle für die im Teich verbliebenen Bewohner freihalten. Auch durch Einlegen von Strohbündeln oder Styroporkörpern lässt sich ein völliges Zufrieren der Wasseroberfläche verhindern. Im Handel gibt es sogar spezielle Eisfreihalter (stromlos und dadurch besonders praktisch). Aufhacken darf man das Eis nie – die gewaltigen Schwingungen könnten etlichen Wasserbewohnern das Leben kosten.
Um Pumpen eine lange Lebensdauer zu sichern, sollte man sie über Winter herausnehmen. Dabei reinigt man den Ansaugkorb vorsichtig und lagert die Pumpe in einem wassergefüllten Eimer, damit Dichtungen und bewegliche Teile nicht porös oder spröde werden. Vor der Wiederinbetriebnahme sollte man alle Verunreinigungen entfernen und die Wasserwege einmal durchspülen.

Überwinterung empfindlicher Pflanzen

Die Weiße Seerose (*Nymphaea alba*) ist als Eingeborene unsere harten Winter gewöhnt und übersteht das Durchfrieren. Andere **Seerosen** können nur im Teich bleiben, wenn ihr Wurzelstock in mindestens 70 cm Tiefe und damit frostsicher steht.
Am einfachsten ist es, wenn man die in Körbe gepflanzten Seerosen in einen ausreichend großen, wassergefüllten Behälter stellt oder mit einer feuchten Laubschicht abdeckt. Die Wurzeln frei gepflanzter

Ein Eisfreihalter sorgt auch im Winter für Sauerstoffzugang im Wasser.

Vermehren sich Wasserpflanzen zu sehr, kommt der Käscher zum Einsatz.

Exemplare sind möglichst vorsichtig herauszuheben. Faulige Stellen und abgestorbene Blätter schneidet man vor dem Einwintern ab. Schließlich werden sie in einer Wanne in Erde gepflanzt und unter Wasser gesetzt. Achten Sie unbedingt darauf, dass die kurzstieligen Unterwasserblätter nie völlig auf dem Trockenen stehen. Geeigneter Standort ist ein Keller- oder Garagenraum – kühl, aber frostfrei und nicht zu dunkel. Temperaturen zwischen 5 und 8° C sind optimal.
Andere Pflanzen, die nicht aus unseren Breitengraden stammen, müssen ins Haus gebracht werden, bevor die ersten Fröste drohen, so z. B. Feenmoos, Papyrus (*Cyperus papyrus*) und Zypergras (*C. alternifolius*), Wasserhyazinthe, Muschelblume (*Pistia stratiotes*) und Schwimmfarn (*Salvinia natans*).
Diese Arten sollten ins Warme, sobald die Nachttemperaturen unter etwa 8° C fallen. Sie wollen über Winter warm (etwa 15–20° C) und hell stehen.

WAS TUN, WENN …

… Algen die Freude am Teich trüben?

URSACHE:

Man unterscheidet zwischen Fadenalgen, deren feste Fäden grüne Wattebäuschchen bilden, und einzelligen Schwebalgen, die zu einer allgemeinen Trübung des Wassers führen. Diese einfachen Pflanzen kann man in einem Teich nie ganz ausschalten. Und als Nahrung für andere Lebewesen gehören sie durchaus mit ins biologische Gleichgewicht. Eine anhaltend starke Algentrübung ist jedoch ein Anzeichen für eine Störung – meist für einen zu hohen Nährstoffgehalt im Wasser, der die Algenvermehrung fördert.

MASSNAHMEN:

› Als „erste Hilfe“ kann man Fadenalgen immer wieder mit netzartigen Käschern, speziellen Teichzangen oder einem Rechen abfischen.
› Um eine massenhafte Vermehrung zu verhindern, ist vor allem dafür zu sorgen, dass keine überflüssigen Nährstoffe den Wasserhaushalt belasten. Das reicht von der Verwendung nährstoffarmer Pflanzerde bis hin zum Verzicht auf Düngung der Pflanzen und Fütterung der Fische. Gerade auch deren Exkremente tragen zur Nährstoffanreicherung bei. Deshalb wäre es am besten, auf Fische ganz zu verzichten, zumindest aber sollte man den Besatz gering halten und effektive Filter einsetzen.
› Auch totes pflanzliches Material, das sich im Wasser zersetzt, liefert Nährstoffe. Abgefallenes Laub muss daher abgefischt, der ganze Teich regelmäßig ausgeputzt werden. Vorbeugend platzieren Sie den Teich am besten so, dass keine laubabwerfenden Bäume in der Nähe stehen. Andernfalls empfiehlt es sich, im Herbst ein Laubschutznetz über dem Teich aufzuspannen.
› Im warmen Wasser vermehren sich Algen besonders rasch. Daher ist es vorteilhaft, wenn der Teich leicht beschattet liegt.
› Schnellwüchsige Unterwasserpflanzen verbrauchen Licht und Nährstoffe, und sie produzieren zudem Sauerstoff. Horn- und Laichkraut, Nadelsumpfsimse und Wasserhahnenfuß schränken deshalb als Konkurrenten das Algenwachstum ein. Schwimmpflanzen wie Wasserhyazinthe und Europäischer Froschbiss erfüllen den gleichen Zweck.
› Sogar eine Vielzahl von Tierarten wirkt der Algenentwicklung entgegen: Wasserschnecken beispielsweise säubern den Teich, während Teichmuscheln und Wasserflöhe Schwebalgen aus dem Wasser filtern.
› Die Aufgabe der Klärung kann auch ein technischer Teichfilter übernehmen, in gewissem Umfang ebenso ein Bachlauf.
› Da die Algen auf kalkhaltiges Wasser angewiesen sind, lassen sie sich durch Ansäuern vertreiben, indem man z. B. mit Torf gefüllte Säckchen ins Wasser hängt. Fertige Sets hierzu gibt es im Fachhandel, ebenso huminsäurehaltige Tabletten, die nach demselben Prinzip funktionieren. Verwenden Sie außerdem zur Randabdeckung ausschließlich gewaschenen Kies, um den Eintrag von Kalk zu vermeiden!
› Das Wasser komplett auszuwechseln hat sich nicht bewährt: Denn dann muss sich das biologische Gleichgewicht erst wieder von neuem einpendeln, was eine ganze Weile dauern kann.

... weißer Schaum auf der Wasseroberfläche erscheint?

URSACHE:

Schaumpolster, die sich anhaltend über einen längeren Zeitraum zeigen, deuten auf eine hohe Eiweißbelastung hin, also ein Überangebot an organischen Nährstoffen. Insofern hat diese Erscheinung die gleichen Ursachen wie eine Algenplage.

MASSNAHMEN:

› Kurzfristig können Sie darauf reagieren, indem Sie das Wasser zu etwa einem Drittel austauschen.
› Auf längere Sicht empfiehlt es sich, einen möglicherweise vorhandenen Fischbesatz auszudünnen und dessen Fütterung zu verringern.
› Eine wüchsige Röhrichtpflanzung mit Simsen und Binsen kann den Überschuss rasch abbauen.
› Falls diese Maßnahmen nicht greifen, sollten Sie eine technische Filteranlage installieren.
› Ansonsten kann alles helfen, was bei den Algen vorbeugend oder nachträglich zur Verringerung des Nährstoffgehalts empfohlen wird.

... die Blätter der Seerose zahlreiche längliche Löcher aufweisen?

URSACHE:

Geschlängelte Löcher und Schabestellen an der Blattoberfläche sind das typische Schadbild des Seerosenblattkäfers. Er lebt auf der Blattoberseite und legt dort seine Eier ab. Die daraus schlüpfenden Larven setzen den Fraß fort. Die Schäden werden in den Monaten Mai und Juni am deutlichsten sichtbar. Stark zerfressene Blätter sterben ab; nur im Extremfall wird die ganze Pflanze so geschwächt, dass sie eingeht.

MASSNAHMEN:

› Bei mäßigem Befall sollte man die Larven absammeln. Stark befallene Blätter werden entfernt. Eine chemische Bekämpfung wäre nicht angebracht. Setzen Sie stattdessen darauf, dass die Schädlinge durch das ökologische Gleichgewicht in ihre Schranken gewiesen werden.
› Ähnliche Schäden verursacht ein Schmetterling: Die Larven des Seerosenzünslers sägen schildförmige Stücke aus den Blättern und spinnen sich darin zur Verpuppung ein. Die einfachste Gegenmaßnahme besteht auch hier darin, die Larven von den Blättern zu sammeln.

... der Teich langsam verlandet und die Pflanzen nicht mehr gesund wachsen?

URSACHE:

Durch absterbende Pflanzenteile sowie eingespültes Substrat kann sich im Lauf der Zeit sauerstoffarmer Faulschlamm am Teichboden bilden. Beim Abbauprozess entstehen unter Umständen giftige Faulgase. Deutlichstes Zeichen für mangelnde Wasserqualität ist, wenn die Fische auffällig oft an die Wasseroberfläche kommen, um nach Luft zu schnappen.

MASSNAHMEN:

› Als Akutmaßnahme kann man einen Schlauch in den Teich legen und langsam einige Stunden Wasser zulaufen lassen. Dadurch wird etwas Sauerstoff zugeführt. Auch ein Oxidator (Wasserstoffperoxid-Katalysator) gibt stetig Sauerstoff ab, wenn man ihn ins Wasser hängt. Ein Ausströmstein leistet dasselbe, während er das Wasser umwälzt.
› Zum Entfernen des Schlamms können Sie einen sogenannten Teichschlammsauger verwenden. Durch regelmäßige Zugabe spezieller Bakterienkulturen lassen sich die Schlammschichten auch biologisch abbauen. Das Ausräumen des Teichbodens mit Eimer und Schaufel ist nur in Extremfällen erforderlich. Auch den Austausch eines Teils des Wassers sollte man sich als Notlösung vorbehalten.
› Langfristig lässt sich das Problem aber am besten lösen, indem man den Besatz an wuchernden Pflanzen und an Fischen deutlich ausdünnt.

3

Zwiebel- und Knollenpflanzen

Zwiebel- und Knollenpflanzen bieten eine nahezu grenzenlose Fülle an Farben und Verwendungsmöglichkeiten. Insbesondere im Frühjahr, aber auch im Sommer und Herbst können sie jeden Garten mit üppiger und anmutiger Blütenpracht bereichern.

In diesem Kapitel:

Allen Zwiebel- und Knollenpflanzen ist gemeinsam, dass sie als mehrjährige Pflanzen ein Speicherorgan ausbilden, um ungünstige Klimabedingungen unterirdisch zu überdauern. Sie schützen sich so vor Hitze, Kälte, Trockenheit oder Lichtmangel. Genau genommen sind sie nichts anderes als eine Sondergruppe unter den STAUDEN (S. 562).

Nachdem die Vegetation in Mitteleuropa durch die letzten Eiszeiten einen starken Rückschlag erlitten hatte, war sie auch relativ arm an Zwiebel- und Knollenpflanzen. Vieles, was heute bei uns wächst, verdanken wir den Römern, die zahlreiche Zwiebeln über die Alpen brachten. Danach sorgten Klostergärten und Handelsverbindungen für eine zunehmende Verbreitung neuer ARTEN (S. 533).

Viele Vertreter dieser Pflanzen sind in Gegenden mit einer ausgesprochenen Trockenperiode anzutreffen, so z. B. in den Mittelmeerländern und im Iran, wo die Tulpe ihren Ursprung hat.

Zwiebeln und Knollen

Zwiebeln bestehen aus zusammengestauchten oberirdischen Pflanzenteilen. Alle Organe wie Spross, Blüten und Blätter liegen in verkleinerter Form bereits in der Zwiebel vor. Schneidet man sie der Länge nach auf, findet man dort von außen nach innen zunächst die Schalenblätter, als Schutzhülle und Speicher. Sie umschließen die späteren Blätter der Pflanze, die bereits erkennbar sind. Nach unten bildet der Zwiebelboden oder Zwiebelkuchen den Abschluss, aus ihm entspringen die Wurzeln. Typische Beispiele sind die Küchenzwiebel, die der gesamten Gruppe den Namen gab, oder die Tulpe.

Schneidet man eine **Knolle** durch, sieht man im Gegensatz zur Zwiebel keine Schalen, sondern nur eine homogene Masse – wie jedem von Knollenpflanzen unter den Gemüsen vertraut, z. B. von Kartoffel oder Kohlrabi. Bekannte Zierpflanzenvertreter sind Alpenveilchen, Winterlinge oder Dahlien. Die Knollen können durch Umwandlung eine Sprossabschnitts (z. B. Knollenbegonie oder Winterling) oder eines Teils der Wurzeln (z. B. Dahlie oder Steppenkerze) entstehen. Unterirdische Knollen, die von 1 oder 2 trockenhäutigen Blättern umgeben sind, bezeichnet man als **Zwiebelknollen**. Hierzu gehört z. B. der Krokus.

Gestalten mit Zwiebel- und Knollenpflanzen

BEI DER VERWENDUNG von Zwiebel- und Knollenpflanzen im Garten gibt es einige einfache Grundsätze und Vorgehensweisen. Beachtet man diese, kann man mit ihnen jeden Garten bereichern. Auffälligstes Merkmal ist ihr schneller Lebensrhythmus. Sie treiben oft sehr zügig aus und blühen rasch, wobei sie durch ihre häufig sehr frühe Blüte eine besondere Bereicherung darstellen. Allerdings gibt es auch Arten, die erst im Sommer oder Herbst ihre volle Pracht entfalten.

Vielfältige Verwendung

Bei der farblichen Gestaltung bieten Zwiebel- und Knollenpflanzen eine fast grenzenlose Palette. Fröhlich bunte Beete lassen sich mit ihnen ebenso anlegen wie monochrome Flächen. Am besten orientiert man sich an bereits vorhandenen Akzenten, sofern zum selben Zeitpunkt schon auffällige Stauden oder Ziergehölze blühen. Besonders schön wirken Farbdreiklänge wie Rot-Gelb-Blau (→ auch S. 37).

Bis zur Hauptblütezeit der Stauden sind die frühblühenden Zwiebelblumen meist schon wieder verschwunden. Stauden mit großen Blättern können bereits während des Austriebs ihr welkendes Laub verdecken. Dies gilt besonders für prachtvolle Zuchtformen von Tulpen und Narzissen, die man in kleinen Gruppen pflanzt. Kleine Zwiebel- und Knollengewächse und Wildarten, beispielsweise Krokus oder Schneeglöckchen, sollten dagegen großflächig verwendet werden. In Massen kommen ihre kleinen Einzelblüten am besten zur Geltung.

Ob eine Pflanze eher in naturnahe Bereiche oder in gestaltete Rabatten passt, entscheidet der Grad ihrer züchterischen Bearbeitung. Die vielen großblütigen ▶ SORTEN (S. 561) der Tulpen und Hyazinthen gehören eher in die Beete mit auffälligen Stauden und können dort intensive Farbakzente setzen. Die meist zierlicheren Wildarten werden dagegen besser in naturnahen Bereichen verwendet. So sind waldartige Partien oder ein Naturgarten, in dem sie entsprechend ruhige Stauden- und Gehölzpartnern finden, der richtige Platz für diese Arten. Die weniger spektakulären Einzelblüten sollten dann durch entsprechend große Stückzahlen ausgeglichen werden.

Frühlingsblüher im Beet

Staudenbeete sind meist in der vollen Sonne angelegt und werden spätestens im März von abgestorbenen Halmen und Blütenständen befreit. Diese im Frühjahr offenen, leeren Flächen verlangen nach kräftigen Farben und großen Blüten. Hier sind Narzissen oder Tulpen gefragt. Auch hohe Arten wie die Kaiserkrone (*Fritillaria imperialis*) und die erst etwas später blühende, für trockene Flächen geeignete Steppenkerze (*Eremurus*) gehören hierher. Bereits sehr früh treibt das Laub des hohen Iranlauchs (*Allium aflatunense*) aus. Er blüht zwar meist erst ab Mai, aber dann beginnt das Laub schon zu welken. Daher sollte er in Gesellschaft von Stauden wie Storchschnabel oder Frauenmantel stehen, die bis dahin bereits die braunen Blätter verdecken. Auch die Narzissen und Tulpen sollten in der zweiten Reihe stehen, damit ihr einziehendes Laub nach der Blüte nicht stört.

Für **Sommerblumenbeete** eignen sich besonders Tulpen, die im schweren Boden meist nur kurzlebig sind. Ideale Kombinationspartner geben frühblühende ▶ ZWEIJÄHRIGE (S. 569) wie Stiefmütterchen (*Viola*), Tausendschön (*Bellis*), Gedenkemein (*Omphalodes*) oder Vergissmeinnicht (*Myosotis*) ab. Sie werden zusammen mit den Tulpen gegen Mitte Mai abgeräumt, bevor die Bepflanzung mit den ▶ EINJÄHRIGEN (S. 540) erfolgt.

Kleine Zwiebelblumen sind für das Beet nur bedingt geeignet, da sie bei der intensiven Pflege leicht gestört werden und dann nicht richtig gedeihen. Vor Hecken oder unter einem einzelnen Gehölz findet sich für sie oft ein besserer Platz, der weniger häufig bearbeitet wird.

Frühlingsblüher im Steingarten

Der Steingarten mit seinem eher durchlässigen, sandigen bis steinigen Boden bietet einen idealen Pflanzplatz für einige Spezi-

Eine so üppige Blütenpracht erreichen Sie im Frühjahr nur mit Zwiebel- und Knollenpflanzen.

alisten unter den Zwiebel- und Knollenpflanzen. Besonders wenn die Steinanlage am Hang angelegt oder erhöht aufgeschüttet ist, kann man hier viele kleine Pflanzen aus der Nähe betrachten, ohne sich bücken zu müssen.

Typische Vertreter sind Wildtulpen, Krokusse und die Netziris (*Iris reticulata*), die alle aus sommertrockenen Gebieten stammen. Ihnen allen ist ihre Abneigung gegen Nässe gemeinsam. Gerade in regenreichen Wintern ist eine gute Dränage wichtig, damit man dauerhaft Freude an ihnen hat. Da im Steingarten auch viele Stauden wie Blaukissen oder Schleifenblume (*Iberis*) bereits früh blühen, bieten sich hier diverse wunderschöne Pflanzenkombinationen an.

Frühlingsblüher in Gefäßen

Bepflanzte Kübel, Tröge und Schalen sind ein schönes und vielfältig einsetzbares Gestaltungsmittel, für das sich auch Zwiebel- und Knollenpflanzen hervorragend eignen. Sie sollten dabei lediglich einige Grundsätze beachten.

Die Pflanzung im Herbst geschieht möglichst frühzeitig, damit die Zwiebeln und Knollen noch Wurzeln bilden können. Die Pflanzen kommen so besser durch den Winter. Stellen Sie die Gefäße etwas geschützt auf, da der Frost schneller in einen Topf oder Kübel als in den Boden eindringt.

Der Standort sollte aber auch nicht zu warm sein, da die Zwiebeln sonst zu früh austreiben könnten. Haben Sie z. B. mit Tonscherben für einen guten Wasserabzug im Topf gesorgt, können Sie ihn auch einfach in den Boden einsenken und zum Frühjahr wieder herausholen.

Kurz vor der Blüte wird das Gefäß dann noch mit Einjährigen wie Stiefmütterchen (*Viola*) oder Gedenkemein (*Omphalodes*) ergänzt und ergibt so einen farbenfrohen, mobilen Frühlingsgruß.

Blütenpracht im Baumschatten

Viele Zwiebel- und besonders die Knollenpflanzen haben ihren Lebensrhythmus an die überwiegend schattigen Plätze unter Gehölzen angepasst. Zu dieser Gruppe zählen auch Pflanzen mit unterirdischen RHIZOMEN (S. 557) wie das Maiglöckchen. Sie weichen durch das Einziehen ihrer oberirdischen Organe im Frühsommer nicht nur der Trockenheit aus, sondern auch dem Lichtmangel, den das Blätterdach der Gehölze verursacht. Im Frühjahr, vom Austrieb bis zur Blüte, bevorzugen sie es dagegen, sonnig und feucht zu stehen. Somit fühlen sie sich unter Laubbäumen, die zu dieser Zeit noch unbeblättert sind, oder entlang von Hecken oft besonders wohl. Die meist kleinen Einzelblüten kommen allerdings erst dann auch aus der Ferne gut zur Geltung, wenn man die Pflanzen großzügig einsetzt. Sie breiten sich dann schnell flächig aus und bilden dichte Bestände, die über den Sommer am besten in Ruhe gelassen werden. Daher sollten Sie das Laub der Bäume auch einfach an Ort und Stelle liegen lassen.

Den Auftakt bilden Winterlinge, Schneeglöckchen und Vorfrühlingsalpenveilchen (*Cyclamen coum*). Sie schieben ihre Blüten

Blütezeitkalender

NAME	FEB.	MÄRZ	APRIL	MAI	JUNI	JULI	AUG.	SEPT.	OKT.
Vorfrühlingsalpenveilchen (*Cyclamen coum*), **Winterling** (*Eranthis hyemalis*), **Schneeglöckchen** (*Galanthus*-Arten)	■	■							
Krokus (*Crocus*-Arten und -Hybriden), **Märzenbecher** (*Leucojum vernum*)	■	■	■						
Strahlenanemone (*Anemone blanda*), **Große Sternhyazinthe** (*Chionodoxa forbesii*), **Netziris** (*Iris reticulata*), **Narzisse** (*Narcissus*-Sorten), **Blaustern** (*Scilla siberica*)		■	■						
Kaiserkrone (*Fritillaria imperialis*)			■						
Tulpe (*Tulipa*-Arten und -Hybriden)		■	■	■					
Hohler Lerchensporn (*Corydalis cava*), **Hyazinthe** (*Hyacinthus orientalis*), **Traubenhyazinthe** (*Muscari armeniacum*)			■	■					
Spanisches Hasenglöckchen (*Hyacinthoides hispanica*)				■					
Zierlauch (*Allium*-Arten), **Maiglöckchen** (*Convallaria majalis*)				■	■				
Turkestansteppenkerze (*Eremurus robustus*) und andere Arten				■	■	■			
Lilien (*Lilium*-Hybriden und -Arten)					■	■			
Dahlie (*Dahlia*-Hybriden), **Gladiole** (*Gladiolus*-Hybriden)					■	■	■	■	
Montbretie (*Crocosmia* x *crocosmiiflora*)						■	■	■	
Efeublättriges Alpenveilchen (*Cyclamen hederifolium*)								■	■

Gerade in trockenen Gartenteilen fühlen sich Steppenkerzen besonders wohl.

Im Schatten kommen die kleinen Blüten am besten in Massen zur Geltung.

Nach der Blüte lassen sich getopfte Zwiebelblumen in den Garten pflanzen.

häufig schon durch den Schnee. Ihnen folgen Lerchensporn (*Corydalis*) und Anemonen. Ab Mai ziehen sie sich dann wieder zurück. Im September, wenn allmählich der Laubfall der Gehölze einsetzt, kommen dann Efeublättriges Alpenveilchen (*Cyclamen hederifolia*) und Herbstzeitlose (*Colchicum autumnale*) mit kräftigen Farben zurück.

Zwiebelblumen zum Verwildern

Wer viel Platz im Garten hat oder seinen Rasen in eine Wiese umwandeln möchte, dem steht auch hierfür eine reiche Palette von Zwiebel- und Knollenpflanzen zur Verfügung. An zusagenden Plätzen breiten sie sich reichlich aus. Man kann dies sehr leicht ausprobieren, indem man mit wenigen Exemplaren den Standort testet. Bei Erfolg pflanzt man dann gezielt in größeren Mengen nach.

Am besten eignen sich hierzu die Wildarten, also keine anspruchsvollen Züchtungen. Sie wirken natürlicher, sind meist robuster und versamen zuverlässiger. Gerade die erfolgreiche Samenvermehrung ist für die Dauerhaftigkeit ausschlaggebend, denn die einzelnen Zwiebeln und Knollen leben oft nicht sehr lange. Versamte Pflanzen stehen auch einzeln und wirken so natürlicher als die dicht gedrängten Gruppen, wie sie durch ▶ BRUTZWIEBELN (S. 538) entstehen. An erster Stelle sind hier Dichternarzissen (*Narcissus poeticus*) zu nennen, außerdem Blausterne, Winterlinge und Sternhyazinthen (*Chionodoxa forbesii, C. sardensis*). Sie bilden – am liebsten im lichten Schatten von Gehölzen – mit der Zeit dichte Blütenteppiche. Voraussetzung ist hierfür allerdings etwas Geduld, denn bis zum völligen Einziehen des Laubs darf die Wiese nicht gemäht werden.

Blühende Inseln im grünen Teppich

Selbst in einem gepflegten Rasen kann man mit Zwiebel- und Knollenblumen einen schönen Frühjahrsaspekt zaubern. Dabei kommen sowohl offene Rasenflächen als auch Bereiche unter Gehölzen im Rasen in Frage. Wie immer muss das Laub bis zur Welke belassen werden, damit die unterirdischen Organe die Nährstoffe aus den Blättern einlagern können. Für den Rasen bedeutet dies, dass Partien mit Zwiebelgewächsen bis etwa Ende Mai/Anfang Juni nicht gemäht werden sollten. Das wachsende Gras verdeckt jedoch schon bald das braune Laub. Als hohe Pflanzen bieten sich Narzissen an, die am besten in Gruppen zur Geltung kommen. Für eine flächige Wirkung eignen sich einige Krokusse, Sternhyazinthe und Blaustern, die sich auch kombinieren und mischen lassen, um die Blütezeit zu verlängern.

Generell gilt: Je schütterer der Rasen ist, umso leichter haben es die Zwiebel- und Knollenpflanzen, sich im dichten Wurzelfilz der Gräser zu behaupten. Dies ist meist in schattigen Partien und unter Gehölzen der Fall.

Dort also, wo der Rasen ohnehin nicht so üppig gedeiht, bietet sich ein besonders guter Platz für die Frühlingsblüher. Bei der gemeinsamen Auswahl von Gehölzen und Zwiebelpflanzen können Sie gleich passende Kombinationen einplanen. Sehr schön ist z. B. die zeitgleiche Blüte von Zaubernuss (*Hamamelis*), Schneeglöckchen und Winterling. Im März passt die gelb blühende Kornelkirsche (*Cornus mas*) gut zu blauen Sternhyazinthen (*Chionodoxa*), Blausternen oder Krokussen. Später bieten sich frühe Schneeballarten (*Viburnum*), Flieder und Magnolien als Begleiter für Hasenglöckchen und Narzissen an.

Aparte Sommerblüher

Die wohl beliebtesten Sommerblüher sind Dahlien und Gladiolen, die allerdings keine Minustemperaturen vertragen. Im Gegensatz zu den meisten Frühjahrsblühern pflanzt man sie nicht im Herbst, sondern im Frühjahr, wenn keine allzu strengen Fröste mehr zu erwarten sind. Ab September, nach den ersten Frostnächten, nimmt man die Knollen bzw. Zwiebeln wieder aus der Erde und lagert sie frostfrei ein. Den Sommer über belohnen sie diese Mühen mit einer langanhaltenden Fülle an Blüten in zahlreichen Farbtönen, die kaum zu übertreffen ist. Sie lassen sich in Beeten mit Stauden wie mit Sommerblumen kombinieren. Dasselbe gilt für die exotisch anmutenden Montbretien, die allerdings in milderen Gegenden mit einer Laubabdeckung draußen überwintern können.

Etwas Winterschutz empfiehlt sich auch bei manchen Lilien, doch grundsätzlich können diese prächtigen Blüher draußen verbleiben und werden auch bereits ab Spätsommer gepflanzt. Die prachtvollen Hybridsorten oder Arten wie die Königslilie (*Lilium regale*) setzen herrliche Akzente in Beeten und Rabatten. Allerdings ist ihre Blütezeit auf Juni/Juli beschränkt. Wildarten wie die Feuerlilie (*L. bulbiferum*) passen gut in naturnahe Partien, etwa am Gehölzrand.

Pflanzen und pflegen

NACHDEM SIE EINMAL eingepflanzt sind, zählen die meisten Zwiebel- und Knollenblumen zu den eher pflegeleichten Pflanzen. Wie bei anderen Gewächsen bieten sorgfältige Standortwahl, Bodenvorbereitung und Pflanzung die beste Gewähr für anhaltende Freude an der Blütenpracht.

Zwiebeln und Knollen einpflanzen

Die Pflanzen dieser Gruppe kauft und pflanzt man meist in ihrem Ruhezustand, also in Form von Zwiebeln und Knollen. Zu neuen Pflanzen kommen Sie auch recht leicht über verschiedene Vermehrungsmethoden, wie im Kapitel „Pflanzen vermehren" auf S. 230–231 beschrieben.

Qualität des Pflanzguts

Unter der Qualität versteht man zunächst zwei verschiedene Dinge: Zuerst ist da die Größe der Zwiebeln oder Knollen. Sie wird meist mit zwei Zahlen angegeben: Die Angabe 14/16 bedeutet beispielsweise, dass die Zwiebel einer Narzisse mit einem Umfang von 14–16 cm geliefert wird. Auf Verpackungen ist diese Zahl auch in Gartencentern zumeist angegeben. Größere Zwiebeln deuten im Allgemeinen auf mehr Reservestoffe hin und bringen meist größere Blüten hervor.

Weiterhin ist mit der Qualität natürlich auch die Gesundheit gemeint: Zwiebeln und Knollen sollten keine Faulstellen besitzen und fest sein. Feuchte oder verfärbte Stellen weisen auf Pilzinfektionen hin; solches Pflanzgut ist völlig ungeeignet.

Kauft man Zwiebeln im Spätherbst, so liegen diese oft bereits seit Wochen in den Regalen und sind ausgetrocknet und eingeschrumpft. Kleinzwiebeln sind dabei in der Regel empfindlicher als große. Man sollte also möglichst früh kaufen bzw. bestellen. Die zu Weihnachten angebotenen Restbestände der Frühlingszwiebeln sind häufig nicht einmal mehr den reduzierten Preis wert.

Der richtige Zeitpunkt

Hauptpflanzzeit für die meisten **Frühjahrsblüher** wie Tulpen, Narzissen und Krokusse ist der Spätsommer und Herbst, also von August bis in den November hinein. Dabei gilt: Je früher, desto besser – damit die Zwiebeln und Knollen nicht unnötig austrocknen und noch vor dem Winter Wurzeln bilden können.

Bei den **nicht winterharten Knollenpflanzen,** wie z. B. Dahlien, liegt die Pflanzzeit im späten Frühjahr, ab etwa Ende April, wenn keine starken Fröste mehr zu erwarten sind. Ebenfalls im Frühjahr können sommerblühende Zwiebel- oder Rhizompflanzen gepflanzt werden, etwa die Steppenkerze oder spätblühende Lilien.

Eine Besonderheit stellen die **Herbstblüher** dar. Hierzu gehören Efeublättriges Alpenveilchen (*Cyclamen hederifolium*), Herbstzeitlose (*Colchicum autumnale*) oder herbstblühende Krokusse wie z. B. *Crocus speciosus.* Sie bilden im Frühjahr ihr Laub aus und blühen ab September. Die einzige Ruhephase legen sie im Sommer ein und werden entsprechend von Juli bis August verkauft und gepflanzt.

Legen Sie Zwiebeln und Knollen zum Zwischenlagern in feuchten Sand.

Viele Zwiebelpflanzen kann man mittlerweile bereits blühend **in Töpfen** kaufen. So lässt sich fast das ganze Jahr pflanzen. Achten Sie aber darauf, dass der Wurzelballen gesund und gut ausgebildet ist. Bei der Pflanzung im Frühjahr wird zudem unter Umständen eine Frostschutzabdeckung nötig, z. B. mit Reisig oder Vlies. Denn oft sind solche Pflanzen vorgetrieben und kommen aus dem warmen Gewächshaus.

Pflanztiefen: 1 Winterling, 2 Steppenkerze, 3 Schneeglöckchen, 4 Lilie, 5 Traubenhyazinthe, 6 Tulpe, 7 Blaustern, 8 Narzisse, 9 Gelbstern (*Gagea*), 10 Kaiserkrone, 11 Iris, 12 Hyazinthe, 13 Krokus,

Boden und Pflanzung

Entscheidend für die Dauerhaftigkeit von Zwiebelpflanzen ist, ihre jeweiligen Ansprüche zu kennen und zu berücksichtigen. So findet sich beinahe für jeden **Boden** eine geeignete Pflanze. Nur wenige Spezialisten benötigen eine besondere Vorbereitung, die sich meist jedoch auf das Pflanzloch beschränken kann – bei der Steppenkerze z. B. ist es oft günstig, eine Dränageschicht aus Kies oder Sand einzubringen.

Für die meisten Zwiebelpflanzen ist ein lockerer, durchlässiger Boden besonders wichtig. Die aus trockenen Regionen stammenden Arten wie Tulpen oder viele Krokusse leiden sehr unter schweren, kalten Lehm- oder gar Tonböden. Hier empfehlen sich eher die verschiedenen Narzissen oder Schneeglöckchen.

Lerchensporn oder Märzenbecher sind als Waldpflanzen für etwas Humus im Boden dankbar, z. B. durch Kompostgaben. Mit Ausnahme der Trockenspezialisten und Steingartenzwiebeln gilt dies aber auch für die meisten anderen. Eine lockere Laubschicht im Herbst erhöht beim allmählichen Verrotten den Humusanteil und bietet zudem einen guten Winterschutz, der besonders im 1. Jahr wichtig ist.

Die **Pflanztiefe** für die einzelnen Zwiebeln und Knollen kann man mit einer einfachen Faustregel ableiten. Für die meisten gilt, dass sie etwa zwei- bis dreimal so tief gepflanzt werden, wie sie hoch sind (→ Abb. S. 334). Bei schweren, lehmigen Böden pflanzt man eher flacher, also zweimal so tief, in einem leichten, trockenen Sandboden etwas tiefer. Ganz falsch kann man es kaum machen, denn Brutzwiebeln wandern später in das ihnen zusagende Niveau.

Achten Sie beim **Einpflanzen** stets darauf, dass die Spitzen nach oben zeigen. Kleine Zwiebeln und Knollen lassen sich einfach in den zuvor gelockerten Boden drücken. Für größere können Sie einen Zwiebelpflanzer verwenden. Mit solchen Geräten sticht man das Pflanzloch aus. Der Boden bleibt im Metallzylinder des Zwiebelpflanzers hängen, man legt die Zwiebel ab, gibt dann die ausgestochene Erde darüber und drückt sie etwas an. Bei aufklappbaren Pflanzern geht das einfach mit einem Druck auf den Handgriff.

PFLANZUNG IM RASEN

› MATERIAL:

Zwiebeln und Knollen
bei schwerem Boden Sand (oder alte Blumenerde)
eventuell etwas Hornspäne als Dünger

› WERKZEUG, ZUBEHÖR:

Zwiebelpflanzer oder spitze Pflanzschaufel
eventuell Eimer für überschüssigen Boden

› ZEITBEDARF:

10 bis 15 Minuten für ca. 25 Zwiebeln oder Knollen

Zwiebeln auslegen

Zu Beginn werden die zu pflanzenden Zwiebeln bzw. Knollen gleichmäßig oder gruppenweise verteilt. Macht man das erst direkt beim Pflanzen, verliert man leicht den Überblick. Die Gruppen werden dann oft zu groß.

Pflanzloch ausstechen

Durch leichtes Drehen und Hin- und Herbewegen treiben Sie nun den Zwiebelpflanzer in den Boden. Erde und Rasen lassen sich dann leicht bis zur gewünschten Pflanztiefe herausheben.

Zwiebeln einsetzen

Legen Sie je nach Größe 1 bis 3 Zwiebeln ins Pflanzloch. Die Spitzen sollten dabei nach oben zeigen, die Pflanzen sich nicht berühren. Bei sehr schwerem Boden gibt man noch etwas Sand ins Pflanzloch.

Erde einfüllen

Anschließend füllen Sie den Boden aus dem Zwiebelpflanzer wieder ein. Bei großen Zwiebeln bleibt dabei meist etwas Erde übrig. Zum Schluss noch die Grasnarbe auflegen, leicht andrücken – fertig.

Andernfalls können Sie die Löcher auch mit einer kleinen Pflanzschaufel graben. Bei wertvollen Pflanzen empfiehlt es sich, sie in einen Draht- oder Kunststoffkorb zu setzen. So sind sie vor hungrigen Wühlmäusen geschützt und lassen sich problemlos aufnehmen und teilen.

Stützen Sie großblütige Dahlien rechtzeitig, damit sie nicht umfallen.

Zwiebelpflanzung im Rasen

Bei der Pflanzung von Zwiebeln im Rasen wird häufig die Konkurrenzkraft der Gräser unterschätzt. Jeder, der schon einmal eine dichte Grasnarbe abschälen oder umgraben musste, weiß ein Lied davon zu singen. Es fällt leicht, sich vorzustellen, welche Mühen es kostet, diesen Filz im Frühjahr zu durchbrechen.

Für einen dichten, eingewachsenen Rasen kommen also nur robuste, große Zwiebelpflanzen wie Narzissen in Frage, die dann mit der Zeit große Horste bilden. Zum Pflanzen kann man einen Zwiebelpflanzer verwenden oder die Grasnarbe abheben (→ S. 335). Die meisten Zwiebeln sind für eine Hand voll alter, d. h. nicht mehr ganz so nährstoffreicher Blumenerde im Pflanzloch dankbar. Pflanzlöcher für Kleinzwiebeln wie Krokus oder Schneeglöckchen können Sie auch ganz einfach mit einer Eisenstange in den Boden stoßen. Nach dem Pflanzen wird mit Sand und etwas Kompost oder alter Blumenerde verfüllt. Im weniger dichten Rasen, etwa unter Bäumen, haben auch zartere Pflanzen eine Chance, so z. B. Schneeglöckchen, Elfenkrokus (*Crocus tommasinianus*) oder Blaustern.

Zwiebel- und Knollenpflanzen pflegen

Haben sich sehr dichte Laubschichten gebildet, die unter der winterlichen Schneedecke verklebt sind, sollten sie im Frühjahr zeitig entfernt werden, damit sie den Austrieb der Pflanzen nicht behindern.

Sobald die ersten Exemplare austreiben, ist die Kontrolle auf Krankheiten und Schädlinge die wichtigste Pflegemaßnahme (→ S. 338).

Während der Vegetationszeit

Bei der Hauptblüte der großen Tulpen und Narzissen empfiehlt es sich, die **Blütentriebe** auszuschneiden, sobald der Flor zu welken beginnt. Die Pflanzen sparen so die Kraft für die Samenbildung, und es sieht attraktiver aus. Bei den Sorten verhindert man gleichzeitig, dass Sämlinge die meist üppigeren Züchtungen verdrängen. Wenn Sie dagegen bei Kleinzwiebelblumen ein Verwildern wünschen, lassen Sie die Samenstände stehen, bis sie aufplatzen und die Samen freigeben. Zierende Fruchtstände wie bei den großen Kugellaucharten (*Allium giganteum, A. aflatunense*) können Sie noch eine Weile länger belassen.

Schneiden Sie die **welken Blätter** bei allen Zwiebel- und Knollenpflanzen erst ab oder drehen Sie sie vorsichtig heraus, wenn sie braun sind – und nicht schon in grünem Zustand.

Wer einen feuchten, schweren Boden hat, sollte seine Tulpenzwiebeln nach der Blüte **aufnehmen** und den Sommer über, in Sand eingeschlagen, trocken lagern, um sie im Herbst neu auszupflanzen. Ansonsten faulen sie in feuchten Sommern leicht.

Binden Sie hochwachsende Sommerblüher wie Dahlien, Gladolien oder Lilien an einer **Stütze** auf, z. B. an einem dünnen, aber stabilen Bambusstab, falls sie zum Umfallen neigen oder recht windig stehen. Sie können auch dichtstehende Pflanzen gemeinsam stützen, indem Sie einen breiten Staudenring um sie legen.

Gießen hat weitaus weniger Bedeutung als bei vielen anderen Gartenpflanzen, zumal ein durch übermäßige Wassergaben vernässter Boden verheerende Folgen für die Zwiebeln und Knollen haben kann. Die meisten Frühjahrsblüher müssen nur in anhaltenden Trockenperioden gegossen werden, Arten des Gehölzschattens wie der Märzenbecher etwas häufiger. Öfter muss die Gießkanne bei den Sommerblühern in Aktion treten, vor allem bei Gladiolen. Gießen Sie bevorzugt morgens bzw. am frühen Vormittag.

Düngung

Trotz ihrer meist kurzen Vegetationsperiode nehmen die Zwiebel- und Knollenpflanzen nicht nur während der Blütezeit die notwendigen Nährstoffe auf: Bereits im Spätsommer bilden sich die neuen Wurzeln und lagern Reserven für die Frühjahrsblüte ein. Will man die Pflanzen unterstützen, sollte man also einen langfristig wirksamen Dünger verwenden. Sie können auch zwei getrennte Gaben verabreichen – einmal im Sommer und einmal im Frühjahr, wenn der Bedarf an Nährstoffen am höchsten ist. Organische Dünger wie Hornspäne haben eine gute Langzeitwirkung. Sie benötigen jedoch eine gewisse Bodentemperatur, weil sie erst von Mikroorganismen zersetzt werden müssen. Im Frühjahr und Herbst geben sie also nur relativ wenige Nährstoffe ab. Bei mineralischen Düngern wie Blaukorn dagegen werden die Nährstoffe kontinuierlicher abgegeben. Optimal sind mineralische Langzeitdünger, bei denen meist eine Gabe genügt. Achten Sie darauf, keinen sauer wirkenden Dünger zu verwenden: Die meisten Zwiebelpflanzen bevorzugen neutrale bis alkalische Böden mit einem **PH-WERT** (S. 555) von 7 oder höher. Schauen Sie bei der Wahl der Dünger auch auf die Packungsangaben zu den enthaltenen Nährstoffen: Der Stickstoffgehalt (oft abgekürzt als N bzw. NO_3) sollte eher niedriger, der Phosphatgehalt (P_2SO_5) eher höher sein; denn zu viel Stickstoff kann die Pflanzen anfälliger für Krankheiten machen. Düngen Sie im Zweifelsfall stets lieber etwas weniger.

Auch Kompost liefert reichlich Nährstoffe, bereits mit 1 cm Schichthöhe kann er eine sonstige Düngung ganz ersetzen. Doch Vorsicht, gerade Kleinzwiebeln können sehr empfindlich auf zu hohe Kompostgaben reagieren. Kleinzwiebel- und Waldpflanzen wie Lerchensporn oder Blaustern genügt es meist schon, wenn das Falllaub der Bäume liegen bleibt und verrottet. Ausnahmen sind hierbei Kastanie und Walnuss, deren Laub immer entfernt werden sollte, da es stark wuchshemmende Stoffe enthält. Düngen Sie solche Pflanzen nicht mineralisch – sie reagieren oft empfindlich auf hohe Salzkonzentrationen.

Überwinterung nicht winterharter Arten

Die meist im Sommer blühenden Arten wie Dahlien oder Gladiolen werden nach den stärksten Frösten Ende April gepflanzt und bekommen eine Düngergabe als Starthilfe. Nach der Blüte im Sommer sterben dann ihre oberirdischen Teile mit den ersten Nachtfrösten im Herbst ab, und die Knollen bzw. Zwiebeln müssen in einem frostfreien, aber kühlen Raum überwintert werden.

Dahlien überwintern Sie am besten in trockenem Sand im Keller.

Legen Sie dazu die unterirdischen Überdauerungsorgane mit einer Grabegabel vorsichtig frei, ohne sie zu verletzen, und schneiden Sie die oberirdischen Teile ab. Befreien Sie die Knollen oder Zwiebeln dann grob von anhaftenden Erdresten und lassen Sie sie etwas abtrocknen. Dann werden sie in einem kühlen, luftigen Kellerraum oder in der Garage überwintert, eingelegt in flache Kisten mit trockenem Sand oder Torf. Bei zu viel Wärme oder Licht beginnen sie zu früh auszutreiben.
Vergessen Sie nicht, die verschiedenen Sorten zu beschriften. Im Frühjahr weiß man sonst nicht mehr, welche Farben man pflanzt. Regelmäßig sollte auch kontrolliert werden, ob sich Faulstellen oder Schimmel bilden, was bei zu hoher Luftfeuchte passieren kann. Lesen Sie kranke Exemplare gleich aus. Große Pflanzen lassen sich durch vorsichtiges Zerschneiden von Knollen im Frühjahr teilen (→ S. 230).

Antreiben von Frühlingsblühern im Winter

Im Winter ist die Sehnsucht nach Blüten und Farbe besonders groß, und auch hier haben Zwiebelblumen einiges zu bieten – zwar nicht draußen, aber fürs Zimmer. Die einfachste Methode ist das Treiben getopfter Zwiebeln. Dazu pflanzt man sie möglichst schon im September relativ dicht in Tontöpfe und füllt sie bis zur Spitze mit Erde auf, pflanzt also flacher als im Garten und wässert gut an. Die so mit Narzissen (vor allem aus der sogenannten Tazetten-Gruppe), Hyazinthen oder Blausternen bepflanzten Töpfe werden in einer Kiste mit Sand eingesenkt und kühl gelagert. Denn zur Stimulation von Wurzelbildung und Blütenanlage wird zunächst eine kühle Phase nötig. Sie können die Töpfe auch einfach im Garten oder Frühbeet bis zum Rand in den Boden einlassen.
Um dann blühende Pflanzen zu Weihnachten im Zimmer zu haben, holen Sie die Töpfe Anfang Dezember ins Haus, stellen sie bei maximal 15° C an einem nicht zu sonnigen Platz auf und halten die Erde feucht. Nach 2 bis 3 Wochen kommen sie dann ins helle Zimmer.
Ganz ohne Erde kann man Hyazinthen oder Tazettennarzissen (Kreuzungen von *Narcissus tazetta* und *N. poeticus*) vortreiben. Spezielle, an eine oben offene Sanduhr erinnernde Hyazinthengläser werden zunächst unten mit Wasser aufgefüllt.

Vorgetriebene Hyazinthen verbreiten einen süßen Duft in der Wohnung.

Hierauf setzt man die Zwiebel, so dass der Zwiebelboden gerade das Wasser berührt. An einem kühlen, dunklen Platz bilden sich nun die Wurzeln, die ins Wasser wachsen. Nach der Wurzelbildung darf der Standort wärmer werden, sollte aber dunkel bleiben, bis die Wurzeln den Glasboden erreicht haben. Dann holt man sie ins helle Zimmer.

Regeneration durch Teilen

Wie bei den Stauden werden auch Zwiebelhorste mit der Zeit immer größer. Besonders Narzissen, aber auch Kaiserkronen oder Tulpen bilden nach einigen Jahren durch Brutzwiebeln sehr große Bestände. So dicht gedrängt, bleiben nicht genügend Nährstoffe für die einzelnen Zwiebeln, so dass der Blütenreichtum nachlässt. Dann wird es Zeit, die Pflanzen nach dem Gelbwerden des Laubs aus dem Boden zu nehmen, zu teilen und neu zu setzen (→ S. 230). Wählen Sie nach Möglichkeit einen anderen Standort, an dem zuvor keine Zwiebelpflanzen wuchsen.

!

wir empfehlen

Markieren Sie die Pflanzstellen

Da die meisten Zwiebel- und Knollenpflanzen nur wenige Wochen im Jahr sichtbar sind, sollte man ihren Platz im Garten kennzeichnen. Nur allzu schnell hat man vergessen, wo welche Pflanzen im Garten stehen. Ein einfaches Kunststoffetikett mit dem Pflanzennamen oder ein Stück Bambusstab genügen bereits als Gedächtnisstütze und helfen, versehentliche Beschädigungen z. B. beim Hacken zu vermeiden.
Und auch um im Sommer Zwiebeln aufzunehmen oder an Freunde zu verschenken, ist ein Etikett sehr hilfreich.

Krankheiten und Schädlinge

IM VERGLEICH ZU ANDEREN Gartenpflanzen kommen bei den Zwiebel- und Knollenpflanzen im Garten relativ wenige Krankheiten und Schädlinge vor. Wichtigste Voraussetzung für gesundes Wachstum sind bestmögliche Standortbedingungen.

Sollte es doch einmal zu Schäden kommen, ist es wichtig, schnell etwas zu unternehmen. Achten Sie deshalb immer wieder auf Anzeichen von Krankheiten oder Schädlingen, insbesondere beim Austrieb.

Häufige Krankheiten

Kümmerliche Pflanzen oder eingerollte, zu kleine Blätter beim Austrieb sind oft die ersten Anzeichen von Pilzkrankheiten. Befallene Pflanzen sollten sofort mitsamt der Zwiebel entfernt werden. Am besten gibt man sie in den Haus- oder Biomüll, denn im Kompost können manche Pilzsporen noch lange überleben.

Der auch an anderen Gartenpflanzen auftretende **Grauschimmel** (→ S. 202) ist eine Pilzinfektion, die verschiedene Zwiebelpflanzen befallen kann. Besonders betroffen sind Hyazinthen, Gladiolen, Tulpen, Schneeglöckchen und Lilien. Die äußeren Symptome sind weiche, faulige Stellen und Flecken an Blatt, Stängel und Blüte. Später färben sich diese Stellen durch das Pilzmyzel grau. Gefördert wird die Infektion durch Feuchtigkeit, warme Witterung, stehende Luft und übermäßige Stickstoffdüngung oder zu viel Kompost. Auch eine Abdeckung mit Vlies oder gar Folie als Frostschutz kann sich negativ auswirken.

Graufäule (*Sclerotium*) ist ebenfalls eine Pilzerkrankung, die ähnliche Symptome wie der Grauschimmel aufweist. Die Befallsstellen sind jedoch meist weiß, später braunschwarz verfärbt. Nach starkem Befall, der besonders bei Tulpen auftritt, sollte der Standort mehrere Jahre nicht mit Tulpen bepflanzt werden, da sich der Pilz lange in der Erde halten kann.

Häufige Schädlinge

Oberirdisch können Kaninchen an Zwiebelpflanzen erheblichen Schaden anrichten, indem sie Triebe und Knospen abfressen. Noch schwerwiegender sind dagegen unterirdische Angriffe von Nagetieren wie **Wühlmäusen** oder **Mäusen,** die man nicht ohne weiteres sieht. Besonders Tulpen und Krokus scheinen ihnen als Wintermahl gut zu schmecken. Kaninchen kann man vor allem durch geeignete Zäune abhalten, gegen Wühl- und andere Mäuse helfen oft nur Fallen oder Giftköder (→ S. 207). Ansonsten bleibt nur die Verwendung von Amaryllisgewächsen. Hierzu zählen Narzissen, Schneeglöckchen und Märzenbecher, die sich durch ein Gift weitgehend selbst schützen. Einen gewissen Schutz bieten auch eingesenkte Kunststoffkörbe, in die man die Zwiebeln pflanzt.

Lilienhähnchen sind hübsche, 6–7 mm lange, leuchtend rote Käfer, die ab Ende März/Anfang April auftreten. Sie und ihre Larven fressen besonders gern an Lilien, aber auch an Kaiserkronen, und können in Mengen erheblichen Schaden an den Blättern anrichten. Sie lassen sich bei beginnendem Befall recht leicht absammeln.

Die **Narzissenfliege** ähnelt einer kleinen Hummel und richtet selbst keinen Schaden an. Sie legt jedoch ihre Eier am Boden oder Stängelgrund ab, von wo sich die Larven auf den Weg zum Zwiebelboden machen. Von hier fressen sie sich in der Zwiebel zu 2 cm großen Maden heran. Der Austrieb ist dann verkümmert und sollte vor dem Schlüpfen der Fliegen vernichtet werden. Um eine Einschleppung durch neu gekaufte Zwiebeln zu vermeiden, müssen diese sehr genau kontrolliert werden. Weiche Zwiebelspitzen oder Löcher im Zwiebelboden sind erste Verdachtsmomente.

Vor allem an Dahlien bereiten **Schnecken** (→ S. 339) häufig Probleme.

Das leuchtend rote Lilienhähnchen schädigt nicht nur Lilien.

Meist ist zu viel Feuchtigkeit die Ursache für Pilzinfektionen.

Gelbe Blattspitzen sind oft ein Zeichen für eine Infektion der Zwiebel.

WAS TUN, WENN ...

... Tulpen und Hyazinthen immer wieder verschwinden?

URSACHE:

Tulpen und Hyazinthen sind in schwerem, tonhaltigem Boden häufig nicht sehr langlebig. Besonders bei Tulpen setzt mit der Zeit auch eine Bodenmüdigkeit ein, wie man sie z. B. ebenfalls von Rosen kennt (→ S. 296).

MASSNAHMEN:

Die Tulpenzwiebeln können Sie nach der Blüte aufnehmen und dann im Herbst wieder einpflanzen (→ S. 336), um so ihre Lebensdauer zu verlängern. Spätestens nach einigen Jahren ist ein Standortwechsel sinnvoll, ebenso beim Nachpflanzen neuer Tulpen- und Hyazinthenzwiebeln. Das Einarbeiten von etwas Blähton, Kies oder Sand in den Boden kann helfen, sie zu Dauergästen zu machen. Allerdings können auch Wühlmäuse (→ S. 338) die Ursache für das Verschwinden sein.

... später Frost die Blüten bedroht?

URSACHE:

Häufig locken die ersten warmen Tage im Februar bereits viele Zwiebelpflanzen sehr früh aus dem Boden. Kommt es dann wieder zu Nachtfrösten, ist mancher Gärtner sehr besorgt. Die meisten Zwiebeln sind jedoch an diesen Wechsel gut angepasst und benötigen kaum Schutz.

MASSNAHMEN:

Die wenigen etwas empfindlicheren Pflanzen wie Frühlingsalpenveilchen (*Cyclamen coum*) oder Kaiserkronen kann man mit Fichtenreisig oder leichtem Vlies abdecken. Am Tag sollte dieser Schutz aber wieder entfernt werden. Keinesfalls sollten Sie Folie verwenden, da darunter leicht Pilzinfektionen entstehen. Sehr unangenehm ist starker Nassschnee, unter dem die Blüten schnell abbrechen und vergehen – hier kann man leider gar nichts tun.

... junge Dahlien über Nacht abgefressen werden?

URSACHE:

Die Übeltäter sind meist Nacktschnecken, die Sie leicht am Hinterlassen von Schleimspuren erkennen können. Sie fressen junge Dahlien oft radikal kahl, so dass nur noch einige Blattstielreste stehen bleiben.

MASSNAHMEN:

Verzichten Sie vorbeugend auf Mulchschichten im Dahlienbeet und seiner Umgebung, vor allem während der besonders kritischen Zeit von April bis Anfang Juni. Halten Sie den Boden zwischen den Pflanzen locker und feinkrümelig, und gießen Sie möglichst nur vormittags, nicht abends. Regelmäßiges Absammeln der Tiere, z. B. unter ausgelegten Brettern, unter denen sie sich gern verkriechen, hilft zusammen mit anderen Maßnahmen (→ S. 204), den Befallsdruck zu mindern. Bierfallen haben sich gerade bei Dahlien als nur wenig effektiv erwiesen. Dahlienfreunde greifen in ihrer Verzweiflung oft zu giftigen Schneckenködern, und leider ist dies oft tatsächlich das einzige Mittel, mit dem sich bei akuter Schneckeninvasion noch einige Pflanzen retten lassen. Als Alternative stehen weniger umweltbelastende Köder auf Eisen-III-Phosphat-Basis zur Verfügung. Ansonsten bietet ein geeigneter Schneckenzaun rund ums Beet den besten Schutz (→ S. 393). Vor Schnecken, die bereits im Beet vorhanden sind, schützt er leider jedoch auch nicht.

3

Sommerblumen

Die kurzlebigen Blumen sind echte Saisonarbeiter: Sie haben nur einen Sommer, um zu blühen und Samen anzusetzen. Deshalb geben sie in dieser Zeit einfach alles – mit voller Kraft und Pracht!

Die Pflanzen, die man als Sommerblumen bezeichnet, bilden eine illustre und vielseitige Gruppe. Ihnen gemeinsam ist, dass sie – zumindest hierzulande – kurzlebig sind. Tatsächlich werden unter dieser Bezeichnung Einjährige, Zweijährige und bei uns einjährig gezogene Pflanzen zusammengefasst.

Einjährige und Zweijährige

Die **einjährige Sommerblumen** verdanken ihren Namen der Eigenschaft, den gesamten Lebenszyklus in einen einzigen Sommer zu packen: Sie keimen im Frühjahr, blühen im Sommer und setzen bis zum Herbst Samen an. Meist zieht der erste Frost einen Schlussstrich unter die Blütenpracht.
Manche Einjährige, wie Klatschmohn und Ringelblume, sind – da in Mitteleuropa heimisch – weniger frostempfindlich. Sie vertragen es sogar, wenn man sie bereits im Spätsommer oder Herbst in das Beet aussät. Die Sämlinge kommen im nicht allzu rauen Klima, ggf. mit etwas Winterschutz, über die kalten Monate. Im zeitigen Frühjahr nehmen sie dann ihr Wachstum wieder auf. Den im Frühjahr keimenden Sommerblumen sind sie in der Blüte dadurch zeitlich um einiges voraus. Alternativ kann man sie ab März direkt in vorbereitete Beete säen. Auch dann blühen sie früher als die frostempfindlichen ▶ ARTEN (S. 533), die erst ab Mai ins Freiland gesät werden dürfen. Dieser Vorsprung lässt sich ausgleichen, indem man die frostempfindlichen Blumen auf der Fensterbank, im Wintergarten oder im warmen Gewächshaus vorkultiviert. Bis zu den Eisheiligen um Mitte Mai haben sie sich so weit entwickelt, dass bereits die ersten Blüten aufgehen. Dann pflanzt man sie in den Beeten aus.
Viele in unseren Breiten als einjährige Sommerblumen betrachtete Pflanzen sind tatsächlich mehrjährige Gehölze oder Stauden. So wachsen z. B. Leberbalsam (*Ageratum houstonianum*) und Sonnenwende (*Heliotropium*) in ihrer mittelamerikanischen Heimat strauchig. Löwenmäulchen (*Antirrhinum majus*) dagegen sind ursprünglich ▶ STAUDEN (S. 562). Da diese Pflanzen frostempfindlich sind, kultiviert man sie bei uns jedoch nur einjährig.
Manche Gartengestalter fassen den Begriff der Sommerblumen noch etwas weiter. Sie zählen auch frostempfindliche Knollen- und Rhizompflanzen dazu, vornehmlich Dahlien und Gladiolen. Im Wuchsrhythmus ähneln diese den einjährig kultivierten Stauden. Dank ihrer unterirdischen Überdauerungsorgane lassen sie sich jedoch recht unkompliziert im Herbst aus dem Boden nehmen und geschützt überwintern (→ S. 337).

In diesem Kapitel:

Sommerblumen wie Sonnenhut, Mehliger Salbei, Schmuckkörbchen, Ziertabak und Leberbalsam ergeben üppig blühende Beete.

Den einjährigen Sommerblumen stehen die **Zweijährigen,** wie Waldvergissmeinnicht und Stiefmütterchen, gegenüber. Sie sind weitestgehend frostverträglich und brauchen den Winter in einer gewissen Weise sogar, denn nur durch Kälteeinwirkung wird ihre Blütenbildung angeregt. Zweijährige sät man im Juni/Juli. In ihrem 1. Jahr bilden sie lediglich eine Blattrosette, womit sie in den Winter gehen. Im Frühjahr wachsen sie weiter und bilden Blüten und Samen aus. Manche Arten, die üblicherweise zu den Zweijährigen gezählt werden, sind eigentlich kurzlebige Stauden. Dazu gehören Seidenhaarkönigskerze (*Verbascum bombyciferum*) und Roter Fingerhut. Unter günstigen Bedingungen überdauern diese Pflanzen schon einmal ein paar Jahre. Doch auch ansonsten bleiben sie dem Garten leicht erhalten, denn sie säen sich gern selber aus.

Lebhaft und vielseitig

Es kommt nicht von ungefähr, dass viele Gärtner die Ein- und Zweijährigen nicht missen wollen – obwohl sie jedes Jahr aufs Neue gesät und gepflanzt werden müssen: Sie bieten eine ganze Reihe von Vorteilen. Wenn man sie selbst aussät, bringen Sommerblumen viele Blüten für wenig Geld. Je nach Art stecken in einer einzigen Samentüte so viele Körner, dass daraus mehr Pflanzen wachsen können, als der Garten Platz bietet. So manche Ein- und Zweijährige liefern zudem, einmal im Garten angesiedelt, Samen zum Nulltarif: Von Ringelblumen, Jungfer im Grünen, Studentenblumen und anderen Arten lässt er sich leicht ernten und bei nächster Gelegenheit wieder aussäen. Achtung allerdings bei ▶ F1-HYBRIDEN (S. 541): Ihr Nachwuchs fällt ungleichmäßiger und großteils völlig anders aus als die Mutterpflanzen.

Doch auch als empfindlichere Gewächse, die einer Vorkultur bedürfen und Ausgaben für Aussaaterde, Pikiertöpfchen usw. mit sich bringen, sind Sommerblumen äußerst lohnend. Zum einen funktioniert die Anzucht bei den meisten Arten so leicht, dass Erfolgserlebnisse fast garantiert sind. Zum andern erlebt man gerade beim Vorziehen sehr intensiv das kleine Wunder, wie sich ein winziges Samenkorn allmählich zu einer prächtig blühenden Pflanze entwickeln kann. Für viele Hobbygärtner sind solche von eigener Hand gezogenen Sommerblumen ihr ganz besonderer Stolz.

Dazu kommt, dass Einjährige ihre vergleichsweise kurze Entwicklungszeit wirklich nutzen müssen. Dementsprechend verschwenderisch geben sich die Saisonarbeiter in ihrer Farbenpracht und ihrem Blütenreichtum. Manche gehen zwar fast so schnell wieder, wie sie gekommen sind. So blüht Klatschmohn nur von Mai bis Juli, was man aber der seidigen, knallroten Blüten wegen gern in Kauf nimmt. Zweijährige wie Tausendschön oder Goldlack und Waldvergissmeinnicht blühen nur bis Mai bzw. Juni. Dafür stillen sie bereits im März/April den großen Nachwinterhunger auf bunte Blüten.

Viele einjährige Sommerblumen halten jedoch von Mai bis September oder gar Oktober durch. Die Pflanzenzüchter arbeiten ständig weiter daran, dass sie noch unermüdlicher werden und somit den Traum von der Dauerblüte erfüllen.

Im Vergleich zu Stauden oder gar Gehölzen beweisen sich Sommerblumen als Rekordhalter in Sachen Schnelligkeit. Von der Aussaat bis zur Blüte vergehen bei vielen Arten und ▶ SORTEN (S. 561) nur einige Wochen.

Einjährige geben sich außerdem ungeheuer vielseitig. Es gibt Zwerge, wie Duftsteinrich oder Männertreu, die als niedrige Einfassungspflanze ebenso geeignet sind wie für Teppichbeete. Das andere Extrem sind Riesen, wie bestimmte Sonnenblumensorten oder der Wunderbaum (*Ricinus communis* – Vorsicht, hochgiftige Samen!), die imposante Rabattenkönige oder sogar Einzelpflanzen abgeben. Mit einjährigen Kletterpflanzen tun sich weitere, spannende Gestaltungsmöglichkeiten auf (→ S. 348–349).

Dazwischen gibt es so ziemlich alles, was man sich träumen kann. Ob der Garten eher eine ländliche Atmosphäre ausstrahlen oder elegant und modern wirken soll, ob formale oder naturnahe Gestaltung, ob Farbe gefragt ist oder eher leise Klänge – unter den Sommerblumen findet sich wirklich für jeden Geschmack und für jede Gartensituation das Passende. Sogar exotische Stimmungen lassen sich inszenieren: Die meisten einjährigen Sommerblumen, wie Studentenblume (*Tagetes*), Zinnie und Kardinalssalbei (*Salvia fulgens*), stammen aus wärmeren Regionen wie Südamerika – und so sehen sie mit ihren leuchtstarken Blüten auch aus.

Spontane und Experimentierfreudige werden Sommerblumen besonders zu schätzen wissen. Durch die kurze Kulturzeit kann man jedes Jahr andere Pflanzen und neue Kombinationen ausprobieren. Aufs Geratewohl sollte man dabei jedoch nicht vorgehen. So tun unglückliche Farbzusammenstellungen auch dann weh, wenn man sie nur eine Saison lang ertragen muss. Tipps und Tricks, die die Qual der großen Auswahl und die Kombination verschiedener Pflanzen etwas erleichtern, finden Sie auf den nächsten Seiten.

Mit Sommerblumen gestalten

SOMMERBLUMEN SIND echte Multitalente. Durch ihre unglaubliche Vielgestaltigkeit können sie unzählige Aufgaben übernehmen. Und einjährige Kletterer (→ S. 348–349) erweitern noch die Fülle der Gestaltungsmöglichkeiten. Ein Platz für Sommerblumen findet sich nahezu überall im Garten – allerdings vorwiegend dort, wo es sonnig ist. Nur recht wenige vertragen Halbschatten, und wo es noch etwas lichtärmer wird, sind Fleißige Lieschen so ziemlich die einzigen Vertreter der Kurzlebigen, die trotzdem noch passabel blühen.

Verwenden Sie in einem Sommerblumenbeet doch einmal Palmkohl.

Bartnelken sind gute Lückenfüller in diesem Beet mit Rosen und Gamander.

Das Spektrum der angebotenen Arten ist gewaltig, doch viele eignen sich eher für die Haltung in Kästen und Töpfen auf dem Balkon als für den Garten. Deshalb wurden im Porträtteil ab S. 490, der eine Auswahl besonders gartenwürdiger Sommerblumen umfasst, auch Balkonschönheiten wie Pelargonien (Geranien) und Petunien nicht berücksichtigt. Etliche Sommerblumen spielen aber auch eine „Doppelrolle" und sind als Gartenpflanzen ebenso geeignet wie als Balkonpflanzen, worauf ein Topfsymbol in den Porträts hinweist. Und natürlich müssen Pelargonien und sonstige prächtige Blüher in Gefäßen nicht nur dem Balkon vorbehalten bleiben: Sie können, wie andere Pflanzen im Topf (→ S. 394–401), auch an geeigneten Stellen im Garten platziert werden.

Hübsche Lückenfüller, Zaungäste, Gemüsepartner

Am häufigsten spielen Sommerblumen wohl eine Rolle als Lückenfüller (→ auch S. 102–103, S. 312). Bei einer neu gepflanzten Staudenrabatte können sie die ersten Jahre überbrücken, bis die mehrjährigen Pflanzen zusammengewachsen sind. Auch in älteren Staudenbeeten stopfen sie bei Bedarf kurzfristig Löcher, wenn sich dort Pflanzen verabschiedet haben. Dafür eignen sich im Frühjahr zweijährige Sommerblumen, ab Mai dann die vielen Einjährigen, die mit Beginn des Frühsommers üppig blühen. Entsteht das Loch erst im Verlauf der Wachstumsperiode, dienen ab August Hochsommerblüher wie Rauer Sonnenhut (*Rudbeckia hirta*), Scharlachlobelie (*Lobelia fulgens*) oder Mexikanischer Salbei (*Salvia patens*) als Lückenfüller.

Auf kahlen Flächen können Einjährige sogar als flotte Bodendecker fungieren. Das gelingt in der Sonne z. B. mit rankenden Kapuzinerkressesorten, Dreifarbiger Winde (*Convolvulus tricolor*) oder starkwüchsigen Petunien. Sie erobern die Fläche im Lauf des Sommers. In halbschattigen Bereichen, auch unter Gehölzen, eignen sich für diesen Zweck Fleißige Lieschen.

Hohe Pflanzen, etwa Sonnenblumen, Stockrosen oder Schmuckkörbchen (*Cosmea*), sind reizende Zaungäste. Sie schmücken die Gartengrenze und bieten einen lockeren Sichtschutz. Bedenken Sie bei Sonnenblumen, dass diese ihre Blüten stets zur Hauptsonnenrichtung wenden. Weist der Zaun z. B. nach Süden, bekommen Sie hauptsächlich nur die „Hinterköpfe" zu sehen. Hochwüchsige Sommerblumen verdecken auch unschöne Wände, stehen Spalier am Gartenweg, kaschieren Mülltonne oder Regenfass und bilden rasch einen blühenden, nicht allzu dichten Sichtschutz an der Terrasse.

Sommerblumen sind überdies außerordentlich gesellschaftsfähig. Traditionell wuchsen einige von ihnen im Bauerngarten bunt gemischt zwischen Kräutern und Salaten, ebenso wie in herrschaftlichen Küchengärten, wo sie als Lieferanten von Blütenschmuck für die Festtafel dienten. Zu den typischen Stammgästen im Nutzgarten gehören Sonnenblumen, Duftwicken, Kornblumen, Bechermalven, Kapuzinerkresse sowie Ringel- und Studentenblumen. Gerade die drei Letztgenannten wirken sich in der Mischkultur oft positiv auf Kräuter und Gemüse aus.

Inzwischen zeigt sich diese Tradition mit umgekehrten Vorzeichen: Dekorative Gemüse wie buntstieliger Mangold, der rote Grünkohl 'Redbor' und Palmkohl setzen ungewöhnliche Akzente im Blumenbeet.

Beete mit Tradition

Aus Bauern- und Schlossgärten stammt auch die formale Gestaltung mit Sommerblumen. Dabei geben oft symmetrisch angeordnete, niedrige Buchsbaumhecken den Rahmen vor. Sie bilden geometrische Beete, die im Mai mit Sommerblumen bestückt werden. Im Winter und Frühjahr halten Zweijährige wie Stiefmütterchen, Waldvergissmeinnicht, Tausendschön und Zwiebelblumen die Stellung. Während im Schlossgarten das Pflanzraster sehr ordentlich und klar gehalten wird, ist im Bauerngarten ein lockerer, natürlich wirkender Aufbau erwünscht.

Im Schlossgarten hat ebenso die formale Sommerblumenrabatte ihren Ursprung, die wie ein Teppich wirkt. Darin bilden niedrige Sommerblumen entweder größere, symmetrisch zusammengefügte Ornamente, die jeweils nur aus einer Art bestehen, oder aus verschiedenen Arten werden sorgsam Stickmuster komponiert. Solche „Schlossparkteppiche" finden – im kleineren Maßstab – auch im Hausgarten ihren Platz. Als Willkommensgruß säumen sie den Weg vom Gartentor zur Haustür oder schmücken das Vorgartenbeet.

Geeignete Pflanzen dafür sind z. B. Eisbegonien, Löwenmäulchen, Chinensernelken (*Dianthus chinensis*), Kalifornischer Mohn (*Eschscholzia californica*), Studentenblumen und Männertreu. Im Winter füllen Zierkohl (*Brassica*-Sorten), Silberblatt (*Leucophyta brownii*) und Silbergreiskraut (*Senecio cineraria*) das Beet, das sie vielleicht schon mit den Zweijährigen für das Frühjahr teilen. Dann übernehmen Tausendschön, Bartnelke, Stiefmütterchen, Waldvergissmeinnicht und Goldlack die Hauptrolle. Der Nachteil solch ornamentaler Sommerblumenbeete: Viele dieser Teppichpflanzen erhält man nur durch aufwendige Vorkultur bzw. als Jungpflanzen beim Gärtner. Da muss man schon passionierter Selbstvermehrer mit kleinem Gewächshaus sein oder tiefer in die Tasche greifen.

Weniger kostspielig ist es, Sommerblumen mit Stauden, Zwiebelblumen und vielleicht sogar mit Gehölzen wie Rosen oder rotem Perückenstrauch (*Cotinus coggygria*) zu kombinieren. Schließlich taugen sie in Beet und Rabatte auch als gleichwertige Partner der mehrjährigen Pflanzenarten – nicht zuletzt, um dort Zwiebelblumen abzulösen, die nach ihrem Frühjahrsflor Lücken hinterlassen. Dafür muss man alljährlich nur die Sommerblumen neu ziehen bzw. kaufen.

Manche säen sich allerdings auch gern selbst aus und bleiben dem Beet auf diese Weise erhalten. Nicht immer fallen die Samen sortenecht, und so passiert es schon einmal, dass der Nachwuchs von Jungfer im Grünen, Kapuzinerkresse oder Löwenmäulchen überraschend neue Farben aufweist. Man kann dann ab Blühbeginn entscheiden, ob sie ins Beet passen. Was zu viel ist oder nicht gefällt, wird entfernt. Auf jeden Fall laufen die Samen an Stellen auf, die ihnen zusagen. So ergeben sich prächtig gedeihende und natürlich verwobene Pflanzenbilder.

Gut zu wissen

So blüht es den ganzen Sommer lang

Wenn Sie möchten, dass in Ihrem Garten die ganze Saison über immer etwas blüht, sind Sie mit Sommerblumen gut bedient, sofern Sie die Blütezeiten der einzelnen Arten beachten.

Die Saison beginnt mit im Vorsommer gesäten oder im Frühjahr gekauften Zweijährigen wie Tausendschön und Stiefmütterchen. Säen Sie dann Einjährige ab März in Sätzen aus, indem Sie alle paar Wochen einige Samen in Töpfe legen. Dann kommen die später ausgesäten Pflanzen in ihre Höchstform, wenn sich die ersten bereits langsam verabschieden. Bis in den Juni lassen sich Ringelblume, Einjähriger Phlox, Kapuzinerkresse, Kornblume, Bechermalve und Kalifornischer Mohn säen. Ab Hochsommer kommen die Spätblüher groß heraus: Scharlachlobelie, Sonnenblume und Rauen Sonnenhut gibt es im Spätsommer blühend zu kaufen.

Attraktive Beete schaffen

Ein gemischtes Beet erfordert die gleiche sorgfältige Planung wie eine reine Staudenpflanzung (→ S. 307–312). Das gilt natürlich auch für ein Beet, das nur aus Sommerblumen besteht. Solch ein Beet bietet sich vor allem dort an, wo schnelle oder Übergangslösungen gefragt sind, z. B. in neuen Gärten.

Für gemischte Rabatten und Sommerblumenbeete gibt es hilfreiche Planungskriterien (→ S. 94–103). Ausschlaggebend für die Kombination sind nicht nur die Blütenfarben, sondern auch die Blütezeit, die Blütenform sowie die Struktur des Laubs. Sie machen es sich bei der Auswahl etwas leichter, wenn Sie sich am Anfang der Überlegungen ein Farbthema stellen. Da können Sie sich ganz von Ihren Vorlieben leiten lassen. Sonnig und fröhlich, in Orange, Gelb und Scharlachrot, wird es z. B. mit Kapuzinerkresse, Studentenblumen, Kalifornischem Mohn, Rauem Sonnenhut und Prachtsalbei. Romantische Pastellbeete ergeben sich mit Bartfaden (*Penstemon*), Spinnenpflanze (*Cleome spinosa*), Hohem Eisenkraut, Löwenmäulchen, Doppelhörnchen (*Diascia*) und Einjährigem Phlox. Edle Ausstrahlung in Weiß und Blau erreicht man mit Schmuckkörbchen, Mehligem Salbei (*Salvia farinacea*), Männertreu, Duftsteinrich, Kapmargerite (*Osteospermum*) und Jungfer im Grünen.

Der Aufbau eines Beets richtet sich nach Wuchshöhe, Wuchstyp und Blütezeit. Zuerst legt man eine **Leitpflanze** fest. Sie bestimmt den Charakter des Beets, ist groß und ausdrucksstark. Unter den Sommerblumen eignen sich dafür z. B. Sonnenblumen, Spinnenpflanze (*Cleome spinosa*) und Bergtabak (*Nicotiana sylvestris*), die vertraut und ländlich wirken, oder Westindisches Blumenrohr (*Canna indica*) sowie Wunderbaum (*Ricinus communis*), die eine eher exotische Ausstrahlung haben.

Diesen Leitpflanzen stellt man passende **Begleitpflanzen** zur Seite. Einige davon sollten schon vor der Leitpflanze blühen, andere die Leitpflanze während ihrer Blütezeit ergänzen. Ideal wären noch Partner, die im Spätsommer und Herbst zur Höchstform auflaufen. Dann ist das Beet über einen langen Zeitraum hin attraktiv, weil immer etwas blüht. Gute Begleiter sind u. a. Hohes Eisenkraut, Mehliger Salbei, Mexikanische

Zinnien und Husarenknöpfchen bringen temperamentvolle Farben ins Beet.

Sonnenblume, Bartfaden (*Penstemon*), Blutsalbei (*Salvia coccinea*) und Bechermalve.

Die verbliebenen Zwischenräume füllt man mit weniger auffälligen Arten auf. Zu solchen **Füllpflanzen** gehören z. B. Studentenblumen (*Tagetes patula, T. tenuifolia*), niedrige Zinnien, Steife Verbene (*Verbena rigida*), Leberbalsam, Duftsteinrich und Kapuzinerkresse.

Damit das Beet abwechslungsreicher wirkt, kombiniert man gern kerzenförmige und flachere Blütenformen harmonisch miteinander. Großen Einzelblüten stellt man viele kleine Blüten gegenüber. Lassen Sie auch Laubformen und -farben nicht außer Acht. Sie fangen Lücken in der Blüte auf. Manche Arten werden überhaupt nur ihres schmückenden Laubs wegen gepflanzt, so etwa Buntnessel, Schwarznessel (*Perilla frutescens*) und die leuchtend grüne Sommerzypresse (*Bassia scoparia*).

Oft wird empfohlen, das Beet so aufzubauen, dass vorn die niedrigsten und hinten die höchsten Pflanzen wachsen. Es gibt aber auch Gestalter, die das etwas zu brav finden. Bei ihnen kommen daher auch schon mittelhohe Pflanzen in die erste Reihe. Auf jeden Fall sollte man darauf achten, dass Arten, die früher verschwinden, eher inmitten des Beets stehen, keinesfalls vorn. So werden die Lücken, die sie hinterlassen, von ihren Pflanzpartnern besser kaschiert. Wichtig ist, dass Begleit- und vor allem Füllpflanzen nicht einzeln, sondern stets in kleinen Gruppen stehen, sonst wirkt das Bild schnell zu wild.

Beetbestückung – Zukauf, Anzucht oder Direktsaat?

Die Kosten für solche Sommerblumenbeete halten sich in Grenzen, wenn man die Arten, die einfach auszusäen sind, selbst vorzieht. Dazu zählen z. B. Schmuckkörbchen, Sonnenblumen, Bechermalven, Zinnien, Löwenmäulchen und Studentenblumen. Arten mit zu langer Kulturdauer kaufen Sie besser als Jungpflanzen beim Gärtner, z. B. Doppelhörnchen (*Diascia*), Mehliger Salbei, Leberbalsam (*Ageratum houstonianum*) oder Kapmargeriten (*Osteospermum*).

Noch günstiger und einfacher wird es, wenn man nur Arten verwendet, die direkt ins Beet gesät werden können. Hierzu gehören Sonnen- und Studentenblume, Gartenfuchsschwanz (*Amaranthus caudatus*), Chinensernelken (*Dianthus chinensis*), Schmuckkörbchen, Gartenstrohblume, Ringelblume, Trompetenzunge (*Salpiglossis sinuata*), Mexikanische Sonnenblume (*Tithonia rotundifolia*), Einjähriger Phlox, Kapuzinerkresse, Zinnie u. a. Man kann dabei auch ein bisschen „schummeln“ und eine Begleit- oder Füllpflanze durch eine fertige Samenmischung aus dem Handel ersetzen. Deren Blumen passen bestimmt zusammen und ergänzen das Beet aus einigen ausgesuchten Leitpflanzen durch eine vielseitige Kombination. Nachteil der Direktsaat ist, dass man die meisten Sommerblumen erst ab Mitte Mai aussäen kann. 8 bis 10 Wochen später zeigen sich die ersten Blüten; der Höhepunkt des Beets wird meist Anfang bis Mitte August erreicht. Ihr Vorteil: Solche Sommerblumenbeete bleiben oft schön bis zum ersten Frost.

Einen zeitlichen Vorteil verschafft man sich durch die Aussaat von weniger kälteempfindlichen Arten wie Kalifornischem Mohn, Jungfer im Grünen, Ringelblume, Atlasblumen (*Clarkia*), Bechermalve, Mohn (*Papaver rhoeas, P. commutatum*), Sommerrittersporn (*Consolida ajacis*), Samtskabiosen (*Scabiosa atropurpurea*) und Kornblume. Sie können bereits ab März gesät werden. Die Auswahl ist dann jedoch erheblich eingeschränkt.

Säen, pflanzen und pflegen

VIELE EIN- UND ZWEIJÄHRIGE Sommerblumen lassen sich sehr einfach aussäen. Wann und wo man aussät, hängt von den einzelnen Arten ab. Diese Angaben können Sie dem Samentütchen entnehmen, für die wichtigsten bzw. besonders beliebte Arten auch dem Porträtteil ab S. 490.

Während das Saatgut robuster Einjähriger bereits ab März/April direkt ins Beet kann, geht das bei empfindlicheren Arten erst ab Mitte Mai. Dann kommen sie etwa ab Juli in Blüte. Um die Blütezeit zu verfrühen, werden solche Sommerblumen gern im Haus vorgezogen. Im Porträtteil finden Sie eine hilfreiche Gruppeneinteilung nach Schwierigkeitsgrad und Zeitpunkt der Aussaat bzw. Anzucht.

Wenn Sie vorgezogene Pflanzen kaufen, achten Sie darauf, dass sie einen gesunden, gut gepflegten Eindruck machen. Die Verkaufstöpfe müssen einen Durchmesser von mindestens 8 cm haben, der Wurzelballen darf nicht herausquellen. Die Sommerblumen sollten keine zu langen, dünnen Triebe haben, sondern einen kompakten Wuchs aufweisen. Bevorzugen Sie Pflanzen, die viele Blütenknospen haben, von denen erst einige wenige offen sind.

> !
>
> wir empfehlen
>
> **Die Informationen auf der Samentüte nutzen**
>
> Den Tütenrückseiten von Qualitätssaatgut können Sie alle Daten entnehmen, die Sie für eine erfolgreiche Beetplanung und Kultur brauchen: Pflanzenhöhe, Aussaatzeit, Keimdaten, Pflanzzeit, Pflanzabstände und Blütezeit. Natürlich ist auch das Haltbarkeitsdatum eine wichtige Information: Bis zu diesem Termin können Sie sich Keimproben sparen. Ein Hinweis zur Anzahl zu erwartender Pflanzen ist sinnvoll, um einzuschätzen, ob eine Samenpackung genügt, was meist der Fall ist.

Sommerblumen vorziehen

Die Anzucht ist im Kapitel „Pflanzen vermehren“ auf S. 221–222 ausführlich beschrieben. Starten Sie damit nicht zu früh: Wenn das Tageslichtangebot noch sehr bescheiden ist, wachsen die Sämlinge lang und dünn heran und ergeben recht schwächliche, teils sogar unbrauchbare Jungpflanzen. Ab etwa Mitte März ist meist der beste Zeitpunkt für die Einjährigen – schließlich kommen ja auch die meisten erst Mitte Mai nach draußen.

Säen Sie jeweils am besten höchstens 10 % mehr, als Sie tatsächlich brauchen. Das führt natürlich häufig zu angebrochenen Samentüten, die z. B. mit einem Klebstreifen wieder gut verschlossen und trocken sowie kühl aufbewahrt werden sollten.

Da man meist verschiedene Arten in kleineren Mengen aussät, verwendet man entweder mehrere kleine Anzuchtgefäße oder sät bei größeren Schalen in Reihen. Stecken Sie unbedingt Etiketten mit den Pflanzennamen an jedes Schälchen oder jede Reihe, um den Überblick zu behalten. Nach dem Pikieren (→ S. 222–223) stellt man die Pflanzen möglichst heller und zugleich etwas kühler. Für die meisten Arten sind dann etwa 15–18° C ideal.

Einige Jungpflanzen wachsen kompakter und verzweigen sich besser, wenn man sie entspitzt. Dazu kneift oder schneidet man die Triebspitze ab, wenn die Pflanzen 10–20 cm hoch sind. Das Entspitzen oder Stutzen empfiehlt sich z. B. bei Prachtsalbei, Löwenmäulchen, Goldlack und der Mexikanischen Sonnenblume.

Zweijährige Sommerblumen wie Tausendschön und Goldlack sät man im Juni/Juli in Anzuchtschalen oder in Reihen in ein Beet. Im Sommer können allerdings zu hohe Keimtemperaturen Probleme bereiten. Ein Anzuchtbeet sollte deshalb leicht beschattet liegen, dies auch, damit die Sämlinge keine pralle Mittagssonne abbekommen. Zwischen Mitte August und September setzt man die Pflanzen dann an ihren endgültigen Platz. In kalten Wintern sollten sie durch Auflegen von etwas Laub und Fichtenreisig geschützt werden.

Sommerblumen auspflanzen

Ab Mitte Mai kommen wärmebedürftige Arten ins Beet. Stellen Sie die Pflanzen schon einige Wochen zuvor bei mildem Wetter tagsüber nach draußen an einen windgeschützten, leicht beschatteten Ort – so gewöhnen sie sich langsam an das „raue“ Leben im Freien.

Will man ein komplettes Beet anlegen, wird der Boden am besten schon im Herbst oder zeitigen Frühjahr tiefgründig gelockert (→ S. 167–169). Entfernen Sie dabei eventuell vorhandene Wurzelreste und Unkräuter. Im Frühjahr arbeiten Sie dann am besten gut verrotteten Kompost oberflächlich ein. Glätten Sie kurz vor der Pflanzung die Beetoberfläche mit einem Rechen.

Die gut gewässerten Sommerblumen werden zunächst noch in ihren Töpfen auf dem Beet verteilt. So kann man sich einen Überblick verschaffen, ob alle richtig verteilt sind und ggf. korrigieren. Nehmen Sie die Pflanzen anschließend vorsichtig aus ihren Behältnissen, und setzen Sie sie so tief in den Boden, wie sie vorher im Topf standen. Fangen Sie dabei an einem Beetende an und arbeiten Sie rückwärts. So können Sie Trittspuren direkt wieder auflockern. Gießen Sie zum Schluss die Pflanzung gründlich an.

Direktsaat ins Beet

Werden die Sommerblumen direkt ins Beet gesät, bereitet man den Boden wie oben beschrieben vor und recht ihn glatt. Da meist mehrere Arten in möglichst lockerer Anordnung auf dem Beet wachsen sollen, weist man den einzelnen Arten beliebig geformte kleine Felder zu. Diese Saatflächen können Sie mit hellem Sand oder Sägemehl markieren. Nun ist es möglich, die Samen einer Pflanzenart in dem für sie bestimmten Feld breitflächig aus-

SÄMLINGE VEREINZELN

Auch wenn Pflanzen direkt ins Beet gesät werden, muss man sie vereinzeln. Am einfachsten ist eine Aussaat in Reihen.

› MATERIAL:

Beet mit Sommerblumensämlingen, Pikierholz

› WERKZEUG, ZUBEHÖR:

Eimer o. Ä. für die entfernten Pflänzchen

› ZEITBEDARF:

10 bis 15 Minuten pro m^2

1

Nach dem Aufgehen

Sommerblumen sät man immer ein bisschen dichter, als sie nachher eigentlich stehen sollen. So beugt man eventuellen Verlusten vor. Sobald sich die Sämlinge berühren, ist es Zeit, sie zu vereinzeln.

2

Das Vereinzeln

Am besten vereinzelt man nach und nach; d. h., man nimmt zuerst jede 2. Pflanze heraus. Sobald sich die verbliebenen berühren, vereinzelt man noch einmal. Die jeweils stärksten Gewächse bleiben stehen.

zusäen. Als praktischer erweist sich jedoch eine Aussaat in Reihen innerhalb der Felder. So können Sie auflaufendes Unkraut zwischen den Reihen besser als solches erkennen und einfacher mit der Hacke entfernen. Zudem wird das spätere Vereinzeln auf die endgültigen Abstände einfacher.
Ziehen Sie für die Reihenaussaat zunächst mit dem Stielende des Rechens gerade Rillen. Orientieren Sie sich bei den Reihenabständen an den Angaben auf der Samentüte bzw. in den Sommerblumenporträts. Säen Sie die Samen dünn in den Rillen aus. Anschließend harkt man sie mit dem Rechen leicht in den Boden ein, so dass sie gerade eben mit Erde bedeckt sind, und drückt sie etwas an. Nach dem Auflaufen werden die Sämlinge nach und nach auf ihren endgültigen Abstand innerhalb der Reihe verzogen, wie es die obenstehenden Abbildungen zeigen.

Sommerblumen pflegen

Für eine üppige, ausdauernde Blüte brauchen Sommerblumen schon etwas Pflege. Die wichtigsten Arbeiten sind auf S. 347 kurz beschrieben. Auf einige Pflegebesonderheiten soll im Folgenden etwas ausführlicher eingegangen werden. Hinweise zu den speziellen Pflegeansprüchen der einzelnen Arten bieten die Porträts ab S. 490.

Ausputzen und Rückschnitt

Verwelkte Blüten sollte man bis zur nächsten, darunterliegenden Verzweigung zurückschneiden. Das empfiehlt sich besonders nach Regenperioden. Die meisten Sommerblumen stecken ihre Kraft dann nicht in die Samenbildung, stattdessen wird die Bildung neuer Blütenknospen angeregt. Außerdem verhindern Sie auf diese Weise, dass die Sommerblumen sich selbst aussäen, wenn das nicht gewünscht ist.
Bei Männertreu und Duftsteinrich kann man die Blüte durch einen Rückschnitt verlängern. Sobald die Blühwilligkeit nachlässt, schneidet man die Triebe um die Hälfte zurück. Wenn Sie verwelkte Blütenstände von Fingerhut und Königskerze abschneiden, verlängert das deren Lebensdauer.
Bei manchen Arten lohnt sich eine **Samenernte** für das kommende Jahr, so dass man zumindest einige Blüten stehen lässt. Interessant ist das z. B. bei Ringel- und Studentenblumen, Duftwicke, Kapuzinerkresse, Sonnenblume, Jungfer im Grünen, Königskerze und Fingerhut. Sobald sich die Samenkapseln braun verfärben und aufzuplatzen beginnen, nimmt man sie ab. Lassen Sie sie an einem luftigen, warmen Ort trocknen. Reinigen Sie sie später von den Pflanzenresten, und packen Sie die Samen in beschriftete Tütchen. Bis zur Aussaat werden sie, wie alle Samentüten, kühl und trocken gelagert.

Pflanzen stützen

Einige Arten fallen leicht auseinander oder sogar um, wenn es einmal stark windet. Vor allem hohe Sonnenblumensorten bindet man deswegen an einen Stab, z. B. aus Bambus, und zwar schon bei heranwachsenden Pflanzen in etwa einem Drittel der späteren Endhöhe. Ist der Stiel ausgewachsen, bindet man ihn zusätzlich in etwa zwei Drittel seiner Höhe nochmals fest. Sonnenblumenstiele haben ein starkes Dickenwachstum. Schnüren Sie den Bindebast nicht zu eng, sonst schneidet er in den Stängel ein, und die Pflanze kippt unweigerlich. Am besten binden Sie mit einer ACHTERSCHLEIFE (S. 532), die Sie ggf. leicht wieder lösen und lockerer binden können.
Bei nicht ganz so hohen Pflanzen wie etwa Kornblumen stecken Sie je vier Stäbe rund um die noch jungen Gewächse und verbinden diese mit einer Schnur. Beim Weiterwachsen verdecken die Pflanzen dann die Stützen und fallen nicht so leicht auseinander.

PFLEGEMASSNAHMEN

1 Regelmäßig kontrollieren

Untersuchen Sie die Pflanzen immer wieder einmal auf Krankheiten und Schädlinge. Dann können Sie reagieren, bevor der Schaden allzu groß geworden ist. Besonders oft werden die Blattunterseiten befallen.

2 Unkraut ziehen

Solange die Sommerblumen noch nicht dicht zusammengewachsen sind, machen sich auf den freien Flächen dazwischen gern Unkräuter breit. Ziehen Sie diese heraus, solange sie noch klein sind.

3 Blattläuse bekämpfen

Wenn die lästigen Sauger sich noch nicht allzu stark ausgebreitet haben, kann man sie leicht mit etwas Kaliseifenlösung abwischen. Mit ein bisschen Glück ist der Spuk dann schon vorbei. Bei stärkerem Befall verwenden Sie besser ein nützlingsschonendes Spritzmittel.

4 Verblühtes entfernen

Verblühtes sollte man regelmäßig bis auf die nächste darunterliegende Verzweigung zurückschneiden. Dann sehen die Pflanzen besser aus und stecken keine unnötige Kraft in die Samenbildung.

5 Sommerblumen düngen

Die zur Pflanzung ausgebrachte, 3–5 cm dicke Kompostschicht versorgt die Sommerblumen bis in den Juli. Damit sie dann auch weiterhin üppig blühen, brauchen sie etwas Nachschub. Geben Sie ihnen dann einen handelsüblichen Langzeitdünger.

Einjährige Kletterpflanzen

EINJÄHRIGE RANKER und Schlinger wollen schnell hoch hinaus. Auch sie müssen das Kunststück bewältigen, in einer einzigen Saison den ganzen Pflanzenzyklus vom Keimen bis zum Fruchten zu durchlaufen. Im Garten nutzt man diese Fähigkeit gern für verschiedene Zwecke. Wie bei den Einjährigen gibt es unter den Kletterpflanzen einige Arten, die in ihrer Heimat mehrjährig wachsen, z. B. die Schwarzäugige Susanne und die Schönranke. Da sie jedoch recht heikel in der Überwinterung sind, zieht man sie hierzulande einjährig.

Ranker und Schlinger

Kletterpflanzen haben unterschiedliche Strategien, sich an den Rankhilfen „festzuhalten" und auf diese Weise nach oben zu hangeln. Man unterscheidet Rankpflanzen und Schlingpflanzen; bei den Klettergehölzen finden sich noch einige weitere Klettertechniken (→ S. 277). Bei den **Rankern** wickeln sich spezielle Kletterorgane um geeignete Stützen. Dabei gibt es Pflanzen, die sich mit ihren Blattstielen festhalten, wie Kapuzinerkresse und Rosenkelch (*Rhodochiton atrosanguineus*). Bei den Blattrankern dagegen haben sich Blätter in spezielle Halteorgane umgewandelt. Auf diese Weise kommen Duftwicken, Schönranke, Glockenrebe (*Cobaea scandens*) sowie Zierkürbisse (*Cucurbita pepo*) in die Höhe. Beide Rankertypen bevorzugen rechtwinklig oder diagonal gekreuzte Gitter mit einer Maschenweite zwischen 10 und 20 cm. Blattranker können mit ihren Halteorganen Gitterdrähte oder -schnüre von bis zu 4 mm Durchmesser umschlingen. Blattstielranker kommen auch mit Durchmessern bis zu 1 cm zurecht.

Die **Schlinger** haben eine Kletterstrategie ohne spezielle Halteorgane entwickelt: Sie winden ihre Triebspitzen spiralförmig um die Stützen. Zu ihnen gehören Feuerbohne, Japanischer Hopfen, Schwarzäugige Susanne sowie die Winden (*Ipomoea*). Schlinger streben in ihrem Wachstum immer nach oben und bevorzugen daher senkrecht angebrachte Drähte und Schnüre. Sollen sie auch eine gewisse Strecke an waagrecht angebrachten Rankhilfen wachsen, muss man sie mit der Hand ein wenig dazu „überreden". Achten Sie dabei darauf, ob die Pflanze sich mit oder gegen den Uhrzeigersinn windet und behalten Sie die Richtung beim Leiten entlang der Kletterhilfe bei. Ein Rankgerüst für Schlinger kann aus senkrechten oder schrägen Schnüren, Drähten oder Stäben bestehen, die einen Abstand von mindestens 10 cm zueinander haben sollten. Auch Gitter mit größeren Maschenweiten sind für Schlinger geeignet. Zwar nutzen sie die waagrechten Streben als Haltegriffe bei ihrem Drang nach oben nicht aus. Dennoch können diese verhindern, dass die Kletterpflanze an glatten Materialien unter ihrem Eigengewicht ins Rutschen kommt.

Die Purpurprunkwinde ist eine typische Schlingpflanze.

Wicken können sich mit ihren Ranken gut an Zäunen festhalten.

Vielfältige Möglichkeiten

Einjährige Kletterpflanzen bieten schnelle Lösungen für so manches optische „Problem". Sie verdecken mit entsprechenden Rankgerüsten versehene Regenrohre. An der Terrasse bilden sie innerhalb von Wochen einen Sichtschutz zum Nachbargrundstück oder zur Straße. Dabei kann man zwischen einer luftigen Gardine, etwa aus Duftwicke und Schwarzäugiger Susanne, oder einem blickdichteren Vorhang, z. B. aus Feuerbohne, Zierkürbis (*Cucurbita pepo*) oder Japanischem Hopfen, wählen. Maschendrahtzäune und ähnliche Abgrenzungen verwandeln sich im Lauf des Sommers in attraktive Blickfänge. Auch wenig ansehnliche Mauern und ähnliche Situationen erobern die schönen Klettermaxe für sich. Die dafür erforderlichen Rankgerüste werden in 5 cm Abstand zur Wand angebracht. Bei solchen Gartenecken sind oft mehrjährige Kletterpflanzen (→ S. 277) die bessere Alternative. Die brauchen allerdings ihre Zeit, bis sie ihren Zweck einigermaßen erfüllen. Einjährige Kletterpflanzen bieten in solchen Fällen elegante Zwischenlösungen, bis die Mehrjährigen die Hauptrolle übernehmen. Auch wenn standfeste Gerüste für Kletterrosen oder andere mehrjährige Arten noch nicht stehen, sind für den Übergang die leichten Kletterhilfen für einjährige Himmelsstürmer fix aufgestellt oder gespannt. In Sommerblumen- und Staudenbeeten sind einjährige Kletterpflanzen dagegen alles andere als Lückenbüßer: Anstelle von hochwachsenden Blumen ragen sie im Hintergrund oder als Blickpunkt mitten im Beet an Obelisken und anderen Kletterhilfen aus ihren Pflanzennachbarn heraus.

Aussaat, Pflanzung und Pflege

Grundsätzlich entspricht das Säen, Pflanzen und Pflegen dem der kompakt wachsenden Einjährigen. Doch hier und da gilt es, manche Besonderheit zu beachten.

Kletterpflanzen säen und pflanzen

Feuerbohnen sind echte Schnellstarter. Daher werden sie ab Mitte Mai direkt in den Garten ausgesät. Bei Duftwicken, Japanischem Hopfen, Zierkürbissen (*Cucurbita*), Winden und Prunkwinden ist das prinzipiell auch möglich. Durch eine Vorkultur ab März/April im Haus und anschließendes Auspflanzen Mitte Mai verschafft man den Gewächsen allerdings einige Wochen Vorsprung. Zudem werden die Pflanzen durch die Vorkultur kräftiger. Wer Wert auf eine frühe Blüte oder spezielle Sorten legt, sollte sich also diese Mühe machen.

Glockenrebe (*Cobaea scandens*) und Schwarzäugige Susanne haben dagegen eine so lange Anlaufzeit, dass sich die Vorkultur in jedem Fall lohnt. Bei Schönranke und Rosenkelch (*Rhodochiton atrosanguineus*) dauert die Vorkultur selbst schon so lang, dass man sie am besten dem Gärtner überlässt und im Mai fertige Pflanzen kauft. Diese Möglichkeit gibt es auch bei allen anderen einjährigen Kletterpflanzen, mit Ausnahme der Feuerbohne: Ab Mai findet man in Gärtnereien vor allem Schwarzäugige Susanne und Prunkwinden mit bereits geöffneten Blütenknospen.

› Für die **Vorkultur** brauchen Sie Aussaattöpfchen von 8–10 cm Durchmesser. Falls Sie keine Blumentöpfe, sondern Quarkbecher o. Ä. dafür verwenden, bringen Sie im Boden Abzugslöcher für das Gießwasser an. Weiterhin benötigen Sie spezielle Aussaaterde und den Samen. Füllen Sie die Töpfchen locker mit der Aussaaterde und drücken Sie diese mit einem flachen Gegenstand etwas an. Mit einem Pikierstab oder dem Finger bohren Sie drei etwa 2 cm tiefe Löcher. In jedes Loch legen Sie nun ein Samenkorn. Verschließen Sie die Löcher und gießen Sie die Töpfchen vorsichtig an. Stellen Sie sie zimmerwarm auf und halten Sie die Erde leicht feucht. Eine Abdeckung mit einer Glasscheibe oder einer Folie sorgt für ein gutes Keimklima. Nach der Keimung nimmt man diese Abdeckung wieder ab und stellt die Töpfchen an einen möglichst hellen, aber vor praller Mittagssonne geschützten Platz. Sobald die Sämlinge ihre ersten echten Laubblätter über den Keimblättern gebildet haben, lassen Sie nur den kräftigsten Sämling stehen. Nur bei der Schwarzäugigen Susanne lässt man alle Sämlinge weiterwachsen. Diese werden, sobald sie handhoch sind, einmal entspitzt, damit sie sich besser verzweigen (→ S. 345). Auch Duftwicken wachsen buschiger, wenn man ihren Haupttrieb einmal herausschneidet. Der beste Zeitpunkt dafür ist, sobald die Pflanzen etwa 15 cm Höhe erreicht haben. Denken Sie daran, den einjährigen Kletterpflanzen bei der Vorkultur schon etwa 2 bis 3 Wochen nach der Keimung eine Kletterhilfe zu geben. Dazu eignen sich etwa 60–80 cm lange Bambusstäbe. Binden Sie die Triebe locker daran fest. Stellen Sie die Töpfe mit den jungen Kletterpflanzen nicht zu dicht zusammen. Sie wachsen sonst leicht ineinander.

Bei einer langen Vorkultur kann es nötig werden, die Jungpflanzen noch einmal in einen größeren Topf umzusetzen. Das ist der Fall, sobald die Erde gut durchwurzelt ist und der Ballen ohne Topf nicht mehr auseinander fällt. Setzen Sie die Kletterpflanzen dann in eine hochwertige Blumenerde, die – im Gegensatz zur Aussaaterde – Dünger enthält.

› Mitte Mai nach den Eisheiligen geht es ans **Auspflanzen** der vorgezogenen Klettermaxe. Härten Sie die Pflanzen 1 bis 2 Wochen vorher ab, wie bei den anderen Sommerblumen beschrieben (→ S. 345). Falls das Rankgerüst im Boden verankert wird, sollte es bereits an Ort und Stelle sein. Wenn man es später anbringt, besteht die Gefahr, die Wurzeln zu beschädigen. Bereiten Sie die Pflanzstelle vor, indem Sie den Boden mit einer Grabegabel gut lockern und etwas reifen Kompost einarbeiten. Topfen Sie die gut gewässerten Pflanzen aus und setzen Sie sie ein wenig tiefer in die Erde, als sie bisher gestanden haben. Danach wird sorgfältig angegossen. Binden Sie die Triebe mit lockeren Achterschleifen am Rankgerüst fest, dann findet die Pflanze gleich von Anfang an leichter den richtigen Weg.

› Bei einer **Direktsaat** im Garten sät man einjährige Kletterpflanzen horstartig, mit mehreren Samen an einer Stelle, an der Rankhilfe aus. Bereiten Sie den Boden dafür durch Lockern und Einarbeiten einer Kompostgabe vor. Rechen Sie die Erde glatt. Legen Sie dann im jeweils nötigen Pflanzabstand, den Sie der Samentüte oder den Porträts (→ S. 498–499) entnehmen können, etwa 6 bis 8 Körner in die Erde. Dann wird gründlich angegossen und, falls die Niederschläge nicht ausreichen, auch in der Folgezeit der Boden stets feucht gehalten. Beobachten Sie, ob die jungen Pflanzen sich an der Rankhilfe festhalten, und helfen Sie bei Bedarf nach.

Da sie stets neue Stiele bildet, blüht die Schwarzäugige Susanne ausdauernd bis in den Oktober hinein.

Kletterpflanzen pflegen

Die beste Voraussetzung für ein gutes und gesundes Wachstum ist wie bei allen Pflanzen der passende Standort. Die meisten einjährigen Kletterpflanzen mögen es am liebsten warm, sonnig und windgeschützt. Da die Himmelsstürmer zum größten Teil sehr viele Blätter ausbilden, verdunsten sie auch eine große Menge Wasser, weshalb man sie bei Trockenheit ausreichend gießen muss. Keinesfalls darf der Boden jedoch staunass sein.

Sorgen Sie im Juli für einen Nachschub an Nährstoffen. Dafür eignet sich z. B. ein Langzeitdünger für Sommerblumen.

Vor allem bei Duftwicken und Feuerbohnen sollten verwelkte Blüten regelmäßig ausgeputzt werden. Das regt die Bildung neuer Blütenknospen an. Wenn Sie Bohnen für die Küche ernten wollen, lassen Sie die verwelkten Blüten natürlich hängen. Ernten Sie die Hülsen so jung und so früh wie möglich, damit die Feuerbohne weiter Blütenknospen anlegt.

Krankheiten und Schädlinge an Sommerblumen

DER RICHTIGE STANDORT, ein gleichmäßig feuchter Boden und angemessene Düngung machen die meisten Sommerblumen recht widerstandsfähig gegen Krankheiten und Schädlinge. Auch hinreichende Saat- und Pflanzabstände sind wichtig, um Schädlingen und vor allem Pilzbefall vorzubeugen. Die meisten der auftretenden Schaderreger sind nicht unbedingt spezifisch für Sommerblumen und deshalb auch im allgemeinen Kapitel zum Thema „Pflanzenschutz" beschrieben (→ S. 190–209).

Häufige Krankheiten

Die verschiedenen Pilzkrankheiten, die Sommerblumen befallen, bekommt man oft noch in den Griff, wenn man frühzeitig befallene Teile entfernt. Im Herbst sollten alle Pflanzenreste gründlich vom Beet geräumt werden. Regelmäßig eingesetzte Pflanzenstärkungsmittel (→ S. 196) können die Pflanzen widerstandsfähiger machen. Für den Notfall gibt es teils relativ ungiftige Präparate im Fachhandel.

Echter Mehltau, der grauweiße Beläge auf den Blattoberseiten hervorruft, kommt bei Ringel- und Sonnenblumen sowie bei Duftwicken, Eisenkraut (*Verbena*) und Waldvergissmeinnicht vor. **Falschen Mehltau** erkennt man an Flecken auf der Blattoberseite und einem grauen Belag auf der Blattunterseite. Er tritt z. B. an Sonnenblumen, Waldvergissmeinnicht und Goldlack auf. **Rostpilze** machen sich gern bei Bartnelken, Chinesischen Stockrosen, Sonnenblumen und Löwenmäulchen breit. Dabei entstehen zunächst auf den Blattoberseiten gelbliche Flecken. An diesen Stellen bilden sich später auf den Blattunterseiten rostbraune Pusteln.

Wenn Sommerastern (*Callistephus chinensis*) aus heiterem Himmel welken und sich der Stängelgrund schwarz verfärbt, ist die gefürchtete **Asternwelke** daran schuld. Dabei handelt es sich um eine Pilzkrankheit, die sich bevorzugt auf trockenen Böden ausbreitet. Verwenden Sie vorbeugend resistente Sorten und versorgen Sie die Pflanzen ausreichend mit Wasser und Nährstoffen. Nehmen Sie kranke Pflanzen sofort aus dem Beet und werfen Sie sie in die Mülltonne. Falls die Asternwelke in Ihrem Garten aufgetreten ist, sollten Sie an den entsprechenden Stellen mehrere Jahre keine Sommerastern pflanzen – auch keine Stauden der Gattung *Aster*. Sommerastern und Studentenblumen werden gelegentlich von der ***Verticillium*-Welke** befallen. Bei dieser Pilzkrankheit färben sich erst einzelne Blätter gelb, schließlich wirken größere Partien welk und sterben ab. Verwenden Sie nur Qualitätssaatgut und gesunde Jungpflanzen. Wo diese Welke vorgekommen ist, sollte man mehrere Jahre keine anfälligen Arten pflanzen.

Häufige Schädlinge

Gelegentlich kommt es zu **Blattlausbefall.** Besonders die Kapuzinerkresse scheint schwarze Blattläuse magisch anzuziehen. Schneiden Sie stark befallene Pflanzenteile heraus. Wenn es nicht anders geht, verwenden Sie möglichst ein nützlingsschonendes Spritzmittel. Im Sommer treten an heißen, trockenen Standorten besonders bei Winden, Schwarzäugiger Susanne und Feuerbohne **Spinnmilben** auf. Hier helfen im Notfall Spritzmittel auf Rapsöl- oder Kaliseifenbasis.

Studentenblumen gehören leider zu den absoluten Lieblingsspeisen der **Schnecken.** Ziehen Sie die Pflanzen vor und setzen Sie nur kräftige Exemplare ins Beet – denn Schnecken bevorzugen Sämlinge und Jungpflanzen. Bei trockenem Wetter können Sie Studentenblumen mit einem breiten „Wall" aus Sägemehl, Kalk oder scharfem Sand schützen. Bei starkem Befall kann man notfalls Giftköder („Schneckenkorn") einsetzen.

Mehltau erkennt man am weißlichen Belag auf den Blättern.

Breiten sich Spinnmilben extrem aus, überzieht die Pflanze ein Gespinst.

Sobald die ersten Rostpusteln zu sehen sind, werden die kranken Teile entfernt.

WAS TUN, WENN …

… gesäte Sommerblumen im Beet schlecht aufgehen?

URSACHE:

Hierfür kann es ganz unterschiedliche Gründe geben. Möglicherweise war das Saatgut schon zu alt, oder der Boden hatte zwischendurch nicht genügend Feuchtigkeit. Manchmal sind auch „Diebe" schuld: Vögel schnappen sich die Samen weg, bevor sie aufgehen können, und Schnecken tun sich gern an den Sämlingen gütlich.

MASSNAHMEN:

› Führen Sie bei älterem Saatgut vorher eine Keimprobe (→ S. 153) durch. Frisch eingesäte Beete müssen durchgehend feucht gehalten werden, auch noch, nachdem die ersten Sämlinge aufgegangen sind. Gießen Sie aber nur mit feiner Brause und nicht allzu starkem Druck, um die Samen nicht abzuschwemmen.

› Ein Vogelschutznetz über dem Beet kann gefiederte Gäste von den Samen fernhalten. Gegen Schnecken hilft – wenn überhaupt – oft nur ein ganzes „Maßnahmenbündel" (→ S. 204). Am wirkungsvollsten ist in der Regel ein geeigneter Schneckenzaun mit nach außen umgebogenem Rand, der das ganze Beet umgibt (→ S. 393).

… meine Kapuzinerkresse viele Blätter treibt, aber kaum blüht?

URSACHE:

Wenn man es bei Kapuzinerkresse mit dem Dünger zu gut gemeint hat, kann es schon einmal vorkommen, dass sie blühfaul wird: Ein Überangebot an Stickstoff fördert die Blattbildung zuungunsten der Blüten.

MASSNAHMEN:

Pflanzen Sie die Kapuzinerkresse auf nicht allzu nahrhaften Boden und düngen Sie maßvoll. Obwohl die Pflanze Halbschatten verträgt, ist ein sonniger Platz oft günstiger, da hier mehr Blütenknospen angelegt werden.

… meine Sommerblumen nur lang und dünn wachsen?

URSACHE:

Wenn Pflanzen sich lang machen und dabei nur schwache Triebe entwickeln, fehlt es meist an Licht. Viele Sommerblumen sind Sonnenanbeter. Stehen sie zu schattig, können sie sich nicht richtig entwickeln. Das ist auch der Fall, wenn die Pflanzen im Beet zu eng beieinander stehen. Sie „drücken" sich dann gegenseitig zum Licht; die Seitentriebe bekommen zu wenig davon und entfalten sich daher nicht gut.

MASSNAHMEN:

› Wählen Sie von vornherein einen sonnigen Standort, sofern es sich nicht um eine halbschattenverträgliche Art handelt (→ S. 490–499).

› Achten Sie darauf, die auf den Samentütchen bzw. bei den Porträts angegebenen Pflanzabstände einzuhalten. Nehmen Sie im Notfall einige Einzelpflanzen heraus, um im Beet mehr Luft zu schaffen.

3

Obst – Schmackhaftes zum Selberernten

Früchte schmecken vom eigenen Baum oder Strauch einfach am besten. Selbst im kleinen Garten finden zumindest Erdbeeren und Beerensträucher Platz. Doch auch das Angebot an kleinbleibenden Bäumen bietet manchmal ungeahnte Möglichkeiten.

In diesem Kapitel:

Für den Hausgarten kommen die unterschiedlichsten Obstarten in Frage. Man kann sie nach der Wuchsform oder nach der Fruchtform unterteilen. Entsprechend dem Wuchs wird nach Baumobst, Strauchobst und Obst an Kletterpflanzen unterschieden. Nach der Frucht unterteilt man in Kern-, Stein-, Beeren- und Schalen- oder Nussobst. Dabei erntet man Kern- und Steinfrüchte ausschließlich von Bäumen, während fast alle Beerenobstfrüchte an Sträuchern wachsen.

Kernobstfrüchte enthalten Gehäuse mit Samenkernen. Dazu gehören Apfel, Birne und Quitte. **Steinobstfrüchte** dagegen enthalten in ihrem fleischigen Inneren einen harten Stein, der den Samen einschließt. Zu dieser Gruppe gehören die Süß- und Sauerkirschen sowie die Pflaumenartigen, zu denen neben Pflaumen auch Zwetschen, Mirabellen und Renekloden zählen. Ebenfalls zum Steinobst rechnet man Pfirsiche, Nektarinen und Aprikosen.

Neben dem Baumobst spielt im Hausgarten das **Beerenobst** eine entscheidende Rolle. Als Beeren bezeichnet der Botaniker Früchte mit vielen Samen, die in weiches Fruchtfleisch eingebettet sind. Zu den wichtigsten beerentragenden Sträuchern gehören Stachelbeere, Rote, Weiße und Schwarze Johannisbeere sowie die Jostabeere. Auch die Heidelbeere zählt zu den Beerensträuchern. An langen Ruten wachsen Himbeeren, Brombeeren und Taybeeren. Die letztgenannten bringen streng botanisch gesehen keine Beeren hervor, sondern ▶ SAMMELFRÜCHTE (S. 558) aus winzigen Steinfrüchten.

Ähnlich verhält es sich mit den Erdbeeren, die ebenfalls Sammelfrüchte ausbilden: Bei der roten „Beere" handelt es sich um den umgewandelten, fleischigen Blütenboden, daran sitzen außen kleine Nüsschen. Als ▶ STAUDEN (S. 562) sind Erdbeeren auch von der Wuchsform her ein Sonderfall.

Das **Schalenobst** hat seinen Namen von den hartschaligen Früchten. Für den Garten haben aus dieser Gruppe Walnuss und Haselnuss Bedeutung. Während es sich bei der Haselnuss um eine echte Nuss handelt, ist die Walnuss eine Steinfrucht, von der wir das Innere des harten Steinkerns genießen. Auch unter den **Klettergehölzen** findet man Obstarten, nämlich Wein und Kiwi. Nach der Fruchtform zählen sie zum Beerenobst.

Passend zum Garten – geeignete Obstsorten

INTERESSIERT MAN SICH für Obst, ist es schnell wie bei attraktiven Zierpflanzen: Vieles hätte man gern im eigenen Garten, doch oft ist weniger mehr. Gerade beim Baumobst will die Wahl gut überlegt sein. Schließlich legt man sich über Jahrzehnte hin fest, und eine ungeeignete ▶ ART (S. 533) oder ▶ SORTE (561) bzw. ein unpassender Standort kann auf Dauer ständig Probleme bereiten. Neben den folgenden Ratschlägen helfen Ihnen auch die Porträts ab S. 502, das richtige Obst für Ihren Garten zu finden.

Der geeignete Standort

Leider schränkt das regionale Klima nicht selten die in Frage kommenden Obstarten ein. Manche brauchen recht viel **Wärme** und reagieren empfindlich auf Frost. Zu den wärmebedürftigen Obstarten gehören vor allem Birne, Pfirsich, Nektarine, Aprikose, Quitte, Weinrebe, Kiwi und Walnuss. Teils gibt es aber auch, etwa von der Birne, robuste Sorten für rauere Lagen.

Besonders kritisch – auch bei weniger wärmebedürftigen Obstarten – ist das Thema **Frost.** Während Winterfrost das Holz schädigen kann, haben Spätfröste im Frühjahr einen Einfluss auf die Blüten. Wenn diese erfrieren, wird der Ertrag gemindert oder fällt im Extremfall in diesem Jahr ganz aus. Wo häufig Spätfröste auftreten, sind deshalb Arten und Sorten mit spätem Blütenaustrieb zu bevorzugen.

Beim Frost spielt aber nicht nur das großräumige, sondern auch das Kleinklima (→ S. 134–138) eine Rolle. Hier sind vor allem Tallagen und Senken gefährdet, in denen sich oft regelrechte Kaltluftseen bilden. Hecken können helfen, den Kaltluftstrom abzuhalten. Man kann aber z. B. Birne oder Pfirsich gezielt ein günstiges Kleinklima bieten, indem man sie als Spalier an einer wärmespendenden Hauswand zieht.

Starker **Wind** knickt Zweige ab, reißt Früchte vom Baum und bedroht unter Umständen sogar die Standfestigkeit. Zur Blütezeit behindert er die Bienen bei ihrer Bestäubungsarbeit. ▶ WINDSCHUTZHECKEN (S. 568) können Abhilfe schaffen, ansonsten sind an windigen Plätzen niedrigere Baumformen die bessere Wahl als Hoch- und Halbstämme.

Anders als man zunächst vermuten würde, ist eine vollsonnige, südliche **Lage** für ein Obstgehölz nur bei besonders guter Wasserversorgung im Boden geeignet. Scheint außerdem im zeitigen Frühjahr bei Frost die Sonne auf die Rinde, taut das Holz stellenweise auf. Dadurch entstehen Spannungen, die teils Frostrisse oder Frostplatten zur Folge haben. Die Sonnenwärme kann zudem die Blütezeit verfrühen, wodurch Spätfrostschäden begünstigt werden. Am besten stehen Obstbäume daher in einer nach Südosten ausgerichteten Lage. Auch Südwestlagen sind günstig, sofern sie nicht durch starke Winde beeinträchtigt werden. Selbst Nordlagen taugen für Äpfel und Zwetschen, wenn sie ▶ ABSONNIG (S. 532) sind und der Boden sich leicht erwärmt. Anders ist dies bei reinen Ostlagen: Ostwinde können an sonnigen Frosttagen Trockenschäden an den Obstgehölzen verursachen.

Wo nicht allzu viel Platz ist, kann der Obstbaum durchaus die Stelle des Hausbaums einnehmen.

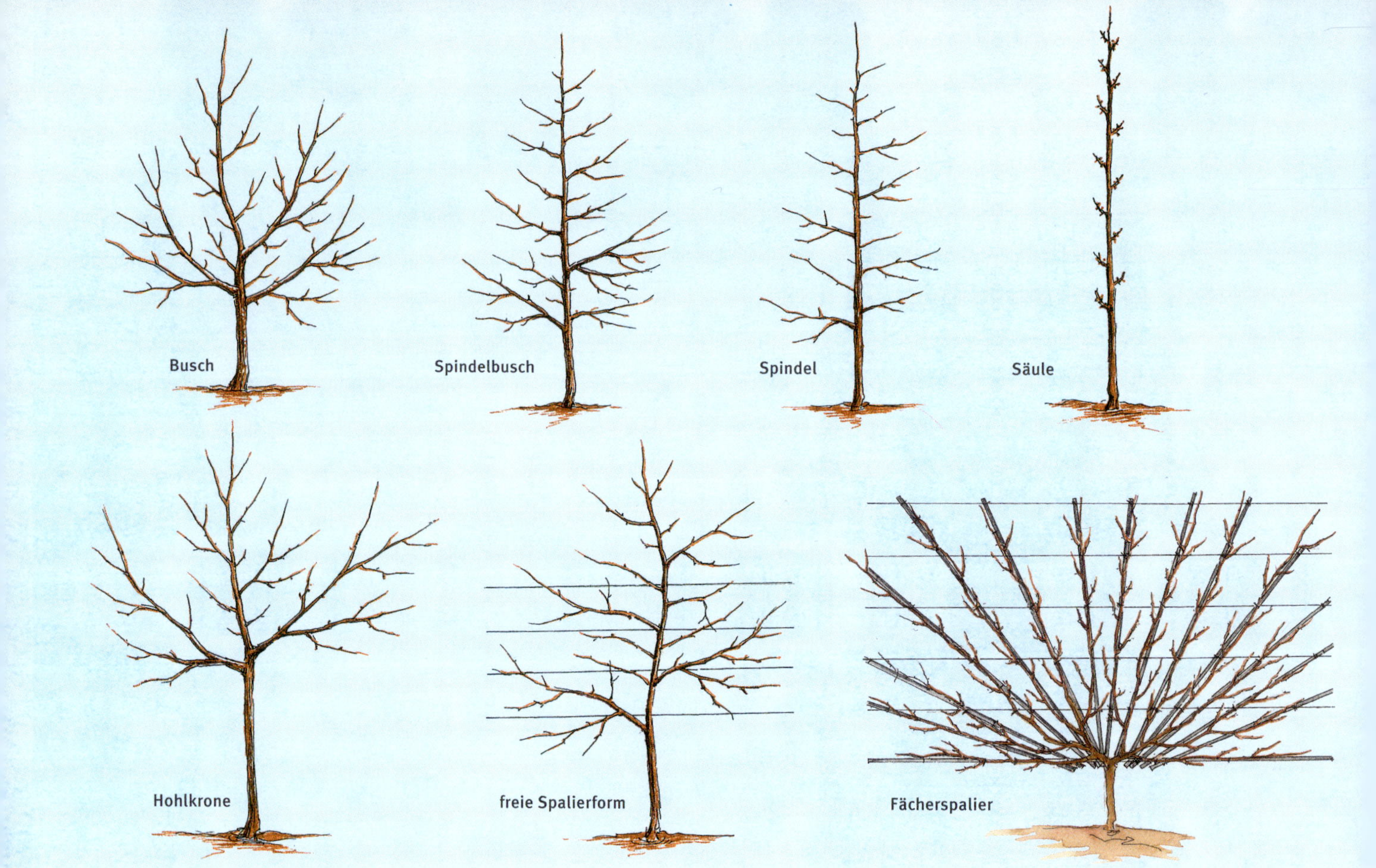

Die hier gezeigten Obstbaumformen eignen sich besonders gut für Hausgärten mit wenig Platz.

Der ideale Boden für die meisten unserer Obstgehölze wäre tiefgründig, mittelschwer und humusreich mit einem Grundwasserstand in 2–3 m Tiefe. Das wird jedoch in den seltensten Fällen so sein. Also sucht man die Arten aus, die für den eigenen Boden am besten passen. Birnen z. B. vertragen es etwas trockener,

wir empfehlen

!

Regional bewährte Sorten

Markenbaumschulen führen häufig vor allem Sorten, die in der jeweiligen Region gut gedeihen. Hier kann man Ihnen auch Lokalsorten empfehlen, die sich in der Gegend seit jeher bewährt haben. Fragen Sie auch Ihre Gartennachbarn, mit welchen Sorten sie gute Erfahrungen gemacht haben.

Pflaumen dagegen mögen es eher feucht. Schließlich kann man den Gehölzen den vorhandenen Boden auch etwas schmackhafter machen: durch eine Bodenverbesserung, am besten nach vorangegangener Bodenuntersuchung (→ S. 172), sowie durch eine angemessene Bodenpflege. Wirklich untauglich für die Obstkultur sind lediglich extrem schwere Tonböden.

Größe und Kronenform

Was häufig unterschätzt wird, ist der Platzbedarf der ausgewachsenen Obstgehölze. Vermeiden Sie eine zu enge Pflanzung, auch wenn das frisch gesetzte Bäumchen noch etwas verloren aussieht. Am besten misst man aus, wie viele Quadratmeter für einen Obstbaum am gewünschten Ort tatsächlich zur Verfügung stehen, und wählt dann Art, Sorte und Baumform unter Berücksichtigung der späteren Endgröße.

Was die Baumgrößen betrifft, gibt es inzwischen von fast allen Obstarten kleinwüchsige Formen. Die ▶ VEREDLUNG (S. 566) macht es möglich. Dabei werden Edelsorten, die die gewünschten Früchte hervorbringen, mit bestimmten Wurzelunterlagen kombiniert. Diese beeinflussen die Wuchsstärke der Edelsorten ebenso wie die Widerstandsfähigkeit gegen Krankheiten und andere Eigenschaften. So lassen sich sogar Süßkirschen, die lange Zeit nur als groß werdende Bäume erhältlich waren, durch neuere Wurzelunterlagen im Wachstum deutlich bremsen.

Die einzelnen **Baumformen** entstehen durch unterschiedliche Stammhöhen und Kronenformen. Als „Klassiker" kennt man die früher fast ausschließlich kultivierten Hoch- und Halbstämme. Deren Stämme haben eine Höhe von 160–180 cm bzw. 100–120 cm, gemessen bis zum Kronenbeginn. Niederstämme messen 80–100 cm. Die handlichen Busch- und Spindelbäume haben Stammlängen von nur 40–60 cm.

Die **Kronen** der Niederstämme, Hoch- und Halbstämme weisen in der Regel eine Pyramidenform auf. Sie ist bei Kernobst, Zwetschen und Süßkirschen verbreitet. Wird bei der Kronenerziehung der Mitteltrieb herausgenommen, entsteht die sogenannte Hohl- oder Trichterkrone. Sie ermöglicht, dass sehr viel Sonnenlicht den Baum durchfluten kann, was sich positiv auf die Fruchtqualität auswirkt. Mit Hohlkrone zieht man vor allem Pfirsich und Sauerkirsche, gelegentlich auch Kernobst. Die niedrigen Buschbäume und Spindelbüsche bilden nur kleine Kronen. Der

Buschbaum ist für Sauerkirschen und Pfirsiche zu empfehlen. Er hat im unteren Bereich noch einige Leit- bzw. Gerüstäste. Die häufigste Kronenform für kleine Hausgärten ist die **Spindel,** auch schlanke Spindel genannt. Sie besteht aus einem Mitteltrieb mit flach abgehenden, fruchtenden Seitenästen. Man findet sie bei Apfel, Birne, Pflaume, Zwetsche, Mirabelle, Süß- und Sauerkirsche. Sowohl der Busch- als auch der Spindelbaum erfordern einen regelmäßigen Schnitt (→ S. 360–362). Am schmalsten machen sich die bis 3 m hohen Säulenäpfel, die häufig unter dem Markennamen „Ballerina" im Handel sind. Sie bestehen nur aus einem Mitteltrieb mit kurzem Fruchtholz und benötigen fast keinen Schnitt. Nur gelegentlich auftretende Seitentriebe kürzt man auf etwa 2 Augen ein.

Sorten sorgfältig wählen

Die je nach Obstart sehr zahlreichen Sorten unterscheiden sich u. a. hinsichtlich Wuchsstärke, Widerstandsfähigkeit gegen Krankheiten, Reifezeit und Fruchtqualität. Auch bei Berücksichtigung persönlicher Vorlieben fällt die Auswahl oft schwer. Die Obstporträts ab S. 502 unterstützen dabei mit Sortenempfehlungen.

Die beste Hilfe bietet Ihnen die Beratung in einer guten Baumschule, wo Sie u. a. auch Auskunft bekommen, welchen endgültigen Platzbedarf die in Frage kommenden Sorten haben. Je genauer Sie dort Ihre Wünsche und die Standortbedingungen in Ihrem Garten benennen, desto gezielter kann man Sie beraten. Zudem erhält man dort Informationen über ein weiteres, etwas kniffliges Phänomen: Einige Obstarten sind **selbstunfruchtbar,** d. h., sie können sich mit ihrem eigenen Pollen nicht bestäuben und brauchen in ihrer Nähe eine Befruchtersorte, auch Pollenspender genannt. Wenn ein Apfel oder eine Birne zwar reichlich blüht, aber keine Früchte ansetzt, hapert es also meist mit der Bestäubung. Selbst wenn in der Nachbarschaft ein anderer Apfel- oder Birnbaum steht, kann es sein, dass er sich als Befruchter für Ihre Sorte nicht eignet. Dann passt entweder der Pollen einfach nicht, oder die beiden Bäume blühen zu unterschiedlichen Zeiten. Im Zweifelsfall muss deshalb auch Platz für eine passende Befruchtersorte eingeplant werden. Diese kann aber auch in den gewünschten Baum einveredelt werden, entweder in der Baumschule oder sogar durch eigene Veredlung (→ S. 232–233). Auch die meisten Süßkirschensorten brauchen eine Befruchtersorte; das kann auch eine Sauerkirsche sein. Ähnlich verhält es sich mit Haselnüssen, die durch eine Wildhasel bestäubt werden können.

Die meisten Sauerkirschen-, Pflaumen- und Zwetschensorten dagegen sind **selbstfruchtbar,** ebenso wie Pfirsiche, Aprikosen, Walnüsse, Beerenobst und Quitten. Eine zweite Sorte verbessert aber oft den Befruchtungserfolg.

Wählen Sie gerade bei Beerenobst die Sorten so, dass sich die **Reifezeiten** gut ergänzen. Dann hat man nicht auf einmal große Erntemengen zu bewältigen und kann das frische Obst über einen längeren Zeitraum hinweg ernten. Lagersorten bei Äpfeln und Birnen garantieren die Versorgung bis in den Winter hinein.

Erdbeeren brauchen wenig Platz und fruchten oft schon im Jahr der Pflanzung.

Unterlagen für Obstbäume

UNTERLAGE	BAUMFORM, PLATZBEDARF	EIGENSCHAFTEN
Apfel		
M9	für Spindeln; 3–4 m²	schwachwüchsig, Stützpfahl erforderlich
M11	für Halb-, Hochstämme; 24–30 m²	starkwüchsig, später Ertragsbeginn, frosthart
A2	für Halb-, Hochstämme; 24–30 m²	starkwüchsig, frosthart, für Hochlagen
Birne		
Quitte C	für Buschbäume und Spindeln; 12–16 m²	mittelstark, kalk-, frostempfindlich
Sämling	für Halb-, Hochstämme; 24–30 m²	starkwüchsig, frosthart, später Ertragsbeginn
Süßkirsche und Sauerkirsche		
GiSelA 5	für Buschbäume und Spindeln; Süßkirsche 6 m², Sauerkirsche 5 m²	schwachwüchsig, früher Ertragsbeginn
Weiroot	für Buschbäume und Spindeln; 6 m²	schwachwüchsig, früher Ertragsbeginn
Vogelkirsche F12/1	für Halb-, Hochstämme; Süßkirsche 25–30 m², Sauerkirsche 16–20 m²	starkwüchsig, alle Böden, auch raues Klima
Pflaume, Zwetsche und Mirabelle		
Gf655/2	für Spindeln; 8 m²	mittelstarker Wuchs, wärmere Lagen, bildet Wurzelausläufer
Myrobalane	für Halb-, Hochstämme; 30–40 m²	starkwüchsig, leichte Böden, frostempfindlich

Mit Obst gestalten

FRUCHTTRAGENDE BÄUME und Sträucher müssen nicht unbedingt in einen reinen Nutzgartenteil „verbannt" werden: Obst hat auch seine dekorativen Seiten und lässt sich schön in die Gestaltung eingliedern.

Fruchtender Hausbaum

Wo das Grundstück nur wenig Platz bietet, kann ein Apfel-, Birnen-, Quitten- oder Süßkirschenhochstamm die Funktion eines ▶ HAUSBAUMS (S. 545) übernehmen. Reinen Zierformen hätte er voraus, dass er köstliche Früchte trägt. Sehen lassen kann er sich auch: Im Frühjahr feiert er ein rauschendes Blütenfest. Im Sommer spendet er mit seiner dichten Krone wohltuenden Schatten. Wenn an heißen Tagen auf der Terrasse überhaupt kein Lüftchen mehr wehen will, improvisiert man einen Sitzplatz unter dem Hausobstbaum. Damit man sich darunter auch bequem bewegen kann, sollte der Stamm eine Höhe von mindestens 1,8 m haben.

Bei sehr kleinen und schmalen Gärten, z. B. an Reihenhäusern, kann man mit netten Nachbarn vielleicht gemeinsam einen Obsthausbaum pflanzen: Der findet dann auf der Grundstücksgrenze seinen Platz. Schließlich gibt ein älterer Hochstamm so viel her, dass zwei Familien sich die Ernte durchaus teilen können. Allerdings dauert es durchschnittlich etwa 10 Jahre, bis ein Hochstamm in den Vollertrag kommt. Wo solch eine Nachbarschaftslösung nicht möglich ist, muss man die üblichen ▶ GRENZABSTÄNDE (S. 544) einhalten.

Obsthecken und Spaliere

Eine platzsparende Lösung bietet die Erziehung einer Obsthecke. Hierbei werden die Äste von Spindelbäumen durch Schnitt und Anbinden an ein Drahtspalier so geformt, dass sie nur nach zwei Seiten wachsen. Dafür kommen alle Obstarten in Frage, die als Spindelbaum zu haben sind. Eine Obsthecke bietet Sichtschutz und kann daher die Grenze zum Nachbarn säumen oder das Grundstück nach außen abschließen. Was die Sonneneinstrahlung betrifft, verläuft solch eine Hecke am günstigsten in Nord-Süd-Richtung. Alternativ ist eine Ost-West-Ausrichtung möglich.

Die Obstkultur an Spalieren bietet weitere Möglichkeiten. Als freie Spaliere grenzen sie verschiedene Gartenräume voneinander ab, verlaufen entlang eines Wegs oder einer Grundstücksgrenze. Dabei gilt für die Pflanzausrichtung dasselbe wie für die Obsthecke. „Erfunden" hat man die Spaliere im 17. und 18. Jahrhundert in den Schlossgärten des europäischen Adels. Dort wurden nicht nur Zier-, sondern auch Obstgehölze in oft äußerst kunstvollen Formen erzogen.

Am Draht- oder Lattenspalier ist vieles machbar: lockere Fächer ebenso wie streng geformte, waagrecht oder in U-Form gezogene Äste. Für solch akkurate Spaliere kommen nur Apfel und Birne in Frage (→ S. 362). Für lockere Fächer eignen sich hingegen auch Pfirsich, Sauerkirsche und andere Steinobstarten (→ Abb. S. 354). Spaliere vor Wänden und Mauern kann man den Gegebenheiten prima anpassen: Sie füllen langweilige Flächen, kaschieren unansehnliche Mauern, rahmen Fenster und Türen ein und hangeln sich am Balkongeländer entlang. Mit solchen Wandspalieren schlägt man mehrere Fliegen mit einer Klappe: Begrünte Häuser haben eine malerische Ausstrahlung. Kälteempfindliche Arten wie Aprikose, Pfirsich, Kiwi und Weinrebe profitieren von der Wärmeabstrahlung der Wände. In manchen Gegenden ist der Anbau dieser Obstarten überhaupt nur auf solche Weise erfolgreich.

Schmucke Stämmchen und lauschige Lauben

Auch mit Beerenobst kann man gestalterische Akzente setzen. Dazu eignen sich vor allem Hochstämmchen von Johannis- oder Stachelbeeren. Sie machen sogar im Blumenbeet eine gute Figur. Allerdings muss man dann ein Auge auf eine ausreichende Wasser- und Nährstoffversorgung haben. Sehr wirkungsvoll sind Hochstämmchen auch an zwei oder vier Ecken eines Beets oder rechts und links zu Beginn eines Wegs – eine Verwendung, die wieder ein wenig an die formale Gestaltung von Schlossgärten erinnert.

Vor allem im milden Weinbauklima, aber auch an gut geschützten Stellen in kühleren Regionen lassen sich Wein oder Kiwi als attraktive Begrünung für Pergolen oder Lauben einsetzen. Diese müssen mindestens 2 m hoch und sehr stabil sein: Besonders Kiwis erreichen mit der Zeit ein beachtliches Gewicht. Ganz nach Belieben können die Seiten offen bleiben oder ebenfalls berankt werden. Im ersten Fall zieht man die Haupttriebe der Wein- oder Kiwipflanzen über mehrere Jahre hinweg in Etappen bis zur Höhe des Dachs und lässt nur dort die Ausbreitung von Seitentrieben zu. Berücksichtigen Sie bei der Planung so einer Pergola oder Laube, dass Sie für die jährlich nötigen Schnittmaßnahmen auch von oben an die Pflanzen herankommen. Die Mühe lohnt sich: Wenn die Früchte im Herbst über dem Sitzplatz in der Laube herunterbaumeln, hat das schon etwas von Schlaraffenland.

Rote Johannisbeeren verlocken zum Naschen im Vorbeigehen, liefern aber auch genug zum Einkochen.

VIELFÄLTIGE GESTALTUNG

1 Hauswände begrünen
Weinreben lassen sich nach Belieben so erziehen, dass sie freie Wandflächen malerisch begrünen. Durch die Wärmeabstrahlung der Wand wird ihr Anbau auch in raueren Klimagebieten möglich.

2 Mauern attraktiver gestalten
Apfelbäume am Spalier verstecken und beleben unansehnliche Mauern. Zugleich liefern sie auf kleinstem Raum köstliche Früchte. Diese Anbauform ist auch gut mit Birnen, Aprikosen und Pfirsichen möglich.

1

2

3

4

5

3 Obst als Raumteiler
Obstbäume am Spalier können unterschiedliche Gartenräume voneinander abgrenzen. Besonders attraktiv wirken dabei strenge Formen wie ein Apfelspalier in doppelter U-Form (→ Abb.). Solche Anbauformen grenzen z. B. den Nutz- vom Ziergarten ab oder dienen als Sichtschutz zur Straße hin.

4 Ziergartenfeine Hochstämmchen
Beerenobst wie Rote und Schwarze Johannisbeeren sowie Stachelbeeren ist auch als Hochstämmchen erhältlich. So zieren sie nicht nur den Nutzgarten, sondern bereichern – geschickt platziert – sogar Blumenbeete.

5 Lauschige Blätterdächer
An geschützten Standorten und in milden Klimagebieten bietet ein Rankgerüst in Schirmform die Voraussetzung für einen romantischen Kiwibaldachin. Ebenso wie Wein beranken die Schlinger auch Pergolen und Lauben von bis zu 2 m Höhe, deren Seiten offen oder zugewachsen sein können.

Baumobst richtig pflanzen und pflegen

FÜR DEN LANGFRISTIGEN Erfolg mit Obstgehölzen ist ein guter Start von entscheidender Bedeutung. Sorgfältige Auswahl, Pflanzung und Pflege von Beginn an sind eine Investition in die Zukunft. Denn es dauert je nach Baumform einige Jahre, bis das Gehölz regelmäßig reichlich Früchte hervorbringt.

Junge Bäumchen in ordentlicher Qualität können Sie besonders von ⊙ MARKENBAUMSCHULEN (S. 552) erwarten. Achten Sie beim Einkauf auf die folgenden Kriterien: Die Jungbäume sollten einen geraden Stamm aufweisen. Die Krone ist idealerweise mit einem ausgeprägten Mitteltrieb als Stammverlängerung und 3 bis 4 kräftigen, nicht zu steilen Seitenästen ausgestattet, die sich gleichmäßig auf unterschiedlichen Höhen um den Stamm verteilen. Die ⊙ VEREDLUNGSSTELLE (S. 567) muss einwandfrei verwachsen und frei von Krankheiten oder Verletzungen sein. Das Wurzelwerk sollte eine gute Verzweigung aufweisen, mit ausreichend stärkeren und feineren Wurzeln in einem harmonischen Verhältnis. Bei Gehölzen im Container sollte der Wurzelballen gut, aber nicht übermäßig durchwurzelt sein.

Baumobst ist fast ausnahmslos veredelt. Wer Obst von selbstgezogenen Bäumen ernten möchte, muss sich deshalb mit dem nicht ganz einfachen Verfahren der Veredlung (→ S. 232–233) beschäftigen.

Treten Sie die Erde um den jungen Obstbaum fest an.

Binden Sie die Achterschlaufe so, dass sie bei Bedarf leicht zu weiten ist.

Obstbaumpflanzung

› Die beste **Pflanzzeit** erstreckt sich für wurzelnackte Obstgehölze (⊙ WURZELNACKTE PFLANZE, S. 568) von Ende Oktober bis April. ⊙ CONTAINERPFLANZEN (S. 538) kann man das ganze Jahr über in die Erde bringen. Bei beiden ist ein frostfreier Boden Voraussetzung. Kälteempfindliche Arten wie Pfirsich und Aprikose setzt man besser im Frühjahr.

Nackte Wurzeln schlägt man bis zur Pflanzung in ein feuchtes Tuch ein. Direkt bevor die Obstgehölze in die Erde kommen, müssen sowohl wurzelnackte als auch Containerpflanzen gut gewässert werden. Zu lange oder verletzte Wurzeln kürzt man, falls erforderlich, ein. Dabei sollten die Schnittflächen so klein wie möglich bleiben und stets nach unten weisen.

Das **Pflanzloch** hebt man jeweils doppelt so tief und breit aus, wie die Wurzeln bzw. der Ballen hoch und breit sind. Lockern Sie die Erde am Boden des Pflanzlochs und darum herum gut auf. Dann können sich die Wurzeln beim Anwachsen leichter ausbreiten. Der Aushub wird mit Kompost und etwas organischem Dünger verbessert.

Ein **Stützpfahl** ist in jedem Fall erforderlich. Er sollte bis gerade unterhalb der Krone reichen, nachdem er fest – je nach Bodenart und Stammhöhe 30–60 cm tief – im Boden verankert ist. Schlagen Sie ihn vor dem Einsetzen des Baums an der Südwestseite ein, so weit von der Mitte des Pflanzlochs entfernt, dass er nachher direkt neben dem Wurzelballen zu stehen kommt. Bei wurzelnackter Ware schätzt man dabei die spätere Größe des Wurzelballens.

› Die eigentliche **Pflanzung** klappt am besten zu zweit. Legen Sie zunächst einen Stab quer über das Pflanzloch. Er hilft, die exakte Pflanzhöhe zu bestimmen, so dass die Veredlungsstelle nachher 10 cm über dem Boden liegt. Nun hält eine Person den Baum in die richtige Position, während die andere Erde in das Pflanzloch schaufelt. Ist das Pflanzloch halb gefüllt, rütteln Sie das Bäumchen, damit sich die Erde gut zwischen den Wurzeln verteilt. Verfahren Sie so auch beim weiteren Einfüllen der Erde und achten Sie darauf, dass der Baum auf der richtigen Pflanzhöhe bleibt. Anschließend treten Sie die Erde mit den Fersen rundum gut fest. Wenn das Loch fertig aufgefüllt ist, formt man mit der restlichen Erde einen kleinen Wall um die Pflanzstelle, damit beim Angießen das Wasser zu den Wurzeln geleitet wird. Im Herbst reichen dafür 10 l Wasser, bei einer Frühjahrspflanzung sollten es dagegen 20–30 l sein. Nun muss der Stamm am Stützpfahl festgebunden werden. Das geschieht am besten mit einem Kokosstrick oder einem speziellen Baumband in einer Achterschleife, wie es die Abbildung zeigt. Befestigen Sie den Strick am Pfahl etwas tiefer als am Stamm, damit sich der Baum nicht „aufhängt", wenn sich der Boden setzt.

› Schließlich braucht die Krone noch einen **Pflanzschnitt.** Das ist vor allem bei wurzelnackten Gehölzen wichtig, weil so die Krone in ein Gleichgewicht zu den eingekürzten Wurzeln gebracht wird. Dabei werden der Mitteltrieb und die 3 oder 4 Leitäste um ein Drittel bis zur Hälfte eingekürzt. Bedecken Sie schließlich den Boden um den Stamm herum mit einer Mulchschicht. Entfernen Sie eventuell an den Gehölzen angebrachte Etiketten, damit sie nicht einwachsen können.

Die Pflege der Obstbäume

Gesundes Wachstum der Obstbäume und eine regelmäßige, gute Ernte setzen schon ein wenig Pflege voraus. Neben Gießen und Düngen fallen beim Obst auch einige spezielle Arbeiten an.

Gießen und Düngen

Der Wasserbedarf von Baumobst ist von Art zu Art verschieden. Am meisten Bodenfeuchte brauchen die Pflaume und ihre Verwandten sowie der Apfel. Mittlere Ansprüche haben Birne und Süßkirsche, eher trockene Böden lieben Pfirsich, Sauerkirsche und Aprikose. In länger anhaltenden Trockenperioden sollte man alle 2 Wochen gießen – dies besonders, wenn der Frühling trocken war und bereits Fruchtansätze sichtbar sind. Kleineren Bäumen gibt man mindestens 20 l Wasser je m^2, großen 40 l. Die feinen Saugwurzeln wachsen nicht direkt am Stamm, sondern bis über den Rand der Krone hinaus. Deshalb wird dieser ganze Bereich bewässert.
Um den Nährstoffbedarf zu decken, gibt man im März eine mit organischem oder Langzeitdünger vermischte Schicht Kompost auf die Baumscheibe. Dabei bleibt ein Ring von 10–20 cm um den Stamm frei. Spezielle Obstdünger haben auf diese Kulturen abgestimmte Nährstoffe. Vermeiden Sie übermäßige Düngergaben und schnell wirkende Dünger.

Mulchen der Baumscheibe

Die Obstgehölze profitieren sehr von einer gut gepflegten Baumscheibe, d. h. einer unkrautfreien Zone von etwa 1,5 m Durchmesser um den Stamm herum. Da die meisten Arten eher Flachwurzler sind, darf hier auf keinen Fall gehackt oder gar umgegraben werden. Sehr günstig wirkt sich eine Bedeckung mit Mulchmaterialien aus, z. B. mit halbreifem Kompost oder Rasenschnitt (→ auch S. 170). Das im Herbst fallende Laub können Sie über Winter ebenfalls auf die Baumscheibe harken. Alternativ lässt sich die Baumscheibe älterer Gehölzen auch begrünen. Bewährt haben sich dafür Kapuzinerkresse, die Blattläuse vom Baum fernhält, indem sie sie selber anzieht, außerdem Spinat, Senf, Ringel- und Studentenblumen sowie die üblichen Gründüngungsmischungen. Bei jungen Bäumen, die in einer Rasenfläche stehen, hält man die Baumscheibe in den ersten Jahren komplett frei.

wir empfehlen

!

Wildtriebe entfernen

Triebe, die ab Frühjahr an der Basis des Stamms ausschlagen, entstehen aus der Unterlage und sollten so schnell wie möglich entfernt werden. Graben Sie den Boden so tief auf, dass Sie solche Triebe direkt an ihrer Ursprungsstelle mit glattem Schnitt komplett wegschneiden können (→ Abb. S. 286).

Stamm- und Wundpflege

Die Stammpflege dient vor allem der Vorbeugung gegen Krankheiten und Schädlinge. Dazu bürstet man den Stamm und die stärkeren Äste im Spätherbst oder spätestens im Februar mit einer Draht- oder Wurzelbürste ab. Algen, Flechten, Moose und lockere Rindenteile, die vielen Schädlingen Unterschlupf bieten, werden dabei entfernt. Anschließend ist es günstig, den Stamm mit einem Weißanstrich zu versehen. Er reflektiert die Strahlung der Sonne, die ab Februar wieder stärker wird. So können starke Temperaturschwankungen bei nächtlichem Frost und damit die Entstehung von Rissen und Platten vermieden werden. Manche Anstrichpräparate enthalten zusätzlich Wirkstoffe, die Pilzerkrankungen und Schädlingsbefall entgegenwirken.
Nicht nur Schnittwunden sondern auch Verletzungen, die z. B. durch Frost, Astbruch oder Wildverbiss entstehen können, sollten sehr sorgfältig behandelt werden. Sägen oder schneiden Sie dazu die beschädigten Triebe direkt am Stamm bzw. Ast heraus. Dann sollte man die Wundränder mit einem Messer schön glatt schneiden. Sehr wichtig ist auch das sorgfältige Ausschneiden von Obstbaumkrebs bis ins gesunde Holz hinein. Diese Pilzkrankheit verursacht krebsartige Wucherungen an der Rinde. Verstreichen Sie in allen Fällen nach dem Glattschneiden der Wunden ein handelsübliches Wundverschlussmittel über die ganze offene Fläche bis über die Wundränder hinaus.

Kapuzinerkresse auf der Baumscheibe schützt Obstbäume vor Blattläusen.

Ein Weißanstrich an Stamm und unteren Leitästen beugt Frostschäden vor.

Früchte ausdünnen

Wenn Kernobstbäume in einem Jahr sehr viele Früchte tragen und im nächsten Jahr so gut wie gar keine, spricht der Fachmann von Alternanz. Ursache ist, dass ein starker Fruchtbehang die Bildung von Blütenknospen im August hemmt, damit der Baum sich nicht zu sehr verausgabt. Um die Alternanz zu brechen, kann man den Fruchtansatz ausdünnen. Dazu wartet man bis Ende Juni, wenn der natürliche Fruchtfall vorüber ist. Belassen Sie pro Büschel höchstens 2 bis 3 kleine Früchte; die überzähligen schneiden Sie mit der Gartenschere ab. Dies wirkt sich auch auf die Fruchtgröße und -qualität positiv aus.

Obstbäume schneiden

Die Erfahrung hat gezeigt, dass Obstgehölze besser und regelmäßiger Früchte tragen, wenn man sie fachgerecht schneidet. Zudem gelangt durch das jährliche Auslichten der Krone mehr Sonne an die Früchte. Das fördert Reife ebenso wie Geschmack. Weil die Krone durch den Schnitt luftiger wird, kann das Laub nach Regen oder bei Taubildung schneller abtrocknen, was Pilzkrankheiten vorbeugt. Weiterhin wird durch das Entfernen des alten Fruchtholzes ein guter Neuaustrieb angeregt.

Der beste **Zeitpunkt** für den Schnitt ist die Vegetationsruhe gegen Winterende an einem frostfreien Tag. Beachten Sie beim Obstbaumschnitt auch die allgemeinen Hinweise und Empfehlungen im Kapitel „Pflanzen schneiden" (→ S. 214–219). Grundsätzlich ist gut geschärftes und stets sauber gehaltenes Schnittwerkzeug sehr wichtig.

Erziehungsschnitt

Nieder-, Halb- und Hochstämme sowie die kräftig wachsenden Buschbäume erhalten meist eine Pyramiden- oder Rundkrone. Ziel ist es, neben dem Mitteltrieb, der die Verlängerung des Stamms bildet, 3 bis 4 Leit- bzw. Gerüstäste aufzubauen. Solche gleichmäßig um den Stamm verteilten Äste sind bei guter Pflanzware bereits im Ansatz vorhanden (→ S. 358), andernfalls müssen neue Seitentriebe entsprechend erzogen werden. Die Leitäste sollten nicht zu steil stehen, ihr Winkel zum Stamm nicht weniger als 45° betragen.

Der Erziehungsschnitt ab dem 2. Jahr erfolgt stets nach den folgenden Regeln: Schneiden Sie die Konkurrenztriebe, die parallel zum Mitteltrieb wachsen, ganz heraus. Lassen Sie dabei niemals Aststummel stehen, da diese Eintrittspforten für Krankheiten sein können. Steile Seitentriebe am Mitteltrieb und an den Leitästen werden ebenfalls entfernt, flache Seitentriebe bleiben stehen. Kürzen Sie die Leitäste jeweils um ein Drittel bis zur Hälfte ein. Schneiden Sie dabei auf eine nach außen stehende Knospe zurück. Anschließend kürzen Sie den Mitteltrieb so ein, dass ein Winkel von 90–120° zwischen den Leittrieben entsteht. Hier schneiden Sie über einer Knospe, die in die entgegengesetzte Richtung zur obersten Knospe aus dem Vorjahr zeigt.

Die ungeschnittenen, kurzen, flachen Seitenäste am Mitteltrieb und an den Leitästen verzweigen sich im 3. Jahr nach der Pflanzung. An den kürzer werdenden Unterverzweigungen bilden sich die ersten Blütenknospen, aus denen im 4. Jahr Früchte hervorgehen. Die Spitzen der Leitäste und der Mitteltrieb werden weiter nach den genannten Grundregeln geschnitten.

Schließlich sollte jeder Leitast 3 gut verteilte Seitenäste aufweisen. Mitteltrieb, Leit- und Seitenäste tragen beim Ende des Kronenaufbaus jeweils locker verteilte fruchtende Zweige, die gleichmäßig mit kurzem Fruchtholz besetzt sind.

Erhaltungsschnitt

Etwa ab dem 6. Standjahr beginnt man mit dem Erhaltungsschnitt. Behalten Sie dabei im Hinterkopf, dass die Ausbildung von Früchten das Triebwachstum hemmt. Bleibt der Baum ungeschnitten, trägt er immer mehr Früchte und bildet immer weniger junge Triebe aus. Um das zu verhindern, bringt man Fruchtbildung und Triebwachstum mit dem Schnitt in ein Gleichgewicht. Doch je stärker man schneidet, desto stärker treibt der Baum wieder aus. Gehen Sie daher zurückhaltend vor.

Schneiden Sie zunächst kranke und abgestorbene sowie quer oder zu steil wachsende Triebe weg. Triebe, die auf den Ästen senkrecht nach oben wachsen, tragen keine Blütenknospen. Entfernen Sie davon jeden zweiten und kürzen Sie die verbliebenen ein. Der Mitteltrieb bleibt ungeschnitten, seine Konkurrenztriebe werden entfernt. Ältere Fruchttriebe schneidet man auf einen weiter innen am Ast wachsenden, zweijährigen Trieb zurück. Dieser sollte schräg nach oben und außen wachsen und bereits Blütenknospen haben. Größere Fruchttriebe am Mitteltrieb werden entfernt, ebenso flach wachsende, schwächere Seitentriebe, die zu dicht stehen. Die anderen bleiben ungeschnitten. An ihnen bilden sich die neuen Blütenknospen (→ Kasten S. 362).

Beim Pflanzschnitt belässt man 3 Seitentriebe, die im 45°-Winkel vom Mitteltrieb abzweigen.

Ein Jahr später schneidet man so, dass Mittel- und Seitentriebe einen Winkel von 90–120° bilden.

Ab dem 6. Standjahr ist die Krone aufgebaut; nun können Sie mit dem Erhaltungsschnitt beginnen.

Erziehung eines Spindelbaums

Anders als bei Hochstamm- oder Buschbäumen erzieht man die Krone einer schlanken Spindel ohne Leitäste am Mitteltrieb. Stattdessen gehen 5 bis 7 Fruchttriebe direkt vom Mitteltrieb ab. Diese sollen ab einer Stammhöhe von etwa 60 cm möglichst gleichmäßig entlang des Mitteltriebs verteilt sein. Sie sollten zudem flach vom Mitteltrieb abzweigen. Steil stehende Fruchttriebe wachsen stärker und können dazu führen, dass die Krone größer als gewünscht wird.

Suchen Sie sich beim Kauf ein Bäumchen aus, das diese Voraussetzungen möglichst schon erfüllt. So müssen Sie beim **Pflanzschnitt** nur noch die nebenstehend gezeigten Maßnahmen ausführen. Wenn Sie einen zu langen Mitteltrieb einkürzen müssen, treiben an der Spitze steil wachsende Triebe aus. Schneiden Sie diese im Sommer alle bis auf einen weg, der dann als Verlängerung des Mitteltriebs dient. Blieb der Mitteltrieb ungeschnitten, gehen an seiner Spitze im darauf folgenden Frühjahr neue Seitentriebe ab. Die oberen, steil stehenden, werden entfernt, die flacheren weiter unten bleiben ungekürzt stehen. Die Fruchttriebe des Vorjahrs haben nun kurze Seitentriebe und erstmalig Blütenknospen ausgebildet. Ab dann steht vom 2. bis zum 4. oder 5. Jahr der **Erziehungsschnitt** an (→ Abb.).

Die Fruchttriebe und der Mitteltrieb biegen sich durch das Gewicht der Früchte von Jahr zu Jahr weiter herunter. Zugleich entstehen an ihrer höchsten Stelle mehrere stärkere Jungtriebe. Entfernen Sie davon beim jährlichen **Erhaltungsschnitt** pro Fruchttrieb alle bis auf einen. Diese Jungtriebe verzweigen sich und ersetzen den Fruchttrieb, wenn er in 2 bis 3 Jahren abgetragen ist. Bis dahin werden sie nicht geschnitten. Tragen sie in ihrem 2. Jahr Blütenknospen, wird der alte Fruchttrieb am Jungtrieb weggenommen.

Wenn der Baum seine Endhöhe von etwa 2,5 m erreicht, wird seine Spitze, falls erforderlich, jedes Jahr auf einen tiefer stehenden, verzweigten Trieb umgelenkt. Steil stehende, einjährige Triebe nimmt man ganz heraus. Ist ein Seitentrieb am Mitteltrieb einmal doppelt so dick geworden wie dieser, nimmt man ihn auf einen 5 cm langen Zapfen zurück.

SCHNITT EINER SPINDEL

› MATERIAL:
junger Obstbaum mit 5 bis 7 gut verteilten Fruchttrieben

› WERKZEUG, ZUBEHÖR:
Gartenschere, scharfes Messer zum Nachschneiden von Wunden

› ZEITBEDARF:
pro Schnittvorgang 15 bis 30 Minuten

1

Pflanzschnitt

Schneiden Sie Zweige, die zu tief ansetzen, weg. Entfernen Sie alle zu steil stehenden Triebe. Den Mitteltrieb kürzt man nur, wenn er oberhalb des letzten Fruchttriebs länger als 50–60 cm ist.

2

Erziehungsschnitt

Ab dem 2. Jahr nach der Pflanzung werden alle neuen, steil wachsenden Seitentriebe am Mitteltrieb entfernt. Die flachen bleiben ungeschnitten; nur zu dicht stehende sollte man auslichten.

3

Erhaltungsschnitt

Schneiden Sie die Spitze, wenn nötig, auf einen tiefer stehenden Trieb zurück. Abgetragene Fruchttriebe bis zu zweijährigen Seitentrieben mit Blütenknospen einkürzen. Steil stehende einjährige Triebe entfernen.

4

Verjüngungsschnitt

Durch die Last der Früchte hängen bei unregelmäßig geschnittenen Spindeln die Spitzen der Fruchttriebe nach unten. Zur Verjüngung lenkt man sie auf jüngere, waagrecht nach außen wachsende Triebe um.

Bei Spalierobst bindet man nach der Pflanzung die untersten Leitäste an.

Im Jahr darauf bindet man die nächsten Leitäste im 60°-Winkel an Stäbe.

Im Folgewinter bindet man die zweite Leitastetage vom Stab ans Spalier.

Spalierobstschnitt

Spalierobst ähnelt im Prinzip einer Spindel, nur dass sich hier die Fruchttriebe auf zwei Seiten gegenüberstehen. Außerdem werden sie bei der beim Kernobst üblichen, sogenannten einfachen Palmette waagrecht oder senkrecht an Drähten oder Latten entlanggezogen. Die Etagen der Spaliere sollten einen Mindestabstand von 60 cm zueinander haben.

Für ein Spalier mit waagrechten Trieben suchen Sie beim Kauf eine junge Spindel aus, die in der Höhe des ersten Stützdrahtes ein gegenüberliegendes Astpaar hat. Nach der Pflanzung binden Sie die beiden Triebe flach an den Draht an und kürzen sie auf 60 cm Länge ein. Alle anderen flach wachsenden Triebe schneiden Sie auf kurze Zapfen zurück, steil wachsende Triebe werden ganz entfernt. Den Mitteltrieb schneiden Sie 4 bis 5 Augen oberhalb des zweiten Drahts ab.

Im Sommer nach der Pflanzung entfernen Sie die steil wachsenden Triebe an der Spitze des Mitteltriebs. Nun wählen Sie 2 günstig stehende Seitentriebe für die nächste Etage und binden diese in Höhe des zweiten Drahts jeweils in einem Winkel von 60° zum Mitteltrieb an Bambusstäben fest. Diese Triebe bleiben wie der Mitteltrieb und die Haupttriebe am ersten Draht ungeschnitten. Die an den Haupttrieben entstandenen Jungtriebe schneidet man, sobald sie 10 Blätter gebildet haben, auf 6 Blätter zurück. Die oberen Knospen der Jungtriebe treiben aus und werden auf 2 Blätter gekürzt, sobald sie wieder 10 Blätter gebildet haben. Ebenso verfährt man mit den Seitentrieben am Mitteltrieb zwischen den beiden Drähten.

Im Folgewinter werden die Haupttriebe für den zweiten Draht waagrecht angebunden und auf 60 cm eingekürzt. Soll eine weitere Etage folgen, kürzen Sie den Mitteltrieb auf 4 bis 5 Augen oberhalb des dritten Drahts ein. Anderenfalls wird er entfernt. Die im Sommer zweimal geschnittenen Jungtriebe kürzen Sie jeweils auf 4 Augen. Ihre neuen Seitentriebe im Sommer werden zweimal auf 2 bis 4 Blätter zurückgeschnitten. Von nun ab erfolgen dieser Sommerschnitt und das Nachschneiden im Winter jedes Jahr. Vergreisen Fruchttriebe an den Haupttriebunterseiten, lichtet man sie um ein Viertel aus. Zu starke Neuaustriebe an den Haupttrieboberseiten schneidet man bis ins alte Fruchtholz zurück.

Gut zu wissen

Fruchtholz beim Kernobst

Das Erfolgsgeheimnis beim Obstbaumschnitt liegt im Wissen, an welchen Trieben die Arten Blüten ansetzen. So bilden Äpfel und Birnen an ihren einjährigen Trieben lediglich Blattknospen aus. Diese Triebe bringen im kommenden Jahr neue, kürzere Seitentriebe hervor. Je kürzer sie sind, desto eher entstehen daran Blütenknospen. Der Fachmann nennt solche kurzen Triebe Fruchtholz. Äpfel und Birnen bilden mehrere Arten von Fruchtholz, die sich in der Länge unterscheiden. Sind die Seitentriebe am zweijährigen Holz 10–30 cm lang und tragen an ihrer Spitze eine Blütenknospe, spricht man von Fruchtruten. Bleiben sie kürzer als 10 cm, nennt man sie Fruchtspieße. Wird der Trieb nur 1–2 cm lang, trägt er meist mehrere Blütenknospen, ist ein wenig verdickt und heißt Fruchtkuchen. Das Fruchtholz verzweigt sich im folgenden Jahr weiter und bildet noch mehr Blütenknospen aus. Mit der Zeit wird es dabei schwächer und sollte auf jüngere Triebe zurückgenommen werden.

Allgemeines zum Steinobstschnitt

Für Pflanzschnitt und Kronenerziehung gelten beim Steinobst dieselben Prinzipien wie beim Kernobst. Besonderheiten beim Schnitt ergeben sich vor allem durch die unterschiedlichen Fruchtholzarten. Außerdem hat es sich beim Steinobst bewährt, viele Schnittmaßnahmen im Sommer durchzuführen. Dies vor allem, weil ein Sommerschnitt den Wuchs etwas bremst und die Wunden im Sommer schneller verheilen.

Schnitt der Süßkirsche

Das wichtigste Fruchtholz der Süßkirschen sind kleine blütenbüscheltragende Kurztriebe, die sogenannten **Bukettriebe.** Diese entstehen an Langtrieben und bleiben über viele Jahre fruchtbar.

Da Süßkirschen sehr stark wachsen, sollte man beim Kronenaufbau darauf achten, dass die Leitäste am Stamm nicht zu dicht zusammenstehen. Führen Sie den **Erziehungsschnitt** der Krone in den ersten Jahren nicht im Winter, sondern im Frühjahr durch. Dabei hält man sich bei jüngeren Bäumen ziemlich zurück. Lichten Sie die Bukettriebe regelmäßig ein wenig aus. Entfernen Sie steil wachsende Triebe und solche, die in Konkurrenz zu Mittel- oder Leittrieben stehen. Fruchtäste, die sich nach einiger Zeit aufrichten und steil nach oben wachsen, nehmen Sie ebenfalls heraus. Bei älteren Bäumen ist der **Sommerschnitt**, im August bzw. gleich nach der Ernte, verträglicher. Soll die Krone einigermaßen niedrig gehalten werden, begrenzt man die Höhe dadurch, dass man die Spitze bis zu einem günstig stehenden Ast zurücknimmt. Auch wenn größere Äste zur Verjüngung herausgenommen werden sollen, leitet man sie auf einen nahe am Grundgerüst stehenden Seitentrieb um.

Durch die schwachwachsenden Unterlagen ist es in Kombination mit mäßig wüchsigen Sorten wie 'Burlat', 'Van' und 'Sam' möglich, auch Süßkirschen als **Spindelbäume** zu erziehen. Dafür kaufen Sie am besten eine erst einjährige Veredlung. Zunächst wird der Konkurrenztrieb zum Mitteltrieb entfernt. Der Mitteltrieb selbst sollte in etwa 120 cm Höhe über einer Knospe gekappt werden. Die 5 bis 6 unterhalb dieser Knospe liegenden Knospen bricht man aus. Darunter sollten jetzt noch 6 bis 7 Knospen verbleiben. Eine Erziehung von 4 Seitentrieben ist bei der Süßkirschenspindel vorteilhaft. Diese bleiben zunächst ungeschnitten. Sie sollten aber nach der Pflanzung waagrecht stehen, um in ihrem Wachstum gebremst zu werden. Binden Sie dazu die Triebe herunter oder beschweren Sie sie. Dafür eignen sich z. B. mit Gips gefüllte Joghurtbecher. Achten Sie dabei darauf, dass die Triebe keinen Bogen bilden, sonst entwickeln sie oberseits am höchsten Punkt starke Triebe. Diese hemmen den Ansatz von Blütenknospen.

Im Mai treiben die am Mitteltrieb verbliebenen 6 bis 8 Knospen aus. Diese etwa 5 cm kurzen Triebe bringt man wiederum vorsichtig, mit leichten Gewichten beschwert, in die Waagrechte. Die oberste Knospe am Mitteltrieb treibt ebenfalls aus. Dieser Trieb wird im folgenden Frühjahr vor dem Austrieb nur zurückgenommen, wenn er länger als 70–80 cm geworden ist. Dabei bleibt wieder die oberste Knospe stehen, die 5 bis 6 darunterliegenden bricht man aus. Schließlich entfernen Sie die Gewichte von den kurzen Neutrieben des Vorjahrs. Auf diese Weise verfährt man in den kommenden Jahren weiter.

Der **Erhaltungsschnitt** erfolgt am günstigsten im Sommer nach der Ernte. Dabei werden alle steil wachsenden Triebe auf 10 cm lange Zapfen zurückgenommen. Ältere fruchtende Seitentriebe, die zu stark werden, schneidet man ebenso auf Zapfen. Daraus entstehen gleich wieder neue, kurze Triebe mit Blütenknospen. Waagrecht wachsende Seitentriebe kürzt man nicht ein, um sie nicht zum Wachstum anzuregen. Wachsen sie zu stark, bilden sie keine Blütenknospen aus.

Schnitt bei Sauerkirsche und Pfirsich

Sauerkirschen tragen ihre Blütenknospen wie Pfirsiche und Nektarinen, am im Vorjahr gebildeten, unverzweigten Trieb. Erziehung und Schnitt können demnach auf gleiche Weise erfolgen. Allerdings ist beim Pfirsich eine Besonderheit zu beachten: Er bildet neben sogenannten wahren auch „falsche“ Fruchttriebe (→ Kasten S. 364).

Bei Süßkirschen entfernt man steil stehende Äste und Konkurrenztriebe.

„Peitschentriebe“ bei Sauerkirschen nimmt man auf jüngere Triebe zurück.

Seitenäste von Zwetschen erst auf Zapfen, nach 2 Jahren ganz wegschneiden.

Gut zu wissen

Fruchttriebe bei Pfirsich und Sauerkirsche

Pfirsiche und Sauerkirschen blühen am einjährigen Holz. Bei Pfirsich gibt es dabei sogenannte Holztriebe sowie wahre und falsche Fruchttriebe. Reine Holztriebe sind nur mit runden Blattknospen (2) besetzt. „Falsche" Fruchttriebe haben zwar Blütenknospen, bringen aber kaum gute Früchte hervor. Die wahren Fruchttriebe erkennen Sie daran, dass sie zumeist im mittleren Bereich Knospengruppen aus je 2 Blüten- und einer Blattknospe bilden (1). Diese bleiben ungeschnitten. Falsche Frucht- wie Holztriebe werden auf kurze Zapfen mit 1 bis 2 Knospen zurückgeschnitten. Man kürzt sie am besten auf etwa 6 Knospen(gruppen) ein. Sauerkirschen bilden die runden Blütenknospen oft in Gruppen (3), den Buketttrieben. Die spitzen Blattknospen (4) stehen einzeln.

Nach der Pflanzung von Sauerkirsche und Pfirsich legt man die Stammhöhe und einen Kronenaufbau mit 4 Leitästen fest. Alle anderen Seitentriebe werden durch den Schnitt entfernt. Um die Krone lichter zu halten, wird der Mitteltrieb etwa 4 bis 5 Knospen über dem obersten Leitast zurückgeschnitten. Den Pfirsich kann man alternativ auch von Anfang an als Hohlkrone ziehen, indem man gleich den Mitteltrieb entfernt. Die Seitentriebe kürzt man um ein Drittel. Der Schnitt erfolgt dabei jeweils über einer Blattknospe, die nach außen weist. Bis zum Sommer haben Mitteltrieb und Leitäste neue Seitentriebe gebildet. Lassen Sie beim Sommerschnitt an den Leitästen 50 cm des Neuzuwachses stehen. Die Spitze wird entsprechend auf einen Seitentrieb umgeleitet.

Nach 5 Jahren ist die Krone fertig aufgebaut. Dann beginnt der **Erhaltungsschnitt.** Dabei schneidet man zunächst steile Triebe und Konkurrenztriebe an den Spitzen weg. Lichten Sie dann die Fruchttriebe aus, indem Sie an den Leitästen nur 2 bis 3 einjährige Triebe je 10 cm Astlänge stehen lassen. Die restlichen werden auf kurze Zapfen geschnitten. Beim Pfirsich müssen Sie die unterschiedlichen Fruchtholzformen beachten (→ Kasten).

Wenn die Krone einer Sauerkirsche nach 5 Jahren bereits sehr eng geworden ist, kann man nun auch den Mittelast komplett entfernen und so auf eine Hohlkrone umstellen. Ungeschnittene Sauerkirschen neigen dazu, nach einigen Jahren kahle, herunterhängende Peitschentriebe zu bilden. Diese vergreisten Äste nimmt man mit einem **Verjüngungsschnitt** auf jüngere Seitentriebe nahe der Leitäste zurück. Sind in den vergreisten Astpartien keine Jungtriebe mehr vorhanden, kürzt man die kahlen Triebe auf kleine Zapfen an den Leitästen. Die Zapfen bilden in den kommenden Jahren wieder neue Jungtriebe.

Der Pfirsich lässt sich ähnlich wie die Süßkirsche auch als **Spindel** ziehen. Eine andere, gern genutzte Möglichkeit ist die Erziehung als **Fächerspalier** an einer wärmeabstrahlenden Hauswand, wie bei der Aprikose im folgenden Abschnitt kurz beschrieben. Auch Sauerkirschen können so gezogen werden.

Aprikosen – meist als Spalier

Die kälteempfindlichen Aprikosen stehen hierzulande am günstigsten als Spalier an einer Hauswand. Häufig zieht man sie als Fächerspalier. Dazu braucht man einen Jungbaum mit 2 sich in etwa gegenüberstehenden Seitentrieben in der Höhe von 30–40 cm über dem Boden. Den Mitteltrieb schneidet man direkt über dem höher stehenden Seitentrieb weg. Die Seitentriebe bindet man als „Hauptspeichen" des Fächers so an, dass sie wie ein flaches V zu beiden Seiten etwa im Winkel von 130° vom Stamm abgehen. Sie werden auf etwa 40 cm eingekürzt. In den folgenden Jahren wählt man 2 bis 3 günstig stehende Seitentriebe dieser Haupttäste aus, von denen dann wiederum weitere geeignete Verzweigungen – bis schließlich alle Triebe wie die Speichen eines Fächers angeordnet sind.

Schnitt der Pflaumenartigen

Pflaumen, Zwetschen, Mirabellen und Renekloden fruchten wie Kernobst am besten an zwei- und dreijährigen Kurztrieben. Erziehung und Schnitt für Pyramiden- oder Rundkronen verlaufen daher ähnlich wie bei Apfel und Birne. Alternativ kann auch eine Hohlkrone erzogen werden, wie bei Sauerkirsche und Pfirsich beschrieben. Zwetschen bilden gern steile Konkurrenztriebe zum Mitteltrieb. Entfernen Sie diese gleich im 1. Jahr. Die beste Zeit für das Herausnehmen steiler Triebe ist im Sommer. Das gilt auch für Pflaumen, Mirabellen und Renekloden.

Bei Pfirsich überzählige Triebe auf Zapfen schneiden. Zwei Drittel der einjährigen Kurztriebe auslichten.

Krankheiten und Schädlinge beim Baumobst

Was dem Menschen schmeckt, macht leider auch Schaderregern Appetit. Es gibt recht viele Krankheiten und Schädlinge, die auf bestimmte Obstarten spezialisiert sind. Die wichtigsten werden hier kurz vorgestellt. Mit der Wahl widerstandsfähiger Sorten und eines geeigneten Standorts sowie guter Pflege können Sie vielen Plagegeistern vorbeugen. Wichtig sind eine regelmäßige Stammpflege sowie das Entfernen von Fallobst, in dem Schaderreger überdauern könnten. Beseitigen Sie das Herbstlaub, wenn der Baum stark von Krankheiten oder Schädlingen befallen war.

Allgemeine Schaderreger

Moniliapilze verursachen **Fruchtfäulen** an Kirschen, Aprikosen, Pfirsichen, Pflaumen, Birnen, Äpfeln und Quitten. Typisch dafür sind ringförmige Sporenlager. Entsorgen Sie sämtliche abgefallene Früchte, ernten Sie auch die Bäume komplett ab und lassen Sie keine eingetrockneten Fruchtmumien hängen. Vor allem Sauerkirschen leiden zudem an der **Monilia-Spitzendürre.** Dabei vertrocknen die Blüten; die Triebspitzen sterben ab. Schneiden Sie sie bis ins gesunde Holz zurück.

Unter den Schädlingen können **Blattläuse** und **Spinnmilben** alle Baumobstarten befallen. Hierzu und zu anderen verbreiteten Schaderregern finden Sie Informationen im Kapitel „Pflanzenschutz" (→ S. 190–209).

Die Larven von **Apfel- und Pflaumenwickler** schädigen die Früchte von Äpfeln, Birnen, Walnüssen, Pflaumen und Zwetschen. Gegen Apfelwickler kann man ab Anfang Juni Wellpappegürtel um den Stamm legen, die die Raupen abfangen. Diese müssen wöchentlich kontrolliert und ggf. erneuert werden. Es gibt auch Pheromonfallen, die männliche Falter mit Sexuallockstoffen anlocken und den Befall reduzieren, außerdem Pflanzenschutzmittel mit einem speziellen Virus, das die Raupen abtötet.

Frostspanner schädigen den Knospenaustrieb und junge Früchte bei fast allen Baumobstarten. Hier helfen ein Leimring am Stamm ab Ende September bis zum März sowie eine gute Rindenpflege.

Kernobstspezialisten

Schorf ist mit die häufigste Pilzkrankheit an Äpfeln und Birnen. Dabei entstehen auf Blättern und Früchten braunschwarze Flecken, die bei den Früchten aufreißen. Vorbeugend helfen Baumscheibenpflege und ausreichende Bewässerung, das Auslichten der Krone und die Vernichtung des abgefallenen Laubs. Viele Apfelneuzüchtungen sind schorfresistent.

Feuerbrand, eine Bakterienkrankheit, tritt bei Birnen, Äpfeln und Quitten auf, außerdem bei verwandten Ziergehölzen. Die Triebspitzen welken, färben sich später schwarz und verkrümmen sich hakenförmig. Die Krankheit ist meldepflichtig; verständigen Sie bei Verdacht die zuständige Pflanzenschutzbehörde. Schneiden Sie befallene Triebe mindestens 30 cm ins gesunde Holz zurück. Ist das Gehölz schwerer befallen, muss man es roden.

Apfelmehltau entsteht vorzugsweise bei trockenem, warmem Wetter. Er überzieht die Triebspitzen mit einem mehligen Belag. Entfernen Sie befallene Triebe beim Winterschnitt und im Sommer sorgfältig.

Der **Gitterrost** bildet bei Birnen blattoberseits orangefarbene Flecken, blattunterseits bräunliche Pusteln. Eine Bekämpfung ist meist nicht erforderlich. Bei starkem Befall helfen zugelassene Spritzmittel.

Steinobstspezialisten

Die **Schrotschusskrankheit** verursacht am Laub von Kirschen, Zwetschen, Pflaumen und Mirabellen schrotschussartige Löcher. Vorbeugend hilft, krankes Laub und Früchte rasch zu vernichten sowie gute Baumscheibenpflege. Schneiden Sie kranke Triebe sorgfältig aus.

Scharka ist eine beim Pflanzenschutzamt meldepflichtige Viruserkrankung, die bei Pflaumen und Zwetschen, gelegentlich auch bei Pfirsichen und Aprikosen vorkommt. Dabei wird das Fruchtfleisch rötlich und zäh. Die Früchte wirken wie marmoriert und werden bei starkem Befall rissig. Achten Sie auf widerstandsfähige Sorten. Blattläuse sollten bekämpft werden, da sie das Virus übertragen.

Sind Zwetschen von der **Narrentaschen- oder Taschenkrankheit** befallen, so verformen und verkrümmen sich die jungen Früchte und fallen später ab. Vernichten Sie alle befallenen Früchte.

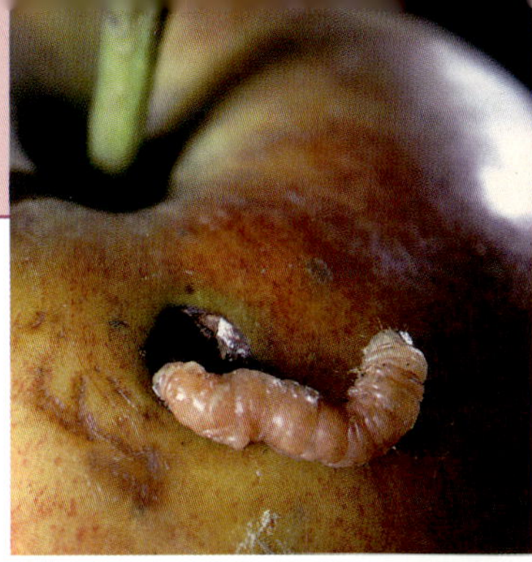

1 Apfelwicklerraupen hinterlassen Löcher mit Kotspuren auf den Früchten und Fraßgänge im Inneren.
2 Die Monilia-Spitzendürre bei Kirschen erkennt man an vertrockneten Triebspitzen mit Blüten und Blättern.
3 Schwarz werdende Triebspitzen mit hakenförmigen Verkrümmungen zeigen Feuerbrand bei Kernobst an.

Die **Kräuselkrankheit** entsteht durch Pilze und ist nur beim Pfirsich zu finden. An den Blättern bilden sich aufgetriebene grüngelbe oder rötliche Kräuselungen. Triebe und Blattbüschel verkrüppeln, Laub und Früchte fallen vorzeitig. Vorbeugend hilft eine gute Rinden- und Baumscheibenpflege. Vernichten Sie befallene Pflanzenteile.

Die **Kirschfruchtfliege** tritt vor allem bei Süßkirschen, aber auch an Sauerkirschen auf. Sie legt ihre Eier an die Früchte, die madig und faul werden. Gelbe Leimtafeln ab Mitte Mai locken die Fliegen an und können den Befall reduzieren. Frühreifende Kirschensorten werden nicht befallen.

Beerenobst richtig pflanzen und pflegen

BEERENSTRÄUCHER und erst recht Erdbeeren sind im Vergleich zum Baumobst recht bescheiden, was den Platzbedarf angeht. Trotzdem sollten sie nicht zu eng gesetzt und ebenso sorgfältig ausgewählt werden wie Obstbäume. Über die jeweiligen Standortansprüche und empfohlene Pflanzabstände informieren die Pflanzenporträts ab S. 506. Dort finden Sie auch Hinweise auf geeignete Sorten und unterschiedliche Sortengruppen.

Sofern sie nicht auf Hochstämmchen veredelt sind, kann man die meisten Beerensträucher selbst vermehren, vorwiegend über Steckhölzer. Bei Brombeere, Stachelbeere und Heidelbeere sind auch Ableger bzw. Absenker möglich, Himbeere und Erdbeere lassen sich über Ausläufer vermehren (→ Pflanzen vermehren, S. 224–229).

Beerenobst richtig einpflanzen

Für die Pflanzung von Beerenobst gelten die gleichen Grundlagen wie beim Baumobst (→ S. 358). Heben Sie das Pflanzloch in doppelter Höhe und Breite des Wurzelballens aus und verbessern Sie den Aushub mit Kompost. Nach dem Einpflanzen wird sorgfältig angegossen und eine Mulchdecke aufgebracht. Ansonsten gilt es, bei der Pflanzung je nach Obstart einige Besonderheiten zu beachten.

› **Johannis-, Josta- und Stachelbeeren** pflanzt man im Herbst oder zeitigen Frühjahr. Containerware kann bei frostfreiem Boden das ganze Jahr über in die Erde. Die Sträucher sollten 4 bis 5 kräftige Triebe aufweisen. Sie kommen so tief in den Boden, dass die Verzweigungen an der Strauchbasis etwa 5 cm mit Erde bedeckt sind. Schwarze Johannisbeeren setzt man sogar noch 5 cm tiefer. So können die Wurzeln besser junge Triebe hervorbringen. Das ist vorteilhaft für die später regelmäßig erforderliche Verjüngung dieser Sträucher.

› Auf **Stämmchen** veredelte Johannisbeeren und Stachelbeeren erhalten schon beim Pflanzen einen Stützpfahl, den sie zeitlebens brauchen. Dieser sollte bis in den Kronenansatz reichen. Binden Sie den Stamm daran sowohl im unteren Bereich als auch direkt unter der Krone mit einer ▶ ACHTERSCHLEIFE (S. 532) an.

› **Himbeeren** kommen am besten im Herbst in die Erde. Containerware kann man von Mitte März bis Ende Oktober pflanzen. Achten Sie unbedingt auf gesundes, virusfreies Pflanzgut. Die Wurzeln sollten mehrere kräftige Triebknospen haben. Bereiten Sie zur Pflanzung einen 1 m breiten Streifen vor. Er wird tief gelockert und der Boden mit Kompost oder gut verrottetem Rindenhumus vermischt. Ziehen Sie die Himbeerwurzeln im unteren Ballenbereich etwas in Reihenrichtung auseinander und setzen Sie die Pflanzen nur so tief, wie sie vorher in der Baumschule gestanden haben. Die Triebsprosse an der Wurzel sollten höchstens 5 cm mit Erde bedeckt sein. Schneiden Sie die Triebe nach dem Pflanzen auf 30 cm zurück.

› Die günstigste Pflanzzeit für **Brombeeren** ist das Frühjahr. Pflanzen guter Qualität haben einen gut bleistiftdicken Trieb und 1 bis 2 kräftige Triebknospen am Wurzelhals. Ziehen Sie den Wurzelballen unten etwas auseinander. Setzen Sie die Brombeeren so tief, dass die Triebknospen an der Wurzel etwa 3–5 cm mit Erde bedeckt sind.

› **Heidelbeeren** gedeihen nur auf saurem Boden, so dass der ▶ PH-WERT (S. 555) eventuell künstlich durch Einarbeiten von reichlich Torf abgesenkt werden muss. Die günstigsten Pflanztermine sind von August bis November sowie im zeitigen Frühjahr. Bevorzugen Sie beim Kauf 2 bis 3 Jahre alte Sträucher mit gut durchwurzeltem Ballen. Sie sollten 2 bis 3 kräftige Bodentriebe aufweisen. Setzen Sie die Sträucher

Johannisbeeren sollte man ausreichend tief pflanzen.

Hochstämmchen, z. B. von Stachelbeeren, finden sogar im Beet Platz.

Junge Brombeerruten werden an ein Drahtspalier gebunden.

Erdbeeren sollte man so pflanzen, dass das Herz gerade über der Erde sitzt.

Johannisbeeren brauchen als schmale Hecke in V-Form wenig Platz.

Sommerliches Auslichten fördert bei Roter Johannisbeere die Neutriebe.

nur so tief, dass der Wurzelballen zu etwa einem Fünftel noch aus der Erde ragt. Bedecken Sie den Boden rund um die Pflanze 10–15 cm hoch mit Rindenmulch.

› Bei **Erdbeeren** ist gesundes, virusfreies Pflanzgut von großer Bedeutung. Pflanzen Sie Erdbeeren nur im Abstand von mindestens 4 Jahren auf derselben Fläche. Die Pflanzzeit für einmaltragende Sorten erstreckt sich von Ende Juli bis spätestens Mitte August. Je früher Sie pflanzen, desto höher ist der Ertrag im kommenden Jahr. Mehrmals tragende Sorten können bis Ende September oder von April bis Anfang Mai gepflanzt werden. Lockern Sie das Beet zuvor gründlich und setzen Sie die Erdbeerpflanzen weder zu tief noch zu hoch. Das Herz sollte ein wenig über der Erde sitzen.

Pflege und Schnitt

Alle Beerensträucher haben ein recht flach unter der Erdoberfläche ausgebreitetes Wurzelsystem. Entsprechend müssen sie bei Trockenheit gründlich gegossen werden, vor allem während der Blüte und der Fruchtreife. Hacken im direkten Umfeld der Sträucher ist ungünstig: Man würde die feinen Wurzeln verletzen, die für die Wasser- und Nährstoffaufnahme nötig sind. Unkräuter jätet man daher besser mit der Hand, zum Lockern sollte höchstens ein Handgrubber eingesetzt werden. Als ideale Alternative bietet sich gerade bei Beerensträuchern die Bodenbedeckung mit einer Mulchschicht an (→ S. 170).

Ein Drahtgerüst bzw. -spalier ist oft hilfreich oder sogar erforderlich, um die Sträucher richtig zu ziehen. Schlagen Sie dazu im Abstand von 2–4 m robuste, etwa 2,5 m lange Pfähle so tief in den Boden ein, dass sie stabil verankert sind. Daran befestigen Sie waagrecht rostfreie Drähte. Für Brombeeren spannt man den ersten Draht etwa 90 cm über dem Boden, darauf folgen zwei bis drei weitere mit 30–50 cm Abstand, der letzte in knapp 2 m Höhe. Für Himbeeren genügen hingegen zwei Querdrähte in 80 und 180 cm Höhe. Für Johannis- und Stachelbeeren ist ein Drahtspalier nicht nötig, aber bei heckenartiger Pflanzung vorteilhaft. Man kann sie an drei Querdrähten mit je 50 cm Abstand ziehen, der Pfahl muss also nur gut 1,5 m hoch ragen.

Düngung bei Johannis- und Stachelbeere

Auf Rasenflächen müssen die Sträucher zu stark mit den Gräsern um Wasser und Nährstoffe konkurrieren. Daher hält man den Boden um die Pflanze besser frei bzw. mit Mulch bedeckt. Im Frühjahr arbeitet man vorsichtig etwas Kompost in die oberste Bodenschicht ein. Auf chloridhaltige Dünger reagieren Johannisbeeren empfindlich. Geben Sie daher im März oder April einen speziellen Beerendünger oder Dünger auf organischer Basis. Jostabeeren kommen ohne Dünger aus.

Schnitt bei Johannis-, Josta- und Stachelbeersträuchern

Beim Pflanzschnitt, den man auch bei Herbstpflanzung am besten erst im Frühjahr durchführt, bleiben 4 bis 5 gut verteilte, kräftige Bodentriebe stehen. Kürzen Sie diese um ein Drittel ein. In den Folgejahren kommen dann jeweils 2 bis 3 kräftige Bodentriebe dazu, bis die gewünschte Endzahl an Haupttrieben erreicht ist. Alle anderen Triebe werden entfernt. Der beste Schnittzeitpunkt ist nach der Ernte, man kann aber auch noch im darauf folgenden Frühjahr schneiden.

› **Rote und Weiße Johannisbeeren** fruchten vor allem an 5–15 cm kurzen Seitentrieben von Langtrieben, d. h. am zwei- bis dreijährigen Holz. Bei ihnen strebt man 8 bis 12 Haupttriebe an. Im Idealfall besteht davon je ein Drittel aus ein-, zwei- und dreijährigen Trieben. Nachdem der Strauch genügend Haupttriebe gebildet hat, erhält man diese Zahl, indem man immer wieder die ältesten Haupttriebe ganz herausnimmt. Stehen die blütenbildenden Seitentriebe an den Haupttrieben zu dicht beieinander, schneidet man einige auf 2 cm kurze Zapfen zurück. Diese bilden neue Seitentriebe, die im Jahr darauf fruchten. Die ungeschnittenen Seitentriebe tragen im 1. Jahr Früchte und werden danach auf Zapfen geschnitten. So wechseln sich die fruchtenden Triebe entlang der Hauptäste alljährlich ab.

› Die **Schwarze Johannisbeere** fruchtet vor allem an einjährigen Langtrieben, d. h. an Seitentrieben ab 20 cm Länge. Man baut die Sträucher mit 10 bis 12 Haupttrieben auf. Um dafür den Neuaustrieb anzuregen, nimmt man Haupttriebe direkt am Boden heraus, sobald sie älter als 3 Jahre sind. Sind nicht genügend neue Bodentriebe vorhanden, schneidet man am besten einige Hauptäste auf Jungtriebe im unteren Drittel zurück. Schneiden Sie außerdem alle flach wachsenden und schwachen Triebe aus dem Strauch. Die verbleibenden einjährigen Seitentriebe werden nicht eingekürzt.

› Die **Jostabeere** wächst und verzweigt sich stärker. Sie fruchtet ebenfalls an einjährigen Langtrieben, aber auch an Kurztrieben am mehrjährigen Holz. Die Haupttriebe müssen deshalb nicht regelmäßig erneuert werden. Es genügt, wenn man gelegentlich die ältesten auslichtet, überzählige junge Bodenschösslinge entfernt und bodennahe Verzweigungen herausschneidet.

Was Schnittzeitpunkte und den Erhaltungsschnitt betrifft, gilt für **Stachelbeeren** grundsätzlich das bei der Roten Johannisbeere Gesagte. Da Stachelbeeren aber schwächer wachsen, sollte man nur die kräftigsten Bodentriebe als Haupttriebe belassen. Die Haupttriebe bilden zudem mehr Seitentriebe aus, die man etwas stärker auslichtet. Schnitthinweise für **Hochstämmchen** zeigen die Abbildungen auf S. 369.

Pflege und Schnitt der Heidelbeeren

Gießen Sie Gartenheidelbeeren nur mit Regen- oder kalkfreiem Leitungswasser. Anstelle der Bodenpflege durch Hacken ist eine 10–15 cm dicke Rindenmulchschicht zu empfehlen. Kompost und ein organischer Dünger im Frühjahr sorgen für ausreichenden Nachschub an Nährstoffen. Wer mineralischen Dünger bevorzugt, sollte einen speziellen Heidelbeerdünger oder einen Dünger für Rhododendren und Azaleen verwenden.

Heidelbeeren wachsen sehr langsam. Daher braucht man sie in den ersten Jahren nicht zu schneiden. Entfernen Sie jedoch in den ersten beiden Jahren nach der Pflanzung die Blüten. So kann der Strauch seine ganze Kraft in das Wurzel- und Holzwachstum stecken. 10 Bodentriebe sind als Gerüst ideal. Das beste Fruchtholz bilden einjährige Bodentriebe und die im folgenden Jahr daran austreibenden, kurzen Seitentriebe. Heidelbeeren bilden jährlich nur 1 bis 2 neue Bodentriebe. Bei Sträuchern im Vollertrag wird jedes Jahr einer davon als neuer Haupttrieb belassen und dafür ein alter Haupttrieb ganz herausgenommen. Lichten Sie die Seitentriebe aus und nehmen Sie dabei im oberen Drittel etwas mehr heraus. Stark verzweigte Seitentriebe bilden keine guten Früchte mehr. Lenken Sie diese auf einjährige Seitentriebe möglichst nah am Haupttrieb um.

Pflege und Schnitt der Himbeeren

Für Himbeeren sind etwas Kompost und eine mäßige Gabe organischen Düngers im März/April ausreichend.

Himbeeren bilden aus Triebknospen an der Wurzel lange Ruten. Sommertragende Sorten wachsen im 1. Jahr heran und werden an das Drahtgerüst angebunden. Sie fruchten im 2. Jahr. Schneiden Sie die Ruten nach der Ernte so tief wie möglich am Boden ab. Gleichzeitig werden die neu ausgetriebenen Ruten geordnet und am Spalier befestigt. Sind sie sehr lang, kürzt man sie im zeitigen Frühjahr auf 2 m. Dünnen Sie die Ruten dabei auf 10 bis 12 gesunde Triebe pro laufendem Meter aus. Herbsttragende Sorten fruchten dagegen an den diesjährigen Ruten. Schneiden Sie diese daher nach der Ernte alle ab. Bei solchen Himbeeren kann man sich die Aufbindearbeit auch sparen, wenn man sie in Beeten kultiviert. Statt des üblichen Drahtgerüsts schlägt man an den vier Beetecken Pfosten ein und hängt daran in 1,2 m Höhe einen groben Maschendraht auf. Die Ruten wachsen hindurch und können nicht auseinander fallen. Triebe, die außerhalb der Beetfläche entstehen, schneiden oder mähen Sie einfach ab.

Pflege und Schnitt der Brombeeren

Brombeeren verlangen die gleiche Pflege und Düngung wie Himbeeren. Sie treiben jährlich sehr lange Ruten, die man am Drahtgerüst festbindet. Diese fruchten im 2. Jahr und werden dann nach der Ernte direkt am Boden abgeschnitten. Zwischenzeitlich bilden sich wieder neue Ruten, während die vorherige Generation noch vor dem Fruchten lange Seitentriebe entwickelt.

Bei schwächer wachsenden Sorten, wie z. B. 'Nessy', wird die Fächererziehung empfohlen. Man bindet die besten 6 bis 10 Ruten fächerförmig an und schneidet überzählige am Boden weg. Über den oberen Draht ragende Rutenteile kürzt man auf 2 m ein. Von den nächsten jungen Ruten werden wiederum 6 bis 10 fächerartig zwischen den älteren, fruchtenden Ruten befestigt.

Bei Stachelbeeren belässt man nur die kräftigsten Bodentriebe.

Bei Heidelbeeren wird ein alter Trieb zugunsten eines jungen entfernt.

Überzählige Ruten am Himbeerspalier schneidet man im Sommer weg.

Stärker wachsende Sorten wie 'Theodor Reimers' zieht man als sogenannte Palmette mit höchstens 8 Ruten. Dabei werden je 2 bis 4 Ruten waagrecht nach links und rechts angebunden.
Für das Anbinden gibt es zwei Möglichkeiten. Zum einen können Sie neu ausgetriebene Ruten am untersten Querdraht befestigen. Im kommenden Frühjahr binden Sie diese wieder ab. Die 2 bis 4 besten darunter kommen zum Fruchten an die oberen Drähte; die verbleibenden werden entfernt. Die inzwischen gebildeten neuen Ruten befestigt man wieder am unteren Spalierdraht. Alternativ können Sie die Ruten eines Jahrgangs alle zur selben Seite hin anbinden, also nach links oder rechts, und dort im 2. Jahr zum Fruchten belassen. Die nächsten Ruten bindet man dann in die Gegenrichtung.
Jede neue Rute bringt bereits im 1. Jahr lange Seitentriebe hervor. Kürzen Sie diese im August auf 1 bis 2 Knospen ein. Im Frühjahr vor dem Austrieb werden die vorzeitigen Seitentriebe wieder auf 1 bis 2 Knospen gekürzt.

Pflege der Erdbeeren

Wie die anderen Beerenobstarten brauchen auch Erdbeeren einen humosen, gleichmäßig feuchten Boden. Hier sollten Sie ebenfalls nur flach lockern oder besser noch eine nicht allzu dicke Mulchschicht, z. B. aus Rasenschnitt oder Rindenhumus, aufbringen. Ab der Blütezeit eignet sich Stroh, falls verfügbar, besonders gut zum Mulchen: Es sorgt dafür, dass die Früchte sauber und trocken bleiben.
Gießen Sie bei Trockenheit vor allem nach der Pflanzung sowie von der Blüte bis zur Ernte, außerdem während der Bildung der Blütenknospen im September/Oktober. Im April werden Erdbeeren mit Kompost und einem speziellen Beerendünger versorgt.
Schneiden Sie Ausläufer, die nicht zur Vermehrung gebraucht werden, regelmäßig ab, damit sie der Pflanze keine Kraft rauben. Entfernen Sie außerdem nach der Ernte vorsichtig die Blätter, aber achten Sie darauf, das Herz der Pflanze nicht zu beschädigen. Diese Maßnahme hilft, die Pflanzen gesund zu erhalten, denn die alten Blätter sind oft von Pilzkrankheiten befallen. Spätestens nach 3 bis 4 Jahren sollte man Erdbeeren neu pflanzen.

HOCHSTÄMMCHEN SCHNEIDEN

› **WERKZEUG, ZUBEHÖR:**
Gartenschere
eventuell scharfes Messer zum Glätten von Wunden

› **ZEITBEDARF:**
jährlich 10 bis 20 Minuten je Stämmchen

1

Nach der Pflanzung

Bei Roter Johannisbeere und Stachelbeere als Hochstämmchen erfolgt zunächst der Aufbau einer Krone. Dazu sucht man neben dem Mitteltrieb 3 bis 4 Seitentriebe als Leitäste aus. Sie sollten möglichst gleichmäßig um die Krone herum verteilt sein und nicht zu steil oder zu flach wachsen. Schneiden Sie nach der Pflanzung alle anderen Triebe weg.

2

Aufbau der Krone

Im Jahr nach der Pflanzung schneidet man neue Triebe, die sich über den Sommer am Stamm gebildet haben, ganz heraus. Leittriebe und Mitteltrieb werden ein wenig gekürzt. Dafür nimmt man sie auf Seitentriebe zurück. Weitere, gleichmäßig verteilte Seitentriebe werden belassen; überflüssige dagegen entfernt. Die Seitentriebe tragen im Folgesommer Früchte.

3

Der Erhaltungsschnitt

Sobald die Krone aufgebaut ist, hält man die Leittriebe weiterhin durch Zurücknehmen auf Seitentriebe kurz. Dadurch wird die Last der Früchte in Maßen gehalten. So bleibt das Risiko, dass Leittriebe ausbrechen könnten, gering. Stehen Seitentriebe zu dicht, schneidet man jeden 2. auf Zapfen zurück. Daraus entstehen neue Fruchttriebe, die im Folgejahr blühen.

1 

2 

3 

1 Die Larven des Himbeerkäfers sind als „Himbeermade" bekannt.
2 Stachelbeermehltau zeigt sich als weißer Belag auf den Früchten, der später braune Punkte ergibt.
3 Die Rutenkrankheit der Himbeere erkennt man an dunklen Flecken.

Krankheiten und Schädlinge beim Beerenobst

Beim Beerenobst treten wie bei vielen anderen Pflanzen **Blattläuse** und **Spinnmilben** (→ S. 204–205) als verbreitete Schädlinge auf.
Gegen die verschiedenen **Pilzkrankheiten** gibt es teils widerstandsfähige Sorten (→ Pflanzenporträts, S. 506–509). Zu den wichtigsten Vorbeugungsmaßnahmen gehört bei allen Sträuchern das regelmäßige Auslichten. Das frühzeitige Entfernen kranker Blätter, Triebe oder Früchte ist häufig schon ausreichend. Bei starkem Befall stehen teilweise geeignete Pilzbekämpfungsmittel zur Verfügung. Lassen Sie sich für Ihren speziellen Fall im Fachhandel eingehend beraten.

An Johannis- und Stachelbeeren

In nassen Sommern kann es bei Roten und Weißen Johannisbeeren sowie bei Stachelbeeren zur **Blattfallkrankheit** kommen. Sie wird durch Rostpilze verursacht. Dabei entstehen auf dem Laub winzige, dunkle Punkte. Später rollen sich die Blätter ein und fallen vorzeitig vom Strauch. Kranke Blätter sollte man zügig entfernen, ebenso alles abgefallene Laub.
Schwarze Johannisbeeren werden häufig vom **Säulenrost** befallen. Dabei bilden sich im Sommer blattunterseits orangegelbe, später rotbraune Rostpusteln. Bei starkem Befall verliert die Pflanze ihr Laub zu früh. Das wirkt sich negativ auf die Holzreife und die Knospenbildung aus. Der Rostpilz lebt zeitweise auf seiner zweiten Wirtspflanze, der Weymouthkiefer (→ S. 413). Versuchen Sie, eine Nachbarschaft dieser Pflanzen zu vermeiden.
An Stachelbeeren tritt häufig der **Amerikanische Stachelbeermehltau** auf, der auch Johannisbeeren befallen kann. Triebspitzen und Früchte werden dabei von einem mehligen Belag überzogen. Schneiden Sie befallene Triebspitzen aus. Hochstämmchen werden weniger oft befallen.
Es kommt vor, dass die jungen Beeren an den Rispen der Johannisbeeren **verrieseln,** d. h. vorzeitig abfallen. Dahinter steckt kein Schaderreger. Es gibt Sorten wie 'Jonkheer van Teets', die erblich bedingt dazu neigen. Ursachen können aber auch Spätfröste sein, die die Blüten geschädigt haben, oder schlechtes Wetter während der Blütezeit, das die Bienen am Bestäubungsflug hinderte. Solche Wettereinflüsse lassen sich zwar nicht verhindern, aber teils kann das Pflanzen einer zweiten Sorte die Befruchtung verbessern und damit das Verrieseln mindern.
An Schwarzen Johannisbeeren, seltener auch an rot- und weißfrüchtigen sowie an Stachelbeeren, schwellen bei Befall mit der **Johannisbeergallmilbe** die Blatt- und Blütenknospen an. Darin entwickeln sich die jungen Gallmilben und zerstören dabei die Knospen. Brechen Sie befallene Knospen aus und vernichten Sie sie. Schneiden Sie stark befallene Triebe ganz heraus.

An anderem Beerenobst

Viruserkrankungen an Himbeeren äußern sich durch ein marmorähnliches Muster auf den Blättern sowie durch eine Vergilbung oder Bänderung der Blattadern. Bei Erdbeeren machen sie sich durch Blattrandvergilbungen, Verkräuselung, Marmorierung, Kümmerwuchs und vorzeitige Herbstfärbung der Blätter bemerkbar. Bei befallenen Pflanzen hilft nur noch ein vollständiges Entfernen. Achten Sie auf gesundes Pflanzgut aus verlässlicher Quelle. Vorbeugend sollten Blattläuse bekämpft werden, die das Virus übertragen.
An Himbeeren und auch an Brombeeren kann einem die „Himbeermade" den Appetit verderben. Dabei handelt es sich um die Larve des **Himbeerkäfers.** Kurz vor der Blüte frisst der Käfer runde Löcher in die Himbeerblätter. Sobald Ihnen solche Löcher auffallen, können Sie die Käfer frühmorgens absammeln oder in einen Eimer abschütteln. Bei starkem Befall kann man während der Blüte ein nützlingsschonendes Mittel spritzen. Herbsthimbeeren blühen erst, wenn der Käfer nicht mehr unterwegs ist, und bleiben daher verschont.
Das **Rutensterben** bei Himbeeren wird durch zwei verschiedene Pilzarten verursacht. In den frühen Sommermonaten entstehen bläulich braune Flecken, die sich immer weiter vergrößern. Später färben sie sich weißlich und platzen auf. Schließlich sterben die Ruten ab. Eine Mulchdecke ist die beste Vorbeugung: Denn gleichmäßige Bodenfeuchtigkeit verhindert das Aufreißen der Rinde, so dass die Pilze keine Eintrittspforten finden. Vermeiden Sie übermäßige Düngung und schneiden Sie die abgetragenen Ruten so tief wie möglich heraus.
Grauschimmel befällt Erdbeerfrüchte, kommt aber auch an Himbeeren vor, manchmal sogar an Johannisbeeren. Vorbeugend hilft bei Erdbeeren eine Mulchdecke aus Stroh. Sie hält die Früchte sauber und trocken. Setzen Sie die Pflanzen nicht zu dicht und sorgen Sie für einen luftigen Bestand.
Wenn die Früchte der Brombeeren nicht richtig ausreifen wollen, sich teils rot färben und hart und sauer werden, ist die **Brombeermilbe** am Werk. Nach einem Befall schneidet man die alten Ruten am besten schon im Herbst weg.

Weitere Obstarten

IN FRÜHERER ZEIT kultivierte man vor allem in wärmeren Regionen auch so manche Obstart, die fast in Vergessenheit geraten ist. Einige erleben zuweilen eine kleine Renaissance, etwa die Mispel (*Mespilus germanica*) oder der Schwarze Maulbeerbaum (*Morus nigra*), und sind in spezialisierten Baumschulen erhältlich.
Hier soll es jedoch um etwas geläufigere Arten aus den Gruppen des Schalenobsts und der Klettergehölze gehen. Zusätzliche Informationen finden Sie in den Pflanzenporträts ab S. 506.

Walnuss

Walnüsse sind unkompliziert und pflegeleicht, kommen allerdings nur für große Gärten und geschützte Standorte in Frage. Für den Hausgarten empfehlen sich auf schwachwüchsige Unterlagen veredelte Sorten. Sie bleiben mit 4–6 m Höhe noch im Rahmen und beginnen bereits ab dem 4. oder 5. Jahr zu fruchten.
Der beste Pflanzzeitpunkt ist das Frühjahr. Das Pflanzloch sollte 80 cm breit und 60 cm tief ausgehoben werden. Pflanzen Sie den jungen Baum so, dass der Wurzelhals an der Bodenoberfläche sitzt, und gießen Sie hinterher gut an. Walnüsse entwickeln sich in ihrer Jugend nur sehr langsam. Halten Sie daher in den ersten Jahren um den Stammfuß eine Baumscheibe frei, deren Durchmesser dem der Krone entspricht. Lockern Sie gelegentlich die Bodenoberfläche oder bringen Sie eine Mulchdecke auf. Geben Sie alljährlich im Frühjahr etwas Kompost, ab dem 7. Jahr nur alle 2 Jahre.
Bei Walnüssen sind Halb- oder Hochstämme üblich. Sie entwickeln meist von selbst eine gute Krone, brauchen also kaum einen Schnitt. Im 2. Jahr sollte man lediglich am Stamm ausgetriebene Seitenzweige unterhalb von 80–100 cm entfernen. Walnüsse „bluten", d. h., Schnittwunden zeigen einen starken Saftaustritt. Auch wenn später z. B. einmal störende Äste entfernt werden sollen, schneidet man am besten im August, wenn die Wunden schnell verheilen, oder aber gegen Ende Februar/Anfang März, noch vor dem Saftanstieg im Stamm. Größere Schnittwunden sollten unbedingt mit einem Wundverschlussmittel verstrichen werden.
Am besten lassen Sie die Nüsse im Herbst einfach abfallen und sammeln sie alle paar Tage ein. So gehen Sie sicher, dass die Nüsse tatsächlich reif und gut lagerfähig sind.

Haselnuss

Die Haselnuss lässt sich als Nutz- und Ziergehölz zugleich verwenden. Im zeitigen Frühjahr ist sie außerdem eine wertvolle Futterpflanze für Bienen. Für Menschen mit einer Pollenallergie werden die blühenden Kätzchen allerdings außerordentlich lästig.
Pflanzzeit ist im Herbst oder Frühjahr. Schneiden Sie nach der Pflanzung die Haupttriebe auf 50 cm zurück. Oft wird empfohlen, den Mitteltrieb herauszunehmen, da so mehr Licht in den Strauch gelangt. Ohne Schnitt wird er schnell recht groß und dicht. Überzählige Bodentriebe reißt man daher besser von Anfang an im Sommer heraus. Ältere Haupttriebe nimmt man zugunsten von neuen Bodentrieben gelegentlich ganz heraus. 6 bis 8 Haupttriebe sind für einen Haselnussstrauch ausreichend. Wird der Strauch zu groß, verträgt er auch einen radikalen Rückschnitt.

Die Sortenwahl bei Wein hängt sowohl vom Standort als auch von der Größe des Spaliers ab.

Die weitere Pflege beschränkt sich auf eine Kompostgabe alle paar Jahre. Bei anhaltender Trockenheit im Sommer ist sie für gelegentlich kräftige Wassergaben dankbar. Unveredelte Haseln auf eigener Wurzel tragen nach etwa 4 bis 5 Jahren erstmalig Nüsse. Diese sind reif, wenn die in ihrer grünen Hülle sichtbaren Schalen braun werden.

Kiwi

Großfrüchtige Kiwis gedeihen am besten in geschützten Lagen mit wenig Spätfrostgefahr. Die meisten Sorten bilden weibliche und männliche Blüten auf getrennten Pflanzen, so dass man wenigstens zwei Exemplare der Schlinger pflanzen muss. Eine männliche Pflanze reicht aus, um bis zu acht weibliche Pflanzen zu befruchten. Die Pflanzzeit für Kiwis reicht von Mitte April bis Oktober, am günstigsten ist aber ein Frühjahrstermin. Reißen Sie den Wurzelballen vor dem Einpflanzen etwas auf. Gießen Sie nach der Pflanzung gut an und halten Sie den Boden vor allem in den ersten Monaten gleichmäßig feucht. Die Schlingpflanzen verdunsten über ihre großen Blätter viel Wasser und müssen bei Trockenheit reichlich gegossen werden. Im Jahr der Pflanzung brauchen sie noch keinen Dünger. Geben Sie später jeweils im Frühjahr zum Austrieb und beim Fruchtansatz im Juni eine nicht zu hohe Dosis eines chloridfreien Beerendüngers. Dieser wird in den ersten Jahren eng um die Pflanze vorsichtig in die oberste Bodenschicht eingearbeitet. Später verteilt man den Dünger auf einer Fläche von 4–6 m^2 um die Pflanzstelle. Da Kiwis sehr wasser- und nährstoffbedürftig sind, sollte man die Pflanzstelle von Konkurrenz freihalten und am besten mit Mulch abdecken.

Großfrüchtige Kiwis reifen von Oktober bis November. Sie lassen sich gut bis zu 8 Wochen lagern.

Schützen Sie den unteren Pflanzenbereich in den ersten Standjahren über Winter mit Jute, Schilfmatten, Fichtenreisig o. Ä. vor Frost. Bei Spätfrostgefahr im Frühjahr können Sie den frischen Austrieb z. B. mit VLIES (S. 567) abdecken.

Kiwis lassen sich an einem Drahtspalier, Rankgerüst oder an der Pergola erziehen. Alle Stützkonstruktionen müssen sehr stabil sein, da die Schlinger mit der Zeit ziemlich schwer werden. Lassen Sie nach der Pflanzung nur den besten Trieb stehen und kürzen Sie ihn um ein Drittel ein.

Wird die Kiwi an einem Spalier mit Querdrähten erzogen, baut man in Etappen einen Mitteltrieb auf. Dabei entstehen jedes Jahr Etage für Etage Seitentriebe, die an die Gerüstdrähte angebunden werden. Schneiden Sie stets im Frühjahr alle steil wachsenden Seitentriebe am Mitteltrieb ab. Der Mitteltrieb und die Gerüstäste werden etwas eingekürzt. Seitentriebe, die sich an den angebundenen Gerüstästen bilden, kürzt man im Sommer immer einmal wieder auf etwa 5 Blätter ein. An den Gerüstästen entstehen in den folgenden Jahren gerade, fruchtende Seitentriebe. Diese werden jeden Sommer auf 8 bis 10 Blätter hinter den Früchten gekürzt. Schneiden Sie diese Triebe im Frühjahr vor dem Austrieb auf 3 bis 5 Augen zurück. Daraus entstehen neue, fruchtende Seitentriebe. Wenn die Fruchtbarkeit der Gerüstäste nach etwa 6 Jahren nachlässt, schneidet man sie kurz vor dem Mitteltrieb auf einen starken, einjährigen Trieb zurück, den man dann auf 1 m einkürzt. Für Pergolen und Lauben wird etappenweise ein Stamm bis zu einer Höhe von 2 m aufgebaut. Dann werden 4 bis 6 Gerüstäste gut verteilt über die Pergola oder Laube gezogen und wie beschrieben geschnitten.

Die Kiwifrüchte pflückt man, wenn die Pflanze im November ihr Laub abwirft. Sie werden erst nach Lagerung genussreif.

Die kleinfrüchtigen und glattschaligen **Arguta-Kiwis** wie 'Weiki' sind, was Standort und Boden betrifft, weniger anspruchsvoll als ihre großfrüchtigen Verwandten. Sie halten Winterfrösten bis –25° C stand. Der Austrieb ist jedoch ebenso frostgefährdet. Die meisten weiblichen Sorten brauchen eine männliche Befruchterpflanze als Partner. Es gibt jedoch inzwischen auch selbstfruchtbare Sorten. Eine Gabe Beerendünger im Frühjahr ist für diese Sorten ausreichend. Verteilen Sie ihn breit um die Pflanzstelle. Die Früchte reifen von Ende September bis Oktober. Sie werden dann weich und können direkt von der Pflanze mit Schale gegessen werden. Der Schnitt erfolgt wie bei den großfrüchtigen Kiwis. Ein starker Rückschnitt fördert dabei die Bildung von einjährigem Holz. Daran werden die Früchte etwas größer als an mehrjährigem Holz.

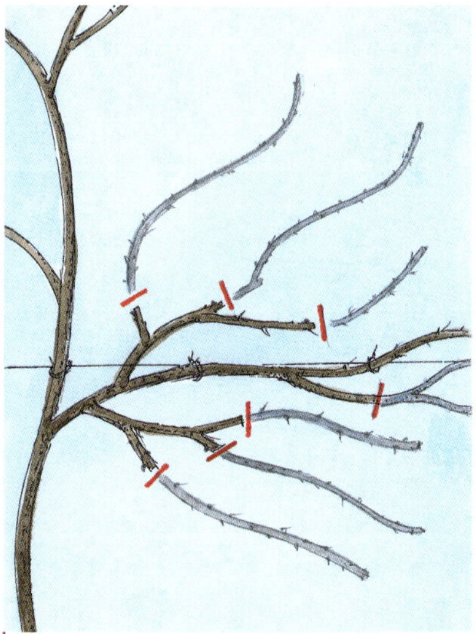

Seitentriebe der Kiwi, die gefruchtet haben, schneidet man im folgenden Frühjahr auf Zapfen zurück.

Weinrebe

Die recht wärmebedürftigen Tafeltrauben gedeihen außerhalb des Weinbauklimas am besten am Spalier an Südwänden. Achten Sie beim Kauf auf Sorten mit guter Frosthärte, frühem Ertrag und möglichst auch hoher Widerstandskraft gegen Pilzkrankheiten. An Lauben und Pergolen machen sich die blaufrüchtigen Sorten besonders gut, denn ihr Laub verfärbt sich im Herbst attraktiv rot.

Die beste Pflanzzeit für Reben ist der April. Containerware kann von März bis Anfang

November in die Erde. Reben aus der Baumschule sind auf blutlausresistente Wurzelunterlagen veredelt. Lockern Sie den Boden vor der Pflanzung tiefgründig. Heben Sie ein Pflanzloch von etwa 40 cm Tiefe aus und vermischen Sie den Aushub mit Kompost. Setzen Sie die Rebe so tief, dass die Veredlungsstelle etwa eine Handbreit über die Bodenoberfläche kommt. Soll die Weinrebe eine Wand begrünen, pflanzt man sie schräg mit einem Abstand von 20–30 cm zur Wand ein. Nach der Pflanzung gießt man ausgiebig an.

Lassen Sie nach dem Pflanzen nur einen kräftigen, unverzweigten Trieb, der gerade nach oben wächst, stehen. Schneiden Sie ihn etwa 30 cm über dem untersten Gerüstdraht ab. Das Spalier wird in der Folgezeit aus günstig stehenden Seitentrieben etagenweise aufgebaut. Entfernen Sie jeweils im Sommer alle Seitentriebe, die nicht gebraucht werden. Ende Februar/Anfang März werden die Seitentriebe am Spalier und der Mitteltrieb gekürzt.

Im Sommer des 2. Jahrs tragen die Äste am untersten Gerüstdraht an ihren Seitentrieben erstmalig Früchte. Schneiden Sie diese Seitentriebe im kommenden Frühjahr auf 1 bis 2 Knospen zurück. Lassen Sie dabei über der oberen Knospe einen etwa 2 cm langen Zapfen stehen. Das verhindert, dass die Knospen austrocknen. Aus den Knospen entwickeln sich neue fruchtende Seitentriebe. Entfernen Sie ab Anfang Juni zu eng stehende sowie unfruchtbare Triebe. Pro Zapfen verbleiben nur die 2 besten blütentragenden Triebe. Triebe am alten Holz lässt man nur dann stehen, wenn man sie zum Auffüllen kahler Flächen braucht. Schneiden Sie diese auf Zapfen. Kürzen Sie fruchtende Triebe im Sommer, sobald sie 10 bis 15 Blätter gebildet haben, auf 3 bis 4 Blätter oberhalb der Trauben. Die aus den obersten Knospen ab August entspringenden Triebe bricht man immer wieder aus. Auch Blätter, die den Trauben das Sonnenlicht wegnehmen, schneidet man ab August weg. Im Frühjahr schneidet man Triebe, die gefruchtet haben, stets auf 1 bis 2 Knospen zurück. Mehrjährige Triebe werden zur Verjüngung auf einen näher zum Haupttrieb wachsenden, jüngeren Seitentrieb zurückgeschnitten. Dieser wird auf 1 bis 2 Knospen gekürzt.

WEINREBEN SCHNEIDEN

› WERKZEUG, ZUBEHÖR:
Gartenschere, eventuell scharfes Messer zum Nachschneiden

› ZEITBEDARF:
jährlich 30 bis 40 Minuten je Pflanze

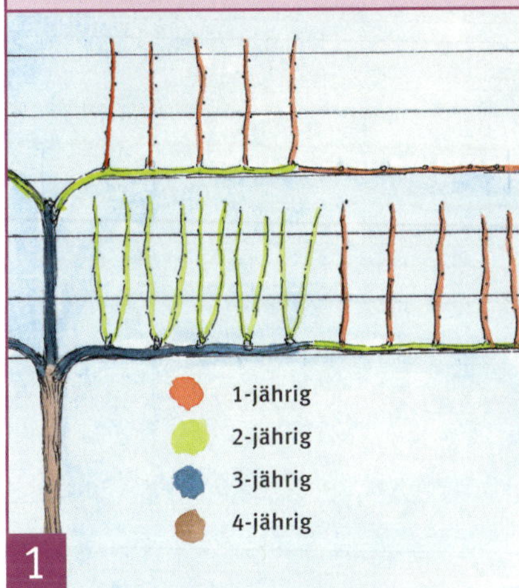

Rebenspalier aufbauen

Weinreben werden entlang von Spalieren aus Draht oder Holz gezogen. Man kann sie in einer Etage aufbauen oder in mehreren von je 60 cm Abstand. Dabei werden die Haupttriebe jedes Jahr um 7 Knospen bzw. höchstens um 1 m verlängert. Sie bleiben mehrere Jahre bestehen und bringen die fruchtenden Seitentriebe hervor. Diese kürzt man im Frühjahr auf 2 Knospen ein.

Sommerschnitt

Aus den beiden beim Frühjahrsschnitt verbleibenden Knospen an den Seitentrieben wachsen neue Seitentriebe heran. Sie werden im Sommer, sobald sie 10 bis 15 Blätter gebildet haben, auf 3 bis 4 Blätter zurückgenommen. So kann die Rebe mehr Kraft für die Fruchtausbildung aufbringen. Aus den obersten, verbleibenden Knospen wachsen im August Neutriebe, die man gelegentlich ausbricht.

Frühjahrsschnitt

Die Triebe, die aus den beiden im Frühling des Vorjahrs belassenen Knospen entstanden sind, haben im Herbst gefruchtet. Im Frühjahr vor dem Knospenschwellen schneidet man nun den äußeren dieser Triebe ganz weg. Den verbleibenden Trieb nimmt man wiederum auf 2 Knospen zurück. Mit dieser Technik vermeidet man, dass sich mit den Jahren immer stärkere Verzweigungen bilden.

Ernte und Lagerung

Beerenobst aus eigener Ernte schmeckt frisch vom Strauch besonders lecker.

DIE MEISTEN OBSTARTEN schmecken am besten, wenn man sie in der Vollreife oder ganz kurz davor pflückt. Ob es soweit ist, lässt sich in der Regel leicht durch den Geschmackstest einer „Ernteprobe" überprüfen. Spezielle Hinweise zum jeweiligen Erntezeitpunkt finden Sie in den Obstporträts ab S. 502.

Pflückreife beim Kernobst

Bei Äpfeln und Birnen muss man oft Pflück- und Genussreife unterscheiden. Die Pflückreife liegt je nach Sorte zwischen August und Oktober. Nach der Genussreife unterscheidet man Früh-, Herbst- und Wintersorten. Während Früh- und Herbstsorten direkt vom Baum gegessen werden können, brauchen die späten Wintersorten eine Lagerzeit zum Nachreifen.
Die Pflückreife ermitteln Sie zunächst anhand der Farbe: Sobald sich grünliche Sorten gelbgrün und rote Sorten von Braunrot zu leuchtendem Rot verfärben, können Sie probieren, ob sich die Früchte leicht vom Zweig lösen. Dabei versuchen Sie vorsichtig, die Frucht zu drehen, und drücken sie dabei eher leicht nach oben als zu ziehen. Löst sich der Stiel leicht und ohne abzureißen vom Zweig, ist es Zeit für die Ernte.

Obst richtig lagern

Das meiste Beerenobst lässt sich höchstens im Kühlschrank ein paar Tage aufbewahren. Steinobstfrüchte halten sich teils etwas länger, wenn sie nicht vollreif gepflückt wurden. Eine wirkliche Vorratshaltung ist bei all diesen Obstarten nur durch Einfrieren oder Einkochen möglich. Auch Frühsorten des Kernobsts halten sich meist nur einige Wochen, Wintersorten dagegen mehrere Monate.
Verwenden Sie zum Einlagern nur unbeschädigte, nicht zu früh und nicht zu spät geerntete Kernobstfrüchte. Damit sie beim Einräumen schön kühl sind, lässt man sie nach dem Pflücken über Nacht draußen stehen. Legen Sie Äpfel und Birnen in saubere Steigen aus Kunststoff oder Holz in nur einer lockeren Schicht.
Optimale Bedingungen für eine lange Haltbarkeit sind Temperaturen unter 8° C und eine ◗ RELATIVE LUFTFEUCHTIGKEIT (S. 556) um 90 %. Doch kaum ein Neubau hat das heute noch zu bieten. Da hilft nur, eventuell vorhandene Heizungsrohre im Lagerraum gut zu isolieren und in kühlen, aber frostfreien Nächten die Fenster zu öffnen.
Offen gelagerte Früchte beginnen bei zu niedriger Luftfeuchtigkeit zu „schrumpeln". Ist Ihr Lagerraum kühler als 10° C, können Sie Äpfel oder Birnen in 2,5- oder 5-kg-Folienbeutel füllen. Sobald sich die Früchte der Raumtemperatur angepasst haben, bindet man die Beutel doppelt zu. Bei Birnen sollte man dafür pro 2–3 kg Früchte je einen Einstich in die Folie machen, z. B. mit einer Sticknadel. Leider klappt dies nicht bei allen Sorten: 'Cox Orange' und 'Boskoop' haben sich dafür als ungeeignet erwiesen.
Quitten brauchen nach der Ernte eine Nachreifungslagerung von etwa 2 Wochen. Wenn man sie kühl lagert, halten sie bis zum Jahresende. Wal- und Haselnüsse lassen sich nach Entfernen der grünen Fruchtschalen und Trocknung an einem kühlen, luftigen Ort etwa 1 Jahr lang lagern.
Kontrollieren Sie Lagerobst regelmäßig und entfernen Sie faulende oder kranke Früchte umgehend.

! wir empfehlen

Obst getrennt lagern

Lagern Sie Obst und Gemüse nicht zusammen. Äpfel und Birnen strömen Ethylen aus. Das ist ein Reifungsgas, das mitgelagertes Gemüse schneller altern lässt, ebenso das Kernobst selbst. Möhren nehmen dadurch einen bitteren Geschmack an. Lüften Sie daher den Lagerraum ein- bis zweimal wöchentlich.

WAS TUN, WENN ...

... eine Baumkrone vergreist ist?

URSACHE:

Im Schnitt vernachlässigte Obstbäume vergreisen nach 6 bis 10 Jahren. Die Leitäste haben besenartiges Holz gebildet, das durch die Last der Früchte herunterhängt. Die Krone ist so dicht, dass kaum noch Licht einfällt.

MASSNAHMEN:

Wenn Wurzeln und Stamm noch vital sind, lohnt es sich, den Baum zu verjüngen. Denken Sie dabei daran, dass ein starker Schnitt auch einen starken Austrieb zur Folge hat. Gehen Sie lieber mäßig und in Etappen vor. Nehmen Sie abgestorbene und kranke Triebe heraus. Dann werden steil nach oben und quer in die Krone wachsende Triebe entfernt (→ Abb. unten). Von den herabhängenden, vergreisten Partien wird im 1. Jahr der Verjüngung etwa ein Drittel entfernt. Schneiden Sie sie auf jüngere, nach außen wachsende Zweige zurück. Dort treibt der Baum im Frühjahr kräftig aus. Dünnen Sie die neuen Triebe im Sommer aus. Pro Schnittstelle bleiben nur 1 bis 2 flache, nach außen wachsende Triebe stehen. Konkurrenztriebe zu den eingekürzten Leitästen werden ebenso wie lange, steil wachsende Triebe entfernt. In den beiden Folgejahren verjüngen Sie so nacheinander die beiden weiteren Drittel der Krone.

... ein alter Apfelbaum nicht mehr viel trägt, aber einem ans Herz gewachsen ist?

URSACHE:

Obstbäume haben, je nach Art und Unterlage, eine unterschiedlich lange Lebensdauer. So wird ein Apfel auf der Unterlage M9 um die 20 Jahre alt. Trägt der Baum also aufgrund seines Alters nur noch wenig, kann man mit einer Verjüngung durch Schnitt nicht mehr viel ausrichten.

MASSNAHMEN:

Ihn deswegen gleich zu roden, ist nicht nötig, vorausgesetzt, Wurzeln, Stamm und Leitäste sind noch gesund. Schließlich hat ein alter Baum eine besondere Ausstrahlung. Damit er noch ein bisschen schöner wird, können Sie ihn mit einer geeigneten Ramblerrose „verheiraten", z. B. 'Bobbie James' (→ S. 446). Die langen, weichen Triebe der Rambler erobern mit der Zeit die Krone des alten Baums und verhelfen ihm somit jedes Jahr im Sommer zu neuer, atemberaubender Blütenpracht.

3

Gemüse und Kräuter

Frisch vom Beet tragen Gemüse und Kräuter wesentlich zu einer gesunden wie lustvollen Ernährung bei. Wichtige Voraussetzungen dafür sind eine pflanzengerechte Standortwahl und gute Pflege.

Auch wenn bei der Gartengestaltung meist die Blüten im Vordergrund stehen, sind die kulinarischen und gesundheitlichen Aspekte nicht zu unterschätzen. Gemüse und Kräuter verwandeln Wasser, Kohlen- und Sauerstoff sowie Mineralstoffe aus Luft und Boden mit Hilfe des Sonnenlichts in wertvolle Nahrungssubstanzen wie Zucker, Eiweiß, Stärke, Enzyme, Öle sowie aromatische Würz-, Duft- und Heilstoffe. Aus dem Garten kommen sie mit all ihren Vitaminen und Aromastoffen frisch auf den Tisch.

Der Übergang zwischen **Nahrungs-, Würz- und Heilpflanzen** ist fließend. Nahrungspflanzen tragen durch Kohlenhydrate und Eiweiße zur Sättigung bei und besitzen ein eigenes Aroma. Gewürze werden nur in geringen Mengen zugesetzt und können alle Gerichte verfeinern. Heilwirksame Substanzen schmecken jedoch nicht immer gut; daher eignen sich nicht alle Kräuter zum Würzen. Aber alle Gewürze fördern Stoffwechsel und Wohlbefinden. Sie erhöhen die Bekömmlichkeit vieler Speisen und enthalten vielerlei gesundheitsfördernde Substanzen.

Die überwältigende Mehrheit der Gemüse wird **einjährig** angebaut. Ausnahmen sind Spargel, Artischocken, Rhabarber und mehrjährige Salatrauke (Rucola). Bei den Kräutern ist das Verhältnis eher umgekehrt: Einjährigen Arten wie Dill oder Basilikum stehen zahlreiche **mehrjährige** Pflanzen, nämlich ▶ STAUDEN (S. 562) gegenüber, z. B. Oregano und Estragon. Salbei und Thymian sind genau genommen sogar ▶ HALBSTRÄUCHER (S. 545). Die Gemüse- und Kräuterarten wachsen zu verschiedenen Terminen, stellen individuelle **Ansprüche** an den Standort und an die Nährstoffversorgung. Deshalb will die Zusammenstellung auf dem Beet gut durchdacht sein.

Für die **Vermehrung** gilt dasselbe wie für entsprechende andere Pflanzengruppen: Manche mehrjahrige Arten lassen sich am einfachsten vegetativ vermehren, also durch Teilung des Stocks, durch Bewurzelung von Stecklingen, Wurzelstücken oder anderen Pflanzenteilen. Die meisten einjährigen Arten werden in der Regel ausgesät. Einige darunter benötigen eine geschützte Vorkultur, weil sie eine längere Entwicklungszeit haben, aber die kalten Frühlingstemperaturen nicht vertragen.

Bei den meisten Gemüsen stehen zahlreiche ▶ SORTEN (S. 561) zur Auswahl. Sie unterscheiden sich hinsichtlich Anbau- und Erntetermin, Wuchsform und -höhe, Größe, Ausfärbung und Aroma des Ernteguts und nicht zuletzt durch ▶ RESISTENZEN (S. 557) gegen bestimmte Schaderreger. Manche Sorten, z. B. Kürbisse mit besonderen Formen oder Kräuter mit gestreiftem Laub, sind sogar recht dekorativ.

In diesem Kapitel:

Planung des Nutzgartens

GEMÜSE UND KRÄUTER sollen in recht kurzer Zeit reiche, gehaltvolle Ernten hervorbringen und dabei gesund wachsen. Deshalb haben sie teils hohe Ansprüche, die aber oft unterschiedlich sind, ebenso wie ihre Wachstumszeiten und -rhythmen. Man will möglichst mehrere ▶ ARTEN (S. 533) auf begrenzter Fläche anbauen, dabei den Pflegeaufwand relativ gering halten und eventuell noch den Erntetermin verfrühen. Dies alles verlangt schon eine gute Planung, sowohl beim Anlegen eines Nutzgartenbereichs wie beim jährlichen Pflanzen und Pflegen.

Standortanforderungen

Die heutigen Gemüsesorten sind auf rasches, gesundes Wachstum und hohe Erträge gezüchtet. Dazu brauchen sie optimale Standortbedingungen, da sie sonst leicht Mangelsymptome aufweisen oder Krankheiten und Schädlingen anziehen.

In überwiegender Mehrheit benötigen diese Pflanzen viel **Sonne**. Deshalb sind für die Beete möglichst schattenlose Standorte zu bevorzugen. Zwar gedeihen recht viele Arten noch leidlich im Halbschatten (→ Porträts S. 512–525). Dort wachsen sie aber oft langsamer, bleiben nicht so kompakt und bringen etwas geringere Ernten. Mehltau und andere Pilzkrankheiten treten hauptsächlich auf, wenn der nächtliche Tau nicht rasch genug abtrocknet. Deshalb ist vor allem eine morgendliche Besonnung des Beets anzustreben. Bei schlechter Belichtung lagern die Blätter und Früchte außerdem in höherem Maß die schädlichen ▶ NITRATE (S. 554) ein.

In der prallen Sonne kann allerdings **Wasser** schnell zum Mangelfaktor werden. Deshalb ist ergänzend zu den Niederschlägen für eine regelmäßige Wasserzufuhr zu sorgen – bei durstigen Arten wie Tomaten, Gurken und Kohl dringlicher als bei trockenheitsverträglicheren wie Zwiebeln oder Möhren.

Entscheidend ist in dieser Hinsicht auch der **Boden**: Während Sand das Wasser durchsickern lässt, hält ein tonig-lehmiger Untergrund das wertvolle Nass mitunter so fest, dass es den Pflanzen nicht zur Verfügung steht. Sehr schwere, zum Verkleben und Verklumpen neigende Böden scheiden daher als Gemüse- und Kräuterbeete aus. Sie können bestenfalls durch intensive Lockerung mit Gründüngungspflanzen und mechanischer Bearbeitung (Umgraben) sowie durch reiche Humuszufuhr (Kompost, Mulch) brauchbar gemacht werden.

In mehrfacher Hinsicht als optimal haben sich humose, mittelschwere Böden erwiesen. Diese können nicht nur das Wasser, sondern auch Nährstoffe in pflanzenverfügbarer Form speichern. Durch wiederholte Bearbeitung wird der Boden darüber hinaus locker und krümelig gehalten, so dass in die Wurzelschicht genügend Sauerstoff eindringen kann.

Auch die Qualität der umgebenden Luft ist für die Qualität der erzeugten Nahrungspflanzen von Bedeutung: In direkter Nachbarschaft zu einer stark befahrenen Straße (bis 50 m) oder auch zu einem Industrieschornstein ist mit einer erhöhten **Schadstoffbelastung** zu rechnen. Wenn man hier nicht ganz auf den Anbau verzichten will, sollte man das Erntegut zumindest ausgiebig säubern. Bereits im Vorfeld kann die Belastung durch eine mannshohe immergrüne Hecke oder andere Hindernisse vermindert werden.

Damit die mit viel Liebe und Pflege gepäppelten Nutzpflanzen nicht allzu leicht beliebigen Schädlingen zum Opfer fallen, können Sie den Garten so anlegen, dass sich diese Organismen nicht besonders wohl fühlen bzw. so, dass sich genügend Gegenspieler ansiedeln, die das Bedrohungspotenzial in Schach halten. Solch eine **Nützlingsförderung** geschieht vorwiegend durch eine naturnahe Gestaltung des Gartens mit vielfältigen Lebensräumen (→ auch S. 192).

Beete, Wege und Einfassungen

Gemüse- und Kräuterbeete – das bedeutet offenen Boden, der leicht von Unkraut besiedelt wird. Auch benachbarte Rasenflächen breiten sich gern in Richtung der Beete aus. Um dies leicht aufhalten zu können, empfiehlt es sich, den ganzen Nutzgarten mit einer Reihe von **Randsteinen** zu umgeben – am besten bodeneben, damit man bis zum Rand mähen kann.

Sonne und Wasser sind die wichtigsten Voraussetzungen für gutes Gedeihen im Nutzgarten.

Beetrahmen, Blumen und Hochstämmchen ergänzen das Ensemble.

Damit man beim Anbau der einzelnen Nutzpflanzen die Fläche wechseln kann, sollte der Gemüsegarten über mehrere **Beete** verfügen. Diese sind in der Regel 1,2 m breit, so dass man als durchschnittlich großer Gärtner von der Seite bis zur Mitte reichen kann. Dennoch sollten Sie den Anbau so planen, dass an den leichter zugänglichen Beeträndern vorrangig Kräuter oder Pflücksalate stehen, die man häufig beerntet. Die Länge kann je nach den Platzverhältnissen variieren.

Meist bietet es sich an, in der Mitte einen wenigstens 90 cm breiten **Hauptweg** anzulegen, der zum Arbeiten bequem mit der Schubkarre befahren werden kann. Die kleineren **Arbeitswege** zwischen den Beeten müssen nur etwa 30 cm breit sein; es genügt, wenn man ohne zu balancieren mit beiden Beinen auftreten kann. Diese Pfade werden gern mit Rosten aus Holz oder Kunststoff ausgelegt, um auch bei verschlämmtem Boden mit sauberen Schuhen ernten zu können.

Eine Umrahmung des Nutzgartens oder auch einzelner Beete mit **Einfassungspflanzen** kann sehr ansprechend wirken. Die traditionelle Einfassung aus dem Bauerngarten ist der Buchbaum. Das niedrige immergrüne Gehölz gibt eine klare Struktur vor, braucht allerdings auch relativ viel Platz, d. h., Sie müssen bei der Beetplanung die Breite des Buchsstreifens mit berücksichtigen. Als Alternative stehen zahlreiche Blumen zur Verfügung – mehrjährige ebenso wie einjährige zum jährlichen Wechsel. Passend wären z. B. Ringelblumen oder Frauenmantel. Unter den Kräutern bieten sich Petersilie und Schnittlauch an, weil sie viel genutzt werden, sowie der hübsch blühende Ysop.

Besondere Beetformen

Liegt der Garten auf hängigem Gelände, so besteht die Gefahr, dass die fruchtbare Oberschicht durch starke Niederschläge abgeschwemmt wird. Daher empfiehlt es sich, die Beete in **Terrassenform** anzulegen. Der Hang wird dazu in mehreren Ebenen so abgestützt und aufgeschüttet, dass Beete mit waagrechten Oberflächen entstehen, die sich – je nach Neigung – mehr oder weniger aufrecht stehend bearbeiten lassen. Die jeweilige Abstützung des Hangs wird meist mit kräftigen Kanthölzern oder Ziegeln befestigt. Auch ➲ TROCKENMAUERN (S. 565) kommen dafür in Frage und bieten einen wertvollen Lebensraum, verbrauchen allerdings mehr Platz. Man geht beim Bau von unten nach oben vor, weil dann der Aushub jeweils in die bereits abgestützte untere Terrasse geschaufelt werden kann. Dabei lässt sich der Boden nach Bedarf verbessern.

Auch bei einem **Hochbeet** kann der Boden gut verbessert bzw. komplett neue Erde eingefüllt werden, und die Bearbeitung im Stehen ist hier noch einfacher. Diese Vorteile lassen sich am Hang ebenso nutzen wie auf ebener Fläche. Man errichtet das Beet mit frei stehenden Stützmauern aus kräftigen Kanthölzern oder Ziegeln, die es an allen vier Seiten begrenzen. Teils werden auch ganze Rahmenkonstruktionen als Bausätze angeboten. Je nach Körpergröße haben sich 0,8–1 m hohe Stützmauern als günstig erwiesen. Wenn Sie in den unteren Schichten unverrottete Pflanzenabfälle einbauen, müssen Sie später noch größere Substratmengen auffüllen. Denn beim Verrotten sackt das Material zusammen. Mit dem Einfüllen von Astwerk sollten Sie zurückhaltend sein, denn dies wirkt wie eine Dränage, so dass das Hochbeet häufiger bewässert werden muss.

Weniger aufwendig, aber auch vergänglicher ist ein **Hügelbeet** (→ Abb. S. 387). Hierbei wird das Beet ohne Einfassung zu einem gut 1 m hohen und etwa 1,5 m breiten Hügel aufgeworfen, der im Kern mit Zweigen und Pflanzenabfällen gefüllt ist. Nach einer Trennschicht aus umgedrehten Grassoden folgt außen eine 20–30 cm starke, humose Pflanzschicht, in die man auch die vorher abgehobene Humusschicht des gewachsenen Bodens einbringen kann.

Bei der Rotte im Kern werden Wärme sowie Nährstoffe frei. Deshalb gedeihen auf einem solchen Beet in den ersten beiden Jahren Starkzehrer (→ S. 380) besonders gut. Allerdings ist dieses Wachstum durch

Ringelblumen sind begehrte Partner im Gemüsebeet, die sich auch als Einfassung eignen.

Ein guter Nutzgarten ist auf die Bedürfnisse und die örtlichen Gegebenheiten zugeschnitten.

ausgiebige Wasserversorgung zu unterstützen. Durch seine Wölbung bietet der Hügel etwas mehr Pflanzfläche als ein flaches Beet mit demselben Umriss. Nach 3 bis 5 Jahren ist der Hügel wieder auf die ursprüngliche Ebene zusammengesackt.

Das Kräuterbeet

Kräuter lassen sich in Mischkultur im Gemüsebeet unterbringen oder auch separat in einem eigenen Beet, möglichst in Küchennähe. Ein solches Beet legt man eher kleiner als ein Gemüsebeet an, da meist nicht allzu viele Pflanzen einer Art benötigt werden. Statt Wegen genügen oft Trittsteine, um die Pflanzen zu erreichen.

Viele Kräuter kommen ursprünglich vom Mittelmeer oder aus dem Orient. Entsprechend den Gegebenheiten in ihrer Heimat sind sie noch mehr als die Gemüsearten auf einen warmen, durchlässigen **Standort** angewiesen. Manche wie Oregano entwickeln auf ausgesprochen kargem Untergrund das intensivste Aroma. Bei lehmigen Böden sollten daher Sand oder Urgesteinsmehl sowie Reifekompost beigemischt werden. Grundsätzlich aber sind die meisten Kräuter Individualisten, weshalb jeweils im Einzelnen auf ihre Ansprüche zu achten ist (→ Porträts, S. 522–525). Bei hungrigeren Pflanzen wie Schnittlauch oder Zitronenmelisse ist für eine gute Humusversorgung zu sorgen.

Aus **gestalterischen Gründen** setzt man kleinwüchsigere sowie optisch attraktivere Kräuter in den Vordergrund, die großen weiter nach hinten. Zu den attraktiven Arten gehören die vielen Sorten mit gefärbtem oder gezeichnetem Laub, z. B. von Rosmarin, Thymian, Zitronenmelisse oder Oregano. Die wenigen blühenden Arten, wie Borretsch, Ysop und Lavendel, pflanzt man aufgrund ihrer Wirkung gern in größeren Mengen, als man sie als Kräuter nutzen kann – denn der Übergang zu den Zierpflanzen ist hier fließend.

Durch gruppenweise Pflanzung von Kräutern mit unterschiedlichen Grüntönen oder auch silbergrauen Färbungen in **geometrischen Formen** lassen sich besonders eindrucksvolle Beete gestalten. Diese dürfen gern prominent platziert sein, z. B. direkt an der Terrasse, in der Mitte des Nutzgartens oder auch im vollsonnigen Vorgarten, wo sie einen Blickfang abgeben.

Eine vielfältige Landschaft im Kleinen stellt die sogenannte **Kräuterspirale** dar. Dazu werden Natursteine in Spiralform ausgelegt, wobei die Höhe nach innen durch mehrlagiges Aufschichten allmählich etwas ansteigt. Die Zwischenräume werden bis auf halbe Höhe mit Kies oder Schotter aufgefüllt, darüber kommt das Substrat. Der Gipfel aus Sand und Steinen bildet einen warmen Steingarten, nach unten hin wird das Substrat humoser, an der Nordseite auch etwas beschattet, während ein Miniteich an der Südseite zusätzlich Licht und Wärme reflektiert sowie feuchtigkeitsliebenden Arten Heimat bietet.

Anbauplanung

Die gartenarbeitslosen Winterwochen können Sie gut dafür nutzen, den Anbau zu planen. Ganz am Anfang steht eine Abschätzung der Bedürfnisse Ihres Haushalts bzw. Ihrer Familie, um die Maße der Beete darauf abzustimmen. Zunächst sollten Sie überlegen, welche Gemüse und Kräuter bevorzugt auf Ihrem Speiseplan stehen, bei welchen Sie die frische Ernte am meisten schätzen oder wo sich beim Eigenanbau besonders viel sparen lässt. Dann wird die jeweils nötige Menge überschlagen, was sicherlich auch Erfahrungssache ist. Wenn diese feststeht, kommen die pflanzenbaulichen Aspekte ins Spiel: Wie viel Zeit und Raum nehmen die Kulturen in Anspruch, wo gelingen sie am besten? Beliebte Gemüse mit nicht allzu langer Kulturzeit werden „in Sätzen" mehrfach hintereinander angebaut. Dabei sollten Sie die Regeln von Fruchtfolge und Mischkultur berücksichtigen, außerdem Saat- und Erntezeitpunkte, Mengenbedarf und Pflanzabstände ... Hier lohnt es sich, einen Anbauplan auszuarbeiten.

Die Fruchtfolge

Bei der Anbaufolge innerhalb eines Jahrs lassen sich Vor- und Nachkulturen sowie Hauptkulturen unterscheiden. Während die **Vor- und Nachkulturen** in der Regel raschwüchsig sind (z. B. Radieschen, Salat, Kohlrabi) oder bis in den Winter hinein stehen bleiben (z. B. Feldsalat, Spinat), benötigen die **Hauptkulturen** (z. B. Kopfkohl, Fruchtgemüse) zum Ausreifen einen Großteil der Sommersaison. Sie können als „Leitkulturen" in ihren Beeten verwendet werden, an denen sich die hinzugesellten orientieren müssen.

Nach ihrem Nährstoffbedarf unterscheidet man **Starkzehrer** (vor allem Fruchtgemüse, Kopfkohl), **Mittelzehrer** (u. a. Salate, Rote Bete) und **Schwachzehrer** (z. B. Hülsenfrüchtler). Hinweise darauf finden Sie in den Gemüseporträts ab S. 512.

Während Schwachzehrer praktisch nicht gedüngt werden und auch keinen Mist vertragen, wollen Starkzehrer direkt nach einer kräftigen Düngegabe angebaut werden („1. Tracht"). Die Mittelzehrer folgen im Jahr darauf („2. Tracht") und benötigen nur eine leichte Zusatzdüngung. Um die Düngung angemessen und einheitlich verabreichen zu können, empfiehlt es sich, vorwiegend Arten mit ähnlichen Ansprüchen auf einem Beet zusammenzupflanzen.

Pflanzen der gleichen Art, ja sogar der gleichen ▶ FAMILIE (S. 541) sollten nicht mehrere Jahre hintereinander am gleichen Platz stehen. Denn in dem Fall nehmen sie in einseitiger Weise Nährstoffe aus dem Boden auf oder geben Stoffwechselprodukte ab. Vor allem aber sammeln sich im Lauf der Zeit Krankheitserreger und Schädlinge an. Ein Anbauabstand von etwa 3 Jahren ist daher empfehlenswert.

Als Ausnahmen gelten Tomaten und Stangenbohnen: Sie schmoren gern „im eigenen Saft". Allerdings können die Erreger der häufig auftretenden Krautfäule an Tomaten (→ S. 392) auch im Boden überdauern; nach einem derartigen Befall ist deshalb ein Platzwechsel ratsam. Mehrjährige Gemüse und Kräuter nehmen eine Sonderstellung ein.

Mischkultur

Durch Mischkultur von Pflanzen mit unterschiedlichen Wurzelformen, aber ähnlichen Ansprüchen wird der Boden optimal aufgeschlossen. Oberirdisch sorgt die Zusammenstellung von Arten mit verschiedener Blattverteilung für eine effektive Lichtnutzung. Bei dichter Pflanzung wird auch der Boden beschattet, wodurch Feuchtigkeit und Krümelstruktur besser erhalten bleiben und Unkräuter schlechtere Wachstumsbedingungen finden.

Kräuter vertreiben mit ihren Aromen häufig die Schaderreger vom Gemüse.

Hinzu kommt, dass sich spezialisierte Schädlinge in einem gemischten Bestand schwerer tun, ihre Opfer zu finden. Manche Pflanzen vertreiben sogar mit ihren Ausdünstungen die Schaderreger des Partners. So wehren z. B. Möhren und Zwiebeln oder Lauch gegenseitig die jeweils auf sie spezialisierten Gemüsefliegen ab. Sellerie und Tomaten neben Kohl stören durch ihre Fremdaromen Kohlweißlinge bei der Eiablage. Und Knoblauch oder Zwiebeln schützen Erdbeeren gegen Pilzkrankheiten. Kräuter sind aufgrund ihrer starken Aromen besonders wirksam.

Manche Gemüse, z. B. Sellerie und Blumenkohl, vertragen sich sehr gut, während sich andere, wie Bohnen und Zwiebeln, nicht „riechen" können. Daher kommt es bei der Mischkultur darauf an, die geeigneten Partner nebeneinander zu platzieren. Dabei hilft die nebenstehende Tabelle. Da neben der Verträglichkeit auch der Platzbedarf, der Entwicklungsrhythmus und die Pflegeansprüche zu berücksichtigen sind, bedarf es schon etwas „Tüftelei", bis man geeignete Kombinationen gefunden hat.

In einer gelungenen Mischkultur fördern sich alle Beteiligten gegenseitig.

Mischkultureignung

Die als „gute Nachbarn" gekennzeichneten Gemüsearten eignen sich für die Mischkultur, schlechte Nachbarn sind aufgrund ihrer nachteiligen Einwirkung zu vermeiden. Bei neutralen Verhältnissen spricht nichts gegen, aber auch nichts für die Partnerschaft. Da Standort, Sorte und Witterungsverlauf ebenfalls die Nachbarschaft beeinflussen können, mag es vorkommen, dass manche Gärtner zu anderen Erfahrungen gelangt sind.

	Blumenkohl	Bohnen	Chicorée	Endivien	Erbsen	Fenchel	Gurken	Kartoffeln	Kohlrabi	Kopfkohl	Kopfsalat	Kürbis	Lauch	Mangold	Möhren	Radicchio	Radieschen, Rettich	Rosen-, Grünkohl	Rote Bete	Sellerie	Spinat	Tomaten	Zucchini	Zwiebeln
Blumenkohl	+						+	+			+		+	+			+		+	+	+	+		–
Bohnen		+	+		–	–	+		+	+	+	+	–				+	+	+	+			+	–
Chicorée		+				+					+				+							+		+
Endivien						+					+				+							+		+
Erbsen		–				+	+	–			+		–		+		+					–	+	–
Fenchel		–	+	+	+		+				+					+	–					–		
Gurken	+	+			+	+		–		+	+		+				+	+	+	+				+
Kartoffeln	+				–		–		+	+		–			–			+		–	+	–	–	
Kohlrabi		+						+			+		+	+			+		+		+	+		
Kopfkohl		+					+	+			+		+	+			+		+	+	+	+		–
Kopfsalat	+	+	+	+	+	+	+		+	+		+	+		+	+	+	+	+	–		+	+	+
Kürbis		+						–			+													+
Lauch	+	–			–		+		+	+	+				+			+	–	–		+		
Mangold	+								+	+								+						
Möhren			+	+	+						+		+	+		+	+					+		+
Radicchio						+					+				+							+		+
Radieschen, Rettich	+	+			+	–	+		+	+	+			+	+			+			+	+		
Rosen-, Grünkohl		+					+	+			+		+	+			+		+	+	+	+		–
Rote Bete	+	+					+		+	+	+		–					+		–	–			+
Sellerie	+	+					+	–		+	–		–					+	–			+		
Spinat	+							+	+	+							+	+	–			+		
Tomaten	+		+	+	–	–		–	+	+	+		+		+	+	+	+		+	+			
Zucchini		+			+			–			+													+
Zwiebeln	–	–	+	+	–		+			–	+	+			+	+		–	+				+	
	Bohnen	Blumenkohl	Chicorée	Endivien	Erbsen	Fenchel	Gurken	Kartoffeln	Kohlrabi	Kopfkohl	Kopfsalat	Kürbis	Lauch	Mangold	Möhren	Radicchio	Radieschen, Rettich	Rosen-, Grünkohl	Rote Bete	Sellerie	Spinat	Tomaten	Zucchini	Zwiebeln

+ = gute Nachbarn – = schlechte Nachbarn (leer) = neutral, kein Einfluss

Saisonverlängerung

Der Anbau der Gemüse und Kräuter wird durch den Verlauf unserer Jahreszeiten begrenzt, insbesondere die Kultur der frostempfindlichen und nicht winterharten Arten. Doch dem Gärtner stehen verschiedene Methoden zur Verfügung, die Saison zu verlängern – vor allem durch früheren Beginn und teils auch durch Anbau bis in den Herbst hinein (→ auch S. 236–243).

Fensterbrett, Vlies und Folie

Eine Verfrühung erreicht man bereits, indem man Gemüse mit einer langsamen Entwicklung oder frühe Sorten an einem hellen, geschützten Standort vorzieht – in einfachster Form am Fensterbrett. Indem man Vlies oder Kulturfolie, unter denen etwas höhere Temperaturen herrschen, über die Beete spannt, lässt sich sowohl die Aussaat oder Auspflanzung im Freien verfrühen als auch die Ernteperiode im Herbst verlängern. Vliese und Folien verwendet man besonders bei frühen Arten und Sorten mit Aussaat oder Pflanzung ab etwa Anfang März, z. B. Möhren, Radieschen oder Salat. Die Ernte kann so um bis zu 2 oder 3 Wochen verfrüht werden.

Vlies, ein Geflecht aus feinen Kunststofffasern, bietet gegenüber Folie mehrere Vorteile. Es lässt ausreichend Niederschläge hindurch, so dass nur bei Trockenheit bewässert werden muss. Ein Entfernen bzw. Zurückschlagen zum Gießen oder Lüften ist nicht nötig. Außerdem dringen bei abgedichteter Verlegung keine schädlichen Insekten zu den Pflanzen, während sie bei gelochten Folien einen Zugang finden können. Folien lassen sich besser als **Folientunnel** nutzen, aufgespannt mit Hilfe von Drahtbögen, die im Abstand von etwa 50 cm in den Boden gesteckt werden. Dadurch liegt die Folie nicht direkt den Pflanzen auf, sondern bildet ein flaches, flexibles, beetbreites Minigewächshaus.

Einen ähnlichen Effekt können Sie erzielen, wenn Sie einzelne Pflanzen abdecken. Der Austrieb des Rhabarbers lässt sich z. B. durch übergestülpte Töpfe verfrühen. Andere wertvolle Pflanzen kann man mit eleganten Glasglocken („Cloches") behüten; transparente Kunststoffhütchen erfüllen mit weniger Charme denselben Zweck.

Auch direkt dem Boden aufliegende **Mulchfolien** können die Kultur fördern. Sie sind im Gegensatz zu den durchsichtigen Abdeckfolien dunkelgrau oder schwarz, einerseits um Wärme zu speichern, andererseits um Unkraut zu unterdrücken. Schwarze Mulchfolie wird z. B. gern bei Paprika oder Gurken und anderen Kürbisgewächsen eingesetzt. Man legt sie auf der gründlich gelockerten Bodenfläche aus und schneidet dann Löcher oder Schlitze hinein, um die Pflanzen einzusetzen.

Im beheizten Gewächshaus hat man fast unbeschränkte Möglichkeiten.

Ein Folientunnel lässt sich rasch aufstellen und hält etwas wärmer.

Frühbeetkästen

Das Frühbeet ist der kleine und bescheidene Bruder des Gewächshauses: In dem niedrigen Kasten, an einem sonnigen Platz aufgestellt, gedeihen die ersten Vorkulturen, Radieschen sowie die letzten Salate. Im Prinzip genügen ein paar Bretter, die man zu einem Rahmen von 1 m Breite und 1–5 m Länge verbindet, sowie Abdeckfenster aus Glas oder aus auf einen Rahmen gespannter Folie.

Solch improvisierte Rahmen lassen sich leicht auswechseln oder an anderer Stelle wieder aufbauen. Natürlich gibt es auch stabilere Bauweisen aus Kunststoff, Metall oder Beton sowie Fertigsysteme aus dem Fachhandel (→ auch S. 241).

Der Kasten wird am besten in Ost-West-Richtung aufgestellt, so dass bei geöffneten Fenstern die Sonne hineinscheinen kann. Damit er die gesammelte Wärme nicht gleich wieder abgibt, hat es sich bewährt, dünne Seitenwände zusätzlich zu isolieren, z. B. mit Hartschaumplatten. Verfügt das Beet nicht über eine automatische Lüftung, muss es besonders an warmen Tagen tagsüber geöffnet und nachts wieder geschlossen werden.

Das Frühbeet lässt sich noch wesentlich früher in Betrieb nehmen, wenn Sie es auf natürlichem Weg beheizen – durch Einbringen von Mist oder zumindest von Grünabfällen, deren Verrottungswärme man nutzt (→ S. 242).

Gemüse im Kleingewächshaus

Mit einem Gewächshaus hat man nahezu uneingeschränkte gärtnerische Möglichkeiten (→ auch S. 237–240). Die Anzucht bringt früher kräftigere Pflänzchen hervor als am Fensterbrett, und hier gelingt sogar die Ernte bei solch anspruchsvollen Kulturen wie Auberginen, Schlangengurken oder Paprika. Aus diesem Grund ist ein möglichst sonniger Platz zu bevorzugen. Frostgefährdete Senken sowie windgefährdete Lagen sind hingegen zu vermeiden. Bedenken Sie im Übrigen bei der Standortsuche die Nähe der erforderlichen Versorgungsleitungen für Wasser, Strom oder Heizung.

Ein **beheiztes Gewächshaus** ist deutlich aufwendiger als ein unbeheiztes. Wenn Sie es aber entsprechend nutzen, macht sich diese Investition zweifellos bezahlt – z. B. wenn Sie ganzjährig Gemüse und Kräuter anbauen und ernten sowie den Freilandanbau bei eigener Vorkultur zeitig beginnen wollen. Dafür kann sich auch die Installation einer Zusatzbelichtung (mit geeigneten Spezialleuchten für das Pflanzenwachstum) lohnen.

Um die Sämlinge nur ein wenig früher, aber unter optimal belichteten Bedingun-

gen anzuziehen, genügt auch schon ein unbeheiztes Haus, ebenso wie für die Sommernutzung mit wärmeliebenden Fruchtgemüsen.

Damit es im Gewächshaus in der prallen Sommersonne nicht zu heiß wird, braucht es zu allererst ausreichende Möglichkeiten zur **Lüftung**. Besonders wirkungsvoll sind Fenster im Dachbereich, weil hier die angestaute Warmluft entweichen kann. Wenn man nicht ständig anwesend ist, kann eine Automatik dafür sorgen, dass sich diese Fenster bei Bedarf selbsttätig öffnen. Aber auch Türen und seitliche Fenster tragen zu einer gesunden Luftzirkulation bei. Ebenso ist eine zeitweilige Schattierung möglich (→ S. 239).

Ist das Haus groß genug, sollten Sie einen Tisch vorsehen, der nicht nur als **Stellfläche** dient, sondern auch für Sä- und Pflanzarbeiten. Durch Hängeablagen lässt sich das Platzangebot noch zusätzlich erweitern.

Bei intensiver, ganzjähriger Nutzung ist auf die **Pflege des Bodens** besonderer Wert zu legen. Er sollte nicht zu oft austrocknen. Regelmäßiges Gießen ist deshalb ebenso sinnvoll wie eine Mulchabdeckung – im Sommer wie im Winter. Wässern Sie den Boden vor dem Frühjahrsstart, damit die angereicherten Salze aus der Oberschicht ausgewaschen werden. Außerdem können Sie zeitig vor dem Anbau Kompost oder im Herbst angerotteten Stallmist einarbeiten. Weil der Boden stark gefordert ist, wird sogar häufig empfohlen, ihn im Abstand mehrerer Jahre auszutauschen. Der alte Boden wird dann in einer Kompostmiete angesetzt und so wieder neu belebt.

Die Gefahr einer **Nitratbelastung** (▶ NITRAT, S. 554) ist beim Gewächshausanbau besonders hoch. In den lichtarmen Herbst-, Winter- und Frühjahrsmonaten vermögen die Pflanzen zwar dank der Gewächshauswärme zu wachsen. Sie setzen das aus dem Boden aufgenommene Stickstoffsalz Nitrat aber aufgrund des niedrigen Lichtangebots nur sehr langsam um. Eine Versorgung mit stickstoffhaltigen Düngern muss deshalb sehr zurückhaltend erfolgen, leicht lösliche mineralische Dünger sollten gar nicht eingesetzt werden. Gerade für den Winteranbau ist zur Vermeidung hoher Nitratwerte auch eine Zusatzbelichtung sinnvoll.

Ganzjähriger Saat- und Pflanzplan für das Gewächshaus

Wenn nichts anderes angegeben ist, meint die Nennung den Saattermin. Dies schließt automatisch ein, dass man die Art im jeweiligen Monat auch pflanzen kann.

Die Nennung einer Art für das unbeheizte Gewächshaus schließt automatisch ein, dass sie auch im beheizten Gewächshaus gedeiht.

Für den ganzjährigen Anbau von Kopfsalat und Kohlrabi sind mindestens 15° C erforderlich, am besten mit Zusatzbelichtung.

	UNBEHEIZTES GEWÄCHSHAUS	BEHEIZTES GEWÄCHSHAUS
Januar	Spinat, Winterportulak	Kohlrabi, Pflück- und Schnittsalat, Radieschen
Februar	Pflück- und Schnittsalat, Radieschen, Rettich, Spinat, Winterportulak	Paprika (ab Mitte des Monats), Tomaten
März	Buschbohnen, früher Kopfkohl, Kohlrabi, Pflück- und Schnittsalat, Radieschen, Rettich, Rucola, Sellerie	Gurken
April	Buschbohnen, Kohlrabi, Petersilie, Radieschen, Rettich, Rucola, Salate Pflanzen: früher Kopfkohl, Sellerie	Gurken, Melonen, Stangenbohnen
Mai	Buschbohnen, Kohlrabi, Petersilie, Radieschen, Rettich, Rucola, Salate, Stangenbohnen Pflanzen: Auberginen, Gurken, Melonen, Paprika, Tomaten	
Juni	Fenchel, Kohlrabi, Petersilie, Radieschen, Rettich, Rucola, Salate	
Juli	Endivie, Kohlrabi, Radicchio, Radieschen, Rettich, Rucola, Salate, Zuckerhut	
August	Chinakohl, Feldsalat, Pak Choi, Petersilie, Pflück- und Schnittsalat, Radieschen, Rettich, Rucola, Winterportulak	Endivie, Kohlrabi, Radicchio, Zuckerhut Pflanzen: Kopfsalat
September	Feldsalat, Radieschen, Rucola, Spinat, Winterportulak, Winterrettich, Wintersalat Pflanzen: Chinakohl, Endivie, Kohlrabi, Pak Choi, Radicchio	Kohlrabi, Pflück- und Schnittsalat Pflanzen: Kopfsalat, Rettich
Oktober	Feldsalat, Rucola, Spinat, Winterportulak	Kohlrabi, Pflück- und Schnittsalat, Radieschen, Winterrettich, Wintersalat Pflanzen: Chinakohl, Endivie, Kopfsalat, Radicchio, Zuckerhut
November	Feldsalat, Spinat, Winterportulak	Feldsalat, Kohlrabi, Pflück- und Schnittsalat, Radieschen, Rucola, Spinat, Winterportulak, Wintersalat
Dezember	–	Feldsalat, Radieschen, Spinat, Winterportulak

Säen, pflanzen und pflegen

NACHDEM MAN EINEN geeigneten Standort gefunden hat, geht die Anlage der Beete im Nutzgarten in mehreren Schritten vor sich:

- Vorbereitung des Bodens,
- Abmessen und Bearbeiten der Beete,
- Aussaat bzw. Bepflanzung.

Den Standort vorbereiten

Zuerst wird Rasenbewuchs oder eine andere vorhandene Vegetationsdecke entfernt. Beseitigen Sie dabei Wurzelunkräuter ganz besonders gründlich. Sobald der Untergrund einigermaßen abgetrocknet ist, sollte die Beetfläche gelockert werden. Je nach Bodenart und -zustand können dafür schon Krail, Hacke oder Kultivator reichen, oft ist zudem die Grabegabel sinnvoll, bei schweren Böden auch das Umgraben mit dem Spaten (→ S. 168).

Zwiebeln müssen nicht gesät, sondern können gesteckt werden.

Ein Saatband enthält die Samen bereits in den erforderlichen Abständen.

Um den **Boden** optimal auf seine künftige Nutzung vorzubereiten, lohnt es sich meist, eine genaue Bestandsaufnahme zu machen. Die Bodenart – ob schwer und zur Vernässung neigend, ob humos oder leicht, sandig und durchlässig – kann man selbst zumindest ungefähr einschätzen. Genauere Auskunft darüber sowie vor allem auch über den Nährstoffgehalt gibt jedoch eine Bodenuntersuchung (→ S. 172).

Eine am besten bereits im Herbst zuvor eingesäte Gründüngung (→ S. 179) lockert den Boden und reichert ihn mit organischer Masse an. Auch mit einer 1–2 cm hohen Kompostschicht kann man wenig falsch machen. Lebendiger Roh- bzw. Frischkompost ist dabei wesentlich wert- und gehaltvoller als abgelagerter Reifekompost, dafür ist dieser strukturstabiler. Allerdings sollte der Rohkompost bereits im Herbst oder sehr zeitig im Frühjahr ausgebracht werden, mit mehreren Wochen Abstand vor den ersten Aussaaten.

Als weitere Bodenzusätze können Rindenkompost, Kalk, Gesteinsmehl oder Sand einseitige Struktureigenschaften ausgleichen, je nachdem, was das Ergebnis einer Bodenuntersuchung ergibt. Danach richtet sich am besten auch die erste Düngung (→ S. 388).

Neue Beete abmessen und bearbeiten

Es empfiehlt sich, die Beete und damit die Pflanzreihen in Nord-Süd-Richtung anzulegen. Dadurch werden im Tageslauf der Sonne alle Pflanzen möglichst gleichmäßig beschienen. Günstige Maße für Beete und Wege sind bereits auf S. 378 genannt. Am besten stecken Sie die Kanten der Beete mit kleinen Hölzern ab und spannen dazwischen eine Schnur, um sich beim Anlegen an diesen Markierungen zu orientieren.

Nun können Sie die vorgesehenen Beetflächen mit einem breiten Rechen ebnen. Damit lässt sich auch gleich eine frisch ausgebrachte Grunddüngung flach einarbeiten; vor allem Kompost darf keinesfalls tief vergraben werden. Außerdem entfernt man bei dieser Gelegenheit noch einmal Steine, Wurzelreste u. Ä.

Aussaat, Vorkultur und Pflanzung

Nicht immer haben Sie die Wahl, ob Sie selbst aussäen oder vorgezogene Pflanzen beim Gärtner besorgen: Bei vielen Wurzelgemüsen (z. B. Möhren, Rote Bete) oder flächig wachsenden Kräutern und Salaten (Feldsalat, Kresse) ist ausschließlich die Direktsaat aufs Beet üblich, denn oft lassen sie sich schlecht verpflanzen. Aber es gibt auch andere gute Gründe dafür: Wer über genügend Raum und Zeit verfügt, der kann die Pflanzen ungestört am Ursprungsort weiterwachsen lassen. Das ist einerseits deutlich billiger als der Zukauf von Jungpflanzen und erfordert andererseits wesentlich weniger Aufwand als die geschützte Vorkultur mit Pikieren, Auspflanzen usw.

Bei der eigenen Aussaat können Sie gezielt aus dem Katalogangebot zahlreicher Samenzüchter die bevorzugte Sorte wählen, während beim Pflanzenkauf die Auswahl eingeschränkt und ein Sortenname oft gar nicht angegeben ist.

Tipps für die Sortenwahl

Von vielen Gemüsearten werden zahlreiche verschiedene ▶ SORTEN (S. 561) angeboten, und alljährlich kommen neue hinzu. Beachten Sie bei der Auswahl neben persönlichen Vorlieben wie Geschmack, Form und Farbe des Ernteguts vor allem die jeweiligen Anbau- und Erntetermine sowie die Eignung für die vorhandenen Klima- und Bodeneigenschaften. Wichtige Eigenschaften sind auch Resistenz (Widerstandsfähigkeit) oder Toleranz (geringe Anfälligkeit) gegen bestimmte Schaderreger sowie spezielle Merkmale wie selbstrankend (bei Erbsen), selbstbleichend

(Endivien) oder bitterstofffrei (Gurken). Neben den neueren Sorten gibt es auch viele alte Lokalsorten, die sich den örtlichen Bedingungen besonders gut angepasst haben und deshalb sehr robust gedeihen. Es lohnt sich oft, bei erfahrenen Gärtnern Ihrer Umgebung danach zu fragen. Diese Sorten können im Gegensatz zu den modernen Hybridsorten (▶ F1-HYBRIDE, S. 541) auch selbst weitervermehrt werden.

Saatgutqualität und Saatgutformen

Damit nicht schon die Samen belastet sind, dürfen sie nur von gesunden Pflanzen stammen. Die **Keimfähigkeit** hängt von ihrer Ausreife ab, von der Pflanzenart und vom Alter des Saatguts: Bei mehrjähriger Lagerung nimmt sie mehr oder weniger rasch ab. Achten Sie auf die Datumsangaben auf den Samentüten (→ auch S. 345) oder vermerken Sie selbst das Jahr des Einkaufs. Sachgerecht gelagerte Kohl- und Gurkensamen keimen auch noch nach über 6 Jahren sehr gut. Bei Salat und Möhren lässt die Keimfähigkeit nach 3 bis 4 Jahren nach, bei Zwiebelgewächsen bereits nach 1 Jahr. Im Zweifelsfall empfiehlt es sich, vor der Aussaat einen Keimtest (→ S. 155) vorzunehmen.

Gerade bei Gemüse gibt es eine breite Palette besonderer **Saatgutformen**, die die Verteilung der Samen im richtigen Abstand erleichtern, nämlich Saatbänder sowie pilliertes oder kalibriertes Saatgut. Sie sind im Einzelnen auf S. 153 beschrieben. Gebeiztes Saatgut ist mit Pflanzenschutzmitteln gegen ▶ AUFLAUFKRANKHEITEN (S. 534) und teils auch gegen Schädlinge behandelt. Im konsequent ▶ BIOLOGISCHEN ANBAU (S. 536) hat es jedoch nichts verloren. Hier ist ohnehin biologisch erzeugtes Saatgut zu empfehlen. Als Alternativen gibt es verschiedene Möglichkeiten, mit Pflanzenextrakten zu beizen (→ S. 234).

Der Saatvorgang

Bestehende Beete werden einige Tage vor der Aussaat flach gelockert und von eventuell aufgelaufenen Unkräutern befreit. Die einzelnen Aussaatschritte sind mit der nebenstehenden Bildfolge erklärt. Beachten Sie dabei die jeweils nötigen Reihenab-

DIREKTSAAT IM FREILAND

› **MATERIAL:**

Saatgut, eventuell gut ausgereifter Kompost zum Einstreuen in die Saatrillen
eventuell Sägerät
Gießkanne oder Schlauch mit feiner Brause
eventuell Stecketiketten (Plastikschilder) zum Markieren der Saaten

› **WERKZEUG, ZUBEHÖR:**

Spannschnur mit Pflöcken
Zollstock oder Bandmaß
Rechen, Pflanzholz

› **ZEITBEDARF:**

ca. 10 Minuten je m^2

Saatrillen ziehen

Die Reihen ziehen Sie am besten mit dem Pflanzholz entlang einer vorab aufgespannten Markierschnur. Die Tiefe der Saatrille hängt vor allem von der Samengröße ab: In der Regel werden die Samen etwa dreimal so hoch mit Erde bedeckt, wie sie groß sind; Lichtkeimer dagegen brauchen kaum abgedeckt zu werden.

Samen ablegen

Feine Samen streut man sorgfältig, nicht zu dicht, von Hand, aus der Tüte oder mit einem Sägerät. Größere Samenkörner können Sie dagegen in gebührendem Abstand einzeln auslegen. Anschließend wird die Rille mit Erde geschlossen, mit dem Rücken des Rechens angedrückt und mit feiner Brause angegossen.

Nach dem Säen

In den Folgewochen sollten Sie die Saat nicht austrocknen lassen. Je nach Art zeigen sich schon nach wenigen Tagen oder Wochen die ersten Keimlinge. Wenn sie dann etwas größer sind und zu dicht stehen, werden sie durch Herausziehen der schwächsten Pflänzchen auf den nötigen Abstand ausgedünnt.

stände. Diese stehen üblicherweise auf der Samentüte, ebenso, ob es sich um ▶ LICHTKEIMER (S. 552) handelt, die höchstens hauchdünn mit Erde abgedeckt werden. Im Anzuchtbeet dürfen die Pflanzen enger stehen, weil sie ja verpflanzt werden, bevor sie ausgewachsen sind. Vergessen Sie nicht, die gesäten Arten und Sorten beetweise zu notieren oder entsprechende Schilder anzubringen.

Die Verwendung von **Saatbändern** (→ Abb. S. 384) spart das spätere Ausdünnen innerhalb der Reihen. Man schneidet sie entsprechend der Beetlänge zu, legt sie in den Rillen aus, deckt sie mit Erde ab, drückt leicht an und gießt dann gründlich.

Geschützte Vorkultur

Sonnenverwöhnte Pflanzen aus wärmeren Regionen sowie Gewächse, die eine längere Entwicklungszeit benötigen, müssen an einem geschützten Platz vorgezogen werden, um zeitig in die Saison zu starten. Tomaten, Paprika und Gurken benötigen unbedingt einen beheizten Raum mit mindestens 20° C. Andere Gemüse sowie die meisten Kräuter keimen bei hohen Temperaturen schlechter, hier sind in der Regel 15 bis höchstens 20° C ideal. Die robusteren Arten wie Kopfkohl kommen mit dem Frühbeet zurecht. In vielen Fällen genügt ein Fensterbrett – hell, aber möglichst ohne direkte, pralle Sonne. Optimale Verhältnisse herrschen in einem beheizten Gewächshaus. Wer vor März mit der Aussaat beginnen will, sollte für zusätzliche Belichtung sorgen, um den Sämlingen auch an den kurzen, dunklen Wintertagen günstige Bedingungen bieten zu können.

Gut zu wissen

Aussaat nach Mond und Gestirnen

Viele uns vertraute Lebensvorgänge vollziehen sich in Rhythmen, die eng mit dem Verlauf der Gestirne zusammenhängen. Der Tag-und-Nacht-Rhythmus beispielsweise ist auf die Stellung unserer Erde zur Sonne hin zurückzuführen. Die Monate entsprechen ursprünglich dem Zeitraum, in denen der Mond unsere Erde umkreist. Solche Rhythmen haben direkten Einfluss auf das Pflanzenwachstum. Von daher ist es durchaus nicht abwegig, dass auch andere Mond- und Planeteneinflüsse eine wichtige Rolle spielen.

Zur allgemeinen Verwirrung gibt es allerdings verschiedene Lehren. Die traditionellen astrologischen Ratgeber gehen von einem idealisierten, gleichförmigen Verlauf der Tierkreiszeichen aus. Biologisch-dynamische Kalender (meist nach den Erfahrungen von Maria Thun) hingegen führen die pflanzenwirksamen Kräfte auf die tatsächlichen astronomischen Sternbilder zurück. Für den Keimerfolg hat sich die Stellung des Monds zu den Sternbildern bei der Aussaat als ausschlaggebend erwiesen.

Da Praktiker gute Erfahrungen mit der Aussaat nach diesen Prinzipien gesammelt haben, kann es sich lohnen, das Ganze zumindest einmal auszuprobieren. Jährlich neu erstellte Aussaatkalender kann man über den Buch- oder spezialisierten Fachhandel beziehen.

Für die Aussaat verwendet man meist flache Gefäße, die über Abzugslöcher verfügen. Bei Einzelkornsaat in Erdpresstöpfe oder Multitopfplatten bildet sich ein fester Wurzelballen, der das Verpflanzen erleichtert. Außerdem kann man sich das Pikieren, also das spätere Umsetzen in einzelne Töpfchen, sparen. Die einzelnen Schritte sind im Kapitel „Pflanzen vermehren" auf S. 222–223 ausführlich beschrieben. Nach der Keimung sollten die Pflänzchen möglichst hell und nicht über der Heizung stehen, wo die Luft zu warm und zu trocken ist. Mit schwächlichen, langstieligen oder gar kranken Jungpflanzen ist kein großer Erfolg zu erringen; sie werden frühzeitig entfernt.

Sobald die Sämlinge erscheinen, brauchen sie viel Licht, mehr Luft und auch mehr Platz. Deshalb entfernt man ganz allmählich die Verdunstungsschutz-Abdeckung (Kunststoffhaube, Glasscheibe o. Ä.). Sobald die ersten Blätter nach wenigen Wochen gut zu fassen sind, müssen sie in größere Gefäße pikiert werden.

Um ihre Entwicklungszeit zu verlängern, sollte man die meisten Fruchtgemüse warm vorziehen.

Auspflanzen

Wenn die Jungpflanzen schließlich kräftig genug sind und die Witterung es zulässt, können sie ins Freie gepflanzt werden. Bei den frostempfindlicheren Arten muss man die letzten frostgefährdeten Nächte (Mitte Mai) abwarten. Zuvor sollte man die Pflänzchen abhärten – durch wiederholtes Lüften bzw. vorübergehendes Nach-Draußen-Stellen an warmen Tagen werden sie auf kühlere Temperaturen sowie auf die UV-Strahlung der Sonne vorbereitet.

Die Starkzehrer reagieren dankbar auf einen Löffel voll Kompost im Pflanzloch. Entscheidend für das gesunde Gedeihen sind aber die art- und sortengerechten Pflanzabstände (→ S. 512–525): Jedes Pflänzchen muss licht und luftig stehen und sich unbedrängt entwickeln können. Im Zweifelsfall messen Sie die Abstände mit einem Zollstock einzeln ab.

Die größte Gefahr droht nach der Auspflanzung durch die Schnecken. Wo mit einer hohen Befallsdichte zu rechnen ist, sollten unbedingt geeignete Vorbeugungsmaßnahmen ergriffen werden (→ S. 393).

Vegetative Vermehrung

Mehrjährige Kräuter sowie Rhabarber und Erdbeeren kann man auch vegetativ, also über Pflanzenteile vermehren. Dies ist oft eine besonders einfache Methode, um zu neuen Pflanzen zu kommen.
Am leichtesten geht die Teilung alter Stöcke; Kräuter wie Zitronenmelisse und Liebstöckel sollten auf diese Weise alle 3 bis 4 Jahre verjüngt werden, Rhabarber etwa alle 8 Jahre. Dabei vervielfacht sich die Anzahl der Pflanzen, so dass man zusätzliche Neupflanzungen, am besten an einem neuen Standort, anlegen kann.
Bei Arten wie Pfefferminze, die oberirdische Ausläufer bilden, kann man diese einfach zur Vermehrung abnehmen. Bei Wurzelkräutern wie dem Meerrettich treiben Schnittstücke (Schnittlinge) der fleischigen Wurzeln wieder aus.
Die Stecklingsvermehrung funktioniert besonders gut bei mehrjährigen Kräutern, die zum Verholzen neigen, z. B. Salbei, Thymian und Lavendel. An einem gegen pralle Sonne geschützten Standort entwickeln sich innerhalb weniger Wochen Wurzeln.
Alle Methoden sind im Kapitel „Pflanzen vermehren" ab S. 224 näher beschrieben.

Die Wasserversorgung

Bei anhaltend sonniger, trockener Witterung kommt man nicht umhin, das Gemüsebeet zu gießen. Fehlt der Wasserdruck in den Zellen, dann sieht man es den Pflanzen an – sie wirken welk und schlapp. Möhren und Radieschen platzen oft bei Trockenheit, Gurken werden schneller bitter, Bohnen werfen ihre Blüten ab. Gurken, Zucchini und Co. verbrauchen besonders viel Wasser. Ein großer Teil der Kräuter dagegen verträgt Trockenheit. Beachten Sie hierzu auch die Pflanzenporträts ab S. 512. Gießen Sie gezielt den Wurzelbereich, nicht die ganze Beetfläche. Ein verkrusteter Boden sollte zuvor gelockert werden, so dass das Wasser in den Boden eindringen kann.

Den Boden pflegen

Nach heftigen Niederschlägen kann der Boden verschlämmen und lässt dann nur noch wenig Luft eindringen. Indem es die „Nachlieferungskanäle" aus tieferen Schichten unterbricht, verringert das Hacken die Verdunstung von Wasser an der Beetoberfläche und erspart somit so manchen Gießgang. Gleichzeitig werden die aufkeimenden Unkräuter entfernt. Dies ist in regelmäßigen Abständen erforderlich, um weiteres Aussamen zu unterbinden. Auf den Einsatz von Unkrautvernichtungsmitteln sollten Sie im Bereich der Nahrungspflanzen unbedingt verzichten.

Vielseitig nützlich – mulchen

In mehrfacher Hinsicht hilfreich ist die Mulchtechnik (→ auch S. 170): Das Bedecken freier Flächen mit Mulchmaterial hält den Boden gleichmäßig warm, vermindert die Verdunstung, hält den Boden feuchter und behindert das Aufkeimen von Unkräutern. Nicht zuletzt erspart sie das häufige Hacken.
Man kann z. B. vorgetrockneten Rasenschnitt verwenden, gehäckseltes Stroh oder Laub. Bei Wildkräutern ist darauf zu achten, dass sie frei von Samenträgern sind. Rindenmulch ist eher für Sträucher und Stauden geeignet; das Wachstum der Gemüsepflanzen wird oft von den enthaltenen Gerbstoffen beeinträchtigt.
Gemulcht wird hauptsächlich im trockenheißen Sommer sowie im Winter, um das Eindringen des Frosts zu behindern. Im Frühjahr hingegen soll sich der Boden durch frei auftreffende Sonnenstrahlen erwärmen, die zarten Sämlinge sollen sich ohne bedrängende Schicht entwickeln können. Eine zu dicke Schicht vor allem aus nassen Materialien ist zu vermeiden: In diesem feucht-warmen Unterschlupf fühlen sich Schnecken ausgesprochen wohl! Deshalb muss der Nutzen des Mulchens im Gefährdungsfall abgewogen werden.

Bodenvorbereitung im Herbst und Frühjahr

Mit dem Hacken wurde bereits eine der wichtigsten Techniken der Bodenbearbeitung erwähnt, die auch bei der Vorbereitung der Beetflächen sehr wichtig ist. Das Umgraben mit dem Spaten nach alter Gärtnerschule (→ S. 168) ist nur manchmal sinnvoll, vor allem bei schweren Böden: Hier soll der Frost die gewendeten groben Schollen sprengen, so dass auf Dauer feinere Krümel entstehen.
Auch auf leichten Böden darf der Boden einmal tief gelockert werden. Dies geschieht entweder im Herbst oder bei abgetrocknetem Boden zeitig im Frühjahr, mehrere Wochen vor der Bestellung. Man kann dazu einen Krail oder einen Kultivator verwenden. Eine Grabegabel lässt sich gut zum Lockern einsetzen, indem man sie in kurzen Abständen in den Boden sticht und kräftig hin- und herbewegt. Umgegrabene Beete sind rechtzeitig mit Grubber oder Rechen zu zerkrümeln und zu ebnen. Dabei entfernt man auch unzersetzte Pflanzenreste. Die wichtigsten Bodenbearbeitungsgeräte sind ab S. 142 vorgestellt.

Salat darf bei der Pflanzung nicht tiefer gesetzt werden als zuvor.

Auch wegen schwerer Früchte brauchen manche Gemüse eine Stütze.

Am Hügelbeet ist reichlich Wasser nötig, da es rasch versickert.

Bodenverbesserung

Nicht nur bei der erstmaligen Beetanlage (→ S. 384), sondern auch bei der jährlichen Bearbeitung kann eine Bodenverbesserung sinnvoll sein. Oft erfordert es ohnehin mehrere Jahre, bis ein nicht ganz optimaler Boden entsprechend verbessert ist. Am besten lässt man nach einigen Jahren nochmals eine Bodenuntersuchung durchführen, ebenso wenn häufig Anbauprobleme auftreten. Je nach Bedarf kann dann z. B. Kalk oder – bei leichten, sandigen Böden – Tonmehl eingearbeitet werden.
Die nachhaltigste Verbesserung für alle Bodenprobleme lässt sich allerdings immer mit Kompost erreichen. Gut ausgereifter Kompost wird zur Strukturverbesserung im Frühjahr oder auch schon im Herbst flach auf den Beeten eingerecht, sowie am besten noch mehrere Mal während der Wachstumssaison verteilt.
Sehr vorteilhaft ist auch eine Gründüngung (→ S. 179), die immer eingesetzt werden kann, nachdem ein Beet abgeerntet wurde oder nicht genutzt wird.

Düngung

Da Gemüse in recht kurzer Zeit oft beachtliche Substanz hervorbringen und dem Boden mit dem Erntegut immer wieder Nährstoffe entzogen werden, ist eine ausgewogene Düngung auf Dauer unerlässlich. Neben den unverzichtbaren Spurenelementen, die im Kompost wie in guten Fertigvolldüngern hinreichend enthalten sind, stehen dabei vor allem die Hauptnährelemente Stickstoff (N), Phosphor (P) und Kalium (K) im Blickpunkt (→ auch S. 175). Doch gerade bei diesen Nährstoffen kommt es leicht zu einer Überdüngung, die sehr nachteilige Folgen haben kann.
Zu viel Phosphor belastet Boden und Grundwasser, zu viel Kalium im Boden kann die Aufnahme anderer Nährstoffe beeinträchtigen. Eine übertriebene Stickstoffdüngung führt zu wässrigen, aufgedunsenen Pflanzen, die anfällig für Krankheiten und Schädlinge sind. Nicht zuletzt wird der Stickstoffüberschuss in der Pflanze als Nitrat eingelagert, das bei häufigem Verzehr unsere Gesundheit bedroht.
Düngemaßnahmen sollten daher möglichst gezielt erfolgen, bei der Grundversorgung am besten nach einer Bodenuntersuchung, später vor allem unter Berücksichtigung der individuellen Pflanzenansprüche.

Düngung je nach Anspruch

Vor allem die Starkzehrer erhalten außer der Grunddüngung – je nach Dauer und Wüchsigkeit der Kultur – noch eine oder zwei Kopfdüngungen während ihrer Entwicklung, vorrangig mit Stickstoff. Tomaten kann man eventuell 2 bis 3 Wochen nach dem Einwurzeln noch einmal düngen und weitere Male während des Fruchtens. Mittelzehrer brauchen höchstens eine solche Nachdüngung.
Bohnen und Erbsen können mit Hilfe ihrer Knöllchenbakterien Stickstoff aus der Luft binden. Deshalb braucht man diese Kulturen nicht zusätzlich mit diesem Nährstoff zu versorgen. Während Blatt- und Fruchtgemüse vor allem Stickstoff benötigen, darf bei Wurzelgemüsen Kalium etwas stärker betont werden.
Die mediterranen Kräuter sind mageren Untergrund gewöhnt und kommen mit zurückhaltend dosierten Nährstoffgaben aus. Petersilie, Schnittlauch und Zitronenmelisse z. B. dürfen hingegen durchaus einmal ausgiebiger mit Kompost oder einem anderen Dünger versorgt werden.

Organisch oder mineralisch?

Obwohl auf den Gemüsebeeten am intensivsten gewirtschaftet wird, sollten im Hinblick auf die Gesundheit von Pflanzen wie Menschen organische Dünger an Stelle schnell löslicher Mineraldünger bevorzugt werden (→ auch S. 177–178).
Ein kostenloser, zugleich besonders wertvoller organischer Dünger ist Kompost. Doch auch damit kann überdüngt werden: Schon ab der jährlichen Gabe einer 1 cm hohen Schicht Frischkompost ist der Bedarf einer durchschnittlichen Kulturpflanze an Phosphor und Kalium oft bereits abgedeckt. Für Schwachzehrer beschränkt man die Kompostgabe auf 5 l/m^2, Starkzehrer dürfen bis zu 15 l/m^2 erhalten. In der lichtarmen Jahreszeit ist Stickstoff besonders zurückhaltend zu verabreichen, weil dann die Gefahr der Nitratanreicherung am größten ist.
Für Arten und Zeiten mit größerem Stickstoffbedarf ist Kompost hingegen meist nicht ganz ausreichend. Den Bedarf stillt man dann am besten mit Hornmehl oder -spänen oder mit einem käuflichen organischen Dünger mit hohem Stickstoffanteil. Im Frühjahr sind die Bodenorganismen noch träge und können bei ihren Umsetzungsvorgängen nicht genügend Stickstoff freisetzen. Vor allem dann ist der Einsatz eines rasch löslichen Stickstoffdüngers angebracht. Aber auch der kann aus natürlichen Quellen stammen, indem man eine selbstgemachte Düngejauche oder Kompostwasser verwendet (→ S. 182). Diese Düngemittel können ebenso wie flüssige Mineraldünger auch in anderen Phasen zur raschen Behebung eines Mangels eingesetzt werden.
Zwei eigentlich wertvolle organische Stickstoffdünger sind leider etwas in Verruf geraten: Blutmehl wegen eventueller BSE-Gefahren und Rizinusschrot aufgrund seiner Giftigkeit (→ S. 177).

Spezielle Pflegemaßnahmen

Einige hochwachsende Pflanzen, wie die Tomaten, brauchen eine Stütze, damit sie nicht unter der Last der Früchte umfallen. Gurken, Erbsen und Stangenbohnen sind sogar ausgesprochene Klimmpflanzen, die entsprechende Rankhilfen dankbar annehmen.
Zahlreiche Gemüsearten, z. B. Bohnen, Kohl und Lauch, können im Lauf ihrer Entwicklung angehäufelt werden; d. h., man schiebt etwas Erde zur jeweiligen Stängelbasis, so dass die Standfestigkeit erhöht wird, sich zusätzliche Wurzeln bilden oder wie beim Lauch der Schaft bleich bleibt.
Andere Arten wie Endivien können gebleicht werden, indem man die Blätter einige Wochen vor der Ernte zusammenbindet. Hinweise auf solche Maßnahmen, die oft von Sorte zu Sorte abweichen, finden Sie bei den einzelnen Porträts ab S. 512.
Kulturen, die in den **Winter** hinein wachsen oder gar überwintern, kann man mit verschiedenen Mitteln vor Kälte schützen, z. B. mit Vlies oder Folie. Bei wenigen verbliebenen flachwüchsigen Salaten, wie Endivien, genügt aber oft auch schon eine Abdeckung mit Fichtenreisig, ebenso wie bei den nicht völlig winterharten mehrjährigen Kräutern (z. B. Thymian).

PFLEGEARBEITEN

1 Seitentriebe ausgeizen

Bei den Tomaten ist es notwendig, regelmäßig die aus den Blattachseln entspringenden Seitentriebe auszubrechen; der Fachmann spricht von Ausgeizen. Anderenfalls entsteht ein Triebgewirr mit vielen kleinen Früchten.

2 Boden mulchen

Die Bedeckung des Bodens vermindert die Feuchtigkeitsverluste durch Verdunstung, hält den Boden wärmer und feuchter und behindert das Unkrautwachstum. Organische Substanzen reichern überdies den Boden an.

3 Anhäufeln

Nicht nur Bohnen profitieren davon, wenn man etwas Erde zur Stängelbasis hin anhäufelt. Auch bei Kohlgemüsen bilden sich dadurch zusätzliche Wurzeln, und die Standfestigkeit wird erhöht. Beim Lauch wird außerdem der Schaft gebleicht.

4 Boden lockern

Vor allem im Sommer lohnt es sich, regelmäßig den Boden zwischen den Kulturen oberflächlich zu zerkrümeln, z. B. mit einer Sternfräse wie hier abgebildet. Dabei werden Verschlämmungen aufgebrochen, Verdunstungsverluste unterbunden und Unkrautwurzeln gelockert, um die Unkräuter entfernen zu können. Häufig setzt man dazu einen Grubber oder Kultivator ein. Zwischen sehr engen Reihen hat sich der einzinkige Sauzahn bewährt.

5 Stützgerüst anbieten

Stangenbohnen und Erbsen kriechen am Boden herum, wenn man ihnen nicht rechtzeitig eine Stütze anbietet. Aber auch Gurken können ranken; an einem Stahlgitter verbrauchen sie bei gleicher Ernteleistung weniger Platz.

Ernte und Lagerung

Reiche Ernte ist der Dank für alle Mühen. Es lohnt sich, die Früchte fachgerecht zu konservieren.

IM REGELFALL MÖCHTE man von den angebauten Nutzpflanzen möglichst üppige, gehaltvolle Ernten einbringen. Fällt mehr an, als sich kurzfristig verbrauchen lässt, muss dieser Überschuss über einen längeren Zeitraum unter möglichst geringen Verlusten aufbewahrt werden.

Der richtige Termin

Für den sofortigen Verbrauch kann man oft Teile einer Pflanze schneiden, die anschließend weiterwächst, besonders bei Salaten, Blattgemüsen und Kräutern. Irgendwann ist dann aber die Haupternte fällig – rechtzeitig vor dem Stadium, in dem das Erntegut stark an Wert und Umfang verliert, z. B. weil eine Pflanze kurz darauf in Blüte geht, wodurch Triebe verholzen oder Blätter einen bitteren Geschmack annehmen. Grundsätzlich sollte man lieber etwas früher als zu spät ernten. Fruchtgemüse lässt man jedoch ganz ausreifen, so dass ihr volles Aroma zur Geltung kommt.

Bei heißer und trockener Witterung ist es besonders wichtig, den richtigen Termin nicht zu verpassen, wogegen kühle Witterung den Entwicklungszustand länger konserviert. Keinesfalls sollte geerntetes Material in der prallen Sonne stehen; durch Überdecken mit einem feuchten Tuch bleibt es länger frisch. Kulturen, die im Herbst ausreifen, muss man vor drohenden Frostschäden abernten.

Lagern und Konservieren

Zum Einlagern wäre ein kühler, luftfeuchter, frostgeschützter Raum am besten geeignet. Früher fand man diese Bedingungen im Keller, aber heute muss man oft nach Alternativen suchen.

Der Klassiker ist eine Erdmiete, eine zwei Spatenstiche tiefe Grube mit Wasserabfluss. Als Schutz gegen Mäuse wird ein engmaschiges Drahtgeflecht eingelegt. Das Lagergut umfüttert man mit Stroh oder Sand. Der Deckel – eine Holzplatte oder mehrere Bretter – wird nochmals mit Erde abgedeckt. Nach ähnlichem Prinzip lässt sich ein Frühbeet oder ein Lichtschacht nutzen.

Größeres Erntegut kann in kühlen Räumen auf luftigen Regalen ausgelegt werden. Wurzelgemüse wird häufig in Kisten mit feuchtem Sand eingeschlagen. Ergänzend kann man es mit einem feuchten Tuch überdecken. Kopf- und Chinakohl sowie Zuckerhut erntet man am besten mitsamt Wurzeln, wickelt sie in Zeitung und stellt sie dicht an dicht in eine Kiste.

Obst und Gemüse sollten getrennt gelagert werden, weil die Früchte ein Gas abgeben, das den Alterungsprozess des Gemüses beschleunigt (→ S. 374).

Durch gelegentliches Besprengen des Bodens lässt sich die Luftfeuchtigkeit erhöhen. Kontrollieren Sie das Lagergut in regelmäßigen Abständen und lüften Sie die Räume bei frostfreier Witterung immer mal wieder ausgiebig.

In vielen Fällen ist es besser, das Erntegut gleich zu verarbeiten und so haltbar zu machen. Bekannte Formen der Konservierung sind das Trocknen und Dörren, das Einlegen in Essig oder Öl sowie Einkochen, Einsäuern, Einsalzen. Das Tiefgefrieren gehört zu den besonders einfachen und schonenden Methoden.

!

wir empfehlen

Sorgfältig ernten

Lagergemüse darf die letzten Wochen vor der Ernte nicht mehr gedüngt werden. Die letzten Tage sollte man sich auch mit dem Wässern zurückhalten. Zur Ernte eignet sich ein kühler, aber trockener Tag am besten. Dabei ist das Erntegut besonders vorsichtig zu behandeln, um Druckstellen oder sonstige Verletzungen zu vermeiden. Lagern Sie keinesfalls Erntegut mit Faulstellen oder Krankheitsanzeichen ein.

Krankheiten und Schädlinge im Gemüsegarten

IM GEMÜSEGARTEN IST es nicht nur ein ästhetisches Problem, wenn Blätter Flecken aufweisen und letztlich abfallen, wenn Pflanzen durch Fraßspuren verunreinigt werden oder gar ganz eingehen: Die Verursacher machen Ihnen die Nahrung streitig, die Sie mühselig hochgepäppelt haben! Deshalb hat der Pflanzenschutz hier besondere Bedeutung. Andererseits haben gerade bei der Erzeugung von Lebensmitteln giftige Präparate wenig verloren.

Im Kapitel „Pflanzenschutz“ sind ab S. 190 die wichtigsten Bekämpfungsmaßnahmen beschrieben, mit Schwerpunkt auf unbedenklichen und umweltschonenden Mitteln. Unter den Pflanzenschutzmitteln sind stets ungiftige und nützlingsschonende Präparate zu bevorzugen. Erwähnt seien hier außerdem zwei mechanische Abwehrmaßnahmen, die gerade im Nutzgarten besonders hilfreich sind: Pflanzen- bzw. Kulturschutznetze, die man gegen Gemüsefliegen und andere Schädlinge über dem Beet ausbreitet, sowie der Schneckenzaun.

Ansonsten gilt allgemein: Kleine Befallsstellen lassen sich leicht von Hand entfernen, indem man die Krankheitsherde ausschneidet oder auch die Schädlinge absammelt. Damit hat man die weitere Ausbreitung oft schon im Keim erstickt.

Vorbeugung – gesund von Anfang an

Schon im Vorfeld werden viele Weichen gestellt, ob die Gemüse und Kräuter letztlich gesund gedeihen oder nicht. Achten Sie schon bei der Auswahl auf standortgerechte Arten und Sorten, bevorzugt mit ausgewiesener Resistenz gegen häufig auftretende Schaderreger, sowie auf möglichst optimale Standortverhältnisse.

Verwenden Sie nur kräftige Jungpflanzen, die vor der Pflanzung abgehärtet wurden, und halten Sie die artgerechten Pflanzenabstände ein. Das Beachten von Fruchtfolgeprinzipien und Mischkulturwirkungen kann wesentlich dazu beitragen, Schaderreger im Zaum zu halten.

Und natürlich stärkt alles, was ein harmonisches Wachstum fördert, auch die Widerstandskraft der Pflanzen: von guter Bodenpflege, besonders mit Hilfe von Kompost, über ausgewogene Düngung bis hin zum bedarfsgerechten Gießen.

Kräuter werden aufgrund ihrer oft sehr intensiven aromatischen Inhaltsstoffe von vielen Schaderregern gemieden. Deshalb gibt es im Kräuterbeet recht wenige Pflanzenschutzprobleme. Zusätzlich lässt sich dies nutzen, indem man solche Pflanzen unter gefährdete Gemüsearten mischt.

Eine nicht zu unterschätzende Vorbeugungsmaßnahme stellt außerdem die Gestaltung des Umfelds an: Alle naturnahen Lebensräume, die das Ansiedeln von Tieren wie Schwebfliegen, Spinnen, Kröten, Blindschleichen, Igeln und Vögeln fördern, kommen auch dem Nutzgarten zugute (→ S. 192). Diese Lebewesen tragen zum Aufbau eines biologischen Gleichgewichts bei, in dem sich eine Schädlingsplage nicht so aufschaukeln kann wie in einem naturfernen, nützlingsarmen Garten.

Häufige Krankheiten

Treten Schadsymptome an den Pflanzen auf, sollte man zunächst an die äußeren Umstände denken: Oft genug sind keine Schaderreger, sondern Sonne, Frost oder Wind die Ursache. Wassermangel bringt Früchte und Rüben zum Aufplatzen. Ernährungsmangel kann ebenso wie übertriebene Düngung zu Laubverfärbungen oder krankhaftem Wachstum führen.

Manchmal liegt es aber auch nur am Boden, dass ein bestimmter Nährstoff nicht verfügbar ist; dies lässt sich z. B. durch das Auflockern einer Verdichtung oder durch Beeinflussung des ▶ PH-WERTS (S. 555) korrigieren (→ S. 171–172). In anderen Fällen kann die sogenannte Bodenmüdigkeit vorliegen. Sie rührt von Stoffwechselprodukten vorangegangener Kulturen her, die das Wachstum beeinträchtigen. Deshalb sollte man bei den meisten Arten von Jahr zu Jahr den Standort wechseln.

Es gibt so manche Schaderreger, die sich auf bestimmte Gemüsearten spezialisiert haben. Die wichtigsten darunter, nämlich Kohlhernie und Krautfäule an Tomaten, sind nachfolgend beschrieben. Am häufigsten hat man es allerdings mit allgemein verbreiteten Krankheiten wie Mehltau zu tun. Weitere Informationen hierzu sowie zu Viren und Bakterien stehen im Kapitel „Pflanzenschutz“ (S. 190–209).

› **Viren** sind im Beet nicht bekämpfbar. Sie können z. B. verkrüppelten Wuchs verursachen. Befallene Pflanzen sollten umgehend entfernt werden. Achten Sie be-

1

2

3

1 Tomatenkrautfäule tritt bei Nässe auf und überdauert lange im Boden.
2 Erdflöhe verursachen Lochfraß an Radieschen, Kohlarten und Rucola.
3 Grauschimmel, hier am Kopfsalat, ist ein allgegenwärtiger Fäulnispilz.

Zeigt Kohl solche Wucherungen, ist die Fläche mit Kohlhernie verseucht.

Kohlweißlingsraupen kann man absammeln oder biologisch bekämpfen.

Die Larven der Bohnenfliege schädigen bereits Samen und Keimlinge.

sonders bei Kartoffeln auf virusfreies Pflanzgut. Einige **Bakterien** gehören zu den Welke- und Fäulniserregern, wie die Weichfäule bei Möhren oder die Adernschwärze beim Rettich. Kranke Pflanzenteile werden entfernt (nicht auf den Kompost!), auf der befallenen Fläche ist ein Fruchtwechsel erforderlich.

› Weitaus bedeutsamer sind die zahlreichen Pilzkrankheiten, die Blätter, Stängel und Früchte befallen. **Mehltau** kann die Blätter zahlreicher Gemüse- und Kräuterarten (z. B. Gurke, Salate, Spinat) mit einem mehlig grauen Belag überziehen. Solche Beläge auf der Blattoberseite weisen auf Echten Mehltau hin. Beim Falschen Mehltau sieht man oberseits oft nur helle oder bräunliche Flecken, unterseits den grauen oder bräunlichen Mehltauüberzug. Befallene Pflanzenteile sind stets zu entfernen. Ein lichter Pflanzenbestand, eher zurückhaltende Düngung und gelegentliche Spritzungen mit Pflanzenstärkungsmitteln beugen der Krankheit vor.

› **Grauschimmel** (*Botrytis*) ist ein allgegenwärtiger Fäulniserreger mit stäubendem Pilzrasen, der feuchtwarme Witterung bevorzugt. Damit der Schwächeparasit keinen Nährboden findet, sollte man nur kräftige Pflanzen verwenden, sie gleichmäßig bewässern und wohldosiert düngen.

› Auch die charakteristischen Flecken der **Rostpilze** treten an mehreren Gemüse- sowie Kräuterarten auf. Die Vorbeugung gleicht der gegen Mehltaupilze.

› **Fuß- und Welkekrankheiten** überdauern im Boden und machen sich hauptsächlich an der Stängelbasis von Keimlingen durch Einschnürungen und Verbräunungen bemerkbar (→ S. 202).

› Zu den besonders hartnäckigen Krankheiten gehört **Kohlhernie.** Befallene Kohlpflanzen beginnen zu welken und bleiben im Wachstum zurück, während an den Wurzeln Wucherungen zu finden sind. Der Erreger übersteht sogar den Kompostierungsprozess unbeschadet. Auf befallenen Flächen darf 5 Jahre kein Kohl mehr angebaut werden. Zusätzlich sollte man den pH-Wert durch eine Kalkgabe erhöhen.

› Auch **Krautfäule** (→ S. 393)wird durch einen Schadpilz verursacht. Er kann Tomaten und Kartoffeln befallen und ist ebenfalls sehr widerstandsfähig und dauerhaft. Verfärbtes Laub ist möglichst rasch zu entfernen, bevor die Früchte runzlig werden oder die ganze Pflanze vertrocknet. Wenn man mit Hilfe einer zeitweiligen Überdachung mit durchsichtiger Folie verhindert, dass die Blätter häufig nass werden, kann sich die Krankheit weniger ausbreiten.

Häufige Schädlinge

Wie bei den Krankheiten gibt es auch unter den Schädlingen einige, die nur gelegentlich an bestimmten Arten auftreten. Sie können hier nicht alle einzeln beschrieben werden. Im Zweifelsfall wendet man sich an kompetente Berater im Fachhandel oder an den regional zuständigen Pflanzenschutzdienst.

Vor allem bei sommerlicher Hitze erscheinen gern **Blattläuse** an verschiedenen Gemüsearten, besonders an Bohnen, Salat und Kohl. Obwohl es sich teils um spezialisierte Lausarten handelt, greifen meist die allgemeinen Vorbeugungs- und Bekämpfungsmaßnahmen gegen Blattläuse (→ S. 204). **Weiße Fliege** und **Spinnmilben** treten bevorzugt in windstillen Lagen, vor allem im Gewächshaus auf. Dort lassen sie sich durch nützliche Gegenspieler (Schlupfwespe bzw. Raubmilbe) im Zaum halten (→ auch S. 205). Kümmernder Wuchs und nesterweiser Ausfall ganzer Beetpartien, z. B. bei Möhren, deutet oft auf **Nematoden** im Boden hin (→ S. 203). Wichtigste Vorbeugungsmaßnahme ist ein weiter Fruchtwechsel.

Die Larven von **Gemüsefliegen** befallen zahlreiche Arten, besonders Möhren, Zwiebeln und Lauch sowie Kohl, Rettich und Bohnen. Sie schlüpfen aus den Eiern der Fliegen und fressen Gänge in Laub und Stängel. Bei starkem Befallsdruck beugt das Auslegen eines Pflanzenschutznetzes der Eiablage vor.

Auch beim **Kohlweißling** richtet nicht der Schmetterling den Schaden an, sondern seine Larven. Durch Mischkulturen oder Überbrausen mit aromatischen Kräuterpräparaten kann man ihn bei der Eiablage auf andere Pflanzen ablenken. Kleine Eigelege lassen sich von Hand entfernen, bei großflächigem Befall haben sich *Bacillus-thuringiensis*-Präparate bewährt. **Erdflöhe** sind kleine Käfer, die ebenfalls Löcher in die Blätter fressen, bevorzugt an Kohlgewächsen wie Radieschen und Kopfkohl.

Die Larven von Eulenfaltern, Wiesenschnaken oder anderen Käfern sind als **Erdraupen, Engerlinge** und **Drahtwürmer** bekannt. Sie leben im Boden und nagen von dort aus Pflanzenwurzeln an. Man kann sie durch Fraßköder anlocken und absammeln.

Der größte Schaden in unseren Gemüsegärten wird vermutlich durch **Nacktschnecken** verursacht (→ S. 393).

WAS TUN, WENN ...

... von meinen Aussaaten und Jungpflanzen am nächsten Tag nur eine Schleimspur übrig ist?

URSACHE:

Die Übeltäter dürften nur allzu bekannt sein: Es sind Schnecken, in den allermeisten Fällen Nacktschnecken, die nachts aus ihren feuchten Verstecken kommen.

MASSNAHMEN:

Schnecken lassen sich durch Bierfallen, Fraßköder oder direkt durch Absammeln bekämpfen. Solche Maßnahmen sind zur punktuellen Bekämpfung durchaus geeignet und auf S. 204 näher beschrieben. Doch gerade im Gemüsegarten, der Schnecken selbst aus relativ großen Entfernungen magisch anzieht, helfen sie allein oft nicht – Köder können sogar immer wieder neue Plagegeister anlocken.
Effektiv lassen sich die Tiere nur durch einen Schneckenzaun mit nach außen überhängender Kante fern halten (→ Abb.). Mit dem Aufstellen einer solchen Zugangsbeschränkung ist es allerdings nicht getan. Zunächst müssen die Schnecken unschädlich gemacht werden, die sich bereits innerhalb der umzäunten Fläche befinden. Hierzu ist eine Bierfalle oder ein Fraßköder geeignet. In der Folgezeit müssen Sie dafür sorgen, dass sich keine Lücken oder Brücken bilden. Ebenso wichtig ist eine ausgeklügelte Strategie bei der Bodenbearbeitung und Kompostpflege, um Ansiedlung und Eiablage zu erschweren:

- Setzen Sie reifen Kompost bereits im Spätsommer (vor der Eiablage) um, um Reifekompost abzusieben.
- Graben Sie die Beete erst möglichst spät im Herbst um – nach Ablage der Eier, die dann durch die Kälte absterben.
- Lockern Sie den Boden im Frühjahr zeitig. Dabei werden die Tiere aus ihrer Winterruhe geschreckt, ohne dass Gemüse vorhanden wäre.
- Im Frühjahr, wenn die Pflanzen noch zart sind, sollten Sie auf eine Mulchabdeckung verzichten und stattdessen recht häufig hacken. In „Schneckenjahren" empfiehlt es sich, erst im Sommer eine dünne Schicht aus vorgetrockneten Materialien auszubringen.

... die Blätter der Tomaten verbräunen?

URSACHE:

Die Kraut- und Braunfäule ist ein Pilz, der sowohl an Tomaten als auch an den nahe verwandten Kartoffeln schwere Schäden anrichten kann.

MASSNAHMEN:

- Am wichtigsten ist die Vorbeugung: Der Pilz braucht Feuchtigkeit auf den Pflanzen, um sich auszubreiten. Im Gewächshaus oder unter einer Überdachung kann er folglich nicht so gut Fuß fassen.
- Erkranktes Laub ist so rasch wie möglich zu vernichten, ebenso stark befallene Pflanzen.
- An Freilandstandorten sollte man nach einem Befall eine Anbaupause von 5 Jahren einhalten.

... die Kohlblätter von vielen kleinen Löchern durchsiebt sind?

URSACHE:

Kleine, fast schwarze Käfer, die Erdflöhe, fressen winzige „Fensterchen" in Blätter, bevorzugt in die der verschiedenen Kohlgewächse.

MASSNAHMEN:

Der Schaden ist für die Pflanzen meist nicht existenzbedrohend. Schwerem Befall sollte man jedoch vorbeugen. Und das geht so: Erdflöhe werden am stärksten bei trocken-warmer Witterung auf schweren Böden aktiv. Durch regelmäßiges Hacken oder Mulchen lässt sich der Boden feucht und krümelig halten. Auch das Stäuben mit Gesteinsmehl vertreibt die Tierchen.

3

Mobile Pflanzen im Topf

Ein Topfgarten ist besonders reizvoll für Spontane: Gehölze, Stauden, Obst, Gemüse, Kräuter und wärmeliebende Kübelpflanzen lassen sich hier immer wieder neu kombinieren. Und solch ein mobiler Garten kann nicht nur die Terrasse zieren.

Pflanzen in Töpfen haben auf Terrasse und Balkon ihren angestammten Platz. Die substratgefüllten Pflanzgefäße ersetzen hier nicht nur den Gartenboden: Sie machen auch die Pflege frostempfindlicher Kübelpflanzen möglich, die sich so über Winter an einen geschützten Platz bringen lassen. Doch auch an einem Gartensitzplatz können mediterrane und exotische Kübelpflanzen Urlaubsatmosphäre verbreiten, und ansonsten lassen sich mit ihnen an allen geeigneten Standorten im Garten besondere Akzente setzen, ob an exponierter Stelle im Rasen oder im Vorgarten.
Andererseits kann man auch viele winterharte Gartenpflanzen in Töpfen kultivieren, von Stauden und Kräutern bis hin zu kleinen Bäumen. So erlangen sie eine Mobilität, die auch jenseits der Terrasse viele Möglichkeiten eröffnet. Zudem lassen hübsche Töpfe und Kübel, etwa aus Terrakotta oder farbig glasiertem Ton, die Pflanzen besonders attraktiv wirken. Achten Sie jedoch darauf, dass die Gefäße auch pflanzengerecht und genügend standfest sind.

Ein Leben im Kübel

Damit sich die Pflanzen in ihrem mobilen Heim wohl fühlen, sollten die Töpfe ausreichend groß sein und außerdem frostfest, wenn die Pflanzen draußen überwintern. Passen Sie die Gefäßgröße alle paar Jahre durch Umtopfen an das Wachstum an. Dabei kommt den Pflanzen auch die frische Erde sehr zugute.
Ein Wasserabzugsloch unten am Topf ist unerlässlich, denn Staunässe verträgt so gut wie keine Pflanze. Der Wasserabzug wird noch verbessert, wenn man den Topf auf im Fachhandel erhältliche Kübelfüßchen stellt. Bringen Sie außerdem bei der Bepflanzung eine Dränageschicht aus Blähton oder Kies in den Topf ein, bevor Sie die Gefäße mit Erde auffüllen.
Hochwertige Kübelpflanzenerden bieten den Wurzeln die beste Voraussetzung für das zwangsläufig beengte Leben im Topf. Zuschlagstoffe wie Sand, Perlite, Blähton oder Lavagrus erhöhen die Durchlässigkeit der Erde. Das Leben im Topf bedingt, dass die Pflanzen etwas intensivere Fürsorge brauchen, vor allem beim Gießen und Düngen, und dass teils besondere Wintervorkehrungen nötig werden. ▶ LANGZEITDÜNGER (S. 551) sind für die Pflanzenentwicklung meist günstig.

In diesem Kapitel:

Gartenpflanzen im Topf – vielseitig und flexibel

AUF DER TERRASSE und am Sitzplatz bereichern Gartenpflanzen in Töpfen, Kübeln oder Trögen auf vielfältige Weise die Gestaltungsmöglichkeiten. Rosen und Stauden geben einen dauerhaften Schmuck ab. Immergrüne wie Buchsbaum schaffen auch im Winter attraktive Aussichten. Im Frühling sorgen Zwiebel- und Knollenpflanzen für einen farbenfrohen Auftakt (→ S. 332). Obst, Gemüse und Kräuter im Pflanzgefäß sind neben dem Augen- auch ein Gaumenschmaus.

Auch an anderen Stellen im Garten schaffen mobile Topfpflanzen besondere Blickpunkte. Sie lassen sich z. B. als attraktive Lückenfüller in Beeten einsetzen oder zum schnellen Kaschieren unschöner Ecken. Hochstämmchen und Formschnittpflanzen im Topf setzen rechts und links einer Bank attraktive formale Akzente. Die Haltung in Gefäßen macht es nicht zuletzt auch einfacher, Pflanzen mit speziellen Bodenansprüchen zu kultivieren.

In den Porträts ab S. 402 sind alle Pflanzen, die sich gut in Töpfen oder anderen Gefäßen halten lassen, mit einem Topfsymbol gekennzeichnet. Beachten Sie, dass dafür teils nur kleinwüchsige Formen bzw. ➲ SORTEN (S. 561) in Frage kommen.

Ziergehölze als dauerhafter Kübelschmuck

Eine ganze Reihe kleinbleibender Gehölze kann sich den beengten Bedingungen im Topf anpassen. Sie wachsen dann langsamer und werden nicht so groß wie im Garten. Für die Topfkultur sollten sie einen besonderen Reiz zu bieten haben. Alle nachfolgenden Angaben zur Wuchshöhe beziehen sich auf die Haltung im Topf.

Sehr attraktiv sind z. B. manche Ahorne. Der 2–3 m hohe Eschenahorn (*Acer negundo*) 'Flamingo' hat rosaweiß gerandetes Laub. Vom Japanischen Fächerahorn (*A. palmatum*) gibt es niedrige, attraktive Sorten, etwa 'Dissectum' (1 m hoch) mit fein geschlitzten, grünen Blätter, die sich im Herbst gelborange färben. Ein fröhlicher Dauerblüher in Gelb, Weiß oder Rot ist der Fingerstrauch (*Potentilla fruticosa*, um 0,5 m hoch).

Die reinsten Winterwunder sind die Higankirsche (*Prunus subhirtella*) 'Autumnalis', 2–3 m hoch, und Zaubernuss-Arten (*Hamamelis*, 1,5–2 m), die schon in der kalten Jahreszeit in frostfreien Perioden blühen. Für immergrüne Akzente sorgen in dieser Zeit zwergwüchsige Nadelgehölze wie die Balsamtanne (*Abies balsamea*) 'Piccolo', die gelbgrüne Erbsenfrüchtige Scheinzypresse (*Chamaecyparis pisifera*) 'Sungold' oder Zwergkiefern, z. B. *Pinus mugo* 'Mops'. Immergrün, immer schön und im Dauertrend sind Buchsbäumchen, die man durch Schnitt zu Kugeln, Kegeln oder anderen Figuren formiert.

Der Durchmesser des Pflanzgefäßes sollte jeweils etwa doppelt so groß sein wie der des Wurzelballens. Um die Gehölze im Wachstum zu bremsen, gibt es folgenden Trick: Man topft sie alle 2 bis 3 Jahre aus und schneidet die Wurzeln kräftig zurück. Mit frischer Erde kommt die Pflanze dann wieder in denselben Topf zurück. Arten, die den Wurzelrückschnitt weniger gut vertragen, setzt man in größere Töpfe.

Hortensien, Funkien und Buchs im Topf machen auf einer Terrasse jedes Jahr erneut Freude.

Immergrüne im Kübel sorgen auch im Winter für schöne Aussichten.

Mit einem Rankgerüst machen sich sogar Kletterrosen gut im Topf.

Funkien beleben selbst halbschattige Standorte.

Rosen – Blütenträume im Topf

Die Königin der Blumen gibt auch eine attraktive Terrassenprinzessin ab. Vor allem Zwerg- und Bodendeckerrosen gedeihen gut im Kübel. Aber auch auf Hochstämmchen veredelte Rosen sind geeignet, ebenso manche Strauchrosen, z. B. 'Graham Thomas' (gelb) und 'Schneewittchen' (reinweiß), Beetrosen, z. B. 'Rose de Resht' (rot) und 'Friesia' (goldfarben), Flächenrosen, z. B. 'The Fairy' (rosa), und niedrigbleibende Kletterrosen wie 'New Dawn' (rosa).
Da Rosen Tiefwurzler sind, haben sich hohe Gefäße mit zylindrischer Form als günstig erwiesen. Der Durchmesser sollte mindestens 40 cm betragen. Achten Sie bei der Pflanzung darauf, dass die ▶ VEREDLUNGSSTELLE (S. 567) nach dem Angießen etwa 3–4 cm unterhalb der Erdoberfläche zu sitzen kommt.

Stauden – dauerhafter Blatt- und Blütenspaß

Stauden eröffnen dem Experimentierfreudigen neue Welten: Charakterstarker Blattschmuck und Blüten von natürlich bis prächtig setzen auch bei der Topfkultur dekorative Akzente. Zunehmend werden spezielle Stauden für die Gefäßhaltung angeboten, die auch schon im Jahr der Pflanzung reich blühen. Doch man kann ruhig auch einmal Experimente mit anderen Stauden wagen.
Bevorzugen Sie dafür Arten und Sorten, die nicht höher werden als 60 cm, sonst knicken sie zu schnell um und bekommen leicht „nackte Beine". Bei Blütenpflanzen sind solche gefragt, die entweder lange blühen oder nach der Blüte durch schönes Laub weiterhin schmuck daherkommen. Empfehlenswert sind z. B. Hängepolsterglockenblume (*Campanula poscharskyana*), Quirlblättriges Mädchenauge (*Coreopsis verticillata*) 'Moonbeam', hellgelb, oder 'Zagreb', goldgelb), Großblütige Bergminze (*Calamintha grandiflora*) und Blaue Katzenminze (*Nepeta* x *faassenii*).
Niedrige Chinaprachtspieren (*Astilbe chinensis*) zieren schattige Plätze. Blattschönheiten für den Halbschatten und Schatten sind kleine Funkien (*Hosta*), Borstiger Schildfarn (*Polystichum setiferum*) und das gelbbunte Japangras (*Hakonechloa macra* 'Aureola').

Gut zu wissen

Rhododendren: Standortvorteil im Topf

In vielen Gegenden sind Rhododendren, zu denen auch die Azaleen gehören, im Topf eigentlich besser aufgehoben als im Garten. Denn wo der Boden zu kalkhaltig ist, kümmern die sonst so prachtvollen Pflanzen oft vor sich hin. Abhilfe schafft da nur eine aufwendige Bodenvorbereitung – oder die Kultur im Kübel. Dabei ist auch ihr eher flaches, fein verzweigtes Wurzelsystem von Vorteil. Geeignet sind alle kleinwüchsigen Formen, bis hin zu den überreich blühenden *Rhododendron-Yakushimanum*-Hybriden (1–1,5 m hoch). Die Pflanzgefäße sollten eher breit als hoch sein. Besonders passend ist dafür glasierte Keramik im Asienlook, aber auch Terrakotta eignet sich gut. Verwenden Sie zum Eintopfen spezielle Rhododendronerde, zum Gießen kalkfreies Wasser, und am besten einen Rhododendron-Langzeitdünger. Wählen Sie einen halbschattigen, windgeschützten Standort.

Die meisten Stauden ziehen im Herbst ein und treiben im Frühjahr wieder neu aus. Manche jedoch sind immer- oder wintergrün und daher ein toller Winterschmuck. Zu den topferprobten Arten gehören die rotlaubigen Kleinblütigen Purpurglöckchen (*Heuchera micrantha*), Bergenien (*Bergenia*), die Mandelblättrige Wolfsmilch (*Euphorbia amygdaloides*) sowie buntlaubige Seggen (*Carex*).
Wählen Sie die Größe des Topfs so, dass die Staude bequem darin Platz hat und beide ein harmonisches Bild abgeben. Spätestens nach 3 Jahren sollte man Stauden beim Umtopfen teilen (→ S. 224) und somit verjüngen.

Kübelobst – zum Naschen zwischendurch

Wer Spaß am Ausprobieren hat und gern zwischendurch immer wieder einmal etwas zum Naschen haben möchte, kann sich ruhig auch einmal an Obst im Topf heranwagen. Dafür gibt es recht kleinbleibende Apfel-, Birnen- oder Sauerkirschenbäumchen auf schwachwachsenden Wurzelunterlagen zu kaufen. Alternativ sind platzsparende Säulenformen, beispielsweise verschiedene Ballerina-Apfelsorten, im Angebot (→ auch S. 354–355). Da schwachwachsende Unterlagen jedoch auch schwachwachsende Saugwurzeln haben, müssen sie entsprechend häufig gegossen werden. Anders ist das bei echten „Zwergen“, die von Natur aus klein bleiben. Sie sind als selbstfruchtbare Aprikose, Pfirsich, Nektarine, Birne, Apfel und gelbe Pflaume erhältlich. Ein Vorteil dieser speziellen Topfsorten ist, dass man sie nicht schneiden muss.
Beerensträucher gedeihen ebenfalls im Kübel, und am attraktivsten sind da wohl die Hochstämmchen (→ S. 366–369). Erdbeeren sind im Topf besonders unkompliziert. Für Pflanzgefäße gibt es spezielle Sorten mit besonders langen Ranken, die von Juni bis Oktober durchgehend Früchte tragen. Sie eignen sich in erster Linie für überhohe Töpfe oder Ampeln, können alternativ aber auch an einer Rankhilfe aufgebunden werden. Sogar Weinliebhaber brauchen auf ihre Lieblingsfrüchte nicht zu verzichten: In Gefäßen von 50 cm Durchmesser und Höhe kann man sie an Rankhilfen erziehen.

Gemüse und Kräuter – Frisches aus dem Topf

Die Favoriten im Topf sind sicherlich Tomaten. Es gibt zwar spezielle Topfsorten, meist Buschtomaten, wer aber richtig etwas ernten möchte, hält sich lieber an die Kirsch- und Cocktailtomaten – auch wenn man sie aufbinden muss. Auch andere Sonnenanbeter gedeihen hierzulande im Topf an einem geschützten Platz eher besser als im Garten. Dazu gehört die Aubergine mit ihren lila Blüten und dunkelvioletten Früchten. Richtig lohnenswert ist Chili: Eine Pflanze produziert über den Sommer genug scharfe Früchte für eine ganze Familie. In Mode gekommen sind buntstielige Mangoldsorten, z. B. 'Bright Lights', der rotlaubige Grünkohl 'Redbor' und der dekorative Palmkohl 'Nero di Toscana'.
Wenn es flott gehen soll, sind 'Babyleaf'-Salate gefragt. Dabei handelt es sich um Mischungen von Pflück- und anderen Salatarten. Pflücksalate kann man auch für sich pflanzen. Wenn man gelegentlich ein paar äußere Blätter erntet, wachsen sie wieder nach. Das Gleiche gilt für Mangold und Rucola.
Küchenkräuter wie Dill, Kerbel, Kresse und Blattkoriander muss man alle 14 Tage nachsäen, wenn der Nachschub gesichert sein soll. Bohnenkraut, Majoran, Oregano, Basilikum und Estragon lassen sich auch leicht aussäen, können aber über eine längere Periode beerntet werden. Bei vielen mehrjährigen Kräutern wie Schnittlauch, Zitronenmelisse, Rosmarin, Thymian und Salbei sowie bei der Petersilie empfiehlt sich hingegen der Kauf vorgezogener Pflanzen.
Für hoch- und breitwüchsige Gemüsearten sollte der Topfdurchmesser schon etwa 30 cm betragen, Salate und viele Kräuter gedeihen selbst im Balkonkasten. Die kurzlebigen Gemüse und Kräuter sind mit guter Blumenerde zufrieden. Die mehrjährigen mediterranen Kräuter dagegen brauchen eine spezielle, magere Kräutererde.

Obst und Gemüse in Töpfen können auch gut auf Balkon und Terrasse gedeihen.

Exotische Kübelpflanzen

Kübelpflanzen schaffen mit ihrer südländischen Ausstrahlung mediterrane Stimmungen.

MANCHMAL WERDEN AUCH winterharte Gartenpflanzen im Topf als Kübelpflanzen bezeichnet. Doch im engeren Sinn meint man damit frostempfindliche Pflanzen mit exotischer Ausstrahlung. Sie stammen ursprünglich aus dem Mittelmeerraum, aus subtropischen oder tropischen Gebieten und müssen hierzulande frostfrei überwintert werden, so dass bei uns nur eine Kultur im Kübel möglich ist.
Die beliebtesten Kübelpflanzen sind im Porträtteil ab S. 526 mit ihren Standort- und Pflegeansprüchen vorgestellt. Dort finden Sie auch Hinweise zur Vermehrung, die meist am einfachsten über Stecklinge (→ S. 226–227) geschieht.

Der richtige Standort

Dass alle Kübelpflanzen aufgrund ihrer Wärmebedürftigkeit die reinsten Sonnenanbeter sind, wäre ein Trugschluss. Je nach ihrer Herkunft vertragen sie mehr oder weniger Hitze, Sonne oder Schatten. Die Fuchsie z. B. stammt aus dem feuchten Klima der Anden im südlichen Chile. Die Temperaturen dort sind ausgeglichen, der Himmel häufig bewölkt. Deshalb liebt die Fuchsie weder pralle Sonne noch große Hitze.
Der Oleander dagegen kommt in der Natur an Flussbetten im Mittelmeerraum vor, wo er mit dem Kopf in der heißen Sonne, mit den Füßen aber im Wasser steht. Entsprechend gedeiht er auch bei uns am besten an einem vollsonnigen Platz – und in einem stets mit Wasser gefüllten Untersetzer. Da ist Oleander allerdings die große Ausnahme, denn mit stets nassen Wurzeln kommt sonst kaum eine andere Pflanze zurecht.
Wenn man auf Dauer seine Freude an Kübelpflanzen haben möchte, sollte man sich mit deren individuellen Bedürfnissen vertraut machen. Ideal ist es sogar, sich vor dem Kauf Gedanken darüber zu machen, welche Standort- und Überwinterungsbedingungen man anbieten kann. Allzu streng muss man dabei jedoch nicht vorgehen: Viele der handelsüblichen Kübelpflanzen sind recht unkompliziert und gedeihen oft noch, wenn die Bedingungen nicht ganz optimal sind.
Die unterschiedlichen Bedürfnisse der Gewächse haben natürlich auch eine gute Seite: Für fast jeden Standort lässt sich etwas Passendes finden.

Tipps zu Pflanzung und Pflege

Anders als bei winterharten Gewächsen brauchen die Töpfe für Kübelpflanzen nicht unbedingt frosthart zu sein. Sie müssen jedoch unbedingt über ein Wasserabzugsloch verfügen, um Staunässe zu vermeiden. Von Größe, Form und Stil her sollten die Gefäße mit den Pflanzen eine harmonische Einheit bilden.
› Weil Kübelpflanzen oft über mehrere Jahre im selben Topf stehen bleiben können, ist wie bei Stauden und Gehölzen eine gute, strukturstabile Kübelpflanzenerde die beste Wahl. Geeignete Substrate gibt es mittlerweile auch ganz ohne Torf, mit Torfersatzstoffen wie Rindenmulch.
› Sobald die Pflanzen im Frühjahr ab April durchstarten, werden sie regelmäßig mit Flüssigdünger versorgt, je nach Nährstoffbedarf alle 1 bis 2 Wochen. Stellen Sie ab

!

wir empfehlen

Hochstämmchen unterpflanzen

Hochstämmchen sehen noch einmal so attraktiv aus, wenn man sie mit einjährigen Sommerblumen unterpflanzt. Am besten eignen sich kompakte oder hängend wachsende Arten, z. B. Männertreu oder Dufsteinrich. Wählen Sie dafür einen genügend großen Topf und senken Sie nach dem Ein- oder Umtopfen der Kübelpflanze oben Kunststofftöpfchen mit den Sommerblumen ein.

Mitte/Ende August die Düngung ein, damit die verholzten Pflanzenteile vor dem Winter ausreifen können. Wer es sich etwas leichter machen möchte, mischt gleich Anfang April einen Langzeitdünger in die oberste Substratschicht oder beim Umtopfen unter die Erde. Die auf der Packung angegebene Wirkdauer sollte 5 Monate nicht überschreiten, damit auch bei dieser Düngerform die Pflanze ab August ausreifen kann. Für manche Arten gibt es Spezialdünger, deren Zusammensetzung auf diese Kübelpflanzen abgestimmt ist.

› Die meisten Arten mögen einen gleichmäßig feuchten, aber nicht nassen Wurzelballen. Dabei verbrauchen einige das Wasser schneller als andere. Engelstrompeten z. B. verdunsten sehr stark über ihr großes Laub und müssen entsprechend öfter gegossen werden. Natürlich spielt beim Verbrauch auch das Wetter eine Rolle. Überprüfen Sie deshalb regelmäßig, ob der Wurzelballen noch feucht genug ist. Im Sommer gibt man das Wasser morgens oder abends direkt auf die Erde, möglichst ohne die Pflanze zu benetzen. Wer kein Regenwasser zur Verfügung hat, lässt mittelhartes Leitungswasser etwas abstehen. Hartes Wasser muss entkalkt werden (▶ WASSERHÄRTE, S. 568).

› Ein- bis zweimal die Woche putzt man Verblühtes aus. Dann sehen die Pflanzen besser aus, und die Bildung neuer Knospen wird angeregt. Bei dieser Gelegenheit kann man auch überprüfen, ob sich eventuell Schädlinge oder Krankheiten breit machen.

› Kübelpflanzen topft man erst um, wenn der Ballen dicht durchwurzelt ist. Die beste Zeit dafür ist das Frühjahr, bevor die Gewächse austreiben. Waschen Sie gebrauchte Töpfe vorher gründlich aus. Wählen Sie die neuen Gefäße so groß, dass um den Ballen ein bis zwei Finger breit Platz für frische Erde bleibt.

› Schnittverträgliche Kübelpflanzen wie Zitrusgewächse, Enzianstrauch (*Lycianthes rantonnetii*), Brautmyrte (*Myrtus communis*) und Lorbeerbaum (*Laurus nobilis*) bringt man bei Bedarf im Frühjahr wieder in Form. Dabei werden die neuen Triebe um gut die Hälfte eingekürzt. Ältere, aus der Fasson geratene Pflanzen können von einer Verjüngungskur per Schere profitieren. Dazu schneidet man die Trie-

KÜBELPFLANZEN UMTOPFEN

› MATERIAL:

Kübelpflanze
Topf, etwas größer als der vorherige (unglasierte Tontöpfe vorher über Nacht in Wasser legen), gute Kübelpflanzenerde
eventuell Langzeitdünger zum Untermischen
Dränagematerial (Blähton)

› WERKZEUG, ZUBEHÖR:

eventuell Messer zum Ablösen der Wurzeln
Harke
Gießkanne

› ZEITBEDARF:

15 bis 20 Minuten je Pflanze

Pflanze aus dem Topf nehmen

Manchmal bekommt man den Wurzelballen nur schwer aus dem Topf. Wenn er feucht ist, löst er sich meist leichter heraus. Fahren Sie ansonsten mit einer Messerklinge einmal innen an der Topfwand entlang.

Den Wurzelballen auflockern

Rauen Sie dicht verwobene Wurzeln mit einer Harke etwas auf oder schneiden Sie mit einem scharfen Messer vom Ballen rundum einen Fingerbreit ab. Entfernen Sie zudem die oberste Erdschicht, die oft verkrustet ist.

Pflanze eintopfen

Füllen Sie eine 3–4 cm dicke Dränageschicht aus Blähton oder Kies auf den Topfboden. Geben Sie darüber so viel Substrat, dass der Wurzelballen etwa zwei Fingerbreit unter dem Topfrand zu stehen kommt.

Erde auffüllen und angießen

Füllen Sie ringsum Erde auf. Über dem Wurzelballen sollte nur ein Fingerbreit frisches Substrat liegen, darüber bleibt ein Gießrand frei. Zum Schluss Erde leicht andrücken und gründlich angießen.

1

2

3

1 Lichten Sie Kübelpflanzen ab und an aus, damit sie in Form bleiben.
2 Ist die Erdoberfläche im Topf verkrustet, lockert man sie etwas auf.
3 Gießen Sie immer direkt auf das Substrat.

be im Frühjahr kräftig zurück oder nimmt alte Triebe an der Basis ganz heraus. Beim Oleander beschränkt man sich auf Letzteres, denn er legt seine Blütenknospen bereits im Vorjahr an. Wenn man sie im Frühjahr wegschneidet, fällt die Blütenpracht erst einmal aus.

Krankheiten und Schädlinge an Kübelpflanzen

Topfpflanzen steht nur ein begrenzter Wurzelraum zur Verfügung, so dass es leichter einmal zu Wasser- oder Düngermangel kommen kann – oder auch zu einem Überschuss. Beides verursacht Stress, die Pflanzen werden anfälliger gegen Krankheiten und Schädlinge. Dies gilt auch für Gartenpflanzen im Topf. Bei Kübelpflanzen aus wärmeren Ländern kommt hinzu, dass ihnen kühle und verregnete Sommer besonders zu schaffen machen. Vor allem aber verbringen sie mehr als ein halbes Jahr im Winterquartier, das nicht immer optimal ist. Besonders zu warme Überwinterungsplätze können die Pflanzen anfällig machen. Nicht selten treten Krankheiten und Schädlinge schon bei der Überwinterung auf, weshalb die Gewächse auch während dieser Zeit regelmäßig kontrolliert werden sollten.

Unbelebte Schadursachen

Gelbe Blätter müssen nicht unbedingt auf einen Schaderreger hindeuten. Bleiben die Blattadern grün, handelt es sich um Eisenmangel. Aus kalkhaltigen Substraten mit hohem ▶ PH-WERT (S. 555) kann die Pflanze kein Eisen aufnehmen. Empfindlich sind hier z. B. Zitrusgewächse und Rhododendren. Kurzfristige Besserung bringt ein Eisendünger. Auf Dauer hilft aber nur, die Erde zu tauschen und künftig mit weichem (kalkarmem) Wasser zu gießen. Sind nur die jungen Blätter gelb, deutet das auf Stickstoffmangel hin. Hier sollte man regelmäßig Flüssigdünger verabreichen. Auch Staunässe oder länger andauerndes kaltes Wetter können gelbe Blätter zur Folge haben.
Sonnenbrand verursacht unregelmäßige Flecken auf Blättern und Blüten. Stellen Sie die Pflanzen nicht in die pralle Mittagssonne, und bringen Sie selbst sonnenliebende Arten beim Ausräumen aus dem Winterquartier zunächst etwa 2 Wochen an einen halbschattigen Platz.

Häufige Krankheiten

Echter Mehltau und **Grauschimmel** gehören zu den weitverbreiteten Pilzkrankheiten, die im Kapitel über Pflanzenschutz ausführlicher beschrieben sind (→ S. 190–209). Mehltau bildet sich gern im Winterquartier, z. B. an Schönmalve (*Abutilon*). Zur Vorbeugung sollte man daher an frostfreien Tagen häufig lüften. Ansonsten ist es – wie auch bei anderen Schadpilzen – wichtig, die Pflanzen nicht zu feucht zu halten, direkt in den Wurzelbereich zu gießen, möglichst ohne Blätter und Blüten zu benetzen, und eine übermäßige (Stickstoff-)Düngung zu vermeiden. Schneiden Sie befallene Teile frühzeitig weg. Notfalls gibt es im Fachhandel geeignete Bekämpfungsmittel.
Rußtau bildet einen schwärzlichen Belag auf den Blattoberseiten. Die verursachenden Pilze befallen nicht die Pflanze, sondern ernähren sich von dem klebrigen Honigtau, den Blattläuse und andere saugende Schädlinge ausscheiden. Entfernen Sie befallene Blätter oder wischen Sie den Belag mit lauwarmem Wasser ab.
Oleanderkrebs ist eine gefürchtete Bakterienkrankheit, die Wucherungen an Oleandertrieben verursacht und Triebspitzen und Blüten verbräunen lässt. Die befallenen Pflanzenteile sollte man sofort entfernen und entsorgen. Die Schere muss nach jedem Schnitt sorgfältig gereinigt werden.

Häufige Schädlinge

Wie fast jede Pflanzengruppe werden auch Kübelpflanzen oft von **Blattläusen** und **Spinnmilben** befallen, ebenso recht häufig von **Weißen Fliegen** und **Schildläusen**, die besonders gern an Oleander im Winterquartier auftreten. Diese Schädlinge sind auf S. 204–205 näher vorgestellt. Die dort genannten Vorbeugungs- und Bekämpfungsmaßnahmen gelten auch für Topfpflanzen. Außerdem gibt es gegen Blattläuse, Weiße Fliegen, Schildläuse und andere Schädlinge Pflanzenschutzstäbchen, die man einfach in den Topf steckt. Gerade Spinnmilben gedeihen prächtig bei trockener Hitze, z. B. vor Südwänden. Stellen Sie befallene Pflanzen deshalb kühler, und besprühen Sie sie öfter mit weichem Wasser.
Dickmaulrüssler fressen nachts Buchten in Blattränder. Tagsüber verstecken sie sich in der Erde, wo ihre gelblich weißen Larven an den Wurzeln fressen. Im Mai/Juni und August/September kann man die Käfer absammeln. Ansonsten hilft nur, die Erde auszuwechseln oder den Dickmaulrüssler biologisch mit parasitären Nematoden zu bekämpfen. Die kann man im Fachhandel als Präparat beziehen und, mit Wasser vermischt, in die Erde gießen.
Schnecken vergreifen sich gern z. B. an Engelstrompeten oder Westindischem Blumenrohr. Sie hinterlassen löchrige Blätter und verräterische Schleimspuren. Am besten sammeln Sie die nachtaktiven Tiere morgens oder abends ab. Notfalls lassen sich Schneckenköder einsetzen.

Richtig überwintern

WINTERHARTE GARTENPFLANZEN im Topf kommen oft mit wenig oder sogar ohne Schutz heil über den Winter. Im Herbst rückt man kleinere Töpfe am besten an einer vor Sonne und Wind geschützten Stelle zusammen. Größere Gefäße wickelt man bei strengen, langen Frostperioden in eine etwa 10 cm dicke Schicht aus Wellpappe, Noppenfolie, Jutesäcken oder Schilfmatten, damit der Wurzelballen nicht durchfriert.

Drohen sehr strenge Fröste, umhüllt man die Triebe vorübergehend locker mit einer Lage Vlies oder Sackleinen. Ein Schutz der unter- wie oberirdischen Pflanzenteile ist bei Rosen besonders anzuraten.

Gießen Sie bei Bedarf an frostfreien Tagen. Das Substrat sollte immer etwas feucht, aber niemals nass sein. Vor allem Immergrüne brauchen auch über Winter öfter Wasser. Vor Sonne und Wind sollte man sie besonders schützen, denn sie trocknen leicht aus.

Fremdländische Kübelpflanzen dagegen müssen vor dem ersten Frost ins geschützte Winterquartier und dürfen erst nach den EISHEILIGEN (S. 540) im Mai wieder an die frische Luft kommen. Mit kurzfristigen Frösten von –5° C kommen einige subtropische und mediterrane Arten wie Aukube, Olive, Oleander und Lorbeerbaum zurecht – aber auch nur dann, wenn sie schon etwas älter und kräftig genug sind.

Zu zweit und mit einem Tragegurt ausgerüstet, lassen sich Kübelpflanzen leichter transportieren.

Der ideale Überwinterungsort wäre ein heller Wintergarten mit Temperaturen zwischen 5 und 10° C. Aber auch ein ungeheiztes Treppenhaus ist prima, wenn es nur hell genug ist. Einige Arten, die es etwas wärmer mögen, nehmen auch mit dem Schlafzimmer vorlieb. Andere wiederum, vor allem laubabwerfende Kübelpflanzen, können den Winter zur Not auch in einer ungeheizten, aber frostfreien Garage oder im kalten Keller verbringen. Je wärmer ein Raum ist, desto heller muss er auch sein.

Die optimalen Überwinterungsbedingungen für besonders gern kultivierte Kübelpflanzen wie Oleander, Engelstrompete und Strauchmargerite entnehmen Sie bitte den Porträts ab S. 526. Die nebenstehende Tabelle bietet entsprechende Informationen zu einigen weiteren recht beliebten Arten.

Vor dem Einräumen lässt man den Wurzelballen stark, allerdings nicht völlig abtrocknen. Lassen Sie im Winterquartier die Erde niemals ganz austrocknen, und sammeln Sie gelegentlich welkes Laub ab. Bei frostfreiem Wetter sollte man häufiger kurz lüften.

Überwinterungsansprüche von Kübelpflanzen

NAME	STANDORT	HINWEISE
Hundertjährige Agave *Agave americana*	10° C hell	fast völlig trocken halten
Paradiesvogelstrauch *Caesalpinia gilliesii*	5° C hell oder dunkel	bei dunklem Stand Blattabwurf
Zylinderputzer *Callistemon*-Arten	5° C hell	verträgt leichten Frost
Zistrose *Cistus*-Arten	5° C hell	bei frostfreiem Wetter häufig lüften
Korallenstrauch *Erythrina crista-galli*	5° C hell oder dunkel	vor dem Einräumen zurückschneiden
Veilchenstrauch *Iochroma*-Arten	10° C hell	vor dem Einräumen zurückschneiden
Chinesische Kräuselmyrte *Lagerstroemia indica*	5° C hell	vor dem Einräumen zurückschneiden, verträgt etwas Frost
Brautmyrte *Myrtus communis*	5° C hell	mit kalkarmem Wasser leicht feucht halten
Olive *Olea europea*	5° C hell	verträgt leichten Frost
Klebsame *Pittosporum*-Arten	10° C hell	verträgt leichten Frost
Granatapfel *Punica granatum*	5° C hell oder dunkel	leichter Rückschnitt im Herbst
Glänzende Tibouchine *Tibouchina urvilleana*	10° C hell	im Herbst überlange Triebe einkürzen

4

GARTEN-PFLANZEN VON A BIS Z

Erkunden Sie die Vielfalt der Pflanzenwelt, und lassen Sie sich bei der Auswahl anregen. Dieses Kapitel umfasst Porträts von mehreren hundert bewährten und beliebten Gartenpflanzen. Angaben zu den jeweiligen Ansprüchen helfen Ihnen bei der Standortwahl sowie bei der Pflege.

4

Hinweise zu den Pflanzenporträts

In diesem Kapitel:

Dieses Kapitel mit seiner Fülle an vorgestellten Pflanzen reizt zum Querblättern und Durchschauen. Auf diese Weise kann es zu Ideen für Bepflanzungen inspirieren und zum Ausprobieren neuer Schönheiten und Gaumengenüsse anregen.

Bei der gezielten Nutzung der Porträts dagegen, ob bei der Auswahl oder Pflege, möchten Ihnen die folgenden Erläuterungen weiterhelfen.

Das Angebot an Gartenpflanzen ist überwältigend, und beständig kommen weitere Arten und Züchtungen hinzu. Eine Zusammenstellung von Pflanzen für alle Gartenbereiche kann deshalb stets nur eine Auswahl sein. Das vorliegende Kapitel umfasst vorrangig beliebte, vielfach bewährte Arten. Aber auch etwas weniger populäre, dennoch empfehlenswerte Pflanzen sind berücksichtigt.

Einteilung des Porträtteils

Die Unterteilung der Porträts entspricht weitgehend der Gliederung im Kapitel „Pflanzen und Pflegen" (ab S. 248). Dort können Sie entsprechend weitergehende Informationen zur jeweiligen Pflanzengruppe nachlesen.

Umfangreiche Pflanzengruppen sind untergliedert, so etwa die Sträucher in große, mittelgroße, Klein- und Zwergsträucher sowie Bambusse. Die entsprechende Unterteilung finden Sie auf der jeweils ersten Seite der Pflanzengruppe, bei den gerade aufgeschlagenen Porträtseiten zeigt der Kolumnentitel auf der rechten Seite oben an, zu welcher Untergruppe sie gehören. Innerhalb der Pflanzen- bzw. Untergruppen sind die Porträts alphabetisch nach den ➲ BOTANISCHEN NAMEN (S. 537) der Pflanzen angeordnet. Beim schnellen Auffinden nach den deutschen Namen hilft das Register.

Neben den Porträts finden Sie in mehreren Tabellen weitere Pflanzen kurz vorgestellt und nach Verwendungszwecken bzw. unter gestalterischen Gesichtspunkten zusammengefasst (→ Tabellenübersicht S. 597).

Aufbau der Porträts

Die Pflanzen werden jeweils unter ihrem geläufigsten deutschen Namen vorgestellt bzw. unter dem, der in der Fachliteratur und im Fachhandel üblich ist. Darunter steht der botanische Name, der in Zweifelsfällen viel zuverlässiger ist, da es nicht selten mehrere, recht unterschiedliche deutsche Bezeichnungen für ein und dieselbe Pflanze gibt. Die Symbole neben den Pflanzennamen, die im nebenstehenden Kasten erläutert werden, zeigen auf einen Blick die wichtigsten Ansprüche und Eigenschaften der Pflanzen.

Die Informationen zu den einzelnen Pflanzen sind, mit kleinen Abwandlungen je nach Pflanzengruppe, in folgenden Rubriken zusammengefasst:

HÖHE: Die hier angegebene Zahl bezieht sich auf die durchschnittlichen Wuchshöhen ausgewachsener Pflanzen, wobei es z. B. je nach Sorte Abweichungen geben kann. Bei Gehölzen hilft die zusätzliche Angabe der Breite, den späteren Platzbedarf abzuschätzen.

BLÜTEZEIT: Ebenfalls eine Durchschnittsangabe, die variieren kann, abhängig z. B. vom Wetter oder auch vom Pflanzzeitpunkt. Bei Pflanzen, die keine oder nur sehr unscheinbare Blüten ausbilden, fehlt diese Rubrik.

AUSSEHEN: Hier finden Sie kurzgefasste Angaben zu den wichtigsten Wuchs- und Ziereigenschaften, wobei wiederum sortenbedingte Abweichungen möglich sind.

STANDORT: Der bereits aus den Symbolen ersichtliche Lichtanspruch wird hier, wenn nötig, noch etwas differenziert. Die Angaben zum Boden benennen jeweils optimale Bedingungen sowie besondere Ansprüche. Weitere Hinweise, etwa zur Stadtklimaverträglichkeit bei Gehölzen, geben zusätzliche Anhaltspunkte.

PFLANZEN: Hier stehen Hinweise zu Pflanzterminen, -abständen und eventuell zu beachtenden Besonderheiten. Bei den Sommerblumen geht dem die Rubrik Säen voraus, da sich fast alle recht gut aus Samen vorziehen bzw. direkt aussäen lassen.

PFLEGEN: Diese Rubrik gibt Tipps zu den speziellen Pflegebedürfnissen.

VERMEHREN: Hier sind die wichtigsten Verfahren aufgeführt, die jeweils zu eigenem Pflanzennachwuchs verhelfen können (ausführliche Beschreibungen dazu → Pflanzen vermehren, S. 220–235).

VERWENDUNG: Unter diesem Stichwort finden Sie Tipps und Anregungen für den gestalterischen Einsatz der Pflanzen und zu passenden Kombinationspartnern.

SORTEN: Häufig empfiehlt es sich, bei der Pflanzenauswahl genau auf die jeweilige ▶ SORTE (S. 561) zu achten.

WEITERE ARTEN: Oft gibt es zur vorgestellten Pflanze nah verwandte, recht ähnliche ▶ ARTEN (S. 533), die es ebenfalls lohnen, in die Auswahl für den Garten mit einbezogen zu werden. Diese werden hier kurz vorgestellt.

Besonderheiten bei Obst, Gemüse und Kräutern

Bei den Nutzpflanzen, bei denen das Aussehen weniger interessiert, sind die wichtigsten Merkmale unter dem Stichwort Wuchs zusammengefasst.

Die Rubrik Sortengruppen gibt einen kurzen Überblick über unterschiedliche Nutzungs- und Wuchsformen, Reifezeitgruppen u. Ä. Dies ist oft eine Frage der Sorten, es kann sich aber auch um unterschiedliche ▶ VARIETÄTEN (S. 566) handeln.

Unter Anbau ist alles Wichtige nachzulesen, das mit dem Säen und/oder Pflanzen zu tun hat. Bei Angaben zum Pflanzabstand wie 60 x 40 cm gibt die erste Zahl den Abstand der Reihen an, die zweite den Abstand in der Reihe.

Und natürlich darf hier die Rubrik Ernten mit Hinweisen zu Terminen und Erntetechniken nicht fehlen.

Hinweise zu den Symbolen

Die Symbole bzw. Piktogramme (→ Kasten) ermöglichen schnelles Informieren über die wichtigsten Pflanzeneigenschaften. Bitte beachten Sie jedoch, dass solche optischen Kurzinfos zwangsläufig auch etwas vereinfachen müssen.

„Pflegeleicht" etwa ist relativ, im Vergleich zu anderen Arten der Pflanzengruppe zu sehen, da z. B. Bäume fast generell weniger Aufwand erfordern als Gemüse. Wie viel Pflege nötig wird oder wie problemlos die Pflanze wächst, hängt freilich auch von den jeweiligen Standortbedingungen ab.

Die Symbolangaben zum Gießen beziehen sich in erster Linie auf die Häufigkeit bei durchschnittlichem Witterungsverlauf (vor allem im Frühjahr und Sommer) und erst dann auf die Gießmengen, die sich individuell u. a. nach dem Pflanzenalter oder Bodenzustand richten sollten. Da die meisten Gehölze nach dem Einwachsen nicht so regelmäßig gegossen werden müssen wie krautige Pflanzen, wurde bei Bäumen und Sträuchern auf das Gießsymbol verzichtet.

Wo das betreffende Symbol die mögliche Haltung in Pflanzgefäßen (Töpfen, Kübeln usw.) anzeigt, gilt dies teils nur für spezielle, kleinwüchsige Formen und Sorten. Bei den Kübelpflanzen ist diese Eigenschaft nicht extra per Symbol ausgewiesen.

Das bedeuten die Symbole

SYMBOL	BEDEUTUNG
	Die Pflanze ist recht pflegeleicht und anspruchslos.
	Die Pflanze mag es sonnig, zumindest aber hell.
	Die Pflanze verträgt Halbschatten.
	Die Pflanze gedeiht auch bei stärkerer Beschattung.
	Die Pflanze ist immergrün (durchgehend belaubt).
	Die Pflanze ist wintergrün (meist Blattabwurf im Frühjahr).
	Die Pflanze braucht häufig bzw. viel Wasser.
	Die Pflanze hat einen mittleren Wasserbedarf.
	Die Pflanze hat einen geringen Wasserbedarf.
	Die Pflanze lässt sich gut in Pflanzgefäßen kultivieren.
	Die Pflanze ist selbstunfruchtbar, braucht einen Pollenspender.
	Der Anbau unter Glas/Folie ist empfehlenswert oder nötig.
	Die Pflanze enthält giftige oder hautreizende Stoffe.
	Die Pflanze zeichnet sich durch angenehmen Duft aus.

Bäume von A bis Z

DIE AUSWAHL DES GEEIGNETEN BAUMS für den eigenen Garten sollte man sehr ernst nehmen. Bäume verkörpern zwar Kraft, Ausdauer und Standhaftigkeit, sind aber auch ganz „normale" Gartenpflanzen mit spezifischen Ansprüchen und Bedürfnissen. Da in den meisten Reihenhausgärten nur Raum für einen, maximal zwei Bäume ist, sollten Sie umso mehr auf eine standortgerechte Art bzw. Sorte achten: Eine ungeeignete Wahl führt nicht nur zu unnötigem Pflegeaufwand, der Baum könnte sogar zeitlebens in seiner natürlichen Entfaltung behindert werden. Lassen Sie sich in Baumschulen beraten, sehen Sie sich in Gärten von Verwandten und Bekannten nach geeigneten Bäumen um und ziehen Sie die nachfolgenden Porträts zu Rate.
Diese sind nach Laub- und Nadelbäumen gegliedert, eine Einteilung, die nicht nur den botanischen Unterschieden Rechnung trägt, sondern auch für die Auswahl und Gestaltung eine Rolle spielt. Die hier vorgestellten Laubbäume sind durchweg sommergrün, d. h., sie werfen im Herbst ihr Laub ab. Dem geht oft eine intensive Blattverfärbung voraus, die einen besonderen Zieraspekt darstellt. Die allermeisten Nadelbäume behalten dagegen über Winter ihr grünes Kleid. Eine Ausnahme stellt der Ginkgo (→ S. 411) dar. Er wirkt zwar auf den ersten Blick eher wie ein Laubbaum, gehört aber botanisch in die nahe Verwandtschaft der Nadelbäume.
Viele Nadelgehölze wachsen ebenso wie Laubbäume mit den Jahren zu majestätischen – und oft für normale Gärten zu allzu großen Gestalten – heran. Doch es gibt in beiden Gruppen auch niedrigere Arten und Sorten, die sich selbst für kleine Gärten eignen (→ Tabelle S. 414), unter den Nadelbäumen sogar etliche mit zwergigem Wuchs.

Japanischer Ahorn | *Acer japonicum*

HÖHE/BREITE: 1,5–2,2 m/bis 4 m **BLÜTEZEIT:** April – Mai **AUSSEHEN:** mehrstämmig, ausladend, fast strauchartiger Wuchs; Blätter rundlich mit spitzen Lappen, prachtvolle gelborange bis rote Herbstfärbung; Blüten purpurfarben, in Büscheln **STANDORT:** am besten im Laubschatten größerer Bäume, Halbschatten bis leichter Schatten; lockerer, humusreicher Boden, neutral bis leicht sauer **PFLANZEN:** vorzugsweise im Herbst, Containerpflanzen ganzjährig **PFLEGEN:** verträgt keine austrocknenden Böden, daher mulchen oder Baumscheibe mit Bodendeckern bepflanzen, bei Trockenheit regelmäßig gießen; kein Schnitt **VERMEHREN:** durch Stecklinge im Frühling oder Ableger **VERWENDUNG:** überaus attraktives Solitärgehölz, auch für kleinere Gärten **SORTEN:** 'Aconitifolium', gelborange Herbstfärbung und tiefer eingeschnittene Lappen; 'Aureum' (→ Abb.), gelbliches Laub und hellgelbe Herbstfärbung, braucht leicht schattigen Standort **HINWEIS:** wächst sehr langsam

Japanischer Fächerahorn | *Acer palmatum*

HÖHE/BREITE: 1–4 m, selten bis 7 m/bis 5 m **BLÜTEZEIT:** Mai – Juni **AUSSEHEN:** Wuchsform wie Japanischer Ahorn; viele Sorten mit unterschiedlich gestalteten Blättern, von ahornartig bis tief eingeschnitten, von hellgrün bis fast schwarzrot; Blüten unscheinbar, fallen kaum zwischen den Blättern auf **STANDORT:** auf keinen Fall in der Sonne, ideal ist Baumschatten; leichter, lockerer, tiefgründiger Boden, möglichst leicht sauer; die meisten Sorten vertragen Stadtklima **PFLANZEN:** vorzugsweise im Herbst, Containerpflanzen ganzjährig **PFLEGEN:** wie Japanischer Ahorn **VERMEHREN:** wie Japanischer Ahorn **VERWENDUNG:** der wahrscheinlich beste Solitärbaum für kleine Gärten, verdient einen bevorzugten Platz **SORTEN:** Zahl der Sorten ist kaum überschaubar, das Einholen guter Beratung daher empfehlenswert **HINWEIS:** wächst extrem langsam

Weißbirke, Hängebirke | *Betula pendula*

HÖHE/BREITE: 20–30 m, Sorten auch niedriger/8–12 m **BLÜTEZEIT:** April **AUSSEHEN:** lockerer Wuchs, Zweige im Alter überhängend; weiße Rinde mit schwarzen, rissigen Streifen; gelbes Herbstlaub; männliche und weibliche Blütenkätzchen; geflügelte Nussfrüchte **STANDORT:** sonnig; geringe Bodenansprüche, auch trocken, steinig oder sandig, aber nährstoffreich **PFLANZEN:** Containerpflanzen ganzjährig **PFLEGEN:** regelmäßig gießen; im Frühling mit organischem Langzeitdünger düngen; mulchen; verträgt kurze Trockenheit **VERMEHREN:** die Art aus Samen **VERWENDUNG:** Hausbaum für größere Gärten **SORTEN:** 'Darlecarlica', 10 m hoch; Trauerform 'Youngii' (→ Abb.), als Hochstamm veredelt, 4–6 m hoch; Säulenform 'Fastigiata', 10–15 m hoch **HINWEIS:** Flachwurzler

Trompetenbaum | *Catalpa bignonioides*

HÖHE/BREITE: 10–15(20) m/10 m **BLÜTEZEIT:** Juni – Juli **AUSSEHEN:** gerader Stamm, ausladende Krone; bis 20 cm lange, rundlich herzförmige Blätter, gelbe Herbstfärbung; weiße Blüten in 15–20 cm hohen Rispen; schotenartige, bis 35 cm lange Früchte **STANDORT:** sonnig bis absonnig; möglichst geschützt, nährstoffreicher, frischer, tiefgründiger Boden **PFLANZEN:** Containerpflanzen fast ganzjährig, aber nicht zu spät im Jahr **PFLEGEN:** in den ersten Jahren über Winter dick mulchen, da frostgefährdet, später ausreichend frosthart; kein Schnitt erforderlich **VERMEHREN:** aus Samen **VERWENDUNG:** Solitärgehölz, optimale Wuchsform nur im Freistand; durch die lange haftenden Früchte noch im Winter attraktiv **SORTEN:** veredelte Zwergform 'Nana' nur 2–3 m hoch **HINWEIS:** wächst anfangs langsam

Rotbuche | *Fagus sylvatica*

HÖHE/BREITE: 25–30 m, Sorten kleiner/ausladend **BLÜTEZEIT:** Mai **AUSSEHEN:** imposante, breit ausladende, gewölbte Krone, wächst auch als Heckenpflanze; orange- bis braunrotes Herbstlaub; männliche und weibliche Blüten am selben Baum; Früchte sind die Bucheckern **STANDORT:** sonnig bis halbschattig; tiefgründiger, durchlässiger, nährstoffreicher Boden, leicht basisch **PFLANZEN:** Containerpflanzen ganzjährig, Gehölze mit nackten Wurzeln (Hecken) im Herbst **PFLEGEN:** vorsichtiges Lockern der Baumscheibe; kein Schnitt erforderlich; Hecken werden in der Vegetationsruhe und nochmals im Sommer geschnitten **VERMEHREN:** die Art aus Samen **VERWENDUNG:** als Solitär mit viel Freiraum, z. B. auf Wiesen; dichter Kronenschatten unterdrückt die meisten Unterpflanzungen; für hohe Hecken **SORTEN:** mehrere veredelte und kleinwüchsige Formen; 'Atropurpurea' („Blutbuche") mit roten Blättern **HINWEIS:** Rotbuchen vertragen keine Bodenverdichtung.

Gewöhnliche Esche | *Fraxinus excelsior*

HÖHE/BREITE: 30–40 m, Sorten kleiner/10–20 m **BLÜTEZEIT:** April – Mai **AUSSEHEN:** gerader Stamm mit rissiger Borke; mächtige, runde bis pyramidenförmige Krone; große, gefiederte Blätter; Blüten unscheinbar; geflügelte Nussfrüchte in lange haftenden Rispen **STANDORT:** sonnig bis halbschattig; tiefgründiger, nährstoffreicher und feuchter Boden **PFLANZEN:** Containerpflanzen ganzjährig **PFLEGEN:** Wildtriebe entfernen; kein Schnitt erforderlich **VERMEHREN:** die Art aus Samen **VERWENDUNG:** kleinere Sorten eignen sich als hübsche Solitärgehölze, reine Art für normale Hausgärten zu groß **SORTEN:** großes Angebot, z. B. Trauerform 'Pendula', bis 8 m hoch; 'Aurea', 8 m hoch, gelbe Triebe; 'Nana', rundliche Krone, bis 6 m hoch **WEITERE ARTEN:** Manna- oder Blumenesche (*F. ornus*), 10 m hoch, hübsche, duftende, weiße Blüten im Mai **HINWEIS:** Im Sturm brechen die Äste leicht ab.

Tulpenbaum | *Liriodendron tulipifera*

HÖHE/BREITE: 20–35 m, Sorten auch kleiner/12–20 m **BLÜTEZEIT:** Mai – Juni **AUSSEHEN:** große, lockere Krone; Blätter fast quadratisch, spitze Seiten- und gerade abgeschnittener Mittellappen, goldgelbe Herbstfärbung; große, grünlich weiße Blüten, auffallend goldgelbe Staubfäden; zapfenartige Sammelfrüchte **STANDORT:** sonnig; freier Standort; tiefgründiger, humusreicher, feuchter Boden; unempfindlich gegen Stadtklima **PFLANZEN:** möglichst im Frühling **PFLEGEN:** v. a. in den ersten Jahren Baumscheibe als Frostschutz mulchen; kein Schnitt **VERMEHREN:** durch Absenker **VERWENDUNG:** für große Gärten, im Einzelstand; in den ersten Jahren auch zwischen Sträuchern (Schutz) **SORTEN:** 'Fastigiatum' mit schmaler Krone, bis 10 m hoch, auch für kleinere Gärten **HINWEIS:** wächst rasch

Japanische Blütenkirsche | *Prunus serrulata*

HÖHE/BREITE: je nach Sorte 3–12 m/1–6 m **BLÜTEZEIT:** April – Mai **AUSSEHEN:** sehr attraktive Blütenbäume, je nach Sorte mit breiten, schmalen oder überhängenden Kronen; Blüten rosa, einfach oder gefüllt, sehr dicht **STANDORT:** sonnig bis absonnig; tiefgründiger, durchlässiger, nährstoffreicher Boden mit viel Humus, saure Böden ungeeignet; verträgt Stadtklima in Maßen **PFLANZEN:** Containerpflanzen ganzjährig **PFLEGEN:** im Frühling Boden lockern, organischen Langzeitdünger und etwas Algenkalk geben; Schnitt nicht erforderlich, Rückschnitt möglich **VERMEHREN:** Sorten nur durch Veredlung **VERWENDUNG:** kleine Sorten als Hausbaum, in größeren Gärten für Strauchbeete **SORTEN:** 'Amanogawa', 4–6 m hoch, säulenförmig; 'Kanzan' (→ Abb.), 7–10 m hoch, ausladend, gefüllte Blüten, frosthart **HINWEIS:** Gründliches Informieren lohnt sich, da sehr viele Sorten gezüchtet wurden.

Stieleiche | *Quercus robur*

HÖHE/BREITE: 25–40 m/15–25 m, Sorten kleiner **BLÜTEZEIT:** April – Mai **AUSSEHEN:** stattlicher Baum, Stamm tief verzweigt; glänzend grüne, gelappte Blätter; Blüten unauffällig; Eicheln **STANDORT:** sonnig bis absonnig; Tiefwurzler; lockerer, nährstoffreicher Boden, verträgt kurzfristige Nässe und Trockenheit, auch basische Böden; für Stadtklima geeignet **PFLANZEN:** Containerpflanzen ganzjährig, ideal ist der Herbst **PFLEGEN:** völlig ungestört lassen **VERMEHREN:** Art aus Samen, Sorten müssen veredelt werden **VERWENDUNG:** Die Art ist für Hausgärten nicht geeignet; auch Sorten brauchen freien Stand und recht viel Platz, damit sich die Schönheit ihrer Krone entfalten kann. **SORTEN:** 'Concordia', gelbe Blätter; 'Fastigiata', 15–20 m hoch mit schmaler Krone; 'Pendula', Trauerform mit überhängenden Zweigen **WEITERE ARTEN:** Traubeneiche (*Q. petraea*), bis 40 m mit geradem, hohem Stamm

Robinie, Scheinakazie | *Robinia pseudoacacia*

HÖHE/BREITE: 20–25 m/10–15 m **BLÜTEZEIT:** Mai – Juni **AUSSEHEN:** gerader Stamm mit tiefrissiger Borke, Krone locker, im Alter schirmförmig; junge Zweige stark bedornt; Blätter gefiedert, gelbes Herbstlaub; Blüten weiß in bis 20 cm langen, hängenden Trauben **STANDORT:** sonnig, allenfalls absonnig; sonst recht anspruchslos; verträgt trockene Böden und heiße Standorte, keine feuchten bis nassen Böden oder niedrigen pH-Wert; für Stadtklima geeignet **PFLANZEN:** Containerpflanzen ganzjährig **PFLEGEN:** Schnitt ist nur erforderlich, wenn Zweige abbrechen **VERMEHREN:** die Art aus Samen, sonst Ableger **VERWENDUNG:** ideal zur Hangbefestigung, Solitär; schmale Sorten auch innerhalb von lockeren Hecken **SORTEN:** 'Umbraculifera' (Kugelakazie), kugelige Krone, bis 6 m hoch; 'Pyramidalis', schmale Krone, 10–12 m hoch; 'Casque Rouge', 5–10 m hoch, violettrote Blüten

Salweide | *Salix caprea*

HÖHE/BREITE: 4–8 m/3–4 m **BLÜTEZEIT:** März – April **AUSSEHEN:** kleiner Baum oder großer Strauch; männliche Bäume mit gelben, weibliche Bäume mit grünen Kätzchen; etwa ab Mai platzen die Kapselfrüchte auf und entlassen wollige Flugsamen **STANDORT:** möglichst sonnig; nicht anspruchsvoll; Boden frisch bis feucht; kaum für Stadtklima geeignet **PFLANZEN:** Containerpflanzen ganzjährig **PFLEGEN:** kein Erhaltungsschnitt erforderlich **VERMEHREN:** Stecklinge oder Steckhölzer **VERWENDUNG:** gut zur Hangbefestigung, als Solitär oder mit anderen Sträuchern in lockeren Hecken oder Strauchbeeten, auch Teichrand **SORTEN:** 'Mas', männliche Form, schöne Kätzchen; 'Pendula', Trauerform, bis 2 m hoch, **HINWEIS:** Rückschnitt unmittelbar nach der Blüte sorgt für lange Blütentriebe im Folgejahr.

Eberesche | *Sorbus aucuparia*

HÖHE/BREITE: 5–15 m/5–8 m **BLÜTEZEIT:** Mai – Juni **AUSSEHEN:** zierlicher, mittelgroßer Baum mit lockerer Krone, Stamm häufig sehr tief gegabelt; Blätter gefiedert, im Herbst orangerot; weiße Blüten in Doldenrispen; korallenrote, dichtstehende Früchte **STANDORT:** sonnig bis halbschattig; möglichst nicht heiß; Boden humos, mäßig trocken bis frisch; nicht für ausgesprochene Stadtgärten geeignet **PFLANZEN:** Containerpflanzen ganzjährig **PFLEGEN:** im Frühling Kompost einarbeiten und mulchen **VERMEHREN:** Art aus Samen, Sorten müssen veredelt werden **VERWENDUNG:** hübscher Solitär (Blatt-, Blüten- und Fruchtschmuck), in Sorten für kleinere Gärten, naturnahe Hecken und Strauchbeete **SORTEN:** wechselndes Angebot, z. B. 'Fastigiata', Krone säulen- bis schmal kegelförmig, 5–10 m hoch

Winterlinde | *Tilia cordata*

HÖHE/BREITE: 10–30 m/10–15 m **BLÜTEZEIT:** Juni – Juli **AUSSEHEN:** kompakte, gewölbte Krone; Blätter herzförmig, an der Basis schief abgeschnitten; Stiel des Blütenstands mit schmalem Hochblatt verwachsen, gelbliche, duftende Einzelblüten; Nussfrüchte **STANDORT:** ideal ist ein sonniger Platz, Halbschatten wird toleriert; Boden tiefgründig, locker, frisch bis mäßig trocken; nicht für ausgesprochene Stadtgärten **PFLANZEN:** Containerpflanzen ganzjährig **PFLEGEN:** möglichst nicht schneiden, verträgt aber notfalls Rückschnitt **VERMEHREN:** aus Samen **VERWENDUNG:** Solitär, Krone kommt nur im Einzelstand zur Geltung **WEITERE ARTEN:** Sehr ähnlich ist die Sommerlinde (*T. platyphyllos*), sie wächst besser auf etwas feuchteren Böden. **HINWEIS:** Linden können mehrere hundert Jahre alt werden. Die „1000-Jährigen" gehören im Allgemeinen aber in den Bereich der Legende.

Bergulme | *Ulmus glabra*

HÖHE/BREITE: 20–40 m/bis 20 m **BLÜTEZEIT:** März – April **AUSSEHEN:** mächtiger Baum mit dichter, runder Krone; Blätter rundlich, an der Basis schief abgeschnitten; Blüten unscheinbar; Früchte rundum mit häutigem Flügel **STANDORT:** möglichst halbschattig, verträgt aber auch Sonne; Boden nährstoff- und humusreich, tiefgründig, gut durchlüftet, im Idealfall leicht basisch; verträgt etwas Trockenheit; nicht für ausgesprochene Stadtgärten **PFLANZEN:** Containerpflanzen ganzjährig **PFLEGEN:** Wunden sofort mit Wundverschlussmittel versiegeln **VERMEHRUNG:** Art aus Samen, Sorten müssen veredelt werden **VERWENDUNG:** Die Art braucht sehr viel Platz, einige Sorten eignen sich als Solitär in mittelgroßen Gärten. **SORTEN:** Hängeform 'Pendula', 10–15 m hoch; 'Camperdownii', schwachwachsend, 3–5 m hoch, hängende Zweige **HINWEIS:** Fragen Sie nach Klonen, die widerstandsfähig gegen den tückischen Pilz *Ceratocystis ulmi* sind. Er verursacht die „Ulmenkrankheit".

Weißtanne | *Abies alba*

HÖHE/BREITE: 30–50 m/10–15 m **BLÜTEZEIT:** Mai **AUSSEHEN:** gerader, senkrechter Stamm, fast waagrecht abstehende Äste, kegel- bis säulenförmige Krone; Nadeln glänzend dunkelgrün, unterseits weiß gestreift; aufrecht stehende Zapfen **STANDORT:** v. a. in der Jugend im Schatten anderer Bäume; luftfeucht; nährstoffreicher, tiefgründiger, feuchter Boden; verträgt weder Trockenheit noch direkte Sonnenstrahlung, schadstoffempfindlich; nicht für innerstädtische Gärten **PFLANZEN:** Containerpflanzen ganzjährig, vorzugsweise im Frühherbst **PFLEGEN:** kein Schnitt, damit sich die natürliche Wuchsform entfalten kann **VERMEHREN:** die Art aus Samen **VERWENDUNG:** markanter, edler Baum für den Einzelstand (aber möglichst leicht beschattet); nur für größere Gärten **SORTEN:** 'Pendula', bis 30 m hoch, mit am Stamm herabhängenden Zweigen **HINWEIS:** empfindlich und anspruchsvoll

Koloradotanne | *Abies concolor*

HÖHE/BREITE: 20–25 m/8–10 m **BLÜTEZEIT:** Mai **AUSSEHEN:** eleganter, aufrechter Wuchs, bis fast zum Boden beastet; Nadeln lang, graugrün, sichelförmig nach oben gekrümmt; Zapfen kompakt, aufrecht, zunächst violettrot, später hellbraun **STANDORT:** sonnig bis absonnig; lockerer, tiefgründiger Boden, verträgt Trockenheit, Rauch und Ruß; gut für Stadtklima geeignet **PFLANZEN:** Containerpflanzen ganzjährig, vorzugsweise im Frühherbst **PFLEGEN:** kein Schnitt, damit sich die natürliche Wuchsform entfalten kann **VERMEHREN:** die Art aus Samen **VERWENDUNG:** wichtiger Solitär für mittelgroße Stadtgärten; leichter Schutz durch Nachbargehölze empfohlen **SORTEN:** 'Violacea' mit auffallend blauweiß bereiften Nadeln

Nordmannstanne | *Abies nordmanniana*

HÖHE/BREITE: 25–30 m/10–15 m **BLÜTEZEIT:** Mai **AUSSEHEN:** dekorativer, ausladender Wuchs, Zweige stehen in Etagen waagrecht ab; Nadeln glänzend dunkelgrün, gruppenweise, unterseits mit 2 schmalen, hellen Längsstreifen; Zapfen schmal, aufrecht **STANDORT:** v. a. in der Jugend im Schutz anderer Gehölze, luftfeucht; tiefgründiger, lockerer, nährstoffreicher Boden, feucht bis frisch **PFLANZEN:** Containerpflanzen ganzjährig, jedoch vorzugsweise im Frühherbst **PFLEGEN:** kein Schnitt, damit sich die natürliche Wuchsform entfalten kann **VERMEHREN:** die Art aus Samen **VERWENDUNG:** Die kleiner bleibenden Sorten sind gute Hausbäume für mittelgroße Gärten. **SORTEN:** 'Pendula', 10–20 m hoch, mit senkrecht herabhängenden Zweigen; 'Barabits Compact', 5–10 m hoch, waagrecht abstehende Äste **HINWEIS:** Die Nordmannstanne ist weniger anspruchsvoll als die Weißtanne.

Lawsons Scheinzypresse | *Chamaecyparis lawsoniana*

HÖHE/BREITE: je nach Sorte 1–10 m (max. 15 m)/1–5 m **BLÜTEZEIT:** April **AUSSEHEN:** Krone spitz kegelförmig mit abstehenden Zweigen, Sorten von niederliegend bis säulenförmig, bis zum Boden beastet, Triebspitzen immer überhängend; Nadeln kurz, schuppenförmig, den Zweigen anliegend; Zapfen kugelig, zunächst grün, später hellbraun **STANDORT:** möglichst luftfeucht, sonst wenig anspruchsvoll; Boden darf allerdings weder nass noch zu trocken sein, ideal ist Lehmboden; für Stadtklima geeignet **PFLANZEN:** Containerpflanzen ganzjährig, vorzugsweise im Frühherbst **PFLEGEN:** anspruchslos, schnittverträglich **VERMEHREN:** Stecklinge **VERWENDUNG:** als Solitäre, die schmal wachsenden Sorten auch für Hecken, Schnitthecken oder Gehölzgruppen; Zwergformen für Kübel und Tröge **SORTEN:** Es sind mittlerweile etwa 150 Sorten bekannt, darunter Zwergsorten bis 1 m Höhe, Sorten mit farbigen Nadeln, mit säulenförmigem Wuchs oder hängenden Zweigen.

Erbsenfrüchtige Scheinzypresse | *Chamaecyparis pisifera*

HÖHE/BREITE: je nach Sorte 0,5–15 m (max. 20 m)/1–6 m **BLÜTEZEIT:** April **AUSSEHEN:** Äste waagrecht abstehend, filigrane Zweige hängend; Nadeln kurz, unterseits hell gefleckt, anliegend; Zapfen kugelig, braun **STANDORT:** möglichst luftfeucht, sonst wenig anspruchsvoll; durchlässiger, frischer bis leicht feuchter Boden **PFLANZEN:** Containerpflanzen ganzjährig, vorzugsweise im Frühherbst **PFLEGEN:** anspruchslos, schnittverträglich, dekorative Sorten nicht schneiden **VERMEHREN:** durch Stecklinge **VERWENDUNG:** hübsche Solitäre; Zwergformen für Kübel und Tröge **SORTEN:** große Auswahl; 'Plumosa', 4–8 m hoch, kegelförmiger Wuchs; 'Plumosa Aurea', 4–7 m hoch, goldgelbe Nadeln; 'Filifera Nana', bis 1 m hoch, überhängende Zweige **HINWEIS:** Die Art kann in Japan bis 50 m hoch werden.

Ginkgo | *Ginkgo biloba*

HÖHE/BREITE: 20–30 m/in der Jugend schmal, später ausladend, bis 15 m **BLÜTEZEIT:** März – April **AUSSEHEN:** fächerförmige Blätter, leuchtend gelbe Herbstfärbung; zweihäusig, unscheinbare männliche und weibliche Blüten; kugelige Früchte **STANDORT:** anspruchslos; Boden sauer bis basisch, locker, humusreich; verträgt Stadtklima und Autoabgase, kein Streusalz **PFLANZEN:** Containerpflanzen ganzjährig **PFLEGEN:** nicht erforderlich **VERMEHREN:** durch Stecklinge oder Samen der weiblichen Bäume **VERWENDUNG:** dekorativ als Solitär, auch in lockeren Gehölzgruppen **SORTEN:** 'Autumn Gold', schöne Herbstfärbung; 'Pendula', schirmförmige Krone **HINWEIS:** zählt wegen seiner Fortpflanzungsbiologie zu den Nadelbäumen; lebendes Fossil, das bereits vor 180 Millionen Jahren existiert hat

Gewöhnliche Fichte, Rotfichte | *Picea abies*

HÖHE/BREITE: 30–50 m /6–8 m, Sorten kleiner **BLÜTEZEIT:** April – Mai **AUSSEHEN:** gerader Stamm mit rotbrauner, rissiger Rinde, waagrechte bis bogig hängende Zweige; sehr flaches Wurzelsystem; rote Blütenstände; braune Zapfen **STANDORT:** sonnig bis absonnig; luftfeucht; leichte bis mittlere Böden, möglichst feucht; verträgt keine Rauchgase; nicht für Stadtgärten geeignet **PFLANZEN:** Containerpflanzen ganzjährig, vorzugsweise im Frühherbst **PFLEGEN:** bei Trockenheit gießen; schnittverträglich **VERMEHREN:** Art aus Samen, Sorten müssen veredelt werden **VERWENDUNG:** als Solitär, in Gehölzgruppen und Hecken (auch Schnitthecken), allerdings nicht als Windschutzgehölz (da Flachwurzler) **SORTEN:** 'Inversa', 5–7 m hoch, skurrile Wuchsform, hängende Zweige; 'Acrocona', 5–7 m hoch, breit kegelförmig; 'Pygmaea', bis 50 cm hoch, kugelig, dichter Wuchs **HINWEIS:** Die Fichte gehört zu den Nadelgehölzen mit der größten Variationsbreite in Habitus, Benadelung und Zapfen.

Serbische Fichte | *Picea omorika*

HÖHE/BREITE: 10–15 m/6–8 m **BLÜTEZEIT:** April – Mai **AUSSEHEN:** schmal kegelförmig, fast säulenförmig, Äste kurz, bogig nach oben strebend; Nadeln dunkelgrün, auf der Unterseite blauweiß; Zapfen länglich, violettbraun **STANDORT:** sonnig bis absonnig; luftfeucht, frost- und windhart; humoser, durchlässiger, schwach saurer bis basischer Boden; gut für Stadtklima geeignet **PFLANZEN:** Containerpflanzen ganzjährig, vorzugsweise im Frühherbst **PFLEGEN:** bei Trockenheit gießen; im Frühling mit Magnesiumsulfat düngen (gegen Nadelbräune) **VERMEHREN:** die Art aus Samen, Sorten müssen veredelt werden **VERWENDUNG:** Sorten ideal für kleine Gärten, als Solitäre, in Gehölzgruppen; Zwergformen für Heidegärten und Tröge **SORTEN:** 'Nana', bis 4 m hoch, breit kegelförmig; 'Expansa', 1 m hoch, aber bis 4 m breit **HINWEIS:** wächst als eine der wenigen Fichten auch in der Stadt

Stechfichte | *Picea pungens*

HÖHE/BREITE: 10–15 m/6–8 m **BLÜTEZEIT:** April – Mai **AUSSEHEN:** regelmäßig kegelförmig, Zweige in Etagen; Nadeln zugespitzt, stechend, oft blau gefärbt; Zapfen hellbraun **STANDORT:** sonnig bis absonnig; relativ anspruchslos, auch trockenere Böden, doch humoser, durchlässiger, frischer Boden ideal, sauer bis leicht basisch; verträgt Stadtklima **PFLANZEN:** Containerpflanzen ganzjährig, vorzugsweise jedoch im Frühherbst **PFLEGEN:** bei anhaltender Trockenheit gießen; schnittverträglich, natürliche Kronenform jedoch nur bei ungeschnittenen Bäumen **VERMEHREN:** die Art aus Samen **VERWENDUNG:** zahlreiche Sorten, sehr variabel und viel gepflanzt, als Solitär, in Gehölzgruppen oder Heidegärten **SORTEN:** 'Glauca', 10–20 m hoch, stahlblau benadelt; 'Glauca Globosa', Zwergform, stahlblau; 'Koster', 10–15 m hoch, schmal kegelförmig **HINWEIS:** Bei den sogenannten „Blautannen" handelt es sich um blau benadelte Sorten der Stechfichte und nicht um Tannen.

Zirbelkiefer | *Pinus cembra*

HÖHE/BREITE: 12–15 m/6–8 m **BLÜTEZEIT:** Mai – Juni **AUSSEHEN:** aufrecht bis schlank säulenförmig, bis zum Boden beastet; weiche Nadeln in Fünfergruppen; Zapfen eiförmig **STANDORT:** sonnig bis absonnig; auch in trockenen Lagen; geringe Bodenansprüche, sauer bis basisch; für Stadtklima geeignet **PFLANZEN:** Containerpflanzen ganzjährig, vorzugsweise im Frühherbst **PFLEGEN:** kein Schnitt erforderlich **VERMEHREN:** die Art aus Samen **VERWENDUNG:** am besten als Solitär im freien Stand, damit sich die Krone entfalten kann; auch für kleine Gärten oder Steingärten **SORTEN:** 'Glauca'-Formen mit blauen Nadeln **WEITERE ARTEN:** Drehkiefer (*P. contorta*) mit dekorativ unregelmäßigem Wuchs, 5–7 m hoch **HINWEIS:** Diese Kiefernart ist als Hochgebirgspflanze sehr frosthart.

Bergkiefer | *Pinus mugo*

HÖHE/BREITE: 0,5–5 m/ausladend, bis 6 m **BLÜTEZEIT:** Mai – Juni **AUSSEHEN:** sehr variabel, in der Regel niedrig und breit strauchförmig, aber auch kleine Bäume; jeweils 2 Nadeln zusammen; Zapfen asymmetrisch oder eiförmig **STANDORT:** sonnig; Kiefernart mit den geringsten Ansprüchen; saurer bis kalkhaltiger Boden, humos, trocken (auch auf Sandböden) bis feucht; sehr gut für Stadtklima geeignet **PFLANZEN:** Containerpflanzen ganzjährig, vorzugsweise im Frühherbst **PFLEGEN:** kein Schnitt erforderlich **VERMEHREN:** Samenvermehrung unzuverlässig, die Baumschulen sortieren vegetativ vermehrte Klone aus. **VERWENDUNG:** gut für kleinere Gärten, Stein-, Heide- und Vorgärten; Zwergformen auch in Kübeln und Trögen **SORTEN:** Unterarten mit einigen Sorten; Krummholzkiefer (ssp. *mugo*) niederliegend; Zwergkiefer oder Zwerglatsche (ssp. *pumilio*) strauchig und niedrig

Schwarzkiefer | *Pinus nigra*

HÖHE/BREITE: 20–30 m/bis 12 m **BLÜTEZEIT:** Mai – Juni **AUSSEHEN:** Krone im Freistand zunächst pyramiden-, später schirmförmig; ältere Bäume mit fast schwarzer, rissiger Borke; jeweils 2 Nadeln zusammen; eiförmige Zapfen **STANDORT:** sonnig bis absonnig; anspruchslos, ideal ist tiefgründiger, lockerer Boden; auch Trockenheit und Stadtklima werden vertragen **PFLANZEN:** Containerpflanzen ganzjährig, vorzugsweise im Frühherbst **PFLEGEN:** kein Schnitt erforderlich **VERMEHREN:** die Art aus Samen **VERWENDUNG:** nur als Solitär **SORTEN:** im Handel meist die Österreichische Schwarzkiefer (ssp. *nigra*), Krone breit und abgeflacht, eindrucksvoller Wuchs, verträgt sehr arme Böden und starke Luftverschmutzung; 'Jeddeloh', dichter Wuchs, kürzere Äste und Nadeln, kleiner als die Art

Weymouthkiefer | *Pinus strobus*

HÖHE/BREITE: 20–30 m/10–15 m **BLÜTEZEIT:** Mai – Juni **AUSSEHEN:** in der Jugend schlank und kegelförmig, im Alter breit ausladende, malerische Krone, Äste etagenartig; 5 weiche Nadeln in Büscheln; eiförmige Zapfen, grauviolett, später braun **STANDORT:** sonnig bis absonnig, verträgt etwas mehr Schatten als andere Kiefern; alle Gartenböden (möglichst basisch), außer sehr feuchten oder trockenen; nicht völlig rauchhart **PFLANZEN:** Containerpflanzen ganzjährig, vorzugsweise im Frühherbst **PFLEGEN:** möglichst nicht schneiden **VERMEHREN:** die Art aus Samen **VERWENDUNG:** prachtvoller Solitär für große Gärten, entwickelt nur im Freistand schöne Alterskrone **SORTEN:** Hängeformen, häufig Zwergform 'Radiata' (→ Abb.), 1–1,5 m, weiche, blaugrüne Nadeln **HINWEIS:** wächst rasch

Douglasie | *Pseudotsuga menziesii*

HÖHE/BREITE: 25–30 m/bis 10 m **BLÜTEZEIT:** April – Mai **AUSSEHEN:** breite, kegelförmige Krone, im Alter ausladend, Äste bogig aufsteigend; graue, rissige Borke; Nadeln graugrün, spiralig gestellt, duften beim Zerreiben nach Orangen; Zapfen eiförmig, hängend, hell- bis rotbraun **STANDORT:** in der Jugend schattenverträglich, später sonnig; Boden durchlässig, sauer bis schwach basisch, verträgt Trockenheit; nicht für Stadtklima geeignet **PFLANZEN:** Containerpflanzen ganzjährig, vorzugsweise im Frühherbst **PFLEGEN:** keine besonderen Maßnahmen erforderlich **VERMEHREN:** die Art aus Samen, sonst durch Stecklinge **VERWENDUNG:** frei stehender Solitär in größeren Gärten; Sorte 'Fletscheri', 1–3 m hoch, flach bis kugelig, auch für kleinere Heide- und Steingärten **HINWEIS:** wächst sehr schnell; meist wird die Küstendouglasie (var. *menziesii*) angeboten

Eibe | *Taxus baccata*

HÖHE/BREITE: je nach Sorte 5–10 m/sortenabhängig, bis 10 m **BLÜTEZEIT:** März – April **AUSSEHEN:** ein- oder mehrstämmig, dicht verzweigt, Art im Alter mit ausladender Krone; rotbraune, rissige Rinde; weibliche Bäume mit roten Samenhüllen **STANDORT:** halbschattig bis schattig, sonnige Lagen werden vertragen; normale Gartenböden, empfindlich gegen Bodenverdichtung; toleriert Stadtklima **PFLANZEN:** Containerpflanzen ganzjährig, vorzugsweise im Frühherbst **PFLEGEN:** verträgt starken Rückschnitt (Hecken und Formschnitt) **VERMEHREN:** durch Stecklinge **VERWENDUNG:** je nach Sorte als Solitär, Hecke, in Gehölzgruppen, auch in Heidegärten oder im Hintergrund von Rosen **SORTEN:** große Auswahl, 'Dovastoniana', 6–8 m hoch, markante Form; 'Fastigiata', 3–5 m hoch, säulenförmig; 'Overeynderei', breit kegelförmig, 3–5 m hoch; 'Summergold', bis 0,8 m hoch, Kriecheibe, goldgelbe Nadeln **HINWEIS:** Alle Pflanzenteile sind sehr giftig, mit Ausnahme des roten Samenmantels.

Abendländischer Lebensbaum | *Thuja occidentalis*

HÖHE/BREITE: 10–15 m/6–8 m **BLÜTEZEIT:** März – Mai **AUSSEHEN:** kegel- bis säulenförmig, Äste waagrecht abstehend, Zweige abgeflacht, dichtstehend, äußere herabhängend; schuppenartige, aromatisch duftende Nadeln; kleine Zapfen, grünlich, später braun **STANDORT:** sonniger Standort optimal, verträgt aber auch Halbschatten; jeder Gartenboden, wenn nicht zu trocken; wächst in extremem Stadtklima, ist jedoch streusalzempfindlich **PFLANZEN:** Containerpflanzen ganzjährig **PFLEGEN:** verträgt starken Rückschnitt **VERMEHREN:** durch Stecklinge **VERWENDUNG:** je nach Sorte als Solitär, in Gehölzgruppen oder Hecken; Zwergformen auch in Steingärten oder Trögen **SORTEN:** große Auswahl; 'Danica', bis 1 m hoch; 'Globosa', 1–2 m hoch, kugelig **HINWEIS:** ganze Pflanze giftig

Bäume und Sträucher für den kleinen Garten

NAME	WUCHSHÖHE; MERKMALE	STANDORT; HINWEISE
Koloradotanne *Abies concolor* 'Compacta'	1,5–2,5 m; gedrungener, strauchförmiger Baum; bläulich weiße Nadeln, immergrün	sonnig, auch absonnig; tiefgründiger Boden, verträgt Trockenheit
Kugelahorn *Acer platanoides* 'Globosum'	4–6 m; kleiner Baum mit regelmäßiger, kugeliger Krone; hübsche gelbe Herbstfärbung, sommergrün	sonnig bis halbschattig; Boden humos, sandig
Feuerahorn *Acer tartaricum* ssp. *ginnala*	4–6 m; kleiner Baum oder Großstrauch; sommergrün, feuerrote Herbstfärbung	sonnig bis halbschattig; humoser, durchlässiger Sand- oder Lehmboden, neutral bis sauer
Strauchrosskastanie *Aesculus parviflora*	2–4 m; ausladender Strauch; sommergrün; auffallende, weiße Blütenstände, Juli – Aug.	sonnig bis halbschattig; Bodenansprüche minimal, auch feuchte Böden
Trauerbirke *Betula pendula* 'Youngii'	4–6 m; kleiner Baum, schirmförmige Krone mit lang herunterhängenden Zweigen	sonnig; nährstoffreicher Boden, sonst geringe Ansprüche, auch sandig oder steinig (→ S. 407)
Trompetenbaum *Catalpa bignonioides* 'Nana'	2–3 m; exotisch aussehender Kleinbaum; sommergrün; prachtvolle weiße Blütenrispen, Juni – Juli	sonnig, auch absonnig; geschützt; Boden tiefgründig, frisch, nährstoffreich
Blumenhartriegel *Cornus florida*	4–6 m; Großstrauch mit kräftigen Stämmen, sehr dicht; hübsche Herbstfärbung, sommergrün; reicher Blütenschmuck, weiß bis rosa, Mai – Juni	sonnig bis halbschattig, keine pralle Sonne; Boden durchlässig, humos, kalkfrei (→ S. 417)
Rotdorn *Crataegus laevigata* 'Paul's Scarlet'	4–7 m; rundkroniger, kleiner Baum; sommergrün; hübsche, karminrote Blüten, Mai – Juni	sonnig, auch absonnig; Boden tiefgründig, möglichst kalkhaltig (→ S. 417)
Echter Roseneibisch *Hibiscus syriacus*	bis 2 m; prachtvoller Blütenstrauch; sommergrün; große Blüten, weiß, rosa oder violett, Juli – Sept.	sonnig, geschützt; Boden durchlässig, humos (→ S. 423)
Fichte *Picea abies* 'Nana Compacta'	2–4 m; gedrungener, kugeliger Wuchs; immergrün; auch andere kleinwüchsige Sorten	sonnig, auch absonnig; Boden frisch bis feucht, sandig
Drehkiefer *Pinus contorta*	5–7 m; kegelförmige Krone, Äste leicht gedreht, ungewöhnliche Erscheinung; Nadeln paarweise, immergrün	sonnig, auch absonnig; Boden durchlässig, locker, mäßig trocken bis frisch, leicht sauer
Japanische Blütenkirsche *Prunus serrulata*	2–12 m; säulenförmig bis ausladend, in mehreren Sorten, alle mit markanter Form; sommergrün; prachtvolle Blüte, weiß, April – Mai	sonnig, auch absonnig; Boden tiefgründig, durchlässig (→ S. 408)
Blutjohannisbeere *Ribes sanguineum*	1,5–2 m; Strauch, Zweige straff aufrecht; sommergrün; sehr reichblütig, dunkelrot, April – Mai	sonnig; jeder nicht zu trockene und nicht zu nasse Gartenboden
Kugelakazie *Robinia pseudoacacia* 'Umbraculifera'	4–6 m; kleiner Baum, dekorative, kugelige Krone; sommergrün	sonnig, auch absonnig; Boden trocken bis frisch, möglichst kalkhaltig (→ S. 408)
Salweide *Salix caprea* 'Mas'	3–5 m; kleiner Baum oder Großstrauch; sommergrün; attraktive, silbrige Kätzchen, März – April	sonnig, Boden frisch bis feucht, sonst geringe Ansprüche (→ S. 409)
Flieder *Syringa*-Hybriden	4–6 m; Großstrauch, oft baumartig gezogen; sommergrün; spektakuläre Blüte in vielen Farben, Mai – Juni	sonnig, auch absonnig; Boden nährstoffreich und nicht zu sauer (→ S. 419)
Adlerschwingeneibe *Taxus baccata* 'Dovastonii Aurea'	3–6 m; aufrechter Wuchs, Äste waagrecht ausgebreitet; Nadeln gelbgrün, immergrün	sonnig bis halbschattig; jeder normale, feuchte Gartenboden

Weitere Bäume und Sträucher für kleine Gärten: Fächerahorn (*Acer palmatum*) → S. 406, **Eberesche** (*Sorbus aucuparia*) → S. 409, **Scheinzypressen** (*Chamaecyparis lawsoniana, C. pisifera* in Sorten) → S. 410, S. 411, **Abendländischer Lebensbaum** (*Thuja occidentalis*) in Sorten → S. 413

Großsträucher und mittelgroße Sträucher, die Bäume ersetzen können: → S. 416–425

Schadstoffresistente und stadtklimageeignete Gehölze

NAME	SCHADSTOFFHÄRTE	HINWEISE
Strauchrosskastanie *Aesculus parviflora*	sehr rauchhart, für jedes Stadtklima geeignet, salzempfindlich	2–4 m hoch; sommergrün; in kleinen Gärten als Ersatz für eine Rosskastanie
Götterbaum *Ailanthus altissima*	ziemlich rauchhart, für fast jedes Stadtklima geeignet	bis 25 m hoch, daher nur für große Gärten geeignet; sehr dekorative, bis 60 cm lange Blätter, sommergrün
Hainbuche *Carpinus betulus*	gilt als geeignet für Stadtklima	ungeschnitten bis 25 m, auch als Heckenpflanze; sommergrün; sehr geringe Ansprüche
Kornelkirsche *Cornus mas*	mittlere Rauchhärte, für Stadtklima geeignet	3–6 m hoch; sommergrün; heimische Art, wichtiges Vogelschutzgehölz, für lockere Hecken
Silberölweide *Elaeagnus commutata*	ziemlich rauchhart, für fast jedes Stadtklima geeignet	3–5 m hoch; treibt stark Ausläufer; sommergrün; gut für Hanggärten
Sadebaum *Juniperus sabina*	sehr rauchhart, für jedes Stadtklima geeignet	1–2 m hoch; reich verzweigt, Äste ausgebreitet; immergrün; heimischer Verwandter des Wacholders; giftig!
Liguster *Ligustrum vulgare*	sehr rauchhart, für jedes Stadtklima geeignet	im freien Wuchs bis 5 m hoch; sommergrün, aber die Blätter bleiben in milden Wintern stehen; sehr schnittfest, daher gut für Hecken
Tatarische Heckenkirsche *Lonicera tatarica*	ziemlich rauchhart, für fast jedes Stadtklima geeignet	3–4 m hoch; Großstrauch; sommergrün; weiße Blüten; hellrote Beeren
Schneebeere *Symphoricarpos albus*	ziemlich rauchhart, für fast jedes Stadtklima geeignet	2–3 m hoch; eher unscheinbar; sommergrün; weiße, hohle Früchte, die auf dem Boden zerplatzen
Kaspische Tamariske *Tamarix ramosissima*	ziemlich rauchhart, für fast jedes Stadtklima geeignet	3–4 m hoch; Blätter schuppenartig, sommergrün; wunderschöne wolkenartige Blütenstände in Rosa
Schneeball *Viburnum opulus*	ziemlich rauchhart, für fast jedes Stadtklima geeignet	1–4 m hoch; dichtwachsender, heimischer Strauch mit leicht überhängenden Zweigen; große, weiße Blütenstände; Vogelschutzgehölz

Weitere Bäume: Japanischer Fächerahorn (*Acer palmatum*) → S. 406, **Tulpenbaum** (*Liriodendron tulipifera*) → S. 408, **Japanische Blütenkirsche** (*Prunus serrulata*) → S. 408, **Stieleiche** (*Quercus robur*) → S. 408, **Robinie** (*Robinia pseudoacacia*) → S. 408, **Koloradotanne** (*Abies concolor*) → S. 410, **Lawsons Scheinzypresse** (*Chamaecyparis lawsoniana*) → S. 410, **Ginkgo** (*Ginkgo biloba*) → S. 411, **Fichten** (*Picea omorika, P. pungens*) → S. 411, S. 412, **Kiefern** (*Pinus cembra, P. mugo, P. nigra*) → S. 412, **Eibe** (*Taxus baccata*) → S. 413, **Abendländischer Lebensbaum** (*Thuja occidentalis*) → S. 413

Weitere Sträucher: Hängende Felsenbirne (*Amelanchier laevis*) → S. 416, **Julianes Berberitze** (*Berberis julianae*) → S. 420, **Schmetterlingsstrauch** (*Buddleja-Davidii*-Hybriden) → S. 420, **Buchsbaum** (*Buxus sempervirens*) → S. 426, **Tatarischer Hartriegel** (*Cornus alba* 'Sibirica') → S. 420, **Haselnuss** (*Corylus avellana*) → S. 421, **Perückenstrauch** (*Cotinus coggygria*) → S. 421, **Zwergmispeln** (*Cotoneaster dammeri, C. horizontalis, C.-Watereri*-Hybriden) → S. 421, S. 427, **Eingriffliger Weißdorn** (*Crataegus monogyna*) → S. 417, **Besenginster** (*Cytisus scoparius*) → S. 421, **Deutzien** (*Deutzia gracilis, D.*-Hybriden) → S. 422, S. 428, **Reichblütige Ölweide** (*Elaeagnus multiflora*) → S. 422, **Pfaffenhütchen** (*Euonymus europaeus, E. planipes*) → S. 417, S. 422, **Forsythie** (*Forsythia* x *intermedia*) → S. 423, **Zaubernuss** (*Hamamelis* x *intermedia*) → S. 418, **Wacholder** (*Juniperus chinensis, J. communis, J. horizontalis*) → S. 423, S. 429, **Ranunkelstrauch** (*Kerria japonica*) → S. 424, **Goldregen** (*Laburnum anagyroides*) → S. 418, **Glänzende Heckenkirsche** (*Lonicera nitida*) → S. 430, **Mahonie** (*Mahonia aquifolium*) → S. 430, **Pfeifenstrauch** (*Philadelphus*-Hybriden) → S. 424, **Feuerdorn** (*Pyracantha*-Hybriden) → S. 419, **Essigbaum** (*Rhus typhina*) → S. 419, **Japanische Lavendelheide** (*Pieris japonica*) → S. 430, **Lorbeerkirsche** (*Prunus laurocerasus*) → S. 424, **Spiersträucher** (*Spiraea japonica, Bumalda*-Hybriden, *S. japonica* var. *japonica*) → S. 431, **Flieder** (*Syringa-Vulgaris*-Hybriden) → S. 419, **Wolliger Schneeball** (*Viburnum lantana*) → S. 419, **Weigelie** (*Weigela*-Hybriden) → S. 425

Klettergehölze: Amerikanische Pfeifenwinde (*Aristolochia macrophylla*) → S. 436, **Bergwaldrebe** (*Clematis montana*) → S. 437, **Schlingknöterich** (*Fallopia baldschuanica*) → S. 438, **Efeu** (*Hedera helix*) → S. 438, **Winterjasmin** (*Jasminum nudiflorum*) → S. 438, **Jelängerjelieber** (*Lonicera caprifolium*) → S. 439, **Henrys Geißschlinge** (*Lonicera henryi*) → S. 439, **Wilder Wein** (*Parthenocissus quinquefolia*) → S. 439, **Japanischer Blauregen** (*Wisteria floribunda*) → S. 439

Sträucher von A bis Z

WÄHREND MAN AUF BÄUME durchaus verzichten könnte, gibt es vermutlich kaum einen Garten ganz ohne Sträucher. Ihre geringere Höhe und der kompaktere Wuchs, vielfach auch attraktive Blüten oder Früchte, machen Sträucher zu vielseitig verwendbaren Gartenelementen. Ob als Hecke, als Hintergrund oder Blickpunkt in Beeten, ob in einer Strauchgruppe, zur Gliederung des Gartens oder als Solitär – Sträucher erfüllen überall wichtige Funktionen und bereichern jede Gestaltung (→ auch S. 273 ff.).

Züchter, Gartencenter und Baumschulen sind sich dessen natürlich bewusst und bieten eine Vielzahl unterschiedlichster Arten und Sorten an. Allerdings lauert gerade hinter dieser gewaltigen Vielfalt auch die Gefahr einer Fehlentscheidung. Nicht zuletzt als Hilfe bei der richtigen Wahl stellen Ihnen die folgenden Seiten die wichtigsten Sträucher vor. Zwar ist eine solche Auswahl zwangsläufig subjektiv und muss sich beschränken, doch finden Sie hier zahlreiche Arten, die sich seit vielen Jahren in der Praxis bewährt haben und sich daher sicherlich auch in Ihrem Garten gut machen.

Die Großsträucher wachsen teils auch baumförmig und bieten oft eine ansehnliche Alternative zu „echten" Bäumen. Auch unter den als mittelgroß eingestuften Sträuchern finden sich markante Gestalten für die Einzelstellung, sie eignen sich meist aber auch für Strauchgruppen und lockere Hecken. Die Klein- und Zwergsträucher bieten vielfältige Verwendungsmöglichkeiten und lassen sich problemlos in jeden Garten eingliedern. Einen Sonderfall stellen die Bambusse dar: Botanisch gesehen zählen sie zu den Gräsern, die verholzenden, meist immergrünen Arten werden jedoch im Garten wie Sträucher eingesetzt und daher an dieser Stelle aufgeführt.

Hängende Felsenbirne | *Amelanchier laevis*

HÖHE/BREITE: 2–4 m/2–3 m **BLÜTEZEIT:** April – Mai **AUSSEHEN:** Strauch mit lockerer Krone; Zweige rötlich braun; Blätter dunkelgrün, länglich eiförmig, leuchtend gelbrote Herbstfärbung, sommergrün; weiße Blüten in Trauben noch vor den Blättern, duften nach Honig; Früchte erbsengroß, purpurrot bis fast schwarz, ab August **STANDORT:** Sonne bis lichter Schatten; geringe Bodenansprüche, doch leichter, etwas saurer Boden optimal; rauchhart, gut für städtisches Klima geeignet **PFLANZEN:** als Containerpflanze ganzjährig **PFLEGEN:** Schnitt möglich, doch Wuchs ungeschnitten am schönsten; bei veredelten Formen regelmäßig Wildtriebe entfernen **VERMEHREN:** durch Stecklinge **VERWENDUNG:** als Solitär, in lockeren Hecken oder Gehölzgruppen; gut in Kombination mit Frühblühern oder als Hintergrund von Staudenbeeten **WEITERE ARTEN:** Kupferfelsenbirne (*A. lamarckii*), 6–8 m hoch, Blätter im Austrieb kupferorange **HINWEIS:** Die Früchte sind essbar.

Aralie | *Aralia elata*

HÖHE/BREITE: 2–3 m/2–3 m **BLÜTEZEIT:** Juni – Juli **AUSSEHEN:** markanter, ausladender Großstrauch bis mehrstämmiges, kleines Bäumchen; dicke Zweige mit Stacheln; Blätter dunkelgrün gefiedert, sommergrün, gelbe Herbstfärbung; Blüten weißlich in großen Rispen; Früchte beerenartig, kugelig, schwarz, ab September **STANDORT:** halbschattig bis schattig unter Bäumen, verträgt auch etwas mehr Sonne; möglichst lockerer, sandiger Boden, im Idealfall leicht basisch **PFLANZEN:** Containerpflanzen ganzjährig **PFLEGEN:** erfrorene Triebe (kommt v. a. bei Jungpflanzen vor) im Frühling bis zum Boden zurückschneiden, treibt dann aus dem Wurzelstock erneut aus **VERMEHREN:** durch Stecklinge **VERWENDUNG:** dekorativer Solitär, der besonders exotisch wirkt; geht in Strauchbeeten etwas unter **SORTEN:** 'Variegata' (→ Abb.) mit unregelmäßigen, weißgelben Blatträndern

Blumenhartriegel | *Cornus florida*

HÖHE/BREITE: 4–6 m/2–3 m **BLÜTEZEIT:** Mai – Juni **AUSSEHEN:** dichte Krone; Blätter eiförmig, sommergrün, im Herbst scharlach- bis violettrot; Blütenstände unscheinbar mit bis zu 4 cm langen, weiß bis rosa gefärbten Hochblättern; Früchte rot, hagebuttenartig, ab August **STANDORT:** bevorzugt sonnig, aber möglichst keine pralle Mittagssonne; gut durchlässiger, humoser Boden, leicht sauer, keinesfalls kalkhaltig, nicht verdichtet; für ausgesprochenes Stadtklima ungeeignet **PFLANZEN:** Containerpflanzen ganzjährig **PFLEGEN:** Flachwurzler, Boden vorsichtig lockern; bei Trockenheit gießen; Schnitt nicht erforderlich; Blätter und Triebe oft auf Schildläuse untersuchen **VERMEHREN:** durch Absenker **VERWENDUNG:** als Solitär, auch für lockere Hecken oder Gehölzbeete, doch stets so, dass zur Blütezeit keine Konkurrenz auftritt; passt gut zu Nadelgehölzen und Rhododendren

Japanischer Blumenhartriegel | *Cornus kousa*

HÖHE/BREITE: 5–7 m/3–4 m **BLÜTEZEIT:** Mai – Juni **AUSSEHEN:** kurzer Stamm, locker verzweigt; Blätter glänzend, oval elliptisch, am Rand oft wellig, im Herbst leuchtend scharlachrot, sommergrün; Blütenstände unscheinbar, mit weißen bis rosafarbenen, schmalen Hochblättern; Früchte erdbeerartig, rosarot, ab August **STANDORT:** wie Blumenhartriegel; besonders empfindlich gegen Staunässe und kalkhaltige Böden **PFLANZEN:** Containerpflanzen ganzjährig **PFLEGEN:** wie Blumenhartriegel **VERMEHREN:** durch Absenker **VERWENDUNG:** Wie Blumenhartriegel, einzeln oder in lockeren Gruppen, doch noch besser als Solitär geeignet. Die Blüten erscheinen etwa 14 Tage später und sehen mit ihren länglichen Hochblättern noch eleganter aus, die Herbstfärbung ist prächtiger und intensiver als bei *C. florida*.

Eingriffliger Weißdorn | *Crataegus monogyna*

HÖHE/BREITE: 3–7 m/2–6 m **BLÜTEZEIT:** Mai – Juni **AUSSEHEN:** kleiner Baum oder großer Strauch, unregelmäßige, dichte, ausladende Krone; bedornt; Blätter tief gelappt, sommergrün, im Herbst orangebraun; dichtstehende, streng duftende, weiße Blüten; Früchte dunkelrot, kugelig bis länglich, ab August **STANDORT:** sonnig bis absonnig, blüht und fruchtet im Halbschatten weniger gut; normaler, tiefgründiger Boden, am besten basisch; sehr stadtklimaverträglich **PFLANZEN:** Containerpflanzen ganzjährig **PFLEGEN:** verträgt kräftigen Rückschnitt; grau bis schwarz verfärbte Blätter und abknickende Triebe weisen auf den gefährlichen Feuerbrand hin (→ S. 365) **VERMEHREN:** die Art aus Samen **VERWENDUNG:** Hausbaum für kleine Gärten, auch für Hecken oder Gehölzgruppen; Vogelschutzgehölz **SORTEN:** Rotdorn (*C. laevigata* 'Paul's Scarlet'), 4–7 m hoch, karminrote Blüten **WEITERE ARTEN:** Zweigriffliger Weißdorn (*C. laevigata*), in Wuchs und Pflege sehr ähnlich

Großfrüchtiges Pfaffenhütchen | *Euonymus planipes*

HÖHE/BREITE: 2–4 m/3–4 m **BLÜTEZEIT:** Mai – Juni **AUSSEHEN:** lockere, in der Jugend aufrechte Triebe; Blätter länglich elliptisch, sommergrün, Herbstlaub intensiv rot; Blüten unscheinbar, gelblich grün; Früchte in Gruppen, intensiv rot, Samen orange, hängen an Stielchen heraus, ab August/September **STANDORT:** sonnig bis halbschattig, verträgt auch Schatten, dann aber weniger Früchte und nur schwache Herbstfärbung; jeder normale Gartenboden; gut für Stadtklima geeignet **PFLANZEN:** Containerpflanzen ganzjährig **PFLEGEN:** kaum nötig, schöne Wuchsform ohne Schnitt **VERMEHREN:** durch Absenker oder Steckhölzer **VERWENDUNG:** bestens für naturnahe Gehölzgruppen oder Hecken (Vogelschutz) geeignet, auch als Solitär **HINWEIS:** Alle Pflanzenteile sind giftig.

Zaubernuss | *Hamamelis x intermedia*

HÖHE/BREITE: 3–4 m/3–4 m **BLÜTEZEIT:** Dezember – März, je nach Sorte **AUSSEHEN:** locker verzweigt, ausladend; Blätter eiförmig rundlich, sommergrün, gelb-rote Herbstfärbung; duftende Blüten in dichten Büscheln, mit 4 bandartigen Kronblättern, gelb, orange, rot oder bronzefarben; verholzende Kapselfrüchte, ab September **STANDORT:** sonnig bis halbschattig; Boden tiefgründig, humos, neutral bis schwach sauer; rauchhart, für Stadtklima geeignet **PFLANZEN:** Containerpflanzen ganzjährig **PFLEGEN:** Boden nur oberflächlich lockern; mit Kompost mulchen; nicht schneiden; Wildtriebe entfernen **VERMEHREN:** schwierig, allenfalls mit Steckhölzern **VERWENDUNG:** als Solitär, etwa auf Wiesen mit Frühblühern und Sommerblumen; auch für Kübel **SORTEN:** 'Darmstedt's Gold' (→ Abb.), goldgelb blühend; 'Diane', karminrot; 'Ruby Glow', rot **HINWEIS:** wächst langsam, nicht verpflanzen

Stechpalme | *Ilex aquifolium*

HÖHE/BREITE: 8–10 m/4–6 m **BLÜTEZEIT:** Mai – Juli **AUSSEHEN:** dichter Wuchs; Laub glänzend, ledrig, Blätter glatt bis stachelig, immergrün; Blüten grünlich weiß, unauffällig; leuchtend rote Beeren auf weiblichen Exemplaren (zweihäusig), ab September **STANDORT:** halbschattig bis Baumschatten, verträgt Sonne (keine direkte); luftfeucht, möglichst geschützt; normaler Gartenboden **PFLANZEN:** Containerpflanzen ganzjährig, vorzugsweise im Frühling oder Frühherbst **PFLEGEN:** mulchen, auch über Winter als Frostschutz; auch im Herbst und gelegentlich im Winter an frostfreien Tagen gießen; Schnitt nicht erforderlich **VERMEHREN:** durch Stecklinge oder Absenker **VERWENDUNG:** für lockere Hecken, Gehölzgruppen **SORTEN:** u. a. 'J.C. van Tol', bis 8 m hoch, reicher Fruchtschmuck; 'Argenteomarginata', bis 2 m hoch, weiß gerandete Blätter **HINWEIS:** ganze Pflanze giftig

Goldregen | *Laburnum anagyroides*

HÖHE/BREITE: 5–7 m/2–4 m **BLÜTEZEIT:** Mai – Juni **AUSSEHEN:** Zweige streben locker auseinander; Rinde grün gestreift; Blätter dreizählig, sommergrün; Blüten goldgelb in großen, hängenden Trauben; braune Hülsen, ab August, bleiben lange hängen **STANDORT:** anspruchslos; jeder normale Gartenboden; gut für Stadtklima geeignet **PFLANZEN:** Containerpflanzen ganzjährig **PFLEGEN:** keine Pflege erforderlich; möglichst kein Schnitt; Schneelasten entfernen, da die leichten Zweige gern abbrechen; mehltauanfällig **VERMEHREN:** durch Steckhölzer **VERWENDUNG:** Solitär mit prachtvoller Blüte, auch für Strauchgruppen, z. B. mit Rotdorn als Partner **WEITERE ARTEN:** Edelgoldregen (*Laburnum* x *watereri*), 4–5 m **HINWEIS:** Stark giftig, besonders die Samen; auf keinen Fall dort pflanzen, wo Kinder spielen!

Tulpenmagnolie | *Magnolia x soulangeana*

HÖHE/BREITE: 3–5 m/3–6 m **BLÜTEZEIT:** April – Mai **AUSSEHEN:** Strauch oder kleiner Baum; breit ausladende Krone; Blätter einfach, eiförmig, sommergrün; große, pelzige Blütenknospen im Winter, vor den Blättern große, schalenförmige Blüten, fast reinweiß (innen) bis dunkelrosa (außen); Fruchtstände selten **STANDORT:** sonnig bis halbschattig; geschützt; Boden nährstoff- und humusreich, durchlässig (Flachwurzler), möglichst sauer **PFLANZEN:** Containerpflanzen ganzjährig, vorzugsweise im Herbst **PFLEGEN:** Boden regelmäßig im Herbst mulchen; gelegentlich kalkfrei düngen; nicht schneiden **VERMEHREN:** durch Stecklinge oder Absenker **VERWENDUNG:** Solitär im Vorgarten oder auf dem Rasen, in Gehölzgruppen mit genügend Abstand zu den Nachbarn **SORTEN:** mehrere Sorten mit abweichenden Blütenfarben **HINWEIS:** wächst langsam, wird sehr alt

Feuerdorn | *Pyracantha*-Hybriden

HÖHE/BREITE: 2–4 m/2–4 m **BLÜTEZEIT:** Mai – Juni **AUSSEHEN:** sparrig verzweigt, kräftige Dornen; Blätter schmal eiförmig, wintergrün; Blüten weiß in Dolden, streng duftend; ab September kleine, kugelige, rote bis orangegelbe Apfelfrüchte **STANDORT:** sonnig bis halbschattig; etwas frostempfindlich; Boden durchlässig, neutral bis leicht sauer, verträgt sehr trockene Böden; für Stadtgärten geeignet **PFLANZEN:** Containerpflanzen ganzjährig, vorzugsweise im Frühling oder Frühherbst **PFLEGEN:** keine spezielle Pflege; schnittverträglich **VERMEHREN:** durch Stecklinge **VERWENDUNG:** Blickpunkt mit lange haltendem Fruchtschmuck, für Schnitt- und lockere Hecken (Vogelschutzgehölz), Heide- und Steingärten **SORTEN:** 'Orange Glow', 2–3 m hoch, Früchte orange; 'Soleil d'Or', bis 2 m hoch, Früchte goldgelb **HINWEIS:** durch Schorf und Feuerbrand gefährdet, widerstandsfähigere Sorten verwenden

Essigbaum | *Rhus typhina*

HÖHE/BREITE: 3–5 m/3–6 m **BLÜTEZEIT:** Juni – Juli **AUSSEHEN:** kleiner Baum oder großer Strauch; Blätter gefiedert, sommergrün, im Herbst leuchtend rot bis orange; Blüten unauffällig, in Rispen; Früchte ab September in dunkelkarminroten, kolbenartigen Ständen **STANDORT:** sonnig bis halbschattig, auch heiße und trockene Standorte; normaler Gartenboden; für Stadtgärten geeignet **PFLANZEN:** Containerpflanzen ganzjährig **PFLEGEN:** Flachwurzler, nur vorsichtig lockern; Ausläufer entfernen (wenn sich der Strauch ausbreiten kann, lässt die Bildung von Wurzelausläufern nach); nur auslichten, ansonsten kein Schnitt erforderlich **VERMEHREN:** über Wurzelausläufer **VERWENDUNG:** als Solitär mit attraktiver Herbstfärbung; für lockere Strauchgruppen **SORTEN:** 'Laciniata', 3–4 m hoch, farnartige Blätter **HINWEIS:** Blätter und Früchte können Hautausschläge verursachen.

Flieder | *Syringa-Vulgaris*-Hybriden

HÖHE/BREITE: 4–6 m/3–4 m **BLÜTEZEIT:** Mai – Juni **AUSSEHEN:** locker aufgebaut, steif aufrechte Äste, oft baumähnlich mit Stamm gezogen; Blätter breit elliptisch, glänzend, sommergrün; Blüten weiß, gelb, rosa, rot oder lila bis blaulila, in großen, aufrecht stehenden Rispen, stark duftend **STANDORT:** sonnig bis absonnig, im Halbschatten blütenärmer; geringe Bodenansprüche, auch trockene Standorte, möglichst durchlässig und nicht zu sauer; für Stadtklima geeignet **PFLANZEN:** Containerpflanzen ganzjährig **PFLEGEN:** Pflanzschnitt, danach nur noch auslichten; im Frühling düngen; welke Blütenstände gleich abschneiden; Wildtriebe entfernen **VERMEHREN:** nur die Art aus Samen, sonst Veredlung nötig **VERWENDUNG:** als Solitär, für Gehölzgruppen, lockere Hecken **SORTEN:** Es sind rund 900 Sorten bekannt, von denen jedoch nur wenige im jeweils aktuellen Angebot erhältlich sind.

Wolliger Schneeball | *Viburnum lantana*

HÖHE/BREITE: 1–4 m/2–3 m **BLÜTEZEIT:** Mai – Juni **AUSSEHEN:** Blätter oval, mattgrün, unterseits filzig behaart, sommergrün; Blüten weiß in schirmartigen Ständen; Früchte ab September, rot, später glänzend schwarz **STANDORT:** sonnig bis halbschattig; durchlässiger, humoser Boden, verträgt trockene Standorte; rauchhart, gut für Stadtklima geeignet **PFLANZEN:** Containerpflanzen ganzjährig **PFLEGEN:** im Vorfrühling auslichten, sonst nimmt die Blühfreude ab; im Herbst mulchen (Flachwurzler) **VERMEHREN:** durch Stecklinge oder Absenker **VERWENDUNG:** als Solitär (im Hintergrund), für lockere Hecken oder Gehölzgruppen **WEITERE ARTEN:** Gewöhnlicher Schneeball (*V. opulus*), gutes Vogelschutzgehölz, etwas üppigere Blüten, rote Früchte **HINWEIS:** Die Früchte sind giftig.

Julianes Berberitze | *Berberis julianae*

HÖHE/BREITE: 2–3 m/1–2 m **BLÜTEZEIT:** Mai **AUSSEHEN:** Zweige im Alter überhängend; bedornt; wintergrün, bei starkem Frost laubabwerfend; Blüten gelb; Früchte blauschwarz, ab September **STANDORT:** sonnig bis halbschattig; anspruchslos; frischer, auch etwas trockener Boden, möglichst durchlässig und humos; verträgt Stadtklima **PFLANZEN:** Containerpflanzen ganzjährig, vorzugsweise Frühling oder Frühherbst **PFLEGEN:** auch im Winter an frostfreien Tagen gießen; Schnitt nicht erforderlich, wird aber gut vertragen **VERMEHREN:** durch Steckhölzer oder Absenker **VERWENDUNG:** für lockere Hecken und Schnitthecken, Strauchbeete oder als Hintergrund **WEITERE ARTEN:** Thunbergs Berberitze (*B. thunbergii*), 1,5–4 m hoch, mit vielen Sorten **HINWEIS:** eine der schönsten wintergrünen Berberitzen

Schmetterlingsstrauch | *Buddleja-Davidii*-Hybriden

HÖHE/BREITE: 2–4 m/2–3 m **BLÜTEZEIT:** Juli – Oktober **AUSSEHEN:** lange einjährige Triebe; Blätter unterseits graufilzig, sommergrün; Blüten in langen Rispen, duftend, weiß, rosa oder rot bis hellviolett **STANDORT:** sonnig; geschützt; Boden durchlässig, auch trocken, möglichst kalkhaltig; für Stadtklima geeignet **PFLANZEN:** Containerpflanzen ganzjährig, besser jedoch Frühling bis Sommer **PFLEGEN:** Flachwurzler, im Herbst mulchen (Frostschutz); abgeblühte Rispen abschneiden, um Nachblüte zu fördern; alte Triebe im Frühjahr scharf zurückschneiden **VERMEHREN:** durch beblätterte, grüne Stecklinge im Sommer **VERWENDUNG:** Solitär, auch in lockeren Hecken oder größeren Strauchbeeten **WEITERE ARTEN:** Schmalblättriger Schmetterlingsstrauch (*B. alternifolia*), bis 4 m hoch, Zweige überhängend **HINWEIS:** Die Blüten locken zahlreiche Schmetterlinge an.

Blasenstrauch | *Colutea arborescens*

HÖHE/BREITE: 3–4 m/2–3 m **BLÜTEZEIT:** Juni – August **AUSSEHEN:** etwas sparrig; Rinde löst sich faserig; Blätter gefiedert, sommergrün; gelbe Schmetterlingsblüten, erscheinen über einen langen Zeitraum; ab Spätsommer bis 7 cm lange, aufgeblasene Hülsen **STANDORT:** sonnig bis halbschattig, verträgt auch etwas Schatten; anspruchslos; auch trockene, arme, steinige oder kalkreiche Böden, keine feuchten, schweren Böden **PFLANZEN:** Containerpflanzen ganzjährig **PFLEGEN:** alle 2 bis 3 Jahre die jeweils ältesten Triebe am Boden abschneiden **VERMEHREN:** durch Stecklinge im Sommer oder Aussaat **VERWENDUNG:** als Pioniergehölz, z. B. für die ersten Jahre auf einem Baugrundstück, in lockeren Hecken, im Hintergrund großer Strauchbeete **HINWEIS:** Kann mit Hilfe symbiotischer Bakterien in seinen Wurzeln den Stickstoff aus der Luft als Nährstoff nutzen.

Tatarischer Hartriegel | *Cornus alba* 'Sibirica'

HÖHE/BREITE: 2–3 m/2–3 m **BLÜTEZEIT:** Mai – Juni **AUSSEHEN:** Zweige niederliegend bis aufsteigend; junge Triebe leuchtend rot, im Sommer von den Blättern verdeckt; sommergrün; Blüten gelblich weiß, doldenartige Blütenstände; Früchte kugelig, bläulich weiß, ab August **STANDORT:** normaler Gartenboden, ideal frisch bis mäßig trocken und etwas kalkhaltig; für Stadtklima geeignet **PFLANZEN:** Containerpflanzen ganzjährig **PFLEGEN:** nur gelegentlich auslichten; ab Frühling auf Schildläuse achten **VERMEHREN:** durch Steckhölzer, Stecklinge oder Absenker **VERWENDUNG:** Die scharlachrote Rinde der Zweige sollte im Winter gut sichtbar sein (lockere Hecke, vor immergrünem Strauch, Strauchbeet). **WEITERE SORTEN:** 'Argenteomarginata' mit weiß gerandeten Blättern; 'Spaethii' mit bronzefarbenem Austrieb und gelb gerandeten Blättern, beide mit hübscher Herbstfärbung

Haselnuss | *Corylus avellana*

HÖHE/BREITE: 3–7 m/3–6 m **BLÜTEZEIT:** März – April **AUSSEHEN:** Strauch oder kleiner Baum; männliche Blüten in goldgelben Kätzchen vor den Blättern; Nüsse ab August, essbar **STANDORT:** anspruchslos, normaler Gartenboden, sehr trockene, sehr feuchte und stark saure Böden ungeeignet; verträgt Stadtklima **PFLANZEN:** Containerpflanzen ganzjährig, Exemplare mit nackten Wurzeln im Herbst oder Frühjahr **PFLEGEN:** mulchen mit Laubhumus; alte Triebe an der Basis entfernen **VERMEHREN:** durch Absenker, Ableger oder Stecklinge **VERWENDUNG:** für lockere Hecken, Strauchgruppen, naturnahe Gärten **SORTEN:** Korkenzieherhasel 'Contorta', 2–4 m hoch, Zweige korkenzieherartig gedreht; Purpurhasel (*C. maxima* 'Purpurea'), 2–4 m hoch, purpurfarbenes Laub **HINWEIS:** Die Nüsse sind Nahrungsquelle für heimische Wildtiere, Vögel nutzen den Strauch zum Nisten. Nussobstanbau → S. 506.

Perückenstrauch | *Cotinus coggygria*

HÖHE/BREITE: 3–5 m/2–5 m **BLÜTEZEIT:** Juni – Juli **AUSSEHEN:** breit ausladend; Blätter eiförmig, sommergrün, im Herbst orange bis karminrot; gelbliche Blüten winzig, in „Blütenwolken"; ab Juli haarige, rötlich braune Fruchtstände **STANDORT:** sonnig, allenfalls absonnig; warm; jeder gute Gartenboden, optimal leichte, trockene Sand- und Lehmböden; für Stadtklima geeignet **PFLANZEN:** Containerpflanzen ganzjährig **PFLEGEN:** keine besondere Pflege; kein Schnitt; bei absterbenden Zweigen könnte *Verticillium*-Welke vorliegen, dann großzügig zurückschneiden, notfalls roden **VERMEHREN:** durch Steckhölzer oder Absenker **VERWENDUNG:** Solitär, beste Wirkung vor grünem Hintergrund; in einer Gehölzgruppe mit Platz zur Entfaltung **SORTEN:** 'Royal Purple', 2–3 m hoch, Blätter dunkel-braunrot, Haare der Fruchtstände silbrig **HINWEIS:** Der Pflanzensaft kann Hautreizungen verursachen.

Zwergmispel | *Cotoneaster-Watereri*-Hybriden

HÖHE/BREITE: 2–4 m/2–3 m **BLÜTEZEIT:** Mai – Juni **AUSSEHEN:** Blätter eiförmig länglich, meist wintergrün (Laubverlust in harten Wintern); Blüten weiß, in dichten Blütenständen; Früchte kugelig rot, ab August, teils sehr lange haftend **STANDORT:** äußerst anspruchslos; für fast jeden Gartenboden; auch für Innenstadtklima **PFLANZEN:** Containerpflanzen ganzjährig **PFLEGEN:** nicht erforderlich; gelegentlicher Rückschnitt nur, wenn der Strauch zu dicht wird **VERMEHREN:** durch Stecklinge **VERWENDUNG:** für lockere Hecken, Strauchbeete, als Hintergrund sommerlicher Staudenbeete (Fruchtschmuck für den Herbst) **SORTEN:** u. a. 'Herbstfeuer', lange haftender Fruchtschmuck; 'Cornubia', 3–4 m hoch, viele Früchte; 'Watereri', überhängende Zweige **HINWEIS:** Die Früchte sind schwach giftig!

Besenginster | *Cytisus scoparius*

HÖHE/BREITE: 1–2 m/1–1,5 m **BLÜTEZEIT:** Mai – Juni **AUSSEHEN:** Rutenstrauch; kleine, dreizählige Blätter, sommergrün; große Schmetterlingsblüten, gelb, Sorten auch rosa, karminrot und mehrfarbig; fast schwarze, giftige Hülsen ab Juli **STANDORT:** sonnig; leichter, gut durchlässiger Boden, Sandboden ideal, verträgt keinen Kalk; für Stadtklima geeignet **PFLANZEN:** Containerpflanzen ganzjährig, am besten jedoch im Spätherbst oder Vorfrühling, nach dem Pflanzen die längsten Triebe zurückschneiden **PFLEGEN:** frostgefährdet, daher Wurzeln mit Mulch abdecken; alle paar Jahre die stärksten Triebe am Boden zurückschneiden; Sorten auch oberirdisch mit Reisig abdecken **VERMEHREN:** durch Stecklinge **VERWENDUNG:** für Stein- oder Hanggärten; nach der Blüte weniger attraktiv; auch für Töpfe geeignet **SORTEN:** meist als „Edelginster" angeboten **HINWEIS:** Die ganze Pflanze ist giftig.

Deutzie | *Deutzia*-Hybriden

HÖHE/BREITE: 1,5–2 m/1–2 m **BLÜTEZEIT:** Mai – Juni **AUSSEHEN:** Zweige überhängend; sommergrün; Blüten weiß bis rosa, in dichten, kugeligen Blütenständen **STANDORT:** sonnig bis absonnig; anspruchslos; normaler, humoser Gartenboden; für innerstädtische Gärten **PFLANZEN:** Containerpflanzen ganzjährig, Pflanzloch mit Kompost anreichern **PFLEGEN:** regelmäßig gießen; die ältesten Triebe bis zum Boden zurückschneiden, blüht dann reicher **VERMEHREN:** durch Stecklinge oder Steckhölzer **VERWENDUNG:** zur Blütezeit prachtvoller Blickpunkt, ideal für lockere Hecken oder Strauchbeete **SORTEN:** 'Mont Rose', Blüte malvenrosa, Zweige überhängend **WEITERE ARTEN:** Zierliche Deutzie (*D. gracilis*), → S. 428 **HINWEIS:** Ist durch die hohlen Triebe vom ähnlichen Pfeifenstrauch (→ S. 424) zu unterscheiden; jener hat Triebe, die mit weißem Mark gefüllt sind.

Reichblütige Ölweide | *Elaeagnus multiflora*

HÖHE/BREITE: 3–5 m/2–4 m **BLÜTEZEIT:** Mai **AUSSEHEN:** überhängende Zweige, im Winter braun-schuppig; Blätter weidenartig, silbrig, sommergrün; Blüten blassgelb in dichten Büscheln; Früchte länglich, rotbraun, ab Spätsommer **STANDORT:** vollsonnig bis halbschattig; möglichst warm und geschützt, anspruchslos; durchlässiger Boden; salzverträglich, für innerstädtische Gärten **PFLANZEN:** Containerpflanzen ganzjährig **PFLEGEN:** nur gelegentlich auslichten **VERMEHREN:** durch Absenker oder Stecklinge **VERWENDUNG:** gutes Pioniergehölz, für lockere Hecken, Strauchgruppen, als Windschutz **WEITERE ARTEN:** Schmalblättrige Ölweide (*E. angustifolia*), 5–7 m hoch, silbrig schimmernde Blätter; Dornige Ölweide (*E. pungens*), 0,5–1,5 m hoch, immergrün, aber nicht völlig winterhart **HINWEIS:** Aus den herbsauer schmeckenden Früchten lässt sich Kompott oder Gelee herstellen.

Glockige Prachtglocke | *Enkianthus campanulatus*

HÖHE/BREITE: 2–3 m/1–1,5 m **BLÜTEZEIT:** Mai – Juni **AUSSEHEN:** etagenartiger Wuchs; Blätter schmal oval, sommergrün, leuchtend rote Herbstfärbung; Blüten weiß bis hellrosa, maiglöckchenartig, in hängenden Doldentrauben **STANDORT:** nicht in direkter Sonne, lichter Baumschatten bis halbschattig; geschützt, völlig winterhart; Boden humos, locker, frisch, leicht sauer bis neutral; nicht für innerstädtische Gärten **PFLANZEN:** Containerpflanzen ganzjährig, Boden vor der Pflanzung mit Humus anreichern **PFLEGEN:** Baumscheibe möglichst nicht betreten; im Herbst mulchen **VERMEHREN:** durch Absenker oder Stecklinge **VERWENDUNG:** guter Partner für niedrige Heidegewächse, Bambusse, Rhododendren, in Strauchgruppen; für große Kübel **SORTEN:** 'Albiflorus', 2–3 m hoch, reinweiße Blüten

Pfaffenhütchen | *Euonymus europaeus*

HÖHE/BREITE: 1,5–3 m/2–3 m **BLÜTEZEIT:** Mai – Juni **AUSSEHEN:** Blätter im Herbst leuchtend kupferrot; Blüten unscheinbar, gelblich grün; Kapselfrüchte hängend, rosa bis leuchtend karminrot **STANDORT:** sonnig bis halbschattig; normaler Gartenboden; für innerstädtische Gärten **PFLANZEN:** Containerpflanzen ganzjährig **PFLEGEN:** im Herbst mulchen, Kompost in den Boden einarbeiten; Schnitt nicht erforderlich **VERMEHREN:** durch Absenker oder Steckhölzer **VERWENDUNG:** braucht wegen recht ausladender Wuchsform Platz; als Baumersatz in kleinen Gärten, für gemischte Strauchgruppen und naturnahe Hecken **WEITERE ARTEN:** Flügelspindelstrauch (*E. alatus*), vierkantige Zweige mit Korkleisten, herrliche Herbstfärbung **HINWEIS:** Alle Pflanzenteile sind giftig, besonders die Samen. Der Name bezieht sich auf die Ähnlichkeit der Früchte mit der früheren Kopfbedeckung katholischer Geistlicher.

Forsythie | *Forsythia x intermedia*

HÖHE/BREITE: 2–4 m/2–3 m **BLÜTEZEIT:** April – Mai **AUSSEHEN:** alte Zweige überhängend; helle Rinde mit Korkwarzen; sommergrün; Blüten goldgelb, noch vor den Blättern **STANDORT:** sonnig bis absonnig; geringe Bodenansprüche; gut für innerstädtische Gärten **PFLANZEN:** Containerpflanzen ganzjährig, sonst im Frühherbst **PFLEGEN:** alle 3 bis 4 Jahre die ältesten Triebe an der Basis abschneiden; Triebspitzen bis zu einem Seitenzweig im Astbogen zurückschneiden **VERMEHREN:** durch Steckhölzer oder Absenker **VERWENDUNG:** nach der Blüte unscheinbar, daher in Kombination mit anderen Blütensträuchern pflanzen; mit Frühblühern unterpflanzen **SORTEN:** 'Beatrix Farrand', 3–4 m hoch, weniger, aber größere Blüten; 'Spectabilis', 2–3 m hoch, große Blüten, für Schnitthecken **WEITERE ARTEN:** Koreanische Forsythie (*F. obovata*), 0,6–1,2 m hoch, blüht besonders früh

Echter Roseneibisch | *Hibiscus syriacus*

HÖHE/BREITE: 1,5–2 m/1–1,5 m **BLÜTEZEIT:** Juli – September **AUSSEHEN:** straff aufrecht; Blätter tief eingeschnitten, sommergrün; Blüten je nach Sorte weiß, rosa, violett **STANDORT:** sonnig; warm, auch heiß, möglichst geschützt; Boden humusreich, durchlässig **PFLANZEN:** Containerpflanzen ganzjährig, Pflanzloch und Umgebung gut lockern, mit Humus anreichern **PFLEGEN:** Frostschutz bei jungen Sträuchern, später im Herbst mulchen; nur auslichten und Haupttriebe um ⅓ kürzen **VERMEHREN:** durch Stecklinge oder Steckhölzer **VERWENDUNG:** als Solitär in milden Regionen, sonst mit anderen Sträuchern, die etwas Winterschutz bieten **SORTEN:** 'Ardens', gefüllte Blüten, blüht sehr früh; 'Blue Bird', blauviolette, 12 cm breite Blüten **HINWEIS:** Die Säule in der Blüte besteht aus Fruchtknoten, Narbe und Staubblättern.

Chinawacholder | *Juniperus chinensis*

HÖHE/BREITE: je nach Sorte 1–5 m/2–6 m **BLÜTEZEIT:** April – Mai **AUSSEHEN:** strauch- oder baumförmig, kegelförmige Krone; Blätter schuppenförmig, immergrün; Zapfen kugelig, blaugrün bis dunkelbraun **STANDORT:** sonnig bis halbschattig; anspruchslos; auch trockene, nährstoffarme Böden; gut für Stadtklima geeignet **PFLANZEN:** Containerpflanzen ganzjährig, vorzugsweise im Frühherbst **PFLEGEN:** bei orangefarbenen Pusteln auf den Blättern (Wacholderrost) Zweige großzügig abschneiden **VERMEHREN:** die Art aus Samen, sonst durch Absenker oder Stecklinge **VERWENDUNG:** Solitäre für kleinere Gärten, Heidegärten, immergrüne Blickpunkte in Strauchgruppen; Zwergsorten für Tröge **SORTEN:** 'Pfitzeriana', 3–4 m hoch, dekorativ unregelmäßig; 'Plumosa Aurea', 1–2 m hoch, Nadeln gelbgrün bis gelb, wächst flach; 'Keteleeri', 3–8 m hoch, säulenförmig **HINWEIS:** Die Beerenzapfen sind giftig.

Gewöhnlicher Wacholder | *Juniperus communis*

HÖHE/BREITE: je nach Sorte 1–3 m/ bis 1 m **BLÜTEZEIT:** April – Mai **AUSSEHEN:** säulenförmig; Nadeln stets zu dritt, blaugrün, immergrün; Beerenzapfen grün bis blauschwarz, giftig **STANDORT:** sonnig, allenfalls absonnig; Bodenansprüche gering, auch sehr trockene Sandböden; gut stadtklimaverträglich **PFLANZEN:** Containerpflanzen ganzjährig **PFLEGEN:** ältere Exemplare unauffällig zusammenbinden; auf Wacholderrost achten, → Chinawacholder **VERMEHREN:** wie Chinawacholder **VERWENDUNG:** für Heidegärten, als immergrüne Blickpunkte in Strauchgruppen oder lockeren Hecken; Zwergformen in Kübeln **SORTEN:** 'Hibernica', 3–5 m hoch, säulenförmig, blaugrün benadelt; 'Nana Aurea', bis 0,5 m hoch, silberweiße Nadeln, im Herbst und Winter gelb bis bronzegelb **WEITERE ARTEN:** Sadebaum (*J. sabina*), ausgebreitet, mit fast aufliegenden Ästen, ganze Pflanze giftig

Ranunkelstrauch, Kerrie | *Kerria japonica*

HÖHE/BREITE: 1–2 m/1–3 m **BLÜTEZEIT:** Mai – Juli **AUSSEHEN:** Rutenstrauch, grüne Zweige; Blätter eiförmig, grob gezackt, sommergrün; Blüten goldgelb, dicht **STANDORT:** sonnig bis schattig; auf allen Gartenböden; für innerstädtische Gärten geeignet **PFLANZEN:** Containerpflanzen ganzjährig **PFLEGEN:** alle 2 bis 3 Jahre die jeweils ältesten Triebe an der Basis abschneiden; erfrorene Zweige auslichten; Wurzelausläufer entfernen **VERMEHREN:** durch Wurzelausläufer, Steckhölzer oder Absenker **VERWENDUNG:** für lockere Hecken, Strauchgruppen (Ausläufer kontrollieren); auf die Blütezeiten der Nachbarn abstimmen; grüne Triebe auch im Winter ansprechend **SORTEN:** ‘Pleniflora’ (→ Abb.), dicht gefüllte Blüten

Sternmagnolie | *Magnolia stellata*

HÖHE/BREITE: 2–3 m/1–2 m **BLÜTEZEIT:** März – April **AUSSEHEN:** locker verzweigt; sommergrün; duftende, weiße Blüten vor den Blättern, mit 12 bis 15 Kronblättern **STANDORT:** sonnig bis halbschattig; vor Wind und Spätfrösten geschützt; saurer, lockerer, humus- und nährstoffreicher Boden; nicht für Stadtgärten geeignet **PFLANZEN:** Containerpflanzen ganzjährig, vorzugsweise im Frühjahr **PFLEGEN:** leichter Winterschutz (Tücher bei drohenden Nachtfrösten); humusreicher Mulch; kein Schnitt **VERMEHREN:** aus Samen, durch Absenker, Sorten über Veredlung **VERWENDUNG:** eine der am schönsten blühenden Magnolien; gut für kleine Gärten als Solitär, für lockere Strauchgruppen mit Azaleen, Lavendelheide, Schneeheide, untergepflanzten Frühblühern **SORTEN:** etwas später blüht ‘Royal Star’ (April); ‘Rosea’ (→ Abb.) hat rote Knospen und weiße Blüten

Pfeifenstrauch | *Philadelphus*-Hybriden

HÖHE/BREITE: 1–3 m/1–2 m **BLÜTEZEIT:** Mai – Juni **AUSSEHEN:** horstartig mit sehr dichtstehenden Zweigen; Blätter rundlich, sommergrün; Blüten weiß, Sorten auch gefüllt oder halbgefüllt, duftend **STANDORT:** in der Sonne blütenreicher; anspruchslos; jeder normale Gartenboden, weder zu feucht noch zu trocken; gut für innerstädtische Gärten **PFLANZEN:** Containerpflanzen ganzjährig **PFLEGEN:** alle 3 bis 4 Jahre die jeweils ältesten Triebe bis zum Boden zurückschneiden **VERMEHREN:** durch Stecklinge oder Steckhölzer **VERWENDUNG:** stark gefüllte Sorten als Solitäre, idealerweise jedoch mit anderen Blütensträuchern in Gruppen oder blühenden Hecken **SORTEN:** ‘Belle Etoile’, 1–1,5 m hoch, blütenreich, stark duftend; ‘Dame Blanche’, 1–2 m hoch, zierlich, Blüten weiß, teilweise gefüllt; ‘Beauclerc’, 1,5–2 m hoch, überhängende Zweige, blüht sehr reich

Lorbeerkirsche | *Prunus laurocerasus*

HÖHE/BREITE: je nach Sorte 1–3 m/1–5 m **BLÜTEZEIT:** Mai – Juni **AUSSEHEN:** Blätter länglich oval, ledrig, glänzend, immergrün; Blüten weiß, in aufrecht stehenden Doldentrauben; ab Juli schwarze Früchte, giftig **STANDORT:** anspruchslos, verträgt selbst tiefen Baumschatten; auf allen Gartenböden, ideal ist humoser Lockerboden, möglichst kalkhaltig; für Stadtgärten geeignet **PFLANZEN:** Containerpflanzen ganzjährig, vorzugsweise Frühling oder Frühherbst **PFLEGEN:** je sonniger der Standort, desto stärker gießen, dort auch leichter Winterschutz; Schnitt bis auf gelegentliches Auslichten nicht erforderlich **VERMEHREN:** durch Stecklinge oder Absenker **VERWENDUNG:** Blickpunkt in lockeren Hecken; in Waldbeeten **SORTEN:** ‘Otto Luyken’, 1–1,5 m hoch, breitwüchsig; ‘Herbergii’, 2–3 m hoch, säulenartig schlank bis kegelförmig, reiche Blüte, sehr winterhart **HINWEIS:** Alle Pflanzenteile sind giftig; wegen der verlockenden Früchte nicht dort pflanzen, wo Kinder spielen!

Immergrüne Rhododendren | *Rhododendron*-Hybriden

HÖHE/BREITE: je nach Sorte 0,5–5 m hoch und breit **BLÜTEZEIT:** Mai – Juni **AUSSEHEN:** dicht beblättert; Blätter länglich, ledrig, immergrün; Blüten in kugeligen Blütenständen, alle Farben außer reinem Blau **STANDORT:** halbschattig, sonnigere Standorte möglich (leichter Winterschutz); windgeschützt; frischer, lockerer, durchlässiger, saurer Boden **PFLANZEN:** Containerpflanzen ganzjährig, vorzugsweise Frühling und Frühherbst, Boden ggf. mit Torf oder saurem Kompost anreichern **PFLEGEN:** im Herbst mit saurem Rindenmulch versorgen, im Frühling mit Kompost; Blütenstände nach der Blüte herausdrehen; Chlorosen deuten auf zu hohen Kalkgehalt des Bodens hin **VERMEHREN:** durch Absenker oder Stecklinge im Spätsommer und Herbst **VERWENDUNG:** als Unterwuchs von Bäumen, in Strauchgruppen mit Lavendelheide, Azaleen oder anderen Rhododendren **SORTEN:** großes Angebot, im Handel unterteilt in „Großblumige", „Kleinbleibende mit Wildcharakter" und „Japanische Azaleen"

Sommergrüne Rhododendren, Azaleen | *Rhododendron*-Hybriden

HÖHE/BREITE: je nach Sorte 1–2,5 m hoch und breit **BLÜTEZEIT:** Mai – Juni **AUSSEHEN:** dicht beblättert, Blätter länglich, ledrig, sommergrün; Blüten sehr dicht in kugeligen Blütenständen, alle Farben außer Lila und Blau **STANDORT:** wie immergrüne Rhododendren **PFLANZEN:** wie immergrüne Rhododendren **PFLEGEN:** wie immergrüne Rhododendren **VERMEHREN:** durch Absenker oder Stecklinge im Spätsommer und Herbst **VERWENDUNG:** vor immergrünen Hecken, in Strauchgruppen mit Lavendelheide, immergrünen Rhododendren und Heiden **SORTEN:** großes, wechselndes Angebot, darunter häufig *Knap-Hill*-Hybriden sowie *Mollis-*, *Occidentale-* und *Rustica-*Hybriden **HINWEIS:** unempfindlicher als immergrüne Sorten, aber ebenfalls auf möglichst optimalen Standort angewiesen

Japanischer Schneeball | *Viburnum plicatum* fo. *tomentosum*

HÖHE/BREITE: 1,5–3 m/bis 3 m **BLÜTEZEIT:** Mai – Juni **AUSSEHEN:** etagenartig angeordnete Äste; Blätter eiförmig, im Herbst dunkelbraun, sommergrün; Blüten weiß in flachen Blütenständen; Früchte selten, blauschwarz, ab September, giftig **STANDORT:** sonnig bis halbschattig; Boden frisch bis feucht, durchlässig und humushaltig; nicht für innerstädtische Gärten **PFLANZEN:** Containerpflanzen ganzjährig **PFLEGEN:** Flachwurzler, mulchen günstig; gelegentlich auslichten **VERMEHREN:** durch Stecklinge oder Absenker **VERWENDUNG:** Solitär, Strauchgruppen, z. B. in Verbindung mit frühblühenden Schneebällen, Japanischem Ahorn oder Zierkirschen; im lichten Baumschatten **SORTEN:** häufig angeboten: die Sorte 'Mariesii', 1,5–2 m hoch, Blütenstände mit großen Randblüten, weit ausladende Zweige

Weigelie | *Weigela*-Hybriden

HÖHE/BREITE: 2–3 m/1–2 m **BLÜTEZEIT:** Mai – Juni **AUSSEHEN:** straff aufrechte Zweige, geneigt an den Spitzen; Blätter länglich oval, zugespitzt, sommergrün; Blüten dicht an kurzen Seitentrieben, rosa bis dunkelrot **STANDORT:** sonnig, leichter Schatten wird toleriert; normaler Gartenboden; rauchhart, für innerstädtisches Klima geeignet **PFLANZEN:** Containerpflanzen ganzjährig **PFLEGEN:** alle 2 bis 3 Jahre die jeweils ältesten Triebe bis zum Boden zurückschneiden; verblühte Triebspitzen bis zu einem kräftigen Seitentrieb zurückschneiden **VERMEHREN:** durch Stecklinge oder Steckhölzer **VERWENDUNG:** in kleinen Gärten als Solitär; optimal in Kombination mit anderen Blütensträuchern in Hecken oder Strauchgruppen **SORTEN:** 'Purpurea', 0,8–1 m hoch, braunrotes Laub; 'Eva Rathke', leuchtend karminrote Blüten; 'Bristol Ruby', blühfreudig, karminrote Blüten

Buchsbaum | *Buxus sempervirens*

HÖHE/BREITE: 2–3 m/1–2 m **BLÜTEZEIT:** April – Mai **AUSSEHEN:** kleine, ovale Blättchen, immergrün; unauffällige, gelbliche Blüten **STANDORT:** sonnig bis tiefer Baumschatten; anspruchslos; humose, auch trockene, sandige Böden, neutral bis leicht basisch; selbst für extremes Stadtklima **PFLANZEN:** Containerpflanzen ganzjährig, ideal sind Frühling oder Frühherbst (auch wurzelnackte Pflanzen) **PFLEGEN:** verträgt starken Schnitt; Blattwucherungen deuten auf Buchsbaumgallmücken hin, diese Blätter entsorgen **VERMEHREN:** durch Stecklinge oder Absenker **VERWENDUNG:** für Hecken und Einfassungen; als Formschnittpflanze; auch als Kübelpflanze **SORTEN:** 'Suffruticosa', bis 0,8 m hoch, für niedrige Hecken; 'Handsworthiensis', bis 3 m hoch, strauchförmig **HINWEIS:** Besonders die Blätter sind giftig.

Besenheide | *Calluna vulgaris*

HÖHE/BREITE: 0,2–1m /0,5–0,6 m **BLÜTEZEIT:** Juli – September **AUSSEHEN:** buschig, dicht; Blättchen nadelartig schmal, bei Sorten teils gelb bis silbrig, immergrün; Blüten violettrosa, Sorten weiß bis dunkelrot **STANDORT:** sonnig bis absonnig; Boden mager, locker, durchlässig, sauer **PFLANZEN:** Containerpflanzen ganzjährig, ideal sind Frühling oder Frühherbst (auch wurzelnackte Pflanzen), ggf. den Boden mit Sand, Torf oder Rindenkompost verbessern **PFLEGEN:** mit Torf oder sauren Rindenstücken mulchen; Blütentriebe im Frühjahr kräftig zurückschneiden **VERMEHREN:** durch Stecklinge **VERWENDUNG:** gruppenweise und flächig pflanzen; Sorten nach Blüten- und Blattfarben kombinieren; mit Frühblühern, Gräsern, Bibernellrose (*Rosa spinosissima*) u. a. als Heidelandschaft; auch im Topf **HINWEIS:** In den natürlichen Heidegebieten halten Heidschnucken die Sträucher kurz.

Bartblume | *Caryopteris x clandonensis*

HÖHE/BREITE: bis 1 m/0,5–0,6 m **BLÜTEZEIT:** August – September **AUSSEHEN:** rutenartig aufrechte Zweige; schmale, eingeschnittene Blätter, sommergrün; Blüten in Büscheln in den Achseln der Blätter, intensiv blau bis blauviolett, am einjährigen Holz **STANDORT:** sonnig; auch am Hang; Boden durchlässig, trocken, möglichst leicht und sandig **PFLANZEN:** Containerpflanzen ganzjährig **PFLEGEN:** erfrorene Zweige im Frühling bis zur Basis zurückschneiden; in rauen Regionen ist Winterschutz empfehlenswert **VERMEHREN:** durch Stecklinge **VERWENDUNG:** wegen der ungewöhnlichen blauen und späten Blüte interessanter Blickpunkt im Hintergrund von Staudenbeeten oder in einer lockeren Strauchgruppe; auch im Topf **SORTEN:** häufig angeboten wird 'Heavenly Blue' mit blauen Blüten **HINWEIS:** Der bis –15° C winterharte Strauch friert häufig zurück, regeneriert sich aber problemlos.

Japanische Zierquitte | *Chaenomeles japonica*

HÖHE/BREITE: 0,8–1,5 m/1–2 m **BLÜTEZEIT:** März – April **AUSSEHEN:** unregelmäßiger Wuchs, locker verzweigt, Zweige niederliegend bis aufrecht, schwach bedornt; Blätter oval, zugespitzt, sommergrün; Blüten ziegelrot; Früchte rundlich, ab August, etwa pflaumengroß, filzig behaart **STANDORT:** Sonne bis lichter Gehölzschatten; anspruchslos; auf jedem durchlässigen Gartenboden, auch sandige Böden **PFLANZEN:** Containerpflanzen ganzjährig **PFLEGEN:** blüht am alten Holz, weitgehend auf Schnitt verzichten; gelegentliches Auslichten möglich **VERMEHREN:** durch Stecklinge und Steckhölzer **VERWENDUNG:** als Solitär (attraktive Blüte, abwechslungsreiche Wuchsform); auch in Blütenhecken oder Strauchgruppen; mit Frühblühern unterpflanzen **SORTEN:** mehrere Sorten, v. a. von der Hybride *C.* x *superba* **HINWEIS:** Die Früchte lassen sich zu Kompott oder Marmelade einkochen.

Scheinhasel | *Corylopsis pauciflora*

HÖHE/BREITE: 1–1,5 m/1–1,5 m **BLÜTEZEIT:** März – April **AUSSEHEN:** dicht verzweigt; Blätter glänzend grün, eiförmig, im Austrieb mit rotem Rand, sommergrün; 2 bis 3 hellgelbe Blüten in Büscheln, blühen meist noch vor den Forsythien, duftend; Kapselfrüchte **STANDORT:** Halbschatten bis Laubschatten; relativ anspruchslos; jeder normale Gartenboden **PFLANZEN:** Containerpflanzen ganzjährig **PFLEGEN:** kein Schnitt; wegen der frühen Blüte bei drohenden Nachtfrösten abends mit leichten Tüchern abdecken **VERMEHREN:** durch Absenker **VERWENDUNG:** für lockere Blütenhecken oder Strauchgruppen, jedoch nicht mit wüchsigen Arten wie Forsythien **WEITERE ARTEN:** Ährige Scheinhasel (*C. spicata*), bis 2 m hoch, blüht etwas später **HINWEIS:** Der Strauch ist nicht mit der Haselnuss verwandt, sondern gehört zur Familie der Zaubernussgewächse.

Teppichzwergmispel | *Cotoneaster dammeri*

HÖHE/BREITE: 0,2–1 m/ ausgebreitet kriechend **BLÜTEZEIT:** Mai – Juni **AUSSEHEN:** niederliegend; Blätter elliptisch, derb, glänzend grün, immergrün bis halbimmergrün, rote Herbstfärbung; Blüten weiß bis rosa überhaucht, stehen sehr dicht, unangenehmer Geruch; ab August erbsengroße, rote Früchte **STANDORT:** sehr anspruchslos in Bezug auf Licht und Boden; verträgt Stadtklima **PFLANZEN:** Containerpflanzen ganzjährig **PFLEGEN:** Jungpflanzen gut mulchen, da später das Unkraut unter den liegenden Zweigen schlecht zu jäten ist; Schnitt nicht erforderlich **VERMEHREN:** durch Stecklinge **VERWENDUNG:** als Bodendecker unter Gehölzen; für Eingangsbereiche oder Kübel **SORTEN:** mehrere, ähnliche Sorten, z. B. 'Coral Beauty', bis 0,6 m hoch, dichter Fruchtbesatz; 'Skogholm', bis 1 m hoch, Jahrestriebe können um 1 m zulegen; 'Eichholz', bis 0,4 m **HINWEIS:** Früchte schwach giftig

Fächerzwergmispel | *Cotoneaster horizontalis*

HÖHE/BREITE: 1–1,5 m/ausgebreitet kriechend **BLÜTEZEIT:** Mai – Juni **AUSSEHEN:** niederliegend, Äste flach ausgebreitet, Seitenzweige rechts und links abzweigend; Blätter rundlich, im Herbst orange- bis scharlachrot, halbimmergrün bis sommergrün; Blüten unauffällig; ab August zahlreiche rote, erbsengroße Früchte **STANDORT:** wie Teppichzwergmispel **PFLANZEN:** wie Teppichzwergmispel **PFLEGEN:** wie Teppichzwergmispel; im Frühjahr erfrorene Zweige bis zum nächsten Seitentrieb zurückschneiden **VERMEHREN:** wie Teppichzwergmispel **VERWENDUNG:** Bodendecker, durch die attraktiven Zweige auch ohne Früchte interessant; für Steingärten, Hänge, Pflanzschalen; kann sich an Mauern emporschieben **SORTEN:** 'Robusta' wie die Art, winterhärter **WEITERE ARTEN:** Kriechende Zwergmispel (*C. adpressus*), 0,3 m hoch, sommergrün, leuchtend rote Herbstfärbung **HINWEIS:** Früchte schwach giftig

Irische Glanzheide | *Daboecia cantabrica*

HÖHE/BREITE: 0,3–0,4 m/0,4–0,5 m **BLÜTEZEIT:** Juli – September **AUSSEHEN:** kriechende bis aufsteigende Zweige; Blättchen nadelartig schmal, am Rand eingerollt, abstehend, immergrün; Blüten purpurrot, in bis 12 cm langen Trauben **STANDORT:** sonnig; geschützt; saurer, frischer Boden **PFLANZEN:** Containerpflanzen ganzjährig, vorzugsweise im Frühling oder Frühherbst, Boden ggf. mit Torf oder saurem Rindenhumus anreichern **PFLEGEN:** regelmäßig im Frühjahr zurückschneiden **VERMEHREN:** durch Stecklinge **VERWENDUNG:** für Heidepflanzungen auf sauren Böden; auch im Steingarten; hübsche Blickpunkte zwischen großflächig gepflanzten Schneeheiden **SORTEN:** 'Alba', bis 0,5 m hoch, weiße Blüten in langen Ähren; 'William Buchanan', 0,2–0,3 m hoch, blüht karminrosa von Juni – Oktober

Rosmarinseidelbast | *Daphne cneorum*

HÖHE/BREITE: 0,2–0,3 m/bis 0,5 m **BLÜTEZEIT:** April – Mai **AUSSEHEN:** polsterförmig; Blättchen schmal oval, immergrün; Blüten karminrot, in endständigen Köpfchen, angenehm duftend **STANDORT:** sonnig; trocken; Boden locker und vorzugsweise kalkhaltig **PFLANZEN:** Containerpflanzen ganzjährig, vorzugsweise im Frühling oder Frühherbst, ggf. Boden mit Sand verbessern **PFLEGEN:** am geeigneten Standort keine Pflege erforderlich **VERMEHREN:** durch Stecklinge **VERWENDUNG:** für Steingärten, passt sehr gut zu Dolomitgestein **WEITERE ARTEN:** Seidelbast (*D. mezereum*), bis 1,2 m hoch, sommergrün, blüht ab Februar, absonnig bis halbschattig, frischere Böden, extrem giftig, nicht für Gärten, in denen Kinder spielen **HINWEIS:** ganze Pflanze giftig, zur Sicherheit nur mit Handschuhen anfassen

Zierliche Deutzie | *Deutzia gracilis*

HÖHE/BREITE: 0,5–1 m/bis 1,2 m **BLÜTEZEIT:** Mai **AUSSEHEN:** zierlich, Zweige straff aufwärts; ovale Blätter, sommergrün; üppig blühend, weiße, sternförmige Blüten **STANDORT:** sonnig bis lichter Gehölzschatten; humusreicher, frischer Boden; für innerstädtische Gärten geeignet **PFLANZEN:** Containerpflanzen ganzjährig, Aushub mit Kompost anreichern **PFLEGEN:** regelmäßig, aber nicht zu viel gießen (gründlich in Trockenperioden); abgeblühte Zweige zurückschneiden **VERMEHREN:** durch Stecklinge oder Steckhölzer **VERWENDUNG:** in kleinen Gärten als Solitär, für Blütenhecken oder Strauchgruppen **WEITERE ARTEN:** mehrere Hybriden mit Sorten, z. B. *D.* x *rosea,* bis 1,5 m, glockige Blüten, der beste Solitär der Gattung; höherwüchsig: *D.* x *hybrida,* → S. 422 **HINWEIS:** Die heute erhältlichen Hybriden stammen von dem französischen Züchter V. Lemoine (1885–1936 in den Handel).

Schneeheide | *Erica carnea*

HÖHE/BREITE: bis 0,3 m/0,4–0,5 m **BLÜTEZEIT:** ab Dezember **AUSSEHEN:** kriechend; nadelartige Blätter, immergrün; glockenförmige Blüten, rötlich fleischfarben, Sorten weiß bis dunkelrot, in dichten Trauben **STANDORT:** sonnig bis absonnig; jeder gute Gartenboden, locker, schwach sauer bis kalkhaltig **PFLANZEN:** Containerpflanzen ganzjährig, vorzugsweise im Frühling oder Frühherbst **PFLEGEN:** alte, kahle Exemplare nicht zurückschneiden, sondern vermehren und ersetzen **VERMEHREN:** durch Absenker oder Stecklinge **VERWENDUNG:** flächenhafte Bepflanzung mit verschiedenen Sorten **SORTEN:** vielfältiges Angebot; 'Praecox Rubra', rot, blüht ab November; 'Winter Beauty', intensiv rosa, Dezember – März; 'Cecilia M. Beale', reinweiß, Februar – Mai; 'Vivellii', violettrot, Februar – April, Laub im Winter bronzerot **HINWEIS:** als Vertreter der heimischen Alpenflora sehr winterhart

Gartenhortensie | *Hydrangea macrophylla*

HÖHE/BREITE: 1–2 m/1–3 m **BLÜTEZEIT:** Juli – Juli, Sorten bis September **AUSSEHEN:** dicht beblättert; flache bis kugelige Blütenstände, Randblüten oft größer, Blüten auf sauren Böden blau, auf basischen rot **STANDORT:** absonnig bis halbschattig; geschützt; humoser, frischer Boden **PFLANZEN:** Containerpflanzen ganzjährig **PFLEGEN:** Flachwurzler, im Frühling mulchen, organischen Langzeitdünger geben; bei Trockenheit gießen; alte und erfrorene Triebe abschneiden; großzügiger Rückschnitt bei hellen, mosaikartigen Blattflecken (Viruserkrankung), notfalls auch roden **VERMEHREN:** durch Stecklinge **VERWENDUNG:** als Solitär, in Strauchgruppen mit Rhododendren, Blütenhecken **SORTEN:** mehrere, meist als *Hydrangea*-Hybriden angeboten **WEITERE ARTEN:** Rispenhortensie (*H. paniculata* 'Grandiflora'), blüht an diesjährigen Trieben **HINWEIS:** blüht nach starkem Rückschnitt erst im Folgejahr

Großblütiges Johanniskraut | *Hypericum calycinum*

HÖHE/BREITE: 0,2–0,3 m/mit Ausläufern kriechend **BLÜTEZEIT:** Juli – September **AUSSEHEN:** niederliegend; ledrige, tiefgrüne Blätter, immergrün; Blüten goldgelb, bis 7 cm breit, auffallende Staubblätter **STANDORT:** Sonne bis Gehölzschatten; möglichst geschützt, sonst wenig anspruchsvoll; alle Gartenböden, auch trockene und sandige, verträgt jedoch keine Staunässe; nicht für innerstädtische Gärten geeignet **PFLANZEN:** Containerpflanzen ganzjährig mit mindestens 0,5 m Abstand **PFLEGEN:** junge Pflanzen gut mulchen, um Unkraut zu unterdrücken; erfrorene Zweige bis zum Boden zurückschneiden **VERMEHREN:** durch Steck-linge **VERWENDUNG:** idealer Bodendecker für große Flächen **SORTEN:** 'Hidcote', bis 1,5 m hoch, zahlreiche goldgelbe Blüten von Juli – Oktober

Kriechwacholder | *Juniperus horizontalis*

HÖHE/BREITE: 0,2–1 m/ausgebreitet kriechend **BLÜTEZEIT:** April – Mai **AUSSEHEN:** niederliegend; Nadeln klein, dicht, grün bis blaugrün (Sorten), immergrün; ab September kugelige, schwarzblaue Beerenzapfen **STANDORT:** sonnig bis absonnig, im Schatten verkahlend; normaler Gartenboden, verträgt Trockenheit; gut für städtische Gärten **PFLANZEN:** Containerpflanzen ganzjährig **PFLEGEN:** kein Schnitt erforderlich **VERMEHREN:** durch Absenker oder Stecklinge, Sorten sind veredelt **VERWENDUNG:** als Bodendecker; für Heide- oder Steingärten; in Trögen; zur Hangbefestigung **SORTEN:** mehrere mit unterschiedlich gefärbten Nadeln; 'Glauca', 0,2–0,3 m hoch, mattenförmig, stahlblau **WEITERE ARTEN:** Japanischer Kriechwacholder (*J. procumbens*), v. a. 'Blue Carpet', 0,3–0,5 m hoch, flach kriechend, blaue Nadeln **HINWEIS:** ganze Pflanze giftig

Schmalblättrige Lorbeerrose | *Kalmia angustifolia*

HÖHE/BREITE: 0,6–1 m/0,5–0,6 m **BLÜTEZEIT:** Juni – Juli **AUSSEHEN:** zierlich, aufrechte, kaum verzweigte Triebe; Blätter schmal, giftig, immergrün; Blüten glockenförmig, purpurrot in dichten Trauben an den letztjährigen Trieben **STANDORT:** absonnig bis halbschattig; Boden locker, humos, durchlässig, frisch bis feucht, aber nicht staunass, sauer; nicht für innerstädtische Gärten **PFLANZEN:** Containerpflanzen ganzjährig **PFLEGEN:** mulchen mit saurer Rinde, vermischt mit Kompost; Schnitt nicht erforderlich **VERMEHREN:** durch Stecklinge **VERWENDUNG:** zusammen mit anderen Gehölzen, die sauren Boden lieben; als Unterwuchs; für Teichränder und Moorbeete; zur Blütezeit prachtvoll, sonst eher unscheinbar **SORTEN:** 'Rubra' mit etwas breiteren Blättern und dunkleren Blüten als die Art **WEITERE ARTEN:** Breitblättrige Lorbeerrose (*K. latifolia*), 2–3 m hoch, stärker verzweigt, dichter

Echter Lavendel | *Lavandula angustifolia*

HÖHE/BREITE: 0,4–0,6 m/0,8–1 m **BLÜTEZEIT:** Juli – September **AUSSEHEN:** polsterartig; Blätter schmal, grün, bei Sorten auch silbergrau behaart, duften beim Zerreiben, immergrün; Blüten an kahlen Stängeln in dichten, walzenförmigen Blütenständen, lavendelblau, duftend **STANDORT:** unbedingt sonnig; Boden durchlässig, sandig, vorzugsweise kalkhaltig, auch trocken **PFLANZEN:** Containerpflanzen ganzjährig, Boden ggf. durch Sandbeigaben verbessern **PFLEGEN:** regelmäßiger Rückschnitt im Frühling, um die kompakte Wuchsform zu erhalten **VERMEHREN:** durch Stecklinge **VERWENDUNG:** in Stein-, Steppen- oder Heidegärten, Kräuterbeeten, aber auch in Rabatten oder Trögen; bestens als Weg- und Beeteinfassung **SORTEN:** 'Hidcote', 0,3 m hoch, dunkelviolett blühend, silbergraues Laub; 'Munstead', 0,3 m hoch, leuchtend blau blühend

Glänzende Heckenkirsche | *Lonicera nitida*

HÖHE/BREITE: 0,8–1,5 m/1–1,5 m **BLÜTEZEIT:** Mai **AUSSEHEN:** gegenständige Zweige, überhängend; Blätter dunkelgrün, Sorten auch gelblich grün, eiförmig länglich, immergrün; rahmweiße Blüten; ab August purpurrote, giftige Beeren **STANDORT:** sonnig bis halbschattig; anspruchslos; normale Gartenböden; gut für Stadtklima geeignet **PFLANZEN:** Containerpflanzen ganzjährig, vorzugsweise im Frühling oder Frühherbst **PFLEGEN:** keine besondere Pflege nötig; erfrorene Zweige bis zum Boden zurückschneiden, treibt wieder neu aus **VERMEHREN:** durch Stecklinge oder Steckhölzer **VERWENDUNG:** als Bodendecker unter Gehölzen, Unterpflanzung oder für niedrige Hecke (verträgt Schnitt) **SORTEN:** 'Elegant', waagrecht abstehende Zweige, zweizeilige Blätter **WEITERE ARTEN:** Immergrüne Kriechheckenkirsche (*L. pileata*), bis 0,4 m hoch, schattenverträglich, für Hänge und als Bodendecker **HINWEIS:** Wegen der verlockenden, jedoch giftigen Früchte nicht dorthin pflanzen, wo Kinder spielen.

Mahonie | *Mahonia aquifolium*

HÖHE/BREITE: 0,8–1,5 m/1–1,5 m **BLÜTEZEIT:** April – Mai **AUSSEHEN:** locker verzweigt; Blätter ledrig, glänzend, gefiedert, am Rand stachelig, beim Austrieb und im Winter rötlich überlaufen, immergrün; Blüten dunkelgelb in aufrechten Rispen; ab Juli blauschwarze Beeren, schwach giftig, bereift **STANDORT:** sehr schattenverträglich, doch auch Sonne wird toleriert; normaler, durchlässiger Gartenboden; auch für Stadtgärten **PFLANZEN:** Containerpflanzen ganzjährig, vorzugsweise im Frühling oder Frühherbst **PFLEGEN:** keine besondere Pflege **VERMEHREN:** die Art durch Samen oder Absenker **VERWENDUNG:** vor Hecken, als Unterwuchs; für Strauchgruppen **SORTEN:** 'Apollo', bis 1 m hoch, reiche Blüte **HINWEIS:** muss nicht geschnitten werden, treibt aber nach kräftigem Rückschnitt wieder aus

Strauchpfingstrose | *Paeonia x suffruticosa*

HÖHE/BREITE: 0,8–1 m, selten bis 2 m/0,5–0,8 m **BLÜTEZEIT:** Mai – Juni **AUSSEHEN:** dicke Triebe; Blätter doppelt gefiedert, sommergrün; Blüten einzeln, sehr groß, weiß, rosa bis rot, auch gefüllt; Balgfrucht **STANDORT:** sonnig bis absonnig; geschützt; Boden humus- und nährstoffreich, neutral **PFLANZEN:** auch Containerpflanzen möglichst im Frühjahr oder Herbst, Boden mit Kompost anreichern, Veredlungsstelle eine Handbreit unter der Oberfläche **PFLEGEN:** im Herbst mulchen; im Winter mit Reisig abdecken; im Frühling Kompost und organischen Volldünger geben, erfrorene Triebspitzen abschneiden **VERMEHREN:** nur durch Veredlung **VERWENDUNG:** als Solitär, für Strauchgruppen, dabei Blütenkonkurrenz beachten **HINWEIS:** braucht mehrere Jahre bis zur ersten Blüte; ganze Pflanze giftig

Japanische Lavendelheide | *Pieris japonica*

HÖHE/BREITE: 2–3 m/1–2 m **BLÜTEZEIT:** März – Mai **AUSSEHEN:** unregelmäßige Haupttriebe; Blätter schmal, glänzend grün, dicht gedrängt an den Zweigenden, im Austrieb meist rötlich, immergrün; duftende Blüten in dichten Rispen, weiß, Sorten rosa bis rötlich **STANDORT:** absonnig bis halbschattig; frischer, humoser, saurer Boden; für Stadtgärten geeignet **PFLANZEN:** Containerpflanzen ganzjährig, vorzugsweise im Frühling oder Frühherbst, Boden ggf. mit Torf oder saurem Humus verbessern **PFLEGEN:** verträgt keinen mineralischen Dünger; mit saurem Rindenhumus mulchen **VERMEHREN:** Stecklinge **VERWENDUNG:** zu Rhododendren, vor Nadelgehölzen (Hecken), Birken und anderen Bäumen; sehr hübscher Blickfang ab dem roten Austrieb bis zur Blütezeit **SORTEN:** 'Forest Flame', bis 1 m hoch, besonders auffälliger roter Austrieb, weiße Blüten

Fingerstrauch | *Potentilla fruticosa*

HÖHE/BREITE: 0,4–1,5 m/bis 2 m **BLÜTEZEIT:** Juni – Oktober **AUSSEHEN:** dicht verzweigt; Blätter handförmig, dreizählig, sommergrün; goldgelbe, 2–3 cm breite Blüten, die in regelmäßiger Folge bis zum Herbst gebildet werden, Sorten auch weiß, rosa oder in Farbverläufen **STANDORT:** möglichst sonnig, blüht im Halbschatten nicht ganz so reichlich; anspruchslos, jeder normale Gartenboden; nicht für innerstädtische Gärten geeignet **PFLANZEN:** Containerpflanzen ganzjährig **PFLEGEN:** regelmäßig vorsichtig auslichten; Rückschnitt bis auf einen Seitentrieb **VERMEHREN:** durch Stecklinge oder Steckhölzer **VERWENDUNG:** wegen der hübschen Blüte als Solitär für kleine Gärten; dekorativ im Kübel, zur Unterpflanzung von lichten Gehölzen, vor Blütenhecken oder im Hintergrund farblich abgestimmter Rabatten **SORTEN:** große Auswahl mit unterschiedlichen Höhen und Blütenfarben; für Kübel ungeeignet

Skimmie | *Skimmia japonica*

HÖHE/BREITE: bis 1 m/0,8–1 m **BLÜTEZEIT:** Mai **AUSSEHEN:** kompakt, aufrechte Zweige; Blätter länglich oval, ledrig, immergrün; Blüten gelblich weiß, duftend, in Rispen; auf den weiblichen Pflanzen ab Oktober rot glänzende Früchte, haften bis Februar **STANDORT:** halbschattig bis schattig, auch absonnig, möglichst nicht der direkten Wintersonne ausgesetzt; durchlässiger, humoser, leicht saurer Boden **PFLANZEN:** Containerpflanzen ganzjährig, vorzugsweise im Frühling oder Frühherbst, Boden ggf. mit saurem Kompost oder Torf verbessern **PFLEGEN:** regelmäßig mit saurem Rindenmulch mulchen; leichter Winterschutz durch Reisig; kein Schnitt erforderlich **VERMEHREN:** durch Stecklinge **VERWENDUNG:** als Solitär in schattigen Steingärten, in Strauchgruppen, z. B. mit Rhododendren und Lavendelheide; als Unterpflanzung in lockeren Hecken; für Winterbepflanzungen in Kästen und Töpfen **HINWEIS:** obwohl relativ robust, Strauch nur in wintermilden Gegenden pflanzen

Spierstrauch | *Spiraea japonica, Bumalda*-Hybriden

HÖHE/BREITE: 0,6–1,2 m/bis 2 m **BLÜTEZEIT:** Juni – September **AUSSEHEN:** kompakt, aufrechte Triebe; Blätter schmal oval, sommergrün; winzige weiße bis dunkelrote Blüten in dichten, doldenartigen Ständen, lange haltend **STANDORT:** sonnig bis halbschattig, in voller Sonne dichterer Wuchs und üppigere Blüte; keine besonderen Bodenansprüche; verträgt Stadtklima **PFLANZEN:** Containerpflanzen ganzjährig **PFLEGEN:** nach der Blüte alte Triebe bis zum Boden abschneiden, jüngere Triebe einkürzen, um die Blütenbildung anzuregen **VERMEHREN:** durch Stecklinge oder Steckhölzer **VERWENDUNG:** hübsch als Solitär; optimal in Gehölzgruppen oder Blütenhecken **SORTEN:** ‘Anthony Waterer’ (→ Abb.), 0,8 m hoch, karminrote Blüten, panaschierte Blätter; ‘Froebeli’, bis 1,2 m hoch, große, hellrosa Doldentrauben

Japanischer Spierstrauch | *Spiraea japonica* var. *japonica*

HÖHE/BREITE: 0,5–1,5 m/bis 2 m **BLÜTEZEIT:** Juni – September **AUSSEHEN:** zierlich, aufrechte Triebe; Blätter schmal oval, sommergrün; rosa Blüten an den Enden der Triebe in breiten, flachen Doldentrauben, Staubgefäße ragen weit aus den Blüten heraus **STANDORT:** wie *Bumalda*-Hybriden **PFLANZEN:** Containerpflanzen ganzjährig **PFLEGEN:** Triebe im Vorfrühling wenig einkürzen, nicht so kräftig wie die *Bumalda*-Hybriden **VERMEHREN:** Stecklinge oder Steckhölzer **VERWENDUNG:** wie *Bumalda*-Hybriden, auch flächenhaft unter lichten Gehölzen **SORTEN:** ‘Little Princess’ (→ Abb.), 0,6 m hoch, sehr dichtstehende, rosarote Blütenstände, hübsch für Steingärten **WEITERE ARTEN:** Pflaumenspierstrauch (*S. prunifolia* ‘Plena’), bis 2,5 m hoch, weiße Blüten, gefüllt, in aufrechten Dolden, sonnig

Muriels Schirmbambus | *Fargesia murieliae*

HÖHE/BREITE: 1–3 m/bis 1,5 m **BLÜTEZEIT:** normalerweise keine Blüte, blüht nur alle 100 Jahre **AUSSEHEN:** horstartiger Wuchs; Wurzeln breiten sich kaum aus; Halme bei Sorten an den Spitzen überhängend, grün bis gelblich grün; Blätter länglich schmal, immergrün **STANDORT:** sonnig bis halbschattig; guter, lockerer Gartenboden, durchlässig und humos, keine Staunässe, ideal sind Lehmböden **PFLANZEN:** Containerpflanzen im Spätfrühling bis Sommer, ggf. den Boden mit Dränage verbessern **PFLEGEN:** einmal jährlich düngen (spezielle Bambus- oder stickstoffbetonte Volldünger); v. a. im Sommer reichlich gießen **VERMEHREN:** durch Teilung des Wurzelstocks **VERWENDUNG:** als Solitär; für offene und Sichtschutzhecken; am Teich; kleinere Sorten auch im Kübel **SORTEN:** 'Jumbo', bis 3 m hoch, oben überhängend; 'Deep Forest', bis 3 m, Halme färben sich in der Sonne rötlich; 'Simba' (→ Abb.), 1–2 m hoch, zierlicher Wuchs **HINWEIS:** bis –23° C frosthart

Goldrohrbambus | *Phyllostachys aurea*

HÖHE/BREITE: 3–5 m/breitwüchsig durch Ausläufer **BLÜTEZEIT:** normalerweise keine Blüte **AUSSEHEN:** straff aufrecht, buschig verzweigt, starke Ausläuferbildung; Halme grün bis gelblich, im unteren Bereich mit verdickten Knoten; Blätter schmal, hellgrün, bis 15 cm lang, immergrün **STANDORT:** sonnig bis halbschattig; Boden wie Schirmbambus (*Fargesia*) **PFLANZEN:** wie Schirmbambus, Pflanzloch mit Rhizomsperre (Fachhandel) umgeben **PFLEGEN:** einmal jährlich düngen (wie Schirmbambus); regelmäßig die Ausbreitung kontrollieren und Neutriebe sofort entfernen (Rhizom abschneiden) **VERMEHREN:** über Ausläufer **VERWENDUNG:** schön als Solitär; auch in Kübeln, für lockere Hecken und in Wintergärten **SORTEN:** 'Koi', 3–5 m hoch, gelb-grün gestreifte Halme **HINWEIS:** bis –18° C winterhart

Schwarzrohrbambus | *Phyllostachys nigra*

HÖHE/BREITE: 3–5 m/breitwüchsig durch Ausläufer **BLÜTEZEIT:** normalerweise keine Blüte **AUSSEHEN:** aufrecht und im oberen Bereich überhängend wachsend; Ausläuferbildung; Halme grün, verfärben sich ab dem 2. Jahr schwarz; Blätter schmal, olivgrün, 6–10 cm lang, immergrün **STANDORT:** sonnig bis halbschattig; Boden wie Schirmbambus (*Fargesia*) **PFLANZEN:** wie Schirmbambus, Pflanzloch mit Rhizomsperre umgeben **PFLEGEN:** wie Schirmbambus; regelmäßig die Ausbreitung kontrollieren und Neutriebe sofort entfernen (Rhizom abschneiden); in kalten Regionen als Winterschutz locker zusammenbinden und mit Fichtenreisig abdecken **VERMEHREN:** über die Ausläufer **VERWENDUNG:** prachtvoller Solitär; auch in Kübeln, für lockere Hecken und Wintergärten **SORTEN:** wird fast ausschließlich in der Sorte 'Punctata' angeboten **HINWEIS:** zwar bis –20° C winterhart, Blätter nehmen allerdings bereits bei –12° C Schaden (Erfrorenes im Frühling entfernen)

Zwergbambus | *Pleioblastus pumilus*

HÖHE/BREITE: bis 0,8 m/breitwüchsig durch Ausläufer **BLÜTEZEIT:** normalerweise keine Blüte **AUSSEHEN:** kompakter, flächiger Wuchs; Halme sehr dünn; Blätter hellgrün, schmal, 5–8 cm lang, immergrün **STANDORT:** sonnig bis halbschattig, auch lichter Schatten wird vertragen; Boden wie Schirmbambus (*Fargesia*) **PFLANZEN:** wie Schirmbambus, Pflanzloch mit Rhizomsperre umgeben, sofern die Art nicht als selbstausbreitender Bodendecker dienen soll **PFLEGEN:** wie Schirmbambus; im Vorfrühling mit der Heckenschere abmähen **VERMEHREN:** über die Ausläufer **VERWENDUNG:** als Bodendecker in Strauchbeeten, als Hangbefestigung oder im Kübel **HINWEIS:** bis –20° C winterhart

Maketebambus | *Pseudosasa japonica*

HÖHE/BREITE: 2–4 m/breitwüchsig durch Ausläufer **BLÜTEZEIT:** normalerweise keine Blüte **AUSSEHEN:** straff aufrecht, im oberen Bereich überhängend; schwache Ausläuferbildung; erbsengrüne Halme, die von gelblichen Blattscheiden bedeckt sind; Blätter glänzend, tiefgrün, unten silbrig schimmernd, bis 25 cm lang, 3–4 cm breit, immergrün **STANDORT:** einer der schattenverträglichsten Bambusse; Boden wie Schirmbambus (*Fargesia,* S. 432) **PFLANZEN:** wie Schirmbambus, Pflanzloch mit Rhizomsperre (Fachhandel) umgeben **PFLEGEN:** einmal jährlich düngen (spezielle Bambus- oder stickstoffbetonte organische bzw. mineralische Volldünger); v. a. im Sommer reichlich gießen; gelegentlich Ausbreitung kontrollieren und Neutriebe entfernen (Rhizom abschneiden) **VERMEHREN:** über die Ausläufer **VERWENDUNG:** als Solitär, in Strauchgruppen, als Hecke oder Blickpunkt im Hintergrund von Gartenteichen **HINWEIS:** bis –24° C winterhart; für Kübel ungeeignet

Zwergbambus | *Sasa veitchii*

HÖHE/BREITE: bis 0,5 m/breitwüchsig durch Ausläufer **BLÜTEZEIT:** normalerweise keine Blüte **AUSSEHEN:** kompakt, flächig; Blätter bläulich grün, zeigen zum Winter hin einen hellen Rand, immergrün **STANDORT:** sonnig bis halbschattig, auch lichter Schatten; Boden wie Schirmbambus (*Fargesia,* S. 432) **PFLANZEN:** wie Schirmbambus, Pflanzloch mit Rhizomsperre umgeben, sofern die Art nicht als selbstausbreitender Bodendecker dienen soll **PFLEGEN:** einmal jährlich düngen (spezielle Bambusdünger oder stickstoffbetonte organische oder mineralische Volldünger); im Frühling vor dem Neuaustrieb kräftig zurückschneiden **VERMEHREN:** über die Ausläufer **VERWENDUNG:** guter Bodendecker; hübsch auch als Vordergrund von Sträuchern, an Bächen und Teichen **HINWEIS:** bis –2° C winterhart

Weitere Bambusarten und -sorten

NAME	WUCHSHÖHE; MERKMALE	STANDORT	VERWENDUNG
Fontänenschirmbambus *Fargesia nitida*	2–3 m; Horste bildend, rötlich braune Halmspitzen, immergrün	sonnig bis halbschattig; bis –25° C winterhart	Solitär, Sichtschutzhecke
Hibanobambusa tranquillans 'Shiroshima'	1,5–2 m; bildet Ausläufer, gelb gestreifte Blätter, halbimmergrün	sonnig bis halbschattig; bis –20° C winterhart	Solitär, kleiner Bambushain
Phyllostachys bambusoides 'Holochrysa'	2–3 m; bildet Ausläufer, Halme intensiv goldgelb, variierend mit grünen Streifen, immergrün	sonnig bis halbschattig; bis –18° C winterhart	Solitär, kleiner Bambushain
Phyllostachys bissetii	3–4 m; dicht buschig, wüchsig, bildet Ausläufer, Halme dunkelgrün, immergrün	sonnig bis halbschattig; bis –24° C winterhart	Sichtschutzhecke
Phyllostachys nuda	4–5 m; lockerer Wuchs, bildet Ausläufer, schwärzliche Halme, immergrün	sonnig bis halbschattig; bis –24° C winterhart	Solitär
Phyllostachys viridiglaucescens	6–9 m; markant aufrechter Wuchs, bildet Ausläufer, immergrün	sonnig bis halbschattig; bis –22° C winterhart	für Haine, Hecken
Pleioblastus pygmaeus* var. *distichus	0,4 m; starke Ausläuferbildung, Blätter fächerartig stehend, halbimmergrün; verträgt Rückschnitt	sonnig bis halbschattig; bis –20° C winterhart	Bodendecker
Sasa tsuboiana	1–1,5 m; kompakt, flächig, bildet Ausläufer, Blätter schmal, immergrün	sonnig bis halbschattig, auch lichter Schatten; bis –20° C winterhart	Bodendecker
Narihirabambus *Semiarundinaria fastuosa*	3–5 m; aufrecht, bildet nur schwach Ausläufer, Halme braungrün, kurze Seitenzweige, immergrün	sonnig bis halbschattig; bis –18° C winterhart	Sichtschutzhecke

Gehölze für Schnitthecken

NAME	LICHT-ANSPRUCH	HINWEISE	PFLANZDICHTE; SCHNITTHÖHE/HECKENBREITE
Thunbergs Berberitze *Berberis thunbergii*	sonnig bis halbschattig	ledrige Blätter, grün- und rotlaubige Sorten, orangerote Herbstfärbung, sommergrün	3 bis 4 je m; 1–4 m hoch/0,6–1 m breit
Buchsbaum *Buxus sempervirens*	sonnig bis schattig	klassischer Strauch für Einfassungen und niedrige Hecken; Wuchshöhe je nach Sorte und Schnittweise; immergrün, giftig, besonders die Blätter (→ S. 426)	5 bis 10 je m; 0,4–1 m hoch/0,25–0,5 m breit
Hainbuche *Carpinus betulus*	sonnig bis halbschattig	sommergrün, braunes Herbstlaub haftet bis zum Frühling; anspruchslos	2 bis 6 je m, je nach Größe; 1–4 m hoch/0,6–1 m breit
Lawsons Scheinzypresse *Chamaecyparis lawsoniana*	sonnig bis halbschattig	immergrünes Nadelgehölz; mehrere säulenförmige Sorten (→ S. 410)	3 bis 4 je m; 2–4 m hoch/0,6–0,8 m breit
Rotbuche *Fagus sylvatica*	sonnig bis halbschattig	sommergrün; mehrere Sorten, auch rotlaubig; verträgt keine Bodenverdichtung (→ S. 407)	3 bis 5 je m, je nach Größe; 2–4 m hoch/0,6–1 m breit
Liguster *Ligustrum vulgare*	sonnig bis schattig	halbimmergrün; absolut frosthart, sehr anspruchslos; Beeren, Blätter und Rinde giftig	4 bis 5 je m; 1–4 m hoch/0,4–0,6 m breit
Lorbeerkirsche *Prunus laurocerasus*	sonnig bis schattig	immergrün; sehr schattenverträglich; für schmale Hecken; komplett giftig (→ S. 424)	3 bis 4 je m; 0,4–1 m hoch/0,5–0,8 m breit
Feuerdorn *Pyracantha*-Hybriden	sonnig bis halbschattig	immergrün; robust und dank der Dornen unzugänglich (→ S. 419)	3 bis 4 je m; 1–4 m hoch/0,6–0,8 m breit
Eibe *Taxus baccata*	halbschattig bis schattig	immergrünes Nadelgehölz; mehrere säulenförmige Sorten; sehr schnittfest; giftig bis auf den roten Samenmantel (→ S. 413)	3 bis 4 je m; 1–4 m hoch/0,6–1 m breit;
Abendländischer Lebensbaum *Thuja occidentalis*	sonnig bis halbschattig	immergrünes Nadelgehölz; schnittfest; die am häufigsten verwendete Heckenpflanze; komplett giftig (→ S. 413)	4 bis 5 je m; 2–4 m hoch/0,6–0,8 m breit

Gehölze für frei wachsende Hecken und Blütenhecken

NAME	LICHTANSPRUCH	HINWEISE	WUCHSHÖHE; ART DER HECKE
Kupferfelsenbirne *Amelanchier lamarckii*	sonnig bis halbschattig	kupferroter Austrieb; sommergrün; kleine, aber dichtstehende, weiße Blüten	6–8 m; ein- oder mehrreihig, Blüten- und Sichtschutzhecke
Blaue Heckenkirsche *Lonicera caerulea*	sonnig bis schattig	sparrig, dicht verzweigt; sommergrün; gelblich weiße Blüten; schwarze Früchte; verträgt Kalk	1–2 m; ein- oder mehrreihig, Blüten- und Sichtschutzhecke
Schwarzer Holunder *Sambucus nigra*	sonnig bis halbschattig	locker wachsend, reicher Neuaustrieb; sommergrün; weiße Blüten; schwarzer Fruchtschmuck	3–6 m; mehrreihig, naturnahe Sichtschutzhecke
Brautspierstrauch *Spiraea* x *arguta*	sonnig	sommergrün; Zweige überhängend; zahlreiche weiße Blüten im April; verträgt Trockenheit	1,5–2 m; einreihig, Blütenhecke

Weitere Gehölze für frei wachsende Hecken und Blütenhecken: Zierquitten (*Chaenomeles japonica, C.* x *superba*) → S. 426, **Scheinhasel** (*Corylopsis pauciflora*) → S. 427, **Zwergmispel** (*Cotoneaster-Watereri*-Hybriden) → S. 421, **Deutzie** (*Deutzia*-Arten und -Sorten) → S. 422, S. 428, **Forsythie** (*Forsythia* x *intermedia*) → S. 423, **Gartenhortensie** (*Hydrangea macrophylla*) → S. 428, **Ranunkelstrauch** (*Kerria japonica* 'Pleniflora') → S. 424, **Pfeifenstrauch** (*Philadelphus*-Hybriden) → S. 424, **Spierstrauch** (*Spiraea japonica*) → S. 431, **Wolliger Schneeball** (*Viburnum lantana*) → S. 419, **Weigelie** (*Weigela*-Hybriden) → S. 425

Schmucke Immergrüne

NAME	WUCHSHÖHE; MERKMALE	LICHTANSPRUCH	BODEN; HINWEISE
Silbertanne *Abies procera* 'Glauca'	bis 20 m; Nadelgehölz, silbern schimmernde Nadeln; bis 25 cm hohe, aufrechte Zapfen; veredelt	halbschattig, auch absonnig	neutraler bis saurer Boden; recht anspruchslos
Berberitze *Berberis gagnepainii* var. *lanceifolia*	bis 2 m; Laubgehölz; dekorativ lockerer Aufbau; goldgelbe Blüten, Mai – Juni; kleine, blauschwarze Beeren	sonnig bis schattig	leicht kalkhaltiger Boden; Beeren schwach giftig
Blaue Atlaszeder *Cedrus atlantica* 'Glauca'	10–15 m; Nadelgehölz; elegant lockerer Aufbau; blaugraue Nadeln	sonnig, auch absonnig	durchlässiger, kalkhaltiger Boden
Hinokischeinzypresse *Chamaecyparis obtusa*	Zwergformen bis 6 m; Nadelgehölz, grüne bis gelbe Nadeln; dekorativ	halbschattig	durchlässiger Boden; luftfeuchter Platz; mehrere Sorten
Wintergrüne Ölweide *Elaeagnus x ebbingei*	2–3 m; Laubgehölz; in harten Wintern Blattverlust; Blattunterseiten silbergrau; gelbliche Blüten, Mai	halbschattig	durchlässiger Boden; geschützter Standort
Scheinbeere *Gaultheria procumbens*	0,2 m; Laubgehölz; Blätter im Austrieb dunkelkupferrot; hellrosa Blüten, Juni – Juli; leuchtend rote Früchte; Bodendecker	halbschattig	sandiger Boden, Heidegärten bzw. -beete; Früchte ungenießbar, schwach giftig
Strauchveronika *Hebe*-Arten	0,3–1 m; Laubgehölz; ungewöhnliche Wuchsform, kurze, aufstrebende Zweige; weiße Blüten (bei *H. balfouriana* violett), Juni – Aug.	sonnig bis halbschattig	durchlässiger, humoser Boden; geschützter Standort, Winterschutz ratsam
Traubenheide *Leucothoe*-Arten	bis 2 m; Laubgehölz; Blätter verfärben sich im Winter rot bis rotbraun; weiße Blüten, April	sonnig bis schattig	frischer, humusreicher Boden, sauer bis schwach sauer
Schlangenhautkiefer *Pinus heldreichii*	bis 10 m, meist kleiner; Nadelgehölz; regelmäßig kegelförmig; Borke unregelmäßig abblätternd	sonnig, auch absonnig	durchlässiger, frischer Boden; wächst langsam
Steineiche *Quercus ilex*	15–20 m; Laubgehölz; knorrig und dekorativ; ledrige Blätter	sonnig	durchlässiger Boden; nur an geschützten Standorten
Hänge-Hemlocktanne *Tsuga canadensis* 'Pendula'	bis 4 m, meist niedriger; Nadelgehölz; verzweigter, dekorativer Wuchs, Äste bogig übergeneigt, Zweige hängend	halbschattig, auch absonnig	humoser, frischer, durchlässiger Boden; in der Form ziemlich variabel
Stechginster *Ulex europaeus*	1–2 m; Laubgehölz; steife, stark bedornte Triebe; reiche, gelbe Blütenpracht, Mai – Juni	sonnig bis halbschattig	saurer Boden; geschützter Standort, braucht Winterschutz
Burkwoods Schneeball *Viburnum x burkwoodii*	bis 2 m; Laubgehölz; rosaweiße Blüten, März – April, Nachblüte im Herbst, duftend	sonnig bis halbschattig	durchlässiger, leicht saurer Boden

Weitere immergrüne Laubgehölze: Buchsbaum (*Buxus sempervirens*) → S. 426, **Besenheide** (*Calluna vulgaris*) → S. 426, **Zwergmispeln** (*Cotoneaster dammeri, C. horizontalis*) → S. 427, **Irische Glanzheide** (*Daboecia cantabrica*) → S. 427, **Rosmarinseidelbast** (*Daphne cneorum*) → S. 428, **Schneeheide** (*Erica carnea*) → S. 428, **Kletternder Spindelstrauch** (*Euonymus fortunei*) → S. 437, **Muriels Schirmbambus** (*Fargesia murieliae*) → S. 432, **Efeu** (*Hedera helix*) → S. 438, **Großblütiges Johanniskraut** (*Hypericum calycinum*) → S. 429, **Stechpalme** (*Ilex aquifolium*) → S. 418, **Schmalblättrige Lorbeerrose** (*Kalmia angustifolia*) → S. 429, **Echter Lavendel** (*Lavandula angustifolia*) → S. 429, **Henrys Geißschlinge** (*Lonicera henryi*) → S. 439, **Glänzende Heckenkirsche** (*Lonicera nitida*) → S. 430, **Mahonie** (*Mahonia aquifolium*) → S. 430, **Goldrohrbambus** (*Phyllostachys aurea*) → S. 432, **Schwarzrohrbambus** (*Phyllostachys nigra*) → S. 432, **Japanische Lavendelheide** (*Pieris japonica*) → S. 430, **Zwergbambus** (*Pleioblastus pumilus*) → S. 432, **Lorbeerkirsche** (*Prunus laurocerasus*) → S. 424, **Maketebambus** (*Pseudosasa japonica*) → S. 433, **Rhododendron** (*Rhododendron*-Hybriden) → S. 425, **Zwergbambus** (*Sasa veitchii*) → S. 433, **Skimmie** (*Skimmia japonica*) → S. 431

Weitere immergrüne Nadelgehölze: Tannen (*Abies alba, A. concolor, A. nordmanniana*) → S. 410, **Scheinzypressen** (*Chamaecyparis lawsoniana, C. pisifera*) → S. 410, S. 411, **Wacholder** (*Juniperus chinensis, J. communis, J. horizontalis*) → S. 423, S. 429, **Fichten** (*Picea abies, P. cembra, Pinus mugo, P. nigra, P. omorika, P. pungens, P. strobus*) → S. 411–413, **Douglasie** (*Pseudotsuga menziesii*) → S. 413, **Eibe** (*Taxus baccata*) → S. 413, **Abendländischer Lebensbaum** (*Thuja occidentalis*) → S. 413

Klettergehölze von A bis Z

IN IHREN NATÜRLICHEN LEBENSRÄUMEN haben Klettergehölze das Beste aus einer schwierigen Situation gemacht: Durch ihre Wuchsform verschaffen sie sich auf elegante Weise Zugang zum Licht. Denn in einem Wald ist der „Kampf" um das Sonnenlicht ein maßgeblicher ökologischer Faktor. Bäume lösen dieses Problem, indem sie auf starkem Stamm hoch hinaufwachsen, viele Sträucher oder Stauden haben sich an das schwache Licht unter den Kronen angepasst. Statt viel Kraft und Wuchsleistung in die Ausbildung dicker Stämme zu investieren, profitieren Klettergehölze von den anderen vorhandenen Gewächsen. Sie nutzen diese als Unterlage und klettern an ihnen zum Licht empor.

Im Garten können Klettergehölze daher die Funktion eines „großen" Gehölzes übernehmen, benötigen aber weder dessen Raum, noch brauchen sie so lange, um ihre Endgröße zu erreichen. Klettergehölze begrünen Wände und Mauern, verkleiden Seiten und Dächer von Lauben und Pergolen, ranken sich an Sichtschutz- und Schmuckgittern empor oder umhüllen beliebige Stützkonstruktionen. Sie bieten nicht nur einen attraktiven Blattschmuck, sondern erfreuen den Gartenbesitzer meist auch mit ansprechenden, nicht selten duftenden Blüten.

Was man bei der Gestaltung mit Klettergehölzen beachten muss, ist die Art ihrer Verankerung. Manche umwinden ihre Unterlagen mit Sprossen oder Blattstielen und brauchen Stäbe oder Gittergerüste als Kletterhilfen, andere „kleben" sich mit Haftscheiben selbst an glatten Mauern fest, und wieder andere nutzen Stacheln oder Dornen, um sich an Gittern oder anderen Pflanzen zu verspreizen. Zur letzteren Gruppe gehören auch die Kletterrosen, die Sie bei den Rosenporträts auf S. 446/447 finden.

Amerikanische Pfeifenwinde | *Aristolochia macrophylla*

HÖHE: 6–10 m **BLÜTEZEIT:** Juni – Juli **AUSSEHEN:** windend; Blätter bis 30 cm lang, herz- bis nierenförmig, dachziegelartig übereinanderstehend, sommergrün; Blüten unscheinbar, bräunlich grün, unangenehm riechend **STANDORT:** sonnig bis schattig; möglichst windgeschützt; fast jeder Gartenboden, ideal sind frische bis feuchte, humose Böden; für innerstädtische Gärten geeignet **PFLANZEN:** Containerpflanzen ganzjährig, Aushub mit reichlich Kompost verbessern **PFLEGEN:** im Frühling Kompost und organischen Langzeitdünger geben; im Sommer regelmäßig und reichlich gießen; Jungtriebe lassen sich beliebig leiten; Schnitt nicht erforderlich, Rückschnitt nur, um die Verzweigung zu fördern **VERMEHREN:** durch Stecklinge oder Absenker **VERWENDUNG:** dichte Begrünung von Lauben und Pergolen (Sichtschutz); mit Kletterhilfe auch für die Fassadenbegrünung; wegen Wüchsigkeit nur in größeren Gärten **HINWEIS:** stabiles Rankgitter geben; ganze Pflanze giftig

Amerikanische Trompetenblume | *Campsis radicans*

HÖHE: 5–10 m **BLÜTEZEIT:** Ende Juli – August **AUSSEHEN:** klettert mit Haftwurzeln; gefiederte Blätter, Teilblättchen oval zugespitzt, sommergrün; orangerote, trichterförmige, bis 7 cm lange Blüten in dichten Blütenständen **STANDORT:** sonnig; windgeschützt, idealerweise vor einer wärmespeichernden Mauer; frischer, nährstoff- und humusreicher Boden **PFLANZEN:** Containerpflanzen ganzjährig **PFLEGEN:** im Frühling Kompost und organischen Langzeitdünger geben; bei anhaltender Trockenheit gießen; Rückschnitt der abgeblühten Triebe auf 3 bis 4 Augen, um die Blühfreudigkeit zu steigern **VERMEHREN:** durch Absenker oder Steckhölzer, Sorten müssen veredelt werden **VERWENDUNG:** Gut sichtbar zur Begrünung von Mauern, z. B. neben einer Terrasse; ähnlich wie bei Waldreben sollten die Wurzeln durch niedrige Stauden beschattet werden. **WEITERE ARTEN:** *C. x tagliabuana*, blüht etwas später

Asiatischer Baumwürger | *Celastrus orbiculatus*

HÖHE: 8–12 m **BLÜTEZEIT:** Juni **AUSSEHEN:** schlingend; Blätter eiförmig, im Herbst gelb, sommergrün; Blüten unscheinbar; Früchte im Oktober auf weiblichen Pflanzen (zweihäusig), Kapseln mit leuchtend rotem Samenmantel **STANDORT:** sonnig bis absonnig; wenig anspruchsvoll; normaler, frischer Gartenboden **PFLANZEN:** Containerpflanzen ganzjährig **PFLEGEN:** Schnitt nicht erforderlich, wird von Jungpflanzen aber vertragen; ggf. Ausläufer entfernen **VERMEHREN:** durch Stecklinge **VERWENDUNG:** auf stabilen Unterlagen wie Toren, Pergolen, Lauben, alten Bäumen; Fruchtschmuck auch im Winter gut sichtbar **WEITERE ARTEN:** Amerikanischer Baumwürger (*C. scandens*), etwas kleiner, Samenmantel orange und giftig **HINWEIS:** Bringt an seinem Naturstandort Bäume zum Absterben.

Großblumige Waldrebe | *Clematis*-Hybriden

HÖHE: 2–6 m **BLÜTEZEIT:** je nach Sorte Mai – Oktober **AUSSEHEN:** locker verzweigt, windende Blattstiele; sommergrün; Blüten bis handtellergroß, in allen Farben; Früchte ab Sommer, seidig behaart **STANDORT:** sonnig, aber nicht nach Süden, Wurzeln im Schatten; Boden locker, frisch, durchlässig, nährstoffreich; nicht für innerstädtische Gärten **PFLANZEN:** auch Containerpflanzen am besten im Frühling, Boden mit Humus verbessern und dränieren **PFLEGEN:** im Frühling Kompost und organischen Langzeitdünger geben; bei Sommertrockenheit reichlich gießen; Schnitt → S. 288 **VERMEHREN:** durch Absenker oder Stecklinge, die meisten Sorten sind jedoch veredelt **VERWENDUNG:** allein oder in Kombination mit Rosen an einem gut einsehbaren Platz; für Töpfe **SORTEN:** sehr breites Angebot, am besten kompetente Beratung in gut sortierter Gärtnerei oder Baumschule suchen **HINWEIS:** benötigt Rankgitter mit waagrechten und senkrechten, höchstens fingerdicken Stäben

Bergwaldrebe | *Clematis montana*

HÖHE: 6–8 m **BLÜTEZEIT:** Mai – Juni **AUSSEHEN:** stark verzweigt, windende Blattstiele; Blüten 5 cm breit, weiß bis rosa (‘Rubens’), blüht sehr üppig **STANDORT:** sonnig bis halbschattig, Wurzeln beschattet; Boden durchlässig, humos, im Idealfall leicht basisch; wächst auch im Stadtklima gut **PFLANZEN:** wie Großblumige Waldrebe **PFLEGEN:** wie Großblumige Waldrebe; Schnitt nicht erforderlich, Auslichten nach der Blüte aber möglich **VERMEHREN:** durch Absenker oder Stecklinge **VERWENDUNG:** kann ganze Hauswände verkleiden; auch an Rankgittern zum Sichtschutz, an Lauben, Pergolen oder freien Torbögen **WEITERE ARTEN:** Alpenwaldrebe (*C. alpina*), 1–2 m hoch, blüht violett; Mongolische Waldrebe (*C. tangutica*), 2–3 m hoch, blüht goldgelb im Juni, Nachblüte im Herbst **HINWEIS:** Rankgitter mit waagrechten und senkrechten, höchstens fingerdicken Stäben, auch feste Drähte

Kletterspindel | *Euonymus fortunei*

HÖHE: 0,5–2 m, auch breit kriechend **BLÜTEZEIT:** Mai – Juni **AUSSEHEN:** klettert mit Haftwurzeln; Blätter eiförmig, immergrün; Blüten gelblich, unscheinbar; Früchte nur bei einigen Sorten, giftig **STANDORT:** sonnig bis schattig; robust und anspruchslos; normaler Gartenboden **PFLANZEN:** Containerpflanzen ganzjährig, vorzugsweise im Frühling oder Frühherbst **PFLEGEN:** mulchen; alle paar Jahre mit organischem Langzeitdünger versorgen; wächst sehr langsam und verträgt Schnitt nur schlecht **VERMEHREN:** durch Stecklinge **VERWENDUNG:** v. a. zur Begrünung halbschattiger bis schattiger Mauern **SORTEN:** Varietäten var. *fortunei* und var. *radicans*, Sorten u. a. ‘Variegatus’, Blätter mit weißem Rand; ‘Emerald’n Gold’, Blätter mit gelbem Rand **HINWEIS:** auch als Kübelpflanze für schattige Balkone

Schlingknöterich | *Fallopia baldschuanica*

HÖHE: 8–15 m **BLÜTEZEIT:** Juli – Oktober **AUSSEHEN:** windende Triebe; sommergrün; Blüten weiß, sehr dicht an diesjährigen Trieben; ab September geflügelte Nüsschen **STANDORT:** halbschattig, verträgt auch Schatten und mit reichlich Gießwasser Sonne; normaler, frischer Gartenboden; für innerstädtische Gärten geeignet **PFLANZEN:** Containerpflanzen ganzjährig **PFLEGEN:** im Sommer gießen; verträgt bei Bedarf scharfen Rückschnitt **VERMEHREN:** durch Stecklinge, Steckhölzer **VERWENDUNG:** nur für große Gärten auf stabilen Unterlagen; für Mauern, Pergolen, überdachte Sitzplätze, Gartengebäude, Garagen usw. **HINWEIS:** ausgewachsene Sträucher sehr schwer; der üppigste Kletterstrauch unserer Breiten

Efeu | *Hedera helix*

HÖHE: 5–20 m, auch breit kriechend **BLÜTEZEIT:** September – Oktober **AUSSEHEN:** klettert mit Haftwurzeln; Blätter rund bis fünflappig, typische Efeublätter nur an den nichtblühenden Zweigen, immergrün; Blüten grünlich gelb, unscheinbar, in großen Blütenständen; Früchte giftig, blauschwarz **STANDORT:** verträgt selbst tiefen Schatten; anspruchslos; Boden humus- und nährstoffreich; auch in Stadtgärten **PFLANZEN:** Containerpflanzen ganzjährig, vorzugsweise im Frühling oder Frühherbst, Pflanzloch tiefgründig mit Humus anreichern, Jungtriebe leiten **PFLEGEN:** störende Triebe zurückschneiden **VERMEHREN:** durch Stecklinge **VERWENDUNG:** zur Begrünung großer Schattenflächen; auch im Topf **SORTEN:** 'Goldheart', goldgelb gefleckt **WEITERE ARTEN:** Kolchischer Efeu (*H. colchica*), empfindlicher **HINWEIS:** Alle Pflanzenteile sind giftig. Vorsicht, bei älteren, rissigen Hauswänden können Wurzeln in den Putz eindringen, auch über Rankgerüste.

Kletterhortensie | *Hydrangea anomala*

HÖHE: 5–7 m **BLÜTEZEIT:** Juni – Juli **AUSSEHEN:** klettert mit Haftwurzeln; Blätter herzförmig, glänzend, sommergrün, gelbe Herbstfärbung; weiße Blüten in dichten, schirmartigen Blütenständen, stark duftend **STANDORT:** halbschattig bis schattig; windgeschützt; normaler Gartenboden, leicht sauer bis leicht basisch; nicht für ausgesprochenes Stadtklima geeignet **PFLANZEN:** Containerpflanzen ganzjährig, Frühjahr ist aber empfehlenswert **PFLEGEN:** in heißen Sommern gießen, besonders an sonnigeren Standorten; gelegentlich auslichten **VERMEHREN:** durch Absenker oder Stecklinge **VERWENDUNG:** zur Begrünung von Mauern, Pergolen und Gartengebäuden; dank der lange haltenden Blüte attraktiver als Efeu, jedoch nicht ganz so robust **SORTEN:** zwei Unterarten (ssp. *anomala* und ssp. *petiolaris*) **HINWEIS:** Jungpflanzen mit Spanndrähten oder Spalieren unterstützen

Winterjasmin | *Jasminum nudiflorum*

HÖHE: 1–3 m **BLÜTEZEIT:** Dezember – April **AUSSEHEN:** rutenförmige Zweige; schmale Blätter, sommergrün; Blüten gelb **STANDORT:** sonnig bis absonnig; geschützt; guter Gartenboden, frisch, durchlässig, nährstoffreich, auch kalkhaltig; für innerstädtische Gärten geeignet **PFLANZEN:** auch Containerpflanzen möglichst im Frühjahr, Pflanzloch mit Humus und Algenkalk anreichern **PFLEGEN:** Spreizklimmer, braucht lockeres Spalier, anbinden; alle paar Jahre die jeweils ältesten Triebe stark einkürzen, um Neuaustrieb anzuregen **VERMEHREN:** durch Absenker (geschieht häufig schon natürlich) oder Stecklinge **VERWENDUNG:** wegen der frühen Blütezeit gut vom Haus aus sichtbar: an der Terrasse, in Kübeln, auf Mauerkronen, an Hängen; Triebe können frei überhängen **HINWEIS:** Erfrieren die frühen Blüten, dann treiben ab dem Vorfrühling (Februar – März) neue Blüten aus.

Jelängerjelieber | *Lonicera caprifolium*

HÖHE: 3–5 m **BLÜTEZEIT:** Mai – Juni **AUSSEHEN:** windende Triebe, wächst sehr schnell; Blätter elliptisch, sommergrün; dichtstehende Blüten, gelblich weiß, rot überlaufen, duftend; Früchte ab Spätsommer, leuchtend korallenrot, giftig **STANDORT:** sonnig (möglichst nicht in der prallen Mittagssonne) bis schattig; keine besonderen Bodenansprüche; für Stadtgärten geeignet **PFLANZEN:** Containerpflanzen ganzjährig **PFLEGEN:** keine spezielle Pflege; große Exemplare alle 1 bis 2 Jahre mit Kompost und organischem Langzeitdünger versorgen; Schnitt nicht erforderlich, aber möglich **VERMEHREN:** durch Stecklinge oder Steckhölzer **VERWENDUNG:** Verkleidung von Wänden und Mauern, Toren, Zäunen und Pergolen; attraktiv in der Nähe von Sitzplätzen (Blütenduft); auch für Töpfe **HINWEIS:** Vogelschutzgehölz; Kletterhilfe gitterförmig, mit stabilen Spanndrähten oder Holzspalier

Henrys Geißschlinge | *Lonicera henryi*

HÖHE: 3–5 m **BLÜTEZEIT:** Juni – August **AUSSEHEN:** mit behaarten, hohlen Trieben windend, wächst sehr schnell; Blätter länglich schmal, immergrün; Blüten gelblich bis rot, unauffälliger als bei Jelängerjelieber; Früchte ab Spätsommer, glänzend schwarz, giftig **STANDORT:** wie Jelängerjelieber **PFLANZEN:** wie Jelängerjelieber **PFLEGEN:** wie Jelängerjelieber **VERMEHREN:** wie Jelängerjelieber **VERWENDUNG:** wie Jelängerjelieber; der immergrüne Strauch eignet sich besser für die Teilbegrünung von Hauswänden; auch für Töpfe geeignet **WEITERE ARTEN:** *L.* x *brownii,* bis 3 m hoch, sommergrün, auffallend orange bis scharlachrot gefärbte Blüten; *L.* x *heckrottii,* sommergrün, Blüten Juni – September, innen gelb, außen rötlich, lange haftend; *L.* x *tellmanniana,* sommergrün, gelbe Blüten im Mai

Wilder Wein, Jungfernrebe | *Parthenocissus quinquefolia*

HÖHE: 8–12 m **BLÜTEZEIT:** Juni – Juli **AUSSEHEN:** Haftscheibenkletterer; Blätter handförmig, sommergrün, im Herbst orange, später rot; Blüten unscheinbar; ab September blauschwarze Früchte, ungenießbar **STANDORT:** sonnig bis schattig, in der Sonne intensivere Herbstfärbung; Boden tiefgründig, frisch bis feucht; auch für Stadtgärten **PFLANZEN:** Containerpflanzen ganzjährig, Pflanzloch tiefgründig lockern und mit Kompost anreichern **PFLEGEN:** keine spezielle Pflege; Schnitt bis ins alte Holz möglich **VERMEHREN:** durch Steckhölzer **VERWENDUNG:** zur Begrünung von großflächigen Spalieren, Torbögen, Lauben und Wänden mit unterstützendem Spalier **SORTEN:** var. *engelmannii* etwas zierlicher, klettert sicherer an senkrechten Flächen **WEITERE ARTEN:** Dreilappige Jungfernrebe (*P. tricuspidata*), besser zur Wandbegrünung geeignet **HINWEIS:** braucht keine Kletterhilfe, doch Jungpflanzen aufleiten

Japanischer Blauregen, Glyzine | *Wisteria floribunda*

HÖHE: 6–10 m **BLÜTEZEIT:** Mai – Juni **AUSSEHEN:** windet mit den Trieben; Blätter groß, gefiedert, sommergrün; Schmetterlingsblüten in hängenden Trauben, violettblau; längliche Hülsen ab Sommer, giftig **STANDORT:** sonnig; geschützt; Boden nährstoffreich, durchlässig, frisch bis feucht; für Stadtgärten geeignet **PFLANZEN:** Containerpflanzen ganzjährig, vorzugsweise im Frühling, Pflanzloch tiefgründig lockern und Erde mit Kompost anreichern, Erde feucht halten (und ggf. beschatten), bis die Triebe ausschlagen **PFLEGEN:** Triebe nach der Blüte bis auf wenige Augen einkürzen **VERMEHREN:** durch Stecklinge oder Ableger, doch meist veredelt **VERWENDUNG:** für Pergolen, Lauben oder Trennwände **SORTEN:** 'Macrobotrys', bis 1 m lange Blütentrauben **HINWEIS:** Kann Regenrohre zerquetschen; sehr stabiles Klettergerüst erforderlich. Alle Pflanzenteile sind giftig, besonders die Fruchthülsen.

Rosen von A bis Z

EINE ROSE IST EINE ROSE IST EINE ROSE? Nicht, wenn es um ihre Verwendungsmöglichkeiten im Garten geht! Daher werden die schier unzähligen Arten und Sorten in Gruppen oder Klassen eingeteilt (→ auch S. 295–296). Nachfolgend finden Sie Porträts bewährter Sorten der wichtigsten Rosenklassen, nämlich Edel-, Beet-, Flächen-, Strauch-, Wild- und Kletterrosen.

Edelrosen oder Teehybriden zeichnen sich durch große Blüten aus, die einzeln auf langen Stängeln sitzen. Sie eignen sich gut für den Schnitt, werden aber auch gern in kleinen Gruppen gepflanzt. Beetrosen sind für kleinere oder größere Gruppen im Beet besonders gut geeignet. Sie tragen zahlreiche Blüten in Büscheln. Man unterscheidet Polyantharosen mit kleinen Blüten in großen, stark verzweigten Büscheln und Polyanthahybriden bzw. Floribundarosen mit großen, an Edelrosen erinnernden Blüten. Die Übergänge sind fließend. Flächenrosen werden z. T. auch als Bodendeckerrosen bezeichnet. Mit ihrer dichten Belaubung und dem flachen Wuchs geben sie attraktive Bodendecker ab.

Strauchrosen finden je nach Sorte in Hecken, kleinen Gruppen oder als Solitäre Verwendung. Das gilt ebenso für die robusten Wildrosen.

Zur Berankung von Pergolen, Rosenbögen und Lauben dienen Kletterrosen (Climber) und Rambler. Letztere haben längere, weichere Triebe.

Die Blütezeiten sind in den nachfolgenden Porträts in Form zweier Kategorien angegeben:

- öfterblühend: Blühverhalten der meisten Zuchtsorten; sie blühen ab Juni in eng aufeinanderfolgenden Schüben bis in den Herbst hinein. Gehen diese Blütenschübe ganz nahtlos ineinander über, spricht man auch von dauerblühend.
- einmalblühend: Blühverhalten von Wildrosen und ihren Abkömmlingen sowie manch alten Sorten; ihre häufig besonders reiche Blüte beschränkt sich hauptsächlich auf die Monate Juni und Juli.

Edelrose 'Aachener Dom' | Teehybride

HÖHE/BREITE: 60–80 cm/60 cm **BLÜTEZEIT:** öfterblühend **AUSSEHEN:** aufrechter Wuchs; große, dunkelgrün glänzende, ledrige Blätter; große, stark gefüllte, silbrig lachsrosa gefärbte, duftende Blüten, reichblühend **STANDORT:** sonnig bis halbschattig; auch für Frostlagen, regenfest **PFLANZEN:** Mitte Oktober – Anfang November, als Containerpflanze ganzjährig bei offenem Boden, mit Veredlungsstelle 5 cm unter der Erde; Pflanzabstand 40 cm **PFLEGEN:** Verblühtes entfernen; lediglich bei anhaltender Trockenheit gießen; im Frühjahr zurückschneiden und Langzeitdünger geben; mulchen; sehr widerstandsfähig gegen Sternrußtau **VERWENDUNG:** in kleinen oder größeren Gruppen für Beete; gute Schnittrose **HINWEIS:** unkomplizierte, robuste, wüchsige Sorte, gut für Einsteiger geeignet

Edelrose 'Banzai 83' | Teehybride

HÖHE/BREITE: 80–100 cm/60 cm **BLÜTEZEIT:** öfterblühend bis zum Frost **AUSSEHEN:** aufrechter, gut verzweigter, kräftiger Wuchs; dunkelgrünes, glänzendes Laub; große, spitzkugelige, gefüllte, kanariengelbe Blüten mit orangeroter Zeichnung, leicht duftend, reichblühend, Hagebuttenansatz möglich **STANDORT:** sonnig; sehr regenfest **PFLANZEN:** wie 'Aachener Dom'; Pflanzabstand 40 cm **PFLEGEN:** wie 'Aachener Dom'; widerstandsfähig gegen Mehltau und Sternrußtau **VERWENDUNG:** in Gruppen; gute Schnittsorte **HINWEIS:** 'Banzai 83' trug ebenso wie 'Aachener Dom', 'Friesia' und manch andere Sorte lange Zeit das Prädikat ADR (→ S. 294). Aufgrund der Züchtungsfortschritte bei der Krankheitsresistenz wurde diesen Sorten das Prädikat vor kurzem wieder aberkannt; trotzdem sind sie als vielfach bewährte, robuste Sorten nach wie vor empfehlenswert.

Beetrose 'Bonica 82' | Floribundarose

HÖHE/BREITE: 80 cm/80 cm **BLÜTEZEIT:** öfterblühend **AUSSEHEN:** buschiger, breiter, locker verzweigter Wuchs; mittelgroßes, dunkelgrün glänzendes Laub; mittelgroße, leuchtend hellrosafarbene, gefüllte Blüten mit offener Mitte, in dichten Büscheln, reichblühend **STANDORT:** sonnig bis halbschattig; auch für Frostlagen, sehr regenfest; salzverträglich **PFLANZEN:** wie 'Aachener Dom'; Pflanzabstand 35–40 cm **PFLEGEN:** wie 'Aachener Dom' **VERWENDUNG:** in kleineren oder größeren Gruppen, auch für flächige Pflanzungen; gute Schnittsorte; auch als Stammrose und für Pflanzgefäße **HINWEIS:** völlig unkomplizierte Sorte für Einsteiger; ADR-Rose; wurde 2003 vom Weltverband der Rosengesellschaften sogar zur „Weltrose" („World's Favorite Rose") gewählt

Beetrose 'Friesia' | Floribundarose

HÖHE/BREITE: 60 cm/40 cm **BLÜTEZEIT:** früh, öfterblühend **AUSSEHEN:** aufrechter, verzweigter, kompakter Wuchs; mittelgroße, glänzende, mittelgrüne Blätter; goldfarbene, große, gut gefüllte, edelrosenähnliche Blüten mit starkem Duft, reichblühend **STANDORT:** sonnig; verträgt heiße Standorte; sehr frosthart, wetterbeständig; auch für arme Böden **PFLANZEN:** wie 'Aachener Dom'; Pflanzabstand 40 cm **PFLEGEN:** wie 'Aachener Dom'; im Frühjahr kräftiger Schnitt **VERWENDUNG:** in kleineren oder größeren Gruppen, als niedrige Einfassung; auch als Stammrose und für Pflanzgefäße **HINWEIS:** gute Fernwirkung durch das kräftig leuchtende Gelb der Blüten; sehr hübsch mit blau und rot blühenden Stauden als Begleiter (weitere Beetrosen → Tabelle S. 442)

Weitere Edelrosen

NAME, SORTENGRUPPE	BLÜTE	DUFT	HÖHE; WUCHS	HINWEISE
'Burgund 81' Teehybride	dauerblühend; samtig dunkelrot, stark gefüllt	stark	60–80 cm; buschig, stark verzweigt	für raue Lagen, sehr robust, sehr frosthart
'Duftwolke' Teehybride/Floribunda	dauerblühend bis zum Frost; orangekorallenrot, stark gefüllt	sehr stark	50–70 cm; kräftig, aufrecht	für raue Lagen, sehr robust; weltbekannt
'Elina' Teehybride	öfterblühend; überreich, hellgelbcremeweiß, gefüllt	stark	70–90 cm; straff aufrecht	winterhart; etwas mehltauanfällig; ADR-Sorte
'Erotika' Teehybride	öfterblühend; samtig dunkelrot, gefüllt	stark	60–80 cm; kräftig, aufrecht	sehr robust, wetterfest, etwas frostempfindlich
'Focus' Grandiflora	öfterblühend; lachsorange, gefüllt	ohne	60–70 cm; aufrecht, buschig	winterhart; widerstandsfähig gegen Krankheiten
'Gloria Dei' Teehybride	dauerblühend bis zum Frost; zartgelbrosa, stark gefüllt	schwach	80–100 cm; starkwüchsig, buschig	robust, winterhart; meistverkaufte Rose
'Ingrid Bergmann' Teehybride	dauerblühend; samtig blutrot, gefüllt	schwach	60–80 cm; stark, aufrecht	sehr robust, für alle Lagen, widerstandsfähig
'Mainzer Fastnacht' Teehybride	öfterblühend; silbrig fliederfarben, gefüllt	stark	70–80 cm; aufrecht, kräftig	sehr widerstandsfähig; weltbekannt
'Silver Jubilee' Teehybride	öfterblühend; früh, lachs-karminrosa, gefüllt	schwach	60–80 cm; straff aufrecht	sehr regenfest und hitzeverträglich; auch arme Böden
'Whisky' Teehybride	öfterblühend; apricot bis bronzegelb, gefüllt	stark, fruchtig	50–70 cm; breit buschig, aufrecht	geschützte Lage; auch arme Böden

Weitere Beetrosen

NAME, SORTENGRUPPE	BLÜTE	DUFT	HÖHE; WUCHS	HINWEISE
'Bernstein-Rose' Floribunda	öfterblühend; bernsteingelb, stark gefüllt	schwach	60–70 cm; buschig, kompakt	guter Duft; wetterfest, sehr robust, winterhart
'Chorus' Floribunda	öfterblühend; scharlachrot, gefüllt	kaum	50–70 cm; kräftig, buschig, kompakt	auch für Höhenlagen, robust, hitzeverträglich, regenfest
'Edelweiß' Floribunda	öfterblühend; cremefarben, gelbliche Mitte, gefüllt	schwach	40–50 cm; buschig, gedrungen	sehr regenfest; gut mit Staudenbegleitern
'Escapade' Floribunda, Kleinstrauchrose	dauerblühend; lilarosa, weiße Mitte, halbgefüllt	sehr stark	70–100 cm, kräftig, aufrecht	robust, sehr regenfest; auch arme Böden
'Goldmarie 82' Floribunda	öfterblühend; goldgelb, kupfrig überhaucht, halbgefüllt	schwach	40–70 cm; straff aufrecht	sehr frosthart, regenfest, robust
'La Sevillana' Floribunda	dauerblühend; scharlachrot, halbgefüllt	schwach	70–90 cm; strauchförmig aufrecht	raue Lagen, regenfest; auch arme Böden; ADR-Sorte
'Montana' Floribunda	dauerblühend; leuchtend rot, halbgefüllt	schwach	70–90 cm; straff aufrecht	sehr robust, wetterfest; auch arme Böden
'Nina Weibull' Floribunda	dauerblühend bis zum Frost; blutrot, gefüllt	ohne bzw. sehr schwach	50–60 cm; strauchförmig aufrecht	sehr robust, frosthart, regenfest; für arme Böden und Höhenlagen
'Play Rose' Floribunda	öfterblühend; karminrosa, gefüllt	schwach	60–80 cm; strauchförmig aufrecht	Hagebutten; sehr robust und regenfest; ADR-Sorte
'Queen Elizabeth' Floribunda/Grandiflora	dauerblühend bis zum Frost; lachsrosa, gefüllt	mittelstark, fruchtig	80–100 cm; aufrecht	robust; auch arme Böden; sehr gut für Pflanzgefäße

Beetrose 'Sarabande' | Floribundarose

HÖHE/BREITE: 40–60 cm/40 cm **BLÜTEZEIT:** früh, öfterblühend bis zum Frost **AUSSEHEN:** mittelstarker, breitbuschiger Wuchs; sehr großes, dichtes, mittelgrünes, mattes Laub; scharlach- bis geranienrote, leicht gefüllte Blüten, reichblühend **STANDORT:** sonnig; auch für heiße Standorte, verträgt aber keine Stauwärme, wetterbeständig **PFLANZEN:** Mitte Oktober – Anfang November, als Containerpflanze ganzjährig bei offenem Boden, Veredlungsstelle 5 cm unter der Erde; Pflanzabstand 45 cm **PFLEGEN:** Verblühtes entfernen; bei anhaltender Trockenheit gießen; im Frühjahr zurückschneiden und Langzeitdünger geben; mulchen; resistent gegen Mehltau und Sternrußtau **VERWENDUNG:** in Gruppen auf Beeten und Rabatten, hübsch in Kombination mit Stauden und Gräsern

Beetrose 'Schneeflocke' | Floribundarose

HÖHE/BREITE: 40–60 cm/50 cm **BLÜTEZEIT:** früh, öfterblühend **AUSSEHEN:** mittelstarker, flacher, buschiger, gut verzweigter Wuchs; mittelgroßes, mittelgrünes, glänzendes Laub; reinweiße, halbgefüllte Blüten, leicht duftend, überreich blühend **STANDORT:** sonnig **PFLANZEN:** wie 'Sarabande'; Pflanzabstand 40–45 cm **PFLEGEN:** wie 'Sarabande'; selbstreinigend, daher kein Ausputzen erforderlich; hohe Resistenz gegen Mehltau und Sternrußtau **VERWENDUNG:** in kleineren und größeren Gruppen, als Flächendecker, auch für Böschungen, als Stammrose; attraktiv in Kombination mit rot blühenden Rosen und blau blühenden Stauden **HINWEIS:** gut frosthart; pflegeleicht, wetterfeste Blüten; ADR-Rose

Flächenrose 'Ballerina' | *Rosa-Moschata*-Hybride

HÖHE/BREITE: 100–120 cm/80 cm **BLÜTEZEIT:** öfterblühend **AUSSEHEN:** dichter, buschiger, teils überhängender Wuchs; hellgrüner Austrieb, später glänzend dunkelgrüne Blätter; einfache, kleine, hellrosa gefärbte, in der Mitte weiße, an Wildrosen erinnernde Blüten in großen Büscheln, im Verblühen aufhellend, reichblühend; rote, erbsengroße Hagebutten **STANDORT:** sonnig bis halbschattig; sehr robust und winterhart; salzverträglich **PFLANZEN:** wie 'Sarabande'; 50–70 cm Pflanzabstand **PFLEGEN:** wie 'Sarabande' **VERWENDUNG:** hochwüchsiger Flächendecker, auch für Böschungen geeignet, in großen oder kleinen Gruppen, als frei wachsende Hecke; für Pflanzgefäße; als Stammrose

Flächenrose 'Heidetraum' | Floribundarose

HÖHE/BREITE: 60–90 cm/80 cm **BLÜTEZEIT:** spät, öfterblühend bis zum Frost **AUSSEHEN:** mittelhoher, flach buschiger, bogig überhängender Wuchs; robustes, kleines, mittelgrünes, glänzendes Laub bis in den Winter; mittelkleine, halbgefüllte, violettrosa Blüten, überreich blühend **STANDORT:** sonnig bis halbschattig; auch für Frostlagen und heiße Standorte, sehr widerstandsfähig, sehr regenfest; salzverträglich **PFLANZEN:** wie 'Sarabande', Pflanzabstand 50–70 cm **PFLEGEN:** wie 'Sarabande'; hohe Resistenz gegen Mehltau und Sternrußtau **VERWENDUNG:** Flächendecker, auch für Böschungen, in kleineren und größeren Gruppen; für Pflanzgefäße; als Stammrose **HINWEIS:** ADR-Rose

Weitere Flächenrosen

NAME, SORTENGRUPPE	BLÜTE	DUFT	HÖHE; WUCHS	HINWEISE
'Alba Meidiland' Bodendecker	öfterblühend; überreich, reinweiß, stark gefüllt	ohne	60–70 cm; breit buschig, bogig überhängend	sehr robust, hitzeverträglich
'Celina' Bodendecker	öfterblühend; hellgelb, halbgefüllt	ohne	70 cm; kräftig ausgebreitet, bogig überhängend	widerstandsfähig gegen Krankheiten; ADR-Sorte
'Mainaufeuer' Bodendecker	öfterblühend; blutrot, gefüllt, offene Mitte	ohne	50 cm; breit buschig überhängend bis niederliegend	robust und winterhart; auch für Böschungen
'Mirato' Floribundarose	dauerblühend bis zum Frost; kräftig rosa, gefüllt	zart	60–70 cm; strauchförmig, breit buschig verzweigt, überhängend	selbstreinigend; sehr robust, salzverträglich; ADR-Sorte
'Palmengarten Frankfurt' Bodendecker	öfterblühend; karminrosa, halbgefüllt	schwach	70–100 cm; strauchförmig, breit buschig verzweigt, überhängend	sehr robust, für alle Lagen, salz- und hitzeverträglich; ADR-Sorte
'Red Yesterday', Floribundarose, Kleinstrauchrose	dauerblühend; leuchtend karminrot, ungefüllt	ohne	60–80 cm; strauchförmig aufrecht bis überhängend	robust, sehr regenfest; auch für arme Böden; ADR-Sorte
'Repandia' Bodendecker	einmalblühend; rosa mit weißer Mitte, ungefüllt	schwach	30–50 cm; breit buschig niederliegend, vieltriebig flach	regenfest, robust, salzverträglich
'Sommerabend' Bodendecker	öfterblühend; leuchtend dunkelrot, ungefüllt	ohne	30 cm; breit buschig bis flach niederliegend	sehr robust und winterhart; gute Fernwirkung; ADR-Sorte
'Swany' Bodendecker	dauerblühend; weiß, rosafarbene Mitte, stark gefüllt	schwach	40–70 cm; strauchförmig, breit buschig ausladend	sehr robust, regenfest
'The Fairy' Floribundarose	dauerblühend bis zum Frost; hellrosa, stark gefüllt	ohne bzw. nur schwach	50–60 cm; strauchförmig breit buschig, teils übergeneigt bis liegend	sehr robust und frosthart, salz- und hitzeverträglich

Strauchrose 'Graham Thomas' | Englische Rose

HÖHE/BREITE: 1–1,5 m/1 m **BLÜTEZEIT:** öfterblühend **AUSSEHEN:** kräftiger, aufrechter, buschiger, bogig überhängender, eleganter Wuchs; dichtes, mittelgroßes, hellgrünes, glänzendes Laub; becherförmige, dichtgefüllte, intensiv und frisch nach Teerosen duftende, leuchtend apricotgelbe Blüten, im Verblühen verblassend, reichblühend **STANDORT:** sonnig; auch für heiße Standorte, regenfest; auch für arme Böden **PFLANZEN:** Mitte Oktober – Anfang November, als Containerpflanze ganzjährig bei offenem Boden, mit Veredlungsstelle 5 cm unter der Erde; Pflanzabstand 1,5–2 m **PFLEGEN:** Verblühtes entfernen; bei anhaltender Trockenheit gießen; im Frühjahr bei Bedarf schneiden bzw. auslichten, Langzeitdünger geben; mulchen; widerstandsfähig gegen Krankheiten **VERWENDUNG:** als Solitär, in Gruppen, auch für Hecken oder als niedrige Kletterrose; für Pflanzgefäße; gute Schnittsorte

Strauchrose 'Schneewittchen' | Floribundarose

HÖHE/BREITE: 1–1,6 m/1,3 m **BLÜTEZEIT:** früh, öfterblühend bis zum Frost **AUSSEHEN:** dichter, breit buschiger, bogig überhängender Wuchs; mittelgroßes, mittelgrünes, glänzendes Laub; edle, reinweiße, große, gefüllte Schalenblüten mit leichtem, lieblichen Duft, in Büscheln zu 5 bis 7 Blüten, überreich blühend; Hagebuttenansatz möglich **STANDORT:** sonnig bis halbschattig; auch für heiße Standorte, sehr robust, frosthart, regenfest **PFLANZEN:** wie 'Graham Thomas'; Pflanzabstand 0,8–1,5 m **PFLEGEN:** wie 'Graham Thomas' **VERWENDUNG:** als Solitär oder in kleinen Gruppen, attraktiv in Gesellschaft mit Stauden, als frei wachsende Hecke oder hochwüchsige Beetrose; auch als Hochstammrose **HINWEIS:** bewährte, äußerst dankbare Strauchrose; gute Einsteigersorte; gute Schnittsorte; wirkt auch sehr schön als Stämmchen in einem großen Kübel, unterpflanzt z. B. mit Glockenblumen

Strauchrose 'Souvenir de la Malmaison' | Bourbonrose

HÖHE/BREITE: 60–80 cm/50 cm **BLÜTEZEIT:** nachblühend **AUSSEHEN:** schwacher, niedriger, dünntriebiger, buschiger Wuchs; mittelgroßes, hellgrünes, mattes Laub; rahmfarbene, rosa überhauchte, große, dichtgefüllte, geviertelte, meist einzeln stehende Blüten mit starkem, würzigem und betörendem Duft, im Verblühen fast weiß werdend, reichblühend **STANDORT:** sonnig; etwas regenempfindlich **PFLANZEN:** wie 'Graham Thomas'; Pflanzabstand 40–50 cm **PFLEGEN:** wie 'Graham Thomas' **VERWENDUNG:** in kleineren oder größeren Gruppen; wegen des schwachen Wuchses gut für kleine Gärten geeignet; auch für Pflanzgefäße **HINWEIS:** Unkomplizierte Bourbonrose; auch für Einsteiger; eine Lieblingssorte der Freunde Alter Rosen (Einführungsjahr 1843). Die ersten Bourbonrosen entstanden auf der nahe bei Madagaskar gelegenen Insel Ile de Bourbon, heute Réunion, daher der Name.

Kartoffelrose | *Rosa rugosa*

HÖHE/BREITE: 1–1,5 m/1–2 m **BLÜTEZEIT:** einmalblühend **AUSSEHEN:** starker, buschiger, gut verzweigter Wuchs; treibt Ausläufer; stark bestachelte Triebe mit runzligen Blättern; rosarote, mittelgroße, ungefüllte, leicht duftende Schalenblüten, reichblühend; große, essbare Hagebutten **STANDORT:** sonnig bis halbschattig; salzverträglich, kalkempfindlich, windverträglich **PFLANZEN:** wie 'Graham Thomas'; Pflanzabstand 1–1,5 m **PFLEGEN:** wie 'Graham Thomas'; nur gelegentlich auslichten; falls nötig, Ausläufer abstechen **VERWENDUNG:** in kleineren oder größeren Gruppen, als Blütenhecke, für Bauerngärten, als Flächendecker **SORTEN:** 'F. J. Grootendorst', 1,3–1,5 m hoch, blutrote, gefüllte, am Rand nelkenartig gefranste Blüten; 'Foxi', 1 m hoch, ungefüllte, karminrosafarbene, halbgefüllte Blüten

Weitere Strauchrosen

NAME, SORTENGRUPPE	BLÜTE	DUFT	HÖHE; WUCHS	HINWEISE
'Abraham Darby' Englische Rose	dauerblühend; apricot, stark gefüllt	sehr stark, fruchtig	1,5–2 m; stark wachsend, bogenförmig, überhängend	sehr robust; auch arme Böden; auch als Kletterrose
'Angela' Zierstrauchrose	dauerblühend; rosa-karmin, halbgefüllt	schwach	1–1,5 m; straff aufrecht	sehr robust; ähnelt Alten Rosen; ADR-Sorte
'Bischofstadt Paderborn' Zierstrauchrose	dauerblühend; zinnober-scharlachrot, halbgefüllt	ohne	1–1,8 m; aufrecht, strauchartig	sehr robust, wetterfest; gute Fernwirkung
'Centenaire de Lourdes' Zierstrauchrose	dauerblühend bis zum Frost; hellrosa, halbgefüllt	stark	1–1,8 m; strauchförmig breit, bogig überhängend	sehr robust und frosthart, regenfest; auch arme Böden
'Eden Rose' Romantikrose	öfterblühend; changierend rosa, stark gefüllt	stark	1–1,5 m, kräftig aufrecht, buschig	auch für Höhenlagen, hitzeverträglich; gute Schnittsorte
'Fontaine' Zierstrauchrose	dauerblühend; samtig dunkelblutrot, gefüllt	schwach	1,3–1,5 m; strauchförmig, breit aufrecht	winterhart; auch als Schnittsorte und für ungeschnittene Hecken
'Freisinger Morgenröte' Zierstrauchrose	dauerblühend; orange mit Rosahauch, gefüllt	stark	1,5 m; strauchförmig bis breit buschig	winterhart, robust; auch für Hecken, schönes Farbenspiel
'Ghislaine de Feligonde' Zierstrauchrose	öfterblühend; goldgelb, aufhellend, gefüllt	schwach	0,8–0,9 m; kräftig aufrecht, bogig überhängend	fast stachellos; robust, sehr regenfest; auch für arme Böden
'Heritage' Englische Rose	öfterblühend; zartrosa, stark gefüllt	sehr stark	1,2–1,5 m; strauchförmig aufrecht	robust, toleriert arme Böden; gute Schnittsorte
'Lichtkönigin Lucia' Zierstrauchrose	dauerblühend; kräftig zitronengelb, gefüllt	stark	1–1,5 m; straff aufrecht, strauchförmig	sehr regenfest; auch für arme Böden; ADR-Sorte
'Muscosa' *Rosa* x *centifolia*	einmalblühend; rosa, gefüllt	intensiv	0,8–1 m; aufrecht bis bogig überhängend	ähnlich Alten Rosen; gut im Bauerngarten
'Westerland' Zierstrauchrose	dauerblühend bis zum Frost; apricot, gefüllt	stark, fruchtig	1,5–2 m; strauchförmig aufrecht, breit buschig, kompakt	sehr gesunde Blätter; winterhart, hitzeverträglich

Weitere Wildrosen

NAME, SORTENGRUPPE	BLÜTE	DUFT	HÖHE; WUCHS	HINWEISE
Kriechende Rose *Rosa arvensis*	einmalblühend; reinweiß, ungefüllt	schwach	0,8–1 m; bogig überhängend, kriechend oder kletternd	dunkelrote Hagebutten; gut für Halbschatten; heimische Art
Hundsrose *Rosa canina*	dauerblühend bis Aug.; zartrosa-weiß, ungefüllt	schwach	2–3 m; strauchartig aufrecht, später bogig überhängend	orangefarbene Hagebutten; auch für arme Böden und Halbschatten
Essigrose *Rosa gallica*	einmalblühend; rosarot, ungefüllt	sehr stark	0,8–1 m; strauchförmig, buschig gedrungen	kleine, borstige Hagebutten; hitzeverträglich; einheimisch
Bereifte Rose *Rosa glauca*	einmalblühend; rosa-karminrot, ungefüllt	schwach	2–3 m; strauchförmig aufrecht, bogig überhängend	kugelförmige, braunrote Hagebutten; verträgt Halbschatten
Zimtrose *Rosa majalis*	einmalblühend, früh; lilarosa, ungefüllt	schwach	1,5–2 m; strauchförmig, breit buschig	verträgt Halbschatten; robust, heimische Art
Mandarinrose *Rosa moyesii*	einmalblühend; purpurrot, ungefüllt	schwach	2–3 m; straff aufrecht, wenige, dicke Triebe	lange, behaarte Hagebutten; verträgt Halbschatten; robust
Vielblütige Rose *Rosa multiflora*	einmalblühend, früh; reinweiß, ungefüllt	schwach	1,5–3 m; strauchförmig, stark bogig überhängend	kleine Hagebutten; robust, winterhart, auch für Nordlagen

Kletterrose 'Bobbie James' | Rambler

HÖHE/BREITE: 3–6 m/3 m **BLÜTEZEIT:** einmalblühend **AUSSEHEN:** stark wachsender Rambler mit langen, weichen, bogig überhängenden, wenig bestachelten Trieben; dichtes, tiefgrünes, glänzendes Laub, rötliche Herbstfärbung; rahmweiße, mittelgroße, leicht gefüllte, nach Wildrosen duftende Blüten in großen Büscheln, überreich blühend **STANDORT:** sonnig bis halbschattig; hohe Widerstandsfähigkeit; auch arme Böden **PFLANZEN:** Mitte Oktober – Anfang November, als Containerpflanze ganzjährig bei offenem Boden, mit Veredlungsstelle 5 cm unter der Erde; Pflanzabstand 2 m **PFLEGEN:** Verblühtes entfernen; bei anhaltender Trockenheit gießen; im Frühjahr Langzeitdünger geben; mulchen; leichter Rückschnitt im Frühling **VERWENDUNG:** einzeln oder in Gruppen, für Klettergerüste und Spaliere, zur Wandbegrünung, ohne Rankhilfe flächig wachsend, gut zum Erklettern lichter Bäume

Kletterrose 'Dortmund' | Climber

HÖHE/BREITE: 2–3 m/1 m **BLÜTEZEIT:** öfterblühend **AUSSEHEN:** kräftige, starkwüchsige, bogig überhängende Kletterrose; kleines, tiefgrünes, glänzendes Laub; leuchtende, feurig blutrote, ungefüllte Blüten mit weißem Auge in dichten, großen Büscheln, reichblühend; bildet Hagebutten **STANDORT:** sonnig bis halbschattig; auch für Frostlagen und heiße Standorte, regenfest, hohe bis sehr hohe Widerstandsfähigkeit; auch für arme Böden **PFLANZEN:** wie 'Bobbie James'; Pflanzabstand 1,2–2 m **PFLEGEN:** wie 'Bobbie James'; kein Rückschnitt, nur gelegentlich alte Triebe ganz herausschneiden **VERWENDUNG:** einzeln oder in Gruppen, für Spaliere, Pergolen, Säulen und andere Klettergerüste; auch zur Wandbegrünung **HINWEIS:** sehr robuste, verlässliche Kletterrose; ADR-Rose

Kletterrose 'Golden Showers' | Climber

HÖHE/BREITE: 2–3 m/2 m **BLÜTEZEIT:** früh, öfterblühend bis zum Frost **AUSSEHEN:** Kletterrose mit starkem, aufrechtem, breit buschigem Wuchs; mittelgroßes bis großes, mittelgrünes, glänzendes Laub; halbgefüllte, leuchtend hell- bis goldgelbe, leicht und lieblich duftende Blüten, einzeln oder in Büscheln, großblumig, reichblühend **STANDORT:** sonnig bis halbschattig; nicht für zu heiße Standorte; auch für arme Böden **PFLANZEN:** wie 'Bobbie James'; Pflanzabstand 1,2–2 m **PFLEGEN:** wie 'Bobbie James' **VERWENDUNG:** als Solitär oder in kleinen Gruppen, für Spaliere und Pergolen, als Hecke, zur Wandbegrünung, als Sichtschutz; auch als Trauerstammrose **HINWEIS:** bewährte, unkomplizierte Sorte mit passabler Widerstandskraft gegen die verschiedensten Blattkrankheiten

Kletterrose 'New Dawn' | Rambler

HÖHE/BREITE: 2,5–4 m/2,5–3 m **BLÜTEZEIT:** öfterblühend bis zum Frost **AUSSEHEN:** kräftiger, auch an der Basis dicht verzweigter Rambler mit langen Trieben; kleines, mittelgrünes, sehr dichtes, glänzendes Laub bis in den Winter; sehr auffällige, edelrosenähnliche, perlmuttrosafarbene, gefüllte, große, leicht nach Apfel duftende Blüten, einzeln oder in Büscheln, im Verblühen verblassend, überreich blühend; grünlich bräunliche Hagebutten **STANDORT:** sonnig bis halbschattig; auch für Frostlagen und heiße Standorte, sehr wetterfest, anspruchslos **PFLANZEN:** wie 'Bobbie James'; Pflanzabstand 2 m **PFLEGEN:** wie 'Bobbie James'; kein Rückschnitt nötig; sehr widerstandsfähig gegen Krankheitsbefall **VERWENDUNG:** für Spaliere, Pergolen und andere Rankgerüste; als Solitär oder in Gruppen; als Wandbegrünung, Sichtschutz, für Torbögen, Pflanzgefäße; auch als Trauerhochstamm **HINWEIS:** sehr robuste und zuverlässige Sorte; ideal für Einsteiger

Kletterrose 'Rosarium Uetersen' | Climber

HÖHE/BREITE: 2–3 m/1 m **BLÜTEZEIT:** öfterblühend **AUSSEHEN:** mittelstarker, aufrechter, verzweigter, überhängender Wuchs; großes, mittelgrünes, glänzendes Laub; stark gefüllte, leuchtend rosafarbene Blüten in Büscheln mit leichtem Duft, überreich blühend **STANDORT:** sonnig; auch für Frostlagen und heiße Standorte, sehr regenfest **PFLANZEN:** wie 'Bobbie James' ; Pflanzabstand 1,2 m **PFLEGEN:** wie 'Bobbie James' **VERWENDUNG:** als Solitär oder in Gruppen für Rankgerüste, als Wandbegrünung oder Sichtschutz, für Pergola, Säulen, Pyramiden; als Stammrose; für Kübel **HINWEIS:** Diese Sorte mit ihren hübschen, nostalgischen Blüten lässt sich auch frei stehend als Zierstrauchrose ziehen.

Kletterrose 'Veilchenblau' | Rambler

HÖHE/BREITE: 3–5 m/1 m **BLÜTEZEIT:** einmalblühend **AUSSEHEN:** kräftiger, überhängender, breit buschiger Wuchs; fast stachellose Triebe; großes, mittelgrünes, glänzendes Laub; kleine, in Büscheln stehende, locker gefüllte Blüten in Purpurviolett mit weißem Auge, starker, fruchtiger Duft, überreich blühend **STANDORT:** sonnig bis halbschattig; auf einen luftigen Standort achten, robust, winterhart **PFLANZEN:** wie 'Bobbie James'; Pflanzabstand 1,2 m **PFLEGEN:** wie 'Bobbie James'; leichter Rückschnitt im Frühling, dabei alte, mehrjährige Triebe an der Basis entfernen; etwas anfällig für Mehltau **VERWENDUNG:** als Solitär, für Klettergerüste, zur Wandbegrünung, für Pergolen, große Rosen- und Torbögen; für große Kübel; durch die weichen Triebe ein guter Baumkletterer, auch als Trauerstammrose mit 1,4 m Höhe

Weitere Kletterrosen

NAME, SORTENGRUPPE	BLÜTE	DUFT	HÖHE; WUCHS	HINWEISE
'Albéric Barbier' Rambler	remontierend; cremeweiß, stark gefüllt	stark	5–7 m; sehr kräftig, klettert in Bäume	für luftige Standorte, auch raues Klima
'Alchymist' Rambler	einmalblühend; gold-orangegelb, stark gefüllt	stark	2–4 m; kräftig, buschig aufrecht, klettert in Bäume	stark bestachelt; auch für arme Böden
'Compassion' Climber	öfterblühend; lachsrosa, gefüllt	sehr stark	2–3 m; mäßig stark aufrecht, dicke Triebe	sehr robust, doch im rauen Klima Winterschutz nötig; ADR-Sorte
'Flammentanz' Rambler	einmalblühend; feurig blutrot, gefüllt	ohne	3–5 m; starkwüchsig aufrecht, leicht bogig überhängend	sehr robust und frosthart, auch für Höhenlagen; ADR-Sorte
'Ilse Krohn Superior' Climber	dauerblühend; reinweiß, stark gefüllt	stark	2–3 m; mittelstark aufrecht bis überhängend	Herbstfärbung; robust, sehr frosthart, keine heißen Standorte
'Kir Royal' Climber	öfterblühend; seidig rosa, stark gefüllt	schwach	2–3 m; aufrecht, überhängende Triebe	nostalgische Blütenform; sehr robust, winterhart; ADR-Sorte
'Morning Jewel' Climber	öfterblühend; karminrosa, halbgefüllt	stark	2–3 m; strauchförmig aufrecht bis bogig überhängend	widerstandsfähig, wetterfest, auch für Südlagen; ADR-Sorte
'Salita' Climber	öfterblühend; leuchtend orange, stark gefüllt	ohne	2 m; straff aufrecht, verzweigt, trägwüchsig	besondere Blütenfarbe für Kletterrosen; robust und winterhart
'Santana' Climber	öfterblühend; dunkelblutrot, gefüllt	schwach	2–3 m; strauchförmig verzweigt, auch von unten	robust, sehr frosthart, besonders hitzeverträglich
'Super Excelsa' Rambler	öfterblühend; karminrosa, stark gefüllt	ohne bzw. schwach	3–5 m; aufgebunden aufrecht, sonst niederliegend	Herbstfärbung; robust und frosthart, verträgt Hitze; ADR-Sorte

Boden- und Flächendecker

NAME	WUCHS; MERKMALE	STÜCK/M²	STANDORT; HINWEISE
Für sonnige Plätze			
Stachelnüsschen *Acaena microphylla*	immergrüne Staude, bildet Teppiche, 5–10 cm hoch; rotbraune Winterfärbung; unscheinbare Blüten, Juni – Juli; stachelige Früchte	8 bis 10	gern vollsonnig; warm; durchlässiger, mäßig trockener, magerer Boden, auch steinig
Blaue Katzenminze *Nepeta x faassenii*	Staude, lockere, breite Horste, 30–50 cm hoch; graugrüne Blätter, aromatisch; blauviolette Blüten, Juni – Sept.	8 bis 12	liebt volle Sonne; trockener bis frischer, durchlässiger Boden; auch für Rabatten und Steingärten (→ S. 460)
Sternmoos *Sagina subulata*	wintergrüne Staude, moosartig, ca. 5 cm hoch; winzige weiße Blüten, Juni – Juli	15 bis 20	durchlässiger, frischer bis trockener Boden; auch für Plattenwege geeignet
Goldfetthenne *Sedum floriferum*	wintergrüne Staude, bildet Matten aus walzenförmigen Trieben, 5–10 cm hoch; rosa Blüten, Juni – Juli	8 bis 12	lockerer, eher magerer, trockener Boden; auch für Steingärten und Trockenmauern
Wollziest *Stachys byzantina*	Staude, kriechend, 10–30 cm hoch, silbergraues Laub; blassrosa Blüten, Juli – Aug.	8 bis 12	durchlässiger, nährstoffarmer, frischer bis trockener Boden (→ S. 465)
Sandthymian *Thymus serpyllum*	immergrüner Halbstrauch, bildet Polster, 5 cm hoch; weiße oder rosaviolette Blüten, Juni – Sept.	10 bis 15	durchlässiger, trockener Boden, warmer Platz; aromatisch, auch für Duftrasen
Für sonnige bis halbschattige Plätze			
Weicher Frauenmantel *Alchemilla mollis*	Staude, dicht horstartig, 30–50 cm hoch; dekorative Blätter; gelbe Blüten, Juni – Aug.	5 bis 6	anspruchslos; bevorzugt frischer, lehmiger Boden; auch für Beete (→ S. 451)
Zwergmispel *Cotoneaster*-Arten	immergrüne oder sommergrüne Zwerggehölze, niederliegend bis kriechend, je nach Art und Sorte 20–150 cm hoch; weiße bis rötliche Blüten, Mai – Juni; rote, schwach giftige Früchte	je Sorte 3 bis 4 oder 8 bis 10	anspruchslos; bevorzugt humoser, kalkhaltiger Boden; teils rote Herbstfärbung (→ S. 421, 427)
Bärenfellgras *Festuca gautieri*	immergrünes Gras, polsterförmige, frischgrüne Horste, 10–20 cm hoch; gelbgrüne Blütenrispen im Juni – Juli, bis 40 cm hoch	8 bis 12	gut durchlässiger Boden, auch sandig, kiesig oder schottrig; eignet sich auch für Steingärten
Felsenstorchschnabel *Geranium macrorrhizum*	Staude, breitwüchsig, kriechend, 20–30 cm hoch; hübsche Blätter, aromatisch; rosa bis rote Blüten, Mai – Juli	7 bis 9	mäßig trockener bis frischer, humoser Boden; gut zwischen Gehölzen; leicht wuchernd (→ S. 457)
Kriechwacholder *Juniperus horizontalis*	immergrünes Nadelgehölz, niederliegender bis kriechender Wuchs, 20–100 cm hoch; teils blaugrün benadelte Sorten	3 bis 4	Rückschnitt sinnvoll; auch niedrige Sorten von *J. communis, J. procumbens* und *J. squamata* geeignet (→ S. 429)
Flächen-, Bodendeckerrosen *Rosa* in Sorten	Kleinsträucher, niederliegend bis breit aufrecht, je nach Sorte 20–120 cm hoch; Blüten ab Juni, rosa, rot, weiß oder gelb	2 bis 6	lockerer, humoser Boden (→ S. 443)
Für sonnige bis schattige Plätze			
Kletterspindel *Euonymus fortunei*	immergrünes Kriechgehölz, 20–60 cm hoch; unscheinbare Blüten im Mai – Juni; auch in mehreren buntblättrigen Sorten	5 bis 8	anspruchslos; bevorzugt humoser, nicht zu trockener Boden; kann auch klettern (→ S. 437)
Großblütiges Johanniskraut *Hypericum calycinum*	immergrüner Halbstrauch, kriechend, 20–30 cm hoch; gelbe Blüten, Juli – Sept.	4 bis 6	durchlässiger Boden; verliert in sehr kalten Wintern das Laub; gut für Böschungen geeignet (→ S. 429)
Immergrüne Kriechheckenkirsche *Lonicera pileata*	immergrüner, breitbuschiger Kleinstrauch, bis 0,4 m hoch; blassgelbe Blüten, Mai; im Herbst violette Beeren	3 bis 4	gut schattenverträglich; anspruchslos; sehr schnittverträglich; giftig, v. a. die Früchte (→ S. 430)
Pfennigkraut *Lysimachia nummularia*	Staude, flach niederliegend, 5 cm hoch; gelbe Blüten, Mai – Juli	8 bis 12	frischer bis feuchter Boden; gut für Teichränder geeignet

Boden- und Flächendecker

NAME	WUCHS; MERKMALE	STÜCK/M²	STANDORT; HINWEISE
Für halbschattige bis schattige Plätze			
Kriechender Günsel *Ajuga reptans*	Staude, bildet dichte Teppiche, 15–20 cm hoch; blauviolette Blüten, April – Mai	8 bis 12	frischer, lehmig humoser Boden; wuchert, starker Ausbreitungsdrang (→ S. 451)
Haselwurz *Asarum europaeum*	immergrüne Staude mit glänzend grünen Blättern, bildet Teppiche, 5–10 cm hoch; rotbraune Blüten, März – Mai	10 bis 12	eine der schattenverträglichsten Pflanzen; humoser, frischer, kalkhaltiger Boden; ganze Pflanze giftig
Zwergastilbe *Astilbe chinensis* var. *pumila*	Staude mit kriechenden Ausläufern, 15–30 cm hoch; rosa, rote oder violette Blüten, Aug. – Sept.	10 bis 12	frischer, humoser, möglichst kalkfreier Boden; treibt kräftig Ausläufer, eventuell Ausbreitung eindämmen
Japansegge *Carex morrowii*	wintergrünes Gras, breite Horste, 30 cm hoch; bräunliche Blüten im Mai – Juni; 'Variegata' mit weiß gerandeten Blättern	7 bis 9	frischer bis feuchter, humoser, saurer Boden
Maiglöckchen *Convallaria majalis*	Staude mit kriechendem Rhizom, um 20 cm hoch; weiße Blüten, Mai – Juni; rote Beeren	7 bis 9	lockerer, humoser Boden; in allen Teilen sehr giftig (→ S. 483)
Teppichhartriegel *Cornus canadensis*	wintergrüne Staude, kriechend, 10–20 cm hoch; weiße Blüten, Juni – Juli; rote, ungenießbare Früchte	10 bis 12	vorwiegend halbschattig, auch absonnig; humoser, lockerer, saurer Boden
Elfenblume *Epimedium*-Arten	Stauden, teils wintergrün; hübsche, bei Sorten bunt gezeichnete Blätter; weiße, gelbe oder rötliche Blüten, März – Mai	8 bis 10	können sich gut im lichten Schatten unter Gehölzen etablieren; humoser Boden (→ S. 464)
Waldmeister *Galium odoratum*	Staude, kriechend, teppichartig, 10–30 cm hoch; aromatisch; weiße Blütchen, Mai – Juni	12 bis 16	gedeiht gut im lichten Gehölzschatten; frischer bis feuchter, humoser Boden
Niederliegende Scheinbeere *Gaultheria procumbens*	immergrüner, flach wachsender Strauch, bildet Teppiche, um 20 cm hoch; hellrosa Blüten, Juni – Juli; rote Beeren	8 bis 12	sandig humoser, leicht saurer Boden; Früchte ungenießbar, schwach giftig
Efeu *Hedera helix*	immergrünes, langtriebiges Gehölz, ohne Stütze kriechend, 10 cm hoch; blauschwarze, giftige Früchte	4 bis 6	sehr schattenverträglich; anspruchslos; bevorzugt humoser, nährstoffreicher Boden (→ S. 438)
Goldnessel *Lamium galeobdolon*	wintergrüne Staude, bildet dichte Teppiche, 25 cm hoch; gelb gezeichnete Blätter, bei Sorten auch silbrig; gelbe Blüten, Mai – Juli	8 bis 12	frischer bis feuchter, humoser Boden; treibt reichlich Ausläufer, eventuell Ausbreitung eindämmen
Gefleckte Taubnessel *Lamium maculatum*	Staude, bildet dichte Teppiche, 15–40 cm hoch; rosaviolette Blüten, Mai – Juli; Sorten mit hübscher Blattzeichnung	8 bis 12	frischer bis feuchter, humoser Boden; treibt reichlich Ausläufer, eventuell Ausbreitung eindämmen (→ S. 464)
Dickmännchen, Ysander *Pachysandra terminalis*	immergrüner Halbstrauch, bildet schnell dichte Teppiche, 20–30 cm hoch; weiße Blütchen, April – Mai	8 bis 12	gut schattenverträglich; anspruchslos; bevorzugt durchlässiger, frischer, humoser, leicht saurer Boden; schwach giftig
Lungenkraut *Pulmonaria*-Arten	Staude, kriechend, breit buschig, 15–30 cm hoch; blaue, rötliche oder weiße Blüten, März – Mai	8 bis 12	frischer, lockerer, humoser Boden; *P. saccharata* mit geflecktem Laub (→ S. 465)
Waldschaumblüte *Tiarella cordifolia*	wintergrüne Staude, bildet schnell dichte Teppiche, 20–30 cm hoch; kupferfarbene Herbstfärbung; weiße Blüten, April – Mai	8 bis 10	frischer, humoser, gut durchlässiger Boden; schön zwischen Gehölzen
Kleines Immergrün *Vinca minor*	immergrünes Kriechgehölz, 20 cm hoch; violettblaue Blüten, April – Mai	8 bis 12	sehr schattenverträglich; humoser, lockerer, kalkhaltiger Boden; *V. major* wuchert nicht ganz so stark; ganze Pflanze giftig
Golderdbeere *Waldsteinia ternata*	immergrüne Staude, bildet schnell Teppiche, 10 cm hoch; gelbe Blüten, April – Mai	8 bis 12	humoser Boden; *W. geoides* ähnlich, etwas größer

Stauden von A bis Z

DIE ZAHL DER GÄRTNERISCH NUTZBAREN STAUDEN, also der mehrjährigen, krautigen Pflanzen, geht in die Tausende. Rechnet man die Varietäten, Hybriden und Sorten hinzu, kommt man leicht auf mehrere zehntausend Pflanzen – jede mit individuellen Eigenschaften. Zum Glück, oft aber auch zum Leidwesen des Hobbygärtners findet sich davon jedoch nur eine geringe Anzahl im Angebot der Staudengärtnereien und Gartencenter; manche Formen werden nicht mehr kultiviert, andere gehören zu den Raritäten, und wieder andere sind zufällig gerade nicht lieferbar. Um in den folgenden Porträts eine kompakte und dennoch aussagekräftige Übersicht zu geben, wurden in erster Linie Arten und Hybrid-Züchtungen berücksichtigt, die seit Jahren verlässlich im Sortiment der meisten Händler zu finden sind. Ziehen Sie bei der Staudenauswahl – neben Ihrem persönlichen Geschmack – die Informationen zu den Licht- und Bodenansprüchen zu Rate, und achten Sie auf die Blütezeiten der jeweiligen Pflanzen. Bei den vorgestellten Gattungen, Arten und Hybriden gelten die Ansprüche ganz allgemein für die jeweilige Pflanze bzw. Gruppe. Doch einzelne Sorten können besonders in Blütenform, -farbe und -zeit sowie Wuchshöhe abweichen, so dass Sie am besten beim Kauf genau nachfragen.

Die meisten Stauden bereichern den Garten durch ihren Blütenschmuck, haben aber häufig auch ansprechendes Blattwerk zu bieten. Bei den gesondert aufgeführten Blattschmuckstauden steht die Zierwirkung des Laubs ganz im Vordergrund, sie setzen dadurch besondere Akzente. Auch Farne und Gräser, deren Vielfalt hier nur in Form einiger attraktiver und bewährter Vertreter vorgestellt werden kann, wirken über ihre Blätter, jeweils mit ganz eigenem Flair.

Schafgarbe | *Achillea-Millefolium*-Hybriden

HÖHE: 30–80 cm **BLÜTEZEIT:** Juni – August **AUSSEHEN:** lockerer Wuchs; bildet Ausläufer; Blätter gefiedert, Teilblättchen sehr fein, graugrün; Blüten winzig in flach ausgebreiteten Dolden, viele Farbtöne zwischen Gelb und Tiefrot, aromatisch duftend **STANDORT:** volle Sonne; jeder Gartenboden, mäßig trocken bis frisch **PFLANZEN:** Containerpflanzen ganzjährig; zu schwere Böden durch Sandbeimischung lockern; Pflanzabstand 40–50 cm **PFLEGEN:** nur bei starker Trockenheit gießen; regelmäßig düngen; im Herbst zurückschneiden **VERMEHREN:** Durch Teilung des Wurzelstocks, Risslinge oder Kopfstecklinge im Mai. Einige Sorten lassen sich aussäen, blühen aber blasser. **VERWENDUNG:** gute Partner für blau, weiß oder rosa blühende Stauden **SORTEN:** großes, wechselndes Angebot **HINWEIS:** Die Namensgebung der Sorten ist uneinheitlich. Manche werden als *Achillea*-Hybriden angeboten.

Herbsteisenhut | *Aconitum carmichaelii*

HÖHE: 100–140 cm **BLÜTEZEIT:** September – Oktober **AUSSEHEN:** kräftiger, aufrechter Stängel; Blätter etwas ledrig, handförmig in 3 bis 5 Lappen geteilt; Blüte lilablau, helmartig gewölbt, mit zurückgerolltem Sporn, in hohen, lockeren Rispen **STANDORT:** halbschattig, allenfalls absonnig; Boden humus- und nährstoffreich, frisch **PFLANZEN:** Containerpflanzen ganzjährig; 30 cm Pflanzabstand; bei Herbstpflanzung über Winter mulchen **PFLEGEN:** Grunddüngung mit Langzeitdünger im Frühling; im Sommer ausreichend gießen; Blütenstängel nach der Blüte abschneiden **VERMEHREN:** durch Teilung im Frühling oder im Herbst, Aussaat der Art ist möglich **VERWENDUNG:** wertvoller Spätblüher für halbschattige Rabatten oder im lichten Gehölzschatten **SORTEN:** meist wird 'Arendsii' angeboten (→ Abb.), 100–150 cm hoch, dunkler blühend **HINWEIS:** alle Teile der Pflanze sind sehr giftig, da Kontaktgift, stets Handschuhe tragen; nicht für Gärten geeignet, in denen Kinder spielen

Kriechender Günsel | *Ajuga reptans*

HÖHE: 15–20 cm **BLÜTEZEIT:** April – Mai **AUSSEHEN:** sehr wüchsig, bildet dichte Teppiche; treibt Ausläufer; ei- bis spatelförmige Blätter; Blüten in bis 20 cm hohen Ähren, jeweils zu 2 bis 6 in Quirlen, violettblau, selten weiß oder rosa **STANDORT:** lichter Schatten oder Halbschatten, in voller Sonne nur auf sehr feuchten Böden; Boden lehmig, nährstoffreich, frisch bis feucht **PFLANZEN:** Containerpflanzen ganzjährig **PFLEGEN:** Grunddüngung mit Langzeitdünger im Frühling; wuchernde Partien auslichten; im Sommer regelmäßig gießen **VERMEHREN:** durch Ausläufer **VERWENDUNG:** als wuchernder Bodendecker, z. B. zur Unterpflanzung von Strauchbeeten **SORTEN:** 'Atropurpurea' mit dunkel violettbraunen Blättern; 'Multicolor' mit mehrfarbigen Blättern; 'Burgundy Glow' mit purpurrosa gefärbten Blättern **HINWEIS:** samt sich am geeigneten Standort selbst aus

Weicher Frauenmantel | *Alchemilla mollis*

HÖHE: 30–50 cm **BLÜTEZEIT:** Juni – August **AUSSEHEN:** sehr kompakter, horstiger Wuchs; Blätter fast rund, am Rand eingebuchtet, behaart; Blüten winzig, schwefelgelb, in lockeren Trugdolden **STANDORT:** sonnig bis halbschattig; jeder Gartenboden, ideal sind nährstoffreiche, frische Lehmböden **PFLANZEN:** Containerpflanzen ganzjährig; 50 cm Pflanzabstand **PFLEGEN:** regelmäßig düngen; Rückschnitt nach der Blüte; Laub erst im Frühling abschneiden, **VERMEHREN:** durch Teilung oder Aussaat, samt sich selbst aus **VERWENDUNG:** als Bodendecker zwischen Sträuchern, Weg- oder Beetbegrenzung; hübsch mit blauen, roten oder gelben Stauden; bietet auch Blattschmuck **HINWEIS:** Bei hoher Luftfeuchtigkeit scheidet Frauenmantel aus Blattdrüsen aktiv Wassertröpfchen aus.

Japanische Herbstanemone | *Anemone hupehensis* var. *japonica*

HÖHE: 60–140 cm, sortenabhängig **BLÜTEZEIT:** August – Oktober **AUSSEHEN:** Stängel aufrecht, verzweigt; Blätter dreiteilig; Blüten bis 9 cm breit, weiß bis rosa, einfach bis halbgefüllt; Früchte weißhaarig, flaumig **STANDORT:** absonnig bis lichter Gehölzschatten; Boden frisch bis feucht, humus- und nährstoffreich **PFLANZEN:** Containerpflanzen ganzjährig, Jungpflanzen nicht völlig winterhart, in den ersten beiden Jahren gut abdecken **PFLEGEN:** ausreichend gießen, verträgt keine austrocknenden Böden; Kompost und organischen Dünger geben; Winterschutz in rauen Gegenden **VERMEHREN:** durch Teilung, Wurzelschnittlinge **VERWENDUNG:** in schattigen Rabatten, zwischen Sträuchern; nicht in direkter Wurzelkonkurrenz pflanzen **SORTEN:** 'Bressingham Glow', 60 cm hoch, kräftig lilarosa; 'Herzblut', 50–70 cm hoch, karminrosa **HINWEIS:** Sorten meist als *Japonica*-Hybriden angeboten.

Akelei | *Aquilegia*-Hybriden

HÖHE: 40–70 cm, je nach Sorte **BLÜTEZEIT:** Mai – Juni **AUSSEHEN:** lockerer Wuchs, Stängel wenig verzweigt; Blätter tief zwei- bis dreilappig; Blüten nickend, glockenförmig, weiß, rosa, rot bis blau, auch mehrfarbig **STANDORT:** absonnig bis lichter Schatten; Boden locker, humos, am besten etwas kalkhaltig **PFLANZEN:** Containerpflanzen ganzjährig **PFLEGEN:** Boden lockern, Kompost geben; bei Trockenheit gießen **VERMEHREN:** durch Selbstaussaat **VERWENDUNG:** für halbschattige Rabatten, z. B. mit Astilben, Funkien, Farnen; Gehölz- und Mauerschatten; für naturnahe Gärten **SORTEN:** 'Heterosis Olympia', 70 cm hoch, zweifarbig blau-weiß oder rot-gelb; 'Heterosis Musik', 45 cm hoch, verschiedene Farbkombinationen **WEITERE ARTEN:** *A. vulgaris* und ihre Sorten, 30–60 cm hoch **HINWEIS:** kurzlebig, alle paar Jahre neu pflanzen oder regelmäßig aus Samen weiterkultivieren; ganze Pflanze giftig

Gewöhnliche Grasnelke | *Armeria maritima*

HÖHE: 20–30 cm **BLÜTEZEIT:** Mai – Juni **AUSSEHEN:** polsterförmiger Wuchs; Blätter grasartig schmal; Blüten in Köpfchen, weiß, rot bis rosa, sortenabhängig **STANDORT:** volle Sonne; Boden durchlässig, sandig, keinesfalls schwer oder staunass, mäßig trocken bis frisch; verträgt längere Trockenheit **PFLANZEN:** Containerpflanzen ganzjährig; Boden ggf. mit Sand vermischen; 20 cm Pflanzabstand **PFLEGEN:** Verblühtes abschneiden; Polster im Winter mit Reisig abdecken; regelmäßig teilen **VERMEHREN:** durch Teilen im Mai oder Frühherbst **VERWENDUNG:** für Steingärten, Trockenmauern, Heidegärten; als Einfassung **SORTEN:** mehrere Unterarten und Sorten wie 'Alba', 'Birch Pink', 'Splendens', variable Blütenfarben **WEITERE ARTEN:** *A. juniperifolia,* nur 5 cm hohe, dichte Polster, nadelförmige Blättchen, blüht zartrosa bis weiß **HINWEIS:** keine Nelke, sondern ein Bleiwurzgewächs

Waldgeißbart | *Aruncus dioicus*

HÖHE: 150–200 cm **BLÜTEZEIT:** Juni – Juli **AUSSEHEN:** horstartig, Stängel unverzweigt; Blätter gefiedert, untere bis 1 m lang, Fiedern gesägt, gelbe Herbstfärbung; Blüten winzig, in bis 50 cm langen Rispen, cremeweiß **STANDORT:** lichter Schatten bis Halbschatten, bei genügend Feuchte auch an sonnigeren Plätzen; Boden nährstoffreich, humos, frisch bis feucht **PFLANZEN:** Containerpflanzen ganzjährig; 70 cm Pflanzabstand **PFLEGEN:** anspruchslos, langlebig; bei Trockenheit gießen; im Herbst zurückschneiden **VERMEHREN:** durch Samen, auch Selbstaussaat **VERWENDUNG:** in schattigen Ecken und unter Bäumen, als Randbepflanzung von Teichen; als Heckenersatz; in Schattengärten auch als prächtiger Solitär **SORTEN:** 'Waldgeister', 180 cm hoch, überhängende Blütenstände

Kissenaster | *Aster-Dumosus*-Hybriden

HÖHE: 15–50 cm, je nach Sorte **BLÜTEZEIT:** September – Oktober **AUSSEHEN:** teppichartig bis polsterförmig; schmale Blättchen; Blütenköpfchen weiß bis rosa, violett bis lila, in doldenartig verzweigten Blütenständen **STANDORT:** volle Sonne; luftig kühler Platz, nicht vor Wänden oder Trockenmauern; frischer bis feuchter, humoser, lehmiger Boden **PFLANZEN:** Containerpflanzen ganzjährig **PFLEGEN:** v. a. bei Trockenheit reichlich gießen, sonst droht Mehltaubefall; Kopfdüngung während der Blüte; Rückschnitt nach der Blüte zur Regeneration; ältere Exemplare im Herbst zurückschneiden und im Winter mit Kompost abdecken **VERMEHREN:** durch Teilung, Risslinge oder Kopfstecklinge im Frühling **VERWENDUNG:** als Randbepflanzung sonniger Rabatten; auch in Steingärten oder an Hängen; für Töpfe **HINWEIS:** große Sortenvielfalt dank Kreuzungen mit der Glattblattaster

Glattblattaster | *Aster novi-belgii*

HÖHE: 80–140 cm, je nach Sorte **BLÜTEZEIT:** September – Oktober **AUSSEHEN:** horstartig, Stängel im oberen Teil verzweigt; kurze Ausläufer; Blätter lanzettlich; Blütenköpfchen weiß, rot bis rosa, blau bis violett **STANDORT:** sonnig; kühl, verträgt keine heißen Plätze; frischer bis feuchter, humoser, nährstoffreicher Boden **PFLANZEN:** Containerpflanzen ganzjährig; 40 cm Pflanzabstand **PFLEGEN:** im Frühling organisch düngen; ggf. Kopfdüngung vor der Blütezeit; reichlich gießen, austrocknende Pflanzen mehltaugefährdet; hohe Sorten stützen; nach der Blüte zurückschneiden **VERMEHREN:** durch Teilung oder Stecklinge im Frühling **VERWENDUNG:** im Hintergrund sonniger Rabatten; farblich abgestufte Sorten kombinieren **WEITERE ARTEN:** Raublattaster (*A. novae-angliae*), geeignet für trockenere Standorte **HINWEIS:** die formenreichste Asternart; gute Schnittblume

Prachtspiere | *Astilbe-Arendsii*-Hybriden

HÖHE: 20–120 cm, je nach Sorte **BLÜTEZEIT:** Juni – September **AUSSEHEN:** aufrecht, locker; Blätter mehrfach gefiedert; Blüten in federartig verzweigten Rispen, weiß, creme, hellrosa bis dunkelrot oder violett **STANDORT:** lichter Gehölzschatten bis Halbschatten; kühl, feucht; Boden frisch bis feucht, nährstoff- und humusreich **PFLANZEN:** Containerpflanzen ganzjährig **PFLEGEN:** regelmäßig und durchdringend gießen; im Frühling Langzeitdünger und Kompost geben; bei älteren Pflanzen herauswachsende Triebköpfe mit Kompost anfüllen; Fruchtstiele im Frühling tief abschneiden **VERMEHREN:** durch Teilung **VERWENDUNG:** als Hintergrund halbschattiger Rabatten; farblich abgestimmte Sorten zur Aufhellung düsterer Ecken; z. T. auch für Töpfe geeignet **SORTEN:** nach der Blütezeit in frühe, mittlere und späte Blütezeitgruppe gegliedert **HINWEIS:** Prachtspieren nicht unter flach wurzelnden Bäumen pflanzen

Blaukissen | *Aubrieta*-Hybriden

HÖHE: 5–15 cm **BLÜTEZEIT:** April – Mai **AUSSEHEN:** flach, polsterförmig; Blättchen elliptisch, immergrün; Blüten rosa bis rot, lilablau bis violett, sehr zahlreich **STANDORT:** vollsonnig; warm; Boden nährstoffreich, durchlässig, kalkhaltig, mäßig trocken bis frisch, nicht zu schwer **PFLANZEN:** Containerpflanzen ganzjährig; 50–70 cm Pflanzabstand, breitet sich durch wurzelnde Triebe aus **PFLEGEN:** Polster nach der Blüte zurückschneiden, sonst verkahlen die Pflanzen von innen her; sparsam organisch düngen; in rauen Gegenden über Winter mit Reisig abdecken **VERMEHREN:** durch Teilung oder Risslinge im Frühling, Stecklinge im Spätherbst **VERWENDUNG:** für Steingärten, Trockenmauern, an Terrassen, als Beeteinfassung; in Kombination mit anderen Polsterstauden **SORTEN:** zahlreiche Sorten in unterschiedlichen Farben, blau bis lila blühende besonders langlebig

Felsensteinkresse | *Aurinia saxatilis*

HÖHE: 25–40 cm **BLÜTEZEIT:** April – Mai **AUSSEHEN:** polsterförmiger Wuchs, unten verholzend; Blätter schmal, graugrün; Blüten sattgelb in locker verzweigten Trauben, Honigduft **STANDORT:** volle Sonne; Boden locker, durchlässig, mäßig trocken bis frisch **PFLANZEN:** Containerpflanzen ganzjährig; ggf. den Boden durch Sandbeimischung durchlässiger machen; Pflanzabstand 50 cm **PFLEGEN:** nach der Blüte leicht zurückschneiden; ältere Pflanzen fallen leicht auseinander, dann stark zurückschneiden **VERMEHREN:** durch Stecklinge im Frühsommer; die Art kann ausgesät werden **VERWENDUNG:** für Steingarten, Trockenmauern, hängend über Mauerkronen; gute Partner sind Blaukissen oder Schleifenblume **SORTEN:** ‘Compactum’, 15–20 cm hoch; ‘Plenum’, 30 cm hoch, gefüllte Blüten **WEITERE ARTEN:** mehrere Arten der verwandten Gattung *Alyssum*, z. B. *A. montanum*, *A. ovirense*

Altaibergenie | *Bergenia cordifolia*

HÖHE: 30–40 cm **BLÜTEZEIT:** April – Mai **AUSSEHEN:** große, fleischige Blätter, wachsartig glänzend, wintergrün; Blüten hell- bis dunkelrosa, in kugeliger, dann ausgebreiteter Rispe **STANDORT:** lichter Schatten bis Halbschatten, verträgt auch Schatten und bei ausreichender Bewässerung etwas Sonne; Boden mäßig trocken bis frisch, anspruchslos **PFLANZEN:** Containerpflanzen ganzjährig; 40 cm Pflanzabstand **PFLEGEN:** Boden im Frühling mit Kompost abdecken, Langzeitdünger einarbeiten **VERMEHREN:** durch Teilung oder Wurzelschnittlinge **VERWENDUNG:** für halbschattige Felsen- und Steingärten; unter Gehölzen, an Hängen; auch in Töpfen **SORTEN:** zahlreiche Hybriden, auch mit weißen oder dunkelroten Blüten **HINWEIS:** fast unverwüstlich für Problemstandorte

Karpatenglockenblume | *Campanula carpatica*

HÖHE: 20–30 cm **BLÜTEZEIT:** Juni – August **AUSSEHEN:** kompakt, horstförmig; Blätter eiförmig; Blüten glockenförmig, blau bis violettblau **STANDORT:** sonnig bis halbschattig; warm; Boden durchlässig, möglichst kalkhaltig, keine Staunässe **PFLANZEN:** Containerpflanzen ganzjährig; Pflanzabstand 30 cm **PFLEGEN:** alle paar Jahre düngen; beim Austrieb auf Schnecken achten; nach der Blüte zurückschneiden, Nachblüte möglich; in langen Trockenperioden gießen **VERMEHREN:** teils durch Aussaat möglich (Ende Februar – Ende Mai), auch Selbstaussaat; durch Teilen junger Pflanzen oder Risslinge **VERWENDUNG:** im Vordergrund von Staudenbeeten, Steingärten; als Wegbegrenzung, unter lichten Gehölzen **SORTEN:** samenvermehrbare z. B. 'Blaue Clips'; 'Silberschale', weiß blühend; vegetativ vermehrt z. B. 'Blaumeise', 'Karpatenkrone' **HINWEIS:** eine der besten Gartenglockenblumen

Knäuelglockenblume | *Campanula glomerata*

HÖHE: 15–60 cm **BLÜTEZEIT:** Juni – August **AUSSEHEN:** horstförmig; grundständige Rosette aus länglich herzförmigen Blättern, Blütenstängel mit breit lanzettlichen Blättern; Blüten glockenförmig, dunkelviolett in dichten Knäueln **STANDORT:** sonnig bis lichter Schatten; warm; Boden mäßig trocken bis frisch, möglichst kalkhaltig, keine Staunässe **PFLANZEN:** Containerpflanzen ganzjährig; Pflanzabstand 30 cm **PFLEGEN:** wie Karpatenglockenblume **VERMEHREN:** durch Teilung oder Aussaat **VERWENDUNG:** für Staudenbeete, naturnahe Pflanzungen, auch in Blumenwiesen **SORTEN:** 'Alba' und 'Schneekrone', weiß; 'Joan Elliott', dunkelviolett, 40 cm hoch; 'Superba', dunkelviolett, 50–60 cm hoch **WEITERE ARTEN:** Breitblättrige Glockenblume (*C. latifolia*), bis 150 cm hoch; Riesendoldenglockenblume (*C. lactiflora*), bis 200 cm hoch; Pfirsichblättrige Glockenblume (*C. persicifolia*), 50–100 cm hoch

Bergflockenblume | *Centaurea montana*

HÖHE: 40–50 cm **BLÜTEZEIT:** Mai – Juli **AUSSEHEN:** kriechender Wurzelstock, aufrechte, lockere Horste; Blätter breit lanzettlich; Blütenköpfchen kornblumenblau, seltener blassblau **STANDORT:** lichter Gehölzschatten bis Halbschatten, bei guter Wasserversorgung auch sonniger; Boden mäßig trocken bis frisch, keine Staunässe **PFLANZEN:** Containerpflanzen ganzjährig; Pflanzabstand 30–40 cm **PFLEGEN:** selten düngen; Blütenstiele nach der Blüte abschneiden **VERMEHREN:** durch Teilen im Frühling, Risslinge oder Wurzelschnittlinge **VERWENDUNG:** zwischen offenen Gehölzen, im Naturgarten, auf Rabatten oder im Steingarten **SORTEN:** 'Alba', weiß; 'Grandiflora', blau; 'Violetta', dunkelviolett **WEITERE ARTEN:** Silberflockenblume (*C. pulcherrima*) 30–40 cm hoch, silbrig gelbe Hüllblätter zu reinrosa Blütenköpfchen **HINWEIS:** Die Staude neigt zum Auseinanderfallen.

Rote Spornblume | *Centranthus ruber*

HÖHE: 50–70 cm **BLÜTEZEIT:** Juni – Juli, Nachblüte August – September **AUSSEHEN:** lockerer Wuchs, horstartig, aufrechte Stängel; Blätter länglich, blaugrün; Blüten karminrosa bis rosarot in dichten Trugdolden **STANDORT:** vollsonnig; warm bis heiß; Boden unbedingt durchlässig, möglichst kalkhaltig, auch zwischen Steinen **PFLANZEN:** Containerpflanzen ganzjährig; 50 cm Abstand einhalten, breitet sich aus **PFLEGEN:** Ausbreitung kontrollieren und ggf. eindämmen; Rückschnitt nach der Blüte fördert Zweitblüte **VERMEHREN:** durch Aussaat, auch Selbstaussaat **VERWENDUNG:** für Steingärten, Trockenmauern, Steppen- und Felsengärten; zur Hangbepflanzung; in Pflanzsteinen **SORTEN:** hauptsächlich 'Albus', weiß; 'Coccineus', scharlachrot; beide breiten sich rein durch Samen aus

Herbstchrysantheme | *Chrysanthemum-Indicum*-Hybriden

HÖHE: 40–100 cm **BLÜTEZEIT:** August – November **AUSSEHEN:** horstartig; tief eingeschnittene Blätter, aromatisch duftend; Blütenköpfchen in allen Farben außer reinem Blau, einfach, halbgefüllt bis gefüllt, ballförmig **STANDORT:** sonnig; warm; Boden nährstoffreich, möglichst kalkhaltig, durchlässig, mäßig trocken bis frisch **PFLANZEN:** auch Containerpflanzen nur im Frühling bis Frühsommer; Pflanzabstand 40–50 cm **PFLEGEN:** hohe Sorten stützen; im Herbst verrotteten Mist oder Kompost als Kälteschutz und Düngung geben **VERMEHREN:** durch Teilung oder Stecklinge **VERWENDUNG:** für Rabatten (Blütezeiten durch Sortenwahl staffeln), vor Mauern, zu Gräsern; auch einjährig als farbprächtige Herbstblüher im Kübel **SORTEN:** zahlreich und vielfältig, häufig wechselndes Angebot

Julisilberkerze | *Cimicifuga racemosa*

HÖHE: 150–200 cm **BLÜTEZEIT:** Juli – August **AUSSEHEN:** horstartig; Blätter gefiedert und grob gesägt; Blüten cremeweiß, in 60–90 cm langen, teilweise überneigenden, dichten Trauben **STANDORT:** lichter Schatten bis Halbschatten; kühl und luftfeucht; Boden locker, humos, frisch bis feucht, keine austrocknenden Böden **PFLANZEN:** Containerpflanzen ganzjährig; 40 cm Pflanzabstand, nicht neben wüchsige Nachbarn **PFLEGEN:** Langzeitdünger geben; bei Trockenheit durchdringend gießen **VERMEHREN:** durch Teilung im Frühjahr **VERWENDUNG:** im lichten Baumschatten; zu Astilben und Funkien **SORTEN:** zwei Varietäten (var. *cordifolia,* var. *racemosa*), wenige Sorten **WEITERE ARTEN:** Septembersilberkerze (*C. ramosa*), bis 200 cm hoch **HINWEIS:** Manche empfinden den Blütenduft als unangenehm.

Großblumiges Mädchenauge | *Coreopsis grandiflora*

HÖHE: 60–90 cm **BLÜTEZEIT:** Juni – September **AUSSEHEN:** horstartig, locker; Blätter lanzettlich bis gefiedert; Köpfchen mit langen Zungenblüten, leuchtend gelb, einzeln auf langen Stielen **STANDORT:** sonnig; warm; Boden mäßig trocken bis frisch, nicht zu nährstoffreich oder verdichtet **PFLANZEN:** Containerpflanzen ganzjährig; Pflanzabstand 30 cm **PFLEGEN:** scharfer Rückschnitt nach der Blüte; kurzlebige Staude, rechtzeitig verjüngen **VERMEHREN:** einige Sorten aus Samen, sonst Teilung oder Stecklinge **VERWENDUNG:** für sonnige Rabatten; zu roten, gelben, orangefarbenen oder – kontrastreich – zu blauen Stauden **SORTEN:** 'Badengold', bis 10 cm große Blütenköpfchen; 'Tetragold' aus Samen vermehrbar; 'Flying Saucers', 40 cm hoch; 'Calypso' mit gefleckten Blättern **HINWEIS:** sehr gute Schnittblume

Rittersporn | *Delphinium*-Hybriden

HÖHE: je nach Sorte 80–200 cm **BLÜTEZEIT:** Juni – Juli, Nachblüte August – Oktober **AUSSEHEN:** horstig, aufrecht; Blätter tief geteilt bis handförmig gefiedert; Blüten in hohen Trauben, weiß, hell- bis dunkelblau oder rosa **STANDORT:** sonnig bis absonnig, nicht in der prallen Mittagssonne; Boden tiefgründig, locker, lehmig und nährstoffreich, keine Sandböden **PFLANZEN:** Containerpflanzen ganzjährig; 30–40 cm Pflanzabstand, Abstand zu starkwüchsigen Konkurrenten einhalten **PFLEGEN:** vor dem Austrieb düngen, ggf. zusätzliche Kopfdüngung im Frühsommer; austreibende Stauden vor Schneckenfraß schützen; bei Trockenheit gießen; hohe Sorten rechtzeitig stützen; nach der Blüte zurückschneiden (fördert Zweitblüte); im Herbst zurückschneiden **VERMEHREN:** durch Teilung, grundständige Stecklinge **VERWENDUNG:** als Leitstaude **SORTEN:** zahlreiche Sorten in drei Gruppen: *Elatum*-Hybriden, bis 200 cm hoch, blau mit hellem Auge; *Belladonna*-Hybriden, bis 120 cm, weiß und blau; *Pacific*-Hybriden, bis 180 cm, weiß, blau, rosa **HINWEIS:** gesamte Pflanze giftig

Heidenelke | *Dianthus deltoides*

HÖHE: 10–20 cm **BLÜTEZEIT:** Juni – September **AUSSEHEN:** polsterförmig bis rasenartig, schmale Blätter, früh verbraunend; Blüten klein, einzeln auf 10–15 cm hohen Stielen, weiß oder rot, häufig mit dunklerem Auge **STANDORT:** vollsonnig; warm; Boden durchlässig, trocken, kieshaltig, möglichst nährstoffarm und sauer **PFLANZEN:** Containerpflanzen ganzjährig; nicht neben wüchsige Stauden pflanzen **PFLEGEN:** nicht düngen und wenig gießen; nach der Blüte zurückschneiden; kurzlebige Staude, rechtzeitig verjüngen **VERMEHREN:** durch Aussaat **VERWENDUNG:** für sonnige Heidegärten, Steingärten (nicht auf Kalk) **SORTEN:** 'Albus', weiß; 'Vampir', braunrote Blätter, karminrot blühend **WEITERE ARTEN:** Pfingstnelke (*D. gratianopolitanus*), rasenartig mit großen Blüten, braucht keinen sauren Boden

Tränendes Herz | *Dicentra spectabilis*

HÖHE: 60–90 cm **BLÜTEZEIT:** Mai – Juni **AUSSEHEN:** horstartig, locker verzweigt, Triebe leicht überneigend; Blätter gefiedert; Blüten herzförmig, zweifarbig rosa-weiß **STANDORT:** lichter Gehölzschatten bis halbschattig, auf feuchten Böden auch sonniger; luftfeucht; Boden locker, humushaltig, frisch bis feucht, keine Staunässe **PFLANZEN:** Containerpflanzen ganzjährig; nicht neben wüchsige Stauden **PFLEGEN:** Humusauflage; in rauen Regionen über Winter mit Zweigabdeckung schützen **VERMEHREN:** durch grundständige Stecklinge **VERWENDUNG:** für lichte Strauchbeete, halbschattige Rabatten, naturnahe Pflanzungen; auch im Topf **WEITERE ARTEN:** Kleines Tränendes Herz (*D. eximia*), 40 cm hoch, mit kriechendem Rhizom, dunkelrosa bis rot **HINWEIS:** Nach der Blüte zieht die Pflanze ein und hinterlässt so früh leere Stellen; deshalb in den Hintergrund pflanzen.

Roter Sonnenhut, Scheinsonnenhut | *Echinacea purpurea*

HÖHE: 70–100 cm **BLÜTEZEIT:** Juli – September **AUSSEHEN:** horstartig, steif aufrechter Stängel; Blätter rau behaart, eiförmig zugespitzt, unten deutlich größer; Köpfchen mit karminroten Zungenblüten und kuppelförmig gewölbten, dunkleren Röhrenblüten **STANDORT:** vollsonnig; warm; lehmiger, nährstoffreicher, frischer Boden **PFLANZEN:** auch Containerpflanzen möglichst im Frühling; Pflanzabstand 30 cm **PFLEGEN:** Austrieb vor Schneckenfraß schützen; nach der Blüte zurückschneiden; alle 3 bis 4 Jahre neu verpflanzen **VERMEHREN:** schwierig, allenfalls durch Wurzelschnittlinge **VERWENDUNG:** für sonnige Rabatten, Bauerngärten **SORTEN:** 'Abendsonne', 70 cm hoch; 'Green Edge', weiße Zungenblüten, 60 cm hoch; 'Nana', 30 cm hoch **WEITERE ARTEN:** Schmalblättriger Scheinsonnenhut (*E. angustifolia*), Blätter länglich, Zungenblüten schlaff herabhängend **HINWEIS:** gute Schnittblume

Feinstrahlaster | *Erigeron*-Hybriden

HÖHE: 50–80 cm **BLÜTEZEIT:** Juni – Juli, Nachblüte September **AUSSEHEN:** horstartig, relativ dicht; Blätter schmal; Blütenköpfchen in großen Doldentrauben, Zungenblüten sehr schmal, weiß, violett oder lila bis karminrot **STANDORT:** sonnig; warm; Boden durchlässig, frisch bis feucht, auf schweren Böden standschwach und schlechterer Wuchs **PFLANZEN:** Containerpflanzen ganzjährig; Pflanzabstand 30–40 cm **PFLEGEN:** Rückschnitt nach der Blüte fördert eine Zweitblüte (je jünger die Pflanze, desto reichlicher); Kopfdüngung nach der ersten Blüte; höhere Sorten unauffällig stützen; kurzlebig, daher alle 2 bis 3 Jahre verjüngen **VERMEHREN:** durch Teilung **VERWENDUNG:** für Staudenbeete und Schnittblumenbeete **SORTEN:** zahlreiche Sorten mit verschiedenen Blütenfarben, Blüten teils halbgefüllt **HINWEIS:** gute Schnittblume, erst voll erblüht abschneiden

Alpenmannstreu | *Eryngium alpinum*

HÖHE: 60–80 cm **BLÜTEZEIT:** Juni – Juli **AUSSEHEN:** horstartig, kaum verzweigt; Blätter ledrig, stachelig, graugrün; Blütenköpfchen halbkugelig bis zylindrisch, stahlblaue, eingeschnittene bis zerschlitze Hüllblätter; Fruchtstände bis zum Winter **STANDORT:** sonnig; warm bis heiß; Boden durchlässig, sandig bis lehmig, locker und tiefgründig, möglichst kalkhaltig, verfault auf nassen Standorten **PFLANZEN:** Containerpflanzen ganzjährig; 40–50 cm Pflanzabstand **PFLEGEN:** erst im Frühling zurückschneiden; unauffällig stützen; kurzlebig, öfter nachpflanzen **VERMEHREN:** durch Aussaat oder Wurzelschnittlinge **VERWENDUNG:** im Steingarten, Steppenbeet, zwischen Geröll **SORTEN:** 'Blue Star', tiefblau; 'Opal', silbrig lila; 'Superbum', größere und intensiver gefärbte Köpfchen **HINWEIS:** Trockenblume

Goldwolfsmilch | *Euphorbia polychroma*

HÖHE: 30–50 cm **BLÜTEZEIT:** April – Mai **AUSSEHEN:** horstartig, Triebe rötlich; Blätter eiförmig, weich behaart, gelbe bis rote Herbstfärbung; Blüten unscheinbar, Hochblätter leuchtend grüngelb, sehr lange bleibend **STANDORT:** sonnig bis halbschattig; warm; normaler, nicht zu feuchter Gartenboden, ideal sind sandige bis lehmige, durchlässige Böden **PFLANZEN:** Containerpflanzen ganzjährig; 30–40 cm Pflanzabstand **PFLEGEN:** im Spätherbst zurückschneiden **VERMEHREN:** durch Teilung oder Aussaat, Sorten auch über Stecklinge **VERWENDUNG:** für Staudenbeete, Steingärten (z. B. mit Blaukissen, Steinkraut); in Trockenmauern, zwischen Platten; in Kübeln **SORTEN:** 'Candy', purpurroter Austrieb, orangegelbe Hochblätter; 'Orange Buttons', gelbe Hochblätter, purpurfarbene Blätter **HINWEIS:** Milchsaft ist giftig, bei allen Arbeiten Handschuhe tragen

Enzian | *Gentiana*-Arten

HÖHE: je nach Art 3–100 cm **BLÜTEZEIT:** je nach Art April – Oktober **AUSSEHEN:** sehr vielgestaltige Gattung, kriechend bis aufrecht; alle mit schmalen, ganzrandigen Blättern und aufrechten, meist tiefblauen, großen, glockenförmigen Blüten **STANDORT:** → „Arten" **PFLANZEN:** Containerpflanzen ganzjährig **PFLEGEN:** Die Arten offener Wiesen werden nicht oder selten gedüngt, die übrigen gelegentlich mit organischem Langzeitdünger versorgen. **VERMEHREN:** durch Aussaat oder Teilung **VERWENDUNG:** in Steingärten, am Gehölzrand **ARTEN:** unterteilt in die Sektionen: Frühlingsenziane, Blüte ab April, feuchte, torfige Böden; Kreuzblättrige Enziane, Mai – Juni, gute Gartenböden; Frigida oder Herbstenziane, Juli – Oktober, feuchtere Böden; Gentiana, ab Mai, stattlich, Steingärten; Glockenenziane, Mai – Juli, Steingärten, Schalen; Pneumonanthe, Juni – September, relativ robust, feuchtere Böden, z. T. kalkfliehend **HINWEIS:** Enziane sind oft etwas heikel; erkundigen Sie sich bei der Auswahl genau nach den jeweiligen Standortansprüchen.

Felsenstorchschnabel | *Geranium macrorrhizum*

HÖHE: 20–30 cm **BLÜTEZEIT:** Mai – Juli **AUSSEHEN:** kriechendes Rhizom; Stängel mit klebrigen Drüsenhaaren; Blätter handförmig eingeschnitten, aromatisch duftend, rote Herbstfärbung, wintergrün; Blüten einfach, weißlich rosa bis dunkelrot **STANDORT:** sonnig bis lichter Gehölzschatten; humoser, mäßig trockener bis frischer Boden **PFLANZEN:** Containerpflanzen ganzjährig; nicht neben schwachwachsende Stauden, breitet sich aus **PFLEGEN:** Boden mulchen **VERMEHREN:** durch Teilung und (Selbst-)Aussaat **VERWENDUNG:** problemloser Bodendecker unter Gehölzen **SORTEN:** 'Album', weiß; 'Czakor', gelbe Herbstfärbung, karminpurpurn; 'Spessart', dauerhaftes Laub, weiß mit rosa Staubfäden

Schleierkraut | *Gypsophila paniculata*

HÖHE: 80–120 cm **BLÜTEZEIT:** Juni – August **AUSSEHEN:** locker verzweigt, kugeliger Wuchs; tiefreichende Pfahlwurzel; Blätter graugrün, sehr schmal, zugespitzt; Blüten weiß bis hellrosa, sternförmig in Rispen **STANDORT:** vollsonnig; warm bis heiß; Boden durchlässig, sandig bis lehmig, kalkhaltig, verträgt keine Winternässe **PFLANZEN:** Containerpflanzen ganzjährig; ggf. den Boden mit Sand anreichern; 30–50 cm Pflanzabstand **PFLEGEN:** nach der Blüte zurückschneiden **VERMEHREN:** die Art durch Aussaat, Sorten durch Stecklinge **VERWENDUNG:** vermittelt in sonnigen, trockenen Rabatten schön zwischen kräftigeren Blütenfarben **SORTEN:** 'Bristol Fairy', gefüllt, weiß; 'Compacta', niedrig, weiß; 'Flamingo', gefüllt, blassrosa **WEITERE ARTEN:** Teppichschleierkraut (*G. repens*), 25 cm hoch

Sonnenbraut | *Helenium*-Hybriden

HÖHE: 60–150 cm **BLÜTEZEIT:** Juni – September **AUSSEHEN:** horstartig, im Alter breitwüchsig; schmal ovale Blätter; Köpfchen mit breiten, gelben, orangefarbenen oder roten bis braunroten Zungenblüten, in reichblütigen Scheindolden **STANDORT:** volle Sonne; warm; Boden nährstoffreich, lehmig, frisch bis feucht, darf nicht austrocknen, nicht auf schweren Böden **PFLANZEN:** Containerpflanzen ganzjährig; 30–50 cm Pflanzabstand **PFLEGEN:** verblühte Triebe abschneiden; hohe Sorten stützen; in trockenen Perioden wässern **VERMEHREN:** durch Teilung **VERWENDUNG:** für sonnige Rabatten zwischen Sommerblumen oder farblich kontrastierenden Stauden **SORTEN:** frühe Sorten (Juni – Juli), z. B. 'Moerheim Beauty', 50 cm hoch, hellbraun; mittelfrühe (Juli – August), z. B. 'Bressingham Gold', 100 cm, gelb; späte Sorten (August – September), z. B. 'Baudirektor Linne', 120–150 cm, ziegelrot

Christrose | *Helleborus*-Hybriden

HÖHE: 25–40 cm **BLÜTEZEIT:** Februar – April **AUSSEHEN:** unterirdisch kriechende Rhizome; Blätter ledrig, fächerförmig tief zerteilt, wintergrün; Blüten weiß, gelblich grün oder rosa bis rot **STANDORT:** lichter Gehölzschatten bis Halbschatten; kühl, luftfeucht; Boden humos, lehmig, frisch, kalkhaltig, vertragen weder Staunässe noch Trockenheit **PFLANZEN:** Containerpflanzen ganzjährig **PFLEGEN:** unansehnliche Winterblätter abschneiden, ansonsten möglichst ungestört lassen **VERMEHREN:** durch Teilung oder Aussaat (Hybridsämlinge nicht farbecht) **VERWENDUNG:** unter Gehölzen, in Staudenbeeten (Hintergrund), in naturnahen Pflanzungen; hübsch neben Zwiebelpflanzen **SORTEN:** 'Atrorubens', purpurrot **WEITERE ARTEN:** *H. niger*, weiß ab Dezember **HINWEIS:** Die Blüten öffnen sich kurz nach der Schneeschmelze und sind sehr langlebig. Ist in allen Pflanzenteilen sehr giftig!

Taglilie | *Hemerocallis*-Hybriden

HÖHE: je nach Sorte 40–110 cm **BLÜTEZEIT:** Mai – August **AUSSEHEN:** breite Horste; Blätter grasartig, früh austreibend; Blüten auf kräftigen, blattlosen Stängeln, blühen in dauerhafter Folge jeweils einen Tag, lilienähnlich, sehr variabel, alle Farbtöne außer Blau und reinem Weiß, viele Sorten duften **STANDORT:** sonnig bis halbschattig, blüht im Schatten schlechter; Boden locker, nährstoffreich, lehmig, trocken bis frisch oder etwas feucht **PFLANZEN:** Containerpflanzen ganzjährig; Pflanzabstand 50 cm **PFLEGEN:** bei anhaltender Trockenheit gießen; verblühte Blütenstiele entfernen; vertrocknetes Herbstlaub abschneiden; im Frühjahr Kompost geben **VERMEHREN:** durch Teilung **VERWENDUNG:** für Staudenbeete, unter lichten Gehölzen; Schmuckwirkung auch durch die Blattpolster **SORTEN:** kaum überschaubares Angebot mit variabler Blütezeit, -farbe, -größe und -form (gefüllt, gewellt)

Purpurglöckchen | *Heuchera*-Hybriden

HÖHE: 40–70 cm **BLÜTEZEIT:** Mai – Juli **AUSSEHEN:** polsterförmig; Blätter herzförmig, gelappt, manchmal heller gezeichnet, wintergrün; Blüten glöckchenförmig, weiß, rosa bis karminrot in schmalen Rispen **STANDORT:** sonnig bis halbschattig; kühl, luftfeucht; frischer, durchlässiger, lockerer, humoser, lehmiger Boden **PFLANZEN:** Containerpflanzen ganzjährig; schweren Böden Kompost beimischen; 30 cm Pflanzabstand **PFLEGEN:** bei Trockenheit gießen; in rauen Regionen mit Reisig abdecken **VERMEHREN:** Teilung, Stecklinge **VERWENDUNG:** als Gehölzbegleiter in kleinen Gruppen, auf halbschattigen Staudenbeeten, z. B. mit Glockenblumen, im Steingarten **SORTEN:** großes Angebot, teils auch mit rotem Laub (→ Abb.) **WEITERE ARTEN:** *H. sanguinea*, 30–40 cm hoch, kürzere Blütenrispen; Rosafarbene Bastardschaumblüte (x *Heucherella tiarelloides*), dichtblättriger Bodendecker, rosa

Immergrüne Schleifenblume | *Iberis sempervirens*

HÖHE: 15–30 cm **BLÜTEZEIT:** April – Mai **AUSSEHEN:** polsterförmig, Halbstrauch; Blätter schmal, immergrün; Blüten weiß in endständigen Trugdolden **STANDORT:** sonnig; warm; durchlässiger, nährstoffarmer, trockener bis frischer Boden **PFLANZEN:** Containerpflanzen ganzjährig; 30 cm Abstand, kann bis 150 cm breit werden **PFLEGEN:** anspruchslos; zurückhaltend düngen; Triebe nach der Blüte um ⅓ einkürzen, alte Polster scharf zurückschneiden; Winterschutz durch Reisigabdeckung **VERMEHREN:** durch Stecklinge **VERWENDUNG:** im Steingarten, für Trockenmauern und sonnige Hänge; im Vordergrund weitläufiger Rabatten **SORTEN:** 'Findel', 25 cm hoch, sehr winterhart; 'Garrexiana', 15 cm hoch, kugelig wachsend, ausdauernd; 'Schneeflocke' (→ Abb.), 30 cm hoch, breitwüchsig **HINWEIS:** eine der wichtigsten Steingartenstauden

Bartiris | *Iris-Barbata*-Hybriden

HÖHE: je nach Sorte 10–120 cm **BLÜTEZEIT:** Mai – Juni **AUSSEHEN:** kriechendes Rhizom; aufrechte, ledrige Blätter, schwertförmig; große, auffallend geformte und gefärbte Blüten an geraden Stängeln **STANDORT:** volle Sonne; warm; Boden durchlässig, nährstoffreich, humusarm, möglichst kalkhaltig **PFLANZEN:** nach der Blüte Rhizome flach unter der Erdoberfläche einsetzen **PFLEGEN:** im Frühling erfrorene Blätter entfernen; abgeblühte Stängel entfernen; im Spätsommer bis Herbst organischen Volldünger geben **VERMEHREN:** durch Teilen der Rhizome **VERWENDUNG:** für trockene Rabatten, Steppenbeete; kleine Sorten im Steingarten **SORTEN:** großes Angebot, gegliedert in Hohe Bartiris (*Iris-Barbata-Elatior*), über 70 cm, verzweigte Blütenstiele; Mittelhohe Bartiris (*Iris-Barbata-Media*), 40–50 cm, selten höher; Zwergbartiris (*Iris-Barbata-Nana*), bis 25 cm, blühen als Erste ab April

Fackellilie | *Kniphofia*-Hybriden

HÖHE: 40–140 cm **BLÜTEZEIT:** Juli – September **AUSSEHEN:** dicke Rhizome, horstartig; Blätter grasartig schmal, wintergrün; Einzelblüten röhrenförmig, in hohen Trauben, gelb, orange oder ziegel- bis lachsrot, auch zweifarbig **STANDORT:** sonnig; warm bis heiß; nährstoffreicher, frischer, durchlässiger Boden **PFLANZEN:** auch Containerpflanzen im Frühling pflanzen; 30–40 cm Pflanzabstand **PFLEGEN:** möglichst ungestört lassen; vor der Blüte etwas reichlicher gießen; kaliumreicher Mineraldünger im Frühling; Blütenstiele im Herbst abschneiden; über Winter mit Reisig schützen **VERMEHREN:** durch Teilung im Frühling **VERWENDUNG:** als Leitstaude in Rabatten **SORTEN:** 'Canary', gelb, lange blühend; 'Herbstglut', orangerot, blüht spät, sehr winterhart; 'Safranvogel', creme, lachsrosa getönt

Prachtscharte | *Liatris spicata*

HÖHE: 40–90 cm **BLÜTEZEIT:** Juli – September **AUSSEHEN:** horstartig; grundständige Blätter schmal, lang, Stängelblätter kleiner, spiralig angeordnet; Köpfchen klein mit schmalen Zungenblüten, violettrosa, in schlanken, hohen Ähren **STANDORT:** sonnig; warm bis heiß; Boden nährstoffreich, durchlässig, mäßig trocken bis frisch, nicht auf schweren Böden **PFLANZEN:** Containerpflanzen ganzjährig; 30–40 cm Pflanzabstand **PFLEGEN:** im Frühling ausputzen; mineralisch düngen; Blütenstängel nach der Blüte zurückschneiden **VERMEHREN:** durch Aussaat oder Teilung im Frühling **VERWENDUNG:** für Rabatten, Steingärten, Steppenbeete **SORTEN:** 'Floristan Violett' und 'Floristan Weiß' mit langen Ähren; 'Kobold', violett, mit kurzen Ähren **HINWEIS:** Der Wurzelstock leidet öfter unter Wühlmausfraß.

Lupine | *Lupinus-Polyphyllus*-Hybriden

HÖHE: 80–100 cm **BLÜTEZEIT:** Juni – Juli **AUSSEHEN:** aufrechte, unverzweigte Stängel; tiefreichende Wurzeln; Blätter tief handförmig geteilt mit schmal ovalen Teilblättchen; Schmetterlingsblüten in hohen Trauben, weiß, gelb, rosa bis dunkelrot oder blau bis blauviolett **STANDORT:** sonnig; warm; Boden frisch bis etwas feucht, durchlässig, tiefgründig, neutral bis sauer **PFLANZEN:** Containerpflanzen ganzjährig; 20–30 cm Pflanzabstand **PFLEGEN:** zur Sicherheit stützen; Verwelktes abschneiden und Blütenstände nach der Blüte zurückschneiden, Nachblüte ist möglich **VERMEHREN:** durch Aussaat oder Stecklinge von jungen Pflanzen (Grundsprosse mit Wurzeln) **VERWENDUNG:** auf Rabatten, gruppenweise, entweder im Hintergrund oder zwischen anderen Stauden, da früh einziehend **SORTEN:** in vielen Blütentönen, teils in Farbmischungen angeboten **HINWEIS:** Die Samen enthalten giftige Alkaloide.

Indianernessel | *Monarda*-Hybriden

HÖHE: 70–130 cm **BLÜTEZEIT:** Juli – September **AUSSEHEN:** horstartig, vierkantige Stängel; Blätter schmal eiförmig, zugespitzt, gezähnt; Lippenblüten mit streng aromatischem Duft in dichten, endständigen Quirlen, weiß, rosa bis karmin-, purpur- und scharlachrot oder violettblau **STANDORT:** sonnig bis lichter Schatten; jeder gute Gartenboden, frisch, auf schweren Böden kurzlebig **PFLANZEN:** Containerpflanzen ganzjährig **PFLEGEN:** im Frühling Langzeitdünger geben; in dicht bepflanzten Rabatten Kopfdüngung vor der Blüte; bei Trockenheit gießen; im Herbst zurückschneiden **VERMEHREN:** durch Teilung oder Stecklinge im Frühjahr **VERWENDUNG:** für Rabatten, z. B. mit Feinstrahlastern, Glockenblumen, Iris-Hybriden; klassische Bauerngartenstaude **WEITERE ARTEN:** Scharlachindianernessel (*M. didyma*), bis 100 cm hoch, mit angenehmem Melissenduft

Blaue Katzenminze | *Nepeta x faassenii*

HÖHE: 30–50 cm **BLÜTEZEIT:** Juni – September **AUSSEHEN:** horstartig locker; vierkantige Stängel; Blätter gegenständig, graugrün, schmal bis breit herzförmig, rundlich eingekerbt; Lippenblüten in lockeren Quirlen, blauviolett **STANDORT:** in voller Sonne; Boden trocken bis frisch, durchlässig, locker, nicht winternass **PFLANZEN:** Containerpflanzen ganzjährig; 30–40 cm Pflanzabstand **PFLEGEN:** gelegentlich mineralisch düngen; nach der ersten Blüte zurückschneiden, fördert zweiten Flor bis zum Herbst **VERMEHREN:** durch Teilung oder Stecklinge im Mai **VERWENDUNG:** auf sonnigen Rabatten; zu Füßen verkahlender Rosen; als Bodendecker **SORTEN:** 'Alba' blüht weiß **WEITERE ARTEN:** *N. racemosa*, 25 cm hoch, lange blühend, viele Sorten **HINWEIS:** bemerkenswert lange und dauerhafte Blüte; kann Katzen anlocken, die sich gern in der Staude wälzen

Edelpfingstrose | *Paeonia-Lactiflora*-Hybriden

HÖHE: 50–110 cm **BLÜTEZEIT:** Mai – Juni **AUSSEHEN:** horstartig, ältere Exemplare auseinanderfallend; Blätter fleischig, gefiedert, rötliche Herbstfärbung; Blüten groß, auffällig, einfach bis gefüllt, weiß oder rosa bis dunkelrot, gefüllte Sorten oft mit intensivem Duft **STANDORT:** sonnig; warm; Boden mäßig trocken bis frisch, nährstoffreich, lehmig, möglichst kalkhaltig, nicht verdichtet **PFLANZEN:** Anfang Oktober flach und knapp unter der Oberfläche einsetzen; 50–60 cm Pflanzabstand **PFLEGEN:** im Frühling ausputzen; vor dem Austrieb Kompost und organischen Dünger geben; Verblühtes abschneiden; ab September nochmals düngen **VERMEHREN:** durch Teilung im Herbst **VERWENDUNG:** für Staudenbeete, Bauerngärten **SORTEN:** sehr großes Angebot, untergliedert nach Blütenform (einfach, halbgefüllt, gefüllt) und -farbe **HINWEIS:** brauchen Jahre zur Entfaltung; ganze Pflanze giftig

Türkischer Mohn | *Papaver orientale*

HÖHE: 30–100 cm **BLÜTEZEIT:** Mai – Juni **AUSSEHEN:** horstartig; Pfahlwurzel; Blätter tief eingeschnitten; Blüten einzeln, scharlachrot, Sorten auch weiß, orange oder rosa, auch zweifarbig, einfach oder gefüllt, bis 20 cm Durchmesser **STANDORT:** volle Sonne; warm; Boden locker, durchlässig, nährstoffreich, trocken bis frisch **PFLANZEN:** Containerpflanzen ganzjährig; 30–40 cm Pflanzabstand **PFLEGEN:** mineralisch düngen; unauffällig stützen; nach der Blüte zurückschneiden **VERMEHREN:** durch Wurzelschnittlinge von Sommer bis Winter **VERWENDUNG:** für Staudenbeete, Bauerngärten; zieht nach der Blüte ein, hinter andere Pflanzen setzen **SORTEN:** ‘Beauty of Livermere’, 100 cm hoch, scharlachrot; ‘Türkenlouis’, 70 cm hoch, leuchtend rot, gefranst **HINWEIS:** giftiger Milchsaft

Staudenphlox, Flammenblume | *Phlox paniculata*

HÖHE: 50–150 cm **BLÜTEZEIT:** Juni – September **AUSSEHEN:** aufrechte, kräftige Stängel; Blätter schmal; Blüten röhrig, in reichblütigen Rispen, weiß, rosa, rot oder violett **STANDORT:** sonnig; geschützt, kühl; Boden nährstoff- und humusreich, durchlässig, frisch bis feucht **PFLANZEN:** Containerpflanzen ganzjährig; 30–40 cm Pflanzabstand **PFLEGEN:** feucht halten; durch Mehltau, Wurzel- und Stängelälchen gefährdet (Pflanzen mit gekräuselten, braunen Blättern entfernen) **VERMEHREN:** durch Teilung und Stecklinge im Frühling oder Wurzelschnittlinge im Winter; Selbstaussaat **VERWENDUNG:** für Rabatten und Bauerngärten **SORTEN:** frühblühend z. B. ‘Frauenlob’, 120 cm hoch, hell lachsrosa; im Sommer ‘Dorffreude’, 120 cm, rosarot; im Spätsommer ‘Kirmesländler’, 140 cm, weiß, rotes Auge **WEITERE ARTEN:** Polsterphlox (*Phlox-Subulata*-Hybriden), bis 15 cm hoch

Gartensalomonsiegel | *Polygonatum x hybridum*

HÖHE: 60–100 cm **BLÜTEZEIT:** Mai – Juni **AUSSEHEN:** überhängende Triebe; fleischiger Wurzelstock; Blüten röhrenförmig, cremeweiß, hängend **STANDORT:** Halbschatten bis lichter Schatten; kühl; Boden humos, locker, neutral bis schwach basisch, frisch bis feucht **PFLANZEN:** Containerpflanzen ganzjährig **PFLEGEN:** Austrieb vor Schneckenfraß schützen; bei Trockenheit wässern; mit Laubhumus mulchen **VERMEHREN:** durch Teilung im Frühling oder Herbst oder Rhizomschnittlinge von Oktober – März **VERWENDUNG:** unter Gehölzen, in naturnahen, waldartigen Pflanzungen; hübsch in kleinen Gruppen, mit Blattschmuckstauden und Farnen **SORTEN:** ‘Weihenstephan’, bis 90 cm hoch; ‘Striatum’, mit weiß gestreiften Blättern **WEITERE ARTEN:** Vielblütige (*P. multiflorum*, → Abb.) und Wohlriechende Weißwurz (*P. odoratum*) **HINWEIS:** Die ganze Pflanze ist giftig.

Kugelprimel | *Primula denticulata*

HÖHE: 15–25 cm **BLÜTEZEIT:** März – Mai **AUSSEHEN:** bis 30 cm lange, eiförmig lanzettliche Blätter in einer Rosette, runzelig; kugelige Blütenköpfchen an geraden, unbeblätterten Stielen, hell- bis dunkellila, Sorten auch weiß, rosa oder rot **STANDORT:** absonnig, lichter Gehölzschatten bis Halbschatten; kühl; humoser, lehmiger, frischer bis feuchter Boden **PFLANZEN:** Containerpflanzen ganzjährig; 20 cm Pflanzabstand **PFLEGEN:** im Frühling Kompost einarbeiten; bei Trockenheit gießen **VERMEHREN:** die Art durch Aussaat, Sorten durch Wurzelschnittlinge vor und während der Blütezeit **VERWENDUNG:** unter lichten Sträuchern oder Bäumen; an schattigen Teichrändern, nicht jedoch in der Sumpfzone

Japanische Etagenprimel | *Primula japonica*

HÖHE: 30–60 cm **BLÜTEZEIT:** Mai – Juni **AUSSEHEN:** bis 30 cm lange, breite Blätter in einer Rosette, unregelmäßig gelappt und gezähnt; Blüten bis 35 mm Durchmesser, in etagenartigen Quirlen, karminrot, bei Sorten auch weiß, rosa, purpurrot **STANDORT:** lichter Gehölzschatten bis Halbschatten; kühl, luftfeucht; humoser, lockerer, frischer bis feuchter Boden **PFLANZEN:** Containerpflanzen ganzjährig; 20 cm Pflanzabstand **PFLEGEN:** Austrieb vor Schneckenfraß schützen; gelegentlich Kompost einarbeiten; regelmäßig gießen **VERMEHREN:** durch Aussaat oder Teilung **VERWENDUNG:** unter lichten Gehölzen, an Bachläufen oder am Teichrand; flächenhaft in naturnahen Pflanzungen **SORTEN:** 'Alba', weiß; 'Millers Crimson', karminrot; 'Valley Red', rot; auch Farbmischungen **WEITERE ARTEN:** Im Angebot finden sich weit über 20 Primelarten mit zahlreichen Sorten, nach Wuchs- und Blütenstandsform unterteilt in Kissen-, Dolden-, Etagen-, Glocken- und Kugelprimeln.

Ähriger Ehrenpreis | *Pseudolysimachion spicatum*

HÖHE: 10–40 cm **BLÜTEZEIT:** Juli – September **AUSSEHEN:** Teppiche bildend; ssp. *spicatum* mit aufrechten, grünen Stängeln; ssp. *incanum* dicht weißfilzig behaart; Blätter länglich, zugespitzt; Blüten in dichten, endständigen Trauben, dunkelblau, Sorten auch weiß, rosa bis dunkelrot, violett **STANDORT:** volle Sonne; auch heiß; Boden trocken bis frisch, sandig, humos, durchlässig **PFLANZEN:** Containerpflanzen ganzjährig **PFLEGEN:** Blütenstand nach dem Verblühen zurückschneiden; nicht düngen **VERMEHREN:** durch Teilung oder Sprossstecklinge **VERWENDUNG:** für trockene Rabatten, Stein-, Steppen- oder Heidegärten **SORTEN:** 'Baccarole', 25 cm hoch, dunkelrosa; 'Rotfuchs', 40 cm hoch, leuchtend rosarot **WEITERE ARTEN:** Gamanderehrenpreis (*Veronica chamaedrys*), wuchert, für den naturnahen Gehölzrand **HINWEIS:** früher als *Veronica spicata* bekannt

Sonnenhut | *Rudbeckia fulgida*

HÖHE: 50–80 cm **BLÜTEZEIT:** Juli – September **AUSSEHEN:** horstartig, verzweigter, straff aufrechter Stängel; treibt Ausläufer; Blätter eiförmig, gezähnt; Köpfchen mit bis 7 cm Durchmesser, Zungenblüten gelb bis orange, Röhrenblüten dunkel-braunviolett **STANDORT:** sonnig; warm; Boden nährstoffreich, lehmig, frisch **PFLANZEN:** Containerpflanzen ganzjährig; 30–40 cm Pflanzabstand **PFLEGEN:** im Sommer den Boden feucht halten; Verblühtes regelmäßig herausschneiden **VERMEHREN:** durch Aussaat oder Teilung **VERWENDUNG:** für sonnige Rabatten **SORTEN:** mehrere Varietäten mit Sorten, z. B. var. *deamii*, reichblühend, für Steppengärten; var. *sullivantii* 'Goldsturm' (→ Abb.), 12 cm breite Blütenköpfchen, goldgelb, braucht viel Feuchtigkeit und Dünger **WEITERE ARTEN:** Schlitzblättriger Sonnenhut (*R. laciniata*), bis 2 m, sehr anspruchslose Sorten **HINWEIS:** gute Schnittblume

Rotes Seifenkraut | *Saponaria ocymoides*

HÖHE: 10–20 cm **BLÜTEZEIT:** Mai – Juli, Nachblüte im September **AUSSEHEN:** locker polsterförmig bis rasenbildend, auch überhängend; schmal eiförmige Blättchen; Blüten rosarot, sternförmig, in Trugdolden **STANDORT:** sonnig; nicht zu heiß; Boden gut durchlässig, locker, mäßig nährstoffreich, möglichst kalkhaltig, mäßig trocken bis frisch **PFLANZEN:** Containerpflanzen ganzjährig **PFLEGEN:** nur bei großer Trockenheit gießen; nach der Blüte um $1/3$ zurückschneiden, fördert Zweitblüte **VERMEHREN:** durch Teilung oder Aussaat im Sommer, Sorten durch Stecklinge **VERWENDUNG:** für Steingärten, trockene Rabatten, Trockenmauern, in Pflanztaschen von Stützmauern **SORTEN:** 'Alba', weiß; 'Splendens', rosarot; 'Rubra Compacta', dunkelrot **WEITERE ARTEN:** *S.* x *olivana*, 5 cm hoch (mehrere Hybriden), sehr anspruchslose Polsterstaude für den Steingarten

Moossteinbrech | *Saxifraga* x *arendsii*

HÖHE: 5–20 cm **BLÜTEZEIT:** Mai – Juni **AUSSEHEN:** flache Polster aus Blattrosetten; oberirdische Ausläufer; immergrün; Blüten weiß, gelb oder rosa bis dunkelrot **STANDORT:** absonnig, lichter Schatten bis Halbschatten; kühl und luftfeucht; humoser, durchlässiger, frischer Boden **PFLANZEN:** Containerpflanzen ganzjährig; mindestens 30 cm Pflanzabstand **PFLEGEN:** bei Trockenheit übersprühen; alle 4 bis 5 Jahre teilen **VERMEHREN:** durch Teilung oder Stecklinge im Spätherbst **VERWENDUNG:** für absonnige Steingärten und Trockenmauern; in Trögen **SORTEN:** 'Blütenteppich', leuchtend rosa; 'Schwefelblüte', schwefelgelb **WEITERE ARTEN:** wegen der großen Artenzahl in Sektionen unterteilt, darunter Silberrosetten-Steinbreche (z. B. *S. callosa* 'Albertii'), Vorfrühlings-Steinbreche (z. B. *S. marginata*), Blattrosetten-Steinbreche (z. B. *S.* x *urbium*) **HINWEIS:** Ältere Stauden verkahlen von innen her.

Purpurfetthenne | *Sedum telephium*

HÖHE: 40–60 cm **BLÜTEZEIT:** Juli – September **AUSSEHEN:** breitwüchsig, Stängel aufrecht; Blätter fleischig, gelbe Herbstfärbung; Einzelblüten sternförmig, in dichten, flachen Trugdolden, rosa bis purpurrot **STANDORT:** volle Sonne bis lichter Gehölzschatten; warm bis heiß; Boden durchlässig, humusarm, sandig, eher nährstoffarm, trocken bis frisch **PFLANZEN:** Containerpflanzen ganzjährig; 40–50 cm Pflanzabstand **PFLEGEN:** alle 3 bis 4 Jahre düngen **VERMEHREN:** durch Teilung oder Stecklinge **VERWENDUNG:** für sonnige Rabatten, Steingärten; für Töpfe **SORTEN:** 'Album', weiß; 'Munstead Dark Red', rötlich braun, rotbraune Blätter; 'Herbstfreude' (→ Abb.), bräunlich rot, blüht bis Oktober **WEITERE ARTEN:** Schöne Fetthenne (*S. spectabile*), 30–50 cm hoch, hübsch rosa blühende Sorten

Goldrute | *Solidago*-Hybriden

HÖHE: 50–80 cm **BLÜTEZEIT:** Juli – September **AUSSEHEN:** horstartig, aufrechte gerade Stängel; Blätter lanzettlich; kleine goldgelbe Köpfchen in hohen Rispen, herb aromatisch duftend **STANDORT:** sonnig; normaler Gartenboden, nährstoffreich, frisch bis feucht **PFLANZEN:** Containerpflanzen ganzjährig; 40–50 cm Pflanzabstand **PFLEGEN:** regelmäßig im Frühling düngen; hohe Pflanzen stützen; im Sommer gießen; nach der Blüte zurückschneiden **VERMEHREN:** durch Teilung **VERWENDUNG:** vor Hecken, in Rabatten, für naturnahe Pflanzungen, feuchtere Steppenbeete **SORTEN:** 'Goldwedel', ab Juni blühend; 'Strahlenkrone', 50–60 cm, straff aufrecht, flache Blütenrispen **WEITERE ARTEN:** Kanadische Goldrute (*S. canadensis*), bis 150 cm hoch, goldgelb ('Nana' nur 50 cm hoch) **HINWEIS:** Schnittblume; im Unterschied zu den Wildarten breiten sich die Gartenhybriden nicht über Ausläufer aus.

Tafelblatt | *Astilboides tabularis*

HÖHE: 60–100 cm **BLÜTEZEIT:** Juni **AUSSEHEN:** flach kriechendes Rhizom; Blätter lang, kräftig gestielt, schildförmig, unregelmäßig eingebuchteter Rand, 50–60 cm Durchmesser; Blüten klein, in reichblütigen Rispen **STANDORT:** halbschattig bis schattig; feucht, kühl; lockerer, humoser, frischer bis feuchter Boden **PFLANZEN:** Containerpflanzen ganzjährig; braucht sehr viel Platz, breitet sich aus **PFLEGEN:** im Frühling Standraum mit Kompost abdecken, organischen Langzeitdünger geben **VERMEHREN:** durch Aussaat im Winter unter Glas oder Teilung des Rhizoms im Frühling oder Herbst **VERWENDUNG:** unter Bäumen (keine Flachwurzler); im Umfeld von Teichen und Wasserläufen **WEITERE ARTEN:** nahe verwandt mit *Rodgersia* (→ S. 465) **HINWEIS:** Die Gattung besteht aus nur einer Art.

Elfenblume, Sockenblume | *Epimedium*-Arten

HÖHE: je nach Art 15–60 (140) cm **BLÜTEZEIT:** März – Mai **AUSSEHEN:** mit kriechendem, verholztem Rhizom und weit ausgebreitetem Wurzelwerk, Austrieb an der Rhizomspitze; hübsche Blätter, z. T. wintergrün; hängende, zierliche Blüten in Weiß, Gelb, Rosa und Rot **STANDORT:** lichter Gehölzschatten bis halbschattig; luftfeucht, kühl; humoser Boden, für *E. grandiflorum* kalkarm **PFLANZEN:** Containerpflanzen ganzjährig **PFLEGEN:** erfrorene Blätter im Frühling abschneiden; bei Trockenheit gießen; im Spätherbst mulchen **VERMEHREN:** durch Rhizomteilung **VERWENDUNG:** sehr konkurrenzstark auch unter Bäumen, daher für Gehölzgruppen oder Waldbeete, wichtiger Bodendecker **ARTEN:** Gefiederte Sockenblume (*E. pinnatum*), gelb blühend, mehrere Sorten; Großblütige Sockenblume (*E. grandiflorum*), mit mehreren Sorten, horstig, bis 25 cm hoch, weiß, rosa, lilarot; dazu mehrere Hybriden wie *E.* x *versicolor* 'Sulphureum', grünrote Blätter, gelbe Blüten

Funkie | *Hosta*-Hybriden

HÖHE: 5–120 cm **BLÜTEZEIT:** Juni – August **AUSSEHEN:** grundständige Blätter glatt oder gewellt, mit kräftig ausgeprägten Blattnerven, einfach grün bis fast blau, teils mit gelben oder weißen Streifen bzw. Flecken; Blüten weiß, blau bis lilablau oder purpurviolett in aufrechten, lockeren bis dichten Trauben **STANDORT:** lichter Gehölzschatten bis fast Vollschatten; kühl und luftfeucht; Boden frisch, lehmig, humos, schwach sauer bis neutral **PFLANZEN:** Containerpflanzen ganzjährig; 50–70 cm Pflanzabstand **PFLEGEN:** mit Kompost oder Rindenhäcksel mulchen, gelegentlich organischen Dünger beimischen; Jungpflanzen vor Schneckenfraß schützen; ältere Exemplare ungestört wachsen lassen **VERMEHREN:** durch Teilung, möglichst im Herbst **VERWENDUNG:** gruppenweise im Gehölzschatten; verträgt Wurzelkonkurrenz; in halbschattigen Rabatten **WEITERE ARTEN:** reiche Auswahl an Arten und Sorten, unterteilt in Grünblatt-, Weißblatt-, Gelbblatt- und Blaublattfunkien

Gefleckte Taubnessel | *Lamium maculatum*

HÖHE: 15–40 cm **BLÜTEZEIT:** Mai – Juni **AUSSEHEN:** oberirdische Ausläufer; Stängel vierkantig; Blätter brennnesselartig ohne Brennhaare, einfach grün, schwach gefleckt oder panaschiert; Lippenblüten rosa bis lilapurpurfarben **STANDORT:** lichter Gehölzschatten bis Halbschatten; kühl; Boden nährstoffreich, frisch bis feucht, locker **PFLANZEN:** Containerpflanzen ganzjährig **PFLEGEN:** regelmäßig organisch düngen, kurzlebig auf stickstoffarmen Böden; starker Schnitt ist möglich **VERMEHREN:** durch Teilung oder Stecklinge **VERWENDUNG:** in kleinen Gruppen als Bodendecker unter Gehölzen; im Mauerschatten **SORTEN:** 'Album', weiß blühend; 'Chequers' (→ Abb.), Blätter mit Silberstreifen, verträgt etwas Sonne

Großgeflecktes Lungenkraut | *Pulmonaria saccharata*

HÖHE: 15–30 cm **BLÜTEZEIT:** März – Mai **AUSSEHEN:** horstartig, aufrechte Stängel, rau behaart; Blätter schmal eiförmig, mit silbrigen Flecken; Blüten in Trauben, rosa, im Verblühen blauviolett **STANDORT:** halbschattig bis schattig; Boden locker, humos, mäßig trocken bis frisch, nicht zu trocken oder verdichtet **PFLANZEN:** Containerpflanzen ganzjährig; 30–40 cm Pflanzabstand **PFLEGEN:** in Trockenperioden gießen; Boden im Frühling mit Kompost anreichern; bei zu starker Ausbreitung eindämmen **VERMEHREN:** durch Teilung im Herbst oder Frühling **VERWENDUNG:** als Bodendecker und Unterwuchs von Gehölzen, für naturnahe Schattenbeete, im Mauerschatten **SORTEN:** 'Mrs. Moon', Blüten rot, blau verblühend, stark silbrig gefleckte Blätter **WEITERE ARTEN:** Echtes Lungenkraut (*P. officinalis*), Blätter undeutlicher gefleckt **HINWEIS:** Sämlinge aus Selbstaussaat fallen oft unterschiedlich aus.

Chinesischer Rhabarber | *Rheum palmatum*

HÖHE: 150–250 cm **BLÜTEZEIT:** Juni – Juli **AUSSEHEN:** fleischiger Wurzelstock; Stängel rund, verzweigt; mächtige, bis 50 cm breite Blätter, tief eingeschnitten; kleine, rahmgelbe Blüten in schlanken Rispen; rostbraune Früchte **STANDORT:** absonnig bis lichter Gehölzschatten; tiefgründiger, lockerer, nährstoffreicher Boden **PFLANZEN:** Containerpflanzen ganzjährig; 1 m Pflanzabstand **PFLEGEN:** mit Kompost mulchen; im Frühling organischen Langzeitdünger geben **VERMEHREN:** durch Teilung des Wurzelstocks oder Aussaat **VERWENDUNG:** im Unterwuchs größerer, lichter Bäume, nicht in direkter Wurzelkonkurrenz, an Bachläufen und Teichen; zieht nach der Blüte meist ein **SORTEN:** 'Atrosanguineum', Blätter purpurrot im Austrieb; var. *tanguticum,* bis 200 cm hoch, dunkelrote Blüten **WEITERE ARTEN:** Auch der Südchinesische Rhabarber (*R. officinale*) ist eine hübsche Blattschmuckstaude (→ Abb.).

Schaublatt | *Rodgersia podophylla*

HÖHE: 80–140 cm **BLÜTEZEIT:** Juni – Juli **AUSSEHEN:** horstartig, ausgebreitet; dicker Wurzelstock; Blätter bis 50 cm breit, im Austrieb braunrot bis bronzefarben, tief handförmig geteilt, gelbrote Herbstfärbung; Blüten rahmweiß in schmalen Rispen **STANDORT:** lichter Gehölzschatten bis halbschattig; luftfeucht, kühl; Boden durchlässig, gut durchlüftet, nährstoffreich, humos, frisch bis feucht **PFLANZEN:** Containerpflanzen ganzjährig; 50–60 cm Pflanzabstand **PFLEGEN:** Blatt- und Sprossreste im Frühling entfernen, organischen Langzeitdünger geben; regelmäßig gießen; Verblühtes abschneiden **VERMEHREN:** Teilung im Frühling, Wurzelschnittlinge von Spätherbst bis Vorfrühling **VERWENDUNG:** als Solitärstaude im Schattenbeet, unter Gehölzen, am Teichrand, in großen Waldbeeten auch als Bodendecker **HINWEIS:** Der Wurzelstock kann sich zu üppigen Beständen ausbreiten.

Wollziest | *Stachys byzantina*

HÖHE: 10–30 cm **BLÜTEZEIT:** Juli – August **AUSSEHEN:** mit Ausläufern kriechend; Blätter breit oval, dicht und filzig weiß behaart, samtig weich; Lippenblüten auf hohen, aufrechten Stielen, blassrosa, unauffällig **STANDORT:** volle Sonne; auch heiß; Boden trocken bis frisch, durchlässig, nährstoffarm, auf nährstoffreichen Böden kurzlebig **PFLANZEN:** auch Containerpflanzen im Frühling; 30–40 cm Abstand **PFLEGEN:** nicht düngen; Verblühtes am Grund abschneiden; Ausbreitung eindämmen **VERMEHREN:** durch Teilung **VERWENDUNG:** im Vordergrund von Rabatten, in Pastell- oder Silberbeeten, Steingärten, auch Trockenmauern **SORTEN:** 'Cotton Boll', 50 cm hoch, auch auf nährstoffreicheren Böden; 'Silver Carpet', 20 cm hoch, kaum blühend, silbergrau **HINWEIS:** verfault auf schweren, nassen Böden

Pfauenradfarn | *Adiantum pedatum*

HÖHE: 40–60 cm **AUSSEHEN:** kriechender Wurzelstock; Wedel weit ausgebreitet, handförmig bis fächerartig geteilt, dünne, drahtartige Stiele **STANDORT:** lichter Gehölzschatten bis Halbschatten; kühl, luftfeucht; Boden durchlässig, frisch bis feucht, kommt auch auf trockeneren Sandböden zurecht **PFLANZEN:** Containerpflanzen ganzjährig; 50–60 cm Pflanzabstand **PFLEGEN:** Winterschutz nicht erforderlich, Umgebung mit Humus mulchen, wüchsige Konkurrenz zurücknehmen, am besten ungestört lassen **VERMEHREN:** Teilung möglich; Aussaat der Sporen schwierig **VERWENDUNG:** unter Gehölzen ohne starke Wurzelkonkurrenz, für Schattenbeete, im feuchten Mauerschatten, auch als ungewöhnlicher Wegbegleiter **SORTEN:** 'Imbricatum', nur 20 cm hoch, für Steingärten **WEITERE ARTEN:** Immergrüner Frauenhaarfarn (*A. venustum*) nur im lichten Schatten, etwas empfindlich, Wedel überneigend **HINWEIS:** Die ersten Wedel können bei Spätfrösten absterben.

Hirschzungenfarn | *Asplenium scolopendrium*

HÖHE: 20–40 cm **AUSSEHEN:** breit ausladend; kriechender bis aufrechter Wurzelstock; Wedel zungenartig, frischgrün mit gewelltem Rand, teilweise wintergrün **STANDORT:** lichter Schatten bis Gehölzschatten; luftfeucht; windgeschützt; Boden durchlässig, humos, kalkhaltig, frisch bis feucht, keine austrocknenden Böden **PFLANZEN:** Containerpflanzen ganzjährig; 20–30 cm Pflanzabstand **PFLEGEN:** Boden mit Laubkompost abdecken; in Trockenperioden gießen, Wedel übersprühen **VERMEHREN:** durch Aussaat der Sporen oder Blattstielstecklinge **VERWENDUNG:** im Gehölzschatten, für schattige Kalksteingärten, auch feuchter Mauerschatten **SORTEN:** 'Crispa', bis 40 cm lange, stark gewellte Wedel; 'Digitata Cristata', handförmig geteilte Wedel; 'Lacerata Kaye', zerschlitzte Wedel **HINWEIS:** Dieser Farn ist vielfach noch unter dem früheren Namen *Phyllitis scolopendrium* bekannt.

Gewöhnlicher Wurmfarn | *Dryopteris filix-mas*

HÖHE: 50–110 cm **AUSSEHEN:** Wedel aufrecht, bis 100 cm lang, doppelt gefiedert, trichterförmig und leicht überhängend **STANDORT:** lichter Gehölzschatten bis Schatten, kein Dauerschatten, Sonne wird bei hoher Bodenfeuchte vertragen (Wedel dann nicht so üppig); guter Gartenboden, frisch bis feucht, nährstoffreich **PFLANZEN:** Containerpflanzen ganzjährig; 60–70 cm Pflanzabstand **PFLEGEN:** gelegentlich mit Humus mulchen; in Trockenperioden gießen; Horste im Frühling etwas ausputzen **VERMEHREN:** Teilung ist möglich; breitet sich selbst aus; Aussaat der Sporen schwierig **VERWENDUNG:** unter Gehölzen, in Waldbeeten, im Hintergrund von Schattenbeeten **WEITERE ARTEN:** Spreuschuppiger Wurmfarn (*D. affinis*), Wedel bis 100 cm lang **HINWEIS:** Wedelbildung je nach Standort variabel

Europäischer Straußenfarn | *Matteuccia struthiopteris*

HÖHE: 60–140 cm **AUSSEHEN:** kurzer Wurzelstock, treibt Ausläufer nach allen Seiten; Wedel straff aufrecht, trichterförmig angeordnet, doppelt gefiedert, fertile Wedel nur 60 cm lang und wintergrün **STANDORT:** lichter Schatten bis Gehölzschatten; luftfeucht; Boden locker, humos, frisch bis feucht, aber nicht staunass **PFLANZEN:** Containerpflanzen ganzjährig; unbedingt eine Wurzelsperre eingraben, nicht neben konkurrenzschwache Nachbarn pflanzen **PFLEGEN:** bei Trockenheit reichlich wässern; Ausbreitung durch Abtrennen von Ausläufern eindämmen **VERMEHREN:** durch Teilen der Ausläufer **VERWENDUNG:** unter Gehölzen, in Waldbeeten; für große Flächen im Mauerschatten **WEITERE ARTEN:** Amerikanischer Straußenfarn (*M. pensylvanica*), 150 cm hoch, wuchert weniger

Königsfarn | *Osmunda regalis*

HÖHE: 60–200 cm **AUSSEHEN:** oberirdisch auswachsender Wurzelstock (bis kopfgroß), horstartig; Wedel groß, doppelt gefiedert, die inneren Wedel tragen an ihrer Spitze die Sporenbehälter, gelbe Herbstfärbung **STANDORT:** lichter Schatten bis Gehölzschatten, je feuchter der Boden, desto mehr Sonne wird vertragen; luftfeucht; Boden feucht bis nass, humos bis torfig, locker, sauer **PFLANZEN:** Containerpflanzen ganzjährig; 1 m Pflanzabstand; Pflanzloch gut lockern, Aushub mit Torf oder sauren Ersatzstoffen anreichern **PFLEGEN:** gut wässern; im Frühling mit saurem Kompost versorgen **VERMEHREN:** durch Aussaat der Sporen **VERWENDUNG:** für schattige Teichränder, feuchtere Waldbeete, auch zwischen Wurzeln **SORTEN:** 'Cristata', wächst ausgebreitet; 'Gracilis', 60–80 cm hoch

Tüpfelfarn | *Polypodium vulgare*

HÖHE: 20–30 cm **AUSSEHEN:** bis 40 cm langer Wurzelstock, kriecht an der Bodenoberfläche; junge Wedel niederliegend, später aufsteigend, Wedel einfach gefiedert, frischgrün, ledrig, etwas wellig **STANDORT:** lichter Schatten bis Gehölzschatten; sehr luftfeucht; Boden locker, humos, sauer bis basisch (bis pH 8,5) **PFLANZEN:** Containerpflanzen ganzjährig **PFLEGEN:** Boden mit Laubkompost abdecken; in Trockenperioden gießen und die Wedel übersprühen **VERMEHREN:** durch Aussaat der Sporen **VERWENDUNG:** im luftfeuchten Gehölzschatten, dekorativ in Farnbeeten zwischen anderen Arten; in schattigen Steingärten oder Heidebeeten **SORTEN:** 'Bifido-Multifidum', bis 45 cm lange Wedel, schmal, an den Enden verbreitert **HINWEIS:** abgesehen von der nötigen hohen Luftfeuchte ein sehr pflegeleichter Farn

Weitere Farne

NAME	MERKMALE	STANDORT	VERWENDUNG
Schwarzer Streifenfarn *Asplenium adiantum-nigrum*	bis 40 cm lange Wedel, wintergrün	halbschattig; nur für milde Regionen; neutraler Boden	optimal für Tröge oder Mauerspalten
Brauner Streifenfarn *Asplenium trichomanes*	bis 30 cm lange Wedel, sehr schmale Spreite, wintergrün	halbschattig; lockerer Boden	zwischen Gestein in schattigen Steingärten; einige Sorten
Waldfrauenfarn *Athyrium filix-femina*	Wedel bis 120 cm lang, sommergrün	halbschattig; winterhart; frischer bis feuchter, saurer Boden	im Gehölzschatten und in Waldbeeten; viele Sorten
Rippenfarn *Blechnum spicant*	einfach gefiederte Wedel, 50–65 cm lang, wintergrün	halbschattig bis schattig; braucht hohe Luftfeuchtigkeit; neutraler bis saurer Boden	im Gehölzschatten, an schattigen Teichufern
Spreuschuppiger Wurmfarn *Dryopteris affinis*	Wedel bis 100 cm lang, sommergrün, doch oft bis in den Winter hinein	halbschattig; anspruchslos; nährstoffreicher, auch kalkhaltiger Boden, frisch bis feucht	an Bachläufen unter Gehölzen; mehrere Sorten
Perlfarn *Onoclea sensibilis*	grob fiederteilige, 50–70 cm lange Wedel, sommergrün	sonnig bis schattig; frostempfindlich; feuchter bis anmooriger Boden, verträgt auch etwas trockenere Standorte	zur Besiedlung größerer Bereiche
Borstiger Schildfarn *Polystichum setiferum*	Wedel bis 100 cm lang, doppelt gefiedert, wintergrün	halbschattig bis schattig; luftfeucht; Boden frisch bis feucht	im feuchten Mauerschatten, unter Gehölzen; zahlreiche Sorten
Sumpffarn *Thelypteris palustris*	einzelne, ca. 40 cm lange Wedel aus kriechendem Wurzelstock, sommergrün	sonnig bis halbschattig; winterhart, Boden feucht bis nass	am Wasserrand, bis 20 cm Wassertiefe

Pampasgras | *Cortaderia selloana*

HÖHE: 120–260 cm **BLÜTEZEIT:** September – Oktober **AUSSEHEN:** stattliche Horste; Blätter grundständig, immergrün, aber nicht winterhart; Blüten in großen, fedrigen Rispen, creme bis silbrig weiß **STANDORT:** volle Sonne; warm; Boden frisch, nur kurzzeitig trocken, nährstoffreich **PFLANZEN:** Containerpflanzen ganzjährig; 1 m Pflanzabstand **PFLEGEN:** reichlich düngen; bei Trockenheit gießen; zum Winter die Blätter zu einem Schopf drehen, mit Laub und Reisig abdecken; im Frühling zurückschneiden **VERMEHREN:** durch Teilung im Frühling **VERWENDUNG:** als Solitär in steppenartigen Pflanzungen, im Vorgarten, vor Mauern **SORTEN:** 'Pumila', 150 cm, Rispen 80 cm lang; 'Sunningdale Silver', 250 cm, neigende Rispen **HINWEIS:** An den scharfen Blatträndern kann man sich schneiden.

Blauschwingel | *Festuca cinerea*

HÖHE: 30–60 cm **BLÜTEZEIT:** Juni – Juli **AUSSEHEN:** halbkugelige Horste; Blätter 1 mm schmal, graugrün bis stahlblau; Blütenstände auf blattlosen Stielen, schmal, graugrün **STANDORT:** volle Sonne; warm, auch heiß; Boden trocken, durchlässig, sandig, humus- und nährstoffarm, möglichst basisch **PFLANZEN:** Containerpflanzen ganzjährig; 20–30 cm Pflanzabstand **PFLEGEN:** nicht düngen (!); im Frühling ausputzen; Verblühtes abschneiden **VERMEHREN:** durch Teilung im Frühling; Selbstaussaat **VERWENDUNG:** für trockene Heidegärten, Stein- und Steppengärten; in kleinen, dekorativ eingesetzten Gruppen **SORTEN:** 'Eisvogel', blaugrün bis in den Herbst; 'Kentucky Blue', silberblau **WEITERE ARTEN:** *F. glauca,* 20–40 cm hoch, dichte Polster **HINWEIS:** Zwischen den Sorten von *F. cinerea* und *F. glauca* wird im Handel nicht immer streng unterschieden.

Goldenes Japangras | *Hakonechloa macra*

HÖHE: 40–50 cm **BLÜTEZEIT:** August – Oktober **AUSSEHEN:** dichter, horstförmiger Wuchs mit überhängenden Blättern; Blätter 10–25 cm lang, im Herbst rosa, im Winter bronzerot verfärbt; Ährchen in lockeren Rispen, 5–15 cm hoch **STANDORT:** lichter Schatten bis Halbschatten, Sorten mit farbigen Blättern vergrünen jedoch im Schatten; feuchter, nährstoffreicher, lockerer Boden **PFLANZEN:** Containerpflanzen ganzjährig **PFLEGEN:** zurückhaltend organisch düngen (wächst langsam); Boden mulchen; im Sommer regelmäßig gießen **VERMEHREN:** Rhizom während des Austriebs teilen (April) **VERWENDUNG:** als dekorative Blattpflanze zwischen Sträuchern, auf halbschattigen Beeten; als ausdauernde Kübelpflanze **SORTEN:** 'Albovariegata', bis 100 cm hoch, Blätter mit weißen Längsstreifen; 'Aureola', weiß bis gelb gestreifte Blätter, verträgt etwas Sonne

Chinaschilf | *Miscanthus sinensis*

HÖHE: 100–270 cm **BLÜTEZEIT:** September – Oktober **AUSSEHEN:** mächtige Horste; Blätter schilfartig, an fingerdicken Halmen, grün bis gestreift, gelbe bis rote Herbstfärbung; Blütenstände weißlich bis silbrig, braun bis rotbraun **STANDORT:** sonnig; warm; jeder gute, nährstoffreiche Gartenboden, frisch bis feucht **PFLANZEN:** Containerpflanzen ganzjährig; je nach Sorte 50–100 cm Pflanzabstand **PFLEGEN:** reichlich düngen; Halme und Blütenstände erst im Frühling zurückschneiden **VERMEHREN:** durch Teilung im Frühling, Selbstaussaat möglich **VERWENDUNG:** als Solitär am Rasenrand, in großen Rabatten **SORTEN:** großes Angebot, variabel in Höhe und Blattfarbe, z. B. 'Kleine Fontäne', bis 170 cm hoch, straff aufrecht; 'Silberfeder', 220 cm hoch, große, silbrige Rispen; 'Zebrinus', 180 cm hoch, gestreifte Blätter, blüht nicht **HINWEIS:** treibt relativ spät aus, tritt erst ab Juni/Juli in Erscheinung

Japanisches Federborstengras | *Pennisetum alopecuroides*

HÖHE: 40–150 cm **BLÜTEZEIT:** September – Oktober **AUSSEHEN:** auseinanderfallende Horste; Blätter bis 12 mm schmal, frischgrün, im Herbst goldgelb bis bräunlich; Blüten in zylindrischen Blütenständen an sich neigenden Stielen, silbrig weiß bis rötlich braun **STANDORT:** sonnig; warm; Boden mäßig trocken bis feucht, normaler Gartenboden, keine sehr trockenen, sandigen oder stark verdichteten Böden **PFLANZEN:** Containerpflanzen ganzjährig; 40–60 cm Pflanzabstand **PFLEGEN:** bei längerer Trockenheit gießen; wenig düngen; nach den letzten Frösten zurückschneiden; regelmäßig durch Teilung verjüngen **VERMEHREN:** durch Teilung im Frühling **VERWENDUNG:** einzeln oder in kleinen Gruppen in sonnigen Rabatten, vor Gehölzen im Herbstlaub **SORTEN:** 'Hameln', 60–80 cm hoch, blüht ab Juli **HINWEIS:** Der Blütenstand zerfällt gewöhnlich bis zum Frühwinter.

Silberährengras | *Stipa calamagrostis*

HÖHE: 60–120 cm **BLÜTEZEIT:** Juni **AUSSEHEN:** dichte Horste; Blätter schmal; Blüten in reich verzweigten, vielblütigen Rispen, bis 20 cm lang, gelblich weiß bis braun **STANDORT:** sonnig; warm; Boden mäßig trocken bis frisch, locker, durchlässig, nicht zu nährstoffreich **PFLANZEN:** Containerpflanzen ganzjährig; 40–60 cm Pflanzabstand **PFLEGEN:** nicht düngen; bei längerer Trockenheit gießen; im Frühling ausputzen **VERMEHREN:** durch Teilung im April **VERWENDUNG:** dauerhafter Blickfang in trockenen Rabatten, Stein- und Steppengärten; passt gut zu Sommerstauden **SORTEN:** 'Lemperg', blüht üppig, gelblich **WEITERE ARTEN:** Haarfedergras (*S. capillata*), 70 cm hoch, seidig glänzende Ährchen; *S. gigantea*, bis 200 cm hoch, hängende Rispen **HINWEIS:** Dieses Gras ist vielfach auch noch unter den Namen *Lasiagrostis* oder *Achnatherum* bekannt.

Weitere Ziergräser

NAME	MERKMALE	STANDORT	VERWENDUNG
Mittleres Zittergras *Briza media*	bis 20 cm; mattenförmig; Blätter 4 mm breit; Blütenstände bis 50 cm hoch, sehr locker mit winzigen Ährchen an dünnen Stielen	sonnig bis halbschattig; trockene, nährstoffarme Böden	für trockene Heidegärten, Steingärten
Moorreitgras *Calamagrostis* x *acutiflora* 'Karl Foerster'	bis 180 cm; horstig; sehr schmale, früh austreibende Blätter; cremeweiße Blüten in fedrig ausgebreiteten Rispen, im Herbst ockergelb	sonnig bis halbschattig; mäßig trockene bis feuchte Gartenböden	als Leitstaude in großen Rabatten, für Steppenbeete, lang anhaltende Wirkung
Rasenschmiele *Deschampsia cespitosa*	bis 100 cm; horstig bis rasenartig; raue, 4 mm schmale Blätter; offene, reichblütige Rispe, violett überlaufen	sonnig bis halbschattig; anspruchslos; auch auf verdichteten Böden	für lockere Gehölzpflanzungen; verschiedene Sorten
Blaustrahlwiesenhafer *Helictotrichon sempervirens*	Blatthorste 50 cm, Rispen bis 160 cm; immergrün	sonnig; kalkhaltiger, steiniger, durchlässiger Boden	für sonnige Rabatten, im Hintergrund von Steingärten, für Steppenbeete
Waldhainsimse *Luzula sylvatica*	20–30 cm; horstig bis rasenartig; Blätter mit 20 mm relativ breit, wintergrün; Blütenstände bis 80 cm, dunkelbraun	halbschattig; Boden feucht, humusreich	zur Unterpflanzung von Sträuchern, für Waldbeete
Rohrpfeifengras *Molinia arundinacea*	Halme bis 250 cm; horstig; auffällig gelbe Herbstfärbung; lockere Rispen	sonnig bis halbschattig; Boden frisch bis feucht	im lichten Gehölzschatten oder im Hintergrund halbschattiger Rabatten, für Waldbeete

Gehölze für schattige Plätze

NAME	WUCHSHÖHE; MERKMALE	STANDORT; HINWEISE
Bäume und große Sträucher		
Rotnerviger Ahorn *Acer rufinerve*	6–8 m; kleiner Baum oder Großstrauch; weiß gestreifte Rinde, sehr attraktiv im Winter; grüngelbe Blüten, Mai	absonnig bis halbschattig; humoser, frischer Boden, sauer bis alkalisch
Strauchrosskastanie *Aesculus parviflora*	3–4 m; breit ausladender Strauch; gefingerte Blätter; gelblich weiße Blütenkerzen, Juli – Aug.	bevorzugt im Halbschatten; humoser, frischer Boden
Etagenhartriegel *Cornus alternifolia*	4–6 m; breiter Strauch mit etagenähnlichen Ästen; attraktive Herbstfärbung; weiße Blüten, Mai – Juni; blauschwarze Früchte	bevorzugt absonnig bis halbschattig; humoser, frischer bis feuchter Boden; Sorte 'Argentea' mit weißrandigen Blättern
Zungenschneeball *Viburnum rhytidophyllum*	3–4 m; immergrüner Strauch; große, runzelige Blätter; weiße Blüten, Mai – Juni; rote, später schwarze Früchte	bevorzugt absonnig bis halbschattig; humoser, frischer Boden
Mittelgroße Sträucher		
Breitblättrige Lorbeerrose *Kalmia latifolia*	2–3 m; immergrüner, dicht verzweigter Strauch; rosa bis weiße Blüten, Mai – Juni	bevorzugt absonnig bis halbschattig; humoser, frischer bis feuchter, leicht saurer Boden
Lorbeerkirsche *Prunus laurocerasus*	1–3 m; immergrüner, breit buschiger Strauch mit dekorativem, glänzend grünem Laub; weiße Blüten, Mai – Juni; schwarze Früchte	sehr schattenverträglich, auch sonnig; anspruchslos, jeder Gartenboden; auch für Hecken; alle Pflanzenteile giftig! (→ S. 424)
Zimthimbeere *Rubus odoratus*	1,5–3 m; aufrechter Strauch; purpurrosa gefärbte, duftende Blüten; rötliche Früchte	bevorzugt halbschattig; humoser, frischer Boden; starke Ausläuferbildung, braucht Platz
Kleine Sträucher		
Schneeige Berberitze *Berberis candidula*	0,5–1 m; immergrüner, bedornter Zwergstrauch; glänzende kleine Blätter; gelbe Blüten, Mai; blauschwarze Beeren	halbschattig bis schattig; anspruchslos, jeder Gartenboden; Beeren schwach giftig
Scheinhasel *Corylopsis pauciflora*	1–1,5 m; breitwüchsiger Kleinstrauch; glänzend grünes Laub; gelbe, duftende Blüten, März – April	halbschattig bis schattig; normaler Gartenboden; etwas geschützter Standort (→ S. 427)
Scheinbeere *Gaultheria procumbens*	bis 0,2 m; immergrüner Strauch; hellrosa Blüten, Juni – Juli; rote Beeren	lichter Schatten bis halbschattig; sandig humoser, leicht saurer Boden; Früchte schwach giftig
Mahonie *Mahonia aquifolium*	0,8–1,5 m; immergrüner Kleinstrauch; glänzende, stachelige Blätter; gelbe Blüten, April – Mai; blauschwarze Beeren	sehr schattenverträglich, auch sonnig; normaler Gartenboden; Beeren schwach giftig (→ S. 430)
Japanische Zwergeibe *Taxus cuspidata* 'Nana'	1–2 m; immergrüner Nadelstrauch, breitwüchsig; tiefgrüne Nadeln	sonnig bis schattig; anspruchslos, normaler Gartenboden
Klettergehölze		
Efeu *Hedera helix*	5–20 m; immergrün, Haftwurzelkletterer; dekoratives Laub, bei Sorten weiß oder gelb gezeichnet; blauschwarze Früchte	sehr schattenverträglich; anspruchslos; alle Pflanzenteile giftig! (→ S. 438)
Kletterhortensie *Hydrangea anomala*	5–7 m; Haftwurzelkletterer; herzförmige, glänzende Blätter; weiße, duftende Blüten, Juni – Juli	halbschattig bis schattig; etwas windgeschützter Platz; normaler Gartenboden (→ S. 438)
Henrys Geißschlinge *Lonicera henryi*	3–5 m; immergrüne Schlingpflanze; gelblich rote Blüten, Juni – Aug.; schwarze Früchte	gut schattenverträglich; normaler Gartenboden (→ S. 439)

Weitere Bäume und Sträucher: Nordmannstanne (*Abies nordmanniana*) → S. 410, **Ahorne** (*Acer palmatum, A. japonicum*) → S. 406, **Aralie** (*Aralia elata*) → S. 416, **Buchsbaum** (*Buxus sempervirens*) → S. 426, **Blasenstrauch** (*Colutea arborescens*) → S. 420, **Glockige Prachtglocke** (*Enkianthus campanulatus*) → S. 422, **Gartenhortensie** (*Hydrangea macrophylla*) → S. 428, **Großblütiges Johanniskraut** (*Hypericum calycinum*) → S. 429, **Stechpalme** (*Ilex aquifolium*) → S. 418, **Schmalblättrige Lorbeerrose** (*Kalmia angustifolia*) → S. 429, **Ranunkelstrauch** (*Kerria japonica*) → S. 424, **Maketebambus** (*Pseudosasa japonica*) → S. 433, **Rhododendron** (*Rhododendron*-Hybriden) → S. 425, **Skimmie** (*Skimmia japonica*) → S. 431, **Eibe** (*Taxus baccata*) → S. 413

Weitere Klettergehölze: Amerikanische Pfeifenwinde (*Aristolochia macrophylla*) → S. 436, **Kletterspindel** (*Euonymus fortunei*) → S. 437, **Jelängerjelieber** (*Lonicera caprifolium*) → S. 439, **Wilder Wein** (*Parthenocissus quinquefolia*) → S. 439

Stauden und Blumen für schattige Plätze

NAME	BLÜTE	WUCHSHÖHE; MERKMALE	STANDORT; HINWEISE
Blütenstauden und Gräser			
Gefleckter Aronstab *Arum maculatum*	gelblich, hellgrün April – Mai	20–30 cm; dunkel gepunktete Blätter; Blütenkolben mit großem Hüllblatt; rote Beeren	halbschattig bis schattig; humoser, frischer Boden; gesamte Pflanze giftig!
Prachtspiere *Astilbe*-Arten	rosa, rot, weiß Juni – Sept.	15–120 cm, je nach Art und Sorte; gefiederte Blätter; lange Blütenrispen	halbschattig, teils auch schattig; humoser, frischer bis feuchter Boden (→ S. 432)
Kaukasusvergissmeinnicht *Brunnera macrophylla*	blau April – Juni	40–50 cm; breit buschig; große, herzförmige Blätter	absonnig bis lichter Schatten; humoser, frischer Boden
Funkie *Hosta*-Arten, -Hybriden	blau, violett, weiß Juni – Aug.	5–120 cm; dekorative Blätter in vielen Farben und Zeichnungen	lichter bis starker Schatten; humoser, frischer Boden (→ S. 469)
Schneemarbel *Luzula nivea*	cremeweiß Juni – Aug.	40–60 cm; immergrünes Gras, in lockeren Horsten; Blattränder silbrig behaart	lichter Schatten bis Halbschatten; humoser, frischer bis feuchter Boden
Scheinmohn *Meconopsis betonicifolia*	blau, weiß Juni – Juli	80–120 cm; locker horstartig; große Schalenblüten	lichter Schatten bis Halbschatten; humoser, frischer bis feuchter Boden; Milchsaft giftig!
Krötenlilie *Tricyrtis hirta*	weiß-rot Sept.– Okt.	40–80 cm; buschig; sternförmige, orchideenähnliche Blüten	halbschattig; humoser, durchlässiger, feuchter, saurer Boden; geschützter Platz
Zwiebel- und Knollenpflanzen			
Bärlauch *Allium ursinum*	weiß April – Juni	20–40 cm; schmale Blätter, aromatisch duftend; Blütchen sternförmig	halbschattig bis schattig; humoser, frischer Boden; Blätter und Zwiebeln als Würze verwendbar
Hohler Lerchensporn *Corydalis cava*	rot, weiß April – Mai	25–35 cm; gefiederte Blätter; dichte Blütentrauben	halbschattig bis schattig; humoser, lockerer Boden (→ S. 483)
Großblumige Waldlilie *Trillium grandiflorum*	weiß, zartrosa Mai – Juni	30–40 cm; eiförmige Blätter; große Blüten	halbschattig bis schattig; humoser, frischer bis feuchter, kalkarmer Boden
Ein- und Zweijährige			
Roter Fingerhut *Digitalis purpurea*	rosa, rot, weiß Juni – Aug.	60–120 cm; zweijährig; horstartig aufrecht; glockige Blüten	halbschattig, lichter Schatten; humoser, durchlässiger, kalkarmer Boden; ganze Pflanze giftig! (→ S. 496)
Japanischer Hopfen *Humulus japonicus*	unauffällig Juli – Aug.	2–6 m; einjährige Schlingpflanze; attraktives, dichtes Laub	halbschattig, notfalls schattig; humoser, durchlässiger Boden; schnellwüchsig (→ S. 498)
Fleißiges Lieschen *Impatiens walleriana*	rosa, rot, orange, weiß Mai – Okt.	15–30 cm; einjährig; kompakt, dicht verzweigt; reichblühend	halbschattig bis schattig; humoser, frischer bis feuchter Boden (→ S. 492)

Weitere Stauden: Herbsteisenhut (*Aconitum carmichaelii*) → S. 450, **Herbstanemone** (*Anemone hupehensis*) → S. 451, **Akelei** (*Aquilegia*-Hybriden) → S. 451, **Waldgeißbart** (*Aruncus dioicus*) → S. 452, **Tafelblatt** (*Astilboides tabularis*) → S. 464, **Altaibergenie** (*Bergenia cordifolia*) → S. 453, **Silberkerze** (*Cimicifuga*-Arten) → S. 455, **Tränendes Herz** (*Dicentra spectabilis*) → S. 456, **Elfenblume** (*Epimedium*) → S. 464, **Christrose** (*Helleborus*-Hybriden) → S. 458, **Purpurglöckchen** (*Heuchera*-Hybriden) → S. 459, **Gartensalomonsiegel** (*Polygonatum x hybridum*) → S. 461, **Primeln** (*Primula*)→ S. 462, **Großgeflecktes Lungenkraut** (*Pulmonaria saccharata*)→ S. 465; **Bodendecker** → S. 448–449; **Farne** → S. 466–467

Weitere Zwiebel- und Knollenblumen: Strahlenanemone (*Anemone blanda*) → S. 483, **Große Sternhyazinthe** (*Chionodoxa forbesii*) → S. 483, **Maiglöckchen** (*Convallaria majalis*) → S. 483, **Efeublättriges Alpenveilchen** (*Cyclamen hederifolium*) → S. 484, **Winterling** (*Eranthis hyemalis*) → S. 485, **Kleines Schneeglöckchen** (*Galanthus nivalis*) → S. 486, **Spanisches Hasenglöckchen** (*Hyacinthoides hispanica*) → S. 486, **Märzenbecher** (*Leucojum vernum*) → S. 487, **Narzissen** (*Narcissus*) → S. 488

Wasser- und Teichpflanzen von A bis Z

BEI DEN HIER VORGESTELLTEN PFLANZEN handelt es sich durchweg um mehrjährige, krautige Arten. Somit gehören sie zu den Stauden (→ S. 450–469), bilden darunter jedoch eine besondere Gruppe, die mehr oder weniger eng an den Lebensbereich Wasser gebunden ist. Ein Großteil davon ist bei uns heimisch, aber natürlich gibt es auch viele eingeführte Arten oder Zuchtsorten. Sogar einige Exoten sind dabei, die über Winter geschützt untergebracht werden müssen.
Nach der Lebensweise unterscheidet man zunächst in Schwimmpflanzen, die sich ihre Nährstoffe mit Blättern und Trieben aus dem Wasser fischen, und in der Erde wurzelnden Arten, die die überwältigende Mehrheit ausmachen. Auf den ersten Blick könnte man auch die Schwimmblattpflanzen wie etwa die Seerose zu den schwimmenden Arten zählen, da ihre Blätter und Blüten auf der Wasseroberfläche zu treiben scheinen. Doch in Wirklichkeit kommen die beachtlich langen Stiele vom Wurzelstock im Teichgrund. Am Teichgrund sind auch die Unterwasserpflanzen beheimatet. Sie strecken sich jedoch mit ihrem Laub nicht zur Oberfläche, sondern ragen höchstens in flachen Bereichen aus dem Wasser heraus.
Im Flachwasser und im Sumpfbereich sind die Lebensformen meist sehr anpassungsfähig und von Natur aus daran gewöhnt, sowohl mit Austrocknung als auch mit Überflutung zurechtzukommen. Deshalb kann die Pflanzenauswahl für die verschiedenen Tiefenzonen auch nicht kategorisch voneinander abgegrenzt werden – Überschneidungen sind unvermeidlich.
Für fließende Gewässer eignen sich hingegen nicht alle Wasserpflanzen. Nur ein Teil von ihnen gedeiht auch an Bächen. Eine Primadonna wie die Seerose stört sich sogar schon an der Unruhe und Berieselung, die mit einem Wasserspiel einhergehen.

Feenmoos | *Azolla filiculoides*

AUSSEHEN: kleine Schwimmpflanze; Blättchen mit filigraner Zeichnung **STANDORT:** sonnig bis halbschattig; schwimmt an der Wasseroberfläche **PFLANZEN:** einfach ein paar Exemplare einsetzen **PFLEGEN:** nur begrenzt winterhart, daher einzelne Pflänzchen in geschützten Räumen überwintern; Bewuchs zum Ausdünnen regelmäßig abschöpfen **VERMEHREN:** breitet sich bei zusagenden Bedingungen rasch von selbst aus **VERWENDUNG:** hervorragend geeignet zum Schattieren, um eine zu starke Erwärmung zu verhindern; wirkt auch Algen entgegen, weil es mit ihnen um Nahrung konkurriert **WEITERE ARTEN:** ähnlich lassen sich verwenden: Schwimmfarn (*Salvinia natans*), ebenfalls nicht ganz winterhart, gut gegen Algen einzusetzen; Kleine Wasserlinse (*Lemna minor*), eine winzige, schwimmende Blütenpflanze, die sich unglaublich vermehrt **HINWEIS:** Das Feenmoos ist aufgrund seiner geringen Größe gut für Miniteiche in einem Gefäß geeignet.

Wasserhyazinthe | *Eichhornia crassipes*

BLÜTEZEIT: Juli – September **AUSSEHEN:** bis 20 cm hoch; Schwimmpflanze; unter Wasser fein verzweigte Wurzeln; glänzende, eiförmige Blätter an blasenförmigen Trieben; hyazinthenartige, hellblaue bis blassviolette Blüten **STANDORT:** sonnig; warme Stellen im Teich; frei schwimmend, geschützt **PFLANZEN:** im Juni einzelne Pflanzen einsetzen **PFLEGEN:** Tropisches Gewächs, frostempfindlich; helle Überwinterung bei 10–15° C in Schalen mit lehmiger Erde, erst nach Ende der Frostperiode wieder einsetzen. Meist ist es einfacher, jedes Frühjahr ein paar neue Pflänzchen zu besorgen. **VERMEHREN:** durch Ausläufer; breitet sich bei zusagenden Bedingungen rasch weit aus **VERWENDUNG:** attraktiver Blüher; trägt als sogenannte Repositionspflanze zur Reinigung des Wassers bei; auch für Miniteiche

Nadelsumpfsimse | *Eleocharis acicularis*

BLÜTEZEIT: Mai – Juli **AUSSEHEN:** Unterwasserpflanze; bildet rasenartige Flächen; ausdauernde, kriechende Rhizome; aufrechte, unverzweigte Halme, dunkelgrün; Blüten unscheinbar **STANDORT:** sonnig bis halbschattig; unter Wasser am Teichgrund in 20–60 cm Tiefe, möglichst kalkfreies Wasser **PFLANZEN:** Rhizome im Mai – Juni einsetzen **PFLEGEN:** wächst anspruchslos; bei zu starker Ausbreitung teilweise herausnehmen **VERMEHREN:** breitet sich rasch von selbst aus; ansonsten durch Abtrennen von Rhizomen **VERWENDUNG:** bewährt als Nahrungskonkurrent gegen Algenwuchs **WEITERE ARTEN:** Sumpfsimse (*E. palustris*), vom Sumpf bis in 30 cm flachem Wasser wachsend, Halme bis 30 cm hoch, braune Blütenähren, neigt mit ihren Ausläufern zum Wuchern

Kanadische Wasserpest | *Elodea canadensis*

BLÜTEZEIT: Mai – September **AUSSEHEN:** Unterwasserpflanze; dichte Blattquirle an kräftig verzweigten, schwimmenden Sprossstücken, wintergrün; unscheinbare weiße Blüten **STANDORT:** sonnig bis halbschattig; in etwa 50 cm Tiefe unter Wasser wurzelnd, ausgesprochen anpassungsfähig, aber bevorzugt in kalkreichem, hartem Wasser **PFLANZEN:** am besten in Körben, um die Ausbreitung einzuschränken **PFLEGEN:** Das üppige Wachstum sollte durch regelmäßiges Auslichten kontrolliert werden. **VERMEHREN:** über abgerissene Sprossstücke, bilden rasch neue Wurzeln **VERWENDUNG:** sehr wirkungsvoll gegen Algen, produziert viel Sauerstoff; für fischreiche Teiche eigentlich wertvoll, bei zu starkem Besatz allerdings für alle Teichbewohner eine Belastung; vorwiegend für größere Teiche **HINWEIS:** ursprünglich aus Nordamerika, mittlerweile in Europa weit verbreitet

Europäischer Froschbiss | *Hydrocharis morsus-ranae*

BLÜTEZEIT: Juni – August **AUSSEHEN:** Schwimmpflanze; Wurzeln verankern sich in flachen Bereichen am Grund; kleine rundliche, seerosenförmige Blättchen, in Rosetten frei auf der Wasseroberfläche schwimmend; weiße Blüten mit gelben Staubblättern **STANDORT:** von voller Sonne bis zu starker Beschattung; seichtes bis tiefes, kalkarmes Wasser **PFLANZEN:** im Mai – Juni einige Rosetten einsetzen **PFLEGEN:** regelmäßig Teile mit dem Rechen abfischen; überwintert in Form von etwa 1 cm großen, zwiebelähnlichen Winterknospen im schlammigen Teichgrund **VERMEHREN:** verbreitet sich durch Ausläufer, kann so rasch die ganze Wasseroberfläche bedecken **VERWENDUNG:** behindert als Licht- und Nahrungskonkurrent den Algenwuchs **HINWEIS:** Heimische Art; Fische schätzen die Winterknospen als Leckerbissen und können somit den Bestand bedrohen!

Ähriges Tausendblatt | *Myriophyllum spicatum*

BLÜTEZEIT: April – September **AUSSEHEN:** Unterwasserpflanze; bis zu 3 m lange Rhizome mit attraktiven, federförmigen Blattquirlen, überwiegend unter Wasser, in flachem Wasser teilweise 5–15 cm herausragend; kleine, blassrosafarbene Blüten über der Wasseroberfläche **STANDORT:** sonnig; bevorzugt kalkarmes Wasser bei mehr als 30 cm Tiefe **PFLANZEN:** Rhizome im Mai – Juni einsetzen **PFLEGEN:** Ausbreitung durch regelmäßiges Auslichten eindämmen **VERMEHREN:** durch Teilen der Rhizome **VERWENDUNG:** guter Sauerstoffspender; aufgrund der Wucherneigung am besten für tiefe, große Naturteiche geeignet; auch für Miniteiche **WEITERE ARTEN:** Quirliges Tausendblatt (*M. verticillatum*), bildet Winterknospen; Brasilianisches Tausendblatt (*M. aquaticum*), zeigt die zarten Fiederblätter mehr an der Oberfläche, frostempfindlich, daher geschützt überwintern, einige Ableger genügen

Gelbe Teichrose | *Nuphar lutea*

BLÜTEZEIT: Juni – August **AUSSEHEN:** Schwimmblattpflanze; dicke, meterlange Rhizome; große, herzförmige Blätter wie Seerosen, zu Wachstumsbeginn und im Winter kleinere Unterwasserblätter; dottergelbe, 4–6 cm große Blütenbälle an stabilen, über die Wasseroberfläche ragenden Stielen **STANDORT:** sonnig bis schattig; 50–250 cm Wassertiefe, auch kühle Teiche und langsame Fließgewässer **PFLANZEN:** möglichst in einem Korb, damit sie nicht wuchert **PFLEGEN:** gedeiht anspruchslos **VERMEHREN:** durch Abtrennen von Seitenverzweigungen des Rhizoms **VERWENDUNG:** Alternative zur Seerose an schattigen Standorten; produziert Sauerstoff **WEITERE ARTEN:** Kleine Teichrose (*N. pumila*), in allen Teilen etwas kleiner, bevorzugt für halbschattige Moorteiche **HINWEIS:** auch Teichmummel genannt

Seerose, kleine Arten und Sorten | *Nymphaea*-Arten und -Hybriden

BLÜTEZEIT: Juli – September **AUSSEHEN:** Schwimmblattpflanze mit großen, herzförmigen Blättern; Blüten über der Wasseroberfläche, je nach Sorte weiß, in Rot- oder Gelbtönen **STANDORT:** bevorzugt sonnig und warm, je stärker beschattet, desto geringer die Blühfreude; Pflanztiefe je nach Sorte 20–50 cm **PFLANZEN:** Wurzelstock im Mai – Juni einsetzen, zur geschützten Überwinterung am besten in Körben aus dem Fachhandel **PFLEGEN:** Wurzelstock und Unterwasserlaub dürfen im Winter nicht einfrieren, über Winter in geschützte Räume bringen **VERMEHREN:** durch Teilen der Rhizome **VERWENDUNG:** für sonnige, kleine Teiche, auch in Gefäßen **SORTEN:** z. B 'Froebeli', 'Ellisiana', beide rot; 'Aurora', orangerosa; 'Chrysantha', apricot; 'Mme. Laydeker', dunkelrosa und andere 'Laydekeri'-Sorten **WEITERE ARTEN:** *N. pygmaea* 'Rubra', dunkelpink; *N.* x *helvola,* hellgelb; Zwergseerose (*N. tetragona*), Glänzende Seerose (*N. candida*), beide weiß

Seerose, große Arten und Sorten | *Nymphaea*-Arten und -Hybriden

BLÜTEZEIT: Juli – September **AUSSEHEN:** wie kleine Sorten, doch ausladend bis zu 3 m^2 **STANDORT:** wie kleine Sorten; Pflanztiefe bis zu 150 cm, optimal meist 60–90 cm **PFLANZEN:** Wurzelstock im Mai – Juni einsetzen, am besten in Körben **PFLEGEN:** steht die Pflanze flacher als 80 cm, sollte sie über Winter in geschützte Räume geholt werden; möglichst selten verpflanzen; zum Antreiben im Frühjahr zunächst in flaches Wasser stellen; gelegentlich Schädlingsbefall, am besten von Hand absammeln **VERMEHREN:** durch Teilen der Rhizome **VERWENDUNG:** stille Teiche, empfindlich gegen Wasserbewegung; für beschattete Standorte am besten weiße Arten und Sorten wie Weiße Seerose (*N. alba*) oder *N. tuberosa* 'Richardsonii' oder 'Pöstlingsberg' **SORTEN:** z. B. 'Hermine', 'Gladstoniana', beide weiß; 'Texas Dawn', 'Col. A.J. Welch', beide gelb; 'Attraction', rot (→ Abb.) und mehrere 'Marliacea'-Sorten **WEITERE ARTEN:** Wohlriechende Seerose (*N. odorata*) mit duftenden, weißen Blüten

Seekanne | *Nymphoides peltata*

BLÜTEZEIT: Juli – September **AUSSEHEN:** Schwimmblattpflanze; langer, dünner Wurzelstock; dunkelgrüne, runde Blätter, ähnlich der Seerose, aber kleiner, auf der Wasseroberfläche schwimmend; knapp darüber leuchtend gelbe Blütenkelche **STANDORT:** sonniger, auch halbschattiger Teich; möglichst bei 30–60 cm Wassertiefe **PFLANZEN:** im Mai am besten jeweils 2 Pflanzen in Körben einsetzen, die die Ausbreitung beschränken **PFLEGEN:** regelmäßig auslichten **VERMEHREN:** breitet sich selbst aus, neigt zum Wuchern **VERWENDUNG:** attraktive Pflanze für größere Teiche, gut zum Schattieren in fischreichen Teichen **HINWEIS:** heimische Wildpflanze, steht unter Naturschutz

Krebsschere | *Stratiotes aloides*

BLÜTEZEIT: Mai – Juni **AUSSEHEN:** Schwimmpflanze; teilweise aus dem Wasser ragend; lange Wurzeln, z. T. im Teichgrund verankert; Rosette aus langen, schwertähnlich gezähnten Blättern, bis 50 cm Ø; weiße Blütensterne, ca. 3–4 cm Ø **STANDORT:** sonnig bis halbschattig; ab 30 cm Wassertiefe **PFLANZEN:** im Mai – Juni einige Rosetten einsetzen **PFLEGEN:** taucht immer wieder ab, überwintert am Teichboden und steigt im Frühjahr wieder auf; bei übermäßiger Vermehrung mit Rechen o. Ä. abfischen **VERMEHREN:** breitet sich selbst durch Ausläufer aus **VERWENDUNG:** auffällige Schwimmpflanze für größere Teiche; entnimmt dem Wasser Nährstoffe und trägt somit zu dessen Reinigung bei

Wasserschlauch | *Utricularia vulgaris*

BLÜTEZEIT: Juni – August **AUSSEHEN:** Unterwasserpflanze; ohne Wurzeln frei schwimmend; haarfeine, verästelte Triebe mit zahlreichen Bläschen, in denen gefangene Tiere verdaut werden; gelbe, löwenmaulähnliche Blüten mit ca. 2 cm Ø, ca. 10 cm über der Wasseroberfläche **STANDORT:** sonnig, auch leicht beschattet; möglichst warmes, kalkfreies Wasser, gern nährstoffreich **PFLANZEN:** im Juni einsetzen **PFLEGEN:** recht anspruchslos; wuchert nicht; überwintert in Winterknospen am Teichgrund, treibt spät aus **VERMEHREN:** durch Einsetzen abgetrennter Seitentriebe **VERWENDUNG:** Fleischfresser, verzehrt Kleintiere im Wasser, erfüllt dadurch eine wichtige Funktion im biologischen Gleichgewicht; gedeiht besonders gut in kleinen Becken **HINWEIS:** Der Wasserschlauch trägt durch Verzehr von Mückenlarven dazu bei, die Mückenplage in Grenzen zu halten.

Weitere Wasserpflanzen für die tiefen Zonen

NAME	BLÜTE	LICHT	MERKMALE; HINWEISE
Schwimmblattpflanzen			
Kapwasserähre *Aponogeton distachyos*	weiß Juni – Sept.	sonnig	elegant elliptische Blätter; Blüte duftend; für kleine Teiche; Vermehrung durch Samen, Knolle darf nicht einfrieren
Muschelblume, Wassersalat *Pistia stratiotes*	weiß Juni – Aug.	sonnig bis halbschattig	samtweiche, graugrüne Blattrosetten; tropisch, nicht winterhart, geschützt überwintern; Verbreitung durch Ausläufer
Wassernuss *Trapa natans*	weiß Juni – Aug.	sonnig bis halbschattig	ledrige Blattrosetten, im Herbst bizarre Früchte; für warmes Wasser; Pflanzen sterben im Winter ab, teils wachsen neue aus Samen
Unterwasserpflanzen			
Sumpfwasserstern *Callitriche palustris*	unscheinbar Juni – Aug.	sonnig bis halbschattig	sternförmige Rosetten aus zierlichen Schwimmblättern; gern in 30–40 cm Wassertiefe, auch für kleine Teiche
Raues Hornkraut *Ceratophyllum demersum*	weiß, winzig Juni – Aug.	sonnig bis halbschattig	bis 1 m lange Triebe; einfach ins Wasser werfen, wurzelt von selbst, produziert Sauerstoff, gut für Fischteiche
Krauses Laichkraut *Potamogeton crispus*	grünlich Juni – Aug.	sonnig bis halbschattig	gewellte Unterwasserblätter; am besten in 40–70 cm Pflanztiefe, auch für kleine Teiche; produziert Sauerstoff, wertvoll
Schwimmendes Laichkraut *Potamogeton natans*	rötlich grün Juni – Aug.	sonnig bis halbschattig	für große Naturteiche, auch in mehreren Metern Tiefe; produziert Sauerstoff, ökologisch wertvoll, neigt zum Wuchern
Wasserhahnenfuß *Ranunculus aquatilis*	weiß Juni – Aug.	sonnig	feingliedrige Unterwasserblätter; wasserklärend; Flutender Wasserhahnenfuß (*R. fluitans*) für fließendes Wasser

Kalmus | *Acorus calamus*

HÖHE: 60–100 cm **BLÜTEZEIT:** Juni – Juli **AUSSEHEN:** fingerdicker, kriechender Wurzelstock; aufrechte, schmal schwertförmige Blätter, würzig duftend; eher unscheinbare, gelbliche Blütenkolben **STANDORT:** am besten sonnig; nährstoffreicher Schlamm, in 10–20 cm Wassertiefe, aber auch in feuchter Erde **PFLANZEN:** im Frühjahr oder Herbst Wurzelstock einsetzen **PFLEGEN:** robust wachsend; bei Bedarf sparsam düngen **VERMEHREN:** durch Teilen der Rhizome **VERWENDUNG:** als mittelhohe Randbepflanzung am naturnahen Teich **SORTEN:** 'Variegatus', mit gelbgrün längsgestreiftem Laub, dekorativ **WEITERE ARTEN:** Zwergkalmus (*A. gramineus*), 20–30 cm hoch, nicht zuverlässig winterhart **HINWEIS:** alte Heilpflanze mit ätherischen Ölen im Wurzelstock; stammt aus dem Orient

Schwanenblume, Blumenbinse | *Butomus umbellatus*

HÖHE: 80–100 cm **BLÜTEZEIT:** Juni – August **AUSSEHEN:** kriechendes Rhizom; schmale Horste aus linealischen Blättern; duftige, weiße bis hell rosafarbene Blütendolden an langen Stängeln **STANDORT:** sonnig; am Teichrand, etwas windgeschützt; am besten bei einer Tiefe von 10–30 cm, verträgt wechselnden Wasserstand **PFLANZEN:** Wurzeln im Mai ohne Behälter in den Boden setzen **PFLEGEN:** gelegentlich etwas Wasserpflanzendünger in den Wurzelbereich geben **VERMEHREN:** durch Rhizomteilstücke oder Aussaat **VERWENDUNG:** zarte Blütenschönheit am naturnahen Teich; bildet hoch bewachsenes Ufer; sehr gut neben Schilf und anderen hohen Arten, die den Zugang für Kinder erschweren; hübsch auch mit Kalmus, Rohrkolben, Blutweiderich oder Sumpfschwertlilie

Sumpfcalla, Schlangenwurz | *Calla palustris*

HÖHE: bis 30 cm **BLÜTEZEIT:** Mai – Juli **AUSSEHEN:** flach kriechender Wurzelstock; spitz herzförmige Blätter an langem Stiel; grünlicher Blütenkolben mit der für Aronstabgewächse typischen Blütenscheide (Hüllblatt) in Weiß; ab Spätsommer daran rote Beerenfrüchte **STANDORT:** am besten im Halbschatten; in weichem, kalkarmem Wasser bei 5–15 cm Tiefe **PFLANZEN:** im April/Mai Wurzelstock flach einsetzen, eventuell am Untergrund befestigen, damit er nicht wieder aufschwimmt **PFLEGEN:** wenn nötig, unansehnliche Blätter ausputzen, anspruchslos **VERMEHREN:** durch Teilen des Rhizoms (Vorsicht, giftig!) **VERWENDUNG:** interessanter Blickfang im flachen Wasser **WEITERE ARTEN:** Gelbe Scheincalla (*Lysichiton americanus*), deutlich größer und mit gelber Blütenscheide, braucht Düngung und in rauen Lagen einen Frostschutz **HINWEIS:** einheimische Pflanze; in allen Teilen giftig!

Tannenwedel | *Hippuris vulgaris*

HÖHE: bis 40 cm **BLÜTEZEIT:** Juli – August **AUSSEHEN:** waagrecht kriechender Wurzelstock; Triebe mit nadelartigen Blättern ragen aus der Wasseroberfläche, wirken wie kleine Tannenbäume; Blüten weiß und unscheinbar **STANDORT:** sonnig bis halbschattig; bevorzugt warme und kalkhaltige Gewässer bei 10–30 cm Tiefe, möglichst lehmige Erde; auch untergetaucht in langsam fließenden Gewässern **PFLANZEN:** im Mai/Juni Wurzelstock einlegen, eventuell im Korb, um Ausbreitung einzuschränken **PFLEGEN:** neigt bei zusagendem Standort zum Wuchern, bei zu starker Ausbreitung gelegentlich ausdünnen **VERMEHREN:** durch Teilen des Wurzelstocks; breitet sich von selbst aus **VERWENDUNG:** mit seinen zarten Trieben sehr dekorativ, z. B. in Kombination mit großen Seerosenblättern, aber auch neben Froschlöffel und Pfeilkraut; langlebig, liefert Sauerstoff, wirkt Algen entgegen **HINWEIS:** heimische Art; sehr anpassungsfähig an sich verändernde Verhältnisse

Europäische Wasserfeder | *Hottonia palustris*

HÖHE: bis 40 cm **BLÜTEZEIT:** Mai – Juli **AUSSEHEN:** im Wasser schwebend, durch zahlreiche fadenförmige Wurzeln am Grund verankert; 20–50 cm lange Triebe mit feinen, fiedrigen Blättchen; fünfzählige, schalenförmige Blüten in Quirlen an aufrechter, unterbrochener Traube, weiß bis zartrosa, ragen über den Wasserspiegel hinaus **STANDORT:** halbschattig bis schattig; bevorzugt kühl und dennoch hell; in kalkfreiem Wasser bei 10–40 cm Tiefe **PFLANZEN:** im Mai/Juni Triebachse einsetzen **PFLEGEN:** anspruchslos, übersteht sogar Trockenperioden **VERMEHREN:** durch Abtrennen und Einsetzen von Triebstücken **VERWENDUNG:** in Gruppen für schattige Bereiche in naturnahen Teichen **HINWEIS:** heimisches Primelgewächs, steht – wie die meisten heimischen Wasserpflanzen – unter Naturschutz

Houttuynie | *Houttuynia cordata*

HÖHE: 30–40 cm **BLÜTEZEIT:** Juli – August **AUSSEHEN:** herzförmige Blätter, ca. 10 cm hoch und breit, an der Unterseite rötlich leuchtend, an Wurzelausläufern; walzenförmige Blütenähren, von 4 weißen Hochblättern umgeben **STANDORT:** sonnig, gedeiht noch im Halbschatten; bevorzugt Sumpf bis flaches Wasser **PFLANZEN:** im Mai/Juni Wurzel mit Laubaustrieb einsetzen, am besten im Korb **PFLEGEN:** bei uns nicht ganz winterhart, in rauen Lagen geschützte Überwinterung erforderlich; bei Bedarf Ausläufer eindämmen **VERMEHREN:** durch Abtrennen von Ausläufern **VERWENDUNG:** eine Besonderheit für den Teich, dekorative Blattschmuckpflanze; auch für Miniteiche **HINWEIS:** stammt aus Asien; verströmt einen starken metallischen Geruch; auch als Eidechsenschwanz bekannt

Sumpfschwertlilie | *Iris pseudacorus*

HÖHE: 80–150 cm **BLÜTEZEIT:** Mai – Juni **AUSSEHEN:** knolliger Wurzelstock; Horste aus breit schwertförmigen Blättern; typische Irisblüten in Gelb, zu mehreren an jedem Stängel **STANDORT:** bevorzugt sonnig; gern in 30 cm Wassertiefe, aber auch noch in lediglich feuchtem Boden **PFLANZEN:** im April/Mai oder besser noch im Herbst Wurzelstock einsetzen; Pflanzung im Korb dämmt Verbreitung ein **PFLEGEN:** bei Bedarf ausdünnen **VERMEHREN:** durch Teilen der Wurzelknollen **VERWENDUNG:** bildet hohen, blühenden Bewuchs an sonnigen Ufern; braucht ausreichend Platz, sonst verdrängt sie weniger robuste Nachbarn; wasserklärend **SORTEN:** zahlreiche Sorten im Handel, mit verschiedenen Höhen und Gelbtönen der Blüten, auch weiß, teils mit gestreiftem Laub **WEITERE ARTEN:** Verschiedenfarbige Schwertlilie (*I. versicolor*), etwas zierlicher, blüht wenig später in Violett, am besten bei 5–15 cm Wasserstand **HINWEIS:** bei uns heimisch, aber selten

Blutweiderich | *Lythrum salicaria*

HÖHE: 60–150 cm **BLÜTEZEIT:** Juni – September **AUSSEHEN:** stattliche Horste aus aufrechten Stängeln; an deren Enden leuchtend lila Blüten in kerzenartigen Ähren **STANDORT:** sonnig bis halbschattig, notfalls sogar im Schatten; bis 20 cm Wassertiefe, aber auch im angrenzenden Beet bei frischem Boden **PFLANZEN:** im April/Mai Wurzelstock einsetzen **PFLEGEN:** anspruchslos **VERMEHREN:** durch Teilung alter Horste, verbreitet sich unter Umständen selbst durch Samen **VERWENDUNG:** über mehrere Monate attraktiv blühend; möglichst gut sichtbar am Rand von Teichen oder auch Fließgewässern platzieren; gern in der Nähe von Gauklerblume (*Mimulus*) oder Mädesüß **SORTEN:** Mehrere mit verschiedenen Wuchshöhen und Blütentönen; der überwiegende Teil eignet sich aber mehr fürs Beet als für den Teich. **HINWEIS:** heimische Wildpflanze; häufig an Bächen und Gräben

Fieberklee | *Menyanthes trifoliata*

HÖHE: 15–30 cm **BLÜTEZEIT:** Mai **AUSSEHEN:** langer, kriechender Wurzelstock, bildet Ausläufer; große, dreiteilige Kleeblätter, entfalten sich nach der Blüte; zarte, weißrosa Blütenkerzen am Wurzelstock ragen im Frühjahr aus dem Wasser, jede Einzelblüte mit flaumigen Haaren **STANDORT:** sonnig bis halbschattig; bei 5–20 cm Wasserstand, eher geringer Kalkgehalt; sehr anpassungsfähig, anspruchslos, winterhart **PFLANZEN:** im April, besser im Herbst Wurzelstock schräg in die Erde setzen **PFLEGEN:** trägt durch Ausbreitung zur Verlandung bei, bei Bedarf ausdünnen **VERMEHREN:** durch Teilen von Ausläufern **VERWENDUNG:** wandert durch das flache Wasser, möglichst auf freier Fläche; Blüte aus der Nähe besonders hübsch, gut für kleine Teiche und in Gefäßen **HINWEIS:** alte Heilpflanze, früher gegen Fieber verwendet, enthält magenstärkende, appetitanregende Bitterstoffe

Herzförmiges Hechtkraut | *Pontederia cordata*

HÖHE: etwa 60 cm **BLÜTEZEIT:** Juni – August **AUSSEHEN:** verbreitet sich durch Rhizom; grundständige Rosette aus länglich herzförmigen Blättern, die aus dem Wasser ragen; blaue Blütenähren an kräftigen Stielen, reiche Blüte **STANDORT:** bevorzugt sonnig; eher nährstoffreiches Wasser bei 10–30 cm Tiefe **PFLANZEN:** im Mai/Juni Rhizom in den Schlamm setzen, gern in Gruppen, zur Eindämmung vorbeugend im Korb **PFLEGEN:** recht anspruchslos, sehr wuchsfreudig, bei Bedarf ausdünnen; nicht immer winterhart, im Zweifelsfall mit Laub abdecken oder einzelne Pflanzen geschützt überwintern **VERMEHREN:** durch Teilen von Rhizomen oder Abtrennen von Seitentrieben **VERWENDUNG:** im sonnigen Flachwasser größerer Teiche; von vornherein ausreichend Platz zugestehen; auch in Gefäßen **WEITERE ARTEN:** *P. lanceolata* kann etwas tiefer stehen, wächst höher, ist frostempfindlicher

Sumpfblutauge | *Potentilla palustris*

HÖHE: 40–50 cm **BLÜTEZEIT:** Mai – Juli **AUSSEHEN:** langer, kriechender Wurzelstock, verholzend; längliche, fiedrige Blätter, an Stängeln flach über der Wasseroberfläche; dunkelrote, etwa 1–2 cm große Blüten in lockeren Trugdolden **STANDORT:** sonnig bis halbschattig; bevorzugt kalkarmes Wasser, von Sumpf bis 20 cm Tiefe **PFLANZEN:** Wurzelstock im Mai oder Herbst schräg in die Erde setzen **PFLEGEN:** anspruchslos **VERMEHREN:** Wurzelstock teilen **VERWENDUNG:** für Flachwasser- und Sumpfbereiche in naturnahen Teichen; nicht zu viele und v. a. keine starkwüchsigen Nachbarn **HINWEIS:** ausgesprochen hübsche, heimische Wildstaude mit auffallender, ungewöhnlicher Wuchsform

Breitblättriges Pfeilkraut | *Sagittaria latifolia*

HÖHE: 50–80 cm **BLÜTEZEIT:** Juni – August **AUSSEHEN:** knollenartige Wurzel; charakteristische, breit pfeilförmige Blätter (→ Name) an langen, aufrechten Stielen, auf und unter Wasser auch andere Blattformen; weiße Blütensterne in Quirlen, mit gelben Staubblättern; überwintert mit Winterknospen im Bodenschlamm, Blätter erscheinen erst wieder im späten Frühjahr **STANDORT:** sonnig bis halbschattig; von dauerfeuchtem Sumpf bis 30 cm Tiefe in bevorzugt kalk- und nährstoffreichem Wasser **PFLANZEN:** im April/Mai Wurzelknolle in Schlamm setzen **PFLEGEN:** wuchsfreudig, bei Bedarf Ausläufer eindämmen **VERMEHREN:** durch Teilen der Wurzeln **VERWENDUNG:** für höher bewachsenes Ufer und Flachwasser; gern mit Blumenbinse und Zwergrohrkolben; auch an fließenden Gewässern **SORTEN:** 'Plena' mit ballförmigen, gefüllten Blüten **WEITERE ARTEN:** Pfeilkraut (*S. sagittifolia*), etwas kleiner, weniger wüchsig, mit dunklen Staubblättern, für kleinere Teiche zu bevorzugen

Seebinse, Teichsimse | *Schoenoplectus lacustris*

HÖHE: 150–250 cm **BLÜTEZEIT:** Juni – September **AUSSEHEN:** unterirdisch kriechender Wurzelstock; hohe, aufrechte, dicke, runde Halme ohne Blätter; flatternde, braune Blütenähren an den Halmenden **STANDORT:** überwiegend sonnig; 10–50 cm Wasserstand, notfalls auch tiefer **PFLANZEN:** im April/Mai Wurzelstock pflanzen **PFLEGEN:** vermehrt sich stark, notfalls ausdünnen und einschränken **VERMEHREN:** durch Ableger vom Wurzelstock **VERWENDUNG:** für große Naturteiche zur biologischen Abwasserreinigung einsetzbar, neben Rohrkolben und Seerosen **SORTEN:** 'Albescens' mit gelb-grün längsgestreiften Halmen, wuchert weniger **WEITERE ARTEN:** Zebrasimse (*S. tabernaemontani* 'Zebrinus'), bis 150 cm hoch, vor allem junge Triebe sehr dekorativ gelb-grün gebändert, bis 20 cm Wasserstand

Ästiger Igelkolben | *Sparganium erectum*

HÖHE: bis 120 cm **BLÜTEZEIT:** Juni – September **AUSSEHEN:** kriechender Wurzelstock, bildet Ausläufer; schmale, dreikantige Blätter; Blüten weißlich grün, eher unscheinbar, an verzweigtem Stängel, der das Laub nicht überragt; reife, „igelähnliche“ Früchte mit kleinen Stacheln in Gruppen **STANDORT:** sonnig bis halbschattig; vom dauerfeuchten Rand bis 40 cm Wassertiefe **PFLANZEN:** im Mai oder Herbst **PFLEGEN:** starke Ausläuferverbreitung, bei Bedarf ausdünnen **VERMEHREN:** durch Abtrennen von Wurzelausläufern **VERWENDUNG:** vorwiegend für größere Teiche; gut neben Hechtkraut und Blutweiderich **WEITERE ARTEN:** Einfacher Igelkolben (*S. emersum*), kleiner, weniger wuchernd; Zwergigelkolben (*S. natans*), wesentlich zierlicher, wächst größtenteils unter Wasser

Rohrkolben | *Typha*-Arten

HÖHE: je nach Art 50–250 cm **BLÜTEZEIT:** Juli – August **AUSSEHEN:** bildet Ausläufer, wuchernd; grasartiges Laub an hohen, aufrechten Stängeln; samtige braune Blütenkolben bis in den Winter; Mutterpflanzen sterben jedes Jahr ab **STANDORT:** sonnig bis halbschattig; wandert am Ufer von lehmigen Teichen entlang, bis zu 50 cm Wasserstand **PFLANZEN:** im April/Mai Wurzelstücke in Schlamm setzen **PFLEGEN:** v. a. regelmäßig überschüssige Ausläufer entfernen **VERMEHREN:** durch Ausläufer **VERWENDUNG:** typische Röhrichtpflanze, eine Attraktion jedes Naturteichs; große Arten wie Breitblättriger Rohrkolben (*T. latifolia*) nur für größere Anlagen **WEITERE ARTEN:** Schmalblättriger (*T. angustifolia*), Laxmanns (*T. laxmannii*) und Shuttleworths Rohrkolben (*T. shuttleworthii*) bleiben etwas kleiner, geringe Abweichungen im Erscheinungsbild; Zwergrohrkolben (*T. minima*), nur bis zu 80 cm hoch, Blüte Mai – Juli, fast kugelige Kolben, bis zu 10 cm Wasserstand, für kleinere Teiche geeignet

Bachbungenehrenpreis | *Veronica beccabunga*

HÖHE: 30–40 cm **BLÜTEZEIT:** Mai – August **AUSSEHEN:** kriechender Wurzelstock; eiförmige Blättchen an aufsteigenden Trieben; leuchtend blaue Blüten in lockeren Trauben aus den Blattachseln, ähneln Vergissmeinnicht (*Myosotis*) **STANDORT:** bevorzugt sonnig; kalkreicher Boden, Flachwasser bis 10 cm Wasserstand **PFLANZEN:** im April oder Herbst in kleinen Gruppen einsetzen **PFLEGEN:** anspruchslos **VERMEHREN:** durch Abtrennen von Wurzelstücken **VERWENDUNG:** in Uferzonen naturnaher Teiche und Bäche, möglichst nicht von hochwachsenden Arten verdeckt, gern neben Sumpfdotterblume, Kalmus und Pfeilkraut; auch für Gefäße **WEITERE ARTEN:** Uferehrenpreis (*V. anagallis-aquatica*), ähnlicher Standort, stärker verzweigt, Blüten mehr ins Rosa gehend **HINWEIS:** heimisches Gewächs; früher als wassertreibende und blutreinigende Heilpflanze genutzt

Froschlöffel | *Alisma plantago-aquatica*

HÖHE: 50–80 cm **BLÜTEZEIT:** Juli – September **AUSSEHEN:** knollig verdicktes Rhizom; Rosette aus gestielten, löffelförmigen Blättern; bis 80 cm hoher Blütenstand, duftige Rispe mit weißen bis zart rosafarbenen Einzelblüten, bleibt bis Herbst erhalten **STANDORT:** sonnig bis halbschattig; von feuchter Erde bis 20 cm Wasserstand **PFLANZEN:** im April/Mai Rhizom einsetzen **PFLEGEN:** eventuell Blütenstände zeitig entfernen, um Aussamen zu unterbinden **VERMEHREN:** samt sich selbst aus, ansonsten durch Rhizomteilung **VERWENDUNG:** gut für den Sumpfbereich an kleinen Teichen geeignet; am besten gut sichtbar im Einzelstand, in Nachbarschaft von Sumpfdotterblume und Blumenbinse **WEITERE ARTEN:** Südstaatenfroschlöffel (*A. subcordatum*), breitblättriger; Lanzettblättriger Froschlöffel (*A. lanceolatum*), sehr ähnlich; Grasblättriger Froschlöffel (*A. gramineum*), auch unter Wasser lebend **HINWEIS:** heimische Wildpflanze; Blütenstand für Trockensträuße geeignet

Sumpfdotterblume | *Caltha palustris*

HÖHE: 20–40 cm **BLÜTEZEIT:** März – Juni **AUSSEHEN:** grundständige Horste aus glänzenden, rundlichen Blättern; auffällige, leuchtend gelbe, fünfblättrige Kelche über dem Laub **STANDORT:** sonnig bis halbschattig; gern lehmig, humos, nährstoffreich, von dauerfeuchter Erde bis 10 cm Wasserstand **PFLANZEN:** im Herbst oder nach der Blüte **PFLEGEN:** robust, anspruchslos **VERMEHREN:** nach der Blüte Wurzelstock mit Messer teilen **VERWENDUNG:** am Rand von Teichen und Bächen, auch für kleine Anlagen und Gefäße **SORTEN:** 'Multiplex' mit gefüllten, orangegelben Pomponblüten, gedrungener, möglichst sonniger Platz; auch Sorten mit weißen oder größeren Blüten, alle für feuchten Rand **HINWEIS:** heimische Wildstaude; blüht im Sommer oft noch ein zweites Mal; giftverdächtig

Morgensternsegge | *Carex grayi*

HÖHE: bis 80 cm **BLÜTEZEIT:** Mai – Juni **AUSSEHEN:** Horste mit scharfkantigen, leicht überhängenden Halmen; auffällige bedornte Kugelfrüchte, Juli – August **STANDORT:** sonnig bis halbschattig; anpassungsfähig; von feuchtem Boden bis 5 cm Wasserstand **PFLANZEN:** bevorzugt im Herbst **PFLEGEN:** anspruchslos **VERMEHREN:** durch Teilen der Horste im Herbst **VERWENDUNG:** für den naturnahen Teich- und Bachrand, gern neben Sumpfdotterblume, Froschlöffel und Sumpfschwertlilie **WEITERE ARTEN:** für bis höchstens 5 cm Wasserstand auch Sumpfsegge (*C. acutiformis*), Gelbsegge (*C. flava*) und Palmwedelsegge (*C. muskingumensis*); für 5–10 cm Wassertiefe Schlanksegge (*C. acuta*), Scheinzypergrassegge (*C. pseudocyperus*) und Ufersegge (*C. riparia*), alle ohne auffällige Früchte, meist kleiner als *C. grayi* **HINWEIS:** Seggen können auch feuchte Beete und Gehölzränder zieren.

Scheidenwollgras | *Eriophorum vaginatum*

HÖHE: bis 50 cm **BLÜTEZEIT:** April – Mai, anschließend auffälliger Fruchtschopf **AUSSEHEN:** Horste aus schmalen Grashalmen, rasenbildend ohne Ausläufer; unauffällige grünliche Blütenähren; danach schneeweiß behaarte Fruchtbüschel **STANDORT:** sonnig bis halbschattig; dauerfeuchter, nährstoffarmer, saurer Moorboden **PFLANZEN:** am besten im Herbst **PFLEGEN:** durch Torfzugabe im Frühjahr saures Substrat erhalten, sonst anspruchslos **VERMEHREN:** durch Teilen von Horsten **VERWENDUNG:** bildet geschlossenen Polsterteppich; nur für Moorbeete **SORTEN:** auch Auslesen im Handel **WEITERE ARTEN:** Breitblättriges Wollgras (*E. latifolium*), etwas größer; Schmalblättriges Wollgras (*E. angustifolium*), bildet Ausläufer, neigt zum Wuchern **HINWEIS:** heimisch in Hochmooren, geschützte Art

Echtes Mädesüß | *Filipendula ulmaria*

HÖHE: 120–180 cm **BLÜTEZEIT:** Juni – August **AUSSEHEN:** kriechender Wurzelstock; horstartig; gefiedertes Blattwerk an aufrechten Stängeln; zarte, gelblich weiße Blütenrispen mit Honigduft **STANDORT:** sonnig bis halbschattig; humoser, feuchter Boden **PFLANZEN:** im April oder Herbst; durch Korbpflanzung lässt sich die Ausbreitung eindämmen **PFLEGEN:** anspruchslos; wenn nötig, ausdünnen **VERMEHREN:** durch Teilen des Wurzelstocks **VERWENDUNG:** im Uferbereich, hübscher Blickfang; gut neben Blutweiderich, Gauklerblumen und Primeln **SORTEN:** 'Plena', gefüllte weiße Blüten **WEITERE ARTEN:** Kleines Mädesüß (*F. vulgaris*), heimisch, bis 60 cm hoch; außerdem mehrere fremdländische Arten, teils in Sorten, z. B. *F. palmata,* 'Nana', bis 50 cm, tiefrosa; Japanisches Mädesüß (*F. purpurea*) 'Elegans', 100 cm, karminrot **HINWEIS:** heimisches Sumpfgewächs

Sibirische Schwertlilie | *Iris sibirica*

HÖHE: 60–140 cm, je nach Sorte **BLÜTEZEIT:** Mai – Juni **AUSSEHEN:** fleischiger Wurzelstock, aufrechte, schmal schwertförmige Blätter in dichten Horsten; an noch höheren Stielen je bis zu 3 ursprünglich blaue Irisblüten **STANDORT:** möglichst sonnig; frischer oder feuchter, nährstoffreicher Gartenboden **PFLANZEN:** Wurzelstock im April oder Herbst flach in den Boden legen **PFLEGEN:** problemlos, eventuell konkurrenzstarke Nachbarn zurückdrängen **VERMEHREN:** durch Teilen des Wurzelstocks **VERWENDUNG:** als Blickfang am Rand von Teichen und Bächen **SORTEN:** breite Sortenpalette mit Blüten in Weiß, Rosa, Lavendel, Blau oder Violett **WEITERE ARTEN:** Japanische Sumpfschwertlilie (*I. ensata*), prachtvolle Blüten, viele Sorten mit ähnlichem Farbspektrum wie Sibirische Schwertlilie, auch rot blühend **HINWEIS:** Laub noch eleganter als bei anderen Schwertlilien; heimisch, aber selten, streng geschützt!

Weitere Wasserpflanzen für Flachwasser, Sumpf und Teichrand

NAME	BLÜTE	MERKMALE; HINWEISE	STANDORT
Bachnelkenwurz *Geum rivale*	orange April – Juli	30 cm hoch; wintergrün; einheimisch; robuster Bodendecker	sonnig bis lichter Schatten; frischer Boden; für Teich- und Bachrand
Binse *Juncus*-Arten	weiß Juni – Aug.	je nach Art 20–60 cm hoch; horstige Gräser; hohlrunde Halme; heimisch	sonnig bis halbschattig; bevorzugt lehmiger Boden
Kardinalslobelie *Lobelia cardinalis*	rot Juli – Aug.	bis 100 cm hoch; attraktiv blühend; aus Nordamerika	sonnig; feuchter Boden, im Winter geschützt
Pfennigkraut *Lysimachia nummularia*	gelb Mai – Aug.	5 cm hoch; zierlicher, flacher Bodendecker; robust; überdeckt den Teichrand	sonnig bis schattig; von flachem Wasser bis zu frischem Boden
Wasserminze *Mentha aquatica*	helllila Juli – Nov.	60 cm hoch; Triebe und Blüten ragen aus dem Wasser; duftende Heilpflanze	sonnig bis halbschattig; 5–10 cm Wasserstand
Gelbe Gauklerblume *Mimulus luteus*	gelb Juni – Sept.	20–30 cm hoch; anspruchslos; vermehrt sich leicht selbst aus Samen	sonnig; feuchter bis sumpfiger Boden
Sumpfvergissmeinnicht *Myosotis palustris*	hellblau Mai – Aug.	30 cm hoch; zartes Gewächs; ausdauernd und anspruchslos	sonnig bis halbschattig; feuchter Boden bis 10 cm Wassertiefe
Primeln *Primula bullesiana, P. bulleyana, P. florindae, P. japonica, P. rosea*	verschiedene Farben Mai – Juli	bis 60 cm; attraktive Blüten, je nach Art in Gelb- und Rottönen bis Lila, teils in Etagen, *P. rosea* schon ab März	sonnig bis halbschattig; Sumpf bis feuchter Boden

Zwiebel- und Knollenpflanzen von A bis Z

EIN FRÜHLING OHNE ZWIEBEL- UND KNOLLENPFLANZEN ist kaum vorstellbar. Schneeglöckchen, Krokus und Winterling eröffnen das Gartenjahr, Dahlien und Montbretien bereichern es bis in den Herbst hinein. Selbst der kleinste Garten bietet noch Platz für Zwiebel- und Knollenblumen, unter denen sich für jede Situation ein passender Vertreter findet. Insbesondere an trockenen Stellen, die sonst eher schwierige Standorte darstellen, sind sie unentbehrlich. Aber auch für schattige Plätze und selbst für den lückigen Rasen unter Bäumen eignen sich manche Frühlingsblüher gut. Lediglich in sehr nassen Böden, etwa am Teichrand oder in feuchten Mulden, gedeihen Zwiebelblumen schlecht.

Der Unterschied zwischen Zwiebel und Knolle (→ S. 330) spielt übrigens in der Praxis gar keine so entscheidende Rolle. Wichtiger ist vielmehr die richtige Wahl des Standorts. Bei den meisten Arten handelt es sich um Bewohner trockener Steppengebiete oder aber um Waldpflanzen. Hieraus leitet sich ab, wo sie im Garten stehen möchten. Weder Trockenheit noch Frost und Kälte können ihnen etwas anhaben. Fast alle genannten Arten sind ausreichend winterhart. Dahlien gehören zu den wenigen Ausnahmen, die frostfrei überwintert werden müssen. Gepflanzt wird fast ausnahmslos im Herbst, wenn die Frühjahrsblüher eine Pause einlegen. Je früher man sie kauft und pflanzt, desto besser. Bei Versandgärtnereien kann man sogar noch früher bestellen. So lässt sich in Ruhe aussuchen und planen. Lediglich die Sommerblüher werden im Frühjahr verkauft und gepflanzt. Viele Zwiebelblumen bekommt man inzwischen auch blühend in Töpfen angeboten. Sie sind jedoch oft im Gewächshaus vorgetrieben und sollten erst nach den stärksten Frösten gepflanzt werden.

Iranlauch | *Allium aflatunense*

HÖHE: 70–100 cm **BLÜTEZEIT:** Mai – Juni **AUSSEHEN:** auffällige Erscheinung, wirkt architektonisch; helle, ovale Zwiebeln; riemenförmige Blätter vor der Blüte; violette, ballförmige Blütendolden, 10–15 cm Ø, an langen, kahlen Stielen **STANDORT:** sonnig; frischer bis mäßig trockener Boden, gute Nährstoffversorgung, in schwerem Boden nicht immer langlebig **PFLANZEN:** im Herbst; ca. 10–15 cm tief, 20–30 cm Pflanzabstand **PFLEGEN:** nach der Blüte Blütenstiele und welkendes Laub zurückschneiden; jährlich düngen **VERMEHREN:** durch Teilung bzw. Brutzwiebeln **VERWENDUNG:** verstreut in Beeten, mit frühen Stauden wie Storchschnabel und Frauenmantel, die das zur Blütezeit bereits welkende Laub verdecken **SORTEN:** zahlreiche Züchtungen, auch in Weiß **WEITERE ARTEN:** Sternkugellauch (*A. christophii*), niedriger, Blüten bis 20 cm Ø; Riesenlauch (*A. giganteum*), bis 150 cm hoch, Blüte Juli – August **HINWEIS:** Die getrockneten Fruchtstände sind sehr dekorativ.

Goldlauch | *Allium moly*

HÖHE: 20–30 cm **BLÜTEZEIT:** Mai – Juni **AUSSEHEN:** breit linealische Blätter; goldgelbe, flache Blütendolden an kurzen Stielen **STANDORT:** sonnig; mäßig trockener bis frischer Boden **PFLANZEN:** im Herbst; bis 10 cm tief, 10–15 cm Pflanzabstand **PFLEGEN:** Samenstände zurückschneiden, wenn keine Selbstaussaat gewünscht **VERMEHREN:** durch Teilung großer Horste im Spätsommer; samt leicht selbst aus **VERWENDUNG:** im Steingarten und auf Mauern; nicht in der ersten Reihe verwenden, da sonst nach dem Einziehen eine Lücke entsteht; hübsch mit Glockenblumen, Hornveilchen und Katzenminze **WEITERE ARTEN:** Blauzungenlauch (*A. karataviense*), insgesamt nur 25 cm hoch, zierendes großes Blatt, blüht weiß oder rosa, Dolden mit bis zu 15 cm Ø; Kugellauch (*A. spaerocephalon*), blüht ab Juli (sehr lang), 80 cm hoch, ovale, rötlich violette Blüten

Strahlenanemone | *Anemone blanda*

HÖHE: 20–25 cm **BLÜTEZEIT:** (Februar) März – April **AUSSEHEN:** schwarze Knolle; Blätter tief geschlitzt, dreiteilig; lange, blaue Strahlenblüten **STANDORT:** halbschattig bis schattig; windgeschützt; humoser, durchlässiger Boden **PFLANZEN:** im Herbst; 5–8 cm tief, 10–15 cm Pflanzabstand **PFLEGEN:** Winterschutz durch Laubdecke oder Reisig **VERMEHREN:** durch Abnahme von Brutknollen **VERWENDUNG:** mosaikartig unter sommergrünen Gehölzen oder im Steingarten; versamt an günstigen Standorten, bildet Kolonien; gute Partner sind Leberblümchen und Winterling **SORTEN:** zahlreiche Auslesen in Weiß ('White Splendour') über Rosa ('Charmer') bis Violettblau ('Atrocaerulea') **WEITERE ARTEN:** Buschwindröschen (*A. nemorosa*), heimisch, blüht etwas später in Weiß **HINWEIS:** in allen Teilen schwach giftig

Große Sternhyazinthe | *Chionodoxa forbesii*

HÖHE: 15 cm **BLÜTEZEIT:** März – April **AUSSEHEN:** linealische Blätter; lilablaue Sternblüten mit weißer Mitte **STANDORT:** sonnig bis halbschattig; nährstoffreicher, etwas humoser Boden **PFLANZEN:** im Herbst; ca. 8 cm tief, 5–10 cm Pflanzabstand **PFLEGEN:** nur eine leichte Düngung kurz vor der Blüte **VERMEHREN:** samt sich leicht selbst aus **VERWENDUNG:** im lichten Rasen, unter großen Bäumen, als großflächiger Blütenteppich unter sommergrünen Gehölzen, entlang von Hecken **WEITERE ARTEN:** Dunkle Sternhyazinthe (*C. sardensis*), Blüte azurblau, ohne helle Mitte, bildet schöne Bestände; Großblütiger Schneeglanz (*C. luciliae-Gigantea*-Gruppe, → Abb.), größer, aber nicht so ausbreitungsfreudig **HINWEIS:** Ameisen tragen die Samen fort und beschleunigen so die Ausbreitung.

Maiglöckchen | *Convallaria majalis*

HÖHE: 15–25 cm **BLÜTEZEIT:** Mai – Juni **AUSSEHEN:** kriechendes Rhizom; Blätter breit lanzettlich; stark duftende, weiße Glöckchenblüten; rote Beeren **STANDORT:** halbschattig; frischer bis mäßig trockener, lockerer Boden **PFLANZEN:** Rhizom wird lose angeboten, im Handel oft erst Ende Oktober verfügbar, flach einpflanzen; getopfte Jungpflanzen können auch ganzjährig eingesetzt werden; 15–20 cm Pflanzabstand **PFLEGEN:** welkendes Laub im Herbst zurückschneiden; regelmäßig mit Kompost versorgen, mit Laub mulchen; ungestört lassen, nicht hacken **VERMEHREN:** durch Teilung der Rhizome im Herbst **VERWENDUNG:** zur Unterpflanzung einzelner Gehölze, auch für schwierige Standorte im Wurzelbereich; gut mit Alpenveilchen **SORTEN:** 'Grandiflora', etwas größer; auch rosablütige Sorten und solche mit gestreiften Blättern **HINWEIS:** Alle Teile sind sehr giftig! Kinder werden von den giftigen roten Beeren fast magisch angezogen, deshalb ist besondere Vorsicht geboten.

Hohler Lerchensporn | *Corydalis cava*

HÖHE: bis 25–35 cm **BLÜTEZEIT:** (März) April – Mai **AUSSEHEN:** walnussgroße, hohle Knolle; Blätter tief zerteilt, bläulich grün; trübrote oder weiße Blüten in dichten Trauben, Einzelblüten mit langem Sporn **STANDORT:** halbschattig bis schattig; humoser, lockerer Boden **PFLANZEN:** möglichst früh im Herbst oder direkt nach dem Einziehen; 10 cm tief, 30–40 cm Pflanzabstand **PFLEGEN:** auf die Pflanzen herabfallendes Herbstlaub einfach liegen lassen **VERMEHREN:** breitet sich durch Samen gut aus, bildet reichlich Brutknollen **VERWENDUNG:** schöner Frühlingsflor in großen Gehölzpartien, für waldartige Partien, unter Bäumen, auch im lückigen Rasen; kann in kleinen Gärten lästig werden **WEITERE ARTEN:** Gefingerter Lerchensporn (*C. solida*), nur 15–20 cm hoch, feste Knolle, möchte wärmer stehen **HINWEIS:** Das nahrhafte Anhängsel am Samenkorn sorgt für die reiche Verbreitung durch Ameisen.

Montbretie | *Crocosmia x crocosmiiflora*

HÖHE: 60–80 cm **BLÜTEZEIT:** Juli – September **AUSSEHEN:** ausläuferbildende Knollen; schmale, schwertförmige Blätter; exotisch wirkende, orangerote, zur Seite geneigte Blütenähren, duftend **STANDORT:** sonnig; durchlässiger, warmer Boden, nährstoffreich **PFLANZEN:** im Frühjahr vor dem Austrieb; 7–10 cm tief, 30–40 cm Pflanzabstand **PFLEGEN:** gelegentlich düngen; Schutz vor Frost und Winternässe durch Laub erforderlich, können auch wie Dahlien im Keller überwintert werden **VERMEHREN:** im Frühjahr durch Ausläufer und Brutknollen **VERWENDUNG:** in gemischten Rabatten, z. B. mit Wolfsmilch und Fackellilien **SORTEN:** mehrere Sorten und Hybriden mit goldgelben bis roten Blüten

Gartenkrokus | *Crocus*-Hybriden

HÖHE: 5–10 cm **BLÜTEZEIT:** März – April **AUSSEHEN:** Zwiebelknollen; schmale, grasähnliche Blätter; große becher- oder kelchförmige Blüten, in allen Tönungen von Weiß bis Blauviolett und Gelb **STANDORT:** sonnig; möglichst trockener, durchlässiger Boden, versagen leicht in nassen Böden **PFLANZEN:** im Herbst; 5–10 cm tief, 10–15 cm Pflanzabstand **PFLEGEN:** keine Pflege nötig **VERMEHREN:** durch Teilung bzw. Brutknollen; dadurch und durch Selbstaussaat bilden sich mit der Zeit Kolonien **VERWENDUNG:** im Steingarten, vor Gehölzen, in Gruppen im lichten Rasen **SORTEN:** zahlreiche im Handel, auch mit mehrfarbigen und gestreiften Blüten **WEITERE ARTEN:** Bunter Krokus (*C. chrysanthus*), Sorten in vielen Blütenfarben, blüht bereits schon im Februar, liebt trockene Standorte

Elfenkrokus | *Crocus tommasinianus*

HÖHE: 10 cm **BLÜTEZEIT:** Februar – April **AUSSEHEN:** runde Zwiebelknollen; grasartiges Laub; hellviolette Blütentrichter **STANDORT:** halbschattig; Boden wie bei Gartenkrokussen **PFLANZEN:** kann praktisch den ganzen Sommer und im Herbst verpflanzt werden; Pflanztiefe und -abstand wie bei Gartenkrokussen **PFLEGEN:** sehr pflegeleicht, nur gelegentlich düngen; bei Pflanzung im Rasen nicht vor Mai mähen **VERMEHREN:** über Brutknollen bzw. Teilung; samt sich leicht und reichlich aus **VERWENDUNG:** großflächig in leicht beschatteten Rasenpartien, auch unter Gehölzen oder vor Hecken; bildet schnell große Kolonien; bester Krokus zum Verwildern **WEITERE ARTEN:** ca. 100 *Crocus*-Wildarten, von denen auch einige im Herbst blühen (z. B. *C. speciosus, C. medius* oder *C. nudiflorus*); der gelbe Goldkrokus (*C. flavus*) eignet sich ebenfalls zum Verwildern, benötigt aber einen durchlässigeren Boden wie im Steingarten **HINWEIS:** Gelbe Blüten werden oft durch Amseln zerstört.

Efeublättriges Alpenveilchen | *Cyclamen hederifolium*

HÖHE: 10 cm **BLÜTEZEIT:** September – Oktober **AUSSEHEN:** efeuartige Blätter, erscheinen nach der Blüte, ziehen erst im Frühjahr wieder ein, wintergrün; rosafarbene, karminrote oder weiße Blüten **STANDORT:** halbschattig bis schattig; windgeschützt; Boden unbedingt durchlässig **PFLANZEN:** im Sommer oder frühen Herbst; bis 10 cm tief; Wurzeln bilden sich oben auf der Knolle **PFLEGEN:** etwas Winterschutz aus Fichtenreisig ratsam, Falllaub liegen lassen **VERMEHREN:** durch Aussaat, samt leicht selbst aus; nicht teilen; Einzelpflanzen können sehr alt werden **VERWENDUNG:** gut im Wurzelbereich von laubabwerfenden Gehölzen; auch in sonst schwer zu bepflanzenden Baumscheiben **WEITERE ARTEN:** Vorfrühlingsalpenveilchen (*C. coum*), treibt und blüht ab Februar, runde bis nierenförmige Blätter **HINWEIS:** Die oft im Handel erhältlichen sehr großen Knollen sind meist der Natur entnommen, obwohl die Pflanze, die ausgesprochen giftig ist, unter Naturschutz steht.

Dahlien, einfach und halbgefüllt | *Dahlia*-Hybriden

HÖHE: 30–180 cm **BLÜTEZEIT:** Juni – September **AUSSEHEN:** handförmig geteilte Knollen; Blätter gesägt; Büten in allen Farben außer reinem Blau **STANDORT:** sonnig; durchlässiger, humoser, nicht zu trockener Boden **PFLANZEN:** Knollen Ende April – Anfang Mai pflanzen; etwa 5 cm mit Erde überdecken, Pflanzabstand je nach Wuchshöhe **PFLEGEN:** bei Trockenheit gießen; welkende Blüten ausschneiden; hohe Sorten stäben; im Herbst zurückschneiden und ausgraben, trocken und frostfrei, aber kühl einlagern **VERMEHREN:** durch Knollenteilung im Frühjahr, auch durch Stecklinge von vorgetriebenen Pflanzen **VERWENDUNG:** einzeln in Sommerblumen- und Staudenpflanzungen, schön mit Gladiolen **SORTEN:** Die unzähligen Sorten werden anhand der Blütenform in Gruppen eingeteilt, deren Namen meist schon die wesentlichen Charakteristiken beschreiben: Halskrausen- (→ Abb.), Päonienblütige, Anemonenblütige, Gallery- (für Kübel), Mignon- (Zwergformen)-Dahlien.

Dahlien mit gefüllten Blüten | *Dahlia*-Hybriden

HÖHE: 60–180 cm **BLÜTEZEIT:** Juni – September **AUSSEHEN:** wie bei den einfach und halbgefüllt blühenden Dahlien beschrieben; Blüten mit allen erdenklichen Übergängen in Größe, Füllung und Farbe **STANDORT:** wie einfach und halbgefüllt blühende Dahlien; besonders windgeschützt, schwere Blüten brechen leicht ab **PFLANZEN:** wie einfach und halbgefüllt blühende Dahlien **PFLEGEN:** besonders die großblütigen Sorten brauchen eine Stütze; besser kali- als stickstoffbetont düngen **VERMEHREN:** wie einfach und halbgefüllt blühende Dahlien **VERWENDUNG:** als Sommer- und Herbstblüher in Beeten oder Bauerngärten **SORTEN:** unterteilt in Semikaktus-, Kaktus- (mit zugespitzten Röhrenblüten, → Abb.), Orchideenblütige, Ball-, Schmuck- und Pompondahlien (dichte Blütenkugeln)

Winterling | *Eranthis hyemalis*

HÖHE: 10 cm **BLÜTEZEIT:** Februar – März **AUSSEHEN:** Blätter tief eingeschnitten, handförmig; Blüten leuchtend gelb, duftend **STANDORT:** halbschattig bis schattig; geschützt und warm; Knollen empfindlich gegen Trockenheit, auch noch für Lehmböden und feuchtere Stellen im Garten geeignet **PFLANZEN:** möglichst früh im Herbst; 5–7 cm tief, Pflanzabstand 8–10 cm **PFLEGEN:** sehr pflegeleicht; kann in kleinen Gärten durch Selbstausbreitung lästig werden **VERMEHREN:** versamt sich von selbst sehr gut, bildet kurze Ausläufer; große Horste teilen, wenn das Laub zu welken beginnt **VERWENDUNG:** unter lichten, sommergrünen Gehölzen, an Heckenrändern, im lückigen Rasen; gut mit Schneeglöckchen

Turkestansteppenkerze | *Eremurus robustus*

HÖHE: 200–250 cm **BLÜTEZEIT:** Mai – Juli **AUSSEHEN:** Wurzelknolle ähnelt einem Seestern; Blätter schmal, bläulich, welken bereits zur Blütezeit; bis 100 cm lange, blassrosa gefärbte Kerzen auf kahlem, festem Stiel **STANDORT:** sonnig; unbedingt durchlässiger Boden, eventuell auf eine Dränageschicht aus Kies oder Sand setzen **PFLANZEN:** im Herbst; ca. 15 cm tief, 80–120 cm Pflanzabstand **PFLEGEN:** Vorsicht bei der Bodenbearbeitung, Wurzeln brechen leicht; im Frühjahr düngen **VERMEHREN:** Aus Samen (langwierig). Ältere Wurzelstöcke können im Herbst vorsichtig geteilt werden. **VERWENDUNG:** in steppenartigen Pflanzungen; mit anderen trockenverträglichen Pflanzen wie Katzenminze, Schafgarbe oder Wolfsmilch **SORTEN:** mehrere Hybridsorten mit weißen, gelben, rosa- oder orangefarbenen Blüten **WEITERE ARTEN:** Afghanistansteppenkerze (*E. stenophyllus*, → Abb.), nur etwa 100 cm hoch, blüht gelb; Himalayasteppenkerze (*E. himalaicus*), bis 150 cm hoch, weiß

Kaiserkrone | *Fritillaria imperialis*

HÖHE: 60–100 cm **BLÜTEZEIT:** April **AUSSEHEN:** faustgroße, gelblich weiße Zwiebeln; Blätter schmal eiförmig; quirlartig angeordnete Blütenglocken auf kahlem Stiel, gelb, orange oder ziegelrot **STANDORT:** sonnig; nährstoffreicher, tiefgründiger Boden **PFLANZEN:** möglichst bis Ende September, trocknet leicht aus, da keine Zwiebelhülle vorhanden; 25–30 cm tief, 40–50 cm Pflanzabstand **PFLEGEN:** welke Blütenstände zurückschneiden; gelegentlich düngen **VERMEHREN:** ältere Pflanzen nach einigen Jahren aufnehmen und teilen **VERWENDUNG:** „klassische" Bauerngartenpflanze; nicht in Gruppen pflanzen, sonst bleibt nach dem Einziehen eine Lücke **WEITERE ARTEN:** Schachbrettblume (*F. meleagris*), Blüten in Rosatönen mit Schachbrettmuster, heimisch **HINWEIS:** ganze Pflanze giftig

Kleines Schneeglöckchen | *Galanthus nivalis*

HÖHE: 10–15 cm **BLÜTEZEIT:** Februar – März **AUSSEHEN:** Zwiebeln mit dunkler Hülle; schmales Laub; kleine, weiße, glockenförmige Blüten **STANDORT:** halbschattig bis schattig; humoser, auch lehmiger, feuchter Boden **PFLANZEN:** im zeitigen Herbst; 5–8 cm tief, 10–15 cm Pflanzabstand **PFLEGEN:** nicht erforderlich **VERMEHREN:** ältere Horste bei der Laubwelke teilen; Samenverbreitung durch Ameisen **VERWENDUNG:** Frühlingsblüher unter Gehölzen, mit Winterlingen, Krokussen oder Alpenveilchen; auch im lichten Rasen **SORTEN:** zahlreiche, auch mit gefüllten Blüten **WEITERE ARTEN:** Großblütiges Schneeglöckchen (*G. elwesii)*, blüht früher, ist in allen Teilen größer, gut für sommertrockene Plätze; Kaukasusschneeglöckchen (*G. woronowii*), breites, grünes Laub, etwas unscheinbarer, eher für feuchte, lehmige Böden **HINWEIS:** es sind leider oft Wildentnahmen im Handel, nur Pflanzen aus kultivierten Beständen verwenden; in allen Teilen giftig

Gladiole | *Gladiolus*-Hybriden

HÖHE: 50–150 cm, je nach Sorte **BLÜTEZEIT:** Juni – September **AUSSEHEN:** schmale, schwertförmige Blätter; trichterförmige Einzelblüten in Ähren, in fast allen Farben außer Blau **STANDORT:** sonnig; durchlässiger, sandiger Boden **PFLANZEN:** Knollen etwa im Mai 10 cm tief legen, 40–50 cm Pflanzabstand **PFLEGEN:** im Sommer reichlich düngen und wässern; regelmäßig auf Krankheiten kontrollieren; im Herbst aufnehmen, auf ca. 5 cm zurückschneiden, bei 5–10° C trocken überwintern **VERMEHREN:** durch Brutknollen, die im Herbst mit aufgenommen werden **VERWENDUNG:** für Beete und Sommerblumenpflanzungen mit Dahlien und Einjährigen; sehr gute Schnittblume **HINWEIS:** Neben den Hybriden in zahlreichen Sorten mit verschiedenen Wuchshöhen, Blütenfarben und -größen gibt es auch attraktive Wildarten, z. B. die Byzantinische Siegwurz (*G. communis* ssp. *byzantinus*).

Spanisches Hasenglöckchen | *Hyacinthoides hispanica*

HÖHE: 20–30 cm **BLÜTEZEIT:** Mai **AUSSEHEN:** Rosette aus riemenförmigen Blättern; violettblaue Blütenglöckchen in aufrechten Rispen **STANDORT:** an kühlen, beschatteten Plätzen; humoser, feuchter Boden optimal **PFLANZEN:** im Herbst; 5–10 cm tief, 15–20 cm Pflanzabstand **PFLEGEN:** sehr pflegeleicht, breitet sich leicht zu großen Beständen aus **VERMEHREN:** versamt sich von selbst; Brutzwiebeln können aufgenommen und weiter verteilt werden **VERWENDUNG:** in waldartigen Gartenbereichen oder vor Mauern, wirkt am besten in großen Stückzahlen; wegen der späten Blüte nicht mit zu hohen Nachbarn kombinieren **WEITERE ARTEN:** Atlantisches Hasenglöckchen (*H. non-scripta*), heimisch, in allen Teilen kleiner, blüht später, bis in den Juni, vermehrt sich zusätzlich durch Ausläufer

Hyazinthe | *Hyacinthus orientalis*

HÖHE: 20–30 cm **BLÜTEZEIT:** April – Mai **AUSSEHEN:** riemenförmige, fleischige Blätter; dichte Blütentrauben in Weiß, Rosa, Violett, Karminrot oder Blau, selten auch gelblich, intensiv duftend **STANDORT:** sonnig; durchlässiger Gartenboden **PFLANZEN:** im Herbst; 8–12 cm tief, 15–20 cm Pflanzabstand **PFLEGEN:** gelegentlich düngen; mit der Zeit geht die Zahl der Einzelblüten je Stiel zurück **VERMEHREN:** durch Brutzwiebeln **VERWENDUNG:** in Rabatten, vor Mauern, in Duftbeeten mit frühblühenden Gehölzen **SORTEN:** Umfangreiches Angebot in vielen Blütentönen; besonders robust sind die blauen und weißen Typen. *Multiflora*-Hyazinthen haben aufgrund gärtnerischer Eingriffe mehrere Blütenstände, blühen in den Folgejahren meist wieder einfach. **HINWEIS:** Lassen sich leicht im Zimmer in Hyazinthengläsern kultivieren, die Blüten verströmen dann ihren Duft im ganzen Raum.

Netziris | *Iris reticulata*

HÖHE: 10–20 cm **BLÜTEZEIT:** März – April **AUSSEHEN:** Blatt kantig, nadelartig; auffallende dreiteilige Irisblüten in kräftigem Violettblau **STANDORT:** sonnig; windgeschützt; durchlässiger, im Sommer trockener Boden, keinesfalls nass **PFLANZEN:** im Herbst; 5 cm tief, mit 10–15 cm Pflanzabstand **PFLEGEN:** gelegentlich während der Blüte düngen; in kalten Wintern mit Reisig abdecken; vor Mäusen schützen **VERMEHREN:** durch Brutzwiebeln; wächst langsam zu größeren Horsten **VERWENDUNG:** in Steingärten und auf Mauerkronen in Augenhöhe, gruppenweise **SORTEN:** zahlreiche Sorten und Hybriden im Handel, in Blau, Weiß und Purpurviolett **WEITERE ARTEN:** *I. danfordiae*, etwas empfindlicher, nicht sehr langlebig **HINWEIS:** gut für Töpfe geeignet; im Sommer trocken halten

Märzenbecher | *Leucojum vernum*

HÖHE: 20–30 cm **BLÜTEZEIT:** Februar – April **AUSSEHEN:** schmale Blätter; nickende, rundliche Blütenglöckchen, ähnlich dem Schneeglöckchen, außen mit gelblich grünen Spitzen, leichter Honigduft **STANDORT:** halbschattig bis schattig; feuchter, auch nasser Boden **PFLANZEN:** möglichst früh im Herbst; 5–10 cm tief, 10 cm Pflanzabstand **PFLEGEN:** beschränkt sich auf gelegentliche Düngergaben **VERMEHREN:** durch Brutzwiebeln und Samen; breitet sich nicht ganz so schnell aus wie Schneeglöckchen **VERWENDUNG:** für feuchte, schattige Partien im Garten, auch im Rasen und am Teichrand **WEITERE ARTEN:** Sommerknotenblume (*L. aestivum*), bis 40 cm hoch, blüht erst im Mai; *L. aestivum* 'Gravety Giant', mit 60 cm besonders groß, robust **HINWEIS:** Die Zwiebeln trocknen leicht aus und sollten daher möglichst früh gekauft und gepflanzt werden. Die ganze Pflanze ist leicht giftig.

Feuerlilie | *Lilium bulbiferum*

HÖHE: 40–130 cm **BLÜTEZEIT:** Juni – Juli **AUSSEHEN:** schmale Blätter an einem straffen Stängel; orangefarbene Glockenblüten **STANDORT:** sonnig bis halbschattig; warm mit beschattetem Wurzelbereich; durchlässiger Gartenboden, bei Staunässe Dränage aus Sand nötig **PFLANZEN:** früh im Herbst; 25 cm tief, 20–40 cm Pflanzabstand **PFLEGEN:** nach der Blüte nicht mehr gießen; gelegentlich düngen **VERMEHREN:** durch Brutzwiebeln **VERWENDUNG:** in naturnahen Gartenbereichen, am Gehölzrand; attraktiv mit Unterpflanzung aus niedrigen Stauden **WEITERE ARTEN:** viele Wildarten und zahlreiche Züchtungen im Handel; z. B. Türkenbundlilie (*L. martagon*), zurückgeschlagene Blütenblätter, auch für etwas schwerere Böden; Scharlachlilie (*L. davidii*), gute „Einsteigerlilie" mit scharlachroten Blüten; → auch S. 488 **HINWEIS:** Feuer- und Türkenbundlilie sind streng geschützt.

Lilie | *Lilium*-Hybriden

HÖHE: 50–150 cm **BLÜTEZEIT:** Juni – Juli **AUSSEHEN:** meist schmale Blätter; Trichter- oder Schalenblüten in vielen Farben **STANDORT:** sonnig; humoser, lockerer Boden, bei schweren Böden Pflanzerde mit Blähton oder Sand auflockern **PFLANZEN:** im Herbst, bei Pflanzung im Spätherbst mit Mulch schützen; 15–25 cm tief, je nach Zwiebelgröße, 20–40 cm Pflanzabstand **PFLEGEN:** vor Spätfrösten schützen; zum Austrieb düngen; bis zur Blüte gießen, danach nicht mehr; welke Blüten ausbrechen **VERMEHREN:** durch Brutzwiebeln oder Zwiebelschuppen **VERWENDUNG:** in sonnigen Beeten, einzeln oder in kleinen Gruppen **SORTEN:** gewaltiges Angebot mit unterschiedlichen Wuchshöhen, Blütenfarben und -formen, zusammengefasst zu Gruppen wie Amerikanische, Asiatische, Midcentury-, Orient- oder Aurelian-Hybriden **HINWEIS:** nicht sehr langlebig, Züchtungen regelmäßig nachpflanzen

Königslilie | *Lilium regale*

HÖHE: 50–150 cm **BLÜTEZEIT:** Juli **AUSSEHEN:** edle Lilie mit großen, weißen Trichterblüten mit gelbem Schlund, außen rosa, intensiv duftend **STANDORT:** sonnig, am Fuß beschattet; warm; frischer bis feuchter Boden **PFLANZEN:** beste Pflanzzeit im August; ca. 15 cm tief, 20–40 cm Pflanzabstand **PFLEGEN:** im Frühjahr vor Frost schützen; Wurzelbereich mulchen; starke Triebe stützen **VERMEHREN:** durch Samen, gleich nach der Reife **VERWENDUNG:** mit niedrigeren Stauden in sonnigen Beeten **WEITERE ARTEN:** Madonnenlilie (*L. candidum*), bis 130 cm hoch, weiße Blüten, blüht etwa einen Monat früher, passend zum Beginn der Rosenblüte für trockene Gartenplätze, nur 3 cm tief pflanzen, bereits im August **HINWEIS:** Beide sind gute Schnittblumen für die Vase, die stark duften.

Traubenhyazinthe | *Muscari armeniacum*

HÖHE: 15–25 cm **BLÜTEZEIT:** April – Mai **AUSSEHEN:** Laub grasartig, treibt schon im Herbst aus, wintergrün; dichte, blaue Blütentrauben, Einzelblüten mit weißem Rand **STANDORT:** sonnig; warm; durchlässiger Boden **PFLANZEN:** im Herbst; ca. 7 cm tief mit 8–10 cm Pflanzabstand **PFLEGEN:** kaum erforderlich **VERMEHREN:** durch Brutzwiebeln; breitet sich mit der Zeit von selbst aus **VERWENDUNG:** auf der Südseite von Hecken oder Mauern, im Steingarten, vor Sträuchern mit anderen Frühlingszwiebeln; gut mit Primeln und niedrigen Narzissen **WEITERE ARTEN:** Breitblättrige Traubenhyazinthe (*M. latifolium*), deutlich größer, breitere Blätter, erscheinen erst im Frühjahr, Blüte zweifarbig, oben hellblau, unten dunkelblau **HINWEIS:** Blätter werden im Winter oft unansehnlich; alle Teile giftig

Narzisse | *Narcissus*-Hybriden

HÖHE: 20–50 cm **BLÜTEZEIT:** März – April **AUSSEHEN:** schmale Blätter; meist Sternblüten mit trompetenartiger Nebenkrone, alle Farbabstufungen von Weiß, Gelb, Orange bis Apricot, auch zweifarbig, Blüten einzeln an unbelaubtem Trieb **STANDORT:** sonnig bis halbschattig; nährstoffreicher, mäßig feuchter, gern lehmiger Boden **PFLANZEN:** im Herbst; 10–15 cm tief, 10–20 cm Pflanzabstand **PFLEGEN:** zum Austrieb düngen; verblühte Triebe bzw. Samenstände entfernen **VERMEHREN:** durch Aufnehmen und Teilen bei der Laubwelke oder im Herbst **VERWENDUNG:** in Staudenbeeten oder in Wiesen; gute Schnittblume **SORTEN:** unzählige Sorten, auch gefüllte, Einteilung in Gruppen, z. B. Trompeten-, Großkronige, Alpenveilchen- oder Kleinkronige Narzisse u. a. **WEITERE ARTEN:** viele Wildarten, die oft am besten im Steingarten gedeihen; Dichternarzisse (*N. poeticus*) gut zum Verwildern in Wiesen **HINWEIS:** alle Pflanzenteile giftig; werden nicht von Wühlmäusen gefressen

Blaustern | *Scilla siberica*

HÖHE: 10–15 cm **BLÜTEZEIT:** März – April **AUSSEHEN:** Blätter linealisch; leuchtend blaue Blütensterne in lockeren Trauben **STANDORT:** sonnig bis halbschattig; jeder nicht zu nasse Gartenboden **PFLANZEN:** im Herbst; ca. 7 cm tief, 10 cm Pflanzabstand **PFLEGEN:** sehr pflegeleicht; gelegentlich im Frühjahr düngen **VERMEHREN:** vermehren sich sehr gut selbst durch Samen **VERWENDUNG:** unter hohen Bäumen, im lückigen Rasen; zum Verwildern; hübsch unter frühblühenden Gehölzen **SORTEN:** Die sterile (nicht versamende) 'Spring Beauty' (→ Abb.) ist in allen Teilen größer, bildet Horste. **WEITERE ARTEN:** Zweiblättriger Blaustern (*S. bifolia*), heimisch, samt sich stark aus

Wildtulpen | *Tulipa*-Arten

HÖHE: 10–40 cm **BLÜTEZEIT:** März – Mai **AUSSEHEN:** Blätter breit, spitz zulaufend; meist aufrechte, becherförmige Blüten, alle Farben außer Blau **STANDORT:** sonnig; durchlässiger, im Sommer trockener Boden, keine Staunässe, in Lehm meist nur kurzlebig **PFLANZEN:** bis zum Oktober; je nach Größe 5–10 cm tief, ca. 20 cm Pflanzabstand **PFLEGEN:** zum Austrieb düngen; verblühte Triebe zurückschneiden **VERMEHREN:** durch Brutzwiebeln, reine Arten auch durch Samen **VERWENDUNG:** für naturnahe Pflanzungen, Steppenbeet, Steingarten **ARTEN:** große Auswahl, z. B. Weinbergtulpe (*T. sylvestris*), bis 40 cm hoch, gelbe Blüten, benötigt viel Wärme; *T. tarda,* bis 15 cm hoch, mehrere gelb-weiße Blütchen an einem Stiel, für den Steingarten; beide bilden Ausläufer; *T. clusiana,* bis 30 cm hoch, weiß-rot; *T. linifolia,* 15 cm hoch, rot, grasartige Blätter; *T. humilis,* 15 cm hoch, violett

Botanische Tulpen | *Tulipa*-Hybriden

HÖHE: 15–50 cm **BLÜTEZEIT:** März – Mai **AUSSEHEN:** den Wildarten nahestehende Züchtungen; Blätter teilweise auffallend gezeichnet; Blüten oft mehrfarbig **STANDORT:** sonnig; durchlässiger Boden **PFLANZEN:** wie Wildtulpen **PFLEGEN:** wie Wildtulpen **VERMEHREN:** durch Brutzwiebeln **VERWENDUNG:** wie Wildtulpen **ARTEN:** drei Hybridgruppen: Greigii-Tulpen (→ Abb.), Blatt graugrün mit auffallender, rötlicher Zeichnung, besonders späte Blütezeit, verschiedenfarbige Blüten; Kaufmanniana-Tulpen, Blätter mit rötlicher Zeichnung, sehr frühe Blütezeit, sternförmige, oft zwei- bis dreifarbige Blüte, öffnet sehr weit; Fosteriana-Tulpen, zählen zu den frühesten Tulpen, weit öffnende, große Blüten in Gelb, Rot oder Weiß **HINWEIS:** Schöne Partner sind Polsterstauden im Steingarten.

Gartentulpen | *Tulipa*-Hybriden

HÖHE: 20–60 cm **BLÜTEZEIT:** April – Mai **AUSSEHEN:** große, schön geformte Blüten, teils auch lilienähnlich oder mit gefransten Blütenblättern, in allen Farben außer Blau, auch mehrfarbig **STANDORT:** sonnig; jeder Gartenboden, der durchlässig ist, auf schweren Böden kurzlebig **PFLANZEN:** im Herbst; 10–15 cm tief, 15–20 cm Pflanzabstand; in Kübeln und Töpfen auch übereinander **PFLEGEN:** beim Austrieb düngen; Verblühtes ausschneiden; besonders auf Wühlmäuse achten **VERMEHREN:** durch Brutzwiebeln **VERWENDUNG:** in Beeten oder Sommerblumenpflanzungen mit Frühjahrsblühern wie Stiefmütterchen oder Gedenkemein **SORTEN:** Einteilung in Gruppen nach Blütezeit und Höhe; Frühblühende Tulpen: Einfache Frühe und Gefüllte Frühe; Mittelfrühblühende: Triumph-, Darwin-Hybrid- und Mendel-Tulpen; Spätblühende: Einfache Späte, Gefüllte Späte, Viridiflora-, Lilienblütige, Crispa-, Rembrandt- und Papagei-Tulpen (→ Abb.) **HINWEIS:** Sehr elegant sind die Lilienblütigen Tulpen und die grün geflammten Viridiflora-Sorten; gefüllte Blüten leiden oft unter Wind und Regen.

Sommerblumen von A bis Z

BEI SOMMERBLUMEN UNTERSCHEIDET man zwischen einjährigen und zweijährigen Arten. Einjährige oder annuelle Pflanzen werden im Frühjahr ausgesät und kommen noch im selben Jahr zur Blüte – ganz gleich, ob sie kompakt wachsen oder sich als Kletterer in die Höhe schlingen oder ranken. Zweijährige oder Bienne bringen dagegen im 1. Jahr lediglich eine Blattrosette hervor und blühen im darauf folgenden Jahr. Sie werden im Juni/Juli ausgesät und dann im August/September an ihren endgültigen Platz gesetzt.

Manche unter den einjährigen Sommerblumen machen in der Anzucht wesentlich weniger Umstände als andere. Um Ihnen die jeweilige Einschätzung zu erleichtern, sind sie in den Porträts in der Rubrik „Säen" in drei verschiedene Gruppen eingeteilt:

› Gruppe 1: Diese Sommerblumen sind sehr robust und lassen sich bereits ab März/April direkt ins Beet säen.

› Gruppe 2: Diese Gruppe setzt sich aus kälteempfindlichen Arten zusammen. Auch bei ihnen ist eine Direktsaat möglich, allerdings erst ab etwa Mitte Mai. Man muss dann auch einkalkulieren, dass die Blüte noch 8 bis 10 Wochen auf sich warten lässt. Daher ist eine Vorkultur auf der Fensterbank ab etwa April anzuraten und auch gut machbar, wenn Sie sich schon früher an diesen Pflanzen erfreuen möchten.

› Gruppe 3: Zu dieser Gruppe zählen einjährige Sommerblumen, die lange brauchen, bis sie zur Blüte kommen. Zwar ist eine Anzucht ab Januar oder Februar auf der Fensterbank durchaus machbar. Zu diesem Zeitpunkt reicht das Licht jedoch aufgrund der kurzen Tage noch nicht für ein optimales Wachstum, und so werden die Sämlinge meist lang, dünn und schwächlich. Sie sollten die Anzucht solcher Pflanzen daher lieber dem Gärtner überlassen und sie Anfang bis Mitte Mai bereits blühend kaufen.

Löwenmäulchen | *Antirrhinum majus*

HÖHE: 20–100 cm **BLÜTEZEIT:** Juni – September **AUSSEHEN:** aufrecht wachsend; traubige Blütenkerzen in Weiß, Gelb, Orange, Rosa, Pink, Rot oder Dunkelrot **STANDORT:** sonnig; nährstoffreicher, durchlässiger Boden **SÄEN:** Gruppe 3, Februar – März im Haus vorziehen; Lichtkeimer; nach dem Pikieren entspitzen, wenn die Sämlinge eine Handbreit hoch sind **PFLANZEN:** ab Mitte April; Pflanzabstand je nach Sorte 18–25 cm **PFLEGEN:** bei Bedarf gießen; regelmäßig düngen; Verblühtes ausschneiden **VERWENDUNG:** für gemischte Rabatten, wirkt am besten in größeren Gruppen; gute Partner sind Strauchmargerite, Duftsteinrich **SORTEN:** Bei den angebotenen Sorten handelt es sich oft um Farbmischungen; auch als halbhohe und Zwergmischungen. **HINWEIS:** sät sich gern selbst aus; gute Schnittblume, schnittreif, wenn die unteren 3 bis 5 Blüten geöffnet sind

Eisbegonie | *Begonia-Semperflorens*-Gruppe

HÖHE: 15–25 cm **BLÜTEZEIT:** Mai – Oktober **AUSSEHEN:** horstige, kompakte Pflanzen; fleischige, dicke, grüne, bei manchen Sorten auch bronzefarbene Blätter; Blüten einfach, in Weiß, Rosa, Lachs oder Rot, auch zweifarbig **STANDORT:** sonnig bis halbschattig; keinesfalls nass oder kalt; humoser, nährstoffreicher Boden; verträgt Trockenheit recht gut **SÄEN:** Gruppe 3, für eigene Anzucht Dezember – März im Haus säen (am besten mit speziellen Vermehrungsleuchten); staubfeiner Samen; Lichtkeimer **PFLANZEN:** Mitte Mai; Pflanzabstand 18 cm **PFLEGEN:** bei Bedarf gießen; regelmäßig düngen; Verblühtes entfernen **VERWENDUNG:** in kleinen Gruppen auf Beeten und Rabatten; als Beetbegrenzung; Grab- oder Balkonschmuck für Tröge und Schalen **WEITERE ARTEN:** Knollenbegonien (*Begonia-Tuberhybrida*-Gruppe) mit auffälligen, knallbunten, gefüllten und ungefüllten Blüten

Ringelblume | *Calendula officinalis*

HÖHE: 30–60 cm **BLÜTEZEIT:** Juni – November **AUSSEHEN:** krautig aufrechter, verzweigter Wuchs; spatelförmiges Laub; einfache, halbgefüllte oder gefüllte Blüten in Gelb oder Orange **STANDORT:** sonnig bis halbschattig; unempfindlich; durchlässiger, nährstoffreicher Boden **SÄEN:** Gruppe 1, Februar – Mai im Haus vorziehen, von April – Juni Direktsaat möglich **PFLANZEN:** im April; Pflanzabstand je nach Sorte 15–25 cm **PFLEGEN:** gut mit Nährstoffen versorgen; Verblühtes ausputzen; auf Mehltau achten **VERWENDUNG:** Für Sommerblumenbeete, Rabatten und Bauerngärten; gute Partner sind Mehliger Salbei, Studentenblume, Rittersporn, Sonnenhut und Sonnenauge. **SORTEN:** meist als Mischungen erhältlich **HINWEIS:** sät sich reichlich selbst aus, wenn Verblühtes nicht entfernt wird; überaus haltbare Schnittblume, Triebe schneiden, wenn die 1. Blüte ganz geöffnet ist

Kornblume | *Centaurea cyanus*

HÖHE: 50–80 cm **BLÜTEZEIT:** Mai – September **AUSSEHEN:** krautig aufrecht, verzweigt; schmale Blätter; Köpfchen aus nadelartigen Blütenblättern in Blau, Rosa, Weiß oder Purpurrot, gefüllt oder ungefüllt **STANDORT:** sonnig; windgeschützt; mittelschwerer, nährstoffreicher Boden **SÄEN:** Gruppe 1, April – Juli direkt ins Freie; je nach Sorte auf 20–25 cm Abstand verziehen **PFLEGEN:** hohe Sorten stützen; bei Bedarf gießen; regelmäßig düngen; Verblühtes entfernen **VERWENDUNG:** für Sommerblumenrabatten; besonders schön zwischen Rosen und Stauden; ungefüllte Sorten in naturnahen Bereichen **SORTEN:** 'Schneemann', weiße Blüten; 'Jubilee Gem', leuchtend blau, gefüllt **HINWEIS:** beliebte Schnittblume, schnittreif, wenn die oberste Blüte eines Triebs geöffnet ist

Fiederblättriges Schmuckkörbchen | *Cosmos bipinnatus*

HÖHE: 50–110 cm **BLÜTEZEIT:** Juni – Oktober **AUSSEHEN:** starkwüchsig, aufrecht, verzweigt; fein gefiedertes Laub; einfache Schalenblüten in Weiß, Rosa oder Rot, auch mehrfarbig **STANDORT:** sonnig; warm; nährstoffreicher, mittelschwerer Boden **SÄEN:** Gruppe 2, im April im Haus vorziehen, Direktsaat ab Mai möglich **PFLANZEN:** ab Mitte Mai; Pflanzabstand je nach Sorte 25–30 cm **PFLEGEN:** gut mit Wasser und Nährstoffen versorgen; Verblühtes ausschneiden **VERWENDUNG:** für Staudenbeete, Rabatten, Bauerngärten; gute Partner: Phlox, Rittersporn, Hohes Eisenkraut **SORTEN:** 'Rabattengold', 60 cm hoch, in Sonnenfarben; 'Sensation', 120 cm hoch, rosé, weiß, gut als Hintergrundbepflanzung; 'Sea Shells', 100 cm hoch, röhrenförmige Blüten, rosé, weiß **WEITERE ARTEN:** Gelbes Schmuckkörbchen (*C. sulphureus*), 20–40 cm hoch, in Orange- und Gelbtönen **HINWEIS:** gute Schnittblume, schneiden, wenn Trieb ausreichend fest und 1. Blüte geöffnet ist

Gazanie | *Gazania*-Hybriden

HÖHE: 15–30 cm **BLÜTEZEIT:** Mai – September **AUSSEHEN:** niedrige Rosetten mit länglichen, gezähnten Blättern; margeritenähnliche Blüten in Weiß, Gelb, Orange, Rosa, Braunrot, Blütenmitte oft mit dunkleren Streifen oder Flecken, Blüten öffnen sich nur bei Sonnenschein **STANDORT:** sonnig; warm; durchlässiger, kalkhaltiger Boden **SÄEN:** Gruppe 3, Februar – April im Haus vorziehen **PFLANZEN:** Mitte Mai; Pflanzabstand 18–20 cm **PFLEGEN:** bei Bedarf gießen und düngen; Verblühtes regelmäßig entfernen **SORTEN:** oft als Farbmischung angeboten; 'Talent'-Serie mit silbrig weißem Laub **VERWENDUNG:** zur Beeteinfassung, für Steingärten, Pflanzschalen und Balkon, auch auf Staudenrabatten; gute Partner: Japanisches Federborstengras (*Pennisetum alopecuroides*) und Ringelblumen

Sonnenblume | *Helianthus annuus*

HÖHE: je nach Sorte 40–250 cm **BLÜTEZEIT:** Juli – Oktober **AUSSEHEN:** herzförmige Blätter; einfache, halbgefüllte oder gefüllte Blüten in Gelb, Orange und Bronze, auch mehrfarbig **STANDORT:** sonnig; nährstoffreicher Boden, nicht staunass oder verdichtet **SÄEN:** Gruppe 2, ab April direkt ins Beet; Pflanzabstand je nach Sorte 20–30 cm **PFLEGEN:** gut mit Wasser und Nährstoffen versorgen; hohe Sorten anbinden **VERWENDUNG:** als Sichtschutz, am Zaun; als Einzelpflanze, für große Rabatten und Bauerngärten; niedrige Sorten für Töpfe und Kübel **SORTEN:** 'Big Smile', 35 cm hoch, Topfsorte; 'Sunrich Orange F_1', 120 cm hoch, orange mit dunkler Scheibe, pollenlose Schnittsorte; 'Samtkönigin', 150 cm hoch, braunrot **HINWEIS:** gute Schnittblume, schnittreif, wenn etwas über die Hälfte der Blüten offen sind

Fleißiges Lieschen | *Impatiens walleriana*

HÖHE: 15–30 cm **BLÜTEZEIT:** Mai – Oktober **AUSSEHEN:** niedriger, verzweigter Wuchs; fleischige Stängel; lanzettliche Blätter; einfache und gefüllte Blüten in Weiß, Rosa, Orange oder Rot **STANDORT:** lichtschattig bis schattig; kühl; frischer bis feuchter, nährstoffreicher Boden **SÄEN:** Gruppe 3, Februar – März; Lichtkeimer **PFLANZEN:** Mitte Mai; Pflanzabstand 20–25 cm **PFLEGEN:** gut mit Wasser und Nährstoffen versorgen **VERWENDUNG:** Für Sommerblumenbeete, Rabatten, Pflanzschalen, als Grabschmuck, in Balkonkästen, breiten Töpfen und Schalen. Weiß blühende Sorten eignen sich besonders, um Schattenbereiche aufzuhellen. **WEITERE ARTEN:** *Impatiens-Neuguinea*-Hybriden, 25–50 cm hoch, braungrünes, purpurbraunes oder mehrfarbiges Laub, mit Blüten in Weiß, Rosa, Orange, Karminrot, Dunkelrot und Violett, für sonnige bis halbschattige Standorte, z. B. unter hohen Bäumen

Bechermalve | *Lavatera trimestris*

HÖHE: 50–80 cm **BLÜTEZEIT:** Juli – Oktober **AUSSEHEN:** aufrechter, verzweigter Wuchs; herzförmige Blätter; große Trichterblüten in Weiß, Rosa oder Karminrot, teils mit Äderung **STANDORT:** sonnig; lockerer, durchlässiger Boden, keinesfalls Staunässe **SÄEN:** Gruppe 1, ab Mitte März im Haus vorziehen, ab April direkt ins Beet **PFLANZEN:** ab Mitte Mai; Pflanzabstand bei niedrigen Sorten 30 cm, bei hohen 50 cm **PFLEGEN:** anspruchslos; bei Bedarf etwas wässern; wenig düngen **VERWENDUNG:** für Sommerblumenbeete, Bauerngärten, als Sichtschutz, am Zaun; niedrige Sorten auch für größere Kübel **SORTEN:** 'Mont Blanc', 60–80 cm hoch, reinweiß; 'Silver Cup' (→ Abb.), 60–80 cm hoch, hellrosa mit dunkler Äderung; 'Ruby Regis', 70–90 cm hoch, dunkelrosa **HINWEIS:** gute Schnittblume, schneiden, wenn 1 bis 2 Blüten am Stängel geöffnet sind; wird im Garten gern von Bienen besucht

Männertreu | *Lobelia erinus*

HÖHE: 10–25 cm **BLÜTEZEIT:** Mai – Oktober **AUSSEHEN:** krautiger Wuchs; kleine Blüten in Blau, Weiß oder Rosa **STANDORT:** sonnig; nicht zu heiß; frischer, nährstoffreicher Boden, keine Staunässe **SÄEN:** Gruppe 3, Februar – April im Haus vorziehen, in Büscheln von ca. 5 bis 8 Pflanzen pikieren **PFLANZEN:** ab Mitte Mai; Pflanzabstand 18 cm **PFLEGEN:** gut mit Wasser und Nährstoffen versorgen; Ende Juli/Anfang August um die Hälfte zurückschneiden und düngen **VERWENDUNG:** stehende Sorten für Beeteinfassungen und Rabatten, hängende für Töpfe, Kästen, Ampeln und Hanging Baskets **SORTEN:** 'Cambridge Blue', 15 cm hoch, leuchtend azurblau; 'Cascade', 10–15 cm hoch, hängend, weiße, rosafarbene und violette Blüten **WEITERE ARTEN:** Prachtlobelie (*L.* x *speciosa*), 100 cm hoch, ährenförmige Blütenstände in Rosa- und Rottönen, mehrjährig, kann überwintert werden

Duftsteinrich | *Lobularia maritima*

HÖHE: 10–20 cm **BLÜTEZEIT:** Mai – Oktober **AUSSEHEN:** flache, fein verzweigte Polster mit vielen kleinen, stark nach Honig duftenden Blüten in Weiß, Apricot, Lachsrosa oder Purpurrot **STANDORT:** sonnig; warm; durchlässiger, nicht zu nährstoffreicher Boden **SÄEN:** Gruppe 1, Aussaat im Haus ab März; Lichtkeimer; ab April Direktaussaat ins Beet **PFLANZEN:** ab Mai; Pflanzabstand 15 x 15 cm **PFLEGEN:** Bei Trockenheit gießen; Rückschnitt nach der Blüte im Sommer fördert eine Nachblüte. **VERWENDUNG:** als Einfassungspflanze, für Rabatten, Steingärten, Pflanzgefäße und Balkonkästen; gut zur Unterpflanzung von Hochstämmchen; wegen des Dufts vorteilhaft in der Nähe von Terrasse oder am Weg zur Haustüre **HINWEIS:** sät sich gern selbst aus; gute Bienenfutterpflanze

Ziertabak | *Nicotiana x sanderae*

HÖHE: 30–70 cm **BLÜTEZEIT:** Juni – Oktober **AUSSEHEN:** aufrechter Wuchs; dichte Rosetten aus lanzettlichen Blättern; Rispen mit röhrenförmigen Blüten in Weiß, Rosa und Rot, auch grünlich; oft duftend, besonders gegen Abend **STANDORT:** sonnig; warm; normaler, nährstoffreicher Gartenboden **SÄEN:** Gruppe 3, ab März im Haus vorziehen; Lichtkeimer **PFLANZEN:** ab Mitte Mai; Pflanzabstand je nach Sorte 20–25 cm **PFLEGEN:** bei Bedarf gießen; gut mit Nährstoffen versorgen **VERWENDUNG:** für Teppichbeete und Rabatten; niedrige Sorten auch für Töpfe und Balkonkästen **WEITERE ARTEN:** Flügeltabak (*N. alata*), je nach Sorte 20–80 cm hoch, Blüten weiß, rosa, grünlich, purpurrot; Bergtabak (*N. sylvestris*), 100–150 cm hoch, duftende, weiße Blüten **HINWEIS:** In allen Teilen giftig; sät sich gern selbst aus, Sämlinge haben zartere Farben als die Mutterpflanzen.

Jungfer im Grünen | *Nigella damascena*

HÖHE: 30–50 cm **BLÜTEZEIT:** Juni – September **AUSSEHEN:** krautiger, verzweigter Wuchs; fein gefiederte Blättchen; sternförmige, filigrane Blüten in Weiß, Rosa oder Himmelblau; dekorative, wie aufgeblasen wirkende Samenstände **STANDORT:** sonnig; warm; humoser Boden **SÄEN:** Gruppe 1, März – Mai direkt ins Freiland; auf 18–20 cm Abstand verziehen; Aussaaten im Abstand von 4 Wochen verlängern die Blütezeit **PFLEGEN:** anspruchslos **VERWENDUNG:** in Gruppen auf Staudenbeeten und Rabatten; guter Partner für Rosen **SORTEN:** 'Miss Jeckyll', 45 cm hoch, leuchtend blaue, halbgefüllte Blüten; 'Persische Juwelen', 40 cm hoch, Farbmischung von Weiß über Rosa, Purpurrot bis Hellblau **HINWEIS:** Samenstände können bei Vollreife geschnitten und getrocknet werden; sät sich auch selbst aus, kann als Sämling überwintern und blüht im Folgejahr sehr früh.

Klatschmohn | *Papaver rhoeas*

HÖHE: 30–80 cm **BLÜTEZEIT:** Mai – Juli **AUSSEHEN:** filigrane, behaarte Stängel; seidige Schalenblüten in Rot, Weiß, Rosa oder Purpurrot, auch gefüllt **STANDORT:** sonnig; durchlässiger, kalkhaltiger Boden mit geringem Nährstoffgehalt **SÄEN:** Gruppe 1, ab April direkt ins Beet; Lichtkeimer; auf 18–25 cm Abstand verziehen **PFLEGEN:** anspruchslos **VERWENDUNG:** Farbtupfer für Sommerblumenbeete und Bauerngärten **SORTEN:** 'Picotee Mischung', 60–80 cm hoch, rot, rosa, pink, lachs, auch zweifarbig und mit Rand **WEITERE ARTEN:** *P. commutatum* 'Marienkäfer', 60–80 cm hoch, verwandt mit Klatschmohn, scharlachrot mit großen, auffallenden schwarzen Punkten; Kalifornischer Mohn (*Eschscholzia californica*), 30–50 cm hoch, zarte mohnähnliche Blüten in Creme, Gelb, Orange, Rot oder Pink **HINWEIS:** führt leicht giftigen Milchsaft; sät sich gern selbst aus

Rauer Sonnenhut | *Rudbeckia hirta*

HÖHE: 40–90 cm **BLÜTEZEIT:** Juli – September **AUSSEHEN:** horstartiger Wuchs; behaarte, lanzettliche Blätter; große Blüten in Gelb oder Kupfertönen mit köpfchenartiger Mitte **STANDORT:** sonnig; warm; normaler, nährstoffreicher Gartenboden **SÄEN:** Gruppe 2, März – April im Haus; Lichtkeimer **PFLANZEN:** Mitte Mai; je nach Sorte 20–25 cm Pflanzabstand **PFLEGEN:** gut mit Nährstoffen versorgen; Verblühtes regelmäßig entfernen **VERWENDUNG:** für Sommerblumenbeete und Staudenrabatten; hübsch mit Mehligem Salbei, Reitgras (*Calamagrostis*); niedrige Sorten auch für Töpfe und Balkonkästen **SORTEN:** 'Toto', 30 cm hoch, goldgelbe Blüten mit schokoladenbrauner Mitte, sehr wetterfest; 'Indian Summer', 50–70 cm hoch, goldgelbe, handgroße Blüten mit brauner Mitte; 'Prairie Sun', 70 cm hoch, orangefarbene Blüten mit hellgelben Spitzen und grünlicher Mitte **HINWEIS:** gute Schnittblume

Prachtsalbei | *Salvia splendens*

HÖHE: 20–50 cm **BLÜTEZEIT:** Mai – Oktober **AUSSEHEN:** aufrecht, verzweigt; breit lanzettliche Blätter; farbenprächtige Blütenähren in leuchtendem Scharlachrot oder Weiß, Lachs oder Violett **STANDORT:** sonnig; warm; nährstoffreicher Boden **SÄEN:** Gruppe 3, Februar – März im Haus vorziehen **PFLANZEN:** ab Mai; je nach Sorte 20–25 cm Pflanzabstand **PFLEGEN:** ausreichend düngen; vor Schnecken schützen **VERWENDUNG:** als Gruppenpflanze für Rabatten; niedrige Sorten auch für Töpfe und Balkonkästen **WEITERE ARTEN:** Blutsalbei (*S. coccinea*), 40–60 cm hoch, dunkelgrünes Laub, scharlachrote Blütenähren; Mehliger Salbei (*S. farinacea*), 50–80 cm hoch, grauweiße Stängel, dunkelblaue Blütenähren, anspruchslos **HINWEIS:** Jungpflanzen mehrmals stutzen, damit sie buschiger werden.

Buntnessel | *Solenostemon scutellarioides*

HÖHE: 30–60 cm **BLÜTEZEIT:** Juni – September **AUSSEHEN:** aufrechter, verzweigter Wuchs; breit lanzettliche Blätter mit bunter Zeichnung in gelben, grünen und roten bis purpurfarbenen Tönen; blauweiße, recht unscheinbare Blütenrispen **STANDORT:** hell und halbschattig; humoser, nicht zu stickstoffhaltiger Boden **SÄEN:** Gruppe 3, Januar – März vorziehen; Saatgut allerdings selten angeboten, deshalb meist nur Pflanzenkauf möglich **PFLANZEN:** Mitte Mai; je nach Sorte 18–25 cm Pflanzabstand **PFLEGEN:** gut mit Nährstoffen versorgen **VERMEHREN:** durch Kopfstecklinge von April – Juli **VERWENDUNG:** Blattschmuck für Sommerbeete und Rabatten; gut für Kübel; niedrige Sorten auch für Balkonkästen **HINWEIS:** Die leuchtenden Blattzeichnungen verblassen bei zu sonnigem Standort.

Hohe Studentenblume | *Tagetes-Erecta*-Hybriden

HÖHE: 30–120 cm **BLÜTEZEIT:** Juni – Oktober **AUSSEHEN:** aufrechter, breit verzweigter Wuchs; gefiedertes Laub; kugelförmige, einfache oder gefüllte Blütenstände in Gelb bis Gelborange, riechen etwas streng **STANDORT:** sonnig bis halbschattig; normaler Gartenboden **SÄEN:** Gruppe 2, März – April im Haus vorziehen, ab Mai Direktsaat ins Beet möglich **PFLANZEN:** Mitte Mai; je nach Sorte 18–30 cm Pflanzabstand **PFLEGEN:** bei Bedarf gießen und düngen; vor Schnecken schützen **VERWENDUNG:** Als Gruppenpflanze für Sommerblumenbeete, Rabatten, niedrige Sorten für Schalen, Töpfe, Blumenkästen; gute Partner sind Ringelblume, Mehliger Salbei, Goldrute (*Solidago*). **WEITERE ARTEN:** Studentenblume (*Tagetes-Patula*-Hybriden), 20–50 cm hoch, gefüllte oder ungefüllte Blüten in Gelb, Orange, Rotbraun, auch zweifarbig; Mexikanische Studentenblume (*T. tenuifolia*), 20–30 cm hoch, ungefüllte, zierliche Blüten in Gelb, Orange und Braunrot, sehr dankbar

Große Kapuzinerkresse | *Tropaeolum majus*

HÖHE: 20–300 cm **BLÜTEZEIT:** Juli – Oktober **AUSSEHEN:** krautiger, starker, kriechender oder rankender Wuchs; schildförmige Blätter; trichterförmige Blüten in Gelb, Orange und Rot **STANDORT:** sonnig bis halbschattig; durchlässiger, nährstoffreicher, frischer bis mäßig trockener Boden **SÄEN:** Gruppe 2, Vorkultur im Haus für eine frühere Blüte ab April, ab Anfang Mai Direktsaat ins Beet möglich **PFLANZEN:** Mitte Mai; je nach Sorte 20–50 cm Pflanzabstand **PFLEGEN:** gut mit Wasser und Nährstoffen versorgen, zu viel Stickstoff fördert allerdings das Blattwachstum zuungunsten der Blüten; anfällig für schwarze Blattläuse **VERWENDUNG:** kriechende Sorten als Bodendecker oder Ampelpflanzen, rankende Sorten für Zäune und Klettergerüste, buschige für Beete und Rabatten sowie für Töpfe **WEITERE ARTEN:** *T. minus*, 25–30 cm hoch, kompakter; Kanarenkapuzinerkresse (→ S. 499)

Zinnie | *Zinnia elegans*

HÖHE: 30–90 cm **BLÜTEZEIT:** Juli – Oktober **AUSSEHEN:** aufrechter, verzweigter Wuchs; herzförmige, rau behaarte Blätter; einfache, halbgefüllte oder gefüllte Blütenköpfe in Weiß, Creme, Gelb, Orange, Rosa, Rot, Karminrot, Lavendel oder Violett, auch grünlich **STANDORT:** sonnig; warm; nährstoffreicher, guter Gartenboden **SÄEN:** Gruppe 2, Vorkultur im Haus ab April, einmal entspitzen, ab Mai Direktsaat ins Beet möglich **PFLANZEN:** ab Mitte Mai; Pflanzabstand je nach Sorte 15–25 cm **PFLEGEN:** gut mit Wasser und Nährstoffen versorgen **VERWENDUNG:** als Einfassungspflanze, für Rabatten in Gruppen oder einzeln; hübsch mit Ringelblumen, Mehligem Salbei, Margeriten; niedrige Sorten auch für Töpfe und Balkonkästen **WEITERE ARTEN:** Schmalblättrige Zinnie (*Z. angustifolia*); 40–50 cm hoch, Blüten in Weiß, Gelb oder Orange; **HINWEIS:** gute Schnittblume, schnittreif, wenn die Blütenstängel fest geworden und die Staubgefäße in der Blütenmitte gut ausgebildet sind

Weitere einjährige Sommerblumen

NAME	HÖHE	BLÜTE	STANDORT	KULTUR
Sommeraster *Callistephus chinensis*	20–80 cm	weiß, blau-violett, rosarot; Juli – Sept.	sonnig; durchlässiger, kalkhaltiger Boden	vorziehen März – April, Direktsaat ab Mai
Atlasblume *Clarkia amoena*	40–60 cm	weiß, rosa, rot, zweifarbig; Juni – Sept.	sonnig; durchlässiger, nicht zu schwerer Boden	vorziehen ab März, Direktsaat ab April
Dreifarbige Winde *Convolvulus tricolor*	25 cm	blau, rosa, rot; Juni – Sept.	sonnig; kalkhaltiger, nicht zu nährstoffreicher Boden	vorziehen ab März, Direktsaat ab April
Gartenstrohblume *Helichrysum bracteatum*	30–100 cm	weiß, gelb, orange, rot, rosa; Juli – Sept.	sonnig; durchlässiger, nicht zu feuchter Boden	vorziehen ab März, Direktsaat ab Ende April
Gartenlevkoje *Matthiola incana*	30–300 cm	weiß, gelb, rosa, rot, lavendel; Juni – Sept.	sonnig; durchlässiger, kalkhaltiger Boden	vorziehen ab März, Direktsaat ab Mitte April
Trompetenzunge *Salpiglossis sinuata*	50–60 cm	gelb, orange, rosa, rot, purpurrot; Juni – Sept.	vollsonnig; geschützt; kalkhaltiger Boden	vorziehen ab März, Direktsaat ab April
Mexikanische Sonnenblume *Tithonia rotundifolia*	40–180 cm	leuchtend orange; Juli – Okt.	sonnig; windgeschützt; jeder gute Gartenboden	vorziehen ab März, auspflanzen ab Mai
Hohes Eisenkraut *Verbena bonariensis*	90–120 cm	lila, violett; Juli – Okt.	sonnig; durchlässiger, eher sandiger Boden	vorziehen ab März, stutzen, pflanzen ab Mai

Chinesische Stockrose | *Alcea rosea*

HÖHE: 160–220 cm **BLÜTEZEIT:** Juli – September **AUSSEHEN:** aufrechter Blütenstängel aus einer Rosette großer, leicht behaarter Blätter; trichterförmige, einfache bis gefüllte Blüten **STANDORT:** sonnig; windgeschützt; nährstoffreicher, durchlässiger Boden **SÄEN:** Juni – Juli in Töpfe oder Schalen; Lichtkeimer; bei früher Aussaat im März auch einjährige Kultur möglich **PFLANZEN:** im September; Pflanzabstand 40–60 cm **PFLEGEN:** bei Bedarf gießen und düngen; auf Rostpilze achten, befallene Blätter entfernen; frisch gepflanzte Blattrosetten vor Kahlfrost schützen **VERWENDUNG:** als Sichtschutzpflanze, an Zäunen, in kleinen Gruppen für große Rabatten, Bauerngärten; gute Partner sind z. B. Schmuckkörbchen und Rittersporn **HINWEIS:** Stockrosen säen sich gern selbst aus.

Tausendschön | *Bellis perennis*

HÖHE: 10–20 cm **BLÜTEZEIT:** März – Mai **AUSSEHEN:** flache Blattrosette; halbgefüllte bis gefüllte Blüten in Weiß, Rosa oder Rot **STANDORT:** sonnig bis halbschattig; normaler, nährstoffreicher Gartenboden **SÄEN:** Juni – Juli ins Freiland **PFLANZEN:** im September verpflanzen; Pflanzabstand 15 cm **PFLEGEN:** nach der Pflanzung mit Vlies oder Reisig vor Kahlfrösten schützen; im Frühjahr ausputzen, düngen; auf Mehltau, Grauschimmel und Blattläuse achten **VERWENDUNG:** als Einfassungspflanze, für Beete und Rabatten, als Grabschmuck, für Pflanzschalen, Töpfe und Balkonkästen **SORTEN:** 'Habanera' (→ Abb.), 15 cm hoch, gefüllte Blüten, weiß mit roten Spitzen; 'Roggli'-Gruppe, 15 cm hoch, gefüllte Blüten, je nach Sorte in Rosa, Rot oder Weiß; 'Tasso Erdbeersahne', 15 cm hoch, dicht gefüllt, verschiedene Rosatöne **HINWEIS:** auch als Maßliebchen und Gänseblümchen bekannt

Bartnelke | *Dianthus barbatus*

HÖHE: 50–60 cm **BLÜTEZEIT:** Mai – August **AUSSEHEN:** aufrechter Wuchs; schirmartige Blütenstände aus einfachen oder gefüllten, duftenden Blüten in Weiß, Rosa, Rot, Purpurrot, auch mehrfarbig **STANDORT:** sonnig; mittlerer, kalkhaltiger, nährstoffreicher Boden **SÄEN:** Mai – Juli ins Freiland, einmal entspitzen **PFLANZEN:** August; Pflanzabstand 20 x 20 cm **PFLEGEN:** gut mit Nährstoffen versorgen; vor Kahlfrösten mit Vlies oder Reisig schützen; auf Nelkenrost und Blattälchen achten **VERWENDUNG:** als Gruppe in Sommerblumenbeeten, für Rabatten und Bauerngärten; hübsch mit Marienglockenblume (*Campanula medium*) und Ziertabak; nicht für Beetränder, da Bartnelken nach der Blüte verschwinden **HINWEIS:** Gute Schnittblume, schneiden, wenn die ersten Einzelblütchen offen sind. Es gibt auch schnellwüchsige, einjährige Sorten, die im Frühjahr vorgezogen werden.

Roter Fingerhut | *Digitalis purpurea*

HÖHE: 60–120 cm **BLÜTEZEIT:** Juni – August **AUSSEHEN:** aufrechte, glockenähnliche Blüten in Weiß, Apricot, Rosa, Violett oder Purpurrot **STANDORT:** halbschattig; kühl; nährstoffreicher, durchlässiger, kalkarmer Boden **SÄEN:** Mai – Juni ins Freie; Lichtkeimer **PFLANZEN:** im September; Pflanzabstand 20–25 cm **PFLEGEN:** nach der Blüte zurückschneiden **VERWENDUNG:** für Staudenrabatten im lichten Schatten laubabwerfender Gehölze; schön für naturnahe Gärten **SORTEN:** 'Apricot', 120–150 cm hoch, apricotfarbene Blüten; 'Gloxinaeflora' (→ Abb.) 120 cm hoch, großblumige Farbmischung **WEITERE ARTEN:** Gelber Fingerhut (*D. lutea*), 60 cm hoch, Wildstaude mit gelben Blüten im Juni/Juli; Rostiger Fingerhut (*D. ferruginea*), 120 cm hoch, gelbe Blüten von Juni – August, rotbraun geadertes Laub **HINWEIS:** Fingerhut sät sich gern selbst aus; Vorsicht, er ist in allen Teilen sehr giftig!

Goldlack | *Erysimum cheiri*

HÖHE: 25–60 cm **BLÜTEZEIT:** April – Juni **AUSSEHEN:** aufrechter, verzweigter Wuchs; schmale, lange Blätter; Trauben mit stark duftenden, einfachen oder gefüllten Blüten in Gelb, Rot, Orange, Bronze und Dunkelrot **STANDORT:** sonnig; keinesfalls nass; am besten lehmiger, aber durchlässiger, nährstoffreicher Boden **SÄEN:** Mai – Juli im Freien, einmal entspitzen **PFLANZEN:** August; Pflanzabstand je nach Sorte 18–25 cm **PFLEGEN:** mit Vlies oder Reisig vor Kahlfrösten schützen; auf Mehltau und Grauschimmel achten **VERWENDUNG:** Rabatten und Staudenbeete; niedrige Sorten für Töpfe und Pflanzschalen; hohe Sorten als Schnittblumen; gute Partner sind blaue Vergissmeinnicht, Stiefmütterchen, Rosen **HINWEIS:** Vorsicht, in allen Teilen recht giftig, besonders die Samen

Waldvergissmeinnicht | *Myosotis sylvatica*

HÖHE: 10–35 cm **BLÜTEZEIT:** April – Juni **AUSSEHEN:** krautig aufrecht mit verzweigten Trieben; kleine Blüten in Blau, Weiß oder Rosa mit hellem oder dunklem Auge **STANDORT:** sonnig bis halbschattig; kühl; mittelschwerer, frischer bis feuchter Boden **SÄEN:** im Juli ins Freie **PFLANZEN:** ab September auspflanzen; Pflanzabstand 15–18 cm **PFLEGEN:** vor strengen Kahlfrösten mit Vlies oder Reisig schützen; bei Bedarf gut mit Wasser versorgen **VERWENDUNG:** für Einfassungen, Frühlingsbeete und Rabatten, Pflanzschalen und Töpfe; passt gut zu Frühjahrsblühern wie Tulpen, Narzissen, Tausendschön **SORTEN:** 'Blauer Ball', 15 cm hoch, leuchtend azurblau; 'Compindi', 15 cm hoch, leuchtend dunkelblau; 'Rosylva', 20 cm hoch, rosa; 'Snowsylva', 20 cm hoch, weiß **HINWEIS:** sät sich gern selbst aus; gute Schnittblume, schnittreif, wenn sich etwa die Hälfte der Blüten eines Triebes geöffnet haben

Seidenhaarkönigskerze | *Verbascum bombyciferum*

HÖHE: 90–180 cm **BLÜTEZEIT:** Juni – September **AUSSEHEN:** weißfilzig behaarte Blattrosette mit hohen, kräftigen Stängeln; goldgelbe Blütenkerzen **STANDORT:** vollsonnig; warm; durchlässiger, trockener und nährstoffarmer Boden, keinesfalls nass **SÄEN:** April oder Juli – August; auf 30–45 cm Abstand verziehen **PFLEGEN:** Blütenstängel abschneiden, das verlängert die Lebensdauer **VERWENDUNG:** für Staudenbeete, Böschungen und Steppengärten, auch als Einzelpflanze; gute Partner z. B. Frauenmantel, Katzenminze, Silberimmortelle (*Anaphalis margaritacea*) oder Edeldistel (*Eryngium*) **SORTEN:** 'Polarsommer', 160 cm hoch, gelbe Blüten, kaum verzweigt **HINWEIS:** vermehrt sich hauptsächlich durch Selbstaussaat; eigentlich eine kurzlebige Staude, daher auch in Staudengärtnereien erhältlich

Stiefmütterchen | *Viola-Wittrockiana*-Hybriden

HÖHE: 10–25 cm **BLÜTEZEIT:** März – Mai **AUSSEHEN:** kompakter, breitbuschiger Wuchs; Blüten in fast allen Farben, auch mehrfarbig mit Zeichnung **STANDORT:** sonnig bis halbschattig; humoser, nährstoffreicher Boden **SÄEN:** Juni – Juli im Freien **PFLANZEN:** im September; Pflanzabstand 10–15 cm **PFLEGEN:** vor Kahlfrösten mit Vlies oder Reisig schützen; gut mit Nährstoffen versorgen **VERWENDUNG:** Gruppenpflanze für Rabatten, Grabschmuck, Pflanzschalen, Töpfe und Balkonkästen; hübsch mit Tausendschön, Vergissmeinnicht und Frühjahrsblühern wie Tulpen und Narzissen **SORTEN:** riesiges Sortiment; z. B. 'Schweizer Riesen', 20 cm hoch, Mischung mit mehrfarbigen, bis 8 cm großen Blüten; 'Germania', 20 cm hoch, Farbmischung mit gewellten, teils gezeichneten Blüten; 'Cats', 20 cm hoch, verschiedene Farben mit strichartiger Zeichnung **ARTEN:** Hornveilchen (*V. cornuta*), auch Ministiefmütterchen genannt, 10–15 cm hoch, kleine Blüten, je nach Sorte zwei- oder mehrjährig

Schönranke | *Eccremocarpus scaber*

HÖHE: 3–5 m **BLÜTEZEIT:** Juni – Oktober **AUSSEHEN:** krautiger, verzweigter Wuchs, Blattranker; längliche Blätter; orangerote bis gelbe, röhrenförmige Blüten in langen Trauben **STANDORT:** sonnig; warm; lockerer, nährstoffreicher Boden **SÄEN:** Februar – April im Haus, 2 bis 3 Sämlinge in 10-cm-Topf pikieren **PFLANZEN:** im Mai; Pflanzabstand 1–1,5 m **PFLEGEN:** brauchen ein mindestens 2 m hohes Rankgerüst aus rechtwinklig oder diagonal gekreuztem Gitter; gut mit Wasser und Nährstoffen versorgen **VERWENDUNG:** als Sichtschutz, für Zäune, Geländer, Lauben und Pergolen; bei ausreichender Gefäßgröße auch im Kübel **HINWEIS:** wächst in ihrer chilenischen Heimat mehrjährig; lässt sich bei uns in wintermilden Regionen mit einer Schutzschicht aus Laub überwintern

Japanischer Hopfen | *Humulus japonicus*

HÖHE: 2–6 m **BLÜTEZEIT:** Juli – August **AUSSEHEN:** starkwüchsiger Schlinger; leicht behaarte, handförmige Blätter in attraktivem, frischem Grün; Blüte unscheinbar; weibliche Pflanzen mit den typischen Hopfenzapfen **STANDORT:** sonnig bis halbschattig, gedeiht auch noch im Schatten recht gut; lockerer, nährstoffreicher Boden, keinesfalls staunass **SÄEN:** ab März im Haus vorkultivieren, Keimlinge in 12-cm-Töpfe pikieren, ab April auch Direktsaat ins Freie möglich **PFLANZEN:** Mitte Mai; Pflanzabstand 50 cm **PFLEGEN:** Kletterhilfe aus gespannten Drähten, Stäben, Seilen oder Gitter erforderlich; gut mit Wasser und Nährstoffen versorgen **VERWENDUNG:** als Sicht- und Windschutz für Balkon und Terrasse, zur Wandbegrünung, für Pergolen und Zäune; auch schön in großen Kübeln

Purpurprunkwinde | *Ipomoea purpurea*

HÖHE: bis 5 m **BLÜTEZEIT:** Juni – September **AUSSEHEN:** Schlingpflanze; herzförmige, behaarte Blätter; Trichterblüten in Purpurrot, Weiß, Rosa, Rot und Blau **STANDORT:** sonnig; warm und windgeschützt; nährstoffreicher, kalkhaltiger, humoser Boden **SÄEN:** März – April, 3 bis 5 Samen in 10- bis 12-cm-Töpfe **PFLANZEN:** Mitte Mai; 40–50 cm Pflanzabstand **PFLEGEN:** Kletterhilfe aus gespannten Drähten, Schnüren oder aus Stäben erforderlich; gut mit Wasser und Nährstoffen versorgen, die Erde darf nie austrocknen; an heißen, trockenen Standorten auf Befall mit Spinnmilben achten **VERWENDUNG:** Sichtschutz für Balkon- und Terrasse, für Zäune, Pergolen und Spaliere, an filigranen Obelisken als Beetschmuck; auch in großen Kübeln **HINWEIS:** weniger anspruchsvoll und empfindlich als die Himmelblaue Prunkwinde; Blüten etwas kleiner; Samen sehr giftig

Himmelblaue Prunkwinde | *Ipomoea tricolor*

HÖHE: 2–3 m **BLÜTEZEIT:** Juni – September **AUSSEHEN:** Schlinger; herzförmige Blätter; große Trichterblüten in Weiß, Rosa oder Himmelblau, oft mit hellem Schlund **STANDORT:** sonnig, warm und windgeschützt; nährstoffreicher, humoser, kalkhaltiger Boden **SÄEN:** März – April, 3 bis 5 Samen in 10- bis 12-cm-Töpfe **PFLANZEN:** Mitte Mai; 40–50 cm Pflanzabstand **PFLEGEN:** Kletterhilfe aus gespannten Drähten, Schnüren oder aus Stäben erforderlich; gut mit Wasser und Nährstoffen versorgen, die Erde darf nie austrocknen; an heißen, trockenen Standorten auf Befall mit Spinnmilben achten **VERWENDUNG:** als Sichtschutz für Balkon und Terrasse, für Zäune, Pergolen und Spaliere, an filigranen Obelisken als Beetschmuck; auch in großen Kübeln **SORTEN:** 'Flying Saucers', 1,8–2,4 m hoch, tellerartige, weiße Blüten mit blauen Streifen **HINWEIS:** Blüten schließen sich in der Mittagssonne; bei andauerndem, kaltem Regenwetter kann die Blüte ausfallen; Samen sehr giftig

Duftwicke | *Lathyrus odoratus*

HÖHE: 0,3–2 m **BLÜTEZEIT:** Juni – September **AUSSEHEN:** mittel- bis starkwachsender Blattranker; kantiger Stängel, gefiedertes Laub; große Schmetterlingsblüten in Weiß, Rosa, Violett, Malvenfarben bis Rot oder Blau, duftend **STANDORT:** sonnig, nicht zu heiß; windgeschützt; lockerer, tiefgründiger, nährstoffreicher Boden **SÄEN:** im April im Haus vorziehen, 3 bis 4 Samen pro 8-cm-Topf; Direktsaat bis Mitte April möglich, aber oft mit mäßigem Erfolg **PFLANZEN:** Mitte Mai; Pflanzabstand 20–40 cm **PFLEGEN:** Kletterhilfe aus Gitter oder Maschendraht erforderlich; gut mit Wasser und Nährstoffen versorgen; Verblühtes regelmäßig entfernen **VERWENDUNG:** Blütenschmuck für Zäune, Terrassen, Balkone, filigrane Obelisken **SORTEN:** neben kletternden auch kompakte, nur um 20 cm hohe Sorten **HINWEIS:** gute Schnittblume, schneiden, wenn die unterste Blüte eines Triebes ganz geöffnet ist

Feuerbohne | *Phaseolus coccineus*

HÖHE: bis 2,5 m **BLÜTEZEIT:** Juni – September **AUSSEHEN:** mittel- bis starkwüchsiger Schlinger; große, weiche Blätter; scharlachrote Schmetterlingsblüten **STANDORT:** sonnig bis halbschattig; anspruchslos, auch für rauere und feuchtere Lagen **SÄEN:** ab Mai Direktsaat an Ort und Stelle, alle 30–40 cm je 6 bis 8 Körner **PFLEGEN:** Kletterhilfen aus Schnüren oder Drähten erforderlich; bei anhaltender Trockenheit gut gießen; Verblühtes stets entfernen; an heißen, trockenen Standorten auf Spinnmilben achten **VERWENDUNG:** Sicht- und Windschutz für Balkon und Terrasse; für große Kübel geeignet; Begrünung von Zäunen, Wänden und Pergolen, auch für filigrane Obelisken als Beetschmuck **SORTEN:** 'Preisgewinner', bis 4 m hoch, scharlachrote Blüten; 'Weiße Riesen', bis 4 m hoch, weiße Blüten; 'Lady Di', 2,5 m hoch, dunkelrote Blüten; 'Hestia', 0,3–0,4 m hoch, nicht rankend, überhängende Triebe, rotweiße Blüten, für Einfassungen, Schalen, Ampeln und Beete

Schwarzäugige Susanne | *Thunbergia alata*

HÖHE: 1–2 m **BLÜTEZEIT:** Juni – Oktober **AUSSEHEN:** mittel- bis starkwachsender Schlinger; eirunde bis herzförmige Blätter; trichterförmige, goldgelbe bis orangefarbene Blüten mit schwarzem Auge, auch weiß blühende Sorten **STANDORT:** sonnig bis halbschattig; windgeschützt; lockerer, humoser Boden, nicht nass **SÄEN:** ab März im Haus vorkultivieren; 3 Samen pro 10-cm-Topf **PFLANZEN:** Mitte Mai; Pflanzabstand 30–40 cm **PFLEGEN:** Kletterhilfe aus Schnüren oder Drähten erforderlich; gut mit Wasser und Nährstoffen versorgen; an heißen, trockenen Standorten auf Spinnmilben achten **VERWENDUNG:** im großen Kübel attraktiver Balkon- und Terrassenschmuck; hübsch an niedrigen Mauern oder an filigranen Obelisken auf Beeten **HINWEIS:** auch als Ampelpflanze attraktiv

Kanarenkapuzinerkresse | *Tropaeolum peregrinum*

HÖHE: bis 2 m **BLÜTEZEIT:** Juni – Oktober **AUSSEHEN:** Rankpflanze mit feigenähnlichen, fünf- bis siebenlappigen Blättern; 3 cm große, zitronengelbe, gefranste Blüten **STANDORT:** sonnig bis halbschattig; warm, windgeschützt; nährstoffreicher Boden **SÄEN:** März – April im Haus vorziehen, 5 Samen in einen 10-cm-Topf **PFLANZEN:** Mitte Mai; Pflanzabstand 30 cm **PFLEGEN:** Kletterhilfe aus einem rechtwinklig oder diagonal gekreuzten Gitter erforderlich; bei Trockenheit gründlich gießen; mäßig düngen, bei zu viel Stickstoff wird das Blattwachstum zuungunsten der Blütenbildung gefördert **VERWENDUNG:** für Zäune und Pergolen; im Kübel als Schmuck für Balkon, Terrasse, an Wandgittern **HINWEIS:** Nah verwandt mit der Großen Kapuzinerkresse (→ S. 495), von der es ebenfalls hoch rankende Sorten gibt.

Pflanzen für sonnige, trockene Plätze

NAME	BLÜTE	WUCHSHÖHE; MERKMALE	STANDORT; HINWEISE
Bäume und Sträucher			
Warzenberberitze *Berberis verruculosa*	gelb Mai	0,5–1,5 m; immergrüner Kleinstrauch; glänzend grüne Blättchen; blauschwarze Beeren	geringe Bodenansprüche; gut schnittverträglich; Beeren leicht giftig
Kornelkirsche *Cornus mas*	gelblich März – April	3–6 m; Strauch; gelbe Herbstfärbung; ab Aug. rote, essbare Früchte	durchlässiger Boden, sonst anspruchslos
Silberölweide *Elaeagnus commutata*	gelb Mai – Juni	3–5 m; dichter Strauch, treibt Ausläufer; silbrig glänzende Blätter	durchlässiger, bevorzugt kalkhaltiger, auch magerer Boden
Robinie *Robinia pseudoacacia*	weiß Mai – Juni	4–25 m, je nach Sorte; Baum mit gefiederten Blättern, gelbe Herbstfärbung; lange Blütentrauben	verträgt selbst mageren Boden; Krone je nach Sorte breitrund, kugel- oder kegelförmig (→ S. 408)
Kaspische Tamariske *Tamarix ramosissima*	rosa Juli – Sept.	3–4 m; kleiner Baum oder Strauch, ausladend; schuppenförmige Blätter; Zweige mit zarten Blüten übersät	durchlässiger, möglichst kalkhaltiger, auch magerer Boden; *T. parviflora* blüht im Frühjahr
Blütenstauden, Gräser, Zwiebel- und Knollenpflanzen			
Junkerlilie *Asphodeline lutea*	gelb Mai – Juni	80–100 cm; horstartige Staude; grasähnliche Blätter; traubige Blütenkerzen	gut durchlässiger Boden; in rauen Lagen Winterschutz ratsam
Bergsegge *Carex montana*	gelb März – April	20–40 cm; Gras; schöne braune Herbstfärbung; pinselartige Blütenstände	durchlässiger, auch magerer Boden; auch für Steingärten
Steppenkerze *Eremurus*-Arten, -Hybriden	rosa, weiß, gelb Mai – Juli	100–250 cm; Knollenpflanze, straff aufrecht; lange Blütenkerzen	unbedingt gut durchlässiger Boden, humos und nährstoffreich (→ S. 485)
Blauschwingel *Festuca cinerea*	graugrün Juni – Juli	30–60 cm; Gras, bildet halbkugelige Horste; blaugrüne bis blaue Blätter	sandiger, humus- und nährstoffarmer, kalkhaltiger Boden (→ S. 468)
Blauraute *Perovskia abrotanoides*	blauviolett Aug.– Sept.	bis 120 cm; Halbstrauch; silbrig blaue Blätter; aromatisch duftend	durchlässiger, kalkhaltiger Boden; hübscher Rosenbegleiter
Steppensalbei *Salvia nemorosa*	blau, violett, rosa Mai – Juli/Sept.	40–60 cm; buschig aufrechte Staude; schmale Blütenkerzen	durchlässiger, humoser, nährstoffreicher, leicht kalkhaltiger Boden
Thymian *Thymus vulgaris*	rosa, violett Mai – Okt.	20–40 cm; immergrüner Halbstrauch; polsterartig; dunkelgrüne Blättchen; aromatisch duftend	durchlässiger, kalkhaltiger Boden; zugleich Würzkraut; *T. x citriodorus* mit Zitronenduft
Seidenhaarkönigskerze *Verbascum bombyciferum*	gelb Juni – Sept.	90–180 cm; stattliche Staude mit weißfilziger Blattrosette; große Blütenkerzen	durchlässiger, nährstoffarmer Boden; kurzlebig, versamt sich aber selbst (→ S. 497)
Blaugrüne Palmlilie *Yucca glauca*	cremeweiß Juli – Aug.	bis 160 cm; immergrüne, bis 50 cm lange Blätter in einer Rosette	gut durchlässiger, kalkhaltiger Boden; braucht Winterschutz

Weitere Bäume und Sträucher: Koloradotanne (*Abies concolor*) → S. 410, **Weißbirke** (*Betula pendula*) → S. 407, **Schmetterlingsstrauch** (*Buddleja-Davidii*-Hybriden) → S. 420, **Buchsbaum** (*Buxus sempervirens*) → S. 426, **Bartblume** (*Caryopteris* x *clandonensis*) → S. 426, **Blasenstrauch** (*Colutea arborescens*) → S. 420, **Perückenstrauch** (*Cotinus coggygria*) → S. 421, **Besenginster** (*Cytisus scoparius*) → S. 421, **Wacholder** (*Juniperus chinensis, J. communis*) → S. 423, **Echter Lavendel** (*Lavandula angustifolia*) → S. 429, **Kiefern** (*Pinus cembra, P. mugo*) → S. 412, **Feuerdorn** (*Pyracantha*-Hybriden) → S. 419, **Essigbaum** (*Rhus typhina*) → S. 419, **Flächenrosen** (*Rosa*-Sorten) → S. 443, **Flieder** (*Syringa-Vulgaris*-Hybriden) → S. 419, **Wolliger Schneeball** (*Viburnum lantana*) → S. 419, **Weinrebe** (*Vitis vinifera*) → S. 509

Weitere Stauden: Schafgarbe (*Achillea-Millefolium*-Hybriden) → S. 450, **Alpenmannstreu** (*Eryngium alpinum*) → S. 457, **Schleierkraut** (*Gypsophila paniculata*) → S. 458, **Bartiris** (*Iris-Barbata*-Hybriden) → S. 459, **Prachtscharte** (*Liatris spicata*) → S. 460, **Blaue Katzenminze** (*Nepeta* x *faassenii*) S. 460, **Oregano** (*Origanum vulgare*) → S. 524, **Türkischer Mohn** (*Papaver orientale*) → S. 461, **Purpurfetthenne** (*Sedum telephium*) → S. 463, **Wollziest** (*Stachys byzantina*) → S. 465; **Bodendecker** → S. 448–449

Pflanzen für den Steingarten

NAME	BLÜTE	WUCHSHÖHE; MERKMALE	STANDORT; HINWEISE
Klein- und Zwergsträucher			
Zwergbalsamtanne *Abies balsamea* 'Nana'	–	50–100 cm; kissenförmig, bis 200 cm breit; dunkelgrüne Nadeln, immergrün	absonnig bis halbschattig; humoser, tiefgründiger Boden
Bärentraube *Arctostaphylos uva-ursi*	weiß, hellrosa April – Mai	20–30 cm; teppichartig wachsend; immergrün; rote Früchte	sonnig bis halbschattig; humoser, sandiger, durchlässiger Boden
Zwergbirke *Betula nana*	grünlich April – Mai	20–60 cm; breitwüchsig, oft niederliegend; gelborange Herbstfärbung	sonnig; bevorzugt feuchter, saurer, nährstoffarmer Boden
Behaarte Alpenrose *Rhododendron hirsutum*	purpurrosa Juni – Juli	50–80 cm; kompakt, buschig; frischgrüne Blätter, immergrün	halbschattig; humoser, lockerer, saurer Boden
Stauden, Zwiebel- und Knollenpflanzen			
Sternkugellauch *Allium christophii*	violett Juni – Juli	20–40 cm; riemenförmige, bläulich grüne Blätter; kugeliger, großer Blütenstand	sonnig; durchlässiger, sandiger, kiesiger oder steiniger Boden
Gänsekresse *Arabis caucasia*	weiß, rosa April – Mai	10–20 cm; polsterförmig; graugrüne Blättchen, wintergrün; dichte Blütentrauben	sonnig; durchlässiger, auch steiniger, magerer Boden
Blaukissen *Aubrieta*-Hybriden	blau, lila, rosa, rot April – Mai	5–15 cm; polsterförmig; schmale Blättchen, immergrün; zahllose Blütchen	sonnig; durchlässiger, nährstoffreicher, kalkhaltiger Boden (→ S. 453)
Felsensteinkresse *Aurinia saxatilis*	gelb April – Mai	25–40 cm; polsterförmig; graugrüne Blättchen; duftende Blütentrauben	sonnig; durchlässiger, sandiger, auch magerer Boden (→ S. 453)
Blutstorchschnabel *Geranium sanguineum*	karminrot Mai – Sept.	10–30 cm; bildet lockere Polster; bläulich grüne Blätter	sonnig; durchlässiger, humoser Boden; auch als Bodendecker
Netziris *Iris reticulata*	blau, violett, weiß März – April	10–20 cm; straff aufrechte, schmale Blätter; schön gezeichnete Blüten	sonnig; durchlässiger, keinesfalls nasser Boden (→ S. 487)
Traubenhyazinthe *Muscari armeniacum*	blau, blauviolett April – Mai	15–25 cm; bildet Teppiche; schmale Blätter; dichte Blütentrauben	sonnig; durchlässiger, humoser Boden; ganze Pflanze giftig! (→ S. 488)
Missourinachtkerze *Oenothera macrocarpa*	gelb Juni – Sept.	15–20 cm; niederliegend; große, glockige Blüten, v. a. abends geöffnet	sonnig; durchlässiger, humoser Boden
Küchenschelle *Pulsatilla vulgaris*	violett März – Mai	20–30 cm; buschig, kompakt; silbrig behaarte Blätter; glockige Blüten, zierende zottige Blütenstände	sonnig bis halbschattig; durchlässiger, magerer, kalkhaltiger Boden; ganze Pflanze giftig!
Tripmadam *Sedum reflexum*	gelb Juli – Aug.	15–30 cm; polsterartig, niederliegend; blaugrüne, dachziegelartige Blätter	sonnig; durchlässiger, sandiger, auch magerer, steiniger Boden
Hauswurz *Sempervivum*-Arten	rosa, rot, weiß Juli – Aug.	5–15 cm; fleischige, sukkulente Blattrosetten, teils mit rötlicher Färbung	sonnig; durchlässiger, kiesiger oder sandiger, humoser Boden

Weitere Klein- und Zwergsträucher: Fächerzwergmispel (*Cotoneaster horizontalis*) → S. 427, **Irische Glanzheide** (*Daboecia cantabrica*) → S. 427, **Rosmarinseidelbast** (*Daphne cneorum*) → S. 428, **Kriechwacholder** (*Juniperus horizontalis*) → S. 429, **Japanischer Spierstrauch** (*Spiraea japonica* var. *japonica*) → S. 431

Weitere Stauden: Gewöhnliche Grasnelke (*Armeria maritima*) → S. 452, **Kissenaster** (*Aster-Dumosus*-Hybriden) → S. 452, **Altaibergenie** (*Bergenia cordifolia*) → S. 453, **Karpatenglockenblume** (*Campanula carpatica*) → S. 454, **Bergflockenblume** (*Centaurea montana*) → S. 454, **Rote Spornblume** (*Centranthus ruber*) → S. 454, **Heidenelke** (*Dianthus deltoides*) → S. 456, **Alpenmannstreu** (*Eryngium alpinum*) → S. 457, **Goldwolfsmilch** (*Euphorbia polychroma*) → S. 457, **Enzian** (*Gentiana*) → S. 457, **Purpurglöckchen** (*Heuchera*-Hybriden) → S. 459, **Immergrüne Schleifenblume** (*Iberis sempervirens*) → S. 457, **Bartiris** (*Iris-Barbata*-Hybriden) → S. 459, **Tüpfelfarn** (*Polypodium vulgare*) → S. 467, **Rotes Seifenkraut** (*Saponaria ocymoides*) → S. 463, **Moossteinbrech** (*Saxifraga* x *arendsii*) → S. 463, **Purpurfetthenne** (*Sedum telephium*) → S. 463

Weitere Zwiebel- und Knollenpflanzen: Goldlauch (*Allium moly*) → S. 482, **Krokus** (*Crocus*) → S. 484, **Narzissen** (*Narcissus*) → S. 488, **Wildtulpen, Botanische Tulpen** (*Tulipa*) → S. 489

Obst von A bis Z

FÜR OBST FINDET SICH IMMER PLATZ – es kommt auf Art und Sorte an. Grundsätzlich unterscheidet man zwischen Baum- und Beerenobst, wobei das Baumobst wiederum in Kern-, Stein- und Schalenobst unterteilt wird. Zum Kernobst gehören Apfel, Birne und Quitte. Bei diesen Arten gibt es durch Veredlung „Kleinformate", die im Garten nicht allzu viel Platz beanspruchen. Zum Steinobst zählen Süß- und Sauerkirsche, Pflaume, Zwetsche, Mirabelle, Reneklode sowie Pfirsich und Aprikose. Süßkirschen und die Pflaumenartigen sind eigentlich ziemliche Riesen. Inzwischen haben die Bemühungen der Züchter jedoch auch bei diesen Obstarten recht handliche Formen hervorgebracht. Eine spezielle Platzfrage stellt sich, wenn zur ausgewählten Sorte eine passende Befruchtersorte gepflanzt werden muss. Dies kann vor allem bei Apfel, Birne und einigen Steinobstsorten nötig werden, wenn in der näheren Umgebung nur wenig Obstbäume wachsen. Selbst vom gewaltigsten Schalenobst, der Walnuss, gibt es heute Unterlagen, auf denen die Bäume nur noch 4–6 m hoch werden. Haselnusssträucher werden, was ihre endgültige Größe betrifft, oft unterschätzt. Da man sie in eine Hecke integrieren und stark schneiden kann, sind sie auch für kleinere Grundstücke geeignet. Beerenobst wie Johannisbeere, Stachelbeere und Jostabeere findet in jedem Garten einen Platz. Auch Heidelbeeren begnügen sich mit relativ kleinem Gartenraum. Himbeeren und Brombeeren lassen sich platzsparend an einem Spalier ziehen. Das trifft genauso für Wein und Kiwi zu, die zudem Lauben und Wände dekorativ erklimmen können. Erdbeeren, als Stauden ein Sonderfall unter den Obstarten, kommen selbst im kleinsten Garten unter. Beim Thema Platzbedarf ist auch der Schnitt zu beachten. Daher finden Sie neben den Angaben bei den Portraits auch noch ausführliche Schnittanleitungen im Kapitel 3.

Quitte | *Cydonia oblonga*

HÖHE/BREITE: 2–5 m/2–3 m **BLÜTEZEIT:** Mai – Juni **WUCHS:** schwach bis mittelstark, aufrecht; Stammhöhen von 60–100 cm **SORTENGRUPPEN:** Apfelquitten mit stärkerem Aroma und Birnenquitten mit weicherem, saftigerem Fruchtfleisch **STANDORT:** sonnig; warme und geschützte Lage; keine kalkhaltigen Böden **ANBAU:** überwiegend selbstfruchtbar; Pflanzung im Frühjahr; Pflanzabstand 2 x 2 m, Stützpfahl für einige Jahre erforderlich **PFLEGEN:** Baumscheibe mulchen; keine stickstoffbetonte Düngung; Schnitt im Frühjahr **ERNTEN:** ab Mitte Oktober; pflückreif, wenn die Früchte sich von Goldgelb ins Zitronengelbe verfärben; genussreif nach 2 bis 4 Wochen Lagerung **SORTEN:** Apfelquitte 'Konstantinopeler', robust gegen Holzfrost; Birnenquitte 'Champion', relativ robust gegen Holzfrost

Apfel | *Malus domestica*

HÖHE/BREITE: 2,5–8 m/3–5 m **BLÜTEZEIT:** April – Mai **WUCHS:** mit Pyramiden-, Hohl- oder Spindelkrone bzw. als Spindelbusch, als Spalier, schmale Säulenäpfel **SORTENGRUPPEN:** nach Reifezeit und Lagerfähigkeit unterteilt in Sommer-, Herbst- und Winteräpfel **STANDORT:** sonnig; nicht heiß, luftfeucht, je nach Sorte auch in Höhenlagen; humoser, tiefgründiger Boden **ANBAU:** braucht Befruchtersorte; Pflanzung bevorzugt im Herbst; Pflanzabstand 2–3 x 4–5 m **PFLEGEN:** Baumscheibe mulchen; bei Bedarf gießen; gut mit Kalium versorgen; eventuell Fruchtausdünnung Ende Juni; im späten Winter schneiden; auf Schorf, Apfelmehltau, Feuerbrand, Obstbaumkrebs, Blutlaus, Apfelwickler, Moniliafruchtfäule achten **ERNTEN:** Pflückreife zwischen August und Oktober, sobald sich grünliche Sorten gelbgrün und rote leuchtend rot färben, Früchte müssen sich mit Stiel leicht vom Zweig lösen; Genussreife je nach Sorte ab Ernte bzw. nach bestimmter Lagerzeit

Birne | *Pyrus communis*

HÖHE/BREITE: 4–10 m/3–8 m **BLÜTEZEIT:** April – Mai **WUCHS:** mit Pyramiden-, Hohl- oder Spindelkrone bzw. als Spindelbusch, als Spalier; Stammlängen 40–180 cm **SORTENGRUPPEN:** nach Reifezeit und Lagerfähigkeit unterteilt in Sommer-, Herbst- und Winterbirnen **STANDORT:** sonnig; warm und geschützt; kalkarmer, nicht zu feuchter Boden **ANBAU:** braucht Befruchtersorte; Pflanzung im Herbst oder Frühjahr; Pflanzabstand 2,5–3 x 5–8 m **PFLEGEN:** Baumscheibe mulchen; eventuell Fruchtausdünnung im Juni; im späten Winter schneiden; auf Schorf, Feuerbrand, Obstbaumkrebs, Blutlaus achten **ERNTEN:** Pflückreife zwischen August und Oktober, sobald die Fruchtfarbe umschlägt, Früchte müssen sich mit Stiel leicht vom Zweig lösen; Genussreife je nach Sorte ab Ernte bzw. nach Lagerzeit **WEITERE ARTEN:** Nashi (*P. pyrifolia* var. *culta*), frühe Blüte spätfrostgefährdet, kugelige, saftige Früchte, Ernte ab August, 3 Monate lagerfähig, braucht Befruchter, robust

Bewährte Apfel- und Birnensorten

SORTE	PFLÜCKREIFE/GENUSSREIFE	HINWEISE
Äpfel		
'Berlepsch'	Anfang – Mitte Okt./Nov. – März	saftige, aromatische Früchte; mittlerer Wuchs; keine Spätfrostlagen; gute Böden; wenig anfällig gegen Schorf und Mehltau
'Boskoop'	Mitte Okt./Dez. – April	süßaromatische Früchte, auch als 'Roter Boskoop'; sehr starkwüchsig; für alle Lagen
'Gala'	Ende Sept./Okt. – März	sehr süße, aromatische Früchte; mittelstarker Wuchs; wenig anfällig gegen Schorf und Mehltau
'Idared'	Mitte – Ende Okt./Nov. – März	süßsäuerliches, feines Aroma; mittlerer Wuchs; problemlos; gelegentlich anfällig für Mehltau
'James Grieve'	Anfang – Mitte Sept./Sept. – Mitte Nov.	feinwürziger Geschmack; kleinkronig; Höhenlagen, widerstandsfähig; nährstoffreiche Böden
'Piros'	Anfang Aug./Aug.	guter Geschmack; Sommersorte; mittelstarker Wuchs; wenig anfällig gegen Krankheiten
'Reglindis'	Anfang Sept./Sept. – Nov.	süßsäuerlich; mittlerer Wuchs; resistent gegen Spinnmilben, widerstandsfähig gegen Krankheiten
'Topaz'	Mitte Sept./Okt. – Feb.	saftige, süßsäuerliche Früchte; mittelstarker Wuchs; wenig empfindlich gegen Krankheiten
Birnen		
'Bunte Julibirne'	Juli – Anfang Aug./Anfang Aug.	schwach säuerliche Früchte; anspruchslos, etwas holzfrostgefährdet; wenig schorfanfällig
'Clapps Liebling'	Mitte – Ende Aug./Mitte – Ende Aug.	süße Früchte; regelmäßige, hohe Erträge; geringe Klimaansprüche
'Frühe von Trévoux'	Aug./Aug. – Okt.	mildsäuerliche Früchte; hohe, regelmäßige Erträge; für warme Lagen, Windschutz vorteilhaft
'Gellerts Butterbirne'	Anfang Okt./Mitte – Ende Okt.	harmonischer, süßsäuerlicher Geschmack; starkwüchsig; bis 600 m Höhe anbaufähig, auch für Frostlagen; anfällig für Obstbaumkrebs
'Gräfin von Paris'	Mitte – Ende Okt./Nov. – Feb.	süße, würzige Früchte; gute Befruchtersorte; frühe, hohe Erträge; für warme, geschützte Lagen
'Gute Luise'	Anfang – Mitte Sept./Ende Sept. – Okt.	sehr guter Geschmack; hohe Erträge; bei ungünstigen Lagen nicht empfehlenswert

Aprikose | *Prunus armeniaca*

HÖHE/BREITE: 4–5 m/3–4 m **BLÜTEZEIT:** März – April **WUCHS:** breite Pyramiden- oder Hohlkrone; auch als Spalier **STANDORT:** vollsonnig; warm, frost-, spätfrost- und windgeschützt; gedeiht am sichersten im Weinbauklima; tiefgründiger, warmer, nicht zu schwerer Boden **ANBAU:** selbstfruchtbar; Pflanzung am besten im Frühjahr; Pflanzabstand 2–3 x 3–4 m; gut als Spalier an einer Südwand **PFLEGEN:** Baumscheibe v. a. im Winter mulchen; gut düngen, aber nicht zu stickstoffbetont; v. a. bei Blüten- und Fruchtausbildung auf ausreichende Bodenfeuchte achten; in feuchten Sommern anfällig für Monilia und Schrotschusskrankheit **ERNTEN:** ab Juli **SORTEN:** 'Mombacher Frühe', Reife Mitte – Ende Juli, hohe, regelmäßige Erträge; 'Ungarische Beste', Reife Anfang – Mitte August, sehr frosthart

Süßkirsche | *Prunus avium*

HÖHE/BREITE: je nach Unterlage und Kronenform 3–12 m/2,5–10 m **BLÜTEZEIT:** April – Mai **WUCHS:** breitkronig, meist mit Pyramidenkrone, auch als Spindelbusch **SORTENGRUPPEN:** Herzkirschen mit weichem, Knorpelkirschen mit festem Fruchtfleisch; nach Reifezeit unterteilt in 7 Gruppen (7 Kirschenwochen) **STANDORT:** sonnig; warm, mit möglichst wenig Spätfrostgefahr; warmer, tiefgründiger, lehmiger, kalkhaltiger Boden **ANBAU:** meist Befruchtersorte nötig, kann auch Sauerkirsche sein; Pflanzzeit bevorzugt im Herbst; Pflanzabstand 2,5–5 x 3–5 m **PFLEGEN:** Baumscheibe mulchen; gut mit Nährstoffen versorgen; Erhaltungs- bzw. Verjüngungsschnitt im Sommer, Stamm mit weißem Anstrich vor Frösten schützen; auf Kirschfruchtfliege, Monilia-Spitzendürre, Kirschenblattlaus, Wühlmäuse und Spinnmilben achten **ERNTEN:** vollreife Früchte vorsichtig mit Stiel entfernen

Sauerkirsche | *Prunus cerasus*

HÖHE/BREITE: je nach Unterlage und Kronenform 3–4 m/4–5 m **WUCHS:** Krone hochkugelig bis breitpyramidal, bei manchen Sorten überhängend; auch Buschformen oder als Spalier **SORTENGRUPPEN:** Morellen/Weichseln mit färbendem Saft; Amarellen mit nichtfärbendem Saft **STANDORT:** sonnig; warm, aber nicht heiß, geschützt, anspruchsloser als Süßkirschen; tiefgründiger, lehmhaltiger Boden **ANBAU:** Sorten meist selbstfruchtbar; Pflanzung bevorzugt im Herbst; Pflanzabstand 2,5 x 2,5–3 x 3 m **PFLEGEN:** Baumscheibe mulchen; nach der Ernte bis spätestens Mitte Juli schneiden, Spätsorten erst im Februar/März; auf Spitzendürre achten **ERNTEN:** bei Vollreife, wenn die Früchte schwarzrot geworden sind, Morellen Mitte – Ende Juli, Amarellen Anfang Juni, Sauerkirschen ohne Stiel ernten oder mit Stiel abschneiden, um die Rinde nicht zu verletzen

Pflaume | *Prunus domestica*

HÖHE/BREITE: 4–9 m/2–6 m **BLÜTEZEIT:** April – Mai **WUCHS:** mit Pyramiden- oder Hohlkrone; auch als Spalier **SORTENGRUPPEN:** Pflaumen tragen größere, runde Früchte mit Fruchtnaht; Zwetschen sind länglich, haben keine Fruchtnaht, meist steinlösend; auch Zwischenformen; Mirabellen sind kirschgroß und gelb; Renekloden groß, rund und grün. **STANDORT:** sonnig; warm, geschützt; humusreicher, feuchter, kalkhaltiger Boden **ANBAU:** teils Befruchtersorten nötig; Pflanzung im Spätherbst; Pflanzabstand 2,5–3 x 2,5–3 m **PFLEGEN:** Baumscheibe mulchen; bei Trockenheit gießen; nach der Ernte schneiden; weißer Stammanstrich als Frostschutz; auf Blattläuse, Pflaumenwickler, Monilia-Fruchtfäule, Narrentaschen- und Scharkakrankheit achten **ERNTEN:** je nach Sorte Juli – Oktober, Pflaumen 2 Wochen nach Blaufärbung, Früchte mit Stiel pflücken

Pfirsich | *Prunus persica*

HÖHE/BREITE: 4–8 m/4–5 m **BLÜTEZEIT:** März – April **WUCHS:** breite Pyramiden- oder Hohlkrone; auch als Spalier **SORTENGRUPPEN:** Pfirsich mit pelziger, Nektarinen mit glatter Haut **STANDORT:** sonnig; warm, geschützt, gedeiht am sichersten im Weinbauklima; durchlässiger, humus- und nährstoffreicher, feuchter Boden **ANBAU:** selbstfruchtbar; Pflanzzeit im Frühjahr; Pflanzabstand 2–2,5 x 2–2,5 m **PFLEGEN:** gut mit Nährstoffen und Wasser versorgen; während der Blüte schneiden; Früchte ausdünnen; junge Bäume vor Frost schützen; auf Kräuselkrankheit, Mehltau, Monilia-Fruchtfäule, Blattläuse und Ameisen achten **ERNTEN:** Juli – September, wenn Stiele sich leicht ablösen **SORTEN:** 'Kernechter vom Vorgebirge' = 'Roter Ellerstädter', wenig frostempfindlich und krankheitsanfällig; 'Weinbergpfirsich', wenig anfällig für Kräuselkrankheit **HINWEIS:** Pfirsiche gelten als selbstfruchtbar, trotzdem wird der Ertrag bei mehreren Bäumen erhöht.

Bewährte Süßkirsch-, Sauerkirsch- und Pflaumensorten

SORTE	BEFRUCHTER	HINWEISE
Süßkirschen		
'Büttners Rote Knorpel'	'Hedelfinger'	gelbrote Knorpelkirsche, 5. Kirschenwoche, große Früchte; anpassungsfähig an alle Standorte
'Hedelfinger'	'Schneiders Späte Knorpel'	braunrote Knorpelkirsche, 5. bis 6. Kirschenwoche, sehr gute Fruchtqualität; anpassungsfähig
'Sam'	'Van'	rotbraune Knorpelkirsche, 5. Kirschenwoche; auch kühlere und feuchtere Lagen; für Spindelbüsche
'Schneiders Späte Knorpel'	'Hedelfinger'	schwarzbraune Knorpelkirsche, 6. Kirschenwoche, feiner Geschmack; anspruchslos, widerstandsfähig
'Van'	'Sam'	braunrote Knorpelkirsche; 4. bis 5. Kirschwoche, früher Ertrag; für Spindelbüsche
Sauerkirschen		
'Gerema'	selbstfruchtbar	schwarzrote Morelle, 8. bis 9. Kirschenwoche; schwachwüchsig; mit Krankheitsresistenzen
'Morellenfeuer'	selbstfruchtbar	dunkelrote Morelle, 7. Kirschenwoche; robuste Blüte; anpassungsfähig; mittlere Böden
'Schattenmorelle'	selbstfruchtbar	schwarzrote Morelle, 8. Kirschenwoche; neigt zu Monilia; kräftig schneiden gegen Verkahlen
Pflaumen und Zwetschen		
'Hauszwetsche'	selbstfruchtbar	dunkelblaue, bereifte Früchte; Reife Mitte Sept. – Okt.; starkwüchsig; anpassungsfähig; scharkaanfällig
'Ontariopflaume'	selbstfruchtbar	große, goldgelbe Frucht; Reife Anfang – Mitte Aug.; starkwüchsig; geringe Ansprüche
'Wangenheimer Frühzwetsche'	selbstfruchtbar	schwarzblaue Frucht, Reife Mitte Aug. – Mitte Sept.; auch für rauere Lagen
Renekloden und Mirabellen		
'Große Grüne Reneklode'	'Hauszwetsche'	grüne Früchte, wohlschmeckend, Reife Ende Aug. – Mitte Sept.; geschützte Lagen, Weinbauklima; scharkaanfällig
'Oullins Reneklode'	selbstfruchtbar	grünlich gelbe Frucht, Reife Mitte – Ende Aug.; auch für ungünstige Lagen; scharkaresistent, moniliaanfällig
'Mirabelle von Nancy'	selbstfruchtbar	gelbe Früchte, Reife Mitte – Ende Aug.; warme Standorte, geschützte Lage; widerstandsfähig gegen Krankheiten

Kiwi | *Actinidia deliciosa*

HÖHE: 6–8 m **BLÜTEZEIT:** Juni – Juli **WUCHS:** Schlingpflanze **STANDORT:** sonnig; windgeschützt, warm; humoser, mittelschwerer, tiefgründiger Boden **ANBAU:** meist zweihäusig, deshalb für Befruchtung weibliches und männliches Exemplar nötig; Pflanzung bevorzugt im Frühjahr; Pflanzabstand: weibliche Pflanzen 3–5 m, männliche 1–2 m; Erziehung an Spalier, Pergola oder Hauswand **PFLEGEN:** ausreichend gießen; bedarfsgerecht düngen; Sommerschnitt im Juli/August, Winterschnitt im Februar/März **ERNTEN:** Anfang – Mitte November, wenn die Blätter fallen; Früchte werden erst durch Lagerung genussreif **SORTEN:** 'Hayward', beste Qualität; 'Matua', Befruchter für alle weiblichen Sorten; 'Jenny', einhäusig, daher kein Befruchter nötig; *A. arguta* 'Weiki', 2–3 m hoch, sehr frosthart, kleine, sehr wohlschmeckende Früchte, werden mitsamt Schale gegessen

Haselnuss | *Corylus avellana*

HÖHE/BREITE: 3–7 m/3–6 m **BLÜTEZEIT:** März – April **WUCHS:** breit aufrechter Strauch oder kleiner Baum **SORTENGRUPPEN:** Zellernüsse, Kerne fallen leicht aus geöffneten Schalen; Lambertsnüsse (Sorten von *C. maxima*), schwerer aus der Schale zu lösen, aber besserer Geschmack **STANDORT:** für Obstnutzung am besten sonnig; anspruchslos; keine stark sauren, staunassen Böden; männliche Blüte frostgefährdet **ANBAU:** Befruchter nötig, kann auch Wildhasel sein; Pflanzzeit Herbst oder zeitiges Frühjahr; Pflanzabstand 2,5–3 x 2,5–3 m **PFLEGEN:** anspruchslos; mulchen; im Spätwinter kräftig auslichten, alte Triebe an der Basis entfernen **ERNTEN:** August – Oktober **SORTEN:** 'Hallesche Riesen', Zellernuss, sehr große Früchte; 'Webbs Preisnuss', Lambertsnuss-Hybride, längliche Früchte, sehr dankbar **HINWEIS:** Nutz- und Ziergehölz zugleich (→ auch S. 421)

Erdbeere | *Fragaria* x *ananassa*

HÖHE/BREITE: 20–30 cm/20–25 cm **BLÜTEZEIT:** Mai – Juni; remontierende Sorten Mai – Oktober **WUCHS:** Staude, bildet Blattrosette **SORTENGRUPPEN:** einmaltragende und remontierende Sorten; Hänge- und Spaliererdbeeren **STANDORT:** am besten sonnig; normaler Gartenboden **ANBAU:** selbstfruchtbar; Pflanzung Ende Juli/Anfang August; Reihenabstand 60–90 cm, in der Reihe 25–35 cm **PFLEGEN:** bei Trockenheit während der Fruchtbildung wässern; nach Austrieb düngen; Boden lockern oder mulchen; Laub nach der Ernte entfernen, Ausläufer abschneiden, falls diese nicht zur Vermehrung benötigt werden **ERNTEN:** Ende Mai – Juli bzw. Oktober **WEITERE ARTEN:** Monatserdbeere (*F. vesca* var. *hortensis*), dauertragend, kleinfrüchtig; Wiesenerdbeere (*F.* x *vescana*) 'Florika', Kreuzung aus Monats- und Gartenerdbeere, bildet Teppiche, einmaltragend

Walnuss | *Juglans regia*

HÖHE/BREITE: 15–20 m/10–15 m; veredelt 4–6 m/4–6 m **BLÜTEZEIT:** Mai **WUCHS:** meist breitkronig bis aufrecht **STANDORT:** sonnig; warm, geschützt, keine Spätfrostlagen; warmer, nicht zu trockener oder zu schwerer Boden **ANBAU:** Pflanzung im Frühjahr, in wärmeren Gebieten besser im Herbst; 9 x 9 m Pflanzabstand **PFLEGEN:** anspruchslos; Baumscheibe mulchen **ERNTEN:** Oktober, Nüsse von selbst abfallen lassen **SORTEN:** 'Estherhazy II', mittelstarker Wuchs, früher Austrieb, hoher Ertrag, sehr guter Geschmack; 'Nr. 139', mittelstarker Wuchs, später Austrieb, sehr hoher, regelmäßiger Ertrag; 'Nr. 26', relativ kleinkronig, später Austrieb, hoher, regelmäßiger Ertrag **HINWEIS:** Veredelte Sorten tragen früher und bleiben kleiner als Sämlinge; sie sind frosthärter und weniger spätfrostgefährdet.

Jostabeere | *Ribes x nidigrolaria*

HÖHE/BREITE: 1,5–1,8 m/1,5–2,5 m **BLÜTEZEIT:** April – Mai **WUCHS:** Strauch; stärkerer Wuchs als die Kreuzungseltern Schwarze Johannisbeere und Stachelbeere; stachellos; Früchte tiefbraun bis schwarzrot, in der Größe zwischen den Elternarten **STANDORT:** vollsonnig; Blüte spätfrostgefährdet; tiefgründiger, durchlässiger Boden, verträgt keine Trockenheit und Staunässe **ANBAU:** Pflanzung im Herbst oder zeitigen Frühjahr; Pflanzabstand 2,5–3 m **PFLEGEN:** ganzjährig mulchen; im Winter auslichten und verjüngen **ERNTEN:** Juli, vollreife Früchte **SORTEN:** 'Jogranda', früh, sehr große Beeren, sehr widerstandsfähig, auch gegen Johannisbeergallmilbe; 'Jostine', mittelspät, starker Wuchs, etwas kleinere Früchte, resistent gegen Krankheiten und Johannisbeergallmilbe **HINWEIS:** selbstfruchtbar; widerstandsfähiger gegen Krankheiten als die Kreuzungseltern

Schwarze Johannisbeere | *Ribes nigrum*

HÖHE/BREITE: 1,2–1,5 m/1–1,5 m **BLÜTEZEIT:** April – Mai **WUCHS:** aufrechter Strauch; als Fußstämmchen auf kurzem Stamm mit 0,15–0,4 m Höhe, Halb- und Hochstämmchen 0,6–1 m **STANDORT:** sonnig; windgeschützt, Blüte spätfrostgefährdet; mittelschwerer, humoser, nährstoffreicher, leicht saurer Boden; Stämmchen auch im Kübel **ANBAU:** Pflanzung im Herbst oder zeitigen Frühjahr; Pflanzabstand 1,5–2 m, bei Hochstämmchen 1,3 m **PFLEGEN:** ganzjährig mulchen; bei Trockenheit gießen; ausreichend düngen, nach der Ernte durch Schnitt verjüngen; auf Johannisbeergallmilben achten **ERNTEN:** im Juli, vollreife Früchte **HINWEIS:** Je nach Sorte selbstunfruchtbar oder -fruchtbar. Der Ertrag fällt jedoch auch bei selbstfruchtbaren besser aus, wenn verschiedene Sorten gepflanzt werden; Spätfröste und unzureichende Bestäubung führen zum Verrieseln (vorzeitigen Abfallen) der Blüten.

Bewährte Erdbeersorten

SORTE	FRUCHT	HINWEISE
'Darselect'	einmaltragend, früh, kräftiger Geschmack	kräftiger Wuchs; widerstandsfähig gegen Krankheiten, gelegentlich mehltauanfällig
'Elsanta'	einmaltragend, mittelfrüh, haltbar	sehr hohe Erträge; für leichte Böden; anfällig gegen Wurzelkrankheiten und für Fruchtfäule
'Elvira'	einmaltragend, früh, aromatisch	hohe Erträge, Früchte bei Trockenheit etwas weich; wenig krankheitsanfällig
'Evita'	remontierend, Juli – Okt., groß, wohlschmeckend, fest	wüchsige Sorte; hoher Ertrag; widerstandsfähig gegen Krankheiten
'Korona'	einmaltragend, mittelfrüh, wohlschmeckend	sehr wüchsig; reichtragend, lange Erntezeit; wenig anfällig gegen Krankheiten
'Mieze Schindler'	einmaltragend, mittel bis spät, Waldfruchtaroma	schwachwüchsig; geringer Ertrag; braucht andere Sorte als Bestäuber; alte Liebhabersorte
'Polka'	einmaltragend, mittelfrüh, sehr guter Geschmack	sehr hoher Ertrag, auch für schwere Böden; wenig anfällig gegen Fruchtfäule, Mehltau, *Verticillium*-Welke
'Tenira'	einmaltragend, mittelspät, gutes Aroma	sehr ertragreich; für gute und schwere Böden; wenig anfällig gegen Wurzelkrankheiten
'Thuriga'	remontierend, Juli – Okt., sehr aromatisch	für mehrjährigen Anbau geeignet; wenig anfällig gegen Blatt- und Wurzelkrankheiten

Rote Johannisbeere | *Ribes rubrum*

HÖHE/BREITE: 1–1,5 m/1–1,3 m **BLÜTEZEIT:** April – Mai **WUCHS:** aufrechter Strauch; als Fußstämmchen auf kurzem Stamm 0,15–0,4 m hoch, Halb- und Hochstämmchen 0,6–1 m **SORTENGRUPPEN:** Weiße Johannisbeeren, im Wuchs ähnlich den schwachwüchsigen Sorten der Roten Johannisbeere, Früchte etwas süßer **STANDORT:** sonnig, im Halbschatten Ernte und Geschmacksqualität geringer; windgeschützt, Blüte spätfrostgefährdet; mittelschwerer, humoser, nährstoffreicher, leicht saurer Boden; Stämmchen auch im Kübel **ANBAU:** Pflanzung im Herbst oder zeitigen Frühjahr; Pflanzabstand 1,5–2 m **PFLEGEN:** ganzjährig mulchen; bei Trockenheit gießen; ausreichend düngen; im Winter durch Schnitt verjüngen **ERNTEN:** im Juli, späte Sorten bis Mitte August, vollreife Früchte **HINWEIS:** weitgehend selbstfruchtbar, Pflanzung mehrerer Sorten verbessert jedoch die Ernte

Stachelbeere | *Ribes uva-crispa*

HÖHE/BREITE: 0,5–1 m/0,5–1,2 m **BLÜTEZEIT:** April – Mai **WUCHS:** aufrechter Strauch mit stacheligen Trieben; als Stämmchen in Höhen wie Rote Johannisbeere **SORTENGRUPPEN:** grün-, rot- und gelbfrüchtige Sorten **STANDORT:** hell, aber möglichst nicht in der prallen Sonne, die Früchte erleiden leicht Sonnenbrand; Blüte spätfrostempfindlich; nährstoffreicher, humoser Boden **ANBAU:** Pflanzung im Herbst oder zeitigen Frühjahr; Pflanzabstand 1,5–2 m; auch als Hecke am Spalier **PFLEGEN:** ganzjährig mulchen; ausreichend düngen; bei Trockenheit gießen; auf Stachelbeermehltau achten **ERNTEN:** Juli – Anfang August, vollreife Früchte **SORTEN:** ‘Invicta’, grün; ‘Rokula’, rot; beide resistent gegen Stachelbeermehltau **HINWEIS:** zwar selbstfruchtbar, doch zur besseren Befruchtung mindestens 2 Sorten mit etwas versetzter Blütezeit pflanzen

Bewährte Johannisbeersorten

SORTE	FRUCHT	HINWEISE
‘Blanka’	weiß, mittlerer Geschmack	neigt wenig zum Verrieseln; sehr robust und reichtragend
‘Heinemanns Spätlese’	hellrot, sehr spät, säurereich	sehr gut für Gelee; regelmäßiger, hoher Ertrag; beliebt bei Vögeln
‘Jonkheer van Teets’	rot, saftig, aromatisch	neigt bei Spätfrösten zum Verrieseln; anfällig gegen Blattfall-, Rotpustelkrankheit, Fruchtfäule
‘Leandra’	schwarz, mittelfrüh, sehr guter Geschmack	reichtragend; etwas blütenfrostanfällig; wenig anfällig gegen Gallmilben, Blattfallkrankheit und Mehltau
‘Ometa’	schwarz, spät, guter Geschmack	wenig spätfrostgefährdet; geringe Anfälligkeit gegen Schädlinge und Krankheiten
‘Red Lake’	rot, früh, aromatisch, mildsäuerlich	schwachwüchsig; verrieselt wenig; starker Rückschnitt nötig; etwas mehltau- und chloroseanfällig
‘Rolan’	rot, mittelfrüh, sehr aromatisch	großfrüchtig, neigt nur wenig zum Platzen; widerstandsfähig gegen Blattfallkrankheit
‘Rovada’	rot, intensives Aroma	kräftiger Wuchs; hohe Erträge; etwas anfällig für Blattfallkrankheit
‘Titania’	schwarz, mittlerer Geschmack	starkwüchsig; sehr hoher Ertrag; wenig anfällig gegen Mehltau, Gallmilben und Rost
‘Weiße Versailler’	weiß, früh, mildaromatisch, süßsäuerlich	mittelstarker Wuchs; neigt zum Verrieseln; anspruchslos; sehr anfällig für Blattfallkrankheit

Brombeere | *Rubus* sect. *Rubus*

HÖHE/BREITE: aufrechte Sorten 2–2,5 m/1 m; rankende Sorten 3–4/3 m, am Spalier 2 m **BLÜTEZEIT:** Mai – August **WUCHS:** (Halb-)Strauch mit langen Trieben **SORTENGRUPPEN:** rankende Sorten mit langen Trieben und aufrechte Sorten; stachellose und bestachelte Sorten **STANDORT:** sonnig; wind- und frostgeschützt, nicht für Höhenlagen über 600 m; lockerer, humoser, feuchter, leicht saurer Boden **ANBAU:** selbstfruchtbar; Pflanzung im Frühjahr; Abstand für aufrechte Sorten 0,6–0,8 m, für rankende 2–4 m **PFLEGEN:** am Spalier ziehen; mulchen; düngen; Herbst-/Winter- und Sommerschnitt **ERNTEN:** ab Ende Juli – Mitte Oktober, vollreife Früchte **SORTEN:** 'Nessy', rankend, stachellos; 'Theodor Reimers', rankend, bestachelt, sehr guter Geschmack; 'Wilsons Frühe', aufrecht, wenig Stacheln

Himbeere | *Rubus idaeus*

HÖHE/BREITE: 0,8–2,5 m/0,5 m, am Spalier 2 m **BLÜTEZEIT:** Mai – Juni **WUCHS:** (Halb-)Strauch mit langen Ruten **SORTENGRUPPEN:** einmal- und zweimaltragende (herbsttragende) Sorten **STANDORT:** sonnig bis halbschattig; windgeschützt; mittelschwerer, lockerer, humoser Boden, keine Staunässe **ANBAU:** Pflanzung bevorzugt im Herbst; Pflanzabstand 40 x 150 cm **PFLEGEN:** am Spalier ziehen, Jungruten aufbinden; ganzjährig mulchen; ausreichend gießen; mäßig düngen; nach der Ernte schneiden **ERNTEN:** einmaltragende Sorten im Juli, zweimaltragende im Juli und im August/September **SORTEN:** 'Rubaca', resistent gegen Wurzelfäule und Rutenkrankheiten; 'Meeker', gesund, sehr aromatisch, zweimaltragend; 'Rusilva', gesund; 'Autumn Bliss', gesund, sehr robust **HINWEIS:** selbstfruchtbar, Erträge jedoch sicherer, wenn mehrere Sorten gepflanzt werden

Heidelbeere | *Vaccinium corymbosum*

HÖHE/BREITE: 1,2–2 m/1–1,2 m **BLÜTEZEIT:** Mai – Juni (Herbst) **WUCHS:** sparriger Strauch **STANDORT:** sonnig; nicht zu heiß, windgeschützt; saurer, humoser, leichter, mäßig nährstoffreicher Boden, pH-Wert 4 bis 5, keine Staunässe; auch im Kübel **ANBAU:** Pflanzung im Herbst oder zeitigen Frühjahr; Pflanzabstand 1,5–2 x 3 m **PFLEGEN:** mulchen; bei Bedarf mit kalkarmem Wasser gießen; sauer wirkende Dünger verwenden; durch Schnitt auslichten und verjüngen **ERNTEN:** je nach Sorte ab Mitte Juli – Ende August, vollreife Früchte **SORTEN:** 'Bluecrop', reichtragend, sehr frosthart, rote Herbstfärbung, Ernte Ende Juli – Mitte August; 'Patriot', reichtragend, frosthart, Ernte Juli – Anfang August; 'Berkley', reichtragend, große Beeren, frosthart, Ernte Juli **HINWEIS:** Gilt als selbstfruchtbar, bei Pflanzung mehrerer Sorten ist der Ertrag sicherer und die Erntezeit verlängert.

Weinrebe | *Vitis vinifera*

HÖHE: abhängig von der Rankhilfe, bis 10 m **BLÜTEZEIT:** Mai – Juni **WUCHS:** verholzender Ranker mit langen Trieben **SORTENGRUPPEN:** Sorten mit weißgelben, grünen, rosafarbenen, roten und blauen Früchten **STANDORT:** sonnig; warm und windgeschützt, auch an südlich ausgerichteten Hauswänden; lockerer, warmer, tiefgründiger Boden, keine Staunässe; schwachwüchsige Sorten auch im Kübel **ANBAU:** in Reihen am Drahtspalier oder als Kletterpflanze, z. B. an einer Pergola; Pflanzung im Frühjahr; Pflanzabstände 1–3 x 1 m **PFLEGEN:** mulchen; düngen; im Winter und Sommer schneiden **ERNTEN:** Ende August – Oktober, vollreife Früchte **SORTEN:** 'Nero', dunkelblau, schmackhaft, reift früh, gute Mehltauresistenz; 'Lilla', große, gelbe Früchte, harmonischer Geschmack, widerstandsfähig; 'Birstaler Muskat', grüngelb, Muskatgeschmack, resistent gegen Pilzkrankheiten

Attraktive Herbstblüher

NAME	BLÜTE	WUCHSHÖHE; MERKMALE	STANDORT; HINWEISE
Herbsteisenhut *Aconitum carmichaelii*	lilablau Sept. – Okt.	100–140 cm; handförmig gelappte Blätter; lockere Blütenrispen	halbschattig bis absonnig; humoser, frischer Boden; ganze Pflanze giftig! (→ S. 450)
Japanische Herbstanemone *Anemone hupehensis* var. *japonica*	weiß, rosa Aug. – Okt.	60–140 cm; locker verzweigt; dreiteilige Blätter; schalenförmige Blüten	halbschattig bis absonnig; humoser, frischer bis feuchter Boden (→ S. 451)
Kissenaster *Aster-Dumosus*-Hybriden	weiß, rosa, blau, violett Sept. – Okt.	15–50 cm; teppichartig bis polsterförmig; schmale Blättchen	sonnig; frischer bis feuchter, humoser, lehmiger Boden (→ S. 452)
Glattblattaster, Raublattaster *Aster novi-belgii, A. novae-angliae*	weiß, rosa, rot, violett, blau Sept. – Okt.	80–140 cm; locker horstartig; lanzettliche Blätter; große Blüten	sonnig; humoser, frischer bis feuchter Boden (→ S. 452)
Bartblume *Caryopteris x clandonensis*	blau, blauviolett Aug. – Sept. (Okt.)	50–100 cm; Kleinstrauch; schmale Blätter; Blüten in dichten Büscheln	sonnig; gut durchlässiger, sandiger, trockener Boden; Winterschutz ratsam (→ S. 426)
Säckelblume *Ceanothus x delilianus*	blau, blauviolett Juli – Okt.	100–150 cm; Kleinstrauch; elliptische, dunkelgrüne Blätter; dichte Blütenrispen	sonnig; durchlässiger, frischer, humoser, möglichst kalkhaltiger Boden; Winterschutz ratsam
Herbstchrysantheme *Chrysanthemum-Indicum-*Hybriden	viele Farben Aug. – Nov.	40–100 cm; horstartig; eingeschnittene Blätter; Blüten einfach bis ballförmig	sonnig; mäßig trockener bis frischer, gut durchlässiger, nährstoffreicher, kalkhaltiger Boden (→ S. 455)
Oktobersilberkerze *Cimicifuga simplex*	cremeweiß Sept. – Okt.	100–240 cm; gefiedertes Laub; lange, aufrechte bis übergeneigte Blütentrauben	lichter Schatten bis Halbschatten; humoser, frischer bis feuchter Boden
Prachtkrokus *Crocus speciosus*	violett, weiß Sept. – Nov.	5–10 cm; Zwiebelknolle; grasartige Blätter; dunkel geaderte Blütenkelche	sonnig bis halbschattig; gut durchlässiger Boden; weitere Herbstkrokusse: *C. medius, C. sativus*

Gehölze mit prächtiger Herbstfärbung

NAME	WUCHSHÖHE; MERKMALE	STANDORT; HINWEISE
Feuerahorn *Acer tataricum* ssp. *ginnala*	4–6 m; kleiner Baum oder Großstrauch; dreilappige Blätter, im Herbst feuerrot	sonnig bis halbschattig; humoser, durchlässiger Sand- oder Lehmboden, neutral bis sauer
Hängende Felsenbirne *Amelanchier laevis*	2–4 m; Strauch; Blätter eiförmig, im Herbst leuchtend gelbrot; weiße Blüten, April – Mai; purpurrote Früchte	sonnig bis lichter Schatten; geringe Bodenansprüche; Früchte essbar (→ S. 416)
Eisenholzbaum *Parrotia persica*	5–7 m; Baum oder Großstrauch; eiförmige Blätter, Herbstfärbung in Gelb- und Rottönen; gelbe Blüten im März	sonnig bis halbschattig; humoser, frischer bis feuchter Boden; etwas frostempfindlich
Wilder Wein *Parthenocissus*-Arten	8–12 m; Klettergehölz; handförmige oder dreilappige Blätter, im Herbst orange- bis tiefrot; blauschwarze Früchte	sonnig bis schattig, im Schatten schwächere Herbstfärbung; humoser, tiefgründiger, frischer bis feuchter Boden (→ S. 439)
Scharlachkirsche *Prunus sargentii*	6–10 m; Baum oder Großstrauch; eiförmige Blätter, im Herbst orange bis scharlachrot; rosa Blüten im Mai	sonnig; windgeschützt; humoser, frischer bis feuchter, kalkhaltiger Boden
Essigbaum *Rhus typhina*	3–5 m; kleiner Baum oder Großstrauch; gefiederte Blätter, im Herbst leuchtend rot bis orange	sonnig bis halbschattig; normaler Gartenboden; wird teils durch Ausläufer lästig (→ S. 419)

Gehölze mit lange haftendem Fruchtschmuck

NAME	WUCHSHÖHE; MERKMALE	STANDORT; HINWEISE
Weidenblättrige Felsenmispel *Cotoneaster salicifolius* var. *floccosus*	3–4 m; immergrüner, breitwüchsiger Strauch; dunkelgrüne, längliche Blätter; weiße, duftende Schirmrispen, Juni – Juli; korallenrote Früchte	sonnig bis halbschattig; anspruchslos; normaler Gartenboden; Früchte ungenießbar
Blutberberitze *Berberis* x *ottawensis* 'Superba'	3–4 m; Strauch, braunrote, kleine Blätter, kräftig rote Herbstfärbung; gelbe Blüten im Mai; hellrote Beeren	sonnig; anspruchslos; jeder Gartenboden; Beeren schwach giftig
Schönfrucht *Callicarpa bodinieri*	2–3 m; breiter Strauch; gelbe bis orange Herbstfärbung; lila bis purpurne Früchte, perlschnurartig aufgereiht	sonnig, auch absonnig; humoser, durchlässiger, frischer Boden; Früchte ungenießbar
Torfmyrte *Gaultheria mucronata*	0,5–0,8 m; immergrüner, kompakter Zwergstrauch; weiße bis rosa Blütchen, Mai – Juni; leuchtend rosafarbene, rote oder weiße Beeren	absonnig bis halbschattig; humoser, frischer bis feuchter, saurer Boden; schön mit Rhododendren; ganze Pflanze giftig!
Stechpalme *Ilex aquifolium*	8–10 m; immergrüner, dichter Strauch; glänzende Blätter; unauffällige Blüten; leuchtend rote Beeren	halbschattig bis schattig; normaler Boden; ganze Pflanze giftig! (→ S. 418)
Feuerdorn *Pyracantha*-Hybriden	2–4 m; wintergrüner Strauch; weiße Blüten, Mai – Juni; kleine rote bis orangegelbe, ungenießbare Apfelfrüchte	sonnig bis halbschattig; durchlässiger, auch trockener Boden (→ S. 419)
Skimmie *Skimmia japonica*	0,5–1 m; immergrüner, kompakter Zwergstrauch; gelbliche, duftende Blüten im Mai; rote Früchte	halbschattig bis schattig; humoser, leicht saurer Boden; Früchte ungenießbar (→ S. 431)
Gewöhnliche Schneebeere *Symphoricarpos albus* var. *laevigatus*	2–3 m; dichter Strauch; kleine Blüten, weiß bis rosa, Juni – Aug.; weiße, kugelige Früchte	sonnig bis schattig; anspruchslos; normaler Boden; treibt Ausläufer; giftige Früchte!
Wolliger Schneeball *Viburnum lantana*	1–4 m; Strauch; weiße Schirmrispen, Mai – Juni; rote, später glänzend schwarze, giftige Früchte	sonnig bis halbschattig; humoser, durchlässiger, auch trockener Boden (→ S. 419)

Aparte Winterblüher

NAME	BLÜTE	WUCHSHÖHE; MERKMALE	STANDORT; HINWEISE
Winterblüte *Chimonanthus praecox*	gelblich Jan. – März	2–3 m; locker verzweigter Strauch; Blüten nur bei mildem Wetter, duftend	sonnig; geschützt; humoser, durchlässiger, frischer Boden; Blätter giftig!
Schneeheide *Erica carnea*	rosa, rot, weiß Dez. – März (April)	bis 0,3 m; immergrüner Zwergstrauch; glockige Blütchen in dichten Trauben	sonnig bis absonnig; schwach sauerer bis kalkhaltiger Boden (→ S. 428)
Zaubernuss *Hamamelis* x *intermedia*	gelb, orange, rot Dez. – März	3–4 m; locker verzweigter Strauch; gelbrote Herbstfärbung; Blüten in dichten Büscheln, duftend	sonnig bis halbschattig; humoser, tiefgründiger, kalkarmer Boden (→ S. 418)
Christrose *Helleborus niger*	weiß, grünlich, zartrosa Dez. – März	15–30 cm hoch; wintergrüne Staude; schalenförmige Blüten, einzeln an den Stielen	halbschattig, lichter Gehölzschatten; humoser, durchlässiger Boden; ganze Pflanze giftig! (→ S. 458)
Winterjasmin *Jasminum nudiflorum*	gelb Dez. – April	1–3 m; als Spreizklimmer kletternd; Blüten zahlreich an grünen Ruten	sonnig bis absonnig; durchlässiger, frischer Boden (→ S. 438)
Higankirsche *Prunus subhirtella* 'Autumnalis'	weiß bis hellrosa (Nov.) März – April	3–6 m; kleiner Baum oder Strauch; gelborange Herbstfärbung; Blüten bei mildem Wetter schon ab Spätherbst	sonnig; humoser, frischer, durchlässiger Boden
Bodnant-Schneeball *Viburnum* x *bodnantense*	rosa (Nov.) Feb. – März	2–3 m; sparrig verzweigter Strauch; Blüten duftend, bei mildem Wetter schon ab Spätherbst	sonnig bis halbschattig; normaler Gartenboden; ähnliche Art: Duftender Schneeball (*V. farreri*)

Gemüse und Kräuter von A bis Z

BEIM GEMÜSE KANN MAN HINSICHTLICH der genutzten Pflanzenteile in Salate und andere Blattgemüse sowie Wurzel- und Fruchtgemüse unterscheiden. Irgendwo dazwischen angesiedelt findet sich noch das ein oder andere Sprossgemüse wie Kohlrabi, Fenchel, Rhabarber oder Spargel. Bei den gängigen Küchenkräutern ist man zum weitaus überwiegenden Teil an den Blättern interessiert, aus denen man bei manchen Arten auch einen heilkräftigen Tee zubereiten kann.

Wenn man nach der Verwandtschaft trennt, gibt es zum vorgenannten System zahlreiche Überschneidungen, da oft innerhalb einer Familie dieselben Pflanzenteile genutzt werden. Am geläufigsten sind wohl die Zwiebel- bzw. Lauchgewächse und die Kohlgemüse, die zur Familie der Kreuzblütler zählen. Schmetterlingsblütler sowie die Kürbis- oder Gurkengewächse liefern ausschließlich Früchte. Die herrschen auch bei den Nachschattengewächsen vor, mit einer Ausnahme – der Kartoffel. Die „echten" Salate gehören zur Familie der Korbblütler, während die Doldenblütler vornehmlich Wurzelgemüse umfassen. Daneben gibt es noch ein paar Gänsefußgewächse sowie Einzelgänger wie den Feldsalat (Baldriangewächse), der bei der Fruchtfolge keiner anderen Art in die Quere kommt.

Für die Anbaupraxis ist es außerdem wichtig, in ein- und mehrjährig zu unterscheiden. Was bei uns einjährig kultiviert wird, sind manchmal Pflanzen, die unter günstigeren klimatischen Bedingungen mehrjährig wachsen. Oder die im 2. Jahr in Blüte gehen würden, was aber im Hinblick auf Erntegut wie Blätter oder Wurzeln nur hinderlich ist. Einige Gemüse und zahlreiche Kräuterarten werden aber auch bei uns mehrjährig angebaut, und dies aufgrund ihres eigenständigen Pflegerhythmus oft in separaten Beeten.

Zwiebel | *Allium cepa*

WUCHS: aus Zwiebel treibt linealisches, teils röhrenförmiges Laub (Schlotten) **FAMILIE:** Zwiebelgewächse **SORTENGRUPPEN:** Küchenzwiebeln (var. *cepa*), mit braunen, weißen, gelben oder roten Zwiebeln; große Gemüsezwiebeln; bei Lauchzwiebeln werden die Schlotten verzehrt, bei Etagen- oder Luftzwiebeln (var. *viviparum*) auch die Brutzwiebeln; Schalotte (var. *ascalonicum*) mit mehreren kleinen, würzigen Tochterzwiebeln **STANDORT:** bevorzugt sonnig, aber auch noch halbschattig; humoser, durchlässiger Boden **ANBAU:** ab Februar geschützt vorziehen; ab März direkt ins Freie säen; Reihenabstand 20–25 cm; ab Ende März Steckzwiebeln pflanzen; Frühlingszwiebeln im August säen; Mischkultur mit Salat, Möhren, Erdbeeren **PFLEGEN:** hacken; Mittelzehrer, keinesfalls mit frischem Mist düngen (Zwiebelfliegen!) **ERNTEN:** Laub umknicken und abtrocknen lassen, kühl lagern; Schalotten fortlaufend ernten **WEITERE ARTEN:** Winterheckzwiebel (*A. fistulosum*), bildet zahlreiche Tochterzwiebeln **HINWEIS:** Die Schärfe wirkt verdauungsfördernd und wassertreibend.

Lauch, Porree | *Allium porrum*

WUCHS: linealisches Laub, bildet dicken, zwiebelähnlichen Schaft **FAMILIE:** Zwiebelgewächse **SORTENGRUPPEN:** Sommer-, Herbst- und Winterlauch **STANDORT:** sonnig bis halbschattig; gern humoser, nahrhafter Boden **ANBAU:** ab März/April direkt säen oder vorziehen, dann Mai/Juni pflanzen; Reihenabstand 25–30 cm, tief pflanzen; Mischkultur mit Kohl, Salat, Möhren **PFLEGEN:** Starkzehrer, dennoch nur gerotteten Mist verabreichen, nach der Startdüngung später noch eine Kopfdüngung; Anhäufeln fördert bleichen Schaft; gelegentlich hacken **ERNTEN:** ausgewachsene Pflanzen ab Sommer, Wintersorten auch noch im folgenden Frühjahr; in Sand eingeschlagen über Winter lange haltbar **SORTEN:** Blaugrün belaubte Sorten, z. B. 'Blaugrüner Winter', sind frosthärter als grüne.

Knollensellerie | *Apium graveolens* var. *rapaceum*

WUCHS: am Boden aufsitzende Knolle; gefiedertes Laub **FAMILIE:** Doldenblütler **SORTENGRUPPEN:** Knollensellerie mit Nutzung der Sprossknollen; Stangen- oder Bleichsellerie (var. *dulce*), kräftige Blattstiele als Gemüse; Schnittsellerie (var. *secalinum*), Blätter als Würze **STANDORT:** sonnig; humoser, nährstoffreicher Boden, frisch, aber durchlässig **ANBAU:** im März/April geschützte Vorkultur; Lichtkeimer, keimt langsam; ab Mitte Mai auspflanzen; Pflanzabstand ca. 40 x 40 cm; Mischkultur mit Kohl, Lauch **PFLEGEN:** Kompost geben; feucht halten; mulchen oder regelmäßig hacken; Starkzehrer, nach Startdüngung später noch Kopfdüngung; eine Prise Kochsalz fördert Knollenbildung **ERNTEN:** Knollen vor stärkeren Frösten im Herbst; zum Lagern große Blätter entfernen, Knollen in feuchten Sand einschlagen; Stangensellerie ab August; beim Schnittsellerie Blätter fortlaufend

Spargel | *Asparagus officinalis*

WUCHS: bäumchenartige Triebe mit fein nadelartigem Laub, bis 200 cm hoch; mit fleischigen Sprossen, den Spargelstangen **FAMILIE:** Spargelgewächse **SORTENGRUPPEN:** Bleich- und Grünspargel **STANDORT:** sonnig; warm; tiefgründiger, durchlässiger, sandiger Boden, für Grünspargel auch schwerer **ANBAU:** mehrjährig; Wurzelstöcke im April in 20–30 cm tiefen Gräben flach auslegen und abdecken, Reihenabstand 100 cm, in der Reihe 40 cm; Gräben im 2. Jahr auffüllen; bei Bleichspargel im nächsten Frühjahr über den Triebspitzen lockeren Hügel aufhäufen, Grünspargel bleibt unbedeckt **PFLEGEN:** regelmäßig bewässern; Boden lockern, mit Kompost versorgen, Starkzehrer, jedes Frühjahr düngen; im Herbst Triebe bodentief abschneiden **ERNTEN:** ab dem 3. Jahr fingerdicke, ca. 20 cm lange Triebspitzen aus dem Hügel freilegen und schneiden; bei Grünspargel Triebspitzen an der Erdoberfläche ernten; nur einige Tage im Kühlschrank lagerfähig, am besten feucht eingeschlagen

Mangold | *Beta vulgaris* ssp. *cicla*

WUCHS: große, aufrechte Blattrosette; bei Stielmangold fleischige Blattrippen **FAMILIE:** Gänsefußgewächse **SORTENGRUPPEN:** Blatt- und Stielmangold **STANDORT:** sonnig bis halbschattig; humoser, nährstoffreicher Boden **ANBAU:** April – Juni aufs Beet säen; Reihenabstand 30–40 cm; in der Reihe auf 20–30 cm vereinzeln **PFLEGEN:** Mittelzehrer; über Winter mit Laub abdecken, treibt danach erneut aus **ERNTEN:** bis weit in den Herbst; Blätter von außen abernten, wachsen innen nach; Blattmangold kann man auch komplett auf 3–5 cm zurückschneiden, lässt sich gut einfrieren **SORTEN:** dekorative rotblättrige wie 'Vulkan' und mehrfarbige Sorten wie 'Bright Lights' **HINWEIS:** Blätter wie Spinat, Rippen wie Spargel verwenden; enthält viel Oxalsäure, die im Übermaß gesundheitsschädlich ist.

Rote Bete, Rote Rübe | *Beta vulgaris* ssp. *vulgaris* var. *vulgaris*

WUCHS: Rübe an der Erdoberfläche; daran Laub an roten Stielen **FAMILIE:** Gänsefußgewächse **STANDORT:** sonnig bis halbschattig; humoser, nährstoffreicher, lockerer Boden **ANBAU:** Mitte April – Juli direkt säen, gut andrücken; Reihenabstand 25 cm, später auf 6–8 cm vereinzeln; Mischkultur mit Salat, Buschbohnen **PFLEGEN:** nicht stark austrocknen lassen; Mittelzehrer, auf nährstoffarmen Böden düngen **ERNTEN:** ab Sommer die größten Rüben bei Bedarf einzeln, ausgereifte im Spätsommer bis Herbst ernten; zur Lagerung Blätter abdrehen oder 3 cm über Rübe abschneiden, Rüben in feuchten Sand einschlagen; roh oder gekocht verwendbar **SORTEN:** neben Sorten mit roten Rüben auch solche mit goldgelbem oder mit rotweiß geringeltem Fleisch; 'Baby Beets' für Gefäße geeignet

Blumenkohl | *Brassica oleracea* var. *botrytis*

WUCHS: an der Triebspitze des Strunks Kopf aus fleischigen Blütenstandssprossen („Blume") **FAMILIE:** Kreuzblütler **STANDORT:** bevorzugt sonnig; humoser, nährstoffreicher Boden **ANBAU:** ab Mitte März geschützt vorziehen, bis Anfang Juni in Folgesätzen; ab April pflanzen; 40–50 x 50 cm Pflanzabstand, im Frühjahr am besten unter Vlies; Mischkultur mit Buschbohnen, Salat **PFLEGEN:** Starkzehrer, Startdüngung, später Kopfdüngung; gleichmäßig feucht halten; mulchen; eventuell anhäufeln; Einknicken von Blättern zum Abdecken der Blume hilft, diese bleich zu halten **ERNTEN:** möglichst große, noch dicht geschlossene Blume **SORTEN:** mit weißer, grüner und violetter Blume; 'Romanesco'-Sorten mit spitzförmigen Röschen, für Spätanbau, robust **HINWEIS:** Ein Kulturschutznetz, gleich nach dem Pflanzen aufgelegt, hält Kohlfliege und Kohlweißling fern, auch bei anderen Kohlarten.

Kopfkohl | *Brassica oleracea* var. *capitata*

WUCHS: Kohlblätter (bei Wirsing stark geädert und gekraust) bilden einen großen, dichten Kopf **FAMILIE:** Kreuzblütler **SORTENGRUPPEN:** Weiß- und Rotkohl sowie Wirsing (var. *sabauda*); frühe, mittelfrühe und späte sowie Lagersorten mit besonders festen Köpfen **STANDORT:** möglichst sonnig; humoser, nährstoffreicher Boden **ANBAU:** ab Ende Februar geschützt vorziehen, je nach Sorte bis Anfang Mai; ab April (unter Vlies) – Ende Juni auspflanzen; Pflanzabstand 40 x 40 cm, Lagersorten 60 x 60 cm; Mischkultur mit Sellerie, Lauch, Gurken, Tomaten **PFLEGEN:** Starkzehrer, gut mit Kompost versorgen; nach Startdüngung noch ein- bis zweimal Kopfdüngung; Boden feucht halten; eventuell anhäufeln **ERNTEN:** je nach Sorte und Pflanztermin ab Juni – September, Lagerkohl Ende Oktober/Anfang November; in kühlen, luftfeuchten Kellerräumen oder in Mieten lagern

Rosenkohl | *Brassica oleracea* var. *gemmiferae*

WUCHS: an hohem Strunk dichte Blattbüschel („Röschen") in den Blattachseln **FAMILIE:** Kreuzblütler **STANDORT:** sonnig bis halbschattig; warm; humoser, nährstoffreicher Boden **ANBAU:** klassischerweise in der zweiten Aprilhälfte vorziehen, frühe Sorten schon ab März; Pflanzung Mitte Mai – Anfang Juni bzw. April (unter Vlies); Pflanzabstand 70 x 50 cm; Mischkultur mit Sellerie, Lauch, Tomaten **PFLEGEN:** Starkzehrer, gut mit Kompost versorgen, nach Startdüngung später noch Kopfdüngung geben; Boden gleichmäßig feucht halten; eventuell anhäufeln; bei mangelhafter Röschenbildung Ende September Triebspitze kappen **ERNTEN:** große, pralle Röschen nach Bedarf, erste leichte Fröste abwarten, verbessert Aroma, Frost unter –10° C führt jedoch zu Fäulnis; kann im Einschlag (mit Wurzeln, sonnengeschützt, abgedeckt) überwintern; Röschen vitaminreich, lassen sich sehr gut einfrieren

Kohlrabi | *Brassica oleracea* var. *gongylodes*

WUCHS: Kohlpflanze mit verdickter Sprossknolle, aus der die Blätter wachsen **FAMILIE:** Kreuzblütler **SORTENGRUPPEN:** mit weißen (hellgrünen) und blauen (blauvioletten) Knollen; Früh-, Sommer- und Herbstsorten **STANDORT:** sonnig bis halbschattig; anspruchslos; durchlässiger Boden **ANBAU:** ab März warm vorziehen, ab Mitte April (unter Folie) auch Direktsaat, bis Juli in Folgesätzen; April – Mitte August pflanzen; 20 x 30 cm Pflanzabstand; Mischkultur mit Salat, Erbsen, Radieschen; im beheizten Gewächshaus ganzjährig kultivierbar **PFLEGEN:** Mittelzehrer, Kompost oder leichte Startdüngung genügt; Boden gleichmäßig feucht halten, sonst platzen die Knollen **ERNTEN:** Knollen groß werden lassen, aber rechtzeitig ernten, bevor sie verholzen; mitsamt Laub im kühlen Keller einige Tage lagerbar

Brokkoli | *Brassica oleracea* var. *italica*

WUCHS: Strunk mit fleischigen Blütensprossen und meist grüner „Blume", kleiner und lockerer als bei Blumenkohl **FAMILIE:** Kreuzblütler **STANDORT:** sonnig bis halbschattig; warmer, humoser, durchlässiger Boden **ANBAU:** Mitte März geschützt vorziehen, bis Juni in Sätzen; ab Mitte April – Juli auspflanzen; 40–50 x 50 cm Pflanzabstand; Mischkultur mit Salat, Mangold, Rettich **PFLEGEN:** Vliesabdeckung fördert die Entwicklung und hält Kohlfliege und Kohlweißling fern; Starkzehrer, Startdüngung, später noch einmal Kopfdüngung; Boden durch Mulchen feucht halten **SORTEN:** teils auch mit violetten Köpfen, die beim Kochen grün werden **ERNTEN:** morgens, solange Knospen noch geschlossen sind, bei Hitze rasches Aufblühen; nach Ernte des Kopftriebs stehen lassen, aus Blattachseln wachsen weitere Seitensprosse **HINWEIS:** sehr reich an Vitamin C; wenig lagerfähig, lässt sich aber gut einfrieren

Grünkohl | *Brassica oleracea* var. *sabellica*

WUCHS: an aufrechtem Strunk große, gekrauste Blätter, je nach Sorte mit eher dichtem, kopfartigem oder lockerem, aufrechtem Blattstand **FAMILIE:** Kreuzblütler **STANDORT:** sonnig bis halbschattig; nährstoffreicher, humoser, durchlässiger Boden **ANBAU:** Mitte Mai – Ende Juni säen und vorziehen; Mitte Juni – Ende Juli pflanzen; Pflanzabstand 40–50 x 50 cm, Mischkultur mit Salat, Tomaten **PFLEGEN:** Starkzehrer, nach Startdüngung später noch Kopfdüngung; Boden gleichmäßig feucht halten; eventuell anhäufeln **ERNTEN:** ab Oktober, am besten nach den ersten leichten Frösten; nach Bedarf einzelne Blätter von unten, Triebspitze wächst weiter; kann lange überwintern, in rauen Regionen besser mitsamt Wurzeln etwas geschützt einschlagen **HINWEIS:** vitaminreich; auch als Feder- oder Krauskohl bekannt

Chinakohl | *Brassica rapa* ssp. *pekinensis*

WUCHS: aufrechter, geschlossener Kopf aus stark geaderten, gekrausten Blättern mit fleischiger Mittelrippe **FAMILIE:** Kreuzblütler **STANDORT:** sonnig bis halbschattig; nährstoffreicher, humoser, durchlässiger Boden **ANBAU:** Mitte Juli – Anfang August direkt aufs Beet säen und später ausdünnen oder verpflanzen; Abstand 30 x 25 cm; Mischkultur mit Lauch, Herbstrettich **PFLEGEN:** Mittelzehrer, Kompost oder Startdüngung meist ausreichend; Boden gleichmäßig feucht halten, beugt gegen Erdflöhe vor; Kulturschutznetz hält Schädlinge fern **ERNTEN:** komplette ausgewachsene Köpfe; vor stärkeren Frösten abernten; zum Lagern mitsamt Wurzeln in Zeitung einschlagen **WEITERE ARTEN:** Eine nah verwandte, etwas robustere Unterart ist Pak Choi (ssp. *chinensis*, → Abb.), auch als Chinesischer Senfkohl bekannt. Er bildet lockere Köpfe und hat glatte Blätter mit fleischigen Blattstielen.

Speiserübe, Stielmus | *Brassica rapa* ssp. *rapa*

WUCHS: niedrig; rettichähnliche Blätter mit mehr oder weniger starken Rippen; längliche oder rundliche Rüben **FAMILIE:** Kreuzblütler **SORTENGRUPPEN:** Nutzungsformen mit Rüben: Mairübe, Teltower Rübchen, Herbstrübe; Blattnutzung: Stielmus oder Rübstiel, Namenia **STANDORT:** sonnig bis halbschattig; recht anspruchslos; normaler Gartenboden **ANBAU:** ab April direkt säen, für Herbsternte Juli – Anfang August; Reihenabstand 20–25 cm; für Rübennutzung je nach Sorte auf 10–20 cm in der Reihe ausdünnen, bei Stielmus unnötig; schnellwüchsig **PFLEGEN:** Schwachzehrer, Kompost oder leichte Startdüngung ausreichend; Boden gleichmäßig feucht halten, beugt gegen Erdflöhe vor; Kulturschutznetz hält Schädlinge fern **ERNTEN:** Rüben etwa 8 Wochen nach Aussaat; eingeschlagen in feuchtem Sand einige Wochen lagerbar; Blattsorten ab 15–20 cm Höhe auf 2–3 cm schneiden, mehrere Ernten möglich

Paprika | *Capsicum annuum*

WUCHS: aufrechter Spross; Früchte in den Blattachseln **FAMILIE:** Nachtschattengewächse **SORTENGRUPPEN:** milde Gemüsepaprika mit fleischigen Früchten; scharfe Gewürzpaprika mit länglich schmalen Früchten **STANDORT:** sonnig; warm; humoser, nährstoffreicher Boden **ANBAU:** ab März bei mindestens 20° C vorziehen; Anfang Mai ins Gewächshaus pflanzen, Ende Mai/Anfang Juni auch ins Freie, am besten auf dunkler Mulchfolie; Pflanzabstand 40 x 40 cm **PFLEGEN:** unter Glas regelmäßig gießen und lüften, Starkzehrer, eventuell ein- oder zweimal Kopfdüngung; mit Stäben stützen **ERNTEN:** große Früchte zeitig ernten; gekühlt ca. 1 Woche haltbar **SORTEN:** rote sowie grüne und gelbe Sorten, die bei völliger Ausreife ebenfalls rot werden **HINWEIS:** Die Früchte haben einen hohen Vitamin-C-Gehalt.

Endivie, Zichoriensalat | *Cichorium endivia, C. intybus* var. *foliosum*

WUCHS: Endivie mit flachem, lockerem Kopf, z. T. ausgefranste Blätter (Frisée-Endivie); Zuckerhut oder Fleischkraut mit schmal aufrechtem, grünem Kopf; Radicchio mit kugelförmigem Kopf aus rot-weißen Blättern **FAMILIE:** Korbblütler **STANDORT:** sonnig bis halbschattig; humoser, tiefgründiger, durchlässiger Boden **ANBAU:** Aussaat Juni – Juli, Zuckerhut bis Mitte Juli, frühe Radicchio-Sorten können auch schon im Mai vorgezogen werden; Pflanzung Mitte Juli – Anfang August; Pflanzabstand 30 x 30 cm, Zuckerhut etwas weiter; Mischkultur mit Fenchel, Möhren, Zwiebeln **PFLEGEN:** Boden feucht halten; Mittelzehrer, sparsam düngen; Endivien durch dichten Stand bleichen oder vor Ernte zusammenbinden (Sorten teils selbstbleichend) **ERNTEN:** ab Oktober ganze Köpfe schneiden **SORTEN:** Radicchio 'Palla Rossa' für die Herbsternte; 'Roter von Verona', kann den ganzen Winter geerntet werden

Chicorée | *Cichorium intybus* var. *foliosum*

WUCHS: lockere Salatblätter an Rübenwurzel; nach Treiberei gebleichter Spross **FAMILIE:** Korbblütler **STANDORT:** sonnig bis halbschattig; humoser, tiefgründiger, durchlässiger Boden **ANBAU:** Mitte Mai direkt aufs Beet säen, Reihenabstand 30–35 cm, später vereinzeln **PFLEGEN:** Boden feucht halten; Mittelzehrer, sparsam düngen; für die Treiberei Mitte Oktober – Mitte November Rüben mit 4–7 cm Durchmesser ausgraben, mit Laub abgedeckt lagern, nach ca. 10 Tagen Laub auf 2–3 cm zurückschneiden, frostsicher und trocken zwischenlagern; dann Rüben dicht in Kiste oder Eimer stellen, Wasserabfluss sichern, 10–20 cm hoch Deckerde einfüllen, einschwemmen, bei 12–18° C dunkel aufstellen **ERNTEN:** feste Sprosse 5 bis 6 Wochen nach Beginn der Treiberei, für Wintersalate **SORTEN:** gelbe und rotblättrige sowie Sorten, die beim Treiben keine Deckerde benötigen ('Zoom', 'Mitado')

Gurke | *Cucumis sativus*

WUCHS: rankend über 200 cm hoch oder am Boden kriechend **FAMILIE:** Kürbisgewächse **SORTENGRUPPEN:** Freiland- und Gewächshaus- (Schlangen-) Gurken, große Salatgurken, kleine Einlegegurken, vor allem fürs Freiland **STANDORT:** sonnig; sehr warm; humoser, nährstoffreicher Boden **ANBAU:** warme Vorkultur bei über 20° C ab Mitte April, bis Anfang Juni nachsäen; nach den letzten kalten Nächten ins Freie pflanzen, gern auf schwarzer Folie oder mit Rankgitter, ab Mitte Mai ins Gewächshaus; Reihenabstand ca. 120 cm, in der Reihe 30–40 cm; an Schnüren aufleiten **PFLEGEN:** Mittelzehrer, reichlich Kompost geben; viel gießen; bei Schlangengurken Seitentriebe unter 80 cm entfernen, darüber nur eine Frucht belassen **ERNTEN:** ausgewachsene Früchte regelmäßig abernten **SORTEN:** bitterfreie Sorten; gegen Mehltau und andere Krankheiten resistente Züchtungen bevorzugen

Garten- und Riesenkürbis | *Cucurbita pepo, C. maxima*

WUCHS: weiche, lange Triebe mit Ranken; kugelige bis ovale Früchte, bei Sorten in den unterschiedlichsten Formen, Farben und Größen **FAMILIE:** Kürbisgewächse **STANDORT:** sonnig; warm; humoser, nährstoffreicher Boden **ANBAU:** warme Vorkultur bei über 20° C ab Mitte April; nach den letzten kalten Nächten einzeln ins Freie pflanzen; Pflanzabstand mindestens 150 x 100 cm ; Jungpflanzen vor Schnecken schützen **PFLEGEN:** Starkzehrer, reichlich Kompost geben; bei Trockenheit gießen; Düngung zur Fruchtbildung **ERNTEN:** ausgewachsene Früchte abernten, im luftfeuchten Keller mehrere Wochen lagerbar **SORTEN:** Unzählige Spielarten mit sehr unterschiedlich gestalteten Früchten, oft auch farbig gemustert oder warzig, z. B. Buttercup-, Patisson-, Spaghettikürbis, orange „Halloween"-Kürbisse sowie nicht essbare Zierkürbisse. Auch die Zucchini ist eine besondere Form des Gartenkürbisses. **WEITERE ARTEN:** Moschuskürbis (*C. moschata*), rundliche bis keulenartige Früchte **HINWEIS:** Fruchtfleisch als Gemüse oder Suppen; Kerne roh und für Öl

Zucchini | *Cucurbita pepo*

WUCHS: weichtriebig, buschig, breit ausladend, bedeckt 1 m^2 und mehr; große Blätter, teils dekorativ gemustert; Früchte walzen- bis keulenförmig, grün, gelb, weiß oder gestreift **FAMILIE:** Kürbisgewächse **STANDORT:** bevorzugt sonnig; warm; humoser, nährstoffreicher Boden **ANBAU:** warme Vorkultur bei über 20° C ab Mitte April; nach den letzten kalten Nächten einzeln ins Freie pflanzen; vor Schnecken schützen **PFLEGEN:** Starkzehrer, reichlich Kompost geben; bei Trockenheit gießen; Düngung zur Fruchtbildung; faulende Früchte rasch entfernen **ERNTEN:** Früchte ab Bananengröße regelmäßig abernten; im luftfeuchten Keller einige Wochen lagerbar **HINWEIS:** Früchte gekocht als Gemüse, zum Füllen, junge auch roh als Salat; dekorative Blüten, ebenfalls essbar; wird auch Zucchetti genannt

Artischocke | *Cynara scolymus*

WUCHS: mehrjährige, bis 2 m hohe, distelähnliche Pflanze; dekorativ große, silbrig grüne Blätter; riesige Blütenköpfe **FAMILIE:** Korbblütler **STANDORT:** sonnig; warm und geschützt; tiefgründig lockerer, nährstoffreicher, humoser Boden **ANBAU:** Mitte März – Anfang April warm vorziehen; nach Ende der Frostgefahr auspflanzen; Pflanzabstand 100 x 100 cm; einige Pflanzen genügen **PFLEGEN:** Starkzehrer, reichlich (Mist-)Kompost geben oder im Frühjahr düngen, zweite Düngung im Sommer bis August; bei Trockenheit gründlich gießen **ERNTEN:** August bis Spätherbst geschlossene Blütenköpfe vor der Ausfärbung abschneiden **HINWEIS:** Delikatesse vom Mittelmeer; genutzt werden die unteren Schuppenblätter und v. a. der Blütenboden, gekocht als Salat oder Gemüse oder durch Einlegen haltbar gemacht

Möhre | *Daucus carota*

WUCHS: orangegelbe Rüben mit fein gefiedertem Laub **FAMILIE:** Doldenblütler **SORTENGRUPPEN:** frühe, mittelfrühe und späte Sorten; Lagermöhren; auch runde Karotten **STANDORT:** sonnig bis halbschattig; warm; humoser, lockerer Boden **ANBAU:** ab März – Juni direkt ins Beet säen, 25–30 cm Reihenabstand, in der Reihe auf ca. 5 cm vereinzeln; Mischkultur mit Salat, Lauch, Zwiebeln, Knoblauch, Erbsen **PFLEGEN:** Mittelzehrer, Kompost geben, aber keinesfalls Mist; Kulturschutznetz wehrt Möhrenfliege ab; durch Mulchen oder Hacken für gleichmäßige Bodenfeuchtigkeit sorgen; eventuell anhäufeln **ERNTEN:** Zeitig fingerdicke Rüben ernten, bevor sich das Laub verfärbt; Rüben können im Spätherbst in Mieten gelagert oder ohne Laub in feuchten Sand eingeschlagen werden.

Salatrauke, Rucola | *Eruca sativa*

WUCHS: weiches, gelapptes Laub; im Sommer kleine, weiße Blüten **FAMILIE:** Kohlgewächse **STANDORT:** sonnig bis halbschattig; recht anspruchslos; frischer, lockerer Boden **ANBAU:** Folgesaaten ab Ende März – September in Reihen mit 20 cm Abstand; Mischkultur mit Salat, Möhren **PFLEGEN:** Schwachzehrer; Boden gleichmäßig feucht halten, sonst entstehen mehr Blüten, und Blätter werden bitter **ERNTEN:** einzelne Blätter frisch nach Bedarf ernten; ganze Reihe bei 15–20 cm Höhe schneiden **WEITERE ARTEN:** Wilde Rauke (*Diplotaxis tenuifolia*), mehrjährig, verzweigt, Blätter stärker gebuchtet, gelbe Blüte, intensiveres Aroma, versamt sich selbst, anspruchslos **HINWEIS:** zerkleinerte Blätter roh als Salat oder zum Würzen; kresse- oder radieschenähnlicher Geschmack; wertvolle Senföle und Vitamine

Knollenfenchel | *Foeniculum vulgare* var. *azoricum*

WUCHS: Knolle aus fleischigen Blattansätzen; darüber fein gefiedertes Laub **FAMILIE:** Doldenblütler **SORTENGRUPPEN:** „normale" Sorten, die bei zu früher Aussaat vorzeitig Blüten treiben, und schossfeste Sorten wie 'Zefa Fino' für den Frühanbau **STANDORT:** sonnig; warm; humoser, durchlässiger Boden **ANBAU:** im Juni/Juli säen oder vorziehen, schossfeste Sorten schon Mitte April direkt oder ab März im Gewächshaus säen; Abstand 40 x 30 cm **PFLEGEN:** Mittelzehrer, Kompost geben; Boden gleichmäßig feucht halten; sparsam nachdüngen **ERNTEN:** kräftige Knollen, bevor sie holzig werden, jüngere nach Bedarf; rechtzeitig vor dem Frost abernten, zum Lagern in kühlem Raum mit Wurzeln in feuchten Sand einschlagen **WEITERE ARTEN:** Eine andere Varietät ist der Gewürzfenchel (var. *dulce*), von dem man fortlaufend die Blätter und ab Spätsommer die Samen erntet.

Kopfsalat | *Lactuca sativa* var. *capitata*

WUCHS: mit geschlossenem Kopf aus Blattrosette **FAMILIE:** Korbblütler **SORTENGRUPPEN:** Kopfsalat mit zarten Blättern; Eissalat etwas größer und knackiger, robuster; Romana oder Bindesalat (var. *longifolia*) mit lockeren, hohen Köpfen, Blätter derber; Frühjahrs-, Sommer- und Herbstsorten, Gewächshaussorten und Wintersalat **STANDORT:** sonnig bis halbschattig; humoser, lockerer Boden **ANBAU:** März – Juli direkt säen oder vorziehen; ab Ende März – Mitte September auspflanzen; Pflanzabstand 30–35 x 30 cm, bis Mai unter Folie; im beheizten Gewächshaus ganzjähriger Anbau möglich; Mischkultur mit Kohlrabi, Zwiebeln, Radieschen **PFLEGEN:** Mittelzehrer; gleichmäßige Feuchtigkeit bei Hitze besonders wichtig, um dem Schossen vorzubeugen **ERNTEN:** Köpfe über dem Boden abschneiden; gekühlt nur einige Tage haltbar **SORTEN:** grüne, gelbe, rote, braune oder gescheckte Sorten

Pflück- und Schnittsalat | *Lactuca sativa* var. *crispa*

WUCHS: Pflücksalat mit lockerem Kopf, Rosette wächst in die Höhe, Blätter häufig gekraust oder gelappt; Schnittsalat mit bodennaher Blattrosette, besonders schnellwüchsig **FAMILIE:** Korbblütler **STANDORT:** sonnig bis halbschattig; humoser, lockerer Boden **ANBAU:** März – August säen, Schnittsalat in Reihen mit 20–25 cm Abstand; Pflücksalat auch mit geschützter Anzucht, dann ab Ende März auspflanzen, bis Mai unter Folie, 30 x 30 cm Abstand; im beheizten Gewächshaus ganzjähriger Anbau möglich **PFLEGEN:** Mittelzehrer; gleichmäßige Feuchtigkeit bei Hitze besonders wichtig, um dem Schossen vorbeugen **ERNTEN:** bei Pflücksalat Blätter nach Bedarf von unten bzw. außen pflücken; Schnittsalat nach 4 bis 6 Wochen komplett schneiden **SORTEN:** zahlreich, mit verschiedenen Blattformen (bei Pflücksalat z. B. krausblättrige 'Lollo'-, Eichblatt- und Fingerformen) und Blattfarben

Tomate | *Lycopersicon esculentum*

WUCHS: bis zu 3 m hohe Stängel, die sich verzweigen **FAMILIE:** Nachtschattengewächse **SORTENGRUPPEN:** hohe Stab- und niedrige Buschtomaten; Hängetomaten für Ampeln; nach Fruchtform und -größe: Fleisch-, Cocktail-, Kirsch- und Johannisbeertomaten **STANDORT:** sonnig; warm; humoser, nährstoffreicher Boden **ANBAU:** Anfang März – Anfang April Vorkultur um 20° C, hell und gut ernährt weiter ziehen; ab Mitte Mai ins Freie pflanzen (eventuell mit Folienhaube), ab Anfang Mai ins Gewächshaus; Pflanzabstand 50 x 80 cm **PFLEGEN:** Starkzehrer, reichlich Kompost geben; mulchen; ausgiebig wässern; empfindlich gegen Nässe von oben, Foliendach beugt Krautfäule vor; Stabtomaten stützen; regelmäßig düngen; bei Stabtomaten regelmäßig Achseltriebe ausbrechen (ausgeizen); welke und kranke Blätter entfernen **ERNTEN:** voll ausgefärbte Früchte, vor dem Frost abernten **SORTEN:** neben rotfrüchtigen, runden auch gelbe, orange, gescheckte sowie birnenförmige Sorten

Winterportulak | *Montia perfoliata*

WUCHS: Horste aus herzförmigen, anfangs fleischigen Blättern **FAMILIE:** Portulakgewächse **STANDORT:** sonnig bis halbschattig; frischer, humoser Boden **ANBAU:** keimt nur unter 12° C; März – April oder Mitte August – Mitte September direkt ins Beet säen, flach, in Reihen mit 15–20 cm Abstand; frosthart, aber unter Glas oder Folie raschere Entwicklung **PFLEGEN:** Schwachzehrer, eventuell Reifekompost geben; Boden feucht halten; Laub vor dem Winter abdecken **ERNTEN:** Blätter nach Bedarf, Schnitt mehrfach ab etwa 10 cm Höhe, bevor im Sommer die kleinen Blüten erscheinen; frisch verwerten **WEITERE ARTEN:** Portulak (*Portulaca oleracea*) für den Sommeranbau **HINWEIS:** säuerliche Blätter für Salat, Soßen, Brotaufstrich u. a.; enthält viel Vitamin C; auch Winterpostelein oder Kubaspinat genannt

Buschbohne | *Phaseolus vulgaris* var. *nanus*

WUCHS: buschig, bis 25–50 cm hoch **FAMILIE:** Schmetterlingsblütler **SORTENGRUPPEN:** zarte „Filetbohnen" und Trockenbohnen **STANDORT:** sonnig bis halbschattig; warm, anspruchslos; frischer, lockerer Boden **ANBAU:** Mitte Mai – Anfang Juli in Reihen mit 40–50 cm Abstand legen, in der Reihe 4–5 cm Abstand; schlecht neben Zwiebelgewächsen und Sellerie **PFLEGEN:** Boden feucht halten; Schwachzehrer, zurückhaltend organisch düngen; bei 15–20 cm Höhe leicht anhäufeln **ERNTEN:** junge, zarte Hülsen, regelmäßig durchpflücken; lassen sich gut einfrieren; reife Hülsen für die Nutzung der (getrockneten) Kerne **SORTEN:** neben grünen auch gelb- oder blauhülsige Sorten ('Golden' bzw. 'Purple Teepee'); fadenlose Sorten ohne grobe Fasern in den Hülsen **WEITERE ARTEN:** verwandt: die Puffbohne oder Dicke Bohne (*Vicia faba*) für frühe Aussaat, mit großen Kernen **HINWEIS:** Reichert durch Knöllchenbakterien im Boden Stickstoff an. Die Früchte bzw. Samen sind roh giftig.

Stangenbohne | *Phaseolus vulgaris* var. *vulgaris*

WUCHS: Schlingpflanze, bis 4 m hoch **FAMILIE:** Schmetterlingsblütler **STANDORT:** sonnig; windgeschützt; tiefgründiger, humoser, durchlässiger Boden **ANBAU:** Anfang Mai – Mitte Juni jeweils 6 bis 8 Samen um eine Stange legen, 1–2 cm tief; Vorkultur in Töpfen (Ende April) beugt Bohnenfliege vor **PFLEGEN:** Schwachzehrer, nur leicht düngen; 2–2,5 m hohe Stütze erforderlich, Pflanzen anfangs hochleiten **ERNTEN:** wie Buschbohne, aber höhere Erträge **SORTEN:** neben grünen auch gelb- oder blauhülsige Sorten; fadenlose Sorten **WEITERE ARTEN:** Feuerbohne (*P. coccineus*), dekorative Kletterpflanze mit roten Blüten und langen, ebenfalls essbaren Hülsen, auch für Topfkultur **HINWEIS:** → Buschbohne

Erbse | *Pisum sativum*

WUCHS: Rankpflanze, bis über 1 m hoch **FAMILIE:** Schmetterlingsblütler **SORTENGRUPPEN:** Pal- oder Schalerbsen, Markerbsen und Zuckererbsen **STANDORT:** bevorzugt sonnig; humoser, tiefgründiger, lockerer Boden **ANBAU:** direkt ins Beet säen, Palerbsen ab Mitte März, Mark- und Zuckererbsen ab April, späte Sorten bis Anfang Juli; mindestens 3 cm tief, in Doppelreihen mit 40 cm Abstand, Körner alle 6–8 cm; eventuell mit Vlies oder Folie abdecken **PFLEGEN:** Schwachzehrer, Kompost geben, aber keinen Stallmist; Stütze entlang der Reihe anbieten, z. B. Reisig oder Maschendraht; eventuell anhäufeln **ERNTEN:** Hülsen vor der Ausreife regelmäßig pflücken, sobald Samenkörner ausgebildet sind; Zuckererbsen schon zuvor **SORTEN:** manche Sorten selbststützend (z. B. 'Markana'); Wintererbsen sehr frosthart **HINWEIS:** unreife Körner als Gemüse, Markerbsen süßer, aber Palerbsen besser zum Pürieren und Einfrieren sowie auch getrocknet verwendbar, bei Zuckererbsen ganze Hülsen essbar, roh und gekocht; reichern durch Knöllchenbakterien Stickstoff im Boden an

Rettich | *Raphanus sativus*

WUCHS: längliche Rübe überwiegend im Boden, darüber derbe Blattrosette **FAMILIE:** Kreuzblütler **SORTENGRUPPEN:** Früh-, Sommer-, Herbst- und Wintersorten **STANDORT:** sonnig, gern auch halbschattig; lockerer, frischer, humoser Boden **ANBAU:** Mitte März – Juli direkt ins Beet säen, am besten in Folgesaaten; Abstand 25 x 20 cm; früh am besten unter Vlies oder Folie; Mischkultur mit Salat, Roten Beten, Erbsen, Kohlrabi **PFLEGEN:** gelegentlich hacken; Boden feucht halten; Mittelzehrer, Reifekompost geben; Kulturschutznetz beugt Rettichfliege vor **ERNTEN:** einzeln, ausgewachsene Exemplare nicht lange stehen lassen, sonst verholzen sie; im Herbst eventuell im Keller in feuchtem Sand lagern **SORTEN:** vorwiegend weiß, auch rötlich, blau oder schwarz (Winterrettich)

Radieschen | *Raphanus sativus* var. *sativus*

WUCHS: kleine Knolle halb im Boden; darüber behaarte Blattrosette; raschwüchsig **SORTENGRUPPEN:** Früh-, Sommer-, Herbstsorten; Treibradieschen für sehr frühen Gewächshausanbau **FAMILIE:** Kreuzblütler **STANDORT:** sonnig bis halbschattig; lockerer, humoser Boden **ANBAU:** Mitte März – Anfang September direkt ins Beet säen, wiederholt in Folgesaaten; Reihenabstand 15 cm, später vereinzeln, sonst Schossgefahr; früh am besten unter Vlies oder Folie **PFLEGEN:** Schwachzehrer; gelegentlich hacken; für ausgeglichene Bodenfeuchtigkeit sorgen, das beugt auch gegen Erdflöhe vor **ERNTEN:** ausgewachsene Exemplare nicht lange stehen lassen, sonst verholzen sie; gekühlt einige Tage haltbar **SORTEN:** vorwiegend rot, auch weiß oder zweifarbig; ebenso länglich spitze, weiße „Eiszapfen“, zart und mild

Rhabarber | *Rheum rhabarbarum*

WUCHS: mehrjährig; Horste aus großen Blättern mit langem, faserig fleischigem Stängel **FAMILIE:** Knöterichgewächse **STANDORT:** sonnig bis halbschattig; humoser, frischer Boden **ANBAU:** Pflanzung möglichst im Herbst; Austrieb kann durch zeitige Abdeckung mit Topf oder Kübel verfrüht werden **PFLEGEN:** v. a. im Frühjahr gründlich Unkraut jäten bzw. hacken; Blüten ausbrechen; Starkzehrer, nach Ernteabschluss reichlich Kompost geben; alle 8 Jahre Stöcke teilen **ERNTEN:** kräftige Stiele ab Mai – Ende Juni am Ansatz abdrehen, Blätter entfernen; lässt sich durch Einfrieren oder Einmachen konservieren **SORTEN:** überwiegend rotstielig, aber auch grüne Sorten **HINWEIS:** Die letzte Ernte sollte gegen Ende Juni erfolgen, da die Stiele danach zu viel gesundheitsschädliche Oxalsäure enthalten.

Aubergine | *Solanum melongena*

WUCHS: buschig, aufrecht, bis 1 m hoch; samtiges Laub; große, meist glänzend schwarze Eierfrüchte **FAMILIE:** Nachtschattengewächse **STANDORT:** sonnig; warm; humoser, lockerer, nährstoffreicher Boden **ANBAU:** Mitte März – Mitte April bei mindestens 20° C vorziehen; nicht vor Ende Mai auspflanzen; Pflanzabstand 60 x 60 cm; sehr frostempfindlich, möglichst unter Glas, im Folientunnel oder im Freiland auf schwarzer Folie anbauen **PFLEGEN:** Starkzehrer, reichlich Kompost geben; Boden durch Mulch feucht halten; nach Startdüngung ein- bis zweimal Kopfdüngung; nur 3 Haupttriebe belassen; im Gewächshaus eventuell an Schnüren ziehen **ERNTEN:** abschneiden, wenn Früchte glänzen, aber Samenkörner noch weich sind; gekühlt einige Tage haltbar **SORTEN:** mit schwarzen, violetten und weißen Früchten in verschiedenen Formen und Größen **HINWEIS:** Früchte dünsten, kochen, grillen, Aufläufe

Kartoffel | *Solanum tuberosum*

WUCHS: buschig, ca. 40 cm hoch; weiße Blüten **FAMILIE:** Nachtschattengewächse **SORTENGRUPPEN:** frühe, mittelfrühe und späte Sorten **STANDORT:** sonnig; warm; lockerer, humoser Boden **ANBAU:** Frühkartoffeln im April ca. 10 cm tief pflanzen, Reihenabstand 60 cm, in der Reihe 30–40 cm; zum Verfrühen Mitte März bei 12–15° C in Kiste hell vorkeimen; Triebspitzen bei Frost mit Folie abdecken; spätere Sorten bis Mitte Juni legen **PFLEGEN:** Starkzehrer, reichlich Kompost geben; regelmäßig hacken; ab 20 cm Höhe anhäufeln; krankes Laub zeitig entfernen **ERNTEN:** Knollen vorsichtig ausgraben, sobald Laub einzieht; frühe Sorten ab Juli, späte bis Oktober; Knollen kühl und dunkel im Keller lagern **SORTEN:** mehlige und festkochende, auch rote und violette Sorten **HINWEIS:** Bei Krautfäule im nächsten Jahr Fläche wechseln. Die Früchte sind giftig, auch grüne Stellen an den Knollen.

Spinat | *Spinacia oleracea*

WUCHS: bildet flache Blattrosette **FAMILIE:** Gänsefußgewächse **STANDORT:** sonnig bis halbschattig; humoser, frischer Boden **ANBAU:** ab März – Mitte Mai oder August – Anfang Oktober direkt ins Beet säen, 25 cm Reihenabstand; gern unter Folie, im Gewächshaus ganzjähriger Anbau möglich; bodenförderlich als Vor- und Nachkultur **PFLEGEN:** Mittel- bis Schwachzehrer; bei trockener Witterung durch Hacken Bodenverdunstung herabsetzen; im Winter im Gewächshaus nicht düngen **ERNTEN:** das ca. 20 cm hohe Laub 2–3 cm über dem Boden abschneiden; treibt neu aus, mehrere Ernten **WEITERE ARTEN:** Neuseeländer Spinat (*Tetragonia tetragonioides*), für den Sommeranbau, nicht verwandt, ähnlich zu verwenden **HINWEIS:** enthält wertvolle Mineralstoffe, aber auch schädliche Oxalsäure sowie bei mangelhafter Belichtung und hoher Stickstoffdüngung reichlich Nitrat

Feldsalat | *Valerianella locusta*

WUCHS: bildet flache Blattrosette **FAMILIE:** Baldriangewächse **STANDORT:** sonnig bis halbschattig; humoser, durchlässiger, kalkhaltiger Boden **ANBAU:** Ende Juli – Mitte September etwa 1 cm tief säen, in Reihen mit 15 cm Abstand oder breitwürfig; im Gewächshaus Vorkultur und Einzelpflanzung möglich, auch ganzjährige Kultur **PFLEGEN:** Mittel- bis Schwachzehrer; anspruchslos; bei Bedarf hacken; über Winter mit Folie oder Reisig bedecken **ERNTEN:** ab etwa 4 Wochen nach der Aussaat ausreichend große Blattrosetten abschneiden, möglichst ohne Wurzeln, um Verunreinigung durch Erde zu vermeiden; möglichst frisch verwerten **SORTEN:** 'Holländischer Breitblättriger', nicht winterfest, nur für Herbsternte; mehltauresistente Sorten bevorzugen **HINWEIS:** vitamin- und mineralstoffreich

Knoblauch | *Allium sativum*

WUCHS: linealisches, röhrenförmiges Laub über weißen Zwiebelknollen („Zehen") **FAMILIE:** Zwiebelgewächse **STANDORT:** sonnig; warm; humoser, durchlässiger, tiefgründiger Boden **ANBAU:** im März/April oder August speziell für Anbau angebotene Zehen ins Beet stecken, Reihenabstand 20–25 cm, in der Reihe 5–10 cm; Mischkultur u. a. mit Erdbeeren, Möhren, Roten Beten **PFLEGEN:** Mittelzehrer, Reifekompost geben **ERNTEN:** Knollen nach 1 bis 2 Jahren reif, nach dem Absterben der Blätter (September) ernten, schattig trocknen lassen **WEITERE ARTEN:** Chinesischer Schnittknoblauch (*A. tuberosum*), vereint Eigenschaften von Schnitt- und Knoblauch, einjährig kultiviert, ab April säen **HINWEIS:** durch ätherische Öle und Vitamine gesundheitsfördernd; kann auf Baumscheiben Schädlinge fernhalten

Schnittlauch | *Allium schoenoprasum*

WUCHS: mehrjährig; ca. 25 cm hoch; grasartige Laubröhren in Horsten; ab Mai violette Blüten **FAMILIE:** Zwiebelgewächse **STANDORT:** sonnig bis halbschattig; humoser, frischer, kalkhaltiger Boden **ANBAU:** März/April ins Freie oder Frühbeet säen oder auch August; Reihenabstand 30 cm; ab Februar geschützte Vorkultur möglich; ältere Stöcke im Frühling oder Herbst teilen, im Abstand 25 x 25 cm verpflanzen; zur Wintertreiberei im Oktober/November Wurzelballen ausgraben, durchfrieren lassen, dann gut durchfeuchtet in Gefäß setzen, hell bei 20–25° C **PFLEGEN:** Schwachzehrer, im Frühjahr Reifekompost geben oder organisch düngen; bei Trockenheit gießen; Blüten rechtzeitig zurückschneiden, Blütenstiele eignen sich nicht zum Verzehr **ERNTEN:** sobald genügend Laub, fortlaufend für den Frischverbrauch schneiden; nicht zu stark beernten, damit die Pflanze genügend nachtreiben kann

Dill | *Anethum graveolens*

WUCHS: zart gefiedertes Laub an aufrechten Stielen, bis 1,2 m hoch; im Sommer gelbgrüne Doldenblüten **FAMILIE:** Doldenblütler **STANDORT:** sonnig bis halbschattig; warm, windgeschützt; humoser, frischer, aber durchlässiger Boden **ANBAU:** April – Juli direkt ins Beet säen, flach, Reihenabstand 20 cm; Verpflanzen schwierig; Mischkultur mit Bohnen, Gurken, Möhren **PFLEGEN:** Schwachzehrer; öfter hacken **ERNTEN:** Laub laufend nach Bedarf, notfalls einfrieren oder einlegen; Samen ernten, sobald sie leicht braun werden, und trocknen **SORTEN:** Tetraploide Sorten wie 'Tetra' sind dichtlaubiger und ertragreicher. **HINWEIS:** Aromatisches Laub roh als Gewürz für Salate und Gerichte aller Art; viele ätherische Öle; Samen für magenstärkende Tees. Auch die Blüten können als Würze verwendet werden.

Estragon | *Artemisia dracunculus*

WUCHS: mehrjährig; schmale Blätter an aufrechten, bis mannshohen Stängeln; Blüte im Juli/August **FAMILIE:** Korbblütler **SORTENGRUPPEN:** Russischer Estragon, besonders robust, herber Geschmack; Französischer Estragon, besonders aromatisch, aber nicht völlig winterhart **STANDORT:** sonnig; warm; humoser, frischer, aber durchlässiger Boden **ANBAU:** Russischen Estragon ab März geschützt oder ab Mitte April direkt säen; vom Französischen Estragon Pflanzen kaufen, kann durch Teilen (alle 3 bis 4 Jahre) oder Stecklinge vermehrt werden; eine Pflanze genügt, um den üblichen Bedarf zu decken **PFLEGEN:** Schwachzehrer, im Frühjahr Kompost oder Dünger geben; Französischen Estragon gegen Frost abdecken **ERNTEN:** Blätter und Triebspitzen laufend für Verbrauch pflücken; zum Aufbewahren trocknen und zerkleinern, auch einfrieren oder einlegen **HINWEIS:** Blätter sparsam als Gewürz zu Salaten, Suppen und anderen Gerichten verwenden; verdauungsfördernd

Gartenkresse | *Lepidium sativum*

WUCHS: wird nur als Keimpflanze kultiviert und vor der Weiterentwicklung geerntet; sattgrüne Blättchen **FAMILIE:** Kreuzblütler **STANDORT:** sonnig bis halbschattig; auch schattige Lagen; frischer, humoser Boden **ANBAU:** ab März in Folgesaaten direkt säen, in Reihen mit 10 cm Abstand oder breitwürfig; Lichtkeimer; im Gewächshaus auch ganzjährig, am Fensterbrett in Keimapparaten **PFLEGEN:** Schwachzehrer; gut feucht halten **ERNTEN:** junge Triebe (Keimlinge ohne Wurzeln) im Sommer schon nach 10 Tagen mit Messer schneiden, im Winter nach höchstens 3 Wochen; nur einmalige Ernte **HINWEIS:** scharf würzige Triebe frisch zu Salaten, Soßen und Rohkostgerichten; vitaminreich, verdauungsfördernd

Zitronenmelisse | *Melissa officinalis*

WUCHS: mehrjährig; bis zu 120 cm hohe Horste; im Juli/August weiße Blüten an den Triebspitzen **FAMILIE:** Lippenblütler **STANDORT:** bevorzugt sonnig; warm; humoser, frischer Boden **ANBAU:** ab März geschützt vorziehen; Lichtkeimer; sonst Vermehrung durch Pflanzung geteilter Stöcke (nach 4 Jahren) im Mai oder September/Oktober, auch Stecklingsvermehrung; eine Pflanze genügt **PFLEGEN:** Schwachzehrer, im Frühjahr Kompost geben; Triebe vor der Blüte zurückschneiden, danach nachdüngen **ERNTEN:** Triebspitzen und Blätter nach Bedarf laufend ernten; zur Haupternte Triebe im Juni vor der Blüte über dem Boden schneiden, Blätter vom Stängel streifen, vor Sonne geschützt trocknen, einfrieren oder in Öl einlegen **HINWEIS:** Laub mit zitronenartigem Aroma als Gewürz zu Salaten und Soßen, Fisch und Geflügel; wirkt krampflösend und nervenstärkend, auch als Tee oder Badezusatz

Pfefferminze | *Mentha x piperita*

WUCHS: mehrjährig; horstartig, bis 80 cm hohe Triebe; im Juli weiße Blüten an den Triebspitzen **FAMILIE:** Lippenblütler **STANDORT:** sonnig bis halbschattig; humoser, frischer bis feuchter Boden ohne Staunässe **ANBAU:** Vermehrung durch Kopfstecklinge (Mai – Juli) oder Ausläufer bzw. Teilung (Mai oder September/Oktober); eine Pflanze meist ausreichend **PFLEGEN:** Schwachzehrer, im Frühjahr oder nach der Ernte Kompost geben; neigt zum Verwildern, eventuell Eindämmen nötig **ERNTEN:** Triebspitzen und Blätter nach Bedarf laufend ernten; zur Haupternte (Juli, eventuell nochmals September) Kraut vor der Blüte handhoch über dem Boden schneiden, Blätter vom Stängel streifen, vor Sonne geschützt trocknen oder einfrieren **SORTEN:** 'Mitcham' am meisten verbreitet **WEITERE ARTEN:** Grüne Minze (*M. spicata*) in vielen Sorten, teils krausblättrig; Apfelminze (*M. suaveolens*) mit mildem Minzaroma u. v. a. **HINWEIS:** sparsam dosiert als Gewürz etwa zu Süßspeisen und Soßen; wirkt krampflösend, schmerzstillend; als Tee bei Erkältung oder Übelkeit

Basilikum | *Ocimum basilicum*

WUCHS: kleine, mehrtriebige Horste; ab Juli weiße Blüten **FAMILIE:** Lippenblütler **STANDORT:** sonnig; warm, windgeschützt; humoser, lockerer Boden **ANBAU:** ab Ende März warme, geschützte Vorkultur; Lichtkeimer; ab Ende Mai auspflanzen; Pflanzabstand 15 x 15 cm; auf Schnecken achten; am besten Pflanze zukaufen, Weiterkultur auf der sonnigen Fensterbank oder im Gewächshaus **PFLEGEN:** nicht austrocknen lassen; Schwachzehrer, sparsam düngen **ERNTEN:** laufend nach Bedarf Triebspitzen schneiden, sobald die Pflanzen groß genug, dadurch weitere Verzweigung; Haupternte im Juni vor der Blüte, zum Konservieren in Essig oder Öl einlegen **SORTEN:** u. a. klein- oder rotblättrige; auch einige Wildformen **HINWEIS:** Blätter roh als Gewürz zu Salaten (Tomaten!), Soßen und anderen Gerichten

Majoran | *Origanum majorana*

WUCHS: einjähriges Kraut; 20–40 cm hoch; Blüte Juni – September **FAMILIE:** Lippenblütler **STANDORT:** sonnig; warm; humoser, durchlässiger Boden, keinesfalls staunass **ANBAU:** ab März geschützt vorziehen; Lichtkeimer; Anzucht allerdings schwierig, besser Jungpflanzen vom Gärtner kaufen, nach Ende der Frostgefahr ins Freie pflanzen; Pflanzabstand 25 x 15 cm **PFLEGEN:** Schwachzehrer; bei langer Trockenheit zurückhaltend gießen; regelmäßig hacken **ERNTEN:** Blätter und junge Triebe laufend nach Bedarf; Haupternte im Knospenstadium ab Juli; Triebe trocknen, einfrieren oder in Öl einlegen **HINWEIS:** Blätter als Gewürz mitkochen, zu Eintöpfen, Fleisch u. a.; als Tee beruhigend und appetitanregend

Oregano | *Origanum vulgare* ssp. *hirtum*

WUCHS: bis 60 cm hohe Staude (Halbstrauch); Blüte Juli – September **FAMILIE:** Lippenblütler **STANDORT:** sonnig; warm, anspruchslos; durchlässiger, nicht allzu nährstoffreicher Boden, keinesfalls staunass **ANBAU:** ab März geschützt vorziehen; Lichtkeimer; im Mai auspflanzen, ältere Stöcke leicht teilbar (April/Mai); eine Pflanze meist ausreichend **PFLEGEN:** bei langer Trockenheit zurückhaltend gießen; Schwachzehrer, nach Ernte/Blüte (bis Mitte August) Reifekompost geben; in rauen Lagen über Winter mit Reisig bedecken **ERNTEN:** Blätter und junge Triebe laufend nach Bedarf; zur Haupternte (Juli – September) Triebe schneiden, Blätter vom Stängel streifen, trocknen oder einfrieren **SORTEN:** 'Compactum' klein, buschig; auch dekorative goldblättrige Sorten **WEITERE ARTEN:** Dost (*O. vulgare* ssp. *vulgare*), heimisch, nicht ganz so aromatisch **HINWEIS:** Blätter als „typisch italienisches" Gewürz zu Eintöpfen, Fleisch u. a.; wirkt als Tee schleimlösend

Petersilie | *Petroselinum crispum*

WUCHS: Rosette aus gefiederten Blättern; im 2. Jahr bis 1 m hoher Blütenstand **FAMILIE:** Doldenblütler **SORTENGRUPPEN:** krausblättrige (z. B. 'Mooskrause') und glattblättrige Sorten, letztere aromatischer; Wurzelpetersilie zur Rübenernte und zum Treiben **STANDORT:** sonnig bis halbschattig; humoser, frischer, nährstoffreicher Boden **ANBAU:** ab Mitte März direkt säen, ca. 1 cm tief, feucht halten; Reihenabstand 25–30 cm, später auf 15 cm ausdünnen; keimt schwierig, sicherer ist Vorkultur (Pflanzung im Mai), Zukauf oder Sommersaat (Juni/Juli); im beheizten Gewächshaus auch über Winter **PFLEGEN:** Mittelzehrer, Kompost oder organischen Dünger im Frühjahr sowie nach der Ernte geben **ERNTEN:** ab Mai Laub nach Bedarf schneiden, mehrfach bis zum nächsten Frühjahr; zur Konservierung trocknen, einfrieren oder einsalzen **HINWEIS:** enthält sehr viel Vitamin C; verdauungsfördernd

Salbei | *Salvia officinalis*

WUCHS: bis 70 cm hoher, immergrüner Halbstrauch; silbergraue Blätter; blaue Blüten Juni – August **FAMILIE:** Lippenblütler **STANDORT:** sonnig; warm; humoser, durchlässiger Boden **ANBAU:** ab Mitte März geschützt vorziehen, im Mai auspflanzen oder ab Mitte April direkt säen; auch Stecklingsvermehrung im Sommer oder im April/Mai alte Stöcke teilen; eine Pflanze meist ausreichend **PFLEGEN:** Schwachzehrer, eventuell Reifekompost geben; in rauen Lagen über Winter anhäufeln und mit Reisig bedecken; im Frühjahr Triebe auf 10 cm zurückschneiden **ERNTEN:** junge Blätter laufend nach Bedarf; Haupternte vor der Blüte, Blätter vom Stängel streifen, schattig trocknen und luftdicht lagern **SORTEN:** mehrere Zierformen mit dekorativer Laubfärbung **HINWEIS:** Blätter als Gewürz zu Eintöpfen, Fleisch, Fisch u. a.; verdauungsfördernd, entzündungshemmend; als Tee gegen Halsentzündung

Bohnenkraut | *Satureja*-Arten

WUCHS: Sommerbohnenkraut (*S. hortensis*) einjährig; Winterbohnenkraut (*S. montana*) mehrjähriger Halbstrauch; beide 40–50 cm hoch; aufrechte Triebe mit kleinen Blättern; Blüte ab Juni **FAMILIE:** Lippenblütler **STANDORT:** sonnig; warm; humoser, kalkhaltiger, durchlässiger Boden **ANBAU:** ab März geschützt vorziehen, Mai – Juni auch Direktsaat; Lichtkeimer; Reihenabstand 25 cm; ab Mai auspflanzen; Mischkultur mit Bohnen und Salaten **PFLEGEN:** Schwachzehrer, etwas Reifekompost geben **ERNTEN:** Blätter und junge Triebe nach Bedarf; Haupternte vor der Blüte; ganze Triebe in Öl einlegen, Blätter trocknen oder einfrieren **HINWEIS:** Blätter als Gewürz zu Eintöpfen (Bohnen), Fleisch u. a.; als Tee magenstärkend und belebend; Winterbohnenkraut für Pflanzung im Steingarten geeignet

Thymian | *Thymus vulgaris*

WUCHS: bis 40 cm hoher, immergrüner Halbstrauch; kleine Blätter; Blüte ab Mai, rosa bis violett **FAMILIE:** Lippenblütler **STANDORT:** sonnig; trocken und warm; kalkhaltiger, durchlässiger Boden **ANBAU:** ab März geschützt vorziehen, ab Mai auspflanzen, 20 x 20 cm Pflanzabstand; auch Stecklingsvermehrung; eine Pflanze meist ausreichend **PFLEGEN:** Schwachzehrer, wenn nötig nach Ernte organisch düngen; in rauen Lagen über Winter mit Reisig abdecken; nicht im Herbst verpflanzen! **ERNTEN:** Triebspitzen laufend nach Bedarf; zur Haupternte (Juni – August) auf Handbreite zurückschneiden, Triebe schattig trocknen, Blätter in Gefäß abstreifen **SORTEN:** in mehreren dekorativen Laubfärbungen **WEITERE ARTEN:** Quendel (*T. serpyllum*), besonders flach; Zitronenthymian (*T.* x *citriodorus*), zitronig herb, attraktiv blühend u. a. **HINWEIS:** Blätter als Gewürz zu Eintöpfen, Fleisch u. a.; als Tee gegen Husten

Weitere Gartenkräuter

NAME	KULTUR	STANDORT; ANBAU; HINWEISE	ERNTE; VERWENDUNG
Gartenkerbel *Anthriscus cerefolium*	einjährig	sonnig bis halbschattig, frischer, lockerer Boden; Aussaat März – Juni; flächig oder in Reihen	Laub nicht zu tief schneiden, mehrere Ernten; roh zu Salaten, Suppen
Meerrettich *Armoracia rusticana*	mehrjährig	sonnig bis halbschattig, tiefgründiger Boden; März – April Wurzelableger setzen; eine Pflanze je Haushalt genügt	Wurzelernte im Herbst; scharf, zu vielen Gerichten
Beifuß *Artemisia vulgaris*	mehrjährig	sonnig, trocken, anspruchslos; Aussaat oder Pflanzung April – Mai; eine Pflanze je Haushalt genügt	knospige Triebspitzen gekocht zu fetten Speisen
Borretsch *Borago officinalis*	einjährig	sonnig bis halbschattig, frischer Boden; Aussaat April – Juni, sät sich selbst aus	junge Blätter und Blüten; zu Salaten, Quark
Echtes Löffelkraut *Cochlearia officinalis*	einjährig	sonnig bis halbschattig, frischer Boden; Aussaat März – April oder Aug. – Sept.	würzige Blätter roh für Salate, auch Brotaufstrich und Gemüse
Ysop *Hyssopus officinalis*	mehrjährig	sonnig; Pflanzung April – Mai; Stecklingsvermehrung möglich; blüht hübsch	Blätter vor der Blüte; zu Salaten und Soßen
Liebstöckel *Levisticum officinale*	mehrjährig	sonnig bis halbschattig; Boden nährstoffreich; Aussaat oder Pflanzung April; eine Pflanze je Haushalt genügt	frische Blätter laufend für Suppen und Soßen
Rosmarin *Rosmarinus officinalis*	mehrjährig	sonnig, warm, durchlässiger Boden; Pflanzung im Mai, geschützt überwintern; eine Pflanze je Haushalt genügt	Blätter sparsam zu Soßen und Fleisch
Pimpinelle *Sanguisorba minor*	mehrjährig	sonnig bis halbschattig, frischer Boden, anspruchslos; Aussaat April – Mai in Reihen (25 cm)	junge Blätter roh für Salate, auch als Gewürz zu verschiedenen Gerichten

Kübelpflanzen von A bis Z

BOTANISCH GESEHEN HABEN die unter dem Begriff Kübelpflanzen bekannten Arten wenig miteinander zu tun – außer dass es sich überwiegend um Gehölze handelt. Ihr gemeinsames Merkmal ist aber vor allem, dass sie aus dem Mittelmeerraum, den Subtropen oder den Tropen stammen. Hierzulande kann man sie nur mehrjährig kultivieren, wenn sie frostfrei überwintert werden. Um sie einigermaßen unkompliziert in das Winterquartier transportieren zu können, hält man sie zweckmäßigerweise im Kübel. Das brachte ihnen den Namen Kübelpflanzen ein.
Manche Arten werden auch einfach wie Sommerblumen für den Topf behandelt. Strauchmargeriten, junge Fuchsien- oder Wandelröschenpflanzen z. B. zieren schon mal nur für eine Saison den Balkonkasten oder ein Pflanzgefäß auf der Terrasse. Im Herbst entsorgt man sie zusammen mit den Einjährigen und spart sich so die Überwinterung.

Doch ihren besonderen Charme entfalten solche Pflanzen erst bei mehrjähriger Haltung: Bei richtiger Pflege und Überwinterung werden sie von Jahr zu Jahr schöner und verleihen ab einer gewissen Größe Terrassen und Gartensitzplätzen die faszinierende Atmosphäre der großen, weiten Welt. Ob dies gelingt, hängt zu einem großen Teil von der Qualität des Winterquartiers ab, das man den Kübelpflanzen für die kalte Jahreszeit anbieten kann. Dabei sind manche Arten unkomplizierter als andere. Doch auch für die „Diven" unter ihnen gilt: Wenn man sie richtig zu behandeln weiß, werden sie die Mühe mit gesundem Wuchs und üppiger Blüte lohnen. In diesem Porträtteil finden Sie hauptsächlich Kübelpflanzen, die vergleichsweise unempfindlich und anpassungsfähig sind. Einige geben sich in der Überwinterung etwas anspruchsvoller, sind aber so häufig im Handel, dass sie hier ebenfalls einen Platz erhalten haben.

Schmucklilie | *Agapanthus*-Hybriden

HÖHE: 0,5–0,8 m **BLÜTEZEIT:** Juli – August **AUSSEHEN:** dichte Horste aus riemenförmigen Blättern; blaue, blauviolette oder seltener weiße Blütendolden auf langen Stielen **STANDORT:** vollsonnig; warm und windgeschützt **PFLEGEN:** im Sommer mäßig gießen, Staunässe auf jeden Fall vermeiden, da die Schmucklilie zur Wurzelfäule neigt; Mai – Anfang August alle 14 Tage düngen; hell und bei Temperaturen um 10° C überwintern **VERMEHREN:** durch Teilung im März **VERWENDUNG:** wertvoller blauer Blüher für Terrassen **SORTEN:** Wird kaum als Sorte angeboten, die meisten Hybriden gehen auf die Immergrüne Schmucklilie (*A. praecox*) zurück. Die Gruppe der „Headbourne-Hybrids" erträgt Fröste bis –5° C, ist laubabwerfend und somit leichter zu überwintern. **HINWEIS:** Nur umtopfen, wenn unbedingt erforderlich. Haben die Wurzeln zu viel Platz, bildet die Pflanze eher Blätter als Blüten.

Strauchmargerite | *Argyranthemum frutescens*

HÖHE: bis ca. 0,5 m **BLÜTEZEIT:** bei selbst überwinterten Pflanzen von Juni – Oktober, blühende Exemplare im Handel ab April/Mai **AUSSEHEN:** Pflanzen werden gern in Halbkugelform geschnitten oder als Hochstämmchen erzogen; fein gefiedertes, graues Laub; typische weiße Margeritenblüten, auch gelb und rosa blühende Sorten **STANDORT:** hell bis vollsonnig **PFLEGEN:** im Sommer reichlich gießen; März – Oktober wöchentlich düngen; Verblühtes und dürres Laub in der Kronenmitte regelmäßig herausschneiden; sehr hell und um 10° C überwintern, dabei kaum gießen, im Frühling umtopfen und um ⅓ zurückschneiden **VERMEHREN:** durch Kopfstecklinge im August/September **VERWENDUNG:** kompakte Sorten auch für gemischte Balkonkästen **HINWEIS:** Bei der Vermehrung durch Stecklinge die Pflanzen mehrfach stutzen, dann bleiben sie buschiger.

Aukube | *Aucuba japonica*

HÖHE: ohne Schnitt bis 2 m **BLÜTEZEIT:** März – April **AUSSEHEN:** dichte Büsche mit großen, immergrünen, oft gelb gezeichneten Blättern; Blüte unscheinbar; roter Fruchtschmuck an weiblichen Pflanzen **STANDORT:** halbschattig und vor praller Sonne geschützt **PFLEGEN:** im Sommer regelmäßig gießen; bis August alle 4 Wochen düngen; verträgt Fröste bis –5° C, hell und bei 8° C überwintern, schon im April wieder ausräumen; schnittverträglich **VERMEHREN:** durch halbreife Stecklinge von Frühjahr bis Sommer **VERWENDUNG:** Aukuben mit gelber Zeichnung hellen dunkle Ecken auf. **SORTEN:** 'Crotonifolia' mit gelbbunt gescecktem Laub, zwittrig mit gutem Fruchtansatz **HINWEIS:** Die Früchte sind leicht giftig.

Bougainvillee | *Bougainvillea glabra, B.*-Hybriden

HÖHE: bis 3 m **BLÜTEZEIT:** Mai – Juni **AUSSEHEN:** straffe Triebe; hält sich mit Dornen an Rankgerüsten fest; pinkfarbene, orangefarbene, weiße, gelbe oder rote Hochblätter, die cremeweiße, unscheinbare Blüten umgeben **STANDORT:** vollsonnig; windgeschützt **PFLEGEN:** im Sommer reichlich gießen, aber Staunässe vermeiden; bis August wöchentlich düngen; vor dem Einräumen ins Winterquartier zurückschneiden und die Wurzeln fast trocken werden lassen; hell bei 8° C überwintern, dabei eine Ruhephase mit trockenen Wurzeln einhalten, ab März an einem sonnigen Fenster antreiben; Hybriden hell bei etwa 15° C überwintern, gerade feucht halten **VERMEHREN:** durch Kopfstecklinge von Frühjahr bis Sommer, nicht einfach **VERWENDUNG:** verbreitet Urlaubsgefühle auf Balkon und Terrasse, lässt sich auch als Hochstämmchen ziehen **SORTEN:** *B. glabra* 'Sanderiana', blasslila Blüten, gilt als widerstandsfähigste Sorte; die großblumigen Hybriden sind empfindlicher.

Engelstrompete | *Brugmansia*-Hybriden

HÖHE: je nach Art bis mehrere Meter, wird aber geschnitten **BLÜTEZEIT:** Juli – September **AUSSEHEN:** verzweigter, baumartiger Wuchs; große, eiförmige Blätter; nickende oder hängende, in den Abendstunden duftende Trompetenblüten in Weiß, Gelb, Orange, Rosa und Lachs **STANDORT:** möglichst ohne pralle Mittagssonne; windgeschützt **PFLEGEN:** im Sommer reichlich gießen; bis August wöchentlich düngen; auf Blattläuse und Spinnmilben sowie Raupen, Schnecken und Dickmaulrüssler achten; Verblühtes regelmäßig entfernen; vor dem Einräumen ins Winterquartier und beim Ausräumen im Frühjahr in Form schneiden; hell oder dunkel um 7° C überwintern, Ballen nicht ganz austrocknen lassen **VERMEHREN:** durch Kopfstecklinge in Wasser leicht möglich **VERWENDUNG:** imposante Kübelpflanze für große Terrassen, als Abenddufter schöne „Feierabendpflanze“ **HINWEIS:** Brugmansia ist verwandt mit dem Stechapfel (*Datura stramonium*) und in allen Teilen giftig.

Westindisches Blumenrohr | *Canna indica*

HÖHE: je nach Sorte 0,3–2 m **BLÜTEZEIT:** Juni – Oktober **AUSSEHEN:** großes, tropisch wirkendes Laub; prächtige Blüten in Rot, Orange, Gelb oder Pink **STANDORT:** vollsonnig; windgeschützt **PFLEGEN:** im Sommer reichlich gießen; bis August wöchentlich düngen; Verblühtes regelmäßig entfernen; nach den ersten Frösten die Pflanzen auf 5 cm zurückschneiden, Rhizome aus dem Topf nehmen, trocknen lassen, in Kisten trocken und dunkel bei 5° C lagern; im März eintopfen und bei 15° C antreiben **VERMEHREN:** Rhizome im Frühjahr teilen **VERWENDUNG:** Verbreitet Tropenflair. Große, schwere Kübel fördern die Standfestigkeit. **SORTEN:** Für die Topfkultur eignen sich niedrige Sorten wie 'Lucifer', 60–80 cm hoch, rot mit gelbem Rand und 'Prinz Carneval', 100 cm hoch, gelb mit roten Sprenkeln.

Zitruspflanzen | *Citrus*-Arten und -Sorten

HÖHE: 0,5–1,5 m, ungeschnitten auch höher **BLÜTEZEIT:** am hellen Standort ganzjährig **AUSSEHEN:** Büsche oder Hochstämmchen mit glänzenden, ledrigen Blättern; weiße, duftende Blüten; Zitrusfrüchte in Gelb oder Orange **STANDORT:** vollsonnig; windgeschützt **PFLEGEN:** im Sommer mäßig gießen, Staunässe vermeiden, weiches Wasser verwenden; bis August wöchentlich düngen; Formschnitt immer möglich; hell bei 10° C überwintern, Wurzeln gerade feucht halten **VERMEHREN:** Durch Stecklinge, nicht ganz einfach. Aus Samen vermehrte Pflanzen brauchen viele Jahre, bis sie blühen. **VERWENDUNG:** für Balkon- und Terrassengestaltungen im mediterranen Stil **ARTEN:** Gut eignen sich z. B. Mandarine (*C. reticulata*), Kumquat (*Fortunella japonica*), Bitterorange (*C. myrtifolia* 'Chinotto') und Calamondin-Orange (x *Citrofortunella microcarpa*). **HINWEIS:** Manche Arten haben Dornen.

Fuchsie | *Fuchsia*-Hybriden

HÖHE: 0,3–0,6 m, Stämmchen bis 1,5 m **BLÜTEZEIT:** Juni – Oktober **AUSSEHEN:** Büsche mit hängenden oder stehenden Trieben; Glöckchenblüten in Weiß, Rosa bis Rot und Violett **STANDORT:** hell bis halbschattig, im Schatten oft schwache Blüte; windgeschützt **PFLEGEN:** mäßig, aber regelmäßig gießen; bis August einmal wöchentlich düngen; Fruchtansatz regelmäßig entfernen; auf Weiße Fliege, Blattläuse, Spinnmilben und Grauschimmel achten; hell oder dunkel bei 10° C überwintern, dabei nur gerade feucht halten; im Frühjahr zurückschneiden und umtopfen **VERMEHREN:** durch krautige Stecklinge im Frühjahr oder halbreife im Sommer **VERWENDUNG:** beliebte Pflanze für halbschattige Standorte, ergibt attraktive Hochstämmchen **SORTEN:** Riesensortiment mit tausenden von Sorten **HINWEIS:** Die Triebe im Frühjahr des Öfteren stutzen, das ergibt buschigere Pflanzen.

Chinesischer Roseneibisch | *Hibiscus rosa-sinensis*

HÖHE: 1–1,5 m **BLÜTEZEIT:** Mai – Oktober **AUSSEHEN:** buschige Sträucher mit glänzendem Laub und tropisch anmutenden Blüten in Weiß, Gelb, Orange, Rosa oder Rot **STANDORT:** sonnig; warm, vor Wind und Regen geschützt **PFLEGEN:** regelmäßig gießen, Wurzeln dürfen nicht zu nass und nicht zu trocken sein; bis Mitte August wöchentlich düngen; hell und warm bei 15° C überwintern, wenig gießen; im Frühjahr zurückschneiden und bei Bedarf umtopfen **VERMEHREN:** durch halbreife Stecklinge, warm halten; Jungpflanzen mehrmals stutzen **VERWENDUNG:** attraktive Trichterblüten mit Tropenflair, ergibt schöne Hochstämmchen **HINWEIS:** Der Standort darf nicht verändert werden, sonst werden die Knospen – wie auch bei ungleichmäßiger Wasserversorgung – abgeworfen.

Wandelröschen | *Lantana-Camara*-Hybriden

HÖHE: 0,3–1 m, als Stämmchen auch höher **BLÜTEZEIT:** Mai – Oktober **AUSSEHEN:** buschige Pflanze mit eiförmigen Blättern; Blüten wechseln im Abblühen ihre Farbe von Gelb über Orange zu Rot oder von Cremeweiß zu Rosa, auch unifarbene Sorten **STANDORT:** vollsonnig; warm **PFLEGEN:** im Sommer mäßig feucht halten; bis August alle 14 Tage düngen; im Frühsommer öfter stutzen, das hält die Pflanzen buschig und kompakt; Fruchtansatz regelmäßig entfernen; auf Befall mit Weißer Fliege achten; hell bei 10° C überwintern, dabei fast trocken halten **VERMEHREN:** durch krautige Kopfstecklinge im Frühjahr **VERWENDUNG:** kommen als Hochstämmchen am besten zur Geltung, dabei hübsch mit Lobelien oder Duftsteinrich als Unterpflanzung; junge, kleine Pflanzen auch für gemischte Balkonkästen geeignet **HINWEIS:** Vorsicht, alle Pflanzenteile sind giftig.

Lorbeerbaum | *Laurus nobilis*

HÖHE: 1–2 m, frei wachsend bis Baumgröße **BLÜTEZEIT:** April – Mai **AUSSEHEN:** buschige Pflanzen oder Hochstämmchen mit dunkelgrünen, glänzenden, eiförmigen Blättern, immergrün; Blüte unscheinbar; schwarze Beeren im Herbst, nur bei ungeschnittenen Exemplaren **STANDORT:** sonnig bis halbschattig, gedeiht auch im Schatten noch recht gut **PFLEGEN:** im Sommer mäßig feucht halten, Wurzeln vor allem beim Austrieb nicht eintrocknen lassen, aber Staunässe vermeiden; April – August alle 14 Tage düngen; zwei- bis dreimal im Jahr in Form schneiden; hell bei 5° C überwintern, kurze Fröste bis –10° C werden von älteren Exemplaren vertragen **VERMEHREN:** durch Kopfstecklinge im Spätsommer **VERWENDUNG:** als Hochstämmchen schön für formale, symmetrische Gestaltungen **HINWEIS:** Beim Schnitt darauf achten, dass keine Blätter beschädigt werden, Triebe einzeln schneiden.

Enzianstrauch | *Lycianthes rantonnetti*

HÖHE: bis 2 m **BLÜTEZEIT:** Juli – Oktober **AUSSEHEN:** strauchiger Wuchs, auch kletternd; violett- bis hellblaue oder rosa Blüten, die denen von Kartoffeln ähneln **STANDORT:** sonnig bis halbschattig; warm **PFLEGEN:** im Sommer reichlich gießen; Mai – September ein- bis zweimal wöchentlich düngen; mehrmals in Form schneiden; auf Weiße Fliege, Blattläuse und Spinnmilben achten, bei 7° C hell oder dunkel überwintern, dabei gerade feucht halten; im Frühjahr ältere Pflanzen um die Hälfte zurückschneiden **VERMEHREN:** durch halbreife Stecklinge im Sommer **VERWENDUNG:** wird wegen seiner Schnittverträglichkeit gern als Hochstämmchen gezogen, hübsch mit gelb oder rot blühender Unterpflanzung; lässt sich auch an einem Rankgitter als Sichtschutz ziehen **HINWEIS:** in allen Teilen giftig

Oleander | *Nerium oleander*

HÖHE: 2–4 m **BLÜTEZEIT:** Juni – Oktober **AUSSEHEN:** locker buschiger Wuchs; schmale, längliche Blätter; gefüllte und ungefüllte Blüten in Weiß, Pink, Rosa, Rot, Lachs, Orange oder Gelb, z. T. duftend **STANDORT:** vollsonnig; warm bis heiß, möglichst regengeschützt **PFLEGEN:** im Sommer reichlich gießen, immer etwas Wasser im Untersetzer stehen lassen; April – August wöchentlich düngen; auf Schildläuse, Blattläuse, Spinnmilben sowie Wucherungen (Oleanderkrebs) achten; spät ins Winterquartier räumen, kurze Fröste bis –8° C werden vertragen, hell bei 5° C überwintern; beim Rückschnitt im Frühjahr jährlich einige ältere Äste ganz herausschneiden **VERMEHREN:** durch Stecklinge von Juni – September, in Wasser bewurzeln **VERWENDUNG:** für Balkon- und Terrassengestaltung im mediterranen Stil; hübsch als Hochstämmchen **SORTEN:** gelb blühende Sorten krankheitsanfälliger; gefüllte Sorten nur für regengeschützte Plätze geeignet **HINWEIS:** Blütentriebe, die sich im Herbst bilden, nicht abschneiden, sonst fällt die Frühjahrsblüte aus; Pflanze in allen Teilen sehr giftig!

Bleiwurz | *Plumbago auriculata*

HÖHE: bis 2 m **BLÜTEZEIT:** Juni – Oktober **AUSSEHEN:** lange, überhängende Triebe mit kleinen Blättern; himmelblaue oder weiße Blüten in doldenähnlichen Ständen **STANDORT:** sonnig; windgeschützt **PFLEGEN:** im Sommer reichlich gießen, dabei Staunässe ebenso vermeiden wie Trockenheit; April – August wöchentlich düngen; Verblühtes regelmäßig entfernen; gelegentlich in Form schneiden; beim Einräumen ins Winterquartier um die Hälfte zurückschneiden, hell oder dunkel bei 7° C überwintern, dabei fast trocken halten; im Frühjahr umtopfen **VERMEHREN:** durch Stecklinge im Sommer **VERWENDUNG:** Die Bleiwurz kann auch am Spalier erzogen oder als Ampelpflanze gehalten werden.

5

QUICK-FINDER

Gartenwissen von A bis Z, zum schnellen Nachschlagen – das bietet der Quickfinder. Hier sind gärtnerische wie botanische Fachbegriffe erklärt. Verweise auf andere Kapitel zeigen Ihnen, wo der jeweilige Begriff im praktischen Kontext eine Rolle spielt und führen Sie zu weiteren Infos, die eng damit zusammenhängen.

a

ABHÄRTEN

Das allmähliche Anpassen drinnen oder im Gewächshaus vorgezogener Pflanzen an die bevorstehende Auspflanzung. Das Abhärten spielt v. a. bei Sommerblumen-, Gemüse- und Kräuterjungpflanzen eine Rolle, die im Frühjahr angezogen werden. Man stellt dazu die bereits gut entwickelten Pflanzen an frostfreien Tagen für einige Stunden nach draußen an einen geschützten, etwas beschatteten Platz, bringt sie abends aber wieder ins Haus.

Richtig pflanzen 2 *S. 156*
Anzucht aus Samen 2 *S. 223*
Sommerblumen auspflanzen 3 *S. 345*
Gemüse – Aussaat, Vorkultur und Pflanzung 3 *S. 386*

ABLEGER

Triebe, die sich leicht an mehreren Stellen bewurzeln, wenn man sie mit dem Boden in Kontakt bringt bzw. in einem Erdgraben festklammert. Wo sich Wurzeln bilden, treiben ähnlich wie bei AUSLÄUFERN (S. 534) junge Sprosse aus, die man abtrennen und neu einpflanzen kann. Dies lässt sich bei einigen Gehölzen wie Blauregen gut als Vermehrungsmethode nutzen.

Vermehrung über Pflanzenteile 2 *S. 229*

ABSENKER

Triebe von Gehölzen, die sich bewurzeln, wenn man sie bogenförmig zum Boden biegt, unten einschneidet, festklammert und mit Erde bedeckt. Nach dem Bewurzeln werden sie abgetrennt und als neue Pflanzen eingesetzt. So kann man z. B. Forsythien und Rhododendren vermehren.

Vermehrung über Pflanzenteile 2 *S. 229*

ABSONNIG

So bezeichnet man einen Pflanzenstandort, der hell ist, aber kaum direkte Sonne abbekommt. Entsprechende Lichtverhältnisse herrschen z. B. dort, wo Mauern oder weiter entfernt stehende Gebäude die Sonnenstrahlen abhalten, aber den Standort wenig verdunkeln, weil genügend indirektes Licht einfallen kann. Dasselbe gilt etwa für nach Norden oder Nordosten weisende Hänge. Bei den meisten Pflanzen, die absonnige Plätze bevorzugen, ist es v. a. wichtig, sie nicht der prallen Mittagssonne auszusetzen. Wo nur die Vormittags- oder Spätabendsonne hinscheint, gedeihen sie in der Regel gut. In der Praxis ergibt sich oft ein fließender Übergang zwischen absonnig und HALBSCHATTEN (S. 545) oder LICHTEM SCHATTEN (S. 552).

Was Pflanzen brauchen 2 *S. 131*

ACHTERSCHLEIFE

Bewährtes Anbindeverfahren, bei dem Bindeschnur oder -bast so um Pflanzenspross und Stütze geführt werden, dass sich, von oben betrachtet, die Form einer liegenden Acht ergibt. Dies beugt dem Einschnüren der Triebe vor, ebenso dem Scheuern des Stängels bzw. der Rinde am Stützstab oder Pfahl. Dazu legt man die Schnur um den Stängel bzw. Stamm, überkreuzt sie zwischen Pflanze und Stab und verknotet sie auf der gegenüberliegenden Seite der Stütze. Wenn man das Ende der Schnur länger belässt und mehrmals um die Kreuzungsstelle zwischen den beiden Achterhälften wickelt, stabilisiert dies die Bindung. Bei Verwendung dicker Stricke, z. B. für Gehölze, dient solch eine sauber aufgerollte Wicklung zugleich als Abstandshalter zwischen Stamm und Stütze. Die Achterschleife eignet sich für alle Pflanzen, auch für Stabtomaten und hohe Stauden.

Sommerblumen pflegen 3 *S. 346*
Obstbaumpflanzung 3 *S. 358*

ADR-ROSE

Die Abkürzung ADR steht für die „Allgemeine Deutsche Rosenneuheitsprüfung“, den weltweit wohl strengsten Praxis- und Qualitätstest für neu eingeführte Rosensorten (SORTE, S. 561). Damit ist ADR zugleich ein Gütesiegel: Anerkannte ADR-Sorten zeichnen sich durch besondere Robustheit, Widerstandsfähigkeit gegen Krankheiten und Schädlinge sowie Winterhärte aus, ebenso durch Reichblütigkeit, ansprechende Wirkung von Blüten und Wuchs und andere positive Eigenschaften. Für die Prüfung und Auszeichnung entsprechender Sorten ist ein spezieller Arbeitskreis zuständig, bei dem der Bund deutscher Baumschulen (BdB), Rosenzüchter und unabhängige Prüfungsgärten mitwirken, und zwar in Zusammenarbeit mit dem Bundessortenamt. Es kommt auch vor, dass älteren Sorten das Qualitätszeichen wieder aberkannt wird, weil sie den Ansprüchen nicht mehr genügen. ADR-Sorten sind in Gärtnereien, Katalogen usw. entsprechend gekennzeichnet.

Rosenklassen und Rosenverwendung 3 *S. 294*

ÄHRE

Blütenstand mit langer Hauptachse, an der die Einzelblüten ungestielt sitzen. Solche Blütenstände sind v. a. bei Gräsern verbreitet und finden sich bei Pflanzen mit auffälligeren Blüten recht selten (z. B. beim Ehrenpreis). Was bei diesen als Ähre bezeichnet wird, ist botanisch streng gesehen oft eine TRAUBE (S. 565) mit sehr kurz gestielten Einzelblüten.

Die Organe der Pflanzen 2 *S. 125*
Pflanzenorgane und Eigenheiten der Stauden 2 *S. 304*

ALKALISCHER BODEN

Boden mit hohem PH-WERT (S. 555) über 7,2 und meist hohem Kalkgehalt, auch basischer Boden genannt.

Bodenarten und Bodeneigenschaften 2 *S. 164*

ALKALOID

Alkaloide ist ein Sammelbegriff für Pflanzeninhaltsstoffe mit bestimmter chemischer Zusammensetzung. Chemisch gesehen handelt es sich um organische Verbindungen, die STICKSTOFF (S. 563) enthalten und überwiegend alkalisch bzw. basisch reagieren. Man zählt sie zu den sekundären Pflanzenstoffen, die den Pflanzen u. a. dazu dienen, Fraßfeinde fernzuhalten. Entsprechend schmecken sie oft sehr bitter, und häufig sind sie ausgesprochen giftig. Manche Alkaloide wirken auf Menschen auch berauschend, anregend oder lassen sich medizinisch einsetzen. Zu den bekanntesten Alkaloiden gehören Nikotin, Kokain und Koffein.

AMPELPFLANZE

Pflanze, die sich für die Haltung in Blumenampeln eignet, also in Pflanzgefäßen, die an der Decke, an der Wand oder an einem Balken aufhängt werden. Als Ampelpflanzen eignen sich vorwiegend SOMMERBLUMEN (S. 560) mit dekorativ herabhängenden Trieben.

ANHÄUFELN

Heranziehen von gelockertem Boden an die Stängelbasis von Pflanzen. Dies empfiehlt sich v. a. bei manchen Gemüsen wie Kohl, Tomaten oder Lauch. Es verbessert die Standfestigkeit, regt die Bildung zusätzlicher Wurzeln im unteren Sprossbereich an oder bewahrt das Erntegut vor unerwünschtem Vergrünen.

Spezielle Pflegemaßnahmen 3 *S. 388*

ANMOORIGER BODEN

Boden mit sehr hohem Gehalt an organischer Substanz (15–30 %) bzw. HUMUS (S. 547). Solche Böden ähneln bereits den torfartigen Moorböden, sind oft feucht bis nass sowie sauer (SAURER BODEN, S. 559) und deshalb für normale Gartenpflanzen wenig geeignet.

Bodenarten und Bodeneigenschaften 2 *S. 166*

ANZUCHT

Aussaat in geschützt und warm aufgestellten Gefäßen (Anzuchtschalen, Töpfen) sowie im Frühbeet oder Gewächshaus zum späteren Verpflanzen. Dies ist v. a. bei wärmebedürftigen SOMMERBLUMEN (S. 560) und Gemüsen üblich, die sich bei früher Saat direkt aufs Beet nur sehr langsam oder gar nicht entwickeln würden. Die Anzucht wird auch als Vorziehen oder Vorkultur bezeichnet. Bei robusteren Arten oder später im Jahr ist eine Anzucht auf Freilandbeeten möglich, z. B. bei zweijährigen Sommerblumen (ZWEIJÄHRIG, S. 569), die erst im Herbst an den endgültigen Standort kommen. So beanspruchen die Pflanzen zunächst nur wenig Beetfläche. Im weiteren Sinn versteht man unter Anzucht auch die Vermehrung aus Pflanzenteilen wie STECKLINGEN (S. 562).

Vermehrung über Samen 2 *S. 222–223*
Vermehrung über Pflanzenteile 2 *S. 224–229*
Sommerblumen vorziehen 3 *S. 345*
Gemüse – Aussaat, Vorkultur und Pflanzung 3 *S. 386*

ANZUCHTERDE

Eine spezielle Erdmischung, die den Ansprüchen der empfindlichen Sämlinge oder STECKLINGE (S. 562) gerecht wird. Wird auch als Vermehrungssubstrat oder – je nach Verwendungszweck – als Sämlings-, Pikier- oder Stecklingserde bezeichnet. Anzuchterde bzw. -substrat ist keimfrei, nährstoff- und salzarm und besonders strukturstabil, d. h., sie neigt wenig zum Verdichten, obwohl sie stets feucht gehalten wird. Anzuchterden kann man selbst mischen, doch die Ausgaben für ein gutes käufliches Anzuchtsubstrat sind meist eine lohnende Investition. Für eine eigene Erdmischung können Sie z. B. gute Gartenerde, gereinigten Quarzsand und feinfasrigen Torf zu gleichen Teilen verwenden. Als Alternative zum Torf bieten sich Kokosfasern an. Wollen Sie statt Gartenerde Kompost benutzen, sollte dieser gut ausgereift sein.

Vermehrung über Samen 2 *S. 223*

APFELFRUCHT

Nicht nur die uns vertraute Frucht des Apfels, sondern alle Früchte, die nach demselben „Modell" aufgebaut sind, werden als Apfelfrüchte bezeichnet, so etwa die der Birne oder des Weißdorns. Die Samenkerne befinden sich in pergamentartigen Fächern oder Bälgen. Das Fruchtfleisch, das alles umschließt, entsteht nicht aus dem Fruchtknoten, sondern aus dem Blütenboden. Andere Bezeichnungen für diesen Fruchttyp sind Sammelbalgfrucht, Kernfrucht oder Kernapfel.

Die Organe der Pflanzen 2 *S. 126*

ART

Die Art (auch Spezies oder lateinisch species) ist die wichtigste Grundeinheit in der botanischen Gliederung des Pflanzenreichs und bezeichnet die „Pflanze als solche". Der als Würzkraut genutzte Gartensalbei (*Salvia officinalis*) und der Prachtsalbei (*Salvia splendens*) z. B. sind zwei deutlich unterscheidbare Arten der Gattung Salbei (*Salvia*), von denen es jeweils wieder verschiedene Sorten gibt (GATTUNG, S. 543, SORTE, S. 560). Entsprechend ist im BOTANISCHEN NAMEN (S. 537) jeweils der kleingeschriebene Artzusatz ausschlaggebend, wenn es um eine ganz bestimmte Pflanze geht. Die Individuen einer Art stimmen in allen wesentlichen Merkmalen miteinander überein und vererben diese auch recht einheitlich an ihre Nachkommen.

Pflanzenvielfalt mit System 2 *S. 127*

AUFLAUFKRANKHEITEN

Vorwiegend durch verschiedene Schadpilze verursachte Krankheiten, die Keimlinge bzw. Sämlinge sowie STECKLINGE (S. 562) befallen. Nach ihren typischen Symptomen werden sie als Umfallkrankheit oder Schwarzbeinigkeit bezeichnet. Zu nasse Erde, bei der ANZUCHT (S. 533) wie bei der Freilandsaat, ist meist die Hauptursache.

Krankheiten und Schädlinge bei der Anzucht [2] *S. 234*

AUGE

Andere Bezeichnung für eine KNOSPE (S. 549), also einen durch Blättchen geschützten Wachstumspunkt.

Die Organe der Pflanzen [2] *S. 123*

AUSDÜNNEN

Unter diesem Begriff können Gärtner Verschiedenes verstehen – aber stets geht es um das Schaffen von Platz für die bessere Entwicklung von Pflanzen oder Pflanzenteilen. Besonders bei Gemüse und SOMMERBLUMEN (S. 560) bezieht sich das Ausdünnen auf Sämlinge im Beet, die nach dem Aufgang der Saat zu eng stehen. Sie werden deshalb durch Herausziehen überzähliger Pflänzchen gelichtet, was man auch als Vereinzeln oder Verziehen bezeichnet.

Ausgedünnt wird außerdem bei zu üppig tragenden Obstbäumen, speziell beim Apfel. Hier entfernt man nach dem natürlichen Fruchtfall im Juni noch einige weitere junge Früchte, so dass die verbleibenden zwei bis drei Äpfel je Fruchtstand optimal versorgt werden.

Einen im Prinzip ähnlichen Effekt hat das Ausdünnen bei Horststauden (STAUDE, S. 562). Bei diesen knipst man dünne Triebe ab, um die Blütengröße zu fördern.

Stauden pflegen [3] *S. 316*
Sämlinge vereinzeln [3] *S. 346*
Die Pflege der Obstbäume [3] *S. 359*
Gemüse – Aussaat, Vorkultur und Pflanzung [3] *S. 385–386*

AUSLÄUFER

Ein meist langer und dünner Seitenspross, der an der Erdoberfläche oder unterirdisch wächst und sich an seinen leicht verdickten Sprossknoten bewurzeln kann. An diesen Stellen treiben neue Pflanzen aus. Die bei vielen STAUDEN, (S. 562) und GEHÖLZEN (S. 544) verbreitete Ausläuferbildung ist manchmal sehr willkommen, weil sich solche Pflanzen sehr einfach durch Abtrennen der Ausläufer vermehren lassen, so etwa Erdbeeren. Oft wird die starke Ausbreitung durch Ausläufer aber auch lästig, bei Kulturpflanzen (z. B. Essigbaum, Bambus) ebenso wie bei Unkräutern (z. B. Quecke).

Unkräuter [2] *S. 208–209*
Vermehrung über Pflanzenteile [2] *S. 225*

AUSLICHTEN

Bei Gehölzen das Wegschneiden von Haupt- oder Seitentrieben, um das Innere eines Strauchs oder einer Baumkrone licht zu halten. Auf diese Weise wird gewährleistet, dass Knospen und junge Triebe genug Sonnenlicht abbekommen, und verhindert, dass die Gehölze innen frühzeitig verkahlen. Das Auslichten ist meist ein wichtiger Teil des ERHALTUNGSSCHNITTS (S. 541).

Grundlagen der Schnittpraxis [2] *S. 216*
Ziergehölze schneiden [2] *S. 287, S. 288*
Obstbäume schneiden [3] *S. 360–364*
Beerenobst richtig pflanzen und pflegen [3] *S. 367–369*

AUSPUTZEN

Entfernen welker Blüten und Blätter, v. a. bei SOMMERBLUMEN (S. 560), teils auch bei STAUDEN (S. 562) und Blütengehölzen wie Rosen und Rhododendren. Das Ausputzen dient nicht nur der Optik: Durch das Entfernen welker Blüten wird die Samenbildung verhindert und stattdessen die Entwicklung neuer Blütenknospen gefördert. Das Ausbrechen oder Wegschneiden verblühter und abgestorbener Teile kann zudem Krankheits- und Schädlingsbefall vorbeugen.

Die Pflege der Rosen [3] *S. 297*
Stauden pflegen [3] *S. 316*
Sommerblumen säen, pflanzen und pflegen [3] *S. 346*

b

BALGFRUCHT

Eine Frucht, die aus einem einzigen Fruchtblatt der Blüte gebildet wird und sich später nur an dessen Verwachsungsnaht, der Bauchnaht, öffnet, um die reifen Samen freizugeben. Balgfrüchte haben z. B. Rittersporn, Akelei und Pfingstrose.

Die Organe der Pflanzen [2] *S. 126*

BALLEN

Die Erde rund um die Wurzeln, die durch Seitenwurzeln und das Geflecht aus Feinwurzeln zusammengehalten wird.

BASISCHER BODEN

Boden mit hohem PH-WERT (S. 555) über 7,2 und meist hohem Kalkgehalt, auch alkalischer Boden genannt.

Bodenarten und Bodeneigenschaften [2] *S. 164*

BAUGESUCH

Antrag zur Erteilung der Baugenehmigung bei der Bauaufsichtsbehörde. Die zu-

gehörigen, sehr genauen Pläne des Wohngebäudes und Grundstücks sind hilfreiche Grundlagen für die Gartenplanung.

Die Bestandsaufnahme 1 *S. 19*

BAUM

GEHÖLZ (S. 544) mit deutlich ausgeprägtem Hauptstamm und einer Krone, die sich aus Ästen und deren Verzweigungen aufbaut.

Die Wuchsformen 3 *S. 270*

BAUMSCHEIBE

Von Pflanzenbewuchs frei gehaltene, kreisförmige Bodenfläche um den Stamm eines Baums (oder die Basis eines Strauchs), der schon beim Pflanzen angelegt wird. Hier sollen sich weder Rasengräser noch Unkräuter entfalten, die mit dem Gehölz konkurrieren könnten und außerdem gründliches Gießen, Düngen und die Bodenlockerung erschweren. Meist ist das **MULCHEN** (S. 553) der Baumscheibe empfehlenswert.

Ziergehölze – Bodenbearbeitung und Pflege 3 *S. 282*
Die Pflege der Obstbäume 3 *S. 359*

BEERE

Eine Frucht, die von einer zähen bzw. fleischigen Fruchtwand umschlossen wird und die mehrere Samen enthält, welche in eine saftige Innenschicht (Fruchtfleisch) eingebettet sind. Echte Beeren sind z. B. Johannis-, Stachel- und Heidelbeere, außerdem Weintraube, Kiwi, Tomate, Paprika und Gurke. Bei Erdbeere, Him- und Brombeere dagegen handelt es sich um **SAMMELFRÜCHTE** (S. 558).

Die Organe der Pflanzen 2 *S. 126*

BEERENZAPFEN

Die beerenähnliche Frucht des Wacholders (*Juniperus*), die wie bei anderen Nadelgehölzen eigentlich ein Zapfen ist und aus fleischigen Zapfenschuppen gebildet wird.

BEETSTAUDE

Reich und recht lange blühende **STAUDE** (S. 562), die sich gut für die gemischte Bepflanzung von Beeten und Rabatten eignet.

Pflanzenorgane und Eigenheiten der Stauden 3 *S. 304*
Standorte und Lebensbereiche 3 *S. 305*

BEFRUCHTUNG

Das Verschmelzen der männlichen Geschlechtszellen (der Pollenkörner) mit den weiblichen Eizellen, die bei den meisten Pflanzen im Fruchtknoten der Blüte angelegt werden. Nach erfolgreicher Befruchtung bildet die Pflanze Samen, die die Keimlinge enthalten. Andere Blütenteile wandeln sich um und werden zu Teilen der Frucht, die dem Schutz und der Verbreitung der Samen dient.

Wie Pflanzen leben 2 *S. 119*
Die Organe der Pflanzen 2 *S. 125–126*

BESTÄUBUNG

Der Vorgang, bei dem die männlichen, in den Staubgefäßen gebildeten Pollenkörner zu den weiblichen Blütenanlagen gelangen, um schließlich die Befruchtung zu vollziehen. Bei Pflanzen, die ihre weiblichen Eizellen in Fruchtknoten bilden (Bedecktsamer), muss zunächst ein Pollenschlauch durch den Griffel des Stempels wachsen. Pflanzen haben sich auf bestimmte Helfer eingestellt, die den Pollen verteilen und übertragen. Bei manchen ist das der Wind, viele verlassen sich aber lieber auf Insekten und andere Tiere. Dieser Bestäubungsform verdanken wir die ungeheure Vielfalt an attraktiv gefärbten und geformten, teils duftenden Blüten, die dem Anlocken der Bestäuber dienen. Ein Sonderfall sind untergetaucht lebende Wasserpflanzen: Bei ihnen übernimmt das Wasser die Bestäubung.
Grundsätzlich können sich **ZWITTRIGE** (S. 569) Blüten zwar selbst bestäuben, doch die meisten Pflanzen bevorzugen es, wenn die Pollen von einem anderen Exemplar kommen. Denn das gewährleistet, dass das Erbgut neu durchmischt wird und entsprechend anpassungsfähig bleibt. Deshalb gibt es viele Vorkehrungen der Natur, eine Selbstbestäubung zu verhindern, so etwa getrennte männliche und weibliche Blüten. Teils ist auch der Pollen nicht in der Lage, den Griffel seiner „Stammblüte" vollständig oder rechtzeitig zu durchwachsen.

Wie Pflanzen leben 2 *S. 119*
Die Organe der Pflanzen 2 *S. 125*

BETON

Vielseitig einsetzbarer künstlicher Stein, der aus Zement, fein- bis grobkörnigen mineralischen Zuschlägen (**SAND**, S. 558, **KIES**, S. 548, **SPLITT**, S. 561, **SCHOTTER**, S. 560) und Wasser hergestellt wird. Dazu können weitere feste oder flüssige Zusatzstoffe und Zuschlagmittel (beispielsweise Farbpigmente, Fließmittel) kommen.
Die wichtigste Eigenschaft ist die Druckfestigkeit. Danach wird der Beton in Festigkeitsklassen zwischen B 5 und B 55 (höchste Festigkeit) eingeteilt. Nach der Trockenrohdichte, die von den verwendeten Gesteinszuschlägen abhängt, unterscheidet man Leicht-, Normal- und Schwerbeton. Estrichbeton ist ein Spezialbeton für den Bodenunterbau mit feiner **KÖRNUNG** (S. 540) der Gesteinszuschläge.
Im Garten lässt sich Beton vielfältig einsetzen, etwa beim Bauen, für Fundamente z. B. von Gewächshäusern oder als Estrich für Terrassen. Große Bedeutung haben außerdem Fertigelemente aus Beton, die es auch in dekorativen Farben gibt, z. B. Platten und Pflastersteine, Pflanzkübel, U-Steine oder speziell geformte, bepflanzbare Florsteine.

Wege und Plätze 1 *S. 57*

BIOLOGISCHER ANBAU

Auch als ökologischer, alternativer oder Bio-Anbau bekannt. Dies ist eigentlich ein Sammelbegriff für verschiedene Anbauweisen, die bereits früh im 20. Jahrhundert als umweltschonende Alternativen zum herkömmlichen Garten- und Landbau entwickelt wurden. Die wichtigsten Richtungen sind der organisch-biologische Anbau, der in „Bioland"-Betrieben praktiziert wird, sowie der biologisch-dynamische Anbau, an dem sich „Demeter"-Betriebe orientieren. Gemeinsam ist allen der Verzicht auf chemische Pflanzenschutzmittel und schnell lösliche MINERALISCHE DÜNGER (S. 552). Im Vordergrund stehen die Verbesserung der Bodenfruchtbarkeit durch naturnahe Methoden, vielfältige Fruchtfolgen und Mischkulturen zur Vorbeugung gegen Schädlinge und Krankheiten sowie die Förderung von Nützlingen. Auch die Verwendung robuster, widerstandsfähiger SORTEN (S. 561) spielt eine wichtige Rolle. Der biologisch-dynamische Anbau setzt außerdem auf spezielle Pflanzen- und Kompostpräparate und die Beachtung von Planetenkonstellationen bzw. Mondstellungen.

Vieles von dem, was wir heute erfolgreich im Garten anwenden, stammt ursprünglich aus dem biologischen Anbau bzw. wurde dort besonders propagiert; so etwa das MULCHEN (S. 553) oder die ausgiebige Nutzung gut gepflegten KOMPOSTS (S. 549). Beim konsequenten biologischen Anbau geht es jedoch nicht nur um einzelne Methoden, sondern auch um das generelle Beachten natürlicher Zusammenhänge. Ein Biogarten ist deshalb zugleich auch ein naturnaher Garten, mit vielfältiger Bepflanzung, hohem Anteil heimischer ARTEN (S. 533) und „wilden" Ecken. So stellen sich reichlich Vögel, Marienkäfer, Florfliegen und andere Tiere ein, die als natürliche Gegenspieler Schädlinge in Schach halten.

Den Boden bearbeiten 2 *S. 167–170*
Richtig kompostieren 2 *S. 180–182*
Nützlinge – natürliche Helfer 2 *S. 192–193*
Bekämpfungsmaßnahmen und -methoden 2 *S. 194–196*
Gemüse – Anbauplanung 3 *S. 379–381*
Aussaat nach Mond und Gestirnen 3 *S. 386*

BLÄHTON

Blähton entsteht durch Brennen bei hohen Temperaturen. Die dadurch aufgeblähten bzw. aufgeschäumten Tonkügelchen haben zahlreiche winzige Luftporen und können gut Wasser sowie Nährstoffe speichern. Da sie sehr leicht sind, eignen sie sich besonders gut als DRÄNAGE (S. 539) in Pflanzgefäßen. Außerdem lässt sich Blähton zur Verbesserung von Pflanzerden und Böden einsetzen.

Den Boden verbessern 2 *S. 171*
Was tun, wenn ... 3 *S. 339*
Ein Leben im Kübel 3 *S. 394*

BLATTACHSEL

Die Stelle, an der das Blatt bzw. der Blattstiel am Trieb ansitzt. In der geschützten Achsel zwischen Trieb und Blattstiel werden meist die Seitenknospen (KNOSPE, S. 549) angelegt.

Die Organe der Pflanzen 2 *S. 123*

BLATTKNOTEN

Mehr oder weniger verdickte Stelle an der Sprossachse, also am Stängel oder Trieb, an der die Blätter entspringen bzw. die Blattstiele ansetzen.

Die Organe der Pflanzen 2 *S. 122*

BODENART

Als Hauptbodenarten unterscheidet man SAND (S. 558), LEHM (S. 551) und TON (S. 564) sowie den Schluffboden, der in seinen Eigenschaften dem Lehmboden ähnlich ist. In der Bodenkunde sind diese Bezeichnungen präzise definiert und hängen von der Größe der mineralischen Bodenkörnchen ab, der sogenannten Körnung des Bodens. Da in der Praxis selten nur größere Sandkörnchen oder winzige Tonkörnchen vorkommen, gibt es zahlreiche Abstufungen, von anlehmigem Sand bis hin zu lehmigem Ton. Den Bodenarten im engeren Sinn entsprechen Bezeichnungen, die sich auf die Bearbeitbarkeit beziehen, nämlich leichte Böden (mit hohem Sandanteil) und schwere Böden (mit hohem Tonanteil).

Bodenarten und Bodeneigenschaften 2 *S. 162–163*

BODENDECKER

Niedrig bleibende STAUDEN (S. 562) oder Gehölze, die in größerer Stückzahl gepflanzt werden, um Flächen ansehnlich zu begrünen. Meist handelt es sich um sehr robuste, pflegeleichte Pflanzen, die je nach ART (S. 533) auch mit trockenen oder schattigen Standorten gut zurechtkommen. Sie wachsen oft kriechend, polsterförmig oder mattenartig und sorgen teils auch durch die Bildung von AUSLÄUFERN (S. 534) für eine rasche, dichte Bodenbedeckung. Bodendecker werden häufig als grüner oder blühender Rasenersatz eingesetzt, sind allerdings meist nicht trittfest.

Alternative zum Rasen – Bodendecker 3 *S. 264–266*
Boden- und Flächendecker 4 *S. 448–449*

BODENHÜLSE

Eine runde oder vierkantige, unten geschlossene Metallröhre, die dem Verankern von Stützen und Trägern aller Art im oder am Boden dient. Bei Holzelementen bietet die Bodenhülse außerdem einen gewissen Schutz vor dem Verrotten oder Faulen. Die Verwendungsmöglichkeiten im Garten reichen von Garten- und Gewächshäusern über Zäune und Pergolen bis hin zu Sonnenschirmen oder Wäschespinnen. Je nach Einsatzbereich verwendet man Bodenhülsen zum Einbetonieren, Einschlagbodenhülsen, die unten einen langen, zugespitzten Dorn aufweisen, oder Bodenhülsen zum Aufdübeln, etwa auf Betonfundamente.

Sonnenschutz 1 *S. 62*
Praktisches Zubehör 1 *S. 109*

BODENMÜDIGKEIT

Wenn bestimmte Pflanzen oder Pflanzengruppen auf einer Fläche immer schlechter gedeihen, spricht man von Bodenmüdigkeit. Diese kann z. B. auftreten, wenn man immer wieder Rosen oder mit ihnen nah verwandte Rosengewächse an dieselbe Stelle pflanzt („Rosenmüdigkeit"). Auch bei anderen Zier- und Nutzpflanzen lässt sich das öfter beobachten, etwa bei Zwiebelblumen oder vielen Gemüsen. Die Bodenmüdigkeit hat verschiedene Ursachen, die zusammenwirken. Zum einen entziehen die Pflanzen dem Boden recht einseitig immer dieselben Nährstoffe im selben Verhältnis. Zum anderen produzieren sie teils wachstumshemmende Wurzelausscheidungen, die sich mit der Zeit im Boden ansammeln. Ein wichtige Rolle spielen v. a. aber auch Bodenkrankheiten und -schädlinge, die sich auf die jeweilige Pflanze spezialisiert haben und bei Daueranbau beste Vermehrungsbedingungen vorfinden, so etwa **NEMATODEN** (S. 554) oder Kohlhernie. Beim Gemüseanbau legt man deshalb großen Wert auf einen **FRUCHTWECHSEL** (S. 543). Doch auch im Ziergarten ist ein Wechsel empfehlenswert, wenn eine Neubepflanzung ansteht.

Die Pflege der Rosen 3 *S. 296*
Zwiebel- und Knollenpflanzen pflegen 3 *S. 337*
Krankheiten und Schädlinge im Gemüsegarten 3 *S. 391*

BODENUNTERSUCHUNG

Anhand einer Bodenuntersuchung bzw. -analyse erhält man genaue Auskunft über die **BODENART** (S. 536), den Nährstoff- und Kalkgehalt sowie den **PH-WERT** (S. 555) des Gartenbodens. Auch den Gehalt an **HUMUS** (S. 547) kann man prüfen lassen, manche Labore bieten ebenfalls Schadstoffuntersuchungen an, z. B. auf Blei oder Cadmium im Boden. Das beauftragte Labor gibt in der Regel Auskunft, wie die Bodenproben zu entnehmen, zu sammeln und zu verpacken sind. Mit Bodentestsets aus dem Gartenfachhandel kann man manche Untersuchungen auch selbst durchführen. Genauere und detaillierte Ergebnisse erhält man jedoch, wenn man ein geeignetes Labor beauftragt.
Das Beauftragen einer Bodenuntersuchung empfiehlt sich besonders vor der Neuanlage von Gärten oder Gartenbereichen. Darüber hinaus sind solche Untersuchungen v. a. im Gemüsegarten im Abstand von mehreren Jahren sinnvoll. Auch wenn irgendwo schwer ergründliche Wuchsprobleme auftreten, kann eine Bodenanalyse oft weiterhelfen, die Ursachen zu ergründen.

Den Boden verbessern 2 *S. 172*

BORKE

Bei Gehölzen der außen liegende, abgestorbene Teil der Rinde, den man umgangssprachlich oft ebenfalls als „Rinde" bezeichnet. Wenn Äste und v. a. Baumstämme an Umfang zulegen, reißt die Borke auf, blättert oder schält sich ab, bei manchen Bäumen wie etwa der Platane auf sehr dekorative Weise. Je nachdem, wie sich die Borkenteile ablösen, spricht man von Platten-, Schuppen-, Ringel- oder Streifenborke.

Die Organe der Pflanzen 2 *S. 122*
Dickenwachstum und Borke 3 *S. 272*

BOTANISCHER NAME

Der wissenschaftliche, aus dem Lateinischen (und teils auch Griechischen abgeleitete) Pflanzenname. Er setzt sich aus dem großgeschriebenen Gattungsnamen (z. B. *Bellis*) und dem kleingeschriebenen Artzusatz (z. B. *perennis*) zusammen (**ART**, S. 533, **GATTUNG**, S. 543). Der botanische Name *Bellis perennis* z. B. benennt dann international verständlich und zweifelsfrei eine beliebte **SOMMERBLUME** (S. 560), die im Deutschen dem einen als Gänseblümchen, dem andern vielleicht eher als Tausendschön oder Maßliebchen bekannt ist. In Zweifelsfällen bietet der botanische Name deshalb die bessere Orientierung als die landessprachlichen „Trivialnamen". Zwar gibt es auch bei den wissenschaftlichen Namen zuweilen Abweichungen oder Unstimmigkeiten zwischen den Botanikern. Manchmal werden Pflanzen auch aufgrund neuerer Erkenntnisse umbenannt, wonach es dann einige Zeit dauert, bis sich der neue botanische Name überall durchgesetzt hat. Doch im Allgemeinen sind diese Bezeichnungen einheitlich und verbindlich geregelt.
In bestimmten Zusammenhängen nennt man auch nur den Gattungsnamen, z. B. Geißblatt (*Lonicera*). Dies bedeutet, dass mehrere Arten oder **HYBRIDEN** (S. 547) dieser Gattung damit gemeint sind. Die streng wissenschaftlich korrektere Schreibweise wäre *Lonicera* sp., wobei die Abkürzung sp. dann für „species" = Arten steht.

Pflanzenvielfalt mit System 2 *S. 127–128*

BRUTKNOLLE

Tochterknolle, die sich an der Basis der Mutterknolle entwickelt, z. B. bei Gladiolen, Krokussen oder Lerchensporn (**KNOLLE**, S. 549). Gut entwickelte Tochterknollen lassen sich nach dem vorsichtigen Abtrennen zur Vermehrung verwenden.

Vermehrung von Zwiebel- und Knollenpflanzen 2 *S. 230*

BRUTZWIEBEL

Tochterzwiebel, die sich z. B. bei Tulpen oder Narzissen an der Basis der Mutterzwiebel bildet (**ZWIEBEL**, S. 569); ganz ähnlich wie bei Brutknollen und ebenso zum Vermehren verwendbar.

Vermehrung von Zwiebel- und Knollenpflanzen 2 *S. 230*

BULBILLE

Bulbillen sind kleine Brutzwiebeln, die manche Lilien, z. B. Feuerlilie (*Lilium bulbiferum*) und Tigerlilie (*L. lancifolium*), in ihren **BLATTACHSELN** (S. 536) bilden. Sie können nach ihrer Ausreife im Spätsommer einfach abgelöst und zum Vermehren eingepflanzt werden.

Vermehrung von Zwiebel- und Knollenpflanzen 2 *S. 230*

c

CHLORIDFREIER DÜNGER

Chloride sind Salze, die in **MINERALISCHEN DÜNGERN** (S. 552) vorkommen können. Vor allem das wichtige Nährelement **KALIUM** (S. 547) liegt des Öfteren als Kaliumchlorid vor, manche Dünger enthalten auch Magnesium- oder Calciumchlorid. Die meisten Pflanzen vertragen das ohne weiteres, aber manche reagieren darauf ziemlich empfindlich, insbesondere Beerensträucher wie Johannisbeeren und Kiwis. Alternativen für solche Pflanzen sind Dünger, die die genannten Nährstoffe als Sulfate enthalten, oder aber **ORGANISCHE DÜNGER** (S. 555). Wenn die Form der Düngersalze auf der Verpackung nicht ausgeschrieben ist, können Sie sich meist an den chemischen Abkürzungen orientieren: Das „Anhängsel" Cl steht für Chloride (z. B. KCl = Kaliumchlorid), SO_4 für Sulfate (z. B. K_2SO_4 = Kaliumsulfat). Die Angabe K_2O sagt allerdings nichts über die Art des Salzes aus. Ansonsten gibt es häufig auch eine Farbkennung oder -bezeichnung: Dabei bedeutet Typ „blau" chloridarm und Typ „rot" chloridhaltig.

Die Pflanzennährstoffe 2 *S. 176*

CHLOROSE

Gelbliche bis weißliche Aufhellung von Blättern, oft über die ganze Blattfläche ausgedehnt. Chlorosen im engeren Sinn werden nicht von Schädlingen oder Krankheiten verursacht, sondern von unbelebten Faktoren, die die Ausbildung des Blattgrüns (Chlorophylls) beeinträchtigen. Das können Bodenverdichtungen oder Störungen bei der Wasserversorgung sein, häufig werden sie aber durch Nährstoffmangel hervorgerufen. Für die Bildung des Blattgrüns benötigt die Pflanze v. a. **STICKSTOFF** (S. 563) und Magnesium. In der Praxis fehlt aber meist der Nährstoff Eisen, der bei zu hohem **PH-WERT** (S. 555) des Bodens nur ungenügend aufgenommen werden kann. Solche Eisenmangel-Chlorosen, bei denen die Blattadern grün bleiben, kommen beispielsweise bei Rosen und Rhododendren recht häufig vor.

Die Pflanzennährstoffe 2 *S. 176*
Krankheiten und Schädlinge an Ziergehölzen 3 *S. 289*
Krankheiten und Schädlinge an Rosen 3 *S. 300*

CONTAINERPFLANZE

Besondere Angebotsform bei **GEHÖLZEN** (S. 544) und **STAUDEN** (S. 562). Containerpflanzen werden in der Gärtnerei von Anfang an in Plastiktöpfen angezogen. Sie haben dadurch einen kompakten, gut durchwurzelten **BALLEN** (S. 534) und lassen sich fast das ganze Jahr über pflanzen, auch blühend.

Pflanzen einkaufen 2 *S. 153–154*
Gehölze pflanzen 3 *S. 278*
Rosen pflanzen und pflegen 3 *S. 295*
Stauden pflanzen und pflegen 3 *S. 314*
Pflanzung und Pflege von Baumobst 3 *S. 366*

d

DACHBEGRÜNUNG

Bepflanzung einer Dachfläche, vorwiegend mit **STAUDEN** (S. 562) und Gräsern. Für solch eine Begrünung bieten sich v. a. Flachdächer an, sie ist aber bei größerem Aufwand bis etwa 40° Dachneigung möglich. Grüne Dächer stellen einen besonderen Blickfang dar. Die Begrünung isoliert gegen Kälte wie Hitze und bietet auch Schallschutz. Sie verbessert zudem das Kleinklima im Wohnumfeld und filtert Schadstoffe und Stäube aus der Luft. Da sie auch durch Wasserrückhalt die Kanalisation entlastet, wird die Dachbegrünung von manchen Bundesländern bzw. Kommunen durch Fördergelder unterstützt. Allerdings sollte man sich vor der Realisierung erkundigen, ob örtliche Bebauungspläne und Gestaltungsleitlinien solch eine Maßnahme erlauben. Für eine

intensive Begrünung wird oft auch eine Baugenehmigung erforderlich. Die Statik des Dachs sollte auf jeden Fall überprüft werden, da schon bei einfacher Begrünung bis zu 150 kg/m^2 darauf lasten. Die vorhandene Dachdichtung (Bitumen- oder Kunststoffbahnen) muss völlig intakt sein. Für das Begrünen kleinerer Flachdächer, z. B. auf Garagen, empfiehlt sich mindestens das Studium von Spezialliteratur, für größere Vorhaben sowie Schrägdächer das Hinzuziehen von Fachleuten.
Sofern die Dachdichtung nicht völlig wurzelfest ist, wird eine kräftige Wurzelschutzfolie nötig. Darüber kommt eine Dränageschicht aus Blähton, Lavagestein oder Kies und schließlich das **SUBSTRAT** (S. 564) für die Pflanzen, meist eine Mischung aus Erde, Sand und Blähton. Je nach Dach und Bepflanzung setzt man teils auch zusätzliche Unterleg- und Filtervliese oder Wasserspeichermatten ein. Drei Formen der Begrünung werden unterschieden:

- Extensivbegrünung: Substratschicht von knapp 4–8 cm, ohne Bewässerung. Hier gedeihen nur sehr anspruchslose Pflanzen, v. a. verschiedene *Sedum*-Arten (Fetthenne, Mauerpfeffer, Tripmadam u. Ä.), Hauswurz (*Sempervivum*), Zierlauch (*Allium*) und Gräser.
- Erweiterte Extensiv- bis einfache Intensivbegrünung: Substratschicht 9–19 cm. Hier wachsen ab 15 cm Stärke und bei gelegentlicher Bewässerung schon mehrere Stauden, z. B. Brunelle (*Prunella grandiflora*), auch Kräuter wie Thymian.
- Intensivbegrünung: Substratschicht über 19 cm (auf Tiefgaragen bis zu 200 cm), gelegentliche Bewässerung. Hier ist je nach Substratstärke allerhand möglich, sogar bis hin zu Fertigrasen und verschiedenen Kleinsträuchern.

Grüne Dächer 1 *S. 50*
Bodendecker – Alternative zum Rasen 3 *S. 266*

DIREKTSAAT

Aussaat direkt ins Freie, ohne vorherige **ANZUCHT** (S. 533). Sie spielt vor allem bei robusteren Gemüsen und **SOMMERBLUMEN** (S. 560) eine Rolle sowie bei **ARTEN** (S. 533) und **SORTEN** (S. 561), die erst ab Mai nach den letzten Frösten gesät werden.

Vermehrung über Samen 2 *S. 223*

DOLDE

Blütenstand aus mehreren Einzelblüten, deren Blütenstiele an einem Punkt bzw. in derselben Höhe an der Hauptachse entspringen und gleich lang sind. Die Blüten stehen schirmartig in einer Ebene, z. B. bei Kirsche oder Efeu.

Die Organe der Pflanzen 2 *S. 125*
Pflanzenorgane und Eigenheiten der Stauden 3 *S. 304*

DOLDENRISPE

Blütenstand, der ähnlich wie eine **DOLDE** (S. 539) wirkt. Er ist beim genauen Hinsehen aus mehreren **DOLDENTRAUBEN** (S. 539) zusammengesetzt, z. B. bei Schafgarbe (*Achillea*) und Weißdorn (*Crataegus*).

Die Organe der Pflanzen 2 *S. 125*

DOLDENTRAUBE

Blütenstand, der ähnlich wie eine **DOLDE** (S. 539) wirkt. Die Blütenstiele der Einzelblüten setzen dabei jedoch etagenartig an der Hauptachse an. Aufgrund ihrer unterschiedlichen Länge stehen die Blüten in einer Ebene, beispielsweise bei Spiersträuchern (*Spiraea*) und Rainfarn (*Tanacetum vulgare*).

Die Organe der Pflanzen 2 *S. 125*

DOPPELDOLDE

Blütenstand, der wie eine **DOLDE** (S. 539) aufgebaut ist, d. h., die Blütenstiele setzen alle am selben Punkt an. An ihrem Ende sitzen jedoch keine Einzelblüten, sondern wiederum kleine Döldchen. Dies ist die typische Blütenstandsform der Doldenblütengewächse, einer **FAMILIE** (S. 541), zu der z. B. Sellerie, Kerbel, Dill und Liebstöckel zählen.

Die Organe der Pflanzen 2 *S. 125*

DORN

Ein stechendes, spitzes Pflanzenorgan, das durch Umwandlung von Blättern, Blattteilen oder Sprossen entstanden ist, z. B. bei Berberitze und Robinie. Die für ihre „Dornen" bekannten Rosen tragen dagegen streng botanisch gesehen

STACHELN (S. 562), bei denen es sich um Ausstülpungen der Pflanzenoberhaut handelt.

Die Organe der Pflanzen 2 *S. 122*

DRÄNAGE

Entwässerung bzw. Ableiten überschüssigen Regen- und Gießwassers. Damit das Wasser optimal ablaufen kann, setzt man im Garten zu verschiedensten Zwecken grobkörniges Dränagematerial wie **KIES** (S. 548), **SCHOTTER** (S. 560), **SAND** (S. 558) oder **BLÄHTON** (S. 536) ein. Dränageschichten sind beispielsweise beim Verlegen von Pflaster und Platten wichtig, ebenso bei einer **DACHBEGRÜNUNG** (S. 538). Besonders bei **SCHWEREN BÖDEN** (S. 560) empfiehlt es sich häufig, entsprechendes Dränagematerial zuunterst von Pflanzgruben und -löchern einzubringen. Auch bei der Topfbepflanzung ist eine Dränageschicht ratsam. Eine aufwendigere Form der Dränage kann bei stark vernässten Gartenböden nötig werden, indem man Abzugsrinnen gräbt oder sogar unterirdisch Dränagerohre verlegt.

Bau einer Dachbegrünung 1 *S. 50*
Die Pflanzpraxis 2 *S.157*
Den Boden verbessern 2 *S. 172*
Kübelpflanzen 3 *S. 398*

DREIZÄHLIGES BLATT

Ein zusammengesetztes Blatt mit 3 deutlich voneinander abgesetzten Teilblättchen, z. B. bei Goldregen, Winterjasmin und Bergwaldrebe (*Clematis montana*).

DUNKELKEIMER

Eine Pflanze, deren Samen nur unter Lichtabschluss keimen. Echte Dunkelkeimer, die unbedingt eine Erdabdeckung brauchen, sind z. B. Gurke, Kürbis, Jungfer im Grünen (*Nigella damascena*) oder Lilien. Der Einfachheit halber zählt man allerdings oft alle Pflanzen, die keine ausgesprochenen LICHTKEIMER (S. 552) sind, zu den Dunkelkeimern. Denn das Bedecken der Samen ist meist vorteilhaft, weil so die nötige Feuchtigkeit besser erhalten bleibt. Bei Freilandaussaat sind bedeckte Samen außerdem etwas besser vor Vögeln und anderen Tieren geschützt. Im weiteren Sinn gehören die meisten Pflanzen zu den Dunkelkeimern, da sie die übliche Bedeckung gut vertragen.

Vermehrung über Samen 2 *S. 221*

DURCHLÄSSIGER BODEN

Ein Boden ohne Verdichtungen, der schon von seiner Struktur her bis in tiefere Schichten recht locker ist; mit geringem Ton- und mittlerem bis hohem Sandanteil oder hohem Schluffanteil (TON, S. 564, SAND, S. 558, SCHLUFF, S. 559). Auch guter HUMUS (S. 547) verbessert die Durchlässigkeit. Solch ein Boden nimmt gut Wasser auf, Wasserüberschuss jedoch versickert recht schnell.

Bodenarten und Bodeneigenschaften
2 *S. 163*

e

EINFACHE BLÜTE

Blüte mit nur einem Kreis von Blütenblättern, der die Staubblätter und Stempel umhüllt; dies im Gegensatz zur GEFÜLLTEN BLÜTE (S. 544).

Die Organe der Pflanzen 2 *S. 125*

EINHÄUSIG

Als einhäusig bezeichnet man Gewächse, bei denen männliche und weibliche Blüten zwar getrennt sind, aber jeweils an derselben Pflanze sitzen; z. B. bei Gurke, Knollenbegonie, Birke oder Eiche. Davon zu unterscheiden sind die ZWEIHÄUSIGEN (S. 569) Pflanzen, bei denen männliche und weibliche Blüten an verschiedenen Individuen gebildet werden.

Die Organe der Pflanzen 2 *S. 126*

EINJÄHRIG

Eine einjährige Pflanze kommt im Jahr der Aussaat zur Blüte und – soweit zur BEFRUCHTUNG (S. 535) fähig – zur Frucht- und Samenbildung. Danach stirbt sie ab und muss im nächsten Jahr wieder neu gesät und gepflanzt werden. Hierzu zählen neben zahlreichen SOMMERBLUMEN (S. 560) die meisten Gemüse sowie einige Kräuter. Allerdings handelt es sich oft um Pflanzen, die in ihrer wärmeren Heimat mehrjährig wachsen, bei uns aber nur einjährig kultiviert werden.

Pflanzenvielfalt mit System 2 *S. 129*
Sommerblumen 2 *S. 240*
Gemüse und Kräuter 3 *S. 376*

EINSCHLAGEN

Das vorübergehende Einbetten von Wurzeln (meist samt Teilen der Sprossachse) oder anderen unterirdischen Organen (z. B. Zwiebeln, Knollen) in Erde, Sand oder Torf. Auf diese Art kann bei ungünstigen Umständen die Zeit bis zum Pflanzen bzw. Wiedereinpflanzen überbrückt werden.

Pflanzen einkaufen 2 *S. 154*
Zwiebel- und Knollenpflanzen pflegen
3 *S. 336*

EINZIEHEN

Das Absterben der oberirdischen Teile bei STAUDEN (S. 562), Zwiebel- und Knollenpflanzen, mit dem diese Gewächse ihre Ruhephase beginnen. „Eingezogen" werden dabei die Nährstoffe und die bei der PHOTOSYNTHESE (S. 555) gebildeten Assimilate, die die Pflanzen in unterirdischen Organen wie RHIZOMEN (S. 557), ZWIEBELN (S. 569) und KNOLLEN speichern (S. 549).

Stauden, Gräser und Farne 3 *S. 302*
Zwiebel- und Knollenpflanzen 3 *S. 330*

EISHEILIGE

Die Tage zwischen dem 12. und 15. Mai, benannt nach den betreffenden Heiligen im Kirchenkalender: Pankratius, Servatius, Bonifatius und Sophia. An diesen Tagen stellten sich früher sehr regelmäßig noch einmal Nachtfröste ein, die letzten Spätfröste also. Nach der Wetterstatistik ist das heutzutage seltener der Fall; oft herrscht um diese Zeit sogar milde Witterung. Doch häufig tritt um diesen Termin oder bald danach (etwa um den 20. Mai) noch einmal kühles, oft nasses Wetter auf, das frisch gesetzten, empfindlichen Pflanzen durchaus zu schaffen machen kann.

Da auch die „echten“, frostigen Eisheiligen manchmal noch zuschlagen, empfiehlt es sich, altbewährte Pflanzsitten einzuhalten: Demnach kommen wärmebedürftige ▶ SOMMERBLUMEN (S. 560) und Gemüse wie Tomaten erst nach den Eisheiligen ins Freie, ebenso die ▶ KÜBELPFLANZEN (S. 551).

Wetter und Wachstum 2 *S. 134*

▶ ENTSPITZEN

Auch Stutzen genannt; das Entfernen der Triebspitze bzw. der Spitzenknospe, um die Ausbildung von Seitentrieben zu fördern. Dies praktiziert man vor allem bei Jungpflanzen, um einen kompakten Wuchs zu erzielen.

Stecklinge 2 *S. 227*
Stauden pflegen 3 *S. 316*
Sommerblumen vorziehen 3 *S. 345*

▶ ERHALTUNGSSCHNITT

Schnittmaßnahmen an Ziersträuchern und Obstgehölzen, die man möglichst regelmäßig durchführt, nachdem die Pflanzen ihr Jugendstadium abgeschlossen haben bzw. wenn der ▶ ERZIEHUNGSSCHNITT (S. 541) beendet ist. Man spricht dann auch von Pflege- oder Instandhaltungsschnitt. Er bewahrt die Gehölze vor dem vorzeitigen Vergreisen, indem er immer wieder neuen Austrieb anregt. Durch den Erhaltungsschnitt hält man Sträucher und Baumkronen licht und zugleich in Form. Gezielte, je nach ▶ ART (S. 533) unterschiedliche Schnittmaßnahmen fördern außerdem die Blüten- sowie die Fruchtbildung.

Grundlagen der Schnittpraxis 2 *S. 218*
Ziergehölze schneiden 3 *S. 284–286*
Obstbäume schneiden 3 *S. 360–364*
Beerenobst richtig pflanzen und pflegen 3 *S. 367–369*

▶ ERZIEHUNGSSCHNITT

Schnittmaßnahmen, die man in den ersten Standjahren an Obstbäumen durchführt. Sie dienen dem Aufbau einer gut belichteten Krone mit gleichmäßig verteilten Ästen und Zweigen; deshalb auch die Bezeichnung Aufbauschnitt.

Grundlagen der Schnittpraxis 2 *S. 218*
Obstbäume schneiden 3 *S. 360–364*

f

▶ F1-HYBRIDE

Kreuzung aus zwei verschiedenen ▶ SORTEN (S. 561) bzw. besonders sorgfältig ausgelesenen Zuchtlinien. F1-Hybriden werden häufig als Gemüse- und Blumensaatgut (▶ SOMMERBLUMEN, S. 560) angeboten. Sie vereinen die unterschiedlichen Merkmale der Eltersorten und übertreffen diese sogar in bestimmten Eigenschaften wie Wüchsigkeit oder Blütengröße. Das „F1“ steht für die erste Filialgeneration, d. h. Tochtergeneration. Dies bedeutet in der Zuchtpraxis, dass die Eltersorten für jede Saison neu gekreuzt werden, deshalb ist das Saatgut recht teuer. Vermehrt man F1-Hybriden aus Samen weiter, dann fallen ihre Nachkommen sehr unterschiedlich aus.

▶ FALLROHR

Technische bzw. handelsübliche Bezeichnung für das überwiegend senkrecht angebrachte Regenrohr. Fallrohre haben meist einen runden Querschnitt und sind aus Zink, Kupfer, Aluminium, Stahl oder Kunststoff gefertigt. Fallrohre für den Schmutzwassertransport werden vorwiegend im Hausinneren verlegt.

Infrastruktur im Garten 1 *S. 66*
Carport 1 *S. 79*
Bewässerungszubehör 2 *S. 188*

▶ FAMILIE

In der botanischen Gliederung des Pflanzenreichs eine Gruppe von ▶ GATTUNGEN (S. 543) mit mehreren gemeinsamen Merkmalen. Am offensichtlichsten ist häufig ein ähnlicher Blütenaufbau, beispielsweise bei den Korbblütengewächsen (*Asteraceae*), den Schmetterlingsblütengewächsen (*Fabaceae*) oder bei den Rosengewächsen (*Rosaceae*). Oft spricht man vereinfacht von Korblütlern oder Doldenblütlern (*Apiaceae*).

Pflanzenvielfalt mit System 2 *S. 128*

▶ FARBMISCHUNG

Eine v. a. bei ▶ SOMMERBLUMEN (S. 560) häufig angebotene Samenmischung, die ▶ SORTEN (S. 561) bzw. Sortenvarianten in unterschiedlichen Farbtönen enthält. Solche Mischungen werden teils auch als sogenannte Prachtmischung im Handel angeboten.

▶ FASERWURZEL

Auch Feinwurzel genannt; sehr dünne kurze Seiten- bzw. Nebenwurzel. Knapp unter der Spitze solcher Faserwurzeln werden die feinen Wurzelhärchen gebildet, die Wasser und die darin gelösten Nährstoffe aufnehmen.

Die Organe der Pflanzen 2 *S. 120–121*

▶ FELSGARTEN

Ein Felsgarten oder Felsbeet ist eine spezielle Form des ▶ STEINGARTENS (S. 563), in dem große Steine und Felsplatten das Bild prägen. Mit großen, abgeflachten Natursteinplatten lässt sich beispielsweise auch ein schöner Übergang von einem Steingarten in geneigter Lage zum ebenen Garten schaffen.

FERTIL

Fachsprachlich für fruchtbar, im Gegensatz zu steril. Bei Farnen z. B. tragen nur bestimmte Wedel die Vermehrungssporen. In manchen Blütenständen, etwa bei vielen Hortensien, sind nur die inneren Blüten fertil; die auffälligeren äußeren Blüten können dagegen nicht befruchtet werden, sondern dienen nur dem Anlocken von Insekten (BEFRUCHTUNG, S. 535).

Pflanzenorgane und Eigenheiten der Stauden 3 *S. 304*

FEUCHTER BODEN

Ein Boden, der im Bereich der Wurzeln meist feucht bleibt und in dem Wasser nur langsam versickert. Hierzu gehören v. a. Tonböden und tonige Lehmböden (BODENART S. 536). Auch ein hoher Gehalt an HUMUS (S. 547) kann zu entsprechend guter Wasserspeicherung führen. Zwischen „feucht" und „nass" besteht allerdings ein entscheidender Unterschied (STAUNÄSSE, S. 562).

Bodenarten und Bodeneigenschaften 2 *S. 162–163*

FINDLING

Ein Gesteinsblock, der durch Gletschertätigkeit über weite Strecken transportiert und schließlich als erratischer (ortsfremder) Stein abgelagert wurde. Oft weisen Findlinge durch Gletschereinfluss abgeschliffene Kanten oder Rundungen auf. Im allgemeinen Sprachgebrauch bezeichnet man teils auch andere auffällige Gesteinsbrocken als Findlinge.

Gestaltungsmöglichkeiten am Hang 1 *S. 48*

FLÄCHENDECKER

Andere Bezeichnung für BODENDECKER (S. 536). Teils grenzt man auch die etwas höher wachsenden Pflanzen für die Flächenbegrünung von den niedrigen, kriechend bzw. mit AUSLÄUFERN (S. 534) wachsenden Bodendeckern ab. Zu diesen Flächendeckern im engeren Sinn gehören beispielsweise Flächenrosen, Kriechwacholder, Kisseneibe oder auch STAUDEN (S. 562) wie Katzenminze (*Nepeta* x *faassenii*) und Frauenmantel (*Alchemilla mollis*).

Flächenpflanzung mit Bodendeckern 3 *S. 251*
Alternative zum Rasen – Bodendecker 3 *S. 264–266*
Boden- und Flächendecker 4 *S. 448–449*

FLACHWURZLER

Pflanzen, deren Wurzelwerk sich nur oder überwiegend flach unterhalb der Erdoberoberfläche erstreckt bzw. ausbreitet. Dazu zählen z. B. Rasengräser oder Zwiebelpflanzen mit ihren Büschelwurzeln. Unter den Gehölzen sind viele Beerensträucher typische Flachwurzler; sie verlangen entsprechend vorsichtige Bodenbearbeitung; MULCHEN (S. 553) ist hier besonders ratsam. Das gilt auch für die oft eher flachwurzelnden Obstbäume. Große, flachwurzelnde Bäume wie Birken oder Fichten machen mit ihren weit streichenden, kräftigen Wurzeln eventuellem Unterwuchs oft das Leben schwer.

Die Organe der Pflanzen 2 *S. 121*

Die Pflege der Obstbäume 3 *S. 359*
Beerenobst richtig pflanzen und pflegen 3 *S. 367*

FLOR

Anderer Begriff für die Blüte bzw. die Gesamtheit der Blüten. Bei manchen Pflanzen kann man deutlich eine Phase des Hauptflors und einen etwas schwächeren Nachflor unterscheiden.

FOLGESAAT

Ein bei Gemüsen mit kurzer Kulturdauer oft angewandtes Verfahren, z. B. bei Radieschen oder Salaten: Man sät nur kleinere Mengen, sogenannte Sätze, die sich gut in der Küche verwerten lassen; alle paar Wochen führt man dann Nach- bzw. Folgesaaten durch. So erhält man stets frisches Erntegut. Bei Folgesaaten müssen Sie darauf achten, dass bestimmte SORTEN (S. 561) oft nur für Früh-, Sommer- oder Spätsaaten geeignet sind.

FRISCHER BODEN

Ein Boden, der ähnlich wie der FEUCHTE BODEN (S. 542) im Wurzelbereich recht lange feucht bleibt. Die Oberfläche trocknet jedoch schneller ab, und größere Bodenporen sorgen dafür, dass überschüssiges Wasser gut versickern kann. Hierzu zählen v. a. humose Lehmböden mit relativ geringem Tonanteil sowie humose, lehmige Schluffböden.

Bodenarten und Bodeneigenschaften 2 *S. 162–163*

FROSTSICHERHEIT

Die Frostsicherheit spielt ganz allgemein bei sehr empfindlichen Pflanzen aus wärmeren Gebieten eine Rolle, etwa bei KÜBELPFLANZEN (S. 551) oder exotischen Teichpflanzen wie Seerosen und Wasserhyazinthe. Diese müssen in einem frostfreien Raum überwintert werden. Einen frostsicheren Bereich gibt es aber auch im Boden: Er beginnt ab etwa 80 cm Tiefe. Dies nutzt man z. B. beim Anlegen eines Teichs; in Zonen entsprechender Tiefen können Fische und Seerosen unbeschadet überwintern. Die frostfreie Tiefe gilt es außerdem bei FUNDAMENTEN (S. 543) und Stützpfeilern für schwere bzw. größere Baulichkeiten zu berücksichtigen. Nur wenn sie bis in die frostsichere Tiefe hinabreichen, ist eine stabile Verankerung gewährleistet. Anderenfalls können Bodenbewegungen, die durch den Wechsel von gefrierendem und auftauendem Wasser verursacht werden, die Standfestigkeit beeinträchtigen.

Der Blick über die Mauer 1 *S. 73*
Wasser im Garten 1 *S. 83*
Gewächshäuser 2 *S. 238*
Teichpflege im Herbst und über Winter 3 *S. 327*
Kübelpflanzen richtig überwintern 3 *S. 401*

FRUCHTFOLGE

Die Anbaufolge verschiedener Kulturen im Gemüsebeet. Die traditionelle Fruchtfolge zielt v. a. darauf ab, dass ARTEN (S. 533) mit hohem, mittlerem und niedrigem Nährstoffbedarf (Stark-, Mittel- und Schwachzehrer) jährlich miteinander abwechseln. Dadurch wird nicht nur einseitiger Nährstoffentzug vermieden, sondern zugleich auch der mehrmalige Anbau derselben Art hintereinander. Eine möglichst weite Fruchtfolge, bei der eine bestimmte Gemüseart nur im Abstand mehrerer Jahre auf derselben Fläche angebaut wird, beugt der Ausbreitung spezialisierter Schädlinge und Krankheiten vor (→ auch BODENMÜDIGKEIT, S. 537). Besonders konsequent wird dies bei einem gezielten FRUCHTWECHSEL (S. 543) umgesetzt. Zur besseren Ausnutzung der Beetfläche kann man die jährlich wechselnde Hauptfrucht mit einer Vor- und/oder Nachkultur innerhalb desselben Jahrs kombinieren.

Anbauplanung 3 *S. 380*

FRUCHTHOLZ

Sämtliche Triebe bzw. Zweige, an denen Obstgehölze Blüten und schließlich Früchte ausbilden. Beim KERNOBST (S. 548) z. B. erscheinen Blüten und Früchte fast nur an kurzen Seitentrieben, beim STEINOBST (S. 563) teils auch an einjährigen Langtrieben. An Obstbäumen setzt die verstärkte Ausbildung von Fruchtholz erst etwa ab dem 6. Standjahr ein. Ein fachgerechter Baumschnitt fördert die Entwicklung des Fruchtholzes, das von Zeit zu Zeit durch Entfernen oder Einkürzen überalterter Fruchttriebe verjüngt werden sollte.

Obstbäume schneiden 3 *S. 360–364*
Beerenobst richtig pflanzen und pflegen 3 *S. 367–369*

FRUCHTWECHSEL

Bei einem gezielten Fruchtwechsel im Gemüsebeet achtet man darauf, dass jährlich nicht nur unterschiedliche ARTEN (S. 533) angebaut werden, sondern auch darauf, dass diese Arten verschiedenen FAMILIEN (S. 541) entstammen. Nach den Grundregeln der FRUCHTFOLGE (S. 543) könnten beispielsweise Weißkohl (Starkzehrer), Kohlrabi (Mittelzehrer) und Radieschen (Schwachzehrer) nacheinander angebaut werden. Bei einem guten Fruchtwechsel wird dies jedoch ebenfalls vermieden, da alle drei zur Familie der Kreuzblütler (*Brassiaceae*) gehören. Ein Daueranbau von Kreuzblütlern bzw. Kohlgemüsen kann z. B. die Ausbreitung der gefürchteten Krankheit Kohlhernie fördern.

Anbauplanung 3 *S. 380*

FUNDAMENT

Ein meist aus BETON (S. 535) bestehendes Tragelement, das dazu dient, die Lasten von Baulichkeiten bzw. Bauteilen auf den Baugrund zu übertragen. Meist verankert es zugleich die tragenden Konstruktionsteile im bzw. am Boden. Bei hohen Baulasten auf schwierigen Untergründen sorgt nur ein mit Baustahlmatten bewehrtes Plattenfundament für ausreichende Stabilität. Für die üblichen Baulichkeiten im Garten wie Gartenhäuser oder Gewächshäuser genügt allerdings in der Regel ein relativ schmales Streifenfundament, auf dem nur die Last der tragenden Wände ruht. Solche Fundamente können auch gemauert werden; leichte Kleingewächshäuser werden sogar häufig auf Fundamentrahmen aus Aluminium errichtet. Zum Verankern einzelner Stützen, etwa bei einer Pergola, genügt ein sogenanntes Einzel- oder Punktfundament. In der Regel sollten Fundamente bis in eine frostfreie Bodentiefe von mindestens 80 cm reichen.

Technische Vorgaben 1 *S. 64*
Der Blick über die Mauer 1 *S. 72*

FUNGIZID

Pflanzenschutzmittel zur Bekämpfung von Pilzkrankheiten.

Bekämpfungsmaßnahmen und -methoden 1 *S. 195*

g

GABIONE

Ein großer, stabiler Stahl- bzw. Drahtgitterkorb, der mit Steinen oder Schotter befüllt und als Stützwand, Lärmschutzwand o. Ä. eingesetzt wird. Gabionen, die in Breiten, Höhen und Tiefen zwischen 50 x 50 x 50 cm und 300 x 100 x 100 cm angeboten werden, eignen sich besonders gut zur Hangbefestigung. Sie können in größerer Zahl miteinander verbunden bzw. übereinander geschichtet und durch ein FUNDAMENT (S. 543) verankert werden. Durch zusätzliches Einfüllen von Erde kann man sie mit Pflanzenbewuchs begrünen.

Der Blick über die Mauer 1 *S. 73*

GATTUNG

In der botanischen Gliederung des Pflanzenreichs eine Gruppe von ARTEN (S. 533) mit einer Reihe von gemeinsamen Merkmalen, etwa die Gattung *Viburnum* (Schneeball), *Phaseolus* (Bohne) oder *Aquilegia* (Akelei).

Pflanzenvielfalt mit System 2 *S. 127*

GEFÄLLE

Der Verlauf einer abwärts geneigten Bodenfläche. Angegeben werden Gefälle in Prozent (%), bezogen auf den Höhenunterschied zwischen Anfangs- und Endpunkt und deren Entfernung voneinander. Ein Gefälle von 2% z. B. bedeutet 2 cm Höhenunterschied pro 100 cm Entfernung. Liegen die betrachteten Punkte 100 m auseinander und haben einen Höhenunterschied von 2 m, beträgt das Gefälle ebenfalls 2%.

Aufbau befestigter Flächen 1 *S. 61*
Treppen 1 *S. 63–64*

GEFÜLLTE BLÜTE

Blüte mit mehreren Blütenblattkreisen, wie etwa bei vielen Rosen oder Studentenblumen (*Tagetes*). Solche Blüten erscheinen besonders „füllig" und üppig. Meist entstehen die zusätzlichen Blütenblätter durch Umwandlung von Staub- oder Fruchtblättern – im Extremfall sind manche gefüllten Blüten deshalb nicht mehr befruchtungsfähig, also steril.

Die Organe der Pflanzen 2 *S. 125*

GEHÖLZ

Langlebige Pflanze mit verholzter Sprossachse. Grundlegend kann man nach der Wuchsformen in BAUM (S. 535) und STRAUCH (S. 563) unterscheiden. Auch HALBSTRÄUCHER (S. 545) zählen zu den Gehölzen.

Ziergehölze 3 *ab S. 273*
Rosen 3 *ab S. 292*
Obst 3 *ab S. 352*

GENERATIVE VERMEHRUNG

Die geschlechtliche Vermehrung über Samen, im Gegensatz zur VEGETATIVEN VERMEHRUNG (S. 566) über verschiedene Pflanzenteile.

Unverzichtbar – den Nachwuchs sichern 2 *S. 119*
Vermehrung über Samen 2 *S. 221–223*

GEVIERTELTE BLÜTE

Spezielle Blütenform bei Alten Rosen: Die dicht GEFÜLLTEN BLÜTEN (S. 544) zeigen, von oben betrachtet, eine ausgeprägte Vierteilung.

Rosenklassen und Rosenverwendung 3 *S. 294*

GRASNARBE

Der Grasbewuchs eines Rasens oder einer Wiese samt dem flachen Wurzelwerk.

GRENZABSTAND

Rechtlich vorgeschriebener Abstand von großen Gehölzen, Hecken und Baulichkeiten zu benachbarten Grundstücksgrenzen und Gebäuden. Solche Grenzabstände sind je nach Bundesland unterschiedlich geregelt und im Nachbarrecht festgelegt. Auskunft darüber kann man z. B. bei der zuständigen Orts- und Kreisverwaltung oder Baubehörde erhalten.

Das Nachbarschaftsrecht 1 *S. 28*

GROSSPFLASTER

Ein Pflaster, dessen Einzelelemente mehr als 10 cm breit, lang und hoch sind. Die Längen und Breiten von Großpflastersteinen reichen üblicherweise von 12–22 cm, mit quadratischer oder rechteckiger Kopffläche. Sie bestehen meist aus NATURSTEIN (S. 553) oder BETON (S. 535).

Wege und Plätze 1 *S. 57*

GRUNDDÜNGUNG

Eine Düngung, die oft schon vor der Saat oder Pflanzung ausgebracht wird und den Boden mit Vorräten anreichert. Dafür verwendet man meist langsam wirkenden ORGANISCHEN DÜNGER (S. 555), LANGZEITDÜNGER (S. 551) oder auch stickstoffarmen MINERALISCHEN DÜNGER (S. 552).

Düngemittel und -methoden 2 *S. 178*
Gemüse und Kräuter säen, pflanzen und pflegen 3 *S. 387*

GRUNDSTÄNDIGER STECKLING

Auch Grundsteckling genannt; ein STECKLING (S. 562), der von der Triebbasis einer Pflanze geschnitten wird.

Vermehrung über Pflanzenteile 2 *S. 226*

GRÜNDUNG

Andere Bezeichnung für ein FUNDAMENT (S. 543).

GRÜNDÜNGUNG

Aussaat schnellwüchsiger, blattreicher, oft tiefwurzelnder Pflanzen, die hinterher in den Boden eingearbeitet werden. Während des Wachstums lockern Gründüngungspflanzen den Boden auf und unterdrücken Unkräuter. Nach dem Absterben verrotten sie auf dem Beet, regen dadurch das Bodenleben an, tragen zur Humusbildung bei (HUMUS, S. 547) und reichern den Boden mit Nährstoffen an. Gute Gründüngungspflanzen sind z. B. Schmalblättrige Lupine (*Lupinus angustifolius*), Weißer Senf (*Sinapis alba*), Inkarnatklee (*Trifolium incarnatum*) und Bienenfreund (*Phacelia tanacetifolia*). Oft wird Gründüngung auch als Samenmischung mit verschiedenen ARTEN (S. 533) angeboten.

Düngemittel und -methoden 2 *S. 179*

h

HABITUS

Die Wuchsform bzw. das gesamte Erscheinungsbild einer Pflanze.

HAFTSCHEIBE

Spezielles Haftorgan bei manchen Formen des Wilden Weins (*Parthenocissus*). Mit diesen Haftscheiben, die an den Spitzen der Ranken ausgebildet werden, können sich die Pflanzen beim Hochklettern an Fassaden oder rauen Stützen von alleine festhalten.

Gestalten mit Klettergehölzen [3] *S. 277*

HAFTWURZEL

Oberirdische, an den Sprossen gebildete Wurzelbüschel, mit denen sich manche Klettergehölze an Wänden oder rauen Stützen verankern können. Mit Haftwurzeln klettern beispielsweise Efeu (*Hedera helix*) und Kletterhortensien (*Hydrangea anomala*).

Die Organe der Pflanzen [2] *S. 121*
Gestalten mit Klettergehölzen [3] *S. 277*

HALBGEFÜLLTE BLÜTE

Blüte mit mehreren Blütenblattkreisen, die jedoch das Blüteninnere nicht ganz ausfüllen, so dass Staubblätter und Stempel oft noch sichtbar bleiben. Solche Blüten wirken etwas lockerer als ▶ GEFÜLLTE BLÜTEN (S. 544), aber ebenfalls recht üppig.

HALBIMMERGRÜN

Wird meist mit derselben Bedeutung wie ▶ WINTERGRÜN (S. 568) verwendet und bezeichnet dann Gehölze, die ihr Laub wie ▶ IMMERGRÜNE (S. 547) über Winter behalten, im Frühjahr dann aber abwerfen und komplett durch Neuaustrieb ersetzen. Teils beschränkt man den Begriff auch auf Gehölze wie Liguster, die in strengen Wintern zumindest einen Teil ihres Laubs abwerfen, anderenfalls jedoch immergrün bleiben.

Ziergehölze [3] *S. 270*

HALBREIFER STECKLING

Zur Vermehrung von ▶ GEHÖLZEN (S. 544) und ▶ KÜBELPFLANZEN (S. 551) verwendbarer ▶ STECKLING (S. 562), der halb verholzt ist. Solche Stecklinge werden im Spätsommer oder Frühherbst geschnitten.

Vermehrung über Pflanzenteile [2] *S. 226–227*

HALBSCHATTEN

Der Begriff kennzeichnet einen Pflanzenstandort, der entweder etwa die Hälfte des Tags im Schatten liegt oder fast ganztägig leicht beschattet ist.

Was Pflanzen brauchen [2] *S. 131*

HALBSTRAUCH

Eine mehrjährige Pflanze, bei der die Sprossbasis mit der Zeit verholzt, die oberen Sprossteile dagegen krautig bleiben und häufig über Winter absterben, z. B. Lavendel oder Immergrün (*Vinca*). Auch manche gärtnerisch zu den ▶ STAUDEN (S. 562) gezählte Pflanzen sind Halbsträucher, z. B. die Immergrüne Schleifenblume (*Iberis sempervirens*), ebenso einige ausdauernde Kräuter, beispielsweise Salbei und Thymian.

HAUSBAUM

Ein markanter ▶ BAUM (S. 535), der das Bild des Gartens oder Vorgartens und damit des ganzen Grundstücks mit bestimmt. Der gestalterische Einsatz eines Hausbaums steht in der Tradition bäuerlicher Hofbäume. Während dort oft mächtige Linden oder Rosskastanien gepflanzt wurden, verwendet man im kleineren Hausgarten eher zierliche, aber prägnante Bäume, z. B. kleine Ahorne, oder auch große ▶ STRÄUCHER (S. 563).

Welches Gehölz für welche Situation? [3] *S. 272*
Mit Obst gestalten [3] *S. 356*

HEIDEGARTEN

Ein Gartenbereich oder auch nur ein größeres Beet, das nach dem Vorbild einer Heidelandschaft gestaltet ist. Heideböden sind meist mehr oder weniger sauer (▶ SAURER BODEN, S. 559), sandig bis sandig humos und eher nährstoffarm. In den Heidegebieten Norddeutschlands sorgen die reichlichen Niederschläge für eine recht artenreiche Heidevegetation. Auch die Schafe (Heidschnucken) spielen hier eine Rolle; sie halten überhand nehmende Pflanzen durch Beweiden kurz. In trockeneren Gebirgslagen bilden sich artenärmere Heiden. Charakterpflanzen der Heiden sind verschiedene Heidearten der Gattung *Erica* sowie die Besenheide (*Calluna vulgaris*). Zu ihnen kann man im Heidegarten passende Gehölze wie Wacholder, Eibe, Ginster und Prachtglocke (*Enkianthus*) gesellen. Sehr gut machen sich außerdem standortgerechte ▶ STAUDEN (S. 562) und Gräser wie Heidenelke (*Dianthus deltoides*), Ehrenpreis (*Pseudolysimachion*) und Blauschwingel (*Festuca cinerea*).

HERBIZID

Chemisches Unkrautbekämpfungsmittel; Herbizide gehören aufgrund der möglichen Wasser- und Bodenbelastung zu den problematischsten Pflanzenschutzmitteln. Ihr Einsatz ist deshalb im Privatgarten nur noch sehr eingeschränkt erlaubt.

Unkräuter [2] *S. 208*

HOCHBEET

Ein Beet, dessen Oberfläche sich dank einer festen Rahmenkonstruktion etwa 0,8–1 m über dem Erdboden befindet. Hochbeete werden v. a. für den bequemen, rückenschonenden Anbau von Gemüse und Kräutern genutzt, lassen sich aber auch für Zierpflanzen verwenden und somit gestalterisch einsetzen.

Die Seitenwände bestehen meist aus Holz und werden zumindest an den Ecken im Boden verankert. Den Innenraum kann man mit einer kräftigen Folie auslegen, um das Holz vor Feuchtigkeit zu schützen und das Herausrieseln von Erde zu verhindern. Eine andere Möglichkeit stellt das Mauern der Wände dar, z. B. mit Ziegel-, Beton- oder Hohlblocksteinen. Günstig ist eine Breite zwischen 1,2 und 1,5 m, die Länge wählt man ganz nach Bedarf. Die Rahmenkonstruktion kann komplett mit Boden, zugekaufter Erde und **KOMPOST** (S. 549) aufgefüllt werden. Dann bringt man am besten unten eine Dränageschicht aus Kies oder Schotter ein. Oft schichtet man aber, ebenso wie beim **HÜGELBEET** (S. 546) beschrieben, verschiedene Lagen mit teils un- oder halbverrottetem Material auf. So profitieren die Pflanzen anfangs von der Verrottungswärme, später von einem besonders humusreichen Boden. Allerdings sackt solch eine Füllung mit der Zeit noch deutlich ab. Besonders beim Einbringen von organischen Abfällen empfiehlt es sich, zuunterst engmaschigen Maschendraht als Wühlmausschutz auszulegen.

Besondere Beetformen *S. 378*

HOCHBLATT

Blatt im Bereich des Blütenstands, das oft deutlich anders gestaltet ist als die übrigen Laubblätter. Hochblätter, auch Tragblätter genannt, schützen anfangs die Blütenknospen (**KNOSPE**, S. 549) und jungen Blüten. Teils sind sie relativ klein und einfach geformt, teils umgeben sie als große Deckblätter (auch als Hüllblätter oder Brakteen) ganze Blütenstände, so etwa bei Schneeglöckchen und Aronstab (*Arum maculatum*). Bei manchen Pflanzen präsentieren sich die Hoch- bzw. Deckblätter auch mit auffälliger Färbung und locken dann Insekten zur **BESTÄUBUNG** (S. 535) unscheinbarer Blüten an, so z. B. bei manchen Wolfsmilcharten (*Euphorbium*).

Die Organe der Pflanzen *S. 123*

HOCHSTÄMMCHEN

Hochstämmchen werden v. a. bei Beerenobst und Rosen angeboten und kultiviert. Es handelt sich um **VEREDLUNGEN** (S. 566) auf stammförmig gezogene Unterlagen. Die **VEREDLUNGSSTELLE** (S. 567) befindet sich daher nicht, wie sonst üblich, an der Stammbasis, sondern direkt unterhalb des Kronenansatzes. Die eigentlichen Hochstämmchen haben eine Stammhöhe zwischen 80 und 100 cm, Trauer- bzw. Kaskadenrosen mit herabhängenden Trieben werden auf bis zu 140 cm hohe Stämmchen veredelt. Kleinere Formen, sogenannte Fußstämme, sind 40–60 cm hoch. Bei **KÜBELPFLANZEN** (S. 551) dagegen sind Hochstämmchen oft nicht veredelt, sondern werden durch Schnitt entsprechend erzogen.

Rosenklassen und Rosenverwendung *S. 294*
Rosenkauf und -pflanzung *S. 295*
Rosen richtig schneiden *S. 298–299*
Mit Obst gestalten *S. 356*
Beerenobst richtig pflanzen und pflegen *S. 369*

HOHLKRONE

Eine Obstbaumkrone ohne zentralen Mittelast, nur mit mehreren rundum verteilten Leitästen (Gerüstästen). Solche Kronen bevorzugt man v. a. bei manchen Steinobstarten (**STEINOBST**, S. 563), die zur Bildung dichter oder enger Kronen neigen, so etwa Pfirsich und Sauerkirsche.

Baumgröße und Kronenform *S. 354*
Schnitt bei Sauerkirsche und Pfirsich *S. 364*

HORNSPÄNE

Stickstoffreicher **ORGANISCHER DÜNGER** (S. 555) aus geschroteten Rinderhörnern und -hufen. Hornspäne eignen sich gut als recht langsam wirkende Stickstoffquelle (**STICKSTOFF**, S. 563).

Düngemittel und -methoden *S. 177*

HÜGELBEET

Ein Beet, das aus organischem Material und Erde bzw. Kompost aufgebaut wird und sich hügelartig über der Bodenoberfläche erhebt. Man schichtet es gut 1 m hoch auf, mit etwa 1,5 m Breite. Solche Beete eignen sich für den Gemüsegarten. Wärme und Nährstoffe, die beim Verrotten des organischen Materials frei werden, fördern das Pflanzenwachstum, der Hügel bietet durch die Wölbung außerdem etwas mehr Pflanzfläche als ein ebenes Beet. Zunächst hebt man eine flache Grube aus, die am besten mit einem engmaschigen Drahtgeflecht als Wühlmausschutz ausgelegt wird. Den Kern bilden grob zerkleinerte Äste, Zweige und kräftige Stängel, etwa 30–40 cm hoch aufgeschichtet. Sie dienen v. a. als **DRÄNAGE** (S. 539) und werden rundum mit umgedrehten Grassoden (Wurzeln nach oben) abgedeckt. Darüber kann man noch Laub schichten. Dann wird die äußere, 20–30 cm starke Pflanzschicht aus Kompost und dem zuvor ausgehobenen Boden aufgetragen.

Besondere Beetformen *S. 379*

HÜLSE

Eine Frucht, die aus nur einem Fruchtblatt der Blüte gebildet wird und sich bei Reife an der Bauch- sowie an der Rückennaht öffnet, um die Samen zu entlassen. Diese Fruchtform gab den Hülsenfrüchtlern (*Fabaceae*) wie Bohne (*Phaseolus*), Lupine (*Lupinus*) oder Blauregen (*Wisteria*) ihren Namen.

Die Organe der Pflanzen 2 *S. 126*

HUMOSER BODEN

Ein Boden, der genügend **HUMUS** (S. 547) enthält, um von dessen Strukturverbesserung, Nährstoff- und Wasserspeicherung deutlich zu profitieren. Dazu genügen schon 2–4 % Humusgehalt; bei 4–8 % wird ein Boden hingegen als stark humos eingestuft.

Humus und Bodenleben 2 *S. 166*

HUMUS

Die abgestorbene, weitgehend zersetzte organische Substanz im Boden, die die oberste Bodenschicht dunkel färbt. Sie entsteht durch die Tätigkeit der Bodenorganismen. Ein Teil davon, der Nährhumus, wird relativ schnell zu pflanzenverfügbaren Nährstoffen aufgeschlossen. Der beständigere Dauerhumus verbessert die Struktur und Durchlüftung sowie den Wasser- und den Nährstoffhaushalt des Bodens.

Humus und Bodenleben 2 *S. 165–166*

HYBRIDE

Eine Kreuzung zwischen unterschiedlichen Pflanzen, auch als Bastard bekannt. Meist handelt es sich um Kreuzungen aus zwei oder mehr verschiedenen **ARTEN** (S. 533) derselben **GATTUNG** (S. 543). Solche Hybriden treten auch spontan in der Natur auf. Die meisten im Garten verwendeten Hybriden, z. B. die Rhododendron-Hybriden, wurden jedoch gezielt gekreuzt. Sie kombinieren die unterschiedlichen Vorzüge ihrer Eltern. Arthybriden sind meist beständig, d. h., sie vererben ihre Merkmale unverändert an ihre Nachkommen. Das gilt großteils auch für Hybridsorten (**SORTE**, S. 561), die unter Einkreuzung verschiedener Arten, **VARIETÄTEN** (S. 566), speziell ausgelesener Linien usw. entstanden sind, z. B. die Sorten der großblumigen *Clematis*-Hybriden. Anders verhält es sich mit **F1-HYBRIDEN** (S. 541), die immer wieder neu gekreuzt werden müssen.

Pflanzenvielfalt mit System 2 *S. 129*

i

IMMERGRÜN

Als immergrün bezeichnet man Pflanzen, v. a. Gehölze, die im Gegensatz zu den **SOMMERGRÜNEN** (S. 561) oder laubabwerfenden ihre Blätter rund ums Jahr behalten. Solche Arten, z. B. die meisten Nadelgehölze oder Buchs, erneuern ihr Blattwerk in unauffälligen Schüben, teils nur im Abstand von mehreren Jahren. Auch unter den **STAUDEN** (S. 562), Gräsern und Farnen gibt es einige Immergrüne, deren ältere Blätter erst absterben, nachdem sich die neuen vollständig entwickelt haben.

Ziergehölze 3 *S. 270*

INSEKTIZID

Pflanzenschutzmittel zur Bekämpfung von Insekten, die als Schädlinge auftreten.

Bekämpfungsmaßnahmen und -methoden 2 *S. 195*

j

JÄTEN

Das Entfernen von Unkraut mit der Hand oder mit Handgeräten wie Hacke, Krail, Schuffel oder Kultivator. Dabei sollten die störenden Kräuter oder Gräser möglichst komplett mitsamt Wurzeln und eventuellen **AUSLÄUFERN** (S. 534) beseitigt werden. Ein sogenannter Unkrautstecher macht dies in Beeten und im Rasen einfacher. Bei leicht feuchtem Boden lassen sich die Pflanzen am besten herausziehen. Je früher man zu Beginn der Wuchsperiode mit dem Jäten beginnt und je regelmäßiger man es betreibt, desto leichter bekommt man die Unkräuter in den Griff.

Bodenbearbeitungsgeräte 2 *S. 142*
Unkräuter 2 *S. 208–209*

k

KALIUM

Einer der wichtigsten Pflanzennährstoffe. Kalium spielt eine große Rolle im Wasserhaushalt der Pflanzen, beim Stofftransport, Kohlenhydrataufbau und der Arbeit wichtiger Enzyme. Es festigt zudem das Pflanzengewebe und ist somit eine Art Gegenspieler zum **STICKSTOFF** (S. 563). Bei Kaliummangel treten ganz typische Symptome auf – beginnend an den älteren Blättern: Die Blattspitzen und Blattränder hellen sich auf und werden in Folge braun. Später krümmen sich die Blätter oder rollen sich sogar auf. Die Pflanze wirkt insgesamt welk und schlaff (Welketracht). Durch eine kaliumbetonte Düngung lässt sich die Widerstandsfähigkeit der Pflanzen gegen Frost, Schädlinge und Krankheiten erhöhen. Entsprechende Düngesalze werden auch als Kali bezeichnet und liegen in Form von Kaliumsulfat oder -chlorid vor (**CHLORIDFREIER DÜNGER**, S. 538).

Die Pflanzennährstoffe 2 *S. 175*

KAPSELFRUCHT

Eine Frucht, die sich aus mehreren, miteinander verwachsenden Fruchtblättern entwickelt und sich beispielsweise über Löcher (bei Mohn) oder Klappen (bei Veilchen) öffnet, um die reifen Samen auszustreuen.

Die Organe der Pflanzen 2 *S. 126*

KÄTZCHEN

Meist hängender Blütenstand aus zahlreichen unscheinbaren Einzelblütchen, der im Aufbau einer ÄHRE (S. 532) oder TRAUBE (S. 565) entspricht, z. B. bei Birke (*Betula*), Hasel (*Corylus*) oder Weide (*Salix*).

Die Organe der Pflanzen 2 *S. 125*

KEIMTEST

Eine Aussaatprobe, um die Keimfähigkeit älteren Saatguts zu überprüfen. Dafür sät man ca. 20 Samen unter optimalen, kontrollierten Bedingungen. Wenn weniger als die Hälfte keimt, lohnt sich die Verwendung des Saatguts nicht mehr. Sie sollten dann besser neue Samen kaufen, die sicher keimen werden.

Saatgutkauf und -aufbewahrung 2 *S. 155*

KERNFRUCHT

Andere Bezeichnung für eine APFELFRUCHT (S. 533); wird auch Sammelbalgfrucht genannt.

Die Organe der Pflanzen 2 *S. 126*

KERNOBST

Obstarten, die apfelähnliche Früchte (APFELFRUCHT, S. 533) mit einem Kerngehäuse ausbilden, nämlich Apfel, Birne und Quitte. Auch die selten kultivierte Nashi oder Apfelbirne zählt zum Kernobst.

Obst – Schmackhaftes zum Selberernten 3 *S. 352*

KESSELDRUCKIMPRÄGNIERTES HOLZ

Hölzer, die für den Außenbereich angeboten werden, sind meist im Kesseldruckverfahren imprägniert und zeigen dann eine leicht grünliche Färbung. Bei dieser Methode werden Holzschutzsalze mit hohem Druck in das Holz gepresst. Gute kesseldruckimprägnierte Hölzer, die selbst unter feuchten Bedingungen lange haltbar sind, werden außerdem in einem Heißluft- oder Vakuumverfahren nachbehandelt, was einem Auswaschen der Holzschutzsalze vorbeugt. Auch eine Lagerung von wenigstens 3 Wochen verbessert die Qualität der Hölzer und ihrer Imprägnierung. Man sollte möglichst chromfrei imprägniertes Holz wählen, das durch entsprechende Gütezeichen ausgewiesen ist, da Chromsalze schon bei ihrer Verarbeitung als Imprägniermittel die Umwelt belasten.

KIES

Abgerundete, meist unregelmäßig geformte mineralische Teile mit mehr als 2 mm Durchmesser. Kies entstand ursprünglich aus Gesteinen, die von Gletschern zermahlen wurden. Beim Weitertransport und Ablagern durch Schmelzwasser und Flüsse wurden die Gesteinsteile so abgeschliffen, dass sie ihre abgerundete Form erhielten. Kies wird in Kieswerken gewonnen, abgesiebt und – meist gewaschen – in verschiedenen Größensortierungen angeboten. Die KÖRNUNG (S. 550) reicht in der Regel von 2–32 mm, seltener bis 50 mm. Größere Kiessteine werden als Kiesel bezeichnet. Der sogenannte Flusskies, einst in fließenden Gewässern rund geschliffen und abgelagert, ist oft hellgrau, hellbeige oder weiß. Er eignet sich im Garten besonders für dekorative Zwecke, etwa als Wegbelag oder für Teiche. Zwischen Pflanzen ausgebrachter Kies bietet als Bodenbedeckung auch manche Vorteile des MULCHENS (S. 553). Allerdings wird bei Kiesbelägen, auch bei einfacher Aufschüttung als Weg, auf Dauer oft der Unkrautdurchwuchs lästig. Sämtliche Unkrautwurzeln sollten zuvor gründlichst entfernt werden. Ansonsten lässt sich Kies im Garten – am besten nur als gewaschener Kies – zum Auflockern SCHWERER BÖDEN (S. 560) sowie als DRÄNAGE (S. 539) einsetzen. Auch im UNTERBAU (S. 566) von Pflastern und Wegen wird er oft verwendet, ebenso bei der Herstellung von BETON (S. 535).

KIESGARTEN

In einem Kiesgarten oder Kiesbeet prägt flächig ausgebrachter KIES (S. 548) die Gestaltung. In der einfachsten Form kann man den Kies schlicht als Bodenbedeckung zwischen den Pflanzen auftragen, wodurch Gehölze oder STAUDEN (S. 562) auf der hellen Fläche besondere Wirkung entfalten. In asiatisch inspirierten Gärten ergibt ein Kiesbelag in Kombination etwa mit Funkien, Zwerggehölzen und Bambus ein besonders stimmiges Bild. Dabei darf auch die – stets sorgfältig und eventuell in Mustern geharkte – Kiesfläche stark in den Vordergrund treten, bei eher sparsamer Bepflanzung. Eine andere Form der Kiesverwendung ist das Nachgestalten naturnaher Kiesstandorte. Hier können zum einen eher trockene Gebirgsflächen als Vorbild dienen, zum anderen feuchte Bach- oder Flussufer. Im ersten Fall siedelt man hauptsächlich Steingartenstauden an. Hier wird zuvor der Boden bis zu 40 cm tief ausgehoben, mit einer DRÄNAGE (S. 539) aus Schotter oder grobem Kies versehen und mit einer gut durchlässigen Erdmischung wieder aufgefüllt, über die dann der Kies kommt. Das Anlegen feuchter Kiesbereiche bietet sich vor allem im Teich- und Bachumfeld an, mit entsprechenden Pflanzen für den Teichrand und feuchte Uferbereiche. Teils kann es auch hier nötig werden, geeigneten Boden in Form von LEHM (S. 551) einzubringen.

Besondere Anforderungen 1 *S. 45*

KLEINKLIMA

Die klimatischen Verhältnisse in der bodennahen Luftschicht bis 2 m Höhe, die sich gerade im Garten oft sehr kleinräumig unterscheiden. Hecken, Mauern und nahestehende Gebäude beeinflussen die Temperaturen, die Luftfeuchtigkeit, die Windwirkung und teils auch die Niederschlagsverteilung. Entsprechende Auswirkungen haben ebenso die Lage zur Himmelsrichtung, die Geländeneigung und -form (z. B. am Hang, mit Mulden oder Hügeln), eventuelle Kleingewässer im Garten und nicht zuletzt auch der Boden und der Pflanzenbewuchs. Auf diese Weise können innerhalb eines Gartens recht unterschiedliche kleinklimatische Bedingungen vorherrschen, die man bei der Standortwahl je nach Pflanzenanspruch berücksichtigen sollte.

Das Klima im Garten 1 *S. 20*
Kleinklima im Garten 2 *S. 137–138*

KLEINPFLASTER

Pflaster, dessen Einzelelemente 8–10 cm breit, lang und hoch sind. Kleinpflastersteine haben quadratische Kopfflächen, also insgesamt die Form eines Würfels. Wie beim GROSSPFLASTER (S. 544) finden NATURSTEINE (S. 553) oder Steine aus BETON (S. 535) Verwendung. Noch kleinere Steine werden als MOSAIKPFLASTER (S. 553) verlegt.

Wege und Plätze 1 *S. 57*

KNÖLLCHENBAKTERIEN

Im Boden lebende Bakterien der Gattung *Rhizobium*, die mit Schmetterlingsblütlern bzw. Hülsenfrüchtlern (*Fabaceae*) wie Bohne, Erbse, Lupine oder Blauregen eine SYMBIOSE (S. 564) eingehen. Sie besiedeln die Wurzelrinde der Pflanzen und verursachen dort die Ausbildung von kleinen Wucherungen, den Knöllchen, in denen sie leben. Sie vermögen STICKSTOFF (S. 563) aus der Luft zu binden und stellen ihn der Pflanze zur Verfügung. Dafür versorgt sie die Pflanze mit Kohlenhydraten. Für die GRÜNDÜNGUNG (S. 544) werden gern Schmetterlingsblütler wie Klee (*Trifolium*) oder Wicken (*Vicia*) verwendet, da sie dank der Knöllchenbakterien auch auf nährstoffarmen Böden gedeihen und nach dem Absterben den Boden mit organisch gebundenem, langsam fließendem Stickstoff anreichern. Hohe Stickstoffdüngung sowie Molybdänmangel beeinträchtigen die Entwicklung und die Tätigkeit der Knöllchenbakterien.

Symbiosen – gedeihliche Lebensgemeinschaften 2 *S. 121*
Die Pflanzennährstoffe 2 *S. 175–176*

KNOLLE

Verdicktes ober- oder unterirdisches Speicherorgan einer Pflanze. Knollen entstehen als Umwandlungen von Sprossteilen (z. B. bei Kohlrabi, Radieschen, Kartoffeln) oder von Teilen der Wurzeln (z. B. bei Dahlien, Steppenkerzen, Ranunkeln).

Die Organe der Pflanzen 2 *S. 121–122*
Zwiebeln und Knollen 3 *S. 330*

KNOSPE

Von Hüllblättern (Knospenschuppen) geschützter Wachstumspunkt, auch Auge genannt. Beim Austrieb entstehen daraus Seitentriebe, Triebverlängerungen, Blätter oder Blüten.

Die Organe der Pflanzen 2 *S. 123*

KNOTEN

Der BLATTKNOTEN (S. 536), dem an der Sprossachse die Blätter bzw. Blattstiele entspringen. Wird auch Nodium genannt.

Die Organe der Pflanzen 2 *S. 122*

KOLBEN

Blütenstand, an dem die Einzelblüten an einer verdickten Hauptachse sitzen, z. B. beim Aronstab (*Arum*). Vom Prinzip her ähnelt der Kolben einer ÄHRE (S. 532), da die Blüten ungestielt an der Achse ansetzen.

Die Organe der Pflanzen 2 *S. 125*

KOMPOST

Geordnet aufgehäufte bzw. aufgeschichtete organische Abfälle, die durch die Zersetzungstätigkeit von Bodenorganismen in humusreiche Erde (HUMUS, S. 547) umgewandelt werden. Auch das als Bodenverbesserungs- und Düngemittel wertvolle Endprodukt dieser sogenannten Rotte wird Kompost genannt. Dabei unterscheidet man den noch nicht ganz umgewandelten Frischkompost und den völlig vererdeten Reifekompost.

Kompost? Ja, bitte! 1 *S. 67*
Richtig kompostieren 2 *S. 180–182*

KONIFERE

Als Koniferen bezeichnet man allgemein sämtliche Nadelgehölze. Der aus dem Lateinischen stammende Begriff bedeutet „Zapfenträger" und bezieht sich auf die verholzenden Fruchtzapfen, die die meisten Nadelgehölze ausbilden. Dazu zählen auch die BEERENZAPFEN (S. 535) des Wacholders, obwohl sie äußerlich tatsächlich eher an eine BEERE (S. 535) erinnern. Die roten Samenbecher der Eibe dagegen sind keine Zapfen, somit zählt die Eibe ganz streng genommen nicht zu den Koniferen. Nadelgehölze werden oft mit den IMMERGRÜNEN (S. 547) gleichgesetzt, obwohl es auch Ausnahmen wie die Lärchen gibt, die vorm Winter ihre Nadeln abwerfen – und umgekehrt auch einige immergrüne Laubgehölze.

Pflanzenvielfalt mit System 2 *S. 127*
Ziergehölze 3 *S. 270*

KÖPFCHEN

Blütenstand mit zahlreichen Einzelblüten, die an einer kegel- bzw. kopfförmig verdickten Hauptachse sitzen, z. B. bei Klee (*Trifolium*) und Grasnelke (*Armeria*). Die KÖRBCHEN (S. 550) der Korbblütler werden teils als Abwandlung der Köpfchen angesehen oder sogar mit ihnen gleichgesetzt.

Die Organe der Pflanzen 2 *S. 125*

KOPFDÜNGUNG

Nachdüngung während der Wachstumszeit; der Begriff ist v. a. beim Anbau von Gemüse üblich.

Düngemittel und -methoden 2 *S. 177*

KÖRBCHEN

Blütenstand mit zahlreichen Einzelblüten an einer verdickten, meist gestauchten und verbreiterten Hauptachse. Diese typische Blütenstandsform gab der FAMILIE (S. 541) der Korbblütengewächse (*Asteraceae*) ihren Namen. Zu der riesigen Familie zählen neben Astern und Margeriten z. B. auch Ringelblume, Studentenblume (*Tagetes*), Sonnenhut (*Rudbeckia*) und Tausendschön (Gänseblümchen, *Bellis perennis*). Charakteristisch ist, dass der gesamte Blütenstand wie eine Einzelblüte wirkt. Am großen Blütenkörbchen der Sonnenblume lässt sich das besonders gut nachvollziehen: Die gelben „Blütenblätter" des äußeren Kranzes sind lauter Einzelblüten, sogenannte Zungenblüten. Ebenso setzt sich die dunkle Blütenmitte aus zahlreichen schmalen Einzelblüten zusammen, den Röhrenblüten. Während die Röhrenblüten ZWITTRIG (S. 569) befruchtungsfähig sind (BEFRUCHTUNG, S. 535) und schließlich die Sonnenblumenkörner hervorbringen, dienen die gelben Zungenblüten hier nur der Insektenanlockung. Manche Korbblütler haben nur Zungenblüten, z. B. der Löwenzahn, andere nur Röhrenblüten, z. B. der Estragon. Charakteristisch für die Korbblüten sind häufig auch die dachziegelartig angeordneten HOCHBLÄTTER (S. 546), wie etwa bei der Artischocke sehr ausgeprägt zu erkennen.

Die Organe der Pflanzen 2 *S. 125*
Pflanzenorgane und Eigenheiten der Stauden 3 *S. 304*

KÖRNUNG

Die Korngröße von kleinen Gesteinsteilen. Bei einem Boden bezeichnet man damit die Korngrößenverteilung, die die BODENART (S. 536) bestimmt, also z. B. SAND (S. 558) oder TON (S. 564). Bei käuflichem Sand, KIES (S. 548), SPLITT (S. 561) und SCHOTTER (S. 560) wird damit die Größensortierung angegeben, meist in Millimeter. Kies in der Körnung 2/8 etwa bedeutet: mit 2–8 mm großen Kiessteinchen.

Bodenarten und Bodeneigenschaften 2 *S. 162*

KRÄUTERSPIRALE

Ein mehr oder weniger rundes Kräuterbeet, das mit spiralförmig angeordneten NATURSTEINEN (S. 553) gestaltet wird. Durch die Wärmespeicherung der Steine sind die Wuchsbedingungen für Kräuter besonders günstig. Die Steine legt man von außen nach innen etwa in Form eines Schneckenhauses aus. Nach innen hin schichtet man sie zunehmend mehrlagig aufeinander, so dass die Höhe allmählich ansteigt, bis zu einer Art flachem Turm in der Mitte. Dabei bleiben zwischen den kreisförmig verlaufenden Steinreihen 30–60 cm breite Zwischenräume, in die die Kräuter gepflanzt werden. Etwa 3 m Durchmesser und bis zu 1 m Höhe in der Mitte gelten als ideale Maße. Im unteren, bodennahen Bereich wachsen nährstoff- und eher feuchtigkeitsliebende Kräuter wie Schnittlauch, Petersilie und Pfefferminze. Die höheren Mauerzwischenräume zur Mitte hin werden etwa zur Hälfte mit einer DRÄNAGE (S. 539) aus Kies oder Schotter aufgefüllt. In die darüber aufgebrachte, durchlässige Erde setzt man zunehmend trockenheitsliebende Kräuter, so dass auf dem „Schneckenturm" dann z. B. Lavendel, Oregano, Salbei und Thymian wachsen. Ein an der Südseite angelegter kleiner Teich, der ebenfalls mit Steinen umgeben wird, schafft optimale Verhältnisse für besonders feuchtigkeitsliebende Kräuter, z. B. Brunnenkresse oder Wasserminze.

Gemüse und Kräuter – Beete, Wege und Einfassungen 3 *S. 379*

KRIECHEND

Eine bei niedrigen STAUDEN (S. 562) sowie GEHÖLZEN (S. 544) öfter vorkommende Wuchsform: Die Triebe liegen dabei flach dem Boden auf, teils bewurzeln sie sich an den BLATTKNOTEN (S. 536). Kriechend wachsende Pflanzen finden sich häufig unter den sogenannten BODENDECKERN (S. 536). Auch AUSLÄUFER (S. 534) sowie RHIZOME (S. 557), die sich durch einen deutlichen Längenwuchs ausbreiten, bezeichnet man als kriechend.

KRÜMELSTRUKTUR

Eine sehr vorteilhafte Bodenstruktur, die durch die Tätigkeit der Bodenlebewesen entsteht. Durch Ausscheidungen von Regenwürmern und anderen Bodentieren, schleimige Stoffwechselprodukte von Mikroorganismen sowie Pilzfäden werden kleinere und größere Bodenteilchen zu locker aufgebauten, aber stabilen Krümeln verklebt. Böden mit Krümelstruktur bzw. -gefüge sind ideal durchlüftet und können Wasser sowie Nährstoffe gut speichern und abgeben. Sie stellen daher gute Pflanzenstandorte dar.

Humus und Bodenleben 2 *S. 166*

KÜBELPFLANZE

Als Kübelpflanzen bezeichnet man größere Gewächse aus dem Mittelmeerraum, den Subtropen oder Tropen, die bei uns den Sommer über draußen verbringen können, aber nicht winterhart sind. Damit sie sich über Winter in einem frostfreien Raum unterbringen lassen, werden sie in großen Töpfen bzw. Kübeln gehalten, was ihnen den Namen „Kübelpflanzen" eingebracht hat. Es handelt sich überwiegend um GEHÖLZE (S. 544), die an ihren Heimatstandorten oft wesentlich größer werden als bei Kübelhaltung. Neben den typischen Vertretern wie Oleander oder Engelstrompete (*Brugmansia*) werden manchmal auch in Töpfen kultivierte, aber winterharte Gehölze als Kübelpflanzen bezeichnet.

Kübelpflanzen 3 *S. 398–399*

KULTURFOLGE

Dieser Begriff aus dem Gemüsebau wird manchmal mit der FRUCHTFOLGE (S. 543) gleichgesetzt; im engeren Sinn bezeichnet er aber die Abfolge verschiedener Gemüsekulturen innerhalb eines Jahrs. Ein Kulturfolge besteht danach aus Vor-, Haupt- und Nachkultur (z. B. früher Salat – Kohl – Spinat), gelegentlich wird sogar noch eine Zwischenkultur eingeschaltet. So lässt sich durch Kombination von ARTEN (S. 533) mit unterschiedlicher Kulturzeit und dauer die Fläche optimal nutzen.

Anbauplanung 3 *S. 380*

KULTURSCHUTZNETZ

Ein feinmaschiges Kunstfasernetz, das über Beeten mit jungen Gemüsepflanzen ausgebreitet wird und diese vor Schädlingen schützt. Aufgrund seiner Struktur gelangen genügend Luft und Wasser zu den Pflanzen. Das Netz muss möglichst zeitig ausgebracht und an allen Seiten so befestigt bzw. eingegraben werden, dass keine Schädlinge eindringen können. Angewendet werden Kulturschutznetze v. a., um die Eiablage von Gemüsefliegen, etwa an Möhren, Kohl oder Bohnen, zu verhindern. Sie schützen aber teils auch vor anderen Insekten wie Blattläusen oder Kohlweißlingen sowie Vögeln.

KURZTRIEB

Ein kurzer, oft stark gestauchter Trieb an einem GEHÖLZ (S. 544). Das Wuchsgerüst vieler Gehölze zeigt eine deutliche Gliederung in LANGTRIEBE (S. 541) und Kurztriebe, wobei letztere als Seitensprosse aus den BLATTACHSELN (S. 536) der Langtriebe treiben. Häufig werden Blüten und Früchte hauptsächlich oder nur an Kurztrieben gebildet. Auch beim FRUCHTHOLZ (S. 543) der Obstgehölze handelt es sich überwiegend um Kurztriebe. Bei den Kiefern (*Pinus*) stehen die Nadeln nicht direkt an den Zweigen, sondern an sehr stark gestauchten und daher kaum noch erkennbaren Kurztrieben in Zweier-, Dreier- oder Fünfergruppen beisammen.

Wachstum und Verzweigung 3 *S. 269*

l

LANGTRIEB

Ein langer, wüchsiger Trieb an einem GEHÖLZ (S. 544), an dem häufig seitlich die KURZTRIEBE (S. 551) ansetzen. So ergibt sich die arttypische (ART, S. 533) Verzweigung und Wuchsform eines Gehölzes.

Wachstum und Verzweigung 3 *S. 269*

LANGZEITDÜNGER

Ein Dünger, der seine Nährstoffe in Abhängigkeit von Temperatur, Bodenfeuchtigkeit und Aktivität des Bodenlebens nur allmählich freigibt und so recht langfristig für Nährstoffnachschub sorgt. Diese Langzeitwirkung bezieht sich besonders auch auf den STICKSTOFF (S. 563), der in MINERALISCHEN DÜNGERN (S. 552) meist sehr schnell freigesetzt, aufgenommen oder auch ausgewaschen wird und damit rasch „verbraucht" ist. Die ORGANISCHEN DÜNGER (S. 555) wirken im Vergleich dazu oft schon als Langzeitdünger. Unter dieser Bezeichnung werden aber v. a. mineralische Dünger verkauft, bei denen die Nährstoffe in Harze oder ähnliche Substanzen eingebettet sind. Man bezeichnet sie auch als Depotdünger. Teils liefern sie über Monate hinweg Nährstoffe nach.

Düngemittel und -methoden 2 *S. 178*

LEHM

Eine BODENART (S. 536), die zu je etwa einem Drittel aus SAND (S. 558), SCHLUFF (S. 559) und TON (S. 564) zusammengesetzt ist. Diese ausgewogene Zusammensetzung aus verschiedenen Korngrößen macht Lehmböden zu besonders günstigen Pflanzenstandorten. Dass Lehm trotzdem einen nicht allzu guten Ruf hat, liegt daran, dass man ihn umgangssprachlich oft mit Ton gleichsetzt. Von Flüssen oder Gletschern abgelagerter Lehm kommt auch in tieferen Schichten als mineralische Ausgangsform der Bodenbildung vor und ist dann ebenso wie feste Gesteinsmassen als Ausgangsgestein anzusehen.

Bodenarten und Bodeneigenschaften 2 *S. 162–163*

LEICHTER BODEN

Ein Boden mit hohem Anteil an SAND (S. 558). Das Attribut „leicht" bezieht sich darauf, dass sich solche Böden ohne große Mühe bearbeiten lassen. Leichte Böden zeigen eine gute Wasserführung und Durchlüftung, speichern aber Wasser und Nährstoffe nur schlecht. Sie erwärmen sich rasch, kühlen aber auch schnell wieder aus.

Bodenarten und Bodeneigenschaften 2 *S. 162–163*

LEITAST

Leitäste sind kräftige, günstig stehende und verteilte Äste eines Obstbaums, die – meist zusammen mit einem Mitteltrieb – das Gerüst der Krone bilden. Sie werden deshalb auch als Gerüstäste bezeichnet. Überwiegend erzieht man die Bäume mit 3 oder 4 Leitästen.

Obstbäume schneiden 3 *S. 360–364*

LEITSTAUDE

In Staudenbeeten und -rabatten eine dominierende Art, die meist hoch wächst und besonders prächtig sowie lange blüht, z. B. Rittersporn oder hohe Astern.

Flächen und Beete gestalten 1 *S. 102*
Aufbau eines Staudenbeets 3 *S. 311*

LICHTER SCHATTEN

Eine leichte Beschattung, die zwar den direkten Einfall der Sonnenstrahlen mindert, aber dennoch recht viel Licht hindurchlässt. Standorte, die lichten Schatten bieten, finden sich in der Umgebung von Laubbäumen, bei denen die Krone an langem Stamm erst weit oben ansetzt und die Blätter recht klein und/oder dünn sind. Ein typischer Schattenspender dieser Art ist die Birke.

Was Pflanzen brauchen 2 *S. 131*

LICHTKEIMER

Eine Pflanze, deren Samen Licht zum Keimen brauchen, im Gegensatz zu DUNKELKEIMERN (S. 540). Sie dürfen deshalb gar nicht oder allenfalls sehr dünn mit Erde abgedeckt werden. Zu den Lichtkeimern gehören z. B. Löwenmäulchen und Basilikum.

Vermehrung über Samen 2 *S. 221*

m

MAGERER BODEN

Nährstoffarmer Boden, in der Regel auch mit geringem Humusgehalt (HUMUS, S. 547) und hohem Anteil an SAND (S. 558) oder auch Steinen.

MARKENBAUMSCHULE

Eine Baumschule, die sich besonders strengen Kontrollen unterzieht, sowohl bezüglich der Qualität der verkauften Pflanzen als auch der gärtnerischen Produktion. Überwacht wird dies durch den Bund deutscher Baumschulen (BdB), der das Gütezeichen „Deutsche Markenbaumschule" verleiht.

Pflanzen einkaufen 2 *S. 153*

MAUERSCHEIBE

Betonelement bzw. Teilstück einer Betonwand mit waagrechter Platte als Fuß. Mauerscheiben haben somit in der Seitenansicht eine L-Form und werden auch als Winkelstützelemente bezeichnet. Nach dem Einbau wird der Fußteil durch den Druck der darüber befindlichen Erde stabilisiert. Dadurch eignen sich Mauerscheiben gut als Stützwände bei unterschiedlichem Geländeniveau, zum Befestigen von Böschungen usw. Da der übliche graue BETON (S. 535) etwas trist wirkt, werden Mauerscheiben teils auch mit Naturstein- oder „Edelsplitt"-Beschichtung angeboten.

MINERALISCHER DÜNGER

Ein Dünger, bei dem die Nährstoffe als leicht lösliche Düngesalze enthalten sind oder seltener in zerkleinerten bzw. zermahlenen Gesteinspartikeln, die als langsam fließende Nährstoffquelle dienen (z. B. Gesteinsmehle). Die handelsüblichen Mineraldünger mit Kombinationen der wichtigsten Nährstoffe sind meist schnell im Bodenwasser löslich. Damit lassen sich die Pflanzen rasch und zielgerichtet versorgen. Allerdings kann es bei Verwendung solcher Dünger recht leicht zur Auswaschung, Überdüngung oder zu einer übermäßigen Anreicherung von NITRAT (S. 554) kommen. Zudem sind manche Pflanzen salzempfindlich; in solchen Fällen sollten nur ORGANISCHE DÜNGER (S. 555) Verwendung finden.

Düngemittel und -methoden 2 *S. 178*

MINITEICH

Ein kleines Behältnis, das mit Wasser befüllt und mit schwachwüchsigen Teichpflanzen bepflanzt wird. Für Miniteiche auf Terrassen oder Balkonen verwendet man bevorzugt dekorative Kübel oder Holztröge, die mit Folie ausgelegt werden. Miniteiche im Garten lassen sich z. B. auch mit Hilfe von in den Boden eingesenkten Kunststoffwannen anlegen.

Besondere Bauweisen und Gestaltungselemente 1 *S. 90*

MISCHKULTUR

Der Anbau verschiedener Gemüsearten auf demselben Beet, meist in benachbarten Reihen. Ausgewählt werden dafür jeweils Pflanzen, die sich gegenseitig fördern oder vor Schädlingen schützen, zumindest aber gut miteinander verträglich sind. Schon das Abwechseln der ▶ ARTEN (S. 533) auf demselben Beet kann bewirken, dass sich Krankheiten und Schädlinge weniger stark ausbreiten als auf einheitlich bepflanzten Flächen. Außerdem lässt sich die Beetfläche durch die Kombination verschiedener Wuchsformen besonders gut ausnutzen. In die Mischkultur kann man auch Kräuter sowie ▶ SOMMERBLUMEN (S. 560), z. B. Studentenblumen und Ringelblumen, einbeziehen.

Anbauplanung 3 *S. 380–381*

▶ MITTELZEHRER

Bei einer ▶ FRUCHTFOLGE (S. 543) auf dem Gemüsebeet eine ▶ ART (S. 533) mit mittlerem Nährstoffbedarf. Sie profitiert noch von der Nährstoffversorgung der vorher angebauten ▶ STARKZEHRER (S. 562) und braucht nur eine mäßige Düngung. Als Mittelzehrer werden z. B. Kopfsalat, Mangold, Rettich und Zwiebeln eingestuft.

Anbauplanung 3 *S. 380*

▶ MOORBEET

Ein Beet mit saurem, stets feucht gehaltenem ▶ SUBSTRAT (S. 564) aus ▶ TORF (S. 564), Rindenmulch und/oder Rindenkompost. Hier lassen sich besondere Pflanzen wie Knabenkraut (*Dactylorhiza*), Sonnentau (*Drosera*) und Wollgras (*Eriophorum vaginatum*) ansiedeln, die nur auf stark humosem, ▶ SAUREM BODEN (S. 559) gedeihen. Moorbeete sind eine schöne Ergänzung für einen Gartenteich oder ▶ HEIDEGARTEN (S. 545), entfalten aber auch als separate Pflanzfläche Wirkung. In den Randbereich passen z. B. Rhododendren, Heiden (*Erica*) oder Torfmyrte (*Gaultheria mucronata*).

Lebensraum Wassergarten 3 *S. 321*

▶ MÖRTEL

Eine Gemisch aus Zuschlagstoff (meist ▶ SAND, S. 558), Bindemittel (Kalk, Zement oder Gips) und Wasser, das zum Verbinden von Mauersteinen, zum Verputzen oder zum Herstellen von Estrich verwendet wird. Je nach Bindemittel und Mischungsverhältnis der Komponenten eignet sich Mörtel für unterschiedliche Zwecke. Danach werden sowohl Mauermörtel wie Putzmörtel in verschiedene Mörtelgruppen unterteilt, die sich z. B. in der Belastbarkeit und Wetter- bzw. Wasserfestigkeit unterscheiden. Mörtel wird nach dem Anrühren mit Wasser als pastenartige Substanz verstrichen und härtet dann durch Trocknung und/oder chemische Reaktionen aus. Die Dauer bis zum Aushärten kann je nach Art des Mörtels recht unterschiedlich sein.

▶ MOSAIKPFLASTER

Ein Pflaster, dessen Einzelelemente 4–6 cm breit, lang und hoch sind. Für Mosaikpflaster werden fast ausschließlich ▶ NATURSTEINE (S. 553) verwendet. Mit Mosaiksteinen in verschiedenen Farben lassen sich sehr ansprechende ornamentale Pflaster gestalten. Da der Verlegeaufwand recht groß ist, nutzt man Mosaikpflaster hauptsächlich für relativ kleine Flächen oder schmale Streifen.

Wege und Plätze 1 *S. 57*

▶ MULCHEN

Das Bedecken unbewachsenen Bodens zwischen den Pflanzen, vorwiegend mit organischem Material wie Rasenschnitt, Laub oder Rindenmulch. Mulchen reduziert die Verdunstung, hält die Bodenoberfläche krümelig, unterdrückt Unkrautaufwuchs und hat noch manch andere Vorteile. Einen Teil dieser Effekte erreicht man auch durch eine Bodenabdeckung mit dunkler Mulchfolie oder ▶ KIES (S. 548). Das Mulchen mit pflanzlichen Stoffen trägt darüber hinaus aber auch zur Anregung des nützlichen Bodenlebens und zur Bildung von ▶ HUMUS (S. 547) bei.

Mulchen 2 *S. 170*

▶ MYZEL

Das Geflecht von Pilzfäden (Hyphen), das den eigentlichen Wachstumskörper eines Pilzes darstellt. Der Pilz breitet sein Myzel in oder auf dem Substrat (z. B. Boden, Holz, lebende oder abgestorbene Pflanzen) aus.

Pilzkrankheiten 2 *S. 200*

n

▶ NATURSTEIN

Jedes Gestein, das als Ergebnis erdgeschichtlicher Vorgänge entstanden ist, also z. B. durch Vulkan- und Gletschertätigkeit, massive Erdbewegungen oder natürliche Verwitterung; dies im Gegensatz zu Kunststein wie ▶ BETON (S. 535) oder mit Polyesterharz vermischten Mineralien. Natursteine werden in Steinbrüchen gewonnen und sind als ansprechende Baumaterialien für den Garten bzw. Außenbereich beliebt, aber auch vergleichsweise teuer. Man verwendet sie v. a. als Pflaster und (oft unregelmäßig geformte) Platten sowie für Mauern. Zu den im Garten gern eingesetzten Natursteinen gehören Granit, Gabbro, Basalt, Schiefer und Sandstein. Ein besonders edler Naturstein, etwa für Terrassenbeläge, ist Marmor. Als Natursteine im weiteren Sinn kann man Steine oder Platten aus gebranntem Ton einstufen, nämlich Backsteine, Ziegel, Terrakotta und Klinker.

Wege und Plätze 1 *S. 57*

NEKROSE

Abgestorbener Gewebeteil, der bei Pflanzen meist braun bis schwarz gefärbt ist. Nekrotische Blattflecken sind typisch für manche Pflanzenkrankheiten, die z. B. durch Viren oder unbelebte Schadursachen hervorgerufen werden, können aber auch bei Schädlingsbefall auftreten.

Pflanzenschutz 2 *ab S. 190*

NEMATODEN

Winzige, um 1 mm große Rundwürmer, die auch als Fadenwürmer oder Älchen bezeichnet werden. Sie leben im Boden oder als Parasiten in Pflanzen und Tieren. Die meisten sind äußerst nützliche Bodenorganismen, zersetzen organische Substanz oder halten sogar Schaderreger im Boden im Zaum. Bestimmte Nematoden lassen sich sogar – als Pflanzenschutzpräparate aufbereitet – gezielt gegen Schädlinge einsetzen. Manche Nematoden treten jedoch als gefürchtete, schwer bekämpfbare Pflanzenschädlinge auf, die an Wurzeln, Blättern, Stängeln oder Blüten saugen. Zahlreiche krautige Zier- und Nutzpflanzen können durch Nematoden geschädigt werden; Gehölze sind seltener betroffen. Pflanzenschädigende Nematoden können teils viele Jahre in Pflanzenresten und im Boden überdauern und gehören zu den wichtigsten Ursachen der BODENMÜDIGKEIT (S. 537).

Tierische Schädlinge 2 *S. 203*

NITRAT

Ein leicht lösliches Salz des Stickstoffs (N) mit der chemischen Abkürzung NO_3^-. Nitrat ist die Verbindung, in der Pflanzen den wichtigen Nährstoff STICKSTOFF (S. 563) überwiegend aufnehmen. Als „komplettes“ Salz ist das negativ geladene Nitratteilchen an ein positiv geladenes Teilchen gebunden, z. B. an Calcium (Ca) oder KALIUM (S. 547). Solche Nitratsalze, z. B. Kaliumnitrat (KNO_3), sind auch als Salpeter bekannt. In MINERALISCHEN DÜNGERN (S. 552) liegt der Stickstoff häufig in dieser Form vor. Der in ORGANISCHEN DÜNGERN (S. 555) gebundene Stickstoff wird von im Boden lebenden Bakterien in Nitrat umgewandelt. Nach der Aufnahme aus dem Boden baut die Pflanze das Nitrat in ihre körpereigene Substanz ein, indem sie es als Grundstoff für Eiweiße und ähnliche stickstoffhaltige Verbindungen nutzt. Dieser Umbau wird nur im Zusammenhang mit der PHOTOSYNTHESE (S. 555) möglich. Wenn diese durch Lichtmangel oder Kälte gehemmt ist oder die Pflanze überreichlich mit Dünger versorgt wird, lagert sie zunächst Nitrat in größeren Mengen ein. Bei Gemüse kann das zu einem besonderen Problem werden: Das Nitrat wird beim Verzehr zu Nitrit (NO_2^-) umgewandelt, aus dem wiederum krebserregende Nitrosamine entstehen können. Säuglinge sind durch das Nitrit auch direkt gefährdet, da es den roten Blutfarbstoff Hämoglobin und damit den Sauerstofftransport im Blut behindert – schlimmstenfalls drohen „Blausucht“ (bläuliche Lippen- und Hautverfärbung) und Erstickung. Babynahrung muss deshalb unbedingt nitratarm sein. Doch auch Erwachsene sollten hohe Nitratgehalte vermeiden.
Deshalb empfiehlt sich stets eine zurückhaltende Stickstoffdüngung oder gar ein völliger Verzicht darauf, wenn der Erntetermin bei Gemüse näher rückt – dies ganz besonders bei Gemüse im Gewächshaus, das während der lichtarmen Jahreszeit angebaut wird. Auch stickstoffreiche ORGANISCHE DÜNGER (S. 555) tragen zur Nitratbelastung bei, da ihr Stickstoff von den Bodenorganismen in pflanzenverfügbares Nitrat umgewandelt wird. Besonders Salate und Blattgemüse wie Spinat sowie Wurzelgemüse, z. B. Rettich und Rote Bete, können viel Nitrat einlagern. Man sollte sie deshalb möglichst erst abends, nach einem sonnigen Tag mit entsprechendem Eiweißaufbau, ernten. In Früchten dagegen, ob Tomaten oder Obst, kommen kaum hohe Nitratgehalte vor. Überhöhte Nitratgehalte belasten auch das Trinkwasser; sie sind überwiegend durch ausgewaschene Düngersalze verursacht.

Die Hauptnährstoffe 2 *S. 175*
Saisonverlängerung bei Gemüse und Kräutern 3 *S. 383*
Düngung 3 *S. 388*

NUSS

Eine Frucht mit verholzter Fruchtwand, die meist nur einen Samen enthält und nach der Reife komplett abfällt, ohne sich zu öffnen. Paradebeispiel ist die Haselnuss, auch die Eicheln und die Früchte der Buche (Bucheckern) sind Nüsse. Die Walnuss dagegen zählt, streng botanisch betrachtet, zu den Steinfrüchten, da ihre äußere Hülle, die eigentliche Fruchtwand, grün und fleischig bzw. ledrig bleibt.

Die Organe der Pflanzen 2 *S. 126*

O

OBELISK

Ein hoher, rechteckiger Steinpfeiler, der sich nach oben verjüngt, oder eine entsprechende Nachbildung aus Metallstäben bzw. kräftigem Draht, die als Rankgerüst dient. Steinerne Obelisken, die in einer Pyramidenspitze enden, waren im alten Ägypten Kultsymbole und fanden in verkleinerter Form Eingang in die europäische Architektur und Gartengestaltung. Schmale Obelisken aus Stahlrohr wurden schließlich zu einem ganz typischen Element englischer Gärten – bevorzugt als Kletterhilfe für Rosen oder auch Waldreben (*Clematis*).

ORGANISCHER DÜNGER

Ein Dünger, bei dem die Nährstoffe in organisch gebundener Form enthalten sind, d. h. eingelagert in HUMUS (S. 547), Pflanzenrückstände, tierische Exkremente oder tierische und pflanzliche Abfallstoffe der Nahrungsmittelproduktion. Hierzu zählen z. B. Mist und HORNSPÄNE (S. 546) ebenso wie KOMPOST (S. 549). Käufliche organische Fertigdünger sind oft aus mehreren Komponenten zusammengesetzt und enthalten dann alle wichtigen Nährstoffe in ausgewogenem Verhältnis. Die Nährstoffe in organischen Düngern müssen erst durch die Bodenlebewesen in eine pflanzenverfügbare Form umgewandelt werden. Dadurch fließen die Nährstoffe mehr oder weniger langsam und nachhaltig, in Abhängigkeit von Temperatur, Bodenfeuchte und -zustand. So bleibt die Gefahr von Überdüngung oder Auswaschung geringer als bei schnell löslichen MINERALISCHEN DÜNGERN (S. 552). Außerdem tragen organische Dünger oft auch zum Aufbau von Humus und damit zur Bodenverbesserung bei.

Düngemittel und -methoden 2 *S. 178*

OXALSÄURE

Eine organische Säure, die in mehreren Pflanzen vorkommt, z. B. im Sauerklee (*Oxalis acetosella*), nach dessen botanischer Bezeichnung sie benannt wurde. Größere Mengen davon finden sich in Rhabarber, Spinat, Mangold und Roter Bete. In hohen Dosen bzw. sehr häufig mit der Nahrung aufgenommen, kann Oxalsäure der menschlichen Gesundheit schaden: Sie blockiert v. a. wichtige Mineralstoffe wie Calcium (Kalk) und Eisen und erhöht das Risiko der Nierensteinbildung. Die genannten Gemüse sollten deshalb nur in Maßen bzw. nicht allzu oft verzehrt werden. Blanchieren und Abschütten des Kochwassers vermindert den Oxalsäuregehalt. Ein Ausgleich durch calciumhaltige Nahrungsmittel wie Milch und Milchprodukte ist empfehlenswert. Beim Rhabarber steigt der Oxalsäuregehalt gegen Ende Juni so stark an, dass er dann nicht mehr geerntet werden sollte.

P

PANASCHIERT

Bezeichnet eine Blattfärbung mit gelben oder weißen Punkten, Flecken oder Streifen. Die Blätter bilden an diesen Stellen kein Chlorophyll (Blattgrün) aus. Durch den Kontrast zwischen hellen und grünen Blattbereichen wirkt das Laub besonders dekorativ. Zuweilen sind die hellen Partien auch rötlich überhaucht. Panaschierungen kommen bei Ziergehölzen ebenso vor wie bei STAUDEN (S. 562), Gräsern, SOMMERBLUMEN (S. 560) und manchen Kräutern; sie sind jeweils charakteristische Merkmale bestimmter SORTEN (S. 561).

Pflanzenorgane und Eigenheiten der Stauden 3 *S. 303*

PFLÜCKREIFE

Allgemein der jeweils optimale Erntetermin für Obst oder auch Fruchtgemüse. Meist werden Früchte geerntet, nachdem sie voll ausgereift sind bzw. kurz davor – die Pflückreife entspricht der Genussreife. Manche SORTEN (S. 561) von Äpfeln und Birnen dagegen entfalten ihre Genussreife erst nach längerer Lagerung. Die Pflückreife liegt also deutlich früher und wird anhand äußerer Merkmale wie der Ausfärbung oder der Ablösung vom Zweig beurteilt.

Ernte und Lagerung von Obst 3 *S. 374*

PFOSTENSCHUH

Metallelement zum Verankern von Holzpfosten und -balken (z. B. für Zäune, Carports, Pergolen) im Boden bzw. in oder auf Betonfundamenten (FUNDAMENT, S. 543). Pfostenschuhe ähneln in ihrer Funktion den BODENHÜLSEN (S. 537), sind aber nicht rundum geschlossen. Als einfache Pfostenanker bestehen sie praktisch nur aus Metallwinkeln in U-Form, in die die Pfosten eingesetzt werden. Damit können sie auf einen Betonsockel aufgeschraubt oder in diesen eingegossen werden. Andere Pfostenschuhe haben eine L-Form, H-Form oder T-Form, teils mit zusätzlichen Unterkonstruktionen zum Einbetonieren. Für Rundhölzer gibt es spezielle Pfostenschuhe.

PHOTOSYNTHESE

Der zentrale Lebensvorgang der Pflanzen, bei dem sie die Energie der Sonne nutzen, um Kohlenhydrate aufzubauen. Dazu benötigen sie lediglich Kohlendioxid aus der Luft und Wasser aus dem Boden. Mit ihrem Blattgrün, dem Chlorophyll, sind sie in der Lage, die Lichtenergie der Sonne aufzunehmen und diese einfachen Grundstoffe in energiereichen Traubenzucker umzuwandeln. Dieser dient ihnen als Ausgangsstoff zum Aufbau von Körper- und Erbsubstanz (Kohlenhydrate, Eiweiße u. a.) sowie als Energielieferant für alle Stoffwechselprozesse. Nach dem Umsetzen der Ausgangsstoffe zu Traubenzucker bleibt Sauerstoff übrig, den die Pflanzen in die Atmosphäre abgeben. So tragen sie durch die Photosynthese wesentlich zum Sauerstoffgehalt der Luft bei, ebenso halten sie den Kohlendioxidgehalt in verträglicher Balance. Die Photosynthese läuft in allen grünen Pflanzenteilen ab, besonders aber in den Blättern – dies nur tagsüber bzw. bei ausreichendem Lichtangebot.

Wie Pflanzen leben 2 *S. 118*

PH-WERT

Messwert für den Säuregrad von Boden und Wasser. Der pH-Wert ergibt sich aus der Zahl freier Wasserstoffionen (H^+-Ionen), die eine chemisch saure Reaktion bewirken. Er kann von 0–14 reichen. Ein pH-Wert von 7 bedeutet neutral, niedrigere Werte weisen auf saures Milieu hin, Werte über 7 auf ein alkalisches bzw. basisches.

Die inneren Bodenwerte 2 *S. 164*

PIKIEREN

Das Auseinanderpflanzen von heranwachsenden Sämlingen, die in einem Anzuchtgefäß zu eng stehen. Meist setzt man sie dann einzeln in kleine Töpfe, weshalb das Pikieren auch als Vereinzeln bekannt ist.

Vermehren über Samen 2 *S. 221–222*

POLLENSPENDER

Bei Obstbäumen eine SORTE (S. 561), die sich gut eignet, um die Blüten einer anderen Sorte zu befruchten (BEFRUCHTUNG, S. 535). Manche Obstarten wie Apfel, Birne oder Süßkirsche sind selbstunfruchtbar, d. h., der Pollen einer Sorte kann die eigenen Blüten nicht befruchten. Wächst kein passender Pollenspender mit derselben Blütezeit in der Umgebung, muss ein zweiter Baum gepflanzt werden.

Sorten sorgfältig wählen 3 *S. 355*

POLSTERPFLANZE

Niedrige Pflanze mit gedrungener, kissen- bzw. halbkugelartiger Wuchsform. Polsterpflanzen finden sich v. a. unter den STAUDEN (S. 562), z. B. Blaukissen oder Polsterphlox, teils auch bei den Zwerggehölzen und SOMMERBLUMEN (S. 560). Sie entstammen ursprünglich oft Gebirgs- oder Trockenstandorten.

Gestalten mit Formen 3 *S. 308*

PRACHTSTAUDE

Eine aufgrund intensiver Züchtung besonders reich und lange blühende STAUDE (S. 562), die sich gut als BEETSTAUDE (S. 535) bzw. LEITSTAUDE (S. 552) eignet.

Pflanzenorgane und Eigenheiten der Stauden 3 *S. 304*

PYRAMIDENKRONE

Eine Obstbaumkrone mit Mittelast und mehreren rundum verteilten LEITÄSTEN (S. 552). Diese Kronenform wird bei den meisten Obstarten und Baumformen bevorzugt.

Baumgröße und Kronenform 3 *S. 354*
Obstbäume schneiden 3 *S. 360*

r

RABATTE

Eine schmale, langgezogene, oft einseitig begrenzte Pflanzfläche, etwa entlang eines Wegs oder vor einer Hauswand. Man kann die Rabatte demnach als Sonderform eines Beets ansehen; Beete im engeren Sinn sind üblicherweise eher rechteckig oder rundlich und darüber hinaus von allen Seiten zugänglich.

RANKPFLANZE

Eine Kletterpflanze, die mit Hilfe von Ranken an einem Gerüst o. Ä. hochklimmt. Dazu wickelt sie ihre Ranken, bei denen es sich um umgewandelte Blätter, Blattstiele oder Sprosse handelt, um die Stützen. Rankpflanzen sind beispielsweise Waldrebe (*Clematis*), Duftwicke (*Lathyrus*) und Erbse (*Pisum*).

Gestalten mit Klettergehölzen 3 *S. 277*
Einjährige Kletterpflanzen 3 *S. 348*

RASENGITTERSTEINE

Formsteine aus BETON (S. 535) mit rechteckigen oder wabenförmigen Höhlungen, durch die Gras hindurchwachsen kann. Als Pflaster verlegt, bilden sie eine Gitterstruktur mit Rasenwuchs in den Öffnungen. Solch ein Bodenbelag ist bei richtiger Verlegung ausreichend stabil, um ihn mit einem Auto zu befahren, bietet aber den Vorteil, das Wasser direkt im Erdboden versickern kann. Zudem präsentiert er sich „grüner" und natürlicher als eine völlig versiegelte Fläche.

Wege und Plätze 1 *S. 59*
Befahrbare Rasenflächen 2 *S. 254*

RAUCHHART

Abgasfest, d. h. widerstandsfähig oder zumindest verträglich gegenüber Luftschadstoffen (Industrie- und Autoabgasen, Verbrennungsgasen von Heizanlagen). Die Rauchhärte ist an entsprechend belasteten Standorten ein wesentliches Kriterium für die Auswahl von Gehölzen.

Krankheiten und Schädlinge an Ziergehölzen 3 *S. 289*
Schadstofffeste und stadtklimageeignete Gehölze 4 *S. 415*

REIFEKOMPOST

Komplett verrotteter, in Erde umgewandelter, feinkrümeliger KOMPOST (S. 549), der nach frischem Waldboden duftet und für Pflanzen gut verträglich ist.

Was im Kompost passiert 2 *S. 180–181*
Vielseitige Kompostverwendung 2 *S. 182*

RELATIVE LUFTFEUCHTIGKEIT

In % angegebener Wasserdampfgehalt der Luft, bezogen auf die maximale Feuchtigkeitsmenge, die die Luft je nach Temperatur aufnehmen könnte. Je höher die Temperatur liegt, desto mehr Wasserdampf wird nötig, bis die Luft zu 100 % mit Feuchtigkeit gesättigt ist. Darüber hinaus schlägt sich die Feuchtigkeit in Tröpfchen nieder. Das geschieht bei kühlerer Luft früher, weil ihr Sättigungsgrad von 100% bei geringerem Wasserdampfgehalt erreicht ist: An kalten Gewächshausscheiben z. B. bildet sich dann Kondenswasser, nach einer kühlen Nacht sind die Pflanzen mit Tautropfen benetzt. In einem winterlich beheizten Raum dagegen können Menschen wie Pflanzen unter der Lufttrockenheit leiden, obwohl sich die absolute Wasserdampfmenge nicht verringert. Diesem Zusammenhang trägt die relative Luftfeuchtigkeit Rechnung. Sie wird mit einem Hygrometer gemessen.

Wettermessungen und -aufzeichnungen 2 *S. 136*

REMONTIEREN

Mehrmals blühen. Remontierende Pflanzen haben in der Regel eine deutliche Hauptblüte, der eine oder mehrere Nachblüten folgen. Dies schätzt man z. B. an manchen Alten Rosen, die sonst oft nur eine Blütenphase im Frühsommer haben; remontierende Rosen dagegen blühen mehrmals nach. Auch STAUDEN (S. 562) wie Rittersporn, die nach einem Rückschnitt einen Nachflor bringen, werden als remontierend eingestuft. Ebenso nennt man Erdbeeren remontierend, wenn sich die Blüte und damit die nachfolgende Ernte nicht nur auf den Frühsommer beschränkt, sondern bis zum Herbst neue Früchte erscheinen.

Rosenklassen und Rosenverwendung 3 *S. 294*

RESISTENZ

Widerstandsfähigkeit. Dieser Begriff begegnet einem v. a. in Zusammenhang mit bestimmten SORTEN (S. 561), z. B. von Gemüse oder Rosen. Resistente Sorten wurden auf besondere Widerstandsfähigkeit gegen bestimmte Krankheiten oder Schädlinge gezüchtet, werden von jenen also nicht oder kaum befallen. Daneben spricht man bei Pflanzen z. B. auch von Frost- oder Schadstoffresistenz, wenn sie sich gegenüber solchen Umwelteinflüssen als robust erwiesen haben. Umgekehrt können auch Schaderreger gegen Pflanzenschutzmittel resistent sein bzw. werden. Dies stellt ein verbreitetes Problem im Pflanzenschutz dar. Werden spezielle Wirkstoffe häufig verwendet, gelingt es manchen Schaderregern, Abwehrmechanismen zu entwickeln und diese an die nächste Generation zu vererben.

Vorbeugen ist besser ... 2 *S. 191*

RHIZOM

Unterirdisches Speicherorgan, mit dem viele STAUDEN (S. 562) den Winter oder andere Ruhephasen überdauern. Obwohl auch als Wurzelstock bezeichnet, ist ein Rhizom keine Wurzel, sondern eine Umbildung der Sprossachse. Diese umgebildeten Sprossteile sind oft stark gestaucht und fleischig verdickt und verlaufen waagrecht, schräg oder senkrecht kurz unter der Bodenoberfläche. Sie tragen Wurzeln sowie schuppenähnliche Blätter, aus deren Achselknospen neue oberirdische Sprosse treiben können, oder auch weitere Rhizomverzweigungen sowie AUSLÄUFER (S. 534).

Die Organe der Pflanzen 2 *S. 122*
Pflanzenorgane und Eigenheiten der Stauden 3 *S. 303*

RHIZOMSPERRE

Auch Wurzelsperre genannt; eine Vorrichtung, um starkwüchsige RHIZOME (S. 557) und aus ihnen treibende AUSLÄUFER (S. 534) einzudämmen. Rhizomsperren verwendet man häufig bei ausläuferbildenden Bambusarten, man kann sie aber z. B. auch bei Schilf, Essigbaum, Minze oder manchen wuchernden Stauden einsetzen. Das Pflanzloch wird dabei rundum mit undurchdringlichem Material abgegrenzt, muss aber nach unten offen bleiben. Der Fachhandel bietet für diesen Zweck besonders kräftige, nicht verrottende Folien an. Ansonsten kann man Betonringe oder robuste Eimer ohne Boden in den Boden einsetzen. Als Wurzel- oder Rhizomsperre werden außerdem spezielle Vliese und Folien bezeichnet, die bei Teichen oder der DACHBEGRÜNUNG (S. 538) Verwendung finden.

RINDENPRODUKTE

Rindenmulch und Rindenhumus gehören heute zu den am häufigsten zugekauften Bodenhilfsstoffen für den Garten und haben z. T. auch den TORF (S. 564) ersetzt. Die dafür verwendete Rinde bzw. BORKE (S. 537) entstammt als Nebenprodukt der Holzverarbeitung in Sägewerken. Rindenmulch besteht aus zerkleinerter Borke, überwiegend von Nadelbäumen, und ist in unterschiedlicher Größenfraktionierung erhältlich. Er eignet sich v. a. zum MULCHEN (S. 553) zwischen robusten STAUDEN (S. 562) und Gehölzen sowie zum Aufbringen auf Wegen. Da er wachstumshemmende Substanzen wie Gerbstoffe enthält, unterdrückt er sehr gut Unkrautaufwuchs, sollten aber nicht zwischen jungen und empfindlicheren Kulturpflanzen ausgebracht werden. Sein PH-WERT (S. 555) liegt meist relativ niedrig, außerdem verbrauchen die Bodenorganismen viel STICKSTOFF (S. 563), wenn sie ihn allmählich zersetzen. Bei häufigem Gebrauch sollte deshalb öfter stickstoffhaltiger Dünger und etwas Kalk ausgebracht werden. Bei Rindenhumus oder -kompost handelt es sich um kompostierte (fermentierte) Rinde bzw. Borke, mit ausgeglichenem pH-Wert und teils mit Nährstoffzusätzen. Bei guter Qualität lässt er sich ebenso wie selbst hergestellter KOMPOST (S. 549) zur Bodenverbesserung, zum Mulchen und nachhaltigen Düngen verwenden. Daneben werden Rindenerde (Mischung aus Rinden- und Grünkompost) sowie Rindenkultursubstrate (oft mit Torfanteil, untergemischtem Ton u. Ä.) angeboten, z. B. als Topferde. Einen guten Anhaltspunkt für die Auswahl von Qualitätsprodukten bietet das RAL-Zeichen „Rinde für Pflanzenbau".

RISPE

Blütenstand, bei dem mehrere verzweigte Nebenachsen entlang einer Hauptachse stehen. Alle Nebenachsen und Verzweigungen tragen Einzelblüten; so z. B. bei Astilbe, Flieder und Weinrebe.

Die Organe der Pflanzen 2 *S. 125*
Pflanzenorgane und Eigenheiten der Stauden 3 *S. 304*

RISSLING

Ein Teilstück einer Pflanze mitsamt etwas Wurzelwerk, das man mit einem Ruck von der Mutterpflanze abreißt. Über solche Risslinge lassen sich z. B. viele Polsterstauden (POLSTERPFLANZE, S. 556) recht einfach vermehren.

Vermehrung über Pflanzenteile 2 *S. 224*

RODEN

Das komplette Entfernen eines Gehölzes mitsamt Wurzelwerk. Dies kann z. B. nötig werden, wenn ein Baum oder Strauch von einer nicht bekämpfbaren, ansteckenden Krankheit befallen ist, etwa vom Feuerbrand (→ S. 287, S. 365). Soll ein älterer Baum gerodet bzw. gefällt werden, weil er stört oder zu groß geworden ist, kann diesem Vorhaben eventuell, je nach örtlicher Auslegung und Anwendung, die Baumschutzverordnung entgegenstehen.

Der rechtliche Rahmen 1 *S. 29*

RÖHRENBLÜTE

Eine Blüte mit röhrenförmig verwachsenen, schmalen Kronblättern. In den KÖRBCHEN (S. 550) der Korbblütengewächse (*Asteraceae*) kommen häufig zweierlei Blüten vor: die schmalen, eher unauffälligen bzw. dunklen Röhrenblüten in der Blütenmitte sowie die oft farbenfrohen ZUNGENBLÜTEN (S. 569), die wie einzelne Kronblätter wirken.

Die Organe der Pflanzen 2 *S. 125*

RÖHRICHT

Die Pflanzengesellschaft im Flachwasser- und Uferbereich stehender und langsam fließender Gewässer. Hier dominieren in der Natur schilf- und grasartige, hochwüchsige Pflanzen; so etwa Schilfrohr (*Phragmites*), Rohrkolben (*Typha*), Igelkolben (*Sparganium*), Rohrglanzgras (*Phalaris arundinacea*) und Kalmus (*Acorus calamus*), aber auch hübsche Blüher wie Sumpfschwertlilie (*Iris pseudacorus*) und Schwanenblume (*Butomus umbellatus*) kommen vor. Auch um einen Gartenteich kann man bei genügend Platz eine entsprechende Röhrichtzone anlegen. Die Röhrichtpflanzen tragen durch ihren Nährstoffentzug wesentlich zur Wasserklärung bei. Allerdings wuchern einige der genannten Gewächse stark, besonders das Schilfrohr, und müssen eventuell durch Pflanzen mit bescheidenerem Wuchs (z. B. Zwergrohrkolben, *Typha minima*, u. Ä.) ersetzt werden.

ROSETTE

Bei einer Blattrosette sind die Blätter quirlartig etwa auf einer Ebene angeordnet und stehen an einem sehr kurzen oder stark gestauchten Stängel. Dadurch liegen sie oft fast dem Boden auf oder erheben sich nur knapp darüber. Aus der Rosette treibt dann häufig ein Blütenstängel mit wenigen, kleineren Blättern oder ein unbeblätterter Blütenschaft. Der Rosettenwuchs ist typisch für ZWEIJÄHRIGE (S. 569) wie das Tausendschön. Auch manche Stauden bilden Blattrosetten, so etwa Primeln oder die Knäuelglockenblume (*Campanula glomerata*).

Die Organe der Pflanzen 2 *S. 124*
Einjährige und Zweijährige 3 *S. 341*

ROTTE

Das Verwesen organischer Reststoffe, bei dem unter genügend Sauerstoffzufuhr wertvoller HUMUS (S. 547) entsteht. Im anderen Fall, bei Sauerstoffmangel, würde es zu Fäulnis kommen. Im KOMPOST (S. 549) ist die Rotte durch anfangs starke Wärmeentwicklung gekennzeichnet.

Was im Kompost passiert 2 *S. 180–181*

RUTE

Ein LANGTRIEB (S. 551), der sich lediglich kaum oder gar nicht verzweigt. Oft sind Ruten besonders schlank und biegsam, etwa bei Ginster (*Genista*) oder Weiden (*Salix*). Auch die Schösslinge von Brombeeren und Himbeeren werden als Ruten bezeichnet.

RUTENSTRAUCH

Ein Strauch, der sich aus vielen dünnen, kaum verzweigten RUTEN (S. 558) aufbaut, wie etwa der Ranunkelstrauch.

Wachstum und Verzweigung 3 *S. 269*

S

SAATBAND

Ein schmales Band aus zwei Spezialpapierstreifen, zwischen denen die Samen eingeschlossen sind. Solche Saatbänder, die v. a. mit Gemüsesamen angeboten werden, machen die Aussaat besonders einfach und ersparen das AUSDÜNNEN (S. 534).

Saatgutqualitäten und -formen 2 *S. 155*
Aussaat direkt ins Beet 2 *S. 223*
Gemüse – Säen, pflanzen und pflegen 3 *S. 386*

SAMMELFRUCHT

Eine Frucht, die aus mehreren kleinen Einzelfrüchten besteht, z. B. die Erdbeere (Sammelnussfrucht) oder die Brombeere (Sammelsteinfrucht). Da es sich um eine Art Fruchtstand handelt, der wie eine größere Einzelfrucht wirkt, spricht man auch von Scheinfrüchten.

Die Organe der Pflanzen 2 *S. 126*

SAND

Unter den kleinen mineralischen Teilchen, aus denen sich ein Boden zusammensetzt, ist Sand die Fraktion mit den größten Körnchen, nämlich mit 0,06–2 mm. Wenn Körner dieser Größe deutlich überwiegen, wird die

▶ BODENART (S. 536) ebenfalls als Sand bezeichnet. Sandboden kennt man auch als ▶ LEICHTEN BODEN (S. 552), da er recht leicht zu bearbeiten ist. Da zwischen den vergleichsweise großen Sandkörnern die Poren recht weit sind, erweisen sich sandige Böden als locker, luft- und wasserdurchlässig. Deshalb lässt sich Sand auch gut einsetzen, um sehr tonhaltige Böden (▶ TON, S. 564) zu verbessern, ebenso für Dränageschichten (▶ DRÄNAGE, S. 539). Sand ist außerdem ein wichtiger Hilfs- bzw. Zuschlagsstoff für Bauzwecke (▶ BETON, S. 535, ▶ MÖRTEL, S. 553). Er wird auch als Ausgleichs- bzw. Verlegeschicht beim Pflastern und Verlegen von Platten verwendet. Im Baustoffhandel oder bei Kieswerken kann man u. a. wählen zwischen Flusssand aus abgerundeten Körnchen, Quarzsand aus kantigen Körnchen, scharfem Sand mit vielen feinen Körnchen, Mörtel-, Pflaster- und gewaschenem Sand (z. B. für Sandkästen für die Kinder).

Bodenarten und Bodeneigenschaften
2 *S. 162–163*

▶ SATZ

Von Sätzen spricht man beim Gemüseanbau, wenn man ▶ ARTEN (S. 533) mit kurzer Kulturdauer in kleineren Mengen zeitlich gestaffelt aussät. Man kennt dieses Verfahren auch als ▶ FOLGESAAT (S. 542).

▶ SAURER BODEN

Boden mit niedrigem ▶ PH-WERT (S. 555) unter 6,5. Saure Böden sind mehr oder weniger kalkarm oder ganz kalkfrei.

Bodenarten und Bodeneigenschaften
2 *S. 164*

▶ SCHEINDOLDE

Bezeichnung für einen Blütenstand, der wie eine ▶ DOLDE (S. 539) erscheint, sich aber im Gegensatz zu jener mit verschiedenen langen Stielen und/oder Nebenachsen aufbaut. Der Begriff wird oft gleichbedeutend mit der ▶ TRUGDOLDE (S. 566) verwendet, aber auch für Blütenstände, die andere Botaniker als ▶ DOLDENRISPE (S. 539) oder ▶ DOLDENTRAUBE (S. 539) bezeichnen. Der optische Effekt ist letztendlich derselbe: Die Blütenstände wirken wie Dolden, obwohl sie anders aufgebaut sind; so etwa bei Holunder, Weißdorn, Schafgarbe oder manchen Zierlaucharten (*Allium*).

▶ SCHIRMRISPE

Im Grunde genommen dasselbe wie die ▶ SCHEINDOLDE (S. 559): ein etwas unterschiedlich gebrauchter Begriff, der als alternative Bezeichnung für ▶ TRUGDOLDEN (S. 566) und ▶ DOLDENRISPEN (S. 539) verwendet wird. Mit dieser Benennung wird mehr der grundsätzliche Aufbau einer ▶ RISPE (S. 557) betont. Da die Einzelblüten auf derselben Ebene zu stehen kommen, wirken sie schirmartig, z. B. bei Holunder, Schneeball (*Viburnum*) oder Hortensien.

▶ SCHLAFENDES AUGE

Bei Gehölzen eine Reserveknospe (▶ KNOSPE, S. 549), die in der Achsel eines Triebs angelegt wird, also direkt an dessen Abzweigungsstelle. Wird dieser Zweig oder Ast beschädigt, kann das schlafende ▶ AUGE (S. 534) ihn durch Neuaustrieb ersetzen, anderenfalls vermag es oft über Jahre im Ruhezustand zu verharren. Beim Gehölzschnitt fördert man teils durch Weg- oder Rückschnitt gezielt den Austrieb aus solchen schlafenden Augen. Sie sind oft kaum sichtbar, da in der Rinde verborgen. Schlafende Augen bzw. Adventivknospen finden sich auch bei anderen Pflanzen, etwa im Wurzelbereich mancher Stauden.

Wachstum und Verzweigung 2 *S. 269*

▶ SCHLINGPFLANZE

Eine Kletterpflanze, die sich an Stützen hochschlingt, indem sie diese mit ihren langen Trieben spiralartig umwindet. Auf diese Weise klettern z. B. Blauregen (*Wisteria*), Schlingknöterich und Bohnen.

Gestalten mit Klettergehölzen 3 *S. 277*
Einjährige Kletterpflanzen 3 *S. 348*

▶ SCHLUFF

Schluff ist unter den kleinen mineralischen Teilchen, aus denen sich ein Boden zusammensetzt, die mittelgroße Fraktion, mit Körnchen von 0,002–0,06 mm Durchmesser. Damit steht der Schluff zwischen ▶ SAND (S. 558) und ▶ TON (S. 564). Entsprechend hat dann auch ein Schluffboden, eine ▶ BODENART (S. 536) mit überwiegendem Schluffanteil, „mittlere" Eigenschaften. Diese sind im Allgemeinen recht günstig für den Pflanzenwuchs, sowohl in Bezug auf den Wasserhaushalt und den Nährstoffhaushalt als auch hinsichtlich der Durchlüftung und der Durchwurzelbarkeit.

Bodenarten und Bodeneigenschaften
2 *S. 162–163*

▶ SCHOTE

Die typische Frucht von Kreuzblütengewächsen (*Brassicaceae*) wie Kohl, Rettich oder Radieschen. Sie bildet sich aus zwei Fruchtblättern der Blüte. Diese sind innen durch eine Zwischenwand (eine sogenannte falsche Scheidewand) getrennt und öffnen sich bei der Samenreife an beiden Nähten. Die Samen bleiben an der Scheidewand stehen.

Die Organe der Pflanzen 3 *S. 126*

SCHOTTER

Kantige, grobe Steine von etwa 3–7 cm Größe. Bei natürlich entstandenem Schotter handelt es sich um Geröllablagerungen durch Gletscher bzw. Flüsse, die bodenkundlich oft mit KIES (S. 546) gleichgesetzt werden. Als Schotter für Bauzwecke finden meist künstlich gebrochene bzw. zerschlagene Steine Verwendung, und zwar in Größensortierungen zwischen 32 und 63 mm. Feiner Schotter dient als Zuschlagstoff für BETON (S. 535). Ansonsten lässt sich Schotter als DRÄNAGE (S. 539) einsetzen, als Wegbelag oder für Tragschichten, z. B. unter Platten, Pflaster und anderen festen Bodenbelägen. Aufgrund ihrer kantigen Form verkeilen sich die Steine gut und bilden so sehr belastbare TRAGSCHICHTEN (S. 565).

SCHWACHZEHRER

Bei einer FRUCHTFOLGE (S. 543) auf dem Gemüsebeet eine ART (S. 533) mit geringem Nährstoffbedarf. Auf normalem Gartenboden, der des Öfteren mit KOMPOST (S. 549) versorgt wird, brauchen sie gar keine Düngung. Zu den Schwachzehrern zählen z. B. Bohnen und Radieschen.

Anbauplanung 3 *S. 380*

SCHWERER BODEN

Ein Boden mit hohem Anteil an TON (S. 564). Die Bezeichnung „schwer" rührt daher, dass sich solche Böden oft nur mühsam bearbeiten lassen. Schwere Böden können Wasser und Nährstoffe gut speichern, aber teils so fest, dass diese nicht mehr pflanzenverfügbar sind. Sie neigen zu Vernässung, Verdichtung und Sauerstoffmangel und erwärmen sich lediglich langsam.

Bodenarten und Bodeneigenschaften 2 *S. 162–163*

SCHWIMMBLATT-PFLANZE

Eine Wasserpflanze, deren Blätter auf der Wasseroberfläche schwimmen, die aber im Gegensatz zu SCHWIMMPFLANZEN (S. 560) im Boden wurzelt; z. B. Seerosen, Gelbe Teichrose (*Nuphar lutea*) und Seekanne (*Nymphoides peltata*).

Wasser- und Teichpflanzen von A bis Z 4 *S. 472*

SCHWIMMPFLANZE

Eine Wasserpflanze, die frei an der Wasseroberfläche treibt und Nährstoffe über Wurzeln und Blattunterseiten bzw. Triebe aus dem Wasser aufnimmt; z. B. Krebsschere (*Stratiotes aloides*), Wasserhyazinthe (*Eichhornia crassipes*) und Wasserlinsen (*Lemna*).

Wasser- und Teichpflanzen von A bis Z 4 *S. 472*

SELBSTFRUCHTBAR

Als selbstfruchtbar bezeichnet man Obstarten bzw. ihre SORTEN (S. 561), bei denen keine zweite Sorte als POLLENSPENDER (S. 556) erforderlich ist. Selbstfruchtbar sind beispielsweise die meisten Sauerkirschen-, Pflaumen-, Pfirsich- und Beerenobstsorten. Dennoch kann das Hinzupflanzen einer zweiten Sorte die BEFRUCHTUNG (S. 535) durchaus verbessern.

Sorten sorgfältig wählen 3 *S. 355*

SELBSTKLIMMER

Eine Kletterpflanze, die mit Hilfe von HAFTSCHEIBEN (S. 545) oder HAFTWURZELN (S. 545) hochklimmt und deshalb keine Kletterhilfe braucht, beispielsweise Wilder Wein (*Parthenocissus*) oder Efeu.

SERIE

Eine Gruppe von SORTEN (S. 561) mit einheitlichem Wuchs und Laub sowie meist auch mit gleicher Blütenform und -größe, jedoch mit unterschiedlichen Blütenfarben. Solche Sortengruppen finden sich in erster Linie bei SOMMERBLUMEN (S. 560). Unterschiedliche Farbsorten einer Serie werden häufig auch als Samenmischungen angeboten (FARBMISCHUNG, S. 541).

SOLITÄR

Eine auffällige, meist groß- und/oder breitwüchsige Pflanze, die am besten in Einzelstellung (= solitär) platziert wird; also ohne gleichrangige Nachbarn, die den „Solisten" bedrängen oder ihm die Schau stehlen. Von Solitären spricht man vor allem bei Gehölzen, es gibt aber auch Solitärstauden (STAUDE, S. 562) und -gräser. In der Baumschule werden mehrmals umgesetzte, gut entwickelte Verkaufspflanzen als Solitärgehölze bezeichnet.

Pflanzenverwendung 1 *S. 95*
Welches Gehölz für welche Situation? 3 *S. 272*
Gestalten mit Gehölzen 3 *S. 274*
Gehölze pflanzen 3 *S. 278*

SOMMERBLUME

Sommerblumen nennt man alle kurzlebigen, krautigen Blüher, die nur eine Vegetationsperiode überdauern, als EINJÄHRIGE (S. 540) oder als ZWEIJÄHRIGE (S. 569) Pflanzen. Prominente Vertreter sind z. B. Ringelblume, Fleißige Lieschen und Tausendschön. Zu den Sommerblumen werden auch mehrjährige Pflanzen aus wärmeren Ländern gezählt, die bei uns nicht winterhart sind. Sommerblumen haben nicht nur Bedeutung als üppig und lang blühende Beetblumen, sondern sind auch die wichtigste Pflanzengruppe für die Bepflanzung von Balkonkästen.

Pflanzenvielfalt mit System *S. 129*
Sommerblumen *S. 340*

SOMMERGRÜN

Andere Bezeichnung für laubabwerfend; dies im Gegensatz zu IMMERGRÜNEN (S. 547) und WINTERGRÜNEN (S. 568) Gehölzen.

Ziergehölze *S. 270*

SORTE

Spezielle ZÜCHTUNG (S. 569) einer ART (S. 533) mit besonderen Eigenschaften, fachsprachlich auch Cultivar genannt. Die Pflanzen einer Sorte haben einheitliche Merkmale, die sie oft unverändert an ihre Nachkommen vererben; Ausnahmen unter SORTENECHT (S. 561). Sorten können sich z. B. in der Blüten- oder Fruchtfarbe und -größe unterscheiden, in Belaubung, Wuchshöhe und -form, bei Gemüse, Obst und Kräutern im Geschmack und in der Lagerfähigkeit. Auch die RESISTENZ (S. 557) ist eine wichtige Sorteneigenschaft. Selbst die Standortansprüche können je nach Sorte verschieden sein. Sortennamen stehen üblicherweise in einfachen Anführungszeichen, z. B. 'Friesia', eine Rosensorte, oder 'Blaugrüner Winter', eine Lauchsorte. Den Sortennamen wählt der Züchter aus. Für den Schutz und die Anerkennung des Namens muss er diesen beim Bundessortenamt registrieren lassen. Zusätzlich kann der Züchter Sortenschutz beantragen. Dies ist eine Art Patentschutz, der u. a. verbietet, die betroffene Sorte ohne Züchtererlaubnis gewerblich zu vermehren.
Als neue Sorten werden ausschließlich Züchtungen anerkannt, die sich wenigstens in einem Merkmal von bereits auf dem Markt befindlichen Sorten unterscheiden.

Pflanzenvielfalt mit System *S. 129*

SORTENECHT

Bei sortenechten oder -reinen Pflanzen zeigen die aus Samen gezogenen Nachkommen dieselben Merkmale wie die Elterpflanzen; die Eigenschaften der SORTE (S. 561) bleiben unverändert erhalten. Bei manchen Kreuzungen jedoch spalten sich die Nachkommen auf, d. h., ein Teil ähnelt mehr der einen Elterpflanze, ein Teil mehr der anderen, einige wiederum weisen mehr oder weniger gemischte Eigenschaften auf. Besonders ausgeprägt ist das z. B. bei F1-HYBRIDEN (S. 541). Auch viele Obstsorten lassen sich über Samen nicht sortenecht vermehren, da sie auf Fremdbestäubung (POLLENSPENDER, S. 556) angewiesen sind. Deshalb erhält man hier sortenechten Nachwuchs nur durch VEGETATIVE VERMEHRUNG (S. 566) bzw. durch VEREDLUNG (S. 566).

SPALIER

Der Begriff wird im Zusammenhang mit dem Garten in zwei verschiedenen Bedeutungen verwendet: Zum einen bezeichnet man damit ein flaches Kletter- oder Stützgerüst für Pflanzen, zum anderen eine bestimmte Erziehungsform bei Obstgehölzen. Spalierobst wird so an einer Wand oder einem Gerüst gezogen, dass die Triebe nur in einer Ebene wachsen. Dadurch spart es Platz, wirkt oft auch dekorativ und profitiert bei einer Pflanzung an einer Hauswand von deren Wärmeabstrahlung.
Vor allem in der Botanik hat der Begriff noch eine weitere Bedeutung: Hier spricht man von Spalier, wenn Zwergsträucher mit ihren Trieben flach über den Boden kriechen.

Mit Obst gestalten *S. 356*
Spalierobstschnitt *S. 362*
Aprikosen – meist als Spalier *S. 364*

SPÄTFROST

Frost, also ein Abfall der Lufttemperatur unter 0° C, der noch spät im Frühjahr auftritt. Weil dann die Pflanzen ihre Winterruhe längst beendet haben, meist schon zarten Austrieb zeigen und sich öffnende Knospen oder Blüten tragen, sind solche Fröste besonders gefährlich. Zu einem entsprechend starken Temperaturabfall im späten Frühjahr kommt es in der Regel nur nachts. Traditionelle Stichtage für die letzten Spätfröste sind die EISHEILIGEN (S. 540).

Wetterelemente *S. 134*

SPINDEL

Kleiner Obstbaum mit nur 40–60 cm Stammhöhe, an dem die Seitenäste fast waagrecht stehen und die untersten recht tief am Stamm ansetzen, so dass der Aufbau an ein Tannenbäumchen erinnert. Das FRUCHTHOLZ (S. 543) entsteht dabei direkt an den Seitenästen. Man unterscheidet die kegelig geformten Spindelbüsche und die schmaleren schlanken Spindeln.

Baumgröße und Kronenform *S. 355*
Erziehung eines Spindelbaums *S. 361*

SPLITT

Zermahlenes bzw. gebrochenes Gestein der Korngröße 2–32 mm, das im Gegensatz zu KIES (S. 548) aus kantigen Teilen besteht; gewissermaßen die feinkörnige Ausgabe des SCHOTTERS (S. 560). Splitt findet Verwendung als Zuschlagstoff für BETON (S. 535), als DRÄNAGE (S. 539) und auflockerndes Bodenverbesserungsmittel, als ausgleichende, dränierende Schicht beim Verlegen von Platten und Pflaster oder als Wegbelag.
Streusplitt dient außerdem zum Abstumpfen winterglatter Wege und Flächen und bietet so eine gute Alternative zum Streusalz, das Pflanzenschäden verursachen kann.

SPREIZKLIMMER

Eine Kletterpflanze, die sich mit langen Trieben in die Höhe schiebt und mit Stacheln, Dornen o. Ä. an einer rauen Unterlage festhalten kann, z. B. Kletterrose und Winterjasmin.

Gestalten mit Klettergehölzen 3 *S. 277*

STACHEL

Ein stechendes, spitzes Pflanzenorgan, das als Auswuchs der äußeren Zellschichten bzw. des Rindengewebes von Sprossen oder Blättern entsteht. Die Stacheln, etwa von Stachelbeeren oder Brombeeren, lassen sich im Gegensatz zu DORNEN (S. 539) oft recht leicht abbrechen.

Die Organe der Pflanzen 2 *S. 122*

STADTKLIMA

Das innerstädtische Klima ist stark durch die dichte, oft hohe Bebauung geprägt sowie durch einen hohen Anteil versiegelter Bodenflächen, nicht selten auch durch reichlich Auto- und Heizungsabgase. Pflanzen sind hier zwar in geringerem Maße Frösten und starken Winden ausgesetzt als in offeneren Siedlungen; sie leiden aber häufig unter Hitze, Trockenheit und der Abgasbelastung.

Kleinklima im Garten 2 *S. 137*

STAHLBETON

BETON (S. 535), der durch Verbindung mit gerippten Stahlstäben oder -matten besonders stabil und zugfest wird. Die Stahlelemente werden als Bewehrung bezeichnet. Zur Herstellung von Stahlbetonbauteilen wird der Bewehrungsstahl in die Schalung (Gussform) eingebracht und dann einbetoniert, d. h. komplett mit Beton umhüllt.

STARKZEHRER

Eine Gemüseart mit hohem Nährstoffbedarf, auf die bei einer FRUCHTFOLGE (S. 543) auf dem Gemüsebeet ein MITTELZEHRER (S. 553) folgt. Zu den Starkzehrern zählen beispielsweise die meisten Kohlgewächse, Tomaten und Zucchini.

Anbauplanung 3 *S. 380*

STARTDÜNGUNG

Andere Bezeichnung für die GRUNDDÜNGUNG (S. 544). Die Startdüngung im engeren Sinn kann mit stickstoffhaltigerem Dünger erfolgen als eine bevorratende Grunddüngung, da sie meist nach dem Pflanzen verabreicht wird.

STAUDE

Eine mehrjährige, krautige, also nicht verholzende Pflanze. Die oberirdischen Teile der Stauden sterben vor dem Winter oder nach der Blüte ab. Die Pflanzen überdauern mit Speicherwurzeln, RHIZOMEN (S. 557) oder anderen unterirdischen Speicherorganen, aus denen sie zu Beginn der nächsten Vegetationsperiode neu austreiben. Bekannte Vertreter dieser großen Pflanzengruppe sind beispielsweise Rittersporn, Schafgarbe und Primeln. Zu den Stauden zählen auch mehrjährige Gräser und Farne sowie die Zwiebel- und Knollenpflanzen. Gärtnerisch unterscheidet man zwischen Blüten- und Blattschmuckstauden sowie zwischen BEETSTAUDEN (S. 535) und WILDSTAUDEN (S. 568). Die Fülle an Wuchsformen umfasst hohe, imposante Gestalten ebenso wie z. B. kleine POLSTERPFLANZEN (S. 556).

Pflanzenvielfalt mit System 2 *S. 128–129*
Pflanzenorgane und Eigenheiten der Stauden 3 *S. 302–304*
Zwiebel- und Knollenpflanzen 3 *S. 330*

STAUNÄSSE

Ein Zustand, bei dem der Boden mit Wasser gesättigt oder gar übersättigt ist. Staunässe gefährdet Wurzeln und andere unterirdische Organe wie ZWIEBELN (S. 569) oder KNOLLEN (S. 549). Wenn die Bodenporen ständig mit Wasser gefüllt sind, herrscht Luftmangel, und die unterirdischen Pflanzenorgane sind von Fäulnis bedroht. Zu Staunässe neigen Tonböden (TON, S. 564) sowie Böden mit undurchlässigem Untergrund.

STECKHOLZ

Ein junges, verholztes Triebstück, das man zu Beginn der Winterruhe zur Vermehrung abschneidet und in den Boden steckt, damit es sich im folgenden Frühjahr bewurzelt. Diese Vermehrungsmethode ist bei manchen Gehölzen wie Liguster oder Weigelie üblich.

Vermehrung über Pflanzenteile 2 *S. 227–228*

STECKLING

Ein krautiges oder halb verholztes, seltener ganz ausgereiftes Triebstück, das man zur Vermehrung schneidet und in geeignetem SUBSTRAT (S. 564) bewurzeln lässt. Die Stecklingsvermehrung ist bei einer Vielzahl von Stauden und Gehölzen möglich. Der optimale Termin hängt von der jeweiligen Pflanzenart ab.

Vermehrung über Pflanzenteile 2 *S. 226–227*

STEINFRUCHT

Eine Frucht, die einen harten „Steinkern" umschließt. Dieser birgt den Samen, der von der meist verholzten inneren Fruchtschale umschlossen wird. Das Fruchtfleisch der Steinfrüchte ist oft saftig, die äußere Fruchtschale ledrig.

Die Organe der Pflanzen 2 *S. 126*

STEINGARTEN

Ein Gartenbereich, der durch größere Steine geprägt wird. Meist finden unbearbeitete NATURSTEINE (S. 553) und FINDLINGE (S. 542) Verwendung. Sie sind zum einen Gestaltungselemente, zum anderen dienen sie als Wärmespeicher und bieten einen besonderen Lebensraum für Pflanzen, die ursprünglich steinigen oder felsigen Standorten entstammen. Das sind überwiegend kleine, oft polster- oder kissenartig wachsende STAUDEN (S. 562) und Zwerggehölze. Auch manche Gräser sowie Zwiebel- und Knollenpflanzen passen gut in diese Gemeinschaft. Sonnig, warm, trocken, eher nährstoffarmer, gut durchlässiger Boden – das sind die typischen Standortverhältnisse in einem Steingarten, wobei es auch Spezialisten für schattigere Bereiche gibt. Manche ARTEN (S. 533) zeigen eine ausgeprägte Vorliebe für oder Abneigung gegen Kalk; starke Unterschiede gibt es diesbezüglich z. B. schon zwischen verschiedenen Enzianarten. Deshalb muss bei der Stein- und Pflanzenwahl auch der Kalkgehalt der Gesteine berücksichtigt werden.

Steingärten an Hängen wirken besonders stimmig, sie können aber auch mit Hilfe von Aufschüttungen, TROCKENMAUERN (S. 565), Bodenmodellierungen oder ebenerdig angelegt werden. Oft ist es günstig bzw. erforderlich, eine DRÄNAGE (S. 539) aus KIES (S. 548) oder SCHOTTER (S. 560) einzubringen und den Boden mit reichlich SAND (S. 558) oder feinem SPLITT (S. 561) zu vermischen. Die Steine sollten möglichst gleichartig sein, ein Sammelsurium verschiedener Materialien und Farben entfaltet keine rechte Wirkung.

Man unterscheidet naturnahe Steingärten mit locker verteilten Steinen, die mehr oder weniger natürlichen Vorbildern nachgestaltet sind, und architektonische Steingärten mit regelmäßig gesetzten Steinen, geraden Linien, geometrischen Formen und gleichmäßiger Terrassierung. In Letzteren werden oft auch auffälligere, züchterisch bearbeitete Stauden verwendet.

Anlegen eines Steingarten 1 *S. 49*
Standorte und Lebensbereiche der Stauden 3 *S. 306*
Pflanzen für den Steingarten 4 *S. 501*

STEINOBST

Obstarten, die STEINFRÜCHTE (S. 563) mit saftigem Fruchtfleisch hervorbringen, wie Pflaume, Süß- und Sauerkirsche oder Pfirsich.

Obst – Schmackhaftes zum Selberernten 3 *S. 352*

STEPPENBEET

Ein meist locker und naturnah bepflanztes sonniges Beet mit gut durchlässigem, eher LEICHTEM BODEN (S. 552). Hier wachsen vor allem anspruchslose STAUDEN (S. 562) und Gräser trockener Freiflächen, wie Steppenkerze (*Eremurus*), Prachtscharte (*Liatris spicata*), Bartiris (*Iris-Barbata*-Hybriden) und Blauschwingel (*Festuca cinerea*). Auch niedrige Wacholder und Ginster oder Kleingehölze wie die Bartblume (*Caryopteris* x *clandonensis*) können in die Gestaltung einbezogen werden.

Standorte und Lebensbereiche der Stauden 3 *S. 305*
Pflanzen für sonnige, trockene Plätze 4 *S. 500*

STICKSTOFF

Einer der wichtigsten Pflanzennährstoffe, der in jedem VOLLDÜNGER (S. 567) enthalten ist. Als wesentlicher Baustein der Eiweiße, des Chlorophylls (Blattgrüns) und des Erbguts ist Stickstoff (chemische Abkürzung N) der „Motor" des Pflanzenwachstums. Eine Überversorgung mit Stickstoff führt aber leicht zu schwammigem Gewebe, das anfällig gegen Krankheiten, Schädlinge und Frost wird. In Gemüse kann sich außerdem gesundheitsschädliches NITRAT (S. 554) anreichern. Da Nitrat, die hauptsächliche Düngerform des Stickstoffs, leicht ausgewaschen wird, kann eine übermäßige Stickstoffdüngung auch das Grundwasser belasten. Dünger mit leicht löslichem Stickstoff sollten deshalb auch nur auf bereits bewachsene Flächen gegeben werden, zu Pflanzen, die den Nährstoff bald verwerten können.

Die Pflanzennährstoffe 2 *S. 175*

STRAUCH

Ein GEHÖLZ (S. 544) mit mehreren gleichrangigen Stämmen bzw. Haupttrieben, die der Basis entspringen; anders als ein BAUM (S. 535) ohne Hauptstamm und ohne deutlich abgesetzte Krone.

Die Wuchsformen 3 *S. 270*

STRAUCHBEET

Eine flächige Pflanzung mit mehreren, häufig nur niedrigen bis mittelgroßen STRÄUCHERN (S. 563), meist kombiniert aus diversen ARTEN (S. 533).

Gestalten mit Gehölzen 3 *S. 275*

STREIFENFUNDAMENT

Ein FUNDAMENT (S. 543), das quasi in Form einer (halb) unterirdischen Mauer betoniert oder aus Steinen errichtet wird. So erhält man, von oben betrachtet, einen schmal rechteckigen Streifen als Tragfläche, auf den die Mauer bzw. die tragende Wand eines Bauwerks aufgesetzt wird.

STUTZEN

Anderer Ausdruck für das ENTSPITZEN (S. 541), also für das Entfernen der Triebspitze bzw. der Spitzenknospe. Bezeichnet allgemein auch das Einkürzen eines Triebs.

SUBSTRAT

Der Begriff bezeichnet allgemein jede Art von „Nährboden", auf dem ein Organismus wachsen kann. Im Gartenbau versteht man darunter Pflanz-, Topf- und Vermehrungserden, die je nach Verwendungszweck aus verschiedenen Komponenten gemischt, ggf. durch Nährstoffzugabe aufgedüngt sowie auf einen bestimmten PH-WERT (S. 555) eingestellt werden. Mischungsbestandteile sind häufig TORF (S. 564) oder Torfersatzstoffe wie Rindenhumus, Holz- oder Kokosfasern, KOMPOST (S. 549), Tonmehl oder SAND (S. 558).

SUKKULENTE

Eine Pflanze mit fleischig verdickten Blättern, Sprossen und/oder Wurzeln, in denen sie Wasser speichern kann. Sukkulenten sind typische Bewohner von Trockengebieten, etwa von Halbwüsten oder im Hochgebirge. Häufig haben die Blätter oder Sprosse auch derbe, ledrige oder wachsartige Überzüge, um die Verdunstung herabzusetzen. Besonders markante Vertreter sind die Kakteen. Unter unseren Gartenpflanzen zählen z. B. Fetthennen (*Sedum*) und Haus- bzw. Dachwurz (*Sempervivum*) zu den Sukkulenten.

SYMBIOSE

Eine Lebensgemeinschaft verschiedener Organismen, von der alle Beteiligten einen Nutzen haben. Hierzu zählt z. B. die Lebensgemeinschaft zwischen Hülsenfrüchtlern und KNÖLLCHENBAKTERIEN (S. 549). Auch die Spezialisierung mancher Pflanzen auf ganz bestimmte Insekten als Bestäuber wird als Symbiose angesehen.

Symbiosen – gedeihliche Lebensgemeinschaften 2 *S. 121*

t

TEEHYBRIDE

Größte und wichtigste Gruppe unter den Edelrosen, die sich durch elegant geformte, einzeln an den Stielen stehende Blüten auszeichnen. Bei diesen SORTEN (S. 561) handelt es sich, wie bei allen modernen Rosensorten, um HYBRIDEN (S. 547). Der Wortbestandteil „Tee" bezieht sich auf die Teerose (*Rosa odorata*), eine wichtige Ausgangsart dieser Hybriden.

Rosenklassen und Rosenverwendung 3 *S. 293*

TEPPICHPFLANZE

Eine flach am Boden wachsende Pflanze, die sich mit der Zeit KRIECHEND (S. 550) ausbreitet und so die Fläche teppichartig überzieht. Diese Wuchsform findet sich v. a. bei STAUDEN (S. 562), teilweise auch bei Zwerggehölzen. Viele Teppichpflanzen eignen sich gut als BODENDECKER (S. 536). Der Übergang zu den eher aufgewölbt wachsenden POLSTERPFLANZEN (S. 556) ist zuweilen fließend.

Gestalten mit Formen 3 *S. 308*

TIEFGRÜNDIGER BODEN

Ein Boden, der bis in tiefere Schichten recht locker ist und im Unterboden keine Sperren aus festem Gestein oder TON (S. 564) aufweist. Besonders tiefgründige Böden haben sich meist auf sogenanntem Lockergestein, nämlich Ablagerungen von SAND (S. 558), SCHLUFF (S. 559) oder LEHM (S. 551) gebildet.

TIEFWURZLER

Tiefwurzler unter den krautigen Pflanzen haben lange, kräftige Pfahlwurzeln, so etwa Ölrettich und Lupine, die man deshalb gut als lockernde GRÜNDÜNGUNG (S. 544) einsetzen kann. Noch wesentlich tiefer kann das oft viele Meter lange, verzweigte Wurzelwerk mancher Gehölze reichen, etwa bei Robinie und Tamariske (*Tamarix*). Solche Gehölze sind häufig Spezialisten trockener Standorte.

Die Organe der Pflanzen 2 *S. 121*

TON

Ton ist unter den mineralischen Teilchen, aus denen sich ein Boden zusammensetzt, die feinste Fraktion, mit Körnchen von weniger als 0,002 mm Durchmesser. Wenn solche winzigen Körnchen deutlich überwiegen, wird die BODENART (S. 536) ebenfalls als Ton bezeichnet. Tonboden gilt als SCHWERER BODEN (S. 560), da er recht mühsam zu bearbeiten ist. Zwischen den kleinen, dicht gepackten Teilchen sind auch die Poren sehr klein bzw. eng, so dass es oft an Durchlüftung mangelt. Tonböden können gut Wasser und Nährstoffe speichern. Sie neigen aber zum Vernässen und Verdichten. Die speziellen Eigenschaften und Vorteile des Tons macht man sich zunutze, indem man ihn z. B. in Form von Tonmehl zur Verbesserung LEICHTER BÖDEN (S. 552) verwendet oder für Teichabdichtungen einsetzt.

Teichbau mit Lehm und Ton 1 *S. 87–88*
Bodenarten und Bodeneigenschaften 2 *S. 162–163*

TORF

Sehr humusreiches Bodenmaterial, das in Mooren aus unvollständig zersetzten Pflanzenresten entstanden ist. Moore haben sich über Jahrtausende hinweg an Stellen entwickelt, an denen der Boden die meiste Zeit über feucht oder nass war. Hier siedelten sich als charakteristische Pflanzen Torfmoose sowie Sauergräser an, an den Rändern auch Gehölze wie Heidelbeere, Birken und Erlen. Nach dem Absterben zersetzten sich deren Reste aufgrund der dauernassen und dadurch luftarmen Bedingungen ausgesprochen langsam, so dass sich allmählich tote organische Substanz anreicherte, die schließlich zur Torfschicht wurde. Je nach Entstehung, Entwicklungsgrad sowie Höhe und Aufwölbung der Torfschicht unterscheidet man Nieder-, Übergangs- und Hochmoore.

Torf wurde aufgrund seiner ausgesprochen günstigen Struktureigenschaften lange Zeit in großem Umfang als Bodenverbesserungsmittel verwendet. Außerdem ist er Bestandteil vieler gärtnerischer Erden und ▶ SUBSTRATE (S. 563). Hauptsächlich verwendet man den hellen, grobfasrigen, besonders strukturstabilen Weißtorf aus den oberen Schichten von Hochmooren. Er hat einen niedrigen ▶ PH-WERT (S. 555) (zwischen 2,5 und 3,5) und enthält kaum Nährstoffe. Der stärker zersetzte, dunklere Schwarztorf aus unteren Schichten ist weniger strukturstabil, nährstoffreicher und weist einen pH-Wert um 5–6 auf.
Der langjährige Torfabbau in großem Stil hat bei uns zu einer weitgehenden Zerstörung vieler Moorlandschaften geführt, was sich heute in Torfexportländern, z. B. in Osteuropa, fortsetzt. Man verwendet deshalb heute zunehmend Torfersatzstoffe wie ▶ RINDENPRODUKTE (S. 557), ▶ KOMPOST (S. 549), Holz- oder Kokosfasern.

Den Boden verbessern ■ *S. 171*

▶ TRAGSCHICHT

Eine Schicht unter einem Pflaster-, Platten- oder ähnlichem festen Belag, meist aus ▶ SCHOTTER (S. 560) oder ▶ KIES (S. 548) bzw. Gemischen solcher Materialien mit ▶ SAND (S. 558). Die Tragschicht unterstützt die Tragfähigkeit und Belastbarkeit der Deckschicht, also z. B. eines Pflasters. Sie nimmt Lasten auf, verteilt sie und leitet sie an den Untergrund ab, was die Deckschicht u. a. vor Verformungen durch Begehen oder Befahren bewahrt. Unter der Haupttragschicht wird teils noch eine Frostschutzschicht aus Kies ausgebracht, die man ebenfalls zu den Tragschichten zählt. Bei professionellen, aufwendigen Verlegearbeiten folgen über dem ▶ UNTERBAU (S. 566) sogar drei verschiedene Tragschichten, die unterste aus Kies oder Schotter, die mittlere aus Splitt, die obere aus Feinkies. Über die Tragschicht kommt eine Aufschüttung aus Sand oder ▶ SPLITT (S. 561) als Ausgleichs- bzw. Verlegeschicht (auch Bettung genannt). Seltener finden im Garten sogenannte gebundene Tragschichten Verwendung, die meist aus ▶ BETON (S. 535) oder Bitumen bestehen.

Aufbau befestigter Flächen ■ *S. 61*

▶ TRASSZEMENT

Wird auch als Puzzolanzement oder Portlandpuzzolanzement bezeichnet. Bei Zement, den man als Bindemittel für ▶ BETON (S. 535) und ▶ MÖRTEL (S. 553) verwendet, handelt es sich meist um den sogenannten Portlandzement. Wird dieser bei der Herstellung mit Trass, einem zermahlenen Vulkangestein, vermischt, entsteht der Trasszement. Dieser Zement ist besonders dicht, recht wasserbeständig und neigt nur wenig zu Kalkausblühungen, die sich bei normalem Zement als weiße Flecken und Schlieren auf Steinen niederschlagen können. Deshalb eignet sich Trasszement z. B. besonders gut zum Verarbeiten ansehnlicher ▶ NATURSTEINE (S. 553).

▶ TRAUBE

Ein Blütenstand, bei dem gestielte Einzelblüten an einer langen, unverzweigten Hauptachse stehen, z. B. bei Eisenhut, Lupine, Maiglöckchen und Tomate.

Die Organe der Pflanzen ■ *S. 125*
Pflanzenorgane und Eigenheiten der Stauden ■ *S. 304*

▶ TROCKENMAUER

Eine Mauer aus ▶ NATURSTEINEN (S. 553), die „trocken", d. h. ohne ▶ MÖRTEL (S. 553), aufeinander gesetzt werden. Auf diese Weise errichtet man meist nur niedrige Mauern von etwa Meterhöhe, für die in der Regel kein festes ▶ FUNDAMENT (S. 542) nötig wird. Oft reichen ein ▶ UNTERBAU (S. 566) bzw. Tragschichten (S. 565) aus Schotter und/oder Kies. Für deutlich höhere Trockenmauern sollte man Fachleute heranziehen; denn schon bei niedrigen Mäuerchen ist es nicht ganz einfach, die mehr oder weniger unregelmäßigen Steine stabil aufeinander zu schichten. Generell muss man darauf achten, dass die Steine zweier übereinanderliegender Schichten möglichst versetzt zueinander liegen, so dass kaum durchgängige senkrechte Fugen auftreten. Beim sogenannten Bruchmauerwerk aus Steinen sehr verschiedener Größe und Form sollte man auch durchgängige waagrechte Fugen vermeiden.
Trockenmauern werden z. B. eingesetzt, um Böschungen oder Erdaufschüttungen für einen ▶ STEINGARTEN (S. 563) abzustützen. Als frei stehende Mauern können sie verschiedene Gartenbereiche voneinander abtrennen. Allein schon durch die Natursteine sind sie ein augenfälliges Gestaltungselement. Dazu kommt, dass sich die Fugen vielfältig mit kleinen ▶ STAUDEN (S. 562) bepflanzen lassen, wenn man sie mit geeignetem ▶ SUBSTRAT (S. 563) füllt. Die Mauerkrone, also die Oberseite, kann sogar mit genügsamen Zwerggehölzen bepflanzt werden. Wie auch beim Steingarten sollte man dabei den unterschiedlichen Kalkgehalt je nach Gesteinsart berücksichtigen, da manche Gewächse ausgesprochen kalkempfindlich oder aber kalkliebend sind. Die Fugen bieten auch kleinen Tieren Unterschlupf, darunter so manchen Nützlingen.

Der Blick über die Mauer ■ *S. 72*

TRUGDOLDE

Ein Blütenstand, der wie eine DOLDE (S. 539) wirkt, sich aber mit verschieden langen Stielen und Nebenachsen aufbaut, die in unterschiedlicher Höhe ansetzen. Teils verwendet man den Begriff ähnlich weit gefasst wie die SCHEINDOLDE (S. 559); teils werden nur solche Blütenstände als Trugdolden bezeichnet, bei denen nicht alle Blüten auf derselben Ebene zu stehen kommen, wie etwa beim Holunder.

Die Organe der Pflanzen 2 *S. 125*

u

UMLENKEN

Eine Vorgehensweise beim Gehölzschnitt: Hierbei wird ein ungünstig stehender oder zu langer Trieb in eine andere Wachstumsrichtung gelenkt, indem man ihn auf einen günstiger stehenden Seitentrieb zurückschneidet.

Schnittarten und -techniken 2 *S. 217*

UNTERBAU

Bei einem soliden Pflaster- oder Plattenbelag die unterste Schicht, die über dem anstehenden, gewachsenen Boden ausgebracht wird. Als sogenannte Schüttung besteht sie aus grobem KIES (S. 548) oder SCHOTTER (S. 560), als „verbesserter Unterbau" aus feinerem Kies oder mit Kies vermischtem Boden. Diese Schicht wird, z. B. mit Hilfe einer Rüttelplatte, verdichtet, ihre Oberfläche eingeebnet; Letztere nennt man dann Planum. Über dem Unterbau folgt die TRAGSCHICHT (S. 565). Im vereinfachten Sprachgebrauch bzw. bei einfachen Pflasterungen werden Tragschicht und Unterbau oft gleichgesetzt.

UNTERLAGE

Wird auch als Wurzelunterlage bezeichnet; bei einer VEREDLUNG (S. 566) die Pflanze, die das Wurzelwerk und einen – meist nur kleinen – Teil des Stamms bzw. der Sprossachse beisteuert. Die Unterlage, oft eine etwas robustere ART (S. 533) oder SORTE (S. 561), bestimmt oft wesentlich die Wuchsstärke der gesamten veredelten Pflanze. Sie kann außerdem z. B. die Widerstandsfähigkeit der Veredlung gegen Frost oder Krankheiten erhöhen und entscheidet als „Wurzelspender" über die Eignung für bestimmte BODENARTEN (S. 536). Unerwünscht sind allerdings die sogenannten Wildtriebe, die aus einer Unterlage treiben: Sie konkurrieren mit der aufveredelten Pflanze und sollten regelmäßig entfernt werden.

Pflanzen veredeln 2 *S. 232–233*
Baumgröße und Kronenform 3 *S. 353–354*

v

VARIETÄT

„Variante" einer ART (S. 533), die in einzelnen Merkmalen von jener abweicht und ihre Besonderheiten auch an ihre Nachkommen vererbt. Varietäten haben sich oft unter natürlichen Bedingungen herausgebildet, sind teils aber auch Ergebnisse der ZÜCHTUNG (S. 569) bzw. Auslese. Im BOTANISCHEN NAMEN (S. 537) werden sie durch eine zusätzliche kleingeschriebene Bezeichnung, angehängt mit dem Kürzel var., ausgewiesen. So benennt etwa *Lactuca sativa* var. *capitata* eine Varietät des Lattichs (*Lactuca sativa*), den kopfförmigen (= capitata) Salat, allgemein als Kopfsalat bekannt.

Pflanzenvielfalt mit System 2 *S. 129*

VEGETATIVE VERMEHRUNG

Die ungeschlechtliche Vermehrung über Pflanzenteile, z. B. über STECKLINGE (S. 562), im Gegensatz zur GENERATIVEN VERMEHRUNG (S. 544) über Samen. Pflanzen vermehren sich häufig auch ohne Zutun des Gärtners vegetativ, etwa durch AUSLÄUFER (S. 534).

Unverzichtbar – den Nachwuchs sichern 2 *S. 119*
Vermehrung über Pflanzenteile 2 *S. 224–231*

VEREDLUNG

Als Veredlung bezeichnet man sowohl eine Vermehrungsmethode, bei der zwei unterschiedliche Pflanzen zu einem Gewächs „zusammengefügt" werden, als auch deren Ergebnis, eine zweiteilige Pflanze, die aus einer UNTERLAGE (S. 566) und einer Edelsorte besteht. Veredelt werden v. a. Obstbäume, Rosen und manch andere Ziergehölze, aber auch Tomaten und Gurken. Man veredelt sie meist, weil die gewünschte SORTE (S. 561) auf ihren eigenen Wurzeln zu stark oder zu schwach wachsen würde oder recht empfindlich wäre. Eine geeignete Unterlage, von der nach dem Veredeln meist nur das Wurzelwerk und ein kleiner Teil des Stamms bzw. Stängels übrig bleibt, lenkt die Wuchseigenschaften in die gewünschte Richtung oder erhöht die Widerstandsfähigkeit. Manchmal ist aber auch ein größerer Teil des Unterlagenstamms gefragt, wenn eigentlich strauchförmige Gehölze wie kleine Bäume wachsen sollen (HOCHSTÄMMCHEN, S. 546). Beim Veredeln werden entweder AUGEN (S. 534) der Edelsorte in die Unterlage eingesetzt (Okulation) oder Triebe (Pfropfung, Kopulation).

Pflanzen veredeln 2 *S. 232–233*

VEREDLUNGSSTELLE

Die Stelle am Stamm bzw. Haupttrieb einer veredelten Pflanze, an der die UNTERLAGE (S. 566) und die aufveredelte SORTE (S. 551) miteinander verwachsen sind. Diese Verwachsungsregion ist oft als mehr oder weniger starke Verdickung zu erkennen.

Pflanzen veredeln ■ *S. 232–233*

VEREINZELN

Andere Bezeichnung für das AUSDÜNNEN (S. 534) von Sämlingen, die auf dem Beet zu eng stehen. Teils spricht man auch von Vereinzeln, wenn das PIKIEREN (S. 556) von Sämlingen in Einzeltöpfe gemeint ist.

VERJÜNGEN

Bezeichnet allgemein Maßnahmen, um bei älteren mehrjährigen bzw. ausdauernden Pflanzen verstärkten Neuaustrieb anzuregen. Bei STAUDEN (S. 562) sowie Zwiebel- und Knollenpflanzen lässt sich dies durch Teilung erreichen, bei Gehölzen durch einen VERJÜNGUNGSSCHNITT (S. 567).

Stauden pflegen ■ *S. 317*
Zwiebel- und Knollenblumen pflegen ■ *S. 337*

VERJÜNGUNGSSCHNITT

Ein kräftiger Rückschnitt bei älteren Bäumen und Sträuchern, verbunden mit intensivem AUSLICHTEN (S. 534). Dadurch lässt sich starker Neuaustrieb anregen – sofern das Gehölz nicht tatsächlich seine natürliche Altersgrenze erreicht hat. Das Ast- bzw. Grundgerüst wird nach dem Rückschnitt mehr oder weniger komplett neu aufgebaut. Ein Verjüngungsschnitt wird in der Regel nur nötig, wenn man einen ausreichenden ERHALTUNGSSCHNITT (S. 541) versäumt hat.

Schnitt und Wachstum ■ *S. 218*
Schnitt bei Sauerkirsche und Pfirsich ■ *S. 364*

VERLANDUNG

Ungünstige Entwicklung in einem Teich: Durch Ansammeln schlecht zersetzbarer Pflanzenreste und/oder Einspülen von Erde sowie Pflanzsubstrat bildet sich zunehmend Faulschlamm am Boden.

Was tun, wenn ... ■ *S. 329*

VERZIEHEN

Andere Bezeichnung für das AUSDÜNNEN (S. 534) von Sämlingen, die auf dem Beet zu eng stehen.

VLIES

Ein feines engmaschiges Kunstfasergeflecht, ähnlich wie Folien angeboten in großen, zusammengefalteten Rechteckstücken oder auf Rollen. Transparentes Vlies wird als Kälteschutz über Pflanzen ausgelegt, dunkles Mulchvlies auf dem Boden, um die absorbierte Sonnenstrahlung als Wärme an die Pflanzen abzugeben und Unkraut zu unterdrücken. Etwas weitmaschigere, durchsichtige Vliese finden als KULTURSCHUTZNETZE (S. 551) Verwendung. Sie alle bieten den Vorteil der guten Wasser- und Luftdurchlässigkeit. Sehr kräftige Vliese dienen unter Teichfolien oder bei der DACHBEGRÜNUNG (S. 538) als Schutz gegen eindringende Wurzeln und andere Beschädigungen.

Folien und Vliese ■ *S. 243*

VOLLDÜNGER

Ein Dünger, der zumindest die drei Kernnährstoffe Stickstoff (N), Phosphor (P) und Kalium (K) enthält. Meist zählen aber auch Magnesium (Mg) sowie wichtige Spurennährstoffe zu den Komponenten eines Volldüngers.

Düngemittel und -methoden ■ *S. 178*

VORKULTUR

Andere Bezeichnung für die geschützte, warme ANZUCHT (S. 533) aus Samen mit späterem Verpflanzen. Vorkultur nennt man außerdem im Gemüseanbau eine für frühe Saat geeignete ART (S. 533) mit kurzer Kulturdauer, die vor der Hauptkultur auf demselben Beet angebaut wird (KULTURFOLGE, S. 551).

Vermehrung über Samen ■ *S. 222–223*
Anbauplanung ■ *S. 380*

VORZIEHEN

Andere Bezeichnung für die geschützte, warme ANZUCHT (S. 533) aus Samen mit späterem Verpflanzen.

Vermehrung über Samen ■ *S. 222–223*

W

WALDBEET

Ein Gartenbereich, der durch mittelgroße bis hohe Sträucher oder Bäume geprägt ist. Die ARTEN (S. 533) sind vorwiegend heimisch und naturnah.

WASSERGEBUNDEN

Als wassergebundene Wegdecke bezeichnet man einen Wegbelag mit einer Deckschicht aus SPLITT (S. 561) oder ähnlichem Material und einem hohen Anteil an feinkörnigen, bindigen Mineralbestandteilen sowohl in der Deck- wie in der TRAGSCHICHT (S. 565). Vorbilder sind Wege in historischen Gartenanlagen, die mit lehmigem KIES (S. 548) und SAND (S. 558) angelegt wurden: Der LEHM (S. 551) sorgte bei genügend Feuchte für eine feste Bindung der gröberen Mineralteile. Ähnliches bewirken die Feinanteile bei einem wassergebundenen Weg moderner Bauart, wobei alle Schichten beim Bau des Wegs gründlich verdichtet werden. Dennoch bleiben sie wasserdurchlässig, sind also eine vorteilhafte Alternative zu einer festen, versiegelnden Bodendecke. Als Materialien finden stets sogenannte korngestufte Gesteinsgemische mit gröberen und feinen Anteilen Verwendung.

Wege und Plätze ■ *S. 59*

WASSERHÄRTE

Der Gehalt des Wassers an darin gelösten mineralischen Stoffen, insbesondere an Calcium- und Magnesiumverbindungen. Danach unterscheidet man weiches Wasser mit sehr niedrigem Kalkgehalt, mittelhartes, hartes und sehr hartes Wasser mit hohem Kalkgehalt. Hartes Wasser hat zugleich einen hohen PH-WERT (S. 555). Die Wasserhärte wird bei uns in °dH (deutsche Härtegrade) angegeben und spielt eine wichtige Rolle bei der Pflanzenverträglichkeit des Gießwassers, ebenso bei der Qualität des Wassers in einem Gartenteich. Für die meisten Lebewesen ist ein mittlerer Härtebereich von 8–20° dH am günstigsten.

Pflanzenfreundliche Wasserversorgung 2 *S. 186*
Lebenselement Wasser 3 *S. 324*

WEINBAUKLIMA

Ein Regionalklima, das durch warme, eher trockene Sommer und milde Winter gekennzeichnet ist – und damit das typische Klima von Landstrichen, in denen bei uns in größerem Umfang Wein angebaut wird, etwa an der Mosel oder am Rhein.

WELLPROFIL

Der Begriff Wellprofil steht generell für eine gewellte Oberfläche mit gleichmäßig angeordneten Rippen und Furchen. Platten bzw. Elemente mit Wellprofil lassen sich einfach und flexibel verlegen. Wellprofilelemente gibt es aus lichtdurchlässigem Kunststoff, etwa für die Überdachung eines Carports, sowie aus eingefärbtem Kunststoff, Stahl und Aluminium für die feste Eindeckung und Verkleidung von Dächern und Wänden.

Carport 1 *S. 79*

WENDELUNG

Bogenförmiger Verlauf einer Treppe; nach Richtung des Verlaufs unterscheidet man Rechtstreppen (Wendelung im Uhrzeigersinn) und Linkstreppen (entgegen dem Uhrzeigersinn).

WILDSTAUDE

Eine züchterisch nicht oder kaum bearbeitete STAUDE (S. 562). Wildstauden blühen meist nicht so prächtig und so lang wie BEETSTAUDEN (S. 535), entfalten aber besonderen naturnahen Charme. Sie eignen sich je nach ART (S. 533) häufig für besondere Lebensräume und Standorte, etwa für schattige Plätze, sehr feuchte oder sehr trockene Böden. Wildstauden dürfen nie der Natur entnommen werden; man kann hier auf ein reiches Angebot der Staudengärtnereien, die sich teils auf die Vermehrung von Wildstauden spezialisiert haben, zurückgreifen.

WINDENPFLANZE

Eine andere Bezeichnung für eine SCHLINGPFLANZE (S. 559), die sich mit langen Trieben an einer Unterlage hochwindet.

WINDSCHUTZHECKE

Eine streifenartige Pflanzung aus gut windverträglichen Gehölzen wie Eibe, Haselnuss und Liguster, die dazu dient, Gartenbereiche oder ganze Gärten vor starken Winden zu schützen. Am besten eignen sich gemischte, zweireihige Hecken. Sie dürfen nicht allzu dicht sein, da ein massives Abbremsen des Winds zur Bildung starke Wirbel hinter dem Einflussbereich der Windschutzhecke führt.

Kleinklima im Garten 2 *S. 138*

WINTERGRÜN

Wintergrüne Pflanzen behalten ihre Blätter über Winter, ersetzen sie aber im Frühjahr durch neue. Unter den Gehölzen zählen hierzu z. B. Feuerdorn und manche Zwergmispeln (*Cotoneaster*), unter den STAUDEN (S. 562) beispielsweise Bergenie und Christrose.

Ziergehölze 3 *S. 270*

WURZELHALS

Der Übergangsbereich zwischen Wurzel und Sprossachse. An Sämlingen und STECKLINGEN (S. 562) ist dieser Bereich bei zu nassem SUBSTRAT (S. 564) besonders gefährdet bzw. von AUFLAUFKRANKHEITEN (S. 534) bedroht.

Die Organe der Pflanze 2 *S. 121*

WURZELNACKTE PFLANZE

Preiswerte Pflanzware bei Gehölzen, die man besonders bei Heckenpflanzen und Rosen findet: Die Wurzeln sind nicht von einem BALLEN (S. 534) aus Erde umgeben, also demnach „nackt". Wurzelnackte Pflanzen können nur während der Ruhezeit gesetzt werden.

Pflanzware und Pflanztermine 2 *S. 154*
Ziergehölze – vom Einkauf zum Pflanzen 3 *S. 280*
Rosenkauf und -pflanzung 3 *S. 295–296*
Obstbaumpflanzung 3 *S. 358*

WURZEL-SCHNITTLING

Teilstück der Wurzel bzw. des RHIZOMS (S. 557), das sich bei manchen STAUDEN (S. 562) wie ein STECKLING (S. 562) zur Vermehrung nutzen lässt. Wurzelschnittlinge werden im Spätherbst geschnitten und eingetopft.

Vermehrung über Pflanzenteile 2 *S. 225*

WURZELSPERRE

Andere Bezeichnung für eine RHIZOMSPERRE (S. 557), die v. a. dazu dient, starkwüchsige AUSLÄUFER (S. 534) im Zaum zu halten, z. B. bei diversen Bambusarten.

WURZELSTOCK

Andere Bezeichnung für ein RHIZOM (S. 557). Der Begriff ist etwas irreführend, da Rhizome keine Wurzeln sind, sondern unterirdische Sprossumbildungen. Teils werden auch „echte" Wurzeln als Wurzelstöcke bezeichnet, nämlich das stark verholzte und verzweigte, aber kompakte Wurzelwerk, das manche Gehölze mit den Jahren ausbilden.

WURZELUNTERLAGE

Andere Bezeichnung für die UNTERLAGE (S. 566), eine Pflanze, die bei einem veredelten Gewächs hauptsächlich das Wurzelwerk beiträgt.

Z

ZÜCHTUNG

Unter Züchtung versteht man alle Maßnahmen, die dazu dienen, Pflanzen mit gewünschten Eigenschaften zu erhalten, die jeweils auch auf die Nachkommen vererbt werden. Das Ergebnis der Züchtung sind SORTEN (S. 561) oder auch HYBRIDEN (S. 547) und VARIETÄTEN (S. 566) bzw. Formen. Grundsätzlich gibt es dafür drei Verfahren: die Auslese (Selektion), die Kreuzung und die Gentechnik. Bei der Auslese nutzt man seit jeher, dass Pflanzen einer Art stets eine gewisse Variabilität zeigen. So kann man besonders ertragreiche, üppig blühende oder widerstandsfähige Exemplare gezielt weitervermehren. Zuweilen entstehen auch Mutationen (Erbgutveränderungen) mit deutlich veränderten Eigenschaften (beispielsweise Kletterwuchs, gestreifte Blüten), die in der Züchtung Verwendung finden. Bei der Kreuzung versucht man, gezielt die gewünschten Merkmale zweier oder mehrerer unterschiedlicher Pflanzen miteinander zu vereinen, indem man die eine Art oder Sorte mit Pollen einer anderen bestäubt. Die Gentechnik, bei der unterschiedliche Erbanlagen auf Zellebene direkt miteinander in Verbindung gebracht werden, vermag teils, die sehr langwierigen Auslese- und Kreuzungsprozesse abzukürzen.

Pflanzenvielfalt mit System *S. 129*

ZUNGENBLÜTE

Flach zungenförmige Blüten, die bei den KÖRBCHEN (S. 550) der Korbblütengewächse (*Asteraceae*) meist einen strahlenartigen Kranz bilden und auffälliger gefärbt sind als die inneren RÖHRENBLÜTEN (S. 558). Sie wirken dadurch so, als seien es nur einfache Blütenblätter. Tatsächlich sind sie oft steril, d. h. nicht befruchtungsfähig, und dienen dann nur dazu, die bestäubenden Insekten zu den Röhrenblüten zu locken.

Die Organe der Pflanzen *S. 125*

ZWEIHÄUSIG

Zweihäusige Gewächse haben keine ZWITTRIGEN (S. 569), sondern eingeschlechtige männliche und weibliche Blüten, die getrennt auf verschiedenen Pflanzen angelegt werden. Bei zweihäusigen ARTEN (S. 533) gibt es demnach rein männliche und rein weibliche Pflanzen. Für eine BEFRUCHTUNG (S. 535) sind stets mindestens zwei Exemplare verschiedenen Geschlechts nötig. Zweihäusigkeit findet sich v. a. bei Gehölzen; so sind z. B. Kiwi, Ginkgo und Weiden zweihäusig.

Die Organe der Pflanzen *S. 126*

ZWEIJÄHRIG

Zweijährige sind kurzlebige krautige, also nicht verholzende Pflanzen, die im Jahr der Samenkeimung nur Blätter ausbilden, meist als dem Boden aufliegende Blattrosette, und dann nach Überwinterung oft schon im Frühling des nächsten Jahrs blühen. Danach – bzw. nach Ausreife ihrer Samen – sterben sie ab. Diesen Lebensrhythmus zeigen einige beliebte SOMMERBLUMEN (S. 560) wie Tausendschön und Waldvergissmeinnicht, die meist im Sommer gesät werden. Auch etliche Gemüsepflanzen sind eigentlich zweijährig, so z. B. Rettich, Rote Bete und Mangold. Wir kultivieren sie jedoch nur einjährig, weil das Erntegut nur genießbar ist, solange die Blüten noch nicht erscheinen.

Pflanzenvielfalt mit System *S. 129*
Sommerblumen *S. 340*

ZWIEBEL

Speicherorgan einer Pflanze, das sich meist ganz oder zum Großteil unter der Erde befindet. Zwiebeln sind stark gestauchte Sprosse mit häutigen oder fleischig verdickten Blättern, den Zwiebelschalen, -schuppen oder -decken. Diese dienen als Schutz und zur Nährstoffspeicherung. Sie umhüllen die innen bereits angelegten Blätter und Sprosse, die dann beim Austrieb von den Nährstoffreserven der Speicherblätter „zehren". Dem Zwiebelboden oder -kuchen entspringen die charakteristischen Büschelwurzeln.

Zwiebeln und Knollen *S. 330*

ZWIEBELSCHUPPE

Die schützenden, nährstoffspeichernden Blätter mancher ZWIEBELN (S. 567) sind als fleischige Schuppen ausgebildet. Bei Lilien und Kaiserkronen (*Fritillaria imperialis*) kann man diese Zwiebelschuppen einfach abnehmen und zur Vermehrung nutzen.

Vermehrung von Zwiebel- und Knollenblumen *S. 231*

ZWITTRIG

Als zwittrig bezeichnet man Lebewesen, bei denen die Individuen weibliche wie männliche Geschlechtsorgane aufweisen. In der Tierwelt kommt das vergleichsweise selten vor; hier wären etwa die Schnecken als zweigeschlechtige Beispiele zu nennen. Bei den Pflanzen dagegen sind „Zwitterwesen" fast die Regel: Die Blüten höherer Pflanzen enthalten überwiegend sowohl weibliche Geschlechtsorgane – in Form des Stempels mit Fruchtknoten, Griffel und Narbe – als auch männliche Geschlechtsorgane, nämlich die Staubblätter mit dem Pollen.

Die Organe der Pflanzen *S. 125*

JANUAR

Allgemeines

✔ **Mit Muße informieren**
Schmökern Sie jetzt in Gartenbüchern und -zeitschriften und bestellen Sie schon einmal Kataloge von Pflanzenversendern. Wie wäre es, jetzt mit einem Gartentagebuch anzufangen?

✔ **Überwinternde Pflanzen schützen**
Überprüfen Sie die Winterschutzabdeckungen (Nadelholzreisig, Laub) bei empfindlichen Pflanzen, und erneuern Sie sie bei Bedarf.

✔ **Den Vögeln helfen**
Versorgen Sie die Vögel in sehr strengen Winterperioden mit artgerechtem Futter und Trinkwasser. In anderen Zeiten sind sie nicht darauf angewiesen und finden in der Natur ausreichend Nahrung.

✔ **Salzschäden vermeiden**
Streuen Sie Garten- und Gehwege nur mit grobem Sand oder Splitt.

Blumen und Stauden

✔ **Planen und vorbereiten**
Jetzt ist eine gute Zeit, um Blumenbeete und Rabatten zu planen. Stellen Sie eine Liste der bevorzugten Pflanzen zusammen, und ordnen Sie die Arten und Sorten nach der Blütezeit. Schauen Sie die Samentüten vom Vorjahr durch, und sortieren Sie überaltertes Saatgut aus.

✔ **Pflanzen im Winterquartier**
Die im Haus überwinternden Pflanzen (z. B. Kübelpflanzen, Blumenzwiebeln) sollten regelmäßig kontrolliert werden, Faules und Krankes wird entfernt. Vergessen Sie nicht, die Kübelpflanzen nach Bedarf ab und zu mit Wasser zu versorgen.

Ziergehölze und Rosen

✔ **Winterrisiken vorbeugen**
Gießen Sie die immergrünen Gehölze an frostfreien Tagen. Fegen Sie schwere Schneelasten von den Ästen ab, und schütteln Sie den Schnee auch von Strauch- und Hochstammrosen.

Obst

✔ **Spezieller Winterschutz**
Falls Sie dies noch nicht im Herbst getan haben, dann versehen Sie nun die Obstbäume an der Sonnenseite mit einem Weißanstrich, um Rindenschäden vorzubeugen. Schon früher ausgebrachte Anstriche müssen ggf. erneuert werden. Spalierobst sollte mit Reisig, Jutesäcken oder Schilfmatten vor der Wintersonne geschützt werden.

✔ **Mit dem Schnitt noch warten**
Der Winterschnitt ist zwar an frostfreien Tagen möglich, doch warten Sie besser noch einige Wochen, bis die stärksten Fröste vorbei sind.

Gemüse und Kräuter

✔ **Planen und vorbereiten**
Erstellen Sie den Anbau- und Beetbelegungsplan für dieses Jahr. Sehen Sie die Samentüten vom Vorjahr durch, und sortieren Sie all das aus, was nicht mehr zu gebrauchen ist.

✔ **Für frischen Vitamingenuss**
Um auch in dieser Jahreszeit frisches Gemüse auf den Tisch zu bringen, können Sie jetzt gut Kresse-, Erbsen- oder Mungbohnensprossen am Fensterbrett ziehen.

Winterliche Mußezeit: Wenn draußen Schnee liegt, lässt sich drinnen gemütlich das neue Gartenjahr planen.

FEBRUAR

Allgemeines

- **Gartengeräte startklar machen**
  Falls Sie im Herbst keine Zeit gefunden haben, alle Gartengeräte zu überprüfen, sollten Sie dies nun tun. Ggf. müssen Sie einen Teil erneuern oder zur Reparatur geben. Ergänzen Sie notwendiges Zubehör und Verbrauchsmaterial.
- **Überwinternde Pflanzen schützen**
  Überprüfen Sie nach wie vor vor Frostnächten die Winterschutzabdeckungen (Reisig, Laub) bei empfindlichen Pflanzen, und erneuern Sie sie bei Bedarf. An vorzeitig warmen Tagen sollten die Abdeckungen gelockert werden.
- **Bodenuntersuchung durchführen**
  Entnehmen Sie vor Neuanlagen auf stark beanspruchten Beeten oder Flächen, die Probleme bereiten, Bodenproben, die Sie in einem geeignetem Labor analysieren lassen.
- **Vögel unterstützen**
  Bringen Sie neue Nistkästen an. Alte sollten gründlich gesäubert werden, bevor sie erneut aufgehängt werden.

Blumen und Stauden

- **Anzucht vorbereiten**
  Kaufen Sie jetzt Blumensamen, oder bestellen Sie die gewünschten Arten und Sorten. Ergänzen Sie das notwendige Zubehör für die Anzucht. Gebrauchte Saatkisten usw. sollten vor der erneuten Verwendung gründlich gesäubert werden.
- **Pflanzung vorbereiten**
  Richten Sie bei frostfreiem, trockenem Wetter die Beete und Rabatten für Staudenneupflanzungen her.
- **Sommerblumen vorziehen**
  Erste Sommerblumen (z. B. Löwenmäulchen, Ringelblumen) können ab Februar drinnen vorgezogen werden. Beginnen Sie damit jedoch wegen des Lichtmangels nicht zu früh, auch wenn es Ihnen schon kräftig in den Fingern juckt.

Ziergehölze und Rosen

- **Neupflanzungen vorbereiten**
  Kümmern Sie sich rechtzeitig um die Pflanzware. Der Boden kann nun an den vorgesehenen Pflanzstellen tiefgründig gelockert und bei Bedarf verbessert werden.
- **Winterrisiken vorbeugen**
  Gießen Sie alle immergrünen Gehölze nach längerer Trockenheit, wenn der Boden nicht gefroren ist.
- **Sträucher schneiden**
  Sommer- und Herbstblüher können an frostfreien Tagen ausgelichtet werden. Führen Sie den Erhaltungsschnitt durch.

Obst

- **Schnittmaßnahmen**
  Kernobstbäume werden an frostfreien Tagen geschnitten. Steinobst und Beerensträucher können nun ausgelichtet werden, falls Sie dies nicht gleich nach der Ernte gemacht haben.
- **Fruchtmumien entfernen**
  Eingetrocknete „Fruchtmumien“ an Obstbäumen sollten entfernt werden, da sie potenzielle Krankheitsherde darstellen.

- **Pflanzungen vorbereiten**
  Erkundigen Sie sich über geeignete Sorten, die Ihren Bedürfnissen entsprechen. Kümmern Sie sich um entsprechende Pflanzware. Der Boden kann jetzt an den vorgesehenen Pflanzstellen tiefgründig gelockert und bei Bedarf verbessert werden.

Gemüse und Kräuter

- **Anzucht und Aussaat vorbereiten**
  Kaufen oder bestellen Sie nun die benötigten Gemüsesamen. Ergänzen Sie das Zubehör für die Anzucht, und säubern Sie gebrauchte Saatkisten usw. gründlich. Bei frostfreiem, trockenem Wetter können die ersten Beete saatfertig gemacht werden. Holen Sie die tiefgründige Bodenlockerung nach, falls Sie das nicht schon im Herbst erledigt haben.
- **Erste Anzuchten**
  Im Gewächshaus können Zwiebeln und Kohl vorgezogen werden.

MÄRZ

Allgemeines

✔ **Winterschutz**
Bei empfindlichen Pflanzen ist vor Frostnächten immer noch eine Abdeckung mit Reisig, Säcken oder Vlies nötig.

✔ **Schneckenbekämpfung**
Halten Sie bei allen Boden- und Kompostarbeiten nach Schneckeneiern (kleine weiße Knäuel) Ausschau, und vernichten Sie diese.

✔ **Erste Düngung**
Gehölze, Stauden sowie überwinterte Zweijährige und Gemüse können jetzt gedüngt werden.

✔ **Gartengeräte ergänzen**
Noch haben Sie ausreichend Zeit, bei Bedarf neue Geräte zu besorgen, falls Sie nicht schon im Februar dazu gekommen sind.

Blumen und Stauden

✔ **Kontrolle nach dem Winter**
Kontrollieren Sie jetzt alle Herbstpflanzungen, und drücken Sie hochgefrorene Stauden wieder an.

Mit einer Aerifiziergabel können Sie nach dem ersten Mähen verdichtetem Rasen zu mehr Luft verhelfen.

Schneiden Sie die Stauden zurück, bei denen Sie das nicht schon im Herbst erledigt haben. Entfernen Sie alles Abgestorbene.

✔ **Stauden teilen**
Ältere Stauden lassen sich jetzt teilen und auf diese Art und Weise leicht verjüngen.

✔ **Vorbereitende Bodenbearbeitung**
Bei trockenem Wetter können die Beete gelockert und eingeebnet werden. Lesen Sie dabei die Unkrautwurzeln aus.

✔ **Säen und pflanzen**
Ziehen Sie die einjährigen Sommerblumen vor. Sommer- und herbstblühende Stauden sowie zweijährige Blumen können jetzt gepflanzt werden.

Ziergehölze und Rosen

✔ **Bewässerung**
Gießen Sie die immergrünen Gehölze nach längerer Trockenheit.

✔ **Pflanzung**
Lockern Sie die Plätze gründlich, an denen Sie Gehölze pflanzen möchten. Unempfindliche Ziergehölze können dann auch gepflanzt werden. Mit Rosen und anderen empfindlichen Arten sollten Sie hingegen bei Kälte besser noch warten.

✔ **Sträucher schneiden**
Spiersträucher und Sommerflieder können jetzt gut zurückgeschnitten werden.

✔ **Rosen pflegen**
Gegen Ende März, wenn die stärksten Fröste vorbei sind, sollten die Rosen abgehäufelt werden. Entfernen Sie auch den Winterschutz.

Obst

✔ **Pflanzung**
Beerensträucher können jetzt gepflanzt werden.

✔ **Vermehrung**
Obstgehölze lassen sich jetzt durch Kopulation vermehren.

✔ **Frostschäden verarzten**
Haben Sie an den Gehölzen Frostschäden oder andere Verletzungen entdeckt, sollten Sie diese großzügig ausschneiden und anschließend mit einem geeigneten Wundverschlussmittel versorgen.

Gemüse und Kräuter

✔ **Beete vorbereiten**
Bereiten Sie bei trockenem Wetter die Beete mit Hacke, Kultivator und Rechen vor. Entfernen Sie dabei gleich alle Unkrautwurzeln.

✔ **Säen und pflanzen**
Ziehen Sie jetzt Gemüse und Kräuter vor. Zwiebeln können gesteckt, Salate im Gewächshaus oder mit Folienschutz gepflanzt werden. Bei Spinat, Erbsen, Radieschen, Rettich, Schnittsalat und Kresse sind die ersten Freilandsaaten möglich.

✔ **Für gute Luft sorgen**
Vergessen Sie nicht, Gewächshaus und Frühbeete bei starker Sonneneinstrahlung öfter zu lüften, damit es den Pflanzen nicht zu heiß wird.

APRIL

Allgemeines

✔ **Winterschutz entfernen**
Dicke Winterschutzpackungen sollten spätestens jetzt entfernt werden. Halten Sie für frostempfindliche Pflanzen jedoch weiterhin geeignetes Abdeckmaterial bereit.

✔ **Schneckenbekämpfung**
Sammeln Sie weiterhin Schneckeneier und Schnecken auf. Das erspart Ihnen so manche Enttäuschung mit abgefressenen Jungpflanzen.

✔ **Unkraut bekämpfen**
Jäten Sie die ersten Unkräuter, die sich nun zeigen.

✔ **Bewässerung**
Wässern Sie den Garten bei Wärme und Trockenheit. Vor allem Saaten und Neupflanzungen müssen regelmäßig mit Wasser versorgt werden. Diese sollten auch mit Netzen vor Vögeln geschützt werden.

✔ **Rasenaussaat vorbereiten**
Lockern Sie die Flächen für die Rasenneusaaten gründlich, und befreien Sie sie gleichzeitig von Unkräutern.

✔ **Rasenpflege**
Der Rasen sollte spätestens Anfang April das erste Mal gemäht werden. Stellen Sie dabei die Schnitthöhe nicht zu tief ein. Bringen Sie anschließend die erste Düngergabe aus. Ggf. ist vorher auch ein Vertikutieren günstig.

✔ **Kübelpflanzen umtopfen**
Topfen Sie Kübelpflanzen um, und bringen Sie diese bei Bedarf durch Schnitt in Form.

Blumen und Stauden

✔ **Weiterhin Beete vorbereiten**
Lockern Sie die noch ausstehenden Beete, und entfernen Sie dabei die aufgelaufenen Unkräuter.

✔ **Aussaat und Pflanzung**
Einjährige Sommerblumen können jetzt vorgezogen werden. Pikieren Sie die ersten Saaten. Ringelblumen, Bechermalven, Duftsteinrich und Kornblumen lassen sich direkt ins Beet säen. Pflanzen Sie neue Stauden, ältere Exemplare können geteilt werden.

Ziergehölze und Rosen

✔ **Pflanzung**
Immergrüne Laub- und Nadelgehölze sowie Rosen können jetzt gepflanzt werden. Eine Pflanzung ist auch noch bei anderen Gehölzen möglich, wenn sie einen Wurzelballen haben. Die Pflanzung von ballenlosen Gehölzen ist hingegen schon kritisch, falls der Austrieb bereits beginnt.

✔ **Rosen schneiden**
Führen Sie nun den Frühjahrsschnitt durch. Beachten Sie dabei die Bedürfnisse der einzelnen Rosenklassen.

✔ **Rosen pflegen**
Lockern Sie den Boden, entfernen Sie das Unkraut, und bringen Sie eine Mulchschicht aus.

Obst

✔ **Pflanzung**
Kiwis und Weinreben können jetzt gepflanzt werden.

✔ **Mulchdecken entfernen**
Zur Verminderung der Spätfrostgefahr sollte unter Obstbäumen die Mulchschicht entfernt werden, da dadurch die Wärmeabstrahlung des Bodens verbessert wird.

Gemüse und Kräuter

✔ **Weiterhin Bodenvorbereitung**
Bereiten Sie nun die restlichen Beete vor. Jäten Sie die aufgelaufenen Unkräuter.

✔ **Säen, pflanzen und vereinzeln**
Ziehen Sie späte Gemüse vor, oder sehen Sie sich nach Jungpflanzen um. Robuste Gemüse und Kräuter können draußen gesät werden. Für die meisten Gemüse und Kräuter ist nun die Hauptpflanzzeit. Erste Saaten können bei Bedarf schon ausgedünnt werden.

MAI

Allgemeines

- **Bewässerung**
  Aussaaten und Jungpflanzen sollten immer ausreichend feucht gehalten werden. Versorgen Sie den Garten ganz allgemein bei Wärme und Trockenheit mit Wasser.
- **Aussaaten schützen**
  Decken Sie die frischen Saatflächen mit Schutznetzen ab, um Vogelfraß zu verhindern.
- **Auf letzte Fröste achten**
  Empfindliche Pflanzen sollten bei drohenden Nachtfrösten immer noch mit entsprechendem Material abgedeckt werden.
- **Schädlinge**
  Achten Sie auf die ersten Anzeichen von Schnecken und sonstigem Schädlingsbefall, und ergreifen Sie bei Bedarf geeignete Maßnahmen.
- **Rasen aussäen**
  Jetzt ist eine sehr günstige Zeit für eine Rasenneuanlage.
- **Rasen düngen**
  Ende Mai/Anfang Juni kann der Rasen ein zweites Mal mit Dünger versorgt werden.

Blumen und Stauden

- **Sommerblumen**
  Pflanzen Sie die Sommerblumen nach Mitte Mai nach draußen. Vergessen Sie nicht, sie vorher langsam abzuhärten. Bei vielen Sommerblumen ist jetzt auch eine Direktsaat im Freien möglich. Verblühte zweijährige Arten sollten entfernt werden.
- **Pflanzenstandorte markieren**
  Markieren Sie die Stellen der schon einziehenden Zwiebel- und Knollenpflanzen, damit diese bei späteren Arbeiten nicht beschädigt werden.
- **Zwiebelblumen pflanzen**
  Setzen Sie nun wieder die Knollen von Dahlien, Gladiolen, Begonien und Blumenrohr in die Beete.

Ziergehölze und Rosen

- **Rosen pflegen**
  Rosen sollten bei anhaltender Trockenheit gegossen werden. Ab Mitte des Monats können Sie sie mit einem geeigneten Langzeitdünger versorgen. Achten Sie auch auf Schädlinge und Pilzbefall, so dass Sie frühzeitig geeignete Maßnahmen ergreifen können.

Obst

- **Bewässerung**
  Die Obstgehölze sind Ihnen bei Trockenheit für eine gründliche Wassergabe dankbar.
- **Blattläuse abwehren**
  Bekämpfen Sie Blattläuse gleich beim ersten Auftreten. Das gilt besonders für Neupflanzungen. Spülen Sie sie mit scharfem Wasserstrahl ab, und sprühen Sie mehrmals z. B. mit Brennnesselkaltwasserauszug.

Gemüse und Kräuter

- **Säen, pflanzen und vereinzeln**
  Anfang des Monats ist das Vorziehen von Gurken und anderen Fruchtgemüsen noch möglich. Alternativ können Sie nach den Eisheiligen (Mitte Mai) direkt ins Freie säen, ebenso die Bohnen. Jungpflanzen von Tomaten, Gurken usw. werden erst ab Mitte Mai risikolos gepflanzt. Führen Sie auch Folgesaaten von Salat, Radieschen, Möhren u. a. durch, die nach dem Aufgehen vereinzelt werden. Kohl, Salat und Lauch können gepflanzt werden.

Nun wird schon regelmäßiges Rasenmähen nötig.

JUNI

Allgemeines

✔ **Mulch ausbringen**
Nachdem nun die größte Schneckengefahr vorüber ist, können Sie unter Gehölzen, auf Baumscheiben und freien Beetflächen geeigneten Mulch ausbringen. Als Material eignen sich beispielsweise Kompost, Blattabfälle, Rindenmulch, Rasenschnitt oder Gehölzhäcksel.

✔ **Pflanzen pflegen**
Nun wiederholen sich die Arbeiten, die im Garten anfallen: Gießen Sie bei Bedarf regelmäßig, hacken Sie, und entfernen Sie das Unkraut. Achten Sie auch unbedingt weiter auf Schädlinge und Krankheiten und ergreifen Sie geeignete Maßnahmen, wenn dies notwendig ist.

✔ **Rasen anlegen**
Jetzt ist immer noch eine Nachsaat möglich, wenn der Rasen Fehlstellen aufweist.

Blumen und Stauden

✔ **Pflanzung**
Frühjahrsblühende Stauden können jetzt gesetzt werden. Pflanzen Sie bei Bedarf Sommerblumen und Stauden im Container.

✔ **Einjährige und Zweijährige**
Vereinzeln Sie Direktsaaten von einjährigen Sommerblumen auf den richtigen Abstand. Zweijährige Sommerblumen sollten jetzt vorgezogen werden.

✔ **Ausputzen und stützen**
Entfernen Sie regelmäßig Verblühtes. Das sieht nicht nur schöner aus, sondern verhindert außerdem, dass die Pflanzen unnötige Kraft in die Samenbildung stecken. Hohe Stauden, Sommer-, Zwiebel- und Knollenpflanzen sollten Sie bei Bedarf stützen.

Ziergehölze und Rosen

✔ **Schnittmaßnahmen**
Frühjahrsblühende Gehölze können jetzt nach Bedarf ausgelichtet und/oder zurückgeschnitten werden. Achten Sie dabei immer auf sauberes Arbeiten.

✔ **Heckenschnitt**
Warten Sie mit dem Schnitt der Hecken am besten noch bis Ende des Monats bzw. Anfang Juli, um brütende Vögel nicht zu stören und zu verscheuchen.

✔ **Düngung**
Versorgen Sie die Bäume und Sträucher Ende Juni zum letzten Mal mit stickstoffhaltigem Dünger. So wird gewährleistet, dass das Holz bis zum Winter noch gut ausreifen kann.

✔ **Rosen ausputzen**
Schneiden Sie bei öfterblühenden Rosen regelmäßig die verwelkenden Blütenstände heraus.

Obst

✔ **Bewässerung**
Achten Sie bei trockener Witterung auf eine ausreichende Wasserversorgung der Gehölze.

✔ **Fruchtbehang ausdünnen**
Dünnen Sie Fruchtbehang, der nach dem natürlichen Junifall immer noch zu dicht ist, vorsichtig mit einer Schere aus. Dies betrifft besonders die Apfelbäume. Belassen Sie dabei pro Büschel höchstens 2 bis 3 kleine Früchte, die dann besser mit Nährstoffen versorgt werden.

✔ **Ernten**
Wenn das Wetter mitgespielt hat, können erste Sauerkirschen sowie Beerenobstfrüchte geerntet werden.

Gemüse und Kräuter

✔ **Säen und pflanzen**
Säen Sie Folgesätze von Radieschen, Rettich, Mangold und Sommersalat aus. Kohl, Lauch, Salat und die letzten Fruchtgemüse können gepflanzt werden.

✔ **Saaten vereinzeln**
Verziehen Sie aufgegangene Saaten vorsichtig auf die richtigen Abstände.

✔ **Anhäufeln**
Eingewachsene Erbsen-, Lauch- und Kohlpflanzen können jetzt angehäufelt werden. Das verbessert die Standfestigkeit und regt die Bildung weiterer Wurzeln im unteren Sprossbereich an. Lauch bleibt dadurch schön weiß.

✔ **Ernten**
Ernten Sie Rhabarber und Spargel zum letzten Mal am 24. Juni. Danach enthält Rhabarber zu viel schädliche Oxalsäure. Reifes Gemüse sollte generell nicht zu spät geerntet werden.

JULI

Allgemeines

- ✔ **Pflegemaßnahmen**
  Weiterhin sind im ganzen Garten Gießen, Jäten, Hacken und Bewässern gefragt – besonders gründlich vor einem längeren Urlaub. Mähen Sie davor auch nochmals den Rasen.
- ✔ **Schädlinge und Krankheiten**
  Vor allem Blattläuse und Schmetterlingsraupen treten jetzt geballt auf. Achten Sie aber auch weiterhin auf Anzeichen anderer Schädlinge und Krankheiten.
- ✔ **Blumenwiese**
  Der Juli ist eine gute Zeit für den Schnitt der Blumenwiese, die Sie Ende September/Anfang Oktober noch ein zweites Mal schneiden können – entweder mit der Sense oder mit einem Allesmäher.

Blumen und Stauden

- ✔ **Säen und nachpflanzen**
  Sie können noch bis Mitte Juli zweijährige Sommerblumen wie Stiefmütterchen vorziehen. Bei Bedarf lassen sich auch weiterhin Stauden im Container nachpflanzen.
- ✔ **Aufbinden und stützen**
  Große Sommerblumen und hohe Stauden sind dankbar für eine Unterstützung – binden Sie sie daher jetzt auf oder versehen Sie sie mit einer passenden Stütze.
- ✔ **Ausputzen**
  Entfernen Sie regelmäßig welke Blüten, und schneiden Sie verblühte Staudentriebe zurück.
- ✔ **Sommerblumen düngen**
  Lange blühende Arten sollten jetzt noch einmal mit Nährstoffen versorgt werden.

Ziergehölze und Rosen

- ✔ **Heckenschnitt**
  Nach der Brutzeit der Vögel können die Hecken nun geschnitten werden. Wenn Sie mit einer Leiter arbeiten, achten Sie unbedingt auf einen sicheren Stand.
- ✔ **Rosenpflege**
  Entfernen Sie nach wie vor welke Blüten. Befestigen Sie lange Kletterrosentriebe am Rankgerüst.
- ✔ **Wildtriebe entfernen**
  Schneiden Sie Wildtriebe bei Flieder, Rosen und anderen veredelten Gehölzen direkt am Ansatz ab. Die Wundflächen sollten anschließend mit einem Verschlussmittel versiegelt werden.

Obst

- ✔ **Bewässerung**
  Die Obstgehölze sollten bei Trockenheit nach wie vor gründlich gegossen werden.
- ✔ **Fallobst nicht liegen lassen**
  Um einem Schädlingsbefall vorzubeugen, sollten Sie das Fallobst regelmäßig aufsammeln und entfernen.
- ✔ **Ernten**
  Pflücken Sie reifes Stein- und Beerenobst, und schützen Sie die noch unreifen Früchte mit Netzen vor den gefiederten Besuchern.
- ✔ **Empfindliche Süßkirschen ernten**
  Bei regnerischem Wetter sollten Sie reife Süßkirschen nicht unnötig lang am Baum lassen. Besonders Knorpelkirschen platzen leicht auf und faulen dann schnell.
- ✔ **Auslichten**
  Bäume und Sträucher können nach der abgeschlossenen Ernte gut ausgelichtet werden.

Gemüse und Kräuter

- ✔ **Aussaat**
  Säen Sie Radieschen, Rettich, Mangold und späte Salatsorten aus.
- ✔ **Pflanzung**
  Eis- und Kopfsalat, Kohlrabi, Lauch und Wintergemüse wie Grünkohl und Chinakohl können jetzt gepflanzt werden.
- ✔ **Gemüse anhäufeln**
  Durch Beiziehen von Erde verbessern Sie die Standfestigkeit z. B. von Kohl, Tomaten und Erbsen und Verhindern das Vergrünen z. B. von Lauch und Kartoffeln.
- ✔ **Tomaten ausgeizen**
  Bei Stabtomaten sollten die Achseltriebe regelmäßig ausgebrochen werden.
- ✔ **Ernten und konservieren**
  Ernten Sie reife Kräuter und Gemüse. Kräuter lassen sich im Schatten, in kleinen Bündeln aufgehängt, gut trocknen und so für den späteren Gebrauch konservieren.

AUGUST

Allgemeines

- **Gründüngung aussäen**
  Säen Sie auf Flächen, die mittlerweile frei geworden sind und nicht gleich neu bepflanzt werden sollen, eine geeignete Gründüngung aus.
- **Laufende Pflege**
  Weiterhin stehen regelmäßiges Hacken, Jäten, Bewässern, Mulchen und die Kontrolle auf Schädlinge und Krankheiten auf dem Programm.
- **Rasen einsäen**
  Neuen Rasen können Sie je nach Witterung ab Ende August bis etwa Anfang Oktober aussäen.

Blumen und Stauden

- **Spätsommerliche Pflege**
  Entfernen Sie regelmäßig Verblühtes, und schneiden Sie verblühte Stauden zurück. Hohe Herbstblüher sollten eine passende Stütze erhalten.
- **Stauden vermehren**
  Teilen Sie jetzt die Frühblüher, um sie anschließend an einer neuen Stelle wieder einzupflanzen.
- **Zwiebeln und Knollen stecken**
  Bringen Sie nun Herbstkrokusse, Herbstzeitlose, Kaiserkrone, Märzenbecher, Madonnenlilie und Narzissen in die Erde.
- **Neues planen**
  Nun ist ein guter Zeitpunkt, um neue Staudenpflanzungen im Herbst gründlich zu planen.

Ziergehölze und Rosen

- **Bewässerung**
  Die Ziergehölze sind bei längerer Trockenheit für durchdringende Wassergaben dankbar.
- **Rosen ausputzen**
  Falls Sie nicht wollen, dass die Rosen Hagebutten bilden, dann entfernen Sie nach wie vor regelmäßig alles Verblühte.

Obst

- **Abstützen**
  Falls die Obstgehölze reichlich Früchte tragen, kann es nötig werden, Äste und Zweige mit Pfählen, Metallstangen o. Ä. abzustützen.
- **Ernten**
  Pflücken Sie reife Apfel- und Birnensorten sowie Stein- und Beerenobst. Entfernen Sie dabei auch immer sämtliches Fallobst. Dieses sollten Sie zügig verarbeiten, sofern es noch verwertbar ist.
- **Schnittmaßnahmen**
  Abgeerntetes Steinobst und Beerensträucher können gut ausgelichtet werden. Ein Sommerschnitt an Obstbäumen bremst starken Wuchs. Bei Kiwipflanzen ist es Zeit, die Fruchttriebe entsprechend einzukürzen.
- **Erdbeeren pflanzen**
  Für Erdbeeren kommt nun die Pflanzzeit. Setzen Sie das Herz dabei nicht zu tief. Es sollte ein wenig über der Erde sitzen. Wählen Sie neue Beete, da ehemalige Pflanzflächen frühestens nach 4 Jahren erneut für Erdbeeren verwendet werden sollten.

Gemüse und Kräuter

- **Aussäen**
  Radieschen, Rettich, Kresse, Feldsalat, Spinat und Herbstsalate können nun ausgesät werden.
- **Pflanzung**
  Pflanzen Sie den letzten Kohlrabi sowie Lauch aus.
- **Tomaten pflegen**
  Stabtomaten sollten aufgebunden und weiterhin ausgegeizt werden. Kappen Sie die Spitze des Haupttriebs nach dem 5. oder 6. Fruchtstand.
- **Ernten**
  Lassen Sie reifes Gemüse nicht zu lang auf den Beeten stehen, sondern ernten Sie es rechtzeitig. Können Sie nicht gleich alles verzehren, dann konservieren Sie eventuell einen Teil. Dafür bieten sich Einlegen, Einkochen, Einsäuern oder auch Einfrieren an. Vor dem Einfrieren empfiehlt sich das Blanchieren.

Rastplatz im Schatten: Bei Hitze sollten alle anstrengenden Arbeiten ruhen.

SEPTEMBER

Allgemeines

- **Pflanzen bewässern**
  Langsam können Sie das Bewässern verringern: Nur noch bei neuen Anpflanzungen und längerer Trockenheit sollte weiterhin häufiger gegossen werden.
- **Allgemeine Pflegemaßnahmen**
  Nach wie vor sind Jäten, Hacken, Mulchen und die Kontrolle auf Schädlinge und Krankheiten wichtige Routinearbeiten.
- **Gründüngung aussäen**
  Auf bereits geräumten Beeten können Sie noch gut eine passende Gründüngung aussäen. Die Einsaat von Winterroggen ist sogar noch im Oktober möglich.
- **Rasen aussäen**
  Rasen lässt sich je nach Witterung noch bis Anfang Oktober aussäen.
- **Blumenwiese schneiden**
  Schneiden Sie die Blumenwiese jetzt noch einmal, falls sie im Sommer kräftig zugelegt hat.

Blumen und Stauden

- **Schnittmaßnahmen durchführen**
  Entfernen Sie bei den Spätblühern das Verblühte, und schneiden Sie verblühte Stauden zurück.
- **Pflanzen setzen**
  Nun werden zweijährige Sommerblumen auf Beete gesetzt; auch für frühjahrsblühende Stauden sowie Zwiebel- und Knollenblumen ist der September ein guter Pflanztermin. Letztere können Sie aber auch noch später pflanzen, solange kein Frost droht.
- **Beete vorbereiten**
  Bereiten Sie die Beete und Rabatten für eine allerletzte Herbstpflanzung vor.

Ziergehölze und Rosen

- **Pflanzung durchführen**
  Die Nadelgehölze und immergrünen Laubgehölze können jetzt gut gepflanzt werden.
- **Pflanzung vorbereiten**
  Laubabwerfende Gehölze ohne Container kommen erst ab Oktober an die Reihe. Sie können aber schon die Pflanzstellen tiefgründig lockern und ggf. den Boden verbessern.
- **Rosen düngen**
  Versorgen Sie die Rosen ab Mitte des Monats mit einem kaliumhaltigen Dünger. Intensive Bodenpflege ist nun nicht mehr nötig.

Obst

- **Weiterhin ernten**
  Jetzt ist die Haupterntezeit bei Äpfeln, Birnen und späten Pflaumen. Sammeln Sie dabei immer das Fallobst auf.
- **Schnittmaßnahmen**
  Abgeerntete Steinobstbäume und Beerensträucher können ausgelichtet werden.
- **Erdbeeren bewässern**
  Erdbeeren sollten jetzt bei Trockenheit gründlich gegossen werden, um so die Anlage der neuen Blüten zu fördern.
- **Pflanzstellen vorbereiten**
  Bereiten Sie die Pflanzung von Obstgehölzen vor, indem Sie die Pflanzstellen tiefgründig lockern.

Gemüse und Kräuter

- **Aussaat und Pflanzung**
  Bis Mitte September können Sie draußen noch Feldsalat und Spinat aussäen. Unter Glas ist u. a. noch die Aussaat von Radieschen, Rucola, Winterrettich und Kopfsalat möglich.
- **Pflanzung**
  Pflanzen Sie im Gewächshaus Salat, Kohlrabi, Radicchio, Pak Choi und Chinakohl aus.
- **Anhäufeln**
  Winterlauch und Spätkohl sollten jetzt angehäufelt werden.
- **Tomatenreife fördern**
  Damit auch noch die letzten Tomaten reif werden, können Sie die Tomatenpflanzen einzeln mit Plastikhauben abdecken. Nehmen Sie diese aber unbedingt an warmen Tagen ab. Grün gepflückte Tomaten können Sie an einem dunklen, warmen Ort nachreifen lassen.
- **Ernten**
  Gurken und Buschbohnen sollten bis spätestens Mitte des Monats gepflückt werden. Ernten Sie auch ansonsten alles Reife rechtzeitig.
- **Beete bearbeiten**
  Bearbeiten Sie den Boden der nun freien Beete, und säen Sie bei Bedarf eine Gründüngung ein.
- **Kräuter vermehren**
  Mehrjährige Arten können jetzt geteilt und anschließend umgepflanzt werden.

OKTOBER

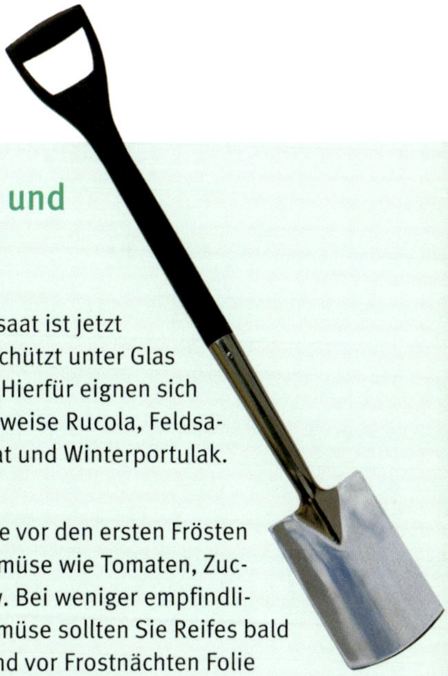

Allgemeines

✔ **Kompost umsetzen**
Schichten Sie den im Sommer aufgesetzten Kompost möglichst vor dem Winter nochmals um. Entfernen Sie dabei ggf. die Schneckeneier.

✔ **Auf den ersten Frost vorbereiten**
Halten Sie schon jetzt genügend Winterschutzmaterial bereit. Besorgen Sie, wenn nötig, ausreichend Fichten- und Tannenreisig; Forstämter und teils auch Gärtnereien können bei Bedarf weiterhelfen.

✔ **Bodenbearbeitung**
Bereiten Sie neue Pflanzflächen für das nächste Jahr vor. Schälen Sie dazu vorhandene Grasnarben ab, und geben Sie diese auf den Kompost. Der Boden wird dann umgegraben. Entfernen Sie gründlich alle Unkrautreste und -wurzeln.

✔ **Vögel unterstützen**
Nistkästen können Sie jetzt schon aufhängen. Oft überwintern in ihnen dann Vögel und andere Tiere wie Siebenschläfer. Nehmen Sie alte Nistkästen zunächst ab, und reinigen Sie diese gründlich, bevor Sie sie wieder anbringen.

✔ **Rasen schneiden**
Der letzte Schnitt ist – abhängig von der Witterung – noch gegen Mitte des Monats möglich.

Blumen und Stauden

✔ **Stauden vermehren**
Schneiden Sie abgeblühte Stauden zurück. Bei Bedarf können Sie sie teilen und umpflanzen.

✔ **Pflanzung**
Bis Mitte des Monats sollten Sie am besten die letzten Stauden pflanzen. Stiefmütterchen und Vergissmeinnicht können nun ebenfalls noch gepflanzt werden.

✔ **Zwiebeln und Knollen stecken**
Bringen Sie die Zwiebeln von Tulpen und anderen Frühjahrsblühern unbedingt vor den ersten Frösten in den Boden.

✔ **Frostempfindliche Zwiebeln und Knollen einwintern**
Graben Sie Dahlien- und Gladiolenknollen vor den ersten Frösten aus, und überwintern Sie sie in einem frostfreien, aber kühlen Raum.

Ziergehölze und Rosen

✔ **Bewässerung**
Die immergrünen Gehölze sollten bei Trockenheit gründlich gewässert werden.

✔ **Pflanzung**
Jetzt ist die Hauptpflanzzeit für alle laubabwerfenden Gehölze. Dies gilt auch für Rosen.

✔ **Winterschutz bei Rosen**
Häufeln Sie Beet- und Edelrosen an, sobald die ersten Fröste vor der Tür stehen.

✔ **Rosen pflegen**
Entfernen Sie beim Blattfall sämtliches kranke Laub.

Obst

✔ **Ernten**
Pflücken Sie reife Äpfel, Birnen und Pflaumen. Warten Sie mit der Ernte von Kiwifrüchten möglichst bis zum Laubfall.

✔ **Besser noch nicht schneiden**
Die Kernobstbäume schneiden Sie am besten erst im Spätwinter.

Gemüse und Kräuter

✔ **Aussaat**
Eine Aussaat ist jetzt noch geschützt unter Glas möglich. Hierfür eignen sich beispielsweise Rucola, Feldsalat, Spinat und Winterportulak.

✔ **Ernten**
Ernten Sie vor den ersten Frösten Fruchtgemüse wie Tomaten, Zucchini usw. Bei weniger empfindlichem Gemüse sollten Sie Reifes bald ernten und vor Frostnächten Folie oder Vlies auflegen.

✔ **Beete bearbeiten**
Auf den geräumten Beeten können Sie den Boden bearbeiten. Bei stark verunkrauteten Beeten ist eine Abdeckung mit schwarzer Mulchfolie günstig, die Sie am besten bis weit ins Frühjahr hinein auf den Flächen liegen lassen.

Die Farben des Herbsts bieten ein Schauspiel, das über das Herannahen des Winters hinwegtröstet.

NOVEMBER

Allgemeines

- **Nisthilfen säubern**
  Falls Sie im Oktober nicht dazu gekommen sind, sollten Sie nun bereits benutzte Vogelnistkästen gründlich reinigen und am besten für Wintergäste gleich wieder anbringen.
- **Beete und Flächen bearbeiten**
  Beetvorbereitung ist bei frostfreiem Wetter noch möglich, allerdings nur, wenn der Boden nicht zu nass ist.
- **Saatgut einlagern**
  Kontrollieren Sie die unbenutzten Sämereien. Sortieren Sie diese, versehen Sie die Samentütchen mit dem Datum, und lagern Sie die Samen dann kühl und trocken für das nächste Jahr ein.
- **Wasser abstellen**
  Spätestens jetzt sollten Sie draußen das Wasser abstellen. Schließen Sie dabei die Wasserhähne nicht, sondern isolieren Sie sie mit geeignetem Material.
- **Wartungsarbeiten erledigen**
  Machen Sie Werkzeuge und Maschinen winterfest; günstig ist es nun, gleich Wartungsarbeiten durchzuführen bzw. zu beauftragen.

Mit ein wenig Blick fürs Detail zeigen auch Spätherbst und Winter ihre reizvollen Seiten.

Blumen und Stauden

- **Stauden schützen**
  Auch in klimamilden Gebieten sollten Sie nun empfindliche Arten zum Schutz vor Frost abdecken.
- **Dahlien einwintern**
  Nehmen Sie die letzten Dahlienknollen aus der Erde. Säubern Sie die Knollen, und lassen Sie sie abtrocknen, bevor sie in einer mit Sand gefüllten Kiste ins frostfreie Winterquartier gestellt werden.
- **Rückschnitt**
  Spätblüher wie Herbstastern können jetzt zurückgeschnitten werden.

Ziergehölze und Rosen

- **Pflanzung vornehmen**
  Bei milden Temperaturen sind immer noch Gehölzpflanzungen möglich.
- **Bewässerung**
  Gießen Sie die immergrünen Gehölze bei Trockenheit durchdringend.
- **Wildtriebe entfernen**
  Schneiden Sie Wildtriebe bei veredelten Gehölzen wie Flieder direkt am Ansatz ab, falls Sie das nicht schon im Laufe des Sommers erledigt haben.
- **Winterschutz**
  Decken Sie empfindliche und junge Gehölze vor den ersten Frösten ab.

Obst

- **Letzte Ernte**
  Ernten Sie späte Sorten. Lassen Sie aber gefrorene Früchte am Baum hängen, bis sie aufgetaut sind.
- **Kalkanstrich ausbringen**
  Versehen Sie die Stämme und unteren Leitäste mit einem Weißanstrich, um sie so im kommenden Winter vor Frostschäden zu schützen.
- **Frostspanner bekämpfen**
  Bringen Sie Leimringe an den Stämmen an. Achten Sie über Winter darauf, dass der Leim klebrig bleibt. Anderenfalls müssen Sie die Ringe erneuern oder mit neuem Leim bestreichen.

Gemüse und Kräuter

- **Gemüse überwintern**
  Wintergemüse wie Lauch sollte vor starken Frösten abgedeckt werden. Auch spät gesäter Mangold lässt sich mit einer Abdeckung überwintern.
- **Grünkohl ernten**
  Mit der Ernte des ersten Grünkohls sollten Sie sich etwas Zeit lassen: Er muss Frost abbekommen, damit er richtig gut schmeckt.
- **Aussaat im Gewächshaus**
  Nun ist die Zeit für die Aussaat von Feldsalat, Spinat und Winterportulak. Achten Sie darauf, dass die Scheiben im Gewächshaus sauber sind, damit genügend Licht ins Innere gelangen kann.

DEZEMBER

Allgemeines

✔ **Den Vögeln helfen**
Versorgen Sie die Vögel in strengen Winterperioden mit geschlossenen Schneedecke oder anhaltend gefrorenem Boden mit artgerechtem Futter. Bieten Sie dieses in überdachten, katzensicher aufgestellten Futterhäuschen an.

✔ **Um die Geräte kümmern**
Die Wintermonate bieten eine gute Gelegenheit, Gartengeräte gründlich zu säubern, zu pflegen und zu warten sowie den Geräteschuppen aufzuräumen – denn das nächste Frühjahr kommt bestimmt.

✔ **Planen und inspirieren lassen**
Mit dem Auswerten von Gartentagebuchnotizen, dem Schmökern in Pflanzenkatalogen, Gartenbüchern und -zeitschriften und dem Planen neuer Beete lässt sich die gartenarme Zeit optimal überbrücken.

Blumen und Stauden

✔ **Winterschutz überprüfen**
Sehen Sie bei Stauden und Zweijährigen nach, ob sie ausreichend vor Frost geschützt sind. Eventuell müssen Sie den Winterschutz erneuern. Kontrollieren Sie auch die geschützt überwinternden Zwiebeln, Knollen, exotischen Wasserpflanzen und Kübelpflanzen regelmäßig.

Ziergehölze und Rosen

✔ **Gehölze noch nicht schneiden**
Da noch stärkere Fröste auftreten können, ist es besser, mit dem Schnitt bis zum Spätwinter oder gar Frühjahr zu warten.

✔ **Winterschutz überprüfen**
Schauen Sie gelegentlich nach den Abdeckungen der Gehölze.

✔ **Bewässerung**
Gießen Sie nach wie vor die immergrünen Gehölze bei Bedarf.

✔ **Barbarazweige schneiden**
Am 4. Dezember geschnittene Zweige von Forsythien, Zierkirschen, Kirschen oder Pflaumen blühen um Weihnachten und bringen das erste Frühlingsversprechen in Ihre vier Wände.

Obst

✔ **Stammanstrich ausbringen**
Versehen Sie die Stämme und die unteren Leitäste mit einem Stammanstrich, falls Sie noch nicht dazu kamen. Er schützt die Rinde vor Schäden im Gefolge sonniger Wintertage.

✔ **Obstlager kontrollieren**
Kontrollieren Sie eingelagertes Obst regelmäßig. Entfernen Sie schadhafte Früchte sofort, und lüften Sie das Lager bei frostfreiem Wetter.

✔ **Bäume auf Obstbaumkrebs kontrollieren**
Obstbaumkrebs verursacht besonders an Apfelbäumen ganz typische Wucherungen an der Rinde. Diese müssen sorgfältig bis ins gesunde Holz ausgeschnitten werden. Behandeln Sie die Wunde danach mit einem speziellen Wundverschlussmittel, das Sie bis über die Wundränder hinaus verstreichen.

Gemüse und Kräuter

✔ **Wintergemüse**
Schützen Sie das Wintergemüse vor Frösten. Bei häufigem Wechsel zwischen Frost und mildem Wetter sollten Sie es besser bald ernten und verwenden.

✔ **Gemüselager kontrollieren**
Kontrollieren Sie das eingelagerte Gemüse gelegentlich, und entfernen Sie Krankes oder Faulendes umgehend.

✔ **Schnittlauch für die Treiberei ernten**
Stechen Sie nach den ersten Frösten etwas Schnittlauch mitsamt Wurzeln ab. Lassen Sie die Ballen bei trockenem Wetter noch etwas auf dem Beet liegen. Anschließend wird der Schnittlauch eingetopft und in der Wohnung mäßig warm aufgestellt. Auf diese Weise kommen Sie auch im Winter zu frischem Schnittlauch.

✔ **Chicorée treiben**
Chicoréerüben lassen sich jetzt treiben. Stellen Sie sie dicht in einen Eimer oder eine Kiste mit Wasserabfluss, und füllen Sie 10–20 cm hoch Deckerde ein. Diese einschwemmen und bei 12–18° C dunkel aufstellen.

ZUR BENUTZUNG

Bei mehreren Seitenangaben für ein Stichwort verweisen die *kursiv* gesetzten Seitenzahlen auf die ausführliche Beschreibung des Themas, die **halbfett** gesetzten Seitenzahlen auf Farbfotos bzw. Farbzeichnungen.

SACHREGISTER

A

B

H

I/J

K

L

M

N

O

P/Q

R

T

U

V

W

X/Z

ARTENREGISTER

A

B

C

D

I

J

K

L

M

N

O

P

Q

R

T

U/V

W

Y/Z

Hochgiftige Garten- und Kübelpflanzen

NAME	PFLANZENGRUPPE	GIFTIGE TEILE	HINWEISE
Eisenhut *Aconitum*-Arten	Staude (→ S. 450, S. 510)	alle Pflanzenteile	Giftaufnahme auch über intakte Haut; mehrere blau blühende und eine gelb blühende Art
Gefleckter Aronstab *Arum maculatum*	Staude (→ S. 471)	alle Pflanzenteile	verlockende rote Beeren; verursacht auch starke Hautreizungen; andere Arten sind ebenfalls giftig
Engelstrompete *Brugmansia*-Hybriden	Kübelpflanze (→ S. 527)	alle Pflanzenteile	wird von Jugendlichen zuweilen für hochgefährliche Drogenexperimente missbraucht
Herbstzeitlose *Colchicum autumnale*	Knollenpflanze	alle Pflanzenteile, besonders die reifen Samen	10–25 cm hoch; ab Frühjahr riemenförmige Blätter; rosafarbene, violette oder weiße Blüten, Aug. – Okt.
Maiglöckchen *Convallaria majalis*	Staude (→ S. 449, S. 483)	alle Pflanzenteile, besonders Blüten, Samen und junge Blätter	verlockende rote Beeren; verursacht oft nur Übelkeit, kann aber durch Herzstörungen hochgefährlich werden
Seidelbast *Daphne*-Arten	Strauch (→ S. 428)	alle Pflanzenteile, mit Ausnahme des Fruchtfleischs	teils verlockende rote Früchte; zerbissene Samen hochgefährlich; verursacht auch Hautreizungen
Rittersporn *Delphinium*-Hybriden	Staude (→ S. 455)	alle Pflanzenteile, v. a. die Samen	kann auch starke Hautreizungen verursachen; auch die seltener gepflanzten einjährigen Ritterspore sind giftig
Fingerhut *Digitalis*-Arten	zweijährig (→ S. 471, S. 496)	alle Pflanzenteile	hochgiftig bis hin zu starken Herzrhythmusstörungen, selbst nach Verzehr geringer Mengen umgehend Arzt bzw. Klinik aufsuchen
Goldlack *Erysimum cheiri*	zweijährig (→ S. 497)	alle Pflanzenteile, besonders die Samen	ähnliche Giftwirkung wie Fingerhut, jedoch schwächer; schwere Vergiftungen selten
Pfaffenhütchen *Euonymus*-Arten	Strauch (→ S. 417, S. 422)	alle Pflanzenteile, besonders die Samen	ebenfalls giftig die nah verwandte Kletterspindel (*E. fortunei*, → S. 437)
Christrose *Helleborus*-Arten	Staude (→ S. 458, S. 511)	alle Pflanzenteile, besonders Wurzeln und Samen	Pflanzensaft kann auch starke Haut- und Schleimhautreizungen verursachen
Stechpalme *Ilex aquifolium*	Strauch (→ S. 418, S. 511)	alle Pflanzenteile	teils verlockende rote Beeren; auch andere *Ilex*-Arten sind giftig
Wacholder *Juniperus*-Arten	Strauch (→ S. 415, S. 423, S. 429, S. 448)	alle Pflanzenteile, v. a. Zweigspitzen und Beerenzapfen	besonders giftig: der Sadebaum (*J. sabina*), verursacht auch starke Hautreizungen; „Wacholderbeeren" von *J. communis* ungiftig (Gewürz)
Goldregen *Laburnum anagyroides*	Strauch (→ S. 418)	alle Pflanzenteile, besonders die Samen	sehr gefährlich, da die entfernt bohnenähnlichen Hülsen Kinder zum Zerkauen verleiten
Oleander *Nerium oleander*	Kübelpflanze (→ S. 529)	alle Pflanzenteile	kann starke Hautreizungen verursachen, bei Verzehr Herzrhythmusstörungen und Atemstillstand
Bohne *Phaseolus vulgaris*	Gemüse (→ S. 519)	rohe Früchte bzw. Samen	Verzehr roher Samen kann Übelkeit, Erbrechen, Durchfälle, Fieber und Krampfanfälle auslösen
Wunderbaum *Ricinus communis*	einjährig gezogen	Samen (sehr stark giftig!)	1,5–3 m hoch; große, handförmig geteilte Blätter, teils rot gefärbt; kerzenartige Blütenstände, Aug. – Okt.
Eibe *Taxus*-Arten	Baum (→ S. 413, S. 414, S. 434, S. 470)	alle Pflanzenteile mit Ausnahme des roten Samenmantels	verlockende rote Scheinfrüchte; Verzehr kann im schlimmsten Fall zu Atemlähmung führen
Lebensbaum *Thuja*-Arten	Baum (→ S. 413, S. 434)	Holz, Zapfen und v. a. Zweigspitzen	kann auch starke Haut- und Schleimhautreizungen verursachen

Tabellenübersicht

Danksagung und Hinweise

Der Verlag dankt der W. Neudorff GmbH KG in Emmenthal und der Gardena International GmbH in Ulm für die freundliche Unterstützung.

› Einige der beschriebenen Pflanzen sind giftig oder hautreizend. Sie dürfen nicht verzehrt werden. Beachten Sie hierzu auch die entsprechenden Symbole in den Pflanzenbeschreibungen und die Tabelle auf S. 596. Bei Verdacht auf Vergiftung sollte umgehend ein Arzt oder eine Notfallklinik aufgesucht werden. Oder kontaktieren Sie eine der zahlreichen Giftnotrufzentralen.

› Bewahren Sie Dünge- und Pflanzenschutzmittel unbedingt so auf, dass sie für Kinder und Haustiere unerreichbar sind.

› Bitte beachten Sie, dass manche der in diesem Buch beschriebenen Maßnahmen, z. B. im baulichen Bereich, schon recht viele Detailkenntnisse und etwas Erfahrung voraussetzen. Hier kann das vorliegende Buch nur grundsätzliche Hinweise geben. Einige Arbeiten sind zudem anstrengend oder können sogar Unfallgefahren bergen, besonders wenn man nicht über geeignete Gerätschaften verfügt. Beauftragen Sie deshalb im Zweifelsfall besser eine Gartenbau- oder Baufirma mit guten Referenzen.

Was tun, wenn ...

Bildnachweis

Agel-Rosen: 443-u, 444-mi-u, 446-u, 447-u;
Angermayer, Toni: 193-4, 319-o;
Bärtels, Andreas: 408-mi-o, 409-u, 410-o, 412-mi-o, 423-o, 429-mi-o, 430-o, 433-mi-o;
Baumjohann, Dorothea: 280-1, 280-2, 300-o;
Beck, Manuela: 200, 440-u, 444-o, 444-mi-o;
Beckmann-KG: 238-mi;
Bilderberg: 502-o;
BKN-Strobel: 295;
Blesch, Rolf: 96-mi, 127, 309-3, 544;
Blickwinkel: 413-mi-o;
Bock, Andreas: 153-o, 347-1;
Borstell, Ursel: 7-u, 48-u, 83-li, 294-3, 296, 301-o, 323-mi, 357-3, 357-4, 378-u, 419-o, 438-u, 492-u, 514-u, 519-o, 520-o, 532, 551-o, 598-li;
Brand, Christa: 6-u, 15-u, 24-u, 27-o, 29, 38-1, 38-2, 38-3, 54-o, 55-1, 57, 58-4, 59, 64-2, 65-o, 66, 83-mi, 91, 92-u, 93-2, 93-3, 93-4, 97-2, 102, 109, 110, 111-3, 185, 255, 271-mi, 273, 306, 312, 353, 377, 380-o, 402/403, 446-mi-o, 465-mi-o, 469-u, 537, 541, 550, 554, 556, 561;
Car-Möbel: 23-3, 67-u, 111-4;
Caspersen, Gisela: 17-1, 22, 41-1, 47-mi, 55-o, 70-li, 70-mi, 72, 78, 113-3, 138, 271-re, 546-o, 599;
Corbis: 504-mi-u, 506-o;
Dauenhauer, Birgit: 21-u, 25, 26, 379;
Effinger, Matthias: 28, 58-3, 64-re;
Eisenbeiß, Hermann: 344, 459-mi-u, 529-mi-u;
Ernst, Beat: 481-o;
Fillmann, Claudia: 2, 3, 2/3, 4, 11-re ff., 115-re ff., 249-re ff.;
Fischer, Gisela: 170-1, 524-mi-u;
Floraprint: 490-u, 498-mi-o;
Garden Collection: Buckley: 457-o; Eddison: 73-o, 113-1, 378-o; Harris: 597; Lawson: 331, 333-mi; Rogers: 31;
Garden Picture Library: 33-u-li, 50-o, 65-1, 76, 112-o, 253-u, 269-o, 486-mi-o, 498-o, 527-mi-o, 527-mi-u, 527-u;
Garden World Images: 107-u, 129-3, 238-li, 238-re, 410-mi-u, 428-mi-u, 527-o, 574-o;
Gardena: 142, 147-o, 147-u, 186, 188-1, 189, 260, 259-u, 327-o, 327-u, 389-4, 574-u, 600 u;
Gartenakzente: 47-li;
Gartendatenbank.de: 446-mi-u;
Gartenfoto.at: Böswirth & Thinschmidt: 13, 17-3, 24-o, 39, 73-u, 75-1, 97-3, 103-o, 171, 496-mi-u;
GBA: 308-u, 493-mi-u, 507-u, 513-o; Bolton: 49-o, 90-o; Didillon: 45, 101-li-u, 141, 166, 173-u, 276, 348-u, 461-o, 494-mi-u, 519-u, 547, 569; Engelhard: 458-mi-u, 458-u, 484-o, 485-mi-o, 498-u; GPL: 52-li, 173-mi, 201-1, 319-u, 499-u, 513-mi-o, 570; Nichols: 15-o, 33-u-mi, 35-u, 36-o, 41-2, 41-4, 44-1, 49-u, 58-1, 62-o, 65-2, 75-3, 95, 98, 104, 113-2, 130, 137, 251, 301-u, 310, 342-o, 487-mi-u, 542, 553; Noun: 44-3, 96-re, 103-u, 121-mi, 131-li, 133, 191, 226-u, 277-3, 305, 343, 513-u, 517-mi-o; Perder: 17-2, 34;
Gerken, Lutz: 193-2;
Giel, Oliver: 196, 408-mi-u, 416-o;
GU-Archiv: Bornemann: 117, 230, 335-1, 479-mi-u, 580-o-li; Jahreiß: 62-u, 149-o, 194-o, 222-1, 222-2, 222-3, 222-5, 222-6, 269-2, 281-u, 335-2, 335-3, 335-4, 386, 400-3, 401, 513-mi-u, 518-mi-u, 528-u, 579-o; Krämer: 256-2; Redeleit: 135-u, 153-u, 168-1, 168-2, 169-1, 182-mi, 222-4, 223-2, 243-o, 389-1; Schneider/Will: 20, 136, 252, 231-mi, 231-re, 277-2, 337-re, 338-mi, 374, 436-u, 437-mi-o, 456-mi-o, 464-mi-u, 492-o, 497-mi-o, 499-o, 522-mi-o, 523-u, 529-o; v. Salomon: 227-2;
Haas, Hansjörg: 286, 357-5;
Hack, Werner: 87;
Hauser, Steffen: 264, 265, 466-o;
Hecker, Frank: 192, 193-1, 193-3, 204, 207-li, 290-1, 338-li, 351-u, 365-1, 412-u, 413-mi-u, 423-u, 473-mi-o, 474-u, 475-u, 476-o, 478-o, 479-o, 480-u, 493-u, 560;
Henseler, Britta: 197-o, 203-1, 203-2, 289-re, 290-2, 300-u, 318-o, 338-re, 350-mi;
Herwig, Modeste: 8-mi, 10/11, 17-4, 17-5, 21-o, 27-u, 33-o, 36-u, 38-4, 41-3, 44-2, 51, 52-re, 53, 54-u, 58-2, 58-5, 60-u, 64-1, 64-3, 74, 77-2, 92-o, 96-li, 97-4, 99, 100-u, 101-li-o, 111-1, 112-u, 154-u, 211, 224-li, 225-1, 225-2, 225-3, 317, 322, 406-o, 406-u, 407-o, 408-o, 410-mi-o, 417-mi-o, 417-u, 421-u, 424-mi-o, 424-o, 427-o, 428-o, 429-u, 437-o, 450-o, 452-o, 454-u, 455-o, 459-o, 459-u, 461-u, 462-mi-o, 462-mi-u, 463-mi-u, 464-o, 467-u, 473-u, 477-mi o, 478 mi-o, 481-u, 490-o, 555, 559, 580-u, 600-o;
Holzförster, Heidrun: 291;
Imago: 261, 456-mi-u, 517-mi-u;
Jalag-Syndication: 71-1, 71-2, 113-4;
Janicek, Heidi: 37, 86, 88-o, 106, 107-o, 120, 123-u, 124, 125-u, 158, 181, 206, 217, 218, 284, 285, 288-u, 298, 299, 321, 334-u, 354, 360, 361, 362, 363, 364, 368, 369, 372-o, 373, 375-2, 375-1;
Kahl, Burkhard: 328-o;
Kuttig, Klaus: 176, 195-re, 199-li, 199-mi, 202-mi, 202-re, 205-1, 207-mi, 289-mi, 290-3, 318-u, 339-u, 391-1, 391-2;
kwp-Carports: 77-3;
Laux, Hans E.: 466-mi-u, 474-o, 509-mi-u, 515-o, 523-mi-u, 524-o;
Mauritius: Umschlag, 14, 248/249, 291-o, 447-o, 504-mi-o, 509-u, 518-mi-o, 520-mi-o;
Mein schöner Garten/Burda: Franke: 256-3; Gross: 80; Jarosch: 339-o; Krieg: 47-re, 235-o;
Morell, Eberhard: 411-o;
Nickig, Marion: 8-u, 19, 32, 83-re, 179-li, 201-3, 212-1, 254-o, 266, 293, 294-1, 294-2, 323-re, 417-o, 425-mi-u, 426-o, 437-u, 438-o, 438-mi-o, 438-mi-u, 439-mi-o, 439-mi-u, 450-u, 451-o, 451-mi-u, 451-u, 452-mi-o, 452-mi-u, 453-mi-o, 453-mi-u, 453-o, 454-o, 454-mi-o, 455-mi-o, 455-mi-u, 455-u, 456-u, 457-mi-o, 457-u, 459-mi-o, 460-o, 460-mi-o, 460-mi-u, 461-mi-o, 461-mi-u, 462-o, 462-u, 463-u, 464-u, 465-o, 468-o, 468-mi-o, 468-u, 482-o, 483-o, 483-mi-o, 483-u, 484-mi-o, 484-mi-u, 485-o, 486-o, 487-o, 487-u, 488-mi-o, 488-mi-u, 488-u, 489-o, 489-mi-o, 489-mi-u, 491-o, 492-mi-u, 493-o, 494-o, 494-u, 495-o, 496-o, 496-u, 497-u, 504-o, 508-o, 512-o, 512-u, 515-mi-u, 516-mi-o, 522-o, 523-mi-o, 525-o, 535, 551-u, 562-o, 572-o, 581-o, 588;
Okapia: 221, 410-u, 412-o, 444-u, 499-mi-o, 540-o, 573;
Pforr, Manfred: 118, 119-mi, 123-o, 128-li, 128-re, 148, 162, 195-li, 197-u, 205-2, 208, 213, 231-li, 246, 309-2, 326-mi, 333-li, 341, 357-1, 375-o, 392-mi, 408-u, 409-o, 409-mi-o, 418-mi-o, 419-u, 420-mi-u, 427-mi-o, 428-mi-o, 430-mi-o, 464-mi-o, 466-u, 472-o, 473-mi-u, 475 o, 476-mi-o, 477-o, 477-mi-u, 477-u, 478-mi-u, 479-mi-o, 479-u, 480-o, 480-mi-o,

494-mi-o, 499-mi-u, 502-u, 507-o, 516 mi u, 519-mi-u, 523-o, 546-u, 548, 576-o, 598-re;
Photopress: 253-o, 254-u, 267-li, 351-o, 558;
Picturepress: 6-mi, 16, 23-1, 61-3, 61-2, 61-1, 79, 227-3, 530/531;
Raiser, Eberhard: 125-o, 193-5, 199-re, 201-2, 202-li, 205-3, 207-re, 268-1, 289-li, 350-re, 365-2, 365-3, 370-1, 370-2, 370-3, 391-3, 392-li, 392-re;
Redeleit, Wolfgang: 9-o, 75-5, 84, 85, 88-u, 89-o, 105-mi, 105-re, 121-o, 135-o, 143, 144, 145, 146, 152, 153-mi, 155, 159, 161, 163-1, 164-o, 165, 167, 169-2, 170-2, 172, 177, 178-li, 182-li, 182-re, 183-u, 187, 188-2, 194-u, 198, 212-2, 216-2, 219, 223-1, 226-o, 227-1, 228, 229, 234, 237, 239, 242, 243-u, 247-1, 247-2, 247-4, 256-1, 256-4, 258, 259-o, 263, 274-o, 278, 279, 281-o, 283, 287, 288-o, 314, 315, 316-o, 325, 326-li, 326-re, 328-li, 329, 334-o, 336, 337-li, 346, 347-2, 347-3, 347-4, 358-o, 359, 366, 367-li, 367-re, 382-u, 384, 385, 387-o, 387-mi, 389-5, 393-o, 403-re ff., 409-mi-u, 418-u, 422-u, 426-mi-o, 514-mi-o, 520-mi-u, 524-mi-o, 534, 540-u, 566, 571-o-li, 571-o-re, 578-u;
Reinhard, Hans und Nils: 35-o, 69, 64-4, 89-u, 93-1, 129-2, 131-mi, 131-re, 134, 139-u, 151,

154-o, 157, 180, 209-1, 209-2, 209-5, 216-3, 223-3, 233, 235-u, 245, 272, 274-u, 303-li, 303-re, 304-o, 308-o, 323-li, 323-u, 355, 357-2, 367-mi, 380-u, 390, 397, 407-mi-u, 411-u, 412-mi-u, 417-mi-u, 418-o, 418-mi-u, 420-u, 421-o, 421-mi-o, 422-o, 422-mi-o, 422-mi-u, 424-mi-u, 425-u, 427-mi-u, 427-u, 428-u, 430-u, 431-o, 432-mi-o, 441-o, 442-o, 467-o, 468-mi-u, 469-o, 473-o, 476-u, 480-mi-u, 514-mi-u, 517-u, 518-o, 518-u, 520-u, 521-mi-u, 521-u, 522-mi-u, 525-u, 533, 536, 539, 575, 576-u;
Reithmeier, Karl: 203-3;
Roselover/Hilscher: 443-o;
Sammer, Siegfried: 216-1, 282;
Schaefer, Bernd: 350-li;
Schneider, Jutta & Will, Michael: 52-mi, 129-1, 139-o, 262, 349, 389-2, 395, 419-mi-u, 424-u, 425-o, 426-mi-u, 431-mi-o, 432-o, 432-mi-u, 432-u, 439-o, 439-u, 442-u, 446-o, 483-mi-u, 491-mi-u, 491-u, 492-mi-o, 498-mi-u, 509-o, 517-o, 526-o, 528-mi-u;
Schneiders, Ulrike: 46;
Science Photo Library: Kidd: 431-u; Moore: 465-u; Thomas: 413-u;
Seidl, Sebastian: 119-li, 119-re, 121-u, 179-re, 209-3, 209-4, 271-li, 275, 348-o, 382-o, 407-mi-o, 407-u, 411-mi-o, 413-o, 419-mi-o, 420-o, 420-mi-o, 423-mi-u, 426-u, 429-o, 429-mi-u, 430-mi-u, 431-mi-u, 433-o, 440-o, 441-u, 451-mi-o, 452-u, 453-u, 454-mi-u, 456-o, 457-mi-u, 458-o, 458-mi-o, 460-u, 463-o, 506-mi-o, 538, 579-u;
Silvestris: 466-mi-o;
Solar-1a: 67-o;
St. Romaine, Derek: 257-2;
Starck, Judith: 33-u-re;
Stockfood: 122, 126-o-li, 126-2.R-li, 126-2.R-mi, 126-2.R-re, 126-3.R-li, 126-3.R-mi, 126-3.R-re, 126-u-li, 126-u-re, 183-o, 232, 247-3, 356, 372-u, 506-mi-u, 514-o, 515-u, 516-u, 521-mi-o, 577-o, 580-o-re;
Stork, Jürgen: 23-2, 55-2, 163-2, 163-3, 164-u, 173-o, 178-mi, 268-3, 324, 389-3, 505-o, 572-u;
Strauß, Friedrich: 9-u, 40, 43, 48-o, 50-u, 63, 60-o, 70-re, 75-2, 77-1, 81, 90-u, 93-5, 100-o, 101-re-o, 105-li, 111-2, 111-5, 114/115, 149-u, 170-3, 175, 178-re, 212-3, 215, 224-re, 241-o, 241-u, 247-5, 257-1, 277-1, 303-mi, 304-u, 307, 309-1, 311, 316-u, 328-re, 333-re, 342-u, 347-5, 371, 387-u, 396-li, 396-mi, 396-re, 396-u, 398, 399-1, 399-2, 399-3, 399-4, 400-1, 400-2, 411-mi-u, 416-u, 421-mi-u, 425-mi-o, 436-o, 437-mi-u, 463-mi-o, 465-mi-u, 472-u, 474-mi-o, 474-mi-u, 476-mi-u, 478-u, 485-mi-u, 485-u, 487-mi-o, 488-o, 489-u, 491-mi-o, 493-mi-o, 495-u, 496-mi-o, 497-o, 503-o, 508-u, 509-mi-o, 521-o, 522-u, 526-u, 528-o, 528-mi-o, 529-mi-o, 529-u, 531-re ff., 545, 549, 552, 562-u, 563, 565, 571-u, 577-u, 578-o, 581-u;
Sulzberger, Robert: 515-mi-o, 524-u;
Teubner Foodfoto: 504-u, 516-o, 519-mi-o;
Visions Pictures: 97-1, 482-u, 484-u, 486-mi-u, 486-u, 497-mi-u;
Wiener, Renate: 358-u;
Wildlife: 126-o-re, 188-3, 393-u, 423-mi-o, 506-u;
Wohnidee/Bauer: 75-4;
Wolf-Garten: 267-mi, 267-re, 268-2, 269-1;
Umschlagsvorderseite: Wedel von Vogelnestfarn (*Asplenium nidus*).

Impressum

Programmleitung: Steffen Haselbach
Leitende Redaktion: Anita Zellner
Redaktion: Joachim Mayer, Judith Starck
Bildredaktion: Adriane Andreas
Lektorat: Dr. Sigrun Künkele
Umschlaggestaltung und Layout: independent medien-design, München
Herstellung: Susanne Mühldorfer
Satz: BOOKS & MORE, Monika Zilliken, Hünstetten
Reproduktion: Fotolito Longo, Bozen
Druck: Appl, Wemding
Bindung: Oldenbourg Buchmanufaktur, Monheim
Printed in Germany

ISBN (10) 3-7742-6978-5
ISBN (13) 978-3-7742-6978-1

Auflage	3.	2.	1.
Jahr	2008	2007	2006

Ein Unternehmen der
GANSKE VERLAGSGRUPPE

Das Original mit Garantie

Ihre Meinung ist uns wichtig.
Deshalb möchten wir Ihre Kritik, gern aber auch Ihr Lob erfahren. Um als führender Ratgeberverlag für Sie noch besser zu werden. Darum: Schreiben Sie uns! Wir freuen uns auf Ihre Post und wünschen Ihnen viel Spaß mit Ihrem GU-Ratgeber.

Unsere Garantie: Sollte ein GU-Ratgeber einmal einen Fehler enthalten, schicken Sie uns das Buch mit einem kleinen Hinweis und der Quittung innerhalb von sechs Monaten nach dem Kauf zurück. Wir tauschen Ihnen den GU-Ratgeber gegen einen anderen zum gleichen oder ähnlichen Thema um.

GRÄFE UND UNZER
Redaktion Haus & Garten
Stichwort: PraxisHandbuch Garten
Postfach 860325
81630 München
Fax: 089/4 19 81-113
e-mail: leserservice@graefe-und-unzer.de